Obst von K bis Z

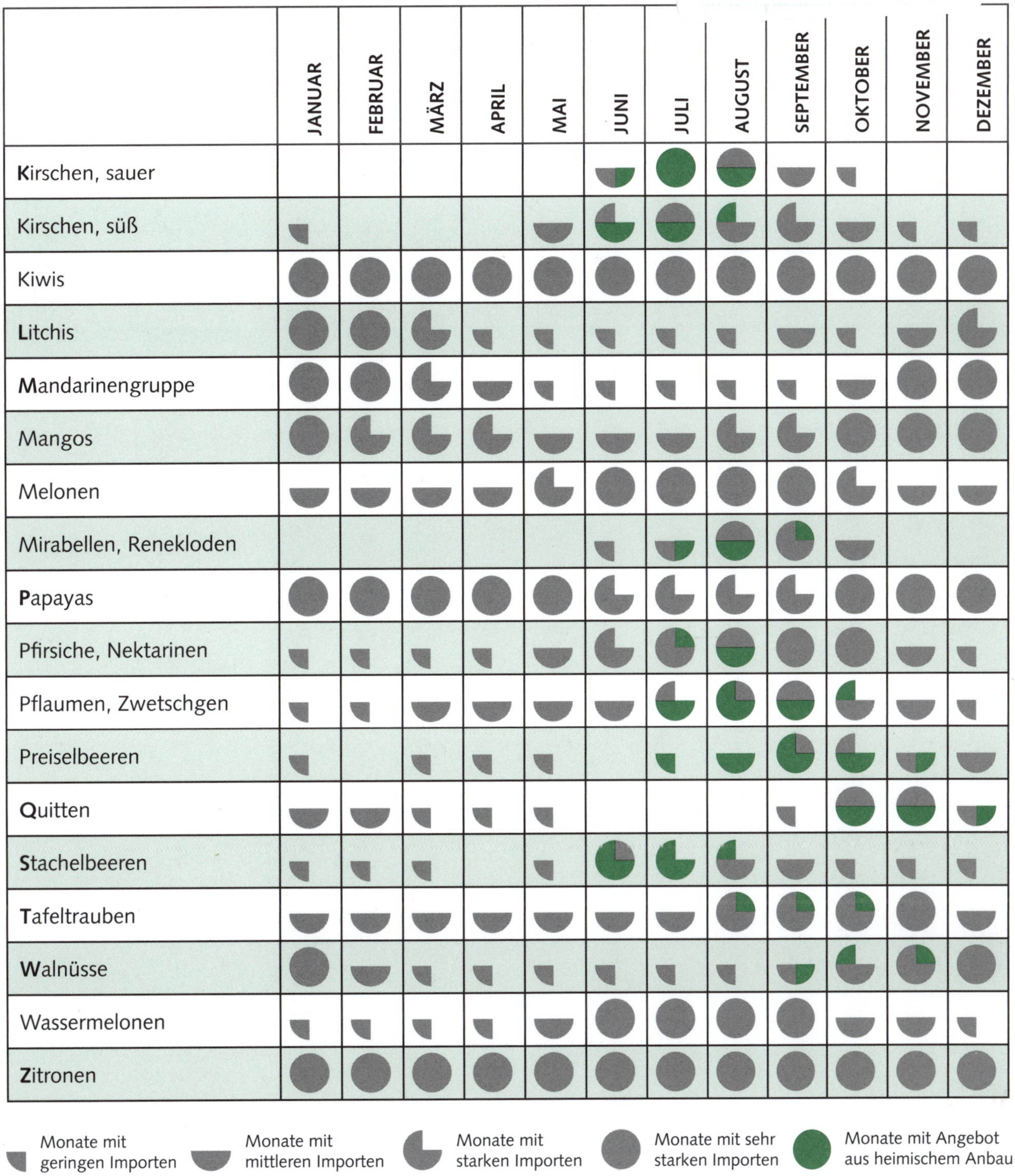

Saison für Gemüse am Ende des Buches

Kiehnle Kochbuch

HÄDECKE

KIEHNLE KOCHBUCH

DAS GROSSE GRUNDKOCHBUCH MIT RUND 2400 REZEPTEN

Inhaltsverzeichnis

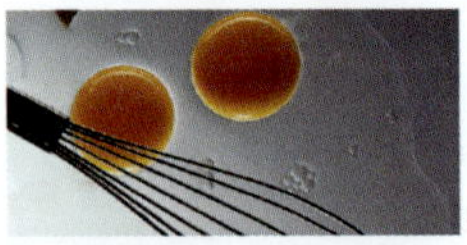

Inhaltsverzeichnis

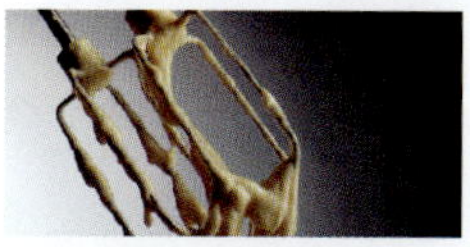

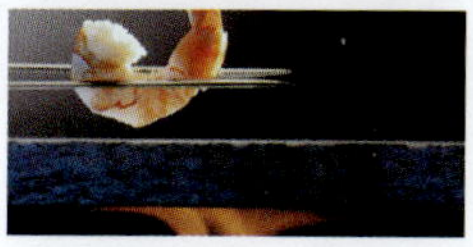

GRUNDLAGEN DES KOCHENS

Vorsicht bei jenen, die ihr Wissen vor sich hertragen. Die können nicht viel im Kopf haben. Das gilt natürlich auch für Wissenswertes vom Kochen, vom Essen und vom Trinken. Was ein Mensch davon nicht im Kopfe hat, das kann er in Nährwerttabellen, im Kräuter- und Gewürzlexikon, im Küchenglossar von A bis Z, in der Übersetzungshilfe für Maße, Gewichte und Mengen, in der Anleitung für Küchengeräte und -werkzeuge, in der Lernvorgabe zum Garen oder in den Hinweisen fürs Planen und Einkaufen finden. Klar kein Mensch kann alles wissen. Aber nachschlagen kann jeder.

Grundlagen des Kochens

Abbrennen
siehe Flambieren.

Ablöschen
In heißes Fett bei Braten usw. oder bei mit Mehl gebundenem Fett, z. B. bei Mehlschwitzen, wenig Wasser, Milch, Fleischbrühe, Rahm oder Wein zugießen und mit aufkochen.

Abschrecken
Gekochte Eier mit kaltem Wasser, Nudeln, Spätzle oder andere Teigwaren mit heißem oder lauwarmem Wasser sofort nach dem Garwerden übergießen.

Absengen
Abflämmen, d. h. über starker Flamme den feinen Flaum von ausgenommenem Geflügel abbrennen.

Abziehen
Eigelb mit Sahne, Milch oder Kondensmilch verquirlen, kurz vor dem Anrichten in das fertige Gericht einrühren, erhitzen, aber nicht kochen lassen.

Agar-Agar
Zur Herstellung einer steifen Sülze, die gestürzt werden kann, genügt für 1/2 l Flüssigkeit 1 Päckchen (8g) Agar-Agar. Für Puddings oder Cremespeisen sind etwa 6 g erforderlich. Bei der Zubereitung den Inhalt des Päckchens zunächst mit wenig kalter Flüssigkeit anrühren, dann nach und nach die restliche, evtl. auch heiße Flüssigkeit zufügen. Eine Erhitzung bis 60 °C ermöglicht bei gekochten Sülzen ein rascheres Gelieren; für Sauermilchspeisen usw. kann Agar-Agar ohne Erhitzung verwendet werden, nur erfolgt dann das Festwerden erst nach einigen Stunden.

Anwerfen
von Mandelblättchen, Schokoladenkrümeln usw. zum Verzieren von Torten, Gebäck, Stollen usw. gelingt am besten (ohne Klebrigwerden), wenn das Gebäck auf einen großen Bogen Pergamentpapier gesetzt wird; dann die Krümel auf das Papier ringsum streuen, das Papier hochheben und die Krümel dabei an den Kuchenrand werfen.

Aspik
Erstarrte Sülze, beim Fleischer (Metzger) zu beziehen; vgl. Aspik **248**.

Aufschlagen
auch montieren; Soßen, Pürees usw. unter Zugabe von frischer Butter und/oder Sahne mit einem Schneebesen locker und luftig schlagen.

Aufziehen
Im vorgeheizten Backofen bei Oberhitze backen, z. B. Windbeutel, Dampfnudeln, Aufläufe.

Ausstreuen
von gefetteten Backformen, ausgelegten Teigböden oder vorgebackenen Kuchenböden usw. mit Semmel- oder Zwiebackbröseln sollte stets durch ein Schüttelsieb erfolgen, weil die Brösel dann besonders feinkrümelig sind.

Backen
Garmachen von Teig, Fleischteig, Eiern, panierten Fleisch- oder Fischstücken usw.

1. im Backofen bei trockener Hitze, mit wenig Fett auf feuerfesten Formen oder Metallplatten; 100–130 °C. Nährwerterhaltend, Fettersparnis, Röststoffebildung (Überkrusten);
2. in heißem Fett oder Öl, in tiefer Pfanne oder Friteuse schwimmend (Fettbad) oder in flacher Pfanne (rasch). 180–200 °C; Bildung von Röststoffen. Aufsteigen blauen Dampfes verrät schädliche Zersetzungsvorgänge – vermeiden oder abkühlen!

Bardieren
Umwickeln von Fleisch, Geflügel, Wild mit großen Scheiben fetten Specks (grüner Speck), um ein Austrocknen während des Bratens zu verhindern.

Belegen
mit Früchten und Überziehen mit eingedicktem Saft oder klarem Guss auf vorgebackene Kuchen- oder Tortenböden sollte möglichst auf der Tortenplatte und nicht auf dem Auskühlgitter erfolgen, weil der evtl. durchfeuchtete Kuchen sich dann nicht mehr tadellos auf die Platte legen lässt.

Binden
von Gemüse oder Soßen an Stelle einer Mehlschwitze: eine geriebene rohe Kartoffel mitkochen oder Mehl, Kartoffelmehl, Sojamehl, Speisestärke mit etwas kaltem Wasser verquirlen und unter Rühren in das Kochgut einlaufen lassen. Oder zum Sämigmachen 1–2 walnussgroße Butterwürfelchen mit 1 geh. Essl. Mehl verkneten und 5 Min. mitkochen. Klümpchenbildung ist bei diesem fettgebundenen Mehl ausgeschlossen, außerdem erübrigt sich dabei eine weitere Flüssigkeitszugabe.
Ferner eignen sich zum Binden: feine Haferflocken, Püreeflocken, Hirseflocken und püriertes Gemüse. Auch Doppelrahm und Stückchen von eiskalter Butter binden gut.

Biskuitkuchen, Rouladen
usw. mit feinem Zucker zubereiten, grober Zucker bleibt nach dem Backen sichtbar.

Blanchieren
Kurzes Einlegen in kochendes Wasser oder Milch bzw. ganz kurzes Vorkochen von Fleisch und Gemüse (vgl. Tiefkühlen S. 672–676). Frische Erbsen und Broccoli bleiben schön grün, wenn das Gemüse nach kurzem Blanchieren in Eiswasser abgeschreckt wird.

Blind backen
Ausgewellte Teigböden für Kuchen und Törtchen auf gefettetem Blech oder in Förmchen ohne Belag backen. Evtl. zur Erhaltung der Form Hülsenfrüchte, wie Erbsen, mitbacken und später durch den Belag ersetzen.

Blumenkohl
verfärbt sich nicht beim Kochen, wenn dem Kochwasser 1 Tasse Milch zugefügt wird.

Braten
Rasches Anbräunen in heißem Fett und langsames Garwerdenlassen unter Nachgießen von wenig Flüssigkeit.
Oder in heißer Luft (Backofen) bei 160–220 °C. Bildung von Röststoffen, neuer Geschmacksstoffe, Krustenbildung. Das Innere wird weniger erhitzt, auf etwa 90 °C.
Besonders geeignet zum Anbraten von Fleisch sind Kokosfett, Butterschmalz und Schweineschmalz. Für Gemüse und Reis ist Sonnenblumenöl empfehlenswert. Für Gerichte der Mittelmeerküche sollte Olivenöl verwendet werden; sein starker Eigengeschmack ist aber zu beachten.

Bratenfleisch,
das von älteren Tieren stammt und etwas zäh ist, wird durch Beträufeln (vor

dem Braten) mit 1 Essl. Cognac mürber. Auch das Einlegen in Öl mit Zitronensaft oder auch Sojasauce (bei Rindfleisch und Geflügelfleisch sehr gut) macht das Fleisch mürber.

Bratenthermometer
Das Bratenthermometer hilft besonders bei großen Bratenstücken, die Garzeit festzustellen. Das Thermometer zeigt die Temperatur im Inneren des Fleisches an.

Bräunen der Zwiebel
Zum Färben von Suppen usw. eine ungeschälte, halbierte Zwiebel trocken auf der heißen Herdplatte bräunen, vgl. **500**, S. 143.

Butter im Haushalt gewinnen
Ungesüßten oder sauren, möglichst kalten Rahm so lange rühren, schlagen oder stoßen, bis das Milchfett sich zusammenballt und die Buttermilch ausgeschieden wird. Die Butterbällchen dann im klaren, kalten Wasser spülen und formen. Bei Herstellung im Elektromixer den Mixbecher knapp bis zur Hälfte mit Rahm füllen und das Gerät auf hohe Tourenzahl so lange einstellen, bis sich die Buttermilch scheidet; dann abstellen und mehrmals zwischen Stufe 1 und 2 wieder ein- und ausschalten. Ballt sich die Butter, die Buttermilch abschütten, das Butterfett mit 1 Tasse Wasser übergießen und durch nochmaliges Ein- und Ausschalten reinigen; zuletzt absieben, kneten und formen.

Butter klären
Den Topf zum »Klären«, d. h. Auslassen, nur halb füllen, weil das heiße Fett hochsteigt! Den Schaum abschöpfen und die Herdhitze so regeln, dass die Butter nicht bräunt oder gar verbrennt. Wenn das Fett klar erscheint, vorsichtig vom Bodensatz abschöpfen und in einem vorgewärmten Steinguttopf aufbewahren. Geklärte Butter wird auch reines Butterschmalz genannt und findet u. a. Verwendung bei feinen Soßen und gebratenem Fleisch.

Dampf- bzw. Tuchentsaften
Früchten die Flüssigkeit durch Dampf entziehen

Dämpfen
1. a) Über strömendem Dampf (Kochgut auf Sieb), Topf bedeckt (lange Garzeit), 100 °C garen.
   b) Gespannter Dampf im Dampfdrucktopf (hermetischer Deckelverschluss mit Ventil) bis zu 130 °C. Garzeitersparnis bis zur Hälfte der Kochzeit. Garwerden unter Sauerstoffausschluss, Geschmacks- und Duftstoffe schonend, kein Auslaugen. Geeignet für Kartoffeln, Gemüse, Fleisch.
2. In Fett und wenig Flüssigkeit zugedeckt gar werden lassen, ohne zu bräunen.

Dörren
Trocknen von Obst und Gemüse an der Luft oder im Backofen.

Dressieren
Vor dem Anbraten bzw. Garwerden in Form bringen, z. B. Wild und Geflügel (die Keulen an den Rumpf binden, Flügel feststecken) oder Forellen vor dem Kochen rund legen und Kopf und Schwanz mit einem Faden zusammenhalten.
Oder eine Teig- bzw. Schaummasse vor dem Backen, z. B. zu Meringen, auf ein Backblech spritzen.

Dünsten
in wenig Wasser und Fett. Topf mit gut schließendem, schweren Deckel verschließen! Bei 100 °C und mehr im eigenen Saft garen, ohne stark zu bräunen; schonende Weise für Gemüse, einige Fleischsorten, Kartoffeln.

Eier (harte),
die zur Verzierung für kalte Platten, Eierplatten, pikante Salate usw. verwendet werden, sollen nicht nur 8 Min., sondern 10 – 12 Min. in reichlich Wasser kochen, damit sie nicht am Topfboden sitzen bleiben; durch Bewegen (Kreisen) der Eier (1 Min.), und zwar sofort nach dem Einlegen in das strudelnde Wasser, stockt das Eiweiß gleichmäßig, das Eigelb kann nicht einseitig absinken, es sitzt im halbierten Ei dann genau in der Mitte, und das Eiweiß ist ringsum gleichmäßig dick.

Eier (rohe)
lassen sich rasch entleeren, wenn an beiden Enden mit einer Strick- oder Stopfnadel ein kleines Loch eingestochen wird; leichtes Hineinblasen beschleunigt das Entleeren.

Eindünsten
Sterilisieren bis zu 100 °C, pasteurisieren zwischen 70 ° und 97 °C, durch Dampf, heiße Luft, Sauerstoffentzug; vernichtet Bakterien, Fermente, schont Duft- und Geschmacksstoffe, dient der Haltbarmachung von Nahrungsmitteln, zerstört aber zum großen Teil die Vitamine.

Einsparen von Butter
Die Hälfte der jeweils angegebenen Buttermenge durch Öl oder Margarine ersetzen; süße oder saure Sahne durch das halbe Quantum Dosenmilch.

1 Butter klären: Butter erhitzen bis sich Schaum bildet; diesen abschöpfen.

2 Das klare Butterfett in ein anderes Gefäß geben. Nicht mit den milchigen Bestandteilen vermischen.

3 Die drei Klärschritte: geschmolzene Butter; feste Bestandteile setzen sich ab; geklärte Butter.

Grundlagen des Kochens

Elektrische Küchenmaschinen
oder Handrührer bringen wesentliche (je nach Maschinentyp), bis zu 3/4 Rührzeitersparnis. Auch wenn keine eigentliche Teigschüssel als Zusatzgerät vorhanden ist, lässt sich durch das maschinelle Rühren von Butter, Eiern, Zucker die Vorarbeit sehr erleichtern. Ebenso erübrigt sich fast ganz die mühsame Zerkleinerungsarbeit von Obst und Gemüse, z. B. bei der Rohsaftgewinnung (Entsafter).

Färben

1. Bei Kuchen- oder Tortenteig, Marzipan, Zuckerglasuren, Gelatinegüssen, Sülzen, Aspikspeisen, Cremes, Puddings, Soßen, Säften lassen sich chemische Färbemittel ersetzen: Grün durch rohen Spinatsaft, Rot durch Schlehensaft, Rote Rüben-Saft, Johannisbeersaft; Lilarot durch Brombeersaft; Dunkel oder Braun durch Kakao, Nescafé, Holundersaft; Orange durch Tomatensaft oder -mark, Orangen- oder Gelbe Rüben-Saft gemischt, Sanddornsaft; Gelb durch Gelbe Rüben-Saft, Eigelb, Safran.
2. Färben von Suppenklößchen: z. B. den zubereiteten Teig teilen und 1–2 Essl. Tomatenmark für rotgefärbte Klößchen unter die eine Hälfte und 2–3 Essl. Spinatsaft für grün gefärbte Klößchen unter die andere Hälfte mischen.
3. Färben von hellen Soßen oder Suppen: 2 Essl. Zucker in einer Kasserolle ohne Fett dunkelbraun rösten, mit wenig Wasser ablöschen, kurz aufkochen und die fertig zubereitete Soße oder Suppe damit färben.

Farce
Fülle von Fleisch, Fischfleisch, gemischt mit Zutaten je nach Rezept.

Fettgewinnung
Das Fett von Geflügel (Huhn, Ente, Gans) entweder beim Kochen oder Braten abschöpfen oder nach dem Abkühlen abheben und kühl aufbewahren. Das Fett von Säugetieren in kleine Würfel schneiden, 1/2 Std. wässern, dann mit etwas Milch oder Wasser in einer Bratkasserolle bei schwacher Herdhitze so lange langsam kochen, bis das Wasser oder die Milch verdunstet ist und das klare Fett sowie die »Grieben«, leicht gebräunt, zurückbleiben. Das Fett absieben, die Grieben noch etwas ausdrücken und entweder gesondert aufbewahren oder zu Kartoffelgerichten, Suppen oder zum Überschmälzen verwerten. Das Fett während des Auskühlens ab und zu umrühren, zur Erhöhung der Haltbarkeit auf 1 l Fett 1 Teel. Kochsalz, außerdem zur Geschmacksverbesserung beim Auskochen 1 Apfel, 1 Kartoffel oder 1 Zwiebel zusetzen und den Topf mit Pergamentpapier zubinden oder mit einem Teller zudecken; möglichst dunkel und kühl aufbewahren.

Filtrieren
Flüssigkeit, gekochte Früchte (zu Gelee) oder angesetzte Früchte mit Alkoholzusatz durch ein gebrühtes Tuch gießen, die Flüssigkeit ablaufen lassen, ohne zu drücken.

Flambieren
Abbrennen mit hochprozentigem Alkohol (mindestens 50 %), Rum oder Weinbrand für Süßspeisen; für pikante Gerichte auch Whisky.

Fond
ist die Flüssigkeit, die beim Braten, Dünsten oder Kochen von Fleisch, Fisch oder Gemüse etc. entsteht. Zur Soßenherstellung sind heller und brauner Fond wichtig. Brauner Kalbsfond: Kleingehackte Kalbsknochen, Kalbsparüren (siehe parieren), Mirepoix (das sind Möhren, Zwiebel und Sellerie, sehr klein gehackt) werden in Fett kräftig angebräunt, mit Brühe aufgegossen und unter Zugabe eines Kräutersträußchens etwa 5 Std. gekocht. Vor der weiteren Verwendung wird das Fett abgeschöpft und der Fond durch ein Sieb passiert. Fond kann noch weiter eingekocht (reduziert) werden, dann nennt man ihn »Glace«. Dieser kann gut eingefroren werden. Siehe auch Fonds Nr. **1, 5** etc. und Zubereitung von Fond im Backofen Nr. **3, 4**.

Fritieren
Ausbacken von Fisch, Fleisch, Geflügel, Kartoffeln, paniertem oder in Ausbackteig getauchtem Obst und Gemüse, Käse und Kleingebäck, in heißem Fett schwimmend. Dadurch werden die Garzeiten wesentlich verkürzt. Die Fett-Temperatur liegt etwa zwischen 175 und 200 °C. Spezialgeräte für die richtige Zubereitung sind der Fritiertopf und die elektrische Friteuse.

Garen in Folie
Kochen, Dünsten, Grillen und Backen in der Aluminiumfolie bewahrt die Speisen vor dem Zerfallen, verhindert das Entweichen von Nähr-, Wirk- und Geschmacksstoffen, ermöglicht das Garen im eigenen Saft. Speisen, die sonst getrennt gegart werden müssten, können im gleichen Topf oder zusammen im Backofen zubereitet werden.
Töpfe, Pfannen, Backbleche und Backofen bleiben sauber.
Aluminiumfolie immer einfetten, ehe das Gargut eingehüllt wird (glänzende Seite nach innen). Bei Speisen mit wenig eigenem Saft etwas Wasser, Fleischbrühe oder Wein zugießen.
Zur Garprobe lässt sich die Folie leicht durchstechen. Zum Bräunen das Päckchen in den letzten 10 Min. der Garzeit öffnen und die Folie auseinanderklappen.
Für die Diätküche ist die Zubereitung in Alufolie besonders zu empfehlen, da keine Röststoffe entstehen und die Speisen fettarm zubereitet werden.
Neben der Aluminiumfolie hat sich auch die Bratfolie (eine Klarsichtfolie) sowie Pergamentpapier für die Zubereitung von Braten und Geflügel gut bewährt. Siehe Rezepte **672, 853** und **1061**.

Gelatine
1 Blatt (etwa 2 g) unter fließendem Wasser waschen (evtl. 5 Min. in kaltem Wasser einweichen, um den Gelatinegeschmack zu entfernen), ausdrücken und in wenig heißer Flüssigkeit auflösen; Gelatine nicht kochen! Zuletzt durchsieben und mit der fertig zubereiteten, etwas abgekühlten Sülzflüssigkeit, Cremespeise usw. vermischen.

Gelatine, gemahlen
1 gestr. Teel. = 1 Blatt Gelatine mit wenig kalter Flüssigkeit anrühren, etwa 10 Min. aufquellen lassen und unter stetem Schlagen im Wasserbad so weit erwärmen, bis sie völlig aufgelöst ist; dann durchsieben und lauwarm untermischen.

Geleeprobe
Eine kleine Menge kochend heißes Gelee auf ein Porzellantellerchen geben und feststellen, ob es rasch eine Haut zieht und erstarrt.

Glasieren (Glacieren)
Verschiedene Methoden, um ein Gericht zu überglänzen. Ein Gericht oder einen Braten in Fett mit wenig Flüssigkeit und evtl. etwas Zucker so lange dünsten, bis alle Flüssigkeit verdampft ist, z. B. auch bei Kastanien; oder Bratensoße zum sog. Jus einkochen lassen und den Braten damit überziehen, oder noch flüssige Sülze zur Verzierung über gebratene Fleisch-, Fisch-, Geflügelstücke, gefüllte, kalte Schinken- oder Fleischrollen oder belegte Schnitten ziehen; oder Gebäck mit heißem oder kaltem Guss überpinseln.

Gratinieren, überkrusten
Bei Grill- oder starker Oberhitze im Backofen entweder fertigen Braten in der Kasserolle oder belegte Toaste, gefüllte Muschelförmchen, vorgekochtes oder gedünstetes, mit Soße bedecktes Fleisch-, Fischfilet, Ragout oder Haschee rasch überbacken.

Grillen
Ohne Flüssigkeitszugabe, mit wenig oder ohne Fett, auf heißem Rost im Backofen bei starker Oberhitze (Infrarotstrahlung), 240–400 °C; kürzeste Garzeit, Fettersparnis, nährwerterhaltend gegenüber Kochen, Röststoffebildung.
Oder den Braten in der Grillpfanne mit Öl oder Butter überpinseln, evtl. mit Bier, damit es schönere Grillstreifen gibt.
Oder über der Holzkohlenglut auf dem Rost oder auf Alufolie garen.

Gurkenfächer
Kleine, schmale Gürkchen der Länge nach halbieren, mit der Schnittfläche nach unten auf ein Brettchen legen und schräg fein einschneiden; dabei das eine Ende festhalten, damit der Fächer an dieser Stelle zusammenhängend bleibt.

Hefeteig oder Hefevorteig,
der aus irgendeinem Grund nicht aufgegangen ist, kann durch Zufügen von Hefe und erneutem Durchkneten oder Einrühren von etwa der Hälfte der zuvor verwendeten aufgelösten Hefemenge noch gerettet werden. Zur Herstellung gleich großer Gebäckstücke, z. B. für Brezeln oder kleinerem, ungefülltem Gebäck, sollte der aufgegangene Teig stets vor dem Formen abgewogen werden.

Hefewürze
ist ein Hefepräparat, das in körniger oder Pastenform im Reformhaus erhältlich ist (Maggi-ähnlicher Geschmack). Diese Würze kann bei vielen Gerichten statt Salz verwendet werden, z. B. bei Suppen, Kartoffelgerichten, allen Kohlarten, Wurzelgemüsen, gedämpftem Reis und Blattsalaten.

Hors d'œuvre
Pikante, kleine Vorspeise.

Johannisbrotkernmehl
(auch unter der Bezeichnung Biobin erhältlich) ist ein pflanzliches Bindemittel. Es ist neben Agar-Agar die Alternative zur tierischen Gelatine (s. S. 10)

Julienne
In gleichmäßig feine Streifen geschnittenes Gemüse, Pilze, auch Fleisch, als Einlage, Beilage und Verzierung.

Jus
Entfetteter Bratensatz oder reiner Fleischsaft, der beim Erkalten geliert. Verwendung zur Vollendung von Bratensoßen, oder in Würfel geschnitten zum Garnieren von kaltem Braten etc.

Karamellisieren
Zucker unter ständigem Rühren bei geringer Hitzezufuhr erst schmelzen und dann bräunen; unverdünnt für Konfekt oder mit Wasser oder Milch abgelöscht weiterverwenden.

Kartoffelbrei
von geschälten Dampfkartoffeln wird lockerer und lässt sich schaumiger schlagen als von Schalkartoffeln.

Klären
Flüssige Sülze oder Fleischbrühe (Kalbfleischbrühe) durch kurz mitgekochtes Eiweiß oder Klärfleisch (Hesse oder Rinderwade) klar machen, vgl. **488**, S. 140.
Butter klären, siehe S. 9.

Kochen, sieden
Bei ca. 100 °C in strudelnder Flüssigkeit in offenem oder geschlossenem Topf gar werden lassen. Lange Garzeit, Übertritt von Nährstoffen in die Flüssigkeit; erwünscht für Suppen, notwendig für quellfähige Nahrungsmittel (Getreide, Hülsenfrüchte); unerwünscht für Gemüse.

Kochfett
lässt sich auch aus verschiedenen Fetten mischen: z. B. ⅓ Kokosfett mit ⅓ Butter und ⅓ Öl; 3 Teile Schweinefett mit 2 Teilen Rinderfett oder 1 Teil Schweinefett mit 2 Teilen Rinder- oder Nierenfett. Die Fette so kurz wie möglich erhitzen. Evtl. 1 Apfel, 1 Kartoffel oder 1 Zwiebel mit erhitzen; letzteres besonders dann, wenn ein Teil des Fettes nicht mehr ganz frisch ist.

Legieren
Binden, eindicken, auch abziehen, mit Eigelb, Sahne bei Suppen und Soßen.

Marinieren
Fleisch, Fisch, Wild, Geflügel in Beize (Lake) einlegen, um es schmackhafter, auch zarter, oder für kurze Zeit haltbar zu machen.

Marmeladenprobe
Feststellen, ob der Kochlöffel beim Rühren der Marmelade eine sog. Straße nach sich zieht und die Marmelade in breiten Flocken vom Löffel fällt.

Mayonnaise
wird, falls sie gerinnt, nicht nur durch rasches Erwärmen im Wasserbad, sondern auch durch Zufügen bzw. Untermischen von 1 Esslöffel zerlassenem, heißen Kokosfett wieder geschmeidig.

Mirepoix
Zwiebeln, Lauch, Möhren (Karotten) und Sellerie sehr fein geschnitten in Fett anrösten. Grundlage für Soßen und Fonds.

Molke
lässt sich bei Herstellung von Quark aus saurer Vollmilch durch Auffangen der Abtropfflüssigkeit gewinnen und sehr vielseitig verwenden; z. B. zum Ablöschen und Aufgießen von Soßen, zum Binden von gar gekochten Gemüsen und zum Anmachen aller Salatarten. Selbst hergestellte sowie gekaufte Molke sollte rasch verwendet werden. Das Molke-Eiweiß ist sehr wertvoll für unsere Ernährung!

Mousseline
Schaumbrötchen; luftig-zarte Törtchen aus feingewürzter Geflügel-, Wild-, Fisch- oder Gemüsefarce und Sahne. Warm oder kalt als Vorspeise, Beigabe oder zum kalten Büffet.
Sauce Mousseline – Schaumsoße

Öl
Sonnenblumenöl, Sojaöl, Erdnussöl und Maiskeimöl eignen sich zum Braten und Kochen und für Salate; Distelöl, Kürbiskernöl, Weizenkeimöl und Leinöl sollten nur kalt Verwendung finden (z. B. in Salaten, Leinöl zu Quark oder Kartoffeln). Olivenöl kann sowohl zum Braten und Kochen als auch für Salate verwendet werden. Auf beste Qualität achten: Olivenöl extra vergine, extra Vièrge oder natives Olivenöl aus der ersten Pressung ist das beste, hat aber auch seinen Preis. Olivenöl kann sehr unterschiedlich schmecken: von grünfruchtig bis hin zum typischen Olivengeschmack. Eine leichte Trübung ist ein Qualitätshinweis. Siehe auch „Braten“.

Panieren
Rohe oder blanchierte bzw. gekochte Fleisch- und Fischstücke, Bratlinge usw. in Mehl, Ei und Bröseln (Paniermehl), auch Mandelblättchen oder geriebenen Nüssen wenden, dann in heißem Fett evtl. schwimmend backen (Friteuse).

Parieren
Überstehende Teile bei einem Stück Fleisch (auch Wild) zurechtschneiden, entfernen, so dass es appetitlich aussieht. Die abgeschnittenen Teile können zum Fond verwendet werden.

Passieren
Eine sämige Flüssigkeit (Soße) oder ein festeres Gericht durch ein Sieb drücken.

Pasteurisieren
Haltbarmachen von Nahrungsmitteln bei einer Temperatur von 100 °C.

Petersilie
verbessert mit ihrem frischen Aroma jede Fleisch- oder Weckfülle, z. B. zu Kalbsbrust, Geflügel, Klößchen oder Knödeln, wenn sie, statt im Fett mit Zwiebeln gedämpft, roh fein verwiegt zugefügt wird.

Pochieren
Rohe Eier ohne Schale in Salz- oder Essigwasser garsieden lassen, ohne zu kochen! Das heißt, die Flüssigkeit muss kochendheiß sein, darf aber nicht aufwallen! Geflügel oder Fisch pochieren: in Sud aufsetzen, dann kurz garziehen lassen.

Pulverkaffee (Instant-Kaffee)
(z. B. Nescafé) vereinfacht die Zubereitung von Creme- oder anderen Süßspeisen mit Mokka-Aroma statt gemahlenem Bohnenkaffee; bei der Zubereitung sollte der Pulverkaffee trocken unter die fertige, noch warme Speise gerührt werden. 2 geh. Teel. Kaffeepulver genügen für Süßspeisen aus 1 l Flüssigkeit oder für Creme, bei der 125g Butter oder Margarine verwendet wurden, z. B. zum Füllen von Gebäck.

Radieschen oder Rettichröschen
bleiben frisch und straff geformt, wenn sie nach dem Zurechtschneiden 1/2 Std. in kaltes Wasser gelegt werden.

Reduzieren
Eine Flüssigkeit (Soße) stark einkochen oder verdampfen lassen, bis die gewünschte Sämigkeit (Konsistenz) entstanden ist.

Rösten
Mit oder ohne Fett bei starker Hitze im Backofen oder in der Pfanne (ohne Deckel) bräunen.

Salate
Angemachte Salate, mit Ausnahme der Blattsalate, können etwa 1 Std. vor dem Anrichten fertig zubereitet sein, damit sie gut durchziehen können; Heringssalat, Nudelsalat und Italienischen Salat am besten 2 Std. zugedeckt kühl stellen

Salzkartoffeln/Dampfkartoffeln
werden locker, weiß und trocken, wenn nach dem Garwerden das Wasser abgeschüttet und der Kartoffeltopf statt mit dem Deckel mit einem Tuch bedeckt wird. Geschälte Kartoffeln nie ganz im Wasser, sondern möglichst im Dampftopf oder im Drahtkörbchen in nicht zuviel Wasser garen. Vitamine und Mineralstoffe bleiben weitgehend erhalten, wenn die Kartoffeln mit der Schale im Dampf oder mit der Schale (vorher gut saubergebürstet) auf einem leicht eingeölten Backblech im Backofen gegart werden.

Schmoren
In Marinade eingelegtes Fleisch anbräunen, auf ein Gemüsebett oder Schwarten legen und mit der Marinade begießen. Wenn diese eingekocht ist, mit gebundenem Fond auffüllen und schmoren, bis das Fleisch gar ist. (Es darf beim Einstechen kein Blut mehr austreten.) Geeignet für dunkles Fleisch, Wild und auch für bestimmte Gemüsesorten.

Schweinebratenkruste
bräunt besonders knusprig, wenn die Schwarte vor dem Garbraten mit einem scharfen Messer (evtl. im Karomuster) eingekerbt und mit Mehl bestäubt oder mit in etwas Bier verrührtem Zucker überzogen wird.

Sojabohnenquark (Tofu)
Tofu wird meist als Block angeboten. Er ähnelt dem Schichtkäse, ist aber fester und hat keinen starken Eigengeschmack – weshalb er sich sehr vielseitig verwenden lässt. Tofu-Rezepte im Kapitel Gesunde Ernährung. Wer auf Fleisch verzichten möchte (oder muss), findet hier einen vollwertigen Ersatz.

Sorbet
Ein sehr schaumiges Eis auf Zuckersirupbasis, vermischt mit Alkohol oder Gemüse- bzw. Fruchtmark oder Fruchtsaft. Um dem Sorbet eine bessere Steife zu geben, empfiehlt es sich, steif geschlagenen Eischnee unterzuziehen.

Soufflé
Eine pikante oder süße Speise, die auf Eigelb-, Sahne- oder Milchbasis, auch Früchtepüreebasis, mit steifgeschlagenem Eischnee aufgezogen wird. Gegart wird im Wasserbadtopf (Bain-Marie) oder im Backofen.

Spicken
Fleisch oder Fisch mit gleichlangen Speckstreifen entweder mit einer Spicknadel oder mit Hilfe eines spitzen Messers durchziehen.

Sud
wird eine würzige Brühe genannt, in der Fleisch oder Fisch gegart werden.

Sülze
oder eine andere gestockte Masse stürzen: zuerst mit einem stark erhitzten Messer den Rand ringsum etwas lösen, dann einen flachen Teller über die Form stülpen und stürzen.
Wenn sich eine Sülze nicht aus der Form lösen will, die Form kurz in heißes Wasser tauchen oder ein Küchentuch in heißes Wasser tauchen, ausdrücken, um die Form legen und stürzen.

Sterilisieren
Haltbarmachen von Nahrungsmitteln durch längeres Erhitzen bei einer Temperatur von über 100 °C.

Tablieren
Durch Schlagen mit einem Kochlöffel an die Innenwand des Topfes einen gekochten Guss oder eine Glasur ohne Herdhitze noch weiter eindicken; oder Zucker mit Wasser zu einem dicken Läuterzucker kochen (Auf einen Kochlöffel etwas Zuckerlösung geben. Wenn die Masse als dicker Tropfen langsam herunterfällt, ist der Läuterzucker gut).
Die zähe Masse auf eine befeuchtete Porzellan- oder Marmorplatte gießen, mit kaltem Wasser bespritzen und tablieren, d. h. mit einem breiten Spatel solange hin und her streichen, bis die Masse anfängt, fest und trockenbröselig zu werden.
Diese Masse wird für Fondant verwendet.

Terrine
ist eine in einer feuerfesten Form im Wasserbad gegarte Pastete. Die Form wird meist mit Speckscheiben ausgelegt, manchmal auch bedeckt. Wenn der austretende Saft klar ist, ist die Terrine gar.

Timbale (Pastete, Pudding)
von Fleisch, Fisch, Reis, Gemüse, im Wasserbad gekocht oder in einer Form im Backofen gebacken.

Toasten oder Bähen
Nicht bestrichene Weißbrotschnitten im Toaströster, auf dem Backblech oder in leicht gefetteter Pfanne rösten.

Tofu
Siehe Sojabohnenquark.

Tomaten aufbewahren
Tomaten sind kälteempfindlich, deshalb nicht im Kühlschrank aufbewahren – sie werden geschmacklos. Tomaten einzeln nebeneinander lagern, nicht mit anderem Gemüse zusammen, da sie Äthylen absondern, das das andere Lagergut verderben lässt.

Touren machen
nennt man das Auswellen und Umschlagen von Blätterteiglagen.

Tranchieren
Teilen und Zerlegen von gar gekochtem oder gebratenem Fleisch, Geflügel, Wild oder Fisch.

Verlängern
Entweder über ein Gericht Mehl, Stärkemehl stäuben; oder eine Mehlschwitze und Rahm zufügen oder, je nach Rezept, entsprechend Flüssigkeit zugießen und aufkochen; oder Kartoffeln, Reis usw. mitkochen, die das Gericht ausgiebiger machen.

Wasserbad
Ein mit kochendem Wasser gefüllter Topf, in dem ein Gericht in geschlossener Form oder auch in einem zugedeckten, kleineren Topf gekocht bzw. warm gehalten werden kann, ohne dass es mit der Herdhitze unmittelbar in Berührung kommt.
Schonende Zubereitung von Cremespeisen, Soßen, Eiergerichten etc. Garmachen unter 100 °C.
Es gibt auch praktische Wasserbadtöpfe.

Wässern
Zerteiltes Gemüse in Wasser, das evtl. gewechselt werden muss, oder Salzwasser legen, um Ungeziefer zu entfernen oder um z. B. bei Brieschen das Blut auszulaugen.

Welken Salat wieder frisch machen
Salate, auch Gemüse und Kohlarten können in eine kalte Wasserlösung unter Zusatz von Biosmon (das ist ein Mineralsalzgemisch, erhältlich in Reformhäusern und Apotheken) eingelegt werden. Sie werden nach kurzer Zeit frisch und fest und stoßen Schmutz ab. Die Salate aus der Lösung nehmen und abtropfen lassen. Sie bleiben nun stundenlang frisch.

Zitronen
Wenn die Schale abgerieben werden soll, dürfen nur ungespritzte Zitronen verwendet werden. Dasselbe gilt selbstverständlich auch für Orangen. Für die Saftgewinnung wird die Frucht ringsum mit einem Einschnitt versehen und auseinander gebrochen. Man vermeidet dadurch, dass Kerne zerschnitten werden, was unter Umständen einen bitteren Beigeschmack ergeben könnte.

Zwiebeln und Knoblauch schneiden oder wiegen
Immer das gleiche Brettchen verwenden, damit der scharfe, kaum zu entfernende Geruch nicht allen Holzbrettchen anhaftet; noch besser eignen sich abwaschbare Kunststoff-Schneidebretter.
Tränen beim Zwiebelschälen und -schneiden fließen weniger, wenn die geschälten Zwiebeln (besonders große Mengen z. B. zu Zwiebelkuchen) in kaltes Wasser gelegt und nacheinander daraus entnommen werden.
Gebräunte Zwiebeln werden besonders knusprig, wenn sie vor dem Braten eingesalzen oder mit einer Mehl-Paprika-Mischung bestreut werden. Kurze Zeit stehen lassen und dann mit Küchenkrepp trockentupfen oder überschüssiges Mehl abschütteln.

Grundlagen des Kochens

Gewürze

Anis
Die getrocknete Spaltfrucht der Anispflanze hat einen süßlich-aromatischen Geschmack. Als ganze Körner zu Gelbe Rüben-Gemüse, für Brot und Kleingebäck. Pulverisiert zu Kompott.

Cayennepfeffer
Wird aus der getrockneten, gemahlenen Schote einer Chiliart gewonnen. Er kann wie Pfeffer verwendet werden, nur sehr viel sparsamer, da er viel schärfer würzt. Aus Südamerika stammt eine andere Chiliart, aus der das ebenfalls sehr scharfe Chilipulver gewonnen wird.
Man sagt Chilipulver konservierende Wirkung nach.

Curry (pulver)
Eine indische Gewürzmischung, die verschieden zusammengestellt sein kann. Meist sind darin enthalten: Kurkuma, Pfeffer, Ingwer, Kreuzkümmel, Kardamom, Koriander, Nelken und Piment. Der Geschmack ist würzig-scharf. Besonders geeignet zu: Suppen, Soßen, Reisgerichten, Eier- und Käsegerichten, zu hellem Fleisch, Fisch, Krabben, Salaten.

Ingwer
Eine Gewürzlilie mit schilfähnlichen Blättern und daumendicken, fleischigen Wurzelstöcken. Der getrocknete Wurzelstock kommt ungeschält als schwarzer, geschält als weißer Ingwer, gebleicht oder gekalkt, kandiert, in Sirup eingelegt oder als Pulver auf den Markt. Der Geschmack ist würzig scharf und brennend. Frische Ingwerwurzel hält sich, in Küchenkrepp eingewickelt, einige Wochen im Kühlschrank. Verwendungsmöglichkeiten: in ganzen Stücken zum Einlegen für süßsaure Früchte, Kürbis, Gurken; gehackt zu Obstsalat, Chutneys, Reissalat, Geflügelgerichten; pulverisiert für Kompott, Quarkspeisen, Suppen, Soßen, Gebäck, Ingwerbier, zu Likören; kandiert für Konfekt.

Kapern
Die Blütenknospen des Kapernstrauches (im Mittelmeerraum heimisch) werden in Essig eingelegt angeboten. Sie sind eine wichtige Zutat für „Königsberger Klopse". Siehe auch „Kapuzinerkresse".

Kardamom
Eine aus Vorderindien stammende Pflanze mit dreigeteilten Fruchtkapseln. Kardamom sind die getrockneten Samen. Der Geschmack ist brennend-würzig-erfrischend. Zum Würzen von Schweine- und Rindfleisch, Geflügel, Wurstwaren, Pasteten, für Kuchen und Kleingebäck und für Fruchtspeisen, auch zu Gemüsegerichten wie Rote Bete, Möhren, Tomaten.

Koriander
Siehe Seite 17.

Kümmel
Findet als ganze Frucht (Samen) in vielen Speisen, so bei Sauerkraut, Rotkraut, Roten Beten, Backblechkartoffeln, Käse, Quark, Wurstwaren, Brot und Gebäck Verwendung. Er ist blähungswidrig und magenstärkend. Bei Darmreizungen gemahlen als Pulver verwenden.

Kurkuma
Kurkuma, oder auch Gelbwurzel, ist ein Bestandteil des Curry, dem es die gelbe Farbe verleiht. Der Geschmack ist scharf-frisch. Kurkuma gilt als hilfreich für Leber und Galle. Zum Würzen von Rind- und Hammelfleisch, Geflügel, zu Soßen, Senf, Gurken, Eiergerichten, Suppen und Reis.

Lorbeerblätter
Sind von guter Qualität, wenn sie getrocknet noch grün und ohne Stiel sind. Da sie stark würzen, nur geringe Mengen verwenden. Zu Marinaden aller Art, für würzige Suppen, Fonds, saure Soßen, zu Braten, Fisch, Heringssalat, Sauerkraut, Muscheln.

Mohn
Der sehr fettreiche Samen wirkt einschläfernd. Aus Mohn wird Öl gewonnen. Außerdem findet er als Brot- und Kuchengewürz und als Fülle für Gebäck Verwendung.

Muskatnuss
Diese Nüsse sind die Samen, die gekalkt werden. Aus dem Samenmantel wird die geschmacklich zartere Muskatblüte gewonnen. Muskat sollte stets sehr

sparsam verwendet werden; gerieben zu Suppen, Soßen, Eiergerichten, Kartoffelspeisen, Gemüse, Schmorbraten. Muskatblüte zu Gebäck, orientalischen Gerichten, Fruchtspeisen.

Nelken
Die völlig entwickelten, aber nicht aufgeblühten Blütenknospen werden als ganze Nelken zu Weinsuppe, Schinken, Huhn, Marinaden, für Essigfrüchte, Birnen oder zu Glühwein und pulverisiert zu süßen Soßen, Obstsalat, Pflaumenmus, Senf und zu Gebäck verwendet.

Orangeat
Siehe Kapitel Backen, Backzutaten.

Paprika(pulver)
Wird in verschiedenen Geschmacksrichtungen angeboten: scharf – Rosenpaprika und mild – Edelsüßpaprika. Zum Würzen von Fleischgerichten, Suppen, zu Krautsalat, Quark, Frischkäse und pikantem Gebäck. Paprika ist magensaftbildend und harntreibend. Aus den frischen Gemüsefrüchten lässt sich ein würziges Mark, ähnlich wie Tomatenmark, herstellen; sehr gut als Soßengrundlage zu Seefisch.

Pfeffer
Schwarzer Pfeffer wird aus der unreifen, an der Sonne getrockneten, weißer Pfeffer (weniger Aroma mit heimlicher Schärfe) aus der reifen Frucht gewonnen. Grüner Pfeffer (getrocknet oder in Lake eingelegt) mit einem mildscharfen, etwas fruchtigen Geschmack eignet sich zu Soßen, zu Fleischspeisen, auch zum Würzen von Erdbeeren. Pfefferkörner finden bei der Wurstzubereitung, bei Fonds, bei Marinaden und Essigfrüchten Verwendung; die Pfefferkörner am besten jeweils frisch mit der Pfeffermühle zerkleinern.
Rosa Pfeffer ist mit dem schwarzen Pfeffer nicht verwandt. Der Geschmack ist milder, die Größe der Körner ist ähnlich. Da Bedenken wegen seiner Verträglichkeit bestehen, sollte er nur in geringen Mengen verwendet werden.

Piment (Nelkenpfeffer)
Die unreifen, kleinen, braunen Beeren, an der Sonne getrocknet, schmecken teils nach Pfeffer, teils nach Nelken und erinnern an Zimt und Muskat. Belebend und erfrischend, geeignet zu Suppen, Soßen, zu Fleischgerichten, zur Senfbereitung und als Würze zu Lebkuchen, Honigkuchen und Likören.

Safran
Wird in Pulverform oder als Safranfäden (siehe auch Ringelblume) angeboten. Echter Safran besteht aus den getrockneten Blütennarben einer Krokusart, die in Frankreich, Spanien und im Orient beheimatet ist. Die Fäden werden von Hand gesammelt, daher der hohe Preis. Safran gibt man immer zuletzt an eine Speise; er kann auch zum Färben („Safran macht den Kuchen gehl") verwendet werden.

Salz
Die gebräuchlichsten Salzarten sind Tafel- und Meersalz. Tafelsalz, aus Steinsalz im Bergbau gewonnen oder in Salinen, wird meist jodiert, d. h. mit Jod angereichtert. Meersalz wird in groben Körnern angeboten; zum Zerkleinern ist eine Salzmühle sehr praktisch – so lässt sich auch die Salzmenge besser kontrollieren. (Besonders empfehlenswert: Fleur de sel, feinste Salzkristalle.)

Senf, weißer
Die gelbkugeligen Samenkörner enthalten Schleim zur Förderung der Darmtätigkeit. Das scharfe, ätherische Öl regt den Appetit an, reizt jedoch entzündete Magen- und Darmschleimhaut. Unterstützt die Fettverdauung. Die Körner verwendet man zu Soßen, Marinaden, Essiggurken, Fischlaken; das entölte Pulver zur Senfherstellung (Mostrich), mit anderen Gewürzen oder zu Salatsoßen, mit etwas Bier vermischt.

Senf, schwarzer
Hat die gleichen Wirkungen und eignet sich auch zu Umschlägen und Bädern.

Sternanis
Die achtzackig geformte Frucht (aus China stammend) wird meist ungemahlen verwendet; dient zur Herstellung von Likören und zum Aromatisieren von Gebäck; magenstärkend, blähungswidrig.

Sojasauce
Bei uns werden meist japanische Produkte angeboten. Sie werden durch verschiedene Fermentationsstufen aus Sojabohnen oder Sojaflocken u. a. hergestellt. Der natürliche Gärungsprozess kann bis zu einem Jahr dauern. Daneben gibt es auch chemische Verfahren. Sojasauce kann bis zu ca. 19 % Salz enthalten (dann kann auf weiteres Salzen der Speise verzichtet werden); es gibt sehr unterschiedliche Geschmacksnuancen – bis hin zu süßlichen Noten.

Szechuan-Pfeffer
Die gesprenkelten, rostfarbenen Pfefferkörner sind von mittelscharfem Geschmack und angenehmem Aroma (Duft). Sie werden ganz oder gemahlen in Spezialitätengeschäften verkauft. Fest verschlossen aufbewahrt unbegrenzt haltbar. Kein Ersatz!

Tomatenmark
Zu Soßen, zum Färben und Würzen von Suppen und Bratensoßen.

Vanille
Die Schoten/Stangen sind nicht ausgereifte Kapselfrüchte, deren Trocknung/Fermentierung sehr zeitaufwändig ist. Appetitanregend, drüsenbelebend.
Die getrockneten, aufgeschlitzten Schoten können, in Milch gekocht, zu Süßspeisen oder pulverisiert, unter feinen Zucker gemischt, zum Backen und Süßen von Getränken, Kompott, Schokolade usw. verwendet werden. Ein Film von kristallisiertem weißen Vanillin garantiert beste Qualität.

Wacholder
Meist in getrocknetem Zustand als Würze zu Sauerkraut, Wild etc. Für Nierenkranke nicht geeignet.

Zitrone
Im Übermaß genossen, kann der Saft die Magenschleimhaut reizen: für Geflügel- und Kalbfleisch, abgerieben (nur Bio-Zitronen) für Obst- und Süßspeisen, Gebäck aller Arten, hocharomatisch.

Zimt
Am feinsten ist Ceylonzimt. Uraltes Gewürz in Stangenform zu Glühwein, zum Einlegen von süß-saurem Kürbis, Essigfrüchten; als Pulver zu feinem Gebäck, zu Reisspeisen (mit Zucker vermischt), Sauermilch, Apfelbrei.

Grundlagen des Kochens

Frische Kräuter

Vorbereitung
Nur kurz mit kaltem Wasser überbrausen, gut trocknen lassen, auf einem mit kaltem Wasser abgespülten Holz, besser Kunststoffbrett (das lässt die Säfte nicht eindringen) mit einem scharfen Messer oder Wiegemesser hacken.
Schnittlauch mit einer Schere feinschneiden.
Dill, auch Thymian und Basilikum, mit den Fingern kleinzupfen.
Im Frühling und Sommer frische Kräuter in kleinen Kunststoffbehältern oder ähnl. portionsweise einfrieren.

Getrocknete Kräuter
Zwischen den Fingern zerreiben oder im Mörser zerkleinern.

Tipps zur Aufbewahrung
Frische Kräuter wie Petersilie in ein Glas mit Wasser stellen oder für höchstens drei Tage in einem Schraubglas oder einer Tupperschale im Kühlschrank aufbewahren.
Getrocknete Kräuter in gut verschlossenen Gläsern (Braun- oder Grünglas) aufbewahren; vor Licht und Feuchtigkeit schützen. Nicht in Kunststoffbehältern lagern, da manche Kräuter Giftstoffe entwickeln können (z. B. Pfefferminze).

Aalkräuter
Folgende Kräuter passen besonders gut zu Aalgerichten: Bibernelle (Pimpinelle), Borretsch, Salbei, Thymian, Tripmadam, Weinraute und Zitronenmelisse.

Bärlauch
Die Pflanze gehört zur Lauchfamilie und wächst wild in hellen Laubwäldern (heißt auch Waldknoblauch). Saison: etwa Ende März bis Ende April. Der Geschmack ist scharf-würzig und erinnert an Knoblauch. Die Pflanze ist mehrjährig. Geeignet zum Würzen von Suppen, Soßen, als Zutat in der Maultaschenfüllung und als pesto-ähnliche Paste zu Nudelgerichten.
Die Blätter sollten vor der Blüte geerntet werden; die Blüten sind eine essbare Dekoration für Salate. Bärlauch wirkt antibakteriell, regt den Appetit an, wirkt reinigendauf Magen und Darm und soll den Cholesterinspiegel senken.

Basilikum
Aussaat: Im März in Töpfe oder ins warme Mistbeet. Anfang Mai ins freie Land. Einjährige Pflanze, braucht sonnige Lage, wird 20–50 cm hoch, deshalb Abstand zwischen den Pflanzen lassen. Blätter länglich bis oval. Auch rotblättriges Basilikum kann selbst gezogen werden. Die rostrot farbigen Blättchen passen gut zu Salaten. Frisch verwenden, gekocht sehen sie unansehnlich aus. Mit den Fingern klein zupfen, geschnitten wird es bitter.
Geschmack: süßlich – pfefferartig – würzig.
Verwendung: Möglichst nur frische Blätter zu Tomaten-, Bohnen-, Reissalat, zu allen Tomatengerichten, zu Kalbfleisch und zu Pesto; blähungswidriges Magenmittel.

Beifuß
Ein wild wachsendes Kraut mit weißlichsilbrigen Blüten. Die frischen oder getrockneten Blütenrispen werden zu Gänsebraten und Gänseschmalz verwendet. Der Geschmack ist leicht bitter; verdauungsfördernd.

Bohnenkraut
Aussaat: im März/April direkt ins freie Land. Die einjährige Pflanze liebt sonnige Standorte mit leichtem Boden. Die mehrjährige Art wird nur 25 cm hoch und ist einfacher in der Haltung. Kurz vor der Blüte und auch während der Blüte abschneiden.
Geschmack: würzig – aromatisch.
Blättchen nicht zerkleinern, sonst schmecken sie bitter!
Verwendung: Bohnensalate, Kartoffel- und Eintopfgerichte, Hammel- und Fleischragouts; gut gegen Blähungen.
Getrocknetes Bohnenkraut erst 10 Min. vor Kochende zugeben.

Borretsch
Aussaat: Ende März/Anfang April ins freie Land. Nicht zuviel säen – Borretsch wuchert gern! Lieber nachsäen, da die kleinen Blättchen aromatischer sind. Die einjährige Pflanze stellt keine Ansprüche an die Bodenbeschaffenheit.
Geschmack: gurkenähnlich – würzig.
Verwendung: Gurken- und Blattsalate, Gemüse- und Fleischsalate, Grüne Soße, Kräuterbutter, Fleischfarcen. Vom Borretsch werden nur die frischen Blätter und Blüten verwendet.
Mit den Blüten lässt sich Kräuteressig blau färben; Kopfsalat kann mit den Blüten vermischt werden. Als Einlage in Eiswürfeln für sommerliche Getränke sehen sie hübsch aus. Borretsch ist blutreinigend und herzstärkend.

Dill
Aussaat: Im April ins freie Land. Die einjährige Pflanze liebt sonnige Plätze, Abstand halten, sie kann bis 1 m hoch werden!
Geschmack: mild – frisch – würzig.
Verwendung: die gefiederten Blättchen zu Gurken-, Kartoffel-, Spargel- und Tomatensalat, für alle grünen Salate, sogar zu Weißkohl, für Dillsoße, zu Kalbfleisch und Fisch. Die Blüten- bzw. Fruchtdolden zum Würzen von Essigkonserven, auch Dill-Essig. Dill ist blähungswidrig.

Engelwurz (Angelika)
Wildwachsende Pflanze.
Geschmack: süßlich.
Verwendung: die frischen zerkleinerten Blätter zu Fruchtmus und Rhabarber. Die Stängel gedünstet wie Bleichsellerie. Die Wurzel kann eingelegt und kandiert werden; die getrocknete, zerkleinerte Wurzel findet in Tee und Likör Verwendung.

Estragon
Aussaat: Am besten Jungpflanzen kaufen und im Spätherbst oder Frühjahr ins freie Land setzen. Sonnige Lage liebt der Estragon. Allerdings kann er wuchern! Die Pflanze gelegentlich umsetzen.
Geschmack: aromatisch – dominant.
Verwendung: grüne Salate, Kartoffelsalat, Geflügel, Fisch, Soßen, Essig. Am besten schmecken die frischen Blättchen, Estragon kann aber auch tiefgefroren und getrocknet zu verwenden. Estragon ist appetitanregend.

Fenchel
Man unterscheidet zwischen Gewürz- und Gemüse(Knollen)fenchel. Bei uns ist die Aussaat nur in warmen Gebieten mit sehr gutem Boden und genügend Düngung von Ende Juni bis Mitte Juli möglich.
Geschmack: leicht süßlich, aromatisch.
Verwendung: Samen zu Tee, zum Einlegen von Essiggurken, für Brot und Gebäck; im Mörser zerstoßen für Orientalische Gerichte; Gemüsefenchelkraut zu Salatsoßen, Gelbe Rüben- und Rettichsalat und Gemüse. Fenchel hilft bei Blähungen und Verstopfungen.

Kapuzinerkresse
Aussaat: Im März / April direkt ins freie Land oder in Töpfe.
Geschmack: pfeffrig (Blätter intensiver).
Verwendung: Sowohl Blätter als auch Blüten lassen sich verwenden. Blüten in grünen Salaten, zu Süßspeisen und Frischkäse; feingeschnittene Blätter in Pfannkuchen, Soßen, Suppen und Geflügelgerichten. Die Blütenknospen können wie Kapern eingelegt werden.

Kerbel
Aussaat: Im März direkt ins freie Land an einen halbschattigen Platz. Die einjährige Pflanze liebt es feucht! Nach der Blüte schmeckt der Kerbel nicht mehr so aromatisch. Kerbel nur frisch verwenden!
Geschmack: süßlich – aromatisch.
Verwendung: Die zarten Blättchen schmecken in allen grünen Salaten, Rohkost, Eiersalat, Suppe, hellen Soßen, Quark und Mayonnaise. Kerbel ist blutreinigend.

Knoblauch
Ein zwiebelähnliches Gewächs mit vielen Nebenzwiebeln (Zehen). Knoblauch besitzt einen stark durchdringenden Geruch und Geschmack. Die Verwendungsmöglichkeiten sind vielfältig: zu Tomatensoße, zu Schweinebraten, Kotelett, Lamm- und Hammelgerichten, für Gemüsegerichte, Geflügelfüllungen, zu Wurst, zu Salaten wie Kopfsalat, Tomatensalat. Wird Knoblauch mit etwas Öl oder Salz zusammen gehackt oder zerdrückt oder genießt man ihn in Verbindung mit Petersilie, verliert er den scharfen Geschmack. Bei manchen Gerichten genügt es auch, das Gefäß mit einer halbierten Knoblauchzehe auszureiben (siehe Rezepte). Knoblauch wirkt darmreinigend, unterstützt die Fettverdauung und wirkt günstig auf den Blutdruck ein; hält das Blut dünnflüssig.

Schnittknoblauch
Aussaat: Ende März bis Mitte April ins freie Land.
Erntereif: Juni bis Oktober.
Geschmack: Die schmalen, langen Blätter schmecken nach Knoblauch oder *Bärlauch,* der wild auf Streuwiesen wächst (Bärlauch ist intensiver im Geschmack).
Verwendung: Wird wie Knoblauch, Schalotten oder Schnittlauch verwendet. Für Salate, Brotaufstriche, Kräutersoßen, in Quark- und Gemüsegerichten. Die ebenfalls essbaren Blüten zur Dekoration von Salaten und Gemüsegerichten.

Koriander
Aussaat: April an sonnigen, windgeschützten Stellen. Regen während der Blütezeit macht den Koriander unbrauchbar. Die Blütenstände werden abgeschnitten, wenn die Körner braun werden.
Geschmack: aromatisch – würzig, erfrischend.
Verwendung: ganze Körner für Wildbeizen, Marinade zu Roten Rüben, zum Einlegen von Heringen; gemahlen zu säuerlichen Soßen, zu Salatsoßen für Krautsalate, zu Bratwurst, Pflaumenmus, eine kleine Prise zum Kaffee. Die frischen Blättchen lassen sich für Salatsoßen und in Gemüsegerichten verwenden.
Koriander gibt es fertig in Körnern und gemahlen zu kaufen.

Kresse
Man unterscheidet die wildwachsende *Brunnenkresse* und die *Gartenkresse* und *Winterkresse.* Gartenkresse ist anspruchslos, sie wächst überall. Es genügt eine Schale, Fließpapier und Wasser. Die einjährige Pflanze hat eiförmige, leicht gefiederte Blätter.
Geschmack: frisch-aromatisch bis scharf.
Verwendung: Kräutersoßen, Tomaten-, Radieschen- und Eiersalat, zu Kartoffeln, Eiergerichten. Brunnenkresse als Salat, aber besser gemischt, da der Geschmack scharf senfartig sein kann, zu Kartoffelsalat, zu Garnierungen, auch in kleinen Mengen zu Meeresfrüchten. Hoher Vitamin- und Eisengehalt.

Lavendel
Als Jungpflanze ins Freiland setzen.
Geschmack: süßlich, die Blättchen kräftig.
Verwendung: die Blüten für Süßspeisen, Eis, Kekse und Kuchen, zum Kandieren. In kleinen Mengen (auch die Blättchen bzw. Stängel) zu Lamm- und Kaninchenfleisch.
Getrockneter Lavendel ist intensiver in Duft und Geschmack; er kann gegen Mehlmotten eingesetzt werden.

Liebstöckel
Aussaat: Als Setzling Ende März ins freie Land. Liebstöckel wird sehr groß. Gelegentliches Düngen, ansonsten eine anspruchslose Pflanze. Mehrjährig, Vermehrung durch Spalten der Wurzel möglich. Heißt auch »Maggikraut«.
Geschmack: sehr würzig, sparsam verwenden.
Verwendung: Kartoffelsalat, Eierspeisen, Salatsoßen, Suppen, Tomatengerichte, Kräuterbutter, Fleischfüllungen, Schweinefleisch. Man verwendet die frischen Blätter und trocknet die Wurzel und die Blätter, auch Tiefgefrieren möglich.

Majoran
Aussaat: In unseren Breiten nach den Eisheiligen in geschützter, sonniger Lage aussäen. Oder Jungpflanzen setzen. Der Geschmack ist kurz vor der Blüte am besten.
Geschmack: würzig, leicht bitter.
Verwendung: Die frischen (oder getrockneten) Blättchen passen zu Kartoffel-, Erbsen- und Fleischsalat, Bohnen, Möhren, Suppen, Fleisch und Wurst, Klößen und Geflügel. Majoran erhöht die Bekömmlichkeit von frisch ausgelassenem Schmalz. Da Majoran stark würzt, keine anderen Kräuter mitverwenden; blähungswidrig.

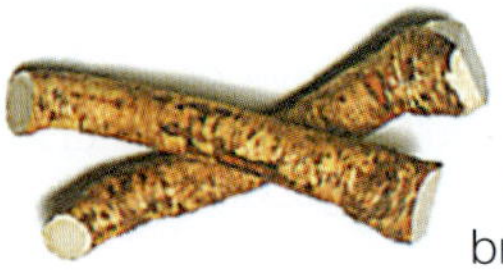

Meerrettich
Die pfahlartige, lange, dicke Wurzel mit der braungelben Außenhaut hat einen scharfen und beißenden Geschmack. Roh gerieben, mit Äpfeln und Sahne angemacht, oder mit Mayonnaise vermischt, zu Salatsoße, Rohkost, gemischt mit Äpfeln oder als warme Meerrettichsoße oder als Beilage zu gekochtem Fleisch (Tafelspitz **797**) oder kurzgebratenen Fleischstücken sollte Meerrettich öfter auf dem Speiseplan stehen. Ein Verfärben des roh geriebenen Meerrettichs verhindert man durch Beträufeln mit Zitronensaft. Meerrettich ist blähungswidrig, wirkt positiv auf die Harnwege und ist bei Erkältungen zu empfehlen.

Oregano (wilder Majoran)
Aussaat: Aus Samen oder durch Teilung der Stöcke wächst Oregano an jedem sonnigen Standort. Er wuchert gern!
Geschmack: intensiver und wilder als Majoran.
Verwendung: wie bei Majoran und für Tomatengerichte, Pizza, Fisch.

Petersilie
Aussaat: Jedes Jahr im März in halbschattiger, feuchter Lage. Die glattblättrige Petersilie ist der krausen geschmacklich vorzuziehen. Auch Aussaat in Töpfen ist möglich.

Geschmack: frisch – würzig.
Verwendung: grüne Salate, Gurken-, Tomaten-, Gemüse-, Eiersalate, kalte und warme Soßen, Kräuterbutter, Reis-, Fleisch- und Fischgerichte, Quark, zum Garnieren. Petersilie ist magenstärkend, appetit- und verdauungsfördernd und harntreibend.

Pfefferminze
stammt aus der großen Minze-Familie:
Aussaat: Die Wurzelstöcke im Frühjahr oder im Herbst einpflanzen. Lockere Erde und häufiges Gießen beschleunigen das Wachstum.
Geschmack: frisch bis scharf.
Verwendung: grüne Salate, Tomaten-, Kartoffelsalat, Möhren, weiße Bohnen, Soßen und Suppen, Getränke, Fleisch. Pfefferminze ist erfrischend, krampfstillend, hat eine gute Magenwirkung; im Sommer in kalten Tee usw. einen frischen Minzestängel geben!

Pimpinelle
Aussaat: Jungpflanzen im Frühjahr oder Herbst an einen sonnigen Platz setzen.
Geschmack: würzig – aromatisch.
Verwendung: die frischen Blättchen zu Grüner Soße, grünen Salaten, Tomaten, Eierspeisen, Suppen und hellen Soßen.

Portulak
Aussaat: Nach dem Frost ins Freiland oder in Blumenkästen.
Geschmack: frisch.
Verwendung: die jungen Blättchen für Salate und Gemüse, Soßen, auch Mayonnaise. Die frischen Blätter können großzügig verwendet werden. Bei Schmorgerichten u. ä. die Blättchen erst kurz vor Ende der Garzeit zugeben.

Ringelblume
Aussaat:
Im März / April direkt ins freie Land oder in Blumentöpfe.
Geschmack:
leicht süßlich.
Verwendung: die frischen Blüten bzw. ausgezupften Blütenblätter für Salate, Quark und Vanillepudding oder über Reis gestreut; die getrockneten Blütenblätter zu Tee (in einem Leinensäckchen aufbewahren). Die getrockneten Blütenblätter können als Safranersatz dienen.

Rosmarin
Aussaat:
Gedeiht nur in südlichen Gefilden in freier Natur. Bei uns kann man einen Rosmarinbusch im Blumentopf den Sommer über in den Garten setzen, gut gießen und gelegentlich düngen.
Geschmack: kampferartig mit etwas Tanne.
Verwendung: Tomaten-, Gemüsesalat, Pilzgerichte, Fleisch- und Fischspeisen, für gegrilltes Fleisch (besonders Lamm), Soßen.
Frisch nur die ganz jungen Triebe verwenden, denn die großen Nadeln schmecken leicht bitter. Sehr zu empfehlen: Rosmarinpulver! Rosmarin erleichtert die Verdauung.

Salbei
Aussaat: Jungpflanzen im Frühjahr direkt an Ort und Stelle setzen. Salbei ist genügsam und kommt jedes Jahr wieder.
Geschmack: würzig – bitter.
Verwendung: grüne Salate, Gerichte mit Tomaten, Fleisch-, Fisch- und Geflügelgerichte. Salbei nur in kleinen Mengen verwenden. Als Tee gut bei Halsbeschwerden.

Sauerampfer
Aussaat: Im Herbst. Einfacher ist das Setzen von Jungpflanzen im Frühjahr. Den Sauerampfer nicht zum Blühen kommen lassen – dann entwickeln sich die Blätter besser.
Geschmack: säuerlich.
Verwendung: zu grünem Salat, Salatsoßen, Suppen, Kräuterbutter, Quark. Wegen seines hohen Gehaltes an Kleesäure (Oxalsäure) sollte Sauerampfer nur in Verbindung mit anderen Zutaten und auch nur selten genossen werden. Für Rheumatiker nicht geeignet!

Schnittlauch
Aussaat: Aus Samen etwas mühsam, besser Jungpflanzen setzen. Er wächst im Blumentopf, im Balkonkasten und im Garten.
Geschmack: frisch – würzig, leicht nach Zwiebeln.
Verwendung: grüne Salate, Gurken-, Tomaten-, Eier-, Kartoffelsalat, Rohkostplatten, Soßen, Suppen, Gemüse, Fleisch- und Fischgerichte, fördert die Bildung von Magensaft, wirkt verdauungshelfend und blutreinigend.

Thymian
Aussaat:
Einjährig aus Samen und mehrjährig aus Jungpflanzen im Mai aussetzen. (geschützte Lage). Bis spät in den Herbst kann man die frischen Blättchen ernten.
Geschmack: stark würzig, aromatisch.
Verwendung: Tomaten-, Gemüse-, Fleischsalat, Tomatenspeisen, Bohnen, Eier-, Fleisch- und Pilzgerichte, Lamm und Wild; anregend und hilfreich bei Verdauungsbeschwerden.

Tripmadam (Steinkraut)
Den immergrünen, winterharten Setzling kaufen.
Geschmack: säuerlich, leicht kühl.
Verwendung: nur kleine Mengen der frischen Blattspitzen für Suppen, Kopf- und Gemüsesalate oder als Gemüsebeilage verwenden.

Waldmeister
Wild wachsende Pflanze – Erntezeit Frühjahr, zu Beginn der Blüte.
Geschmack: erfrischend, leicht zitronig.
Verwendung: die leicht angewelkten Blättchen zum Aromatisieren von Getränken wie Bowle, Berliner Weiße und Süßspeisen sparsam verwenden.

Ysop
Am besten als Jungpflanze kaufen.
Geschmack: herb, leicht bitter mit etwas Minze.
Verwendung: frisches Kraut (junge Blätter und Triebspitzen und Blüten) für Bohnen- und Tomatensalat, für Suppen, Soßen, Fisch- und Fleischgerichte und für Gemüse wie Sellerie und Kartoffeln.

Zitronengras
Kann bei uns nicht angebaut werden, wird aber zunehmend importiert.

Geschmack: zitronenähnlich – Bestandteil des ätherischen Zitronengras- (Lemongras-)öls.
Verwendung: die unteren, zwiebelartigen Verdickungen fein geschnitten, frisch in Salate; größere Stücke für Suppen und Eintöpfe (besonders in der asiatischen Küche). Getrocknete Stückchen sparsam in Suppen, Fisch- und Fleischgerichten.

Zitronenmelisse
Aussaat: Jungpflanzen ab April direkt ins Freie. Kann sehr groß werden, deshalb Abstand lassen.

Geschmack: zitronig – frisch.
Verwendung: grüne Salate, Tomatensalat, Fischgerichte, Getränke. Die Blättchen, frisch vor der Blüte gepflückt, haben das beste Aroma. Zitronenmelisse wirkt krampfstillend bei Blähungen und ist ein aromatischer Teeaufguss.

Lauch
Kann roh (wenn er zart und jung ist) zu Salat und gedünstet zu Gemüse, Suppe, Eintopf verwendet werden; er fördert die Ausscheidung von Galle und Leber.

Sellerie
Zwei Arten sind gebräuchlich: der Knollensellerie, eine etwa faustgroße Knolle mit dunkelgrünen, glänzenden Blättern und der Bleich- oder Staudensellerie mit kleiner Knolle und langen, fleischigen Stielen mit hellgrünen Blättchen.

Sellerie hat einen starken Eigengeschmack; Bleichsellerie schmeckt süßlich-zart. Geeignet für Suppen, Fonds, Soßen, zu Salaten, roh und gekocht, zu Geflügel, Hackbraten, zu manchen Fischarten. Bleichsellerie schmeckt vorzüglich mit einer Quark- oder pikanten Soße (Dip) roh, nur in Stücke geschnitten. Sellerie wirkt stoffwechselanregend und ist nierenfreundlich; hoher Gehalt an Vitamin E. Bleichsellerie hat eine ähnliche Zusammensetzung, außerdem hohen Phosphorgehalt.

Zwiebel
Ein Knollengewächs, einjährig, mit röhrenförmigen Blättern und rötlich-blauer Blüte. Die wichtigsten Zwiebelsorten: die große Gemüsezwiebel (mild im Geschmack), die weiße Zwiebel (scharf), die rote oder blaue Zwiebel (milder Geschmack), die Schalottenzwiebel (feiner Geschmack) und die Frühlings- oder Lauchzwiebel, die mit dem Grün verbraucht wird (frisch, etwas lauchartig im Geschmack). An der Luft getrocknete Zwiebeln sind das ganze Jahr hindurch zu verwenden. Die verschiedenen Zwiebelsorten passen zu vielen Gerichten, zum Beispiel zu Tomaten- und Zwiebelsoße, Zwiebelsuppe, zu allen grünen Salaten, zu Tomaten-, Bohnen-, Gurken-, Kartoffel- und Gemüsesalat, zu allen Braten, zu Käsegerichten, zu Tatar, zu allen Wildgerichten, zu gekochtem und gebratenem Fisch usw., siehe auch S. 396. Die Zwiebel ist magen- und darmstärkend, desinfizierend. Rohe Zwiebeln sind gut gegen Schlaflosigkeit; sie halten außerdem das Blut dünnflüssig.

Tipp:
Es gibt eine Reihe von tiefgekühlten Kräutern zu kaufen. Diese sind besonders im Winter als Vorrat sehr empfehlenswert.

Milch, Milchprodukte, Käse

Milch ist ein besonders wertvolles Lebensmittel – schon 1/2 Liter deckt einen beachtlichen Prozentsatz des täglich empfohlenen Nährstoffbedarfs. Milch und auch Produkte, die aus Milch hergestellt sind, enthalten hochwertiges Eiweiß. Sie liefert fast alle essentiellen Aminosäuren und ist in diesem Punkt dem Fleisch überlegen. Außerdem enthält Milcheiweiß weniger Purine als das Fleisch. Der enthaltene Milchzucker kann von den Darmbakterien in Milchsäure umgewandelt werden. Diese bewirkt ein vermindertes Wachsen der Fäulnisbakterien und verbessert somit die Aufnahme von einigen Mineralstoffen und Spurenelementen. Das Milchfett ist auf Grund seiner Fettsäurezusammensetzung besonders leicht verdaulich. Milch liefert in ausgewogenem Verhältnis Calcium und Phosphor, außerdem viele Mineralstoffe und Spurenelemente; wichtig für bestimmte Stoffwechselvorgänge und den Aufbau von Knochen. Auch Vitamine kommen in der Milch vor: an das Milchfett ist Vitamin A gebunden, auch Vitamine der B-Gruppe finden sich reichlich.
Zur besseren Unterscheidung:
Rohmilch ist unbehandelte Milch direkt vom Bauern.
Vorzugsmilch ist ebenfalls eine Rohmilch, die direkt im Bauernhof abgefüllt wird. Die Milch unterliegt sehr strengen Kontrollen; sie darf nur max. 24 Stunden im Handel sein.
Pasteurisierte Milch wird kurzzeitig auf ca. 70 bis 75 °C erhitzt und ist einige Tage haltbar.
Ultrahocherhitzte Milch (die sog. H-Milch) ist für einige Sekunden auf 130 bis 150 °C erhitzt (es gibt das direkte und indirekte Verfahren). Diese Milch ist ungekühlt und ungeöffnet mindestens 6 Wochen haltbar.
Sterilisierte Milch wird bis zu 30 Min. bei Temperaturen über 100 °C gekocht. Sie ist ungeöffnet fast 1 Jahr haltbar.
Milch hat verschiedene Fettgehalte: von 0,3 % bis 3,5 % (Vollmilch). Auch Milch mit naturbelassenem Fettgehalt gibt es.

Joghurt mit Früchten

Sauermilch-Produkte

Dickmilch ist sauer gewordene Rohmilch; heute wird Dickmilch mit Hilfe von Säurebakterien künstlich gesäuert.
Kefir, eine Spezialität Südosteuropas, wird mit Milchsäure und Kefirknöllchen, einer Art Hefepilz, hergestellt. Bei der Gärung entsteht Kohlensäure – das macht den spritzigen Geschmack.
Sauermilch wird aus verschiedenen Milcharten hergestellt: aus entrahmter, fettarmer und Vollmilch. Die Säuerung wird durch Milchsäurebakterien erreicht; die Erzeugnisse sind sämig-flüssig oder stichfest.
Joghurt, Bioghurt, Sanoghurt werden aus Kuhmilch (früher auch aus Schaf- und Ziegenmilch) hergestellt. Interessant ist der Unterschied der Herstellung. Klassischer Joghurt wird mit Bakterienkulturen hergestellt, die den Milchzucker hauptsächlich zur linksdrehenden Milchsäure (D –) vergären. Bioghurt und Sanoghurt-Kulturen produzieren überwiegend rechtsdrehende Milchsäure (L +). Letztere lässt sich vom menschlichen Stoffwechsel besser und schneller verwerten. Joghurt gibt es trinkfähig und stichfest, in verschiedenen Fettstufen und mit Obst.
Sahne wird aus Milch durch Abtrennen von Magermilch hergestellt und erhitzt. Sahne muss mindestens 10 % Fett (Schlagsahne 30 %) enthalten. Man unterscheidet zwischen süßer und saurer Sahne. Auch saure Sahne gibt es in verschiedenen Fettstufen; eine Spezialität ist Crème fraîche, eine cremige Sahne, in verschiedenen Säuregraden erhältlich. Zur Verfeinerung und zum Sämigmachen von Suppen und Soßen eignet sich besonders die Creme double (Fettgehalt 42 %).
Kochsahne hat 50 % weniger Fett als übliche süße Sahne. Sie eignet sich gut für Soßen jeder Art.
Molke fällt bei der Quark- und Käseherstellung als Nebenprodukt an. Sie ist reich an Mineralstoffen und Milchvitaminen und besitzt ein hochwertiges Eiweiß. Molke ist geschmacksneutral, lässt sich gut mit Säften, Früchten etc. verändern; ein Molketag ist gut für die Entschlackung.
Quark, in verschiedenen Fettstufen erhältlich, gehört zu den Frischkäsen. Er wird aus pasteurisierter Milch hergestellt.

Magerquark ist eine preiswerte Eiweißquelle.
Speisequark (Topfen) hat eine cremige, pastöse Beschaffenheit.
Schichtkäse ist im Gegensatz zum Quark nicht passiert; er ist etwas fe-ster und schmeckt herber als Quark, besonders für Quarktorten geeignet.
Ricotta, der unserem Quark ähnlich ist, ist von der Beschaffenheit trockener und geschmacklich milder. Er eignet sich sehr gut zu Kuchen und Torten.
Hüttenkäse (Cottage cheese) hat eine körnige Struktur. Er kann vielseitig verwendet werden: zum Frühstück, als kleine Zwischenmahlzeit, zu Füllungen etc. siehe auch Quarkrezepte.
Rahmfrischkäse und **Doppelrahmfrischkäse** haben einen Fettgehalt von 50-60% in der Trockenmasse und sind fester als Quark.
Mascarpone, streichfähiger Frischkäse in Doppelrahmfettstufe; Er schmeckt angenehm säuerlich; auch gut zum Andicken von Soßen geeignet.
Mozzarella, ein schnittfester italienischer Frischkäse mit sehr mildem Geschmack lässt sich gut zum Belegen von Pizza, Vorspeisentellern und Salaten verwenden (siehe **409**).
Schafskäse kommt aus Südosteuropa zu uns; es ist ein schnittfester, gepresster Käse, natur in Salzwasser oder in eine würzige Öl-Kräutersoße eingelegt. Der Geschmack reicht von mildneutral bis sehr kräftig. Unentbehrlich zum „Griechischen Salat" **404**.
Ziegenfrischkäse wird vor allem in Frankreich und Italien hergestellt, in zunehmendem Maße auch in Deutschland. Es gibt ihn in verschiedenen Reifegraden – entsprechend steigert sich der Geschmack von mild-cremig bis sehr kräftig. Er wird auch, in Weinblättern eingeschlagen oder in einer würzigen Olivenöl-Kräutersoße eingelegt, angeboten. Ziegenkäse kann auch warm serviert werden. Darauf achten, dass er nicht zu lange im Backofen bleibt und nicht zu heiß wird (bei 180 °C knapp 5 Minuten).
Das Angebot an **Rohmilchkäsen** hat in den letzten Jahren erfreulich zugenommen, auch **Weichkäse** wie Camembert oder Brie gibt es in verschiedenen Ausführungen.
Sorten wie Munster und Pont l'Evêque schmecken kräftiger.
Ein reichhaltiges Angebot bieten auch die **halbfesten** und die **festen Schnittkäse**, die bekanntesten sind die holländischen Sorten und Pyrenäenkäse, Emmentaler, Greyerzer oder Bergkäse.
Eine Sonderstellung nehmen die Harzer Käse ein: sie haben nur sehr wenig Fett und schmecken mit Zwiebelringen und einer Essig- und Ölsoße besonders gut.
In Deutschland gibt es mehr als 600 Käsesorten. Frankreich und Italien bieten eine noch größere Vielfalt, die man auch an heimischen Käsetheken zunehmend finden kann. Auch englischer Käse (Cheddar) wird angeboten.
Käse zählt zu den wertvollen Eiweißspendern und er enthält wichtige Mineralstoffe, Vitamine und Spurenelemente. Er hat nur einen Fehler: der, der am besten schmeckt, hat auch das meiste Fett.
Käseaufbewahrung: Käse getrennt nach Sorten in kleine Porzellanschüsseln legen, ein feuchtes Tuch darüberdecken und im Gemüsefach des Kühlschranks oder im Keller aufbewahren. Oder den Käse nach Sorten getrennt in Pergamentpapier einwickeln und wie oben aufbewahren.
Vor dem Servieren rechtzeitig aus dem Kühlschrank nehmen – Käse verliert kalt seinen Geschmack.

Obatzter (angemachter Käse) **139**

Das richtige Küchenwerkzeug

Küchenwerkzeuge wie Messer, Schneebesen, Siebe und Garnierhilfen sind tagtäglich im Gebrauch. Deshalb müssen sie stabil und funktionstüchtig sein.
Messerklingen aus geschmiedetem Spezialstahl garantieren beste Schneidfähigkeit. Ergonomisch geformte Griffe aus Hartkunststoff oder Holz bieten sicheres Arbeiten. Ein fugenloser Übergang zwischen Kropfklinge und Griff sorgt für Hygiene, nichts setzt sich fest, die Messer sind einfach zu reinigen. Wichtig: Die Klingen regelmäßig mit dem Wetzstahl bzw. Keramik-Wetzstab abziehen. So bleiben die Messer scharf. Zum Aufbewahren ist ein sog. Messerblock praktisch. Die Messer sind darin gut geschützt und jederzeit griffbereit.
Garnierhilfen erleichtern viele Arbeiten und sorgen für dekoratives Aussehen von Gemüse, Obst usw.
Schneebesen und *Siebe* aus Metall bzw. Edelstahl sind rostfrei, lange haltbar und funktionell. Achten sie beim Kauf von Schneebesen darauf, dass die Drahtschlaufen stabil im Griff befestigt und dennoch elastisch sind. So passen sie sich beim Schlagen der Form des Gefäßes an.
Bei Sieben müssen die Netzteile fest mit dem Metallrahmen verbunden sein. Dann lassen sie sich schnell und hygienisch unter fließend heißem Wasser reinigen. Wichtig: Schneebesen und Spitz- bzw. Haarsiebe nach dem Spülen immer gut trocknen lassen. Gut geeignet dazu: Eine Stange, an der die Küchengeräte hängend aufbewahrt werden und so jederzeit einsatzbereit sind.

Folgende Küchenwerkzeuge gehören zur Grundausstattung:
Besonders wichtig ist ein Sortiment Messer – hier bitte nicht an der Qualität sparen!
Brotmesser mit langer Wellenschliffklinge.
Kochmesser (Chefmesser) mit breiter, glatter Klinge.
Filetiermesser mit etwas schmalerer, glatter Klinge.
Gemüsemesser (Putzmesser), kleines, handliches Messer, auf einer Klingenseite gebogen.
Tomatenmesser mit engem Wellenschliff.
Küchenmesser mit gerader, glatter Klinge.
Diese Messer sind für die unterschiedlichsten Küchenarbeiten geeignet.
Wetzstahl zum Schärfen aller Messer.
Schäler (Sparschäler) zum dünnen Abschälen von Gemüse, Kartoffeln, Obst.
Fleischgabel zum Wenden und Herausnehmen von Fleisch.
Geflügelschere zum Zerlegen von Geflügel.
Haushaltsschere zum Aufschneiden von Packungen, Tüten etc. und um Fische zu säubern.
Palette (Pfannenmesser) zum Glattstreichen von Cremes sowie zum Wenden von Fleisch oder zartem Fisch.
Schaumlöffel zum Herausnehmen von Klößen, Gemüse oder zum Abschäumen.
Schöpfkellen in verschiedenen Größen für Soßen, Suppen etc.

Kochlöffel, verschiedene Größen (aus Holz), zum Umrühren, zur Teigbereitung etc.
Schneebesen und **Soßenbesen** (hat weniger Drahtschlaufen) zum Aufschlagen, Glattrühren und Unterheben
Sieb (Durchschlag) zum Abgießen von Nudeln; **Haarsieb** zum Passieren.
Rohkostreibe (Vierkantreibe) zum Raffeln, Raspeln und Reiben von Gemüse, Nüssen etc. mit 3–4 verschiedene Reibtrommeln oder -eisen.
Käsereibe zum Reiben von Emmentaler oder Parmesan.
Salatschleuder zum schonenden Trockenschleudern von Blattsalaten.
Schneidebretter aus Kunststoff (z. B. zum Gemüse- und Kräuterschneiden); sie müssen säurebeständig, kratzfest und leicht zu reinigen sein.
Schlagkessel (aus Cromargan) in Halbkugelform zum Aufschlagen von Cremes, Soßen, Eierspeisen. Ein Standring sorgt für Standfestigkeit.
Messbecher mit verschiedenen Skalen zum raschen Abmessen von festen Stoffen und Flüssigkeiten.
Knoblauchpresse zum Auspressen von Knoblauchzehen oder Zwiebelstückchen.

Praktisch, aber nicht unbedingt nötig:
Buntschneidemesser mit tiefgezacktem Wellenschliff zum dekorativen Schneiden von gekochtem Gemüse.
Tourniermesser zum Formen von Gemüse, Obst.
Ausbeinmesser zum Lösen von Fleisch- und Geflügelknochen.
Apfelausstecher zum Entfernen des Kerngehäuses.
Pariser- oder **Perlausstechr** (Universalformer) zum Kugelausstechen von Obst, Gemüse.
Juliennereißer (Zestenmesser) zum Abraspeln feinster Zitrusschalen.
Flotte Lotte, auch Passetout genannt, zum Pürieren von Kartoffeln oder Suppen.
Fischschupper zum Schuppen von Fisch.
Spicknadel zum Speckdurchziehen (z. B. Schmorbraten, Rehrücken).
Spezielle **Pasteten-** oder **Terrinenformen; Soufflé-** und **Pieformen;** runde, hohe **Timbaleformen** und **spezielle Backformen** – sollten nur nach Bedarf angeschafft werden. Teilweise lassen sie sich durch übliche Backformen ersetzen.

Töpfe und Pfannen

Dem richtigen Kochgeschirr kommt beim Kochen eine wichtige Bedeutung zu. Töpfe und Pfannen sollten strapazierfähig sein, einen plangeschliffenen Boden haben, die Griffe gut in der Hand liegen und hitze-isoliert sein, die Deckel festschließen, aber dennoch leicht abzunehmen sein. Form und Größe der Kochgeschirre hängen von der Haushaltsgröße und den Kochgewohnheiten ab.

Zur Grundausstattung gehören:
2–3 Kochtöpfe verschiedener Größe (1½, 2½ und 5 l Inhalt) mit fest schließendem Deckel. Sie sind zum Kochen von Brühen, Fleisch, Nudeln, Reis und Gemüse vielseitig verwendbar. Praktisch dazu: passende Siebeinsätze, die sich zum nährstoffschonenden Dämpfen von Gemüse, Fischen etc. eignen.
1–2 Stielkasserollen, Sauteusen (spezieller Topfquerschnitt zum besseren Rühren) um Soßen zu bereiten, Gemüse zu dünsten oder kleine Reste zu wärmen. Sie sind dank ihrer langen, wärmeisolierten Griffe gut zu handhaben.
Schmortopf oder **Bräter** sind ideal, um große Fleischstücke darin kräftig anzubraten und dann mit entsprechender Flüssigkeit weiter zu garen. Auch Schmorgerichte gelingen darin be-
stens. Die Kochgeschirre (aus Gusseisen oder emailliertem Stahl) sollten gut schließende Deckel und hitzebeständige Griffe haben, um ein Garen im Backofen zu ermöglichen. Je nach Verwendung gibt es die Töpfe in rund, oval oder rechteckig sowie in verschiedenen Höhen.
1–2 Pfannen zur Zubereitung von Pfannkuchen, Bratkartoffeln, kurzgebratenem Fleisch oder Fisch. Günstig, eine Pfanne mit Antihaftbeschichtung zum fettarmen, schonenden Braten bei mäßiger Hitze und eine Pfanne aus Gusseisen oder Edelstahl zum kräftigen Braten bei hohen Temperaturen.

Schnellkochtöpfe sparen Zeit und Energie. In Schnellkochtöpfen, die es in beliebigen Größen und Höhen gibt, wird mit Dampfdruck unter Ausschluss von Sauerstoff gegart. So entstehen im Topf Temperaturen über 100 °C. Die herkömmlichen Garzeiten werden um die Hälfte bis zu zwei Drittel reduziert. Besonders geeignet bei der Zubereitung von Brühen, Siedfleisch, großen Mengen Gulasch, Gemüse, Kartoffeln etc. Spezielle Siebeinsätze zum Dämpfen oder getrennten Garen verschiedener Lebensmittel sind eine zusätzliche Kochhilfe.
Spezialtöpfe und **-pfannen** sind praktisch, sollten aber nur nach Bedarf angeschafft werden. Dazu gehören: Fischkessel mit Siebeinsatz, ideal zum schonenden Dünsten ganzer Fische, Spargeltopf, Spaghettitopf, Crêpe-Pfannen mit extrem niederen Rand oder Grillpfannen mit geriffeltem Innenboden.

Auf bei Töpfen und Pfannen macht sich gute Qualität bezahlt.

Edelstahl (Chrom/Nickel-Verbindung) ist ein guter Wärmeleiter, speichert die Hitze lange, ist pflegeleicht, rostfrei und säureunempfindlich. Für alle Herdtypen geeignet. Einzige Einschränkung: Für Induktionsherde müssen die Chrom-Nickeltöpfe einen ferromagnetischen Boden haben (siehe Herstellerangabe).

Stahlemail ist wärmeleitend, besitzt gute Brateigenschaften, ist pflegeleicht und robust. Bei guter Pflege sind diese Töpfe äußerst langlebig. Töpfe und Pfannen aus *Silargan,* einem neuartigen Material mit einer Glaskeramik-Oberfläche und stabilem Stahlkern, sind innen schadstoff- und nickelfrei, wichtig für Allergiker.

Eisen- und Gusseisengeschirre sind extrem schwer. Eisentöpfe und -pfannen können allerdings sehr hohe Temperaturen vertragen, was beim Braten von Fleisch, Bratkartoffeln etc. günstig ist.

Grundlagen des Kochens

Wichtig: Da Eisen und Gusseisen rost- und säureanfällig sind, müssen die Geschirre nach der Reinigung gut abgetrocknet und öfter mit Öl ausgerieben werden.

Glas-, Keramik- und Porzellangeschirr eignet sich nur bedingt zum Kochen. Aber zum Braten und Backen im Backofen (Kartoffelgratin, Aufläufe etc.) lässt es sich gut einsetzen, da das Gericht direkt im Gefäß serviert werden kann. *Kupfergeschirre* sind meist Profis vorbehalten. Sie sind sehr teuer und brauchen, um ihr glänzendes Aussehen zu bewahren, sehr viel Pflege.

Richtwerte für das Garen im Schnellkochtopf

Gemüsesuppe	6–10 Min.
Knochen- oder Fleischbrühe	35–40 Min.
Suppenhuhn (Alter/Größe unterschiedlich)	25–35 Min.
Hülsenfrüchte (nicht vorgeweicht)	15–20 Min.
Gulaschsuppe	15–20 Min.
Kalbsfrikassee	10 Min.
Kalbsbraten/Hähnchen	20 Min.
Schweinebraten (500 g)	20–25 Min.
Schweinegulasch	10 Min.
Rinderbraten (500 g)	35–40 Min.
Rindsgulasch	15–20 Min.
Rindsroulade	15–20 Min.
Sauerbraten	20–25 Min.
Hackbraten (500 g)	20 Min.
Fischfilet	4–6 Min.
Kartoffeln in der Schale, je nach Größe	10–15 Min.
Salzkartoffeln	5–7 Min.
Kartoffelklöße, roh	8–10 Min.
Kartoffelklöße aus gekochten Kartoffeln	5–8 Min.
Semmelknödel	6–8 Min.
Teigwaren	3–5 Min.

Die Zeiten gelten ab Beginn des vollen Innendruckes!
Gemüse hat sehr unterschiedliche Garzeiten (je nach Frische und Sorte) und diese sollten der dem Dampftopf beiliegenden Tabelle entnommen werden.
Tiefkühlgemüse benötigt dieselbe Garzeit wie Frischgemüse, wenn es nicht aufgetaut ist.

Küchengeräte, Kleingeräte

Sie erleichtern die Küchenarbeit erheblich und sind meist einfach im Umgang. Ihre Anschaffung sollte jedoch immer dem Bedarf und der Haushaltsgröße entsprechen.

Elektrische Handrührgeräte sind handlich, leicht zu reinigen und unersetzlich zum Rühren, Schlagen und Kneten kleiner Mengen. Die Geräte sind in der Regel mit je 2 Schneebesen und Knethaken ausgestattet. Der Vorteil, Cremes, Suppen oder Teige können in beliebigen Gefäßen bearbeitet werden. Als Sonderzubehör gibt es häufig noch einen Passier- oder Schneidstab, vorteilhaft zum Pürieren von Suppen, Gemüse, Obst etc.
Eine **Universal-Küchenmaschine** arbeitet vielseitig und schnell mit verschiedenen Einsätzen. Die dazugehörigen Behälter (Mixbecher, Teigschüssel) fassen bis zu 1 l Flüssigkeit oder 1–2 kg Teig. Geeignet also für große Familien. Mit den üblichen Küchenmaschinen können Sie kneten, führen, mixen, schlagen, pürieren, hacken, schneiden, raspeln und reiben. Der Unterschied einzelner Modelle liegt in der Motorstärke, Geschwindigkeitsregelung, Mengenverarbeitung und Ausstattung. Viele Hersteller bieten zur Grundausstattung noch allerlei Sonderzubehör.
Elektrischer Stabmixer – ein vielfältig einsetzbares Gerät, kann die elektrische Küchenmaschine teilweise ersetzen.
Zitruspresse, Brotschneidemaschine, Getreidemühle, Dosenöffner, Eismaschine und viele andere elektrische Kleingeräte sollten nur bei wirklichem Bedarf angeschafft werden. Sie benötigen viel Platz in der Küche und können häufig als Zusatzgerät zum Handrührgerät oder zur Küchenmaschine erworben werden.
Ein **Fleischwolf** ist praktisch zum Zerkleinern von Fleisch, zum Reiben von Nüssen usw. Spezielle Vorsatzscheiben ermöglichen das Formen von Spritzgebäck, das Pressen von Obst u. ä. Beim Kauf darauf achten, dass der Fleischwolf an die Arbeitsfläche geschraubt werden kann. Alle Teile müssen leicht zu reinigen und aus rostfreiem Material sein.
Eine **Back- und Haushaltswaage** ist zum exakten Abwiegen unerlässlich. Sie sollte messgenau (2 g oder 5 g Feineinteilung) sein, eine große Waagschale mit Schüttrand besitzen und leicht zu reinigen sein. Empfehlenswert die Zuwiegewaage, die exaktes Wiegen mehrerer Zutaten nacheinander ermöglicht.

Großgeräte

Herde und Backöfen sind das Herzstück jeder Küche. Die heutigen Geräte sind universell, technisch auf hohem Stand und in der Regel leicht zu reinigen.

Elektroherde sind konventionell mit Kochplatten ausgestattet, weitaus praktischer sind Glaskeramikkochfelder. Diese haben den Vorteil, dass die Töpfe auf der völlig ebenen Platte beliebig hin- und hergeschoben werden können. Glaskeramikfelder sind äußerst kratzfest und dank ihrer planen Fläche reinigungsfreundlich. Die eigentlichen Kochzonen sind durch Markierungen sichtbar gemacht. Oft sind die Kochzonen so umschaltbar, dass eine ovale, rechteckige oder extrem große Kochzone für Bräter usw. entsteht.
Einige Modelle bieten als Zusatz sog. Halogen-Kochzonen an. Diese reagieren ähnlich schnell wie eine Gaskochstelle, d. h. die Wärme ist im Nu da, kann aber auch ebenso schnell wieder gedrosselt werden.
Ebenfalls auf dem Vormarsch ist das Induktions-Kochfeld. Es erlaubt eine schnelle Energieregelung (ähnlich dem Gas) und hat durch wesentlich kürzere Ankochzeiten einen geringeren Stromverbrauch. Der spürbare Vorteil: Durch Topferkennung und automatische Energieabschaltung wird ebenso Energie eingespart. Beim Kochen mit Induktion wird nur der Topf samt Inhalt erhitzt, das Kochfeld selbst bleibt kalt. Zu beachten allerdings: Für das induktive Kochen sind nur ferromagnetische Töpfe geeignet.
Gasherde sind heute durchweg mit Elektrozündung ausgestattet. Das Kochen mit Gas bietet den Vorteil, dass sofort – im Gegensatz zum Elektroherd

– eine hohe Hitzezufuhr vorhanden ist. Nach dem Abstellen fehlt dann allerdings auch die Restwärme zum Nachgaren. Neuartig ist – nur bei einigen Herstellern erhältlich – eine Spezial-Gaskochmulde mit extrem großen Gasbrenner. Die Hitze strömt aus drei Heizkränzen und ist leicht dosierbar. Besonders geeignet zum Kochen im Wok, aber auch für sehr große Töpfe, Pfannen und Bräter.
Wer beide Energiearten – Elektro und Gas – optimal nutzen möchte, der sollte sich für eine Elektro-Gas-Kochmulde entscheiden. Diese Kombinationen lassen sich vielfach noch durch Elektro-Grillplatten, Friteusen und andere Raffinessen erweitern.

Die neue **Backofengeneration** hat wahre Multitalente. Neben den konventionellen Öfen, mit Unter- und Oberhitze ausgestattet, verfügen heute viele Geräte über mehrere Heizungssysteme. Zur getrennt schaltbaren Ober- und Unterhitze gibt es das Heißluft-System, bei dem ein Gebläse die erhitzte Luft im Ofeninnenraum gleichmäßig verteilt. So kann gleichzeitig auf mehreren Etagen gebacken oder gegart werden.
Beim Umluft-Grillsystem lässt ein Gebläse die durch einen Infrarotgrill erhitzte Luft um das Grillgut zirkulieren. So können mehrere große Hähnchen oder Rollbraten nebeneinander auf dem Drehspieß oder auf dem Gitter mit untergeschobener Fettpfanne gegrillt werden.
Das Großflächen-Grillsystem mit direkter Strahlungshitze ist dagegen dem Überbacken und Gratinieren vorbehalten.
Ist der Backofen zudem mit integrierter Mikrowelle (siehe auch dort) ausgestattet, sind die Einsatzmöglichkeiten nahezu unbegrenzt.
Moderne Kombigeräte bieten auch die Möglichkeit des Dampfgarens, also für das Dämpfen, Dünsten oder Blanchieren, teilweise auch zusätzlich für das Garen bei Niedrigtemperatur. Die Geräte kosten um Einiges mehr als normale Backöfen. Die Anschaffung lohnt sich nur bei regelmäßiger Nutzung.
Zusätzlich zu den diversen Heizsystemen verfügen viele Backöfen über eine Reihe sonstiger Finessen. Dazu gehören eingebaute Bratthermometer, Kochzeit-Automatik, schnelle, stufenlose Temperatur-Feineinstellung, Digital-Uhr u. a. Als Sonderzubehör bieten einige Hersteller einen „Backstein" an, auf dem direkt wie im guten alten Steinbackofen Brot, Pizza und anderes Gebäck gebacken werden kann.
Die Reinigung der Backöfen erfolgt je nach Modell über Katalyse oder Pyrolyse. Bei der Katalyse sind die Innenwände mit spezialbeschichteten Blechen ausgestattet. Diese Beschichtung enthält chemische Stoffe, die geringe Verschmutzungen wie Fettspritzer etc. bei Temperaturen von über 200 °C zersetzen. Dieser Vorgang spielt sich während der Benutzung ab. Allerdings spart man sich nicht die oft mühselige Reinigung des Ofeninnenraums.
Die leider auch kostspielige Pyrolyse garantiert eine optimale Selbstreinigung. Sie wird in einem getrennten Vorgang bei Temperaturen bis zu 500 °C selbsttätig durchgeführt. Es genügt anschließend, den Innenraum mit einem feuchten Tuch auszureiben.

Mikrowellengeräte sparen Zeit, Arbeit und Energie. Sie sind als eigenständige Geräte oder in Kombination mit Backöfen oder Grillgeräten auf dem Markt. Für welche Art Sie sich entscheiden, kommt auf Ihre Ansprüche und den jeweiligen Bedarf an.
Wie funktioniert die Mikrowelle? Das Herzstück ist das Magnetron. Dieses erzeugt elektromagnetische Wellen, die durch einen Wellenverteiler im Garraum verteilt werden. Treffen diese Wellen auf das Gargut, versetzen sie dessen Wassermoleküle in Schwingungen. Diese Schwingungen erzeugen Reibung, die Reibung erzeugt Wärme. Dieser Umstand macht deutlich, dass die Wärme also nur innerhalb des Gargutes entsteht. Umfeld, Geschirr etc. bleiben kalt oder werden nur lauwarm. Mikrowellengeräte gibt es in verschiedenen Leistungsstufen, je nach Zweck einsetzbar.
Als Geschirr eignen sich Porzellan, Glas, aber auch Steingut und hitzebeständiger Kunststoff sind bedingt verwendbar.
Metallgeschirr oder Geschirr mit Metall- bzw. Golddekor kann nicht verwendet werden. Spezielles Mikrowellengeschirr ist nicht unbedingt nötig.
Und das alles kann die Mikrowelle: Das Auftauen von Lebensmitteln geht rasch und schonend vor sich. Das Aufwärmen fertig zubereiteter Speisen kann direkt auf dem Teller oder im Servierbehälter erfolgen. Das spart Zeit und Abwasch. Flüssigkeiten wie Heißgetränke, Suppen, Soßen lassen sich in Sekundenschnelle darin zubereiten oder erhitzen. Butter, Schokolade oder Fettglasuren werden rasch und problemlos geschmolzen.
Feine Gemüse oder Fisch garen darin vitamin- und nährstoffschonend. Zum Kochen oder Braten ist die Mikrowelle allerdings nicht geeignet. Beim Kochen großer Mengen ist keine Zeitersparnis und kein wesentlicher Geschmacksunterschied festzustellen. Beim Braten fehlt der Bräunungseffekt, der gerade den Wohlgeschmack ausmacht. (Spezielles Bräunungsgeschirr bringt nur wenig Erfolg!) Wer die Zeitersparnis der Mikrowelle auch bei großen Braten u. a. nutzen möchte, sollte ein Kombinationsgerät anschaffen. Wird dann der Grill oder Unter- und Oberhitze zugeschaltet, erhält die Speise ihren bekannten Bräunungsgrad.

Bei **Kühlschränken, Gefrierschränken** oder kombinierten Geräten kann viel Energie gespart werden. Die neueren Geräte sind fast durchweg mit einer extrem starken Rundum-Isolierung ausgerüstet. Verschiedene Klimazonen, Luftumwälzung, Abtauautomatik u. v. m. garantieren eine optimale Frischhaltung und Lagerung der Lebensmittel. Dass bei diesen Geräten weder das für die Ozonschicht schädliche FCKW noch FKW vorkommen, sondern umweltverträgliche Kohlenwasserstoffe für Isolation und Kältemittel eingesetzt werden sollen, versteht sich von selbst.

Frischhalteschränke gewinnen in den letzten Jahren immer größere Bedeutung. Zu warme Kellerräume oder gar das Fehlen solcher machen eine längefristige Lagerung von Obst, Gemüse oder Weinen unmöglich. Ein Frischhalteschrank schafft hier Abhilfe. Im Schrank herrschen, individuell einstellbar, konstante Temperaturen von 3–14 °C sowie eine Luftfeuchtigkeit zwischen 80 und 90%. (In Kühlschränken ist die Luft zu trocken, Obst oder Gemüse „schrumpfen".) Ein regelmäßiger Austausch der Innnenluft verhindert jegliche Geruchsübertragung im Innenraum.

Grundlagen des Kochens

Maßeinheiten

kg	= Kilogramm
g	= Gramm (1000 g = 1 kg)
mg	= Milligramm (1000 mg = 1 g)
ccm	= Kubikzentimeter = 1 ml
l	= Liter
dl	= Deziliter (0,1 l)
cl	= Zentiliter (0,01 l)
ml	= Milliliter (1000 ml = 1 l)
125 ml	= 1/8 l
250 ml	= 25 cl = 1/4 l
375 ml	= 3/8 l
500 ml	= 50 cl = 1/2 l
750 ml	= 3/4 l
1000 ml	= 1 l
125 ccm	= ca. 1/8 l
250 ccm	= ca. 1/4 l
1 cup	(englisch/amerikanisches Küchenmaß) = 100–150 g oder ca. 150–250 ml (Original-Cup-Maße sind im Küchenfachhandel erhältlich)

Übliche Gewichtsangaben (Ca.-Werte)

1 Essl.	= 10–15 g
1 Teel.	= 3–7 g
1 Prise	= 1–5 g (die Menge, die zwischen 2 Fingerspitzen zu halten ist)
1 Messerspitze	= ca. 2 g
1 Schnaps-/Likörglas	= 2 cl = 20 ml/g = 2 Essl. 4 cl = 40 ml/g = 4 Essl.
1 Südweinglas	= 5 cl
1 Weißweinglas	= 150 cl
1 Wasserglas	= 200 ml = 20 cl
1 Tasse	= ca. 1/8 l = 125 ml = 125 g
1 Suppentasse	= ca. 1/4 l= 250 ml = 250 g

Messen Sie einmal eine geeignete Tasse, ein Glas oder Löffel nach ihrem Inhalt aus. Wenn Sie dann jeweils dieses Maß verwenden, können Sie bei Vielem auf das genaue Wiegen mit der Küchenwaage verzichten

1 gestrichener Teelöffel Salz	ca.	4–5 g
1 gestrichener Esslöffel Salz	ca.	14–15 g
1 Würfel Zucker	ca.	3 g
1 gestrichener Teelöffel Zucker	ca.	8 g
1 gestrichener Esslöffel Zucker	ca.	15–20 g
1 Würfel Hefe	ca.	42 g
1 Päckchen Trockenhefe		7 g
1 Päckchen Backpulver.		15 g
1 gehäufter Teelöffel Backpulver	ca.	5 g
1 gestrichener Teelöffel Backpulver	ca.	3 g
1 Eiweiß (Eiklar) (Ei der Gewichtsklasse 4)	ca.	35 g
1 Eigelb (Ei der Gewichtsklasse 4)	ca.	20 g
1 Blatt Gelatine	ca.	2 g
(6 Blatt Gelatine oder 1 Päckchen gemahlene Gelatine für 1/2 l Flüssigkeit)		
1 Päckchen Agar-Agar		8 g
Aspikpulver nach Beschreibung auf der Packung		
1 Messlöffel Johannisbrotkernmehl	ca.	1 g
zum Binden von 100 ml kaltem Saft oder 200 ml Suppe, Kaltschale		
1 gestrichener Esslöffel Reis	ca.	20 g
1 gestrichener Esslöffel feine Gerste	ca.	20 g
1 gestrichener Esslöffel Grieß	ca.	15 g
1 gestrichener Esslöffel Hafermark	ca.	10 g
1 gestrichener Esslöffel Grünkerngrütze	ca.	20 g
1 gestrichener Esslöffel Mehl	ca.	10 g
1 gehäufter Esslöffel Mehl	ca.	15 g
1 Teelöffel Mehl	ca.	5 g
1 gestrichener Esslöffel Speisestärke	ca.	10 g
1 gehäufter Esslöffel Speisestärke (Mondamin, Maizena, Kartoffel-, Reisstärkemehl)	ca.	15 g
1 gestrichener Esslöffel geriebener Käse	ca.	10 g
1 gestrichener Esslöffel festes Fett (Butter, Margarine)	ca.	15 g
1 Esslöffel zerlassenes Fett (Öl)	ca.	15 g
1 Esslöffel saure Sahne	ca.	20 g
1 Esslöffel süße Sahne	ca.	15 g
1 Becher süße Sahne	ca.	200 g
1 Esslöffel Mayonnaise	ca.	10 g
1 Esslöffel Tomatenmark, Senf	ca.	20 g
1 walnussgroßes Stück Butter	ca.	25 g
1 Tasse Puderzucker, feiner Zucker oder Mehl	ca.	150–175 g
1 Tasse Reis	ca.	150–175 g
6 mittelgroße Kartoffeln	ca.	500 g
1 Pck. Blätterteig-TK, 6 Scheiben		450 g
1 Scheibe Schwarzbrot (mittelgroß)	ca.	60 g
1 Brötchen/Semmel	ca.	60–70 g
6 Esslöffel Flüssigkeit oder Öl	ca.	1/10 l
8 Esslöffel Flüssigkeit oder Öl (ca. 1 Tasse)	ca.	1/8 l

Für 1 Liter Fleisch- oder Gemüsebrühe zum Binden oder als Einlage zur Suppe:

Graupen	50 g
Grieß zum Einstreuen	40–50 g
Grieß zum Rösten	60 g
Hafermehl	60 g
Speisestärke (Obstsuppe)	30 g
Reis	40–50 g
Sago	40 g
Suppennudeln	80–120 g

Für 1 Liter Flüssigkeit zum Dicken (z. B. Rote Grütze):

Grieß	125 g
Speisestärke	90 g
Sago	100 g
Johannisbrotkernmehl	5 g

Für 1 Liter Flüssigkeit zum Stürzen:

16–20 Blatt Gelatine (je nach Größe)	ca.	32 g
(Bei Mitverwendung von Milch genügen 12 Blatt Gelatine)		
2 Päckchen Agar-Agar		16 g
Aspikpulver nach Beschreibung auf der Packung		

Für 4 Personen

Suppe (fertig gekocht)	1 l
Fisch als Hauptgericht (Filet etwa 750 g)	1000 g
Fisch als Zwischengericht	500 g
Fleisch mit Knochen (zum Braten)	750 g
Fleisch ohne Knochen (Beefsteak)	800 g
Fleisch, gehackt (zu Fleischteig)	500 g

Kalbskeule (zu Schnitzel)	750 g
Schnitzelfleisch ohne Knochen	600 g
Steaks	800 g
Frisches Gemüse (als Hauptgericht)	600–1000 g
500 g frischer Spinat = ½ Menge TK-Spinat	
Salzkartoffeln (Beilage)	600–750 g
Gebratene Kartoffeln	750 g
Kartoffeln (zu Salat)	1000 g
Teigwaren (als Beilage)	250 g
Teigwaren (als Hauptgericht)	400–500 g
1 Pck. Nudelnester	ca. 16–18 Nester
Reis, Hirse und andere Getreidesorten als Beilage, 60 g Rohgewicht ergeben gekocht	200 g
Reis, Hirse und andere Getreidesorten als Hauptgericht, 100 g Rohgewicht ergeben gekocht	300 g
Hülsenfrüchte (als Eintopf)	500 g
Hülsenfürchte (als Suppeneinlage)	200–250 g
Hülsenfrüchte (als Salat)	150–200 g

Abkürzungen

Essl.	=	Esslöffel
Teel.	=	Teelöffel
BL	=	Barlöffel
Msp.	=	Messersp. = Messerspitze
Bd.	=	Bund
P./Pck.	=	Päckchen
gestr.	=	gestrichen
geh.	=	gehäuft
Zz.	=	Zubereitungszeit
S.	=	Seite
TK	=	Tiefkühl
Min.	=	Minute
Std.	=	Stunde

Alle Rezepte sind – wenn nicht anders vermerkt – für 4 Personen berechnet.

Planen und Einkaufen

Ein gründliches Vorplanen bei der Haushaltsführung empfiehlt sich immer, nicht nur im jungen Haushalt. Auch „gestandene" Hausfrauen und Hausmänner sollten in der Küche einen Notizblock liegen haben, auf dem sofort notiert wird, was an Grundnahrungsmitteln fehlt und wieder eingekauft werden muss. Das Vorplanen ist besonders wichtig, wenn Besuch zum Essen kommt, oder wenn ein Fest ins Haus steht. Folgende Überlegungen sollten angestellt werden: Welcher Anlass wird gefeiert? Wann findet das Essen statt? Wo wird angerichtet oder gegessen? Wie erreicht man, dass die Gäste sich wohlfühlen? Nach gründlicher Überlegung dieser Punkte sollte das Essen zusammengestellt und nicht mehr geändert werden! Nun ist es sinnvoll, die Einkaufsliste zu schreiben und evtl. nicht handelsübliche Waren vorzubestellen. Außerdem ist es eine Überlegung wert, ob nicht evtl. einige Speisen schon vorbereitet werden können und bis zum Gebrauch im Kühlschrank (z. B. Pasteten) oder tiefgefroren und dann wieder aufgetaut werden können.

Ein paar Tipps für den normalen Einkauf des täglichen Gebrauchs und des täglichen Vorrats: Es hat sich bewährt, „seinen" Laden zu haben, wo man bekannt ist und gut bedient wird und wo auch einmal ein Sonderwunsch erfüllt wird. Dies gilt besonders für Metzger und Fischhandlungen und für Obst- und Gemüsegeschäfte. Man sollte sich auf die Qualität verlassen können und bei evtl. Reklamation freundlich Ersatz bekommen.
Für den großen Vorrat sollte man, bevor man die sog. „günstigen Sonderangebote" kauft, erst einmal eine kleine Menge prüfen, ob sie dem entspricht, was man sich davon verspricht. Auch bei Angeboten mit niedrigen Preisen ist ein kritisches Prüfen angesagt. Nie zuviel einkaufen – wenn die Lebensmittel verderben oder nicht mehr frisch sind, war der günstige Einkauf letzten Endes ungünstig. Nie in letzter Minute zum Einkaufen gehen (falls es sich machen lässt), denn dann ist die Auswahl schlecht und das Personal müde. Die eingekauften Waren sofort sachgemäß in Vorratsschrank, Keller oder Kühl(Tiefkühl)schrank einräumen – nicht herumliegen lassen, sonst eine Tiefkühltasche mit zum Einkaufen nehmen.

Hygiene in der Küche

Generell gilt: vor der Zubereitung von Essen gründlich die Hände waschen!
Bei der Vorbereitung von Geflügel und Gemüse (z. B. Geflügel-Gemüse-Eintopf) zuerst das Gemüse putzen und zerkleinern. Dann Geflügelfleisch kalt abbrausen, abtrocknen (mit Küchenkrepp) und zerkleinern. Dann sofort Messer etc. sowie das Spülbecken mit Zitronensaft oder Essigwasser reinigen. Durch Geflügelfleisch können Salmonellen übertragen werden.
Lagerung im Kühlschrank oder im Keller: Rohes und Gekochtes separat in gut verschließbaren Behältern lagern.
Reifende Äpfel nicht neben anderem Obst oder Kartoffeln lagern, da die Äpfel das Gas Ethylen ausscheiden, das die Haltbarkeit anderer Produkte beeinträchtigt.
Auch reife Tomaten scheiden dieses Gas aus. Umgekehrt kann man zum Reifen von Tomaten reife Äpfel daneben legen.

SOSSEN & FONDS

Heiß und kalt läuft es einem sinnlichen Menschen herunter, wenn er – oder sie – vor einer gutgemachten Soße steht. Vor allem – ihren Duft wahrnimmt. Der Weg dahin, der ist wie der ins Himmelreich. Er ist mit Dornen gepflastert. Die heißen Sorgfalt, Geduld, Güte (auch Qualität gerufen), Sicherheit und Fantasie. Fantasie indessen muss gezügelt werden. Gerade bei Soßen und Fonds gilt: Geschmack ist, sich vor Übertreibung zu hüten. Ob heiß oder kalt, ein Tröpfchen – kein Eimer – beschleunigt die Reise in die Glückseligkeit.

Soßen & Fonds

Soßen sollen sorgfältig zubereitet, gut abgeschmeckt und weder zu dick- noch zu dünnflüssig gekocht sein.
Grundlage ist oft eine weiße, gelbe oder braune Mehlschwitze (vgl. **6**: Mehlschwitze ohne Fett). Für **weiße** Soßen eignen sich Butter oder Margarine am besten, für **dunklere** auch Butterschmalz, Schweine- oder Kokosfett. Ablöschen mit kalter bis lauwarmer Fleischbrühe, bei **hellen** Soßen auch Kalbsfußbrühe, Knochenbrühe (vgl. **493**) oder Würfelbrühe.
Soll die **helle** Soße einen Zwiebelgeschmack bekommen, empfiehlt es sich, nach dem Ablöschen eine ganze, geschälte, evtl. mit einer Nelke besteckte Zwiebel mitzukochen.
Bei **dunklen** Soßen die gewiegten Zwiebeln erst zugeben, wenn der erforderliche Bräunungsgrad des Mehles erreicht ist, dann noch kurz mitrösten und ablöschen.
Helle Soßen verlieren den feinen Buttergeschmack, wenn sie länger als 10–15 Min. kochen; danach auch nicht auf der heißen Herdplatte, sondern im Wasserbad warmhalten.
Dunkle Soßen brauchen im allgemeinen längere Kochzeiten (vgl. Rezepte), damit sich der Geschmack der Zutaten voll entfalten kann.
Soßen, die **mit Einlagen** wie Speckwürfelchen, Spargelstückchen, Pilzen usw. serviert werden sollen, stets vor dem Einlegen durchpassieren.

Außer der Mehlschwitze gibt es weitere Möglichkeiten der Soßenzubereitung und Bindung:
Grundlage können Soßenfonds sein von Fleisch, Geflügel, Wild und Fisch, die in größeren Mengen zubereitet und dann portionsweise eingefroren werden. Siehe S. 30, 31 und 32.
Zur Bindung empfehlen sich:
Püreebindung: Gedünstetes Gemüse, frische Kräuter, auch Fisch und Fleisch werden mit Mixer, Pürierstab oder Blitzhacker so fein püriert, dass die Soßen cremig gebunden werden.
Eiweißbindung: Soßenfonds werden mit Hilfe von Joghurt oder Quark, in denen Eiweißstoffe enthalten sind, gebunden.
Sahnebindung: Soßenfonds, Bratensaft oder Dünstflüssigkeit werden mit süßer oder saurer Sahne (Crème fraîche) angereichert. Durch kurzes Einkochen entsteht eine feine, cremigschmelzende Soße. Sollte die Soße gerinnen, schnell etwas kaltes Wasser einrühren.
Eigelb-Sahne-Bindung: Wird vorwiegend für leichte Schaumsoßen verwendet. Die Soßen werden stets luftigschaumig aufgeschlagen und lauwarm serviert.
Bindung mit Speisestärke: Statt die vorhandene Flüssigkeit mit Mehl zu binden, verwendet man häufig Speisestärke, da diese besser bindet.
Faustregel: 1 knapper Teel. kalt angerührte Speisestärke genügt zum Binden von ¼ l Soße.
Fett-Mehl-Bindung: Frische weiche Butter mit Mehl verkneten, nur so viel Mehl verwenden, wie die Butter aufnehmen kann. Mit dem Schneebesen in die Soße rühren.
Bindung mit Butter: Diese Bindung eignet sich nur für kurze Soßen auf Fondgrundlage. Eiskalte Butterstückchen werden in die nicht mehr kochende Flüssigkeit eingeschwenkt. Sofort servieren.
Bindung durch Einkochen (Reduzieren): Eine fertige Soße, beispielsweise aus Bratensatz, Wein und Sahne, wird im offenen Topf bei starker Hitze auf ca. ⅓ der Flüssigkeitsmenge eingekocht. Durch diese Reduktion werden die Geschmacks- und Aromastoffe konzentriert und die Soße bekommt eine gebundene Konsistenz.
Abziehen oder Legieren einer Soße auf Mehlschwitze- oder Speisestärkebasis: Für ½ l Soße 2 Eigelb mit knapp ¼ l Sahne oder Kondensmilch verquirlen, mit wenig heißer Soße vermischen, in die nicht mehr kochende Flüssigkeit einrühren und kurz andicken lassen. Diese Methode eignet sich auch zum Legieren von Suppen und passt zu Gemüsegerichten.
Binden mit pflanzlichen Bindemitteln: Hier bieten sich Agar-Agar, gewonnen aus Algen, und Johannisbrotkernmehl an. Zum Binden von 100 ml Soße genügt 1 Gramm Johannisbrotkernmehl (dieses ist glutenfrei, purinfrei und cholesterinfrei).
Binden mit vorgefertigten Industrieprodukten: Hier stehen zahlreiche Möglichkeiten zur Verfügung; von den Soßen im Beutel oder in der Schachtel über Instant-Produkte im Glas oder in der Tube bis hin zu Fix-Soßenbindern, die auf Speisestärkebasis aufgebaut sind. Letztere werden einfach in die kochende Soße eingerührt. Sie klumpen nicht und sind für kleinere Portionen ideal.

1

Fond für helle Soßen

Kalbsknochen, Kalbsfüße
oder Geflügelklein (auch
Geflügelinnereien und Haut), Öl.
Gemüse: 1 Zwiebel,
1 Stück weißer Lauch,
1 Stück Sellerie oder etwas
Staudensellerie,
1 Petersilienwurzel,
etwas Selleriegrün,
evtl. Petersilienstängel.

Die zerkleinerten Kalbsknochen (oder andere Zutaten) zusammen mit dem grob geschnittenen Gemüse im Topf solange andünsten, bis die Knochen sich leicht gelblich färben. Die Knochen dürfen nicht braun werden! Mit kaltem Wasser aufgießen, so dass alle Zutaten gut bedeckt sind, und bei milder Hitze ca. 2–3 Std. sanft kochen. Die Brühe durch ein feines Sieb gießen und den Fond zur gewünschten Dichte einkochen.

1 Fond für helle Soßen: Knochen und Gemüse mit Wasser aufgießen.

5 Fond für braune Soßen: Gehackte Knochen und Gemüse anrösten.

2

Fleischgelee (Glace)

1 zerkleinerte Kalbshaxe,
½ Suppenhuhn,
3 l Wasser,
Salz, Pfeffer,
1 Teel. Zitronensaft oder
1 Glas Weißwein.

Die gewaschene Kalbshaxe mit dem vorbereiteten Suppenhuhn in Wasser zum Kochen bringen und das Fleisch garen. Die Brühe durchsieben, das Fett nach dem Erkalten abheben, die Brühe würzen und Zitronensaft oder Weißwein zufügen.
Die Brühe bei geringer Hitze auf ¼ der Menge (bis zur Geleeprobe – der Saft soll in Tropfen vom Kochlöffel fallen oder tropfenweise auf einem Teller erstarren, ohne zu zerfließen) einkochen. Schaum und Fett abschöpfen und das Fleischgelee in einem Porzellantopf kühl aufbewahren. Bei Bedarf jeweils die benötigte Menge erwärmen, gebratene Fleisch- oder Fischstücke hineintauchen oder damit überpinseln.

Tipp:
Fleischgelee eignet sich hervorragend als Grundlage für feine Soßen; man kann es auch portionsweise einfrieren.

3

Fond für braune Soßen

Fleischknochen und
Fleischabschnitte von Rind und Kalb,
evtl. Fett zum Anbraten,
heißes Wasser zum Ablöschen.
Suppengemüse:
Gelbe Rüben,
Lauch (nur das Weiße),
Sellerie, Zwiebeln, Tomaten,
evtl. Knoblauch, Petersilienwurzel,
einige Lorbeerblätter,
Pfefferkörner,
1 Glas Rotwein.

Fond sollte immer in größeren Mengen zubereitet werden, daher stehen auch keine Mengenangaben bei den Zutaten. Die Knochen waschen und trocknen. Entweder im eigenen Fett oder mit etwas Kokosfett in der Fettpfanne im Backofen (E.-Herd 220 °C/G.-Herd 4) gut anrösten. Wenn die Knochen schön braun sind, mit einer Tasse heißem Wasser ablöschen. Einkochen lassen, wieder ablöschen, so weiterverfahren, bis genügend Flüssigkeit verbleibt. Das grob geschnittene Gemüse zugeben, ebenso die Gewürze. Ein Glas Rotwein angießen und den Fond wieder einkochen. Die Knochen und Gemüse in einen großen Topf umfüllen, den Bratensatz mit heißem Wasser lösen, zugeben und die Soßengrundlage noch einige Stunden (3–4 Stunden) leise kochen. Evtl. entstehenden Schaum abheben. Den fertigen Fond durch ein feines Sieb gießen und zur gewünschten Konsistenz einkochen.

Tipp:
Fond lässt sich sehr gut einfrieren; den Fond reduzieren (einkochen), evtl. entfetten, nicht salzen und portionsweise in Tupperschälchen einfrieren. Er hält ca. ein Vierteljahr.

2 Aufkochen lassen.

3 Den Fond abschäumen.

4 Flüssigkeit durch ein feines Sieb gießen, evtl. ein Passiertuch zwischen zwei Siebe legen.

6 Mit heißem Wasser oder Brühe ablöschen, einkochen lassen, Rotwein angießen und weiter einkochen lassen

7 Knochen und Gemüse in einen Topf umfüllen, Bratensatz mit heißem Wasser lösen.

8 Den Fond durch ein feines Sieb gießen und aufkochen lassen.

4
Wildfond

800 g–1 kg frische Wildknochen (Hase, Reh oder Hirsch) oder Bauchlappen, Seitenteile und Kopf, falls keine Knochen vorhanden sind,
1–2 Essl. Öl,
1 Glas Rotwein oder Madeira oder Portwein,
heißes Wasser zum Ablöschen.
Gemüse:
1 Gelbe Rübe, 1 Stück Sellerie,
1 Stück weißer Lauch,
1 Zwiebel, 1 Knoblauchzehe,
1 Handvoll getrocknete Pilze, in Wasser vorgeweicht,
1 Zweig Thymian,
1 Lorbeerblatt,
evtl. 100 g frische, grob gehackte Champignons,
evtl. einige Wacholderbeeren.

Die Knochen (oder andere Teile) zerkleinern und im heißen Öl in der Fettpfanne oder in einem Bräter im Backofen stark anrösten. Mit Rotwein oder Portwein ablöschen, das grob zerkleinerte Gemüse, Pilze und die Gewürze zufügen. Die Flüssigkeit eindampfen lassen, dann mit so viel Wasser auffüllen, dass alle Zutaten bedeckt sind. Bei verminderter Hitzezufuhr den Fond langsam einkochen. Die Flüssigkeit absieben und als Soßengrundlage verwenden.
E.-Herd zuerst 250 °C, dann 175 °C
G.-Herd zuerst 5/dann 2–3
Ca. 2–3 Stunden
Oder anstatt Waholderbeeren einen abgespülten frischen Tannenzweig zum Fond geben

Tipp:
Sind die Knochen einmal zu stark gebräunt (fast schwarz), dieselben nicht umdrehen, sonst wird die Soße bitter!
Als Basis gilt: Hasenfond zu Hasenbraten, Rehfond zu Rehbraten usw. Bitte beachten, dass ein Fond niemals gesalzen wird!

5
Fischfond

Gemüse: 2–3 Schalotten,
1 Stück weißer Lauch,
1 kleine Petersilienwurzel,
1 kleines Stück Sellerie oder
1 Stück frischer Fenchel,
etwas Butter oder Margarine,
Fischgräten, Flossen, Köpfe (aufgespalten, Kiemen und Augen entfernt) möglichst von Edelfischen,
evtl. kleine ausgenommene Fische,
1 ½ l Wasser oder Wasser und Weißwein gemischt zum Aufgießen,
einige Zitronenscheiben,
2 Lorbeerblätter,
3–4 Pfefferkörner,
1 Teel. Senfkörner,
evtl. frischer Dill oder etwas Knoblauch (bei Seefischen).

Das Gemüse grob zerkleinern, in etwas Fett andünsten, dann die Fischabfälle zugeben und mit Flüssigkeit aufgießen. Die Gewürze zugeben und den Fond bei milder Hitze leise kochen. Fischfond für Süßwasserfische ca. 30–40 Min., für Seefische ca. 30 Min. Den Fond durch ein Sieb gießen und weiterverarbeiten.

Tipp:
Schneller und rationeller lässt sich der Fond im Schnellkoch- bzw. Dampfdrucktopf zubereiten. Bei einer Temperatur von 120 °C erzielt man dasselbe Ergebnis in 30 Minuten wie bei herkömmlichem Kochen von Stunden bei 80 °C.

6
Mehlschwitze ohne Fett (dextriniertes Mehl)

Das Mehl in beliebiger Menge in einer Kasserolle unter Rühren – je nach Verwendungszweck – lichtgelb oder dunkler rösten. Dann ohne Herdhitze weitere 5 Min. rühren und in einem trockenen Raum völlig erkalten lassen. In einem Schraubglas oder zugebundenen Steintöpfchen hält sich dieses dextrinierte Mehl längere Zeit gebrauchsfähig. Es eignet sich sehr gut zum Binden von Suppen, Soßen und Gemüsen.
Bei der Verwendung das Mehl mit wenig kaltem Wasser glattrühren, kurz vor dem Anrichten unter das Gericht mischen und einige Minuten mitkochen. Zu sauren Soßen das Mehl ebenfalls mit genügend kaltem Wasser anrühren und, je nach Rezept, Essig oder Zitronensaft zufügen. Die Soße etwa ½ Std. bei schwacher Herdhitze kochen, evtl. beim Anrichten einige Butterwürfelchen einschlagen.
Das dextrinierte Mehl macht die Gerichte leichter verdaulich als das mit Fett geröstete.

Butter-Beigüsse

7
Schaumig gerührte Butter (zu Fisch)

100 g Butter,
1 Tasse kalter Fischsud,
Salz, Saft von ½ Zitrone,
1–2 Essl. Schlagsahne.

Die frische Butter dickschaumig rühren, nach und nach den Fischsud, Salz, Zitronensaft und den steifen Schlagrahm zufügen. Den Butterschaum auf Salatblättern anrichten oder in eine kleine Cremespritze füllen und mit der Sterntülle auf Glasteller spritzen.

8
Heiße Fischbutter

Etwa 100 g frische Butter erhitzen, mit ½ Tasse heißem Fischsud ablöschen und sofort servieren.

9
Braune Butter

Etwa 100 g frische Butter langsam hellbraun werden lassen. Zu Blumenkohl, Spargel oder gekochtem Fisch servieren oder über Kartoffelbrei gießen.
Oder in der Butter 40 g gehackte Nüsse oder Mandeln mitbräunen und zu Fisch oder Gegrilltem reichen.

10
Butter mit Zwiebeln (zum Schmälzen)

2 Zwiebeln, 2–3 Essl. Öl,
40 g Butter.

Die Zwiebeln schälen, halbieren, in feine Scheiben schneiden und zuerst im heißen Öl so lange anschwitzen, bis sie eine hellbraune Kruste haben. Das Öl abgießen und anderweitig verwenden, die Butter zufügen, erhitzen und die Zwiebeln möglichst sofort anrichten. Auf diese Weise bräunt die Butter nicht zu stark, und die Zwiebeln behalten ihre Kruste, die sonst, wenn nur mit Butter gebräunt wird, meist das Knusprige verliert.

Weiße Soßen

11
Weiße Grundsoße (Velouté)

40 g Butter/Margarine,
30 g Mehl,
½ l Fleischbrühe (Würfel)
oder ¼ l Wasser und ¼ l Milch,
Salz, evtl. Muskat.

Die Butter oder Margarine erhitzen, Mehl zufügen und unter Rühren hellgelb werden lassen. Unter stetem Rühren Fleischbrühe oder Wasser und Milch nach und nach zufügen. Die Soße ca. 10 Min. bei geringer Hitze kochen lassen und mit Salz und nach Belieben mit Muskat abschmecken.
Je nach Verwendungszweck kann zum Ablöschen auch Gemüse- oder Fischbrühe genommen werden.

12
Variationen zur Grundsoße

Rahmsoße: ¼ l Brühe und ¼ l Sahne oder Kondensmilch einrühren und mit Zitronensaft würzen.
Passt zu Kalbfleisch, Fisch, Blumenkohl und Reis.
Kapernsoße: Die weiße Soße mit Eigelb und 1 Essl. saurer Sahne legieren. 2 Essl. Kapern daruntermischen.
Passt zu Fisch, Fleischklößchen, Eiern, Reis und Rindfleisch.
Dillsoße: 2 Essl. frischen, feingewiegten Dill daruntermischen.
Passt zu Eiern, Fleisch und Fisch.
Einfache Tomatensoße: 3–4 Essl. Tomatenmark bei schwacher Hitze mitkochen.
Passt zu Kartoffelgerichten, Reis und Teigwaren (Spätzle).
Senfsoße: 1–2 Essl. Senf (mittelscharf) unterrühren und mit 1 Prise Zucker und Essig abschmecken.
Passt zu hartgekochten Eiern, Fisch, Rindfleisch und Hackfleischgerichten.
Meerrettichsoße: Die Soße mit Zitronensaft und Pfeffer würzig abschmecken und vor dem Anrichten 1–2 Essl. geriebenen Meerrettich dazugeben.
Passt zu Fisch und Rindfleisch.
Krabbensoße: 150 g Krabben in der Soße erhitzen und 1 Essl. kleingehackten Dill dazugeben.
Passt zu Eiern, Reis und Pastetchen.
Champignonsoße: 1 Essl. Zwiebelwürfel in Fett hellgelb werden lassen, dann erst mit Mehl und Fleischbrühe die Grundsoße zubereiten und 150 g blättrig geschnittene Champignons und 1 Teel. feingewiegte Petersilie daruntermischen.
Portweinsoße: Unter die Grundsoße 2–3 Essl. Senffrüchte und einen Schuss Portwein mischen.
Krebssoße: Unter die Grundsoße 1 Essl. Krebsbutter (vgl. **132**) sowie etwas Zitronensaft mischen. Vor dem Anrichten Krebsschwänze einlegen. (Dosen-Krebsschwänze in der geöffneten Dose im heißen Wasserbad erwärmen.)
Siehe auch **777** Soße aus Krebsschalen und Innereien.
Sardellen- oder Heringssoße: 2 gewaschene und geputzte Sardellen oder 100 g Salzhering sehr fein hacken (oder durch ein Sieb streichen), unter die Grundsoße mischen und mit 2 Essl. Rahm und einem Spritzer Zitronensaft abrunden.

13
Béchamelsoße

40 g Butter/Margarine,
1 gewiegte Zwiebel,
30 g Mehl, ¼ l Kalbsfond,
¼ l Milch oder Sahne,
Salz, weißer Pfeffer, Muskat,
1 Prise Thymian, evtl. 75 g
Schinkenwürfel oder Zwiebelwürfel.

Die Zwiebelstückchen in der heißen Butter oder Margarine hell dünsten, Mehl zugeben und so lange rühren, bis es hellgelb ist. Unter stetem Rühren mit Fond und Milch oder Sahne ablöschen. Gewürze und Schinkenwürfel dazugeben, bei geringer Hitze ca. 10–15 Min. kochen lassen und pikant würzen.
Passt zu Spargel, Schwarzwurzeln oder Kartoffeln.

14
Käsesoße (Sauce Mornay)

½ l Béchamelsoße,
2 Eigelb,
1 Becher süße Sahne (200 g),
125 g geriebener Emmentaler oder
Greyerzer, 1 Prise Cayenne,
Muskat.

Die Béchamelsoße zubereiten; Eigelb mit Sahne und etwas heißer Soße gut verschlagen, unter die Soße ziehen. Den Käse zugeben und bei milder Hitze darin auflösen. Mit den Gewürzen abschmecken. Passt zu Geflügel, Fisch, Fleisch, Teigwaren und Gemüse.

15

Geschlagene Buttersoße (zu feinem Gemüse und gedünstetem Fisch)

50 g Butter,
1 geh. Essl. Mehl,
2 Eigelb,
je 1 Prise Salz und Muskat,
etwas Zitronensaft,
¼ l Fleischbrühe (oder Fischsud).

Die Butter in einem kleinen Töpfchen glattrühren, Mehl, Eigelb, Gewürze und die kalte Fleischbrühe zugeben, dann im strudelnden Wasserbad bis zum Eindicken schlagen. Je nach Weiterverwendung mit Gemüsewasser, Fleischbrühe oder Fischsud verdünnen und sofort zu Tisch geben.

Tipp:
Soßen, die mit Ei und Butter geschlagen werden, gelingen am besten im Wasserbad. Ein kleinerer Topf wird in einen größeren gesetzt, der mit sehr heißem Wasser bis knapp unter den Topfboden des kleineren Topfes gefüllt ist. Das Wasser darf nicht kochen! Das Aufschlagen erfolgt mit einem Schneebesen oder einem elektrischen Handrührer. Wer etwas Übung hat, kann die Soße auch direkt auf der Platte bei geringer Hitzezufuhr schlagen. Im Handel gibt es auch spezielle Wasserbadtöpfe zu kaufen. Alle geschlagenen Soßen erst kurz vor dem Servieren zubereiten und nicht lange stehen lassen!

16

Holländische Soße (einfach)

60 g Butter,
30 g Mehl,
¼ l Fleisch-, Fisch- oder Gemüsebrühe,
2–3 Eigelb,
je 1 Prise Salz und Pfeffer,
Saft ¼ Zitrone,
½ Glas Weißwein,
1 Essl. frische Sahne.

Die Butter in Stückchen schneiden, kurz ins Gefrierfach legen. Das Mehl mit der kalten Brühe in einem kleinen Topf glattrühren und die verquirlten Eigelb zufügen. Die Soße im heißen Wasserbad bis zum Eindicken schlagen und die eiskalten Butterstückchen dabei einzeln einrühren. Zuletzt die Soße mit den übrigen Zutaten würzig abschmecken.

17

Schaumsoße (Mousseline-Sauce)

Eine holländische Soße zubereiten und kurz vor dem Anrichten ⅛ l steif geschlagene ungesüßte Sahne unterziehen. Zu gekochtem Fisch, Spargel, Geflügel usw. reichen.

18

Holländische Soße (Sauce hollandaise)

2 Essl.Essig,
2 Essl. Wasser oder Weißwein,
1 Prise Salz,
3–4 Pfefferkörner,
1 Schalotte, 1 Petersilienstiel,
2–3 Essl. milde Fleisch-, Fisch- oder Spargelbrühe, 3 Eigelb,
250 g geklärte Butter,
Saft von ½ Zitrone,
1 Prise Muskat
oder 2–3 Essl. ungesüßte Sahne.

Essig, Wasser, Salz, die zerdrückten Pfefferkörner, die gehackte Schalotte und den Petersilienstiel in einem kleinen Pfännchen bis auf 1 Essl. Flüssigkeit einkochen, etwas abkühlen lassen und durchsieben, mit der Brühe auffüllen. Die Eigelb mit 1 Essl. Wasser verquirlen und zufügen. Dann die Soße mit dem Schneebesen in heißem (nicht kochendem 80 °C) Wasserbad so lange schlagen, bis die Soße bindet. Die zerlassene Butter unter stetem Rühren (anfangs nur tropfenweise) zugeben.
Je nach Verwendungszweck etwas Zitronensaft und Muskat oder leicht geschlagene Sahne unterziehen.

Tipp:
Für feine Soßen, wie für Holländische oder die Béarner Soße, sollte geklärte Butter verwendet werden. Die Butter erwärmen, dass sich das Butterfett absetzen kann; den oben stehenden Schaum abschöpfen. *Siehe Seite 9.*
Geklärte Butter ist im Handel als ***Butterfett*** *erhältlich.*

1 Holländische Soße: Zutaten einkochen lassen.

2 Verquirltes Eigelb zufügen.

3 Zerlassene Butter zugeben.

19 Béarner Soße (Sauce béarnaise) *

2–3 Essl. Estragonessig,
1/8 l Weißwein,
2 Schalotten oder
1 kleine Zwiebel,
etwa 10 kleingeschnittene, frische
oder 1 EL getrocknete Estragonblätter,
3–4 zerdrückte Pfefferkörner,
2–3 Essl. Hühnerbrühe,
1 Prise Salz,
2–3 Eigelb,
200 g geklärte Butter, evtl. Pfeffer,
zum Überstreuen etwas
feingehackter Kerbel oder Estragon.

Essig und Wein, die fein geschnittenen Schalotten oder Zwiebel, Estragonblättchen und Pfefferkörner auf etwa ein Viertel einkochen (reduzieren). Durchsieben, die Hühnerbrühe zugießen, salzen, die Eigelb mit etwas Wasser (auf 1 Eigelb 1 Essl. Wasser) gut verrühren, in die Soße schlagen. Im heißen (nicht kochenden) Wasserbad oder bei mäßiger Herdhitze solange mit dem Schneebesen schlagen, bis die Masse schaumig ist. Dann die geklärte Butter erst tropfenweise, dann im Strahl zufügen, dabei gut schlagen. Evtl. mit etwas Pfeffer abschmecken, die frischen Kräuter darüberstreuen. Die Béarner Soße passt zu Kurzgebratenem wie Steaks oder auch zu Filet und zu Fisch.

Tipp:
Falls die Soße zu gerinnen droht, den Topf sofort aus dem Wasserbad nehmen, 2–3 Essl. eiskaltes Wasser rasch unterrühren. Wenn gar nichts mehr hilft, mit den Eigelb neu beginnen und die „verunglückte" Soße langsam darunterrühren.

Variante
Eine Béarner Soße zubereiten, jedoch die geklärte Butter leicht bräunen lassen und dann wie oben beschrieben zufügen. Die Soße mit 1–2 Essl. Tomatensaft abschmecken. Schmeckt gut zu feinem Gemüse, z. B. zu Spargel.

20 Maltasoße *

Eine Holländische Soße zubereiten und kurz vor dem Anrichten den Saft einer Blutorange und die geriebene Schale von 1/4 unbehandelteren Orange untermischen. Diese aromatische Soße schmeckt besonders gut zu Spargel.

21 Geschlagene Senfsoße *

1 Essl. Mehl,
1/4 l kalte Fleischbrühe,
3 Eigelb, 2 Teel. Senf,
30 g Butter,
1/2 Essl. Zitronensaft,
je 1 Prise Salz und Pfeffer.

Das glattgerührte Mehl mit den übrigen Zutaten in einem kleinen Töpfchen im heißen Wasserbad oder bei schwacher Herdhitze mit dem Schneebesen bis zum Eindicken schlagen; abschmecken und sofort servieren. Passt zu gedünstetem Fisch, verlorenen Eiern und gekochtem Rindfleisch.

22 Currysoße

40 g Butter oder Margarine,
1 milde Gemüsezwiebel,
2–3 Teel. Currypulver,
1/4 l gut gewürzte Brühe,
je nach Weiterverwendung:
Hühnerbrühe oder Fleisch-, Gemüse-, auch Fischbrühe,
1 kleine Kartoffel, 1 säuerlicher Apfel,
1/4 l weiße Soße ***11****.*

In der erhitzten Butter oder Margarine die sehr fein geschnittene Zwiebel glasig anbraten. Mit Curry überstäuben, gut verrühren und mit Brühe aufgießen. Die Kartoffel und den Apfel schälen und mit der mittelfeinen Raffel direkt in die Soße reiben. Die Soße auf kleiner Flamme ca. 15–20 Min. kochen. Dann die fertige weiße Soße langsam unterrühren, evtl. noch mit etwas Salz und Curry nachwürzen. Einen angenehmen süß-sauren Geschmack bekommt die Soße, wenn zum Schluss noch 2 in sehr kleine Stückchen geschnittene Ananasscheiben eingerührt werden.

23 Fischsoße *

Weiße Grundsoße ***11***
Saft von 1/4 Zitrone,
1–2 Essl. Weißwein,
1 Eigelb,
2–3 Essl. süße Sahne,
20 g eisgekühlte Butter.

Die Grundsoße mit Fischfond **5** oder halb Fischsud, halb Fleischbrühe ablöschen, den Zitronensaft und Weißwein zufügen, mit Eigelb und süßer Sahne abziehen und zum Verfeinern die Butter in kleinen Stückchen einschlagen. Die Soße schmeckt ähnlich wie Holländische Soße.
Oder gut 1/4 l Fischfond **5** mit 2 Essl. trockenem Wermut und etwas Pfeffer würzen, erhitzen, einen Becher Schlagsahne (200 g) halbsteif schlagen, darunterziehen. Mit frischem gehackten Basilikum oder Estragon (wenig!) abrunden.

24 Austernsoße

1 Dutzend Austern,
1/2 l trockener Weißwein,
1 Stück Zitronenschale (unbehandelt),
6 Pfefferkörner, leicht zerdrückt,
40 g Butter, 40 g Mehl,
1/4 l süße Sahne,
1 Prise Muskat,
1–2 Eigelb.

Die Austern öffnen (Seite 214) und im Austernsaft mit Weißwein, Zitronenschale und Pfefferkörnern ca. 6 Minuten pochieren.
Die Butter erhitzen, das Mehl darin hellgelb anschwitzen, die süße Sahne und die durchgesiebte Austernbrühe zugießen. Etwa 30 Minuten sanft kochen, bis eine sämige Soße entstanden ist. Die Austern in der Soße vorsichtig erwärmen und die Soße mit Eigelb abziehen.

* Alle geschlagenen Soßen nicht lange stehen lassen.

25 Schnittlauchsoße

Knapp ¼ l heller Fond (Geflügel-, auch Fischfond),
2–3 Essl. Weißwein oder trockener Wermut,
2–3 Eigelb,
Salz, Pfeffer oder Zitronenpfeffer,
½ Becher süße Sahne (100 g),
1 Bund Schnittlauch.

Den hellen Fond erwärmen, Wein oder Wermut zufügen und die Eigelb beigeben. Im heißen Wasserbad mit dem Schneebesen oder dem elektrischen Handrührer aufschlagen, mit Salz, Pfeffer oder Zitronenpfeffer würzen und die halbsteif geschlagene Sahne locker unter die Soße heben. Den Schnittlauch mit der Küchenschere sehr fein schneiden, unter die Soße mischen und die Soße sofort servieren.
Oder die Grundsoße **11** zubereiten, mit 1 Essl. Essig und 1 Essl. Zitronensaft vermischen und vor dem Servieren mit Schnittlauch bestreuen.
Schnittlauchsoße passt zu Gemüse, hellem Fleisch, Fisch, auch zu Grillkartoffeln.

26 Estragonsoße

10 g Butter, 2 Schalotten,
30 g Senfkörner,
½ l trockener Weißwein,
¼ l Apfelsaft oder Apfelwein (Cidre),
ca. ½ l Geflügelfond,
je 1 Essl. Himbeeressig und Balsamico-Essig,
Pfeffer und Salz,
1–2 Essl. abgestielte Estragonblättchen.

Die Butter erhitzen, die kleingehackten Schalotten mit den Senfkörnern darin anschwitzen, mit Wein ablöschen und die Soße um die Hälfte einkochen. Apfelsaft oder Cidre und Geflügelfond zugießen und wiederum einkochen. Durch ein Sieb in einen anderen Topf gießen, mit Essig und Gewürzen abschmecken und die Estragonblättchen fein gewiegt dazugeben.

27 Weiße Estragonsoße

*Weiße Grundsoße **11**,*
1 Spritzer Zitronensaft,
1–2 Essl. fein gehackte Estragonblättchen,
1–2 Eigelb,
½ Becher süße Sahne (100 g).

Die weiße Soße mit Zitronensaft abschmecken, die Estragonblättchen einrühren, mit Eigelb abziehen und kurz vor dem Servieren die steif geschlagene Sahne locker unter die Soße heben.

28 Pfefferminzsoße

2 Essl. frische Minzeblätter (Pfefferminze, Krause Minze),
etwa 2 Essl. heißes Wasser,
1 Essl. brauner Zucker,
1–2 Essl. Weißwein- oder Kräuteressig.

Die Minzeblätter mit heißem Wasser übergießen, den Zucker beigeben und die Mischung solange sanft köcheln, bis der Zucker sich aufgelöst hat. Durch ein Sieb gießen und der abgekühlten Soße Essig nach Geschmack unterrühren. Die Soße ca. 3 Stunden durchziehen lassen. Diese Soße passt gut zu Lammfleisch.

29 Spargel- oder Blumenkohlsoße

40 g Butter, 50 g Mehl,
½ l Spargel- oder Blumenkohlbrühe,
1 Messersp. Muskat,
Saft ¼ Zitrone,
1 Essl. Weißwein, 1 Eigelb,
3 Essl. ungesüßte Sahne oder Kondensmilch.
Zum Einschlagen:
15–20 g Butter.

Zur Grundsoße **11** die oben genannten Zutaten verwenden, mit Zitronensaft und Weißwein würzen, mit Eigelb und Sahne abziehen und die eiskalte Butter vor dem Anrichten in kleinen Stückchen einschlagen; heiß oder kalt servieren.

30 Meerrettichsoße

1 kleine Stange Meerrettich,
½ Tasse Milch,
30 g Butter, 2 Essl. Mehl,
etwa ¼ l Fleischbrühe,
je 1 Prise Zucker und Salz,
1 Essl. saure Sahne.

Den gewaschenen, geschabten Meerrettich flockig reiben und mit der kalten Milch übergießen (damit er sich nicht verfärbt). In der heißen Butter das Mehl gelb schwitzen, den Meerrettich zugeben, mit Fleischbrühe ablöschen und 10 Min. kochen. Zum Würzen den Zucker, evtl. noch etwas Salz, zufügen und die gequirlte Sahne untermischen.
Oder statt mit Fleischbrühe nur mit Milch ablöschen, einige geschälte, geriebene Mandeln und 1 Teel. Zitronensaft zufügen.

31 Weiße Zwiebelsoße

4 mittelgroße Zwiebeln,
40 g Butter, 50 g Mehl,
⅜ l Milch oder Fleischbrühe,
1 Prise Pfeffer,
etwas Hefewürze oder Salz.

Die Zwiebeln schälen, in feine Scheiben schneiden, auf einem Sieb kurz überbrühen und in der heißen Butter dünsten, jedoch keine Farbe annehmen lassen. Das Mehl darüberstäuben, mit Milch, Wasser oder Fleischbrühe ablöschen und bei mäßiger Herdhitze so lange kochen, bis die Zwiebeln ganz weich sind. Die Soße durchpassieren und das Gewürz zufügen.
Wer den Zwiebelgeschmack kräftiger liebt, kann die Zwiebelscheiben auch roh in der Butter dünsten. Passt zu Hammel- oder Kalbfleisch.
Oder Béchamelsoße **13** mit dem Püree von 3–4 gedünsteten Zwiebeln vermischen, pikant mit Salz, Muskat, Cayenne und 1 Prise Zucker abschmecken. Mit 3–4 Essl. dicker saurer Sahne vermischen und noch 50 g weiche Butter hineinschlagen **(Sauce Soubise).**

Braune Soßen

32

Braune Grundsoße (Sauce espagnole)

Für ½ l Soße
50 g Schweinefett oder Butterschmalz,
20 g roher Schinken oder geräucherter Speck,
1 Zwiebel, 3 Karotten,
¼ Sellerieknolle,
1 Stange Lauch, 30 g Mehl,
1 l Fleischbrühe oder
schwach gesalzenes Wasser,
3 Essl. Tomatenmark oder
6 frische Tomaten,
1 Nelke, 1 Lorbeerblatt,
6 Pfefferkörner,
1 Knoblauchzehe,
2–3 Schalotten
oder kleine Zwiebeln,
evtl. noch etwas Salz oder Hefewürze,
1 Glas Rotwein.

Im heißen Fett die Schinken- oder Speckwürfelchen, die fein geschnittene Zwiebel und das Suppengemüse anrösten; das Mehl darüberstreuen, hell bräunen, mit Fleischbrühe oder Wasser ablöschen und die Tomaten oder das Mark und das Gewürz zufügen. Die Soße etwa 30 Minuten bei nicht zu starker Herdhitze kochen, mit Salz abschmecken, den Rotwein zugießen und die Soße durch ein Sieb passieren. Durch eine Kochzeit von 2 Stunden wird der Geschmack noch intensiver.

Tipp:
Durch die Verwendung von mehr Gemüse wird zur Bindung der Soße weniger Mehl gebraucht.

Soßenansatz für dunkle Soßen: Knochen in Fett hell anrösten, Gemüsewürfel und eine Speckschwarte zugeben. Einige Tomatenscheiben und Zitronenschale (ohne das Weiße), zerdrückten Knoblauch, einige Zweige frischen Thymian, Pfefferkörner und Lorbeerblatt, leicht angedrückt, mit Rotwein und Fond **3** auffüllen. Bei 180 °C im Backofen ca. 2–3 Stunden köcheln lassen.

33

Braune Rahmsoße

Gelöster Bratensaft, ¼ l saure Sahne,
*¼ l brauner Fond **3**, 1 Prise Cayennepfeffer, Saft von ¼ Zitrone,*
evtl. ½ Teel. milder Senf.

Einen fertigen Hasen-, Reh- oder Kalbsbraten aus der Pfanne nehmen, den zurückgebliebenen gebräunten Bratensaft und -satz gut lösen, saure Sahne zugießen und unter Rühren etwas einkochen lassen; den braunen Fond untermischen und kurze Zeit mitkochen. Mit Cayenne, Zitronensaft und evtl. Senf würzen, die Soße durchsieben und sofort servieren.

34

Pfeffersoße

1 mittelgroße Zwiebel, 2 Karotten,
einige Petersilienstiele,
1 Messersp. getrockneter oder
etwas frischer Thymian,
1 Lorbeerblatt, 8 Pfefferkörner,
30 g Butter, ⅒ l Essig, ⅒ l Rotwein,
*knapp ¼ l dunkler Fond **3**,*
evtl. ¼ l frische Sahne.

Die geschälte, zerteilte Zwiebel, die klein geschnittenen Karotten, Kräuter und Gewürz (ohne Pfefferkörner) in einem Teil der Butter anrösten, mit Essig und Wein ablöschen und die Flüssigkeit bis zur Hälfte einkochen. Den Fond zufügen, kurz mitkochen und wenige Minuten vor dem Durchsieben die zerdrückten Pfefferkörner untermischen. Beim Anrichten die übrige Butter in der heißen Soße auflösen oder in kleinen Stückchen einschlagen.
Oder unter die fertige Soße (kurz vor dem Anrichten) ¼ l steif geschlagene, ungesüßte Sahne ziehen. Zu Wildbraten oder gekochtem Ochsenfleisch.

35

Madeirasoße

*Etwa ½ l braune Soße **32**, ⅛ l Madeira.*

Unter die fertig gekochte braune Soße den Madeira mischen und die Soße bis zum Anrichten im Wasserbad warmstellen.

36

Zwiebelsoße

*Etwa ½ l dunkler Soßenfond **3**,*
3 große Zwiebeln,
2 Essl. Weißwein.

Den Soßenfond zubereiten (oder fertigen Fond auftauen und erhitzen), die Zwiebeln sehr fein wiegen, etwa 15 Min. sanft mitkochen; die Soße mit Wein abschmecken.

37

Saure Soße (einfache braune Soße)

40 g Fett,
60–70 g Mehl,
1 Zwiebel,
etwa ½ l Fleischbrühe,
1 Lorbeerblatt, 1 Nelke,
1 Prise Pfeffer oder Paprika,
je 1 Essl. Essig und Zitronensaft,
oder ⅛ l Rotwein oder Apfelsaft,
dann weniger Fleischbrühe
Salz.

Im heißen Fett das Mehl rösten. Erst bei der gewünschten Färbung die gewiegte Zwiebel zugeben und etwa 5 Min. mitrösten; mit kalter Fleischbrühe oder Wasser ablöschen, Gewürz, Essig sowie Zitronensaft zufügen und die Soße 20 bis 30 Min. schwach kochen; zuletzt mit Salz abschmecken und durchsieben.

38

Specksoße

40 g geräucherter Speck,
1 Zwiebel,
*½ l dunkler Soßenfond **3**,*
etwas Salz, 1 Prise Pfeffer,
1 Teel. Zucker,
1–2 Essl. Essig.

Den Speck würfelig schneiden und etwas ausbraten, die klein gehackte Zwiebel darin anrösten, mit Soßenfond aufgießen und Salz, Gewürz, Zucker und Essig zugeben. Die Soße 20 Min. kochen und nach Belieben durchsieben.

39 Champignonsoße

Etwa ½ l braune Soße ***32****,*
250 g Dosen- oder frische Champignons,
½ Teel. Zitronensaft,
1–2 Essl. Madeira. *

Die Champignons in Scheiben schneiden und in die kochende braune Soße einlegen. Frische Champignons sorgfältig reinigen, in feine Blättchen schneiden und in der Soße garziehen lassen. Vor dem Anrichten den Zitronensaft und Madeira untermischen.

40 Pilzsoße

500 g frische Pilze (Morcheln, Steinpilze, Pfifferlinge usw.),
1 Zwiebel, 50 g Butter/Margarine,
1 Essl. fein gewiegte Petersilie,
dunkler Fond ***3****,*
Salz, Muskat, Pfeffer,
Saft ½ Zitrone,
2 Essl. saure Sahne,
1 Teel. Speisestärke.

Die sorgfältig gereinigten, in lauwarmem Wasser gewaschenen Pilze nach dem Abtropfen klein zerschneiden oder fein wiegen. In der heißen Butter die gehackte Zwiebel und Petersilie andünsten, die Pilze zugeben und weich dünsten. Mit dunklem Fond aufgießen. Zitronensaft und Gewürz zufügen, die Soße noch etwa 5 Min. kochen. Mit angerührter Sahne binden. Zu Gemüse, Weckpudding oder Klößen reichen.

> **Tipp**
> *Pilzsoße mit Steinpilzen passt ausgezeichnet zu Polenta* ***2145****, Seite 604*

* Madeira ist ein würziger Südwein, dessen herbsüßer Geschmack an Preiselbeeren erinnert und der zur Veredelung von Soßen und vielen anderen Gerichten wesentlich beitragen kann. Deshalb den Madeira nur in Ausnahmefällen durch einen guten, alten Rotwein ersetzen.

41 Trüffelsoße

Etwa ½ l brauner Fond ***3****,*
1 kleine Dose Trüffel,
½ Glas guter Rotwein,
1–2 Essl. Portwein.

Den Fond erhitzen, die gehackten Trüffel darin erwärmen, Rotwein zugießen, kurz ziehen lassen. Den Portwein kurz vor dem Anrichten untermischen.
Oder eine frische Trüffel (ca. 10 g) sehr fein in die Soße hobeln.

42 Wildsoße

Wildfond ***4****,*
evtl. etwas Salz und frisch gemahlener Pfeffer,
1/10 l Essig, 1/10 l Rotwein,
2–3 fein gehackte Schalotten,
einige Petersilienstiele,
3–4 Pfefferkörner,
1 Becher Schlagsahne (200 g).

Den Wildfond, falls erforderlich, noch etwas nachwürzen. Den Essig mit Rotwein, den Schalotten, Petersilie und den zerdrückten Pfefferkörnern erhitzen, etwas eindampfen lassen (etwa um die Hälfte). Durch ein Sieb zum Fond geben und die halbsteif geschlagene Sahne unterziehen. Sofort servieren.
Oder statt Essig-Wein-Reduktion 1–2 Essl. Johannisbeergelee, verrührt mit etwas Madeira, unter den Fond rühren. 100 g eisgekühlte Butterstückchen unter die Soße schwenken und sofort servieren.

43 Gurkensoße (zu Ochsenfleisch usw.)

60 g Mehl, 40 g Fett,
1 Zwiebel,
etwa ½ l Fleischbrühe,
Salz, 1 Essl. Essig,
1 Messersp. Pfeffer,
1 Nelke, 1 Lorbeerblatt,
½ grüne Gurke oder
10 Essiggürkchen,
2 Essl. saure Sahne.

Das Mehl in heißem Fett braun rösten, die geschälte, gewiegte Zwiebel zufügen und noch kurz mitrösten. Mit Fleischbrühe oder Wasser ablöschen, Essig und Gewürz zufügen, die Soße etwa 30 Min. kochen und durchsieben. Die geschälte Gurke in Stiftchen oder die Essiggürkchen in feine Scheiben schneiden und etwa 2 Min. in der Soße kochen. Beim Ablöschen nicht zuviel Flüssigkeit zugießen, weil die Gurken viel Saft abgeben; zuletzt die Sahne untermischen.

44 Pikante Soße (zu Schweinefleisch, Ochsenfleisch usw.)

1 Tasse Essig,
1 Tasse Weißwein,
3 Schalotten oder kleine Zwiebeln,
stark ¼ l braune Soße ***32****,*
je 1 Essl. gewiegte Essiggurken, Estragon und Petersilie,
1 Messersp. Piment.

Essig, Wein und die gewiegten Schalotten auf ⅔ des Quantums einkochen. Die braune Soße untermischen, noch 10 Min. mitkochen und dabei öfter abschäumen. Dann die Soße in ein heißes Wasserbad stellen und kurz vor dem Anrichten die gewiegten Gürkchen, die Kräuter und das Gewürz zufügen.

45 Sauce Robert (zu Schweinefleisch)

1 große Zwiebel, 1 Essl. Butter,
½ Glas Weißwein,
1–2 Essl. Weinessig,
stark ¼ l brauner Fond ***3****,*
1 Essl. Senf, 1 Prise Zucker,
1 Essl. Zitronensaft,
1 Teel. gehackte Petersilie.

Die Zwiebel schälen, fein wiegen, in der zerlassenen Butter anrösten und mit dem Weißwein und Essig ablöschen. Nach kurzem Aufkochen den Fond zufügen. 10 Min. mitkochen, durch ein feines Sieb gießen und mit Senf, Zucker und Zitronensaft würzen; die Petersilie darüberstreuen.

46

Bigaradesoße zu Entenbraten

*½ l brauner Fond **3**,*
Bratensatz der Ente,
Saft von 1 Orange und ½ Zitrone,
1 Essl. Zucker, 1 Teel. Essig,
1 Prise Cayennepfeffer,
1–2 Teel. bittere Orangenmarmelade.

Den Fond mit dem Bratensatz der Ente vermischen, durchsieben und mit Orangen- und Zitronensaft würzig abschmecken. Den Zucker hell bräunen, im Essig unter Rühren auflösen und unter die Soße mischen. Der Zucker verstärkt den delikaten Geschmack der Soße. Mit Pfeffer und Orangenmarmelade abschmecken.

47

Soße mit Ochsenmark

3 Schalotten oder kleine Zwiebeln,
1 Lorbeerblatt,
5–6 Pfefferkörner, ¼ l Rotwein,
*1 Tasse brauner Fond **3**,*
etwa 30 g Ochsenmark,
etwas Zitronensaft,
1 Messersp. gemahlener Thymian.

Die fein geschnittenen Schalotten oder Zwiebeln, das Lorbeerblatt und die zerdrückten Pfefferkörner mit dem Rotwein bis zur Hälfte einkochen. Den Fond darunter mischen und die Soße kräftig einkochen lassen, danach durchsieben. Das Ochsenmark in kaltem Wasser 10 Min. wässern, abtropfen lassen und in schwach strudelndem, leicht gesalzenem Wasser einmal aufkochen. Vor dem Anrichten in Scheiben schneiden, mit wenig Zitronensaft beträufeln, mit Thymian würzen und in die heiße Soße einlegen. Besonders zu gegrillten oder auf dem Rost gebratenen Fleischstücken geeignet.

* Siehe auch Hackfleischsoße (Ragú), Seite 276

48

Sugo (Fleischsoße) *

2–3 Gelbe Rüben,
2 Stangen Staudensellerie,
1–2 Zwiebeln,
1–2 Knoblauchzehen nach Belieben,
2 Essl. Olivenöl, 1 Zwiebel,
250 g Hackfleisch
oder gewiegte Bratenreste und
50 g geräucherter Speck,
reichlich Petersilie,
je 1 Prise Basilikum oder Thymian,
3–4 Tomaten oder 2 Essl. Tomatenmark oder 1 Dose gehackte Tomaten,
Salz, Pfeffer.
Zum Binden:
⅛ l süße Sahne.
Zum Bestreuen:
2–3 Essl. geriebener Parmesankäse.

Die Gelben Rüben und den Sellerie waschen, schälen, fein reiben bzw. schneiden. Im heißen Öl zuerst die gewiegten Zwiebeln, Knoblauch und das Gemüse hell andünsten, das Fleisch oder die Bratenreste und den Speck, die gehackten Kräuter, die geschälten, zerschnittenen Tomaten oder das Tomatenmark zufügen, kurz mitdünsten und mit etwa ¼ l Wasser ablöschen. Bei mäßiger Kochhitze ca. 1 Std. köcheln und etwas eindicken lassen; evtl. noch etwas Wasser oder Wein zugießen, zuletzt würzen.
Oder die Soße als Fleischgericht servieren. Wird dieses sehr dick gewünscht, 2 Essl. saure Sahne mit 1 Teel. Speisestärke anrühren und unter die schwach kochende Soße mischen. Zu Spaghetti, Nudeln oder gedämpftem Reis mit Reibkäse reichen.

49

Tomatensoße

500 g Tomaten oder
knapp ¼ l Tomatenpüree,
20 g durchwachsener Speck,
15 g Butter, 1 Zwiebel,
1 Knoblauchzehe, 1 Gelbe Rübe,
1 Messersp. Thymian, 1 Lorbeerblatt,
20 g Mehl, etwas Fleisch- oder Gemüsebrühe, 1–2 Teel. Zucker,
Salz, 1 Prise Pfeffer,
einige Butterflöckchen.

Die Tomaten waschen, abtrocknen und zerteilen. Den Speck in Würfel schneiden, in der heißen Butter kurz dünsten und die fein gewiegte Zwiebel, Knoblauch, die Gelbe Rübe sowie das Gewürz leicht darin anrösten. Dann das Mehl darüber stäuben und die Tomaten zugeben. Mit wenig Fleischbrühe oder Wasser ablöschen, Zucker und evtl. noch Salz zufügen, die Soße zugedeckt etwa 30 Min. kochen, durchpassieren, nochmals kurz erhitzen, mit Pfeffer würzen und sofort servieren. Wird Tomatenpüree verwendet, genügt ein kurzes Mitkochen. Bis zum Anrichten im heißen Wasserbad warmstellen und einige Butterflöckchen obenauf verteilen.
Oder statt Speck in 30 g Butter das Mehl, Zwiebel, etwas Petersilie und die übrigen Zutaten hellgelb anschwitzen, die Soße wie oben fertig kochen und zuletzt 2 Essl. Rotwein, 1 Essl. frische Sahne und etwas Paprika zufügen.

50

Tomatensoße, italienische Art

3 Essl. Olivenöl,
1 große Zwiebel,
evtl. 1 Knoblauchzehe,
500 g frische Tomaten oder
1 Schachtel passierte Tomaten (500 g) oder 1 Dose geschälte Tomaten (Abtropfgewicht 240 g),
¼–½ l Fleisch- oder Gemüsebrühe,
1 Prise Zucker,
1 Zweig Thymian
oder ½ Teel. getrockneter Oregano
oder, falls vorhanden, frisches Basilikum.

Das Öl erhitzen, die feingewiegte Zwiebel mit dem Knoblauch hellgelb andünsten, dann entweder geschälte, in grobe Stücke geschnittene, frische Tomaten oder Tomatenmark, mit etwas Wasser oder Sahne verrührt, oder den Inhalt der Dose zugeben; mit Fleischbrühe oder Wasser ablöschen, mit Zucker und Thymian oder Oregano würzen und so lange kochen, bis die Soße dickflüssig oder cremig ist. Das frische Basilikum fein schneiden oder hacken und erst beim Anrichten über die Soße streuen.

Soßen & Fonds

51

Thunfischsoße

1 Gemüsezwiebel,
2 Knoblauchzehen,
⅛ l Milch,
1 Becher süße Sahne (200 g),
1 Dose Thunfisch in Lake,
Meersalz, Pfeffer aus der Mühle,
1 Essl. Kapern oder 1 Tasse grüne Erbsen.

Zwiebel und Knoblauch schälen, mit Milch und Sahne zum Kochen bringen. Den abgetropften Thunfisch in Stücken zugeben, bei mittlerer Hitze 10 Min. durchkochen lassen. Danach die Soße pürieren, mit Salz und Pfeffer kräftig abschmecken. Kapern oder Erbsen nach Belieben untermischen. Die Soße heiß servieren.

52

Scharfe Sardellen-Olivensoße

1 Zwiebel, 2 Knoblauchzehen,
1 Karotte,
3 Essl. Olivenöl,
600 g Fleischtomaten oder
1 Pckg. Tomatenstücke (500 g),
½ Glas Weißwein, 1 Lorbeerblatt,
Salz, Pfeffer,
1 Röhrchen oder 1 kleine Dose Sardellenfilets,
1 Essl. Kapern,
50 g schwarze Oliven,
einige Spritzer Tabascosoße,
gehackte Petersilie.

Zwiebel, Knoblauch und die Karotte schälen, fein würfeln. Zusammen in Öl gelbdünsten.
Tomaten häuten, vierteln, dabei Kerne und Saft ausdrücken.
Tomaten, Weißwein, Lorbeerblatt, Salz, Pfeffer und 3–4 Sardellenfilets zugeben, alles unter Rühren zum Kochen bringen, 10 Min. durchkochen lassen. Danach pürieren, Lorbeerblatt vorher entfernen. Die übrigen Sardellenfilets, gehackte Kapern und Oliven zugeben, mit Tabascosoße nach Geschmack würzen. Die Soße unter Rühren vorsichtig erwärmen, heiß, mit Petersilie bestreut servieren.

53

Rotweinsoße (zu Fisch)

1 Zwiebel, ½ Knoblauchzehe,
1 Essl. Gewürzkräuter,
50 g Butter, ¼ l Rotwein,
stark ¼ l brauner Fond ***3****,*
1 Sardelle, 1 Prise Cayennepfeffer.

Die Zwiebel schälen, samt der Knoblauchzehe fein verwiegen und mit den ebenfalls gewiegten Kräutern in 20 g Butter anrösten. Mit Wein ablöschen und bis etwa zur Hälfte einkochen; den Fond noch 10 Min. mitkochen und heiß durchsieben. Die restliche Butter in kleine Stücke schneiden und bis zum Anrichten in kaltes Wasser legen, dann in der heißen Soße auflösen und die gewässerte, gewiegte Sardelle und etwas Cayennepfeffer untermischen.

54

Süß-Saure Soße (zu Fisch, Garnelen, Schweinefilet)

1 Essl. Sonnenblumenöl,
2 Essl. weißer Weinessig,
3 Essl. feiner Zucker,
1 Essl. Tomatenketchup,
1 Teel. dunkle Sojasauce, 1 Prise Salz,
1 knapper Teel. Streuwürze (Aromat),
1 kleine Knoblauchzehe, feingehackt,
4 Essl. Hühnerbouillon,
2 Teel. Speisestärke,
½ Dose Cocktailfrüchte oder Obststückchen von frischer Ananas, Mandarine, einige Kirschen, gehäutete Litschis.

Das Öl erhitzen; alle Zutaten einschließlich der Hühnerbouillon hineingeben und unter Rühren zum Kochen bringen. Von der Kochstelle nehmen. Die Speisestärke mit kaltem Wasser anrühren und die Soße damit andicken. Die Cocktailfrüchte oder frische Früchte untermischen, evtl. noch etwas Öl beigeben. Die Soße heiß servieren.

55

Süß-saure Gemüsesoße

2 kleine Stangen Lauch,
2 Knoblauchzehen,
2 Karotten,
je ½ rote und grüne Paprikaschote,
⅓ Salatgurke,
50 g Sojabohnensprossen,
3 Essl. Sesamöl.
Für die Grundsoße:
3 Essl. heller Weinessig,
3 Essl. brauner Zucker,
2 Essl. helle Sojasoße,
2 Essl. Tomatenketchup,
1 Likörglas trockener Sherry (Fino),
1 Essl. Speisestärke,
in 5 Essl. Wasser gelöst.

Das Gemüse putzen, waschen und wie folgt vorbereiten: nur das Weiße vom Lauch in dünne Scheiben schneiden. Knoblauch hacken, Karotten, Paprika und Gurke würfeln. Sojabohnensprossen auseinanderzupfen.
Öl in einer Pfanne oder Wok (siehe 680) erhitzen, das Gemüse unter Rühren 3 Min. anrösten. Alle Zutaten für die Grundsoße verrühren, zum Gemüse gießen und so lange köcheln lassen, bis die Soße dick wird. Eventuell mit etwas Salz nachwürzen. Heiß zu körnig gekochtem Reis reichen.
Oder die Soße mit Bambussprossen, chinesischen Pilzen (eingeweicht) oder Broccoli variieren.

Tipp
Wenn es einmal schnell gehen muss oder nur eine kleine Menge Soße benötigt wird, bieten sich Fertigsoßen an. Sie sind als Trockenprodukt in Tüten oder flüssig in Gläsern oder im Tetrapack erhältlich. Geschmacklich verbessern kann man sie mit süßer oder saurer Sahne (Crème fraîche), frischer Butter, einem Schuss Wein oder Wermut, abgeriebener Zitronenschale oder -saft und frisch gehackten Kräutern.

Kalte Soßen

56 Braune Sülzsoße* (Chaud-froid brun)

Unter ¼ l braune Grundsoße **32** oder **37** ⅛ l fertige Sülze **242** mischen und so lange zusammen einkochen, bis die Soße dickcremig ist. Zur Geschmacksverfeinerung 1–2 Essl. Madeira zufügen, die Soße heiß durchsieben und bis zum Erkalten rühren.
Zu kaltem Braten servieren oder zum Überziehen von gekochtem oder gebratenem Fleisch verwenden. Für Wildbraten jeder Art kann zuletzt noch ⅛ l eingekochter Wildfond **4** kurz miterhitzt werden.

57 Weiße Sülzsoße

(zum Glasieren von Geflügel und Fisch) Unter die Grundsoße **11** knapp ¼ l Fleischgelee **2** und 1 Tasse frische Sahne mischen. Durch Einkochen um ⅓ verringern, die Soße durchsieben und bis zum Erkalten rühren.

58 Sülzsoße mit Tomatenpüree

(zum Glasieren oder Überziehen von Gemüsehappen oder Eihälften)
¼ l gut eingedicktes Tomatenpüree mit knapp ¼ l Sülze **242** vermischen und zusammen bis auf ⅓ einkochen, durchpassieren und bis zum Erkalten rühren.
Oder statt Tomatenpüree 2 Essl. Tomatenmark mit der Sülze vermischen und nur kurz aufkochen.

* Zum Überziehen von gebratenem Fleisch oder Fisch und zum Verfeinern von Suppen und Soßen.

59 Cumberlandsoße

Schale von 1 unbehandelten Orange und ½ Zitrone,
⅛ l Rotwein,
4 Essl. Johannisbeergelee oder Hägenmark (Hagebuttenmark),
1 Teel. Senfmehl, 1 Prise Salz,
1 Messersp. Cayennepfeffer,
Saft von 2 Orangen (oder von 1 Orange und 1 Essl. Madeira).

Die Orange und Zitrone sehr dünn abschälen, die Schalen in feine Streifen schneiden, in Wein oder Wasser kurze Zeit kochen und auf einem Sieb abtropfen lassen. Das Gelee mit dem Senfmehl, Salz und Pfeffer verrühren und den Orangensaft zufügen; zuletzt die gekochten Schalen untermischen. Köstlich zu kaltem Wildbraten.

60 Cumberlandsoße, andere Art

2 unbehandelte Orangen,
2 Schalotten,
450 g Johannisbeergelee,
¼ l trockener Portwein,
1 Essl. milder Senf, ½ in Sirup eingelegte Ingwerpflaume, Salz.

Die Orangen unter heißem Wasser gründlich abspülen, trockenreiben und hauchdünn schälen. Schale in feinste Streifen schneiden, die Früchte auspressen. Schalotten schälen, fein würfeln und im Fruchtsaft so lange kochen, bis sie ganz weich sind; danach durchpassieren. Gewürzten Orangensaft mit dem Johannisbeergelee, Portwein, den Orangenschalenstreifen und Senf unter ständigem Rühren 6 Min. sanft kochen lassen. Zuletzt die fein gehackte Ingwerpflaume untermischen und die Cumberlandsoße mit Salz und falls nötig etwas Ingwersirup abschmecken. Erkaltet in Gläser füllen und gut verschlossen
3 Tage im Kühlschrank durchziehen lassen.
Kühl gestellt ca. 3 Wochen haltbar. Schmeckt zu kaltem Wildbraten, kaltem Geflügel sowie zu Wild- oder Geflügelterrinen oder -pasteten.

61 Pikante Stachelbeersoße

60 g Butter oder Margarine,
20 g Mehl,
½ l Flüssigkeit: je nach Weiterverwendung Fischbrühe, Fleischbrühe, Geflügelbrühe,
60 g Senffrüchte, klein gehackt,
2 Essl. milder Senf,
Salz, frisch gemahlener Pfeffer,
1 Tasse eingedünstete Stachelbeeren.

Das Fett erhitzen, Mehl goldgelb darin anrösten, mit der gewünschten Flüssigkeit aufgießen und gut durchrühren (evtl. mit dem Handmixer). Die kleingehackten Senffrüchte und den Senf untermischen, mit Salz und Pfeffer würzen und zuletzt die abgetropften, leicht zerdrückten Stachelbeeren unterheben.
Die Stachelbeersoße schmeckt zu warmem und kaltem Fleisch, zu Aufschnitt und Fisch, auch zu Eierspeisen.

62 Preiselbeersoße

500 g Preiselbeeren, ⅛ l Wasser,
100 g Zucker, ⅛ l Weißwein.

Die Preiselbeeren sorgfältig verlesen, kurz waschen und mit Wasser weich kochen. Durchpassieren, mit dem Zucker und Weißwein bis zum Erkalten rühren; zu gebratenem Wildfleisch reichen.
Oder 3 Essl. Preiselbeerkonfitüre mit 3 Essl. Wasser oder Weißwein verdünnen und durch ein Sieb drücken.

63 Apfelsoße

500 g säuerliche Äpfel,
⅛ l Weißwein,
50 g Zucker, 1 Messersp. Zimt.

Die geschälten, klein zerteilten Äpfel mit Wein oder Wasser zugedeckt weich dünsten und durchpassieren. Zucker und Zimt zufügen und die Soße kurz vor dem Anrichten glattschlagen.
Zu Enten-, Gänse- oder Schweinebraten sehr geschätzt.

64 Johannisbeersoße

500 g frische Johannisbeeren,
100 g Zucker, 1/8 l Weißwein.

Die Johannisbeeren nach dem Waschen und Abtropfen entstielen, mit Zucker, Wein oder Wasser kalt aufsetzen, einige Male aufkochen, durchpassieren und bis zum Erkalten rühren. Schmeckt vorzüglich zu kaltem Rehbraten.
Oder schwarze Johannisbeeren verwenden und mit Rotwein aufkochen. Dieser Geschmack passt sehr gut zu Wildgeflügel, Wildschwein und Hirsch.

65 Meerrettichcreme mit hartgekochten Eiern

2 Eier, 1/2 Stange Meerrettich,
2 Essl. Essig oder Saft von 1/2 Zitrone,
1 Essl. Öl, 1 Prise Salz,
1/2 Teel. Zucker,
1 Essl. fein gewiegte Petersilie.

Die Eier hart kochen, Eiweiß und Eigelb trennen. Die Eigelb durchpassieren und mit dem geriebenen Meerrettich, Essig oder Zitronensaft, Öl, Salz und Zucker vermischen. Das Eiweiß fein wiegen, die Meerrettichsahne damit umlegen und Petersilie darüberstreuen.

66 Gefrorener Meerrettich

1 Stange Meerrettich,
Saft von 1 Zitrone oder
ebensoviel Essig,
je 1 Prise Salz und Zucker,
1/4 l ungesüßte Sahne,
50 g geschälte, geriebene Mandeln.

Den Meerrettich waschen, abschaben, reiben und mit Zitronensaft oder Essig, Salz, Zucker und 1 Essl. Sahne verrühren. Die übrige Sahne steif schlagen, die Mandeln zufügen und unter den Meerrettich mischen. In der Eisschale im Gefrierfach des Kühlschranks gefrieren lassen.
Schmeckt vorzüglich zu kaltem Braten.

67 Apfelmeerrettich

1 halbe große oder
1 kleine Stange Meerrettich,
1–2 Äpfel, Saft von 1/2 Zitrone,
je 1 Prise Salz und Zucker,
1/8 l Apfelsaft
oder saure Sahne
oder 2–3 Essl. Öl.

Die Äpfel im Backofen braten und durchpassieren oder die geschälten Äpfel roh in eine Schüssel reiben. Die gleiche Menge vom geschälten Meerrettich roh gerieben zufügen und die übrigen Zutaten untermischen; statt Apfelsaft kann Sahne oder Öl verwendet werden. Beliebte Beilage zu gekochtem Ochsenfleisch oder Fisch und zu Rohkost.
Oder anstatt Apfelsaft den Saft von 2 Blutorangen und ½ Zitrone untermischen.

68 Sahnemeerrettich

1 halbe große oder
1 kleine Stange Meerrettich,
Saft von 1/2 Zitrone,
1/2 Teel. Zucker, 1 Prise Salz,
1 Becher süße Sahne (200 g),
einige Tropfen Worcestershiresauce.

Meerrettich schälen und sofort fein reiben. Mit Zitronensaft, Zucker und Salz mischen. Sahne steif schlagen, locker unter den Merrettich ziehen. Mit Worcestershiresauce würzen.
Passt zu geräuchertem Lachs, Forellenfilets und gekochten Schinkenröllchen.

69 Gribiche-Sauce (Eier-Senf-Soße)

3 hartgekochte Eier,
1 Teel. milder Senf,
Salz, Pfeffer,
1/8 l gutes Pflanzenöl,
1 Essl. Weinessig,
je 1 Teel. fein gehackte Kapern und Cornichons.

Die Eier schälen, sehr fein hacken und mit dem Senf und den Gewürzen vermischen. Unter Rühren langsam das Öl zugießen und mit Essig abschmecken. Zuletzt die fein gehackten Kapern und Cornichons unterrühren.
Passt gut zu Kalbfleisch.

70 Nuss-Soße

1 hartgekochtes Eigelb,
1/2 Teel. milder Senf,
2 Essl. Öl, 2 Essl. Weinbrand,
4 Essl. dicke saure Sahne,
Pfeffer, Salz, Honig,
6 Essl. fein gehackte Walnüsse.

Eigelb zerdrücken und mit Senf, Öl, Weinbrand und saurer Sahne verrühren, mit Pfeffer, Salz und etwas Honig abschmecken und zum Schluss die gehackten Walnüsse unterziehen.
Passt gut zu Schinken, Fisch und Krustentieren.

71 Paprika-Knoblauchsoße

1 grüne Paprikaschote,
1 eingelegte rote Paprikaschote,
2 Knoblauchzehen,
2–3 Essl. Olivenöl,
1 Spritzer Tabascosauce,
trockene Weißbrotbrösel zum Binden.

Die frische Paprikaschote entkernen, in Stückchen schneiden und in wenig Wasser ca. 10 Min. kochen. Herausnehmen, abtrocknen und zusammen mit der roten Paprikaschote, dem gehackten Knoblauch sowie dem Öl entweder in einem großen Mörser oder im elektrischen Blitzhacker zerkleinern. Sparsam mit Tabasco würzen und so viele Brösel zufügen, dass die Soße eine feste Beschaffenheit hat. Kühl servieren.

72 Paprika-Tomatensoße

500 g gehäutete, entkernte Tomaten sehr klein schneiden und mit den Zutaten von **71** vermischen. Diese Soße passt zu Fischgerichten oder zu einer Wurzelgemüse-Platte.

73

Frankfurter Grüne Soße

2 hartgekochte Eigelb, 2 Essl. Öl,
1–2 Essl. Essig oder Zitronensaft,
1/8 l saure Sahne,
2 Essl. Sahnequark,
6–8 Essl. gehackte Kräuter wie Petersilie, Kerbel, Borretsch, Zitronenmelisse, Schnittlauch, Sauerampfer, Dill, Estragon, Pimpinelle (mindestens 7 verschiedene Kräuter),
Salz, Zucker, Pfeffer,
evtl. 1 Messersp. französischer Senf.

Die Eigelb fein passieren, mit Öl und Essig oder Zitronensaft verrühren, Sahne, Quark und die fein gehackten Kräuter unterheben, mit Salz, Zucker und Pfeffer abschmecken und einige Zeit kalt stellen.
Passt gut zu kalter Rinderbrust, gekochten Eiern, Sülzen und gekochtem Rindfleisch.

Tipp:
Um der Soße eine intensive grüne Farbe zu geben, etwa 200 g gewaschenen Spinat fein hacken, in ein Mulltuch geben und den Saft in die Soße drücken.

74

Joghurt-Knoblauch-Soße (Tzatziki)

1 Becher Joghurt,
1 Becher saure Sahne,
1 Essl. Weinessig oder Zitronensaft,
2 fein gehackte Knoblauchzehen,
Salz, frisch gemahlener schwarzer Pfeffer,
1 Essl. fein gehackte Petersilie,
1 Stück Salatgurke, ca. 300 g, feinfädig geraspelt,
evtl. 2–3 Essl. geriebenes Weißbrot.

Alle Zutaten gut miteinander vermischen und, falls die Soße zu dünn ist, wenig Weißbrotkrümel unterziehen. Gut gekühlt servieren!

75

Fondue-Soße

Zur Fondue Bourguignonne
4–6 geschabte Sardellenfilets,
1–2 hart gekochte Eier,
1–2 Zwiebeln,
2–3 Gewürzgürkchen,
1–2 Teel. Kapern,
2–3 Essl. Mayonnaise **77** *oder Salatmayonnaise,*
3–4 Essl. Tomatenketchup oder Tomatenmark,
2–3 Essl. frische Sahne,
2–3 Essl. Öl,
Saft von 1/4 Zitrone,
1 feingewiegte Knoblauchzehe,
Curry, Salz, Pfeffer, Paprika, Muskat, Worcestershiresauce.

Eier, Zwiebeln, Gürkchen und Kapern feinhacken und mit den Sardellen mischen; darüber Mayonnaise, Tomatenketchup, Sahne, Öl und Zitronensaft geben und alles gut untereinander mengen. Mit den übrigen Zutaten nach Geschmack scharf oder mild würzen.

Joghurt-Knoblauchsoße (Tzatziki) passt gut zu Fleischspießen.

76

Pesto (Knoblauch-Basilikumsoße)

80 g Pinienkerne,
4–5 Knoblauchzehen,
frisches Basilikum (ca. 30 Blättchen) oder 5 Essl. getrocknetes Basilikum,
etwas Meersalz,
je 1 Essl. Parmesan- und Pecorinokäse,
6–8 Essl. Olivenöl (möglichst erste Pressung „vergine“).

Die Pinienkerne und Knoblauchzehen grob zerhacken, in einen großen Mörser geben und zerdrücken. Das frische Basilikum fein schneiden, etwas Salz untermischen, getrocknetes Basilikum ohne Salz zugeben sowie die Käsekrümel. Alles im Mörser fein zerdrücken. Nach und nach das Öl mit einem Holzlöffel unterschlagen, bis die Soße cremig erscheint. Diese Soße passt sehr gut zu Teigwaren (im Wasserbad evtl. etwas erwärmt), zu Suppen und Reis. **Oder** nur Knoblauch und Basilikum im Mörser zermahlen, Parmesankäse untermischen und dazu noch 4–6 Essl. Olivenöl und evtl. noch ein paar Weißbrotkrümel einrühren. (Diese Soße heißt **„Pistou“**.) Passt vor allem gut zu Gemüse und Eintöpfen oder Nudeln.

Tipp:
Man kann die Soße auch in der elektrischen Küchenmaschine oder im Mixer zubereiten: Alle Zutaten vorbereiten, dann das Öl in das Gerät füllen, auf kleiner Schaltstufe laufen lassen und alle Zutaten einrühren.

◁ Spaghetti mit Pesto, Rucola und Parmesanspänen.

Mayonnaisen

77

Mayonnaise I

2 Eigelb, Salz,
je 1 Prise Pfeffer und Paprika,
2 Essl. Kräuteressig oder Zitronensaft,
stark ¼ l feines Oliven- oder Sonnenblumenöl,*
½ Teel. Senf oder 1 Messersp. Senfmehl,
etwas Worcestershiresauce.

Die Eigelb mit dem Schneebesen oder dem elektrischen Handrührer schlagen und Salz, Pfeffer, Paprika, 1 Essl. Essig oder Zitronensaft zufügen. Das Öl zuerst tropfenweise, dann in dünnem Faden abwechselnd mit dem übrigen Essig oder Zitronensaft unter stetem Rühren zugießen, bis die Soße dick ist. Zuletzt mit Senf und etwas Worcestershiresauce abschmecken. Falls die Mayonnaise gerinnt oder fest wird, kann sie mit 1 Essl. heißem Wasser, etwas Kondensmilch oder süßer Sahne verdünnt werden. Darauf achten, dass alle Zutaten Kühlschrank-Temperatur haben, Gerätschaften vorkühlen.

Variationen: Noch wenig Chilipuver mit der Mayonnaise vermischen; oder eine Prise Thymian einrühren. Gut zu Fisch oder Gemüse.

Tipp:
Fertig zubereitete Mayonnaise spart Zeit und ist auch in kleinen Mengen immer griffbereit: in Tuben, in Beuteln oder im Glas. Industriell gefertigte Mayonnaise enthält etwa 80% Öl, 20% Eier, Zitronensaft, Essig und Gewürze. Weniger Ölgehalt hat die Salatmayonnaise (ca. 50 %), die meist eine Stärkebasis hat. Außerdem gibt es gewürzte Mayonnaise zu kaufen

*Das Öl 1 Stunde im Gefrierfach vorkühlen.

78

Mayonnaise II

1 Teel. Mehl, ¼ l Milch,
2 Eigelb,
knapp ⅛ l Essig und ⅛ l Öl,
je 1 Prise Salz, Paprika und Zucker.

Das Mehl in einem kleinen Topf mit der Milch glattquirlen und die Eigelb sowie die anderen Zutaten untermischen. Bei mäßiger Herdhitze oder im heißen Wasserbad so lange rühren, bis sich die Mayonnaise bindet. Dann bis zum Erkalten schlagen und kühl stellen.

Tipp:
Öl und Eier müssen die gleiche Temperatur haben, damit wird fast immer ein Gerinnen verhindert. Geronnene Mayonnaise wird durch tropfenweises Unterrühren von 1 Essl. Kondensmilch oder kochendem Wasser wieder glatt. Ist dies nicht der Fall, muss 1 frisches Eigelb geschlagen und die geronnene Mayonnaise in kleinen Mengen unter Rühren nach und nach dazugegeben werden.

79

Falsche Mayonnaise*

20 g Butter, 30 g Mehl,
¼ l Wasser,
etwas Salz und Lorbeerblatt,
1 Eigelb,
2–4 Essl. Öl,
1 Teel. Essig,
Saft ½ Zitrone,
evtl. 1 Essl. Milch.

In der heißen Butter das Mehl hellgelb schwitzen, mit Wasser ablöschen, 10 Min. kochen, das Gewürz zufügen, erkalten lassen und durch ein feines Sieb streichen. Die Mayonnaise bis zum Erkalten rühren, zuletzt Eigelb, Öl, Essig und Zitronensaft im Wechsel einschlagen, evtl. mit der Milch verdünnen.

*Zur Fett-Reduzierung, erhöhte Stabilität und längere Haltbarkeit.

80

Sülzmayonnaise (gebundene Mayonnaise)

Unter ¼ l Mayonnaise **77** etwa 2–3 Essl. Sülze **243** (noch dickflüssig) oder ebensoviel fertig erhältlichen Aspik mischen (Aspik zuvor erwärmen). Zu Gemüsesalaten oder zum Überziehen von Fischstücken oder hart gekochten Eiern vorzüglich geeignet.

81

Gestürzte Mayonnaise (für Ringform)

*Die halbe Menge Sülze **243***
oder 500 g fertiger Aspik.
Zur Mayonnaise:
2–3 Eigelb, ¼ l Öl,
2 Essl. Essig, Saft von ¼ Zitrone,
je 1 Prise Zucker, Salz und Pfeffer.

Eine Mayonnaise zubereiten (vgl. **77**), in eine Schüssel auf zerstoßenes Eis stellen und die noch dickflüssige Sülze unter stetem Schlagen langsam untermischen. Eine Ringform mit Öl auspinseln, die Mayonnaise einfüllen und zum Erstarren kalt stellen. Mit Hilfe eines flachen Tellers stürzen.

82

Rahmmayonnaise

2 Eigelb, ¼ l Öl,
Saft von ½ Zitrone,
je 1 Prise Paprika und Salz,
½ Teel. Zucker,
⅛ l ungesüßter Rahm (Sahne).

Eine dicke Mayonnaise zubereiten (vgl. **77** oder **78**) und zuletzt die steif geschlagene Sahne leicht unterziehen.

83

Quarkmayonnaise

Saft von 1 Zitrone (oder 2 Essl. Essig),
1 Prise Salz, 2 Eigelb,
1 Essl. Senf, 1 Essl. Zucker,
¼ l Öl, 250 g Quark,
evtl. ⅛ l Sauermilch oder
saure Sahne.

Bei dieser Mayonnaise ist besonders darauf zu achten, dass alle Zutaten gleichmäßig kühl (aber nicht eisgekühlt) sind.
Zitronensaft, Salz und Eigelb glattrühren, Senf und Zucker beifügen und unter stetem Schlagen das Öl sehr langsam zugießen. So lange quirlen oder rühren, bis das ganze Öl gut aufgenommen ist. Zuletzt den Quark durchpassieren, die Mayonnaise löffelweise untermischen; evtl. noch mit Sauermilch oder saurer Sahne verdünnen.

84

Quarkmayonnaise mit Oliven

*Quarkmayonnaise **83**,*
10 mit Paprika gefüllte Oliven,
1 Essl. Zitronensaft.

Unter die fertig zubereitete Quarkmayonnaise die in Scheiben geschnittenen und mit etwas Zitronensaft vermischten Oliven heben.
Passt zu Salattellern, Geflügel und zu gegrilltem Fisch.

85

Quarkmayonnaise mit Meerrettich

Unter die fertig zubereitete Mayonnaise **83** etwa 1 Essl. geriebenen Meerrettich, 1 geschälten, geriebenen Apfel und evtl. noch ½ Essl. Zucker mischen. An Stelle von Meerrettich ist auch jede Rettichsorte, am besten die schwarzschalige, verwendbar.

86

Russische Soße

*Rahmmayonnaise **82**,*
1 Stück frischer Meerrettich
(ca. 30 g),
1 Spritzer Worcestershiresauce,
evtl. 1 Essl. Kaviar.

Unter die fertige Mayonnaise den fein geriebenen Meerrettich mischen und mit Worcestershiresauce abschmecken. Wenn es besonders festlich sein soll, die Soße mit Kaviar garnieren.

87

Russisches Dressing, andere Art

150 g Salatmayonnaise,
1 Teel. frisch geriebener Meerrettich
oder 1 Essl. Sahnemeerrettich aus
dem Glas,
6 Essl. Tomatenketchup,
etwas Cayennepfeffer,
je 1 Spritzer Tabasco- und
Worcestershiresauce.
1 Essl. echter Kaviar.

Alle Zutaten mit dem Schneebesen oder im Mixer vermischen.
Die fertige Soße mit einem Klecks echten Kaviars krönen.

88

Tomatenmayonnaise

*Mayonnaise **78** oder*
250 g fertig gekaufte Mayonnaise,
½ Tasse dickes Tomatenpüree oder
2 Essl. Tomatenmark,
1 Teel. Worcestershiresauce,
1 Teel. Zitronensaft,
evtl. 1 Prise Zucker.

Unter die Mayonnaise das Tomatenpüree oder Tomatenmark mischen. Mit Worcestershiresauce und Zitronensaft und evtl. Zucker würzen; bis zum Anrichten kühl stellen und vor dem Servieren nochmals kurz schlagen.
Zu Fisch oder kaltem Braten reichen.

89

Apfel-Ingwer-Soße

1 kleiner säuerlicher Apfel,
2 Essl. Zitronensaft,
1 Stückchen Ingwer in Sirup,
4 Essl. Mayonnaise,
2 Essl. Joghurt,
Salz, weißer Pfeffer, Curry.

Den Apfel schälen, entkernen und fein reiben. Sofort mit Zitronensaft beträufeln, damit er nicht braun wird. Den Ingwer in sehr feine Stiftchen schneiden und zugeben. Mayonnaise mit Joghurt verrühren und mit den Gewürzen pikant abschmecken. Alle Zutaten gut vermischen und die Soße gesondert zu Fleisch reichen.

90

Elfersoße

Die halbe Menge Mayonnaise ***79****,*
1 Essl. geriebenes Schwarzbrot,
1 fein gewiegte Zwiebel,
1 Essl. Kapern, 1 Teel. Senf,
1 Teel. Zucker,
je 1 Prise Pfeffer und Salz,
½ Tasse saure Sahne oder Buttermilch,
2–3 Essl. Rotwein,
1 Essl. Essig.

Unter die fertige Mayonnaise nacheinander alle Zutaten mischen, die Soße glattrühren und bis zum Anrichten kühl stellen.

91

Sardellen-mayonnaise

8–10 Sardellen,
4–5 Knoblauchzehen,
etwas Weinessig oder Zitronensaft,
1 Eigelb,
knapp ¼ l Olivenöl,
Salz und schwarzer Pfeffer.

Die Sardellen abwaschen, trocknen und fein schaben. Die Knoblauchzehen durch die Presse dazudrücken. Essig oder Zitronensaft mit Eigelb glattrühren, unter stetem Schlagen das Öl langsam zugießen, mit Salz und Pfeffer würzen (Salz vorsichtig zugeben, da die Sardellen auch Salz abgeben). Die Sardellen-Knoblauch-Mischung esslöffelweise unterrühren.
Diese Soße passt zu Salatplatten und Gemüsestiften (kalt).

92

Remouladensoße I

2 Eigelb von hart gekochten Eiern,
2 rohe Eigelb,
je 1 Prise Salz, Zucker und Pfeffer,
knapp ¼ l Öl,
1–2 Essl. Kräuteressig, 1 Teel. Senf,
1 Teel. Kapern, 2 Sardellen,
2 Essl. gewiegte Kräuter (Dill und Estragon).

Die gekochten Eigelb durch ein Sieb drücken, mit den rohen Eigelb, Salz, Zucker und Pfeffer glattrühren, dann tropfenweise Öl und Essig im Wechsel zufügen; mit Senf, den gewiegten Kapern, den gewässerten, zerdrückten Sardellen und den Kräutern würzig abschmecken.

93

Remouladensoße II

1 hartgekochtes Ei,
2 Sardellen,
1 Schalotte,
½ Bund Petersilie oder Estragon,
3–4 Essiggurken,
1 Teel. Kapern,
Mayonnaise ***77***

Alle Zutaten sehr fein hacken (evtl. im Blitzhacker) und mit der Mayonnaise vermischen.

94

Roquefort-Soße (Dressing)

100 g milder Blauschimmelkäse (z. B. Gorgonzola),
40 g kräftiger Blauschimmelkäse (z. B. Roquefort),
4 Essl. Magerquark,
4 Essl. Joghurt oder saure Sahne,
4 Essl. Mayonnaise,
etwas frisch gemahlener weißer Pfeffer.

Die Käse soweit nötig entrinden. Beide Käsesorten mit einer Gabel zerdrücken. Magerquark mit Joghurt oder saurer Sahne verrühren, die Mayonnaise unterheben und zuletzt den Käse zugeben. Abschmecken und evtl. mit etwas Pfeffer würzen.
Diese Soße (Dressing) hat einen kräftigen Geschmack. Sie passt sehr gut zu Rohkost und kalten Platten. Auch zu gegrilltem Fleisch ist sie eine aparte Ergänzung.

95

Tatarsoße

2 Eigelb von hartgekochten Eiern,
2 Schalotten oder 1 große Zwiebel,
3 Cornichons, 1 Knoblauchzehe,
1 Essl. Kapern,
100 g Salat-Mayonnaise,
1 Spritzer Tabasco, 1 Prise Zucker,
1 Teel. milder Senf.

Die Eigelb durch ein Sieb streichen; Schalotten oder Zwiebel, Cornichons und Knoblauch sehr fein hacken, Kapern und Mayonnaise zufügen und vorsichtig verrühren. Mit Tabasco, Zucker und Senf abschmecken.
Passt gut zu Aufschnittplatten, kaltem Braten, Pökelzunge, Eiern.

96

Rouille – scharfe Knoblauch-mayonnaise

2–3 Knoblauchzehen,
1 frische kleine Pfefferschote,
2 Eigelb,
¼ l Olivenöl,
4 Essl. Brühe (Fischbouillon oder Gemüsebrühe),
1 Prise Safranpulver.

Knoblauchzehen und Pfefferschote im Blitzhacker sehr fein zerkleinern. Eigelb unterrühren und langsam das Olivenöl unter stetem Rühren zugießen. Die Brühe zugeben und mit Safran würzen. Sollte die Rouille zu dünnflüssig sein, kann mit einer gekochten, fein geriebenen Kartoffel oder mit Weißbrotbröseln die gewünschte Bindung erreicht werden.
Die Rouille passt als Beilage ausgezeichnet zu Gemüse- oder Fischeintöpfen sowie zu Gemüse- und Salatplatten.

Salatsoßen: Seite 95 ff.

97

Avocado-Soße (Guacamole)

1 reife, weiche Avocado,
2 Essl. Limettensaft oder Zitronensaft,
1 Essl. sehr fein gehackte Zwiebel,
1 Knoblauchzehe,
2–3 Essl. Olivenöl,
Salz und Pfeffer,
evtl. 1 Prise Cayennepfeffer.

Die Avocado halbieren, den Kern herauslösen und das Fruchtfleisch mit einem Löffel aus der Schale heben. Mit einer Gabel zerdrücken. Limetten- oder Zitronensaft, die fein gehackte Zwiebel und die durch die Presse gedrückte Knoblauchzehe zugeben. Mit Olivenöl verrühren und würzen.
Variante:
Statt Olivenöl 2–3 Essl. Joghurt oder saure Sahne unter das Avocadofleisch rühren und mit kleingeschnittenem Dill würzen.
Oder noch 1 kleingehackte Tomate zugeben.
Avocado-Soße passt zu allen grünen Salaten, besonders gut zu Eisbergsalat, Römischem Salat und Zuckerhut. Auch als Dip für rohe Gemüsestreifen schmeckt Guacamole sehr gut. Ohne Öl angemacht ergibt sie einen schmackhaften Brotaufstrich.

98

Aïoli – Südfranzösische Knoblauchmayonnaise

6–8 junge Knoblauchzehen
(ohne Keim), 3 Eigelb,
ca. 1/8 l Olivenöl, erste Pressung,
Zitronensaft, evtl. etwas Salz.

Knoblauch in einem Mörser fein zermusen. Nach und nach die Eigelb unterrühren, bis eine glatte Masse entsteht. Dann das Olivenöl tropfenweise dazurühren und zuletzt mit ein paar Tropfen Zitronensaft würzen. Salzen, nur wenn es unbedingt erforderlich ist, da die Knoblauchzehen bereits eine bestimmte Schärfe haben.

◁ Paprika-Tomatensoße **72**, Avocadosoße (Guacamole), s.o.

Süße Soßen*

99

Vanillesoße

60 g Zucker,
1/2 Vanilleschote oder
2 Päckchen Vanillezucker,
1/2 l Milch,
1 Essl. Speisestärke,
1–3 Eier, getrennt.

Den Zucker und die aufgeschlitzte Vanillestange in der Milch aufkochen. Die Speisestärke mit wenig zurückbehaltener, kalter Milch anrühren und die gequirlten Eigelb zufügen; unter Schlagen in die heiße Vanillemilch einlaufen lassen und bis ans Kochen bringen. Dann kaltrühren und den Eischnee unterziehen. Wird nur 1 Ei verwendet, sind zum Binden 2 gestr. Essl. Speisestärke notwendig.

100

Karamellsoße I

Zubereiten nach **99**, statt 60 g Zucker 80 g zuvor gebräunten Zucker mit 2 Essl. Wasser ablöschen und in der Milch (ohne Vanille) mitkochen.

101

Karamellsoße II

125 g feiner Zucker,
50 g Butter,
etwas Wasser,
0,2 l süße Sahne,
knapp 1/4 l Milch,
1 Eigelb.

Den Zucker in die zerlassene Butter geben und karamellisieren lassen. Mit 1–2 Essl. Wasser ablöschen. Sahne und Milch zugießen, erhitzen und zuletzt mit dem Eigelb binden.

* Zu Puddings, Aufläufen usw., warm oder kalt zu reichen.

102

Mandelsoße

40 g geschälte, geriebene Mandeln,
1/2 l Milch, 60 g Zucker,
1 Päckchen Vanillezucker, 2 Eigelb.

Die Mandeln in einem Topf mit 3 der Milch fein verrühren, dann Zucker, Vanillezucker und die Eigelb untermischen. Unter stetem Schlagen die übrige heiße Milch einlaufen und einmal aufkochen lassen, durchsieben.

103

Schokoladensoße I

125 g geriebene Schokolade,
1/8 l Wasser, 1 Teel. Vanillezucker,
1/8 l Milch oder 4 Essl. süße Sahne,
1 gestr. Essl. Speisestärke,
10 g Butter.
Oder *80 g Kuvertüre,*
1/8 l süße Sahne.

Die Schokolade mit 1/8 l kochendem Wasser glattrühren, den Vanillezucker und das restliche Wasser zufügen. Die Speisestärke mit Milch oder Sahne verquirlen, unter die Schokoladensoße mischen und etwa 5 Min. sanft kochen. Zuletzt die Butter einschlagen und die Soße heiß servieren.
Oder die Kuvertüre im warmen Wasserbad erhitzen, die süße Sahne zufügen und heiß servieren.

104

Einfache Apfelsoße

3 säuerliche Äpfel,
1 Essl. Speisestärke,
100 g Zucker,
abgeriebene Schale von 1/2 Zitrone
oder Orange,
1 Essl. Essig oder Zitronensaft.

Die gewaschenen, ungeschälten, zerkleinerten Äpfel in 1/2 l Wasser weich kochen, die Speisestärke mit wenig kaltem Wasser anrühren, den Zucker und die übrigen Zutaten zufügen, mehrmals aufwallen lassen und durchpassieren. Zu süßen Reis-, Grieß- oder Sagospeisen sehr wohlschmeckend.

105 Aprikosensoße

300 g vollreife, weiche Aprikosen,
1/8 l dünner Läuterzucker (siehe S. 639), oder 2–3 Essl. Ahornsirup
1/2 Likörglas Marillenlikör oder Kirschwasser.

Die Aprikosen durch ein Sieb passieren, mit dünnem Läuterzucker vermischen und so lange kochen, bis die Soße beim Rühren nicht mehr vom Löffel fließt. Vor dem Anrichten Marillenlikör oder Kirschwasser zufügen.
Oder an Stelle der frischen Früchte Aprikosenmarmelade (ca. 4 Essl.) verwenden und wenig Zucker zufügen.

106 Kalte Erdbeersoße (ungekocht)

500 g Erdbeeren,
100 g Zucker.

Die Beeren einzeln waschen, trocknen, die Stiele entfernen und die Beeren durch ein Sieb drücken. Dann mit dem Zucker so lange rühren, bis er aufgelöst ist und die Soße glänzt.

107 Granatapfelsoße

1 Granatapfel,
Saft von 1 Limette,
1/8 l Grenadinesirup,
1 gestrichener Essl. Speisestärke,
2 cl Weinbrand.

Den Granatapfel aufschneiden, die Kerne heraustrennen.
Limettensaft, Sirup und Granatapfelkerne 1 Min. bei milder Hitze garen. Die Speisestärke mit 2 Essl. Wasser anrühren, die Soße damit binden, unter Rühren 1 Min. köcheln lassen. Die Soße nach dem Abkühlen mit Weinbrand parfümieren.
Gut zu Vanillecreme oder Mousse au chocolat.

108 Hagebuttensoße (Hägenmarksoße)

2–3 Essl. Hägenmark (Hagebuttenmark),
1/8 l Weißwein,
knapp 1/4 l Wasser,
Zucker nach Geschmack,
1 Teel. Speisestärke.

Das Hägenmark mit Wein und Wasser glatt anrühren, den Zucker zugeben und alles zum Kochen bringen. Die Speisestärke mit wenig Wasser verquirlen, unter Schlagen einlaufen lassen und 5 Min. mitkochen.

109 Johannisbeer- oder Himbeersoße

250 g entstielte Johannisbeeren oder 250 g verlesene Himbeeren,
3/8 l Wasser,
125 g Zucker,
1 Essl. Speisestärke,
3 Essl. Weißwein.

Die vorbereiteten Früchte kurze Zeit mit Wasser und Zucker kochen, durchpassieren und wieder erhitzen. Inzwischen die Speisestärke mit dem Wein oder kaltem Wasser glattquirlen, unter Rühren in das strudelnde Fruchtmark einlaufen lassen und 5 Min. durchkochen.
Oder an Stelle der frischen Beeren 4 Essl. Johannisbeer- oder Himbeermarmelade oder ebensoviel dicken Fruchtsaft verwenden und nur 80 g Zucker zugeben.

110 Kalte Johannisbeersoße (ungekocht)

500 g Johannisbeeren,
200 g Zucker.

Die Johannisbeeren waschen, abtropfen lassen, dann entstielen, durch ein Sieb drücken, mit dem Zucker verrühren und kalt stellen. Statt Zucker empfiehlt sich die Zugabe von 1/2 Tasse Apfelfriate (im Reformhaus erhältlich).
Eignet sich zu kalten, süßen Grieß- oder Reisspeisen.

111 Kiwisoße

3 reife Kiwis,
2–3 Essl. Ahornsirup,
Saft von 1 Zitrone oder Limone.

Die Kiwis schälen, mit einer Gabel fein zerdrücken und das Püree mit Ahornsirup und Zitrussaft mischen.
Oder 1 Becher (175) Naturjoghurt oder süße Sahne zusätzlich unterrühren.

112 Rohe Pflaumensoße

175 g getrocknete Pflaumen,
1/8 l Apfelsaft,
1 Messerspitze gemahlener Zimt,
Saft von 1/2 Zitrone,
falls nötig 1 Essl. Bienenhonig,
1 Essl. geröstete Mandelstifte.

Pflaumen entsteinen, über Nacht in Apfelsaft einweichen. Am anderen Tag mit Zimt und Zitronensaft mit dem Stabmixer pürieren.
Falls gewünscht Honig oder evtl. etwas Pflaumenschnaps zufügen. Mandelstifte unterrühren.
Gut zu Grieß- oder Reisauflauf und -pudding.

113

Orangensoße

¼ l frischgepresster Orangensaft,
1 Prise gemahlener Ingwer,
2 Zitronenscheiben,
2 Eigelb,
75 g Zucker.

Orangensaft mit Ingwer und Zitronenscheiben bis kurz vor dem Kochen erwärmen. Eigelbe mit Zucker cremigrühren, ins heiße Wasserbad stellen. Die Masse mit den Schneebesen des Elektrohandrührers auf Schaltstufe I weißlich rühren, Orangensaft (ohne Zitronenscheiben) in dünnem Strahl zugießen. Die Soße 3 Min. dicklich schlagen, aus dem Wasserbad nehmen. Die Soße sofort heiß servieren oder in einer Schüssel mit eiskaltem Wasser kalt rühren.

114

Stachelbeersoße

375 g reife Stachelbeeren,
⅛ l Wasser oder Weißwein,
2–3 Essl. flüssiger Bienenhonig,
Saft von ½ Zitrone.

Die Stachelbeeren waschen, entkelchen und in Wasser 8–10 Min. weichdünsten. Die Hälfte der Beeren mit einem Schaumlöffel herausnehmen, beiseite stellen. Übriges Kompott durch ein Sieb streichen, mit Honig und Zitronensaft glattrühren. Die Beeren untermischen. Heiß oder kalt zu süßen Aufläufen oder Puddings reichen.

115

Waldmeistersoße

1 Büschel Waldmeister,
knapp ¼ l Weißwein,
1 Ei, 1 Eigelb,
90 g Zucker, 1 Teel. Speisestärke.

Vom Waldmeister die evtl. vorhandenen Wurzeln entfernen, das Sträußchen mehrmals abspülen, 3 – 4 Std. anwelken lassen, dann im Weißwein etwa 1 Std. ausziehen lassen. Den Wein durch ein feines Tuch oder Sieb gießen, alle Zutaten, auch die kalt angerührte Speisestärke, untermischen, unter stetem Schlagen bei nicht zu starker Herdhitze fast zum Kochen bringen und sofort servieren.

116

Bischofsoße

200 g Himbeeren oder
Johannisbeeren oder Aprikosen
(evtl. auch andere frische Früchte),
¼ l Himbeersaft oder
ein anderer roter Obstsaft,
1 Essl. fein gewiegtes Zitronat und
Orangeat gemischt,
8–10 geschälte Mandeln.

Die Beeren oder kleinwürfelig geschnittenen Früchte im kalten Himbeer- oder Obstsaft etwa 1 Std. ziehen lassen. Vor dem Anrichten das vermischte Zitronat und Orangeat sowie die fein gestiftelten Mandeln einlegen; mit den Früchten servieren.

117

Rotweinsoße

1 Teel. Speisestärke,
½ Tasse Wasser,
knapp ¼ l Rotwein,
80 g Zucker,
1 Stückchen Zimt, 1 Nelke,
Saft von ¼ Zitrone, 1 Essl. Rum.

Die Speisestärke mit dem Wasser anrühren, samt den anderen Zutaten (außer Rum) einmal aufkochen, durch ein Sieb gießen und den Rum zufügen.

118

Weinschaum (Chaudeausoße)

2 Eier, 1 Eigelb, 40 g Zucker,
abgeriebene Schale von ¼ Zitrone,
¼ l Weißwein oder Burgunder
oder Apfelmost.

Alle Zutaten in einer Kasserolle bei schwacher Kochhitze (oder im Wasserbad) bis zum Aufwallen schlagen, sofort in eine Schüssel gießen und unter weiterem Schlagen abkühlen lassen.

119

Arraksoße

¼ l Weißwein, 2 ganze Eier,
60 g Zucker, 1 Essl. Arrak.

Den Wein, die gequirlten Eier und den Zucker bei starker Herdhitze rasch bis ans Kochen schlagen, abkühlen lassen, dabei weiter schlagen; dann den Arrak zufügen.
Oder die Eier trennen, Wein, Eigelb und Zucker bei mäßiger Hitze cremig aufschlagen, noch lauwarm die steif geschlagenen Eiweiß unterziehen.

120

Punschsoße

1 Teel. schwarzer Tee,
½ l Wasser, 60 g Zucker,
1 Essl. Speisestärke, 3 Essl. Rum,
Saft von ½ Zitrone.

Teeblätter und Zucker mit ¼ l kochendem Wasser überbrühen, 5 – 6 Min. ziehen lassen und durchsieben. Die Speisestärke mit dem restlichen Wasser glattrühren, unter Schlagen kurz aufkochen, den Tee zugießen, zuletzt Rum und Zitronensaft untermischen, die Soße heiß servieren.

VORSPEISEN & KLEINE GERICHTE

Verlobten sich früher eine Frau und ein Mann, so sollte das ursprünglich einmal wohl dazu dienen, festzustellen, ob beide zueinander passten. Vor allem vermutlich jedoch sollte es die Spannung auf den jeweils anderen Menschen erhöhen. Ganz ähnlich verhält es sich mit den Vorspeisen, die dem Hauptgang vorausgehen. Vorüber! Heute kommen die meisten Brautleute und viele Esser, sehr oft ohne jede Probe, gleich zur Sache. Schade. Vorspeisen können etwas Wunderbares sein – fehlt freilich das gespannte Ahnen, das vielleicht beflügelt, so fehlt viel zu viel.

Butter formen

Zum Schneiden oder Formen dienen Buntmesser, Butterschaber oder gerippte Brettchen, die während des Formens öfter in kaltes Wasser getaucht werden müssen. Die Butter soll kalt, aber nicht eisgekühlt sein.
Für Butterscheiben, -würfel und -dreiecke eignet sich ein Buntmesser und für Butterlöckchen oder -röllchen ein Butterschaber.
Für Türmchen zuerst Butter (125 g) in Pergamentpapier wickeln, zwischen den Händen zu einer länglichen Rolle formen und noch einmal kurze Zeit kaltstellen; dann auswickeln und entweder aus der ganzen Rolle einen Turm oder durch Teilen der Rolle mehrere Türmchen herstellen. Von der Spitze beginnend, mit dem Butterschaber unter gleichmäßigem Herunterschaben ringsum kleine Löckchen aufsetzen und dies so lange fortführen, bis die Spitze wieder erreicht ist.
Für Butterkügelchen kleinere oder größere Würfel schneiden, in kaltes Wasser legen, (evtl. einige Eiswürfel hineingeben), einzeln herausnehmen und zwischen zwei öfter in kaltes Wasser getauchten Brettchen kleine Kugeln formen; auf Glastellern lose anrichten oder zu einer Traube aufschichten oder zum Garnieren von Kalten Platten usw. verwenden.
Alle Buttermischungen können auf Vorrat hergestellt und eingefroren werden. Dafür formt man mit dem Sprizbeutel lange Stangen und packt diese in Klarsichtfolie oder Pergamentpapier.
Kräuterbutter portionieren: Die Butter zwischen Klarsichtfolie legen und kurz im TK-Fach anfrieren, dann in Würfel schneiden.

1 Kräuterbutter auf Vorrat: Lange Stangenformen

121

Kräuterbutter

80 g Butter,
etwa 1 Tasse abgestielte Kräuter wie Estragon, Dill, Kerbel, Basilikum, Petersilie, Schnittlauch,
evtl. einige Spinatblätter,
1 Schalotte, Salz, Saft ½ Zitrone.

Die Kräuter sorgfältig verlesen, kurz in reichlich Wasser waschen, gut abtropfen und auf einem Tuch ausgebreitet trocknen lassen; dann erst abstielen, samt der Schalottenzwiebel fein wiegen, unter die schaumig gerührte Butter mischen und mit Salz und Zitronensaft würzen.
Eine pikante Zugabe zu Fisch oder Braten und ein köstlicher Aufstrich für Brötchen.

122

Haushofmeisterbutter

80 g Butter,
je 1 Messersp. Salz und Pfeffer,
2 Teel. fein gewiegte Petersilie,
Saft ½ Zitrone,
evtl. ½ Teel. Worcestershiresoße.

Unter die schaumig gerührte Butter alle Zutaten mischen und entweder eisgekühlt in Scheiben auf gebratenen Fischfilets servieren oder auf kleine gebratene Fleischstücke aufspritzen. Auch mit dem Buntmesser lässt sich die delikate Butter in einem beliebigen Muster aufstreichen.

2 Kräuterbutter auf Vorrat: Kleine Portionen mit der Sterntülle auf Pergamnet spritzen und einfrieren

123

Lachsbutter

100 g Butter,
40–50 g geräucherter Lachs.

Räucherlachsscheiben fein zerdrükken, mit der Butter verkneten und durch ein Sieb passieren oder im Mixer pürieren.
Oder 50 g Lachsersatz aus dem Glas sehr fein hacken, mit der weichen Butter vermischen und mit etwas frisch gemahlenem schwarzen Pfeffer würzen.

124

Tomatenbutter

80 g weiche Butter,
1 Essl. Tomatenmark aus der Tube oder Dose oder frisch ausgepresstes Mark von 1–2 festen Tomaten,
1 Prise Paprika,
evtl. etwas Salz.

Die Butter schaumig schlagen, das Mark zufügen und glatt verrühren; mit Paprika würzen und, falls frisches Tomatenmark verwendet wird, mit etwas Salz abschmecken.

125

Meerrettichbutter

100 g Butter,
25 g Meerrettich (etwa ¼ Stange),
einige Tropfen Zitronensaft,
1 Prise Zucker.

Den frisch geriebenen Meerrettich mit Zitronensaft und Zucker würzen, unter die schaumig gerührte Butter mischen. Nach Belieben durch ein Sieb drücken, gut zugedeckt kühl stellen, jedoch nicht auf Eis, damit die Butter streichfähig bleibt.

Tipp:
Die Butter rechtzeitig aus dem Kühlschrank nehmen, dann lässt sie sich besser streichen! Für die Buttermischungen möglichst ungesalzene Butter verwenden, da die Geschmacksbeigaben meist schon genügend Salz haben.

126
Eigelbbutter

60 g Butter,
Eigelb von 2 hartgekochten Eiern,
½ Teel. Senfmehl,
ein paar Tropfen Weinbrand.

Unter die schaumig gerührte Butter die sorgsam herausgelösten Eigelb und das Senfmehl mischen, mit wenig Weinbrand abschmecken. Je nach Verwendungszweck gut gekühlt zu Butterkügelchen formen oder zum Spritzen gleich nach der Zubereitung in den Spritzsack füllen.

127
Champignonbutter

100 g Butter,
15 frische, kleine Champignons (oder aus Dosen),
Saft ¼ Zitrone, Salz.

Die Champignons sorgfältig reinigen, etwas zerkleinern und kurze Zeit in etwa 20 g Butter weich dünsten. Zitronensaft und Salz zufügen, die Pilze abkühlen lassen und mit der übrigen Butter vermischen, alles durchpassieren und die würzige Butter zu Soßen, Ragouts oder als Aufstrich für belegte Brötchen verwenden.

128
Senfbutter

Eigelb von 1 hartgekochten Ei,
80 – 100 g Butter,
1 Essl. feinster Senf,
je 1 Messersp. Salz,
Muskat und Cayennepfeffer,
Saft ½ Zitrone.

Das Eigelb zerdrücken, mit den anderen Zutaten vermischen und alles durch ein Sieb passieren.
Zu kaltem Braten servieren oder als Aufstrich für pikante Schnitten verwenden.
Oder: Zu Eigelb und Butter 1 Teel. Senfpulver, 1 Essl. süße Sahne, 1–2 Essl. Weißwein geben und vermischen.

129
Knoblauchbutter

125 g weiche Butter,
3 Knoblauchzehen,
1 Essl. fein gehackte Petersilie,
1 Essl. Zitronensaft,
je 1 Prise Salz und Pfeffer.

Unter die schaumig gerührte Butter die sehr fein gewiegten Knoblauchzehen und die Petersilie mischen. Mit Zitronensaft, Salz und Pfeffer würzen. Diese Butter passt gut zu Grilladen, frischem knusprigen Weißbrot und Kartoffeln in Folie.

Tipp:
Wem der Geschmack und Duft von frischem Knoblauch zu stark ist, der kann die Knoblauchzehen vor dem Wiegen kurze Zeit in kochendem Wasser blanchieren.

130
Trüffelbutter

80 g Butter,
1 kleine Dose Trüffeln oder 1 frische Trüffel,
Salz, etwas Pfeffer,
1 Teel. Madeira oder Marsala.

Die Trüffeln waschen, gut abtropfen lassen, fein wiegen oder durch ein grobes Sieb drücken und unter die schaumig gerührte Butter mischen; mit Salz und Pfeffer pikant würzen, Madeira oder Marsala tropfenweise zufügen und die Butter bis zum Anrichten kühl stellen. Kleine Kügelchen daraus formen und pyramidenförmig in eine Glasschale legen. Diese in eine zweite, mit gestoßenem Eis gefüllte Glasschüssel stellen. Trüffelbutter als Beigabe zu pochierten Edelfischen, zarten Fleischmedaillons von Kalb, Wild usw. oder zum Verzieren von kalten Platten verwenden.

Tipp:
Trüffelsaft für Soßen oder Eierspeisen verwenden.

131
Sardellenbutter

6 Sardellen,
80 g Butter,
ein paar Tropfen Zitronensaft.

Die Sardellen sorgfältig wässern, dann entgräten und die Haut abschaben. Die Filets fein wiegen oder durch ein Sieb passieren und mit der schaumig gerührten Butter vermengen; mit Zitronensaft abrunden. Bis zum Anrichten kühl stellen.

132
Krebsbutter

100 g Butter,
¼ l Wasser, Salz,
10 Krebse.

Die gut gesäuberten Krebse rasch kochen (vgl. **775**), das Fleisch der Scheren und Schwänze sorgsam ausbrechen und kühlstellen. Die Schalen in einem Mörser sehr fein stoßen und mit der Butter bei schwacher Kochhitze etwa 20 Min. ausziehen lassen. Die Butter ganz klar werden lassen, dann mit dem Krebskochwasser ablöschen. Nach weiteren 20 Min. Kochzeit alles durch ein gebrühtes Tuch in kaltes Wasser pressen und darin erstarren lassen. Die so gewonnene feste Fettschicht abheben und zu Suppen, Soßen, Ragouts und als köstlichen Aufstrich für pikante Schnitten verwenden. Das Fleisch der Krebse eignet sich als Einlage in Fischsuppen, zu Salattellern, zu Frikassee oder als delikater Belag für Appetitbrötchen.

133
Kaviarbutter

100 g Butter,
30 g Kaviar,
Saft ¼ Zitrone.

Die Butter schaumig rühren, Kaviar und Zitronensaft leicht untermischen oder den Kaviar mit der Butter verkneten, durch ein Sieb passieren, den Zitronensaft zufügen und die Butter mit dem Schneebesen sahnig schlagen.

134

Eieraufstrich

2 hartgekochte Eier,
125 g Butter,
1 große Tomate,
mehrere Radieschen oder
1 kleiner Rettich (Eiszapfen),
Schnittlauch, Petersilie,
Salz, Pfeffer.

Die Eier 8 Min. kochen, dann Eigelb und Eiweiß trennen. Die Eigelb durch ein Sieb drücken und mit der schaumig gerührten Butter vermischen. Die geschälte Tomate, die Radieschen- oder Rettichscheiben, Schnittlauch und Petersilie fein wiegen, mit dem nur grob gehackten Eiweiß unter die Eibutter mengen und das Gewürz zufügen. Den Aufstrich kühl stellen und auf Roggenbrötchen oder streichen.

135

Tataraufstrich (falscher)

Etwa 125 g feine Mettwurst,
50 g Butter, 50 g Quark,
1 Teel. Senf,
2 Teel. gewiegte Zwiebel,
1 Prise Paprika, einige Kapern.

Die ausgeschabte Mettwurst mit der schaumig gerührten Butter und dem durchpassierten Quark vermischen; den Senf, die sehr fein gewiegte Zwiebel, das Gewürz und die Kapern zufügen, dann alles gut vermengen. Als Aufstrich für Vollkornbrotschnitten geeignet.

136

Schinkenaufstrich

125 g Butter, 1 Prise Salz,
125 g gekochter, magerer Schinken,
2 geschälte Tomaten,
1 kleine Zwiebel,
1 Teel. gewiegte Petersilie.

Die schaumig gerührte Butter etwas salzen; den Schinken, die Tomaten, Zwiebel und Petersilie fein wiegen, unter die Butter mischen und Schwarzbrotscheiben oder knusprige, halbierte Brötchen damit bestreichen.

137

Falsche Trüffel

60 g Butter,
125 g Gänseleber- oder
Kalbsleberwurst
1 Prise Piment
einige Pumpernickelscheiben

Die Butter schaumig rühren, mit der feingeschabten Wurstmasse und dem Gewürz vermengen, 30 Min. in den Kühlschrank stellen. Kleine Kugeln formen, in leicht geröstetem, geriebenen Pumpernickel wälzen und mit kleinen Einschnitten versehen.

138

Käseaufstrich

100 g Emmentaler oder
Parmesankäse, gerieben,
je 1 Prise Salz und Rosenpaprika,
½ grüne Paprikaschote, fein gehackt,
½ Zwiebel oder 1 Schalotte,
fein gehackt,
1 Teel. gehackte Petersilie,
125 g Butter, 100 g Frischkäse.

Den geriebenen Käse, Gewürz, Paprikastückchen, die sehr fein gehackte Zwiebel und die Petersilie unter die schaumig gerührte Butter und den Frischkäse mischen. Den Käseaufstrich dick auf Pumpernickel- oder Vollkornbrotschnitten streichen. Mit Paprikastückchen oder fein gehobelten Zwiebelringen garnieren.

139

Angemachter Käse (Obatzter)

250 g weicher Camembert
oder Brie,
evtl. 50 g Weißlacker,
ersatzweise 1 Romadur,
80–100 g weiche Butter,
1 mittelgroße Zwiebel oder
Schnittlauchröllchen,
Pfeffer, Edelsüß- und Rosenpaprika,
2–3 Teel. süßer Senf oder mehr nach
Belieben.

Den Käse, soweit erforderlich, entrinden, mit einem Messer kleinhacken. Die Butter einarbeiten. Die Zwiebel sehr fein hacken oder Schnittlauch in feine Röllchen schneiden, untermischen und mit den Gewürzen sehr pikant abschmecken. Den „Obatzten" zu einer Halbkugel formen und mit Schnittlauchröllchen bestreuen.

Dazu passen Vollkornbrötchen oder Bauernbrot.

140

Körniger Frischkäse, pikante Art

Für 2 Personen
1 Becher körniger Frischkäse (200 g),
1–2 Essl. Milch oder Joghurt,
1 klein gehackte Essiggurke,
1 kleine gehackte Zwiebel,
6 Oliven ohne Kern,
Salz und Pfeffer.

Den Frischkäse mit Milch oder Joghurt verrühren, Essiggurken- und Zwiebelwürfelchen und die klein geschnittenen Oliven daruntermischen, mit Salz und Pfeffer würzen und mit gefüllten Olivenscheiben garnieren.
Oder 2 Essl. fein gehackte Senfgurke und 100 g gekochte Krabben oder Shrimps unter den Frischkäse geben, mit Zitronensaft, Salz und wenig Pfeffer abschmecken und mit frischem Dill bestreuen.
Oder 1–2 gehäutete, gewürfelte Fleischtomaten unter den Frischkäse heben, mit Salz und Knoblauchpulver würzen und mit Petersilienblättchen oder Basilikumblättchen garnieren.
Oder 1 Bund Radieschen grob raffeln; zusammen mit 2 Essl. gehackter Petersilie oder Schnittlauchröllchen unter den Frischkäse mischen.
Oder 2 Stängel Staudensellerie fein schneiden und zusammen mit Stückchen von 1 kleinen Orange untermischen. Mit etwas Pfeffer und feinen Streifen von Zitronenmelisse würzen.
Den angemachten Frischkäse entweder direkt auf Tellern anrichten oder gewaschene Salatblätter darunterlegen. Dazu beliebiges Brot, auch Knäckebrot oder selbstgebackenes Brot (siehe im Kapitel Backen, Brote und Backen mit Vollkorn) reichen.

141 Quark mit Kräutern

500 g Magerquark,
100 g schaumig gerührte Butter oder 1/8 l saure Sahne,
1 Bund gewiegte, frische oder 2 Essl. TK-Kräuter (Petersilie, Dill, Estragon, Schnittlauch, Zitronenmelisse, Kerbel),
1 kleine gewiegte Zwiebel,
1 Prise Salz,
etwas gemahlener Kümmel.

Den Quark durchpassieren, mit den sehr fein gewiegten Kräutern und den übrigen Zutaten gut verrühren. Auf Vollkorn- oder Knäckebrotscheiben dick aufstreichen oder den Quark auf einer Platte anrichten und Brot oder Schalkartoffeln dazu reichen. Oder statt Kräuter 1–2 Teel. Tomatenmark, 1 Teel. Paprika oder geriebenen Meerrettich unter den Quark mischen.

142 Quark-Dips

250 g Quark (Magerstufo oder Sahnequark),
etwas Milch zum Glattrühren.

Den Quark nach Wahl mit etwas Milch geschmeidig rühren (nicht zu flüssig) und mit einer der folgenden Zutaten würzen:

2 Essl. frisch geriebener Meerrettich,
1/2 säuerlicher Apfel, Salz und Pfeffer,
1 Prise Zucker,
etwas Zitronensaft.
2 Essl. sehr fein gewürfelte Paprikaschote,
Salz und Edelsüßpaprika.

2 Essl. fein gehackte Essiggürkchen (Cornichons),
1 Essl. fein gehackte Schalotte (oder Zwiebel),
1 Essl. Tomatenketchup, Salz.

3 Essl. fein gehackter, eingelegter Kürbis,
1 Msp. Ingwerpulver, Salz.
3 Essl. fein gewürfelte Obststückchen, etwas Sanddornsaft oder Honig und Zitronensaft.

Quark-Dips eignen sich für das kalte Büffet, für ein sommerliches Abendessen und zum Picknick. Frisches, in mundgerechte Stücke geschnittenes Gemüse oder ein kräftiges Brot dazu servieren.

143 Liptauer mit Kräutern

1 Packung Sahnequark (250 g),
1/2 Würfel Weißlacker, gut gekühlt (falls kein Weißlacker erhältlich ist, geht auch Gouda),
40–60 g weiche Butter, 1 Zwiebel,
Salz, 1 Essl. Edelsüßpaprika,
1 Essl. Rosenpaprika,
1 Bund frische Kräuter oder 1/2 Packung tiefgefrorene Kräutermischung.

Der echte Liptauer wird aus Schafsmilchkäse gemacht, der selten erhältlich ist. Ein guter Ersatz ist Sahnequark. Den Quark mit dem fein geriebenen Weißlacker und der weichen Butter vermischen. Die Zwiebel sehr fein reiben (evtl. kosten, ob sie bitter ist!) und mit Salz und Paprikapulver unterrühren. Die Kräuter waschen, abtropfen lassen und sehr fein hacken. Gut mit dem Käse vermischen und kühl servieren.

144 Käsewürfel

Emmentaler, Edamer oder anderen festen Käse in 2 cm große Würfel schneiden. Evtl. auf die Käsewürfel Weintrauben, Erdbeeren, ensteinte Kirschen, Ananasstückchen oder andere Obststückchen bzw. Oliven, Perlzwiebelchen, Delikatessgürkchen oder anderes stecken.

145 Nusshäppchen

Auf einen halben, evtl. geschälten Walnusskern ein Häubchen von Käsecreme setzen.
Zubereitung der Käsecreme: Roquefort oder Kräuterkäse und Butter zu gleichen Teilen geschmeidig verrühren.

146 Parmesan-Trüffel

150 g alter Parmesankäse,
60 g Butter,
150 g Pumpernickelbrösel,
2–3 Essl. Weinbrand,
1 Prise Cayennepfeffer,
Pumpernickelbrösel zum Wälzen,
Walnusshälften.

Den Käse fein reiben, mit der schaumig gerührten Butter und den Pumpernickelbröseln, Weinbrand und Cayenne vermischen. Für ca. 30 Min.in den Kühlschrank stellen. Kleine Kugeln formen (das geht am besten mit nassen Händen), diese in Bröseln wenden und mit je einer Walnusshälfte bekleben. Bis zur weiteren Verwendung im Kühlschrank aufbewahren.
Zu den Trüffeln, die sehr gut zum Aperitif gereicht werden können, passt ein trockener Wermut oder Sherry. Sie bereichern auch jede Käseplatte!

147 Apfelscheiben mit Käsecreme

Von geschälten Äpfeln (oder Birnen) das Kerngehäuse ausbohren, Scheiben schneiden, mit etwas Zitronensaft beträufeln, damit sie nicht braun werden und Roquefort oder Frischkäse, zu gleichen Teilen mit Butter vermischt, dick aufstreichen; Paprika darüberstreuen.

148 Roquefortkugeln

Etwa 150 g Roquefortkäse kurz im Wasserbad erwärmen, durch ein Sieb passieren, mit 50 g Butter vermischen und die Masse zu Kugeln formen; dann in geriebenem Pumpernickel wälzen und in Papiermanschettchen setzen. Auf einem Holzteller anrichten, bei einem größeren Essen vor der Süßspeise reichen oder als Verzierung zu Käseplatten verwenden.
Statt Roquefort kann auch deutscher Blauschimmelkäse oder Gorgonzola verwendet werden; diese Sorten schmecken etwas milder.

Appetithäppchen und pikante Schnitten

Appetitbrötchen, pikante Schnitten usw. werden zum Sektfrühstück, zum Stehempfang, zum Tee oder zur zwangslosen Einladung nach dem Abendessen gereicht. Als Brot eignen sich alle Brotsorten, sei es Stangenweißbrot, Landbrot, Schwarzbrot, Pumpernickel usw. Auch Cräcker oder anderes salziges Gebäck kommt in Frage. Die Brotscheiben können geröstet oder ungeröstet belegt und (vor dem Rösten) mit einem Ausstecherförmchen rund ausgestochen oder zu Drei- oder Rechtecken geschnitten werden.

In der internationalen Küche haben die verschiedenen Formen der Brotscheiben bestimmte Namen. Die ganz kleinen Häppchen bzw. Scheibchen werden **Croûtons** genannt, die etwas größeren, die hauptsächlich bei feinen Platten mit belegten Brotscheiben genommen werden, heißen **Canapés**. Croûtons und Canapés werden mit feineren Auflagen belegt als die größeren Brotscheiben des »täglichen Lebens«. Croûtons und Canapés sind gut geeignet bei einem Sektfrühstück, einem Empfang (im Stehen), da sie so klein sind, dass hierfür keine Teller und Bestecke benötigt werden. Sie werden so genommen und direkt verspeist. Da sie aber meistens zu festlichen Anlässen serviert werden, empfiehlt es sich, sie auf Silber- oder feinen Porzellanplatten schön garniert mit Salat, Gemüsestücken oder Obst, z. B. Weintrauben, anzurichten. Kleine Cocktailhäppchen werden reihenweise aufgebaut und niemals, wie z. B. rustikale Wurstbrote, gestapelt. Darunter würde die Garnitur der einzelnen Scheibchen leiden. Auf einer großen rechteckigen Platte oder einem mit einer Serviette belegtem Tablett haben durchschnittlich 6–8 Reihen zu je 8–10 Stück Platz. So eine Platte reicht meistens für 10–15 Gäste, wenn sie nicht als Hauptmahlzeit, sondern nur als Appetithäppchen zu entsprechenden Getränken gedacht ist.

Sandwich Auch hier gibt es wieder speziell geeignete Beläge, zu denen wir ebenfalls Vorschläge auf Seite 59 machen.

Ob nun klein oder groß, zusammengeklappt oder offen – eines haben alle belegten Brotscheiben gemeinsam: In den meisten Fällen werden sie zuerst mit Butter bestrichen. Dazu eignen sich häufign auch feine Buttermischungen; Rezeptvorschläge dafür finden Sie im Kapitel über Brotaufstriche (ab S. 56). Hübsch garniert wirken belegte Brötchen noch appetitlicher. Im Grunde sind hierbei der Phantasie keine Grenzen gesetzt. Die folgenden Garnierungen sind nur als Anregungen gedacht. Eine andere Form der belegten Brote sind die skandinavischen **Smørrebrøds**, die am häufigsten in Dänemark serviert werden. Smørrebrøds sind meist sehr kalorienreich, da sie sehr reichhaltig belegt werden, sie sind also auch wesentlich sättigender als Canapés oder Croûtons.

149
Geröstete Weißbrotschnitten (Croûtons)

Kastenweißbrot oder anderes Weißbrot in mäßig dicke Scheiben schneiden. Leicht antoasten, sie sollen innen noch weich sein! Dann Dreiecke oder Vierecke davon ausschneiden oder ausstechen (es darf keine Rinde daran sein). Jedes Croûton dann dünn buttern und mit einem zierlich geschnittenen Belag und einer Garnitur belegen. Die Schnittchen nach Belag reihenweise auf einer Platte oder einem Glasteller anrichten. Sie sollten nicht länger als max. 3 Std. fertig im Kühlschrank stehen. Pro Person rechnet man ca. 15 Croûtons zu einem Glas Sekt oder Wein.

Nachfolgend einige Anregungen zum Belegen der Croûtons:

Butter, roter Kaviar, garniert mit Zitronenscheibchen.
Butter, Krabben, garniert mit Zitronenstückchen.
Butter, Räucheraal, garniert mit Petersilie.
Butter, 1 Scheibe von gekochtem Hummer- oder Langustenschwanz, garniert mit Dill.
Anchovisbutter, Eischeibe, garniert mit einem Tupfen Tomatenmark oder Olivenscheibchen.
Butter, kleines Artischockenherz, einige Lachsschinkenstreifen, garniert mit Mayonnaise und Petersilie.
Pfefferbutter, 2 Lachsschinkenscheiben zu kleinen Röllchen geformt, garniert mit Meerrettichsahne.
Butter, 1 Roastbeefröllchen, garniert mit Meerrettichsahne und Olive.
Butter, 1 Stück Gänseleberparfait, garniert mit Petersilie und Champignonscheibchen oder halbierter Weintraube.
Butter, Käsecreme, garniert mit Radieschen- oder Kiwischeiben.

150
Canapés

Diese Brote werden aus Kastenweißbrot, französischem Stangenbrot oder Kaviarbrot geschnitten. Bei Verwendung von Stangenweißbrot kann die Kruste dranbleiben. Die Brotscheiben dünn schneiden und in beliebigen Formen (Kreise, Drei- und Vierecke) 3–5 cm lang ausstechen. Evtl. die Canapés auf einer Seite kurz in Butter anrösten.

Für eine Form immer nur einen Belag nehmen und auf der Platte die gleichen Belagarten zusammenlegen. Einige Vorschläge:

Butter, 1 Scheibe Räucherlachs, garniert mit falschem Kaviar und Zitronenstückchen.
Anchovisbutter, Kaviar, Eischeibe, garniert mit Zitronenstückchen.
Butter, Salatblatt, Fleischsalat, garniert mit Tomatenachteln und Petersilie.
Butter, Leberpastete, garniert mit Spargelstückchen und Paprikastreifen.
Kräuterbutter, Radieschenscheiben, garniert mit Quark.
Roquefortcreme, garniert mit Birnen- und Kirschenstückchen.
Champignonbutter, feine Scheibchen von gebratenem Geflügel.
Butter, Zunge, garniert mit etwas Meerrettichsahne und Erdbeere.

151

Cocktailhappen

Zu Cocktailhappen eignet sich Vollkornbrot oder das halbrunde Schrotbrot (Bircherbrot) oder französisches Weißbrot in dünnen Scheiben am besten. Es ist ratsam, zunächst eine Anzahl von Brotschnitten mit Butter oder Würzbutter zu bestreichen und dann kleine Dreiecke oder Rechtecke daraus zu schneiden oder auszustechen. Beim Belegen sind der Phantasie keine Schranken gesetzt; es ist nur darauf zu achten, dass der Belag fest aufliegt. Auch die Appetit- und belegten Brötchen von **162** bis **169** können (kleiner geschnitten) als Cocktailhappen dienen. Alle Happen auf einer flachen Platte nebeneinander, nicht aufeinander (im bunten Wechsel oder nach gleichen Sorten geordnet) anrichten und in jedes einen Zahnstocher oder buntfarbiges Spießchen aus Kunststoff einstecken; letztere lassen sich abwaschen und immer wieder benützen.
Cocktailhappen ohne Brotunterlage möglichst zusammen mit den belegten Happen auf einer bunten Platte anrichten.
Diese ebenfalls mit einem Zahnstocher oder Spießchen versehen oder mit einer zur Rüsche gefalteten Papiermanschette umhüllen oder in ein Papierkästchen setzen.

152

Belegte Brötchen

Auch bei Brötchen gibt es ein großes Angebot – von den ganz feinen Tafelbrötchen über Schrippen, Milch-, Käse-, Zwiebel-, Speck-, Kümmel-, Sesam-, Mohn-, Lauchbrötchen bis zu den rustikalen Roggenbrötchen und Laugenbrezeln und -brötchen. Ganz allgemein gilt: Zu feinen Gerichten, Vorspeisen und Salaten passen feine helle Brotsorten und Brötchen. Zu rustikalen Gerichten, z. B. zu herzhaften Salaten, passen besser kräftiger schmeckende Brötchen und Brotsorten. Einzige Ausnahme ist der Käse – es gibt kaum ein Brot, das nicht mit Käse harmoniert.

153

Sandwiches

Zu Sandwiches eignet sich am besten Kastenweißbrot.
Aber auch Zusammenstellungen von Roggenbrot mit Weißbrot oder Pumpernickel mit hellem Landbrot schmecken gut.
Die Rinde entfernen, die Scheiben möglichst dünn schneiden, mit wenig Butter, Mayonnaise, Frischkäse oder auch Leberwurst bestreichen und dann belegen.
Aus den vielen Möglichkeiten, Sandwiches zu belegen, hier einige Vorschläge:

Butter, Salatblatt, Roastbeefscheibe, 1 Klecks Johannisbeergelee.
Gepfefferte Butter, Salatblatt, 1 Scheibe gekochter Schinken oder kalter Braten, einige dünne Birnenspalten.
Meerrettichsahne, 2 Scheiben Zunge, Gewürzgürkchen in Scheiben.
Butter, Salatblatt, Stilton (englischer Käse), verrührt mit etwas Quark, darauf fein geschnittener Bleichsellerie.
Butter, Geflügelwurstscheiben, fein gehackte Ananas, Curry.
Butter, Salatblatt, Geflügelleberpastete, 1 Klecks Mango-Chutney.

Der Belag sollte nie zu dick sein! Die zweite Brotscheibe etwas andrücken, mit einem scharfen Messer alles Überstehende abschneiden und die Sandwiches in Dreiecke teilen. Ca. 1 Stunde abgedeckt kühl stellen – sie halten dann besser zusammen

154

Smørrebrød

Für Smørrebrød wird häufig Weißbrot genommen, es können aber auch alle anderen Brotsorten verwendet werden. Für den Belag bieten sich an: Krabben oder Shrimps, Muscheln, Räucheraal, Anchovis, Rührei oder gebratene Eier, geräucherter Fisch aller Art, z. B. Heilbutt oder Forelle, Hering, Räucherlachs oder Graved Lachs, Kaviar, alle Arten von Pasteten, Schinken, Roastbeef, Schweinebraten, Wildfleisch, Kalbsbraten, Pökelzunge, gebratene Leber, Pilze, Tomaten, Gurken, Zwiebeln und natürlich alle Arten von Käse, klassisch mit dänischem Käse.
Zur Dekoration eignen sich: Eingelegte Senffrüchte, Mixed pickles, alle Sorten frisches Gemüse, meist fein geschnitten, Obst, Kompotte, rote Rüben in Scheiben, dazu Mayonnaisen- und Sahnemischungen. Smørrebrøds werden mit Messer und Gabel serviert.
Hier einige Anregungen für die Zubereitung von Smørrebrød:

Räucheraal, Rührei, Schnittlauch.
Muschelsalat mit Olivenscheiben.
Kräutermayonnaise, Krabben, Zitronenscheibe.
Matjesfilet, Apfelscheiben, gebratene Zwiebelringe, Mayonnaise, Dill.
Geräucherter Stör oder Lachs mit Preiselbeersahne-Meerrettich.
1 Scheibe gegrillter Schweinerücken, Backpflaume, Apfelscheiben, gebratene Speckscheibe.
1 dünne Scheibe gegrillte Kalbsleber, ½ Pfirsich, ½ Scheibe Ananas, Cumberlandsoße.
Leberpastete, getrüffelt, feine gebratene Scheiben Frühstücksspeck, goldgelb gebratene Zwiebelringe.
Salat in Streifen geschnitten, Butterkäse in dicken Scheiben, Salzbrezel, Tomatenscheibe, etwas Kräuterquark.

Vorspeisen & Kleine Gerichte

155

Das Rösten oder Toasten von Brotscheiben

Die Rinde des Weißbrotes abschneiden, das Brot in etwa ½ cm dicke Scheiben schneiden und diese im Toaster lichtgelb rösten.
Oder die Scheiben nebeneinander auf ein Backblech legen und im vorgeheizten Backofen **oder** in einer leicht gebutterten Pfanne auf dem Herd hellbraun rösten.
E.-Herd 220 °C/G.-Herd 4
Ca. 5–7 Minuten
Toastscheiben für Appetithappen erst nach dem Erkalten belegen. Toast als Beigabe zu Vorspeisen oder Kalten Platten usw. bei Bedarf am Tisch rösten.

156

Röstbrot mit Tomaten Bruschetta/Crostini

4 reife Fleischtomaten oder
8 San Marzano-Tomaten,
3–4 Knoblauchzehen,
2 Essl. Olivenöl, erste Pressung,
Salz, frisch gemahlener Pfeffer,
½ Bund frisches Basilikum oder
1 Teel. getrockneter Oregano.
12 Scheiben Weißbrot (evtl. Ciabatta) oder Baguette, 2 Knoblauchzehen,
Olivenöl zum Beträufeln.

Die Tomaten häuten, entkernen und das Fruchtfleisch in Würfel schneiden. Die Knoblauchzehen durch die Presse dazudrücken, salzen, pfeffern und das fein gehackte Basilikum (oder Oregano) zugeben.
Die Weißbrotscheiben mit Knoblauch einreiben, auf ein Backblech legen und mit wenig Olivenöl beträufeln. Im vorgeheizten Backofen rösten.
E.-Herd 200 °C / G.-Herd 3
Ca. 12–15 Minuten
Oder in der Pfanne mit wenig Olivenöl kurz anrösten.
Die Röstbrotscheiben auf eine Platte legen, mit der Tomatenmasse bestreichen und sofort servieren (Crostini).

157

Röstbrot mit Geflügelleber

1 kleine Zwiebel, 1 Karotte,
2 Stangen Staudensellerie,
1 Essl. Olivenöl,
6 Essl. Weißwein.
200 g Geflügelleber, 1 Essl. Olivenöl,
4 Sardellenfilets, frisch gem. Pfeffer,
4 Essl. Geflügelbrühe,
½ Bund glattblättrige Petersilie,
12 Scheiben Weißbrot oder Baguette.

Das Gemüse in sehr kleine Würfelchen schneiden und im heißen Öl anschwitzen. Mit Wein angießen und ca. 15 Minuten garen. Die Geflügelleber in nussgroßen Stückchen in Öl anbraten, die fein geschabten Sardellenfilets, etwas Pfeffer und die Brühe zugeben. Solange garen, bis die Brühe eingekocht ist. Alles vermischen und die gehackte Petersilie zugeben. Die Brotscheiben ohne Fett im Backofen oder im Toaster rösten. Mit der Lebermischung bestreichen, warm servieren.
Die Lebermasse kann auch püriert werden und dann auf die Brotscheiben gestrichen werden.

158

Brötchen mit Eiercreme

3 hartgekochte Eier,
50 g Butter,
1 Essl. dicke, ungesüßte Sahne oder Öl,
1 Teel. Essig, 1 Prise Salz,
1 Essiggürkchen,
½ Teel. Kapern,
1 Schalottenzwiebel,
1 Essl. gewiegte Petersilie,
etwas Schnittlauch.
Zum Verzieren:
einige gewässerte Sardellenfilets.

Die Eier in Eigelb und Eiweiß trennen, die Eigelb durchpassieren, unter die schaumig gerührte Butter mischen und Sahne oder Öl, Essig und die fein gewiegten übrigen Zutaten untermengen. Geröstete Weißbrotscheiben dick damit bestreichen und das schmalstreifig geschnittene Eiweiß gitterförmig obenauf legen.

159

Toast mit Gänselebercreme

1 Gänseleber, ca. 350–400 g,
Butter zum Braten,
Trüffelstückchen oder
Champignonköpfchen aus der Dose,
1 Schalotte,
80 g weiche Butter, Salz, Pfeffer,
1 Essl. Madeira oder Portwein,
Pilzscheiben zur Dekoration,
ein paar Tropfen Zitronensaft oder
Worcestershiresoße.

Die vorbereitete Gänseleber in reichlich Butter (sonst verliert die Leber zuviel Fett) bei milder Hitze ca. 10 Min. braten. Abgekühlt zusammen mit den Pilzen und der Schalottenzwiebel sehr fein wiegen, dann die Masse durch ein Sieb streichen. Mit der schaumig gerührten Butter vermischen und mit Salz, Pfeffer und Wein würzen. Auf leicht geröstete Weißbrotscheiben streichen. Je ein Pilzscheibchen obenauf legen und einige Tropfen Zitronensaft oder Worcestershiresoße darüberträufeln.

160

Verschiedene Wildcanapés

Pro Person je 1 Scheibe entrindetes Weißbrot, auf einer Seite leicht in Butter angeröstet.

1. Art: 1 Scheibe feine Leberpastete,
1 gebratenes Rehmedaillon,
½ enthäutete Aprikose, etwas
ungesüßte, geschlagene Sahne,
grüne Pfefferkörner.
2. Art: Butter, 1 gebratenes
Fasanenbrüstchen in Scheiben,
2–3 Scheiben gebratener
Frühstücksspeck,
halbierte Weintrauben.
3. Art: 4 Essl. fertig gegartes
Geschnetzeltes vom Wild,
1 Schalotte, fein gehackt,
einige Champignons in Scheiben.

Die Zutaten in der angegebenen Reihenfolge auf die Brote legen.

161

Sandwiches mit Schinkenfüllung

60 g gekochter Schinken,
60 g geräucherte Zunge,
1-2 Essiggürkchen,
½ Teel. Senf, 100 g Butter

Die Zutaten fein wiegen, den Senf und die schaumig gerührte Butter gut untermischen. Eine Sandwichschnitte mit beliebiger Würzbutter, die andere mit der Schinkenfülle bestreichen, zusammenklappen und zurechtschneiden. Weiter verfahren, bis alles verbraucht ist.

162

Kaviarbrötchen

4 Weißbrotscheiben,
120–140 g Kaviar,
100 g Butter.

Geröstete Weißbrotschnitten mit der schaumig gerührten Butter bestreichen, den Kaviar gleichmäßig darauf verteilen und je ein dünnes Zitronenrädchen obenauf geben, **oder** einen Eiweißring von hartgekochtem Ei in die Mitte legen und mit Kaviar füllen; **oder** Kaviarbutter 133 bereiten und in hübschen Mustern auf die Schnitten spritzen.

163

Lachsbrötchen

Auf leicht geröstete, butterbestrichene Weißbrotscheiben dünn geschnittenen Räucherlachs, eine Eischeibe und feine Olivenscheibchen geben.
Oder die Brotschnitten zu je einem Drittel mit Kaviar, gewiegtem Eiweiß und Lachsstreifen belegen.

164

Sardellenbrötchen

Weiß- oder Schwarzbrotscheiben mit Butter oder Sardellenbutter **131** bestreichen, gewässerte, schmale Sardellenfiletstreifen gitterförmig darauflegen und in jedes Viereckchen eine Kaper einsetzen.

165

Zungenbrötchen

Vollkornschnitten mit Senfbutter bestreichen, dünne Scheiben von Räucherzunge darauf legen und mit aufgespritzter Butter oder Mayonnaise verzieren.

166

Tatarbrötchen

125–150 g frisch durchgedrehtes, fett- und sehnenfreies Rindfleisch (Schabefleisch),
je 1 Prise Salz und Paprika (edelsüß), frisch gemahlener Pfeffer,
1 sehr fein gehackte Schalotte,
1 Eigelb,
evtl. 2 gewässerte, zerdrückte Sardellenfilets
oder 1 Teel. Weinbrand.

Das frische Tatar (entweder beim Metzger frisch durch die Maschine laufen lassen oder zu Hause im Blitzhacker zerkleinern) mit allen übrigen Zutaten mit Hilfe von zwei Gabeln gut vermischen. Nach 10 Minuten nochmals abschmecken. Auf butterbestrichene Schwarz- oder Weißbrotscheiben dick aufstreichen, mit dem Messerrücken ein Karomuster eindrücken, in die Mitte eine Kaper setzen.
Oder anstatt Tatar einmal deftige Mettbrötchen reichen!

167

Frühlingsbrötchen

Weißbrot- oder Vollkornbrotscheiben mit Butter bestreichen und mit Radieschen-, Tomaten- oder frischen Gurkenscheiben belegen; Schnittlauch aufstreuen oder Kressenestchen mit Eischeiben obenauf setzen.
Oder als Aufstrich würzige Tomaten- oder Kräuterbutter verwenden, in die Mitte der Brötchen kleine, abgestielte Brunnenkresseblättchen häufen, den Rand mit gehacktem Eigelb bestreuen und Mayonnaisetupfen obenauf spritzen.

168

Quarkbrötchen

Trockenen Quark mit etwas Kräutersalz, frischen, gehackten Kräutern nach Wahl und süßer Sahne vermischen, auf butterbestrichene Schrotbrotschnitten (Weizenschrot) oder halbierte Semmeln streichen. Mit einem Löffelstiel ein Muster einkerben und gemahlenen Kümmel oder Paprika darüberstreuen oder mit Frühlingszwiebelröllchen verzieren.
Oder Quark **141** aufstreichen und mit Radieschen oder Gewürzgurkenscheiben verzieren.

169

Brötchen mit Kräuterkäse

1 Päckchen Frischkäse (200 g) mit 2 Essl. Milch geschmeidig rühren. 1 Essl. leicht angeröstete, gehackte Haselnüsse und 1 Essl. fein gehackte frische Kräuter (auch TK-Kräutermischung) untermischen und mit 1 kräftigen Prise Edelsüßpaprika abschmecken. Diese Mischung auf kleine Weißbrotscheiben oder viereckige Vollkornbrotscheiben dünn aufstreichen und darauf ein Gitter oder ein anderes Muster mit einer Cremespritze (Sterntülle) aufspritzen. Kapern oder Tomatenmarktupfen dazwischen setzen.

170

Pumpernickel mit Käsecreme

60 g Butter, 60 g Frischkäse,
je 1 Prise Salz und Paprika,
½ Teel. Senf oder 1 Prise Senfmehl,
1–2 Teel. Madeira,
1 Päckchen Pumpernickel.

Butter und Käse schaumig rühren, dann mit Salz, Paprika, Senf und Madeira würzen. Die Pumpernickelscheiben sehr dick damit bestreichen, aufeinanderschichten und beschweren. Etwa 2 Std. kaltstellen (möglichst im Kühlschrank), damit die Käsecreme steif wird. Dann kleine Dreiecke oder Würfel davon schneiden.

171
Pumpernickel mit Schnittkäse

Jeweils 3 Scheiben Pumpernickel auf beiden Seiten und 2 Scheiben (für die Ober- und die Unterseite) einseitig mit schaumig gerührter Butter oder einer Quarkmischung bestreichen. Die Schnitten mit dünnen Scheiben Emmentaler oder anderem Schnittkäse belegen, aufeinander schichten und mit einem Brettchen beschweren. Etwa 2 Std. kühl stellen, dann kleine Würfel oder schmale Streifen davon schneiden.
Oder verschiedenfarbigen Käse (ebenso dick geschnitten wie die Pumpernickelscheiben) dazwischenlegen.

172
Mosaikbrot

75 g Sardellen, 125 g Butter,
100 g gekochter Schinken,
100 g geräucherte Zunge,
75 g Emmentaler oder Bergkäse,
Eigelb von 1 hartgekochten Ei,
½ Teel. Kapern, Salz, Pfeffer,
1 Msp. Senf, evtl. etwas Essig,
1 schmales Weißbrot.

Die Sardellen wässern, abhäuten, durchpassieren und mit der schaumig gerührten Butter vermengen. Schinken, Zunge und Käse kleinwürfelig schneiden, mit dem durchgedrückten Eigelb, den fein gewiegten Kapern, Salz, Pfeffer, Senf, evtl. Essig und zuletzt mit der Sardellenbutter gut vermischen. Ein längliches, tags zuvor gebackenes Weißbrot (Pariser Brot) etwas abreiben, halbieren und von der Mitte her so weit aushöhlen, dass noch eine Rinde von 1 cm Dicke bleibt. Die Fülle fest eindrücken, die Brothälften wieder leicht aneinander drücken und in Alufolie einschlagen. Das Brot einige Stunden kühl stellen, erst kurz vor dem Anrichten aus der Folie nehmen und mit einem scharfen Messer (besonders geeignet: ein elektrisches Messer) in ca. 2 cm dicke Scheiben schneiden. Durch das Kühlstellen lässt sich beim Aufschneiden das Bröseln der Fülle vermeiden.

173
Frischkäsetorte mit Nüssen

300 g Doppelrahm-Frischkäse
(1½ Päckchen),
125 g Magerquark,
je 50 g gehackte Walnusskerne
und Pistazien,
Saft und abgeriebene Schale
von ½ Zitrone,
Salz und frisch gemahlener
weißer Pfeffer,
einige frische Basilikum- oder
Zitronenmelisseblättchen,
Öl für die Form.

Den Frischkäse mit dem Magerquark vermischen, die gehackten Nüsse zugeben und mit Zitrone und Salz und Pfeffer würzen. Die Kräuter waschen und trockentupfen. Eine kleine Springform (Ø 16 cm) mit Öl auspinseln, die Kräuter hübsch auf dem Boden anordnen. Die Frischkäse-Quarkmasse einfüllen und im Kühlschrank mindestens 2 Std. durchkühlen. Dann auf eine Platte stürzen.
Oder das Fruchtfleisch von 1 kleinen, festen Tomate und 1 kleinen Paprikaschote fein würfeln und unterrühren (Nüsse weglassen). Mit Salz und Pfeffer und 1 Essl. Tomatenmark aus der Tube abschmecken.

174
Käsetorte

*Tortenboden : Rascher Hefeteig **1638***
*oder Quark-Öl-Teig **2102** (halbe*
Menge, jeweils nur mit 1 Prise Zucker)
Tomatenbutter oder
*Sardellenbutter **131**,*
*Kräuterquark **141**,*
150 g Edamer oder Gouda,
Pumpernickel-Vierdecker,
250 g Chester oder Tilsiter,
Tomaten, Cornichons,
250 g Emmentaler,
Weintrauben oder Cocktailkirschen,
1 kleine Packung Salzbrezeln.

Die Torte mit Tomaten- oder Anchovisbutter bestreichen. In der Mitte der Torte einen Hügel aus Kräuterquark formen.
Edamer- oder Goudascheiben in Vierecke schneiden und so um den Quark legen, dass eine Spitze zur Mitte weist. Die Zwischenräume mit Vierdeckern (mit Quark- oder Gervaisfüllung) auslegen. Für den zweiten Kreis Chester oder Tilsiter in Quadrate schneiden, deren eine Spitze ebenfalls wieder zur Tortenmitte weist. Dazwischen Tomatenachtel und Cornichonsfächer legen. Den äußeren Rand bilden Emmentalerscheiben, mit Salzbrezeln belegt, oder Emmentalerwüfel, garniert mit Weintrauben oder Cocktailkirschen.
Wem Cocktailkirschen zu süß sind, der sollte stattdessen grüne gefüllte Oliven auf die Käsetorte legen.

175
Wursttorte

*Rascher Hefeteig **1638** oder Quark-Öl-*
*Teig **2102** (halbe Menge, jeweils nur*
mit 1 Prise Zucker).
Butter oder Mettwurst zum
Bestreichen,
*italienischer Salat, **389**,*
Radieschen, 4 Tomaten,
150 g Lyonerwurst,
250 g gehäutete Zungenwurst oder
250 g geräucherte Zunge,
250 g roher oder gekochter
Schinken, Cornichons,
2–3 hartgekochte Eier,
gegarte Möhrenscheiben.

Den Tortenboden mit Butter oder Mettwurst bestreichen und mit einer Tasse in der Mitte einen Kreis markieren, auf den italienischer Salat gehäuft wird. Obenauf eine Radieschen-Rosette oder eine kleine ausgezackte Tomate setzen. Den ersten Kreis bilden schuppenförmig gelegte Lyoner-Scheiben, der zweite Kreis besteht aus Zungenwurstscheiben, Radieschen-Scheiben bilden die Begrenzung zum inneren Kreis. Den äußersten Kreis bilden Schinkenröllchen mit Cornichons.
Die jetzt noch offenen Zwischenräume werden ausgefüllt mit Hartei- und Tomatenachteln, Eigelbbröseln, Radieschen und Möhrenscheiben.

Tipp:
Tortenböden vorausbacken und evtl. einfrieren!

Verzierungen und Garnituren

Gurkenblumen
Die Gurke in feine Scheiben schneiden, diese bis zur Hälfte einschneiden und zusammenstecken. In die Mitte ein kleines Radieschen oder Olive setzen.

Oder Blöcke von 5 cm Dicke abschneiden und zu Sternen schneiden.

Egerlinge/Champignons
Die Pilze in Zitronenwasser legen und die Köpfchen sternförmig einkerben.

Gurkenfächer
Gewürzgurken der Länge nach halbieren, zu 4/5 einschneiden (nicht durchschneiden).

Radieschen-Spielereien
Mit der Spitze eines Kartoffelschälers (oder mit dem Messer) Radieschen in kleine Blumen verwandeln. Diese in kaltes Wasser legen, damit sie »aufblühen«.

Spielkartenzeichen
Von Karotten-, Gurken-, Rettich- und Rote Betescheiben Herzen, Karos, Pik oder andere Muster ausschneiden. Mit einem Ausstecher, erhältlich in Haushaltsgeschäften, geht das problemlos und schnell. Mit einem Wattestäbchen aus der Form drücken.

Blumenblätter
Hartgekochte Eier in Scheiben schneiden. Aus den Scheiben kleine Blüten legen und an »Blumenstiele« aus Essiggurkenstreifen anlegen. In die Mitte eine halbierte Olive setzen.

Zitronenspiralen
Zitronenscheiben bis zur Mitte hin an einer Stelle einschneiden und dann auseinanderdrehen. Statt Zitronenscheiben können auch Orangenscheiben verwendet werden. Beides sieht hübsch und dekorativ aus. Unbedingt Bio-Zitrusfrüchte verwenden.

1 Gurkenblumen formen.

2 Gurkenblöcke abteilen ...

3 ... und Sterne daraus schneiden.

4 Gurkenfächer: Gewürzgurken längs halbieren,

5 fast bis zum Ende schmale Streifen einschneiden

6 und für feinere Fächer nochmals durchschneiden.

7 Radieschenblumen schneiden und in kaltes Wasser legen.

8 Frische Champignons in Zitronenwasser legen und die Köpfchen sternförmig eineinkerben.

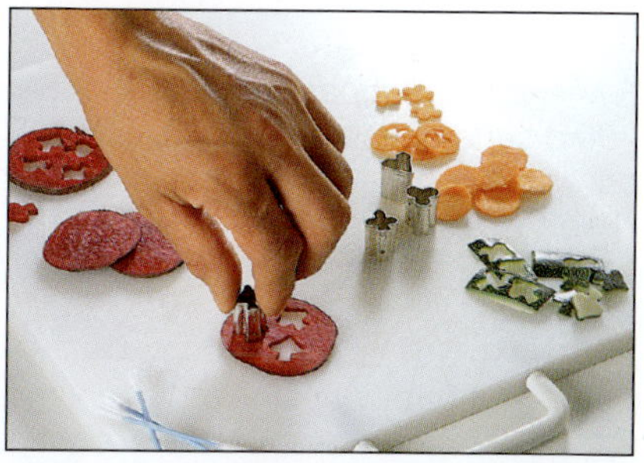
9 Aus rohem oder gekochtem Gemüse Spielkartenzeichen ausstechen und mit einem Wattestäbchen lösen.

176

Brotsockel

Ein Brotsockel kann rasch hergestellt werden und ist besonders dann zu empfehlen, wenn Roastbeef, Filetbraten, Geflügel oder Fisch auf einer Metallplatte angerichtet werden; oder wenn saftig gebratenes Fleisch (in Scheiben aufgeschnitten) längere Zeit auf einer garnierten Platte liegen soll; der Brotsockel kann in diesem Fall den ausfließenden Fleischsaft aufsaugen. Den Sockel aus Weiß- oder Schwarzbrot viereckig, rund oder oval etwa 2 cm hoch schneiden und möglichst ohne Rinde entweder in etwas Fett hellgelb backen oder im Backofen leicht anbräunen.

177

Kaviar

Kaviar ist der eingesalzene Rogen verschiedener Störarten (siehe S. 212). Kaviar sollte kalt gereicht werden: In der Dose auf gestoßenem Eis anrichten oder den Kaviar in eine kleine Glasschüssel füllen, eine zweite größere Schüssel mit Eiswürfeln füllen und die erste Schüssel hineinstellen. Zum Herausnehmen einen Holz- oder Hornlöffel dazulegen. Als Beigabe empfehlen sich: Toastbrot, französisches Weißbrot, auch kräftiges dunkles Brot, neue Kartoffeln oder Blinis (russische Buchweizenpfannkuchlein, **758**) und Butterkugeln sowie Zitronenschnitze. Siehe auch Seite 213.

178

Pastetchen mit Kaviarsahne

8 Mini-Blätterteigpastetchen,
100 g süße Sahne,
etwas Salz,
einige Tropfen Zitronensaft,
50 g Keta-Kaviar,
Zitronenrädchen.

Sahne mit Salz sehr steif schlagen, mit Zitrone würzen. Keta-Kaviar vorsichtig unterziehen. Die Sahne mit dem Spritzbeutel in die Pastetchen füllen, mit Zitronenrädchen garnieren.

179

Kaviartönnchen

8 Eier, 8–10 Min. gekocht.
Pro Eihälfte ca. 1/2 Teel. deutscher Kaviar oder echter Kaviar,
rot und schwarz,
Kopfsalatblätter oder
Remouladensoße ***92****,*
einige gewässerte Sardellen,
Zitronenschnitze.
Eigelbbutter:
Eigelb von den gekochten Eiern,
200–220 g weiche Butter,
1–2 Teel. Senfpulver.

Die geschälten Eier an beiden Enden flach abschneiden, damit sie einen festen Stand haben und Tönnchenform erhalten. Quer halbieren, die Eigelb herausnehmen und statt dessen den Kaviar in die Eihälften füllen. Auf einer Platte gewaschene Kopfsalatblätter (oder in eine Glasschüssel Remouladensoße füllen und die Eitönnchen hineinsetzen) anrichten, die Tönnchen daraufsetzen, um die Standfläche Sardellenringe legen und dazwischen Zitronenschnitze geben.
Aus den herausgenommenen Eigelb, der weichen Butter und dem Senfmehl eine geschmeidige Masse rühren und entweder in einen Spritzsack füllen und mit der Sterntülle kleine Verzierungen spritzen oder die Eibutter zu kleinen Kugeln formen, etwas kühlen und zwischen die Tönnchen setzen.

180

Austern

Pro Person 6-8 Austern

Die Austern vorbereiten (vgl. Seite 214) und gut gekühlt (etwa 10 °C), evtl. auf einem Seetangbett oder einem Austernteller, mit leicht getoastetem Weißbrot oder Schwarzbrot, gesalzener Butter und evtl. frisch gemahlenem schwarzen Pfeffer und halbierten oder geviertelten Zitronen servieren.
In manchen Gegenden der Bretagne werden die dort gezüchteten Austern auch mit einer leichten Essig-Öl-Soße mit sehr fein gehackten Schalotten gegessen.

181

Avocadohälften, gefüllt mit Krabben

2 Avocados, Zitronensaft,
2 Essl. Salatmayonnaise,
2 Essl. feingehackte frische Kräuter, wie Blattpetersilie, Koriander, Minze oder Schnittlauch, 1 Prise Salz,
1 entkernte, sehr fein gehackte Chilischote,
1/8 l süße Sahne,
150 g Krabbenfleisch.

Die Avocados längs halbieren, die Kerne herausnehmen und das Fruchtfleisch mit einem scharfen Löffel aus der Schale lösen. Die Avocadohälften mit Zitronensaft beträufeln, damit sie hell bleiben. Das herausgelöste Fruchtfleisch ebenfalls mit Zitronensaft beträufeln und mit dem elektrischen Handrührer zerkleinern. Die Mayonnaise, gehackte Kräuter und Chili zum Avocadomus rühren. Die Sahne separat steif schlagen und leicht unter das Mus heben. Die Krabben locker untermischen und die Füllung in den Avocadohälften anrichten. Evtl. noch mit Kräutern bestreuen.

182

Shrimp-Gurken-Cocktail

200 g Shrimps
(aus der Dose oder frisch, gekocht).
1/2 Salatgurke, geschält und entkernt,
1 Becher Joghurt, Saft von 1 Zitrone,
2 Essl. saure Sahne,
frisch gemahlener schwarzer Pfeffer,
1 Prise Cayennepfeffer,
2 Bund Dill oder 1 Bund Koriander.

Die Shrimps abtropfen lassen und mit der kleinwürfelig geschnittenen Salatgurke mischen. Aus Joghurt, Zitronensaft und saurer Sahne eine Soße anrühren und mit frisch gemahlenem Pfeffer, einer kräftigen Prise Cayennepfeffer und gewaschenem, kleingehackten Dill oder Korianderblättchen würzen. Die Shrimps-Gurkenmischung zugeben, gut vermischen und gekühlt in mit gewaschenen Salatblättern ausgelegten Cocktailgläsern servieren. Dazu schmeckt getoastetes Weißbrot.

183 Räucheraal

Den geräucherten Aal (etwa 250 g) der Länge nach mit einem scharfen Messer dicht an der Rückengräte entlang einschneiden und die Haut, die sich dann leicht abziehen lässt, entfernen. Den Aal möglichst auf Eis kühl stellen, vor dem Servieren in kleine Stücke teilen und mit Toast servieren.

184 Kalte Aalrolle

500 g frischer Aal.
Zur Fülle: 200–250 g Seelachs- oder Kabeljaufilet, ½ Zwiebel,
1 trockenes Brötchen,
30 g Butter,
2 Eiweiß oder 1 Ei,
Salz, Pfeffer, Muskat oder Piment,
3–4 Essl. saure Sahne,
evtl. 50 g Räucherzunge,
1 Essiggurke.
Zum Sud: 1½ -2 l Wasser,
1 Zwiebel,
Suppengrün,
einige Pfefferkörner, 1 Lorbeerblatt,
⅛ l Weißwein oder 2 Essl. Essig,
1 kräftige Prise Salz.

Die Flossen vom Aal mit einer Schere entfernen, den Aal abhäuten, den Rücken aufschneiden und das Rückgrat sorgsam herauslösen. Die Eingeweide herausnehmen, den Aal mehrmals waschen, auf ein Tuch legen, breit klopfen, quer halbieren und die Filetstücke mit Salz und Pfeffer bestreuen. Zur Fülle das Fischfleisch von Seelachs oder Kabeljau ohne Haut und Gräten zweimal durch die feine Scheibe des Fleischwolfs drehen oder portionsweise im elektrischen Schnellmixer (Blitzhacker) zerkleinern. Die gehackte Zwiebel und das eingeweichte, gut ausgedrückte Brötchen in Butter dämpfen; dann mit dem Fischfleisch, Eiweiß, Salz und Gewürz vermengen. Die leicht verquirlte Sahne, die kleinwürfelig geschnittene Zunge und die gewiegte Essiggurke untermischen. Dann die Fischfülle auf die Innenseite der Aalfilets streichen, die Filets der Länge nach zusammenrollen, in ein nasses Tuch wickeln und mit Garn umbinden.

Zum Sud Kopf und Gräten in leichtem Salzwasser mit Gewürz und reichlich Suppengrün 20 Min. kochen, die Brühe durchsieben und den Wein oder Essig zugießen. Die Aalrollen in diesem Sud, ca. 30 Minuten schwach kochend, gar werden und nach dem Herausnehmen, zwischen 2 Brettchen leicht gepresst, erkalten lassen. Dann aus dem Tuch wickeln, in 1–2 cm dicke Scheiben schneiden und mit Sülze glasieren (die Sülze aus dem Aalsud herstellen, vgl. **252**). Die Aalscheiben auf einer Platte anrichten, mit kleinen Sülzwürfelchen und Petersilie verzieren und Mayonnaise nach **78** dazu reichen.

Tipp:
Den Aal vom Fischhändler küchenfertig vorbereiten lassen, Kopf, Gräten etc. mitgeben lassen.

185 Lachstatar

250 g geräucherter Lachs,
4 Salatblätter, 1 säuerlicher Apfel,
1 Essl. Meerrettich, 2 hartgekochte Eier, Zwiebelringe, Dillsträußchen.

Den Lachs in Scheiben, dann in dünne Streifen bzw. Würfel schneiden. Portionsweise auf Salatblättern anrichten.
Apfel schälen, reiben, mit Meerrettich mischen. Das Eiweiß vom Eigelb trennen, beides getrennt hacken. Apfelmeerrettich, Eier und Zwiebelringe getrennt in Häufchen um den Lachs legen, mit Dillsträußchen garnieren. Geröstetes Weißbrot dazu reichen.
Oder das Lachstatar mit einem mit Vinaigrette **309** marinierten Salatbouquet servieren.

Lachstatar

186

Lachsrolle

80–100 g Butter,
1 Prise Paprika, Salz,
1 kleine schwarze Trüffel oder
1 Essl. Pumpernickelwürfelchen
oder Kapern,
einige fein geschnittene Pistazien,
1 grosse Scheibe Räucherlachs,
etwa 20 cm lang, 10 cm breit.

Die Butter schaumig rühren, Paprika, Salz, die kleinwürfelig geschnittene Trüffel (oder Pumpernickel oder Kapern) und die Pistazien zufügen. Alles gut vermischen, die Lachsscheibe mit der Fülle knapp 1 cm dick bestreichen, zusammenrollen, in Pergamentpapier oder Alufolie einwickeln und kalt stellen. Nach dem Festwerden der Fülle die Lachsrolle in Scheiben schneiden und auf einer Glasplatte anrichten oder auf dünnen gebutterten Toastschnitten angerichtet servieren.

187

Lachs mit Kräuterbutter

Ein dickes Lachsmittelstück (etwa 500–750 g) sorgfältig ausnehmen, im Fischsud nach **659** kochen und darin erkalten lassen. Auf einem Brotsockel anrichten, den Lachs mit Kräuterbutter bestreichen, zur Verzierung Sardellen- oder Kräuterbutter **121** mit der feinen Spritztülle obenauf spritzen und kleingehackte Sülze ringsum streuen.

188

Lachstütchen, gefüllt

4–6 dünne Räucherlachsscheiben zu Tüten rollen, 125 g schaumig gerührte Butter oder Lachsbutter oder Mayonnaise einspritzen, evtl. einige Kapern eindrücken. Anstatt Butter oder Mayonnaise eine leichte Quarkcreme, mit Kräutern angemacht, einfüllen.

189

Gekräuterte frische Forelle, nach Graved Lachs Art (Gravat Lax)

2 frische Lachsforellen, je 400 g,
frisch gemahlener schwarzer Pfeffer,
3 Teel. grobes Meersalz,
1 Teel. Zucker,
2 Bund Dill oder Kerbel,
Zitronenschnitze und Dillsträußchen zum Garnieren.

Die Forellen beim Fischhändler vorbereiten lassen: Schwanz, Flossen und Kopf abschneiden und ausnehmen. Die Forellen aufklappen und die Hauptgräte vorsichtig entfernen. Jeweils in zwei Filets teilen, kleine Gräten mit einer Pinzette herausziehen; die Filets kurz kalt abbrausen und trockentupfen. Pfeffer mit Salz und Zucker vermischen, eine flache Form (in der Größe der Filets) damit ausstreuen, zwei Filets mit der Hautseite nach unten einlegen, mit Würzmischung bestreuen; viel grob zerpflückten Dill und die anderen Filets mit der Hautseite nach oben darauflegen, restliches Gewürz darüberstreuen. Mit Alufolie abdecken, evtl. mit einem Brett oder Teller beschweren und im Keller oder Kühlschrank 2 Tage durchziehen lassen.
Die gebeizten Filets etwas abschaben, auf einem Brett liegend vorsichtig schräg in hauchdünne Scheiben schneiden – die Haut darf nicht verletzt werden. Auf Einzeltellern mit Zitronenschnitzen und frischen Dillsträußchen anrichten. Toastbrot, Butterkügelchen und Meerrettichsahne passen gut dazu. Als Getränk einen fruchtiger Riesling oder einen weißen Burgunder. Statt Forellen können Lachsforellen oder frischer Lachs so gekräutert werden.

190

Schleie in Essigkräutersoße

Eine vorbereitete Schleie im würzigen Sud nach **669** je nach Größe 15–20 Minuten ziehen lassen, häuten und kalt stellen. Eine Vinaigrette **314** zubereiten, 1 hart gekochtes, feingehacktes Ei und 2 gehäutete und entkernte Tomaten zufügen und den Fisch beim Anrichten damit übergießen.

1 Lachsforellenfilets kräutern.

2 Mit Folie oder Pergament abdecken

4 Evtl. vorhandene Flüssigkeit abgießen.

5 Die gebeizten Filets abschaben.

191

Carpaccio von der Lachsforelle

600 g Lachsforelle, tagesfrisch,
Limetten- oder Zitronensaft,
Meersalz und
frisch geschroteter Pfeffer,
dünne Stifte von ungespritzter Zitronenschale,
einige frische Champignons,
Dillsträußchen.

Die Lachsforelle vom Fischhändler häuten und entgräten lassen. Die Filets mit einem scharfen Messer in hauchdünnen Scheiben schneiden. Auf einer großen Platte mit Zitronensaft beträufeln, mit Salz und Pfeffer aus der Mühle würzen. Zitronenschalenstifte darüberstreuen, die Champignons in hauchdünnen Scheiben darüberhobeln. Mit Dill garnieren und sofort servieren. Dazu schmeckt frisch geröstetes Weißbrot.

Tipp:
*Frische Lachsforelle kann auch nach Art von Graved Lachs gekräutert werden, siehe **189**.*

3 und beschweren.

6 Die Filets mit dem flach angesetzten Lachsmesser in feine Scheiben schneiden.

192

Glasmeister-Heringe

4 frische Heringe.
Sud:
2 Möhren, 1 Zwiebel,
2–3 Lorbeerblätter,
6 Wacholderbeeren,
6–8 weiße Pfefferkörner,
¼ l Weißweinessig.
Zum Anrichten:
Zwiebelringe, Salatblätter, Dill.

Von den Heringen den Kopf abdrehen, mit den Fingern in den Bauchraum greifen, Milch, Rogen und Innereien herausnehmen, die Fische teilen und die Gräten entfernen, die Haut, vom Schwanz beginnend, abziehen.
Alle Zutaten für den Sud aufkochen und damit die Fische übergießen. Mindestens einen Tag darin ziehen lassen. Zum Anrichten die Fische quer in Stücke schneiden, auf Salatblätter setzen, mit Zwiebelringen und abgezupftem Dill garnieren. Dazu passt leicht gebuttertes Schwarzbrot.

193

Bratherings-Filets auf Bauernbrot

4 frische grüne Heringe, vom Fischhändler küchenfertig vorbereitet und in Filets geteilt,
Salz, wenig weißer Pfeffer,
30–40 g Mehl,
Zum Braten:
Olivenöl oder Sonnenblumenöl nach Geschmack.
Marinade:
1 Teel. grüne Pfefferkörner (in Salzlake),
4 Lorbeerblätter,
1 Zweig frischer Rosmarin,
4 Essl. guter Weinessig,
1 Prise Zucker,
¼ l dick eingekochtes Tomatenpüree,
4 Essl. Oliven- oder Sonnenblumenöl,
1 Gemüsezwiebel,
4 Scheiben Bauernbrot,
1 Knoblauchzehe,
2 Essl. Oliven- oder Sonnenblumenöl,
16 schwarze Oliven.

Die Heringsfilets gut abwaschen und trockentupfen. Salzen und pfeffern, durch das Mehl ziehen und im heißen Öl von jeder Seite 2–3 Min. braten. Auf Küchenkrepp abtropfen lassen.
Für die Marinade die Pfefferkörner leicht zerdrücken, Lorbeerblätter und zerkleinerten Rosmarin zugeben. Den Weinessig mit Zucker, dem Tomatenpüree und dem Öl verrühren und mit den Gewürzen vermischen. Die Zwiebel in feine Ringe schneiden. Die Heringsfilets abwechselnd mit der Marinade und den Zwiebelringen in eine Schüssel legen – mit Tomatenpüree abschließen. Über Nacht durchziehen lassen.
Das Brot leicht rösten, mit der halbierten Knoblauchzehe abreiben, mit etwas Öl beträufeln und mit den Brathering-Filets belegen.
Die Oliven darauf verteilen und servieren.

194

Bratheringe, mariniert

Vorbereitete, frische Heringe 30 Min. in schwach gesalzenes, kaltes Wasser legen, abtrocknen, in Mehl wenden und in Öl oder Butterschmalz rasch braun braten. In einer Steingutschüssel marinieren: Feingeschnittene Schalottenzwiebeln, einige Zitronenschnitze, 2 Lorbeerblätter, 1 Teel. Senfkörner und einige Pfefferkörner mit einer gekochten, abgekühlten Essigmischung (⅓ Essig, ⅔ Wasser) übergießen, darin die Heringe 1–2 Tage zugedeckt kühl stellen und vor dem Anrichten abtropfen lassen.

195

Salzheringe und Sardellen

Die Heringe gut wässern, abhäuten, entgräten und noch kurze Zeit in kalte Milch legen. Sardellen, falls sie in Salzlake liegen, ebenfalls wässern, abschaben und entgräten. Die Filets rollen oder in Streifen schneiden, mit Öl beträufeln, auf eine Platte mit gestoßenem Eis legen und mit gewiegtem Eiweiß und Eigelb, Kapern und Petersilie bestreuen.

196

Heringe in Mayonnaise

Gut gewässerte Salzheringe abhäuten, der Länge nach teilen, entgräten und über Nacht in saure Sahne oder Sauermilch einlegen. Anderntags leicht abtrocknen, zusammenrollen, in eine Glasschale setzen, evtl. mit Mayonnaise oder Remouladensoße übergießen. Zum Verzieren in die Röllchen einen Zahnstocher eindrücken und darauf eine Eischeibe, ein ausgezacktes Gurken- oder Gelbe Rüben-Stückchen und eine Kaper spießen.

197

Rollmops

4 Salzheringe,
1 Röhrchen Kapern,
6–8 Essiggürkchen,
1–2 Zwiebeln (je nach Größe),
Zahnstocher oder Rouladennadeln.
Marinade:
Essigwasser,
Heringsmilch,
Zwiebelringe, Pfefferkörner,
1 Nelke, 1 Lorbeerblatt,
½ Teel. Senfkörner.

Gewässerte, gehäutete Salzheringsfilets leicht abtrocknen. Jedes Filet mit einer Mischung aus gehackten Kapern, kleingewiegten Essiggürkchen und Zwiebeln auf einer Seite bestreichen, aufrollen und mit einem Zahnstocher oder einer Rouladennadel zusammenstecken. Zur Marinade schwach gesäuertes Essigwasser aufkochen, abkühlen lassen und die durchpassierte Heringsmilch, einige Zwiebelringe und die Gewürze zufügen. Die Rollmöpse einlegen und einige Tage (2–3 Tage) zum Durchziehen kühlstellen.
Werden Bismarckheringe verwendet, genügt ein kürzeres Marinieren der gehäuteten, ebenso bestrichenen und aufgerollten Heringe.

198

Schlesisches Häckerle

3 Salzheringe,
Mineralwasser,
125 g magerer Räucherspeck,
2 Zwiebeln,
3 Salz-Dill-Gurken,
Essig, schwarzer Pfeffer,
Schnittlauchröllchen.

Die Salzheringe im Mineralwasser über Nacht liegenlassen. Dann herausnehmen und zerlegen: Die Haut abziehen und die Fische am Rücken entlang ein- und durchschneiden. Gräten entfernen und das Fischfleisch fein würfeln. Speck, geschälte Zwiebeln und Gurken ebenfalls hacken, untermischen. Mit Essig und frisch gemahlenem Pfeffer pikant abschmecken. Anrichten und mit Schnittlauch bestreuen. Dazu Bauernbrot oder Pellkartoffeln reichen.

199

Heringe, mariniert

Salzheringe ausnehmen, 1–2 Tage wässern, dann häuten, die Mittelgräte sorgsam herauslösen und die Filets gut abspülen; entweder noch kurze Zeit in Buttermilch legen (vgl. **195**) und gleich anrichten oder zum Marinieren lagenweise in einen Steintopf mit feinen Zwiebelringen und Zitronenscheiben schichten. Die Heringsmilch durchpassieren und mit so viel gekochtem, erkaltetem Wein- oder Kräuteressig vermischen und über die Filets gießen, dass diese vollständig bedeckt werden. Feiner und milder werden die Heringe, wenn die durchpassierte Heringsmilch mit einer Mischung (etwa halb und halb) aus Essig und saurer Sahne verdünnt wird. Nach wenigen Tagen sind sie tischfertig.
Oder den Essig mit einigen zerteilten Tomaten, Salzgurken und Gewürz aufkochen, die Heringsmilch untermischen und erkaltet über die Filets gießen. 2 Tage kühl stellen; dann auf verschiedene Arten (vgl. **196** bis **204**) anrichten.

200

Matjesheringsfilets

4–5 Matjesheringe,
je nach Größe,
Milch oder Wasser,
fein geschnittene Zwiebelringe.
Gehacktes Eis.
Zur Dekoration:
Tomatenviertel, Gurkenfächer,
Eiachtel auf Kresse oder
Petersiliennestchen.

Matjesheringe abhäuten, Kopf und Flossen abschneiden und filieren. Gräten herausziehen (evtl. mit einer Pinzette) und überstehende Haut entfernen. Die Filetstücke für kurze Zeit (je nach Salzgehalt) in Milch oder Wasser legen. Eine Porzellanplatte flach mit gehacktem Eis belegen, die trockengetupften Filets darauf anordnen und mit feinen Zwiebelringen schuppenförmig bedecken. Mit oben angeführten Zutaten hübsch umlegen.

201

Matjesheringsfilets, garniert

8–10 Matjesheringsfilets,
5–6 hartgekochte Eier,
1 Röhrchen Kapern,
1–2 Zwiebeln,
1–2 Gewürzgurken,
Essig und Öl,
Mayonnaise, gehackte Petersilie.

Die gewässerten Filets auf einer Platte als Stern anrichten. Die Zwischenräume mit getrennt gehacktem Eiweiß und Eigelb, Kapern, Zwiebelringen und gehackter Gewürzgurke ausfüllen. Wenig Essig und Öl darüberträufeln, die Platte mit einer Schüssel oder Klarsichtfolie abdecken und mindestens ein bis zwei Stunden im Kühlschrank oder Keller stehen lassen. Vor dem Servieren die Filets mit Mayonnaisetupfen verzieren und gehackte Petersilie darüberstreuen.

Heringsfilets, mariniert. ▷

202

Heringe nach Hausfrauenart

Für 4-5 Personen
8–10 Matjesfilets,
1–2 Zwiebeln,
3 Essiggürkchen, Kapern,
1 Lorbeerblatt,
1 Tasse Mayonnaise,
1 Becher saure Sahne
oder Joghurt (150 g),
2 Äpfel, frischer Dill.

Die Heringsfilets falls erforderlich wässern, anfangs am besten unter fließendem Wasser. Gut abtropfen lassen, trockentupfen und in einen mehr hohen als breiten Steinguttopf einlegen. Die Zwiebeln in hauchdünne Ringe schneiden und lagenweise zwischen die Heringe verteilen, ebenso die Kapern und die in Scheiben geschnittenen Essiggürkchen. Das Lorbeerblatt darauflegen. Die Mayonnaise mit der sauren Sahne verquirlen und über die Heringe gießen. Die Soße muss die Heringe gut bedecken, evtl. noch etwas Soße zugießen.
Den Heringstopf 1–2 Tage kühl zugedeckt stehenlassen, dann die Äpfel in feine Scheibchen schneiden und darunterheben. Mit frisch geschnittenem Dill servieren.

203

Heringe mit Meerrettichsahne

4–6 Heringsfilets,
⅛ l Schlagsahne,
2 Essl. frisch geriebener Meerrettich,
1 Prise Zucker,
4 Essiggürkchen.

Die Sahne sehr steif schlagen; den Meerrettich sowie die Prise Zucker untermischen. Die Heringsfilets damit bestreichen und zusammenrollen. Die Röllchen senkrecht in eine Schüssel stellen (die Sahne soll sichtbar sein) und mit fein gehackten Essiggürkchen bestreuen.

Platte mit geräucherten Fischen und gefüllten Eiern **418** ▷

204

Matjes in pikanter Soße

8 Matjesfilets.
Sud:
Je 1 Essl. Senfsaat, Zucker,
zerdrückte Pfeffer- und Pimentkörner,
2 Lorbeerblätter, zerkleinert,
1 Zwiebel, gehackt,
ca. ¼ l Weißweinessig.
Soße:
je 5 Essl. saure und süße Sahne.

Die Matjesfilets in ca. 2 cm breite Stücke schneiden und kühlstellen.
Alle Zutaten für den Sud in ein Töpfchen geben, zum Kochen bringen, die Kochplatte abstellen und den Sud bei aufgelegtem Deckel abkühlen lassen. In einer Schüssel die Sahne verrühren, den Sud durch ein Sieb dazugießen und die Heringsstückchen locker damit vermischen.

205

Platte mit geräucherten Fischen

Je 100 g geräucherter Aal und
Schillerlocken,
150 g Räucherlachs in Scheiben,
1 geräucherte Makrele,
200 g geräucherter Heilbutt,
2 geräucherte Forellenfilets,
Limetten- oder Zitronenscheiben,
Tomatenviertel, gefüllte Eier ***418****,*
Meerrettichsahne ***68****,*
frischer Dill und Petersilie.

Aal und Schillerlocken in mundgerechte Stücke schneiden, zusammen mit den übrigen Fischen auf eine Servierplatte legen. Mit Limettenscheiben, Tomaten und gefüllten Eiern anrichten und mit Dill- und Petersiliensträußchen garnieren. Meerrettichsahne getrennt dazu reichen.
Dazu kräftiges Bauernbrot reichen.

206 Fischsalat

*500 g Schellfisch oder Kabeljau am Stück, Zitronensaft, Fischsud **658**, Mayonnaise **78** oder eine Essig-Ölsoße **309**, ausgehöhlte Tomaten oder Muschelförmchen, etwas Dorschrogen oder Kressebüschel, einige Kapern, 2 hartgekochte Eier in Scheiben.*

Den Fisch mit Zitronensaft säuern und im vorgekochten, durchgesiebten Sud ca. 10–15 Min. nicht zu gar ziehen lassen. Lauwarm abkühlen, Haut und Gräten entfernen und das Fischfleisch locker zerpflücken. Mit Mayonnaise oder einer kräftig abgeschmeckten Salatsoße vermischen und in ausgehöhlte Tomaten oder kleine Muscheln füllen. Etwas falschen Kaviar oder Kressebüschelchen mit Kapern auf einer Eischeibe obenauf setzen. Statt Fischfleisch kann auch sorgsam ausgelöstes Fleisch von Hummer, Languste, Krebs oder Shrimps verwendet werden. Auch die Verwendung von Dosenfisch ist möglich.

Tipp:
Gedünstetes Fischfilet, bzw. Reste von pochiertem Fisch, lassen sich ebenso verwenden.

207 Salm mit Mayonnaise

Für 8 Personen

Den Fisch nach **699** zubereiten, jedoch nur ca. 15 Min. pochieren und im Sud erkalten lassen. Die Salmscheiben evtl. auf einem Brotsockel **176** anrichten, gekochtes, erkaltetes Krebsfleisch, Salatherzchen, harte Eier, Petersilie, Zitronenscheiben und Tomatenviertel zur Verzierung ringsum gruppieren. Dazu Mayonnaise, evtl. in Muschelförmchen, servieren.

208 Fischmayonnaise

Für 6 Personen
*¾-1 kg Schellfisch, Zander, Kabeljau oder Thunfisch, Fischsud **658**.*
Zur Marinade:
je nach der Fischfleischmenge etwa 1 l Fischsud, ¹⁄₁₀ l Essig, Saft 1 Zitrone, 1 Teel. Salz, 1 kräftige Prise Pfeffer.
Zum Anrichten:
*Kopfsalatblätter, Mayonnaise **77**.*
Zur Verzierung:
hartgekochte Eier, Salatherzen, Essiggürkchen, gekochte Rote oder Gelbe Rüben, einige gewässerte Sardellen, Kapern, Krebsschwänze, Zitronenscheiben.

Den vorbereiteten Fisch im gut gewürzten Sud gar kochen, häuten, entgräten und in gleichmäßige, nicht zu große Stücke teilen; die Fischstücke zuerst in der Marinade 1–2 Std. kühlstellen, öfter damit übergießen, dann auf einem Sieb abtropfen lassen. Zum Anrichten eine runde Platte mit Salatblättern auslegen, die Fischstücke mit der Hälfte der zubereiteten Mayonnaise vermischen, in der Mitte der Platte aufhäufen, die restliche, möglichst dicke Mayonnaise darübergießen (das Ganze soll völlig bedeckt sein) und glattstreichen. Dieses Anrichten erst kurz vor dem Servieren vornehmen, weil evtl. sonst die Mayonnaise abfließt.

Zur geschmacklichen Verbesserung Fischsud unter die Mayonnaise rühren.

Zur Verzierung lassen sich beliebig die obigen Zutaten verwenden.
Oder die mit der Mayonnaise vermischten Fischstückchen in Muschelförmchen anrichten, mit der Mayonnaise übergießen und mit Trüffeldreieckchen, Tomatenstreifchen u. ä. verzieren und servieren.

209 Hummermayonnaise

*1 frisch gekochter Hummer, s. **778** oder Hummerfleisch aus der Dose, Einwaage ca. 250 g, Saft von 2 Zitronen, Pfeffer und Salz. Gewaschene Kopfsalatblätter. Mayonnaise **77**, zubereitet mit Sonnenblumenöl.*
Zum Verzieren:
Hummerscheren, Sardellenfiletröllchen, Kapern, Räucherlachsstreifen, evtl. Eiviertel, Pumpernickeleckchen.

Den frisch zubereiteten Hummer 1 Stunde vor dem Anrichten aus der Karkasse lösen, das Fleisch mit Zitronensaft, Pfeffer und Salz marinieren oder das Hummerfleisch aus der Dose (ohne Saft) verwenden.
Eine Glasplatte mit Kopfsalatblättern belegen, die gut gewürzte Mayonnaise daraufstreichen und die Hummerstückchen locker hineinsetzen. Die ganze Oberfläche mit der restlichen Mayonnaise überziehen und mit dem Buntmesser glätten. Zum Verzieren die oben angeführten Zutaten darauf anordnen.

Weitere Hummergerichte S. 221 bis S. 223.

210
Roastbeefröllchen, glasiert

8 Scheiben Roastbeef,
20 g schaumig gerührte Butter,
8 Essl. Fleisch- oder Gemüsesalat.
Zur Dekoration: Mayonnaise ***77*** *oder kleingehackte Sülze* ***243****,*
ausgestochene Rote Bete oder Olivenscheiben oder Gurkenscheiben,
4 Essl. Sülze ***2*** *zum Glasieren.*

Die Roastbeefscheiben mit schaumig gerührter pikanter Butter und mit Fleisch- oder Gemüsesalat dünn bestreichen. Die Scheiben aufrollen, in die Röllchen an beiden Enden etwas Mayonnaise spritzen oder kleingehackte Sülze füllen und obenauf Sternchen von Mayonnaise oder zierlich ausgestochene Rote Bete- (Rote Rüben), Oliven- oder Gurkenscheibchen setzen. Über jedes Röllchen zuletzt klare, noch flüssige, aber erkaltete Sülze oder Aspik in dünnem Strahl gießen oder mit einem Pinsel auftragen. Der Glanz der später erstarrten Sülze verleiht den Röllchen ein besonders leckeres Aussehen.

211
Schinkentütchen, glasiert

Scheiben von rohem oder gekochtem Schinken mit schaumig gerührter Butter bestreichen und zu Tütchen aufrollen; dann mit feinem Gemüsesalat füllen, Mayonnaise einspritzen und die Tütchen wie nach **210** glasieren.

212
Schinkenrollen mit Meerrettichsahne

1 Stück frischer Meerrettich, ca. 5 cm lang,
wenig Zitronensaft oder Essig,
1 Teel. Zucker, 1 Prise Salz,
2–3 Essl. steif geschlagene Sahne,
Schinkenscheiben.

Meerrettich schälen und reiben, mit Zitronensaft beträufeln und die anderen Zutaten untermischen. Gleichmäßig geschnittene Scheiben von gekochtem oder rohem Schinken zusammenrollen und die Meerrettichsahne von beiden Seiten einspritzen; die Röllchen evtl. wie **210** glasieren.

213
Kalbsröllchen

Dünne Scheiben von kaltem Kalbsbraten mit pikanter Sardellenbutter bestreichen und zusammenrollen; dann Spargelköpfchen hineinstecken, die Röllchen mit Sülzsoße **56** oder mit erwärmtem Aspik glasieren und obenauf eine Verzierung von Paprika- und Trüffelstreifchen legen.

214
Kalbsrolle, kalt

1 kg Kalbsbrust.
Zur Fülle:
1 trockenes Brötchen,
1 gewiegte Zwiebel,
2 Essl. Petersilie, 1 Essl. Butter,
250 g gehacktes Schweinefleisch,
1 ganzes Ei, 1 Eigelb,
1 Teel. Kapern,
4 Sardellenfilets,
je 1 Prise Pfeffer und Majoran,
1 Messersp. Salz.
Zur Einlage:
100 g Räucherzunge,
6 kleine Essiggürkchen,
100 g Räucherspeck.
Zum Sud:
3–4 l Wasser, 1 Essl. Salz,
1 Zwiebel, Suppengrün,
Saft ½ Zitrone, ½ Tasse Essig.
Zum Gelieren:
jeweils für 1 l Brühe 6–8 Blatt weiße Gelatine.
Zum Klären: 1 Eiweiß.

Zur Fülle das abgeriebene, eingeweichte, ausgedrückte Brötchen mit Zwiebel und Petersilie in der heißen Butter kurz dämpfen, unter das Schweinefleisch mischen und den Fleischteig mit Ei, Eigelb, Kapern, den gewässerten, zerdrückten Sardellen, Gewürz und Salz gut verkneten. Die Kalbsbrust so weit einschneiden, dass sie ganz aufgeklappt werden kann, etwa ⅔ der Fülle gleichmäßig aufstreichen und fingerdicke Streifen von Räucherzunge, Essiggürkchen im Wechsel mit Räucherspeck auflegen; zuletzt die restliche Fülle auf den Einlagen verteilen, die Kalbsbrust zuklappen, zunähen und auf ein großes Stück Alufolie legen. Die Folie an der Längs- und den Querseiten zusammenfalten.
Zum Sud die Brustknochen mit den weiteren Zutaten kalt aufsetzen, etwa 30 Min. kochen, die Brühe durchsieben und die verpackte Kalbsrolle bei geringer Hitzezufuhr darin ca. 45 Min. garziehen lassen. (Pro Kilo ca. 40–45 Min. Garzeit.)
Die gegarte Rolle aus dem Sud nehmen, aus der Folie wickeln und im Sud erkalten lassen. Die Brühe abmessen, die entsprechende Menge Gelatine zufügen (vgl. **244**) und mit dem Eiweiß klären. Das Gelee erstarren lassen. Vor dem Anrichten die Rolle mit Küchenkrepp trockentupfen, den Bindfaden entfernen und die Kalbsrolle in Scheiben schneiden. Mit gehacktem Gelee und Eischeiben (siehe Rezept **1069**) garnieren.

215
Wurstkörbchen, gefüllt

Dazu eignet sich eine runde Fleischwurst (Durchmesser etwa 10 cm) mit einer nicht zu dünnen Darmhaut, die keinesfalls verletzt oder eingeschnitten sein darf, weil sich sonst kein rundes Körbchen bilden kann. Die Wurst in 1 cm dicke Scheiben schneiden, in wenig Butter anbraten, bis sich der Rand rundum aufwölbt, dann herausnehmen und sofort füllen. Am besten eignen sich dafür Fleisch-, Eier oder Käsesalate oder ein Gemüsesalat, z. B. Linsensalat **369** oder Paprikaschotensalat **351**, bei dem alle Zutaten fein gewürfelt sein sollten.
Die Wurstkörbchen sind auch als warme Vorspeise zu empfehlen. Mögliche Füllungen sind locker gebratenes Rührei, evtl. mit Schnittlauch und geriebenem Käse vermischt, Hackfleischsoße 955, jedoch mit weniger Flüssigkeit zubereitet, Buttermais **1295** oder Ratatouille **630**, feinwürfelig geschnitten (kann auch kalt serviert werden) oder Duxelles **1360**.

216

Carpaccio vom Rind

400 g Rinderlende,
4–6 Essl. feinstes Olivenöl ,
2 Essl. Balsamico-Essig,
etwas Meersalz,
schwarzer Pfeffer aus der Mühle,
einige Blättchen frisches Basilikum,
Nach Wunsch: 1–2 Essl. frisch geriebener oder dünn gehobelter Parmesankäse.

Die Rinderlende für 2 Stunden ins Gefrierfach legen, dann mit dem Elektromesser oder der Aufschnittmaschine in hauchdünne Scheibchen schneiden. Die Fleischscheibchen kreisförmig auf gekühlte Teller legen. Olivenöl, Essig und Salz gut verrühren, darüberträufeln. Mit Pfeffer übermahlen, mit Basilikumblättchen und Parmesankäse bestreuen.

Variante mit Lachs: 600 g frisches Lachsfilet ebenso vorbereiten, mit Sesamöl, Zitronensaft, Meersalz und weißem Pfeffer würzen. Mit fein geschnittenem Zitronengras bestreuen.

217

Carpaccio – Marinierte Rinderlende mit Steinpilzen

200 g gut abgehangene Rinderlende ohne Sehnen und Fett,
8 Essl. Olivenöl extra vergine,
150 g frische kleine Steinpilze,
Saft von 1–2 Limetten oder Zitronen,
Basilikum- oder Rucolablätter,
50 g Pecorinokäse oder Parmesan,
schwarzer Pfeffer und Salz.

Die Rinderlende wie oben vorbereiten. Vier Teller mit etwas Olivenöl beträufeln, die Fleischscheiben kreisförmig darauf verteilen. Die Steinpilze putzen, in dünne Scheiben schneiden und zusammen mit den Basilikum- oder Rucolablättern auf die Fleischscheiben legen. Das restliche Olivenöl mit dem Zitrussaft verrühren, über das Carpaccio gießen und zuletzt den Käse dünn darüberhobeln. Mit frisch gemahlenem Pfeffer und Salz würzen.

218

Lendenbraten, garniert

Lendenbraten, zubereitet nach ***800****.*
Zur Dekoration:
klare Sülze ***244****,*
knackig gekochter Spargel,
Blumenkohlröschen,
Selleriescheiben oder Artischockenböden,
halbierte Tomaten.
Marinade:
2–3 Essl. Balsamicoessig,
2 Essl. Mineralwasser,
Pfeffer und Salz,
3–4 Essl. Sonnenblumenöl.
Evtl. 2 Essl. gehackte Walnüsse, in wenig Butter kurz angeröstet.
Remouladensoße ***93****.*

Den sorgfältig zubereiteten Lendenbraten (er muss innen schön rosa sein!) nach dem Erkalten in feine Scheiben (am besten mit der elektrischen Schneidemaschine) schneiden, wieder zusammenschieben und als Ganzes mit klarer Sülze glasieren. Beim Anrichten gleichmäßig gekürzte Spargelbündel, Blumenkohlröschen und Selleriescheiben (evtl. gefüllt mit Gemüsesalat) oder Artischockenböden aus der Dose (oder frisch zubereitet, **1247**) und kleine halbierte Tomaten ringsum setzen.
Die Gemüse sollten nur knapp gar gekocht sein und ca. 30 Min. in der Marinade ziehen.
Über die Selleriescheiben können evtl. noch leicht angeröstete Nussstückchen gestreut werden; Remouladensoße dazu reichen.

Carpaccio vom Rind mit Parmesanspänen und Basilikum

219

Tatar mit Ei

400 g sehr mageres, völlig entsehntes Rinderhack aus der Oberschale (behält die rote Farbe)
4 frische Eigelb,
2 Schalotten, 2 Essiggurken,
1 Essl. Kapern, 4 Sardellenfilets,
8 mit Paprika gefüllte Oliven (nach Geschmack),
1 Essl. geriebener Meerrettich,
Salz, Pfeffer, Paprika.

Das Rinderhack in vier Portionen teilen, rund formen und auf Tellern anrichten. In die Mitte jeweils eine Vertiefung drücken, ein frisches Eigelb hineingeben. Geschälte Schalotten, Essiggurken, Kapern und Sardellenfilets fein hacken. Alle Zutaten einschließlich der Gewürze um das Tatar herum anrichten. Dazu Graubrot und Butter reichen.

220

Gänsebrust, kalt

Fertig gekaufte Gänsebrust,
Streifen von Staudensellerie,
Beerenessig ***2389****.*

Die gepökelte oder geräucherte Gänsebrust sehr dünn aufschneiden und um den mit Beerenessig marinierten Staudensellerie anordnen.
Dazu frische Weißbrotscheiben oder knuspriges Stangenbrot und Butterkügelchen servieren.

221

Waldorf-Cocktail

300 g gekochtes Hühnerfleisch,
300 g gekochter Sellerie oder 2 Stiele Staudensellerie,
250 g blaue Weintrauben.
Salatsoße:
½ Becher Joghurt,
2 Essl. Salatmayonnaise,
½ Teel. Senf,
2 Teel. Zitronensaft,
1 Prise Zucker, etwas Streuwürze, frisch gemahlener Pfeffer.
Gewaschene Salatblätter,
2 Essl. gehackte Walnüsse zum Bestreuen.

Das Hühnerfleisch und den Sellerie in Würfel schneiden. Die Weintrauben waschen, halbieren und entkernen. Aus Joghurt, Mayonnaise, Senf, Zitronensaft und Gewürzen eine sämige Soße rühren. 4 Glasschalen mit Stiel mit Salatblättern auslegen, die mit der Soße vermischten Salatzutaten gleichmäßig einfüllen und mit Walnussstückchen bestreuen.

222

Hühnermayonnaise

1 fleischiges Huhn, weichgekocht nach ***1064****,*
Saft von 1–2 Zitronen,
Pfeffer und Salz.
Gewaschene Kopfsalatblätter.
Mayonnaise ***77***
oder Sülzmayonnaise ***80***
Zur Dekoration:
Eiviertel, Tomatenachtel oder gefüllte Tomaten,
blanchierte Blumenkohl- und Broccoliröschen,
Radieschenblumen, Petersilie,
Pumpernickeleckchen.

Das erkaltete Huhn ausbeinen, häuten, das Fleisch klein zerteilen und in einer Schüssel mit Zitronensaft, Pfeffer und Salz ca. 1 Stunde marinieren. Eine runde Platte mit Salatblättern auslegen, das Hühnerfleisch darauf mit Mayonnaise oder Sülzmayonnaise übergossen anrichten.
Oder jedes Fleischstück auf eine Gabel spießen, durch die Sülzmayonnaise ziehen und auf einem Brotsockel anrichten.

223

Avocadostreifen mit Kräutersoße

2 Avocados,
Saft von ½ Zitrone,
Sauce Vinaigrette ***309****,*
3–4 gewässerte Sardellenfilets,
1 kleine Zwiebel,
je 1 Bund Schnittlauch und Petersilie,
Einige Salatblätter zum Anrichten.

Die Avocados schälen, halbieren, die Kerne herauslösen und das Fruchtfleisch in schmale Streifen schneiden, mit Zitronensaft beträufeln.
Die Sauce Vinaigrette zubereiten.
Die Sardellenfilets und die Zwiebel sehr fein schneiden und mit den fein gehackten Kräutern untermischen.
Die Avocadostreifen auf Salatblättern anrichten und die Salatsoße darübergießen. Toast schmeckt gut dazu.

224

Avocados mit körnigem Frischkäse

Für 2 Portionen
1 reife Avocado,
1 kleine Zwiebel,
1 Dose körniger Frischkäse (200 g),
je 1 Prise Salz und frisch gemahlener schwarzer Pfeffer,
1 TL gehackte Minzeblättchen
einige Zwiebelringe.

Die Avocado halbieren, mit einem scharfen Löffel das Fruchtfleisch herauslösen und würfeln. Die Zwiebel fein reiben und mit dem Frischkäse locker vermischen. Mit Salz, Pfeffer und Minze würzen, in die Avocadohälften füllen und mit Zwiebelringen garnieren.

225

Garnierte Palmenherzen

Palmenherzen aus der Dose,
gekochte, große Artischockenböden,
Wachteleier oder sehr kleine Hühnereier.
Zum Garnieren:
Mayonnaise ***77****,*
falscher Kaviar,
Zitronenstückchen,
Kapern.

Die möglichst dicken Palmenherzen gleichmäßig kürzen, Reste zu einem Salat verarbeiten. Zusammen mit den Artischockenböden auf eine Servierplatte setzen, die halbierten Eier darauflegen und mit Mayonnaisetupfen, Kaviar und Zitronensstückchen sowie Kapern hübsch dekorieren. Mit Petersiliebüschelchen garnieren.

226

Gefüllte Artischockenböden

Pro Person 2–3 Böden, aus der Dose, aus dem Glas oder selbst zubereitet ***1247****,*
Sauce Vinaigrette ***309***
(Menge evtl. verdoppeln), mit einer kleinen gehackten Schalotte.
Salatblätter oder Kresse zum Garnieren.
Füllung für jeweils 4 Böden.

Die Artischockenböden aus dem Glas abtropfen lassen, die selbst zubereiteten erkalten und mit der Marinade übergossen ca. 1 Std. durchziehen lassen. In der Zwischenzeit die Füllung zubereiten:

Mit Kaviar: 4 Teelöffel dicke saure Sahne mit ein paar Tropfen Zitronensaft verrühren, gleichmäßig in die Artischockenböden streichen und je 1 Essl. Kaviar aufhäufeln. Mit einer dünnen Zitronenscheibe bestecken.

Mit Spargel: 2 Scheiben gekochten Schinken halbieren, je 2–3 Spargelstückchen einwickeln. Auf die Artischockenböden legen und mit einem Klecks steif geschlagener, mit Tabasco gewürzter Sahne krönen.

Mit Krabben: ca. 80 g Krabben mit einer Mayonnaise aus 2 Essl. Salatmayonnaise, einem Spritzer Zitronensaft, etwas Salz, weißem Pfeffer, 1 Prise Cayennepfeffer und 1 Essl. Cognac vermischen, in die Artischockenböden füllen und mit einem Dillzweiglein bestecken.

Mit Pastete: 1 kleine Dose Gänseleberpastete in vier Portionen teilen, auf die Artischockenböden legen und mit Champignonscheiben garnieren.

Mit Ei: 2 Wachteleier halbieren, den Boden der Artischocke mit Remouladensauce aus der Tube bedecken, das halbierte Ei hineinsetzen und mit je 1 Kaper garnieren.

Die gefüllten Artischockenböden auf einem Bett von Salatblättern oder Kresse oder auf einer Platte anrichten.

227

Gurkenkörbchen

1 große Salatgurke,
gekochte Blumenkohlröschen oder Spargelköpfchen,
gedünstete Pilze und
Fleischsalat ***391****,*
gewaschene Salatblätter.

Die Gurke waschen, nicht schälen, in etwa 20 cm lange Stücke teilen und zu Körbchen zurechtschneiden; zuerst den Henkel quer oder der Länge nach mit dem Messer andeuten, dann links und rechts davon das Gurkenfleisch herauslösen, damit eine Körbchenhöhlung entsteht. Die Körbchen beliebig füllen; auf mit wenig Salatsoße befeuchtete Salatblätter setzen.

228

Gurkenschiffchen

4 mittelgroße Salz- oder Gewürzgurken,
Eiersalat ***387****, ½ Menge,*
oder Käsesalat: 100 g Emmentaler,
1 kleine Zwiebel oder
1 Frühlingszwiebel, etwas Pfeffer,
1–2 Essl. Essig, 2 Essl. Öl.
Für die Segel:
1 große Zwiebel, Zahnstocher,
Tomaten- und Gurkenstückchen oder Stückchen von roter und grüner Paprikaschote,
etwas Mayonnaise (Tube).

Die Gurken der Länge nach halbieren, aushöhlen und mit Eiersalat oder Käsesalat füllen. Zum Käsesalat den Emmentaler in feine Würfelchen, die Zwiebel sehr klein schneiden, mit wenig Pfeffer bestäuben und mit Essig und Öl vermischen.
Für die Segel die geschälte Zwiebel der Länge nach halbieren, die Schalen einzeln lösen und die nicht zu dicke gewölbte Schale an beiden Enden mit einem Zahnstocher durchspießen. Das Segel in den Salat einsetzen, Tomaten- und Gurkenwürfelchen oder Paprikawürfel (als Positionslichter) an beiden Enden des Schiffchens auflegen und Mayonnaisetupfen auf den Schiffsrand setzen.

229

Staudensellerie mit Käsecreme

1 Staude Bleichsellerie,
100 g Frischkäse, 1 Essl. Milch,
1 Essl. gehackte Mandeln oder Pistazien,
½ Teel. Edelsüßpaprika,
100 g Gorgonzola,
60 g weiche Butter,
½ Teel. süßer Senf.

Die Selleriestangen einzeln waschen, (die Blättchen entfernen, evtl. einige zur Dekoration aufheben) und in ca. 5–6 cm lange Stücke schneiden.
Frischkäse mit Milch geschmeidig rühren, die gehackte Mandeln und Gewürz untermischen. Gorgonzola mit einer Gabel zerdrücken und mit der weichen Butter und dem Senf vermischen.
Die Selleriestücke auf einer Platte hübsch anordnen, die Käsemischungen in Spritzbeutel mit breiter Tülle geben und die Selleriestücke damit füllen. Mit den zurückbelassenen Blättchen bestecken und bis zum Servieren kühl aufbewahren.
Geeignet, um eine Käseplatte zu vervollständigen, zu einem Cocktail und für zwischendurch.

230

Staudensellerie mit Radieschen

1 kleine Staude Bleichsellerie,
1 Bund frische Radieschen,
Quarkmayonnaise ***83***
oder Remouladensoße ***92****.*

Staudensellerie von welken oder grünen Blättchen befreien, evtl. Fäden abziehen, waschen und abtropfen lassen. Entweder ganz oder in feinen Scheiben auf einer Platte anrichten; die Radieschen unter fließendem kalten Wasser waschen, an beiden Enden etwas kürzen und als äußeren Kranz um den Stangensellerie legen. Dazu eine Quarkmayonnaise oder Remouladensoße, gerippte Butterscheiben, Schnittkäse (Gouda), kräftiges dunkles Brot oder Roggenbrötchen servieren.

231 Tomatenkörbchen mit Salat

4 große, feste Tomaten,
etwas Zitronensaft.
*Salatsoße **309**, jedoch ohne Zwiebel,*
einige Blätter Endivie oder Frisée,
1 Büschel Kresse oder
½ Bund Petersilie,
evtl. einige frische Champignons,
2 hartgekochte Eier.

Die Wölbung von festen Tomaten mit einem scharfen, spitzen Messer so einritzen, dass zuerst ein Henkel herausgeschnitten werden kann. Die Tomaten vorsichtig aushöhlen und mit etwas Zitronensaft beträufeln. Die Salatsoße anrühren (½ Menge). Salat und evtl. die frischen, kurz gewaschenen Champignons fein schneiden, mit der Soße vermischen. Salat in die Tomaten einfüllen, obenauf gewiegte Eier (Eiweiß und Eigelb getrennt) streuen.

232 Tomaten, mit Rohgemüse gefüllt

8 kleine oder
4 mittelgroße Tomaten,
1 kleine Sellerieknolle,
einige Blumenkohlröschen,
3–4 Karotten oder
kleine Gelbe Rüben,
125 g junge Erbsen,
1 kleiner Apfel,
*Salatsoße **317** oder*
*Mayonnaise **77**.*

Von den Tomaten jeweils ein Deckelchen abschneiden, größere Tomaten halbieren, aushöhlen, dann, mit etwas Salz und Zitronensaft beträufelt, durchziehen lassen. Jedes Gemüse getrennt vorbereiten, raspeln oder reiben und mit Salatsoße oder Mayonnaise vermischen. Die Tomaten damit füllen und auf Nestchen von Lattich-, Kresse-, streifig geschnittenem Kopf- oder Endiviensalat setzen und servieren

233 Tomaten, mit Reis gefüllt

1 Tasse Reis (parboiled),
2 Tassen Wasser, Salz,
4 Essl. frische Zuckererbsen oder kurz über Dampf gegarte Erbsen,
1 Essl. Obstessig,
Salz und Pfeffer,
1 Teel. kleingehackte Zwiebel,
2 Essl. Sonnenblumenöl.
4–6 kleine Tomaten,
etwas Zitronensaft,
gehackte Petersilie.

Den Reis in leicht gesalzenem Wasser ca. 20 Min. körnig kochen. Noch warm mit den Erbsen mischen; aus Essig, Gewürz, Zwiebel und Öl eine Salatsoße anrühren und darübergießen. Tomaten halbieren, aushöhlen, mit etwas Zitronensaft beträufeln; den Reissalat hineinfüllen, obenauf Petersilie streuen.

234 Tomaten, mit Pilzsalat gefüllt

4 große Fleischtomaten,
Salz und Zitronensaft.
Etwa 750 g Pilze wie Pfifferlinge, Steinpilze, auch Birken- und Semmelstoppelpilze,
Olivenöl zum Braten,
2–3 Knoblauchzehen,
2 Essl. Weinessig,
Salz und Pfeffer,
1 Zwiebel,
2 Delikatessgürkchen,
2–3 Essl. Olivenöl, Petersilie.

Von den Tomaten ein Hütchen abschneiden, vorsichtig aushöhlen und leicht salzen und mit Zitronensaft beträufeln. Die Pilze, wenn möglich nicht oder nur kurz waschen, putzen und zerkleinern. In heißem Olivenöl mit den fein gehackten Knoblauchzehen je nach Pilzart ca. 10–15 Min. langsam braten. Die Pilze aus der Pfanne nehmen und abkühlen lassen. Essig mit Salz und Pfeffer verrühren, die gehackte Zwiebel und gewiegten Gürkchen untermischen und mit Öl und gehackter Petersilie abrunden. Die Pilze mit der Soße vermischt in die Tomaten füllen, die Deckelchen auflegen und die Tomaten auf einer mit Salatblättern dekorierten Platte servieren.

Tipp:
Frische Pilze gibt es nur in einer kurzen Zeitspanne; außerhalb dieser Zeit kann man sehr gut auf Champignons, Egerlinge und Austernpilze zurückgreifen, die gezüchtet werden und deshalb immer zu kaufen sind.

235 Tomaten, mit feinem Fleischsalat gefüllt

4–6 kleine Tomaten,
Salz, Zitronensaft,
2 Scheiben kalter Kalbsbraten,
2 Scheiben geräucherte Zunge,
1 kleiner Apfel,
2 Essiggürkchen,
2 gewässerte Sardellenfilets,
*Mayonnaise **78**.*

Die Tomaten halbieren, etwas aushöhlen, mit Salz und Zitronensaft einreiben und auf ein Sieb zum Abtropfen stülpen. Zum Fleischsalat Kalbsbraten und Zunge in feine Streifen, den Apfel, Gürkchen und die Sardellenfilets in sehr kleine Stückchen schneiden. Mit Mayonnaise vermischen, die Tomatenhälften hoch damit einfüllen und mit Weißbrotschnitten oder Roggentoast servieren.

236 Bananenschnitten

Auf butterbestrichene Weißbrot- oder Graubrotecken je 2–3 Bananenscheiben legen, mit schmalen Streifen von Gouda oder Edamer Käse verzieren und Paprika darüber streuen.

237 Melone mit Schinken

Pro Person: 3 Melonenspalten von einer reifen Netz- oder Honigmelone und 3 Scheiben Parmaschinken.

Die Melone im Kühlschrank gut durchkühlen lassen, der Länge nach halbieren und die Kerne entfernen. Die Hälften in schmale Spalten schneiden (evtl. das Fruchtfleisch zu ¾ ausschneiden und wieder hineinlegen) und mit den Schinkenscheiben bedecken. Wer mag, kann frisch gemahlenen schwarzen Pfeffer über die Melone geben. Sehr gut schmecken die Melonenspalten auch mit Bündner Fleisch.

238 Melone mit Füllung

1 kleine, reife Netz- oder Honigmelone, 1 frischer Pfirsich, 1 Stück Salatgurke, 100 g TK-Krabben, Zitronensaft, je 1 Prise Salz und Pfeffer, 1 Essl. dicke saure Sahne oder Mayonnaise.

Die Melone quer durchschneiden und dann noch einmal halbieren. Das Fruchtfleisch vorsichtig herauslösen, entkernen und in kleine Würfel schneiden. In eine Schüssel geben und mit dem geschälten, entsteinten Pfirsich und der Salatgurke, beide in Würfeln, mischen. Die aufgetauten Krabben zugeben, mit Zitronensaft beträufeln, mit Salz und Pfeffer würzen und leicht die Sahne oder die Mayonnaise unterziehen. Die Füllung in die Melonenviertel geben und gut gekühlt servieren.
Oder: Melonenfleisch in Kugelform* ausstechen und mit Schinkenröllchen wieder einfüllen.

***Tipp:**
Mit dem »Pariser Messer« lassen sich Gurken, Tomaten, Melonen usw. sehr leicht aushöhlen; ebensogut lassen sich Kugeln (auch von Käse) damit ausstechen. Hübsch für kalte Platten, Salate und Suppen und als Beilage (gedünstetes Gemüse).

239 Speckröllchen

Entsteinte, halbierte Backpflaumen oder Datteln mit in der Pfanne ausgebratenem (auf Küchenkrepp entfettetem) **Frühstücksspeck** umwickeln.
Oder schmale Streifen von Honigmelone oder Grissinistangen (dünne knusprige Teigstangen) mit einer dünnen Scheibe **Bündner Fleisch** umhüllen.

240 Gefüllte Datteln

Feste Datteln entsteinen und mit Frischkäse füllen.
Zubereitung der Creme: 1 Frischkäse (200 g) mit 1 Teel. Currypulver und ½ Teel. Senf vermischen, kleine Kügelchen formen und in die Datteln einlegen.

241 Weinblätter, gefüllt

*Pro Person 3–4 Weinblätter **2371**, gut abgespült und abgetropft.*
Füllung:
Gegarter Langkornreis,
knapp gegarte Linsen,
Zwiebelwürfel, mit fein gehacktem Knoblauch angedünstet,,
Pinienkerne und gehackte Petersilie,.
Gewürze:
Pfeffer, Salz, gemahlene Nelken, Zitronensaft.
Zum Garen:
Gemüsebrühe, Zitronenscheiben.

Zutaten für die Füllung gut vermischen und würzen. Die Weinblätter damit füllen (die glänzenden Seiten der Blätter sollen außen sein) und in einer feuerfesten Form garen.
E.-Herd 160 °C / G.-Herd 2
50–60 Minuten

Soße **74** dazu servieren.

Melone mit Schinken, Salami und frischen Feigen.

242
Sülze (Aspik) aus Fleischbrühe (Kochen und Klären)

250 g Rindfleisch aus der Wade,
500 g dickes Eisbein,
1–2 Kalbsfüße,
einige Schwartenstückchen,
Salz, Suppengemüse,
1 Lorbeerblatt, einige Pfefferkörner,
2–3 Nelken,
wenig ganzer Piment,
1 gebräunte Zwiebel,
1 Zitronenscheibe,
1 Glas Weißwein,
¼ l Essig.
Zum Klären:
2–3 Eiweiß,
evtl. noch 1–2 Blatt
weiße Gelatine.

Fleisch, Eisbein, Kalbsfüße und Schwarten mehrmals waschen, zerkleinern, mit 4 l Wasser und 1 Essl. Salz zum Kochen bringen; dabei öfter abschäumen. Alle übrigen Zutaten einlegen, Wein und Essig zufügen und den Sud in geschlossenem Topf 3–4 Std. kochen (das Fleisch, wenn es gar ist, früher herausnehmen); die Brühe durchsieben, über Nacht erkalten lassen, das erstarrte Fett sorgfältig abheben, die Sülzflüssigkeit wieder erhitzen und auf ihren Geschmack prüfen; evtl. mit Essig oder Zitronensaft nachwürzen. Zum Klären auf 1 l flüssige Sülze je 1 Eiweiß rechnen. Die heiße Sülze mit dem leicht schaumig geschlagenen Eiweiß – samt der gestoßenen Eischale – unter stetem Rühren kurz aufkochen. Noch so lange zugedeckt warm stellen, bis sich das Eiweiß zusammenzieht und die Sülze wasserhell erscheint. Zuletzt mehrmals durch ein gebrühtes Passiertuch oder sehr feines Sieb gießen und dadurch eine möglichst klare Sülze gewinnen. Falls die über Nacht erstarrte Sülze nicht fest genug wurde, ist es ratsam, noch 1–2 Blatt weiße, aufgelöste Gelatine darin zu erhitzen (zum Färben vgl. **243**). Das gekochte Fleisch zu Haschee oder zu Fleischsalat verwenden.
Klären siehe Seite 140.

243
Sülze aus Gewürzbrühe mit Gelatine

1 l Wasser, 1 Lorbeerblatt,
6 Pfefferkörner, 3 Nelken,
1 Zitronenscheibe,
1 Fleischbrühwürfel,
etwas Maggiwürze oder Salz,
⅛ l Essig, 1/10 l Weißwein,
18 Blatt weiße Gelatine.
Zum evtl. Färben:
3–4 Essl. Tomatensaft oder Saft von
250 g frischen Spinatblättern (etwa
2–3 Essl. Saft).

Das Wasser mit den Gewürzen 10 Min. kochen, die anderen Zutaten beifügen und alles durch ein gebrühtes Passiertuch oder sehr feines Sieb gießen. Zuletzt die gewaschene, ausgedrückte Gelatine untermischen und in der heißen Brühe auflösen (nicht kochen). Diese Sülze, ebenso auch **244** lässt sich durch einen Sud von ⅛ l Wasser, 1 Prise Salz, 125 g gewiegtem Rindfleisch und einigen Scheiben Suppengemüse wesentlich verfeinern; die obige ausgekochte Gewürzbrühe zufügen, die Gesamtflüssigkeit durchsieben, entfetten und abmessen. Gelatine und Eiweiß zum Klären, je nach Flüssigkeitsmenge, untermischen und die Sülze erstarren lassen (vgl. **242**).
Eine schöne rote Farbe erhält man, wenn man 3–4 Essl. Tomatensaft oder Rote Rüben-Saft zusammen mit roter Blattgelatine einrührt.
Zur Grünfärbung verwendet man 2–3 Essl. Spinatsaft, der zusammen mit der Gelatine eingerührt wird und kocht den Sud nur mit ganzen Gewürzen ohne Maggiwürze. Für den Spinatsaft 250 g Spinat waschen, abtropfen, entstielen und auspressen; den Spinatsaft und die Gelatine zuletzt zufügen.

> ***Tipp:***
> *Für alle Sülzen, die nicht gestürzt und auch nicht zur Verzierung ausgestochen oder gehackt werden sollen, genügen auf 1 l Flüssigkeit 12 Blatt Gelatine.*

244
Sülze mit Gelatine

Sülze zum Verzieren oder Einlegen lässt sich auch aus vorhandener Fleisch oder Geflügelbrühe oder aus dem Sud vom Kalbskopf (vgl. **877**) rasch gewinnen. Die noch warme Brühe mit Küchenkrepp entfetten, mit 2–3 Essl. Essig und 1 Glas Weißwein abschmecken und pro Liter 16 Blatt weiße, aufgelöste Gelatine untermischen (bei Kalbskopfbrühe genügen 8–10 Blatt); die Sülze mit Eiweiß klären und mehrmals durchsieben.

245
Sülze aus Fischsud

Gräten, Köpfe, Flossen von
kleineren Fischen,
Wasser, Gewürzdosis 244,
2–3 Petersilienwurzeln,
pro Liter Flüssigkeit 1 Glas
Weißwein (ca. ⅛ l),
14–16 Blatt weiße Gelatine oder
2½ Beutel gemahlene Gelatine,
evtl. einige Tropfen Maggi und
1 Teel. brauner Zucker,
Eiweiß zum Klären.

Die gut gereinigten Fischabgänge (keine Haut!) mit Wasser bedecken, mit der Gewürzdosis und den Petersilienwurzeln ca. 45 Min. bei geringer Hitzezufuhr sachte kochen. Durchsieben und kaltstellen. Alles Fett abheben, unter je 1 l Flüssigkeit 1 Glas Weißwein und die aufgelöste, durchgesiebte Gelatine mischen. Evtl. mit wenig Maggi und braunem Zucker würzen und mit Eiweiß nach **242** klären und erstarren lassen.

> ***Tipp:***
> *Bei der Herstellung von Sülzen bietet der Schnellkochtopf große Vorteile. Die Garzeit der Fleischsorten verkürzt sich um etwa ⅓ der angegebenen Zeit. Außerdem wird durch den Luftabschluss eine bessere Ausnutzung des gelierenden Fleischsaftes erreicht. Die Sülze wird schneller fest, und der Geschmack ist aromatischer.*

246

Rinder-Portwein-Aspik

1 kg gehacktes Rindfleisch,
1 Karotte in Scheiben,
1 Zwiebel in Würfeln,
2 Stängel Bleichsellerie in Stückchen,1 Tomate in Scheiben,
einige Pfefferkörner, 2 Nelken,
1 leicht geschlagenes Eiweiß,
Salz, Wasser zum Auffüllen,
1 Südweinglas Portwein,
Gelatine entsprechend der Flüssigkeit (14 Blatt auf 1 l).

Das muskulöse, grob gehackte Fleisch in einen Edelstahltopf geben, das Gemüse darüberschichten, Pfefferkörner und Nelken dazugeben und das Eiweiß leicht unterziehen. Den Topf 3 bis 4 Stunden kühlstellen. Dann mit kaltem Wasser etwa zweifingerdick über dem Fleisch auffüllen, langsam aufkochen und dabei immer wieder umrühren. Kurz vor dem Siedepunkt aufhören zu rühren, dann bleibt die Brühe klar. Langsam weiterkochen, dabei öfter abschäumen. Wenn die Brühe zur Hälfte eingekocht ist, etwas Salz zugeben und noch ca. 30 Min. sachte weiterkochen lassen.
Den Topf vom Feuer nehmen und etwa 15 Min. stehen lassen. Durch ein sehr feines Sieb oder ein Tuch gießen und das Rindfleisch für Eintopf, Suppen etc. weiterverwenden. Die Flüssigkeitsmenge abmessen und mit der entsprechenden Menge Gelatine dicken: Die Brühe erhitzen und die Gelatine in die heiße Flüssigkeit einrühren. Wenn sich alles gut verteilt hat, den Portwein hineingießen und die Sülzflüssigkeit durch ein Passiertuch oder Haarsieb in ein passendes Gefäß, bis etwa 1 cm unter den Rand, einfüllen und erstarren lassen. Gut abgedeckt lässt sich die Portwein-Sülze einige Tage im Kühlschrank aufbewahren. Sehr gut geeignet ist die flüssige Portweinsülze zum Einfüllen in Blätterteigpasteten, große Pasteten und auch zum Überziehen von Fleisch und Fisch.

Tipp:
So entfettet man heiße Brühe: ein mehrfach gefaltetes Stück Küchenkrepp auf die Oberfläche der Brühe legen. Das Papier saugt das obenschwimmende Fett ab. Das Papier gegebenenfalls mehrmals erneuern. Wer oft Brühe entfettet, sollte sich einen speziellen Fettpinsel besorgen; beim Darüberpinseln bleibt an den Borsten das überschüssige Fett hängen.

247

Garnitur zum Einlegen *

Dazu eine Ring- oder niedere Form benützen; die Form kalt ausspülen, dann eine dünne Schicht Sülze, einen sog. Sülzspiegel, darin fest werden lassen und eine Garnitur darauf anordnen; diese kann aus Harteischeiben, Karotten-, Rote Rüben-, Tomaten- und Radieschenscheiben, Champignon- oder Trüffelstückchen oder Oliven bestehen oder aus zurechtgeschnittenen Rechtecken von Tomaten oder Paprika, Gurkenstreifen, einer Eischeibe mit halbierter Olive und einem Petersilienkranz.
Oder die einzelnen Teile vor dem Einlegen auf einem Teller mit etwas Sülze befeuchten, erstarren lassen und auf dem Sülzspiegel zu einer Garnitur zusammenstellen. Um sie zu befestigen, genügt eine weitere dünne Sülzschicht, die ebenfalls erstarren muss, bevor die Einlagen nach **250** folgen. Zuletzt die Form mit flüssiger Sülze bis zum Rand auffüllen und erst nach völligem Steifwerden (3–4 Std.) stürzen.

* Die untere Seite der Garnitur kommt jeweils beim Stürzen nach oben, deshalb ist darauf zu achten, dass die einzelnen Teile auf dem Sülzspiegel entsprechend angeordnet werden.

248

Aspik

Im Fachhandel gibt es fertigen Aspik zu kaufen. Zum Garnieren einer Platte genügen ca. 200 g.
Außerdem gibt es fertig gewürztes Aspikpulver (Gebrauchsanweisung auf der Packung beachten), das eine Verkürzung und Erleichterung bei der Arbeit bedeutet.

249

Sülze (Aspik) zum Garnieren

Die geklärte, nach 243 zubereitete, noch weiche Sülze etwa 1–2 cm hoch auf befeuchtete Porzellanplatten gießen, dann kühl stellen oder im Kühlschrank fest werden lassen.
Zum Garnieren in Würfel schneiden oder Halb-monde, Dreiecke und Rauten ausstechen oder die Sülze mit dem Wiegemesser klein hacken.
Oder Sülzflüssigkeit in einer Schüssel zum Erstarren bringen, stürzen, in Scheiben schneiden oder Formen davon ausstechen; **oder** flüssige Sülze in eine kalt ausgespülte Ringform füllen, nach dem Festwerden auf eine Platte stürzen und kleine Fischstücke oder gefüllte Eier darauf anrichten.

1 Sülzflüssigkeit in eine Form gießen,

2 Gemüsegarnitur einlegen.

250 Sülze mit Einlage

Fischfiletstücke, Geflügel, Wild, geräucherte Zunge, Gänseleber, hartgekochte Eier oder feines Gemüse lässt sich als Einlage verwenden. Gekochte Fische oder Fischstücke sorgfältig abhäuten, entgräten und zerteilen, gekochtes oder gebratenes Geflügel oder Wild enthäuten, ausbeinen, in gleichmäßige, kleine Stücke zerlegen und kurze Zeit mit Zitronensaft, Pfeffer und Salz marinieren. Andere Einlagen entweder gar kochen oder dämpfen und nach dem Erkalten ebenfalls zerkleinern oder in Scheiben schneiden. Die Einlagen in eine kalt ausgespülte, mit flüssiger Sülze nach **242** bis **248** ausgegossene und mit einer Garnitur verzierte Form einschichten; dann mit Sülze beträufeln und jede Lage, nacheinander mit Sülze bedeckt, erstarren lassen. Die Einlage soll nicht bis zum Rand der Form reichen, als letzte Lage muss aber genügend Sülze über der Einlage stehen. Die Form einige Stunden oder über Nacht kalt stellen. Beim Stürzen den oberen Rand zuerst mit einem erhitzten Messer lösen, die Form einige Sekunden in heißes Wasser tauchen (keinesfalls länger) oder kurz mit einem nassen, heißen Tuch umhüllen. Dann sorgsam auf eine Platte stürzen und die Sülze mit Petersilie, Zitronenschnitzen oder Zugaben je nach Rezept verzieren.

251 Sülzchen mit Einlage

Gekochter Fisch oder Hummer
oder Seezungenfilets
oder Geflügelfleisch,
Sülze ***242*** *oder* ***243****.*
Garnitur:
Olivenscheiben, Trüffelstiftchen.
Evtl. Mayonnaise ***77****,*
Zum Anrichten:
Kopfsalatblätter oder Brotscheiben,
Kressebüschel und Eiachtel.

Den Fisch oder das Geflügel in mundgerechte Stückchen zerteilen.
Kleine Pasteten- oder Backförmchen mit noch flüssiger Sülze etwa 1 cm hoch füllen und etwas fest werden lassen. Eine Garnitur von Olivenscheibchen und Trüffelstiftchen einlegen, übersülzen und die Einlage (Fisch oder Fleisch) sorgfältig einschichten.
Diese Einlagen evtl. mit einer dicken Mayonnaise überziehen und dann erst die Förmchen mit der restlichen Sülze auffüllen. Die erstarrten, gestürzten Sülzchen auf Kopfsalatblättern anrichten oder auf Brotscheiben (zugeschnitten im gleichen Format wie die Sülzchen), mit Kresse umlegt und mit Eiachteln dekoriert, zu Tisch geben.

252 Aal in Sülze

1 kg frischer Aal.
Zum Fischsud:
1½ l Wasser, ⅜ l Essig,
1 Teel. Salz, 1 Zwiebel,
Suppengrün,
1 Gewürzdosis nach 494.
Zur Marinade:
Salz, Pfeffer,
2–3 Essl. Zitronensaft oder Essig.
Zur Sülze:
Aalsud, ¼ l Weißwein,
20 Blatt weiße Gelatine, 2 Eiweiß.
Zur Garnitur:
einige Krebsschwänze oder
Krabben, 2–3 Eier.

Einen großen, dicken Aal, der sich am vorteilhaftesten dazu eignet, mit Salz abreiben, in Stücke schneiden, einzeln ausnehmen und gründlich waschen. Dann im Sud garkochen, die Haut sowie die Mittelgräte entfernen und die Stücke mit Salz, Pfeffer, Zitronensaft oder Essig ca. 30 Min. marinieren. Inzwischen zur Sülze den Sud sorgfältig entfetten und abmessen. Unter 1 l Brühe den Weißwein und die aufgelöste Gelatine mischen, die verquirlten Eiweiß zufügen und damit klären.
Oder die Sülze nach **245** herstellen (der Sülzgeschmack wird dadurch intensiver) und die gar gekochten Aalstücke einlegen. In einer Ringform zum Erstarren bringen, zuvor als Garnitur einige Krebsschwänze oder Krabben (aus der Dose) und Scheiben von hartgekochten Eiern auf dem Sülzspiegel (vgl. **247**) anordnen. Eine Remouladensoße dazu reichen; vor dem Anrichten 4 Essl. steif geschlagene, ungesüßte Sahne mit wenig Rote Rüben-Saft oder Preiselbeergelee rötlich färben und untermischen.

253 Fischfilet in Sülze

750 g Fischfilet (Schellfisch,
Goldbarsch).
Zum Sud:
1½ l Wasser, 1 Essl. Salz,
2 Lorbeerblätter,
einige Pfefferkörner,
1–2 Zwiebeln,
1 Stück Sellerie,
1 Gelbe Rübe, 2 Tomaten,
Saft von 1 Zitrone,
einige Zitronenscheiben.
Pro ½ l Sud: 8 Blatt Gelatine,
etwas Essig.

Den Sud 10 Min. vorkochen, dann das Fischfleisch darin 10 bis 15 Min. garen (der Fisch darf nicht zerfallen), durchsieben und sehr pikant abschmecken. Die eingeweichte, leicht ausgedrückte Gelatine in etwas warmem Sud auflösen und mit dem übrigen kalten Sud vermischen. Kleine Förmchen kalt ausspülen, den Boden fingerdick mit Sud füllen und erstarren lassen. Den Kochfisch in mundgerechte Stücke teilen, möglichst alle Gräten entfernen und die Fischstücke in die Förmchen einlegen. Bis zum Rand mit dickflüssigem Sülzsud auffüllen und zum Erstarren bringen. Die Fischsülzchen auf Kopfsalatblätter stürzen und mit Gurkenstückchen, Harteischeiben und Zitronenschnitzen umranden.

254 Forellenfilets mit Sülze

2 Forellen (je etwa 500 g),
Salz, Pfeffer,
Zitronensaft zum Marinieren,
Butter zum Braten,
Öl, Salz, Pfeffer,
Zitronensaft.
Geklärte Sülze ***245****,*
Grüne Soße ***73****.*

Die Forellen abhäuten, entgräten und jede Forelle in 4 Filetstücke teilen. Durch leichtes Klopfen etwas breit drücken, dann kurze Zeit mit Salz, Pfeffer und Zitronensaft marinieren. Rasch in Butter braten, mit Küchenkrepp trockentupfen und einige Stunden, mit Olivenöl, Salz, Pfeffer sowie Zitronensaft beträufelt, kühl beiseite stellen. Zuletzt die Filets mit geklärter Sülze überziehen oder in einem Sülzring erstarren lassen und auf einen Reissockel stürzen. Mit kleingehackter Sülze ringsum bestreuen und Grüne Soße dazu reichen.

255
Gestürzte Mayonnaise mit Seezungenfilet

Für 6 Personen
1 kg Seezunge.
Zum Sud:
*¾ l Weißwein und die weiteren Zutaten der Fischbrühe **256**.*
Zur Mayonnaise:
4 Eigelb, ¼ l Olivenöl,
1–2 Essl. Kräuteressig,
Saft ¼ Zitrone,
je 1 Prise Salz und Paprika,
*¼ l sehr feste Sülze **245**.*
Zum Ausstreichen der Form: Öl.
Als weitere Einlage:
einige Kapern, Broccoliröschen, schmale Lachsstreifen.

Die Seezunge häuten und entgräten. Die Gräten im gut gewürzten Fischsud mit dem Wein ½ Std. kochen, die Brühe durchsieben, die Fischfilets 8–10 Min. darin ziehen lassen, dann herausnehmen; die Hälfte der Filets in Stückchen schneiden, die übrigen zusammenrollen und bis zum Anrichten kühlstellen. Die Mayonnaise zubereiten, sehr pikant abschmecken. Dann im Kühlschrank 20 Min. kaltstellen. Die kalte, noch flüssige Sülze langsam unterrühren. Eine Form mit Öl auspinseln, eine Lage Mayonnaise darauf streichen, als zweite Lage die Fischstückchen, Kapern, Broccoliröschen und Lachsstreifen, dann wieder Mayonnaise und die restlichen Einlagen im Wechsel einschichten, bis die Form gefüllt ist (die letzte Lage sollte Mayonnaise sein). Wird beim Einlegen die Mayonnaise zu fest, dann die Schüssel in heißes Wasser tauchen und die Mayonnaise glattrühren.
Die gefüllte Form etwa 2 Stunden in den Kühlschrank stellen, beim Anrichten den oberen Rand lösen, die Form kurz in heißes Wasser tauchen und stürzen. Zum Verzieren die aufgerollten Seezungenfilets, Salatherzchen, Eiviertel oder Eirosetten, Tomatenstreifen, Sardellenfiletröllchen, Krebsschwänze, Kapern usw. in buntem Wechsel darauf anordnen.

256
Salm-Schaumspeise

Für 5–6 Personen
600 g frischer Salm oder Hecht am Stück.
Zum Sud:
50 g Butter,
Suppengrün, etwas Thymian,
*½ Gewürzdosis **494**,*
½ l Weißwein,
einige Zwiebelscheiben.
²⁄₁₀ l weiße Grundsoße,
*stark ¹⁄₁₀ l Sülze nach **245**,*
²⁄₁₀ l frische Sahne,
je 1 Prise Salz und Cayenne.
Zum Verzieren:
Trüffel, Kapern oder Tomaten.

In der zerlassenen Butter Suppengrün, Thymian, Gewürz und Zwiebelscheiben kurz dünsten, mit dem Weißwein ablöschen und den geschuppten, gewaschenen Salm 20–30 Min. bei milder Hitze darin ziehen lassen; herausnehmen, nach dem Erkalten Haut und Gräten entfernen, das Fischfleisch mit der weißen Soße und der halben Menge Sülze vermischen und das Ganze durch ein feines Sieb passieren. Das Püree 30 Min. in das Gefrierfach stellen, die geschlagene Sahne nach und nach zufügen und mit Salz und Cayenne würzen. Eine größere Form oder eine Glasschale oder mehrere kleine Förmchen (auch Eiformen) etwa 1 cm hoch mit flüssiger Sülze füllen, etwas erstarren lassen, evtl. schmale Trüffelstiftchen als Garnitur gleich einlegen (oder später damit verzieren), mit einer dünnen Sülzschicht befestigen und die Schaumspeise einfüllen. Zuletzt mit restlicher kalter, noch dickflüssiger Sülzflüssigkeit bedecken, nach dem Festwerden stürzen und beliebig mit Trüffelscheiben oder Tomatenstückchen verzieren.

257
Geflügelsülze

1 kleineres Suppenhuhn,
1 l Wasser, Salz,
1 Zwiebel und 1 Tomate in Scheiben,
1 zerkleinerte, halbe Sellerieknolle,
1 Gelbe Rübe,
Suppenkräuter, Petersilie,
¼ l Geflügelbrühe,
¼ l Weißwein,
Essig nach Geschmack,
Salz, Pfeffer,
8 Blatt weiße Gelatine,
ca. 12 gefüllte Oliven,
1 kleine Dose Champignons.
Zum Garnieren:
1 geschälte Zitrone,
1 hart gekochtes Ei.

Das Huhn vierteln und mit den oben genannten Gemüsen und Gewürzen in Wasser gar kochen. Die Haut ablösen, das Geflügelfleisch von allen Knochen und Knorpeln befreien und in nicht zu kleine Stücke teilen.
¼ l Geflügelbrühe, den Wein, Essig und die Gewürze erhitzen und die 4 Min. in kaltem Wasser eingeweichte, leicht ausgedrückte Gelatine darin unter Rühren auflösen.
Vier Förmchen kalt ausspülen, den Boden fingerhoch mit Sülzflüssigkeit bedecken, eine Lage Geflügelfleisch, dann in Scheiben geschnittene Oliven, darauf Champignonstückchen und zum Schluss obenauf noch einige Löffel Sülzflüssigkeit verteilen. Die Förmchen im Kühlschrank erstarren lassen. Vor dem Servieren stürzen, dazu den oberen Rand der Speise mit dem Messer lösen, die Form bis Füllguthöhe kurz in warmes Wasser tauchen und umdrehen.
Mit Zitronen- und Eischeiben garnieren und mit grünem Salat und gebuttertem Toast servieren.

258 Huhn in Ananasgelee

1 fleischiges Suppenhuhn, 1 l Wasser,
1 Bund Suppengrün,
1 mit Nelken gespickte Zwiebel,
2 Würfel Hühnerbrühe,
Saft von 1 Zitrone,
12 g Agar-Agar,
1/8 l Ananassaft (aus der Dose),
2 Essl. Sherry (Fino),
3 Scheiben Ananas, 4 Kiwifrüchte,
leicht marinierte Kopfsalatblätter,
1 Staude Radicchio oder
2–3 Tomaten.

Das Huhn mit Suppengrün, Zwiebel und Brühwürfeln im Schnellkochtopf oder im normalen Kochtopf garen. Das Huhn aus der Brühe nehmen und etwas abkühlen lassen. Dann die Haut ablösen, das Huhn entbeinen und außer der Brust alles in mundgerechte Stücke schneiden. Das Brustfleisch nur einmal flach durchschneiden. Die Fleischstücke mit Zitronensaft beträufeln und kühlstellen.
Die Hühnerbrühe entfetten, durch ein feinmaschiges Sieb gießen und 1/2 l abmessen. Agar-Agar in etwas Brühe vorquellen lassen, die übrige Brühe mit dem Ananassaft erhitzen und Agar-Agar hineinrühren. Die Sülze etwas abkühlen und den Sherry einrühren.
Eine Schüssel mit hohem Rand oder eine Springform kalt ausspülen, einen dünnen Sülzspiegel hineingießen und fest werden lassen. Dann abwechselnd Hühnerfleischstückchen, kleingeschnittene Ananasstückchen und die geschälten, in dünne Scheiben geschnittenen Kiwis einlegen. Die Hälfte der Sülzflüssigkeit darübergießen, und so bald diese erstarrt ist, das Brustfleisch, das restliche Hühnerfleisch und Fruchtstückchen auflegen. Vorsichtig die Sülzflüssigkeit darüber verteilen und die Sülze kalt stellen.
Nach ca. 6 Stunden kann die Sülze gestürzt werden. Dazu den oberen Rand mit einem erhitzten Messer lösen, die Form entweder mit einem sehr heißen Tuch umhüllen oder nur sekundenlang in heißes Wasser tauchen. Vorsichtig auf eine Platte stürzen, mit zerzupften Kopfsalatblättern und gewaschenen, abgetropften und etwas zerkleinerten Radicchioblättern oder Tomatenachteln umlegen.

Tipp:
Sülze, bei der Kiwi- oder Ananasscheiben, bzw. -saft verwendet werden, muss mit Agar-Agar (aus Algen) oder Johannisbrotkernmehl zum Gelieren gebracht werden, da die Früchte ein Enzym enthalten, das das Gelieren mit Gelatine (aus tierischem Eiweiß) verhindert.

259 Hühnerbrüstchen in Sülzsoße

4–6 frische Hühnerbrüstchen,
1/4 l Hühnerbrühe (frisch oder aus einem Brühwürfel), 1/8 l Weißwein.
Weiße Sülzsoße ***57****,*
Sülze ***244****.*
Zum Anrichten:
gewaschene Kopfsalatblätter oder auch Blättchen von
Frisée- und Eichblattsalat.

Die enthäuteten Hühnerbrüstchen in Brühe mit Wein ca. 12–15 Min. garen. Sind es große Stücke, diese halbieren; abkühlen und abtropfen lassen und einzeln in die weiße Sülzsoße mehrmals eintauchen. Nach kurzem Antrocknen noch mit flüssiger, fast kalter Sülze überpinseln und die Brüstchen auf zarten Salatblättern anrichten. Besonders hübsch sieht der Farbkontrast von Frisée (hellgrün) und Eichblattsalat (grünrot) aus. Zu den Hühnerbrüstchen schmecken knusprige Brötchen, Toast mit frischer Butter oder Butterkügelchen und Radieschen.

260 Gänseleber, gesülzt

1 Gänseleber, ca. 200 g,
4 Essl. Butter,
Sülze ***243****,*
hauchdünne Trüffelscheibchen,
Eischeiben.

Die gehäutete und von Nerven befreite Gänseleber in reichlich Butter braten, erkalten lassen und in Scheiben schneiden. Zunächst nur wenig übersülzen, damit sich die übrige Sülze beim Einlegen nicht trübt. In eine Ringform einen Sülzspiegel von etwa 1 cm Höhe gießen, nach dem Festwerden eine Verzierung von Trüffel- und Eischeiben darauf anordnen, mit wenig flüssiger Sülze befestigen und die Gänseleberscheiben im Kreis darauf verteilen. Die Form mit der restlichen Sülze auffüllen, erstarren lassen und vor dem Anrichten stürzen.
Weitere Gänseleberrezepte siehe im Kapitel Pasteten und Terrinen ab Seite 332.

261 Schaumspeise von Gänseleber

Eine gebratene oder gedämpfte Gänseleber durch ein Sieb drücken, mit einer Tasse steif geschlagener, ungesüßter Sahne, dem eingekochten Bratensaft der Gänseleber, 1–2 Essl. Madeira und 3–4 Essl. flüssiger Sülze nach **243** vermischen. In kleinen Förmchen flüssige Sülze 1 cm hoch etwas fest werden lassen, die Schaummasse einfüllen, mit Sülze bedecken und nach dem Erstarren stürzen.

262 Geflügel-Schaumspeise in Eiform, gesülzt

Etwa 250 g gegartes Geflügelfleisch (ohne Knochen und Haut),
1/10 l weiße Grundsoße oder
Soße ***12****,*
3–4 Essl. klare Sülze ***244****,*
1 Prise Pastetengewürz,
1/10 l frische Sahne.
Das gekochte oder gebratene Geflügelfleisch von Knochen und Haut befreien, das Fleisch zweimal durch die feine Scheibe des Fleischwolfs drehen oder portionsweise im Blitzhacker pürieren. Dann mit der Soße gut vermischen und durch ein feines Sieb passieren. In einer Schüssel 20 Min. ins Gefrierfach stellen, die flüssige Sülze und das Gewürz nach und nach zugeben, zuletzt die leicht geschlagene Sahne untermischen; mit dem Esslöffel Klöße in Eiform abstechen und vor dem Anrichten mit der Sülzsoße überziehen.

Sülzsoße: Von der Soße und der Sülze je einen kleinen Teil zurückbehalten, miteinander mischen, durch Kaltstellen dickflüssig werden lassen und so zum Überziehen verwenden.

263 Fleischsülze nach Thüringer Art

Je 250 g Schweine-, Kalb- und Rindfleisch,
1 Kalbsfuß,
2 kleine Schweineknochen vom kurzen Eisbein,
einige Schwarten vom Kalb oder Schwein und 1 Ohr oder Schwänzchen vom Schwein.
Zum Sud:
3 l Wasser, 1 Essl. Salz,
2 Lorbeerblätter,
einige Pfefferkörner,
1 Prise Piment, 1 Zitronenschnitz,
1 große Zwiebel,
1 Gelbe Rübe,
1 kleine Sellerieknolle,
1–2 reife Tomaten,
2–3 Essl. Essig.

Das Fleisch samt Kalbsfuß usw. sorgfältig waschen und in den Sud einlegen (die Brühe sollte über allen Einlagen stehen). Salz, Gewürze und die übrigen Zutaten (außer Essig) beifügen und so lange zugedeckt, schwach strudelnd kochen, bis das Fleisch weich ist (in etwa 2 Std.). Im Sud etwas abkühlen lassen, die Fleischstücke herausnehmen und zum Erkalten ausbreiten. Die Brühe durchsieben, in einer weiten Kasserolle möglichst über Nacht kalt stellen, alles erstarrte Fett abheben und die entfettete Brühe erneut erhitzen. Inzwischen das Fleisch und alle mitgekochten Einlagen in kleine Würfel schneiden, alle Knorpel sorgsam entfernen, die Würfelchen in der Brühe noch kurz aufkochen, mit Essig würzen und die Sülze sehr pikant abschmecken. Kalt ausgespülte Schüsseln oder Pfitzauf- oder andere Förmchen randvoll damit füllen (Brühe und Würfel gleichmäßig verteilen) und erstarren lassen; öfter umrühren, damit die Fleischwürfel nicht absinken. Die Sülze beim Anrichten stürzen, mit Ei- und Tomatenschnitzen, Kressenestchen und Gurkenfächern garnieren. Eine einfache Salatsoße **309** mit viel Zwiebelringen, Weißbrot- oder Bauernbrotschnitten, Butterkugeln, Senf- oder Salzgurken oder statt Brot frisch gekochte Schalkartoffeln dazu servieren.

264 Fleischschüssel

500 g Kalb- und 500 g Schweinefleisch ohne Knochen,
70 g gewässerte Sardellen,
6–8 Schalottenzwiebeln,
1 Kalbsfuß, Salz,
1 Scheibe Zitrone, 1 Lorbeerblatt,
3 Nelken,
½ TL Korianderkörner,
6–8 Pfefferkörner,
⅛ l Weinessig, ⅜ l Weißwein.
Zum Verzieren:
Petersilie, Tomaten, hartgekochte Eier,
1 kleine Dose Champignons.

Aus dem gewaschenen, sorgfältig von Hautresten befreiten Fleisch dünne Schnitzel schneiden; Sardellen und Zwiebeln fein wiegen. In eine gefettete, gut schließende Kasserolle oder feuerfeste Terrine (Glas, Keramik, Porzellan) mit Deckel zuerst eine Lage Kalbfleischscheiben, dann Sardellen, Zwiebelchen, etwas Salz und als nächste Lage Schweineschnitzel, wieder Sardellen, Zwiebelchen und Salz einschichten. Dasselbe evtl. wiederholen, den Kalbsfuß als letztes obenauf legen, Gewürze und Zitronenscheibe zufügen, Essig und Wein darübergießen, die Form zudecken und den Deckel noch ringsum mit einem Klebestreifen aus Teig sichern. Die Kasserolle oder Form in den vorgeheizten Backofen stellen und das Fleisch gar werden lassen.
E.-Herd 200 °C / G.-Herd 3
Ca. 2 Stunden
Nach kurzem Abkühlen den Kalbsfuß, Gewürze, Zitronenscheibe und das überflüssiges Fett entfernen, die Fleischsülze in der Form im Kühlschrank erstarren lassen und vor dem Anrichten stürzen.
Mit Petersilie, Tomatenschnitzen, Eivierteln oder Eipilzchen und Champignonköpfchen verzieren; dazu Toast und Butter reichen.

265 Pikantes Sülz-Allerlei

Fleischreste von Braten- oder Suppenfleisch in dünne Streifen schneiden, mit fein geschnittenen Gewürzgurken- und Rote Rüben-Scheiben, Zwiebelringen, einigen gewässerten Sardellenwürfelchen, Kapern und 1–2 grob gewiegten, hartgekochten Eiern locker vermengen. Dann eine Lage Sülze nach **244** in eine Porzellanschüssel oder Ringform gießen, nach dem Festwerden alles Feingeschnittene darauf verteilen und mit der restlichen Sülze überziehen.

266 Presskopf

½ gesalzener Schweinerüssel,
1 gesalzenes Schweineohr,
250 g Schweinefleisch aus einer milden Salzlake,
1 Schweinefuß (frisch),
*Gewürze nach **242**.*
Zur Marinade:
⅒ l Essig oder Saft 1 Zitrone,
Salz, Pfeffer.
Zum Klären: 1 Eiweiß.

Die Fleischzutaten mit den Gewürzen (jedoch ohne Salz) in genügend Wasser weich kochen; Rüssel, Ohr und Schweinefleisch nach dem Garwerden herausnehmen, abgekühlt in Streifen schneiden und kurze Zeit mit Essig oder Zitronensaft, wenig Fleischsud, Salz und Pfeffer marinieren. Den Schweinefuß noch etwas auskochen, dann den heißen Sud durchsieben, entfetten und mit Eiweiß klären. Eine kalt ausgespülte Form mit der flüssigen Sülze und den abgetropften Fleischstreifen schichtweise füllen (jede Lage jeweils erstarren lassen, bevor die nächste folgt), den Presskopf einige Stunden kalt stellen und stürzen.

Tipp:
Zutaten wie Schweineohren, Schwänzchen und Schwarte, auch Kalbskopf usw. beim Metzger vorbestellen, da diese häufig nicht vorrätig sind!

267

Gesülzte Eier mit Schinken nach Frühlingsart

8 frische Eier,
1½ l Wasser, 3 Essl. Essig.
*Sülze **242**,*
gekochte Blumenkohlröschen,
Tomatenscheiben,
ausgestochene gekochte Möhrenscheiben,
schmale Schinkenstreifen,
etwas Kresse, Petersiliensträußchen,
Estragonblätter, Schnittlauchröllchen.

Eine Ringform mit etwas flüssiger Sülze ausgießen und gekochte Blumenkohlröschen, ausgestochene Gelbe-Rüben- oder kleine Tomatenscheiben darauf verteilen. 8 verlorene Eier nach **426** kochen, kurz in kaltes Wasser tauchen, nach dem Abtropfen rundum glatt schneiden. Eier und Röllchen von gekochtem Schinken abwechselnd in den Ring einlegen und dazwischen Kresseblättchen und die anderen Kräuter streuen. Die restliche Sülze einfüllen und ca. 2–3 Std. erstarren lassen. Die Sülze auf ein Kressebett stürzen.

268

Schinkenrollen mit Gemüse in Sherry-Aspik

8 Scheiben gekochter Schinken,
8 gegarte Spargelstangen,
2 hartgekochte Eier,
3–4 frische Champignons,
etwas Zitronensaft,
2 Tomaten,
2–3 gegarte Möhren,
⅓ Tasse gegarte grüne Erbsen,
½ l Gemüsebrühe,
10 Blatt helle Gelatine,
⅛ l trockener Sherry (Fino),
einige Tropfen Worcestershiresauce,
Meersalz, Pfeffer.

Spargelstangen in die Schinkenscheiben einrollen, je 2 Röllchen auf tiefe Teller verteilen. Die Eier und Pilze (mit etwas Zitronensaft beträufelt) in Scheiben, die Tomaten in Viertel schneiden. Möhren mit dem Buntmesser in Scheiben schneiden. Zusammen mit den Erbsen drumherum legen. Gemüsebrühe erwärmen, die eingeweichte Gelatine darin auflösen. Mit Sherry, Worcestershiresauce, Salz und Pfeffer abschmecken und über die Zutaten gießen. 2–3 Stunden stocken lassen.

269

Schwarzwildsülze

2 kg ausgebeintes Rippenstück vom Wildschwein.
Marinade aus:
halb Essig, halb Wasser,
*1 Bund Suppengrün, 1 Zwiebel in Scheiben, Gewürzdosis **493**,*
4–6 Wacholderbeeren.
Zum Sud:
Wasser oder Fleischbrühe,
1 Glas Weißwein (ca. ⅛ l),1 Teel. Salz.

Das ausgebeinte Rippenstück, das sich am besten dazu eignet, nach sorgfältigem Abbürsten unter Wasser 4–6 Tage in eine Marinade von Essig und Wasser zu gleichen Teilen, etwas Suppengemüse, einigen Zwiebelscheiben, der Gewürzdosis und Wacholderbeeren einlegen. Das Fleisch täglich wenden, dann aufrollen, mit Bindfaden umschnüren und mit ⅓ der Marinade, genügend Fleischbrühe oder Wasser, Weißwein und Salz so lange kochen, bis sich die Schwarte weich anfühlt. Im Sud erkalten lassen, herausnehmen, die Brühe durchsieben und klären (vgl. **242**). Eine kalt ausgespülte Ringform mit Sülzbrühe ½ cm hoch ausgießen, eine Garnitur nach **247** oder sonstige Verzierung einlegen und diese mit Sülze bedecken. Nach dem Erstarren dünn geschnittene Schwarzwildscheiben (ohne Schwarte) darauf anordnen und die Form abwechselnd mit Sülze und Fleischscheiben auffüllen.

> ***Tipp:***
> *Bei sehr fetten Einlagen wie Schwarzwild, Gänseleber oder Aal ist es ratsam, die einzelnen Stücke zuvor in den flüssigen Sülzsud eintauchen und erst nach dem Erstarren einzulegen, damit die Sülze beim Übergießen, d. h. Auffüllen, nicht trüb wird.*

270

Kalbskopfsülze

½ ausgebeinter, gut gereinigter Kalbskopf, Salzwasser,
1 Lorbeerblatt, 3 Pfefferkörner,
½ Teel. Senfkörner,
2–3 Wacholderbeeren,
1 mit 2 Nelken gespickte Zwiebel,
2 Gelbe Rüben,
1 Stück Sellerie, 1 Stange Lauch.
Saft von 1 Zitrone,
Salz, weißer Pfeffer,
3 Päckchen weiße Gelatine oder 16–20 Blatt,
Eischeiben, Gurkenfächer und Tomatenachtel zum Umlegen.

Den Kalbskopf in Salzwasser mit Gewürzen und den geputzten, zerkleinerten Gemüsen weich kochen.
In einem Sieb abtropfen und abkühlen lassen, in Würfel schneiden, abwiegen und mit Zitronensaft, Salz und Pfeffer ca. 30 Minuten marinieren. Auf 1 kg Fleisch 2 l durchgesiebte Kochbrühe klären (vgl. S. 140) und die entsprechende Menge Gelatine zufügen. Die Sülzflüssigkeit und die Fleischwürfel lagenweise in eine kalt ausgespülte Ringform einfüllen, dabei darauf achten, dass jede Schicht Sülze fest ist, bevor die nächste Lage Fleisch eingefüllt wird. Die Form einige Stunden kalt stellen und vor dem Anrichten stürzen. Mit Eischeiben, Gurkenfächern und Tomatenachteln umlegen und nach Geschmack dazueinen scharfen Meerrettichsenf servieren.

271

Zungensülzchen

1 kleine, weichgekochte, geräucherte Rinderzunge,
1–2 Stückchen eingelegte Paprika,
½ l Zungenbrühe,
8 Blatt Gelatine,
2 hartgekochte Eier in Scheiben,
einige Spargelstückchen,
Salatblätter, gewaschen und abgetropft.

Die weichgekochte Rinderzunge abziehen und in feine Scheiben, die Paprika in Streifen schneiden. Die 4 Min. in kaltem Wasser eingeweichte, leicht ausgedrückte Gelatine in 1 l heißer Zungenbrühe unter Rühren auflösen. In eine kalt ausgespülte, längliche Form einen fingerhochdicken Spiegel gießen und im Kühlschrank leicht gelieren lassen. Die Zungenscheiben kranzförmig einlegen,mit etwas Sülzflüssigkeit beträufeln, Eischeiben, Paprikastückchen und Spargelstückchen darüber legen und randvoll mit Sülzflüssigkeit auffüllen. Nochmals kalt stellen, vor dem Servieren auf ein Bett von Salatblättern stürzen und mit Schnittlauch und Radieschenscheiben verzieren.

272

Gemüsesülze

250 g Gelbe Rüben,
250 g Broccoli oder Blumenkohl,
250 g frische Champignons
18 Blatt Gelatine,
Salz, 6 Essl. Weinessig,
2 Essl. Madeira.
Zum Klären: 2 Eiweiß. *

Das Gemüse sorgfältig vorbereiten und in leichtem Salzwasser nicht zu weich kochen. Dann die Gelben Rüben in Würfelchen schneiden und mit den Broccoli- oder Blumenkohlröschen und Pilzchen oder Erbsen mischen. Die Gelatine in kaltem Wasser einweichen, ausdrücken und unter 1 l warme Gemüsebrühe rühren. (Die übrige Brühe eignet sich zur Suppe.) Mit Salz, Essig und Madeira abschmecken, evtl. mit einigen Tropfen gebräuntem Zucker färben (siehe Kapitel Konservieren). Muss die Gemüsebrühe geklärt werden, das Eiweiß vor der Gelatinezugabe zugeben und die Sülzbrühe durchsieben. Eine Ringform oder kleine Becherförmchen oder Gläser 1 cm hoch damit füllen, zum Erstarren bringen, das gemischte Gemüse einschichten und mit der übrigen Sülze bedecken. Nach dem Festwerden (in 2–3 Std.) stürzen und mit Bratkartoffeln zu Tisch geben.

*** Tipp:**
Das Klären der Gemüsebrühe ist nicht immer erforderlich, es genügt auch ein Durchsieben durch ein feines Sieb; die Gelatine aber stets unter die noch warme Gemüsebrühe mischen.

273

Spargel in Tomatensülze

3/4 kg frischer Spargel,
Saft von 1 Zitrone,
knapp 1/4 l Tomatenbrei aus frischen Tomaten (gehäutet und entkernt) oder Tomatensaft,
12 Blatt weiße oder 6 Blatt rote und 6 Blatt weiße Gelatine.

Die vorbereiteten, gleichmäßig gekürzten, gebündelten Spargel in leichtem Salzwasser weich kochen. Danach zum Abtropfen auf ein Sieb legen und mit Zitronensaft beträufeln. Inzwischen 1 l Spargelbrühe mit dem Tomatenbrei aufkochen und noch warm mit der aufgelösten, durchgesiebten Gelatine vermischen. Den Boden einer flachen Form etwa 1 cm hoch mit der Tomatensülze bedecken, rasch fast fest werden lassen, dann die Spargel nebeneinander oder in Sternform darauf verteilen. Die restliche Sülze darüber gießen und zum Erstarren bringen.

274

Tomatengelee in Förmchen

1 kg sehr reife Tomaten, 1 Zwiebel,
1 Lorbeerblatt,
1 kleiner Zweig Rosmarin, 1 Teel. Meersalz,
8–10 Blatt rote Gelatine,
1 Essl. Zitronensaft,
1/2 Teel. Worcestershiresauce,
Tabasco,
4 cl Anisschnaps (Pernod).
Basilikumcreme:
1 Becher (200 g) Crème fraîche,
Pfeffer, 1/2 Bund Basilikum.

Die Tomaten waschen, halbieren, Stielansätze entfernen und die Kerne ausdrücken. Die Zwiebel in Scheiben schneiden. Tomaten mit Zwiebelscheiben und Gewürzen 20 Min. leise köcheln lassen. Danach passieren.
Tomatensaft mit der eingeweichten, gut ausgedrückten Gelatine binden, mit Zitronensaft, Worcestershiresauce, etwas Tabasco und Anisschnaps würzen. In 4–6 kalt ausgespülte Timbaleförmchen (ersatzweise Tassen) gießen, im Kühlschrank erstarren lassen.
Crème fraîche mit Meersalz und Pfeffer würzen, feingeschnittene Basilikumblättchen unterrühren.
Die Basilikumsoße auf Teller verteilen und das Tomatengelee darauf stürzen.

275

Pilzsülzchen

Für 4–6 Portionen
Essig-Pilze ***2292****, ca. 1/2 l-Glas.*
Marinade/Sülze:
Salz, Pfeffer, 1 Prise Zucker,
1/8 l Weinessig,
2 frisch gepresste Knoblauchzehen,
1 l Wasser;
1 Päckchen gemahlene helle Gelatine,
1/8 l Weißwein,
1 Glas Mixed Pickles.
Zum Dekorieren:
hartgekochte Eier,
Salatblätter.

Die Pilze unter fließendem Wasser gut abspülen, abtropfen lassen. Aus den angegebenen Zutaten eine Marinade rühren und die Pilze darin 2–3 Stunden ziehen lassen. Die gemahlene Gelatine in einer halben Tasse Wasser vorquellen lassen. Die Marinade mit dem Weißwein erhitzen, die Gelatine darin völlig auflösen. Portionsschalen mit kaltem Wasser ausspülen, etwas Gelatine als Spiegel hineingießen und erstarren lassen. Pilze nach Wahl und die Pickles einschichten, mit der warmen Gelatineflüssigkeit schichtweise aufgießen, immer wieder erstarren lassen. Die Pilzsülzchen ca. 4–6 Stunden kaltstellen.
Teller mit Eischeiben und Salatblättern belegen und die Sülzchen daraufstürzen.

Tipp:
Zur Einlage in die Pilzsülzchen eignen sich kleine feste Pilze wie Pfifferlinge, weiße oder braune Champignons, längs halbierte Morcheln, halbierte Reizker oder auch Ästchen von Krauser Glucke und Korallenpilz (Ziegenbart).

Warme Vorspeisen

276
Formpastetchen

Den Teig ***1659*** zubereiten, ½ cm dick auswellen, mit einer runden Ausstecherform mehrere Teigböden und etwas kleinere Deckelchen ausstechen. Niedere, gerippte, gut eingefettete Blechförmchen damit auslegen und je 1 Essl. Ragout von Brieschen, Zunge, Huhn oder Fisch einfüllen. Das Teigdeckelchen leicht aufsetzen und in die Mitte eine kleine Öffnung schneiden, damit während des Backens der Dampf abziehen kann. Von dünn ausgerädelten Teigstreifen kleine Brezeln oder Schnecken formen, die Deckel damit verzieren (die Öffnung frei lassen), die Pastetchen mit Eigelb bepinseln und im vorgeheizten Backofen hellbacken.
E.-Herd 200 °C / G.-Herd 3
Ca. 20 Minuten
Vor dem Anrichten evtl. etwas Madeira in die Öffnung gießen, die Pastetchen aus den Formen lösen, heiß servieren.

277
Römische Pastetchen

2 Eier, 40 g Mehl, 1 Teel. Öl,
1 Prise Salz, 2 Teel. Sahne oder
Milch, Backfett.

Die Eier quirlen und das Mehl damit glatt rühren. Öl, Salz, Sahne (oder Milch) zufügen und den dickflüssigen Teig jeweils in kleinen Portionen in ein hohes Cromargangefäß oder einen Becher füllen. Diese Form zuerst im Backfett erhitzen, bis knapp zum Rand in den Teig eintauchen (der sich sofort ansetzt) und dann so lange in das heiße Fett halten, bis das Pastetchen hell gebräunt ist. Jedes fertig gebackene Pastetchen zum Entfetten auf Küchenkrepp legen. Als Fülle eignen sich Ragouts mit Zunge, Krebs, Pilzen und kleinen Fleischklößchen nach **955**
Die Pastetchen auf einer vorgewärmten Servierplatte anrichten, mit Petersilie und Zitronenschnitzen verzieren.

278
Halbmond-pastetchen

Den Blätterteig **1652** zubereiten, etwa 1 cm dick auswellen und mit einem Glas oder Ringförmchen kleine Rundungen davon ausstechen; jeweils eine Teighälfte mit Eiweiß bestreichen und auf die andere 1 Teel. Kalbfleisch-, Wild- oder Schinkenfülle setzen. Die Rundungen halbmondförmig überklappen, mit Eigelb bepinseln und in heißem Fett schwimmend oder auf bemehltem Backblech im heißen Backofen hellbraun backen.
E.-Herd 200 °C / G.-Herd 3
Ca. 20 Minuten
Schnellere Zubereitung mit Tiefkühlblätterteig.

279
Krebspastetchen

6–8 kleine Pastetchen ***2061***
oder fertig gekauft,
12 Flusskrebse.
Fischsud:
½ l Fischfond oder Wasser,
1 kleine Zwiebel,
1 kleine Karotte,
1 Stückchen Lauch,
evtl. einige Champignons,
Salz, 2–3 Zitronenscheiben,
⅛ l Weißwein.
Soße:
Sud, ½ Teel. Tomatenmark oder
Krebsbutter ***132****,*
Krebsschalen,
40 g Butter,
evtl. 1 Essl. Speisestärke,
1 Handvoll blättrig geschnittene
Champignons oder
1 kleine Dose Pilze,
3–4 Essl. süße Sahne, leicht
geschlagen oder 1–2 Eigelb.

Aus den angegebenen Zutaten einen Fischfond bereiten; ca. 30 Min. sachte kochen lassen. Die gereinigten lebenden Krebse lagenweise mit dem Kopf voran in den stark kochenden Sud werfen – sie sind in wenigen Sekunden gar, wenn sie rot anlaufen. Herausheben und etwas abkühlen lassen. Den Schwanz vom Kopf abdrehen, die Flüssigkeit auffangen, auch die Innereien ausschaben und beiseite stellen. Das Schwanz- und Scherenfleisch auslösen. Nun ¼ l vom Sud mit Tomatenmark oder Krebsbutter sowie Schalen etc. wieder erhitzen. Die Schalen mit einem Holzlöffel gut zerstampfen. Die Soße eindampfen lassen, dann durch ein Sieb gießen.
Die Butter in Stückchen zur Soße geben, evtl. mit Speisestärke leicht binden. Die frischen Champignons in die Soße legen, ca. 5 Min. dünsten, dann die Krebsflüssigkeit und Innereien durch ein feines Sieb in die Soße streichen. Das Krebsfleisch in Würfelchen schneiden, in die heiße Soße einlegen, mit geschlagener Sahne noch etwas sämiger machen oder mit Eigelb abziehen und die Füllung in die Pastetchen geben. Sofort servieren!

280
Krebsschwänze in Dillsoße

Gekochte, ausgelöste Krebsschwänze (vgl. **775** oder aus der Dose) evtl. in leicht gesalzenem Wasser nochmals erwärmen, aber nicht stark erhitzen, da sie sonst hart werden*; oder in einem Sieb über Dampf erwärmen. Die feine Holländische Soße **18** mit 1–2 Essl. Weißwein und 1 Essl. frischem, fein gehacktem oder getrocknetem Dill zubereiten und die gut abgetropften Krebsschwänze einlegen. In kleinen, erwärmten Pastetenförmchen anrichten und zu gedämpftem Reis reichen oder in gebackene Blätterteigpastetchen füllen.

* Diese Pastetchen können ebenso wie **276** und **277** zum Abendessen oder als kleiner Imbiss oder als Vorspeise eines Menüs gereicht werden.

281

Kalbfleischfülle (für Pastetchen)

250 g kalter Kalbsbraten,
40 g Butter,
je ½ Teel. Zwiebel und Petersilie, fein gehackt,
1 eingeweichtes Brötchen,
1 kleines Ei,
4 Essl. Weißwein,
evtl. ⅛ l Bratensoße oder Fleischbrühe,
Salz, Pfeffer, Muskat,
2 gewässerte Sardellen.

Den Kalbsbraten in Stücke schneiden und einmal durch die grobe Scheibe des Fleischwolfs drehen. In der heißen Butter Zwiebel und Petersilie dämpfen, das gut ausgedrückte Brötchen und das Fleisch zufügen, kurz mitdämpfen, mit Wein und evtl. vorhandener Bratensoße oder Fleischbrühe ablöschen; das Gewürz und die zerdrückten Sardellen untermischen.
Oder zum Verfeinern der Fülle noch ein halbes, gewiegtes Kalbshirn mitdämpfen und etwas Pilzwürze **1373** zugeben. Darauf achten, dass die Fülle nicht zu dünnflüssig wird.

282

Feine Kalbfleischfülle (für Pastetchen)

Soße:
30 g Butter, 30 g Mehl,
etwa ¼ l Fleischbrühe,
1 gewässerte Sardelle,
Saft ¼ Zitrone, 1 Eigelb,
2 Essl. frische Sahne,
je 1 Prise Salz und Muskat,
250 g gekochtes oder gebratenes Kalbfleisch,
*halbe Menge kleine Fleischklößchen **954**.*

Eine dicke Buttersoße zubereiten, die zerdrückte Sardelle zufügen, kurz mitkochen, den Zitronensaft zufügen, die Soße durchpassieren und mit Eigelb und Sahne abziehen. Das Kalbfleisch in kleine Würfelchen schneiden und zusammen mit den Klößchen (oder gedämpften Pilzen, evtl. auch aus Dosen) in die Soße einlegen, kurze Zeit darin ziehen lassen und heiß in Blätterteigpastetchen einfüllen.
Oder Bratenreste, z. B. von Kalbsnierenbraten und klein geschnittener Räucherzunge, mit einer Tomatensoße vermischt, als Fülle verwenden.

283

Brieschenfrikassee

Für 8 Pastetchen
1 großes Kalbsbrieschen,
125 g Champignons aus der Dose oder 250 g frische Pilze und
1 Essl. Butter.
Zur Sosse:
40 g Butter,
40 g Mehl,
Saft ¼ Zitrone,
je 1 Prise Salz und Muskat,
½ Teel. Kapern, 1 Eigelb,
2 Essl. frische Sahne,
2–3 Essl. Weißwein.

Das Brieschen nach **980** kochen, häuten und in 1 cm große Würfelchen schneiden. Die Dosenpilze gut abtropfen lassen und klein zerteilen; frische Pilze sorgfältig putzen, ebenfalls zerkleinern und in wenig Butter weich dämpfen. Von den übrigen Zutaten (außer Eigelb und Sahne) eine dicke helle Soße zubereiten; zum Ablöschen etwa ¼ l Brieschenbrühe verwenden und die Brieschen und Pilze einlegen. Nach kurzem Aufkochen mit Eigelb und Sahne abziehen, das Frikassee gut umrühren und in heiße Pastetchen einfüllen. Diese auf einer vorgewärmten Platte anrichten, mit Petersiliensträußchen garnieren.
Evtl. zusätzlich von der halben Fleischmenge 954 haselnussgroße Kügelchen formen, etwa 6–8 Min. in der hellen Soße ziehen lassen und einfüllen.
Oder Brieschenfrikassee mit Zunge **983** verwenden.

284

Schinkenfülle für Halbmondpastetchen

1 Essl. Butter,
je 1 Essl. feingehackte Zwiebel und Petersilie,
1 eingeweichtes, ausgedrücktes und zerzupftes Brötchen,
250 g gekochter Schinken,
3–4 Essl. dicke saure Sahne,
1 Essl. geriebener Käse.

Die Butter erhitzen, Zwiebel, Petersilie und Brötchen darin andünsten. Den Schinken feinwürfelig schneiden und kurz mitdünsten. Sahne zufügen, einmal aufkochen und abkühlen lassen. Zuletzt den geriebenen Käse leicht untermischen.

285

Königin-Pastetchen

In Würfel geschnittenes, gekochtes Hühnerfleisch von ½ Huhn, klein geschnittene gedünstete Champignons, gekochte frische Kalbszunge oder Räucherzunge zu gleichen Teilen sowie einige Kapern in der Sahnesoße 12 kurz aufkochen und in heiße Blätterteigpastetchen füllen.
Worcestershiresauce dazu servieren.

286

Wildfülle für Halbmondpastetchen

250 g feingewürfeltes, gebratenes Wildfleisch (evtl. 1 Gänseleber),
1 eingeweichtes, zerpflücktes Brötchen,
je 1 Teel. gewiegte Zwiebel und Petersilie, in 40 g Butter gedünstet,
1 Ei, Salz, Pfeffer, Muskat,
2 Essl. saure Sahne,
2 Essl. Rotwein oder Madeira,
evtl. etwas Bratensoße.

Zubereitung nach **278**. Die Zutaten zur Fülle in der angegebenen Reihenfolge vermischen, eine gedünstete oder gebratene Gänseleber erhöht den delikaten Geschmack.

287

Käsepastetchen

80 g Butter, 3–4 Eier, getrennt,
¼ l saure Sahne,
100 g geriebener Emmentaler oder Parmesan,
1 geh. Essl. Mehl,
je 1 Messersp. Salz und Paprika.

Die Butter schaumig rühren, Eigelb, Sahne, den geriebenen Käse, Mehl und Gewürze unterrühren. Steifgeschlagenen Eischnee vorsichtig unterziehen. Die Masse in kleine, gefettete Pastetenförmchen oder Muschelförmchen füllen, im vorgeheizten Backofen aufziehen und in den Förmchen zu Tisch geben.
E.-Herd 200 °C / G.-Herd 3
Ca. 15–20 Minuten

288

Kleine Makkaronipastetchen

150 g Makkaroni,
40 g Butter,
70 g geriebener Parmesankäse,
⅛ l Milch oder Sahne,
125 g gekochter Schinken,
2 Eier und 2 Eigelb.
Butter zum Ausfetten.

Die Makkaroni in 2 cm große Stückchen brechen, in Salzwasser nicht zu weich kochen, auf einem Sieb kalt überbrausen und nach dem Abtropfen mit 2 Essl. zerlassener Butter, dem geriebenen Käse und 2 Essl. Milch oder Sahne vermengen. Die ganzen Eier mit den Eigelb und der restlichen Milch quirlen und davon jeweils 2 Essl. in kleine, mit Butter gefettete Pastetenförmchen gießen. Dann abwechselnd Makkaroni und kleinwürfelig geschnittenen Schinken einschichten und mit der noch übrigen Eiermilch bedecken. Die gefüllten Förmchen mit Alufolie bedecken, in ein heißes Wasserbad (Wasserhöhe ⅓ der Förmchenhöhe) stellen und stocken lassen; stürzen und Tomaten- oder Pilzsoße dazu reichen.
E.-Herd 200 °C / G.-Herd 2–3
Backzeit ca. 20–30 Minuten

289

Makkaronipastetchen mit Schinken

14–16 Makkaronistangen,
250 g gekochter Schinken,
einige Scheiben geräucherte Zunge,
60 g Butter, je 1 Teel. gewiegte Zwiebel und Petersilie, 2 Brötchen,
4 Eier getrennt (oder 2 Eier und 4 Essl. Milch),
2 Essl. saure Sahne,
1 Essl. Parmesankäse.

Die Makkaronistangen unzerteilt in Salzwasser fast weich kochen, kurz kalt überbrausen, auf einem Sieb abtropfen und auf dem Backbrett ausgebreitet trocknen lassen. Mehrere gleich große, mit Butter gefettete Tassen oder Förmchen mit dem abgeschnittenen Schinkenfett auslegen und jeweils in die Mitte eine kleine Zungenscheibe geben. Dann 40 g Butter schaumig rühren, den übrigen, fein gewiegten Schinken, die abgeriebenen, eingeweichten (mit der gewiegten Zwiebel und Petersilie in etwas Butter gedünsteten) Brötchen, Eigelb, Sahne, geriebenen Käse und den Eischnee untermischen. Von der Mitte aus beginnend, die Tassen oder Förmchen mit den Makkaroni kreisförmig belegen (Boden und Seiten), die Schinkenmischung einfüllen und die Pasteten, zugedeckt, im Wasserbad im vorgeheizten Backofen stocken lassen; sofort stürzen und zu Tisch geben.
E.-Herd 200 °C / G.-Herd 3
Ca. 35–40 Minuten

290

Fisch in Muschelförmchen

500 g gekochter Fisch.
Zur Soße:
30 g Butter, 40 g Mehl,
¼ l Milch, ¼ l Fischsud,
Salz, Muskat,
2 Essl. frische Sahne.
Zum Bestreuen:
1 Essl. Semmelbrösel,
1 Essl. geriebener Käse.
Zum Beträufeln:
für jedes Förmchen 1 Teel. Butter.

Die Rahmsoße zubereiten, den gekochten Fisch abhäuten, entgräten und sorgfältig in kleine Stückchen zerteilen und unter die Soße mischen. In Muschelförmchen füllen, mit Semmelbröseln und Käse bestreuen, zerlassene Butter darüberträufeln und bei starker Oberhitze oder unter dem vorgeheizten Grill goldgelb überbacken.

Eine **weitere Vorspeise mit Fisch** sind Fischtimbales **738**, Seite 207.

291

Eierfrikassee mit Brieschen (in Muschelförmchen)

4 Eier,
1 Kalbsbrieschen.
Zur Soße:
30 g Butter, 40 g Mehl,
¼ l Fleischbrühe, ⅛ l Milch,
Salz, Muskat,
Saft ¼ Zitrone,
1 Teel. Kapern,
1 Sardelle, 1 Eigelb,
2 Essl. Sahne (süß oder sauer).
Zum Bestreuen:
Semmelbrösel,
etwa 3 Essl. geriebener Käse
und 2 Essl. zerlassene Butter.

Die Eier hart kochen und in kleine Würfel schneiden, das Brieschen nach **980** kochen, häuten, ebenfalls klein zerteilen oder wiegen. Die Buttersoße zubereiten, pikant abschmecken und legieren, die Eier- und Brieschenwürfel einlegen, erhitzen und das Frikassee in kleine, gefettete Muschelförmchen füllen; Semmelbrösel und geriebenen Käse obenauf streuen. Zerlassene Butter darüberträufeln und im vorgeheizten Backofen goldgelb überbacken.
E.-Herd 200 °C/ G.-Herd 3
Backzeit ca. 15 Minuten
Oder die Muschelförmchen unter dem Backofengrill kurz und kontrolliert überkrusten, bis der Käse zerläuft. Darauf achten, dass die Kruste nicht zu dunkel wird.

292 Hirn in Muschelförmchen

*1 gekochtes Kalbshirn, vgl. **987**,*
*dicke Buttersoße oder Champignonsoße **12**,*
einige Champignonköpfchen (aus der Dose),
*Butterflöckchen, Saft von ¼ Zitrone oder Himbeeressig **2390**,*
gehackte Petersilie,
*Kartoffelkrustelmasse **1266**.*

Das gekochte Kalbshirn in feine Scheiben schneiden. Den Boden von Muschelförmchen mit einer Soße nach Wahl bedecken, eine Scheibe Hirn einlegen, darauf je ein Champignonköpfchen und Butterflöckchen obenauf geben und im vorgeheizten Backofen überbacken.
Ein gespritzter Rand aus Kartoffelmasse erhöht den Wohlgeschmack und ist dekorativ.
E.-Herd 175 °C / G.-Herd 2
Backzeit ca. 10 Minuten
Beim Anrichten mit etwas Zitronensaft oder Himbeeressig beträufeln und gehackte Petersilie darüberstreuen. Rasch servieren.

293 Kleine Netzbraten mit Hasen- oder Rehfleisch

1 Zwiebel, ½ Bund Petersilie,
50 g Speckwürfel, 20 g Butter,
400 g Reste von Hasen- oder Rehfleisch,
*4–5 Essl. Soße **42**,*
Salz, Pfeffer, Muskat,
1 Schweinenetz, vorbereitet wie oben,
*40 g Butter, braune Soße **32**.*

Zwiebel und Petersilie fein hacken, zusammen mit den sehr kleinen Speckwürfeln in Butter anschwitzen. Das Wildfleisch hacken oder durch die grobe Scheibe des Fleischwolfs treiben und zusammen mit der Schwitze mit der Soße vermengen. Würzen und löffelweise auf die vorbereiteten Netzquadrate streichen. Würstchen formen, in heißer Butter anbraten und mit Soße ablöschen. Etwa 30 Minuten garen.

294 Kleine Netzbraten

1 Schweinenetz (beim Metzger vorbestellen),
2 Brötchen vom Vortag,
1 Zwiebel, ½ Bund Petersilie,
500 g Bratwurstbrät,
1 Ei, 1 Eigelb,
40 g Butter, 1 Bund Suppengrün,
*etwas Bratensoße **516**.*

Das Schweinenetz gut wässern, abtrocknen und dann in Vierecke teilen. Die Brötchen in Würfel schneiden, die Zwiebel sowie die Petersilie fein hacken und in der Pfanne abdämpfen. Mit dem Brät, dem Ei und Eigelb gut vermischen und je 1 Esslöffel davon auf die Quadrate setzen, das Netz darüberschlagen.
In einem Bräter Butter zerlassen, das kleingeschnittene Suppengrün darin anschwitzen. Die Netzbraten darauflegen und im Backofen braun braten. Evtl. mit etwas Bratensoße übergießen, damit die Päckchen nicht austrocknen.
E.-Herd 175 °C / G.-Herd 2
Backzeit ca. 30–45 Minuten

295 Kleine Krustaden mit Steinpilzen und Ei

Runde, abgeriebene Brötchen flach halbieren, in frischem Butterschmalz oder in Butter (mit der Schnittseite nach oben) hell anrösten, dann noch etwas aushöhlen. Sorgfältig gereinigte, fein geschnittene Pilze in Butter und gewiegter Petersilie weich dünsten, etwas Zitronensaft darüber träufeln und in die Brötchenhälften füllen. Obenauf je ein zurechtgeschnittenes, gebratenes Spiegelei oder verlorenes Ei setzen und gewiegte Petersilie oder gehackten Schinken daraufstreuen.

296 Geflügelcroquettes (Krusteln von Geflügel)

250 g gekochtes oder gebratenes Geflügel,
125 g Dosenchampignons oder Steinpilze,
60 g geräucherte Zunge oder roher Schinken,
*knapp ¼ l dicke Buttersoße **11**.*
Zum Panieren:
Mehl, 2 Eier,
Semmelbrösel, Backfett.
Zum Bestreuen:
gewiegte Petersilie.

Fleisch, Pilze, Zunge oder rohen Schinken in kleine Würfel schneiden, mit der Buttersoße gut vermischen, etwa 2 cm hoch auf ein gefettetes Backblech streichen und nach völligem Erkalten in Vierecke schneiden; daraus Röllchen formen, in Mehl und gequirltern Eiern wenden, dann so gut in Bröseln wenden, dass die Fülle nicht herausquellen kann. Die Krusteln im heißen Fett schwimmend backen, auf einer Papierserviette anrichten und mit reichlich Petersilie bestreuen.

297 Krusteln von Wild oder Fisch

Zubereitung mit den Zutaten nach 296, aber, an Stelle von Geflügel, Wildbratenreste oder gebratenes Wildfleisch, statt Buttersoße einen Teil der braunen Soße 32 und evtl. etwas Wildessenz zufügen.
Oder etwa 400 g gekochten Fisch dazu verwenden. Die Buttersoße zur Hälfte mit Fischsud ablöschen und evtl. 60 g Schinkenwürfelchen untermischen und die Krusteln nach **296** herstellen.

298

Toast mit Pilzen, Tomaten und Spiegelei

4 Scheiben Kastenweißbrot oder Roggentoast,
Butter zum Anbraten.
100 g frische Pilze (Champignons, Pfifferlinge oderAusternpilze),
etwas Butter zum Andünsten,
Salz und frisch gemahlener Pfeffer.
Pro Brotscheibe 1–2 Scheiben Tomate, pro Person 1 Spiegelei,
evtl. etwas Paprikapulver oder Schnittlauch.

Die Brotscheiben einzeln auf einer Seite in Butter leicht anrösten. Pilze rasch waschen, putzen, kleinschneiden und in etwas Butter ca. 4–5 Min. andünsten und würzen. Die Tomatenscheiben nur ganz kurz in wenig Butter erwärmen. Jede Toastschnitte auf der ungerösteten Seite mit einer Schicht Pilze und Tomatenscheiben belegen. Zuletzt pro Person ein Spiegelei (evtl. zurechtgeschnitten) obenauf setzen; mit Paprika oder Schnittlauchröllchen bestreuen und sofort zu Tisch bringen.

299

Toast mit Pfirsich

4 Scheiben Kastenweißbrot,
etwas Butter,
200 g gekochtes, kaltes Geflügelfleisch oder gebratenes, kaltes Schweinefleisch,
4 Scheiben Lachsschinken,
4 gedünstete Pfirsichhälften (evtl. aus der Dose),
4 Toastscheibletten, etwas Curry.

Das leicht getoastete Weißbrot etwas buttern, mit dünn geschnittenem kalten Fleisch und darauf mit Schinken belegen. Die Pfirsichhälften fächerförmig von oben einschneiden (sie sollen aber noch zusammenhängen), auf die Brote legen und mit Käse abdecken. Leicht mit Curry bestäuben und im vorgeheizten Backofen oder unter dem Grill überbacken.
E.-Herd 200 °C / G.-Herd 3
Backzeit ca. 10–15 Minuten

300

Tomatentoast

8 Scheiben Weißbrot oder Roggentoast, etwas Butter,
8 Scheiben Schinkenwurst,
8 große Tomatenscheiben,
1 Gemüsezwiebel,
Pfeffer, Knoblauchsalz,
60 g geriebener Emmentaler oder Greyerzer,
2 Essl. Semmelbrösel,
ein paar Butterflöckchen.

Die Brotscheiben auf ein gebuttertes Blech legen. Je eine Scheibe Wurst, eine Scheibe Tomate, belegt mit einigen hauchdünn geschnittenen Zwiebelringen und mit Pfeffer und Knoblauchsalz gewürzt, darauflegen. Den geriebenen Käse mit Semmelbröseln vermischt auf den Brotschnitten verteilen und je einige Butterflöckchen aufsetzen. Im vorgeheizten Backofen überbacken.
E.-Herd 175–200 °C / G.-Herd 2–3
Backzeit ca. 15 Minuten

301

Herzhafter Hackfleischtoast

4 Scheiben dunkles Bauernbrot,
etwas Butter zum Anrösten.
2 mittelgroße säuerliche Äpfel,
Zitronensaft,
1 Zwiebel, etwas Butter,
250 g frisches Rinderhackfleisch,
Salz, frisch gemahlener Pfeffer,
1–2 Teel. Kümmel, 1 Ei.

Die Brotscheiben auf einer Seite leicht in Butter anrösten. Die Äpfel schälen, in Scheiben schneiden (Kernhaus ausschneiden) und mit Zitronensaft beträufeln. Zwiebel fein hacken, in Butter goldgelb andünsten, unter das Hackfleisch mischen, würzen und mit dem Ei binden. Die Brotscheiben auf ein leicht gefettetes Backblech legen, zuerst die Äpfel, dann das Hackfleisch daraufgeben und im vorgeheizten Backofen überbacken.
E.-Herd 200 °C / G.-Herd 3
Backzeit ca. 20-30 Minuten

Tipp:
Für alle, die gerne Toasts essen, lohnt sich die Anschaffung eines elektrischen Tischgrills (gibt es von verschiedenen Herstellern). Diese sind im Nu einsatzbereit, energiesparend und leicht zu handhaben. Wichtig: darauf achten, dass das Gerät leicht zu säubern und handlich ist!

302

Welsh Rarebits (warme Käsebrötchen)

4 Scheiben Weißbrot,
etwa 1 cm dick, etwas Butter,
100 g geriebener Emmentaler oder Chesterkäse, 2 Eigelb,
2 Essl. helles Bier,
je 1 Prise Muskat und Cayennepfeffer.

Die Weißbrotscheiben leicht toasten, etwas abkühlen lassen und buttern. Den Käse mit verquirltem Eigelb, Bier und den Gewürzen vermischen und etwas ruhen lassen. Währenddessen Backofen bzw. Grill vorheizen.
Die dicke Käsemasse auf die Brotschnitten streichen und im vorgeheizten Backofen überbacken.
Zuerst: E.-Herd 200 °C / G.-Herd 3
Ca. 8–10 Minuten
Dann: E.-Herd 250 °C / G.-Herd 5
Ca. 5 Minuten
Oder Grill: Ca. 10–12 Minuten

303

Käsewürzbissen

50 g Butter,
150 g geriebener Chesterkäse,
1 Prise Paprika,
kleine, runde Toastschnitten.

Die Butter schaumig rühren, Käse und Paprika untermischen und dick auf die Toastschnitten streichen. Im heißen Backofen rasch überkrusten und sofort servieren.
E.-Herd 250 °C / G.-Herd 5–6 oder vorgeheizter Grill
Ca. 3–4 Minuten

304 Käseschnitten, aufgezogen

8–10 Scheiben entrindetes Kastenweißbrot,
2 Eier, getrennt,
¼ l dicke saure Sahne,
je 1 Prise Salz und Edelsüßpaprika,
125 g geriebener Emmentaler oder Greyerzer oder Bergkäse (hat ein pikantes Aroma).

Die Brotschnitten in einer Kasserolle in der heißen Butter zuerst auf beiden Seiten hellgelb rösten. Die Eigelbe, Gewürze, Sahne und den geriebenen Käse vermischen, den steifen Eischnee unterziehen und den Käseschaum über die Schnitten gießen.
Im vorgeheizten Backofen aufziehen und bräunen lassen.
E.-Herd 175–200 °C / G.-Herd 2–3
Ca. 30 Minuten

305 Gefüllte Champignons

Pro Person 2–3 große fehlerfreie Champignons, 2 Essl. Butter,
4 Schalotten, 1 Knoblauchzehe,
100 g Schinken nach Wahl,
Salz und Pfeffer,
Semmelbrösel oder gehackte Nüsse,
Butterflöckchen.

Die tadellosen Champignons möglichst nur abtupfen und nicht waschen. Die Stiele ausdrehen und die Pilze noch etwas aushöhlen. In der heißen Butter die sehr klein gehackten Schalotten, die gehackte Knoblauchzehe sowie den kleinwürfelig geschnittenen Schinken andünsten, vorsichtig würzen (roher Schinken hat meist schon genügend Salz). Die Pilzhütchen damit hoch einfüllen, in eine gebutterte feuerfeste Form setzen, mit Semmelbröseln oder Nüssen bestreuen und mit Butterflöckchen besetzen. Im vorgeheizten Backofen überbacken.
E.-Herd 200–220 °C / G.-Herd 3–4
Ca. 20 Minuten
Die Pilzköpfchen öfter mit etwas heißer Fleischbrühe oder erwärmtem Wein beträufeln, damit sie nicht austrocknen.

306 Tomaten mit Schinkenfülle oder Zwiebelpüree

8 feste, reife Tomaten, Salz.
Zur Fülle:
2–3 trockene Brötchen,
1 Tasse Milch,
je 1 Teel. gewiegte Zwiebel und Petersilie,
100 g gekochter Schinken oder Bratenreste,
etwas Salz und Muskat,
1–2 Eier, getrennt,
60 g Butter,
2 Essl. geriebener Parmesankäse,
2 Essl. Semmelbrösel,
einige Butterflöckchen,
etwa ⅛ l Fleischbrühe.

Von den Tomaten ein Deckelchen abschneiden, aushöhlen, dabei die Kerne und evtl. weiches Mark entfernen. In jede Höhlung etwas Salz einstreuen und die Tomaten mit der Schnittseite nach unten auf einem Gitter abtropfen lassen. Die Brötchen abreiben, klein zerschneiden, mit Milch befeuchten und in der heißen Butter mit Zwiebel und Petersilie kurz dünsten; dann den gewiegten Schinken, Salz, Muskat, Eigelb und den steifen Eischnee untermischen. Die Tomaten hoch damit füllen, in eine butterbestrichene feuerfeste Form setzen, mit Käse und Bröseln bestreuen und obenauf Butterflöckchen legen. Etwa 10 Min. im heißen Backofen garen, etwas Fleischbrühe zugießen, dann die Tomaten hellgelb überbacken.
E.-Herd 200 °C / G.-Herd 3
Ca. 20 Minuten
Oder die vorbereiteten Tomaten mit Zwiebelpüree **1352** füllen, etwas geriebenen Käse aufstreuen und im vorgeheizten Backofen überbacken.
E.-Herd 200 °C / G.-Herd 3
Backzeit: ca 20 Minuten

307 Tomaten mit Käseschaum

60 g Butter, 20 g Mehl,
½ Tasse frische Sahne,
2 Eier, getrennt,
1 Prise Salz, 1 Msp. Paprika,
60 g geriebener Emmentaler,
8 Tomaten.

In der heißen Butter das Mehl hellgelb anschwitzen und mit der Sahne ablöschen. Von der Herdplatte nehmen und Eigelb, Salz, Gewürz, den geriebenen Käse und den steifen Eischnee untermischen; den Käseschaum in ausgehöhlte Tomaten füllen, in eine gefettete Form setzen und im vorgeheizten Backofen hellbraun überbacken.
E.-Herd 200 °C / G.-Herd 3
Backzeit: ca. 20 Minuten

308 Tomaten mit Reis

180 g Reis,
20 g Butter, 1 kleine Zwiebel,
knapp ¾ l Fleischbrühe, 1 Prise Salz,
1 Essl. geriebener Parmesankäse,
1 Msp. Muskat,
8 feste Tomaten,
einige Butterflöckchen.

Den gut gewaschenen, abgetropften Reis in zerlassener Butter und der fein gewiegten Zwiebel glasig schwitzen und mit Fleischbrühe oder Wasser ablöschen. Evtl. etwas Salz zufügen und zugedeckt im Backofen ausquellen lassen; dann Käse und Gewürz leicht untermischen. Von den Tomaten ein Deckelchen abschneiden, das Fruchtfleisch herausnehmen, die Reismischung einfüllen, Butterflöckchen obenauf geben und die Tomaten im vorgeheizten Backofen hellgelb überbacken.
Reis: E.-Herd 175 °C / G.-Herd 2
Ca. 25 Minuten
Tomaten: E.-Herd 200 °C / G.-Herd 3
Ca. 15 Minuten
Dazu eine Buttersoße reichen oder mit Rinds- oder Kalbsbraten servieren.

Weitere warme Vorspeise: Wurstkörbchen mit warmer Füllung **215**, Seite 72

SALATE & ROHKOST

Die Vielfalt macht den Reiz guter Salate und der Rohkost aus. Vielfalt der Essige und Öle – deren Preise häufig denen edler Weine gleichkommen; der Kräuter – ohne sie gibt es keine wirklich guten Salate; des Grünzeugs – das, wenn es schmeckt überaus gesund ist; der sonstigen Zutaten – die aber nie die Grundstoffe übertreffen dürfen. Allerdings: Vielfalt ohne Frische ist wie Lesen, ohne zu denken.

Tipps für frische Salate

Blattsalate

Blattsalate sollen erst kurz vor der Mahlzeit angerichtet werden. Durch langes Stehen fallen sie zusammen und werden unansehnlich.
Blattsalat beim Waschen nur ganz kurz im Wasser liegen lassen. Noch besser ist es, die Blätter sorgfältig unter fließendem, kalten Wasser zu waschen. Damit wird das Auslaugen und der Vitaminverlust vermieden.
Dasselbe gilt auch für Endiviensalat, ihn sollte man jedoch in lauwarmem Wasser waschen.
Chicorée verliert seinen bitteren Geschmack: in Ringe schneiden, 15 Min. vor dem Vermischen in lauwarmes Wasser legen.
Blattsalate nach dem Waschen gut trocknen, das geht am besten mit einer Salatschleuder; notfalls kann man die nassen Blättchen auch locker in ein großes Geschirrtuch einschlagen und trockentupfen.
Praktisch für den kleinen Haushalt ist Pflücksalat im Topf (hält ca. 2–3 Tage).

Salat-Sorten

Eine Vielzahl von Salat-Sorten bereichert seit einiger Zeit unsere Märkte, Gemüse-Abteilungen und Gärten. So gibt es neben dem grünen Kopfsalat einen roten, der etwas kräftiger schmeckt. Weiter werden angeboten: Lollo bianca und Lollo rossa; Pflücksalat (bildet keinen Kopf, die Blätter sitzen an einem Stängel); Rucola (Rauke); Winter-Portulak und Zuckerhut – um nur einige zu nennen. Die Salate werden je nach Verschmutzung mehrmals in kaltem Wasser gewaschen und danach getrocknet – am besten in der Salatschleuder. Bleiben die Salatblätter nass, kann sich die Salatsoße nicht mit ihnen verbinden.

Salat-Mischungen

Diese Salat-Sorten lassen sich miteinander mischen: Ackersalat und Lollo rossa, Kopfsalat und Winter-Portulak; Römischer Salat und Radicchio; Frisée und Radicchio; Kopfsalat und Rucola; Kopfsalat und Eichblattsalat; Kopfsalat, Spinatblätter und Radieschen.

Rohgemüse

Zerkleinertes Rohgemüse soll sofort zubereitet werden und nicht zu lange zum Durchziehen stehen bleiben, da die Vitamine sonst durch den Sauerstoff zerstört werden.
Manche Salate sollen etwas länger stehen, da sie erst beim Durchziehen ihren vollen Geschmack entfalten. Für Rote Rüben-, Rettich- und Pilzsalate rechnet man ca. 30 Min. Härtere Gemüse, z. B. Krautarten, benötigen mindestens eine Stunde.

Öl

Wer gern und oft Salat zubereitet, sollte nur wirklich gutes Öl verwenden. Billig-Öle sind oft aus vielen Sorten gemischt, gelegentlich auch gebleicht und raffiniert, so dass sie keinerlei geschmackliche Qualitäten aufweisen und ernährungsphysiologisch keinen Wert besitzen!
Über die Wahl des Öles gehen die Meinungen auseinander; Freunde südlicher Küche verwenden gerne Olivenöl, sei es das grünschimmernde, das noch ein wunderbar säuerlich-herbes Aroma hat, sei es das etwas gelblichere. Wichtig ist, dass das Öl kalt gepresst wurde (Olio extra vergine). Eine gelegentliche leichte Trübung dieses Öles hat nichts zu sagen, sie ist das Zeichen für ein frisches und bei der Pressung wenig bearbeitetes Öl. Helles Ölivenöl ist meist raffiniert, hat ein geringeres Eigenaroma und wird aus verschiedenen Ernten und Qualitäten gemischt.
Andere gute Öle mit milderem Eigenaroma sind Sonnenblumenöl, Maiskeimöl und Distelöl. Auch Kürbiskernöl und frisches Erdnussöl eignen sich für Salatsoßen. Sehr gut schmeckt auch das grünliche Traubenkernöl.
Seit einiger Zeit gibt es in Spezialgeschäften auch Walnussöl und Haselnussöl zu kaufen. Beide Öle haben ein sehr starkes Eigenaroma und sind ziemlich teuer. Außerdem verlieren sie rasch ihren Geschmack.
Nur bedingt geeignet, wegen des sehr starken Eigengeschmackes, ist Leinöl, (erhältlich im Reformhaus).
Für fernöstliche Salate wird gern Sesamöl (meist vermischt mit Sonnenblumenöl) verwendet. Alle Öle sind luftempfindlich. Deshalb die Flaschen oder Kanister (möglichst keine Kunststoffbehälter) gut verschließen und kühl aufbewahren.
Kleine Mengen für den täglichen Gebrauch in Glaskännchen umfüllen – so lässt sich das Öl auch sparsamer verwenden!

Essig und Zitronensaft

Genauso wichtig wie die richtige Wahl des Öles ist ein guter Essig oder auch Zitronensaft bzw. Limettensaft.
Essig ist eine organische Säure und nur im Übermaß reizt er die Magenwände. Das Verhältnis von Öl zu Essig sollte etwa 3–4 Essl. Öl zu 1–2 Essl. Essig betragen, je nach Säuregrad des Essigs, der zwischen 3 und 7 Prozent liegen kann. Rotwein- und Weißweinessig haben eine abgerundete, aromatische Säure. Wenn Sie eine Sorte kaufen, die Sie noch nicht kennen, sollten sie ein paar Tropfen probieren, bevor Sie die Salatsoße anrühren!
Kräuteressig wird auf Weinbasis hergestellt und ist mit aromatischen Kräuterauszügen, z. B. Estragon, versetzt.
Obstessig und Apfelessig schmecken milder, fruchtiger und werden auch von Kindern gut vertragen.
Sherry-Essig ist ein Spezialessig, pikant im Geschmack und sehr teuer – nur für wirklich exquisite Salatschöpfungen geeignet! Übrigens kann man auch selbst kleine Portionen Sherry-Essig oder Weinessig ansetzen: 1 Essl. Essigessenz mit 1/8 l Sherry (dry oder medium) oder Wein vermischen und ca. 3 bis 4 Wochen an einem kühlen Ort ziehen lassen. Eventuell frische Kräuter, Gewürzkörner oder Schalotten zugeben. Balsamicoessig reift in alten Fässern, ebenfalls sparsam verwenden, da er sehr teuer ist.
Auch die sehr teuren und selten verwendeten Spezialessigsorten wie Himbeer-, Veilchen- oder Lavendelessig kann man selbst ansetzen: Die Früchte oder Blüten mit heißem Essig übergießen und einige Tage ziehen lassen.
Siehe auch Essigherstellung ab S. 655.

Tipp:
Wird in einer Vinaigrette auch Senf verwendet, dann zuerst die Gewürze mit dem Senf, etwas Zucker, Essig oder Zitronensaft verquirlen und erst danach das Öl unterschlagen.

Gewürze

Verwenden Sie zum Würzen frisch gemahlenen Pfeffer, wenig Kochsalz, besser Selleriesalz, Streuwürze oder Hefepräparate aus dem Reformhaus und aromatische, nach Möglichkeit frische Würzkräuter (Gewürze und Kräuter, ab S. 14) oder gekeimte Sprossen (**106**).

Honig

Zum Süßen von Rohkost eignen sich flüssiger Honig (falls er zu dickflüssig ist, im warmen Wasserbad verflüssigen), Apfel- oder Birnendicksaft, Ahornsirup und Zuckerrübensirup. Sie geben der Rohkost eine milde Würze.

Meerrettich

Roh, geschält und gerieben eignet sich Meerrettich als Würze für Rohgemüse oder Salate, z. B. für Kraut-, Rote Rüben, Pilz- und Spinatsalat, vorzüglich.

Sahne und Joghurt

Zu den meist gebundenen Salatsoßen braucht man süße oder saure Sahne. Süße Sahne ergibt einen milderen Geschmack, die saure Sahne einen kräftigeren. Auch Crème fraîche, eine dicke, saure Sahne, rundet eine Soße hervorragend ab. Sie ist mit verschiedenen Säuregraden erhältlich. Wer Joghurt bevorzugt, hat eine große Auswahlmöglichkeit. Unterschiedliche Fettgehalte und Geschmacksrichtungen sorgen für Abwechslung. Besonders mild und gut bekömmlich ist Sanoghurt (Reformhaus). Dickmilch und Kefir sind weitere Soßen-Begleiter. Diese Milchprodukte eignen sich hervorragend zum fettfreien Verlängern von Mayonnaise.

Zwiebeln

Wenig fein gewiegte oder fein geschnittenene oder gehobelte (Rohkostreibe) Zwiebelringe geben ein herzhaftes Aroma. Frühlingszwiebeln können mit dem Grün geschnitten werden. Zwiebeln nur mit dem Küchenmesser zerkleinern. Mechanische oder elektrische Reiben lassen die Zwiebeln bitter werden. Geschnittene Zwiebeln sofort weiterverarbeiten, da die enthaltenen ätherischen Öle schnell verfliegen (ggf. mit etwas Öl beträufeln).

309

Einfache Salatsoße (Sauce Vinaigrette – French Dressing)

Knapp 2 Essl. Weinessig,
Meersalz, frisch gemahlen,
frisch gemahlener schwarzer Pfeffer,
4–5 Essl. bestes Olivenöl oder Sonnenblumenöl,
Evtl. Zwiebelringe oder Knoblauch, etwas Senf oder Kräuter.
Evtl. etwas entfettete Bouillon.

Alle Zutaten mit einer Gabel oder einem Tassenschneebesen leicht vermischen. Die Zwiebelringe 20 - 30 Min. in der Soße liegen lassen und dann wieder herausnehmen, damit nur das Aroma zart an das Öl gebunden wird. Die Sauce Vinaigrette kann mit wenig Bouillon verlängert werden.

Tipp:
Die Vinaigrette kann mit Kapern oder mit Dill und ein paar Estragonblättern oder mit frischen grünen Pfefferkörnern noch verfeinert werden.

310

Salatsoße mit Kräutern

½ Teel. Salz,
frisch gemahlener schwarzer Pfeffer,
2 Essl. Weinessig,
1 kleine gehackte Knoblauchzehe,
evtl. 1 Teel. gehackte glatte Petersilie oder Basilikum,
4–5 Essl. Olivenöl.

Salz, frisch gemahlenen Pfeffer (Menge richtet sich nach dem Geschmack) mit dem Weinessig gut verrühren. Knoblauch und gehackte Kräuter zugeben und mit Olivenöl verschlagen.

Tipp:
Alle Salatsoßen erst kurz vor dem Anrichten mit den Blattsalaten vermischen oder bei Salattellern die Blättchen durch die Soße ziehen. Ausnahmen siehe bei den einzelnen Rezepten.

Salatsorten, Abbildung auf der folgenden Doppelseite. ▷

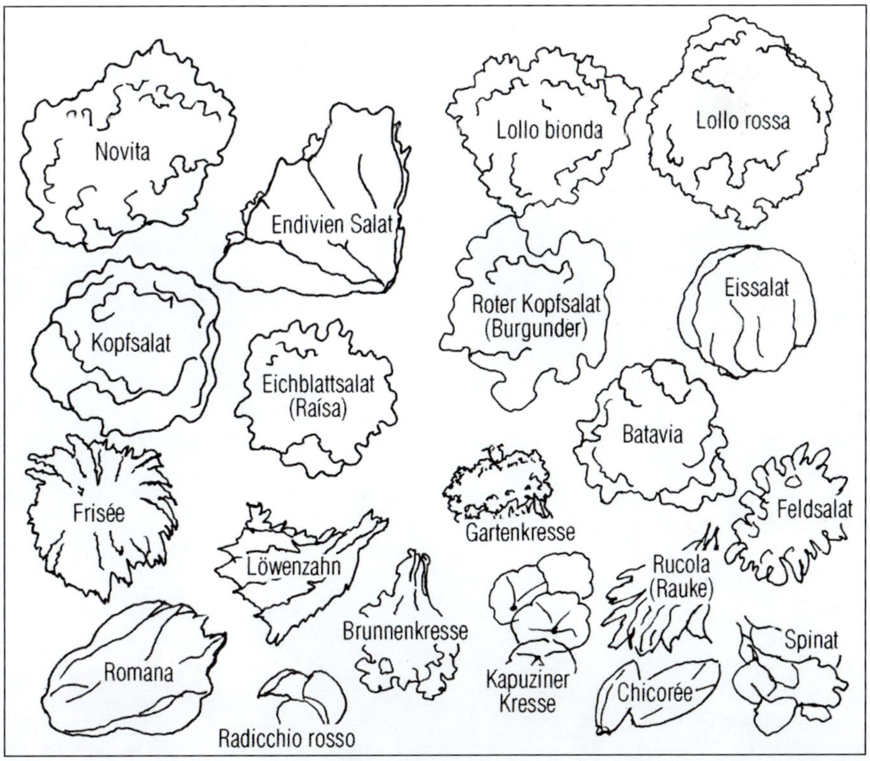

311

French Dressing – andere Art

Zutaten zur Sauce Vinaigrette ***309****.*
Dazu: 1 Prise Zucker,
2 Essl. süße Sahne,
2 Essl. Tomatenketchup.

Alle Zutaten mit dem Schneebesen zu einer homogenen Soße schlagen (oder im Mixer zusammenrühren).

312

Salatsoße mit Würzkräutern

Pro Person:
2 Essl. Sonnenblumenöl oder Olivenöl, Saft von ½ Zitrone,
1 Teel. gewiegte Kräuter (Schnittlauch, Borretsch, Estragon, Thymian, Dill),
½ Teel. fein gewiegte Zwiebel,
1 zerdrückte Knoblauchzehe,
1 Prise Zucker,
evtl. etwas Mineralwasser ohne Kohlensäure.

Diese Zutaten gündlich verrühren, kurze Zeit durchziehen lassen und die gut vorbereiteten Salatblätter oder das Rohgemüse untermischen.

Tipp:
Kleingehackte Zwiebeln im Salat werden bekömmlicher, wenn sie in etwas Bouillon etwa 5–8 Min. vorgedünstet werden.

Würzkräuter mit dem Küchenmesser hacken (oder mit einer Schere schneiden).

313

Italian Dressing

Zutaten zur Sauce Vinaigrette ***309.***
Dazu: ½ Teel. Senfpulver,
2 Zehen Knoblauch,
2 Essl. gehackte frische Kräuter,
evtl. einige Zwiebelwürfel.

Die Sauce Vinaigrette mit dem zusätzlichen Senfpulver zusammenrühren. Die Knoblauchzehen hineinpressen, die frischen Kräuter und evtl. die Zwiebelwürfel zugeben.

314

Essig-Kräuter-Soße

2 Eier, 1 kleine Zwiebel,
2 Essl. fein gewiegte Kräuter (Petersilie, Schnittlauch, Estragon, Kerbel, Dill),
2–3 Essl. Essig,
etwas Wasser oder kalte Fleischbrühe,
4 Essl. Öl, Salz, Pfeffer,
1 Teel. Kapern, ½ Teel. Senf.

Die Eier hart kochen und in kleine Würfelchen schneiden. Mit der fein gewiegten Zwiebel, den Kräutern und den übrigen Zutaten gut vermengen. Zu gekochtem Kalbskopf und Ochsenfleisch, kaltem Braten oder Fisch gut geeignet.

315

Salatsoße mit Eigelb

Pro Person:
1 Eigelb, 2 Essl. Öl oder
2–3 Essl. saure Sahne,
Saft ½ Zitrone,
1 Messersp. Senfpulver oder
½ Teel. feiner Senf,
je ½ sehr fein gehackte Zwiebel und Knoblauchzehe,
je 1 Teel. gewiegte Petersilie und Schnittlauch,
je 1 Prise Zucker und Paprika.

Alle Zutaten mischen und mit dem Schneebesen 5 Min. schlagen.

316

Salatsoßen (für Blattsalate)

Für 3–4 Portionen
⅛ l süße Sahne,
1 Essl. Zitronensaft oder Obstessig,
Selleriesalz,
1 Prise edelsüßes Paprikapulver,
½ Teel. Senf.

Alle Zutaten gründlich zu einer Marinade verrühren.

1 hartgekochtes Ei,
½ Teel. Senf,
2 Essl. Estragonessig,
Selleriesalz,
4 Essl. Öl,
kleingeschnittener Schnittlauch oder gewiegte Würzkräuter.

Das Eigelb von einem hartgekochten Ei durch ein Sieb drücken, Senf, Estragonessig, Selleriesalz, Öl, feingeschnittenen Schnittlauch oder gewiegte Würzkräuter zugeben und vermischen. Den Salat mit kleingehacktem Eiweiß garnieren.

1 Becher Joghurt,
2-4 Essl. Salatmayonnaise,
2 Essl. Quark, etwas Kochsahne,
wenig Zitronensaft,
3 Essl. zerdrückter Roquefort,
4 Essl. zerdrückter Gorgonzola oder dänischer Blauschimmelkäse (mild).

Die Zutaten im Mixer gut vermischen.

6 Essl. Dickmilch,
1 Essl. Zitronensaft oder Kräuteressig,
½ Teel. Kräutersalz,
1 Prise Zucker,
Senf oder Tomatenketchup
2 Essl. Öl.

Alle Zutaten gut verrühren.

2 Essl. Essig,
½ Teel. Senf,
1 Essl. geriebener Käse,
1 Msp. Zwiebelpulver,
Salz oder Streuwürze,
4 Essl. Öl

Vermischen und pikant abschmecken. Zuletzt das Öl unterrühren.

317

Salatsoße mit Sahne

Pro Person:
2 Essl. dicke saure oder süße Sahne oder 1 Essl. Sahne und 1 Essl. Öl,
1 Prise Salz und Pfeffer,
1 Essl. Zitronensaft, 1 Prise Zucker,
1 Teel. fein gewiegte Petersilie,
Schnittlauch oder Zwiebel.

Alle Zutaten mit dem Schneebesen gut vermischen. Diese Salatsoße eignet sich zum Anmachen von rohem, geraspeltem Knollengemüse.
Oder die Sahnesoße mit Himbeeressig **2390** statt mit Zitronensaft abschmecken.

318

Thousand Island-Dressing

200–250 g Salatmayonnaise,
4 Essl. Tomatenketchup,
1 Spritzer Tabascosauce,
1 hartgekochtes Ei,
1 Stückchen grüne Paprikaschote,
8–10 gefüllte Oliven,
½ Bund krause Petersilie.

Die Mayonnaise mit dem Ketchup gut verrühren, mit Tabasco würzen. Das Ei und das Stück Paprikaschote sehr fein hacken (Paprikawürfel, ca. 1 Essl. voll), ebenso die gefüllten Oliven und die Petersilie. Alle Zutaten gut miteinander vermischen und die Soße etwa 30 Minuten durchziehen lassen.

Tipp:
Im Winter die Salatsoße mit etwas frisch gepresstem Orangensaft anreichern.

Chicorée schneiden.

Blattsalate

319

Ackersalat (Feldsalat)

Den Salat sorgfältig verlesen, dabei alle gelben Blättchen und Würzelchen abschneiden, mehrmals gründlich waschen, abtropfen lassen und mit Salatsoße nach Wahl anmachen.
Ackersalat lässt sich vielfältig mischen: kross gebratene Weißbrotstückchen zugeben
oder sehr klein geschnittene Speckwürfelchen anbraten und darüber verteilen, mit kräftig abgeschmeckter Essig- und Ölsoße (Kürbiskernöl ist hier besonders fein) vermischen;
oder kleine Apfelstückchen und einige gehackte Walnüsse zugeben und mit Sahnesoße **317** anmachen;
oder Mandarinenfilets untermischen und unter die Salatsoße noch 1 Teel. Sojasoße rühren.

Tipp:
Ackersalat gehört zu den vitaminreichsten Salaten und ist außerdem ein guter Eisenspender; er sollte deshalb gerade im Winter oft auf dem Speiseplan stehen!

320

Chicoréesalat

Zuerst eine Salatsoße nach **316**– evtl. mit Salatmayonnaise oder Sahne – zubereiten. Die Schüssel mit einer Knoblauchzehe ausreiben, der Geschmack wird dadurch pikanter; die Stauden sorgfältig waschen, kurz abtropfen lassen, den bitteren Kegel kreuzweise ausschneiden, in feine Röllchen schneiden, sofort in die Salatsoße legen und mit einem Holz- oder Plastiklöffel umwenden.

Tipp:
Chicorée lässt sich sehr gut mit Fruchtstückchen mischen: Mandarinenspalten oder Grapefruitfilets oder auch entkernte blaue Weintrauben.

321

Kopfsalat

1–2 Salatköpfe, je nach Größe.
Soße:
2–3 Essl. Wein- oder Kräuteressig oder 1 Essl. Zitronensaft, 3–4 Essl. Öl,
evtl. etwas Mineralwasser oder entfettete Fleischbrühe,
je 1 Prise Salz,
Pfeffer oder Paprika,
1 Spur Zucker,
1 fein gewiegte Zwiebel oder
2–3 Schalottenzwiebeln,
reichlich Schnittlauch oder Dill
oder 1 Teel. gewiegte Würzkräuter (Estragon, Petersilie oder Zitronenmelisse).

Von festen, geschlossenen Salatköpfen die äußeren Blätter entfernen, alle übrigen Blätter ablösen und große dreibis viermal teilen; beim Durchschneiden nicht auf alle Blattrippen verzichten, nur einen Teil davon (die dicksten Rippen) wegschneiden, damit das in den Blattrippen enthaltene Vitamin C nicht ganz verlorengeht. Die Blätter in einer großen Schüssel in viel frischem, mehrmals gewechseltem Wasser rasch waschen, abtropfen lassen und vor dem Anmachen in einer Salatschleuder, einem Salatkorb oder Geschirrtuch nochmals leicht hin und her schwenken (je trockener der Salat, desto besser nimmt er die Salatsoße an).
Die Salatsoße in einer Schüssel anmachen, die knappe Soße (der Salat soll darin nicht schwimmen) würzig abschmecken, evtl. die Schüssel zuvor mit einer Knoblauchzehe ausreiben; die Salatblätter rasch und gründlich mit der Soße vermischen, die Salatherzchen in die Soße eintauchen und als Verzierung auf den Salat setzen.

322

Bunter Blattsalat

Ackersalat, Chicorée, Frisée, Eisbergsalat, Löwenzahn und Radicchio zu gleichen Teilen, vermischt mit Filets von 1 rosa Grapefruit, angemacht mit Sauce Vinaigrette **309**, siehe Abb. Seite 101.

323
Endivien-Salat

Die **glatte Endivie**, auch **Escariol** genannt, hat glatte, recht derbe Blätter. Die **Krause Endivie, Frisée** genannt, hat gekrauste, stark geschlitzte, fein gefiederte Blättchen. Die grünen Außenblätter schließen ein mehr oder minder gelb gefärbtes Herz ein. Beide Sorten gehören zur Chicorée-Familie, daher auch der leicht bittere Geschmack.

1 Kopf Escariol,
*Salatsoße nach Wahl, siehe **316**.*

Die Salatblätter einzeln ablösen, gut waschen und die dicken Blattrippen etwas kürzen. 4–6 Blätter aufeinander schichten und je nach Vorliebe entweder feinnudelig oder etwas breiter schneiden. Den geschnittenen Salat für 1–2 Min. in lauwarmes Wasser legen, danach trockenschleudern und mit Salatsoße nach Wahl anmachen.

324
Salat Mimosa

1 Kopfsalat oder Eisbergsalat,
geriebener Käse, z. B. Gouda,
1 Dose Sprotten oder
*200 g pochierter Lachs **700**,*
2 hartgekochte Eier,
1 Tasse Salatmayonnaise (150 g),
*Salatsoße wie Rezept **321**.*

Den grünen Salat wie Rezept **321** zubereiten, Sprotten oder Lachs zerdrücken, Eiweiß und Eigelbe getrennt hacken und den Salat schichtweise anrichten: Unterste Schicht Sprotten oder Lachs, darüber gehacktes Eiweiß, darüber geriebener Käse, darüber Salatmayonnaise, darüber grüner Salat, oberste Schicht gehacktes Eigelb.

Endiviensalat in feine Streifen schneiden

325
Frisée-Salat

1 Kopf Frisée (nicht zu groß),
*Sauce Vinaigrette **309**,*
mit Schalottenwürfeln.
100 g durchwachsener Speck
oder 1 Brötchen, 20 g Butter
und 1 Knoblauchzehe.

Vom Frisée möglichst nur die gelben Innenblätter verwenden, die grünen Blätter sind oft hart (diese zum Dekorieren verwenden). Den Salat waschen, trockenschleudern und in mundgerechte Stücke zupfen. Eine kräftig gewürzte Sauce Vinaigrette mit sehr fein gehackten Schalottenwürfeln anrühren. Den Speck in kleine Würfel schneiden und in einer Pfanne ohne Fettzugabe kross ausbraten.
Oder das Brötchen in Würfel schneiden, in Butter anbraten und die Knoblauchzehe darüberpressen.
Den Salat mit der Sauce Vinaigrette gut vermischen und mit den Speck- bzw. Brotwürfeln bestreuen.

326
Radicchiosalat

2–3 Stauden Radicchio (ca. 300 g).
Soße:
2 Essl. Quark oder Schichtkäse,
1 Essl. Zitronensaft,
½ Teel. Salz,
½ Teel. Zucker oder 1 Teel. Honig,
4–5 Essl. Öl.

Von den Radicchiostauden den Wurzelansatz abschneiden; den Salat in einzelne Blättchen zerteilen und gut waschen, in der Salatschleuder trocknen. Den Quark mit Zitronensaft, den Gewürzen und dem Öl gut verrühren; sollte die Soße nicht flüssig genug sein, etwas Orangensaft hineingeben. Die Radicchioblättchen erst kurz vor dem Servieren mit der Salatsoße vermischen.
Oder Radicchio mit einer Essig- und Ölsoße anmachen und kleine Würfelchen von Schafskäse darüberstreuen.
Oder Radicchio mit weißen gekochten Bohnenkernen und einer Sauce Vinaigrette mit Knoblauch und Blattpetersilie anmachen.

327
Römischer Salat (Romana, Bindesalat)

1 Staude Römischer Salat,
*Sauce Vinaigrette **309**,*
100 g frische Champignons,
½ Bund Blattpetersilie.

Die Außenblätter entfernen, die übrigen Blätter einzeln ablösen, waschen, trocknen und dann in Stücke schneiden. Die Vinaigrette anrühren, in eine Schüssel geben. Die Champignons falls nötig rasch waschen, sonst nur abwischen, die Stiele entfernen und die Pilzhüte in Scheiben schneiden. Sofort mit der Vinaigrette vermischen. Die Blattpetersilie fein hacken, mit den Salatstreifen und Pilzscheiben vermischen.
Oder 1 weiche Avocado in Scheiben schneiden und mit dem Salat vermischen.
Der Römische Salat kann auch mit einer Joghurt- oder Sahnesoße angemacht werden. Er eignet sich bestens zum Mischen.

328
Kressesalat

Die **Gartenkresse** sollte geschnitten werden, wenn sie noch kurzstielig ist, sonst die Stiele kürzen; sorgfältig verlesen und mehrmals waschen. Fein geschnittene Radieschen unter die Kresse mischen und den Salat wie Kopfsalat anmachen.
Die **Brunnenkresse** schmeckt im Winter und Frühjahr am besten; die Kresse ca. 30 Minuten in stark gesalzenes Wasser legen, danach mehrmals gründlich mit klarem Wasser nachspülen (erforderlich, da der Brunnenkresse Larven anhaften können). Die Stängel entfernen, die Blättchen gut abtropfen lassen. Die Salatsoße mit Sahne, Joghurt und einer kräftigen Prise Zucker oder mit Honig anmachen.

Tipp:
Brunnenkresse ist sehr gesund. Sie enthält Senföle, viel Jod, die Vitamine A und C, viel Eisen und andere Mineralstoffe. Mit mild schmeckenden Salaten mischen.

329

Eichblattsalat mit Avocado und Orange

1 Staude Eichblattsalat (ca. 300 g),
1 Avocado, etwas Zitronensaft,
1 Orange oder Grapefruit.
Soße:
Saft von ½ Zitrone,
½ Teel. Kräutersalz,
1 Prise weißer Pfeffer,
1 Prise Cayennepfeffer,
1 Essl. Ketchup, 2–3 Essl. Öl,
evtl. einige kleingehackte Nüsse.

Den Eichblattsalat putzen, waschen und die Blättchen 2–3 mal zerzupfen. In einer Salatschleuder trocknen. Die Avocado schälen, halbieren, den Kern herausnehmen. Die Frucht in schmale Spalten schneiden, sofort mit etwas Zitronensaft beträufeln, damit diese nicht unansehnlich werden. Die Orange oder Grapefruit (sehr mild schmecken die rotfleischigen Ruby Red aus Texas) dick über einer Schüssel abschälen (auch das weiße Häutchen) und in Scheiben und diese in kleinere Stückchen schneiden.
Die Salatsoße anrühren, pikant abschmecken und erst kurz vor dem Servieren über den Salat gießen, damit die sehr empfindlichen Eichblätter nicht zusammenfallen. Evtl. mit einigen Walnussstückchen bestreuen.

330

Löwenzahn-Salat

1 Staude großblättriger Löwenzahn oder 300 g frisch gepflückte, junge Löwenzahnblätter,
3 Scheiben Frühstücksspeck (Bacon) oder Knoblauch-Croûtons.
*Sauce Vinaigrette **309** mit feingehobelten Zwiebeln, evtl. Beerenessig **2389** und 1 Prise Zucker.*

Die Löwenzahnblätter gründlich waschen, zerkleinern, trockenschleudern und auf 4 Tellern verteilen. Den Frühstücksspeck in einer Pfanne ohne Fettzugabe kross ausbraten, über die Löwenzahnblätter krümeln.
Oder die Knoblauch-Croûtons darüberstreuen. Mit der Sauce Vinaigrette beträufeln.

331

Pikanter Eissalat

1 Kopf Eissalat, grün oder rot,
1 Tasse frische oder eingelegte rote Paprikaschoten,
100 g Roquefort, 1 Essl. saure Sahne,
1 Essl. Weinessig,
½ Tasse Salatmayonnaise (Glas),
1 Prise Salz,
1 Hauch frisch gemahlener schwarzer Pfeffer,
einige Tropfen Tabascosoße,
1 Teel. kleingehackte Würzkräuter.

Den Eissalat in kleine Stücke schneiden, gut waschen und abtropfen lassen. Die Paprikaschoten in Streifen schneiden und dazugeben. Den Roquefort mit einer Gabel zerdrücken und mit der sauren Sahne, Weinessig und Mayonnaise vermischen. Mit Salz, Pfeffer und wenig Tabascosoße abschmecken und die Soße über dem Salat verteilen. Zuletzt die Würzkräuter darüberstreuen.

Tipp:
Mit kleingeschnittenen Apfel- oder Ananasstücken (ohne Tabasco) schmeckt der Salat besonders Kindern.

332

Lattichsalat

Jungen, zarten Lattich verlesen, evtl. die Stiele etwas kürzen, die Blättchen gut waschen, abtropfen lassen und mit Salatsoße nach Wahl anmachen.

Bunte Salatschüssel mit Löwenzahn, Tomatenachteln, Frisée, Paprikastreifen, Mais, Avocadosoße **97** mit Olivenöl

333
Sauerampfersalat

Dazu möglichst junge Blättchen verwenden (ca. 300–350 g) oder ältere nach dem Entfernen der Blattrippen nudelig schneiden und mit Soße **312** anmachen. Die Soße knapp bemessen, die Blättchen sollen nur gut befeuchtet sein.
Sauerampfersalat nur in kleinen Mengen servieren, da er sehr säuerlich schmeckt und die in den Blättern enthaltene Oxalsäure zum ständigen Genuss nicht geeignet ist. Am besten sind Mischungen mit Kopfsalat, Tomaten oder Pflücksalat.
Auch zum Umkränzen von Kartoffel-, Nudel- und Reissalat geeignet.

334
Spinatsalat

400 g frische zarte Spinatblättchen,
evtl. einige Radieschen oder
2 Tomaten,
1 Zwiebel in Ringen,
1 fein gehackte Knoblauchzehe.
Zur Soße:
1–2 Essl. Kräuteressig,
Salz, 1 Prise Zucker,
1 Teel. milder Senf,
1 zerdrücktes Eigelb,
4 Essl. Öl.

Die Spinatblätter einige Male waschen; darauf achten, dass es möglichst zarte, kleine Blättchen sind. Entstielen und gut abtropfen lassen, falls nötig zerkleinern. Radieschen in Scheiben oder Tomaten in Achtel schneiden. Alle Zutaten in eine Schüssel geben, die Salatsoße anrühren und erst unmittelbar vor dem Servieren über den Salat gießen.
Oder den Spinatsalat nur mit 500 g Spinatblättchen und 2 Essl. leicht angerösteten Nüssen (auch Pinienkernen) vermischen und mit der Soße anmachen.
Oder die vorbereiteten Spinatblätter so lange wiegen, bis sich Saft bildet, dann fein gehackte Schalotten, Petersilie, Sauerampferblättchen, Dill oder andere vorhandene Würzkräuter, Zitronensaft, Öl und 1 Teel. Kräutersalz untermischen.

Rohgemüsesalate

335
Rohkost-Vorspeise

Etwa 2 Essl. in etwas Butter geröstete Mais-, Hafer- oder Kornflocken in die Mitte eines Glastellers häufen, ringsum kleine Nestchen von Rohgemüse (möglichst abwechselnd in den Farben) wie geriebenen Blumenkohl, Karotten, Rettich oder streifig geschnittenen Spinat und Endiviensalat setzen.
Oder eine Zusammenstellung von: Kopf- und Ackersalat, Rot- und Weißkraut, Sellerie.
Oder eine Zusammenstellung von: Kopf- und Kressesalat, frischen Gurken- und Tomatenscheiben oder geraspelten Roten Rüben.
Oder eine Zusammenstellung von: geriebenen Karotten und Kohlrabi, jungen Erbsen, Tomaten- und Gurkenscheiben.
Oder eine Zusammenstellung von: Chicoréeblättern, grob geraffelter Karotte, Endiviensalat und Roten Rüben. Dazu Apfelmeerrettich **67**.

Zu den vorbereiteten, je nach Sorte geraspelten, geriebenen oder nudelig geschnittenen Gemüsen noch etwas Meerrettichsahne oder Quarkmayonnaise oder fertige Salatmayonnaise stellen; die Salate evtl. mit knapp dosierter Salatsoße anmachen.

336
Gemischte Rohsalate

Sehr aromatisch schmecken diese Mischungen:
Tomaten, Sellerie und Äpfel oder Karotten und Rettiche, bzw. Radieschen mit Salatsoße **312**.
Sellerie und Äpfel mit Salatsoße **70**.
Blumenkohl, Tomaten, frische Gurken mit Quarkmayonnaise **83**.
Frische Gurken, Rettiche oder Radieschen, Tomaten mit Salatsoße **315**.
Die Zubereitung kann nach **337** erfolgen; das Gemüse, je nach Sorte, reiben, hobeln oder feinstreifig bzw. feinblättrig schneiden, z. B. Gurken und Radieschen.

337
Italienischer Rohsalat

Je 100 g grüne Paprikaschoten,
Blumenkohlröschen,
Gelbe Rüben, Staudensellerie,
je 1 Essl. gehackte Petersilie und
Schnittlauch,
2 hart gekochte Eier, 2 Essiggürkchen, 2 Oliven, einige Kapern,
Salatsoße ***309*** *(doppelte Menge).*

Die Paprikaschoten aushöhlen, in feine Ringe schneiden, die vorbereiteten übrigen Gemüse auf der groben Raffel reiben, Staudensellerie in feine Streifen schneiden. Eier, Gürkchen und Oliven ebenfalls in Würfelchen teilen, die Kapern zufügen, mit dem Gemüse und der Salatsoße tüchtig vermischen; den Salat mindestens 1 Std. durchziehen lassen und auf Kopfsalatblättchen anrichten.

338
Rohkost-Mahlzeit

Für 1 Portion
1 Apfel (150 g),
etwa 70 g frische Gurke oder
2 Stängel Staudensellerie,
1 junge Gelbe Rübe (30 g),
1 Essl. geriebene Haselnüsse oder
Mandeln,
1 Essl. Zitronensaft, 1 Essl. Öl,
etwa 1/8 l süße, dicke Sahne,
1 Prise Zimt,
frisch gemahlener Pfeffer,
1 Essl. Weizenkeime
oder Maisflocken.

Den ungeschälten Apfel flockig reiben und gleich mit dem Zitronensaft vermischen; die Gurke auf der groben, die Gelbe Rübe auf der feinen Raffel reiben (Staudensellerie in Streifen schneiden), die Haselnüsse, das Öl und zuletzt so viel Sahne zufügen, dass alles gut befeuchtet ist. Die Rohkost auf einem Teller anrichten, evtl. mit Pfeffer oder Zimt bestreuen und die Flocken obenauf geben.

339
Frischkost-Teller

Für 1 Portion
3–4 Blätter Löwenzahn,
1–2 zarte Rettiche (Eiszapfen),
1 Birne, Zitronensaft,
1 Essl. gehackte Walnüsse.
Zur Soße:
½ Becher Joghurt,
je 1 Prise Pfeffer und Kräutersalz,
1 Essl. Orangensaft.

Den Löwenzahn gründlich waschen, evtl. kurz in lauwarmes Wasser legen, dann für ca. 30 Min. in den Kühlschrank geben, damit er nicht so bitter schmeckt. Danach in Streifen schneiden. Die Rettiche dünn abschälen (am besten mit dem Kartoffelschäler), grob reiben; die Birne schälen, in Spalten schneiden und sofort mit etwas Zitronensaft beträufeln, damit sie nicht dunkel wird. Die Zutaten nebeneinander auf einem Teller anrichten, die gehackten Nüsse darüberstreuen. Zur Soße alle Zutaten gut verquirlen und über den Salatteller gießen. Dazu schmeckt ein knuspriges Landbrot oder kernige Roggenbrötchen. Wer es herzhafter liebt, schneidet 2–3 Scheiben durchwachsenen Speck in Würfel, brät diese knusprig und gibt sie über den Frischkost-Teller.

340
Blumenkohl-Rohkost

350–400 g ganz frische Blumenkohlröschen,
Salzwasser oder 1 Msp. Biosmon.
1 mittelgroßer Apfel,
Sahnesoße ***316*** *oder* ***315*** *mit 2 Essl. gehackter Petersilie.*

Die Blumenkohlröschen für 10 Minuten in leicht gesalzenes Wasser legen (um evtl. Larven herauszuziehen), dann kalt abbrausen und auf einer Rohkostreibe grob raffeln. Den Apfel waschen und mit der Schale dazuraffeln. Mit der Salatsoße nach Wahl anmachen und mit Petersilie bestreuen.

341
Chinakohlsalat

1 Staude Chinakohl, ca. 400 g,
1 Apfel, 1 Scheibe Ananas.
Soße:
1 Essl. Zitronensaft,
½ Teel. Salz, 1 Prise Zucker,
evtl. 1 Prise Ingwerpulver oder 1 Teel. sehr fein gehackter Ingwer (eingelegt),
1 Essl. Tomatenketchup
oder milder Senf, 3–4 Essl. Öl,
evtl. 2 Essl. Ananassaft.

Die Hüllblätter vom Chinakohl entfernen, die übrigen Blätter lösen, waschen und in Streifen schneiden. In der Salatschleuder oder in einem Tuch trocknen. Den Apfel schälen und mit der Ananasscheibe in Stückchen schneiden, mit dem Chinakohl locker vermischen. Die Salatsoße anrühren, evtl. mit Ananassaft abrunden, über den Chinakohl gießen und kurz durchziehen lassen.

Oder zum Chinakohl eine Specksoße zubereiten: 6 Scheiben Frühstücksspeck kleinwürfelig schneiden, zusammen mit einer feingehackten Zwiebel in wenig Öl glasig anbraten. Eine Essig und Ölsoße wie **309** zubereiten, die Speck-Zwiebelmischung einrühren, leicht erwärmen und über den Chinakohl gießen.

Oder zum Chinakohl noch 1 rote Paprikaschote geben (in kleinen Würfeln). Mit einer Sahnesoße **316** vermischen.

Frischkostteller mit Tomatenachteln und Zucchinischeiben, Paprikastreifen und marinierten, in Sesam gewälzten Tofustreifen (Seite 602)

342
Fenchel-Rohkost

400 g Fenchelknolle (1–2 Stück), Sauce Vinaigrette mit Olivenöl ***309****.*

Fenchelknolle waschen, falls nötig, die äußeren Hüllblätter entfernen und die Knolle halbieren. Das feste Mittelstück herausschneiden und die Stängel mit Grün abschneiden. Das Grün fein schneiden und mit der Salatsoße vermischen. Die Fenchelhälften in sehr dünne Streifen schneiden, mit der Soße vermischen und ca. 15 Min. durchziehen lassen.

343
Spargel-Rohkost

Ca. 350 g frischer Spargel (weiß oder grün).
Soße:
½ Teel. Salz,
1 Essl. Zitronensaft,
2 Essl. Orangensaft,
1 Prise Zucker,
4 Essl. dicke saure Sahne,
½ Bund Dill.

Gereinigte, geschälte Spargel großzügig kürzen (die unteren Teile zu einer Suppe verwenden), wie Schwarzwurzeln in feine Blättchen schneiden und mit der Soße anmachen. Mit gehacktem Dill überstreuen.
Wird grüner Spargel verwendet, sollte man statt saurer Sahne Olivenöl für die Soße vorziehen.

344
Kohlrabi-Rohkost

375–400 g zarte Kohlrabi.
Salatsoße: ½ Teel. Salz,
1 Prise weißer Pfeffer,
1 Prise Zucker, 1 Teel. Zitronensaft,
100 g süße Sahne (ca. ½ Becher)
oder 2 Essl. Salatmayonnaise
mit etwas Apfelsaft glattgerührt.

Kohlrabi schälen, zuerst halbieren, dann in dünne Blättchen oder Streifen schneiden. Die Soße anrühren und die Kohlrabi ca. 10 Minuten durchziehen lassen. Sind die Blättchen zart, diese fein gehackt über die Rohkost streuen.

345
Gurkensalat

1–2 Salatgurken,
1 Becher Joghurt,
2 Essl. Öl, 1–2 Essl. Weinessig,
1 Teel. Senf,
Salz oder Streuwürze,
Pfeffer, 1 Prise Zucker,
Schnittlauch, Dill oder Minze.

Die Gurke waschen, an den Enden probieren, ob sie bitter schmeckt (bittere Gurken nicht verwenden), schälen und in Scheiben schneiden. Junge Gurken nicht schälen. Joghurt mit Öl, Weinessig, Senf, Salz, Pfeffer und Zucker verrühren und erst dann mit den Gurkenscheiben vermischen, wenn der Salat aufgetragen wird. Er zieht rasch Brühe. Reichlich mit kleingeschnittenem Schnittlauch oder Dill bestreuen.
Oder nur eine kleine Gurke hobeln und mit gleicher Menge Melonenfleisch (von einer Wasser- oder Honigmelone) vermischen. Die Salatsoße mit Olivenöl anmachen und über den Salat frische Blättchen von Zitronenmelisse oder Majoran streuen.
Oder statt Gurke junge **Zucchini** ebenso anmachen. Nicht schälen.

346
Gurkensalat mit Sahne

1–2 kleine Salatgurken,
4–5 Essl. dicke, saure Sahne,
1 Essl. Essig oder Saft von ½ Zitrone,
je 1 Prise Salz und Pfeffer,
reichlich Schnittlauch oder Dill.

Die Gurken schälen und in Scheiben hobeln; die Sahne mit Essig oder Zitronensaft schaumig quirlen, Salz und Pfeffer untermischen, die Gurkenscheiben einlegen und mit reichlich Schnittlauch oder Dill bestreuen. Bei den ersten jungen Salatgurken genügt ein Abwaschen mit warmem Wasser; dann ungeschält hobeln und mit Salatsoße **316** mit Dickmilch oder **317** mit Sahne anmachen.
Oder nur eine kleine Salatgurke hobeln, mit der Sahnesoße anmachen und noch eine Dose Maiskörner (Einwaage ca. 280 g) zugeben.

347
Radieschensalat

2 Bund Radieschen,
Salz und Pfeffer,
1 Essl. Obstessig oder Zitronensaft,
2–3 Essl. Öl.

Die Radieschen waschen, in feine Scheiben schneiden oder raspeln, etwas Salz und Pfeffer überstreuen und Saft ziehen lassen; Essig oder etwas Zitronensaft untermischen und beim Anrichten Öl nach Wahl über die Radieschen träufeln. Zusätzlich können die zarten grünen Herzblättchen feingeschnitten darübergestreut werden.

348
Rettichsalat

375 g weiße, rote oder schwarze Rettiche,
2–3 Essl. Öl,
3–4 Essl. Essig,
Salz, 1 Prise Pfeffer,
1 Bund Petersilie oder
1 Messersp. gewiegtes Liebstöckelkraut.

Die Rettiche schaben, waschen, in dünne Rädchen schneiden oder hobeln oder auf der groben Gemüseraffel reiben. Die Rettichscheiben mit Öl und Essig beträufeln, Salz, Pfeffer und feingehackte Petersilie untermischen oder beim Anrichten das Gewürzkraut überstreuen.
Oder unter die gehobelten oder geraspelten Rettiche eine halbe, ebenfalls geraspelte Sellerieknolle mischen, 2 Essl. dicke saure Sahne und den Saft von 1 Zitrone darübergeben und mit wenig Salz, gewiegtem Selleriekraut oder Petersilie würzen.

Tipp:
Die ersten Rettiche (die kleinen Eiszapfen) schmecken sehr zart; davon einen Bund für den Salat verwenden. Von roten oder den weißen großen Rettichen (Radi) reichen unter Umständen auch schon 1–2 Stück. Sind die Rettiche sehr scharf, so empfiehlt sich eine Mischung mit geraspelten saftigen, süßen Äpfeln und eine Sahnesoße.

349

Kürbis- oder Zucchini-Rohkost

*1 kleiner Kürbis (ca. 375 g) oder 2 Zucchinis (Courgettes), evtl. 1 Birne. Mayonnaise **82** oder Quarkmayonnaise **83**.*

Den Kürbis in Viertel schneiden, schälen, die Kerne entfernen und die Schnitze flockig reiben. Zucchinis gründlich waschen (wenn es junge Früchte sind, können sie ungeschält verwendet werden), der Länge nach halbieren und in dünne Scheiben schneiden. Evtl. eine Birne reiben und untermischen und mit Mayonnaise anmachen.

350

Paprikaschotensalat

*Je 1 Paprikaschote gelb, rot und grün, evtl. 1 kleine Pfefferschote, 1 Apfel oder 1 Fleischtomate. Sauce Vinaigrette **309** mit Olivenöl und 2 Essl. mildem Rotwein.*

Stiele, Kerne und Samengehäuse sorgfältig entfernen, die Schoten halbieren, rasch waschen und in feine Streifen schneiden. Wer gern scharf isst, kann 1 Pfefferschote fein hacken und dazugeben oder den Apfel in feine Blättchen schneiden, bzw. die Tomate in Achtel. Die Sauce Vinaigrette bereiten und den Paprikasalat darin ca. 15 Min. durchziehen lassen.

Tipp:
Wer die feste Außenhaut der Paprikaschoten nicht verträgt, sollte diese entfernen: die Schoten entweder auf der heißen Herdplatte oder im Backofen so lange rösten, bis sie außen schwärzlich aussehen, dann die Haut abziehen.

351

Pilzsalat (roh)

*400 g ganz frische kleine Champignons oder geschlossene Steinpilze. Rahmmayonnaise **82** oder Sauce Vinaigrette mit Olivenöl, Balsamico-Essig und gehackter Blattpetersilie oder fein geschnittenen Frühlingszwiebeln **309**.*

Die Pilze müssen wirklich ganz frisch, fest und geschlossen sein. Die Pilze mit einem Tuch oder Küchenkrepp abwischen, nicht waschen. Den Stielansatz abschneiden und die Hütchen (bei Steinpilzen Hütchen mit dem gut gereinigten Stiel) in feine Scheiben schneiden. Mit der Rahmmayonnaise oder der Sauce Vinaigrette anmachen und ca. 20 Minuten durchziehen lassen.

Tipp:
Das Pilzaroma kann noch verstärkt werden, wenn 1 Msp. Pilzpulver (z. B. von Nelkenschwindlingen) oder Trüffelsaft zugegeben wird.

352

Tomatensalat

500 g feste Tomaten, 3–4 Essl. Öl, 2 Essl. Essig oder 1 Essl. Zitronensaft, je 1 Prise Salz, Pfeffer und Zucker, 1 fein gewiegte Zwiebel oder 2 Schalottenzwiebeln, ½ Teel. milder Senf, 1 Knoblauchzehe, evtl. 1–2 hart gekochte Eier.

Die Tomaten über Kreuz einritzen, für 1–2 Min. in kochendes Wasser legen, dann kalt abbrausen, die Haut abziehen und in feine Scheiben schneiden. Eine Schüssel mit der Knoblauchzehe ausreiben und die Tomaten darin mit den übrigen Zutaten vermischen; dabei vorsichtig mit zwei Gabeln hantieren, damit die Tomatenscheiben ganz bleiben. Zuletzt die grob gewiegten Eier überstreuen.
Oder ein Tomatenkörbchen in die Mitte einer Platte setzen und die Tomatenscheiben, von dort ausgehend, schuppenförmig anrichten. Die gut vermischten Salatzutaten darüber geben und die gewiegten Eier aufstreuen.
Oder nur etwa 400 g Tomaten in Scheiben schneiden und dazu noch je 1 rote und grüne Paprikaschote in Streifen mischen. Zur gewiegten Zwiebel noch eine Zwiebel in feinen Ringen geben. Alle Zutaten mit der Soße wie oben vermischen und statt gehackten Eiern gehackte Petersilie darüber streuen.

1 Von den Paprikaschoten einen Deckel abschneiden und das Kerngehäuse herausdrehen.

2 Paprika in feine Streifen schneiden...

3 ...und eventuell würfeln.

353

Sojasprossensalat

250 g frische Sojasprossenkeimlinge,
2 dünne Stangen zarter Lauch,
100 g frische Champignons,
2–3 getrocknete chinesische Pilze (ca. 30 Minuten in lauwarmem Wasser eingeweicht).
Soße:
2 Essl. Zitronensaft,
1 Teel. milde Sojasauce, ½ Teel. Kräutersalz, 1 Prise weißer Pfeffer,
1 Messersp. Knoblauchpulver,
je ½ Teel. Kardamom und Kurkuma (Gelbwurzel), 3–4 Essl. Öl.

Die Sojasprossenkeimlinge, etwas zerkleinern, kurz mit kaltem Wasser überbrausen und abtropfen lassen. Die geputzten Lauchstangen in sehr feine schräge Scheiben schneiden; Champignons rasch waschen und feinblätterig schneiden. Von den eingeweichten Pilzen den Stiel entfernen und die Hütchen in Streifen schneiden. Die Soße mit einem Schneebesen kräftig verschlagen, über Lauch und Pilze gießen, gut vermischen und die Sojasprossenkeimlinge locker darunterheben.

Im Reformhaus und in Naturkostläden gibt es interessante Sprossenmischungen. Hier einige Keim-Hinweise:
Mungbohnen/Mungobohnen: in viel Wasser einweichen, einmal pro Tag abspülen. Keimzeit: 3–4 Tage.
Linsen: einweichen, drei- bis viermal pro Tag abspülen. Keimzeit: 2–3 Tage.
Kichererbsen: in viel Wasser einweichen, mehrmals täglich abspülen. Keimzeit: ca. 3 Tage. Weitere Hinweise sind den Anleitungen bei Keimboxen oder Keimapparaten zu entnehmen.

Verschiedene gekeimte Sprossen

354

Weißkrautsalat

1 Kopf Weißkraut (ca. 500 g),
2 Äpfel, Saft von ½ Zitrone,
1 Möhre oder 80 g Sultaninen.
*Soße **316** mit Joghurt, ohne Tomatenketchup.*

Das Weißkraut fein schneiden, in lauwarmem Wasser waschen und gut abtropfen lassen. Die Äpfel schälen, grob raffeln, mit Zitronensaft beträufeln und mit der geraspelten Möhre oder den gewaschenen Sultaninen zum Kraut geben. Mit der Soße gut vermischen und etwa 2 Std. durchziehen lassen; nochmals gut durchmischen.

Tipps:
Etwas älteres Weißkraut für ca. 30 Minuten in Eiswasser in den Kühlschrank stellen. Das Kraut wird frisch und knackig.
Statt Weißkraut Spitzkohl oder Filderkraut verwenden.

355

Weißkraut-Rohkost

400 g Weißkraut.
Soße:
4 Essl. saure Sahne oder Crème fraîche,
1 Essl. Salatmayonnaise,
3 Essl. Weinessig, 1 Essl. Zucker,
½ Teel. Salz, ¼ Teel. weißer Pfeffer.

Die Krautblätter waschen, gut abtropfen lassen, die dicken Blattrippen abschneiden und die Blätter in feine Streifen schneiden. Oder den Krautkopf halbieren und auf dem Krauthobel fein hobeln. Die Soße anrühren und sehr gut mit dem Kraut vermischen. Den Krautsalat kühl mindestens 1 Std. durchziehen lassen, evtl. mit einem Brettchen beschweren.
Oder den Krautsalat mit Rahmmayonnaise **82** anmachen und mit Grapefruitstückchen vermischen. Dabei die Fruchtsegmente über einer Schüssel auslösen und den Saft mit der Mayonnaise verrühren. Besonders aromatisch schmecken zum Krautsalat die rosafarbenen Grapefruits. In den Wintermonaten eine Vitaminbombe.

356

Rotkrautsalat

*Ca. 300 g Rotkrautblätter,
Saft von ½ Zitrone oder
1–2 Essl. Obst- oder Weinessig,
etwas Streuwürze, 1 Essl. Zucker,
1 säuerlicher Apfel,
je 1 Prise weißer Pfeffer und
gemahlener Kümmel, 1–2 Essl. Öl,
1–2 Essl. Sauer- oder Dickmilch,
evtl. Zitronensaft zum Nachwürzen.*

Die Krautblätter wie beim Weißkraut sehr fein schneiden oder hobeln, mit dem Zitronensaft oder Essig, etwas Streuwürze und Zucker vermischen, dann 1–2 Std. zwischen zwei Tellern, leicht beschwert, pressen. Vor dem Anrichten einen geschälten, roh geriebenen Apfel, die Gewürze, Öl, Sauermilch und evtl. Zitronensaft zufügen.
Oder über den Salat 2 Essl. kross gebratene Speckwürfel geben.

357

Knollensellerie-, Karotten- oder Rote-Rüben-Rohkost

*Je Gemüsesorte pro Person
ca. 125 g,
1 kleine Zwiebel oder
1 Frühlingszwiebel,
1 Essl. Sonnenblumenkerne.
Evtl. 1 kleiner Apfel,
Soße: Zitronensaft,
Kräuter- oder Selleriesalz,
wenig Pfeffer, Öl, wie
Sonnenblumenöl, Distelöl oder
Olivenöl, oder saure, evtl. auch
süße Sahne.*

Nach sorgfältigem Reinigen und Abschaben die Knollen oder Rüben auf der groblöcherigen Raffel reiben, jedes Gemüse getrennt mit Soße nach Wahl anmachen und je 1 Teel. geriebene Zwiebel und Sonnenblumenkerne überstreuen (evtl. einen rohen, geriebenen Apfel untermischen).

358

Sauerkraut-Rohkost mit Äpfeln

*500 g Sauerkraut (mildsauer, evtl. aus dem Reformhaus),
1–2 säuerliche Äpfel,
evtl. einige blaue Trauben.
Soße:
1 Teel. Zwiebelsalz,
1 Prise Pfeffer, 1 Teel. Honig,
1–2 Essl. Apfelsaft, 3–4 Essl. Öl.*

Das rohe Sauerkraut etwas zerschneiden und auflockern. Die Äpfel waschen und mit der Schale grob zum Sauerkraut reiben. Falls Trauben mitverwendet werden, halbieren und entkernen. Zur Soße das Zwiebelsalz, Pfeffer und flüssigen Honig mit dem Apfelsaft und dem Öl verquirlen, über die Sauerkraut-Rohkost geben und vermischen.
Oder anstatt Trauben 2 Scheiben Ananas klein geschnitten zugeben.

359

Grünkohlsalat

*Ca. 375 g Grünkohl,
4 Scheiben durchwachsener Speck
oder 2 Scheiben Weißbrot,
etwas Butter.
Soße:
Saft von ½ Zitrone,
½ Teel. Salz,
½ Teel. geriebene Zwiebel,
evtl. 1 kleingehackte
Knoblauchzehe, 1 Prise Zucker,
4 Essl. Sonnenblumenöl,
evtl. etwas Apfelsaft.*

Der Grünkohl ist im Winter als Vitaminspender besonders zu empfehlen. Die krausen Blättchen von der dicken Blattrippe lösen, in warmem Wasser waschen, ca. 2 Minuten blanchieren, kalt überbrausen. Gut abtropfen lassen, einige Blätter aufeinander schichten und sehr feinnudelig schneiden. Den Speck in kleine Würfel schneiden und kross anbraten oder das Brot in Würfel schneiden und in wenig Butter anrösten. Salatsoße anrühren, evtl. mit etwas Apfelsaft verlängern und erwärmen. Warm mit dem Grünkohl vermischen und die Speck- oder Brotwürfelchen darüberstreuen.

Salate von gekochtem Gemüse

360

Grüner Bohnensalat

*500 g zarte, grüne Bohnen,
3 Essl. Essig,
1 Tasse entfettete Fleischbrühe oder
Bohnenkochwasser,
3 Essl. Öl, 1 Prise Pfeffer,
etwas frisches oder getrocknetes
Bohnenkraut,
evtl. 1 Knoblauchzehe, gepresst,
1 fein geschnittene Zwiebel.
Zum Nachwürzen:
etwas Salz.*

Die Bohnen waschen, gipfeln und in Stücke brechen; zarte, junge Bohnen können auch halbiert werden. In leicht gesalzenem Wasser nicht zu weich kochen, abtropfen lassen, mit obigen Zutaten anmachen und abschmecken; ca. 30 Min. durchziehen lassen, evtl. mit Salz nachwürzen.

361

Wachsbohnensalat

*400 g Wachsbohnen,
250 g kleine frische Champignons,
2 Frühlingszwiebeln oder
1 Teel. gehackte Schalottenzwiebel
Salatsoße:
1½ Teel. Salz,
frisch gemahlener Pfeffer,
2 Essl. Obstessig,
1 Prise Zucker,
4–5 Essl. Sonnenblumenöl.*

Die vorbereiteten (siehe **360**) Wachsbohnen in Salzwasser (evtl. mit etwas Bohnenkraut) ca. 15 Min. garen. Abtropfen und abkühlen lassen. Die möglichst kleinen Champignons rasch waschen und in feine Scheiben schneiden. Zusammen mit den in dünne Ringe geschnittenen Frühlingszwiebeln (mit Grün) zu den Bohnen geben. Die Salatsoße anrühren, über den Bohnensalat gießen und gut vermischen.

Salate und Rohkost

362 Spargelsalat

1 kg mittelstarke, frische Spargelstangen.
Soße:
2 Essl. Öl, 2–3 Essl. Essig, etwas Spargelkochwasser, je 1 Prise Salz, Pfeffer oder Mayonnaise ***82****.*

Die sorgfältig geschälten Spargel (vgl. **1315**) in etwa 2 cm lange Stücke schneiden, bissfest kochen, abtropfen lassen und mit der Salatsoße oder Mayonnaise anmachen.
Oder die geschälten Spargel gleichmäßig kürzen, in kleinen Bündelchen gardünsten und auf einer Platte locker anrichten. Die Salatsoße dazu reichen. Evtl. 2 hartgekochte, kleingehackte Eier und Kerbelblättchen darüberstreuen.

363 Bunter Bohnensalat

200 g gekochte grüne Bohnen,
1 Dose Kidney Beans (250 g),
1 Dose grüne Bohnenkerne (280 g),
1 Bund Petersilie (möglichst glattblättrig),
1 kleine Gemüsezwiebel.
Soße:
1½ Teel. Kräutersalz,
1 Prise weißer Pfeffer,
2 Essl. Weinessig, 4 Essl. Öl.

Die grünen Bohnen in eine Schüssel geben; die Dosenbohnen gut abtropfen lassen und untermischen. Petersilie fein hacken und die Zwiebel in sehr schmale Scheiben hobeln. Zu den Bohnen geben. Eine pikant abgeschmeckte Salatsoße zubereiten und mit den Bohnen vermischen. Den Salat gut durchziehen lassen.

Spargel mit gehacktem Ei

364 Bohnensalat von weißen Bohnen

Zur Salatbereitung eignen sich am besten frische Hülsenfrüchte; in leicht gesalzenem Wasser weich kochen und wie **360** entweder mit Salatsoße oder dünnflüssiger Mayonnaise **78** anmachen. Bei getrockneten Hülsenfrüchten ist es ratsam, die Bohnen einige Stunden einzuweichen (evtl. über Nacht) und möglichst in Wasser ohne Salz weich zu kochen (siehe: Tipps für den Schnellkochtopf, S. 24). In einer gut gewürzten Rahmmayonnaise anrichten.

365 Gemüsesalat

Für 6 Portionen
Je 250 g Karotten, junge Erbsen, grüne Bohnen, einige Blumenkohlröschen,
evtl. 1 weiße Rübe,
8–10 Spargelspitzen.
Soße:
1 Teil Essig,
2 Teile Gemüsebrühe,
2 Essl. Öl, etwas Pfeffer, Salz oder statt Salatsoße Mayonnaise ***77****.*

Die Gemüse vorbereiten und in Würfel schneiden; die Karotten und die weiße Rübe evtl. mit dem Pariser Messer (vgl. S. 23) ausstechen, jede Gemüsesorte getrennt in leicht gesalzenem Wasser nicht zu weich kochen, dann abtropfen lassen. Die Salatsoße anmachen oder die Mayonnaise zubereiten, über die Gemüsewürfel gießen und leicht vermischen. Den Salat mit Spargelspitzen – evtl. als Rosette um eine halbe Tomate – und Blumenkohlröschen anrichten.
Oder den Gemüsesalat evtl. noch mit einigen gekochten Kartoffelwürfelchen vermischen. Er eignet sich auch zum Füllen von ausgehöhlten Tomaten, Gurken usw. oder als Beilage in Muschelförmchen zu kalten Platten aller Art.

366 Blumenkohlsalat

Einen mittelgroßen Blumenkohl (ca. 500 g) in Salzwasser legen, dann in kleine Röschen zerteilen und in leicht gesalzenem Wasser mit 1 Tasse Milch nicht zu weich kochen. In einer Salatsoße wie Spargelsalat anrichten oder den Blumenkohl unzerteilt kochen, erkalten lassen und mit einer dicken Quarkmayonnaise übergießen.
Oder nur die Hälfte Blumenkohl verwenden und dazu noch ca. 250 g Broccoli (das ist der »grüne« Verwandte des Blumenkohls). **Broccoli** putzen, evtl. holzige Enden abschneiden, die Stängel schälen und etwa 3–5 Min. im Gemüseeinsatz des Schnellkochtopfs dünsten. Dann die Röschen zugeben und nochmal ca. 3 Min. dünsten. Broccoli sollte nicht zu lange gegart werden, er sollte noch einen »Biss« haben.
Den Salat mit Soße **312** oder Quarkmayonnaise **83** vermischen. Mit Tomatenwürfelchen garnieren.

367 Salat aus frischen Steinpilzen oder Champignons

500 g frische, junge Steinpilze oder Champignons,
1–2 Zwiebeln,
2 Essl. Butter und 2 Essl. Öl.
Soße: wenig Salz und Pfeffer,
2 Essl. Weißwein, 1 Prise Zucker,
2 Essl. Öl,
frische gehackte Kräuter:
Petersilie, Kerbel u. a.

Nur junge, feste Pilze dazu verwenden. Sorgfältig reinigen, in kleine Stückchen oder Scheiben schneiden und mit den fein gewiegten Zwiebeln in halb Butter, halb Öl halbweich dünsten. Nach kurzem Abkühlen mit Salz und 1 Prise Pfeffer würzen und Weißwein, evtl. verdünnt mit wenig Wasser, Öl, gehackte Petersilie oder Kerbel zufügen.
Oder die gedünsteten Pilze mit Salatsoße mit Eigelb **315** überziehen.

368 Gelbe Rüben-Salat

500 g Gelbe Rüben (Karotten),
3 Essl. Essig,
1 Tasse entfettete Fleischbrühe,
2–3 Essl. Öl, wenig Salz,
1 Prise Pfeffer oder Paprika, edelsüß,
evtl. 1 Teel. geriebene Zwiebel.

Schmale Gelbe Rüben gründlich waschen und bürsten; mit der Schale in leicht gesalzenem Wasser weich kochen, dann, falls erforderlich, schälen und mit dem Buntmesser in feine Rädchen schneiden oder stifteln. Mit der Salatsoße gut vermengen, evtl. die Zwiebel darüberstreuen und den Salat gut durchziehen lassen.

369 Linsensalat

150 g grüne Linsen, ½ l Wasser,
2 rote Zwiebeln.
Soße:
2 Knoblauchzehen, Salz,
frisch gemahlener Pfeffer,
1 Stückchen getrocknete Chilischote,
1 Bund glattblättrige Petersilie,
4 Essl. Balsamico-Essig oder Weinessig, 5–6 Essl. Olivenöl.
50 g Parmesan,
evtl. einige schwarze Oliven.

Die über Nacht eingeweichten Linsen ca. 30–35 Minuten kochen, in einem Sieb gut abtropfen lassen. Die Zwiebeln zur Hälfte fein würfeln, die andere Hälfte in hauchdünne Ringe schneiden. Zwiebelwürfel mit den Linsen vermischen. Die Salatsoße anrühren (dazu die Knoblauchzehen durch die Presse drücken, die Gewürze zugeben, die Pfefferschote fein zerkrümeln und die Petersilie fein hacken. Mit Essig und Öl verrühren). Die Linsen auf Tellern anrichten, mit dünn gehobeltem Parmesan und den Zwiebelringen belegen und evtl. einige schwarze Oliven dazugeben.

Tipp:
Linsen aus neuer Ernte müssen nicht eingeweicht werden.

370 Selleriesalat

Ca. 500 g Sellerieknolle,
3–4 Essl. Essig,
2–3 Essl. Öl,
je 1 Prise Salz und Pfeffer,
1 Teel. Zucker.

Die Sellerieknollen in reichlich Wasser gründlich abbürsten, dick schälen, in leicht gesalzenem Wasser weich kochen, herausnehmen und kalt überbrausen; dann mit dem Buntmesser in nicht zu feine Scheiben schneiden, mit Essig, Öl, Salz, Pfeffer, Zucker und, wer es liebt, auch mit etwas geriebener Zwiebel vermischen. Wenn nötig, ein wenig Selleriebrühe zugeben und den Salat bis zum Anrichten nicht zu kalt stellen. Fein geschnittenes, überbrühtes, mit wenig Salatsoße angemachtes Rotkraut oder gekochte Rote Rüben-Scheiben zur Verzierung ringsum legen.

371 Bunter Selleriesalat

Ca. 375 g Sellerieknolle,
2–3 gekochte Kartoffeln,
1 kleine Rote Rübe (Rote Bete),
4 gewässerte Sardellenfilets,
1 Teel. Kapern,
½ Tasse Salatmayonnaise (aus dem Glas),
evtl. 1 Essl. Essig.
Zum Anrichten:
Spargelspitzen, Salatherzen, gekochte Eier.

Die geschälte, in leicht gesalzenem Wasser weich gekochte Sellerieknolle, 2–3 erkaltete, geschälte Kartoffeln, eine nicht zu weich gekochte, geschälte Rote Rübe und die Sardellenfilets in Würfelchen schneiden; alles zusammen mit den Kapern vermischen, mit Mayonnaise und evtl. wenig Essig anmachen. Den Salat etwa 1 Std. durchziehen lassen und beim Anrichten mit 8–10 Spargelspitzen (aus der Dose), Salatherzchen und Eipilzen oder Eivierteln verzieren.

Salate und Rohkost

372 Selleriesalat mit Sahne

*Sellerieknolle, wie **370** vorbereitet.*
1/8 l süße Sahne,
Saft von 1 Zitrone,
1 Teel. milder Senf,
Salz, wenig Pfeffer,
1 Prise Zucker,
evtl. 2 Essl. Saft von Roter Bete.

Die gekochten Sellerieknollen in sehr feine Scheiben schneiden. Mit Sahne, Zitronensaft und den Gewürzen anmachen. Statt mit Zitronensaft kann der Salat auch mit Rote Bete-Saft gewürzt werden.

373 Selleriesalat mit Ei und Mayonnaise

*Selleriesalat **370**,*
2–3 hart gekochte Eier,
*Mayonnaise **78**,*
Salatherzchen
oder zarte Salatblättchen.

Den Selleriesalat anmachen, in einer Glasschale anrichten und als Berg aufhäufen; die hart gekochten Eier wiegen, darüberstreuen, ringsum Mayonnaise gießen und darauf einen Kranz von Salatherzchen setzen; oder den Selleriesalat mit zarten, gelben Salatblättchen umkränzen und mit Scheiben von hart gekochten Eiern dicht belegen.

374 Rotkraut- oder Weißkrautsalat

1 kleiner Kopf Rot- oder Weißkraut (ca. 500 g),
60 g Räucherspeck,
1/8 l Essig, etwas Salz,
1 Teel. Zucker, 1 Prise Pfeffer,
evtl. zum Dünsten 1–2 Essl. Gänse- oder Schweinefett.

Das Kraut sehr fein hobeln und in den leicht angerösteten Speckwürfelchen 10 Min. dämpfen. Den Essig zugießen, Gewürze überstreuen, evtl. etwas Wasser zufügen und kurz aufkochen lassen. Soll das Kraut weniger roh schmecken, kann es zuvor in Gänse- oder Schweinefett weich gedünstet werden. Bei Rotkraut 1 Essl. Zucker und 1 Teel. Kümmel mitkochen.

375 Rote-Rüben-Salat

Für 6–8 Portionen
1 kg Rote Rüben (Rote Bete),
1 Teel. Kümmel.
Zur Marinade:
je 1 Teel. Salz und Zucker,
1 kleine Zwiebel mit 2 Nelken besteckt,
6 Pfefferkörner, 1/2 Teel. Koriander,
6–8 Essl. Essig,
2 Essl. Rotwein.
Zum Anmachen:
2–3 Essl. Öl,
etwas entfettete Fleischbrühe oder abgekochtes Wasser.
Zum Bestreuen:
1 Essl. frisch geriebener Meerrettich.

Die Roten Rüben waschen und gründlich abbürsten; die Würzelchen nicht ganz abschneiden, sondern nur bis auf 3 cm kürzen, damit beim Kochen der Saft nicht ausläuft. Die Rüben in leicht gesalzenem Wasser mit dem Kümmel weich kochen, abkühlen lassen, schälen und mit dem Buntmesser in feine Scheiben schneiden; dann in eine Schüssel oder einen Steintopf legen, Salz, Zucker, Zwiebel und Gewürze zugeben, den Essig darüber gießen und die Roten Rüben zugedeckt 1–2 Tage darin kühl stellen. Sollen die Roten Rüben längere Zeit mariniert werden, ist ein kurzes Aufkochen von etwas mehr Essig mit Rotwein (3:1) ratsam, der nach dem Erkalten über die Roten Rüben gegossen wird; die Marinade muss über den Roten Rüben stehen. Beim Anmachen die Zwiebel und Pfefferkörner entfernen, das Öl zufügen, die Marinade mit Fleischbrühe oder Wasser etwas mildern und kurz vor dem Anrichten den geschälten, geriebenen Meerrettich darüberstreuen.

Tipp:
Klein gehackte Zwiebeln 5–8 Min. in Brühe dünsten; der Salat wird dann bekömmlicher.

376 Kartoffelsalat

1 kg schmale, gelbe Salatkartoffeln,
etwa 1/4 Fleischbrühe,
4–5 Essl. Essig,
1 Messersp. Salz oder
1/2 Teel. aufgelöste Hefewürze,
1 Prise Pfeffer,
1 Zwiebel, 3–4 Essl. Öl.

Die Kartoffeln mit der Schale kochen, heiß schälen und nach dem Abkühlen in feine Scheiben schneiden. Die heiße, entfettete Fleischbrühe oder heißes Wasser darübergießen, Essig, Salz, Pfeffer, die fein gewiegte Zwiebel untermischen und zuletzt das Öl zugeben; den Salat dann nur noch mit zwei Gabeln auflockern.
Oder dem Kartoffelsalat nur 1 Essl. Öl untermischen; kurz vor dem Anrichten 2–3 Essl. zerlassene Butter darübergießen **oder** beim Anmachen 1–2 verquirlte Eigelb untermengen.

Tipp:
Bleibt eine größere Menge Kartoffelsalat übrig, so kann daraus mit wenigen Handgriffen ein Gericht für den folgenden Tag bereitet werden: aus Butter und Mehl eine Einbrenne machen, mit Fleischbrühe ablöschen, mit 1 Lorbeerblatt und 2 Nelken würzen und den Kartoffelsalat einmal darin aufkochen lassen. Dazu schmeckt ein Ring heißgemachte Fleischwurst.

377 Geriebener Kartoffelsalat

Dazu eignen sich nur lagerfähige Kartoffelarten. Pellkartoffeln kochen, abkühlen lassen und nach dem Schälen durch die Reibemühle drehen oder auf der feinen Raffel reiben. Mit den Zutaten von **376** gut vermischen; darauf achten, dass heiße Fleischbrühe besser bindet als kalte. Den angerichteten Salat glattstreichen und darauf ein hübsches Muster mit einem breiten Messer oder einem Spatel einkerben.

Oder ein Viertel der Kartoffelmasse mit 1–2 Essl. Rote Rüben-Saft vermischen, in den Spritzsack einfüllen und hellrot gefärbte Sternchen auf den Salat spritzen.

Tipp:
Fein geschnittene Endivie oder etwas Brunnenkresse eignet sich gut zum Mischen mit Kartoffelsalat.

378
Bunter Kartoffelsalat

Für 6–8 Portionen
1 kg mehlige Pellkartoffeln,
1 große Gemüsezwiebel,
2 große Essiggurken,
1 großer, säuerlicher Apfel,
1 Stück Salatgurke,
1 Becher saure Sahne oder
4–6 Essl. Salatmayonnaise,
Salz, weißer Pfeffer,
2–3 Essl. Weinessig, 2 Essl. Apfelsaft,
2 Essl. gehackte frische Kräuter,
2 hartgekochte Eier.

Die geschälten Kartoffeln in sehr feine Scheibchen schneiden. Gemüsezwiebel, Essiggurken, den Apfel und das Stück Salatgurke mit einer Rohkostreibe dazuraspeln und mit einer Soße aus saurer Sahne, gewürzt mit Salz und Pfeffer, verquirlt mit Essig und Apfelsaft, durchmischen. Den Salat gut durchziehen lassen, mit den frischen, gehackten Kräutern bestreuen und mit Ei-Scheiben garnieren.
Oder die lauwarm geschälten Kartoffeln in nicht zu dünne Scheiben schneiden und mit 150 g Schinkenwurst in Würfeln, 3 Essl. Perlzwiebeln aus dem Glas und 1 Bund Radieschen (in Scheiben geschnitten) vermischen. Die Soße wie oben zubereiten und zuletzt über den Kartoffelsalat Schnittlauchröllchen streuen.

Tipp:
Kartoffelsalat mischen: entweder alle Zutaten in eine große Schüssel geben, einen Deckel auflegen, diesen mit dem Daumen festhalten und die Schüssel gut durchschütteln. Oder mit (gewaschenen) Händen den Salat vermischen.

379
Kartoffelsalat mit Speck

1 kg gekochte Schalkartoffeln,
40–50 g Räucherspeck,
1 kleine Zwiebel,
3–4 Essl. Essig,
etwa 1/4 l Fleischbrühe,
1 Messersp. Salz,
1 Prise Pfeffer.

Den kleinwürfelig geschnittenen Speck in einer Pfanne ausbraten, die gewiegte Zwiebel darin anschwitzen und etwas abkühlen lassen; dann den Essig sowie die übrigen Zutaten zufügen und mit den geschälten, in feine Blättchen geschnittenen, noch warmen Kartoffeln vermischen. Kurz ziehen lassen und erst dann abschmecken.

Tipp:
Ein Kartoffelsalat schmeckt noch würziger, wenn er nach dem Anmachen mit Essig erst 1 Std. durchzieht, bevor das Öl untergemischt wird.

380
Gemüse-Kartoffelsalat, pikant

Für 6–8 Portionen
6 mittelgroße Schalkartoffeln,
4 schmale Gelbe Rüben,
1 kleine Sellerieknolle,
1 bis 2 Rote Rüben,
1 Essl. Kapern,
4–6 gewässerte Sardellenfilets,
einige Essiggürkchen,
Mayonnaise von 1/4 Öl
*(vgl. **77**)*
evtl. Salz und Pfeffer,
2 hart gekochte Eier.

Alle Gemüsesorten in leicht gesalzenem Wasser bißfest kochen (oder im gelochten Einsatz im Dampfdrucktopf mit wenig Wasser dünsten) und ebenso wie die Schalkartoffeln kleinwürfelig schneiden. Die übrigen Zutaten fein wiegen und alles mit der Mayonnaise vermischen; mit den hart gekochten Eiern verzieren.

Salate zum Sattwerden

381
Fischsalat

500 g gedünsteter Fisch,
1/8 l saure Sahne,
2–3 Essl. Essig,
etwa 1 Tasse Fischbrühe,
je 1 Prise Salz und Pfeffer,
1 Teel. Senf, 2 Essl. Öl,
1 Teel. gewiegte Petersilie oder Schnittlauch.

Den noch warmen Fisch abhäuten, entgräten und in kleine Stücke teilen. Die übrigen Zutaten glattrühren und die Fischstückchen untermischen und den Salat beim Anrichten mit gewiegter Petersilie oder Schnittlauch bestreuen. Auch Fischreste lassen sich dazu verwenden.
Oder den Fisch mit gedünstetem Gemüse wie grüne Bohnen, Erbsen, Broccoliröschen locker vermischen und mit Sauce Vinaigrette **309** anrichten.

382
Muschelsalat

2 Gläser Seemuschelfleisch, naturell,
1 säuerlicher Apfel, 1 Zwiebel,
2 Essiggurken,
2 Lauch- oder Frühlingszwiebeln.
Soße:
wenig Salz, weißer Pfeffer,
*100 ml Fischfond **5** oder aus dem Glas,*
je 1 Essl. Zitronensaft und Essig,
3 Essl. Olivenöl.
Zum Bestreuen:
1 Essl. gehackte Kräuter (z. B. Dill, Estragon, Petersilie).

Die gut abgetropften Muscheln in eine Schüssel geben; den Apfel, die Zwiebel und die Gürkchen mit der Rohkostreibe feinfädig darüber raspeln. Die Lauchzwiebeln in Röllchen zugeben und die Soße über den Salat gießen und alle Zutaten vorsichtig mischen.
Oder: Einige Blättchen Frisée und Radicchio unter den Salat mischen.

383 Meeresfrüchte-Salat

Je 500 g kleine Tintenfische, Shrimps und Venusmuscheln möglichst frisch, evtl. tiefgefroren und aufgetaut.
Nach Bedarf: ca. 1/8 l trockener Weißwein, Zitronensaft, Olivenöl.
1 kleine Zucchini, 1 Fleischtomate, 1 rote Paprikaschote.
Salatsoße:
1 Teil Balsamico-Essig,
Salz und frisch gemahlener Pfeffer,
3 Teile gutes Olivenöl,
1 Bund großblättrige Petersilie oder einige Blättchen frisches Basilikum.

Die frischen Tintenfische vorbereiten (siehe Seite 213) und Salzwasser in ca. 20–25 Minuten sanft köcheln. Die Shrimps blanchieren, schälen und mit Zitronensaft für kurze Zeit kühl stellen. Die Muscheln sorgfältig reinigen (siehe Seite 216), in etwas Olivenöl anschwenken, mit Wein aufgießen und solange köcheln lassen, bis sich alle Schalen geöffnet haben (geschlossene Muscheln wegwerfen).
Die Zucchini waschen, nicht schälen, die Fleischtomate häuten, entkernen, ebenso die Paprikaschote. Alle Gemüse in sehr kleine Würfel schneiden. Die Salatsoße mit den angegebenen Zutaten mit einem Schneebesen aufschlagen. Die abgekühlten Tintenfische – evtl. noch etwas zerteilt –, die Shrimps, Muscheln und das Gemüse in eine große Servierschüssel geben, mit der Salatsoße übergießen und ca. 20 Minuten durchziehen lassen.
Mit gehackter Petersilie oder Basilikum bestreuen.

Tipp:
Dieser Meeresfrüchte-Salat kann je nach Angebot in immer neuen Zusammenstellungen serviert werden.

384 Hummersalat

Für 6-8 Personen
2 gekochte Hummer à ca. 750-1000 g,
1 Salatgurke,
2 Bund Dill.
*Vinaigrette **309** mit Distelöl.*

Die Hummer nach dem Rezept auf Seite 221 beschrieben kochen und das Fleisch auslösen. In Stückchen schneiden und solange die Vinaigrette zubereitet wird, kühl stellen. Die Salatgurke evtl. schälen, in Würfel schneiden, den Dill hacken. Alle Zutaten locker mit der Vinaigrette vermischen; kühl serbieren.
Oder den Hummersalat mit Mayonnaise **209** anmachen. Evtl. Tomatenwürfel, Schalottenwürfel und fein geschnittenen Bindesalat untermischen.

385 Thunfischsalat

Ca. 750 g frischer Thunfisch, ersatzweise Thunfisch in Lake,
*Fischsud **5**,*
*einfache Salatsoße **309**,*
1 rote Zwiebel.

Der Thunfisch eignet sich, frisch gekocht oder aus Dosen, gleich gut zur Salatbereitung. Dieses Fischfleisch ist sehr vorteilhaft, da es sich fast ohne Abfall verwenden lässt; den frischen Thunfisch in einem gut gewürztem Sud kochen,darin erkalten lassen, abhäuten, in kleine Blättchen schneiden und mit der Salatsoße vermischen.
Oder das Fischfleisch aus der Dose nehmen, klein zerteilen und ebenfalls mit der Salatsoße anmachen.
Hauchdünne rote Zwiebelringe auf den Salat legen.

◁ Meeresfrüchtesalat

386
Heringssalat

4 Salzheringe (oder Bismarckheringe), 750 g gekochte, geschälte Kartoffeln, 1 Apfel, 2 Salzgurken, 1 Rote Rübe, 1 Zwiebel, Salz, Pfeffer, Essig nach Geschmack, 3 Essl. Öl, 1 Prise Zucker, 1 Teel. Senf, ⅛-¼ l saure Sahne. Zum Verzieren: 2–3 hart gekochte Eier oder 1 Eipilz, kurzstielige Petersilienblättchen oder Kapern, Essiggürkchen, 1 gekochte Rote und 1 Gelbe Rübe, einige Sardellenfilets.

Die gut gewässerten Heringe sorgfältig ausnehmen, abhäuten und die Filets noch kurze Zeit in kalte Buttermilch legen. Inzwischen die gekochten Kartoffeln schälen, erkalten lassen und ebenso wie den geschälten Apfel, die Salzgurken und die gekochten Rüben in kleine Würfel oder halbe Scheibchen schneiden. Die gewiegte Zwiebel zufügen und den Salat mit Salz, Pfeffer und Essig würzen. Die saure Sahne mit der durchpassierten Heringsmilch, Öl, Senf, Zucker und evtl. etwas Rote Rüben-Saft glatt rühren, zuletzt die Heringsfilets (ebenfalls in kleinen Würfelchen) zugeben und alles gut vermengen. Den Salat 1–2 Std. durchziehen lassen, beim Anrichten mit einer Rosette von hart gekochtem Ei (mit einem Eizerteiler schneiden) oder einem Eikörbchen verzieren.
Oder die flach gedrückte Oberfläche in Felder einteilen, mit getrennt gewiegtem Eigelb und Eiweiß dicht bestreuen und die Felder mit Petersilienblättchen oder Kapern abgrenzen. Gurkenfächer, mit Förmchen ausgestochene Scheiben von Roten und Gelben Rüben und Sardellenfiletröllchen als weitere Verzierung darauf anordnen.
Oder den Heringsalat nur mit einer einfachen Essig- und Ölsoße anmachen und noch mit etwas Kümmel würzen.

387
Eiersalat

4–6 Eier, Remouladensoße ***92****. Zur Verzierung: Sardellen und Kapern.*

Die Eier in Scheiben, Viertel oder Sechstel teilen, in die Remouladensoße legen und mit Sardellenstreifen und Kapern verzieren. Nicht zu kalt servieren.

388
Nizzasalat

1 kleine frische Salatgurke, 3–4 Fleischtomaten, 1 grüne Paprikaschote, 150 g frische Erbsen oder frische grüne Bohnenkerne 1 Dose Thunfisch in Öl (150 g) oder 10 Anchovisfilets (gewässert), 2 hartgekochte Eier, 3 kleine Zwiebelchen. Salatsoße: 3–4 Essl. Weinessig, Salz und Pfeffer, möglichst frisch gemahlen, 5–6 Essl. Olivenöl, extra vergine. Blattpetersilie oder frisches Basilikum (einige Stängel). Zum Ausreiben der Salatschüssel: 1 halbierte Knoblauchzehe, Evtl. zum Auslegen der Schüssel: gewaschene Salatblätter.

Die Salatgurke und die Tomaten schälen, in feine Scheiben schneiden. Die entkernte, halbierte Paprikaschote in schmale Streifen schneiden. Jede Sorte getrennt mit der Salatsoße anmachen. Den Thunfisch in Würfelchen teilen oder die Anchovis zusammenrollen und die Eier vierteln. Die Zwiebelchen achteln. Dann alles zusammen mischen. Die Schüssel mit einer Knoblauchzehe ausreiben und evtl. mit Kopfsalatblättern auslegen. Sofort servieren.
Oder anstatt Paprikaschoten und Erbsen je 250 g gekochte grüne Bohnen und Kartoffeln für den Salat verwenden. Zur Dekoration gewässerte Sardellenfilets und entkernte schwarze Oliven als Gittermuster über den angerichteten Salat legen.

Tipp:
Nizzasalat wird im Original nicht mit Thunfisch, sondern nur mit in Öl eingelegten Anchovis zubereitet.

389
Italienischer Salat

1 Salzhering oder 6 Sardellen oder 1 Teel. Sardellenpaste und etwas Essig, 250 g Kalbsbraten, 6 kleine, gekochte Kartoffeln, 2 Äpfel, 2 Salzgurken oder 6–8 Essiggürkchen, ⅛ l saure Sahne, 1 Teel. Senf, evtl. 100 g gekochter Schinken, geräucherte Zunge oder feine Wurst, 50 g gehackte Haselnüsse, Mayonnaise ***77****. Zum Verzieren: 2–3 hart gekochte Eier, kleine Essiggürkchen, Kapern, Sardellenfiletröllchen, je nach der Jahreszeit Tomatenviertel oder rote bzw. grüne Paprikaschoten in Würfelchen oder Streifen und einige Oliven.*

Den gewässerten Hering nach **195** vorbereiten oder die ebenfalls gewässerten Sardellenfilets etwas zerdrücken oder die Paste mit wenig Essig verrühren; alle Zutaten kleinwürfelig schneiden, die saure Sahne und Senf zufügen und alles gut vermengen. Zuletzt die Mayonnaise zubereiten, die Hälfte davon unter den Salat mischen und die restliche Mayonnaise über den angerichteten Salat gießen. Zur Verzierung die angegebenen Zutaten ringsum oder obenauf gruppieren und den Salat noch 30 Min. kühl stellen.

390

Fruchtiger Fleischsalat

250 g Kalbsbraten,
250 g Schweinebraten, evtl. Reste,
4 Kiwis oder 2 Äpfel.
*Salatsoße **309**,*
2 Spritzer Tabascosauce.

Die Bratenscheiben in Streifen schneiden, die Kiwis oder Äpfel schälen, in dünne, noch einmal halbierte Scheiben schneiden (Äpfel entkernen) und alles in eine Schüssel geben. Die Soße mit Tabascosauce anrühren, darüber verteilen und den Salat vorsichtig durchmischen. Eine Stunde kühlstellen und mit knusprigem Weißbrot und einem herben Weißwein servieren.

391

Fleischsalat, pikant

375 g gekochtes oder gebratenes Rind-, Kalb- oder Schweinefleisch, 3–4 Essiggürkchen,
evtl. 4–5 gefüllte Oliven,
1 gewiegte Zwiebel.
Soße:
3 Essl. Essig, 3 Essl. Öl,
1 Teel. Senf,
je 1 kräftige Prise Salz und Pfeffer,
etwas entfettete Fleischbrühe oder
1 aufgelöster Brühwürfel,
3–4 Essl. Salatmayonnaise aus dem Glas,
1 Essl. gewiegte Petersilie.
Zum Verzieren:
2–3 kleine, feste Tomaten,
Kopfsalatblätter,
Schnittlauch,
3 hart gekochte Eier.

Das Fleisch in Würfelchen, die Essiggürkchen und nach Geschmack Oliven in Scheiben schneiden und die übrigen Zutaten untermischen. Den Salat pikant abschmecken, auf Salatblättchen anrichten und mit halbierten, ausgehöhlten, mit gewiegten Eiern gefüllten Tomaten verzieren.
Oder die Eier in Scheiben teilen, mit fein geschnittenen Oliven- oder Rote Rüben-Sternchen belegen und Gurkenfächer rundum setzen.

392

Küchenmeistersalat

(Holländisches Rezept)
1 Kopfsalat,
200 g Reste von Hühnerfleisch,
200 g gekochter Schinken,
150 g mittelalter Holland-Gouda oder Holland-Edamer,
2 große Mohrrüben,
1 Bund Radieschen,
1 grüne Paprikaschote,
2 hartgekochte Eier,
4 Tomaten.
Soße: 3 Essl. Essig,
9 Essl. Sonnenblumenöl,
1 Essl. gehackte Kräuter,
Salz, Pfeffer.

Die Salatblätter waschen und trocknen lassen, in Streifen schneiden und den Boden einer Schüssel damit auslegen. Hühnerfleisch, Schinken, Käse und geputzte Mohrrüben in Streifen schneiden, Radieschen in Scheiben, entkernte Paprika in Ringe. Mit geviertelten Eiern und Tomaten, nach Farben geordnet, auf den Salatblättern anrichten. Essig, Öl, Kräuter, Salz und Pfeffer zu einer Marinade vermischen und über die Salatzutaten geben.

393

Geflügelsalat

1 junges, gekochtes Huhn oder Reste von gebratenem Geflügel,
einige Scheiben Ananas (frisch oder aus der Dose),
einige Dosenchampignons,
1 Apfel,
1–2 Artischockenböden oder Spargelstückchen (aus Dosen),
1 Gewürzgurke,
*Mayonnaise **78** oder*
*Quarkmayonnaise **83**,*
evtl. noch etwas Zitronensaft oder Essig, Paprika edelsüß.

Das weichgekochte Huhn sorgfältig zerlegen, die Fleischstücke (ohne Haut) kleinwürfelig schneiden oder etwaige Geflügelreste ebenso vorbereiten. Die übrigen Zutaten gut abtropfen lassen, die Ananas und Champignons, den Apfel und die Artischockenböden feinblätterig schneiden, die Gewürzgurke fein wiegen und alles mit der Mayonnaise vermischen; evtl. noch mit Zitronensaft oder Essig etwas verdünnen; zur Verzierung Ananaswürfelchen obenauf setzen und Paprika überstreuen.
Sehr hübsch sieht es aus, wenn der Geflügelsalat portionsweise angerichtet wird.

394

Wildsalat mit Trauben

400 g gebratenes Wildfleisch,
2 Stangen Staudensellerie,
1 rotfleischige Grapefruit (Ruby Red),
je 100 g grüne und blaue Weintrauben,
1 Becher Crème fraîche (200 g),
1 Teel. Honig,
1 Msp. abgeriebene Zitronen- oder Limonenschale,
2 cl milder Cognac oder Weinbrand,
1 Teel. Sherryessig,
1 Teel. eingelegte rote Pfefferkörner.

Das Wildfleisch von jeglichem Fett befreien. Quer zur Faser in dünne Streifen oder Scheibchen schneiden. Staudensellerie putzen, waschen, in Stücke schneiden. Grapefruit schälen, die Fruchtfilets aus den Bindehäuten lösen. Trauben waschen, halbieren, falls nötig entkernen. Alle Zutaten dekorativ auf 4 Portionstellern anrichten.
Crème fraîche mit Honig, Zitronenschale, Cognac und Essig verrühren, über die Salatmitte geben. Mit Pfefferkörnern bestreuen.
Dazu mit gesalzener Butter bestrichenes dunkles Brot reichen.

So lassen sich Weintrauben leicht entkernen.

395
Kuttelsalat

1 roter oder weißer Rettich,
500 g gekochte, in feine Streifen geschnittene Kutteln,
1 feingewiegte Zwiebel,
4 Essl. Öl,
3 Essl. Weinessig oder Zitronensaft,
Salz, schwarzer Pfeffer,
1 Prise Cayennepfeffer,
2 Essl. gehackte Petersilie.

Den Rettich schaben, waschen, auf der groben Raffel reiben und zu den Kutteln geben. Die Zwiebelstückchen daruntermischen. Öl, Essig, Salz und Pfeffer nach Geschmack verrühren, über die Kutteln gießen, gut vermischen und abschmecken. Mit Petersilie überstreuen.
Oder die Soße mit einem Schuss Apfelschnaps (Calvados) und etwas Apfelsaft anstatt Essig anmachen!

396
Ochsenmaulsalat

1 Ochsenmaul oder fertig gekochtes Ochsenmaulfleisch (ca. 600 g),
1–2 Zwiebeln.
Soße:
2–3 Essl. Weinessig, Salz und Pfeffer,
½ Tasse Ochsenmaul- (oder Fleisch-) brühe, 1–2 Essl. Öl.

Das gut gereinigte, in Salzwasser sehr weich gekochte Ochsenmaul ausbeinen, so lange es noch warm ist. Dann bis zum Erkalten zwischen zwei Brettchen leicht pressen. In feine Scheiben schneiden, mit fein gewiegten Zwiebeln bestreuen, dann die Soße anrühren, darübergießen; zum Durchziehen 1 Std. kühl stellen.
Der fertige Ochsenmaulsalat kann in einem Steintopf im Keller, gut zugedeckt, längere Zeit aufbewahrt werden. Das Öl sollte man aber erst beim Anrichten zufügen.

Tipp:
Wem das Kochen und Auslösen eines Ochsenmaules zu zeitaufwendig ist, kann beim Metzger fertig gekochtes Ochsenmaulfleisch vorbestellen.

397
Nudelsalat

200 g Nudeln (z. B. Hörnchen),
Wasser zum Kochen, Salz,
1 Dose Champignons in Stückchen,
1 kleines Glas gefüllte Oliven,
2 grüne Paprikaschoten,
2 Essl. geriebene Zwiebeln oder
1 Lauchzwiebel.
Soße:
½ Teel. Salz,
je 1 Messersp. Pfeffer und Paprika,
2 Essl. Essig,
4 Essl. Sonnenblumenöl.

Die Nudeln nicht zu lange kochen, sie sollten noch einen Biß haben; abgießen, mit kaltem Wasser überbrausen und abkühlen lassen. Die Champignons abgießen, die Oliven in Scheibchen schneiden, die Paprikaschoten halbieren, entkernen, waschen und in Stifte schneiden. Die Lauchzwiebel fein schneiden, dann alle Zutaten unter die Nudeln mischen. Aus den Gewürzen, Essig und Öl eine herzhaft abgeschmeckte Salatsoße mischen, über den Nudelsalat geben und gut durchziehen lassen; evtl. noch nachwürzen.
Oder 200 g Salami, 2 Gewürzgurken und Salatmayonnaise unter die Nudeln mischen und den Salat mit Wursttüten und Eivierteln garnieren.

398
Reissalat »Gärtnerin«

*2 Tassen körnig gekochter Reis (**1175**, ohne Käse),*
1 Teel. fein geschnittene Zwiebeln,
Pfeffer, Salz,
1 Essl. Zitronensaft,
2–3 große, feste Fleischtomaten,
2 grüne oder gelbe Paprikaschoten,
½ Tasse Weinessig,
1 Teel. milder Senf,
½ Tasse Olivenöl,
gehackte Petersilie oder
Schnittlauch, fein geschnitten.

Den körnig gekochten Reis abgießen, kalt überbrausen und abtropfen lassen. Mit Zwiebel, Salz, Pfeffer und Zitronensaft marinieren. Inzwischen die Tomaten mit kochendem Wasser überbrühen, kaltes Wasser darüberlaufen lassen, enthäuten und halbieren. Die Kerne herausnehmen und das Tomatenfleisch in Würfel schneiden.
Die Paprikaschoten halbieren, die Kerne entfernen, das Fruchtfleisch in kleine Würfel schneiden und diese einen Augenblick in kochendes Wasser geben, danach abtropfen und abkühlen lassen. Für die Soße Weinessig, Senf und Öl verquirlen. Alle Zutaten mischen und den Salat eine Stunde durchziehen lassen. Mit Salz nachwürzen und mit viel Petersilie bestreut, servieren.

399
Dänischer Salat

250 g Makkaroni,
150 g gekochter Schinken,
3–4 Gelbe Rüben,
500 g frischer Spargel
oder Spargel aus Dosen,
125 g grüne, junge Erbsen,
*Mayonnaise **82***
*oder Quarkmayonnais **83**,*
Salz, 1 Teel. Senf,
Kopfsalatblätter,
Schnittlauch.

Die Makkaroni nicht zu weich kochen, mit kaltem Wasser überbrausen, abtropfen lassen und in kurze Stückchen teilen. Den Schinken und die gekochten, abgekühlten Gelben Rüben kleinwürfelig schneiden; die Spargel schälen, in schwach gesalzenem Wasser 20 Min. strudelnd kochen und nach dem Abtropfen ebenfalls klein zerteilen. Die Erbsen im Spargelwasser gar dünsten, absieben (zum Verzieren einige Gelbe Rüben, Erbsen und Spargelspitzen zurückbehalten), dann alles zusammen mischen. Die Mayonnaise zubereiten, leicht untermengen, den Salat mit Salz und etwas Senf würzig abschmecken und einige Stunden durchziehen lassen. Die gut abgetropften Kopfsalatblätter auf einer Platte ausbreiten, den Salat als Halbkugel darauf anordnen und mit Gelbe-Rüben-Blättchen, Erbsennestchen und Spargelspitzen verzieren. Über das Ganze feinen Schnittlauch streuen und den Salat nicht zu kalt servieren.

400
Fruchtiger Käsesalat

250 g säuerliche Äpfel,
200 g mittelalter Gouda,
200 g grüne Weintrauben,
50 g grob gehackte Walnusskerne oder Pinienkerne.
Soße:
125 g Speisequark,
3 Essl. Milch,
2–3 Essl. Öl,
etwas Zitronensaft,
Salz, 1 Prise Zucker.

Die Äpfel schälen, entkernen, klein würfeln, den Käse in Streifen schneiden. Die Weintrauben waschen, halbieren und entkernt zugeben. Die Nüsse untermischen und die Soße anrühren, den Quark mit Milch und Öl sahnig schlagen, Zitronensaft zufügen, Mit den Gewürzen pikant abschmecken.und die Soße über den Salat gießen. Mit Walnusshälften garnieren.

401
Bunter Käsesalat

200 g Emmentaler, am Stück,
200 g Butterkäse am Stück,
1 rosa Grapefruit,
1 dünne Stange Lauch.
Salatsoße ***316*** *oder Quarkmayonnaise* ***83****.*

Die beiden Käsesorten in kleine Würfel schneiden. Die Grapefruit mit einem scharfen Messer über einer Schüssel dick abschälen, so dass die weiße Haut vollkommen entfernt wird. Die Filets zwischen den Trennwänden herausschneiden und nochmal halbieren. Die Lauchstange gründlich waschen und dann in schmale Scheiben schneiden. Alle Zutaten gut vermischen. Den aufgefangenen Saft zur Soßenbereitung verwenden.

402
Russischer Salat

1 kleines Köpfchen Weiß- oder Rotkraut,
1 Sellerieknolle,
1 Gelbe Rübe,
1 Rote Rübe, 2 Äpfel,
6 kleine Essiggurken,
1 Teel. Kapern.
Marinade:
1 Teil Essig,
2 Teile Sellerie-Kochwasser,
1 gewiegte Zwiebel,
1 Prise Zucker.
Mayonnaise:
entweder 1 Tasse Mayonnaise ***82***
oder ¼ l saure Sahne,
oder ebensoviel Quark, mit einer kleinen Dose Kondensmilch verrührt,
2–3 Essl. geriebener Meerrettich,
je 1 Prise Salz, Zucker und Paprika,
1 Teel. Senfkörner oder Senfmehl.
Zum Verzieren: einige gewässerte Sardellenfilets oder schmale Heringsstreifen, Kopfsalatblätter, Eischeiben.

Das Kraut sehr fein hobeln oder schneiden und mit einem Teller leicht beschweren. Die Sellerieknolle waschen, schälen und in wenig Salzwasser weich kochen. Die Rüben nur waschen, getrennt in leicht gesalzenem Wasser gar werden lassen, dann erst abschaben. Die geschälten Äpfel, Essiggürkchen, Sellerie und Rüben kleinwürfelig schneiden und die Marinade zubereiten: das Selleriekochwasser mit Essig und Zucker abschmecken, die Zwiebel zufügen und alle Würfelchen und die Kapern daruntermischen. Mit dem Kraut vermengen und über Nacht oder einige Stunden kühl stellen. Die etwa noch vorhandene Marinadenflüssigkeit abgießen und dafür die Mayonnaise darunterziehen oder die Sahne mit dem geriebenen Meerrettich, Salz, Zucker, Paprika, Senf oder Senfmehl verrühren und an Stelle der Mayonnaise verwenden. Den Salat zur Halbkugel formen und mit Eischeiben, Sardellenröllchen oder Kapern und Kopfsalatblättern verzieren.

403
Ananassalat auf Apfelscheiben

2 mürbe Äpfel, 2 Orangen,
1–2 Staudensellerie,
2 Scheiben Ananas (aus der Dose),
6–8 gefüllte Oliven,
Sülzmayonnaise ***80****.*
Zum Belegen:
einige große, süße Äpfel in dicken Scheiben,
¼ l Weißwein,
1 Tasse dünner Läuterzucker.
Zum Verzieren: halbierte Oliven oder Sauerkirschen.

Die Äpfel und Orangen nach dem Schälen in kleine Würfelchen, die Staudensellerie in feine Streifen schneiden und die Ananasscheiben in Dreieckchen teilen. Die Oliven in feine Scheibchen schneiden, alles mit der Sülzmayonnaise vermischen und kalt stellen. Inzwischen die ungeschälten, vom Kernhaus befreiten dicken Apfelscheiben in dem Weißwein und Läuterzucker halbweich kochen. Es ist ratsam, jeweils nur 2–3 Scheiben auf einmal zu dünsten; mit einem spitzen Hölzchen oder Zahnstocher prüfen, ob sie sich leicht durchstechen lassen; zum Erkalten auf ein Sieb legen, beim Anrichten kleine Nestchen von Ananassalat und je eine halbierte Olive oder Sauerkirsche obenauf setzen.

404
Griechischer Salat

*1 mittelgroße Salatgurke,
3–4 Fleischtomaten,
1 frische grüne Paprikaschote,
10 schwarze Oliven,
1–2 Gemüsezwiebeln,
2 eingelegte Peperoni,
Soße* ***309*** *mit Senf und Knoblauch,
150 g Schafskäse,
frisch gehackter Dill oder Petersilie zum Bestreuen.*

Die Gurke schälen, längs halbieren, entkernen und in grobe Stücke schneiden. Die Tomaten enthäuten und in Achtel schneiden. Zusammen mit der in Streifen geschnittenen Paprikaschote und den entkernten, halbierten Oliven in eine Schüssel geben. Die Zwiebeln in Ringe hobeln, die Peperoni fein hacken. Alle Zutaten untereinander mischen, die Soße darübergießen und gut durchziehen lassen. Zuletzt den Schafskäse in Würfeln vorsichtig untermischen. Den Salat portionsweise in tiefen irdenen Tellern oder in flachen Schüsseln anrichten und mit den frisch gehackten Kräutern bestreuen.

405
Waldorfsalat mit Staudensellerie

*250 g säuerliche Äpfel,
2 Essl. Zitronensaft,
250 g Staudensellerie,
6 Essl. Salatmayonnaise,
2 Essl. geschlagene Sahne,
125 g Walnusskerne oder Pecannüsse.
Zum Dekorieren: einige blaue Weintrauben oder Walnusshälften.*

Die Äpfel schälen, entkernen und in Würfel schneiden, sofort mit Zitronensaft beträufeln. Staudensellerie waschen, die Fäden abziehen und die Stangen in Streifen schneiden. Zu den Äpfeln geben, mit der Salatmayonnaise, die mit etwas Schlagsahne verfeinert wird, gut vermischen und die grob gehackten Nusskerne unterheben. Mit halbierten, entkernten Trauben oder Walnusshälften belegen.

406
Waldorfsalat

*Je 350 g säuerliche Äpfel und gekochter Sellerie,
150 g frische Walnüsse,
Mayonnaise* ***78*** *oder
Quarkmayonnaise* ***83****.
Zum Verzieren:
Walnusshälften,
Ananaswürfelchen,
eingelegte Preiselbeeren.*

Die Äpfel und Nüsse schälen, dann ebenso wie die gekochte, geschälte Sellerieknolle in kleine Würfel bzw. Stückchen schneiden und leicht vermischen; beim Anrichten mit Mayonnaise übergießen, gut durchziehen lassen, mit Walnusshälften, Ananaswürfeln und einem Klecks Preiselbeeren verzieren.

Oder den Salat nur mit rohen Zutaten bereiten: die Äpfel und den Sellerie schälen, grob raffeln und mit den gehackten Nusskernen vermischen. Die Soße aus 2 Essl. Zitronensaft, etwas Kräutersalz und weißem Pfeffer, mit 1 Prise Zucker, vermischt mit 1 Becher Joghurt und 4 Essl. saurer Sahne anmachen, über die Salatzutaten gießen und mit Nusshälften und Spargelköpfchen verzieren.

Waldorfsalat mit Staudensellerie

407

Zucchini-Linsen-Teller mit Hähnchenbrust

2 kleine Zucchini (300 g),
125 g rote Linsen, 1/4 Hühnerbrühe,
200 g Hähnchenbrustfilets, 1 Essl. Öl,
Saft von 1/2 Zitrone, Salz.
Soße:
Saft von 1/2 Zitrone,
Salz, frisch gemahlener Pfeffer,
1/2 Bund Schnittlauch oder Minze,
2–3 Essl. Sonnenblumenöl,
etwas Hühnerbrühe,
frische Kapuzinerkresseblüten oder
1 Kästchen Gartenkresse.

Die gewaschenen Zucchini entweder in dünne Scheiben oder in lange Streifen hobeln.
Die verlesenen Linsen in der Hühnerbrühe 10–12 Minuten garen – sie sollen noch Biß haben.
Die Hähnchenbrustfilets im heißen Öl rundum anbraten, mit Zitronensaft beträufeln und bei geschlossenem Deckel noch 2–3 Minuten garen. Wenig salzen und in schräge Scheiben schneiden, lauwarm abkühlen lassen.
Aus den angegebenen Zutaten eine Salatsoße rühren – evtl. mit etwas Hühnerbrühe verrühren. Die Kapuzinerkresseblüten abbrausen und trockenschütteln.
Auf vier Tellern die Zucchinistreifen, die Linsen mit den Hähnchenbrustfilets anrichten, mit Soße beträufeln und mit den Kapuzinerkresseblüten oder geschnittener Kresse dekorieren.

408

Salatteller mit Räucherlachs und Ei

1 Kopfsalat,
4 frische Eier, Essigwasser,
4 dünne Scheiben Graved Lachs,
Dillzweiglein.
Soße:
4 Essl. Crème fraîche
oder saure Sahne
2 Essl. süße Sahne,
Saft von 1/2 Zitrone,
1/2 Teel. Dijon-Senf,
reichlich gehackter Dill,
Meersalz, Pfeffer.

Die Zutaten für die Soße kräftig verrühren, kühlstellen. Vom Salat nur die inneren gelbgrünen Blätter und das Salatherz verwenden. Blätter und Herz gründlich waschen, trockenschleudern und auf 4 Teller verteilen.
Die Eier nach **426** in Essigwasser 4 Minuten pochieren, herausnehmen, abtropfen lassen. Mit einer Küchenschere oval schneiden. Je 2 Esslöffel von der Dillsoße auf das Salatbett verteilen, die Eier darauf anrichten und mit Streifen von Lachs gitterförmig belegen. Zuletzt mit frischen Dillzweiglein garnieren. Knuspriges Baguette oder Sesambrötchen dazu reichen.

409

Tomatencocktail mit Mozzarella

(Italienisches Rezept)
4 große reife Fleischtomaten,
200 g Mozzarellakugeln in Lake,
4 Essl. Olivenöl,
2 Essl. Weißweinessig
oder weißer Balsamico,
Meersalz,
1 Teel. grob geschroteter
schwarzer Pfeffer,
1 Bund frisches Basilikum,
8 schwarze Oliven.

Fleischtomaten waschen, tocknen, quer in Scheiben schneiden. Den Mozzarellakäse abtropfen lassen, ebenfalls in Scheiben teilen. Tomatenscheiben und Käsescheiben dachziegelartig auf Portionstellern anrichten. Olivenöl, Essig und Salz cremig schlagen, darüberträufeln. Den Cocktail mit Pfeffer übermahlen, mit abgezupften Basilikumblättchen und Oliven bestreuen. Dazu Dreiecke von mit Knoblauch eingeriebenem, in Butter geröstetem Weißbrot reichen.

410

Gurken-Melonen-Teller mit Rinderfilet

1/2 Salatgurke, 1 kleine Honigmelone,
150 g frische Champignons,
200 g Blattspinat oder kleine
Kopfsalatblättchen,
200 g gebratenes Rinderfilet
oder Roastbeef
oder gebratenes Putenschnitzel.
Soße:
1 Teel. Dijon-Senf, Salz, frisch
gemahlener Pfeffer,
2 Essl. Limetten- oder Zitronensaft,
4 Essl. Distelöl oder Sonnenblumenöl,
1 Bund Schnittlauch.
Evtl. 2 Essl. Sonnenblumenkerne zum
Überstreuen.

Die Salatgurke waschen, wenn nötig dünn abschälen und der Länge nach in dünne Streifen hobeln. Die Melone halbieren, mit dem Parisienne-Ausstecher kleine Kugeln aus dem Fruchtfleisch ausstechen. Die Champignons mit Küchenkrepp säubern, die Stiele kürzen und die Kappen in feine Scheiben schneiden. Das Fleisch nach Wahl in dünne Scheiben schneiden.
Aus den angegebenen Zutaten eine Soße rühren. Die Zutaten auf vier Tellern verteilen, die Soße darüberträufeln und mit angerösteten Sonnenblumenkernen bestreuen.

Tipp:
Das Fleisch im Gefrierfach leicht anfrosten, dann lässt es sich einfacher dünn aufschneiden.

Melonenkugeln werden mit dem Parisienne-Ausstecher aus dem Fruchtfleisch geschält.

Fruchtsalate

Dazu eignen sich fast alle einheimischen Beeren oder Früchte, so wie sie die Jahres- bzw. Erntezeit, evtl. in Verbindung mit Südfrüchten, bietet. Die Früchte waschen, schälen und jeweils Stiele, Kerne oder Steine entfernen. Größere Früchte wie Aprikosen, Pfirsiche, Äpfel oder eine Edelsorte von Birnen, Orangen, Bananen, Pampelmusen, Ananas nach dem Schälen in feine Scheiben oder Würfel schneiden. Die Servier-Schüssel vor dem Einfüllen des Obstsalates flüchtig mit einer unbehandelten Orangenschale ausreiben – dann schmeckt der Salat aromatischer. Kandierter oder in Sirup eingelegter Ingwer, fein gehackt, gibt Fruchtsalaten eine angenehm süß-scharfe Note. Eine Prise Salz und ein paar Tropfen Zitronensaft heben das Aroma von Melonen. Erdbeeren schmecken fruchtiger, wenn sie mit Zitronensaft beträufelt werden. Raffiniert unterstrichen wird das Aroma durch Beträufeln mit etwas Balsamico-Essig.

411

Obstsalat

Früchte nach Wahl zerkleinern und lagenweise in eine Glasschale schichten. Falls es sich um saure Früchte handelt, etwas feinen Zucker dazwischenstreuen. Zuletzt 1 Likörglas Maraschino, Rum, Arrak oder Kirschlikör darüberträufeln und den Fruchtsalat für kurze Zeit kalt stellen, aber nicht auf Eis kühlen.
Essen Kinder mit, die Likör- oder Spirituosenzugabe vermeiden und statt dessen einen frisch gepressten Fruchtsaft (evtl. von einer der mitverwendeten Früchte) oder eingedünsteten Fruchtsaft, siehe S. 658 ff, über den Fruchtsalat gießen.
Oder auf etwa 1 kg vorbereitete Früchte 150 g Zucker und gut $1/8$ l Wasser oder leichten Weißwein mit dem Zucker läutern und heiß über die eingeschichteten Früchte gießen. Nach dem Abkühlen den Likör zufügen und den Salat beim Anrichten mit geschälten, geriebenen Mandeln oder Walnüssen bestreuen; Löffelbiskuits oder feines Gebäck dazu reichen.

Tipp:
Eine Zuckerzugabe erübrigt sich, wenn sehr süße Früchte mit weniger süßen kombiniert werden. Besser den Zucker einmal durch Honig oder Ahornsirup ersetzen oder getrocknete Früchte wie Feigen, Datteln, Rosinen zum Süßen nehmen.

412

Beerensalat mit Weinschaumsoße

375 g Himbeeren oder Brombeeren,
375 g weiße und rote Johannisbeeren,
2 Essl. Puderzucker,
2 Essl. Johannisbeerlikör,
Weinschaum ***118****,*
3 Essl. geröstete Mandelblättchen oder 2 Essl. gehackte Pistazienkerne.

Die Himbeeren verlesen, nach Möglichkeit nicht waschen. Die Johannisbeeren mit einer Gabel von den Rispen streifen, rasch waschen und etwas trockentupfen, mit dem Zucker bestreuen und den Likör darüberträufeln. Durchziehen lassen und in der Zeit die Weinschaum miteinander mischen, die noch warme Creme darübergießen und mit Mandelblättchen oder Pistazienkrümeln bestreuen.

413

Orangensalat

6–8 Blutorangen, 1–2 Äpfel,
3–4 Essl. Puderzucker,
1 Glas Weißwein oder
1 Likörglas Cognac,
etwas Vanillezucker.

Die Orangen schälen, die weiße Haut sorgfältig entfernen, Früchte halbieren, in feine Scheiben schneiden und die Kerne herauslösen. Die geschälten Äpfel in dünne Blättchen schneiden, im Wechsel mit den Orangenscheiben in eine Glasschale legen, jede Lage mit Puderzucker bestäuben, den Wein oder Cognac darüberträufeln zuletzt den Vanillezucker überstreuen; diesen Salat möglichst kühl reichen.

414

Obstsalat mit exotischen Früchten *

4 frische Feigen,
1–2 Essl. weißer Rum,
2 Kiwis,
1 Banane,
1 kleine Honig- oder Kantalup-Melone,
Saft von $1/2$ Zitrone und 1 Orange,
2 Essl. Kokosflocken oder leicht geröstete Sesamkörner.

Die Feigen schälen, in Stückchen schneiden und mit dem Rum beträufeln. Kiwis und Banane schälen, in feine Scheiben schneiden, zu den Feigenstückchen geben. Die Melone halbieren, Kerne entfernen und mit einem Bällchenausstecher (Pariser Messer) Melonenfleischbällchen ausstechen. Mit dem Zitronen- und Orangensaft kurze Zeit durchziehen lassen. Dann alle Zutaten in eine Glasschüssel schichten, vorsichtig (evtl. mit den Händen) vermischen und mit Kokosflocken oder Sesamkörnern bestreuen.
Oder statt Feigen 6–8 Litschis (frisch oder aus der Dose) verwenden, den Saft mit 1 Essl. Orangenlikör anreichern und angeröstete Mandelblättchen über den Salat streuen.
Oder 1 kleine Charentais-Melone, 2 Kiwis, 1 kleine Papaya, 1 rosafarbene Mango schälen, entkernen und in kleine Stückchen schneiden oder mit dem Parisienne-Ausstecher in Kugelform ausstechen, in einer Schüssel vermischen und mit dem Saft einer Limette oder Zitrone und einer Orange beträufeln. Kurze Zeit durchziehen lassen und nicht zu kalt servieren.
Oder 1 frische Ananas in kleine Stückchen schneiden, den Saft in der Schüssel auffangen, 2 in Scheiben geschnittene Kiwis und 250 g Erdbeeren damit vermischen.
Frische Zitronenmelisseblättchen darüberstreuen.
Besonders apart schmeckt dieser Obstsalat, wenn wenig frisch gemahlener schwarzer Pfeffer darübergegeben wird.

* siehe auch Kapitel Obst, Seite 406.

EIER & EIERGERICHTE

Es gibt nicht wenige Menschen, die meinen, das Ei sei die vollendete Form. Oft, wenn vom Ei – von Eiern – die Rede ist, wird von Einmaligkeit, von Erhabenheit, von Erstmaligkeit gesprochen. Denn das Ei ist ideal: Eiweiß und Fett, ungesättigte Fettsäuren und die Vitamine A, B1, B2, C, D, E und K verbinden sich in ihm wie sonst nur noch selten in anderen Lebensmitteln. Selbst wenn die vollendete Form zerstört wird, bleibt es unwiderlegbares Beweismaterial für den Satz: Wo ein Wille ist, ist auch ein Weg. Sogar dann, wenn es nicht der Seeweg nach Indien, sondern der nach Amerika ist. Wie unter dem Stichwort „Christoph Kolumbus" nachzulesen.

Eier & Eiergerichte

Hühnereier werden in Gewichts- und Güteklassen unterteilt. Die Gewichtsklassen reichen von 1 bis 7; am gebräuchlichsten sind die Gewichtsklassen 3, 4 und 5.
Gewichtsklasse 3 = 60–65 g
Gewichtsklasse 4 = 55–60 g*
Gewichtsklasse 5 = 50–55 g
Die Güteklassen sind in A, B und C unterteilt, wobei im Handel praktisch nur Eier der Klasse A angeboten werden.
Auf den Packungen finden Sie:
Güteklasse, Gewichtsklasse und Anzahl der Eier
Verpackungsdatum
Name, Anschrift und Kennummer des Verpackungsbetriebes.

Eier und Eierzubereitungen (Frühstücksei, verlorene Eier etc.), bei denen das Eigelb weich bleibt, sollten wegen der bestehenden Salmonellengefahr möglichst frisch, d. h. ca. 4–10 Tage alt sein. Zwei einfache Möglichkeiten, dies zu erkennen:
1) In einem Glas mit Wasser sinkt ein frisches Ei zu Boden, während sich ältere Eier auf die Spitze stellen oder gar an der Oberfläche schwimmen.
2) Bei aufgeschlagenen Eiern sind Dotter und Eiklar eines frischen Eies deutlich hoch gewölbt, während der Dotter eines älteren Eies plan ist und das Eiklar auseinanderfließt.
Ältere Eier können noch für Pfannkuchen oder zum Backen verwendet werden.

Eier immer möglichst kühl lagern, dann bleiben sie länger frisch. Nie neben stark riechenden Lebensmitteln aufbewahren. Durch die poröse Schale nehmen Eier schnell Fremdgerüche an.

Reste von Eiklar und Eigelb können bis zu 3 Tagen im Kühlschrank aufbewahrt werden. Sonst besser einfrieren.

Roh oder gekocht? Lässt man das Ei in der Schale auf dem Tisch kreiseln, dreht sich das gekochte gleichmäßig, während sich rohe Eier unregelmäßig hin- und herbewegen.

* In diesem Buch werden Eier der Gewichtsklasse 4 verwendet.

Enten- und Gänseeier benötigen je nach Größe eine Kochzeit von 12-20 Min.; kalt aufsetzen.

Wachteleier, die aus Züchtungen kommen, benötigen ca. 6 Min. Kochzeit; ebenfalls kalt aufsetzen. Im Frühjahr gibt es auch Möwen- und Kiebitzeier zu kaufen (Kochzeit 8–10 Min.).
Wichtig ist es, alle Eier gut abzuschrecken!
Die letztgenannten Eier gibt es fertig gekocht in Gläsern zu kaufen, sie sind eine Bereicherung des feinen kalten Büffets oder dienen zusammen mit Kresse und Radieschen als Garnitur für die Ostertafel!

415
Das Kochen der Eier

Es gibt zwei Möglichkeiten, Eier zu kochen. Entweder mit kaltem Wasser und Salz aufsetzen; wenn die Eier kochen, bei geringer Wärmezufuhr 3 – 8 Min. weiterkochen lassen (weich, wachsweich, hart). Danach mit kaltem Wasser sofort abschrecken; sie lassen sich dann besser schälen.
Oder aber leicht gesalzenes Wasser zum Kochen bringen, die »gepieksten« Eier (an der Spitze und unten einstechen, dann bleibt das Eigelb in der Mitte und die Eier platzen nicht) in das Wasser geben und bei mittlerer Wärmezufuhr 5 – 10 Min. kochen (je nach Eigröße weich bis hart). Ebenfalls abschrecken. Wenn die Eier aus dem Kühlschrank kommen, muss, je nach Größe, ½ bis 1 Min. mehr Garzeit gerechnet werden. Wenn ein Eierkocher vorhanden ist, die Anweisung des Herstellers beachten. Wenn hartgekochte Eier zum Füllen oder für Eischeiben gebraucht werden, die Kochzeit auf 10 – 12 Min. erhöhen. Vor dem Schneiden mit dem Eierschneider die Eier ½ Stunde in kaltes Wasser legen (mit der Schale, nach dem Kochen), sie lassen sich dann nicht nur leichter schälen, sondern auch besser schneiden. Eine Eieruhr oder einen Kurzzeitwecker verwenden

416
Weiche Eier auf Selleriesalat

*Selleriesalat **370**,*
einige gekochte Kartoffeln,
1 Sellerieknolle, ca. 500 g,
6–8 Eier, 5 Min. gekocht,
Essiggurken, gehackte Kräuter wie Sellerie, Estragonblättchen und Schnittlauch,
*Mayonnaise **77**.*

Selleriesalat zubereiten und etwa zur Hälfte mit gekochten, geschälten Kartoffelscheiben mischen. Eine große Sellerieknolle gut abschaben, weich kochen, in mäßig dicke Scheiben schneiden und im Kranz auf eine runde Platte legen. 6 – 8 wachsweich gekochte, geschälte Eier halbieren, mit der Schnittfläche nach unten auf die Sellerieschieben setzen, den Rand ringsum mit Essiggurkenscheibchen belegen und in die Mitte der Platte den mit fein gehackten Kräutern (evtl. Sellerieblättchen, Estragon, Schnittlauch) bestreuten Selleriesalat häufen. Dazu Mayonnaise reichen.

417
Eier mit Käsefüllung

8 hartgekochte Eier,
*vorbereitet nach **420**,*
80 g geriebener Parmesan oder Emmentaler,
40 g Anchovispaste,
3 Teel. Sonnenblumenöl,
1 Teel. Meerrettichsenf,
große Wurstscheiben,
eingelegte saure Paprikastreifen,
Petersilie- oder Kressenestchen,
Tomatenachtel.

Die Eigelb durch ein Sieb drücken, mit dem Käse, Anchovispaste, Öl und Senf gut vermischen und die Masse zu kleinen Kugeln formen. In jede Eihälfte eine dieser Kugeln eindrücken. Große Wurstscheiben (Sorte nach Belieben) halb einschneiden, zu Tütchen drehen und die Eihälften hineinsetzen. Auf einer Platte mit Paprikastreifen, Petersiliennestchen und Tomatenachteln garnieren (auch andere »Appetitanreger« können zur Dekoration verwendet werden).

418

Gefüllte Eier, kalt

8 Eier,
2 Essl. Öl, 2 Essl. Essig,
1 Teel. gewiegte Petersilie,
je 1 Prise Salz und Pfeffer,
1 Teel. Senf.
Zum Verzieren:
einige Sardellenfilets
oder Lachsröllchen und Kapern
oder Forellenkaviar.

Die Eier 10 Min. kochen, kalt überbrausen, schälen und der Länge nach halbieren. Die Eigelb herauslösen, fein zerdrücken, mit den übrigen Zutaten verrühren, in die Eiweißhälften einspritzen und Sardellen- oder Lachsröllchen mit Kapern obenauf setzen.

419

Eier mit Salamifüllung

8 hartgekochte Eier,
vorbereitet nach ***420****,*
4 Essl. Öl, Saft von ½ Zitrone,
8 Scheiben Salami,
8 gefüllte Oliven (mit Paprika),
Pfeffer, 1 Prise Zucker,
1 Essl. Weinbrand.
Gewaschene Salatblätter von Frisée und Radicchio.

Die Eigelb zerdrücken, mit Öl und Zitronensaft geschmeidig rühren. Salami und Oliven sehr fein wiegen, untermischen und mit Pfeffer, Zucker und Weinbrand abschmecken. Sollte die Mischung einmal zu dünn geraten, noch ein zerdrücktes Eigelb zugeben; ist sie einmal zu dick, mit etwas Flüssigkeit wie Kondensmilch, Wein oder Sahne verdünnen.
Auf eine ovale Platte abwechselnd Frisée- und Radicchioblättchen, evtl. mit einer leichten Essig- und Ölsoße beträufelt, legen und darauf die gefüllten Eihälften anrichten.
Oder anstatt Salami 100 g gekochten Schinken und 4 Essiggürkchen fein gewiegt zugeben; Oliven weglassen.

420

Eier mit Kräuterfüllung

8 Eier,
Mayonnaise ***77*** *oder 3 Essl. Fertigmayonnaise,*
2 gewässerte Sardellen,
½ Teel. Kapern,
1 Schalottenzwiebel,
reichlich Petersilie oder Estragon,
evtl. 1–2 Essl. dicke, frische Sahne,
Saft ½ Zitrone oder 1 Teel. Essig.

Die Eier 12 Min. kochen, kalt überbrausen, schälen und der Länge nach halbieren. Die Eigelb herauslösen, durchpassieren und die Sardellen, Kapern, Schalottenzwiebel und Kräuter (fein verwiegt) sowie die Mayonnaise untermischen. Die Fülle evtl. mit der Sahne, Zitronensaft oder Essig verdünnen und mit der Sterntülle in die Eihälften einspritzen.

421

Soleier

Hartgekochte Eier (10 Min.),
pro Person 2–3 Stück.
Salzwasser:
Pro ½ l Wasser 40 g Salz,
evtl. 2 Pfefferkörner,
½ Lorbeerblatt,
½ Teel. Senfkörner,
1 Prise Zucker,
1 Essl. Essig,
½ Zwiebel in Ringen.

Die Eier an der Tischplatte oder mit einem Löffelrücken leicht anklopfen. In ein hohes Glasgefäß legen und die Salzlake zubereiten: Das stark salzhaltige Wasser aufkochen und dann etwas abkühlen lassen. Die lauwarme Lake über die Eier gießen, so dass sie vollständig bedeckt sind – am besten in einem großen Einmachglas. Die Eier müssen mindestens 24 Std. darin ziehen, besser sind 36 Std. Kühl gestellt können sie ca. 3 Tage aufbewahrt werden, man kann also ruhig eine größere Menge zubereiten.
Zu Soleiern serviert man Salz und frisch gemahlenen Pfeffer, guten Weinessig und Öl, jede Art von Senf, auch Ketchup, Mayonnaise, Worcestershiresauce und viele Fertigsoßen.
Oder eine selbstgemachte pikante Soße oder Mayonnaise (S. 46/47) dazu servieren. Das Essen der Soleier ist problemlos: Jeder Gast benötigt eine Serviette, evtl. einen Eierbecher oder Serviettenring und einen Teelöffel. Das Solei abtrocknen, schälen, halbieren, mit dem Löffel das Eigelb vorsichtig herausheben und den Löffel beiseite legen. Nun kommt in die Höhlung etwas Salz, frisch gemahlener Pfeffer, Senf, wenig Essig und Öl und evtl. nach Geschmack eine mehr oder weniger scharfe Soße. Nur nicht zuviel in die Höhlung füllen, sonst schwappt die Füllung über, wenn das Eigelb als Hütchen wieder aufgesetzt wird. Nun wird das Ei in einem Happ verspeist, und damit es besser rutscht, trinkt man dazu ein Bier und evtl. einen »Klaren«, gut gekühlt.

422

Russische Eier

6–8 frische Eier,
etwa 400 g Italienischer oder Kartoffelsalat,
Mayonnaise ***77****,*
einige Zwiebelringe,
4 Teel. Kaviar,
einige Sardellenfilets oder Lachsscheiben,
Kopfsalatblätter, Kapern,
Tomatenschnitze,
einige Essiggürkchen.

Die Eier 8–10 Min. kochen, teils quer, teils der Länge nach halbieren, dann auf dem fertig zubereiteten Salat anrichten. Quer geteilte Eier mit Mayonnaise übergießen, auf jede Eispitze einen Zwiebelring stülpen, innerhalb dieses Ringes etwas Kaviar einfüllen und schmal geschnittene Sardellen- oder Lachsröllchen obenauf legen. Längs geteilte Eier mit der Schnittfläche nach unten auf zarte Kopfsalatblätter setzen und mit Mayonnaise überziehen. Die Eihälften in der Mitte mit einem Streifen Kaviar oder mit Lachs- oder Sardellenstreifen verzieren. Beim Anrichten zwischen die Eier mit etwas Spinatsaft gefärbte Aspikwürfelchen oder Kapern, Tomatenschnitze und Gurkenfächer einfügen.

Eier & Eiergerichte

423 Eipilze (Fliegenpilze)

8 Eier, 8–10 Min. gekocht.
4 nicht zu große, runde Tomaten,
selbst zubereitete Mayonnaise ***77****,*
oder Mayonnaise aus der Tube,
gewaschene Kresse oder
Kopfsalatblätter.

Die Eier an dem breiten Ende flach schneiden, damit sie einen Stand haben. Die Tomaten waschen, trocknen, quer durchschneiden und das Innere vorsichtig mit einem Plastiklöffel herausnehmen. Die Tomatenhälften auf die Eier setzen, obenauf Mayonnaisetupfen spritzen und die Fliegenpilze in Kressenestchen oder auf Kopfsalatinseln setzen.

424 Wachteleier in Aspik

1 Glas Wachteleier, 20 Stück,
Aspik Rezept ***243****, ¼ Menge,*
Champignonköpfchen aus der Dose,
Krabben oder Shrimps, gekochtt,
frisch oder aus der Dose,
2 Bund Dill,
Remouladensoße ***92****.*

Die Wachteleier aus dem Glas nehmen, abtropfen lassen und halbieren. Den Aspik zubereiten und eine kalt ausgespülte Schüssel etwa fingerhoch füllen. Die Schicht erstarren lassen, als äußeren Kreis Wachteleihälften mit der Wölbung nach unten, als zweiten Kreis Champignonköpfchen und um die Zwischenräume Krabben legen. Mit Aspik bedecken und falls noch Zutaten übrig sind, eine zweite Schicht wie oben einlegen.
Im Kühlschrank erstarren lassen und zum Stürzen die Form ganz kurz in heißes Wasser tauchen. Die gestürzten Wachteleier mit frischen Dillzweiglein umlegen, dazu Remouladensoße servieren.

Tipp:
Frische Wachteleier ca. 4 Min. kochen, dann kalt abschrecken.

425 Garnierte Wachteleier

20 Wachteleier aus dem Glas,
1 kleine Dose Palmenherzen,
1 kleine Dose Artischockenböden,
einfache Salatsoße ***309****,*
je 1 Essl. Petersilie,
Kerbel, Zitronenmelisse,
½ Teel. gehackter Estragon.
Mayonnaise:
8 Essl. Salatmayonnaise,
2 Essl. Tomatenketchup,
1 Prise Salz,
1 Prise Cayennepfeffer,
2 Essl. sehr fein gewiegte
Pfeffergürkchen,
frischer Kerbel oder Petersilie
zum Garnieren.

Die Wachteleier aus dem Glas nehmen und abtropfen lassen. Die Palmenherzen in nicht zu dünne Scheiben schneiden und zusammen mit den Artischockenböden in der Salatsoße ca. 30 Min. marinieren. Aus der Marinade nehmen und abwechselnd auf eine Platte legen. Die Wachteleier halbieren und auf die Palmenherzen und Artischockenböden legen. Mit frischen gehackten Kräutern bestreuen. Für die Mayonnaise alle Zutaten gut miteinander verrühren und in einem Schüsselchen dazustellen. Den Rand der Platte mit frischen Kerbelstängeln oder Petersiliensträußchen garnieren.
Dazu passt Weißbrot oder Toast.

Vorsichtig die Eier einzeln mit einer Schöpfkelle in das heiße Essigwasser gleiten lassen.

426 Verlorene (pochierte) Eier

4 Eier, 1½ l Wasser,
1 Essl. Salz, 4 Essl. Essig.

Dazu eignen sich nur frische und gut gekühlte Eier! Wasser mit Salz und Essig in einem breiten Topf zum Kochen bringen (es muss sprudeln); die Hitze zurückschalten. Ein Ei nach dem anderen in eine Schöpfkelle oder eine Schüssel schlagen, vorsichtig am Rand des Topfes ins Wasser gleiten lassen. Sofort mit zwei großen Suppenlöffeln das Ei fassen und das Eiweiß gleichmäßig über das Eigelb ziehen. Nach etwa 2–3 Min. das Ei wenden und noch einmal solange pochieren. Das Ei mit einer Schaumkelle herausheben, rasch in kaltes Wasser tauchen und abtropfen lassen. Den Rand glatt schneiden und bis zum Anrichten in leicht gesalzenes, lauwarmes Wasser legen.

427 Verlorene (pochierte) Eier mit Mayonnaise und Schinken

8 frische Eier,
200 g gekochter Schinken,
¼ l Mayonnaise ***77****,*
2 Essl. Sülze ***243***
oder Aspik,
8 Weißbrotscheiben,
etwas Butter,
Sülze zum Verzieren.

Verlorene Eier **426** kochen, erkalten lassen und rund zurechtschneiden. 100 g Schinken wiegen und zusammen mit 2 Essl. erwärmter Sülze unter die Mayonnaise mischen. Die Eier damit überziehen und zum Erstarren kühl stellen. Die Brotscheiben in wenig Butter auf einer Seite rösten, nach dem Abkühlen mit dem restlichen Schinken belegen, auf jede Scheibe ein übersülztes Ei setzen und ringsum gehackte Sülze streuen.

428
Saure Eier

Soße: 40 g Butter, 60 g Mehl,
etwas Wasser, 4 Essl. Rotwein,
½ Lorbeerblatt,
1 Stückchen Zitronenschale, Salz,
frisch gemahlener Pfeffer,
1 Essl. Madeira.
8 pochierte Eier.

Die Butter zerlassen, das Mehl darin anschwitzen, mit Wasser und Wein ablöschen und mit dem Schneebesen durchrühren. Die Gewürze zugeben und die Soße gut durchkochen lassen. Die Eier pochieren, auf eine vorgewärmte Platte geben. Die Soße mit Madeira abschmecken, durch ein Sieb über die Eier gießen.

429
Eier nach Königinart

8 verlorene Eier ***426****,*
Zur Buttersoße:
30 g Butter, 50 g Mehl,
knapp ½ l Fleischbrühe,
2 Eigelb, 3 Essl. Sahne,
1 Teel. Tomatenmark (aus Dosen),
je 1 Prise Salz, Muskat,
Saft von ½ Zitrone.
Als Einlage.
125 g gekochtes Hühnerfleisch oder
Kalbsbraten.
Zum Verzieren:
Tomatenscheiben, Kapern.

Die Buttersoße zubereiten, das Tomatenmark zufügen und die Soße dick einkochen. Das fein gewiegte Hühner- oder Kalbfleisch mit einigen Esslöffeln Soße vermengen und kleine Torten- oder Muschelförmchen zu zwei Drittel damit füllen; je 1 verlorenes Ei darauf setzen, mit der restlichen Soße beträufeln und mit Tomatenscheiben sowie einigen Kapern verzieren.
Oder die Fleischfülle mit einem Teil der Soße vermischen, auf eine erwärmte Platte streichen, die verlorenen Eier rundum setzen und die restliche Soße darübergießen.

430
Verlorene Eier nach Försterinart oder in Pastetchen

4 große Fleischtomaten,
Butter oder Öl,
600 g gedünstete Steinpilze
(in etwas Butter mit Speck- und
Zwiebelwürfelchen, gewürzt mit
Salz, Pfeffer und gehackter
Petersilie),
8 verlorene Eier ***426****,*
Specksoße ***38****.*

Große, halbierte, etwas ausgehöhlte Tomaten in einer mit Butter oder Öl gefetteten Kasserolle etwa 10 Min. zugedeckt bei milder Hitze garen, mit gedünsteten Steinpilzen bergartig füllen, auf jede Tomatenhälfte ein zurechtgeschnittenes verlorenes Ei setzen und Specksoße dazu reichen.
Oder verlorene Eier – 2 Stück pro Person – in kleine Blätterteigpastetchen einlegen, eine Sahnesoße nach **12** darübergießen und obenauf je 1 Krebsschwänzchen oder Sardellenfiletröllchen setzen.

431
Verlorene Eier mit Tomatenpüree

6–8 Eier, 2–3 l Wasser,
1½ Essl. Salz, 3 Essl. Essig.
Zum Püree:
20 g Butter, 20 g Mehl,
6 Essl. Tomatenmark von frischen
Tomaten oder 2–3 Essl. Mark aus
Tuben oder Dosen,
⅛ l Fleischbrühe,
je 1 Prise Salz, Zucker, Pfeffer,
6–8 Weißbrotschnitten.
Zum Rösten: 20 g Butter.

Die Eier nach 426 kochen; in der zerlassenen Butter das Mehl hellbraun anschwitzen, das Tomatenmark zufügen, mit der Fleischbrühe ablöschen, dick einkochen, dann mit Salz, Zucker und Pfeffer abschmecken. Die Weißbrotscheiben in Butter rösten, je 1 verlorenes Ei darauflegen und das Tomatenpüree rundum gießen oder spritzen.

432
Verlorene Eier auf Reis

Körnigen Reis nach **1176** zubereiten und auf eine runde Platte stürzen. Je nach Gästezahl verlorene Eier nach **426** kochen und abwechselnd – je 1 Ei gelb, 1 Ei rot – mit einer dicken Sahnesoße (mit etwas Safran gefärbt) bzw. einer ebenso dicken Tomatensoße überziehen, auf den Reis setzen und mit Petersilie verzieren.

433
Überbackene Eier (au gratin)

8 Weißbrotschnitten,
30 g Butter,
8 verlorene oder wachsweich
gekochte, geschälte Eier,
Weiße Grundsoße ***11****,*
je 1 geh. Essl. geriebener
Emmentaler oder Parmesankäse.
Zum Bestreuen:
feine Semmelbrösel,
1–2 Essl. Reibkäse,
Butterflöckchen.

Die Weißbrotschnitten jeweils auf einer Seite in Butter anrösten, in eine gefettete, feuerfeste, flache Form legen und auf jede Schnitte ein vorbereitetes Ei setzen. Unter die dick eingekochte Soße 1 Essl. geriebenen Käse und evtl. die restliche Butter mischen; die Eier damit übergießen, dann den Reibkäse und Brösel überstreuen und kleine Butterflöckchen obenauf geben. Die Eierschnitten im vorgeheizten Backofen oder unter dem heißen Grill kurz goldgelb überkrusten.
E.-Herd 220 °C / G.-Herd 4
Ca. 10 Minuten

434 Eier mit saurer Specksoße

8 frische Eier 5 Min. kochen, kalt überbrausen, sorgsam schälen und in einer erwärmten, tiefen Schüssel oder auf einer Platte mit hohem Rand anrichten; die Specksoße **38** ringsum gießen und die Eier mit gewiegter Petersilie bestreuen.

435 Eier mit Tomatensoße

Hart gekochte Eier schälen, halbieren, mit der Schnittfläche nach unten auf eine erwärmte Platte legen und eine dicke, heiße Tomatensoße **49** darübergießen.
Die Eihälften können auch mit Sardellen-, Kapern- oder Senfsoße übergossen serviert werden.

436 Gefüllte Eier, warm

4 frische Eier,
60 g gekochter Schinken,
1 Sardelle, 1 kleine Zwiebel,
1 Essl. Petersilie oder Estragon,
2 rohe Eigelb,
je 2 Essl. Essig und Öl,
1 Teel. Senf,
einige Butterflöckchen,
feine Semmelbrösel.

Die Eier hart kochen, kalt überbrausen, schälen und der Länge nach halbieren. Die Eigelb herauslösen, durch ein Sieb drücken und mit dem gewiegten Schinken, der gewässerten Sardelle, Zwiebel, Petersilie (alles fein gewiegt), Essig, Öl, Senf und den rohen Eigelb verrühren. Die Paste in die Eihälften einfüllen und glatt streichen; mit dem Rest den Boden einer gefetteten feuerfesten Form bedecken, die Eier mit der Schnittfläche nach oben hineinsetzen, Semmelbrösel darüberstreuen, Butterflöckchen auflegen und im vorgeheizten Backofen überbacken.
E.-Herd 220 °C / G.-Herd 4
Ca. 15 Minuten

437 Eier mit Käsesoße

Wachsweich gekochte Eier schälen und auf eine erwärmte Platte legen. Eine Sahnesoße mit 2–3 Essl. geriebenem Käse* oder 50 g Sahneschmelzkäse vermischen und heiß darübergießen.

438 Eier in Förmchen mit Schinken

8 Eier,
80 g gekochter Schinken oder feine Wurstreste,
je 1 Prise Salz und Pfeffer.
Zum Ausfetten:
40 g Butter.
Zur Soße:
40 g Butter,
1 gehackte Schalotte,
etwas Salz und Pfeffer,
Saft 1 Zitrone,
4 l Fleischbrühe,
5–6 Essl. saure Sahne, verrührt mit
2 Essl. Speisestärke.

Schinken oder Wurstreste (auch von Räucherzunge, Gänseleber) fein wiegen oder hacken. Kleine Törtchen- oder Pastetenformen mit Butter gut einfetten und das Gehackte auf den Boden und an die Seiten der Förmchen streichen; in jedes Förmchen ein ganzes Ei einschlagen (evtl. vom Eiweiß etwas wegnehmen), Salz und wenig Pfeffer daraufstreuen, die Förmchen in ein Wasserbad stellen und darin auf der Herdplatte oder im vorgeheizten Backofen zugedeckt so lange schwach kochen (etwa 6–8 Min.), bis das Ei fest geworden ist. Den Inhalt der Förmchen mit einem Messer lösen, auf eine runde Platte gleiten lassen oder auf gerösteten Brotschnitten anrichten. Zur Soße die Butter erhitzen, Schalotte hellgelb anschwitzen, mit Fleischbrühe ablöschen, würzen. Zuletzt die Sahne unterrühren und die Soße sehr heiß über die Eier gießen.

* Geriebenen Käse nicht mitkochen, stets nur locker unter die fertige, heiße Soße mischen.

439 Eier in Förmchen mit Räucherzunge

4 Scheiben geräucherte Zunge,
4 Eier, 3 Essl. Milch,
1 Prise Salz.
Zum Ausfetten: Butter.

Kleine Pastetenförmchen gut mit Butter einfetten und in jedes eine rund ausgestochene Zungenscheibe legen. Die Zungenreste fein wiegen oder hacken, Eier und Milch glattquirlen, Salz und das Gehackte zufügen, vermischen und die Förmchen damit füllen; einzeln mit Alufolie verschließen und im heißen Wasserbad etwa 10 Min. stocken lassen, vorsichtig stürzen und mit Schnittlauchsoße **25** zu Tisch geben.

440 Eier im Förmchen (Egg Coddler)

Pro Person 1 Porzellanförmchen mit Schraubdeckel (heißt auch Egg Coddler),
etwas Butter,
je nach Förmchengröße
1–2 frische Eier,
wenig Salz und Pfeffer oder Paprikapulver,
1 Teel. fein gewiegter Schinken oder Käsewürfelchen,
evtl. etwas Tomatenketchup oder fertige Würzsoße
oder frisch gehackte Kräuter.

Es gibt zwei Größen von Porzellanförmchen, für die kleine Form genügt ein Ei. Das Förmchen mit Butter einfetten, je 1–2 Eier hineingleiten lassen und mit einer leicht gewürzten »Einlage« nach Lust und Laune versehen. Das Förmchen mit dem Schraubdeckel verschließen und in einen Topf mit kochendem Wasser (das Wasser muss bis zum Schraubverschluss reichen) stellen. Kleine Förmchen 6–8 Min., größere Förmchen 10–12 Min. kochen lassen, je nach gewünschtem Festigkeitsgrad.

441
Rühreier

30 g Butter/Margarine, 6 Eier, 6 Essl. Milch oder Wasser, 1 Prise Salz.

In der Pfanne die Butter oder Margarine erhitzen. Die Eier mit Milch oder Wasser und Salz verquirlen, hineingießen und bei schwacher Hitze langsam stocken lassen. Einige Male mit einem Holzlöffel leicht umrühren. Darauf achten, dass das Rührei großflockig ist. Rührei wird besonders locker, wenn im Moment des Stockens ein Stückchen Butter untergemischt wird.

Tipp:
Rührei bei milder Hitze stocken lassen, zu heiß gebraten, wird es hart und trocken! Es sollte noch cremig aussehen, wenn es serviert wird!

442
Aufgezogene Eier mit Tomaten

8 mittelgroße Tomaten (etwa 750 g), 50 g Butter, 1 Prise Salz, 8 Eier, etwas Muskat, reichlich gewiegte Petersilie.

Die Tomaten mit einem Tuch abreiben und in 1 cm dicke Scheiben schneiden. In einer feuerfesten, flachen Form die Butter erhitzen, die Tomatenscheiben einlegen und mit wenig Salz bestreuen.
Die schaumig gequirlten Eier mit Muskat würzen, über die Tomaten gießen und im gut vorgeheizten Backofen aufziehen; beim Anrichten mit gewiegter Petersilie bestreuen.
E.-Herd 220 °C / G.-Herd 4
Ca. 10–15 Minuten

443
Rühreier mit Schinken

40 g Butter, 4 Scheiben gekochter Schinken, 4–6 Eier, Schnittlauch.

Die Butter erhitzen, die Schinkenscheiben kurz darin braten, die verquirlten Eier darübergießen und unter Rütteln in der Pfanne stocken lassen. Mit fein geschnittenem Schnittlauch bestreuen.
Oder den Schinken in Würfelchen schneiden, mit den gequirlten Eiern mischen und unter leichtem Rühren in heißer Butter backen.

Tipp:
Nur soviel Fett in der Pfanne zergehen lassen, dass der Boden gerade bedeckt ist!
Zum milden Braten eignen sich Butter, Butterschmalz, Margarine und Öl; bei scharfem Braten ist Kokosfett vorzuziehen, da es sich höher erhitzen lässt, ohne schädliche Röststoffe zu entwickeln!

444
Rühreier mit frischen Champignons

250 g frische, möglichst kleine Champignons, Saft ½ Zitrone, 1 Prise Salz, ⅛ l Fleischbrühe, 60 g Butter, 20 g Mehl, 2 Essl. dicke, frische Sahne, 8 Eier, 2 Essl. Milch.

Die sorgfältig verlesenen Champignons kurz waschen, evtl. etwas zerkleinern, mit Zitronensaft und Salz etwa 5 Min. durchziehen lassen, dann in der gut gewürzten Fleischbrühe in ca. 8 Min. gar kochen. Das Mehl mit 30 g Butter verkneten und zum Binden der Brühe noch 2–3 Min. mit den Pilzen kochen, dann 1 Prise Salz und die Sahne unterrühren. Die Eier mit der Milch verquirlen, in der restlichen Butter zu leichtem Rührei braten und auf einer runden Platte als Kranz um die locker aufgehäuften Champignons anrichten.

Eier mit Tomaten **442**

445
Rühreier mit Räucherlachs

125 g geräucherter Lachs,
einige frische Pilze oder Dosenpilze,
8 Eier,
3 Essl. frische Sahne,
1 Prise Salz,
80 g Butter.

Den Lachs und die in 40 g Butter kurz gedünsteten, frischen Pilze (oder abgetropften Dosenpilze) in Würfel schneiden. Die Eier mit Sahne und etwas Salz verquirlen, mit Pilz- und Lachswürfelchen vermischen und die Eimasse in der restlichen heißen Butter zu lockerem Rührei backen.
In Muschelförmchen (je nach Gästezahl) anrichten und heiß zu Tisch geben.

446
Eier auf spanische Art

1 Gemüsezwiebel,
1–2 Knoblauchzehen,
2 Fleischtomaten,
1 Zucchini oder 150 g grüne Erbsen,
1 rote und grüne Paprikaschote,
200 g Chorizo-Wurst (spanische Paprikawurst, ersatzweise geräucherte grobe Bratwurst),
4 Essl. Olivenöl,
Salz, Pfeffer, Paprika,
8 frische Eier.

Zwiebel und Knoblauch schälen, würfeln. Die Tomaten häuten, grob schneiden, Zucchini in Scheiben, entkernte Paprikaschoten in Streifen schneiden. Die Wurst ebenfalls in Scheiben teilen. Das Olivenöl in einer flachen feuerfesten Form oder Pfanne erhitzen, Zwiebel- und Knoblauchwürfel 3 Min. darin gelb dünsten, das zerkleinerte Gemüse zugeben, würzen und bei mittlerer Hitze zugedeckt 15 Min. garen lassen. Die Wurst untermischen. Mit einer Kelle 8 Vertiefungen in das Gemüse drücken, je ein Ei hineinschlagen. Die Form in den Backofen stellen und die Eier stocken lassen. Heiß servieren.
E.-Herd 200 °C / G.-Herd 3
Ca. 15–20 Minuten

447
Frittata

6 Eier,
30 g Butter oder 2–3 EL Olivenöl,
weitere Zutaten je nach Variante:
300 g Zwiebeln,
300 g Tomaten oder Zucchini
oder gekochter Spargel
oder 100 g Bergkäse und/oder
100 g durchwachsener Speck,
evtl. 300 g gekochte Kartoffel- oder Nudelreste.

Die Eier mit etwas Wasser oder Milch schaumig aufschlagen, Butter oder Olivenöl in einer großen Pfanne sanft erhitzen.
Die Frittata ist ein ideales Rezept zur Verwertung von Resten, die je nach Zutat entsprechend vorbereitet und dann in die Eiermasse gegeben werden:
300 g Zwiebeln in Ringe schneiden, in Fett hellgelb werden lassen.
Oder Tomaten/Zucchini in Scheiben schneiden und leicht andünsten.
Oder Spargel in Stücke schneiden.
Oder den Käse reiben, den Speck in Würfel schneiden, dazu evtl. Kartoffelwürfel oder gekochte Nudeln.
Die jeweiligen Zutaten zur Eiermasse geben und in der Pfanne auf mittlerer Hitze stocken lassen.

448
Spiegeleier

Pro Person:
2 frische Eier, 15 g Butter oder Margarine,
je 1 Prise Pfeffer und Salz.

Die Eier vorsichtig – eins neben das andere – in die heiße Butter einschlagen und so lange braten, bis das Eiweiß beginnt, fest zu werden und sich ein bräunlicher Rand bildet. Erst nach dem Braten würzen; die Eigelb pfeffern und die Eiweiß leicht salzen.

449
Spiegeleier mit Speck

4 Scheiben durchwachsener Speck,
4 Eier,
je 1 Prise Salz und Pfeffer;
evtl. 4 Tomaten, etwas Öl;

Den Speck auf beiden Seiten anbraten, auf jede Speckscheibe 1 Ei schlagen. Die Spiegeleier bei milder Hitze so lange braten, bis das Eiweiß fest ist.
Oder die Tomaten halbieren, in der Pfanne in Öl oder in der gefetteten Grillpfanne anbraten, beim Anrichten auf jede Tomatenhälfte ein gebackenes, rund ausgestochenes Spiegelei setzen und obenauf eine zurechtgeschnittene, angeröstete Speckscheibe legen.
Oder den Frühstücksspeck in einer gusseisernen Pfanne ausbraten, herausnehmen und warmstellen. Die Eier im Speckfett zuerst von einer Seite braten, dann wenden und von der anderen Seite weiterbraten.
Die beidseitig gebratenen Spiegeleier mit dem Frühstücksspeck umlegen.
Oder anstatt Speck kleine Bratwürste im Öl oder in Butterschmalz braten, herausnehmen, dann die Spiegeleier im selben Fett braten und neben den Würstchen servieren.

450
Spiegeleier nach Lothringer Art

4 breite, dicke Scheiben gekochter Schinken (je etwa 30 g),
20 g Butter,
4 Essl. geriebener Emmentaler,
4 frische Eier,
4 Essl. frische Sahne,
etwas Paprika.

Die Schinkenscheiben nacheinander in heißer Butter anrösten, in eine feuerfeste, flache Form legen, mit dem Käse bestreuen und die rohen Eier vorsichtig (das Eigelb darf nicht verletzt werden) darübergleiten lassen. Mit Sahne umgießen und die Form in den vorgeheizten Backofen stellen. Sobald das Eiweiß gestockt (weiß aussieht) und das Eigelb noch weich ist, sind die Eier tischfertig; beim Anrichten etwas Paprika überstäuben.
E.-Herd 200 °C / G.-Herd 3
Ca. 8 Minuten

451

Eierpfannkuchen

3–4 Eier, getrennt
250 g Mehl,
etwa ¼ - ⅜ l Milch,
1 Prise Salz.
Zum Braten:
pro Pfannkuchen 1 Teel.
Butterschmalz oder halb Butter, halb Öl,
evtl. 1 Teel. Schnittlauch oder Zucker.

Eigelbe mit dem Mehl verrühren. Die Milch einrühren, Salz zufügen, das Eiweiß steif schlagen und locker unterziehen. In einer Bratpfanne das Fett erhitzen, jeweils einen Schöpflöffel Teig gleichmäßig darin verteilen und den Pfannkuchen auf beiden Seiten goldgelb braten. Entweder mit Schnittlauch oder mit Zucker bestreuen, aufrollen und mit grünem Salat oder Kompott zu Tisch geben.

Oder den Teig feiner zubereiten: Für jeden Pfannkuchen 1 Essl. Mehl mit 2 Essl. Milch und 1 Prise Salz glatt rühren; 2 Eigelb und den steifen Schnee leicht untermischen und den Pfannkuchen in 1 Essl. erhitzter Butter wie oben braten.

Oder, wenn der Pfannkuchen einmal gewendet ist, im heißen Backofen aufziehen.

Oder für Flädle ein Ei mehr nehmen und den Teig dünnflüssiger zubereiten. Für Flädle-Suppe die Pfannkuchen kleiner backen und auf Küchenkrepp entfetten. Bis zur Weiterverwendung kühlstellen, dann in feine Streifen schneiden.

Tipp:
Bei der Zubereitung von Pfannkuchen ist die Flüssigkeit entscheidend: mit Milch werden die Pfannkuchen fülliger, mit Wasser kann man sie hauchdünn braten, eine gute Lösung ist halb Milch, halb Wasser. Ein pikanter Pfannkuchenteig kann mit Bier angerührt werden, das macht ihn locker. An feine Teige (wie Crêpeteig/Crespelleteig, S. 131/132) immer etwas flüssige Butter oder gutes Öl geben. Crespelleteig kann auch mit geriebenem Käse gewürzt werden

452

Kleine Schneepfannkuchen

3–4 Eier, getrennt,
250 g Mehl, ¼ l Milch,
je 1 Prise Salz und Muskat,
Backfett.

Von Eigelb, Mehl, Milch, Salz und Muskat einen glatten, dickflüssigen Teig anrühren und den steifen Eischnee leicht unterziehen. In einer Bratkasserolle das Backfett stark erhitzen, einen Schöpflöffel mit Teig füllen, tief über das Fett halten und jeweils kleine Teigmengen in das heiße Fett gleiten lassen; auf beiden Seiten goldbraun zu kleinen Küchlein backen, auf Küchenkrepp entfetten und auf einer erwärmten Platte anrichten. Man kann dazu Blumenkohl-, Spargel- oder Schwarzwurzelgemüse reichen.

453

Spinatpfannkuchen

125 g Spinat, ¼ l Milch,
180 g Mehl, 3–4 Eier,
1 Prise Salz, Backfett.

Die entstielten Spinatblätter gut waschen, in einem Tuch trocknen, dann roh wiegen. Milch und Mehl glattrühren, die gequirlten Eigelb, Salz, den Spinat zufügen und die steifen Eiweiß unterziehen. In einer Bratpfanne für jeden Pfannkuchen nussgroß Fett erhitzen und jeweils so viel Teig hineinstreichen, dass der Boden der Pfanne dünn bedeckt ist. Die Pfannkuchen unter Rütteln auf beiden Seiten hellgelb braten.

Tipp:
Wenn es mal schnell gehen soll, tiefgefrorenen Spinat (gibt es auch grob gehackt) leicht antauen lassen und verwenden wie oben!

Zarte Eierpfannkuchen **451** (Flädle)

454
Pfannkuchen mit Pilzen

Zum Teig:
250 g Mehl, 4 Eier,
½ l Milch, 1 Prise Salz,
Backfett.
Zur Fülle:
750 g Pilze (Steinpilze oder Pfifferlinge),
60 g Butter, Saft ½ Zitrone,
je 1 Prise Salz und Pfeffer oder
1 Messersp. Hefewürze,
⅛ l Fleischbrühe, 1 Essl. Mehl,
2 Essl. gewiegte Petersilie,
evtl. 2 Essl. saure Sahne oder
1 Essl. Tomatenmark.

Einen lockeren Pfannkuchenteig zubereiten (die Eiweiß zu Schnee schlagen) und davon mehrere dünne Pfannkuchen backen. Die Pilze sorgfältig reinigen, in Scheiben schneiden, mit 30 g Butter und Fleischbrühe 10–15 Min. dünsten, dann Zitronensaft, Salz oder Würze zufügen. Die übrige Butter mit dem Mehl verkneten, mit den Pilzen verrühren, kurz aufkochen lassen, dann die gewiegte Petersilie zugeben und evtl. Sahne oder das Tomatenmark untermischen. Das Ragout in die Pfannkuchen füllen, jeden zur Hälfte überklappen und sehr heiß servieren.

455
Schnittlauchpfannkuchen

Unter den Pfannkuchenteig **453** (ohne Spinat) 2–3 Essl. feine Schnittlauchröllchen mischen und in heißem Fett kleine Pfannkuchen unter Rütteln knusprig braten.

Tipp:
Übriggebliebene Pfannkuchen in schmale Streifen schneiden und in einem Tupperschälchen kühl aufbewahren. Das gibt am nächsten Tag eine gute Suppeneinlage. Oder die Teigstreifen portionsweise einfrieren.

456
Eierpfannkuchen mit Zwiebeln

100 g Mehl, 100 g Weizenschrot,
3 Eier, getrennt, knapp ¼ l Milch,
1 Prise Salz, 2 Zwiebeln,
1 Essl. Öl.
Zum Backen:
Butter, Margarine oder Schmalz.

Mehl, Weizenschrot (das macht den Teig kerniger), Eigelb, Milch und Salz zu einem lockeren Teig rühren; die geschälten Zwiebeln in feine Ringe schneiden, im heißen Öl glasig dünsten und unter den Teig mischen. Zuletzt den steifen Schnee leicht unterziehen und davon Pfannkuchen nach 451 in heißer Butter oder Fett knusprig braten.

Tipp:
Pfannkuchen schmecken kräftiger, wenn das gebräuchliche Mehl durch Weizenmehl der Type 1050 ersetzt wird. Auch eine Mischung von Mehl und Weizenschrot schmeckt sehr gut. Sie benötigen mehr Flüssigkeitszugabe!

457
Fränkische Pfannkuchen

Soße: 1 Essl. Mehl, 4 l saure Sahne,
2 Essl. geriebener Käse, Salz, 1 Eigelb.
6–8 Pfannkuchen,
*Fülle **458***

Die Pfannkuchen mit der Fülle bestreichen, dann entweder einzeln zusammenrollen und nebeneinandenlegen oder aufeinander schichten und in eine gefettete Auflaufform oder auf eine feuerfeste Platte setzen. Mehl mit saurer Sahne verrühren, geriebenen Käse, Salz und Eigelb untermischen, über die Pfannkuchen gießen und das Gericht im vorgeheizten Backofen überbacken.
E.-Herd 175 °C / G.-Herd 2
Ca. 30 Minuten
Beim Anrichten in Vierecke oder Tortenstücke schneiden und dazu grünen Salat reichen.

458
Gefüllte Eierpfannkuchen, pikant

Flädle: 1–2 Eier, 125 g Mehl,
etwa ¼ l Milch.
Zum Backen:
Räucherspeck oder Butter.
Zur Fülle:
250 g gebratenes Fleisch oder Bratenreste, 1 Zwiebel,
1 Essl. gewiegte Petersilie,
2 trockene Brötchen,
1 Essl. Butter, 1 Ei,
etwas Pfeffer oder Paprika,
Salz, 2 Sardellen,
½ Glas Weißwein.
Zum Bestreichen: 1–2 Eiweiß.
Zum Wenden:
Eiweiß und Semmelbrösel, Bratfett.

Für die Flädle von den erstgenannten Zutaten einen flüssigen Teig anrühren, eine erhitzte Pfanne mit Speck einreiben, mehrere dünne Flädle backen und zum Abkühlen einzeln ausbreiten. Zur Fülle Fleisch, Zwiebel und Petersilie fein wiegen und mit den eingeweichten, ausgedrückten Brötchen in Butter anschwitzen. Zuletzt Ei, Gewürze, die gewässerten, zerdrückten Sardellen und den Wein zufügen. Den Rand der abgekühlten Flädle mit Eiweiß bepinseln, die Fülle aufstreichen und jedes Flädle zusammenrollen. Dann in 3–4 schräg geschnittene Stücke teilen, diese in Eiweiß und Semmelbröseln wenden und in heißem Fett hellbraun braten.

459
Flädle mit Spinatfülle

Zum Teig für die Flädle:
1–2 Eier, 180 g Mehl, ¼ l Milch,
Zur Fülle:
¾ kg Spinat (oder Tiefkühlspinat),
in wenig Wasser gedünstet,
40 g Butter, 40 g Mehl,
je 1 Essl. fein gewiegte Zwiebel und Petersilie,
etwas Hefewürze,
1 Knoblauchzehe,
statt Backfett etwas Räucherspeck.

Einen weichen, fast fließenden Pfannkuchenteig zubereiten, die erhitzte Bratpfanne einfetten und von der Teigmasse 8–10 Flädle backen. Den gedünsteten Spinat mit den übrigen Füllezutaten und der sehr fein zerdrückten Knoblauchzehe vermischen – der Spinat soll dick vom Löffel fallen. Die Flädle mit dem Spinat einzeln flach bestreichen, aufeinander schichten und diese „Flädle-Schichttorte" bis zum Anrichten im vorgeheizten Backofen warm stellen. Zur Verzierung evtl. kleine Spinatnestchen im Kranz auf das oberste Flädle setzen oder mit Petersilie garnieren.

460 Pfannkuchennester

400 g frischer Spinat, vorbereitet,
100 g gekochter Schinken,
1 Knoblauchzehe,
Salz, Pfeffer, Muskat,
4 Pfannkuchen, fertig gebacken,
Butter für die Form,
¼ l saure Sahne, 1 Ei,
etwas gehackte Petersilie.

Den tropfnassen Spinat in einem Topf mit aufgelegtem Deckel solange dämpfen, bis er zusammenfällt (ca. 3–4 Minuten). Den Schinken mit der Knoblauchzehe fein hacken, mit dem ausgedrückten Spinat vermischen und würzen. Die Pfannkuchen damit bestreichen, aufrollen und in etwa 3 cm breite Stücke schneiden. Eine Auflaufform mit Butter ausfetten, die Pfannkuchenröllchen hineinstellen und mit der mit Ei und gehackter Petersilie verquirlten Sahne übergießen. Im vorgeheizten Backofen überbacken.
E.-Herd 175 °C / G.-Herd 2
Ca. 30 Minuten

461 Frühlingsrollen

Je nach Größe ca. 10–12 Rollen
100 g Mehl,
ca. ⅛ l Wasser,
2 Eier.
Ausbackfett:
Öl oder Kokosfett.

Das Mehl mit dem Wasser so lange verrühren, bis der Teig glatt und weich ist. Die leicht verquirlten Eier unterziehen und den Teig etwa 30 Min. bei Zimmertemperatur ruhen lassen.
Eine kleine Pfanne leicht ausfetten (beschichtete Pfanne nur erhitzen) und etwas Teig hineingeben. Mit einem Backspatel so formen, dass ein Rechteck entsteht. Bei geringer Hitzezufuhr so lange backen, bis der Teig fest ist. Die fertigen Teigplatten auf eine Platte legen und mit einem Tuch bedecken.
Die gebackenen Teigplatten mit einer beliebigen Füllung versehen, die Seiten etwas einfalten, zusammenrollen und am Ende mit verquirltem Eiweiß bestreichen. Die Rollen vorsichtig festdrücken. Wenn alle Rollen fertig sind, in einer Friteuse das Ausbackfett auf mittlere Temperatur erhitzen und die Rollen nacheinander goldgelb ausbacken. Auf Küchenkrepp entfetten und sofort servieren.
Füllung: Sojasprossenkeimlinge, vermischt mit dünn geschnittenen Lauchröllchen, gewürzt mit Sojasauce und etwas Pfeffer.
Oder klein geschnittenes, gegartes Hühnerfleisch, vermischt mit Frühlingszwiebelröllchen (auch Lauchröllchen), wenig gehacktem, frischem oder eingelegten Ingwer, etwas frischem, gehackten roten Paprika, gewürzt mit Salz und Pfeffer.
Oder chinesische Pilze (eingeweicht und evtl. zerkleinert), vermischt mit Lauch (fein geschnitten), gehacktem Schinken, einigen klein geschnittenen Bambussprossen, gewürzt mit heller Sojasauce.

462 Gefüllte Flädle, süß (dünne Eierkuchen)

Teig:
150 g Mehl, 2 Eier,
¼ -⅜ l Milch, 1 Prise Salz.
1 Essl. Zucker
Fülle:
½ l Milch, 50 g Speisestärke,
2 Eigelb, 100 g Zucker,
abgeriebene Schale von ½ Zitrone,
1 Teel. Rum,
etwas Vanillemark.
Zum Panieren:
2 Eiweiß, Semmelbrösel.
Zum Backen:
Butter oder Margarine.
Zum Bestreuen:
Zucker und Zimt.

Unter das Mehl die ganzen Eier und so viel Milch mischen, dass ein flüssiger Teig entsteht; mit Salz würzen, etwa 6 dünne Pfannkuchen in einer großen Pfanne ausbacken und die Creme zubereiten: Die Milch mit der Speisestärke verrühren, die Eigelbe, Zucker und Zitronenschale zufügen, unter Quirlen einmal aufkochen und nach kurzem Abkühlen Rum und Vanille untermischen. Jeden Pfannkuchen mit der Creme bestreichen und aufrollen; in Eiweiß und feinen Semmelbröseln wenden, dann im heißen Fett oder Öl rasch hellbraun backen (evtl. auf Küchenkrepp entfetten); mit Zucker und Zimt bestreuen und mit Kompott servieren.

Pikanter Flädle/Crêpe-Teig
3 Eier, 250 g Weizenmehl,
½ Teel. Salz und ½ l Flüssigkeit
(Milch und Bier oder
Wasser halb und halb),
2 Essl. geschmolzene Butter
oder Pflanzenöl.

Die Teigzutaten glattrühren, zuletzt geschmolzene Butter oder Öl unterziehen. 1–2 Stunden ruhen lassen und in einer kleinen Pfanne (22 cm Ø) etwa 24 kleine Flädle backen.
Oder Mehl in eine Schüssel sieben, die Hälfte der Flüssigkeit einrühren, dann die verquirlten Eier, Butter, Salz und die restliche Flüssigkeit einarbeiten. Ruhen lassen.

Tipp:
Den Pfannkuchen-/Crêpe-Teig immer einige Zeit ruhen lassen (Teig mit Vollkornmehl länger), dann bäckt er sich leichter. Während des Backens den Teig immer wieder umrühren, damit das Mehl nicht nach unten sinkt!

463 Eierpfannküchlein, flambiert (Crêpes Suzette)

*2 kleine Eier, 1 Eigelb, 100 g Mehl,
1 kleine Prise Salz, 1 Essl. Puderzucker,
knapp ¼ l Milch oder Milch und
Wasser gemischt,
1 Teel. Orangenlikör,
abgeriebene Schale von
¼ ungespritzten Orange,
1 Essl. flüssige Butter.
Butter zum Braten.
Zum Beträufeln:
4 Essl. weiche Butter,
3 Essl. Zucker, Saft von ½ Orange,
4 Stückchen Würfelzucker.
Zum Flambieren:
2–3 Essl. Cognac,
1 Gläschen Orangenlikör.*

Eier mit Eigelb schaumig rühren, Mehl, Salz und Puderzucker zufügen und mit der Milch zu einem glatten Teig rühren. Orangenlikör und Butter unterrühren. Die abgeriebene Orangenschale in einem Sieb kurz über kochendes Wasser hängen und zum Teig geben. Den Teig ca. 2 Std. ruhig stellen.
In einer Crêpes-Pfanne (Ø 15 cm) oder einer kleinen beschichteten Pfanne wenig Butter erhitzen; den Teig durchrühren und wenig Teig in die Pfanne gießen. Dabei die Pfanne leicht schwenken, so dass sich der Teig gleichmäßig bis zum Rand ausbreiten kann. So verfahren, bis der ganze Teig verbraucht ist (zwischendurch immer wieder umrühren, damit sich das Mehl nicht am Boden absetzen kann). Die Crêpes warmhalten (siehe Tipp).
Zum Beträufeln die Butter etwas verflüssigen, Zucker und Orangensaft einrühren. Die Zuckerstückchen an der Schale einer Orange so lange reiben, bis sie von allen Seiten gelb sind und aromatisch duften. Den Würfelzucker zerdrücken, in die Butter-Orangen-Mischung einrühren. Eine große Pfanne mit etwas Butter ausfetten, warm stellen. Die Crêpes mit der Butter-Orangenmischung bestreichen, auf die Hälfte und dann auf ein Viertel zusammenfalten, in die Pfanne legen; in einer Suppenkelle Cognac und etwas Orangenlikör erwärmen, anzünden und über die Crêpes gießen.
Wer eine Flambierpfanne besitzt, flambiert die Crêpes am Tisch.

Tipp:
Fertig gebackene Crêpes auf einen Teller legen, mit einem zweiten Teller bedecken und über heißem Wasserdampf oder im ca. 80 °C warmen Backofen warmhalten.

464 Quarkeierkuchen

*250 g Mehl, ¼ l Milch,
250 g Quark, etwas Salz,
2–3 Eier, getrennt, 1 Essl. Zucker.
Zum Backen:
Margarine oder Butter (kein Öl).
Zum Bestreuen: Puderzucker.*

Das Mehl mit der Milch glattrühren, den durchpassierten Quark, die Eigelb und die übrigen Zutaten untermischen; den Quarkteig gut durchschlagen und zuletzt das steife Eiweiß unterziehen. In heißes Fett jeweils 1 Schöpflöffel mit Teigmasse geben, den Pfannkuchen gleichmäßig auseinanderstreichen und auf beiden Seiten rasch backen. Mit Zucker bestreuen und dazu Kompott oder Marmelade reichen.

465 Eierhaber oder Schmarrn

*375 g Mehl, 1 Prise Salz und Muskat,
⅜ l Milch, 3 Eier,
Margarine oder Butterschmalz.*

Mehl, Salz und Muskat mit zwei Drittel der Milch glattrühren; Eigelbe, übrige Milch und zuletzt den steifen Eischnee zugeben. In einer flachen Pfanne das Fett erhitzen, 1 Schöpflöffel Teig hineingießen, in der Pfanne gleichmäßig verteilen, auf einer Seite goldgelb backen, wenden, sofort mit der Backschaufel zerkleinern und den Eierhaber krustig anbacken lassen; **oder** den auf beiden Seiten gebackenen Pfannkuchen in Stückchen schneiden und in der Pfanne kurz nachrösten.

466 Kaiserschmarrn

*40 g Butter, 4–5 Eier, getrennt,
30 g Zucker, 1 Prise Salz,
250 g Mehl,
etwa ¼ l Milch oder Sahne,
80 g Rosinen oder Sultaninen.
Zum Backen:
40 g Butterschmalz.
Zum Bestreuen:
Zucker und Zimt oder Puderzucker.*

Unter die weich gerührte Butter Eigelb, Zucker, Salz, Mehl und Milch mischen; den steifen Eischnee und die vorbereiteten Rosinen zuletzt locker durchziehen. Das Butterschmalz in einer Kasserolle erhitzen, den dickflüssigen Teig hineingießen, von beiden Seiten hellgelb anbacken, dann die ganze Masse mit der Backschaufel in kleine Stückchen zerstoßen und fertig backen. Den Schmarrn mit Zucker und Zimt oder Puderzucker bestreuen und heiß servieren.
Oder den Teig in kleinen Portionen wie Pfannkuchen backen, ebenfalls zerstoßen, hellgelb lassen, mit Zucker und Zimt bestreuen und dazu Kompott (Zwetschgen) oder Fruchtsoße (am besten Aprikosensoße) reichen.

467 Kirschpfannkuchen

*4 Brötchen vom Tag zuvor,
4 Essl. Mehl, 1 Tasse Milch,
2–3 Eier, 1 Essl. Zucker,
1 Prise Zimt,
500 g frische Kirschen.
Zum Backen:
Butter oder Butterschmalz.
Zum Bestreuen:
Zucker und Zimt oder Puderzucker.*

Die Brötchen in kaltem Wasser einweichen, fest ausdrücken und verrühren. Dann nach und nach Mehl, Milch, Eier, Zucker und Zimt untermischen; zuletzt die entsteinten Kirschen zufügen. Im heißen Fett möglichst kleine Pfannkuchen backen, auf beiden Seiten hell bräunen und beim Anrichten mit Zucker und Zimt oder Puderzucker bestreuen.

468
Apfelpfannkuchen

3 Eier, getrennt,
200 g Mehl,
¼ l Milch,
1 Prise Salz,
6 mürbe Äpfel.
Zum Backen:
Butter oder Margarine.
Zum Bestäuben:
Puderzucker.

Von den verquirlten Eigelb, Mehl, Milch und der Prise Salz einen Pfannkuchenteig zubereiten. Die Äpfel schälen, in feine Scheiben schneiden, mit dem Teig vermischen und den steifen Eischnee locker unterziehen. Im heißen Fett mäßig dicke Pfannkuchen auf beiden Seiten goldgelb backen und mit Puderzucker bestäuben.
Oder den Pfannenboden mit dem Fett erhitzen, die Apfelscheiben zuerst kurz darin anbraten und jeweils einen Schöpflöffel Teig darübergießen. Zum Wenden einen erhitzten Topfdeckel benützen und die Pfannkuchen fertig backen.

469
Obstpfannkuchen (von Heidelbeeren, Johannisbeeren, Stachelbeeren oder entsteinten Kirschen)

Aus den Zutaten von **468** einen schaumigen Teig zubereiten, jeweils einen Schöpflöffel davon in heißes Fett geben, in der Pfanne auseinanderstreichen und das vorbereitete, etwas eingezuckerte Obst darauf verteilen. Den Pfannkuchen gut anbacken lassen, wenden, je 1 Teel. zerlassene Butter oder Öl zugießen und knusprig fertig backen.

470
Topfenpalatschinken

Für 6 Personen
Teig:
knapp ½ l Milch vermischt mit Wasser, 4 Eier, 1 Prise Salz,
2 Essl. Puderzucker,
1 Prise Vanillezucker, 200 g Mehl.
Zum Backen: Butter oder Schmalz.
Topfenfülle:
60 g Butter,
3 Essl. Zucker, 1 Eigelb,
2 Essl. dicke süße Sahne,
250 g Topfen (Quark),
3 Eiweiß, 40 g Rosinen.
Butter für die Form,
Semmel- oder Zwiebackbrösel,
¼ l Milch, 2 Eigelb,
40 g Mandelblättchen, etwas Butter.

Die Milch in einen Topf gießen, Eier, Salz sowie Puder- und Vanillezucker gut darin verquirlen. Langsam das Mehl unterrühren, bis der Teig klümpchenfrei ist. In der heißen Pfanne etwas Butter zerlassen und dünne Palatschinken (Pfannkuchen oder Flädle) backen, nach etwa 2–3 Minuten wenden. Die fertig gebackenen Pfannkuchen warmstellen.
Für die Fülle die Butter mit Zucker, dem Eigelb und der Sahne schaumig rühren. Den Topfen durch ein Sieb dazupassieren, mit den gewaschenen Rosinen gut untermischen. Zuletzt den steif geschlagenen Eischnee sacht unterziehen. Die gebackenen Palatschinken mit der Fülle bestreichen, zusammenrollen und in eine feuerfeste, leicht ausgebutterte und mit Bröseln bestreute Form einlegen. Die Milch mit den Eigelb verquirlen, darübergießen und die Palatschinken im Backofen überbacken.
E.-Herd 175–200 °C / G.-Herd 2–3
Ca. 30 Minuten
Die Mandelblättchen in etwas Butter rösten und vor dem Servieren über die Topfenpalatschinken streuen.
Oder: Die warm gehaltenen Palatschinken (siehe S. 132) mit zerlassener zartbitterer Schokolade bestreichen, zusammenrollen, auf eine vorgewärmte Platte legen und im letzten Moment vor dem Servieren mit steif geschlagener, leicht gesüßter Sahne und leicht angerösteten Nussstückchen garnieren.

471
Biskuit-Eierkuchen

Für 2 Personen
4 Eier, getrennt, 80 g Zucker,
abgeriebene Schale von ½ Zitrone,
1 Essl. Milch.
Zum Fetten:
10 g Butter (nussgroß).
Zum Füllen:
Aprikosen- oder Orangenmarmelade.
Zum Bestäuben: Puderzucker.

Eigelb und Zucker schaumig rühren, die übrigen Zutaten und zuletzt den steifen Eischnee untermischen. In einer Pfanne oder Bratkasserolle die Butter erhitzen, den Biskuitschaum einfüllen, glatt streichen und im vorgeheizten Backofen bei guter Hitze aufziehen. Nach dem Stürzen mit der Marmelade bestreichen, den Eierkuchen von beiden Seiten einschlagen, mit Puderzucker bestäuben und heiß oder kalt zu Tisch geben.
E.-Herd 200–220 °C/G.-Herd 3–4
Ca. 10 Minuten

472
Schwedische Eierkuchen

Für 2–3 Personen
50 g Butter, 125 g Mehl,
100 g Zucker, ¼ l Milch, 6 Eier.
Zum Fetten: Butter oder Öl.
Zum Füllen: feine Marmelade.
Zum Bestäuben: Puderzucker.

Die Butter zergehen lassen, das Mehl darin hellgelb anschwitzen, den Zucker in der heißen Milch auflösen, zugießen und einen Kloß abrühren. Nach kurzem Abkühlen die gequirlten Eigelb untermischen und nach völligem Erkalten den steifen Eischnee unterziehen. Den Schaumteig 1 cm dick auf ein gut gefettetes, mehlbestäubtes Backblech streichen, im Backofen hellgelb backen.
E.-Herd 200–220 °C / G.-Herd 3–4
Ca. 15–20 Minuten.
Stürzen und mit feiner Marmelade überziehen. Dann rasch zusammenrollen, mit Puderzucker bestäuben, in Scheiben schneiden und sofort servieren.

473
Omelett

Pro Person: 2–3 Eier,
1 Essl. frische Sahne oder
10 g Butterstückchen,
1 Prise Salz und 20 g Butter.

Die Eier mit der Sahne oder den Butterstückchen und dem Salz glatt quirlen. Die Butter in einer Pfanne erhitzen, gleichmäßig über die ganze Fläche verteilen, die Eier einlaufen lassen (der Boden sollte mit der Eimasse nicht zu dick bedeckt sein) und backen, bis die Oberfläche gestockt, aber noch feucht ist. Dann entweder zusammenklappen oder von beiden Seiten einschlagen und auf eine heiße Platte gleiten lassen. Möglichst sofort servieren, damit das Omelett locker und heiß auf den Tisch kommt.
Als Beilage zu Gemüse und gedünsteten Pilzen geeignet.

> **Tipp:**
> *Beim Abheben des Deckels sollte kein Kondenswasser auf das Ome lett tropfen!*

1 Omelett: Die Eiermasse verrühren. Die Oberfläche des Omeletts soll nicht fest werden.

3 Leicht an den Pfannenstil klopfen, um das Omelett vom Pfannenboden zu lösen.

474
Omelett mit Gemüse und Käse oder mit Kräutern

Pro Person:
2 Eier,
1 Essl. süße Sahne oder Milch,
1 Teel. fein gewiegte Petersilie,
1–2 Essl. roh geraspeltes Gemüse (z. B. Karotten, Zucchini, Sellerie, Frühlingszwiebeln),
1 Prise Salz.
Zum Backen: Butter.
Zum Bestreuen:
1 Essl. geriebener Käse.

Die ganzen Eier mit Sahne oder Milch verquirlen, Petersilie und Gemüse zufügen, mit Salz würzen und in heißer Butter kleine Omeletts braten (Butter bei jedem Omelett erneuern). Noch heiß mit einem Teil vom geriebenen Käse bestreuen, zusammenrollen und den restlichen Käse obenauf geben.
Oder unter die verquirlten Eier (für jedes Omelett) 1 Teel. fein gewiegte Kräuter (Dill, Estragon, Schnittlauch) mischen und backen.

2 Das Omelett mit Hilfe des Spatels einrollen.

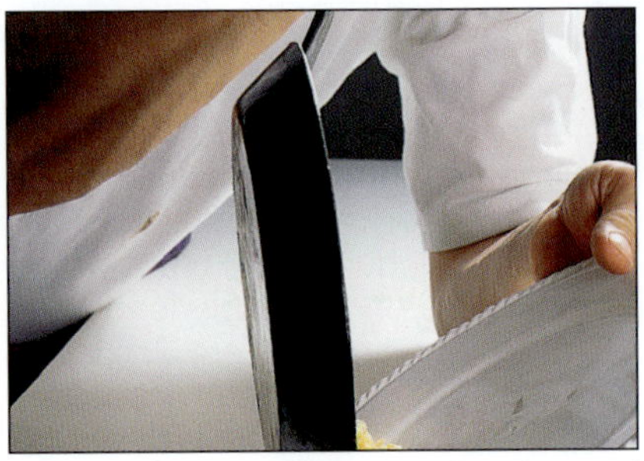

4 Pfanne kippen und das Omelett auf den Teller gleiten lassen.

475
Omelett mit Tomaten

Für 1 Person
Zur Fülle:
2 mittelgroße, feste Tomaten,
je 1 Prise Salz und Pfeffer,
15 g Butter, 1 Essl. gehackte Petersilie oder Schnittlauch,
*1 Omelett von 2 Eiern nach **473**.*

Die Tomaten kurz in kochendes Wasser tauchen, schälen, halbieren, die Kerne entfernen und die Tomaten auf einem Sieb abtropfen lassen. Dann in Viertel schneiden, kurz in heißer Butter dünsten und mit Salz und Pfeffer würzen. Das Omelett backen, mit einem Einschnitt versehen (vgl. **477**) und die Tomaten einfüllen.

> **Tipp:**
> *Für Omeletts, Eierkuchen etc. immer dieselbe Pfanne benutzen! Öfter mit Küchenkrepp auswischen (zwischen den Bratvorgängen) und nicht mit Spülmittel behandeln! Besser mit Salz leicht ausreiben und mit klarem heißem Wasser nachspülen.*

476
Omelett mit Ochsenmark oder Schinken

Ochsenmark aus 2 großen Markknochen,
etwas Bratensoße oder
*3 Essl. braune Soße **32**,*
1 Essl. gewiegte Petersilie,
*4 Omeletts **473**.*

Das Ochsenmark abbrühen oder kurze Zeit kochen, kleinwürfelig schneiden (4 große Scheiben zurückbehalten), mit der Bratensoße oder der braunen Soße vermischen und die Omeletts damit füllen. Auf jedes eine Markscheibe legen und Petersilie darüberstreuen.
Oder für jedes Omelett 1 Essl. gewiegten, gekochten Schinken unter die Eiermasse von **473** mischen und die Omeletts braten.

477
Omelett mit Hühnerleber oder mit Kalbs- bzw. Schweinenieren

Zur Fülle:
2 Hühnerlebern,
1 Teel. gewiegte Zwiebel,
20 g Butter,
1 Essl. Weißwein,
1 Prise Salz.
1 Omelett aus 3 Eiern,
reichlich Schnittlauch.

Die Leber in feine Scheibchen schneiden, die gewiegte Zwiebel in der heißen Butter gelb andünsten, die Leber zufügen, 3 Min. mitdünsten, dann mit Wein und Salz würzen.
Das Omelett nach **473** braten; entweder die Leberscheiben auf die eine Hälfte legen und die andere darüberklappen oder das hoch aufgegangene, von beiden Seiten eingeschlagene Omelett in der Mitte mit einem Schnitt versehen und die Leber in die Öffnung einfüllen; beim Anrichten mit Schnittlauch bestreuen.
Oder frische Kalbs- bzw. Schweinenieren (gut gewässert), fein geschnitten, ebenso zubereiten und die gebratenen Omeletts damit füllen.

478
Omelett mit Pilzen

250 g Champignons oder Steinpilze oder Eierschwämmchen oder Austernpilze,
2 Essl. Butter,
1 fein gewiegte Zwiebel,
1 Glas Wein oder 4 Essl. Sahne,
Salz, wenig Pfeffer,
3 Essl. gehackte Petersilie,
*4 Omeletts **473**.*

Die Pilze wenn möglich nicht waschen, gründlich putzen und fein schneiden. Butter erhitzen, die Zwiebelstückchen goldgelb andünsten, Pilze zugeben und falls nötig mit etwas Flüssigkeit angießen. Pilze je nach Sorte 8–12 Minuten dünsten, bis alle Flüssigkeit aufgesaugt ist; vorsichtig würzen.
Die Omeletts damit füllen, Petersilie daraufstreuen und sofort zu Tisch geben. Werden Dosenpilze verwendet, genügt es, diese nur zu erhitzen!

479
Omelett nach Lothringer Art

Für jedes Omelett 30–40 g kleinwürfelig geschnittenen durchwachsenen Speck, 2 Essl. Emmentaler-Würfelchen, reichlich Schnittlauchröllchen und 1 Essl. Crème fraîche unter die Eiermasse **473** mischen; dann Omeletts daraus braten.

480
Schaumomelett

Für 2 Personen
2–3 Eier, getrennt,
Saft und abgeriebene Schale von ½ Zitrone,
20 g Zucker,
evtl. ½ Teel. Speisestärke
Zum Backen:
1 Essl. Butterschmalz.
Zum Füllen:
feine Marmelade oder eingedünstete Beeren.
Zum Bestäuben: Puderzucker.

Eigelb, Saft und geriebene Schale der Zitrone mit der Hälfte Zucker schaumig rühren. Unter den steif geschlagenen Eischnee den übrigen Zucker nach und nach mischen und den Eigelbschaum leicht unterziehen; evtl. ½ Teel. Speisestärke zufügen, dann wird das Omelett etwas „standfester". Das Butterfett in einer Pfanne erhitzen, gleichmäßig verteilen, dann erst den Eierschaum hineingießen, die Hitze zurückschalten, einen vorgewärmten Deckel auflegen und das Schaumomelett bei sehr milder Hitze ca. 12–15 Min. braten, ohne den Deckel anzuheben. Wenn die Oberfläche anfängt, fest zu werden, aber noch etwas cremig ist, das Omelett auf eine vorgewärmte Platte gleiten lassen, die eine Hälfte mit Marmelade oder abgetropften Beeren belegen, die zweite Hälfte darüberklappen und mit Puderzucker dick überstäuben.

1 Gefülltes Omelett: Die Fülle in die Mitte des Omlettes geben.

2 Mit Hilfe des Spatels das Omelett von zwei Seiten einschlagen.

3 Das eingeschlagene Omelett mit dem Spatel einrollen; so läuft die Fülle nicht heraus.

481

Eierkuchen-Auflauf (Omelette soufflée)

Für 2 Personen
1. Art: 4 Eier getrennt,
4 Essl. Zucker,
Saft und abgeriebene Schale
von ½ Zitrone oder
2 Essl. Speisestärke.
Zum Bestreuen: Puderzucker.
Zum Füllen: Feine Marmelade.
2. Art: 4 Eigelb,
100 g Zucker,
1 Päckchen Vanillezucker oder
½ Teel. abgeriebene Zitronenschale,
Schnee von 5 Eiweiß.
Zum Fetten: reichlich Butter.
Zucker.

Eigelb, Zucker und Zitronenschale schaumig rühren; den Zitronensaft und die Speisestärke zufügen, den steifen Eischnee locker untermischen und den Eischaum in eine gut gefettete Form füllen. Bei starker Oberhitze im vorgeheizten Backofen aufziehen.
E.-Herd 200 °C / G.-Herd 3
Ca. 15–20 Minuten
Mit Puderzucker bestreuen und sofort servieren; oder das Omelett in einer Eierkuchenpfanne im heißen Backofen rasch backen, mit der Marmelade bestreichen, zur Hälfte überklappen und auf einer erwärmten Platte servieren.
Oder nach der 2. Art die Eigelb mit dem Zucker schaumig rühren, Vanillezucker oder Zitronenschale und den steifen Schnee der 5 Eiweiß untermischen; (es ist ratsam, etwa ⅓ vom Eischnee unterzurühren und den Rest locker durchziehen). Eine feuerfeste Form mit Butter dick bestreichen, mit Zucker ausstreuen, den Omelettschaum einfüllen, die Mitte mit dem Messerrücken durchteilen (dadurch wird ein gleichmäßiges Durchbacken erzielt) und das Omelett bei nicht zu starker Oberhitze im Backofen aufziehen.
E.-Herd 175 °C / G.-Herd 2
Ca. 15 Minuten

482

Preiselbeer-Soufflé

Für die Form:
Butter zum Ausfetten,
1–2 Essl. Zucker zum Ausstreuen.
3 Essl. Butter, 3 Essl. Mehl,
⅛ l heiße Milch, 4 Eigelb,
250 g frische Preiselbeeren,
püriert mit 4 Essl. Zucker oder
1 Glas Preiselbeerkompott
(Einwaage 230 g),
5 Eiweiß, 2 Essl. Zucker.

Den Boden und die Seitenwände (bis auf halbe Höhe) einer feuerfesten Form (Ø 18 cm) ausfetten und mit Zucker ausstreuen. Butter in einem Topf zerlassen, das Mehl goldgelb darin anschwitzen, mit der Milch aufgießen und gut verrühren. Von der Kochstelle nehmen und etwas abkühlen lassen. Nach und nach die Eigelbe einrühren und zuletzt die Preiselbeeren. Die Eiweiß steif schlagen, den Zucker einrieseln lassen und erneut schlagen, bis die Spitzen stehen bleiben. ¼ der Eiweißmasse unter die Eigelbmasse rühren, dann den restlichen Schaum rasch und vorsichtig mit dem Backspachtel unterheben. Die Soufflémasse in die vorbereitete Form füllen und auf der untersten Schiene im vorgeheizten Backofen backen.
E.-Herd 175–200 °C / G.-Herd 2–3
Ca. 20–25 Miunten
Oder 250 g pürierte Erdbeeren mit Zitronensaft und Zucker abschmecken und unter die schaumig geschlagenen Eigelb rühren. In diesem Falle nur noch die steif geschlagenen Eiweiß unterheben und backen wie oben.

1 Kleine Soufflés: Die Förmchen mit flüssiger Butter ausstreichen.

483

Salzburger Nockerln

Für die Form:
Butter zum Ausstreichen.
2 Eigelb,
1 Tütchen echter Vanillezucker,
abgeriebene Schale von
½ ungespritzten Zitrone,
1 Prise Salz,
1 Essl. Mehl oder Stärkemehl,
4 Eiweiß, 2 Essl. Zucker,
Puderzucker zum Bestäuben.

Eine ovale feuerfeste Form mit Butter ausstreichen. Die Eigelb mit Vanillezucker und abgeriebener Zitronenschale gut verrühren, mit Salz würzen und das Mehl unterrühren. Die Eiweiß mit etwas Zucker halbsteif schlagen, dann den restlichen Zucker zugeben und den Eischnee sehr steif schlagen. 1–2 Essl. Eischnee unter die Eigelbmasse rühren, dann diese Masse leicht unter den Eischnee heben. Dies muss rasch und sorgfältig geschehen. Nicht rühren, sonst fällt der Eischnee zusammen! Die Masse in die vorbereitete Form einfüllen und auf der mittleren Schiebeleiste im vorgeheizten Backofen backen.
E.-Herd 175 °C / G.-Herd 2
Ca. 12–15 Minuten
Die Nockerln sollen außen leicht gebräunt, innen aber noch weich sein. Mit Puderzucker bestäuben und sofort auftragen!

2 Mit Zucker ausstreuen (bei pikanten Soufflés Semmelbrösel verwenden).

484
Käseauflauf (Käse-Soufflé)

60 g Butter, 60 g Mehl,
knapp ½ l Milch, 150 g Parmesan- oder Greyerzer Käse,
6 große Eier, getrennt,
je 1 Prise Paprika, Muskat und Salz.
Butter und Mehl für die Form.

In der erwärmten Butter das gesiebte Mehl unter Rühren hellgelb anschwitzen, die Milch langsam zugießen und etwa 1 Min. durchkochen; würzen, kurz abkühlen lassen. Den geriebenen Käse hineinrühren und nach und nach die Eigelb und Gewürz untermischen; den steifen Eischnee zuletzt locker durchziehen (am besten mit einem Holzspachtel), in eine mit Butter bestrichene, leicht mit Mehl überstäubte hohe Auflaufform füllen und die Form auf den Rost im Backofen stellen. backen und sofort servieren.
Zuerst: E.-Herd 175 °C / G.-Herd 2
Ca. 15 Minuten
Dann: E.-Herd 200 °C / G.-Herd 3
Ca. 30 Minuten
Oder den Auflauf in einer gefetteten Ringform backen und nach dem Stürzen Spargelgemüse oder Blumenkohl in weißer Soße in die Ringmitte füllen.
Oder die Soufflés als Vorspeise in kleinen Portionsförmchen oder ausgehöhlter Tomaten backen.

Tipp:
Nach Einfüllen der Soufflé-Masse mit dem Messer zwischen dem Rand der Form und Masse entlangfahren – dann geht das Soufflé gut auf.

3 Überflüssigen Zucker durch leichtes Klopfen wieder entfernen.

485
Broccoli-Soufflé

Für die Form:
Butter zum Ausfetten,
1–2 Essl. geriebener Käse zum Ausstreuen.
4 Eigelb,
500 g gegarter Broccoli,
je 1 Prise Salz,
weißer Pfeffer und Muskat,
5 Eiweiß.

Eine feuerfeste Form (Ø 20 cm) mit Butter einfetten und mit Käse leicht ausstreuen, dabei nur den unteren Teil der Seitenwände fetten, dann geht das Soufflé besser auf! Die Eigelb schaumig rühren; Broccoli im Mixer oder Blitzhacker pürieren, würzen und untermischen. Den Eischnee sehr steif schlagen, die Spitzen müssen stehen bleiben. Etwa ¼ der Eiweißmasse unter die Broccoli-Eigelbmasse mischen, dann den restlichen Eischnee mit dem Backspachtel rasch und vorsichtig unterheben. Die Soufflémasse in die Form einfüllen, evtl. auf der Oberfläche leicht einritzen und auf der mittleren Schiene im vorgeheizten Backofen backen. Die Backofentüre in der Zeit nicht öffnen, das Soufflé fällt sonst zusammen!
E.-Herd 175 °C / G.-Herd 2
Ca. 25–30 Minuten
Sofort servieren! Besser, die Gäste warten auf das Soufflé, als umgekehrt!
Oder 300 g gegarte Pilze mit 200 g gedünsteten Erbsen und 4–5 Stängeln Petersilie pürieren, mit Salz und Pfeffer und etwas Zwiebelsalz würzen und zur Eimasse geben. Weiter vorgehen wie oben.

4 Soufflé-Masse bis zu ⅔-Höhe einfüllen. Kleine Förmchen in eine größere Form stellen

Hinweis: Bei stärkehaltigen Gemüsen wie Blumenkohl, Broccoli und Erbsen kann das Soufflé ohne Mehlbindung zubereitet werden.

Tipp:
Die Soufflémasse immer nur bis ⅔ in die Form einfüllen, damit das Soufflé Platz hat, um aufzugehen! In Portionsförmchen backt sich Soufflé leichter.

486
Sauerampfer-Soufflé

8 Scheiben trockenes Weißbrot,
⅛ l Milch oder süße Sahne,
500 g frischer Sauerampfer (ersatzweise Brunnenkresse oder Spinat), 50 g Butter, 4 Eier, Meersalz,
je 1 Prise Cayennepfeffer und Zucker.

Vom Weißbrot die Rinde abschneiden, das Brot fein reiben. Die Brösel (2 Essl. beiseite stellen) mit heißer Milch oder Sahne übergießen, zu einer Paste rühren, abkühlen lassen.
Sauerampfer entstielen, waschen, in Butter weichdünsten, danach pürieren. Brotpaste und Püree mischen. Eigelbe und die übrigen Brösel unterziehen, würzen. Eiweiß steif schlagen, vorsichtig unterziehen. Die Masse in eine hohe gefettete, mit Bröseln ausgestreute Form (1 l Inhalt) oder Portionsförmchen füllen, im Wasserbad im Backofen backen.
E.-Herd 180 °C / G.-Herd 2
Ca. 45 Minuten
Sofort in der Form servieren. Lecker dazu: frischgebackene Käsestangen.

Weitere Soufflés Seite 340 und 448.

5 Fertige, aufgegangene Soufflés sofort servieren.

SUPPEN & EINTÖPFE

Durch dick und dünn gehen zu wollen, versprechen sich viele Menschen. Sie meinen damit, dass sie in guten und in schlechten Tagen zusammenstehen wollen. Allein – das schaffen nicht viele. Die menschliche Natur steht dagegen. Trotz aller Religionen. Leicht indessen fällt es, durch dick und dünn zu kommen, wenn es um die Kochkunst geht: Suppen und Eintöpfe sind allerdings – obwohl der Volksmund anderer Meinung ist – ebensowenig „mal eben nebenbei“ zu fertigen, im Gegenteil. Sie auszulöffeln ist ein immer wieder köstliches Vergnügen.

Suppen & Eintöpfe

Zu klaren Suppen oder Kraftbrühen eignet sich Rind- oder Ochsenfleisch am besten, weil es an Extraktivstoffen weitaus reicher ist als Kalb-, Lamm- und Hammelfleisch. Auch von Wildfeisch und Geflügel (Suppenhuhn) lassen sich Kraftbrühen gewinnen, während Kalbfleisch mit seinen leimhaltigen Bestandteilen eine zwar gehalt-, aber weniger geschmackvolle Brühe ergibt, die trübe ist und geklärt werden muss. Wichtig ist, dass die Kraftbrühen ihren Eigengeschmack behalten, weshalb nicht allzuviel Suppengemüse und nur eine wohlüberlegte Gewürzdosis beigegeben werden sollte. Auch aus Gemüse- und Fischbrühen lassen sich klare Suppen herstellen.
Gebundene und Schleimsuppen können außer mit Fleischbrühe auch mit Knochen-, Fisch- und Gemüsebrühe sowie aus gekörnter Brühe oder Fleischbrühextrakt zubereitet werden.
Gebundene Suppen haben als Grundlage meist eine weiße, gelbe oder braune Mehlschwitze (vgl. S. 30 und S. 6), können aber auch mit Kartoffelmehl oder Stärkemehl gebunden werden; ist dies der Fall, dann stets das Mehl kalt angerührt in die kochende Suppe gießen. Diese „schwere" Bindung kann bei sehr vielen Rezepten durch eine „leichte" Bindung ersetzt werden; dafür bieten sich püriertes Gemüse, Kartoffelpüreeflocken, Sahne oder Joghurt und Ei an.
Zur Legierung feiner Suppen empfehlen sich Eigelb mit süßer Sahne verquirlt, die in die heiße, nicht mehr kochende Suppe eingerührt werden. Vor dem Servieren jede Suppe mit feingehackten Kräutern wie Petersilie, Schnittlauch, Kerbel usw. (auch tiefgefroren erhältlich) überstreuen, oder, wo erwünscht, mit einem Klecks Schlagsahne versehen.
1 l fertige Suppe ergibt 4 Teller oder Suppentassen (siehe Tabelle S. 26).

487 Fleischbrühe (Bouillon)

Fleischbrühe ist das Kochwasser von Fleisch und Knochen mit dem darin gelösten Fleischsaft.
Kommt es auf eine kräftige, wohlschmeckende Brühe an, muss das Fleisch mit den zerkleinerten Knochen kalt aufgesetzt und langsam zum Kochen gebracht werden, weil das allmählich sich erwärmende Wasser die Fleischfasern auslaugt, so dass der Saft in die Brühe übergeht. Soll aber das Fleisch saftig bleiben, wird es in kochendem Wasser zugesetzt, dann gerinnt die äußere Eiweißschicht und hält den Saft im Fleisch. (Aus demselben Grunde soll auch Bratenfleisch stets in heißes Fett gegeben werden.)
Das Salz gleich beim Aufsetzen des Fleisches einstreuen, evtl. Lorbeerblatt, Pfefferkörner, eine gebräunte Zwiebel zufügen. Für die gewünschte Menge fertiger Suppe etwa die doppelte Wassermenge aufsetzen, das Fleisch nach dem ersten Aufwallen bei verminderter Herdhitze, schwach strudelnd 1–1½ Std. (je nach Größe bzw. Gewicht, vgl. Tabelle S. 26) kochen lassen und dabei öfter abschäumen.
Ein Stück mitgekochte Rindsleber macht die Brühe kräftiger.
Einlage: Nudeln, Reis, Gemüse.

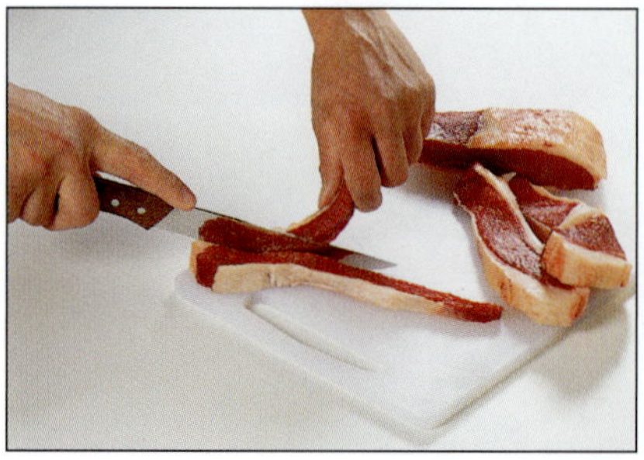

1 Bouillon klären: Fett vom Wadenfleisch entfernen.

488 Klären von Fleischbrühe

250 g Ochsenwade,
1 Eiweiß, sehr kalt,
je 50 g Karotten-, Lauch- und Selleriewürfel,
1½ l kalte Fleischbrühe,
2 Essl. Weinessig.

Die gut gekühlte Ochsenwade mit allen übrigen Zutaten durch die feine Scheibe des Fleischwolfs treiben. Für 1 Stunde in den Kühlschrank stellen. Die Masse in die kalte Brühe geben (oder die Brühe zugießen). Langsam erhitzen, einmal aufwallen lassen und von der Herdplatte ziehen. Kurze Zeit stehen lassen, dann vorsichtig durch ein nasses Passiertuch gießen. Es sollte aus kochfestem Gewebe sein (nur auskochen, kein Waschmittel verwenden; evtl. kurz in Essigwasser, zum Desinfizieren, spülen.
Das Tuch in heißes Wasser tauchen, zwischen zwei feinmaschige Siebe klemmen und auf einen Topf setzen.
Das Eiweiß bindet die Trübstoffe, sie steigen an die Oberfläche.

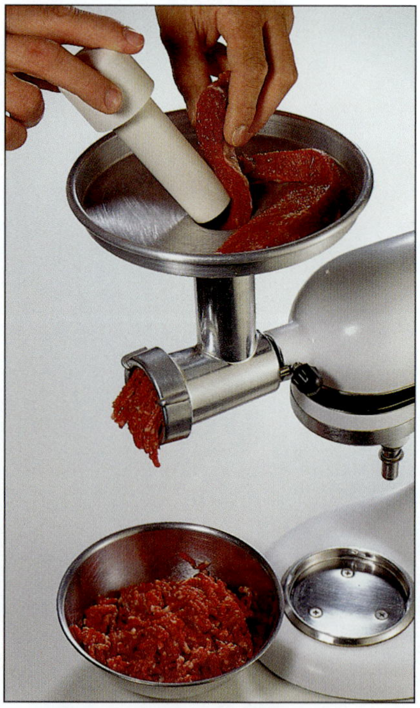

2 Muskelfleisch durch die feine Scheibe des Fleischwolfs drehen.

489 Rindfleischbrühe (Bouillon)

8–10 Teller
500 g Ochsenfleisch (Wadenfleisch, Schwanzstück, Überzwerch, abgedeckte Rippe oder Bugblatt),
250 g Rinderknochen,
2–3 Markknochen,
2½ l Wasser, 1 Essl. Salz,
Suppengrün: 1 Karotte,
¼ -½ Sellerieknolle,
1 Lauchstängel, 1 Petersilienwurzel;
1 geschälte, halbierte Zwiebel,
1 Tomate, 2 Pfefferkörner,
1 Lorbeerblatt.
Zum Mitkochen: 1 gebräunte Zwiebel,
1 Stückchen Rindsleber.

Das gut gewaschene Fleisch mit den etwas zerkleinerten Knochen in kaltem Wasser mit Salz zum Kochen bringen und bei geringer Hitze ca. 60 Min. kochen lassen. Das Suppengrün putzen und Zwiebel, Tomate und Gewürze dazugeben. Das Mark der Markknochen herausnehmen und in der Brühe bei geringer Hitzezufuhr noch ca. 1 Std. mitkochen lassen. Die Brühe wird kräftiger und dunkler, wenn man eine gebräunte Zwiebel und ein Stück Rindsleber mitkocht. Zuletzt die Brühe durchsieben und abschmecken.
Die Suppeneinlage und das Fleisch kleingeschnitten in der Brühe kurz ziehen lassen. Das Fleisch kann aber auch gesondert mit Salzkartoffeln, einer Senf- oder Meerrettichsoße, Salat oder Gemüse gereicht werden. In letzterem Fall das Fleisch erst der kochenden Brühe zusetzen.

490 Kraftbrühe (einfach)

500 g Wadenfleisch oder mageres Ochsenfleisch aus dem Schlegel,
500 g Eisbein oder Markknochen, 1–1½ l Wasser,
1 Teel. Salz,
Suppengrün,
½ Gewürzdosis.

Das kleingeschnittene Fleisch und die zerhackten Knochen (Eisbein) in kaltem Wasser aufsetzen und langsam zum Sieden bringen. Salz, Suppengrün und Gewürz zugeben, die Brühe schwach strudelnd etwa 2 Std. kochen und durchsieben. Die Brühe nach dem Erkalten unbedingt entfetten. Dann mit einem Schaumlöffel die obenschwimmende weiße Fettschicht abnehmen.

491 Kraftbrühe (Consommé)

500 g Wadenfleisch oder ein anderes Stück mageres Ochsen- oder Rindfleisch,
Suppengrün,
1 l fertige, gut gewürzte Fleisch- oder Knochenbrühe.
Zum Klären: 1 Eiweiß.

Das enthäutete Fleisch fein wiegen oder durch den Fleischwolf drehen und mit dem zerkleinerten Suppengrün in ½ l kaltes Wasser legen. Dann 2 Std. zum Ausziehen kühl stellen und das Hackfleisch sowie den Fleischsaft unter die fertige Fleisch- oder Knochenbrühe mischen. Alles zusammen einmal aufkochen und noch 20 Min. bei schwacher Herdhitze ziehen lassen. Kurz vor dem Anrichten zum Klären das Eiweiß zufügen und die Kraftbrühe durch gebrühtes ein Tuch gießen. Heiß in Tassen servieren oder zu klaren Suppen mit Einlagen verwenden.
Consommé royal ist eine Kraftbrühe mit Eierstich-Einlage **525**.

> ***Tipp:***
> *Im Sommer die Kraftbrühe abkühlen lassen, entfetten, im Kühlschrank gut durchkühlen lassen, im Eisbett servieren. Als Einlage für die geeiste Consommé eignen sich: abgezogene Tomatenwürfel, Maiskörner, gekochte, kalte Spargelstückchen, Gurkenstückchen und frische gehackte Kräuter.*

3 Klärmasse aus Fleisch, Suppengemüse und Eiweiß herstellen.

4 Fleischbrühe aufgießen.

5 Die Flüssigkeit erwärmen.

6 Die Klärmasse stocken lassen.

7 Der Klärvorgang ist beendet. Die Bouillon durch ein feines Sieb oder Passiertuch gießen.

492
Kraftbrühe (Beeftea)

500 g Wadenfleisch nach **489** vorbereiten, die Brühe mit dem Fleisch in ein Eindünstglas füllen und im geschlossenen Glas im Wasserbad etwa 2 Std. kochen. Die Brühe durch ein Tuch gießen, als klare Suppe reichen oder mit einem Eigelb oder 2 Essl. Schlagsahne oder 1 Teel. Cognac vermischen. Die Fleischbrühe beim Aufwärmen wieder im Glas in ein heißes Wasserbad stellen, aber nicht mehr kochen lassen.

493
Knochenbrühe

8 Teller
750 g zerkleinerte Rinderknochen oder übriggebliebene Bratenknochen,
2 Markknochen,
30 g Fett,
1 Bund Suppengrün,
1 Zwiebel,
2 l Wasser,
1 Tomate,
Salz.

Die Rinderknochen und Markknochen gut waschen. Das Mark aus den Knochen lösen und in Scheiben schneiden. (Verwendung zu Markklößchen **529**). Die Knochen im heißen Fett anbraten. Das vorbereitete Suppengrün und die geschälte, halbierte Zwiebel zufügen und kurz mitbräunen. Wasser zugießen, die Tomate und Salz dazugeben und, um die Knochen vollständig auszuwerten, 2–3 Std. bei geringer Wärmezufuhr kochen. Zuletzt durchsieben, würzig abschmecken und nach Wunsch die Markscheiben in der Brühe erhitzen.
Die Brühe mit einer Suppeneinlage reichen oder zum Auffüllen gebundener Suppen und Soßen verwenden

494
Kalbfleischbrühe

1 kleine Kalbshachse,
250–300 g Kalbsknochen,
1 Bund Suppengrün,
1½-2 l Wasser,
1 Teel. Salz,
evtl. etwas Thymian.

Die gut gewaschene Kalbshachse mit den Knochen und dem vorbereiteten Suppengrün in kaltem Wasser aufsetzen, mit Salz und Thymian würzen und bei geringer Hitzezufuhr kochen lassen. Die Brühe durchsieben oder klären.

495
Geflügelbrühe (Suppenhuhn oder Taube)

8–10 Teller
1 Suppenhuhn oder Geflügelreste (auch ausgelöste Knochen von Geflügel oder 2 Pck. Hühnerklein) oder 2 Tauben,
2-2½ l Wasser,
1 Bund Suppengrün,
Salz, Muskat,
gewiegte Petersilie.

Das Suppenhuhn vorbereiten und mit Magen und Herz oder kleingehackten Geflügelresten und Knochen sowie geputztem Suppengrün in leicht gesalzenem Wasser zum Kochen bringen. Auf kleiner Flamme garen, bis sich das Fleisch von den Knochen löst. Die Suppe durchsieben, evtl. das Fett abschöpfen und mit der Hühnerleber noch weitere 5 Min. leise kochen lassen. Würzig abschmecken. Hühnerfleisch kleingeschnitten in der Suppe anrichten oder zu Frikassee oder Geflügelsalat verwenden.
Die Brühe schmeckt auch kalt und entfettet an heißen Sommertagen gut. Auf 1 l Brühe ca. ¼ l Weißwein unterrühren. Für eine Taubenbrühe werden 2 Tauben verwendet (Vorbereitung wie auf Seite 327).

496
Wildgeflügelsuppe (von Fasan, Wachtel, Schnepfe)

Knochen und Innereien, evtl. auch Fleisch von Wildgeflügel,
1–2 Essl. Öl.
Suppengrün:
1 Karotte, 1 Stück Sellerie,
1 Stück Lauch,
1 kleine Knoblauchzehe,
½ Zwiebel mit Schale (siehe S. 143),
einige Petersilienstängel,
einige getrocknete Steinpilze, in lauwarmem Wasser eingeweicht, oder frische Pilze.
Gewürzdosis:
1 Lorbeerblatt,
2–3 Wacholderbeeren, 1 Nelke,
4–5 zerdrückte Pfefferkörner,
evtl. 1 Zweiglein Thymian,
¼ l Rotwein.

Die Wildknochen sowie Innereien (etwas zerkleinert) und evtl. Fleischstücke in heißem Öl anrösten. Das zerkleinerte Suppengrün, die Pilze (mit Einweichwasser) und die Gewürzdosis zugeben. Etwa 10 Min. unter häufigem Umrühren anbraten. Mit etwas Wein ablöschen, vollständig eindampfen lassen, dann den restlichen Wein zugießen und mit ca. 2 l kaltem Wasser auffüllen. (Alle Zutaten müssen gut vom Wasser bedeckt sein.) Die Hitzezufuhr zurückstellen und die Suppe 1½–2 Std. bei milder Hitze leise köcheln lassen. Die fertige Suppe durch ein feines Sieb, evtl. noch mit einem Mulltuch ausgelegt, gießen.

497
Gewürzdosis

Auf 1 l Wasser zu Fleisch-, Geflügel-, Knochen- oder Sülzbrühe und zum Würzen von Marinaden oder Wild usw.:
1 Teel. Salz,
1 Lorbeerblatt, 2–3 Pfeffer- und ½ Teel. Senfkörner,
1 ganze Nelke oder Piment,
evtl. ½ Knoblauchzehe,
1–2 kleine Stückchen von getrockneten Paprikaschoten,
1–2 Zitronenschnitze oder
2–3 Wacholderbeeren.

Zu einfachen Fleischbrühen scharfe Gewürze sparsam zufügen, evtl. Paprikaschoten und Knoblauchzehen weglassen.

498
Gewürzdosis zu Fischbrühe

Auf 1 l Wasser: ½ Lorbeerblatt,
2–3 Pfefferkörner und
½ Teel. Senfkörner,
1–2 Zitronenschnitze,
evtl. 1 Knoblauchzehe (bei Meeresfisch),
wenig Salz.

499
Suppengemüse, Suppengrün

Auf 1 l Fleischbrühe ist zu rechnen: 1 Gelbe Rübe, ¼-½ Sellerieknolle, 1 Lauchstängel, 1–2 Petersilienwurzeln, 1 geschälte, halbierte frische oder gebräunte Zwiebel, junges Gemüse nach Jahreszeit wie Tomate, Spargel- oder Schwarzwurzelstückchen, Blumenkohlröschen oder anderes anfallendes Gemüse.
Suppengrün: Auf 1 l Fleischbrühe zum Mitkochen: 2–3 Petersilien- oder Selleriestängel mit Blättchen oder beides gemischt und 1–2 Liebstöckelstängel (Maggikraut). Schnittlauch stets roh, kurz geschnitten, über die fertige Suppe streuen.

500
Bräunen der Zwiebel

Jede Fleisch-, Knochen- oder Gemüsebrühe lässt sich durch eine gebräunte Zwiebel dunkler färben. Die ungeschälte, halbierte Zwiebel mit der Schnittfläche auf einer erhitzten Herdplatte so lange anrösten, bis sie genügend gebräunt ist; dann in der Brühe mitkochen.

Tipp:
Suppengemüse und Suppengrün gibt es fast das ganze Jahr über frisch zu kaufen. Wer einen Garten und eine Gefriertruhe hat, kann in den Sommermonaten das Gemüse portionsweise vorbereiten und für den Winter einfrieren. Das tiefgefrorene Suppengemüse unaufgetaut in die Brühe geben. Es gibt auch sehr gutes Tiefkühl-Suppengemüse.

501
Gemüse zu Fischbrühe

Auf ¾ l Wasser:
¼ l trockener Weißwein,
1 Karotte,
1 Stück Lauch,
1 Schalottenzwiebel,
4–5 frische Champignons,
½ Zitrone in Stückchen oder
4 Dill-, ersatzweise Petersilienstängel.

Zu **Meeresfisch** noch etwas Fenchelkraut und, falls vorhanden, Staudensellerie und 1 Knoblauchzehe zufügen.

502
Kräutersträußchen (Bouquet garni)

3–4 Petersilienstiele, 1 Zweig frischer oder getrockneter Thymian, getrockneter Rosmarin, 1 Knoblauchzehe und 1 Lorbeerblatt mit Küchengarn zusammenbinden. Zum Würzen von Brühen, Fleisch- und Gemüsegerichten.

1 Suppengrün, gebündelt **499**.

2 Das Bräunen der Zwiebeln **500**.

3 Bouquet garni: Das Kräutersträußchen binden.

4 Evtl. mit weiteren Gewürzen (Gewürzdosis **497**) in ein Mullsäckchen geben.

503

Fischbrühe

Ca. 1 kg saubere Fischabschnitte (Kopf-, Schwanzstücke, Gräten etc.),
1 l Wasser,
2 Zwiebeln,
1 Petersilienwurzel,
¼ kleine Sellerieknolle oder
3 Stangen Staudensellerie,
einige frische Champignons,
2 Zitronenschnitze (unbehandelt),
Salz, weißer Pfeffer,
300 g Fischfilet und
1 Eiweiß zum Klären.

Fischabschnitte unter kaltem Wasser gründlich abspülen, in kaltem Wasser aufsetzen, langsam zum Kochen bringen. Zwischendurch mehrmals den Schaum abschöpfen.
Grob zerkleinertes Gemüse mit etwas Salz und Pfeffer zur Brühe geben. Alles 30 Min. bei milder Hitze köcheln lassen. Anschließend durchsieben und erkalten lassen. Fischfilet grob würfeln, mit Eiweiß mischen, die kalte Brühe darübergießen. Unter Rühren aufkochen, 20 Min. ziehen lassen. Danach durch ein Haarsieb oder Mulltuch gießen. Die geklärte Fischbrühe falls nötig nachwürzen, mit Würfeln von gedünstetem Fisch, Fischklößchen **527** und/oder Gemüsejulienne servieren.

504

Vegetarische oder Gemüsebrühe

8 Teller
2 Zwiebeln, 2 Karotten,
½ Stange Lauch,
½ Sellerieknolle,
1 Petersilienwurzel,
250 g beliebiges Gemüse,
30 g Fett, 2 l Wasser,
1–2 Tomaten,
einige frische oder getrocknete Pilze,
Salz oder Hefewürze, Majoran.

Die feingeschnittenen Zwiebelscheiben und das gereinigte, zerkleinerte Gemüse im heißen Fett kurz dünsten, mit Wasser ablöschen, die Tomaten zufügen und bei geringer Hitze kochen. Frische oder getrocknete Pilze dazugeben. Durchsieben, würzen oder die Hefewürze darin auflösen. Als Fleischbrüheersatz für alle Suppen mit oder ohne Einlage geeignet.
Oder alles Gemüse feinstreifig oder in Scheiben schneiden, die Sellerie reiben, mit 1½ l Wasser 2 Std. kochen und durchsieben. Zuletzt 1–2 Eigelb untermischen, wie oben würzen und gewiegte Kräuter nach Wahl darüberstreuen.In den Kühlschrank stellen und in Tassen zu Tisch geben. Schmeckt kalt wie heiß vorzüglich.

Tipp:
Es lohnt sich, größere Mengen an fertiger Brühe einzufrieren. Die endgültige Würze aber erst nach dem Auftauen und Erwärmen zufügen. Wird die Suppe bis kurz vor dem Siedepunkt gekocht, so kann sie langsam zu einem Fond eingekocht werden, die ideale Grundlage für Soßen. Auch Fonds lassen sich auf Vorrat einfrieren!

Auf Basis der vorhergegangenen **Grundrezepte** werden durch verschiedene Einlagen beliebige klare Suppen zubereitet und nach Geschmack mit frischen Kräutern (Petersilie, Schnittlauch) bestreut.
Die Rezepte sind, wenn nicht anders angegeben, auf eine Flüssigkeitsmenge von 1 l Bouillon berechnet.

Mit Lorbeerblatt und Nelken gespickte Zwiebel zum Aromatisieren von Brühen.

Suppeneinlagen

505

Butterklößchen

110 g Butter, 110 g Mehl, 2 Eier,
je 1 Prise Salz und Muskat.

Die Butter schaumig rühren, nacheinander die gequirlten Eier, das Mehl sowie Gewürze zufügen und den Teig 1 Std. kalt stellen. Mit nassem Kaffeelöffel kleine Klöße davon in leicht strudelnde Fleischbrühe einlegen und 5 Min. schwach kochen lassen.
Zweifarbige Butterklößchen sehen besonders hübsch aus: Unter eine Teighälfte etwas Saft von roh ausgepressten Spinatblättern oder einige Safranfäden, in 2 Teel. Milch aufgelöst, mischen, die zweite Teighälfte mit 1 Essl. Tomatenmark färben oder ungefärbt lassen.

506

Brühteigklößchen

⅛ l Milch, 25 g Butter,
60 g Mehl,
Salz, Muskat, 2 Eier.

Von diesen Zutaten einen gebrühten Teig nach **1657** zubereiten und nach dem Erkalten die Eier darunterrühren. Die Masse in den Spritzsack füllen und mit der Sterntülle kleine Klößchen auf ein gefettetes Blech spritzen. Im vorgeheizten Backofen lichtgelb backen und kurz vor dem Anrichten in klare Fleischbrühe einlegen.
E.-Herd 175 °C/G.-Herd 2
Ca. 12 Minuten
Oder mit zwei jeweils in kaltes Wasser getauchten Teelöffeln kleine Kugeln formen und schwimmend in heißem Fett unter Rütteln (damit sie schön aufgehen) backen.
Oder die Klößchen mit Käse zubereiten: Statt 60 g Mehl nur 50 g nehmen und mit dem zweiten Ei zugleich 20 g geriebenen Käse untermengen. Die Klößchen entweder auf ein Blech spritzen oder in Fett backen.

507
Grießnockerl

80–100 g Butter,
120 g Grieß,
1 gestr. Essl. Mehl,
3–4 Eier,
je 1 Prise Salz und Muskat.

Die Butter schaumig rühren, abwechselnd Grieß, Eier und Mehl zugeben und würzen. Alles gut miteinander verrühren; eine Stunde ruhen lassen.
Mit zwei nassen Esslöffeln Nocken aus der Masse formen, in siedende Fleischbrühe legen, ca. 8–10 Min. kochen lassen und noch 20 Minuten ziehen lassen.

508
Grießklößchen

⅛ l Milch, 25 g Butter,
je 1 Prise Salz und Muskat,
60 g Grieß, 2 Eier.
Oder: 2 Eier,
8 gestr. Essl. Grieß,
½ Teel. Salz,
1 Messersp. Muskat,
geriebene Schale von ½ Zitrone.

1. Art: Milch, Butter und Gewürz aufkochen, den Grieß einstreuen und zu einem Kloß abrühren; 1 Ei sofort daruntermengen, nach dem Abkühlen das zweite Ei zufügen, mit einem Esslöffel oder einer Backspritze kleine Klöße in strudelnde Fleischbrühe einlegen und 5 Min. schwach kochen lassen (vgl. Küchentipps zum Färben der Klößchen S. 10).
2. Art: Die Eier verquirlen, den Grieß zugeben, in einer Schüssel glatt verrühren und den dickcremigen Brei mit Salz, Muskat und Zitronenschale würzen. Die Klößchen sofort mit einem Teelöffel formen (den Teig nicht lange stehen lassen), in leicht strudelnde Fleischbrühe einlegen, zudecken und 10–15 Min. schwach kochen lassen (diese Klößchen gehen auch ohne Butter hoch und locker auf).

509
Schwammklößchen

⅛ l Milch,
60 g Butter,
je 1 Prise Salz und Muskat,
60 g Mehl,
2 Eier.

Die Milch mit der Butter, Salz und Muskat zum Kochen bringen, das Mehl zugeben und das Ganze tüchtig rühren, bis sich ein Kloß bildet. Den Teig in eine Schüssel geben, die Eigelb unterschlagen und den Teig abkühlen lassen. Dann den steifgeschlagenen Eischnee unterziehen. Mit der Backspritze oder mit zwei jedesmal in kaltes Wasser getauchten Teelöffeln kleine Klöße in sprudelnde Fleischbrühe einlegen und 4–6 Min. schwach kochen lassen (vgl. S. 10).

510
Falsche Schildkröteneier

3 hart gekochte Eier,
1 rohes Eigelb,
je 1 Prise Salz und Paprika,
1 Essl. geriebener Käse,
1 l Fleischbrühe.

Das Eigelb von den hart gekochten Eiern durch ein feines Sieb drücken und mit dem rohen Eigelb, Salz, Paprika und geriebenem Käse vermengen. Dann mit befeuchteten oder bemehlten Händen erbsengroße Kugeln formen und in kochender Fleischbrühe 5 Min. ziehen lassen. Siehe auch Falsche Schildkrötensuppe **576**.

511
Weckklößchen

2 Brötchen (vom Tag zuvor),
etwa ⅒ l heiße Fleischbrühe,
20 g Butter,
½ Zwiebel, Petersilie,
je 1 Prise Salz und Muskat, 1 Ei.

Die abgeriebenen Brötchen in feine Scheiben schneiden und mit wenig heißer Fleischbrühe anfeuchten. Die Butter schaumig rühren, die gewiegte Zwiebel und die fein gehackte Petersilie glasig schwitzen, dann das Gewürz, das ganze Ei und die abgeriebene Rinde der Brötchen zufügen. Zuletzt die eingeweichten, gut ausgedrückten Brötchen und die schaumig gerührte Butter untermengen; mit einem jedesmal in kaltes Wasser getauchten Teelöffel kleine Klöße in siedende Fleischbrühe einlegen und 5–6 Min. darin ziehen lassen.

512
Schwammnudeln

2 Eier, getrennt,
2 Teel. Mehl,
Salz und Muskat,
Schnittlauch zum Bestreuen.

Die Eiweiß steif schlagen, Eigelbe und Mehl leicht unterheben, würzen und die Masse in kochende Fleischbrühe gleiten lassen.
Zugedeckt 5 Min. sanft kochen. Kleine Stückchen abstechen, in eine vorgewärmte Suppenschüssel geben und mit heißer Fleischbrühe übergießen. Mit Schnittlauchröllchen überstreuen.

513
Blättchen

1 Ei,
80 g Mehl,
Salz und Muskat.

Das Ei mit einem Esslöffel Wasser gut verschlagen. Mehl, Salz und Muskat zugeben und glatt verrühren. Den Teig durch ein Sieb gießen – er muss so dick sein, dass er langsam in Tropfen in die kochende Fleischbouillon fällt. Damit die Blättchen rund werden, muss das Sieb ziemlich hoch und gerade gehalten werden.

514 Suppennudeln oder -fleckerl

1 Ei,
½ Eischale Wasser,
etwa 100 g Mehl.

Das Ei mit dem Wasser in einer Schüssel schaumig schlagen und so viel Mehl zugeben, bis ein dicker Teig entsteht. Das Backbrett mit etwas Mehl bestäuben und den Teig so lange darauf kneten, bis er zart ist und beim Durchschneiden kleine Bläschen zeigt. Zu einer dünnen runden Teigplatte auswellen (vgl. **1194**), trocknen lassen, zusammenrollen und in sehr feine Streifen schneiden. Die Nudeln bis zum vollständigen Trocknen locker ausbreiten. In strudelnde Fleischbrühe einstreuen und etwa 5 Min. darin kochen.
Oder den ausgewellten Nudelteig **1194** zuerst in fingerbreite Streifen und dann in schräge Viereckchen schneiden. Auf dem Backbrett ausbreiten, trocknen lassen und in heißer Fleischbrühe 8 Min. kochen.

515 Riebele (Eiergraupen)

Einen etwas festeren Teig als nach **514** zubereiten und das trockene Teigstück auf dem Reibeisen von oben nach unten reiben. Um gleichmäßige, feine Eiergraupen zu bekommen, ist es ratsam, sie durch ein groblöcheriges Salatsieb unter Schütteln in die strudelnde Brühe zu geben und 5 Min. zu kochen.

516 Flädle (Célestines, Fritatten)

125 g Mehl, ¼ l Milch,
1–2 Eier,
1 Prise Salz.
Zum Ausreiben der Pfanne:
1 Stückchen Speck,
Schnittlauch.

Aus den Zutaten einen glatten, nicht zu dicken Teig rühren, in einer stark erhitzten, mit Speck eingeriebenen Pfanne dünne Pfannkuchen (Flädle) daraus backen und nach dem Abkühlen, feinstreifig geschnitten, in klare, heiße Fleischbrühe einlegen. Beim Anrichten die Suppe mit Schnittlauch bestreuen.

517 Backerbsen

60 g Mehl, 2 Eier,
1–2 Essl. Milch,
Salz, Muskat,
1 Prise Paprika,
Backfett.

Aus den Zutaten einen glatten Teig rühren, kleine Portionen davon durch ein groblöcheriges Sieb in das heiße Backfett eintropfen lassen und blassgelb backen. Mit einem Schaumlöffel herausheben, in heißer Fleischbrühe servieren. Das Sieb vor jedem neuen Eintropfen abspülen und trocknen, sonst formen sich die Erbsen nicht gleichmäßig rund.

518 Waffelschnitten

Für 12 Personen
150 g Butter,
180 g Mehl,
4–6 Eier,
schwach ¼ l Milch
oder zur Hälfte Sahne,
10 g Hefe, Salz, Muskat.

In die schaumig gerührte Butter abwechselnd 1 Essl. gesiebtes Mehl und eines der in warmem Wasser etwas erwärmten Eier einschlagen. Dann die Hefe in wenig warmer Milch auflösen, darunterrühren und die übrige Milch sowie das Gewürz zufügen. Den Teigschaum in eine mit Butter gefettete kleine Kastenform füllen, im vorgeheizten Backofen backen, nach dem Erkalten in schmale Streifen oder in Rauten schneiden und in heißer Fleischbrühe servieren.
E.-Herd 175 °C/G.-Herd 2
Ca. 20 Minuten

519 Käsebiskuit

Pro Person:
2 Eier,
2 Essl. geriebener Käse,
1 Essl. Butter.

Die Eiweiß steif schlagen und mit den Eigelb, dem geriebenen Käse und der zerlassenen Butter vermischen. Eine beschichtete Pfanne oder eine kleine Kastenform mit Butter fetten, den Käseschaum einfüllen und im vorgeheizten Backofen oder auf der Herdplatte hellgelb backen. Nach dem Erkalten in schräge Vierecke schneiden, in klarer Fleischbrühe servieren oder als Verzierung zu kalten Platten verwenden.
E.-Herd 175 °C/G.-Herd 2
Ca. 12–15 Minuten

520 Käseknöpfle

40 g Butter, 1 Ei,
50 g geriebener Emmentaler,
30 g geriebenes Weißbrot oder
Semmelbrösel, 1 Prise Salz,
etwas Streuwürze oder Hefewürze.

Die Butter schaumig rühren, das Ei, den Käse, Brösel und Salz untermischen. Die Masse durch ein grobes Sieb streichen und dabei in die kochende Brühe eintropfen lassen (es bilden sich Körnchen wie Reis). Zuletzt mit etwas Streu- oder Hefewürze abschmecken.

521 Rahmnocken

2 Eier, Salz, Muskat,
¼ l saurer Rahm (Sahne),
Butter zum Bestreichen.

Alle Zutaten mit dem Schneebesen kräftig schlagen. Eine Auflaufform mit Butter fetten, den Rahmteig einfüllen und im vorgeheizten Backofen hellgelb backen. Dann mit nassem Esslöffel kleine Nocken abstechen und sofort in klare, heiße Fleischbrühe einlegen.
E.-Herd 220 °C/G.-Herd 4
Ca. 12 Minuten

522
Semmelnockerln

Für 6–8 Personen
4 Semmeln, etwas Milch,
80 g Butter, 4 Eier, getrennt,
Salz, 1 Prise Muskat,
evtl. 1 Teel. gewiegte Zwiebel
und Petersilie.

Die Semmeln in feine Scheiben schneiden, mit Milch befeuchten und kurz durchziehen lassen. Die Butter schaumig rühren, Semmeln, Zwiebel, Petersilie, Eigelb, Gewürz und zuletzt den Eischnee zugeben. Die Masse in eine gefettete Kasserolle oder Auflaufform füllen und im vorgeheizten Backofen hellgelb backen. Dann Nockerln abstechen und kochende Fleischbrühe darübergießen.
E.-Herd 200 °C/G.-Herd 3
Ca. 20 Minuten

523
Goldwürfel

2 trockene Brötchen oder
Reste von Weißbrot,
2–3 Eier,
Salz, Muskat,
evtl. ⅛ l Milch,
20 g Butter, Schnittlauch.

Die Brötchen in Würfelchen schneiden, Eier, Salz und Muskat verquirlen (evtl. die Milch zugeben) und über die Würfel gießen. Gut feucht, aber nicht zu weich werden lassen und in einer flachen Pfanne in der heißen Butter goldgelb braten. Beim Anrichten in klare, heiße Fleischbrühe einlegen und evtl. Schnittlauch darüberstreuen.
Sind mehr trockene Brötchen bzw. Brot vorhanden als in der Suppe verarbeitet werden können, so empfiehlt es sich, alles in Würfel zu schneiden und je nach Menge mit 2–3 verquirlten, mit Pfeffer und Salz gewürzten Eiern (jedoch ohne Milch) zu vermischen. Die Brotmasse muss die Eier völlig aufgesogen haben. Die Würfel portionsweise in Fett ausbacken und bis zum weiteren Gebrauch einfrieren.

524
Biskuitschöberl

Für 6 Personen
60 g Butter,
2–3 Eier, getrennt,
60 g Mehl,
etwas gewiegte Petersilie,
Salz, Muskat.

Die Butter schaumig rühren, die Eigelb abwechselnd mit dem Mehl, Petersilie, Salz und Muskat zufügen, zuletzt den Eischnee untermischen. Den Teigschaum in eine gefettete kleine Kasten- oder flache Auflaufform füllen und im vorgeheizten Backofen hellgelb backen. Nach dem Erkalten in schräge Vierecke schneiden und in klarer Fleischbrühe servieren.
E.-Herd 200 °C/G.-Herd 3
Ca. 10–20 Minuten

525
Eierstich mit Milch

1 Ei, 1 Eigelb, ½ Tasse Milch,
je 1 Prise Salz und Muskat
oder Hefewürze.
Zum Fetten: etwas Butter.

Eier, Milch, Salz und Gewürz mit dem Schneebesen gut schlagen und in ein butterbestrichenes Förmchen füllen. Zum Stocken etwa 20 Min. zugedeckt in ein heißes Wasserbad stellen (das Wasser soll nur schwach strudeln). Den Eierstich nach dem Erkalten mit dem Buntmesser in schräge, kleine Vierecke teilen oder mit einem Förmchen rund ausstechen und dünne Blättchen daraus schneiden; in heißer Fleischbrühe servieren.

526
Eierstich in drei Farben

2 Essl. Tomatenmark (aus der Tube) mit 1 Prise Salz und 2 Essl. Fleischbrühe oder aufgelöster, gekörnter Brühe vermischen; 1 ganzes Ei und 2 Eigelb zufügen, mit dem Schneebesen tüchtig schlagen, ein butterbestrichenes, nicht zu hohes Förmchen damit füllen, mit Alufolie dicht verschließen und sofort zum Stocken 20 Min. in ein schwach strudelndes, ebenfalls zugedecktes Wasserbad stellen.
Oder den Eierstich in einer gefetteten, flachen, feuerfesten Form im vorgeheiztem Backofen backen. Statt Tomatenmark aus der Tube können auch 3 Essl. durchpassiertes, dickes Mark von frischen Tomaten verwendet werden.
E.-Herd 175 °C/G.-Herd 2
Ca. 12–15 Minuten
Oder den Eierstich mit 3 Essl. durchpassiertem Mark von gekochten Karotten bzw. Gelbe Rüben oder von frischen, grünen Erbsen mit denselben restlichen Zutaten wie oben herstellen. Nach dem Erkalten wie nach **525** hübsch zurechtschneiden und je nach Wahl in einer oder in den drei Farben in klarer, heißer Fleischbrühe servieren. In letzterem Fall genügt schon 1 Essl. Mark, 1 Essl. Fleischbrühe, 1 ganzes Ei und 1 Eigelb zur Herstellung einer Eierstichmischung.

Tipp:
Ein schnittfester, aber doch schaumiger Eierstich wird durch kräftiges Schlagen mit dem Schneebesen und sofortiges Einsetzen der gefüllten, gut geschützten Förmchen in das bereits kochende Wasserbad erreicht. Dazu eignet sich am besten ein Topf, bei dem der Dampf unter dem Deckel abziehen kann. Es ist ratsam, die Förmchen nicht zu hoch zu füllen, weil der Eierstich (bei der Kürze der Kochzeit) in der Mitte sonst nicht genügend gestockt ist.

Eierstich **526**: Die Förmchen ins Wasserbad stellen, dann mit Aluminiumfolie verschließen oder kochfeste Förmchen mit Deckel verwenden.

527

Fischklößchen

300 g frischer Fisch nach Wahl, etwas Salz und Pfeffer, 1 Ei, 1 Essl. zerlassene Butter, ½ Teel. abgeriebene Zitronenschale, 2 Essl. kleingehackte Petersilie, 2–3 Essl. Weißbrotkrumen oder Semmelbrösel.

Den gekühlten Fisch häuten, entgräten und durch die feine Scheibe des Fleischwolfs drehen (oder im elektrischen Blitzhacker zerkleinern). Mit Salz und Pfeffer (evtl. Zitronenpfeffer) leicht würzen. Das Ei mit der Butter, Zitronenschale und Petersilie schlagen, das Fischfleisch und so viel Brösel zugeben, dass die Masse bindet. Mit nassen Händen kleine Kugeln formen oder mit einem nassen Löffel Nockerln abstechen, in die kochende Fischbrühe geben und ca. 10 Min. darin ziehen lassen.

1 Lachsklößchen **528**: Gehäutetes, entgrätetes und gut gekühltes Lachsfilet durch die feine Scheibe des Fleischwolfes drehen.

528

Fischklößchen von Hecht oder Lachs

200 g Hecht- oder Lachsfilet, Salz, weißer Pfeffer, 200 g süße Sahne, 1 Ei.

Fischfilet würfeln, 15 Min. ins Gefrierfach legen. Fisch salzen, pfeffern und durch die feine Doppelscheibe des Fleischwolfs treiben (oder im elektrischen Fleischwolf mit regulierbarer Drehzahl) oder im Universalmixer pürieren. Dabei in dünnem Strahl die Sahne und zuletzt das Ei zugeben. Fischfarce 30 Min. kühlen, danach mit 2 nassen Teelöffeln Klößchen abstechen und in Fischbrühe **503** 10 Min. ziehen lassen.
Optisch schön: je ⅓ der Masse mit viel gehacktem Dill, bzw. 1 Essl. Tomatenmark oder Kurkuma bzw. Safran entsprechend färben.

2 Die Masse mit den anderen Zutaten im Eisbad vermischen.

3 Mit nassen Teelöffeln Klößchen abstechen.

Tipp:
Zu Fischklößchen eignen sich auch sehr gut Reste von großen Fischen, die als Schnitten oder Steaks gebraten wurden.

529

Markklößchen

50 g Mark, 3 Essl. Milch, 30 g Butter, 2 Eier, 50 g feine Semmelbrösel, 1 Teel. gewiegte Petersilie, Salz.

Das Mark ½ Std. wässern, in der Milch oder in Wasser bis zum Glasigwerden kochen, durch ein Sieb drücken und mit der etwas erwärmten Butter zusammen schaumig rühren. Die Eier, Paniermehl oder feine Brösel, Petersilie und Salz zugeben; mit befeuchteten Händen kleine Kugeln daraus formen und 5 Min. in Fleischbrühe (oder als Gemüsebeilage in Salzwasser) kochen, aber nicht strudeln lassen.

530

Schinkenklößchen

2 trockene Brötchen oder trockenes Weißbrot, etwas Milch, 40 g Butter, 2 Eier, getrennt, 50 g Schinken, Schnittlauch, Salz.

Die Brötchen abreiben, in feine Scheiben schneiden und mit heißer Milch befeuchten. Die schaumig gerührte Butter, die Eigelb, den gewiegten Schinken, Schnittlauch, Salz und zuletzt den Eischnee zufügen und alles gut untereinandermengen. Dann Klößchen formen und in Fleischbrühe 6–8 Min. schwach kochen lassen.
Oder die Masse in eine butterbestrichene, mit Semmelbröseln ausgestreute Auflaufform füllen, im Backofen knusprig backen, nach dem Abkühlen in kleine Stücke schneiden und in der Suppenschüssel mit heißer Fleischbrühe übergießen.
E.-Herd 175 °C/G.-Herd 2
Ca. 15 Minuten

531

Speckknödel

4 Brötchen oder 200 g Weißbrot,
125 g geräucherter Speck,
2 Eier, 1/8 l Milch,
2 Teel. gewiegte Petersilie,
Salz, wenig Pfeffer, 1 Essl. Mehl.
1 1/2 l Fleischbrühe.

Die Brötchen oder das Weißbrot und den Speck in kleine Würfel schneiden, den Speck in einer Pfanne etwas ausbraten, die Weckwürfel zugeben und kurz mitrösten. Die Eier mit der lauwarmen Milch verquirlen, Gewürz, Petersilie, die Weckwürfel und das Mehl beifügen, alles gut vermengen, evtl. mit einem Eisportionierer abstechen und mit befeuchteten Händen kleine runde Knödel formen, in strudelndes Salzwasser einlegen, 10–15 Min. ziehen lassen, herausnehmen und nach dem Abtropfen in heißer Fleischbrühe zu Tisch geben.

Tipp:
Werden die Knödel größer abgedreht, sind sie auch als Beilage zu Sauerkraut oder Ragout geeignet.

532

Leberklößchen

Für 4 – 6 Personen
250 g pürierte Leber (am besten Kalbsleber),
2 trockene Brötchen,
1/2 Zwiebel,
1 Essl. gewiegte Petersilie,
30 g Butter, 1 Essl. Mehl,
1 Essl. Weckmehl,
je 1 Prise Salz, Majoran, Muskat, 1–2 Eier.

Die Brötchen abreiben, einweichen, ausdrücken, zerpflücken und mit feingewiegter Zwiebel und Petersilie in wenig Butter anschwitzen. Dann mit den übrigen Zutaten unter die restliche schaumig gerührte Butter mischen, mit einem jedesmal in kaltes Wasser getauchten Teelöffel kleine Klöße abstechen, in gut gewürzte, kochende Fleischbrühe einlegen und 10 Min. ziehen lassen.

533

Leberschnitten

125 g Kalbs- oder Geflügelleber,
1–2 Eier,
je 1 Prise Salz und Muskat,
etwa 1 Tasse Semmelbrösel,
4 Scheiben Weißbrot.
Zum Wenden:
1 Ei, 30 g Butter.

Die Leber fein wiegen, Eier, Salz, Muskat und so viel Semmelbrösel zufügen, dass sich die Masse gut bindet. Auf 2 dünne Weißbrotscheiben streichen, mit einer zweiten Scheibe bedecken und Würfel davon schneiden. Dann in gequirltem Ei umwenden, in Butter hellgelb backen und in heißer Fleischbrühe servieren.

534

Feine Suppenklößchen von Kalbsbries oder -hirn

Für 8 Personen
1 Kalbsbrieschen,
4 Brötchen, 60 g Butter,
je 1 Essl. gewiegte Zwiebel und Petersilie, 2–3 Eier, getrennt,
Salz, Muskat.

Das Brieschen blanchieren (kurz heiß überbrühen), in Fleischbrühe weich kochen, häuten und in kleine Würfel schneiden. Die Brötchen abreiben, einweichen, ausdrücken, dann mit Zwiebel und Petersilie in etwa 30 g Butter ca. 3 Minuten andünsten. Die restliche Butter schaumig rühren, Brötchen, Eigelb, Gewürz, Brieschen und zuletzt den Eischnee zugeben, die Masse in eine gefettete flache Auflaufform füllen und im vorgeheizten Backofen backen. Von der gebackenen Masse mit einem feuchten Esslöffel Klößchen abstechen und in guter Fleischbrühe servieren.
E.-Herd 175 °C/G.-Herd 2
Ca. 15 Minuten
Oder statt Brieschen 1 Kalbshirn verwenden; gut wässern, häuten, etwa 5 Min. in Fleischbrühe vorkochen und kleinwürfelig schneiden; dann die Suppe wie oben fertig zubereiten.

535

Würfel von Kalbshirn

1 Kalbshirn, 1 Zwiebel,
1 Teel. gewiegte Petersilie,
30 g Butter,
1 Teel. Mehl,
je 1 Prise Pfeffer und Salz,
4 Scheiben Weißbrot.
Zum Wenden:
1 Ei, Backfett.

Das Kalbshirn sorgfältig häuten, fein wiegen und mit der gehackten Zwiebel und Petersilie in der heißen Butter dünsten. Nach kurzem Abkühlen das Mehl, Salz und Pfeffer zufügen, die Fülle wie nach **536** jeweils zwischen 2 Brotscheiben streichen, in Würfel schneiden und ebenso fertig backen. Danach in heißer Fleischbrühe servieren.

536

Hackfleischwürfel

Je 1 Teel. feingewiegte Zwiebel und Petersilie,
1/2 trockenes Brötchen,
30 g Butter,
100 g Bratenreste oder Rinderhack,
je 1 Prise Salz und Pfeffer,
1–2 Essl. Bratensoße oder etwas Fleischbrühe,
4 Scheiben Weißbrot.
Zum Wenden:
1 Ei, Backfett.

Zwiebel, Petersilie und das eingeweichte, ausgedrückte und kleingezupfte Brötchen in der heißen Butter andünsten. Die ebenfalls feingewiegten Bratenreste, das Gewürz und Bratensoße oder Fleischbrühe zufügen, alles gut vermengen und abkühlen lassen. Die Fleischfarce (Fleischfülle) zwischen je 2 Scheiben Weißbrot streichen, leicht andrücken und mit einem scharfen Messer in kleine Würfel schneiden. Dann in geschlagenem Ei umwenden und in heißem Fett hellgelb backen. In heißer Fleischbrühe servieren.

Weitere Suppeneinlage: Maultaschen **1200**, Pilzknödel **1365**.

Klare Suppen

537
Kraftbrühe mit Gemüse-Einlage

Aus geschälten Gelben Rüben, Sellerieknollen oder Kohlrabi mit einem Gemüsebohrer kleine, erbsengroße Kügelchen ausbohren oder Würfelchen daraus schneiden, oder abgefädelte, klein geschnittene grüne Bohnen, Blumenkohlröschen und junge Erbsen in Fleischbrühe weich kochen. Das Gemüse nach dem Garwerden in Suppentassen anrichten und mit der durchgesiebten, klaren Brühe übergießen. Mit frischen, fein gehackten Kräutern und krossen Weißbrotcroûtons bestreuen.

538
Bouillon mit Ei (Zuppa Pavese)

4 Scheiben Kastenweißbrot,
Butter zum Anbraten,
4 frische Eier,
Salz, 4 Essl. Parmesan,
gut 1 l kochende Fleischbrühe.

Das Weißbrot in Butter anbraten, das Innere der Brotscheibe soll weich bleiben. Auf Küchenkrepp leicht entfetten, in vier vorgewärmte Teller legen, die frischen Eier einzeln daraufschlagen, leicht salzen und mit Parmesan bestreuen. Die kochendheiße Suppe über die Einlage gießen, so dass die Eier erstarren; sofort servieren.

539
Reissuppe auf italienische Art

30 g Öl oder Schmalz,
60 g Reis, 3/8 l Wasser,
1 Tasse geschnittener Staudensellerie,
1½ l Fleischbrühe,
2 Karotten, fein gerieben,
1 Essl. gewiegte Petersilie,
1 Essl. geröstete Zwiebelstückchen.

Das Fett erhitzen, den gut gewaschenen Reis andünsten, Wasser und den gesäuberten, in Scheiben geschnittenen Staudensellerie zufügen und ausquellen lassen. In einem Sieb mit kaltem Wasser abschrecken und mit der heißen Fleischbrühe vermengen. Die Karotten darin erhitzen und die Suppe mit Petersilie und gerösteten Zwiebelstückchen bestreut sofort anrichten.

540
Schwäbische Hochzeitssuppe

Für 8 Personen
2 l Fleischbrühe nach ***487****,*
würzig abgeschmeckt.
Je ½ Rezeptmenge:
Brätklößchen ***962****,*
Markklößchen ***529***
oder Suppenflädle ***516****,*
kleine Maultaschen ***1200****,*
Leberklößchen ***532***
oder Eierstich ***525****.*
Zum Überstreuen:
1 Bund fein gehackte Petersilie.

Eine sehr gute, würzig abgeschmeckte Fleischbrühe zubereiten; in eine vorgewärmte große Suppenterrine geben. Darin Brätklößchen und Markklößchen und Leberklößchen anrichten.
Oder Brätklößchen, Suppenflädle, kleine Maultaschen und Eierstich.
Oder eine beliebige Mischung von Klößchen darin servieren.
Mit frischer, fein gehackter Petersilie bestreuen.

541
Ochsenschwanzsuppe, klar

Für 6–8 Personen
½ Ochsenschwanz,
500 g Kalbsknochen,
1 Zwiebel, Suppengrün,
40 g Bratfett,
1 Glas Weißwein,
2 l Wasser,
1 Lorbeerblatt,
1 Petersilienwurzel,
4–6 zerdrückte Pfefferkörner,
etwas Thymian,
1 Prise Piment oder Paprika, Salz,
2 Essl. Madeira oder Rotwein.
Als Einlage:
das Fleisch vom gekochten Ochsenschwanz,
Würfelchen von einer gekochten Sellerieknolle oder 2–4 Karotten.

Den Ochsenschwanz in Stücke schneiden und im Bratfett mit dem klein gehackten Kalbsknochen, der zerteilten Zwiebel und Suppengrün in einer gutschließenden Kasserolle anrösten. Einen kleinen Schöpflöffel Wasser zufügen, kurz aufkochen und das Fett abschütten. Dann den Weißwein sowie das heiße Wasser, das Gewürz, die Petersilienwurzel, Sellerieknolle und Karotten für die Einlage zugeben. Bei mäßiger Hitze nur schwach kochen lassen, damit die Suppe klar bleibt. Das weichgekochte Fleisch herausnehmen, von den Knochen lösen und in kleine Würfel zerteilen. Die Suppe durchsieben, evtl. entfetten und mit Piment oder Paprika würzen. Beim Anrichten den Madeira oder Rotwein zufügen und die Suppe über die Fleischstückchen und Gemüsewürfel gießen.

Gemüsesuppen

542 Suppe von Frühlingskräutern

Junger Spinat, Schnittlauch, Sauerampfer, Kerbel, Bärlauch, Petersilienblätter, einige Erdbeer- und Brennesselblätter, Schafgarben- und Gänseblümchenblätter, Löwenzahn und Estragon (zusammen 3 Handvoll), 60 g Butter, 1 l Fleisch- oder Gemüsebrühe, 1 Eigelb, 6 Essl. frische Sahne, 1 Messersp. Hefewürze oder 1 Prise Salz, geröstete Brotwürfel von 2 Scheiben Brot.

Die Kräuter (das eine oder andere kann auch wegbleiben) gut waschen, abtropfen lassen und fein wiegen. In der heißen Butter kurz andünsten und mit Fleischbrühe ablöschen. Die Suppe 15 Min. kochen, dann mit Ei und Sahne abziehen, würzen und über gerösteten Brotwürfeln anrichten.

543 Kerbel- oder Sauerampfersuppe

125 g Kerbel oder Sauerampfer, 50 g Butter, 35 g Mehl, 3/4 l Fleischbrühe, 1 Becher süße Sahne (200 g), 1 Messersp. Hefewürze oder Salz, 1 Prise weißer Pfeffer.

Kerbel oder Sauerampfer waschen, abtropfen lassen, fein wiegen und in Butter andünsten. Das Mehl darüberstreuen, kurz mitdünsten, mit Fleischbrühe ablöschen und die Suppe etwa 20 Min. kochen. Durch ein Sieb passieren, die Sahne zugeben, würzig abschmecken und über gerösteten Brotscheiben anrichten.

Broccolisuppe **546** ▷

544 Brunnenkressesuppe

1 Handvoll frische Brunnenkresse, Reisschleimsuppe ***587****, 2 Eigelb, 2 Essl. saure Sahne oder Crème fraîche.*

Die Brunnenkresse sehr gründlich waschen und abstielen. Einige Blättchen zurückbehalten.
Die übrigen Blätter in einen Mörser geben und fein zermusen. Durch ein Haarsieb in die Reisschleimsuppe geben. Einmal aufkochen lassen, mit Eigelb und Sahne abziehen und mit den frischen, in feine Streifen geschnittenen Blättchen garnieren

545 Petersilien- oder Spinatsuppe

125 g Petersilie oder Spinat entstielen, waschen, abtropfen lassen, fein wiegen und die Suppe wie Kerbelsuppe **543** zubereiten und heiß servieren.

546 Blumenkohlsuppe

1 großer Blumenkohl (ca. 750 g), 3/4 l Fleischbrühe, 1/4 l Schlagsahne, etwas Edelsüßpaprika. Zum Bestreuen: angeröstete Mandelblättchen.

Den Blumenkohl in Röschen teilen, mit Stielen und Strunk etwa 30 Min. in kaltes Salzwasser legen. Zunächst Stiele und Strunk in leicht gesalzenem Wasser weichkochen und herausnehmen. Dann die Röschen im selben Wasser knapp weich kochen und auf ein Sieb legen. Die Stiele und den Strunk pürieren, zur Fleischbrühe geben und erhitzen. Schlagsahne halbsteif schlagen und damit die Suppe binden. Die Blumenkohlröschen einlegen, die Suppe in vorgewärmte Teller oder Suppentassen füllen und mit etwas Paprikapulver bestreuen. Ebenso lässt sich **Broccolisuppe** zubereiten.
Mit leicht angerösteten Mandelblättchen servieren.
Oder die Broccolisuppe mit gegartem Naturreis und gerösteten Zwiebelringen servieren.

547
Spargelsuppe

500 g Suppenspargel,
60–80 g Butter,
80–100 g Mehl, Salz, Muskat,
1 Eigelb, 4 Essl. süße Sahne,
1 Teel. Streuwürze,
1 Prise Zucker.

Die Spargel sorgfältig waschen, schälen und in 2 cm große Stücke schneiden. Alles Holzige samt den Schalen in schwach gesalzenem Wasser auskochen und durchsieben. In diesem Sud die Spargelstückchen weich kochen und herausnehmen. Von Butter und Mehl eine weiße Mehlschwitze bereiten, mit der Spargelbrühe ablöschen (evtl. mit etwas Fleischbrühe auffüllen) und nach 20 Min. weiterer Kochzeit mit Eigelb und Sahne abziehen und würzen. Die Suppe heiß über die Spargelstückchen gießen und – falls sie als Hauptgericht gereicht wird – kleine Brotwürfel, Eierstich oder Weckklößchen einlegen.

548
Leichte Spargelsuppe

500 g frischer Spargel,
¾ l Wasser,
1 Teel. Meersalz,
⅓ Teel. Zucker,
1 Essl. Butter,
2 Essl. Fond für helle Soßen **1**
weißer Pfeffer,
½ Becher süße Sahne (100 g).

Spargelstangen schälen. Gewaschene Spargelabschnitte und -schalen mit kaltem Wasser, Salz und Zucker aufkochen lassen, 15 Min. leise ziehen lassen. Dann durch ein Sieb gießen, Abschnitte gut ausdrücken.
Spargelspitzen abschneiden. Stangen im heißen Sud mit Butter 15 Min. bei mittlerer Hitze garen, dann pürieren. Den Kochsud um ⅓ bei starker Hitze reduzieren, Spargelpüree und Rindfleischfond einrühren, leicht pfeffern. Spargelspitzen 5 Min. bei milder Hitze darin ziehen lassen. Die Suppe mit Sahne abziehen und heiß servieren.

549
Gelbe Rüben-Suppe

500 g Gelbe Rüben oder Karotten,
2 Brötchen, 40 g Butter,
1 Teel. gewiegte Zwiebel,
evtl. etwas Thymian,
1¼ l Fleischbrühe,
1 kleine Tasse dicke saure Sahne,
1 Teel. Speisestärke,
je 1 Prise Salz und Zucker,
Petersilie.

Die Gelben Rüben (Karotten) sorgfältig waschen, schaben und zerkleinern. Dann zuerst die würfelig geschnittenen Brötchen in der heißen Butter rösten, die Gelben Rüben sowie die Zwiebel und Thymian zufügen und mitdünsten. Mit Fleischbrühe ablöschen und alles weich kochen. Die Suppe vor dem Anrichten durchpassieren, die mit Speisestärke leicht geschlagene Sahne unterziehen, mit Salz und wenig Zucker abschmecken und die gewiegte Petersilie darüber streuen.

550
Gemüsesuppe

1–2 Kohlrabi,
2 Gelbe Rüben,
1 kleiner Blumenkohl,
einige Rosenkohlröschen
und grüne Bohnen,
2–3 Wirsing- und Sellerieblätter,
½ Tasse grüne Erbsen,
½ Sellerieknolle,
1–2 Lauchstängel,
2–3 Kartoffeln,
20 g Butter, 1 Zwiebel,
1 Essl. gewiegte Petersilie,
1 l Fleischbrühe oder Gemüsebrühe
1 Messersp. Hefewürze oder
1 Teel. Salz.

Das sorgfältig gereinigte Gemüse (Zusammenstellung je nach der Jahreszeit) und die geschälten Kartoffeln in sehr feine Streifen (Julienne) schneiden. Blumen- und Rosenkohl in kleine Röschen teilen. In der heißen Butter die gewiegte Zwiebel und Petersilie andünsten, dann zuerst die Gemüsesorten mit längerer Garzeit, z. B. Sellerie, Gelbe Rüben, Kohlrabi usw., mitdünsten und halbweich werden lassen. Mit Fleisch- oder Gemüsebrühe auffüllen, wieder zum Kochen bringen und die anderen Gemüsesorten sowie die Kartoffeln zugeben. Alles gar kochen und am Schluss 1 Messerspitze Hefewürze darin auflösen.
Oder die Gemüsesorten mit wenig Wasser im gelochten Einsatz des Dampfdrucktopfes ca. 8–10 Min. garen; Gemüse mit kurzer Garzeit nur etwa 3–4 Min. mitgaren. Das Gemüsewasser mit Fleischbrühe zu 1 l Flüssigkeit auffüllen, evtl. mit Kräutersalz nachwürzen und frische, gehackte Kräuter über die angerichteten Portionen streuen.
Oder das Gemüse vorbereiten, weichkochen und samt der Brühe durch ein Sieb passieren.

551
Italienische Gemüsesuppe (Minestrone)

60 g durchwachsener Speck,
30 g Butter,
½ Sellerieknolle,
der weiße untere Teil von
1 Lauchstängel,
2 Gelbe Rüben, 150 g grüne Bohnen,
1 Tasse junge grüne Erbsen,
½ Staudensellerie,
60 g Reis,
1½ -2 l Fleischbrühe,
40 g Makkaroni oder Penne,
vorgekocht
2–3 geschälte Fleischtomaten
oder 3 Essl. Tomatenmark,
gewiegte Petersilie,
40 g geriebener Parmesankäse.

Den Speck fein hacken, in der erhitzten Butter etwas zergehen lassen und das klein geschnittene Gemüse sowie den gewaschenen, abgetropften Reis darin leicht anrösten. Mit Fleischbrühe oder Wasser ablöschen und bei schwacher Herdhitze langsam kochen. Die fast gar gekochten und in Stückchen geteilten Makkaroni und die entkernten, in Achtel geschnittenen Tomaten beifügen, noch weitere 10 Min. kochen und zuletzt die fein gewiegte Petersilie zugeben. Den Parmesankäse beim Anrichten entweder über die Suppe streuen oder extra servieren.
Oder Pesto **76** statt Parmesan dazu reichen.

552

Bohnensuppe von grünen Bohnen

500 g grüne Bohnen, Bohnenkraut,
1½-2 l Wasser, 1 gestr. Essl. Salz,
evtl. 3–4 rohe, geschälte Kartoffeln,
¾ l Fleischbrühe,
2 Essl. frische Sahne, 1 Eigelb,
1 Teel. gewiegtes Basilikum.

Die gewaschenen, abgetropften Bohnen gipfeln und die Fäden abziehen, schräg in Stücke schneiden, mit dem Bohnenkraut in schwach gesalzenem Wasser 20 Min. kochen und absieben. **Oder** im gelochten Einsatz des Dampfdrucktopfes ca. 10–12 Min. garen. Evtl. die Kartoffeln kleinwürfelig schneiden, mit den Bohnen gar werden lassen. Die Bohnen mit Fleischbrühe angießen, erhitzen und die Suppe mit Sahne und Eigelb abziehen und zuletzt das gewiegte Basilikum darüberstreuen.

553

Tomatensuppe

500 g Tomaten,
40–60 g Butter,
1 Zwiebel, 60–80 g Mehl,
1 Essl. Tomatenmark, 1 Prise Zucker
evtl. ½ Lorbeerblatt,
3 Pfefferkörner, 1 ganze Nelke,
etwas Salz, ¾ l Fleischbrühe.

Die Tomaten trocken abreiben und in Scheiben schneiden. In Butter zuerst die feingeschnittene Zwiebel, dann die Tomaten 5 Min. mitdünsten, das Mehl überstreuen, kurz mitrösten und mit Fleischbrühe oder Wasser ablöschen. Das Gewürz nach Geschmack zufügen, durchkochen, die Suppe durchpassieren, mit Salz abschmecken und über Eierstich oder kroß gerösteten Brotwürfelchen anrichten.
Bei Verwendung von Dosentomaten zuerst Zwiebel und Mehl hellgelb dämpfen, mit Fleischbrühe ablöschen und die Tomaten zuletzt zufügen.
Oder die Suppe mit 1 Eigelb und 2 Essl. süßer Sahne abziehen und pro Teller 1 Teel. geriebenen Käse überstreuen.

Oder die Suppe mit Eigelb und Sahne binden, mit Knoblauchcroûtons, Crème fraîche und frischem Basilikum servieren.

554

Grüne Erbsen-Suppe von frischen Erbsen

500–750 g junge Erbsen (Knackerbsen), 50 g Butter,
1 Essl. gewiegte Zwiebel und Petersilie oder Basilikum,
1½ l Geflügel- oder Fleischbrühe,
1 Teel. Salz,
3–4 Essl. süße Sahne.

Die ausgepellten Hülsen der Erbsen waschen, in wenig Wasser weich kochen und durch ein Sieb passieren. In der heißen Butter zuerst Zwiebel und Petersilie hellgelb andünsten, mit Geflügel oder Fleischbrühe ablöschen und die Erbsen darin weich kochen. Zuletzt die durchpassierten Schalen, Salz und die Sahne, leicht geschlagen, darunterrühren. Die Erbsensuppe sofort servieren.

555

Lauchsuppe (Porreesuppe)

3–4 Lauchstangen,
40 g Butter, Salz,
1 l Fleischbrühe,
evtl. 3–4 Essl. Kartoffelpüreeflocken,
6 Essl. saure Sahne,
1 Teel. Speisestärke, Schnittlauch.

Den unteren, weißen Teil der Lauchstangen in feine Ringe schneiden, rasch waschen und abtropfen lassen. Den übrigen Lauch gut waschen, abtropfen lassen und in der Butter hellgelb dünsten. Pürieren, dann mit Fleischbrühe oder Wasser aufgießen und die Suppe etwa 20 Min. kochen. In den letzten 5 Min. Garzeit die Lauchringe mitgaren. Ist die Suppe zu dünnflüssig, evtl. 3–4 Essl. Püreeflocken einrühren. Nach dem Würzen die mit Speisestärke verquirlte Sahne unterrühren und beim Anrichten Schnittlauch darüberstreuen.

Minestrone **551**

556

Lauchsuppe mit Reis

*200 g Lauch, nur die weißen Teile,
2 Schalotten,
40 g Butter,
125 g Reis (Arborio oder Vialone),
¾ l Fleischbrühe,
ca. ¼ l Milch,
Salz, Muskat.*

Lauch und Schalotten in feine Scheiben schneiden und in der Butter anschwitzen. Den Reis mit heißem Wasser überbrühen, zusammen mit der Fleischbrühe zum Gemüse geben. Die Suppe 30 bis 35 Min. sanft kochen lassen, durch ein Sieb in einen anderen Topf streichen, mit etwas Milch verdünnen und mit Salz und Muskat abschmecken.

557

Avocadocremesuppe

*2 Avocados,
Saft von 2 Zitronen,
½ Teel. Kräutersalz,
1 Prise Zucker,
¾ l entfettete, gewürzte Hühnerbrühe,
1 Becher Schlagsahne (200 g),
2 Essl. geröstete Mandelblättchen oder 4 große frische Champignonköpfe,
etwas Zitronensaft,
einige Blättchen Zitronenmelisse.*

Die Avocados schälen, längs halbieren, den Kern herausnehmen und das Fruchtfleisch mit dem Zitronensaft, Kräutersalz und Zucker pürieren. Die Hühnerbrühe erhitzen, das Avocadopüree hineinrühren, darin erwärmen, aber nicht kochen lassen. Die Sahne halbsteif schlagen und sacht unterziehen. Die Suppe in vier Tassen füllen und entweder mit Mandelblättchen oder mit feinblättrig geschnittenen Champignonköpfchen, beträufelt mit etwas Zitronensaft, dekorieren.
Diese Suppe kann auch sehr gut kalt serviert werden.
Oder mit Streifen von gekochter Hühnerbrust anreichern.

558

Pilzsuppe

*500 g beliebige frische Pilze,
40 g Butter,
1 kleine Zwiebel,
etwas Petersilie,
1 Becher süße Sahne (200 g),
1 Essl. Speisestärke,
½-1 Teel. Salz,
Zitronensaft,
evtl. etwas Maggi oder Pilzpulver.*

Die Pilze sorgfältig vorbereiten, rasch waschen und fein wiegen. In der Butter zuerst die klein geschnittene Zwiebel und die gehackte Petersilie, dann die Pilze andünsten, mit 1 l Wasser ablöschen und etwa 30 Min. kochen. Die Sahne mit der Speisestärke verrühren, die Suppe damit binden. Mit Salz und Zitronensaft abschmecken. Beim Anrichten evtl. mit einigen Tropfen Maggi oder Pilzpulver würzen.

559

Rote-Bete-(Rote-Rüben-)Suppe

*500 g kleine Rote Bete (schmecken zarter),
30 g Butter,
ca. 1¼ l Gemüsebrühe **504**,
evtl. 200 g Weißkraut,
250 g Kartoffeln,
2 Essl. Mehl, ⅛ l Milch.
Einlage: 1 kleine Rote Bete,
2 Essl. dicke saure Sahne oder Crème fraîche, Salz*

Die Knollen schälen, in Streifen schneiden (mit Küchenhandschuhen arbeiten), in Butter anschwitzen und in der Hälfte der Wurzelbrühe in ca. 20–30 Min. weichdünsten. Evtl. das sehr fein geschnittene Weißkraut mitgaren.
Kurz vor Ende der Garzeit die in kleine Würfel geschnittenen Kartoffeln und die restliche Brühe zugeben.
Sind die Kartoffelstückchen weich, das mit Milch verquirlte Mehl in die Suppe rühren.
In eine vorgewärmte Suppenschüssel eine fein geriebene rohe Rote Bete, verrührt mit der Sahne und einer Prise Salz, geben und die Suppe darübergießen.

560

Bodenkohlrabensuppe

*300 g Bodenkohlraben (weiße Rüben),
200 g Kartoffeln,
1 Zwiebel,
½ Bund Petersilie,
10 g Butter,
ca. 1½ l Wasser oder Fleischbrühe,
Salz, Muskat, etwas flüssige Maggiwürze.
Nach Belieben: ½ Becher süße Sahne, ca. 100 g.*

Die geschälten Bodenkohlraben und Kartoffeln in sehr feine Streifen schneiden (oder in der Küchenmaschine zerkleinern).
Zwiebel und Petersilie fein wiegen, in der Butter anschwitzen, das Gemüse zugeben, kurz durchrühren und mit Flüssigkeit auffüllen. Die Suppe würzen und ca. 30 Min. sanft kochen lassen. Dei Suppe in eine vorgewärmte Terrine umfüllen und die steif geschlagene Sahne unterziehen. Die Suppe sofort servieren.
Möchte man die Suppe dunkler haben, kann man einen Esslöffel Zucker in der Pfanne karamellisieren und zuletzt in die Suppe einrühren.

561

Selleriesuppe

*2 kleine Sellerieknollen,
50–60 g Butter,
1 l Fleischbrühe,
Hefewürze oder Salz,
1 Eigelb und 6 Essl. frische Sahne,
gewiegte Sellerieblätter.*

Die Sellerieknollen schälen, in kleine Würfel schneiden oder grob raspeln und in heißer Butter gelb dünsten. Mit Fleischbrühe oder Würfelbrühe ablöschen und ca. 20 Min. kochen, dann würzen, mit Eigelb und Sahne abziehen, über gerösteten Brotwürfelchen anrichten und das gewiegte Selleriegrün darüber streuen.
Oder zusätzlich noch 1 Sellerieknolle kochen, pürieren und die Suppe anstatt mit Sahne damit binden. Auch 3–4 feingeriebene Kartoffeln können verwendet werden.

562
Kartoffelsuppe

*Etwa 750 g Kartoffeln,
20 g Butter,
4 Gelbe Rüben,
1 Lauchstängel,
1 kleine Sellerieknolle,
1 kleine Zwiebel,
1½-2 l Wasser,
4 Essl. saure Sahne (oder
¼ l Milch),
gewiegte Sellerieblätter,
Salz oder Hefewürze.
Geröstete Brotwürfel von 2 Scheiben
Graubrot.*

In der heißen Butter zuerst die zerkleinerten Gelben Rüben, Lauch, Sellerie und Zwiebel andünsten, dann die würfelig geschnittenen, rohen Kartoffeln zugeben, mit Wasser aufgießen und alles weich kochen. Die Suppe durchpassieren, evtl. mit etwas Wasser verdünnen, unter Rühren rasch noch einmal erhitzen und die Sahne oder die Milch zufügen. Zuletzt die gewiegten Sellerieblätter sowie etwas Hefewürze untermischen und über gerösteten Brotwürfelchen anrichten.

563
Geriebene Kartoffelsuppe

*Etwa 750 g gekochte, geriebene
Kartoffeln,
30 g Butter,
1 kleine Zwiebel, ½ Bd. Petersilie,
1 Essl. Mehl, 1–1½ l Wasser,
4 Essl. saure Sahne,
Hefewürze oder Salz.
Geröstete Brotwürfel.*

In der heißen Butter zuerst Zwiebel und Petersilie (fein gewiegt), dann das Mehl hellgelb anschwitzen; die Kartoffeln zugeben, mit Wasser ablöschen, etwa 20 Min. kochen, würzen, die Sahne unterziehen. Die Suppe evtl. über gerösteten Brotwürfelchen anrichten.

564
Holsteinische Suppe

*1 kleine Staude Winterkohl
(Grünkohl),
60 g Hafergrütze oder Haferflocken,
40 g Butter, 1½ l Wasser,
1 Teel. Salz, 1 Eigelb,
2 Essl. süße Sahne.*

Die Blätter von den Stielen streifen, gut waschen, feinnudelig schneiden und samt der Hafergrütze oder den Flokken in der heißen Butter dünsten. Mit Wasser ablöschen, Salz zufügen, die Suppe 30 Min. kochen, durchpassieren und das Eigelb, mit Sahne verquirlt, darunterrühren.

565
Französische Zwiebelsuppe

*5–6 mittelgroße Zwiebeln,
4 Essl. Pflanzenfett oder Butter,
1 l Fleischbrühe, Pfeffer,
4 geröstete Weißbrotscheiben,
4 geh. Teel. geriebener Emmentaler,
Gruyére oder ein anderer würziger
Hartkäse.*

Fett oder Butter in einer Kasserolle erhitzen und die in feine Scheiben geschnittenen Zwiebeln hellgelb rösten, mit Fleischbrühe ablöschen und die Suppe bei geringer Hitze ca. 20 Min. kochen, dann mit Pfeffer und evtl. noch etwas Salz abschmecken. Auf die in feuerfeste Tassen gefüllte Suppe je eine geröstete Weißbrotscheibe legen, Käse dick aufstreuen und im vorgeheizten Backofen oder unter dem heißen Grill hellbraun gratinieren.
E.-Herd 220 °C/G.-Herd 4
Ca. 10 Minuten
Grill: ca. 5 Minuten
Oder einen Teil der Zwiebeln in kleine Würfel und den anderen Teil in feine Scheiben schneiden. Wer es mag, kann noch eine fein gehackte Knoblauchzehe mitkochen.

566
Wirsingsuppe

*250 g Wirsing,
500 g gekochte Kartoffeln,
mehlige Sorte,
ca. 1¼ l Fleischbrühe oder
Gemüsebrühe,
Salz oder Aromat, Kümmel.*

Den Wirsing in sehr feine Streifen schneiden, die Kartoffeln grob reiben. Beides in Fleisch- oder Gemüsebrühe geben, würzen und unter Rühren dreibis viermal aufkochen lassen.

567
Hülsenfrüchtesuppe

*175 g gelbe Erbsen
(oder weiße Bohnen),
200 g Linsen,
1 Bund Suppengrün,
1¼ l Fleischbrühe,
2–3 große Kartoffeln,
etwas Salz,
1 Essl. Fett oder
50 g Speckwürfelchen,
1 gewiegte Zwiebel.*

Die Erbsen und Linsen über Nacht in soviel Wasser einweichen, dass es darüber steht; dann mit dem Einweichwasser, zerkleinertem Suppengrün und Fleischbrühe oder Wasser in etwa 11 Stunden weich kochen. In der letzten halben Stunde die geschälten, würfelig geschnittenen Kartoffeln mitkochen und die Suppe mit Salz abschmecken. Das Suppengrün herausnehmen und die in Fett oder mit den Speckwürfelchen gebräunte Zwiebel zugeben. Wird die Suppe durchpassiert, die angeröstete, gewiegte Zwiebel erst beim Anrichten zufügen.

568

Erbsensuppe von getrockneten Erbsen

150 g grüne oder gelbe Erbsen,
3 Kartoffeln,
1 Zwiebel,
30 g Fett, 1 Teel. Salz,
1–1½ l Würfel- oder Fleischbrühe,
evtl. 1 Paar Wiener oder
schwäbische Saitenwürste.

Die Erbsen über Nacht in Wasser einweichen (halbe Erbsen brauchen nicht eingeweicht zu werden), mit dem Einweichwasser aufsetzen. Die Kartoffeln schälen, in Würfelchen schneiden, zufügen, zusammen ca. 1 Std. weich kochen und durchpassieren. Inzwischen im heißen Fett die fein gewiegte Zwiebel hellgelb dünsten, mit Wasser, Würfel- oder Fleischbrühe ablöschen, das Erbsenpüree darunter mischen, abschmecken und kurz aufkochen.
Evtl. über den in Scheiben geschnittenen Würstchen anrichten.

569

Linsensuppe mit Würstchen

200 g Linsen, z. B. Troja-Linsen
1½ l Wasser, 2 Lorbeerblätter,
30 g Fett,
½ gewiegte Zwiebel,
50 g Mehl, 1 Essl. Essig,
1 Frankfurter Kochwurst in Scheiben.

Die Linsen verlesen, waschen und mit Wasser bedeckt in ca. 45 Min. weich kochen, dann durchpassieren; im heißen Fett Zwiebel und Mehl hellbraun anschwitzen, mit etwas Wasser ablöschen, das Linsenpüree zugeben, mit dem Essig abschmecken und noch einmal aufkochen. Die heiße Suppe über Wurstscheiben anrichten.
Oder die Mehlschwitze weglassen, das Linsenpüree mit heißer Fleischbrühe vermischen, evtl. noch ein paar Löffel Püreeflocken unterrühren, pikant mit Essig abschmecken und über den Würstchenscheiben anrichten. Mit Röstzwiebeln bestreuen.

Gebundene Suppen

570

Fischsuppe

Fischabschnitte (große Gräten,
gespaltene Köpfe von Edelfischen)
oder kleine, grätenreiche Fische,
1–2 Essl. Öl.
Suppengrün:
1 Karotte,
2 Stängel Staudensellerie,
1 kleine Zwiebel,
1 zerdrückte Knoblauchzehe,
3–4 frische Champignons,
3–4 zerdrückte Pfefferkörner,
1 Glas Weißwein,
1 Teel. Salz, Wasser.
Ca. 300–400 g entgrätetes Fischfilet
nach Wahl,
1 Becher Schlagsahne (200 g), Dill,
evtl. etwas Salz und Pfeffer.
Zur Einlage:
Fischklößchen ***527***
oder gekochte Krabben,
auch frische, in Butter
gebratene Langostinos.

Die Fischabschnitte etwas zerkleinern. In erhitztem Öl das grob zerkleinerte Suppengemüse und die Fischabfälle mit den Pfefferkörnern anrösten, mit Wein ablöschen, salzen und mit so viel Wasser auffüllen, dass alles gut bedeckt ist. Ca. 30 Min. kochen, dabei laufend abschäumen. Diesen Fischfond durch ein Sieb gießen, wieder auf die Kochstelle setzen und darin den Fisch in etwa 10 Min. garen. Nicht kochen, sonst kann das Eiweiß ausflocken! Den Fisch herausnehmen und mit etwas Brühe pürieren. Mit dem Fischpüree und der Sahne die Suppe binden, evtl. noch etwas nachwürzen. Die Einlage kurz darin erwärmen und die Suppe mit Dillstängeln garnieren. Diese Suppe lässt sich auch gut überbacken (gratinieren): In Tassen füllen, etwas Sahne mit einem Eigelb verquirlen, gleichmäßig über die Suppentassen verteilen und unter dem vorgeheizten Grill kurz überbacken.
Grill: ca. 4-5 Minuten

571

Muschelsuppe

1 l Fischbrühe, gut gewürzt, ***503***
1 Gelbe Rübe,
1 dünne Stange Lauch,
evtl. 1 Stückchen Sellerie,
2–3 Essl. saure Sahne,
1 Teel. Speisestärke,
ca. 250 g ausgelöstes, gekochtes
Muschelfleisch (siehe ***765****),*
sehr fein geschnittene blanchierte
Zitronenschale.

Die Fischbouillon erhitzen; die Gelbe Rübe, den Lauch und evtl. den Sellerie in sehr feine Streifen (Julienne) schneiden und nur kurz in der Brühe garen. Die Sahne mit der Speisestärke verquirlen, in die Suppe einrühren und die Muscheln zugeben. Die Suppe noch einmal erhitzen, aber nicht kochen, in eine vorgewärmte Suppenterrine füllen und mit den Zitronenschalenstreifen bestreuen.

572

Schneckensuppe

1 Dose Schnecken (Einwaage 85 g),
½ l Geflügelbrühe,
1 Prise Knoblauchsalz,
1 Becher süße Sahne (200 g),
2 Eigelb,
3–4 Blätter von Kopfsalat, Rucola
oder Römischem Salat, in feine
Streifen geschnitten.

Die geöffnete Schneckendose in heißem Wasser erwärmen. Die gut gewürzte Brühe erhitzen, wenig Knoblauchwürze zufügen und mit der Sahne und 2 Eigelb legieren. Die erwärmten Schnecken einlegen, in eine vorgewärmte Suppenterrine füllen und mit feinen Salatstreifen garnieren.

Tipp:
Im Frühjahr die Schneckensuppe mit feinen Streifen von Bärlauch bestreut servieren.

573
Krebssuppe

12 frische Flusskrebse,
60 g Butter,
*1 Essl. Tomatenbutter **124**,*
*¾ l Fischfond **5**,*
⅛ l Weißwein,
4 Essl. dicke saure Sahne,
1 Teel. Speisestärke,
⅛ l Schlagsahne,
1 Essl. Cognac,
½-1 Teel. Salz,
1 Prise Zucker.

Die Krebse in kaltem Wasser sauber bürsten, mehrmals abspülen und in drei Portionen, Kopf voran, in strudelnd kochendes Wasser geben. Die Krebse sind sofort tot und laufen rot an. Noch etwa 2–3 Min. kochen, dann mit dem Schaumlöffel herausnehmen. Etwas abkühlen lassen; das Fleisch aus den Schwänzen brechen, die Eingeweide entfernen, die Scheren aufschneiden und das Fleisch herausziehen. Die Schalen, Scheren und Köpfe in einem Mörser fein stoßen, mit der Butter unter Rühren anrösten, mit dem Fischfond ablöschen und die Tomatenbutter zugeben. Die Suppe ca. 30 Min. kochen, dann den Wein zugießen und alles durch ein feines Sieb passieren. Die saure Sahne mit etwas Speisestärke verrühren, in die Suppe einrühren, die halbsteif geschlagene Sahne ebenso. Mit Cognac, Salz (nach Geschmack) und einer Prise Zucker würzen. Das Krebsfleisch in Scheiben schneiden, zugeben und die Suppe in Tassen servieren. Evtl. sehr fein geschnittene Streifen von Zitronenmelisse obenauf streuen. Wird das Krebsfleisch anderweitig verwendet, dann Markklößchen, Blumenkohlröschen oder Fischklößchen in die Suppe einlegen.

574
Gulaschsuppe

Gulasch **822** oder **828** mit Wasser (oder halb Wasser, halb Wein) oder Fleischbrühe verdünnen. Das Fleisch zur Suppe kleinwürfelig schneiden, evtl. 4–6 rohe, kleingeschnittene Kartoffeln und 1–2 feinstreifig geschnittene Paprikaschoten mitkochen und beim Anrichten mit einem Klecks Schlagsahne garnieren, bestreut mit Edelsüßpaprika.

575
Ochsenschwanz-suppe

½ Ochsenschwanz in Stückchen,
120 g Butter,
1 Zwiebel,
Suppengrün,
1 Teel. Salz,
*½ Gewürzdosis **493**,*
150 g Mehl,
80 g Sago,
1 Prise Paprika,
2 Essl. Madeira oder
⅛ l guter Rotwein.

Den Ochsenschwanz in den Gelenken durchschneiden und in einem Teil der Butter mit Zwiebel und Suppengrün braun anbraten. Dann mit 1½ l Wasser ablöschen, Gewürz und Salz zugeben und im Schnellkochtopf ca. 40 Min. kochen. In der übrigen Butter das Mehl braun rösten, mit der durchgesiebten Ochsenschwanzbrühe auffüllen. Sago zufügen und noch 15 Min. kochen. Zuletzt 1 Prise Paprika, Madeira oder Wein zugeben und die Suppe über den feinstreifig geschnittenen Stückchen vom Ochsenschwanz anrichten.

576
Falsche Schildkrötensuppe (Mockturtlesuppe)

Einen halben gebrühten Kalbskopf (vgl. **877**) an Stelle eines Ochsenschwanzes verwenden und nach **575** zubereiten. Als Einlage eignen sich falsche Schildkröteneier nach **510**.

577
Bismarcksuppe

Halbe Menge Falsche Mockturtlesuppe, halbe Menge Erbsensuppe **568**. Die Suppe zubereiten und als Einlage den in feine Streifen geschnittenen Kalbskopf verwenden.

578
Schinkensuppe

50 g Butter, ½ Bund Petersilie,
1 Zwiebel, 125 g Schinkenwürfelchen,
40 g Mehl,
¾ l Fleischbrühe,
1 Eigelb,
2 Essl. Schlagsahne,
2 Essl. trockener Sherry (Fino).
Brotwürfel von 2 Scheiben Weißbrot.

In der heißen Butter Petersilie, die fein gewiegte Zwiebel und den Schinken andünsten, das Mehl darüberstreuen und 10 Min. mitdünsten. Mit Fleischbrühe ablöschen und 30 Min. kochen. Zuletzt mit Eigelb und Sahne abziehen, mit Sherry verfeinern und über gerösteten Brotwürfeln anrichten.

579
Portugiesische Suppe

20 g roher Schinken,
60 g Kalbfleisch,
50 g Butter,
1 Zwiebel, Suppengrün,
1 l Knochenbrühe,
Salz, Muskat,
50 g Mehl,
3 Essl. Tomatenmark.
Einlage:
gekochte Selleriewürfel,
Weckschnitten von 1 Brötchen.

Schinken und Kalbfleisch in kleine Würfel schneiden und in Butter anrösten. Die Zwiebel und Suppengrün – fein gewiegt – kurz mitdünsten, mit Knochenbrühe oder Wasser ablöschen, würzen und ca. 30 Min. leise kochen. Mit angerührtem Mehl binden, noch ca. 20 Min. ziehen lassen. Zuletzt das Tomatenmark beifügen und die Suppe über Selleriewürfeln und Weckschnitten anrichten.

580
Hirn- oder Brieschensuppe

1 Kalbshirn oder Brieschen,
1¼ l Fleischbrühe,
60–80 g Butter,
1 kleine Zwiebel,
1 Essl. gewiegte Petersilie,
100–125 g Mehl,
1 Eigelb, 2 Essl. saure Sahne,
je 1 Prise Salz und Muskat oder
1 Messersp. Hefewürze.
Geröstete Weißbrotwürfelchen.

Das Kalbshirn etwa 30 Min. in kaltem Wasser ausziehen lassen (wässern), kurz in lauwarmes Wasser legen, häuten, einige Mal in strudelnder Fleischbrühe aufkochen und dann grob wiegen. Die fein gehackte Zwiebel und Petersilie in der heißen Butter glasig schwitzen, das Mehl überstreuen, kurz mitdünsten und mit der Fleischbrühe ablöschen. Nach dem Durchsieben noch etwa 20 Min. kochen und das Hirn zufügen. Die Suppe vor dem Anrichten mit Eigelb und Sahne abziehen, zuletzt mit Salz, Muskat oder Hefewürze gut abschmecken und geröstete Brotwürfelchen einlegen.
Oder 1 Brieschen 30 Min. wässern, zweimal in kaltem Wasser bis zum Sieden bringen und abgießen. Dann in etwa 30 Min. weich kochen, häuten, kleinwürfelig schneiden und in der gebundenen Suppe servieren.

581
Lebersuppe

40 g Butter, 1 kleine Zwiebel,
3–4 Essl. Mehl,
250 g pürierte Leber,
1½ l Wasser,
1 Essl. süße Sahne, 1 Teel. Salz,
je 1 Prise Pfeffer und Piment.

In der heißen Butter die feingeschnittene Zwiebel und das Mehl hellgelb dünsten. Die pürierte Leber kurz mitdünsten; dann mit Wasser ablöschen, etwa 20 Min. kochen, die Sahne, Gewürz und Salz zugeben und die Suppe über gerösteten Toastschnitten oder Brotwürfelchen anrichten.

582
Milzsuppe

250 g Milz, beim Metzger vorbestellen.

Zubereitung wie Lebersuppe, jedoch wird die Milz nicht gehackt, sondern sie wird aus der Haut geschabt.

583
Königinsuppe

Für 6–8 Personen
1 Suppenhuhn (ca. 1200 g, küchenfertig vorbereitet),
2½-3 l Wasser,
Salz, Suppengrün,
1 Zwiebel, 2 Tomaten,
2 Gelbe Rüben, 1 Lorbeerblatt,
2 Pfefferkörner, 1 Nelke,
1 Stückchen Staudensellerie,
60 g Butter, 100 g Mehl,
⅛ l süße Sahne,
6 Essl. Weißwein,
1–2 Eigelb.
Zum Einlegen:
Weckklößchen ***511***.

Das vorbereitete Huhn mit Suppengrün, Salz, ½ Zwiebel, Tomaten, Gelben Rüben, Selleriestückchen und den Gewürzen im kalten Wasser aufsetzen und weich kochen (siehe Dampfdrucktopf S. 24). Nach dem Erkalten häuten und sorgfältig zerlegen. Die größeren Stücke in feine Streifen schneiden, die kleineren Stücke wiegen und zum Sämigmachen der Suppe verwenden. Die Knochen zerhacken, mit der restlichen Zwiebel und Suppengrün in wenig Butter leicht anrösten, mit der Kochbrühe auffüllen, nochmals ½ Std. kochen und durchsieben. Dann aus Butter und Mehl eine Mehlschwitze zubereiten, mit der Brühe ablöschen und noch schwach ziehen lassen. Das gewiegte Fleisch mit Eigelb, Sahne und dem Weißwein verrühren, kurz vor dem Anrichten in die heiße Brühe geben und das streifig geschnittene Fleisch einlegen. Die Weckklößchen möglichst klein formen, in einem Teil der Hühnerbrühe für sich gar kochen und als Einlage mitservieren.
Oder als falsche Königinsuppe statt des Huhnes 500 g Kalbfleisch kochen und fein geschnitten in die fertige Suppe einlegen.

584
Suppe von rohen Rehknochen

500 g Rehknochen,
je 50 g Lauch, Sellerie, Karotte, Weiß- oder Wirsingkraut, Petersilienwurzel,
40 g Butter,
1 Essl. Tomatenmark,
40 g Mehl,
ca. 1 l Wasser,
1 Schuss Rotwein,
Salz und Pfeffer, 1 Prise Piment.
Evtl. etwas Grieß oder Reis zum Dicken.

Die gesäuberten Wildknochen kleinhacken, das Gemüse in Würfel schneiden. Alles zusammen unter Rühren in der Butter kräftig anschwitzen. Tomatenmark und Mehl einrühren, Farbe nehmen lassen, mit Wasser ablöschen und ca. 2 Stunden sanft kochen.
Die Suppe durch ein Sieb passieren, mit Rotwein, Salz, Piment und Pfeffer abschmecken und, falls gewünscht, ca. 25 Min. Grieß oder Reis zum Andicken mitkochen.
Oder die Suppe mit Mehlbutter binden.

585
Wildsuppe

Reste von Hasen- oder Rehbraten,
40 g Butter, Suppengrün,
1½ l Wasser,
½ gewiegte Zwiebel,
½ Gewürzdosis Seite 142,
150 g dicke saure Sahne oder süße Sahne,
1 Essl. Speisestärke,
1 Essl. Madeira oder Rotwein,
evtl. 2–3 Essl. vorhandene Bratensoße oder
eine Messersp. Hefewürze.

Größere Stücke der Bratenreste in Streifen schneiden, das Übrige fein wiegen oder durch den Fleischwolf drehen. Die Wildknochen klein zerhacken und in 1 Essl. Butter mit dem Suppengrün anbraten, mit Wasser ablöschen und etwa 50 Minuten schwach strudeln lassen. In der restlichen Butter die Zwiebel anbraten, die Knochenbrühe zugießen, die Gewürzdosis beifügen, noch kurz aufkochen; die Sahne mit der Speisestärke verquirlen, in die nicht mehr kochende Suppe einrühren, einmal aufkochen und die Suppe durchsieben. Zuletzt das gewiegte Fleisch, den Madeira oder Rotwein, Bratensoße oder Hefewürze untermischen und die Suppe über dem streifig geschnittenen Wildfleisch, Eierstich oder gerösteten Brotwürfeln anrichten.

586

Rumfordsuppe

50 g Graupen, 1½ l Wasser,
1 Teel. Salz, Suppengrün,
30 g gelbe Erbsen,
250 g Kartoffeln,
40 g Butter oder 2 Essl. Speckwürfel,
1 Zwiebel,
einige Tropfen Maggi oder
1 Fleischbrühwürfel oder
1 Messersp. Hefewürze,
1 Essl. gewiegte Petersilie.

Die Graupen mit dem kalten Wasser, Salz und Suppengrün aufsetzen und halbweich kochen. In einem zweiten Topf die eingeweichten Erbsen mit dem Einweichwasser fast gar werden lassen und mit den Graupen vermischen. Die Kartoffeln nach dem Waschen und Schälen zur Hälfte in kleine Würfel schneiden, zur anderen Hälfte fein reiben, zugeben und fertig kochen. Kurz vor dem Anrichten die fein geschnittene Zwiebel in Butter oder mit den kleinen Speckwürfelchen knusprig rösten und unter die Suppe mischen. Mit einigen Tropfen Maggi oder 1 aufgelösten Brühwürfel oder 1 Messersp. Hefewürze abschmecken und über die Suppe, die sämig sein soll, Petersilie streuen.
Oder anstatt Kartoffeln die gleiche Menge altbackenes Roggenbrot sehr klein schneiden und mitkochen.

587

Reis- oder Gerstenschleimsuppe

½ Tasse Vollwertreis oder Gerste,
3–4 Tassen Wasser,
½ Teel. gekörnte Brühe,
1 Prise Muskat,
1 Eigelb, etwas Sahne.

Reis oder Gerste mehrmals waschen, abtropfen lassen und mit Wasser und gekörnter Brühe weich kochen. Die Suppe durch ein Sieb passieren, mit etwas Muskat würzen und mit dem Eigelb sowie etwas frischer Sahne abziehen.

588

Grünkernmehlsuppe

100 g Grünkernmehl,
1 l Fleischbrühe,
Salz,
1 Eigelb,
2 Essl. frische Sahne.

Das Grünkernmehl mit wenig kaltem Wasser oder Fleischbrühe vermischen, den dünnen Brei unter Rühren in strudelnde Fleischbrühe einlaufen lassen und etwa 30 Min. kochen. Die Suppe abschmecken und vor dem Anrichten mit dem Eigelb und frischer Sahne abziehen.

589

Haferflockensuppe

125 g Haferflocken,
1–1½ l Fleischbrühe,
evtl. 2 Lauchstängel oder
2 Rippen Staudensellerie,
20 g Butter,
etwas Salz oder Hefewürze,
1 Eigelb, 1 Essl. saure Sahne.

Die Haferflocken unter Rühren in siedende Fleischbrühe einlaufen lassen und 5–10 Min. kochen. Ist keine Fleischbrühe vorhanden, 2 Lauchstängel oder Staudensellerie in feine Scheiben schneiden, mit Butter anrösten, die Flocken zufügen, kurz mitrösten und mit Wasser ablöschen. Vor dem Anrichten durchpassieren, die Suppe würzen und mit Eigelb und Sahne abziehen.

590

Reis- oder Gerstensuppe

100 g Reis oder Gerste,
20 g Butter,
1½ l Fleischbrühe,
1 Messersp. Hefewürze oder
1 Teel. Salz, Schnittlauch.

Den Reis oder die Gerste mehrmals waschen, abtropfen lassen und zunächst mit wenig kalter Fleischbrühe und Butter zum Kochen bringen. Nach und nach heiße Brühe zugießen und ca. 30 Min. kochen lassen.
Oder den Reis bzw. die Gerste in der heißen Butter hell anschwitzen, mit Fleischbrühe ablöschen und bei schwacher Hitze langsam gar werden lassen.
Die Hefewürze zufügen und Schnittlauch darüberstreuen.

591

Hafermehlsuppe

60 g Hafermehl,
1 l Fleischbrühe,
evtl. etwas Salz,
1 Eigelb,
2 Essl. saure Sahne.

Das Hafermehl mit so viel kaltem Wasser glatt quirlen, dass es dünnflüssig in die strudelnde Fleischbrühe eingerührt werden kann. Die Suppe etwa 30 Min. kochen, evtl. nachsalzen und vor dem Anrichten mit Eigelb und Sahne abziehen. Nicht mehr kochen.

592

Grießsuppe

40–50 g Grieß,
1 l Fleischbrühe,
1 Eigelb,
1 Essl. frische Sahne,
Schnittlauch.

Den Grieß unter Rühren in die strudelnde Fleischbrühe einlaufen und 20 Min. kochen lassen. Die Suppe kurz vor dem Anrichten mit Eigelb und Sahne abziehen und Schnittlauch darüberstreuen.

593

Baumwollsuppe

50 g Butter,
2 Eier, 80 g Mehl,
etwas Salz und Muskat,
ein wenig Milch,
1 l Fleischbrühe,
Schnittlauch oder das Grün von Frühlingszwiebeln.

Die Butter schaumig schlagen, die gequirlten Eier und das Mehl in kleinen Portionen zufügen. Mit Salz und Muskat würzen und so viel Milch zugießen, dass der Teig dickflüssig in die strudelnde Fleischbrühe eingerührt werden kann; einmal aufkochen lassen und beim Anrichten sehr kurz geschnittenen Schnittlauch oder das Grün von Frühlingszwiebeln darüberstreuen.

594

Eierflockensuppe

2 Eier, Semmelmehl,
Salz, Muskat,
1 l Fleischbrühe,
Schnittlauch oder Zitronenmelisse.

Die Eier mit 2 Eischalenhälften Wasser glatt quirlen, mit Salz und Muskat würzen, dann so viel Semmelmehl zugeben, dass ein dickflüssiger Teig entsteht. Diesen Teig in die strudelnde Fleischbrühe einrühren und die Suppe nur einmal aufkochen lassen. Beim Anrichten mit Schnittlauch oder Zitronenmelisse bestreuen.

595

Einlaufsuppe

2–3 Essl. Mehl,
ca. 1/8 l Milch,
1–2 Eier, 1 Prise Salz, Muskat,
evtl. 1 Essl. geriebener Käse,
1 l Fleischbrühe,
Schnittlauch.

Das Mehl mit der Milch glattrühren und das Ei, Salz sowie Muskat und evtl. Käse zugeben. Den Teig in dünnem Faden oder über einen Kochlöffel in strudelnde Fleischbrühe einlaufen und einmal aufwallen lassen. Beim Anrichten mit Schnittlauch bestreuen.

596

Umgekehrte Einlaufsuppe

60 g Mehl, etwas Milch,
1 1/4 l Salzwasser, 1–2 Eier,
40 g Butter, 1/2 Bund Petersilie,
1 Brötchen (vom Vortag).

Mehl mit etwas Milch und Ei in einer Schüssel glattrühren. Kochendes Salzwasser zugießen und gut durchrühren. In einer Pfanne die Hälfte der Butter zerlassen und die gewiegte Petersilie darin andämpfen. In der anderen Hälfte das gewürfelte Brötchen anrösten. Die Petersilie zur Suppe geben, die Brotwürfel auf die einzelnen Teller verteilen und die Suppe darübergießen.

597

Graupensuppe

200 g Gerstengraupen, blanchiert
500 g Kartoffelwürfel, festkochend,
1 Bund Suppengrün, zerkleinert,
1 l Fleisch- oder Gemüsebrühe,
Salz, Pfeffer, evtl. etwas gekörnte Brühe, 1/8 l süße Sahne,
je 2 Essl. gehackte Petersilie und Liebstöckel.

Die blanchierten Graupen in der Brühe ca. 1 1/2 Stunden kochen. Dann Kartoffelwürfel und Suppengrün zugeben. Alles 20 Minuten oder evtl. länger kochen, bis die Graupen weich sind. Mit den Gewürzen abschmecken, die Sahne unterziehen und die Suppe in einer vorgewärmten Terrine, mit den Kräutern bestreut, servieren.

Tipp:
Die Suppe wird gehaltvoller, wenn zuletzt noch 400 g gekochte Rindfleischwürfel dazu gegeben werden.

598

Sagosuppe, Tapiokasuppe

40 g Sago, 1 l Fleischbrühe,
1 Eigelb, 1 Essl. frische Sahne,
Schnittlauch oder gewiegte Petersilie oder gehackte Korianderblättchen.

Den gewaschenen, abgetropften, wieder getrockneten Sago unter Rühren in die siedende Fleischbrühe einstreuen und so lange kochen, bis die Körner glasig sind. Die Suppe vor dem Anrichten mit Eigelb und Sahne abziehen und Schnittlauch oder gewiegte Petersilie darüber streuen.
Kochzeit für Sago 20 Min., für **Tapioka** (aus der Maniokwurzel) etwa 1 Stunde.

599

Geröstete Grießsuppe

80–100 g Grieß, 40 g Butter,
etwas Suppengrün,
1 l Wasser,
3 kleine Brühwürfel,
2 Essl. saure Sahne,
etwas Mondamin.

Den Grieß in der heißen Butter hellgelb rösten, dann das fein gewiegte Suppengrün darin glasig schwitzen. Die Brühwürfel im heißen Wasser auflösen, damit ablöschen, evtl. noch eine Prise Salz zufügen und die Suppe 30 Min. kochen; kurz vor dem Anrichten die Sahne, mit etwas Speisestärke verquirlt, unterrühren.

600

Gebrannte Einlaufsuppe (Braune Eiergerste)

60 g Butter,
80 g Mehl,
1 Ei,
ca. 1 Tasse Wasser,
Salz, Muskat, 1/2 Bund Petersilie.

In der heißen Butter das Mehl braun anrösten.
Das Ei in einer Tasse Wasser gut verquirlen und damit das Mehl ablöschen. Mit Wasser oder Fleischbrühe auffüllen (ca. 3/4 l) und die Suppe ca. 15 Min. kochen. Mit Salz, Muskat und fein gewiegter Petersilie würzen.
Helle Eiergerste wird genauso zubereitet, das Mehl wird jedoch nur hellgelb angeröstet.

601

Gebrannte Mehlsuppe

60 g Butter oder Schmalz,
80 g Vollkornmehl,
½ Zwiebel, 1½ l Wasser,
je 1 Prise Salz und Paprika,
1 Ei, evtl. ½ Glas Rotwein.

Das Mehl im heißen Fett langsam hellbraun rösten, die fein geschnittene Zwiebel kurz mitdünsten, mit kaltem Wasser ablöschen und 30 Min. durchkochen. Die Suppe würzen, das verquirlte Ei und den Wein zufügen, evtl. durchpassieren und über gerösteten Brotwürfelchen anrichten.
Oder das Mehl ohne Fett rösten (vgl. **6**) und die Suppe ebenso zubereiten

602

Panadensuppe

2 Brötchen vom Vortag,
20 g Butter,
Salzwasser oder Fleischbrühe,
2 Eigelb,
⅕ l süße Sahne,
½ Bund Schnittlauch, Muskat

Altbackene Brötchen in feine Scheiben schneiden, in Butter kurz anschwitzen, mit Salzwasser oder Fleischbrühe aufgießen und gut durchkochen (ca. 20–25 Minuten).
In einer Suppenterrine Eigelb mit Sahne und fein geschnittenem Schnittlauch verrühren und die Suppe darübergießen. Mit Muskat würzen.
Nach Belieben kann die Suppe auch durch ein Sieb in die Terrine gegossen werden.

603

Brotsuppe

300 g Schwarzbrot,
20 g Butter,
1 kleine Zwiebel,1 Essl. Mehl,
Suppengrün,
2 Essl. gekörnte Brühe,
in 1½ l Wasser aufgelöst,
½ Teel. Kräutersalz,
4 Essl. saure Sahne.

Das Schwarzbrot in dünne Scheiben schneiden und im schwach geheizten Backofen rösten. In heißer Butter die zerkleinerte Zwiebel und das Mehl hellbraun rösten, das Brot und das gewiegte Suppengrün zufügen, mit der Brühe ablöschen, etwa 20 Min. kochen und die Suppe durchpassieren; dann noch einmal kurz erhitzen und die Sahne unterziehen.
Oder eine Einlaufsuppe **595** zubereiten, eine vorgewärmte Suppenterrine mit fein geschnittenem, gerösteten Schwarzbrot und in dünne Scheiben geschnittenen Frankfurter Würstchen füllen. Mit der Einlaufsuppe aufgießen und mit Schnittlauch bestreuen.

Eintopfgerichte

Eintöpfe sind durch ihren vollen Geschmack besonders lecker. Das Geheimnis liegt in der Kunst des richtigen Garens. Früher wurden Eintöpfe oft stundenlang auf dem Herd gekocht, heute bevorzugt man erheblich kürzere Garzeiten, um Nährstoffe, Vitamine sowie Aroma und Aussehen besser zu erhalten. Ob auf dem Herd gegart oder im Backofen geschmort, wichtig ist eine gleichmäßige, nicht zu hohe Gartemperatur.
Die Verwendung des Schnellkochtopfes empfiehlt sich speziell für Eintopfgerichte auf der Basis von klarer Brühe. Schmortöpfe gelingen am besten im Backofen.
Frische Kräuter gibt man reichlich und immer erst im letzten Moment zu, um durch das Garen verlorengegangene Vitamine zu ersetzen.
Eintöpfe, die Hülsenfrüchte enthalten, werden kalt und ohne Salz aufgesetzt. Dies verkürzt die Garzeit. Bei vorbehandelten Linsen erübrigt sich das Einweichen. Die Kochzeit ändert sich nur unwesentlich.
Servierkasserollen aus Gusseisen, flammfestem Porzellan oder Jenaer Glas eignen sich für Eintopfgerichte sehr gut. Das Kochgut bewahrt seinen Charakter, muss nicht mehr umgefüllt werden und kommt ohne Umwege heiß auf den Tisch. Auch die Zubereitung im Römertopf ist sehr empfehlenswert, bleiben doch alle Geschmacks- und Aromastoffe sowie die meisten Nährwerte darin erhalten.

604

Himmel und Erde

1 kg mehlig kochende Kartoffeln,
2 Essl. weiche Butter,
ca. ¼ l heiße Milch (oder mehr),
Salz,
4 große Zwiebeln,
2 Essl. Butterschmalz,
4 dicke Scheiben Blutwurst,
4–6 säuerliche Äpfel oder Birnen,
2 Essl. Butter,
Saft von 1 Zitrone,
1 Essl. Zucker,
frisch gemahlener Pfeffer.

Die Kartoffeln kochen, ausdampfen lassen und schälen. Mit dem Kartoffelstampfer grob zerdrücken, Butter und Milch unterarbeiten, salzen und warm halten.
Die Zwiebeln schälen, halbieren und in Scheiben schneiden, im Schmalz anrösten und warm halten. Im selben Fett die Blutwurstscheiben kross anbraten. Äpfel oder Birnen schälen, in Achtel oder schmalere Stücke schneiden und in Butter anbraten. Mit Zitronensaft beträufeln, überzuckern und Pfeffer darüber mahlen.
Zum Anrichten zunächst die Stampfkartoffeln auf eine vorgewärmte Platte geben, darauf die Apfel/Birnenstücke und die Blutwurstscheiben legen und obenauf die Zwiebeln geben.
Man kann die Reihenfolge der Schichten auch ändern und die Blutwurst als unterste Lage nehmen.
Oder zum Anrösten Schweine- statt Butterschmalz verwenden.

605

Bouillabaisse

1,5 kg Seefische (Rotbarsch, Kabeljau, Schellfisch, Steinbutt), evtl. 1 kleiner Aal, in Stücke geschnitten, oder Mittelmeerfische, Zitronensaft,
¾ l Wasser, Salz
3 Pfefferkörner,
1 Lorbeerblatt,
2 Zwiebeln,
2 Tomaten,
1–2 Knoblauchzehen.
1 Teel. Safran,
½ l Weißwein,
etwas Fenchelkraut,
einige Tropfen flüssige Knoblauchwürze,
geröstete Weißbrotscheiben,
*evtl. Knoblauchmayonnaise **98** oder Rouille **96**.*

Die Fischstücke gut waschen, in kleinere Stücke schneiden und möglichst die Gräten entfernen. Reichlich Zitronensaft darübergeben und 10 Min. durchziehen lassen. In Salzwasser mit den Gewürzen, den kleingeschnittenen Tomaten, den in Scheiben geschnittenen Zwiebeln und den halbierten Knoblauchzehen bei geringer Hitze 10 Min. kochen. Die Fischstücke in eine Terrine legen. Die Fischbrühe durchsieben, den Weißwein zufügen, erwärmen, mit Safran würzen und über die Fischstücke gießen.

Abschmecken mit etwas Knoblauchgewürz und gehacktes Fenchelkraut darübergeben. Mit gerösteten Weißbrotscheiben und Knoblauchmayonnaise oder Rouille servieren.

Oder Fischabschnitte, Köpfe etc. zuerst mit dem Gemüse und den Gewürzen 20 Min. sanft kochen. Dann durchsieben oder durch die „Flotte Lotte" drehen und in der Brühe die Fischstücke garziehen lassen.

Oder Miesmuscheln, Venusmuscheln und Krabben oder Langostinos sowie kleine Tintenfische mitkochen. Die Fischabgänge vorab in der gewürzten Brühe kochen (ca. 20 Min.), dann durchsieben und in derselben (klaren) Brühe die Fischstücke ziehen lassen. Das Aroma der Bouillabaisse wird dadurch noch verstärkt. Zuletzt alle Zutaten in einer feuerfesten Form noch einmal erwärmen und evtl. schwarze Oliven darüberstreuen.

Bouillabaisse **605** mit Muscheln, Gambas und schwarzen Oliven

606

Hamburger Aalsuppe

500 g frischer Aal.
Zum Sud:
1 l Wasser, 1 Essl. Essig,
1 Zwiebel, 3 Pfefferkörner,
1 Nelke, 1 Lorbeerblatt, Salz.
20 kleine Birnen,
½ l Weißwein,
2 Essl. Zucker,
Saft und Schale von ½ Zitrone,
250 g Ochsenfleisch (mager),
1 l Wasser,
1 kleine Sellerieknolle,
1 Petersilienwurzel,
1 Gelbe Rübe,
1 Stange Lauch,
ca. 100 g ausgepalte grüne Erbsen,
Petersilie, Salbeiblätter,
Thymian, 1 Zwiebel,
evtl. etwas Bohnenkraut.
Zum Binden:
30 g Butter, 2 Essl. Mehl.
Zum Abziehen:
2 Eigelb.
Als Einlage:
Weck- oder Schwammklößchen.

Den Aal vorsichtig häuten, in kleine Stücke schneiden, einsalzen und ca. 1 Std. durchziehen lassen. Inzwischen die Birnen schälen und mit Weißwein, Zucker, Saft und der abgeriebenen Schale der Zitrone weichdünsten. Das Ochsenfleisch mit dem Wasser kalt aufsetzen, die zerkleinerten Suppenkräuter und die Erbsen zugeben und 1 Std. kochen. Die eingesalzenen Aalstücke in einen extra zubereiteten, strudelnden Sud einlegen und darin 10–15 Min. ziehen (nicht kochen) lassen, herausnehmen, dann Fleisch- und Aalbrühe zusammenmischen. Aus Fett und Mehl eine helle Mehlschwitze zubereiten, mit einem Teil der gemischten Brühe ablöschen, gut durchkochen, den Rest der Brühe nachgießen und das Ganze durchsieben. Die Eigelb verquirlen und zufügen.
Beim Anrichten die Aalstücke die gedünsteten Birnen und Weck- oder Schwammklößchen in eine Suppenschüssel legen und die heiße Suppe darübergießen. (Das gekochte Ochsenfleisch anderweitig verwenden.)

607

Matelote – Elsässer Fischtopf

1 kg Süßwasserfische
(Karpfen, Hecht, Zander),
1½ l Wasser,
2 Zwiebeln, 1 Stange Lauch,
2 Karotten, 1 Bouquet garni,
evtl. einige Champignons.
1 Flasche Elsässer Riesling,
3 Essl. Mehlbutter,
150 g Crème fraîche,
2 Eigelb, Salz und Pfeffer.

Die Fische putzen und in Stücke schneiden. Die Köpfe und Schwänze mit dem Wasser, dem grob geschnittenen Gemüse und dem Bouquet garni ca. 1 Stunde leise kochen. Den Sud durch ein Sieb gießen und mit dem Wein aufkochen. Die Fischstücke einlegen und in ca. 15 Min. garziehen lassen.
Die Fischstücke in eine vorgewärmte Terrine geben. Die Fischbrühe um die Hälfte einkochen. Die Mehlbutter mit dem Schneebesen unter den Sud schlagen. Crème fraîche mit den Eigelb verrühren, etwas heiße Flüssigkeit zugeben. Den Sud damit legieren, nicht mehr kochen. Mit Salz und Pfeffer abschmecken und über die Fischstücke gießen. Dazu Salzkartoffeln servieren.

608

Bourride – Fischtopf aus Südfrankreich

Für 6 Personen
1,5 kg Meeresfische wie Meerbarsch, Seeteufel, Seehecht, Katfisch etc. nach Marktangebot,
1 l Wasser, 0,2 l Weißwein,
1 Zwiebel, 3 Scheiben Zitrone,
1 Stückchen getrocknete Orangenschale,
1 Thymianzweig, 1 Lorbeerblatt,
1 Teel. Fenchelkörner,
1 Zehe Knoblauch,
Pfeffer und Salz,
Aïoli ***98****, 3 Eigelb,*
2 Essl. Crème fraîche.

Die Fische in Stücke teilen, Gräten, Köpfe und Abschnitte für die Fischbrühe verwenden. Das Wasser mit dem Wein, der gehackten Zwiebel, allen Gewürzen und den Fischabschnitten etwa 15 Min. sanft kochen, dann die Fischabschnitte entfernen. Pfeffern und salzen, die Fischstücke einlegen und ca. 12–15 Minuten ziehen lassen. Inzwischen die Aïoli zubereiten. Die Fischstücke in eine vorgewärmte Terrine legen, einen Esslöffel Fischbrühe darübergießen.
Den Fischsud durch ein Sieb streichen und die Hälfte der Aïoli einrühren. Dann die Eigelb unterziehen – dabei die Brühe nicht mehr kochen lassen. Zuletzt mit Crème fraîche vermischen. Die Soße muss eine cremige Beschaffenheit haben.
Den Fisch in der Terrine, die Soße und die Aïoli separat servieren. Dazu passen Salzkartoffeln.

609

Schlesisches Himmelreich (Schweinefleisch mit Backobst)

500 g Backobst (Birnen, Äpfel, Pflaumen, Aprikosen),
250 g geräuchertes Schweinefleisch,
30 g Fett, 2 Essl. Mehl, Maggiwürze.
(Oder Zucker, 1 Prise Zimt, geriebene Schale von ½ Zitrone, etwas Rotwein, 1 Essl. Stärkemehl).
Kartoffel- oder Semmelklöße.

Das Backobst sorgfältig waschen und über Nacht einweichen. Das Schweinefleisch in genügend Wasser bei schwacher Hitze halbweich kochen. Zuerst die abgetropften Birnen, nach 30 Min. das übrige Obst mit dem Einweichwasser zugeben und alles zusammen gar dünsten. In heißem Fett das Mehl hellgelb schwitzen, mit der Kochbrühe ablöschen, wenn nötig, mit Maggiwürze abschmecken und unter das Gericht mischen. Mit Kartoffel- oder Semmelklößen zu Tisch geben.
Oder Backobst mit Zucker, Zimt, Zitronenschale und etwas Rotwein ohne Fleisch kochen und mit angerührtem Stärkemehl binden. Das gekochte Fleisch gesondert dazu reichen.

610
Serbisches Reisfleisch

500 g Kalbfleisch,
75 g durchwachsener Speck,
3 Essl. Öl, Salz,
3 große Zwiebeln, 2 Knoblauchzehen,
je 175 g Paprikaschoten und Karotten,
3 Fleischtomaten,
½ l Rinderbrühe **488**
1 Essl. edelsüßer Paprika,
½ Teel. Rosenpaprika, Meersalz,
schwarzer Pfeffer,
175 g Langkornreis,
1 Bund gehackte Petersilie.

Kalbfleisch in 2 cm große Würfel, Speck in Streifen schneiden.
Speck im heißen Öl auslassen, die Fleischwürfel ringsum 10 Min. darin anbraten. Herausnehmen, salzen und warm stellen.
Geschälte Zwiebel- und Knoblauchwürfel im Bratfett glasig dünsten, entkernte, streifig geschnittene Paprikaschoten und Karottenscheiben kurz mitdünsten. Gehäutete, geviertelte Tomaten, Rinderbrühe und Gewürze zugeben, alles 10 Min. vorgaren.
Gemüseragout, Fleischwürfel und Reis zusammen in eine feuerfeste Form schichten, Deckel auflegen und im vorgeheizten Backofen garen. Mit Petersilie bestreut servieren.
E.-Herd 200 °C/G.-Herd 3
Ca. 50 Minuten

611
Pichelsteiner

Je 250 g Ochsen-, Schweine- und Hammelfleisch,
1 kleiner Kopf Wirsing,
3–4 Gelbe Rüben,
1 kleine Sellerieknolle,
1 Stange Lauch, 2 Zwiebeln,
5–6 große Kartoffeln,
Salz, Pfeffer, Majoran,
50 g Ochsenmark,
1 Lorbeerblatt, 1 Prise Kümmel,
etwa ½ l Fleischbrühe,
Butterflöckchen.

Serbisches Reisfleisch mit Knoblauchmayonnaise

Das würfelig geschnittene Fleisch mischen, das Gemüse zerkleinern, die Kartoffeln schälen, in Schnitze teilen und alles mit Salz und Pfeffer und etwas Majoran bestreuen. Das Ochsenmark in Scheiben schneiden und eine gut schließende Kasserolle oder den gewässerten Römertopf damit auslegen; nun schichtweise Fleisch, Gemüse und Kartoffeln einfüllen, das Lorbeerblatt einlegen, den Kümmel dazwischenstreuen und Fleischbrühe oder Wasser darübergießen. Butterflöckchen obenauf geben und das Ganze zugedeckt bei mittlerer Hitze auf dem Herd oder im vorgeheizten Backofen garen.
E.-Herd 220 °C/G.-Herd 4
Ca. 2 Stunden

Tipp:
Für Chili con carne eignen sich auch weiße Bohnen ***1264a****, S. 374.*

612

Chili con carne – Eintopf aus Mexiko und den USA

Für 8 Portionen
2 kg Rindfleisch (Gulaschfleisch),
1 Gemüsezwiebel (200 g)
2 grüne Paprikaschoten,
2–3 Knoblauchzehen,
Sonnenblumen- oder Erdnussöl zum Anbraten,
1 Teel. Kreuzkümmel, gemahlen,
5–6 Teel. Chilipulver,
einige Zweiglein frischer Oregano oder 1½ Teel. getrockneter Oregano,
je 1 Dose weiße und rote Bohnen (Einwaage je 850 ml),
1 Dose geschälte Tomaten (Einwaage 800 g),
Evtl. etwas heißes Wasser.
Nach Geschmack: Salz und einige Spritzer Tabascosauce.

Das Rindfleisch in etwa 2 cm große Würfel, die Zwiebel und die entkernten Paprikaschoten in kleine Würfel schneiden. Die geschälten Knoblauchzehen etwas zerdrücken. In einem großen Topf portionsweise die Fleischwürfel anbraten. Im selben Bratfett das Gemüse leicht anbraten, mit dem Fleisch vermischen. Würzen, die Bohnen (ohne Dosensaft) und die grob zerschnittenen Tomaten aus der Dose samt Saft zugeben. Falls erforderlich, noch etwas heißes Wasser zugießen. Den Eintopf unter gelegentlichem Umrühren auf kleiner Flamme ca. 60–70 Min. köcheln. Das Fett an der Oberfläche abschöpfen.
Zuletzt abschmecken und evtl. noch nachwürzen.
Dazu leicht geröstete Weißbrot- oder Bauernbrotscheiben, reichen.
Oder 1 kg Rindfleischwürfel und 1 kg Rinderhackfleisch verwenden, zuletzt mit Chilisauce (aus der Flasche) würzig abschmecken.

Chili con carne

613
Djuwetsch aus dem Römertopf – Eintopf vom Balkan

750 g durchwachsenes Schweinefleisch,
2–3 Gemüsezwiebeln,
2 Auberginen,
je 2 grüne und 2 rote Paprikaschoten,
1 kg Fleischtomaten,
100 g Vollreis (nach Belieben Rundkorn- oder Langkornreis),
Salz, Pfeffer, Knoblauchsalz,
6–8 Essl. Öl, Fleischbrühe.

Das Fleisch in Gulaschwürfel, die Zwiebeln in dünne Scheiben und die gewaschenen Auberginen in Würfel schneiden. Die Paprikaschoten waschen, entkernen, in grobe Stücke zerteilen; Tomaten kurz in heißes Wasser legen, häuten, die Kerne herausdrücken und kleinschneiden. Den Reis waschen und gut abtropfen lassen. Alle Zutaten miteinander vermischen, würzen und in den gut gewässerten, großen Römertopf einlegen. Das Öl darüberträufeln und mit soviel Fleischbrühe aufgießen, dass alles gut bedeckt ist. Den Deckel auflegen und den Römertopf in den kalten Backofen schieben.
E.-Herd 200 °C/G.-Herd 3
Ca. 2 Stunden

614
Bodenkohlraben mit Kartoffeln und Schweinefleisch

Für 6 Portionen
1 kg Bodenkohlraben (Kohlrüben) oder weiße Rüben,
1 kg Kartoffeln,
250 g frisches oder eingesalzenes Schweinefleisch, Fleischbrühe,
Salz, Muskat.

Die Bodenkohlraben gut schälen, waschen, in Streifen schneiden und mit kochendem Wasser übergießen. (Länger gelagerte Kohlraben 5–10 Minuten vorkochen). Die Kartoffeln ebenfalls schälen und in Würfel oder Streifen schneiden. Das Fleisch waschen, trocknen und mit ca. 1-½ l Fleischbrühe aufsetzen. Das Gemüse zugeben, ca. 15 Min. kochen und dann das Gericht in die Kochkiste stellen (ca. 3 Stunden).
Oder alles im Schnellkochtopf auf Stufe 1 ca. 30 Minuten kochen.
Alles abschmecken, das Fleisch in Würfel schneiden und den Eintopf in eine vorgewärmte Suppenterrine füllen. Evtl. mit Petersilie bestreuen.

615
Labskaus

800 g gepökelte Rinderbrust,
2 Lorbeerblätter,
6 Pfeffer- und 2 Pimentkörner,
1 Teel. Senfkörner oder 3 Nelken,
4 große Zwiebel.
1 kg Kartoffeln.
1 große Salzgurke
oder 4 Gewürzgurken,
Saft von Gewürzgurken und Roter Bete,
Salz, Pfeffer, evtl. etwas Meerrettich.
Beilagen: Rote Bete-Scheiben,
je 4 Matjesfilets und Gewürzgurken,
4 Spiegeleier.

Die gewässerte Rinderbrust mit den Gewürzen und den geschälten Zwiebeln in reichlich kaltem Wasser aufsetzen; ca. 1½ Stunden sanft kochen, bis das Fleisch weich ist. Fleisch abkühlen lassen; in der Zwischenzeit die Kartoffeln garen, pellen und mit dem Kartoffelstampfer zerstampfen. Etwas Fleischbrühe zugeben. Das Fleisch mit den Zwiebeln durch den Fleischwolf treiben. Die Gurken entweder fein hacken oder auch durch den Fleischwolf drehen. Alle Zutaten mit Brühe und Saft vermischen, bis ein kompakter Brei entsteht. Abschmecken (evtl. noch einmal erhitzen) und den Labskaus portionsweise auf Tellern anrichten. Rote Bete-Scheiben, Matjes und Gurken dazulegen und jeweils 1 Spiegelei obenauf setzen.
Oder 1–2 gewässerte Salzheringe mit der gekochten Rinderbrust durch den Fleischwolf treiben. Die Zwiebeln mit Speckwürfeln in Schmalz gelbdünsten und mit den Stampfkartoffeln vermischen. Gurkenwürfel zugeben, würzen und Rote Bete-Scheiben als Beilage servieren.

616
Borschtsch – Russischer Eintopf

Für 8 Portionen
5 große Rote Rüben (Rote Bete),
1 Scheibe Schwarzbrot,
abgekochtes Wasser.
Je 500 g Rinderbrust,
Schweinenacken und Räucherspeck,
2 Zwiebeln, 2 Knoblauchzehen,
2 Lorbeerblätter, Fleischbrühe,
500 g Weißkraut (1 kleiner Kopf),
100 g Schweineschmalz,
Salz und Pfeffer,
1 frische Rote Rübe,
1 Becher saure Sahne oder Schmand.

Die Roten Rüben schälen, evtl. etwas zerkleinern, in ein großes irdenes Gefäß legen, das Schwarzbrot zugeben und mit kaltem, abgekochtem Wasser bedecken. Das Gefäß mit einem Tuch zudecken und an einem warmen Ort etwa eine Woche stehen lassen, damit die Rüben gären können. Danach durch ein feines Sieb passieren und den Saft auffangen. Das Fleisch mit dem Speck, grob zerkleinerten Zwiebeln, Knoblauchzehen und Lorbeerblättern in der kalten Fleischbrühe aufsetzen und ca. 1 Std. garen. Das Weißkraut fein hobeln, im heißen Schweineschmalz langsam dünsten und würzen. Das Fleisch aus der Brühe nehmen, in mundgerechte Würfel schneiden, zum Kraut geben und mit Rote Rüben-Saft auffüllen, kurz erhitzen, nicht mehr kochen.
Die frische Rote Rübe mit einer groben Raffel in den Eintopf reiben und bei Tisch in jeden Teller einen Klecks Sahne auf den Borschtsch geben.
Oder die Rote Rübe in Würfel schneiden, etwa 20 Minuten vor Ende der Garzeit zugeben und mit dem Eintopf kochen.

Borschtsch ▷

617

Bohnen mit Hammelfleisch und Kartoffeln

500 g Hammel- oder Lammfleisch (Rippenstücke),
1 kg Kartoffeln,
¾-1 kg Salzbohnen oder frische Bohnen,
1 Zwiebel,
Salz und Pfeffer.

Das Fleisch in kleinere Stücke und die rohen, geschälten Kartoffeln in Würfel schneiden. Die Salzbohnen (aus dem Einmachtopf) evtl. kurz waschen, in strudelndes Wasser geben und halbgar werden lassen. Dann lagenweise mit den Kartoffeln, den Fleischstücken, Zwiebelscheiben und wenig Pfeffer in einen gut schließenden Topf einlegen, heißes Wasser darübergießen und garkochen.
Bei frischen Bohnen zuerst das Hammelfleisch in 1½ l leicht gesalzenem Wasser aufsetzen, nach 30 Min. Kochzeit die Kartoffeln, dann nach weiteren 30 Min. die inzwischen vorbereiteten, in 50 g Butter und der gewiegten Zwiebel vorgedünsteten Bohnen zufügen und zusammen (in ca. 20 Min.) weich dünsten; mit Salz und Pfeffer würzen.

618

Irish Stew

500–750 g Hammelfleisch (Brust oder Hals), in Würfel geschnitten,
40 g Fett, 4 Karotten,
1–2 Lauchstangen,
1 Sellerieknolle, in Würfel geschnitten,
8 kleine Zwiebeln,
1 kleiner Wirsing, zerteilt und kleingeschnitten,
Salz, Kümmel, Rosenpaprika,
10–20 kleine Kartoffeln,
½-¾ l Fleischbrühe,
feingewiegte Petersilie.

Die Fleischwürfel waschen, abtrocknen und im heißen Fett anbraten. Die in Scheiben geschnittenen Karotten und Lauchstangen, Selleriewürfel, geschälte Zwiebel, Wirsing, etwas Salz, Kümmel, 1 Prise Rosenpaprika und die geschälten Kartöffelchen zufügen. Die heiße Brühe darübergießen und alles zusammen zugedeckt bei geringer Hitze ca. 1½ Std. garen, ohne umzurühren. Den Eintopf würzig abschmecken und mit Petersilie bestreut anrichten.
Oder das Irish Stew mit Weißkraut zubereiten (ca. 600 g). Dann ist der Geschmack etwas ausdrucksvoller.

619

Olla podrida – Spanischer Eintopf

Für 8–10 Portionen
Wasser mit einer Messersp. Natron,
250 g getrocknete Kichererbsen,
oder 1 Dose Kichererbsen (netto 280 g),
je 300 g Hammelfleisch und Ochsenbrust, 1 Schweinefuß,
1 Suppenhuhn oder 1 Poularde,
1 Bund Suppengrün,
Salz oder Streuwürze,
100 g milder roher Schinken.
Frisches Gemüse (ca. 2 kg):
1 Gemüsezwiebel, 1 Stange Lauch,
2–3 Gelbe Rüben, 1 kleiner Kopf Weißkraut, 100 g frische Erbsen,
einige Röschen Blumenkohl,
2–3 reife Quitten.

Die Kichererbsen über Nacht in genügend Wasser mit Natron einweichen. Bei Verwendung von Kichererbsen aus der Dose diese erst ganz zum Schluss der Kochzeit zugeben und erwärmen, nicht kochen, da sie schon vorgegart sind. Das vorbereitete Fleisch (Huhn ausnehmen) mit dem zerkleinerten Suppengrün in genügend kaltem Wasser mit Salz oder Streuwürze aufsetzen, langsam zum Kochen bringen und ca. 2 Std. leise kochen, dabei öfter abschäumen. Den Schinken, das vorbereitete, zerkleinerte Gemüse und die geschälten, in Schnitze zerteilten Quitten zugeben und nochmals ca. 50 Min. weiterkochen (evtl. etwas Fleischbrühe oder Wasser nachgießen).
Das Fleisch herausnehmen, in mundgerechte Stücke zerteilen und auf einer vorgewärmten Platte anrichten; die Gemüsebrühe separat in einer Terrine servieren.
Dazu knuspriges Weißbrot reichen.

620

Elsässer Baeckaoffa (Baeckeofe)

Für 8 Portionen
500 g Hammelschulter,
500 g Schweineschulter,
500 g Rinderbrust (ausgebeint), wenn vorhanden
1 Schweineschwänzchen.
3 Gemüsezwiebeln oder
6 mittelgroße Zwiebeln,
2–3 Knoblauchzehen,
1 Bund Petersilie,
1 Teel. Thymian,
2 kleine Lorbeerblätter,
Salz und frisch gemahlener schwarzer Pfeffer,
½ l herber Weißwein,
ca. 800 g Kartoffeln.

Das Fleisch in mundgerechte Stücke schneiden; 1 gehackte Zwiebel und den Knoblauch zugeben, mit den Gewürzen vermischen und mit etwa ¼ l Wein über Nacht zugedeckt ziehen lassen. Die Kartoffeln in dünne Scheiben schneiden, den Boden eines gut gewässerten Römertopfes damit belegen, darauf das Fleisch, die restlichen in Scheiben geschnittenen Zwiebeln geben und mit Kartoffelscheiben abschließen. Den restlichen Wein angießen, den verschlossenen Römertopf in den kalten Backofen schieben und garen.
E.-Herd 220 °C/G.-Herd 4
Ca. 2½ Stunden
Oder eine gusseiserne Bratkasserolle mit den Zutaten wie oben angegeben füllen, den Baeckaoffa mit einem Brotteig (halbe Menge Roggenbrotteig mit Hefe **2083** ohne Kümmel) belegen und im Backofen garen.

621

Cassoulet – Eintopf aus Südfrankreich

Für 6 Personen
1 kg große weiße Bohnen,
300 g Bauchspeck,
200 g Schweineschwarten,
3 Knoblauchzehen, 1 Bouquet garni,
1 Zwiebel, besteckt mit 2 Nelken.
4 Portionen Confit de canard, eingemachte Ente (siehe Kapitel Konservieren),
750 g Schweineschulter,
Knoblauchwurst oder
ca. 40 cm frische Bratwurst,
Salz und Pfeffer.

Die Bohnen mit Wasser bedecken, zum Kochen bringen und ca. 15 Min. sanft kochen. Das Wasser abgießen und die Bohnen mit lauwarmem Wasser bedecken. Den Bauchspeck in grobe Würfel, die Schwarte in Stücke schneiden. Mit dem gehackten Knoblauch, dem Bouquet garni und der besteckten Zwiebel zugeben. Die Bohnen auf kleiner Flamme 1 Stunde simmern lassen.
Die eingemachten Entenstücke in einen Schmortopf geben und das Fett schmelzen lassen. Das Entenfleisch herausnehmen und im Fett die in Würfel geschnittene Schweineschulter und die Wurst anbraten.
In eine feuerfeste Form zuerst die Bohnen mit den Kochzutaten und etwas Brühe geben. Darauf das Enten- und Schweinefleisch legen, diese Vorgänge wiederholen. Salzen und pfeffern und die Wurst als Spirale auf den Eintopf legen. Mit dem Entenfett beträufeln und die Form in den vorgeheizten Backofen schieben.
E.-Herd 150-175 °C/Gas 2–3
1–2 Stunden
Wenn sich eine goldgelbe Kruste gebildet hat, leicht unterrühren. Je mehr Kruste sich bilden kann und unter den Eintopf gerührt wird, desto besser wird das Aroma.

Tipp:
Anstatt Entenfleisch kann auch Lammfleisch verwendet werden.

622

Bigos – Polnischer Eintopf

Für 8-10 Portionen
250 g durchwachsener Speck,
750 g Sauerkraut,
750 g streifig geschnittenes Weißkraut,
500 g Äpfel (Boskop),
60 g getrocknete Steinpilze,
10 Backpflaumen ohne Stein,
500 g Gemüsezwiebeln,
20 g Butter.
Fleisch:
400 g Schweinefleisch (Nacken),
400 g Rindfleisch (zum Schmoren),
evtl. 200 g Rehgulasch,
zerstoßene Wacholderbeeren,
200 g Entenfleisch,
zerriebener Majoran,
200 g Schinkenwürfel,
200 g Wurstscheiben (Knoblauchwurst).
Würzmischung aus:
2 Lorbeerblätter,
je 1 Teel. Kümmel, Salz und Pfeffer,
2–3 Essl. Tomatenmark,
Zum Aufgießen:
Weißwein oder Madeira.

Den Speck in grobe Würfel schneiden und in etwa 1 l kochendem Wasser ca. 3–4 Min. sieden. Herausheben und das Kraut hineingeben. 10–15 Min. sanft kochen. Inzwischen die Äpfel schälen, entkernen, in kleine Stückchen schneiden. Die Pilze einweichen, die Backpflaumen und die Gemüsezwiebeln in Streifen schneiden.
Schweine- und Rindfleisch in Würfel schneiden.
In einer Kasserolle die Speckwürfel auslassen, Butter zugeben und darin zuerst die Zwiebeln goldgelb anbraten. Diese Mischung zusammen mit den Apfelstückchen, den ausgedrückten Pilzen und den Backpflaumen zum Kraut geben (sollte zuviel Flüssigkeit im Topf sein, diese abschöpfen).
Im verbliebenen Fett zuerst das Schweinefleisch, dann das Rindfleisch anbraten, zum Kraut geben – falls Fett fehlt, noch etwas Butter zugeben.
Lorbeerblätter, Kümmel, Salz und Pfeffer in einem Mörser zerstoßen. Mit dem Tomatenmark unter den Eintopf rühren und diesen in den vorgeheizten Backofen schieben.
E.-Herd 100 °C/G-Herd 1
Ca. 1 Stunde

Damit der Eintopf nicht austrocknet, zwischendurch etwas Wein nachgießen.

Einfacher Bigos: 1 kg Schweinenacken und 500 g würzige Knoblauchwurst anstelle der vorgenannten Fleischzutaten verwenden.

623

Gemüse-Hähnchentopf

2 Gemüsezwiebeln,
2–3 Knoblauchzehen, 4 Essl. Olivenöl,
2 kleine Auberginen, 3 zarte Zucchini,
150 g frische Champignons,
3 Fleischtomaten,
1 kleiner Kopf Römischer Salat oder Endiviensalat,
1/8 l Fleischbrühe,
100 g große, über Nacht eingeweichte Rosinen (aus Kalifornien),
100 g Walnusskerne,
400 g gebratenes, ausgelöstes Hähnchenfleisch, etwas Öl, Salz, Pfeffer, 1 Prise Curry,
400 g körnig gekochter Reis.

Die Zwiebeln und Knoblauchzehen grob hacken, im heißen Öl anbraten; dann die in Scheiben geschnittenen Auberginen und Zucchini zugeben, darauf die geputzten, geviertelten Champignons und die gehäuteten, in Viertel geschnittenen Tomaten legen. Den Salat nach Wahl waschen und streifig schneiden, dazugeben und mit der Fleischbrühe angießen. Bei schwacher Hitze mit aufgelegtem Deckel ca. 30 Min. leise kochen. Die Rosinen etwas trockentupfen, die Walnusskerne grob hacken, zusammen mit dem Hähnchenfleisch in wenig Öl anbraten, würzen und unter das Gemüse mischen. Den körnig gekochten Reis erst kurz vor dem Servieren unterheben oder separat dazu servieren.

624
Ungarischer Paprika-Eintopf

4 Paar Landjäger (Peitschenstecken) oder etwa 300 g Krakauer oder andere geräucherte Wurst,
4 Zwiebeln,
40 g Butter oder Schweineschmalz,
4 grüne Paprikaschoten,
1 scharfe, rote Paprikaschote oder Peperoni,
4–6 Tomaten,
Salz, Pfeffer oder Paprika,
evtl. etwas Fleischbrühe.

Die Wursthaut abziehen und die Landjäger (oder andere Wurst) in dünne Scheiben schneiden. Die Zwiebeln in feinen Ringen mit den Wurstscheiben in einer Kasserolle in etwas Fett anbraten, von den Paprikaschoten Stiel, Fruchtknoten und Kerne entfernen, die Schoten waschen, streifig schneiden und den Wurstscheiben beifügen. Die gewaschenen, in Scheiben geschnittenen Tomaten ebenfalls zugeben und zusammen fertig garen. Wenn nötig, etwas Fleischbrühe oder Wasser zugießen und mit 1 Prise Salz, Pfeffer oder Paprika würzig abschmecken.
In Ungarn wird dazu körnig gekochter Reis gegessen, Spaghetti oder geschmälzte Nudeln schmecken aber ebensogut.

625
Birnen, Bohnen und Speck nach Hamburger Art

400–500 g durchwachsener geräucherter Speck,
750 g fleischige grüne Bohnen,
1 Stängel Bohnenkraut,
20 kleine Kochbirnen,
Salz, evtl. Fleischbrühe,
gewiegte Petersilie.

Den Speck mit heißem Wasser aufsetzen (knapp damit bedecken) und ca. 30 Min. kochen. Dann die vorbereiteten halbierten Bohnen, das Bohnenkraut und die Birnen (zuvor waschen, Blüte entfernen) zufügen und zusammen dick einkochen (ca. 30 Min.). Während der Kochzeit öfter mit Wasser oder evtl. vorhandener Fleischbrühe nachfüllen und vorsichtig (der Speck dürfte wohl selbst genügend Salz haben) mit Salz abschmecken. Den Speck aufschneiden, in der Mitte einer Platte anrichten, die Bohnen und Birnen ringsum legen, mit Petersilie bestreuen und Salzkartoffeln dazu reichen.

626
Weiße Bohnen mit Speck, Kartoffeln und Rüben

Für 6 Personen:
400 g weiße Bohnen,
400 g weiße oder Gelbe Rüben,
etwa 1 kg Kartoffeln,
250 g Äpfel,
70 g Räucherspeck oder
30 g Schweineschmalz,
50 g Mehl, etwas Salz,
1 Essl. Essig oder Zitronensaft,
evtl. zum Mitkochen:
Frankfurter Würste oder Westfälische Kochmettwurst,
1 Stück (250 g) durchwachsener Räucherspeck.

Die weißen Bohnen über Nacht in genügend Wasser einweichen, wieder abgießen, mit etwa 2 l frischem Wasser aufsetzen und, ohne umzurühren, bei schwacher Herdhitze in ca. 30–40 Min. halbweich kochen. Die Rüben schälen, in Scheiben schneiden, in leicht gesalzenem Wasser einmal aufwallen lassen, absieben und zufügen. Nach 20 Min. Kochzeit die geschälten, kleinwürfelig geschnittenen rohen Kartoffeln und Äpfel ebenfalls unter die Bohnen mischen und noch ca. 20–30 Min. kochen. Zuletzt die Speckwürfel anbraten, das Mehl darin gelb anschwitzen und, nachdem das Gericht gar geworden ist, darunterrühren. Mit Salz, Essig oder Zitronensaft würzig abschmecken.
Zum Mitkochen (um Fett zu sparen) eignen sich Frankfurter Würste oder Westfälische Kochmettwurst oder gebratener Räucherspeck. Beim Anrichten in Scheiben schneiden und einlegen.

627
Gaisburger Marsch (Kartoffelschnitz' und Spätzle)

Für die Kartoffelschnitz':
500 g Kartoffeln,
etwa 1 l Fleischbrühe oder leicht gesalzenes Wasser.
Suppengemüse:
2 Gelbe Rüben,
1 Stück Lauch,
½ Sellerieknolle,
1 Petersilienwurzel.
Für die Spätzle:
250 g Mehl,
2–3 Eier,
pro Ei ½ Eischale Wasser,
1 Prise Salz.
Zum Schmälzen:
20 g Butter,
1 Zwiebel in feinen Ringen oder
200 g Schinkenwurst-Würfel oder
200 g gekochte Rindfleischwürfel.

Die rohen, geschälten Kartoffeln in Schnitze schneiden, in Fleischbrühe oder leicht gesalzenem Wasser mit dem sehr klein geschnittenen Gemüse weich kochen und warm stellen. Die Spätzle zubereiten (vgl. **1191**), abtropfen lassen und mit der dicken Kartoffelsuppe in einer Schüssel anrichten. Das Eintopfgericht kurz vor dem Servieren mit den hellgelb gerösteten Zwiebelringen oder den angerösteten Wurstwürfeln überschmälzen oder gekochte Rindfleischwürfel einlegen.

628
Westfälisches Blindhuhn

Für 6 Portionen
300 g durchwachsener Speck oder roher Schinken oder Kasseler,
150 g weiße Bohnen,
500 g grüne Bohnen,
150 g Gelbe Rüben,
350 g Kartoffeln,
150 g kleine Birnen,
150 g mürbe Äpfel,
evtl. 1 Essl. Mehl,
etwas Salz oder Maggiwürze.

Den Speck oder Schinken in einem Topf mit genügend Wasser, in einem zweiten Topf die weißen Bohnen in schwach gesalzenem Wasser weich kochen. Sind die Bohnen fast gar, das Wasser abgießen, dafür Schinken- oder Speckbrühe zufügen und zusammen mit dem übrigen fein geschnittenen Gemüse, Kartoffeln und dem Obst, ohne umzurühren, gar werden lassen (die Birnen sollen 30 Min., die Äpfel nur 15 Min. mitkochen). Zuletzt das Gericht evtl. mit dem angerührten Mehl binden und, wenn nötig, mit Salz oder Maggiwürze abschmecken. Beim Anrichten den Speck in Scheiben schneiden und rundum legen.
Oder nur 200 g weiße Bohnen und dafür mehr Gelbe Rüben und Kartoffeln zugeben und 300 g Äpfel mitkochen.

629

Saure Kartoffelrädchen mit weißen Rüben und Gewürzgurken

1 kg Kartoffeln, festkochend,
500 g weiße Rüben oder Kohlrabi,
40 g Margarine oder Butter,
60 g Mehl, 1–2 Essl. Essig,
1 Zitronenscheibe, 1 Lorbeerblatt,
2–3 Nelken, 6 Pfefferkörner,
Salz, 1 Prise Muskat,
2–3 Salz- oder Essiggurken.

Die Kartoffeln mit der Schale kochen, schälen und in Scheiben schneiden. Die Rüben oder Kohlrabi dick schälen, in leicht gesalzenem Wasser weich kochen und in Blättchen schneiden. Von Fett und Mehl eine braune Mehlschwitze zubereiten, mit dem Gemüsewasser ablöschen, Essig und Gewürze zufügen, gut auskochen und durchpassieren. Dann die Kartoffel- und Gemüseblättchen und die fein geschnittenen Gurken einlegen; noch wenige Minuten erhitzen und mit gesalzenem, gekochtem Schweinefleisch (Bauchlappen) oder heißen Würstchen zu Tisch geben.

630

Ratatouille – Südfranzösischer Gemüseeintopf

Für 4–6 Portionen
250 g kleine Auberginen, etwas Salz,
3–4 Gemüsezwiebeln,
4 Knoblauchzehen,
1/8 l Olivenöl,
je 1 rote und grüne Paprikaschote,
1 kleine Pfefferschote,
1 Teel. Thymianpulver,
evtl. 1 Zweiglein Rosmarin,
Salz oder gekörnte Brühe,
frisch gemahlener schwarzer Pfeffer,
250 g zarte Courgettes (Zucchini),
2 Fleischtomaten (ca. 300 g).

Die Auberginen waschen, in Scheiben schneiden und leicht salzen. Zwiebeln in Scheiben schneiden, Knoblauch grob hacken, im erhitzten Öl hell anbraten, dann die Auberginenscheiben zugeben, anbraten, alles zusammenrühren und bei aufgelegtem Topfdeckel ca. 5 Min. garen. Danach die entkernten, in Stückchen geschnittenen Paprikaschoten und die halbierte Pfefferschote mit den Gewürzen zugeben, alles gut verrühren und etwa 10 Min. sanft kochen. Die in Scheiben geschnittenen Courgettes zugeben, 10 Min. mitgaren und zuletzt die gehäuteten, entkernten Tomaten in Stückchen zugeben. Noch ca. 15 Min. kochen lassen, vor dem Auftragen den Rosmarinzweig entfernen.
Zur Ratatouille schmeckt frisches Weißbrot und ein leichter Rosé oder Rotwein. Als Beilage passt der Eintopf heiß oder kalt sehr gut zu Lamm- oder Hammelfleisch und zu Fisch vom Grill.
Oder das Gemüseragout in eine feuerfeste Form geben, dick mit geriebenem Käse bestreuen und unterm Grill überbacken.

Tipp:
Wird das Gemüse feinwürfelig geschnitten, kann die Ratatouille auch als Füllung für Fisch oder Fleisch verwendet werden. Ratatoille kann auch kalt gegessen werden.

631

Joghurtsuppe, griechische Art

2 kleine Salatgurken,
100 g Walnusskerne,
3-4 Knoblauchzehen, 2 Essl. Olivenöl,
1 großer Becher Naturjoghurt (500 g)
1/2 l entfettete Hühnerbrühe,
1 Bund Dill oder Kapern.

Die Salatgurken waschen, nur falls nötig schälen und prüfen, ob die Enden bitter sind. Einige dünne Scheiben abschneiden und zur Dekoration beiseite stellen. Die übrigen Gurken in kleine Stücke hacken. Walnusskerne grob hacken, die Knoblauchzehen fein hacken. Alle Zutaten mit dem Olivenöl vermischen, für ca. 30 Minuten kühl stellen. Joghurt mit der Hühnerbrühe mit dem Schneebesen vermischen, kleingehackten Dill bis auf ein paar Zweiglein unterrühren. Die gut gekühlte Gurkenmischung zugeben und die Suppe in Teller verteilen. Mit Dillzweiglein oder Kapern dekorieren.

632

Avocadocremesuppe, mexikanische Art

3 reife Avocados, 2 Essl. Zitronensaft
oder 1 Essl. Limettensaft,
1/2 Teel. Kräutersalz, 1 Prise Zucker,
1 l entfettete, gewürzte Hühnerbrühe,
Salz und frisch gemahlener Pfeffer,
4-6 Stängel Korianderkraut.
Zum Garnieren: Schmand oder
Crème fraîche,
gehacktes Korianderkraut.

Die Avocados schälen, entkernen, in grobe Stücke teilen. In den Mixer geben, sofort mit Zitrussaft und Hühnerbrühe pürieren. Mit Salz, Pfeffer und fein gehacktem Korianderkraut abschmecken. Falls die Suppe zu dick ist, noch etwas Brühe zufügen. Die Suppe abgedeckt in den Kühlschrank stellen. Die Suppe in Schalen füllen, diese evtl. in größere Schalen mit Eisstückchen stellen. Auf jede Suppe einen Klecks Sahne geben und mit Korianderkraut bestreuen.

633

Tomatensuppe, spanische Art (Gazpacho)

500 g reife Flaschentomaten (San Marzano) oder Fleischtomaten oder gleiche Menge geschälte Tomaten aus der Dose oder gehackte Tomaten aus der Dose,
4 Knoblauchzehen, 2 Teel. Salz,
½ Salatgurke,
2 grüne Paprikaschoten,
150 g Weißbrotscheiben ohne Rinde,
4-5 Essl. gutes Olivenöl,
ca. ¾ l entfettete Hühnerbrühe oder Wasser,
2 Essl. Rotweinessig oder Rotwein.
Zum Garnieren:
1 kleine Zwiebel, grob gehackt,
je 1 Essl. gehackte Tomatenstückchen, Gurken- und Paprikastückchen.
4 Essl. in Olivenöl geröstete Weißbrotcroûtons.

Die Tomaten häuten, entkernen und hacken, einen Esslöffel voll für die Garnitur zurückbehalten. Die geschälten Knoblauchzehen grob zerteilen, im Mörser mit Salz zu einer Paste verarbeiten. Salatgurke schälen, entkernen, Paprikaschoten ebenfalls entkernen, beides fein hacken (je 1 Essl. zurückbehalten). Die Gemüsestückchen nach und nach unter die Knoblauchpaste arbeiten. Das Brot in wenig Wasser einweichen, ebenfalls unterarbeiten. Wenn die Paste geschmeidig ist,das Olivenöl langsam zutröpfeln. Die Mischung in eine große Schüssel geben, Hühnerbrühe oder Wasser sowie Essig oder Wein zugießen und gut verrühren. Wer möchte, kann die Gazpacho nun durch ein Sieb in eine Servierschüssel gießen (um eventuelle Stückchen im Sieb zurückzubehalten). Die Suppe einige Stunden kalt stellen. In gekühlte Suppenschalen füllen und jeweils mit gehackter Zwiebel, Tomaten-, Gurken- und Paprikastückchen sowie mit gerösteten Weißbrotcroûtons servieren.
Wer sich die Arbeit erleichtern möchte, kann die Gazpacho auch im Elektomixer zubereiten. Allerdings hat die Suppe dann eine andere Beschaffenheit.

Milch-, Obst-, Bier- und Weinsuppen

634

Rahmsuppe

½ l Wasser,
¾ l Milch,
1 Prise Salz,
2 Brötchen (1 Tag alt),
5 Essl. saurer Rahm (Sahne).

Wasser, Milch und Salz einmal aufkochen und über die in feine Scheiben geschnittenen Brötchen geben. Beim Anrichten den Rahm in der Suppenschüssel glattrühren und die Suppe langsam zugießen.
Oder die saure Sahne mit 50 g geriebenem Käse und 1 Prise Muskat verrühren und mit der Suppe vermischen.
Oder ausgeschabtes Mark von ½ Vanilleschote mitkochen und die Suppe mit Zimt-Zucker bestreut servieren.

635

Milchsuppe

1 l Milch,
etwa 60 g Mehl,
1 Prise Salz,
40 g Butter,
evtl. 2 Essl. Zucker.
Als Einlage:
1 Essl. Grieß,
Reis, Sago oder Nudeln,
1 Eigelb.

Die Hälfte der Milch mit dem Mehl glattrühren, die übrige Milch mit Salz, Zucker und Butter zum Kochen bringen, das angerührte Mehl unter Quirlen einlaufen lassen und 20 Min. kochen. Evtl. eine der Einlagen mitkochen, vor dem Anrichten 1 Eigelb unterrühren und die durchgesiebte Milchsuppe über Zwieback-, Weck- oder Biskuitwürfel gießen.
Oder folgende Klößchen einlegen: 1 steif geschlagenes Eiweiß mit 1 Essl. Zucker verrühren, mit 2 Teelöffeln längliche Klößchen abstechen, in die heiße Suppe einlegen und garziehen, aber nicht kochen lassen.

636

Buttermilchsuppe

1 l Buttermilch,
1 Prise Salz,
40 g Mehl,
2 Essl. süße Sahne.

¾ l Buttermilch wenig salzen und zum Kochen bringen; das Mehl mit der übrigen Milch glattquirlen, unter Rühren einlaufen lassen und 5–10 Min. kochen. Dann die Sahne zufügen und die heiße Suppe über gerösteten Brot- oder gekochten Kartoffel- und Selleriewürfelchen anrichten.

637

Biersuppe

¾ l helles Bier oder Altbier,
2–3 ganze Nelken,
1 Stückchen Zimt,
1 Stück Zitronenschale von
1 unbehandelten Zitrone,
1 Prise Zucker,
1 Becher süße Sahne (200 g),
3 Eigelb,
evtl. 4 geröstete Brotscheiben.

Das Bier nach Wahl mit den Nelken, Zimt, Zitronenspirale und etwas Zucker zum Kochen bringen, ca. 15 Min. leise kochen lassen und dabei gut abschäumen. Die Sahne mit den Eigelb sehr gut verquirlen, in eine Servierterrine geben und das Bier durch ein Sieb langsam dazugießen. Dabei ständig mit dem Schneebesen schlagen, bis die Suppe dicklich ist. In vier Teller je eine geröstete Brotscheibe legen und die Suppe sofort darüber anrichten.

638

Bierschaumsuppe

½ l Weißbier oder helles Bier,
40 g Mehl,
100 g feiner Zucker,
½ l Milch oder
halb Milch halb Wasser,
abgeriebene Schale von ½ Zitrone,
1 Teel. Zitronensaft,
1 Messersp. Zimt, 2 Eier.
Zum Verzieren: 1 Eiweiß.

Mehl und Zucker vermischen, mit ¼ l Bier glattrühren, das übrige Bier und die Milch sowie die anderen Zutaten zufügen. Zuletzt die ganzen Eier leicht hineinschlagen, die Flüssigkeit in einem hohen Topf bei mittlerer Herdhitze so lange quirlen, bis Schaum aufsteigt. Sofort anrichten und kurz vor dem Servieren kleine Schaumhäufchen von einem steif geschlagenen Eiweiß auf die Biersuppe setzen.

639

Weinsuppe mit Rosinen

40 g Butter,
1 Tasse geriebenes Schwarzbrot,
1 Essl. Mehl, ¼ l Wasser,
2 Essl. Zucker, ¾ l Rotwein,
60 g Rosinen.

In der heißen Butter Schwarzbrot und Mehl hellbraun rösten, mit Wasser ablöschen, Zucker und Wein zufügen und aufkochen. Zuletzt die gewaschenen Rosinen in die Suppe geben und kurze Zeit darin ziehen lassen.
Oder an Stelle von Wein roten oder schwarzen Johannisbeersaft zufügen; diese Suppe eignet sich für Kinder besonders gut.

640

Weinsuppe mit Reis oder Sago

60 g Reis oder Sago,
½ l Wasser,
Schale von ¼ Zitrone,
¾ l Weißwein
oder Apfelwein (Cidre),
2–3 Essl. Zucker,
1 Päckchen Vanillezucker.

Reis oder Sago (siehe **598** Sagosuppe) gut waschen, abtropfen lassen, mit Wasser und einigen Stückchen Zitronenschale weichkochen. Wein und Zucker zufügen (die Zitronenschale entfernen), die Suppe nicht mehr kochen, nur noch kurze Zeit ziehen lassen. Heiß oder gut gekühlt (als Kaltschale) servieren.

641

Obstsuppe von Erdbeeren, Himbeeren oder Heidelbeeren

500 g Beeren, 1 l Wasser,
60 g Zucker oder 3 Essl. Honig,
abgeriebene Schale von ½ Zitrone,
1 Essl. Speisestärke.

Die Beeren sorgfältig verlesen, kurz waschen, das Wasser zufügen und etwa 10 Min. kochen; die Suppe durchpassieren, Zucker und Zitronenschale unterrühren, das mit wenig Wasser verrührte Kartoffelmehl untermischen und die Suppe nochmals kurz aufkochen.

642

Kirschsuppe

625 g schwarze Herzkirschen,
¾-1 l Wasser,
Schale von ¼ Zitrone,
1 Stückchen ganzer Zimt,
60 g Zucker,
20 g Stärkemehl,
½ l leichter Rotwein,
8 Löffelbiskuits.

Die Kirschen entsteinen und etwa ⅔ davon zur Suppeneinlage beiseite stellen. Die übrigen mit warmem Wasser, Zitronenschale und Zimt etwa 8 Min. strudelnd kochen, durchpassieren und den Zucker sowie die zurückbehaltenen Kirschen zugeben. Das Stärkemehl mit wenig Wasser glattquirlen, unter Rühren einlaufen lassen und noch weitere 4 Min. kochen. Die Hälfte der Kirschensteine aufschlagen, die Kerne in dem stark erhitzten Wein zum Ausziehen warm stellen, den Wein durch ein Tuch gießen und der Suppe beifügen; dazu feine Löffelbiskuits reichen.
Oder Schnee-Eier **1457** in die Suppe einlegen.

643

Apfelsuppe

500 g Äpfel,
1½ – 2 l Wasser,
1 Stückchen Zimt,
100 – 150 g Zucker oder
Apfeldicksaft,
1 Essl. Stärkemehl,
1 Glas Wein oder Apfelmost.

Die Äpfel waschen, in Stücke schneiden, mit Wasser und Zimt weich- kochen und durchpassieren. Dann nocheinmal stark erhitzen, mit Zucker oder Apfeldicksaft abschmecken. Das mit Wein oder Most glatt gequirlte Stärkemehl unter Rühren beifügen und die Suppe noch einige Male aufwallen lassen.
Oder Reste von Apfelbrei oder Kompott mit Wasser verdünnen, durchpassieren und die Suppe wie oben fertig kochen. Evtl. einige sehr dünn geschnittene, in wenig Wein weichgedünstete Apfelschnitze in der Suppe servieren.

644

Holundersuppe

250 g Holunderbeeren,
1 – 1½ l Wasser.
2 große Äpfel, 2 Essl. Zucker,
1 Prise Zimt,
1 Stückchen unbehandelte
Zitronenschale.
Grießklößchen ***508****.*

Die reifen Holunderbeeren abstielen, waschen und mit dem Wasser 20 Min. kochen. Die Holunderbeeren durch ein Sieb streichen und zusammen mit den geschälten, in sehr feine Spalten geschnittenen Äpfeln, Zucker, Zimt und Zitronenschale noch solange sanft kochen, bis die Äpfel weich sind – sie sollen aber nicht zerfallen. Die Suppe mit kleinen Grießklößchen als Einlage zu Tisch bringen.
Oder die Holunderbeeren wie oben, jedoch mit allen Gewürzzutaten solange kochen, bis sie sich verquirlen lassen. Dann durch ein Sieb streichen, mit einem Schuss Rotwein verrühren und die noch einmal erhitzte Suppe über in Butter angerösteten Semmel- oder Zwiebackwürfelchen anrichten.

Kaltschalen

645 Milchkaltschale mit Früchten

80–100 g Zucker,
¼ Vanilleschote,
1 l Milch,
2–3 Eigelb,
500 g Erdbeeren,
evtl. Walderdbeeren oder Himbeeren,
etwas Zucker.

Zucker und aufgeschlitzte Vanillestange in der Milch aufkochen, die Eigelb, mit wenig kalter Milch verrührt, zugeben, bis zum Abkühlen quirlen, die Vanillestange entfernen und die Milch kaltstellen. Die vorbereiteten Beeren in eine Schüssel legen, mit Zucker bestreuen und die Vanillemilch beim Anrichten darübergießen.

646 Buttermilchkaltschale

125 g Pumpernickel,
60–80 g Zucker,
¼ l Milch,
1 l Buttermilch,
abgeriebene Schale von ½ Zitrone.

Die Pumpernickelscheiben kurz im Toaströster oder auf gefettetem Blech im heißen Backofen rösten, reiben, mit dem Zucker in einer Schale vermischen und abkühlen lassen. Milch, Buttermilch und Zitronenschale verquirlen, mit dem Schneebesen schaumig schlagen, über den Pumpernickel gießen und bis zum Servieren kalt stellen.

647 Aprikosenkaltschale mit Bananen

500 g Aprikosen,
100 g Honig,
½ l Wasser,
¼ l Milch,
4 große reife Bananen,
1 Essl. Puderzucker,
¼ l süße Sahne,
1 Essl. geriebene Schokolade,
1 Likörglas Maraschino oder Marillenlikör.

Die entsteinten, halbierten Aprikosen mit Honig, Wasser und Milch weichkochen, durchpassieren und in eine Glasschale füllen, kühl stellen.
Die Bananen schälen, in feine Scheiben schneiden und locker in die erkaltete Aprikosensoße einlegen. Puderzucker darüber stäuben, die steif geschlagene, leicht gesüßte Sahne darauf spritzen oder streichen, mit geriebener Schokolade bestreuen oder zuletzt mit Maraschino oder Marillenlikör beträufeln.

648 Früchtekaltschale mit Schnee-Eiern

Verschiedene Beeren,
zusammen etwa 750 g–1 kg,
wenig Zucker,
Apfelsüßmost (Cidre),
Schnee-Eier ***1457****.*

Die Beeren, auch klein gewürfelte Aprikosen oder Pfirsiche, nach sorgsamem

Die aufgezogenen Schnee-Eier in die Früchtekaltschale setzen.

Vorbereiten vermischen, leicht einzuckern, mit so viel Apfelsüßmost übergießen, dass sie davon bedeckt sind, und kaltstellen. Vor dem Anrichten kleine Schnee-Eier in heißer, gesüßter Milch aufziehen und auf die Oberfläche der Kaltschale setzen.
Oder die Beeren nur einzuckern, kalt stellen und mit frischer, gut gekühlter Milch oder Sahne zu Tisch geben.

649 Apfelkaltschale

6 mürbe Äpfel,
¼ l Wasser,
Saft von ½ Zitrone, 80 g Zucker,
40 g Sultaninen,
½ l Traubensaft oder Moselwein.

Die Äpfel schälen, in Scheiben schneiden und mit Wasser, Zitronensaft und Zucker halbweich dünsten. Die Hälfte davon herausnehmen, das Übrige noch ein wenig einkochen, durchpassieren oder glattrühren und unter die Apfelscheiben mischen. Eine Schale damit füllen, die gewaschenen, abgetropften Sultaninen überstreuen, den Traubensaft oder Moselwein zugießen und bis zum Anrichten kalt stellen.

650 Reiskaltschale mit Orangen und Wein

125 g Rundkornreis,
125 g Zucker,
1 Prise Salz,
½ l Wasser,
Fruchtfleisch von 2 Orangen,
abgeriebene Schale von 1 Orange,
¾ l Weißwein.

Den gewaschenen, überbrühten Reis mit wenig Zucker, Salz und dem Wasser körnig kochen und etwas abkühlen lassen. Dann lagenweise mit dem übrigen Zucker, den geschälten, in feine Scheiben geschnittenen Orangen und der geriebenen Schale in eine Glasschale füllen, zuletzt den Wein darübergießen und gut gekühlt servieren.

651
Kaltschale von gemischten Früchten mit Wein

2 Ananasscheiben,
2 Pfirsiche,
100 g Himbeeren,
100 g Johannisbeeren,
1 l Weißwein,
1 Stückchen Zimt,
200 g Zucker,
250 g pürierte Erdbeeren oder durchpassierte Johannisbeeren,
Mineralwasser, Gebäck.

Die Ananasscheiben, geschälte, entsteinte, feinstreifig geschnittene Pfirsiche, reife Himbeeren, Johannisbeeren (zusammen etwa 500 g) in eine Glasschale geben und kaltstellen.
Weißwein mit einem Stückchen Zimt und Zucker kurz aufkochen, mit den durchpassierten Erdbeeren oder Johannisbeeren vermischen und über die Früchte gießen. Auf Eis kühlen und evtl. kurz vor dem Servieren wenig Wasser beifügen; dazu feines Gebäck reichen.

652
Stachelbeerkaltschale

500 g reife Stachelbeeren,
3/4 l Wasser,
200 g Zucker,
Saft von 1/2 Zitrone,
4 Zwiebackscheiben,
1/2 l Weiß- oder Rotwein.

Die gewaschenen, entstielten Stachelbeeren mit Wasser, Zucker und Zitronensaft weichkochen, durchpassieren und über den zerbröckelten Zwieback geben. Zuletzt den Wein zugießen; sehr kalt servieren.

653
Zitronenkaltschale

1/2 lWeißwein,
1/2 l Wasser,
150 g Zucker,
Saft und abgeriebene Schale von 1 Zitrone,
3–4 Eigelb,
1 Essl. Speisestärke.

Alle Zutaten in einen Topf geben und unter ständigem Schlagen mit dem Schneebesen bis zum Kochen bringen, danach kaltstellen. Kleine Makronen, Biskuit- oder Zwiebackwürfel kurz vor dem Anrichten einlegen.

654
Rotweinkaltschale mit Erdbeeren

Für 6 Portionen
500 g reife Erdbeeren oder Walderdbeeren,
6 Essl. Zwiebackbrösel oder Biskuitbrösel,
abgeriebene Schale von 1 Zitrone,
1/8 l Zitronensaft,
1/2 Teel. Zimt,
150 g Zucker oder 100 g Honig,
1 l Burgunder oder Württemberger Schwarzriesling.

Eine Glasschale mit entstielten Erdbeeren auslegen; Zwiebackbrösel mit der abgeriebenen Zitronenschale und dem Saft, Zimt, Zucker und Wein vermischen. Die Beeren damit übergießen und eisgekühlt servieren.

655
Erdbeerkaltschale

500 g Erdbeeren,
150 g Zucker,
1/2 l Wasser und 1/2 l Weißwein oder 1 l Apfelsaft oder 1 l ungekochte Vollmilch (oder zur Hälfte süße Sahne),
1–2 Essl. Mandelsplitter,
10–12 Löffelbiskuits oder Biskuitreste.

Die Hälfte der rohen, in reichlich Wasser gewaschenen, abgetropften, entstielten Erdbeeren durch ein Sieb drücken und mit Zucker, Wein, Wasser, Apfelsaft oder Milch (bzw. Milch mit Sahne) gut verrühren. Eine Glasschale mit Biskuits auslegen, das Erdbeermus darübergießen, die restlichen ganzen Erdbeeren darauf verteilen und mit Mandelsplittern bestreuen. Möglichst eisgekühlt zu Tisch geben.

656
Himbeerkaltschale

Zubereitung nach **655**; die Himbeeren nicht waschen, nur sorgfältig verlesen.

657
Pfirsichkaltschale

500 g Pfirsiche,
150 g Zucker,
3/4 l Weißwein,
1/4 l Wasser,
1 Essl. Kirschwasser.

Die Pfirsiche schälen, entsteinen, die Hälfte davon in feine Scheiben schneiden, mit Zucker bestreuen und etwa 1 Std. kühl stellen. Die restlichen Pfirsiche roh durchpassieren, mit den anderen Zutaten vermischen und über die Fruchtscheiben gießen. Sehr harte Pfirsiche in Scheiben schneiden, mit dem Zucker und Weißwein kurz aufkochen, die Hälfte davon auf einem Sieb abtropfen lassen und kühl stellen; den Rest durchpassieren und beim Anrichten beides miteinander vermischen, mit Kirschwasser parfümieren. Eisgekühlt servieren und kleine Biskuits dazu reichen.

FISCHE & KRUSTENTIERE

Alles Leben auf Erden stammt aus dem Wasser. Das müssen die Esser vergessen haben, die so tun, als seien Fische nicht von dieser Welt. Zugegeben: einen Fisch zu filetieren ist nicht einfach. Mit etwas Übung gelingt es jedoch jedem. Zubereitete Fische – mit Gräten – können ohne Gefahr für Leib und Leben genossen werden. Gräten sind aufspürbar. Und Krustentiere lassen sich leichter knacken als die Probleme, die die Menschheit sich selber aufgeladen hat. Im übrigen daran denken: Wassergetier soll nach Wasser, Salz und Algen schmecken. Fisch, der nach Fisch riecht, ist kein Fisch, sondern ein Problem.

Fisch von A bis Z

Warum soll man Fisch essen? Die Zubereitung von Fisch ist kein Hexenwerk, und seit das erste Kiehnle-Kochbuch vorschrieb, es empfehle sich, nur lebende Fische mit klaren Augen und straffer Haut zu kaufen, sie durch einige Schläge auf den Kopf zu töten und sie dann auf einem nassen Brett zu schuppen, ist viel Zeit vergangen. In guten Fischgeschäften ist es selbstverständlich, dass man das Töten, Schuppen und Ausnehmen vornimmt. Der Fisch in seinen vielen Variationen sollte auf dem wöchentlichen Speisezettel nicht fehlen, denn sein hoher Eiweißgehalt ist wichtig für den Körperhaushalt. Außerdem sind die meisten Fische kalorienarm und gut verdaulich. Bei allen Meerestieren wird zudem auch der Jodbedarf reichlich gedeckt. Fette Meeresfische wie Makrelen, Lachs und Hering enthalten wertvolle Omega-3-Fettsäuren.

Fischeinkauf. Fangfrische Fische müssen ein festes, elastisches Gewebe, rote Kiemen und einen milden Fischgeruch haben. Sie sollten auf Eis gebettet angeboten werden. Das Fischfleisch muss auf Daumendruck nachgeben, die Druckstelle sofort wieder verschwinden.

Tiefgefrorene ganze Fische werden auf einem Siebeinsatz in einem verschließbaren Behältnis, am besten über Nacht, im Kühlschrank aufgetaut. Fischfilets können unaufgetaut oder nur kurz angetaut weiterverarbeitet werden. Beim Kauf darauf achten, dass der Fisch aus „nachhaltigem Fang" stammt, der den Fischbestand nicht gefährdet (Gütesiegel).

Fischaufbewahrung. Tiefgefrorene Produkte stets im Gefrierschrank oder in der Gefriertruhe aufbewahren. Im Eisfach des Kühlschrankes ist die Lagerung nur vorübergehend möglich. Als Hilfe für den Verbraucher ist auf der Rückseite jeder Packung angegeben (durch Ein-, Zwei- und Dreistern-Bezeichnung), wie lange das Produkt im Tiefgefrierfach gelagert werden kann, ohne an Qualität zu verlieren. Frischen Fisch sofort zubereiten! Bei späterer Verwendung auspacken und in ein mit Essig getränktes Tuch wickeln. In einer dichtschließenden Glas- oder Porzellanform bzw. einem Kunststoffbehälter (möglichst mit Siebeinsatz) können Sie ihn nun für wenige Stunden im Kühlschrank aufbewahren.

Fischvorbereitung. Keine Angst vor einem frischen Fisch, der weder geschuppt noch ausgenommen ist! Fassen Sie den Fisch mit einem Tuch oder mit Küchenkrepp am Schwanz und schaben Sie unter fließendem kalten Wasser mit einem scharfen Messer die Schuppen vom Schwanz zum Kopf hin ab. Zum Ausnehmen schlitzen Sie den Fischleib an der Schmalseite auf und holen die Eingeweide vorsichtig heraus, damit die Galle nicht zerstört wird. Anschließend unter kaltem, fließenden Wasser abwaschen. Dann beträufeln Sie den Fisch gut von allen Seiten mit Zitronensaft; das verhindert weitgehend den manchmal lästigen Fischgeruch und macht das Fleisch weiß und würzig. Sollten Sie keine Zitrone zur Hand haben, so legen Sie den Fisch für kurze Zeit in Essigwasser. Salzen sie erst kurz vor der Zubereitung, damit dem Fisch nicht unnötig Wasser entzogen wird.
Rohfisch filetieren, siehe untenstehende Abbildung.
Plattfisch, Haut abziehen, siehe Abbildung auf Seite 179.
Soll ein Fisch gefüllt werden (z. B. Gefüllter Hecht **683**) empfiehlt es sich, den Fisch vom Rücken her aus-

So muss ein frischer Fisch, hier eine Forelle, aussehen.

Fisch im Wasser schuppen, dann bleibt die Küche sauber.

1 Rohfisch filetieren: Den Kopf mit dem schräg angesetzten Messer hinter den Kiemen abtrennen.

3 Die Bauchlappen abschneiden.

2 Rückenschnitt

4 Das Filet häuten.

zunehmen. Dazu den Fisch auf die Seite legen, mit einem scharfen Messer beidseits des Rückgrats einschneiden und die Rückenflosse mit den daran hängenden Gräten herausziehen. Dann vorsichtig die beiden Seiten des Fisches von den übrigen Gräten lösen – etwas Geduld und Fingerspitzengefühl gehören dazu. Ist die Mittelgräte völlig freigelegt, an Kopf und Schwanz durchschneiden und mit den Eingeweiden herausheben.
Wichtig für die Fischvorbereitung sind die drei „S“: säubern, säuern, salzen.

Fischgeruch. Der als unangenehm empfundene Fischgeruch lässt sich weitgehend vermeiden, wenn man ein paar Tipps beherzigt: Den frischen Fisch gut unter kaltem Wasser waschen (eventuell kurz in Essigwasser legen) und mit Zitronensaft säuern. Beim Dünsten können Sie ein frisches Geschirrtuch zwischen Topf und Deckel legen, und wenn Sie panierten Fisch braten wollen, so geben Sie etwas geriebenen Käse zur Panade. Verwenden Sie Geschirr aus Porzellan, Glas oder Steingut, das Sie nach dem Gebrauch gut mit kaltem Wasser abspülen und dann erst ins Spülwasser geben. Arbeitsgeräte reiben Sie mit Essigwasser ab, und wenn Ihre Hände riechen, so „waschen“ Sie sie mit Zitronensaft oder Kaffeesatz!

Fischreste. Reste von gekochtem oder gedämpftem Fisch lassen sich zu Fischsülzchen, Fischsalat oder Vorspeisen in Mayonnaise verarbeiten. Gebratener Fisch eignet sich gut zur Bereicherung von Fischsuppen.

658

Fischsud* (Grundrezept)

2–3 l Wasser oder Wasser und herber Weißwein (Riesling), halb und halb,
2 Zwiebeln, 2 Karotten,
1 kleine Stange Lauch,
1 Stück Sellerie, Petersilienwurzel,
3 Lorbeerblätter, 12 Pfefferkörner,
frische Kräuter wie Petersilie, Kerbel, Dill, Fenchelgrün, Estragon etc.,
bei Süßwasserfischen 1 Essl. Salz pro l, bei Meeresfischen 2 Essl. Meersalz pro l Flüssigkeit,
ein Schuss Weinessig (nur wenn kein Wein verwendet wird).

Die zerkleinerten Gemüse werden ca. 20 Min. gekocht, bis sie fast weich sind, damit der Fisch die volle Würze und das Aroma erhält. In diese Brühe wird dann der Fisch eingelegt, er soll aber nicht wallend kochen, sondern mehr ziehen.
Oder: Anstatt Zwiebeln und Sellerie Schalotten, 2 Teel. fertiges Fischgewürz aus dem Glas und ca. 1 Teel. zerriebenen Thymian verwenden.

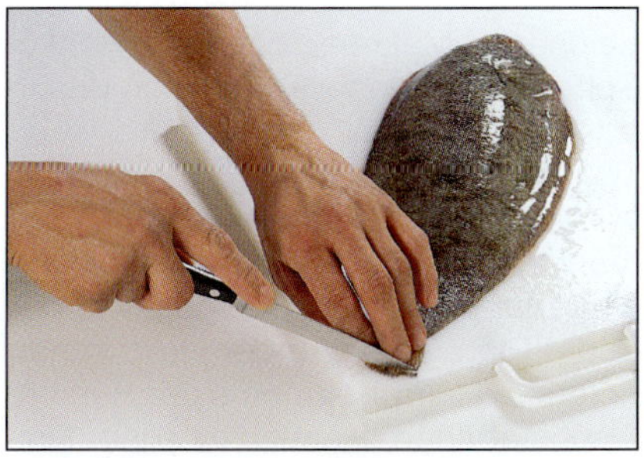

1 Plattfisch häuten: Fisch mit der dunklen Seite nach oben legen.

2 Am Schwanzende festhalten und quer zur Flosse hin einschneiden.

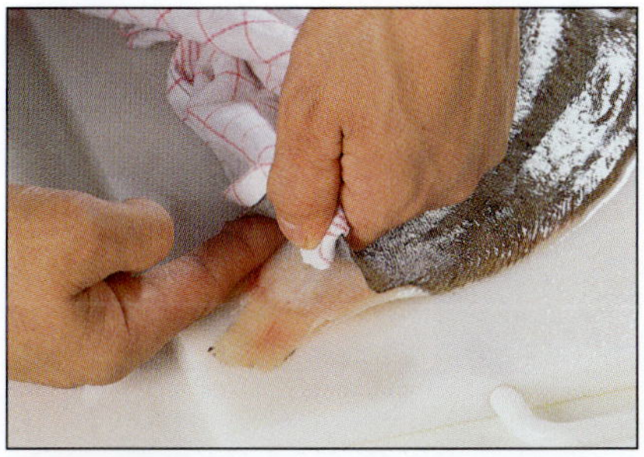

3 Die Haut (evtl. mit einem Messer) leicht anheben, mit einem Handtuch fassen...

4 und nach oben gleichmäßig abziehen.

659

Fischsud für Edelfische

2 l Wasser, ein Schuss Weinessig,
2 Karotten, einige Petersilienstiele,
1 Teel. Salz,
evtl. einige frische Champignons,
evtl. einige Zitronenscheiben.

Das Wasser mit wenig Essig säuern, zerkleinerte Karotten und Petersilie zugeben und mit Salz würzen. Evtl. noch zerkleinerte Pilze und ein paar Zitronenscheiben mitkochen.

> ***Tipp:***
> *Je feiner ein Fisch im Geschmack ist, desto sparsamer sollten die Gewürze für den Sud sein!*

660

Fischsud für Meeresfische

2 l Wasser, 1/2 l Milch,
1 Essl. Salz, 2 Lorbeerblätter,
1 Messersp. weißer Pfeffer.

Wasser, Milch und Gewürze zum Kochen bringen, ca. 2 Min. kochen lassen und dann den Fisch einlegen. Dann den Sud nicht mehr kochen.

* Siehe auch Fischfond **5**, mit Fischsoße **23**, sowie Fischbrühe **503**, Suppengrün **499**, Gewürzdosis **494**.

Fisch von A bis Z

Fischzubereitung

Beim **Blaukochen** wird der Fisch entweder vor dem Kochen mit heißem (nicht kochendem) Essigwasser übergossen, oder man setzt dem Kochwasser Essig zu.
Hierfür eignen sich: Barbe, Felchen, Forelle, Hecht, Karpfen, Renke, Schleie und Zander.
Beim **Kochen**, eigentlich **Pochieren** (unter 100 °C, der Sud darf sich nur leicht bewegen), darauf achten, dass der Fisch nicht zerkocht wird. Allgemein gilt, dass ein Fisch gar ist, wenn sich die Flossen leicht herausziehen lassen und die Augen weißlich hervortreten. Größere Fische von ca. 700 – 1000 g müssen länger gegart werden. Kleine Fische (bis zu 250 g) sind in etwa 8 – 10 Min. gargezogen; große Fische brauchen pro 500 g zwischen 10 und 15 Min.
Hierfür eignen sich: Aal, Äsche, Barbe, Brassen, Dorsch, Kabeljau, Flunder, Goldbarsch, Hecht, Karpfen, Lachs (Salm), Lengfisch, Merlan, Rotbarsch, Saibling, Schellfisch, Schleie, Scholle, Seehecht, Seelachs, Seezunge, Waller (Wels), Wolfsbarsch (Loup de mer), Zander.

Beim Dämpfen werden die feinen Geschmacks- und Aromastoffe bestens erhalten. Der Vorteil: der Fisch liegt nicht im Sud, sondern wird durch aufsteigenden Wasserdampf besonders schonend gegart. Gedämpft wird im speziellen Fischtopf (ovaler Topf mit Siebeinsatz), im Schnellkochtopf (mit löcherigem Einsatz) oder im normalen Kochtopf (3 cm hoch Flüssigkeit in den Topf gießen, 2 feuerfeste Tassen oder ähnliches umgekehrt hineinstellen, darauf einen Teller oder eine Platte setzen, auf dem bzw. der der Fisch liegt). Man kann auch ein Sieb aus geflochtenen Palmblättern (Bastkorb, im speziellen Küchenfachhandel oder Asienläden erhältlich) in den Topf hängen. Ein besonders gutes Ergebnis erzielt man, wenn die Flüssigkeit mit Gewürzkörnern, frischen Kräutern und Zwiebeln sowie der Hälfte Wein angereichert wird. Wer bei seinem Fischhändler frische Algen (z. B. Wakamé) bekommt, kann diese (gut abgespült) mit in den Sud geben – für Meeresfische geeignet. Frische oder getrocknete Algen erhält man auch in Reformhäusern und Naturkostläden.
Zum Dämpfen eignen sich: ganze Fische wie Forelle, Felchen, Renke, Dorade, Scholle, und Fischfilet jeder Art.

Dünsten besagt, dass der Fisch nur mit einer geringen Flüssigkeitsmenge gegart wird. Hierfür empfiehlt sich eine Gemüsebrühe oder ein herber Weißwein. Die Geschmacksstoffe bleiben bei dieser schonenden Art der Zubereitung besonders gut erhalten.
Hierfür eignen sich: Felchen, Forelle, Fischfilets jeder Art, Heilbutt, Kabeljau, Lachsforelle, Rotbarsch, Saibling, Schellfisch, Seezunge, Steinbutt, Weißfisch.

Braten Sie nach Möglichkeit mit Butter, Pflanzenmargarine oder Öl, auch kleine ausgelassene Speckstückchen bereichern den Geschmack. Wollen Sie einen Fisch auf „Müllerin-Art“ braten, so trocknen Sie ihn mit Küchenkrepp gut ab, wälzen ihn kurz in Mehl und legen ihn in das heiße Fett. Sie können auch Fischscheiben und Filets panieren (mit Ei und Semmelbröseln oder Mandelblättchen) und dann in einer hohen Pfanne oder in der Friteuse garen. Vor dem Servieren auf Küchenkrepp entfetten. Das Bratfett nicht servieren!
Hierfür eignen sich: Barsch, Felchen (auch Blaufelchen oder Bodenseefelchen genannt), Fischfilet, Fischstäbchen, Forelle, Flunder, Hering, Karpfen, Lachs (Salm: Süßwasserlachs vor dem Laichen), Makrele, Merlan, Renke, Scholle, Seezunge, Tintenfisch (frisch oder tiefgefroren).

Wenn Sie Fisch **backen** wollen, dann tauchen Sie ihn in einen Ausbackteig, z. B. Bierteig, und garen ihn entweder in der Pfanne oder in der elektrischen Friteuse. Hierfür eignen sich: Barsch, Fischstäbchen, Hecht, Kabeljau, Rotbarsch, Schellfisch.

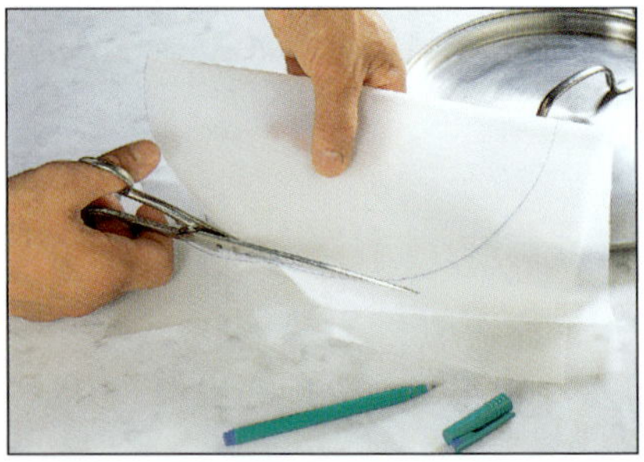

1 Garen in der Papierhülle: Pergamentpapier zuschneiden...

2 und mit Eiweiß bestreichen.

3 Das Fischfilet zusammen mit dem Gemüse einschlagen...

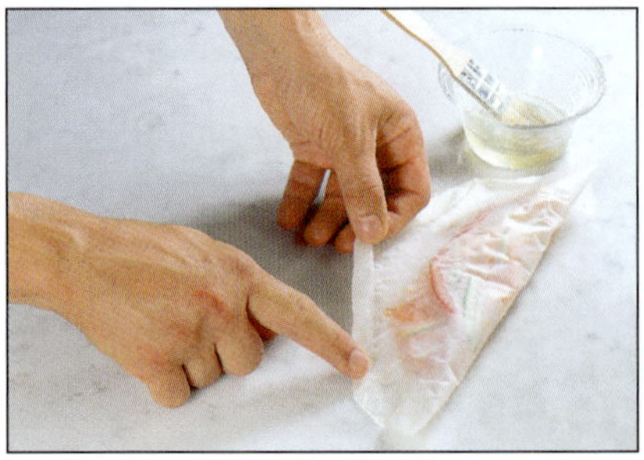

4 und gut verschließen.

5 Nach dem Garen vorsichtig öffnen.

Grillen können Sie unter dem Grillstab Ihres Backofens, im Tischgrill, in der Grillpfanne oder auf dem Holzkohlengrill. Getrocknete oder noch besser frische gehackte oder ganze Kräuter (auch Kräuterbündel) geben dem gegrillten Fisch einen besonders leckeren Geschmack. Hierfür eignen sich: Felchen, Forelle, Hering, Kabeljau, Lachsscheiben, -schnitten, Makrele, Rotbarsch, Sardinen, Scholle, Seezunge, Tintenfisch, Thunfischscheiben.

Fisch lässt sich fettarm und aromatisch in Alufolie, Kohl-, Mangold- oder Spinatblätter gewickelt zubereiten. Auch Seetangblätter oder Reismehlblätter (Wraps) eignen sich gut.
Klassisch ist die Zubereitung in Pergament („en papillotes").
Oder den Fisch mit Gemüse, Gewürzen und wenig Butter im **Folienschlauch** zubereiten. Die Bratfolie an den Enden gut verschließen, die Folie mehrmals einstechen. Das Paket auf den kalten Rost legen (die Folie darf die Backofenwände nicht berühren). Er ist in dieser Form gut verträglich, vor allem auch für Diät und Schonkost. Hierfür eignen sich: Felchen, Fischfilet jeder Art, Forelle, Hecht, Lachs, Makrele, Seezunge.

Hinweis:
Durch Überfischung sind heute viele Fischarten in ihrem Bestand gefährdet. Es gibt ein Siegel (Marine Stewardship Council), das für nachhaltige Fischerei steht. Fisch mit dieser Kennzeichnung kann öfter auf dem Speiseplan stehen. Andere Arten (z. B. Rotbarsch, Seeteufel, Seezunge, Steinbeißer und Thunfisch) sollte man selten oder gar nicht verwenden.

Aal

Der Aal lebt in Flüssen, Seen und Teichen; Flussaal ist wegen seines frischeren Geschmackes dem Teichaal vorzuziehen. Durch seinen Fettgehalt ist der Aal schwer verdaulich, im Sommer schmackhafter als im Winter. Zum Abhäuten den Bauch aufschneiden, um den Aal auszunehmen. Mit einem Küchentuch den Kopf festhalten und die Haut mit Hilfe einer Zange abziehen. Die Haut unterhalb des Kopfes ringsum einschneiden und abziehen. Kleine Aale nicht häuten, sondern nur mit Salz abreiben; ebenso zum Blaukochen den Aal nicht abhäuten.
Mehr als 80% der angebotenen Aale werden geräuchert in den Handel gebracht.

661

Aal, blau

750–1000 g Aal.
Zum Sud:
2 l Wasser, 30 g Salz,
1 Lorbeerblatt,
4–6 Pfefferkörner,
1 Zitronenschnitz,
1 kleine, zerteilte Zwiebel,
1 Gelbe Rübe,
1 Petersilienwurzel,
etwas Thymian.
Zum Übergießen:
knapp ½ l Essig.

Den ungehäuteten Aal in gleich große Stücke schneiden, dabei achtgeben, dass die 5–6 cm vom Kopf entfernt sitzende Galle nicht verletzt wird. Die Stücke sorgfältig ausnehmen, mehrmals gut waschen, abtrocknen, nacheinander über den kochenden Fischsud halten, mit dem heißen Essig übergießen (wodurch die schöne Blaufärbung erfolgt), in den Fischsud einlegen und 20–30 Min. ziehen lassen. Auf einer erwärmten Platte anrichten, mit Petersilie und Zitronenschnitzen verzieren, dazu Essig und Öl oder Remouladen- oder Kapernsoße reichen.

662

Aal in Salbei

750–1000 g frischer Aal,
Salz, Pfeffer,
Saft von 1 Zitrone,
12–16 frische Salbeiblätter,
40 g Butter.

Den Aal häuten, vorbereiten, mit Salz und Pfeffer einreiben, Zitronensaft darüberträufeln, in gewaschene, abgetropfte Salbeiblätter einwickeln und umschnüren. In der heißen Butter unter wiederholtem Begießen ringsum hell anbraten und zugedeckt gardünsten. Dann die Blätter entfernen und den Fisch beim Anrichten mit der gebräunten Butter übergießen.
Als Beilage eignen sich Salz- oder Schalkartoffeln; Aal in Salbei ist auch erkaltet als Vorspeise ein besonderer Genuss.

Ein weiteres Aalrezept:
Hamburger Aalsuppe **606**, S. 163.

1 Aal häuten: Ringschnitt am Kopfende.

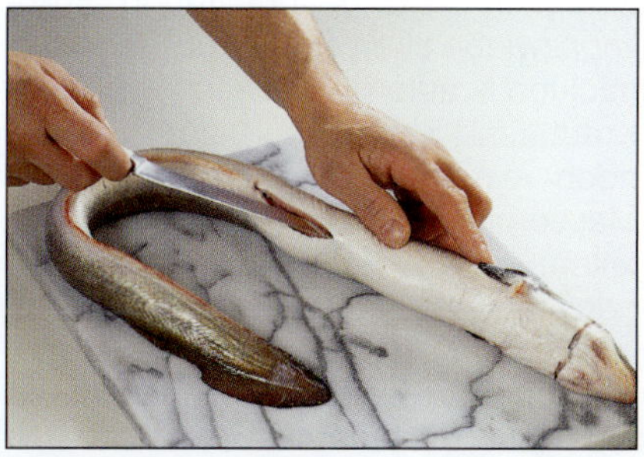

2 Bauchschnitt zum Ausnehmen.

3 Am Kopf mit einem Handtuch festhalten und mit Hilfe einer Flachzange abhäuten.

663
Aal mit feinen Kräutern

1 kg Aal,
Salz und Pfeffer,
Saft von 1 Zitrone,
verschiedene Kräuter (Petersilie, Kerbel, Estragon, Sauerampfer, Thymian, Salbei),
50 g Butter,
1 Essl. Mehl,
knapp ½ l Weißwein.

Die Aalstücke wie S. 181 vorbereiten, mit Salz und Pfeffer einreiben, dann innen und außen mit Zitronensaft einpinseln. Die fein geschnittenen Kräuter in 1 Essl. Butter dünsten, den Aal zugeben und bei milder Hitze etwa 10 Min. garen lassen, dann herausnehmen. Die übrige Butter mit dem Mehl verkneten und, wenn der Wein zugefügt ist, unter die Soße mischen. Nach 5 Min. weiterer Kochzeit die Soße über die angerichteten Aalstücke gießen.
Oder die Aalstücke in der – ohne Mehl bereiteten – Soße erkalten lassen und als Vorspeise reichen.
Oder nur frischen Dill verwenden und das fein geschnittene Kraut erst kurz vor dem Anrichten in die Soße mischen.

664
Aalfrikassee

750–1000 g Aal, Salz und Pfeffer,
Saft von 1 Zitrone.
Zur Soße:
40 g Butter, 60 g Mehl,
1 kleine Zwiebel,
1 Glas Weißwein,
1 Prise Salz und Muskat,
8–10 Champignons (auch aus Dosen), 1 Eigelb,
2 Essl. süße oder saure Sahne.

Die vorbereiteten (5 cm langen) Aalstücke mit Salz und Pfeffer einreiben, mit etwas Zitronensaft beträufeln und kurze Zeit durchziehen lassen. In der heißen Butter die fein gewiegte Zwiebel und das Mehl hellgelb schwitzen, mit dem Wein und evtl. etwas Wasser ablöschen, den übrigen Zitronensaft, etwas Salz und Muskat und die vorbereiteten, fein geschnittenen Champignons zugeben, die Aalstücke einlegen und in 20–30 Min. garziehen lassen. Die Soße mit Eigelb und Rahm abziehen, das heiße Frikassee in eine erwärmte Pastete **1132** füllen oder in einem Kranz von Salzkartoffeln servieren.

Äsche

Das Fleisch ist sehr zart, wohlschmeckend und leicht verdaulich. Die Äsche liebt reines, starkfließendes Wasser und ist im Handel kaum zu bekommen; die Fische werden fast nur noch von Sportfischern geangelt.

665
Gefüllte Äschen

2–4 Äschen (je nach Größe),
Salz, etwas Pfeffer, starke Alufolie,
Butter oder etwas Öl zum Einfetten.
Fülle: 40 g weiche Butter,
80 g milder roher Schinken,
2 Frühlings- oder Lauchzwiebeln,
½ Bund Schnittlauch,
½ Bund Petersilie,
einige Kerbelstängel,
abgeriebene Schale von ½ Zitrone,
½ Teel. Kräutersalz,
Weißbrot- oder Semmelbrösel.

Die geschuppten Äschen ausnehmen, unter fließendem kaltem Wasser abwaschen, trockentupfen und innen mit etwas Salz und Pfeffer bestreuen. Alufolie so groß zuschneiden, dass der einzelne Fisch gut umhüllt werden kann. Die Alufolie leicht mit Butter oder Öl einfetten. die Fülle zubereiten: Die weiche Butter mit dem kleingehackten Schinken, fein geschnittenen Frühlingszwiebelchen (mit Grün), den gehackten Kräutern, Zitronenschale und Kräutersalz vermischen, zum Binden noch einige Brösel zugeben. Die Masse gleichmäßig in die Fische verteilen; die Äschen auf die Alufolie legen, die Folie zufalzen, dabei oben etwas Freiraum lassen und die Fischpäckchen im vorgeheizten Backofen im eigenen Saft dämpfen.
E.-Herd 220 °C/G.-Herd 4
Ca. 30–40 Minuten
Dazu Schalkartoffeln servieren.

Barbe

Der karpfenähnliche Fisch lebt in klaren Gewässern. Das Fleisch ist schmackhaft und leicht verdaulich, enthält aber sehr viele Gräten; Leber und Rogen sind zur Laichzeit (Anfang Mai bis Ende Juni) giftig und verursachen eine choleraähnliche Erkrankung. Zubereitung nach Karpfenrezepten.

Barsch

Der Barsch ist ein Raubfisch, hat eine grünlich-gelbe Rückenfarbe mit dunklen Streifen, Bauch- und Schwanzflossen sind rot, die Rückenflosse ist violett. Sein weißes Fleisch ist sehr schmackhaft. Der Barsch lebt in Seen, Weihern, Bächen und Flüssen; der Barsch vom Bodensee heißt **Kretzer** und in der Schweiz **Egli**.

666
Barschfilets (Egli-, Kretzerfilets) mit Mandeln

Pro Person 2–3 Filets,
wenig Salz, etwas Mehl,
verquirltes Ei,
Mandelblättchen zum Wenden,
Butter zum Braten.
Soße:
zerlassene Butter oder
⅛ l Fischfond,
50 g kalte Butterstückchen,
Salz und etwas Pfeffer.

Die Filets trockentupfen, leicht salzen, in Mehl wenden (überschüssiges Mehl abklopfen), dann durch Ei und Mandelblättchen ziehen. In einer großen Pfanne die Butter zerlassen und bei mittlerer Hitzezufuhr die Filets auf jeder Seite ca. 2–3 Min. braten. Darauf achten, dass die Mandeln nicht verbrennen. Die Barschfilets auf vorgewärmten Portionstellern anrichten und nur etwas heiße Butter darübergeben. Wer möchte, kann eine schnelle Soße zubereiten.
Zu Eglifilets passen neue Kartoffeln, körniger Reis, auch Kartoffelbrei.

667

Barsch, gebacken

4–5 kleinere Fische (etwa 750 g),
Salz und Pfeffer,
Saft von 1 Zitrone, Mehl,
Zum Panieren:
Mehl,
1–2 Eier,
Semmelbrösel,
Backfett,
oder zum Eintauchen:
*Bier- oder Weinteig **698**.*

Die Fische vorbereiten, schuppen, waschen, abtrocknen, mit Salz und Pfeffer einreiben, mit Zitronensaft beträufeln und zum Durchziehen auf einem Brett, leicht beschwert, etwa 30 Min. ruhen lassen. Dann in Mehl, den gequirlten Eiern und Semmelbröseln wenden oder statt panieren in den Bier- oder Weinteig eintauchen und, im heißen Backfett schwimmend, in etwa 8 –10 Min. knusprig backen.

668

Barsch auf Gemüse

4 kleine Barsche,
etwas Zitronensaft.
Gemüse:
2 Karotten, 2 Tomaten,
2 weiße Rübchen,
2 Stangen zarter Lauch oder
Lauchzwiebelchen,
1 Petersilienwurzel,
1 Bund Petersilie,
Butter oder Butterschmalz,
¼ l Weißwein, Zitronenscheiben,
Salz und wenig Pfeffer.

Die Barsche vorbereiten und mit etwas Zitronensaft beträufeln. Die Karotten, Rübchen, den Lauch oder die Lauchzwiebelchen in feine Streifen schneiden (Julienne) und zusammen mit der gehackten Petersilie in der heißen Butter hell anschwitzen. Etwas Wein zugießen und das Gemüse ca. 10 Min. vorgaren. Dann die Barsche auf das Gemüse legen, evtl. etwas Flüssigkeit angießen, die Zitronenscheiben auflegen, weich dämpfen. Den restlichen Wein zugießen und mit Salz und Pfeffer würzen. Dazu Petersilienkartoffeln reichen.

Brasse (Brachse, Blei)

Brassen stammen aus der Familie der Karpfen und bewohnen wie diese europäische Flüsse und Seen. Die Fische werden bis zu 6 kg schwer und frisch vorwiegend im Herbst und Winter angeboten. Gegrillt, gebacken oder gedünstet sind Brassen äußerst schmackhaft. Einziger Nachteil: Sie haben viele Gräten (siehe auch Weißfisch **733**). Außerdem gibt es im Mittelmeer sehr wohlschmeckende Brassen (Dorade royale), u. a. Streifenbrassen, Rot- und Zahnbrassen. Aus dem Atlantik kommen Goldbrassen, die tiefgefroren das ganze Jahr über erhältlich sind. Brassen müssen immer (außer sie werden gegrillt) besonders gründlich geschuppt werden.

Dornhai

Der ca. 10 kg schwere, blaugraue Raubfisch ist ein Flachseebewohner. Er zählt zu den bedrohten Fischarten. Geräuchert sind die enthäuteten Bauchlappen als „Schillerlocken“ bekannt.

Felchen (Blaufelchen, Renken)

Die überaus wohlschmeckenden Felchen, die bis zu 500 g Gewicht erreichen, werden hauptsächlich im Bodensee, aber auch in einigen bayerischen und Schweizer Seen gefangen (von Januar bis Oktober); ihre Laichzeit ist im November und Dezember. Merkmale: blauer Rücken, weißer Bauch und gelbliche Flossen.

Felchen, Rezepte S. 184

669
Felchen (Hecht, Zander, Karpfen, Barbe usw.), blau

¾ – 1 kg Fisch.
Zum Sud:
etwa 2½-3 l Wasser,
1 Essl. Salz, einige Pfefferkörner,
1 Zitronenschnitz, 1 Lorbeerblatt,
1 zerteilte Zwiebel,
etwas Suppengrün,
1 Glas Essig oder Weißwein
(oder beides halb und halb).
Zum Verzieren:
Petersilie und Zitronenscheiben.

Den Sud 20 Min. vorkochen, den vorbereiteten Fisch einlegen (die Hitzezufuhr verkleinern) und 20–30 Min. ziehen lassen; auf einer erwärmten Platte anrichten, mit Petersilie und Zitronenscheiben verzieren und dazu Salzkartoffeln mit Buttersoße oder Kräuter-, Kapern- bzw. Sardellensoße reichen.

670
Felchen in Weißwein

¾-1 kg Felchen, Salz, Pfeffer.
Zum Sud:
1½ l Weißwein, 1 Teel. Salz,
einige Pfefferkörner, 2 Nelken,
1 Zitronenschnitz, 1 Lorbeerblatt,
½ Zwiebel, Suppengrün.
Soße: 20 g Butter, mit 1 Teel. Mehl verknetet.

Den Sud einmal aufkochen, die vorbereiteten Felchen einlegen (am besten nur 2 Fische auf einmal) und etwa 20 Min. ziehen lassen. Auf einer Platte anrichten und warm stellen. Den Sud, stark strudelnd, bis auf die gewünschte Soßenmenge einkochen, durchsieben, Mehlbutter mit dem Schneebesen einarbeiten und einen Teil davon über die angerichteten Felchen gießen; die restliche Soße und Salzkartoffeln dazu reichen.

Tipp:
Alle Soßen zu Fischgerichten möglichst mit Fischsud oder Fischfond ***5*** *ablöschen.*

671
Felchen, gebraten nach Müllerinart

1 kg Felchen, Salz und Pfeffer,
Saft 1 Zitrone, 60 g Mehl,
Butter oder Öl.
Zum Übergießen: 60 g Butter,
1–2 Essl. fein gewiegte Petersilie,
1 Teel. Zitronensaft, 1 Prise Salz.

Die vorbereiteten Felchen leicht abtrocknen, mit Salz und Pfeffer außen und innen einreiben, mit Zitronensaft beträufeln und den Rücken mit 2–3 schrägen Einschnitten versehen. Die Fische in Mehl wenden und in heißer Butter oder Öl etwa 10 Min. braten. Vor dem Anrichten die Butter erhitzen, die Petersilie darin anrösten, Salz und Zitronensaft zufügen und kurz vor dem Servieren über die Fische gießen.

672
Felchen in Folie

Pro Person 1 Felchen,
Saft von 1 Zitrone, Salz, Pfeffer,
50 g Butter, je 1 Teel. Petersilie,
Dill, Schnittlauch, Zwiebeln.
Butter zum Einlegen und Bestreichen.
Alufolie oder Pergamentpapier.

Die Rückenflossen der vorbereiteten Fische kürzen und den Rücken der Länge nach bis auf die Gräten aufschneiden. Die Felchen mit Zitronensaft, Salz und Pfeffer innen und außen einreiben und in das Innere gehackte Kräuter und Zwiebeln streuen. Ein Würfelchen Butter einlegen und jeden Fisch in eine mit Butter gut bestrichene Alufolie (matte Seite nach außen) locker einpacken. Die Fische auf einen Siebeinsatz legen, diesen auf leicht gewürzten Fischsud stellen und die Fischpäckchen im geschlossenen Topf über Dampf ca. 15 Min. bei milder Hitze ziehen lassen. Evtl. einmal wenden.

Oder die Fischpäckchen nebeneinander in die Bratreine des Backofens legen, im Backofen garen. Dann aber jeden Fisch zusätzlich mit 3–4 Essl. Weißwein beträufeln.
E.-Herd 180 °C/G-Herd 2
Ca. 20 Minuten
Auf die gleiche Weise können auch Makrelen und Forellen sowie Fischfilet jeder Art zubereitet werden. Diese mit Zitronenschnitz und Petersilie servieren.

Tipp:
Das Folienstück muss so groß bemessen sein, dass es an der Nahtstelle zweimal gefalzt werden kann, damit der Saft nicht ausläuft.

Flunder

Der schollenähnliche Plattfisch (siehe auch S. 201) lebt in allen europäischen Küstengewässern und kommt frisch oder geräuchert in den Handel. Die Zubereitung erfolgt nach Schollen- und evtl. nach Seezungen-Rezepten.

Forelle

Alle Forellenarten gehören zur Familie der Salmoniden; man unterscheidet Bachforelle und Regenbogenforelle, Meer- und Seeforelle. Die aus Nordamerika stammende Regenbogenforelle, an deren Körperseiten ein rötliches, regenbogenfarbiges Band läuft, stammt heutzutage aus Zuchtbetrieben und hat die heimische Bachforelle fast verdrängt. Junge Bachforellen haben ein helles Schuppenkleid. Sind die Fische älter, kann es sogar schwarz werden. Alte Forellen können einige Kilo schwer werden, ihr Geschmack ist dann allerdings nicht mehr so zart wie bei Exemplaren von ca. 200 g. Forellen werden lebend, tiefgefroren, in Eis verpackt oder geräuchert angeboten. Lebend gekaufte Forellen sollten möglichst gleich nach dem Töten zubereitet werden, da sie rasch an Aussehen und Geschmack verlieren. Tiefgefrorene Forellen bereitet man wie frischgeschlachtete zu.

673

Forelle, blau

4 Forellen.
Zum Sud: 2½ l Wasser,
knapp ¼ l Essig, ½ Zwiebel,
Suppengrün, 1 Essl. Salz,
1 Zitronenschnitz,
einige Pfefferkörner.

Die Forellen kurz vor dem Zubereiten durch einen scharfen Schnitt hinter dem Kopf töten, unter Wasser ausnehmen, sorgsam waschen, dabei besonders darauf achten, dass der anhaftende Schleim erhalten bleibt. Den gut durchgekochten Sud etwas abkühlen lassen, die Forellen einlegen und zugedeckt (je nach Größe) 8–10 Min. ziehen lassen.
Oder die Forellen über den schwach strudelnden Sud halten, mit dem erwärmten Essig übergießen, einlegen und ziehen lassen.
Kenner und Feinschmecker lassen die Forellen in nur leicht gesalzenem Wasser, ohne Gewürz und Essig, 6–8 Min. schwach kochen; zu dieser Zubereitungsart eignen sich am besten Schwarzwaldforellen. Die intensive Blaufärbung wird aber nur durch Übergießen oder Mitkochen von Essig erreicht.
Kleinere Forellen können halbmondförmig gebogen werden, wenn ein Bindfaden um den Schwanz geschlungen und geknüpft, dann durch die Kiemen geführt und verknotet wird.
Zu Forelle blau kann man Petersilienkartoffeln, auch ein Kartoffelgratin **1236**, Buttersoße **7** und einen frischen Kopfsalat **321** reichen.

Tipp:
Die Forellen sind gar, wenn sich die Bauchlappen leicht nach außen biegen, die Augen hervortreten und die Bauchflosse sich leicht herausziehen lässt!

674

Forelle nach Müllerinart

Zubereitung wie Felchen **671**.
Frische Salbeiblättchen mitbraten.

675

Gebackene Mandelforellen

3–4 Forellen,
Zitronensaft,
Salz, Mehl,
verquirlte Eier,
60 g Mandelblättchen,
Brat- oder Butterfett,
frische Butter.

Die ausgenommenen Forellen vorsichtig waschen, mit Küchenkrepp trockentupfen und mit wenig Zitronensaft und Salz innen würzen. Dann in Mehl, Ei und Mandelblättchen wälzen und in reichlich Bratfett schwimmend auf beiden Seiten goldbraun backen. Darauf achten, dass die Mandelblättchen nicht schwarz werden. Auf einer vorgewärmten Platte anrichten, frische Butter zerlassen und darübergießen. Mit Zitronenschnitzen und Salzkartoffeln oder körnig gekochtem Reis servieren.
Felchen und Schollenfilets lassen sich ebenso zubereiten.

1 Forelle blau, formen: Mit der Dressiernadel und Faden am Schwanzansatz...

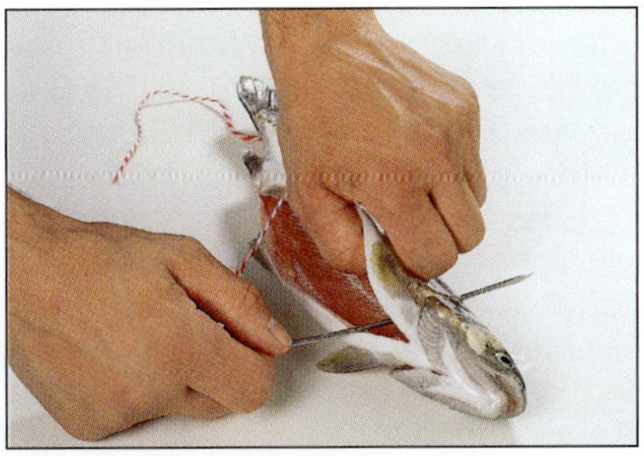

2 und an den Kiemen durchstechen

3 Den Faden leicht spannen und verknoten.

1 Gebratene Forelle entgräten: Am Kopf und Schwanz einstechen und so zum Abtrennen vorbereiten.

2 Entlang des Rückgrats leicht einritzen...

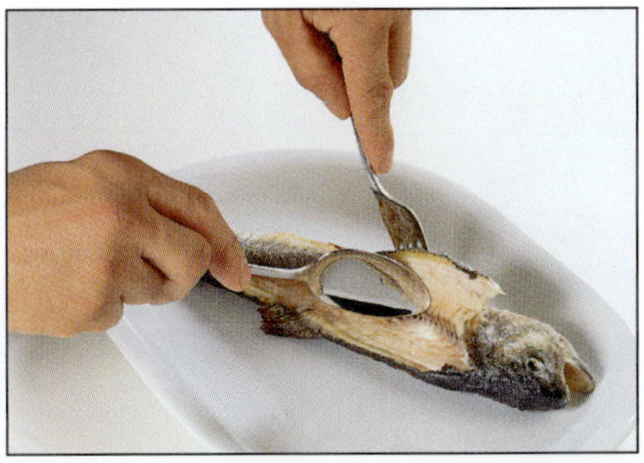

3 und oberhalb der Bogengräten das Filet zur Seite klappen.

676
Forelle in Folie

Zubereitung wie Felchen **672**.

677
Forelle vom Grill

1 große Regenbogen- oder Seeforelle, ca. 1,2–1,6 kg, frisch geschlachtet und ausgenommen,
wenig Zitronensaft,
etwas Salz und weißer Pfeffer,
evtl. 1 Dillzweig,
Öl oder Butter zum Einfetten,
Alufolie extra stark,
30 g Butter.

Die Forelle innen auswaschen, trockentupfen und mit wenig Zitronensaft, Salz und Pfeffer sowie nach Belieben mit dem Dillzweig (innen) würzen. Ein großes Stück Alufolie mit Öl oder weicher Butter fetten, den Fisch darauflegen, die frische Butter in den Fischbauch legen und die Folie locker um den Fisch schließen. Auf dem Holzkohlengrill in ca. 30–35 Min. garen, auf eine gute Glut achten. Den Fisch in der geöffneten Folie servieren. Dazu passen Kartoffeln **1257**, und gebackene Champignons **1361**.

Grenadierfisch

Der Grenadierfisch wird erst seit einiger Zeit bei uns als neuer Seefisch angeboten. Zum Kochen oder Dünsten empfehlen sich die Kabeljaurezepte, Seite 191, zum Braten die Rotbarschrezepte, Seite 199.

Hecht

Die Farbe des Hechtes ist je nach dem Alter und dem Aufenthaltsort entweder olivgrün oder grau, die Bauchseite weißlich. Das Fleisch von kleineren oder mittelgroßen Hechten (2–3 kg) ist wohlschmeckend, zart und leicht verdaulich, dagegen das von älteren Fischen trocken. Am schmackhaftesten ist der Hecht von September bis Februar, weniger schmackhaft während der Laichzeit im März und April. Die Leber gilt als Leckerbissen; sie lässt sich, sorgfältig gewässert, im Fischsud mitkochen oder in Butter dämpfen.

678
Hechtklößchen

600 g Hechtfleisch (ohne Haut und Gräten),
40 g schaumige Butter und
1–2 Eier, getrennt,
1 Essl. Mehl,
¼ l süße Sahne,
Fischfond oder Salzwasser.

Das Hechtfleisch zweimal durch die feine Scheibe des Fleischwolfs drehen oder im Mixer in kleinen Mengen zu einer glatten Masse verarbeiten. Die Butter, das Eigelb und Mehl darunterarbeiten, dann die süße Sahne und zuletzt das Eiweiß.
Die Masse gut kühlen, dann mit einem Löffel Klößchen abstechen und in Fischfond oder Salzwasser ca. 10–15 Min. garziehen lassen.
Die Hechtklößchen mit Mousselinesoße **17** oder Krebssoße **12** oder Béchamelsoße **13**, verfeinert mit einigen Trüffelstückchen, servieren.
Oder das vorbereitete Hechtfleisch grob würfeln, mit 2 Eiweiß und 1 Teel. Meersalz mischen. Portionsweise im Blitzhacker sehr fein pürieren. Die Masse 30 Min. im Gefrierfach durchkühlen, dann 200 g sehr kalte süße Sahne einarbeiten. Mit nassen Esslöffeln davon Klößchen abstechen, in nicht zu stark gewürztem Fischsud **658** oder Salzwasser (2 Zitronenscheiben und 1 Lorbeerblatt beifügen) bei milder Hitze 8–10 Min. garziehen lassen.

679
Hecht, blau

Zubereitung nach **669**. Für 1 kg Hecht etwa 30 Min. Kochzeit rechnen; die Hechtleber mitkochen und beim Anrichten dem Fisch zusammen mit einem Petersiliensträußchen ins geöffnete Maul stecken. Die Platte mit Zitronenschnitzen verzieren. Salzkartoffeln und rohen, geriebenen Meerrettich oder eine sämige Buttersoße oder zerlassene Butter dazu reichen.

> ***Tipp:***
> *Ist der Hecht sehr groß und dick, so empfiehlt es sich, auf jeder Seite 2 bis 3 schräge Einschnitte bis zu den Gräten zu machen. Dann wird der Fisch auch innen schön gar und die Kochzeit verkürzt sich. Sonst besteht die Möglichkeit, dass der Fisch außen zwar gar, aber innen noch blutig ist. Der Fachausdruck für diese Methode heißt „Krimpkochen".*

680
Hecht (oder Zander) im Speckmantel

1–1¼ kg Hecht oder Zander,
Saft von ½ Zitrone,
Salz und Pfeffer,
fetter Speck in Scheiben,
60 g Butter, 1 Zwiebel,
etwas Suppengrün,
¼ l saure Sahne,
2 Essl. Weißwein,
1 Essl. Speisestärke,
1 Messersp. Fleischextrakt,
*evtl. Fischfond **5**.*

Den Hecht schuppen, dann vor dem dicken Schwanzende so weit einschneiden, dass sich die Eingeweide lösen lassen. Den Fisch nicht weiter öffnen, nur die Kiemen entfernen, durch diese Öffnung mit Hilfe eines Häkchens das Innere ausnehmen und den Fisch gut ausspülen. Den Rücken vorsichtig abhäuten, mit Zitronensaft, Pfeffer und Salz einreiben, mit den Speckscheiben umhüllen, mit Garn etwas festschnüren und den Fisch in der hei-

ßen Butter rundum anbraten, dabei Zwiebel und Suppengrün mitrösten. Im vorgeheizten Backofen gar werden lassen; nach und nach die Sahne zugießen und den Fisch auf einer erwärmten Platte anrichten.
E.-Herd 200 °C/G.-Herd 3
Ca. 30 - 45 Minuten
Die Soße mit der kalt angerührten Speisestärke, Wein und Fischfond kurz aufkochen, durchsieben, würzig abschmecken und extra reichen.

Tipp:
Das Umhüllen mit Speckscheiben ist dem Spicken vorzuziehen; das Fischfleisch trocknet weniger aus, und der Fisch bleibt saftig und zart.

681

Hechtschnitten, ungarische Art

1 Hecht, ca. 1,2 kg, 1 Glas Weißwein, Fischfond ***5****, 2 große Kartoffeln, je 1 rote und gelbe Paprikaschote, 2–3 Fleischtomaten, 2–3 Essl. Öl oder Butterfett, Salz, wenig Pfeffer, Edelsüßpaprika.*

Den frischen ausgenommenen Hecht in ca. 4 cm dicke Scheiben schneiden, mit Wein beträufeln und kühlstellen. Aus dem gespaltenen Kopf und den Flossen einen Fond herstellen.
Die Kartoffeln in dünne Scheiben, die entkernten Paprikaschoten in Streifen oder Würfel und die gehäuteten, entkernten Tomaten in Würfel schneiden. Das Gemüse in einem Bräter im heißen Fett hell anschwitzen. In den vorgeheizten Backofen stellen, mit etwas Fischfond angießen und vorgaren.
E.-Herd 200 °C/G.-Herd 3
Ca. 20 Minuten
Dann die Hechtscheiben auf das Gemüse legen, den Wein zugießen und das Fischgericht noch ca. 15–20 Min. schmoren. Dabei darauf achten, dass die Flüssigkeit nicht einkocht. Öfter mit Fischfond ablöschen. Zuletzt die Fischscheiben mit Salz, Pfeffer und Paprika würzen. Dazu frisches Brot und evtl. Kopfsalat servieren.

682

Hechtschnitten mit Sahne und Parmesankäse

1 kg Hecht oder 2 Hechtfilets zu je 500 g, Salz, Pfeffer, Saft von ½ Zitrone.
Zum Garen: 1 Zwiebel, 50 g Butter, 30 g Mehl, ¼ l saure Sahne, 1 Prise Paprika, 1 Glas Weißwein, 4 Essl. geriebener Parmesankäse.

Zum Lösen der Filets den Fischrücken vom Kopf bis zum Schwanz mit einem scharfen Messer aufschneiden, die beiden Fischseiten vorsichtig von den Gräten trennen, mit der Schuppenseite auf den Tisch legen, am Schwanzende anfassen und das Fleisch mit dem Messer von der Haut lösen (siehe Abb. S. 195). Die Filets in 4–6 schräg geschnittene Stücke teilen, mit Salz, Pfeffer und etwas Zitronensaft einreiben und 30 Min. marinieren. Dann feine Zwiebelscheiben in der heißen Butter hellgelb rösten, die Fischstücke einlegen, 5 Min. mitdünsten und wieder herausnehmen. In dem zurückgebliebenen Fett das Mehl kurze Zeit schwitzen, mit Sahne ablöschen, 1 Prise Paprika, Weißwein und den übrigen Zitronensaft zufügen und die Soße 2 Min. kochen. Die erkalteten Fischstücke in geriebenem Parmesankäse wenden, auf eine gefettete, feuerfeste Platte oder in eine Auflaufform legen, die durchgesiebte Soße darübergießen, mit dem restlichen Käse bestreuen und im vorgeheizten Backofen hellbraun überbacken.
E.-Herd 200 °C/G.-Herd 3
Ca. 20 Minuten

683

Hecht, gefüllt

1 kg Hecht, Salz und Pfeffer.
Zur Fülle: 2 trockene Brötchen, etwa ⅛ l Milch, ½ Zwiebel, 1 Essl. gewiegte Petersilie oder feine Würzkräuter, 50 g Butter, 500 g Fischfilet (von Hecht, Zander, Merlan), die Hechtleber, 1 Ei, 1 Eigelb, je 1 Prise Salz, Pfeffer, Muskat, 2–3 gewässerte Sardellen.
Zum Anbraten: 2 dünne Scheiben Räucherspeck, 60 g Butter, ½ Zwiebel, Suppengrün, ¼ l Rotwein, etwas Gemüsebrühe oder Fischfond.

Den vorbereiteten Fisch mit Salz und Pfeffer bestreuen und kurze Zeit kühl stellen. Zur Fülle die Brötchen in Milch einweichen, ausdrücken kleinzupfen und mit der gewiegten Zwiebel, Petersilie oder Würzkräutern (Dill, Estragon) in der heißen Butter kurz dünsten. Das Fischfilet (ohne Haut und Gräten) sowie die Hechtleber durch die feine Scheibe des Fleischwolfs drehen, mit der Brötchenmasse vermengen und noch einmal durchdrehen. Die Farce mit Ei, Eigelb, Gewürzen und gehackten Sardellen vermischen. Den Hecht locker damit füllen, fest zunähen, in eine Bratkasserolle auf die Speckscheiben legen und die heiße Butter darübergießen; die zerschnittene Zwiebel und Suppengrün zufügen, die Kasserolle in den vorgeheizten Backofen stellen und nach hellbrauner Färbung der Zwiebel zuerst den Rotwein, später Gemüsebrühe und evtl. etwas Fischfond zugießen. Den Fisch unter öfterem Beträufeln in etwa 30–40 Min. gar werden lassen.
Oder den Hecht nach **680** vorbereiten und evtl. spicken; von der Kopföffnung aus die Fülle einspritzen oder eindrücken, die Öffnung zunähen und den Fisch wie oben fertig braten. Aus der evtl. übriggebliebenen Fülle kleine Klößchen formen, in leichterem Salzwasser 5 Min. kochen und den angerichteten Fisch damit umlegen; dazu eine milde Kräutersoße reichen.

Karpfen
Schleie
Lachs
Steinbutt
Aal
Seezunge
Heilbutt
Scholle
Katfisch
(Gefleckter Seewolf)
Petersfisch
Seeteufel
(Lotte de mer)
Rotbarbe
Schellfisch
Rotbarsch

Seehecht
Merlan
Kabeljau
Blauleng
Sardine
Makrele
Hering
Sprotte
Dornhai
Herzmuscheln
Austern
Miesmuscheln
Venusmuscheln
Kaisergranat
Hummer
Garnele

Hering

Frische (grüne) **Heringe** stammen meist aus dem Atlantik. Sie sind ausgewachsene, vor oder nach der Laichzeit gefangene Fische. Die meisten Heringe werden gesalzen und teilweise gekehlt, d. h. der Fisch wird durch einen Schnitt hinter die Kiemen ausgenommen. Beim **Matjeshering,** Fettgehalt ca. 12 %, ein gekehlter Junghering ohne Milch und Rogen, verbleibt ein Teil der Bauchspeicheldrüse im Fisch. In Verbindung mit Salz lässt deren Enzym ihn zum Matjes reifen. Der **Fetthering** ist hart gesalzen, d. h. er enthält wesentlich mehr Salz als der Matjes; er ist gekehlt, ohne Milch und Rogen. **Vollheringe** sind gekehlt, Milch und Rogen sind beim frischen Fisch gut erkennbar; sie werden entweder als milde oder hart gesalzene Vollheringe im Handel angeboten. **Salzheringe** sind nicht gekehlt; sie müssen keinen Mindestfettgehalt aufweisen. Sie enthalten ca. 20% Salz und reifen in Holzfässern. **Bücklinge** sind mild gesalzene Heringe, die warm geraucht werden. **Bismarckheringe** werden ausgenommen und entgrätet und dann mariniert. **Rollmöpse** werden entgrätete Heringe ohne Kopf und Schwanz genannt, die rund geformt in einer Essig-Salz-Marinade mit Gewürzen eingelegt werden.
Der Fettgehalt der Heringe schwankt je nach Jahreszeit, im Winter sind die Heringe am magersten.

684

Frische Heringe (mit Zwiebeln gebraten)

1 kg Heringe,
Salz und Pfeffer, 2 Zwiebeln,
50 g Butter, gewiegte Petersilie.

Die Heringe nach **685** vorbereiten, mit Salz und Pfeffer einreiben; fein geschnittene Zwiebelringe in der heißen Butter hellgelb dünsten, die Fische einlegen und auf beiden Seiten knusprig braten. Beim Anrichten gewiegte Petersilie überstreuen und mit den Zwiebelringen servieren.

Oder die Heringe säuern und salzen, innen mit mittelscharfem Senf, vermischt mit fein gehackter Petersilie, bestreichen. 60 g Speckwürfel in 3 Essl. Öl knusprig ausbraten, darin 6–8 Schalotten, grob zerschnitten, glasig dünsten, herausnehmen und die in wenig Mehl gewendeten Heringe im Fett auf jeder Seite (je nach Größe) 4–6 Min. braten. Die Zwiebelchen wieder erwärmen und die Heringe mit Zitronenachteln servieren.

685

Frische Heringe, gekocht und gebraten

Zum Kochen:
1 kg Heringe, Salz,
1/8 l Essig,
2 1/2-3 l Wasser.
Zum Braten:
Mehl, 1–2 Eier,
Semmelbrösel, Backfett.

Zum Kochen: Die ausgenommenen, geschuppten Heringe mit Salz einreiben, mit Essig übergießen, in schwach gesalzenes, kochendes Wasser einlegen und etwa 12 Min. darin ziehen lassen; dazu Sardellen- oder Dillsoße **12** reichen.
Zum Braten: Von den vorbereiteten Heringen Kopf und Schwanz entfernen, die Flossen kürzen, die Fische mit Salz einreiben und panieren. Im heißen Fett auf beiden Seiten hellbraun braten und mit Kartoffelsalat servieren.

686

Bücklinge mit Eiern

8 Bücklinge, 40 g Butter,
2 Eier, etwas Salz,
1 Essl. gewiegte Petersilie.

Die Bücklinge häuten, die Köpfe entfernen und die Filets möglichst als Ganzes von den Gräten lösen. In der heißen Butter kurz erwärmen, die schwach gesalzenen, gequirlten Eier darübergießen und rasch anbacken lassen. Beim Anrichten reichlich gewiegte Petersilie überstreuen.

Heilbutt*

687

Heilbuttschnitten mit Gemüse

Für 6–8 Personen
1 1/2-2 kg Heilbutt,
Salz, Pfeffer,
Saft von 1 Zitrone.
Zum Sud:
1/4 l Weißwein, 2–3 l Wasser,
*Gewürz (vgl. Fischsud **669**).*
Zur Soße:
100 g Butter,
1 Zwiebel, 1 Gelbe Rübe,
1/2 Sellerieknolle,
1/2 Lauchstängel,
2 Essl. Mehl,
evtl. etwas Fischfond.
Zum Bestreuen:
2 hart gekochte, gewiegte Eier.

Den geschuppten Fisch in der Mitte der Länge nach spalten, in Stücke schneiden und mit Salz, Pfeffer und Zitronensaft einreiben. Vom Fischabfall und den anderen Zutaten einen Fischsud herstellen, 40 Min. kochen und durchsieben. Dann die Zwiebel, Gelbe Rübe, Lauch und Sellerie wiegen, in 60 g Butter glasig dünsten, mit dem Fischsud ablöschen, die Fischstücke einlegen, darin in 15 Min. bei milder Hitze gar werden lassen und wieder herausnehmen. Den Sud noch etwas einkochen und die restliche, mit dem Mehl verknetete Butter nach und nach untermischen. Kurz aufkochen, die Gemüsesoße über die Fischstücke gießen und die gewiegten Eier darüberstreuen.

* Vgl. Steinbuttrezepte **727** und **728**.

Huchen

Gehört zu den Lachsarten, gleicht dem Lachs in Form und Farbe und wird hauptsächlich in der Donau gefangen; sein Fleisch ist weiß, aber nicht so zart wie das vom Lachs, gewinnt aber an Geschmack, wenn es einige Tage eingesalzen, kühl aufbewahrt wird. Zubereitung: vgl. Lachs-Salm-Rezepte. Huchen ist im Handel kaum zu bekommen, lediglich Sportfischer fangen den Fisch vereinzelt.

Kabeljau

Kabeljau, der im Jugendalter Dorsch genannt wird, erreicht eine Länge bis zu 1,5 m und ein Gewicht von 10–20 kg. Kabeljau ist als ganzer Fisch, vorwiegend aber als Filet im Handel. Das Fischfleisch ist sehr mager und daher kalorienarm.

688

Stockfisch, gekocht

750–1000 g Stockfisch,
Wasser, etwas Milch,
evtl. etwas Salz, 1 Bund Petersilie,
40 g Butter,
2 Gemüsezwiebeln (ca. 500 g).

Den Stockfisch gründlich wässern (am besten über Nacht) und mit frischem Wasser aufsetzen. Einen Schuss Milch zum Kochwasser geben. Aufkochen lassen, von der Kochstelle nehmen und bei geringer Hitzezufuhr ca. 30 Min. garziehen lassen.
Den Fisch aus dem Kochsud nehmen, die Haut und die Gräten entfernen und das Fleisch in Blättchen teilen. Mit wenig Salz und gehackter Petersilie würzen und mit in Butter gelb gedünsteten Zwiebelstückchen bestreuen.
Dazu passen Salzkartoffeln.

689

Stockfisch mit Lauch

750–1000 g Stockfisch, gewässert,
4–6 Stangen Lauch, 30 g Butter, Salz,
1 Becher süße Sahne (200 g).

Die gut gewässerten Stockfischstücke mit kochendem Wasser überbrühen und in einem Sieb abtropfen lassen. Haut und Gräten entfernen und die Fische in Stücke zupfen. Lauch in Scheiben schneiden. Die Butter zerlassen, die Lauchscheiben darin anschwitzen. Eine Auflaufform lagenweise mit Fisch und Lauch füllen, mit Sahne begießen. Die Form in ein Wasserbad stellen, die Form verschließen und im vorgeheizten Backofen garen.
E.-Herd 200 °C/G.-Herd 3
Ca. 30 Minuten
Oder anstatt mit Lauch das Gericht mit Paprikaschoten (in Streifen), Zwiebel- und Tomatenscheiben zubereiten.

Für **Stockfisch** (getrocknet und ungesalzen) und **Klippfisch** (getrocknet und gesalzen) werden vor allem Kabeljau, Schellfisch, Seelachs und Leng (Köhler) verwendet. Die Fische werden ausgenommen, die Köpfe entfernt, evtl. auch die Wirbelsäule und die seitlichen Gräten herausgelöst. Der Stockfisch wird sofort getrocknet, der Klippfisch erst eingesalzen und erst nach der sog. Salzgare getrocknet. Das Fischfleisch vom Klippfisch ist etwas wasserreicher, das des Stockfischs härter und trockener.
Die Farbe spielt von weißlich bis gelb. Beide Fische sollten vor der Weiterverarbeitung gut gewässert (am besten 2 Tage in mehrfach gewechseltem Wasser) werden.

690

Kabeljau (Köhler, Seehecht, Dorsch, Seelachs), gekocht

1 kg Fisch, 3 l Wasser,
1 Essl. Salz, 1/8 l Milch.

Wasser, Salz und Milch zum Kochen bringen, den vorbereiteten Fisch einlegen, die Kochhitze vermindern und den Fisch, je nach der Dicke des Stückes, noch 20 bis 25 Min. ziehen lassen. Mit heißer Butter oder Senfsoße servieren.

Tipp:
Faustregel für Kochfisch (nicht kochen, nur ziehen lassen, sonst flockt das Eiweiß aus): Pro 2 cm Durchmesser eine Garzeit von 8–10 Min. oder pro 500 g Fisch 10–15 Minuten.

691

Gestovter Fisch (überbacken)

(Holländisches Rezept)
1 kg Fischfilet (Kabeljau, Seelachs, Goldbarsch, Schellfisch).
Zum Marinieren:
Saft von 1 Zitrone, Salz und Pfeffer.
Zur Soße:
40 g Butter, 60 g Mehl,
1 kleine Dose Steinpilze oder Champignons,1 Teel. Kapern,
Saft von 1/4 Zitrone, 2 Eigelb,
3 Essl. saure Sahne oder Joghurt,
3 Essl. Weißwein,
Salz, Pfeffer, wenig Muskat,
3–4 Essl. geriebener Parmesankäse,
einige Butterflöckchen.

Das Fischfilet abspülen, trockentupfen und in Portionsstücke schneiden, mit Zitronensaft, Salz und Pfeffer einreiben und 30 Min. zugedeckt kühl stellen. Inzwischen von der Butter und dem Mehl eine helle Schwitze herstellen. Mit dem Saft der Pilze oder Wasser ablöschen, die gewiegten Kapern, den Zitronensaft und die klein geschnittenen Pilze zufügen. Die Soße einige Male aufkochen, nach kurzem Abkühlen die Eigelb, die saure Sahne oder Joghurt, Weißwein und Gewürz untermischen; die Soße sollte sehr dickflüssig, fast cremeartig beschaffen sein.
Eine feuerfeste Form gut einfetten, die Fischstücke dachziegelartig einlegen (nicht zu dicht aufeinander schichten) und mit 2 Essl. geriebenem Käse bestreuen. Die Soße darübergießen, die gefüllte Form kurze Zeit beiseite stellen, bis die Soße durchgesickert ist. Dann den restlichen Käse und die Butterflöckchen obenauf geben, das Gericht im vorgeheizten Backofen hellbraun garen, mit Salzkartoffeln servieren.
E.-Herd 175 °C/G.-Herd 2
Ca. 1 Stunde

692

Gespickter Fischrücken

1–1½ kg Kabeljau oder Seelachs, Salz und Pfeffer, 30 g Speck, 60 g Butter oder Margarine, 1 Zwiebel, Suppengrün, 1 Essl. Mehl, ¼ l saure Sahne, evtl. noch etwas Fleischbrühe.

Zum Häuten von größeren Seefischen die Haut an Rücken, Bauch und Seiten mit einer Schere einschneiden. Mit einem Tuch anfassen (dabei evtl. mit dem Messer nachhelfen) und die Haut abziehen. Den Fischrücken mit Salz und Pfeffer einreiben, mit feinen Speckstreifen spicken und dann in der heißen Butter mit Zwiebelscheiben und Suppengrün anbraten. Den Fisch im vorgeheizten Backofen unter mehrfachem Beträufeln vorbraten.
E.-Herd 200 °C/G.-Herd 3
Ca. 30–45 Minuten
Das Mehl mit der Sahne glatt rühren, zugießen, evtl. noch ein wenig Fleischbrühe nachfüllen und den Fisch gar werden lassen. Auf eine erwärmte Platte legen, mit einem Teil der durchgesiebten Soße überziehen, mit Fischkartoffeln **1221**, Tomatenschnitzen und einem Zitronenkörbchen anrichten; die übrige Soße gesondert dazu reichen.

Karpfen

Die angebotenen lebenden Speisekarpfen (meist Spiegel-, seltener Lederkarpfen) sind meist dreijährige Fische mit einem Gewicht um 1,5 kg. Die Karpfen kommen aus der Teichwirtschaft und sind das ganze Jahr über zu haben. Frisch geschlachtet – am besten vom Fischhändler. Wer es selbst machen möchte, benutzt einen hölzernen Fleischklopfer. Ein gezielter kräftiger Schlag auf den Kopf tötet den Fisch sofort. Ausgenommen und gut verpackt eignen sich Karpfen auch zum Einfrieren.

693

Karpfen, blau

1 kg Spiegelkarpfen.
Zum Fischsud:
etwa 3 l Wasser, 1 Essl. Salz, 1 Glas Weißwein, 1 Zwiebel, wenig Suppengrün, 1 Zitronenscheibe, 1 Lorbeerblatt, 1 Nelke, einige Pfefferkörner, knapp ½ l Essig, Petersilie und Zitronenschnitze.

Zum Blaukochen eignen sich Spiegelkarpfen am besten. Den Fisch nicht schuppen, darauf achten, dass der Schleim erhalten bleibt, durch einen scharfen Schnitt den Bauch öffnen, die Eingeweide unter Wasser herausnehmen (ohne die Galle zu verletzen) und das Innere sorgfältig auswaschen. Den Fischsud zubereiten und etwas abkühlen lassen. Inzwischen den Karpfen in eine Schüssel legen, mit dem heißen Essig übergießen, dann samt dem Essig in den Fischsud geben und den Sud zum Kochen bringen; die Siedehitze vermindern, den Fisch darin noch etwa 20–30 Min. ziehen lassen und beim Anrichten mit Petersilie und Zitronenschnitzen verzieren. Flüssige Butter, mit gewiegter Petersilie vermischt, Holländische Soße **18** oder rohen, geriebenen, mit wenig Zucker und Essig (oder Fischsud) angemachten Meerrettich dazu reichen.

694

Geschmorter Karpfen nach böhmischer Art

1 Karpfen, ca. 1,5–1,8 kg, Salz. Gemüse: 2 Gelbe Rüben, 1 Stückchen Sellerieknolle, 1 Petersilienwurzel, 10 Schalotten, 40 g Butter oder Butterfett, 1 Stück Zitronenschale, 4–6 Nelken, ¼ l Weißwein, 1–2 Essl. Weinessig, ¼ l dunkles Bier, evtl. Fischfond oder Wasser. 50 g Butterschmalz, 1–2 Essl. Mehl oder Schrot, fein geriebenes Schwarzbrot von 1 Scheibe, Fischbrühe, evtl. etwas Salz, 1 Prise Zucker, 1–2 Essl. geriebener Honigkuchen, evtl. 2–3 Essl. geriebene Mandeln, einige Butterflöckchen.

Den vorbereiteten Karpfen in Scheiben schneiden und etwas salzen. Das Gemüse sehr fein schneiden (Julienne) und in der heißen Butter oder Butterfett in einem Bräter ca. 10–15 Min. hell andünsten. Dann die Zitronenschale, die Nelken und die Fischscheiben auf das Gemüsebett legen und mit Wein, Essig, Bier und Fond oder Wasser auffüllen – es sollte alles bedeckt sein. Den Bräter mit aufgelegtem Deckel in den vorgeheizten Backofen stellen.
E.-Herd 200 °C/G.-Herd 3
Ca. 20 Minuten
In einer Pfanne das Butterschmalz erhitzen, Mehl oder Schrot mit den Brotkrumen darin anrösten und mit Fischfond ablöschen, evtl. etwas würzen. Die Fischscheiben in eine gefettete, flache Form legen, diese Soße über den Fisch gießen, mit geriebenem Honigkuchen und evtl. Mandeln bestreuen, einige Butterflöckchen aufsetzen und im vorgeheizten Backofen kurz überbacken (bis die Butter zerlaufen ist).
E.-Herd 250 °C/G.-Herd 4–5
Dazu passen Schalkartoffeln oder Salzkartoffeln.

Karpfen blau **693** ▷

DE CHABLIS
1er Cru
12% vol.

695 Gedämpfter Spiegelkarpfen

1 kg Karpfen, Salz, 80 g Butter,
40 g gewiegte Sardellen,
1 gehackte Zwiebel,
1 Teel. Kapern,
einige Pfefferkörner, 1 Nelke,
Saft von ½ Zitrone, Petersilie,
einige Butterflöckchen.

Den geschuppten Karpfen ausnehmen, der Länge nach spalten, gut waschen, abtrocknen und einsalzen; dann 30 Min. zugedeckt stehen lassen. Inzwischen eine gut schließende Kasserolle (eine feuerfeste Auflaufform mit Deckel) mit Butter fetten, den Fisch samt den Zutaten einlegen, fein gewiegte Petersilie überstreuen und einige Butterflöckchen obenauf geben. Die geschlossene Form in den vorgeheizten Backofen stellen, den Fisch garen und in der Backform zusammen mit Kartoffeln servieren.
E.-Herd 175 °C/G.-Herd 2
Ca. 30 Minuten

696 Karpfenscheiben mit Sahne

1 Karpfen ca. 1,5–1,8 kg,
Salz, Pfeffer.
Butter oder Margarine für die Form,
1 Bund Frühlings- oder
Lauchzwiebeln, 2 Lorbeerblätter,
50 g durchwachsener Speck,
50 g Butterschmalz 2 Schalotten,
10 Estragonblättchen, 3 Stängel Kerbel,
Salz, Pfeffer, 1 Prise Muskat,
4 Essl. Semmelbrösel,
¼ l saure Sahne,
⅛ l Fischfond oder Weißwein oder
Fleischbrühe,
frischer gehackter Kerbel
zum Bestreuen.

Den vorbereiteten Karpfen quer in Kotelettstücke schneiden, etwas salzen und pfeffern. Eine feuerfeste Form mit Butter ausfetten, die fein geschnittenen Frühlingszwiebeln und die Lorbeerblätter mit den Karpfenkoteletts darauflegen. Den Speck in feine Würfelchen schneiden, in Butterschmalz oder Öl ausbraten und die fein gehackten Schalotten hell anschwitzen. Dann unter ständigem Rühren die klein gehackten Kräuter darin erwärmen. Die Soße mit Salz, Pfeffer und Muskat würzen, über die Karpfenscheiben geben, die Hälfte der Brösel darüberstreuen und die Hälfte der Sahne darübergießen, die restlichen Brösel aufstreuen. Die Karpfenscheiben im vorgeheizten Backofen garen.
E.-Herd 200 °C/G.-Herd 3
Ca. 20 Minuten
Sobald die Oberfläche anfängt braun zu werden, die restliche Sahne, mit dem Fond oder Wein verquirlt, auf zwei- bis dreimal über den Fisch gießen. Den Fisch aus dem Backofen nehmen, mit frischem Kerbel bestreuen und Dampfkartoffeln oder Salzkartoffeln dazu reichen.

697 Karpfenfilets in Rotwein

Für 4–6 Personen
1½ kg Karpfen, Salz.
Zum Fischfond:
½ l Rotwein,
6 zerdrückte Pfefferkörner,
1 Lorbeerblatt, 1 Prise Paprika.
Zum Ausfetten:
1 Essl. Butter.
Zur Soße:
¼ l Fischfond, Rotweinsud,
evtl. 1 Essl. Speisestärke.

Den Karpfen schuppen, häuten und die Filets ablösen. Die Gräten mit dem Rotwein und Gewürz kalt aufsetzen und 30 Min. kochen. Eine Kasserolle mit Butter gut fetten und die leicht gesalzenen Filets einlegen. Den durchgesiebten, noch warmen Rotweinsud darübergießen. Ein dickes Pergamentpapier obenauf legen und die Kasserolle in den vorgeheizten Backofen stellen.
E.-Herd 200 °C/G.-Herd 3
Ca. 20 Minuten
Dann die Fischstücke herausnehmen, warmstellen und aus vorbereitetem Fischfond und dem Rotweinsud die Soße zubereiten. Gut einkochen lassen, evtl. mit Speisestärke binden. Die Filets mit Salzkartoffeln auf einer Platte anrichten und die Soße darübergießen.

Katfisch (Austernfisch, Seewolf)

Der mächtige, bis zu 2 m lange Katfisch mit seinem ausgeprägten Gebiß kommt hauptsächlich im Nordatlantik vor. Sein fettes, wohlschmeckendes Fleisch wird meist in Scheiben geschnitten als Karbonaden angeboten. Zum Braten sehr gut geeignet.

698 Katfischkoteletts in Bierteig

4 Katfischkoteletts (je ca. 180 g),
Zitronensaft, Salz, Mehl.
Bierteig: 75 g Mehl,
⅛ l Bier, Salz, Pfeffer,
1–2 Eier, getrennt,
Öl oder Kokosfett zum Ausbacken,
*Remouladensoße **92** oder*
*Tatarsoße **95**.*

Die Fischkoteletts kalt abwaschen, trockentupfen, mit Zitronensaft und Salz würzen. Den Bierteig aus Mehl, Bier, je 1 Prise Salz, Pfeffer und dem Eigelb zubereiten; die Eiweiß separat zu Schnee schlagen und unter den Teig ziehen. Das Öl oder Kokosfett in einer tiefen Pfanne oder in der Friteuse erhitzen, die Fischkoteletts leicht bemehlen, einzeln durch den Ausbackteig ziehen und ca. 12 Min. backen.
Friteuse-Ausbacktemperatur: 180 °C
Die ausgebackenen Katfischkoteletts auf Portionsteller verteilen, je einen Klecks Soße nach Wahl, einige Gurkenscheiben und Tomatenachtel darauf anrichten. Dazu passt ein Kartoffelsalat oder frisches Brot.
Oder den Ausbackteig mit ⅛ l Weißwein und noch 1 Teel. Öl zubereiten.

Ausbackteig, andere Art:
100 g Weißmehl mit 100 ml hellem Bier (z. B. Pils), 2 Eigelb und 1 Prise Muskat verquirlen. Nach etwa einer Stunde Ruhezeit 2 Eiweiß mit 1 Prise Salz steif schlagen und unter den Teig heben. Das Gargut einzeln in den Teig tauchen und im heißen Fett ausbacken.

Lachs oder Salm*

Der Lachs lebt abwechselnd im Meer und im Süßwasser. Er kommt im Oberlauf der Flüsse zur Welt, lebt im zweiten Lebensjahr als Raubfisch im Meer und wandert im dritten zum Laichen in den Strom zurück. Der Rücken des Fisches ist blaugrau, die Seiten sind silberglänzend, das Fleisch ist leuchtend rot. Der Meerlachs ist fett und fleischig, aber nicht so wohlschmeckend wie der Stromlachs. Salm heißt der Süßwasserlachs vor dem Laichen. Lachs wird in Deutschland vorzugsweise in der Ostsee gefangen. Importe kommen aus Kanada und aus „Lachsfarmen" in Norwegen. Der beste Lachs wird in Schottland gefangen, was sich auch im Preis niederschlägt. Da der Fisch eine Länge bis zu 1½ m erreicht, kommt er in Stücken zum Verkauf; es ist ratsam, ein Mittelstück von ½ bis 1 kg oder Lachsschnitten bzw. -filets zu wählen.

*Vgl. Salm mit Mayonnaise **207**, Carpaccio vom Lachs, Variante **216**, oder Lachs in Kräuterbutter **187**.

699

Salm, pochiert

2–3 dicke Stücke Salm oder Lachsforelle (etwa ¾ kg), küchenfertig,
½ l Wasser, ½ l Weißwein (Riesling),
250 g frische Champignons,
reichlich Petersilie,
3 Schalottenzwiebeln, Salz,
1 Lorbeerblatt, einige Pfefferkörner,
50 g Butter, 1 Essl. Mehl
oder ½ Becher süße Sahne.

Die Salmstücke schuppen, ausnehmen und waschen. Aus Wasser, Wein, den vorbereiteten, gewiegten Champignons, Petersilie, Schalottenzwiebeln, Salz und Gewürz einen Sud herstellen; die Fischstücke einlegen, etwa 30 Min. ziehen lassen, herausnehmen und den Sud noch etwas einkochen.

Die Butter mit dem Mehl verkneten und unter Rühren darin auflösen. Die Salmstücke beim Anrichten mit der durchgesiebten Soße übergießen. Oder die Sahne steif schlagen und kurz vor dem Servieren unter die Soße ziehen.
Mit Petersilienkartoffeln servieren.
Oder zu besonders festlichen Anlässen den Salm (Lachs oder Lachsforelle) mit fein geschnittenen Trüffelscheibchen spicken (die Scheibchen unter die Haut schieben), ca. 25–30 Minuten im Weinsud ziehen lassen (pochieren) und eine Soße aus der Trüffelflüssigkeit (1 Glas oder 1 kleine Dose) sowie 1 Prise Zucker, ½ Teel. Zitronenpfeffer, einigen feingehackten Estragonblättchen und Zitronenmelisseblättchen, vermischt mit steifgeschlagener Sahne (1 Becher, 200 g), zubereiten. Den Lachs auf einer vorgewärmten Platte anrichten, die Soße gesondert dazustellen.

1 Lachs filetieren: Die Flossen abschneiden.

2 Den Kopf mit schräg angesetztem Messer hinter den Kiemen abtrennen.

3 Lachssteaks schneiden ... (siehe folgende Seite)

5 Die Seitengräten auslösen.

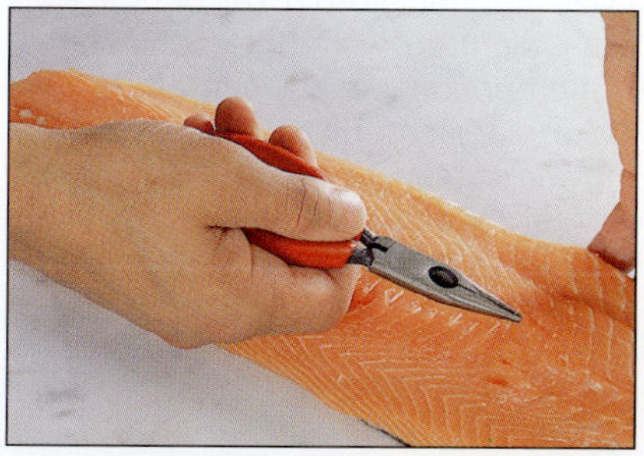

6 Einzelne Gräten mit der Zange ziehen.

7 Filet von der Haut lösen.

700 Salm, blau

Für 8 Personen
2 Stücke Salm (1½-2 kg).
Zum Sud:
2½ l Wasser, ½ l Weißwein,
⅛ l Essig, 2 in Scheiben geschnittene Zwiebeln,
1 Gelbe Rübe, 1 Lauchstängel,
1 kleine Sellerieknolle,
2 Lorbeerblätter, 4 Nelken,
1–2 Essl. Salz, 2 Zitronenscheiben,
½ Teel. Pfefferkörner.
Zum Anrichten:
1 Brotsockel, Zitronenschnitze,
2–3 Tomaten, Petersilie,
Fischkartoffeln ***1221****.*

Einen würzigen Sud zubereiten und 30 Min. kochen; die geschuppten, ausgenommenen Salmstücke auf einen Fischeinsatz legen und bei verminderter Herdhitze zugedeckt 30 Min. ziehen lassen. Vorsichtig herausheben und auf einem gerösteten Brotsockel anrichten. Mit Zitronenschnitzen, halbierten, gedämpften Tomaten, Petersilie und kleinen Fischkartöffelchen umlegen.

4 oder das Filet von der Rückengräte lösen.

8 Aus dem Lachsfilet sog. Tranchen schneiden.

Eine festliche Note erhält dieses Gericht durch Garnieren mit 2–3 blau gekochten, rund gebogenen Forellen nach **673** oder gekochten, kleinen Krebsen. Evtl. zerlassene Butter extra dazu reichen.

701 Lachsstückchen in feiner Soße

1 Scheibe Lachs oder Lachsforelle, ca. 300 g,
Salz, Pfeffer, Zitronensaft,
300 g gekochte, ausgelöste Krabben oder Scampi,
¼ l Fischfond ***5****,*
⅛ l Weißwein,
1 Becher süße Sahne (200 g),
50 g Butter, schaumig gerührt,
2 Essl. fein geschnittenes Basilikum oder Zitronenmelisse.

Die Fischscheibe sorgfältig häuten und entgräten, kleine Gräten mit einer Pinzette herausziehen. Kurz abwaschen, trockentupfen und in kleine Würfel schneiden. Wenig mit Salz, Pfeffer und Zitronensaft würzen. Die Krabben mit etwas Zitronensaft beträufeln, Scampi evtl. halbieren und ebenfalls beträufeln. Den Fischfond mit Weißwein mischen und auf etwa die Hälfte eindampfen lassen, die Sahne zufügen und etwas einkochen lassen. Die Krabben oder Scampi in die Soße einlegen, die Hitzezufuhr verkleinern, ca. 5 Min. ziehen lassen, dann die Lachsstückchen zugeben und noch einmal 3–4 Min. ziehen lassen. Zuletzt die schaumig gerührte Butter unter die Soße schwenken, mit frischen Kräutern wie Basilikum oder Zitronenmelisse bestreuen.
Dazu können körnig gekochter Reis oder nicht zu weich gekochte breite Butternudeln gereicht werden.
Oder die Lachsstückchen mit frischem Ingwer würzen. Dafür ca. 1 cm Ingwerwurzel schälen und sehr fein hacken. Die anderen Kräuter weglassen.

702 Gebratene Lachsscheiben

Pro Person 2 dünne Lachsscheiben,
Salz, Zitronensaft,
Butter zum Braten.
Zur Soße:
⅔ Fischfond ***5*** *und*
⅓ Weißwein, zusammen ½ l,
80 g frische Butter in Flöckchen,
*6–8 Sauerampferblättchen * oder*
1 Bund Kerbel.

Die Lachsscheiben abwaschen und trockentupfen, wenig salzen und mit etwas Zitronensaft beträufeln. Solange die Soße zubereitet wird, stehen lassen. Zur Soße Fischfond und Wein vermischen, bei großer Hitze auf die Hälfte einkochen lassen. Die Butterflöckchen langsam unterschwenken und den Sauerampfer oder Kerbel fein gehackt zugeben. Evtl. mit etwas Salz und Pfeffer nachwürzen. Die Soße warm stellen und die Fischscheiben in der heißen Butter nur auf einer Seite ca. 2–3 Min. braten. Auf vorgewärmten Tellern anrichten, mit der Kräutersoße überziehen und kleine neue Kartöffelchen oder frisches Brot dazu servieren.

* Wiesensauerampfer schmeckt kräftiger als Gartensauerampfer. Im ersten Fall also weniger verwenden.

Lachs- oder Seeforelle

Kommt im Wohlgeschmack dem Lachs gleich. Das Fleisch ist rötlich, jedoch nicht so fett wie beim Lachs und deshalb leichter verdaulich. Am besten sind die Lachsforellen im Frühling.

703 Seeforelle, blau

Die Seeforelle nach **700** wie Salm zubereiten. Eine etwa 2 kg schwere Forelle muss 30–40 Min. in einem würzigen Sud (siehe S. 179) schwach ziehen (pochieren).

704

Lachsforelle, gebraten

1 große Lachsforelle (ca. 1 kg) oder 2 kleine Fische,
Saft von 2 Limetten oder 3 Zitronen, Salz,
etwas Pfeffer, Mehl zum Wenden,
Butterschmalz oder Butter zum Braten,
Apfelmeerrettich ***89*** *oder kalte Dillsoße* ***6****.*

Die vorbereitete Lachsforelle oder zwei kleinere Fische waschen, trockentupfen und mit reichlich Limetten- oder Zitronensaft beträufeln, mit Salz und Pfeffer sparsam würzen. In Mehl wenden (überflüssiges Mehl abklopfen) und in einem großen Bräter im heißen Butterschmalz (oder in der Butter) braten. Es muss so viel Fett im Bräter sein, dass die Lachsforelle damit auch beträufelt werden kann. Auf der Kochplatte oder im vorgeheizten Backofen garen. Die Lachsforelle auf einer vorgewärmten Platte anrichten; dazu Schüsselchen mit Apfelmeerrettich oder mit Dillsoße und Kartoffeln in der Folie servieren.
E.-Herd 220 °C/G.-Herd 4
Ca. 20 Minuten

705

Gefüllte Lachsforelle (oder Lachs) vom Grill

1 Lachsforelle (oder Lachs) von ca. 1 kg,
Butter zum Andünsten.
Zur Fülle:
3–4 Frühlings- oder Lauchzwiebeln,
1 Knoblauchzehe,
400 g frische Champignons (oder Dosenchampignons),
1 Bund Petersilie, 1 Ei,
Saft von 1 Zitrone, Salz, Pfeffer,
1 Prise Muskat,
1 altbackenes Brötchen oder 3 Scheiben Weißbrot, fein zerzupft.
Zum Bestreichen:
Zitronensaft, verquirlt mit Öl, oder zerlassene Butter.
Zum Anrichten: Zitronenschnitze.

Von der Lachsforelle Flossen und Schwanzflosse abschneiden. Durch die Kiemenöffnung greifen und die Innereien herausziehen. Mit Hilfe eines Löffels evtl. restliche Eingeweide aus der Bauchhöhle herausholen. Den Fisch innen und außen waschen und außen trockentupfen. Die Fülle zubereiten: Butter zerlassen und die gehackten zarten Zwiebelchen mit dem gehackten Knoblauch hell darin anschwitzen. Die ebenfalls gehackten Pilze kurze Zeit mitziehen lassen. In eine Schüssel geben, mit gehackter Petersilie, dem Ei, Zitronensaft, den Gewürzen vermischen, zuletzt die Weißbrotkrumen unterarbeiten. Die Fülle locker in den Fisch füllen, evtl. mit dem Löffelstiel etwas nachdrücken. Den Fisch auf einen Grillspieß stecken (durch das Fleisch über dem Rückgrat) und über Kreuz mit Garn umwickeln, dabei die Enden gut verknoten. Die gefüllte Lachsforelle nun entweder im Backofen (am Drehspieß) oder über der gut durchgeglühten Holzkohle (nicht zu nahe an der Glut) ca. 40–50 Min. grillen. Dabei ständig drehen und mit einem Pinsel, entweder in Öl mit Zitronensaft oder in flüssige Butter getaucht, bepinseln. Falls der Fisch an einer Stelle droht schwarz zu werden, mit etwas Alufolie abdecken. Den fertig gegarten Fisch auf eine vorgewärmte Platte legen, das Garn und den Spieß entfernen und die Haut abziehen. Mit Zitronenschnitzen umlegen und bei Tisch den Fisch in einzelnen Filets ablösen.

Tipp:
Pro 500 g Fisch rechnet man 10–12 Min. Grillzeit. Der Fisch ist gar, wenn das Fleisch hinter den Kiemen weiß ist und sich leicht ablösen lässt.

Leng/Blauer Leng

Der Leng und der artverwandte Blauleng gehören zu den kabeljauartigen Fischen. Beide Sorten werden nur in geringen Mengen angeboten, da ihr Geschmack hinter dem des Kabeljaus zurücksteht.

Makrele

Die Makrele (besonders die Goldmakrele) ist einer der schönsten Fische: der Rücken ist stahlblau mit schwarzen Querstreifen, der Leib silberglänzend und fast ohne Schuppen. Der sehr schmackhafte Fisch kommt meist geräuchert in den Handel, lässt sich aber auch frisch kochen und braten (vgl. Felchen- und Forellenrezepte). Makrelen in Aluminiumfolie oder Pergamentpapier nach **672** (siehe auch Seite 180).

706

Makrelen vom Grill

2 große Makrelen (je ca. 500–600 g).
Zum Marinieren:
gehackter Dill oder gehacktes Fenchelkraut, Salz, Pfeffer,
Zitronensaft und Öl.
2 Grillkörbe aus Metall oder Alufolie extra stark,
Zitronenschnitze,
frisch geröstetes Brot.

Von den vorbereiteten Makrelen den Kopf abschneiden, die Eingeweide herausnehmen, dabei aber den Bauch nicht aufschlitzen. Die Fische waschen und trockentupfen; einige Einschnitte auf den Seiten machen. Die Marinade zubereiten und die Fische von allen Seiten damit gut einreiben; den Bauch der Fische mit frischem Gewürzkraut füllen. Die Fische zugedeckt ca. 1 Std. marinieren. Grillkörbe mit Öl bestreichen, die Fische einlegen und bei guter Grillhitze ca. 30 Min. grillen. Dabei dreimal wenden und während der Grillzeit mit der Marinade bestreichen. Die Fische nicht zu nahe an die Glut kommen lassen, der Abstand sollte ca. 15 bis 20 cm betragen.
Die Makrelen aus den Körben nehmen und auf einer vorgewärmten Platte servieren. Zitronenschnitze und frisch geröstetes Brot dazu reichen.
Sehr interessant schmeckt hierzu eine pikante Stachelbeersoße **61**.

707

Gedämpfte Makrelen mit Tomaten (in Bratfolie)

2 Makrelen, ca. 800 g,
Zitronensaft, Salz, Pfeffer,
3 Fleischtomaten oder
6–8 Eiertomaten,
1 Bund Petersilie,
1 kleingehackte Zwiebel und
1 Knoblauchzehe, 1/8 l Weißwein,
1 Stück Bratfolie, größte Größe.

Die vorbereiteten Makrelen (ohne Kopf) waschen, trockentupfen, mit reichlich Zitronensaft beträufeln, salzen und pfeffern (auch innen). Die Tomaten häuten, in Scheiben schneiden; Petersilie fein hacken, mit den Zwiebel- und Knoblauchstückchen zu den Tomatenscheiben geben. Ein Stück Bratfolie etwa 30 cm länger als die Fische zuschneiden und ein Ende mit einem Clip verschließen. Die Tomatenmischung hineinfüllen und die Fische darauflegen. Die Packung etwas schräg halten und den Wein zugießen. Die Bratfolie leicht hochziehen, damit genügend Luft in den Innenraum kommt. Die noch offene Seite doppelt verschließen. Das Folienpaket auf den kalten Rost legen. Auf der Oberseite zweimal einstechen, dann im vorgeheizten Backofen dämpfen.
E.-Herd 200 °C/G.-Herd 3
Ca. 35 Minuten

Das Folienpaket aus dem Backofen nehmen, auf eine vorgewärmte Platte legen und die Oberseite mit einer Schere aufschneiden. Die gedämpften Makrelen aus der Folie servieren. Dazu passen neue Kartoffeln.
Oder die Makrelen auf dem Tomatenbett in einem großen Bräter im vorgeheizten Backofen bei gleicher Temperatur ca. 30–35 Min. garen.

Meerbarbe

Ein vor allem in der Mittelmeerküche sehr viel verwendeter Fisch von kräftiger roter Farbe (franz. **Rouget**). Er wird gern in der Bouillabaisse mitgekocht, schmeckt aber auch gebraten oder gegrillt.
Im Handel bekommt man Meerbarben frisch oder tiefgekühlt; problemlos ist die Zubereitung von Filets, die im Weißweinsud in 3 Min. gar sind.

708

Meerbarben in Weinblättern

4 Meerbarben à 250 – 300 g,
weißer Pfeffer, Saft von 1 Zitrone.
Gemüsefüllung: 2 Zwiebeln,
2 kleine Zucchini (ca. 250 g),
1 große rote Paprikaschote,
1 Knoblauchzehe, 2 Essl. Olivenöl,
Salz, etwas Rosmarin.
4 große Weinblätter (aus der Dose),
2 Schalotten, 40 g Butter,
1/8 l trockener Weißwein.

Die küchenfertigen Fische waschen, trocknen, innen und außen erst mit Pfeffer, dann mit Zitronensaft würzen und zugedeckt in den Kühlschrank stellen. Zur Gemüsefüllung die Zwiebeln, Zucchini, die entkernte Paprikaschote und die Knoblauchzehe fein würfeln, in Olivenöl anschwitzen, kräftig mit Salz und Rosmarin (nach Geschmack frische Rosmarinnadeln oder Pulver) würzen und ca. 5 Minuten garen. Das Gemüse abkühlen lassen und die Fische damit füllen. In einer flachen, feuerfesten Form die fein gehackten Schalotten in der Butter glasig werden lassen, mit Weißwein ablöschen und aufkochen. Die Weinblätter unter fließendem Wasser abwaschen, trockentupfen und auslegen. Die gefüllten Fische jeweils fest in ein Blatt einwickeln (evtl. mit ungeleimten Küchengarn umbinden) und die Päckchen mit den übereinandergeschlagenen Blattenden nach unten in die Form legen.Die Form zudecken und in den vorgeheizten Backofen (oder auf die Kochstelle) stellen.
E.-Herd 175-200 °C/ G.-Herd 3
Ca. 15 Minuten

1 Meerbarbe in Weinblättern **708**: Den Fisch mit dem Gemüse füllen,

2 mit Weinblättern fest umwickeln ...

3 und in eine feuerfeste Form legen.

709

Meerbarben in pikanter Soße

1 kg Meerbarben (Rougets), tiefgefroren und aufgetaut oder frisch,
4 Knoblauchzehen, etwas Salz,
4 Sardellenfilets,
4 Essl. Olivenöl, 4 große Fleischtomaten,
2 Zweiglein Thymian, ⅛ l Rotwein,
Salz, Pfeffer, 2 Essl. Parmesan,
6 Essl. feine Semmelbrösel.

Die Fische gut unter kaltem Wasser waschen und anschließend gründlich trockentupfen. Die Knoblauchzehen mit etwas Salz sehr fein hacken, die geschabten Sardellenfilets zugeben und gut damit vermengen (evtl. im Mörser). In eine große feuerfeste Form Olivenöl gießen, die gehäuteten, zerkleinerten Tomaten, den zerzupften Thymian und das Knoblauchgemisch daraufgeben und die Fische darüberlegen; den Wein angießen. Wenig Salz, frisch gemahlenen Pfeffer, Parmesan und Semmelbrösel mischen, über die Meerbarben streuen (sie müssen gut bedeckt sein) und die Fische im vorgeheizten Backofen garen.
E.-Herd 200–220 °C/G.-Herd 3–4
Ca. 15–20 Minuten
Ein frischer Rosé oder Rotwein und knuspriges Weißbrot, auch ein frischer Salat passen gut dazu.

Meerbarsch, Wolfsbarsch

Ein wohlschmeckender Fisch, der im östlichen Atlantik bis zum Ärmelkanal und im Mittelmeer beheimatet ist. Zu uns kommen Fänge aus der Bretagne (dort heißt er „**Bar**"), im Mittelmeer ist er nur noch selten anzutreffen und dort trägt er den Namen „**Loup de mer**". Der Fisch schmeckt sehr gut auf einem Gemüsebett, mit etwas Weißwein beträufelt, im Backofen gegart, oder über dem Holzkohlengrill zubereitet. Gehäutet und mit etwas Zitronensaft und gutem Olivenöl beträufelt servieren. Oder nur in Mehl wenden und in der Pfanne braten.

Merlan

Das Fleisch des schellfischähnlichen Fisches ist von sehr gutem Geschmack und leicht verdaulich; kochen, backen und braten nach Schellfischrezepten.

Petersfisch (Heringskönig), franz. St.Pierre

Ein sehr wohlschmeckender Fisch mit festem, weißen Fleisch. Zubereitung: als ganzer Fisch pochiert; als Fischfilet in kräftiger Fischbouillon mit Gemüsen pochiert oder unter einer Kräuter-Brösel-Kruste gegart.

Rotbarsch, Goldbarsch

Der glänzende orangerote Fisch lebt in den Tiefen des Nordatlantiks. Sein Fleisch kommt vorwiegend als Filet in den Handel. Den Barsch am Stück gründlich reinigen, nicht häuten, am besten auf beiden Seiten mit Speckstreifen spicken oder umwickeln (vgl. **680**) und dann braten. Zubereitung auch nach **667** oder Kabeljaurezepten, S. 191.

710

Rotbarsch-Spieß

1 kg Rotbarsch in dicken Filetstreifen, Saft von 1 Zitrone,
1 grüne Paprikaschote,
8 kleine Tomaten, 200 g Speck,
3 Zwiebeln, Pfeffer, Salz,
Öl zum Überpinseln,
50 g geriebener Käse.

Die Fischfilets in 3 cm dicke Würfel schneiden, mit Zitronensaft beträufeln und etwas salzen. Eine blanchierte (gebrühte) Paprikaschotewürfeln die Tomaten halbieren und den Speck in Würfel schneiden, die Zwiebeln schälen und vierteln, dann alles im Wechsel auf langen Spießchen aufreihen, etwas würzen und mit Öl überpinseln. Die Spieße im vorgeheizten Backofengrill ca. 20 Min. grillen, dabei nicht wenden. Kurz vor Ende der Grillzeit den Käse aufstreuen.

711

Rotbarschrouladen

Ca. 600–800 g Rotbarschfilet,
Zitronensaft, Salz,
etwas Sardellenpaste,
einige Tropfen Sojasauce,
Curry,
4–6 Zuckermöhren,
4 Frühlingszwiebeln oder zarter Lauch,
evtl. einige Krabben,
50 g Öl oder Kokosfett zum Anbraten,
⅛ l Fischfond, ⅛ l Weißwein,
1–2 Essl. Speisestärke,
Salz, Sojasauce.

Die Fischfilets der Länge und, falls erforderlich, auch der Breite nach halbieren. Waschen, trockentupfen, mit Zitronensaft beträufeln und etwas salzen. Sardellenpaste mit Sojasauce und Curry verrühren (evtl. etwas Zitronensaft zugeben, damit die Würzmischung streichfähig wird) und gleichmäßig auf den Fischscheiben verstreichen. Die Möhren und Zwiebelchen in sehr schmale Streifen schneiden, auf die Scheiben legen, evtl. Krabben obenauf streuen und die Rouladen zusammenrollen, mit Zahnstochern befestigen. Im heißen Fett vorsichtig anbraten, mit Fischfond und Wein angießen, die Hitzezufuhr zurückschalten und die Rouladen in 10–15 Min. garziehen lassen. Die Rouladen auf einer vorgewärmten Platte anrichten; die Soße mit Stärkemehl binden und evtl. nachwürzen, über die Rouladen gießen. Dazu schmeckt ein körnig gekochter Reis.

Tipp:
Die Rotbarschrouladen lassen sich mit jedem beliebigen Fischfilet zubereiten, einmal einfacher, einmal festlicher. Die Garzeit richtet sich nach dem Fisch; z. B. brauchen Schollenfilets nur ca. 8–10 Minuten.

712

Rotbarschfilet mit Gelben Rüben

800 g Rotbarschfilet,
Zitronensaft, Salz,
2–3 Schalotten,
250 g Gelbe Rüben, 50 g Butter,
⅛ l Fischfond, ⅛ l Weißwein.
Zur Soße:
Fischfond, 3–4 Essl. gekochte, pürierte Gelbe Rüben,
2 Essl. sehr fein gehackte Petersilie,
Salz, 1 Prise Zucker,
3–4 Essl. süße Sahne.

Das Fischfilet waschen, trocknen, evtl. etwas zerkleinern, mit Zitronensaft säuern und wenig salzen. Schalotten fein hacken. Gelbe Rüben schälen, dann längs mit einem Spezialmesser einkerben, darauf in Scheiben schneiden (so entstehen kleine Blüten). Mit den Schalotten in Butter hell anschwitzen, die Fischstücke darauflegen, mit Fond und Wein angießen und den Fisch ca. 15 Min. ziehen lassen. Die Fischstücke und das Gemüse herausnehmen, auf eine vorgewärmte Platte legen (evtl. mit Alufolie abdecken, damit sie nicht abkühlen) und die Soße zubereiten. Den Fond mit sehr fein pürierten Gelben Rüben und Petersilie vermischen, mit Salz und Zucker abschmecken und mit Sahne sämig machen. Die Soße gesondert zur Fischplatte reichen.
Dazu passen Salzkartoffeln oder Pellkartoffeln und ein Gemüse von jungen Frühlingszwiebeln.

Rotzungen

Zuerst die Haut zu beiden Seiten der Flossen mit dem Daumen lösen, dann abziehen. Zubereitung nach Seezungenrezepten.

Saibling

Der Fisch ähnelt in Größe und Art der Forelle. Zubereitung nach Forellenrezepten. Da der Fisch einen sehr feinen Geschmack besitzt, sollten Gewürze nur sparsam verwendet werden.

Schellfisch

Der Schellfisch ist einer der schmackhaftesten Seefische. Das Fleisch ist weiß, leicht verdaulich und schmeckt von Oktober bis April am besten. Bei Schellfischen, Kabeljau oder ähnlichen Kochfischen ist das Abschuppen vor dem Kochen nicht unbedingt notwendig, nach dem Garwerden lässt sich die Haut samt Schuppen wie ein Panzer abziehen und das Fischfleisch wird beim Abhäuten nicht verletzt.

713

Schellfisch in Rotwein oder mit Tomatensoße

1 kg Fisch.
Zum Sud:
2 l Wasser, 1 Zwiebel, ½ Essl. Salz,
Saft von ½ Zitrone, 1 Prise Paprika,
einige Pfefferkörner,1 Lorbeerblatt.
Zur Soße:
40 g Butter, 40 g Mehl,
Fischsud, ¼ l Rotwein,
Petersilie, Zitronenschnitze.
Oder zur Tomatensoße:
40 g Butter, 50 g Mehl,
4–6 Essl. Tomatenmark oder Tomatenpüree,
Saft von ¼ Zitrone.

Den gereinigten, geschuppten Fisch mit einem spitzen Messer an der Rückengräte entlang so aufschneiden, dass beide Filets sich lösen. Jede Fischhälfte mit der Haut nach unten auf ein Brett legen, am Schwanzende anfassen, das Filet von der Haut abtrennen und in 2–3 Stücke teilen. Die Gräten im Sud mit den Zutaten und Gewürz 30 Min. kochen, dann absieben. In der zerlassenen Butter das Mehl hellgelb anrösten, mit Fischsud und Rotwein ablöschen, die rohen Fischstücke in die Soße einlegen und in etwa 10 Min. garziehen lassen. Mit Salzkartoffeln oder kleinen Fischkartöffelchen anrichten, gewiegte Petersilie darüberstreuen und mit Zitronenschnitzen verzieren.
Oder die Tomatensoße zubereiten, die Fischstücke darin wie oben kochen und mit Salzkartoffeln anrichten.

714

Schellfisch oder Kabeljau, gekocht, mit Senfsoße

1 kg Fisch, Sud ***658****.*
Zur Soße:
40 g Butter, 50 g Mehl,
Saft von ½ Zitrone,
1 Teel. gewiegte Zwiebeln,
wenig Salz und Pfeffer,
2 Essl. mittelscharfer Senf,
etwas Fischsud,
1 hartgekochtes Ei.

Den ausgenommenen, geschuppten Fisch in den heißen Sud einlegen. Wenn der Sud kocht, die Hitze vermindern und den Fisch kurz darin ziehen lassen. Vor dem Servieren abhäuten, die Senfsoße (vgl. S. 33) zubereiten, über den Fisch gießen und mit gewiegtem Ei bestreuen.

Tipp:
Wenn sich die Rückenflosse leicht herausziehen lässt, ist der Fisch gar.

715

Schellfisch, gebraten nach Norderneyer Art

1 kg Schellfisch, Salz, Pfeffer,
Saft von ½ Zitrone, 2 Essl. Mehl,
2 Eier, 50 g Butter oder Fett,
gewiegte Petersilie.

Den Fisch nach **713** zerlegen, die gehäuteten Filets in 4 bis 5 Stücke schneiden, mit Salz, Pfeffer und Zitronensaft einreiben, 30 Min. durchziehen lassen und abtrocknen. In Mehl und den gequirlten Eiern wenden, in der heißen Butter auf beiden Seiten knusprig braten. Beim Anrichten schuppenförmig übereinander schichten und mit gewiegter Petersilie bestreuen.
Als Beilage eignet sich grüner Salat, Spargelsalat oder gedämpfter Blumenkohl.

716
Schellfisch (Hecht oder Zander) in grüner Soße

1 kg Fisch.
Zum Sud:
1½ l Wasser, ½ Essl. Salz,
1 Essl. Butter, Suppengrün,
1 Zwiebel.
Zur Soße:
40 g Butter, 40 g Mehl,
1 kleine Zwiebel,
2 Essl. saure Sahne,
2 Essl. gewiegte Petersilie,
etwas Estragon und Kerbel,
je 1 Prise Salz und Muskat,
1 Eigelb.

Den geschuppten Fisch zuerst zerteilen, dann die Stücke sorgfältig ausnehmen, damit sie rund geformt bleiben, und waschen. Den Sud etwa 30 Min. vorkochen, durchsieben, die Fischstücke einlegen, 12 Min. ziehen lassen, herausnehmen, abhäuten und warmstellen. Zur Soße die gewiegte Zwiebel und das Mehl in der heißen Butter hellgelb dünsten, mit so viel Fischsud, wie Soße gewünscht wird, ablöschen und die Sahne, die gewiegten Kräuter, Salz und Muskat zufügen. Vor dem Anrichten das Eigelb unterrühren und die Fischstücke mit der Soße übergießen.

Schleie

Die Schleie, dem Karpfen verwandt, lebt in langsam fließenden Flüssen, in Seen und Teichen. Das Fleisch ist, außer von Mai bis Juli, das ganze Jahr über schmackhaft; Zubereitung nach Karpfenrezepten.

717
Schleie mit kalter Kräutersoße

1 kg Schleie, Fischsud oder Salzwasser (vgl. ***669****).*
Zur Soße:
4 Essl. Öl, 2 Essl. gewiegte Kräuter (Estragon, Dill, Petersilie, Schnittlauch),
3–4 Essl. Essig, Salz, Pfeffer,
etwas Fischsud.

Den Fisch vorbereiten und blau kochen (vgl. **669**). Zur Kräutersoße alle Zutaten mit etwas abgekühlter Fischbrühe gut mischen und mit Salzkartoffeln zum Fisch reichen.

Scholle

Schollen sind Plattfische oder Seitenschwimmer wie Steinbutt, Seezunge, Rotzunge, Heilbutt, Zungenbutt, Kliesche, Glattbutt und Flunder. Die obere Seite des flachen Körpers ist dunkelaschgrau oder braun, die untere weiß, wie auch das Fleisch, das besonders zart und leicht verdaulich ist. Im Handel werden auch Schollenfilets angeboten, frisch und tiefgefroren. Diese lassen sich besonders rasch und problemlos zubereiten.

718
Maischolle nach Finkenwerder Art

Pro Person 1 Scholle, evtl. gehäutet,
Zitronensaft,
Salz, evtl. etwas Pfeffer,
Mehl zum Wenden.
Zum Braten:
halb Butter, halb Öl,
100 g durchwachsener Speck.

Die ausgenommenen Fische mit Zitronensaft beträufeln, salzen, evtl. pfeffern und in Mehl wenden. Auf beiden Seiten goldbraun braten. In einem extra Pfännchen den feinwürfelig geschnittenen Speck auslassen; beim Servieren über die Schollen geben. Dazu schmecken neue Kartoffeln und ein frischer Kopfsalat.
Oder Scholle nach „**Büsumer Art**“: Anstatt Speckwürfelchen 300 g ausgepulte Krabben in etwas Butter mit Zitronensaft und reichlich gehackter Petersilie durchschmoren und über die fertig gebratenen Schollen geben.

Seehecht (Meerhecht, Hechtdorsch)

Der Seehecht gehört zur Familie des Kabeljaus und wird erst seit neuester Zeit in geringen Mengen angelandet. Größere Einfuhren tiefgefrorener Seehechtfilets stammen aus südamerikanischen Gewässern. Sein festes, weißes Fleisch hat einen feinen Geschmack und kann anstelle von Kabeljau verwendet werden (siehe Rezepte **690** bis **692**).

1 Plattfisch filetieren: Den Flossenkranz abschneiden.

2 Die Filets herauslösen.

3 Bauchlappen abschneiden und die Filets von der Haut lösen.

Seelachs

Mit der älteren Bezeichnung auch als „Köhler" bekannt, hat er doch nichts mit dem echten Lachs zu tun. Das Fischfleisch, leicht grau gefärbt, wird meist als Filet angeboten; es ist preiswert und eignet sich für Fischklöße, Fischauflauf (siehe S. 336), auch für Füllungen und paniert gebraten.
Besonders fein schmeckt Fischfilet mit einer Kruste aus Semmelbröseln, frischen Kräutern, feingehackt, und weicher Butter, gewürzt mit Salz und Pfeffer und etwas Zitronensaft (Variation: Senfsamen und wenig Kümmel).
Im Backofen in einer würzigen Soße ca. 8–10 Min. garen oder in Öl heiß anbraten, die Pfanne vom Herd ziehen, 2 Min. ruhen lassen, den Fisch wenden und fertig braten.

Seeteufel (Lotte de mer)

Lebt in den europäischen Gewässern und im Atlantik. Er hat einen sehr großen hässlichen Kopf, aber festes, weißes, sehr wohlschmeckendes Fleisch. Meist nur das Schwanzstück oder Filet oder Scheiben angeboten. Bei uns ist die Lotte fast nur tiefgefroren zu finden. Der Seeteufel ist Bestandteil vieler Fischeintöpfe, wie der **Bouillabaisse 605** oder **Bourride 608**. Der Seeteufel muss immer gehäutet werden und kann wie Kabeljau oder Seelachs verwendet werden.

Seezunge

Dieser Fisch, der fast das ganze Jahr über frisch zum Verkauf kommt, wird wegen seines zarten Fleisches besonders geschätzt. Kleine und mittelgroße Seezungen werden bevorzugt.

719

Seezunge, gedünstet

1 kg Seezunge.
Zum Sud: 3 l Wasser,
1 Essl. Salz, ½ Tasse Essig.
Zum Bestreuen:
gewiegte Petersilie,
Tomatenscheiben,
Zitronenschnitze.

Beim Vorbereiten der Seezunge die durch einen Einschnitt in die Schwanzspitze ein wenig gelöste Haut mit einem Tuch anfassen und abziehen. Den Kopf schräg abschneiden, durch die entstehende Öffnung das Innere ausnehmen, die Flossen mit einer Schere kürzen und den Fisch sorgfältig waschen. Ist der Sud lauwarm, den Fisch einlegen, rasch zum Sieden bringen, dann sofort die Hitze vermindern und den Fisch nur 10 Min. darin ziehen lassen. Sobald sich das Fleisch leicht von den Gräten löst, ist es gar; auf einer erwärmten Platte anrichten und mit reichlich Petersilie bestreuen. Tomatenscheiben und Zitronenschnitze ringsum legen und Holländische Soße **18** oder Krebssoße **12** dazu reichen.

720

Seezungenfilet mit Räucherlachs im Wirsingmantel

4 Seezungenfilets, küchenfertig,
Salz, weißer Pfeffer,
Saft von 1 Zitrone,
4 Scheiben Räucherlachs à ca. 50 g, 8 Wirsingblätter,
2 Schalotten, 40 g Butter,
ca. ⅛ l trockener Weißwein,
3-4 Essl. Crème fraîche,
1-2 Essl. Noilly Prat
(trockener Wermut).

Die Fischfilets mit Salz, Pfeffer und Zitronensaft marinieren und im Kühlschrank zugedeckt für kurze Zeit ziehen lassen. Vom Wirsing 8 schöne Blätter ablösen, ca. 2-3 Minuten blanchieren und ausbreiten. Die dicken Blattrippen flach schneiden. Jeweils zwei Blätter aufeinanderlegen, je 1 Fischfilet und 1 Scheibe Räucherlachs auflegen und die Blätter zunächst seitlich und dann vom Körper weg einschlagen (siehe Abb.). Mit Salz und Pfeffer würzen.
In einer feuerfesten Form die gehackten Schalotten in der Butter glasig werden lassen, mit Wein ablöschen und aufkochen. Die Wirsingrollen einlegen (mit der offenen Kante nach unten), die Form zudecken und die Seezungenfilets ca. 15 Min. bei milder Hitze garen. Die Rouladen herausnehmen und warm stellen. Den Bratfond mit Crème fraîche binden und mit Wermut abschmecken. Dazu schmeckt körnig gekochter Reis oder kleine Gemüsepuddings.

1 Seezungenfilet im Wirsingmantel **720**: Das Fischfilet auf das Wirsingblatt legen ...

2 und den Räucherlachs auflegen.

3 Wirsingblatt darüber einschlagen...

721

Seezungenfilets nach Helgoländer Art

2 Seezungen (etwa 1 kg),
1/2 l Weißwein (oder Fleischbrühe).
Zur Soße:
100 g Butter, 50 g Mehl,
Saft von 1/2 Zitrone, 1 Eigelb,
3 Essl. saure Sahne,
Salz und Pfeffer, Fischbrühe,
1 Essl. Krebsbutter oder
2–3 Essl. Tomatenmark.
Zum Verzieren:
Kartoffelmasse ***725****,*
gebackene Halbmonde aus Blätterteig, einige Krebsschwänze, Petersilie.

Die Filets vorbereiten, je zur Hälfte überklappen und in Weißwein gar dämpfen. Die Buttersoße herstellen, mit Fischbrühe ablöschen, die Hälfte der Soße bleibt weiß, die andere Häfte mit Krebsbutter oder mit Tomatenmark färben. Von der Kartoffelmasse einen Sockel auf eine längliche Platte im Halbkreis spritzen und rasch im heißen Backofen überbacken (Porzellanplatten auf ein dick mit Salz bestreutes Backblech stellen). Die warm gehaltenen Filets auf den Kartoffelsockel setzen, mit der dick eingekochten hellen Soße überziehen und mit den Krebsschwänzen verzieren. Die halbrunde freie Fläche mit der Tomatensoße ausfüllen und die Blätterteighalbmonde mit der Petersilie auf der Platte anordnen.
Für dieses Gericht lassen sich ebensogut die preiswerteren Schollenfilets verwenden.

4 und einrollen.

722

Seezungenfilet, in Weißwein gedämpft (Soles au vin blanc)

1 kg Seezunge, Salz und Pfeffer.
Zum Ausfetten: Butter,
1/4 - 3/8 lWeißwein, 1 kleine Zwiebel,
1/8 l Fischfond ***5****,*
Sauce hollandaise ***18****.*

Von der gehäuteten Seezunge das Fischfleisch durch einen Längsschnitt am Rückgrat entlang lösen und die Filets von den Gräten abtrennen (oder ausgelöste Filets kaufen). Nach dem Waschen leicht abtrocknen, klopfen, mit Salz und Pfeffer einreiben, die Filets einzeln aufrollen und in eine gefettete Kasserolle dicht nebeneinander setzen. Mit dem leicht erwärmten Weißwein und dem vorgekochten, durchgesiebten Fischfond (oder Wasser) übergießen, zudecken und 10 Min. bei schwacher Hitze ziehen, aber nicht kochen lassen; dann herausnehmen und warmstellen. Zur Soße den restlichen Fischfond mit Wein verwenden und daraus rasch eine Hollandaise rühren; die Filets auf einer Platte im Kranz anrichten, in die Mitte Fischkartoffeln geben und die heiße Soße darübergießen.

723

Seezungen, gebacken (Soles frites)

1 kg Seezunge,
Salz, Pfeffer, 1–2 Eier,
Weißmehl und feine Brösel,
Backfett.
Zum Anrichten:
einige Champignons oder Blumenkohlröschen,
Zitronenschnitze.

Die Seezungen häuten, kleine Fische nicht zerteilen, große in schräge Stücke schneiden; mit Salz und wenig Pfeffer einreiben, in Mehl, geschlagenem Ei (evtl. mit etwas Wasser vermischt) und in Bröseln wenden. Dann im heißen Fett schwimmend knusprig braun backen, auf Küchenkrepp entfetten. Auf einer vorgewärmten Platte anrichten, mit kleinen gedämpften Champignons oder gekochten Blumenkohlröschen und Zitronenschnitzen servieren. Dazu Remouladensoße reichen.

724

Seezunge Colbert

1 große Seezunge (etwa 3/4 kg),
Salz, Saft von 1/2 Zitrone,
1/4 l Milch, 3 Essl. Mehl, 1 Ei,
6 Essl. feine Semmelbrösel,
Fett oder Öl zum Backen.
Zur Kräuterbutter:
40 g Butter,
1 Essl. fein gewiegte, gemischte Kräuter (Estragon, Kerbel, Petersilie),
1 Schalottenzwiebel,
Salz, Paprika, Saft von 1/4 Zitrone,
1 Messersp. Fleischextrakt oder Hefewürze.

Die Seezunge häuten, die obere Filetseite der Länge nach bis zur Gräte aufschneiden, das Fischfleisch etwas auseinanderdrücken und zurückbiegen. Die Mittelgräte am oberen und unteren Ende durchschneiden, damit sie nach dem Backen leicht herausgelöst werden kann. Den Fisch mit Salz und Zitronensaft einreiben, kurze Zeit in Milch legen und nach dem Abtropfen in Mehl, gequirltem Ei und Semmelbröseln wenden; dann in Fett oder gutem Öl schwimmend hellbraun backen.
Zur Kräuterbutter die Butter schaumig rühren und die fein gewiegten Kräuter und Zwiebel, Zitronensaft, Gewürz und Fleischextrakt zugeben. Nach dem Herausnehmen der Mittelgräte den Einschnitt mit der Kräuterbutter füllen.

725

See- oder Rotzungen, gratiniert

Für 6 Personen
2 See- oder Rotzungen (je etwa ¾ kg).
Zum Sud:
⅜ l Weißwein, ⅜ l Wasser,
⅛ l Weinessig, 1 Zwiebel,
1 Lorbeerblatt, 1 Nelke,
6–8 Pfefferkörner,
1 Zitronenscheibe, Salz.
Zur Soße:
40–60 g Butter, 60 g Mehl,
Fischsud, 2 Sardellen,
1 Teel. gewiegte Petersilie,
4–6 Essl. dicke saure Sahne.
Zur Kartoffelmasse:
6 große Kartoffeln, 40 g Butter, 1 Ei,
etwas Salz und Muskat,
evtl. 6 kleine Tomaten.
Zum Bestreuen:
2 Essl. geriebener Käse,
2 Essl. Semmelbrösel,
Butterflöckchen.

Die See- oder Rotzungen vorbereiten und die Filets ablösen. Im Sud zuerst die Gräten auskochen, dann den Sud durchsieben und die Filets 6–8 Min. darin ziehen lassen. Auf einer feuerfesten Platte anrichten und warmstellen. Inzwischen von Butter, Mehl und etwas Fischsud eine dicke Buttersoße zubereiten, etwa 10 Min. kochen und die gewässerten, gewiegten Sardellen, Petersilie und Sahne zufügen; würzig abschmecken und durchpassieren. Zur Kartoffelmasse die geschälten, zerteilten Kartoffeln über Dampf weich kochen, durchpassieren und die Butter, das Ei, Salz und Muskat untermischen. Dann durch den Spritzsack mit der Sterntülle einen Rand um den Fisch spritzen, evtl. überkreuzt eingeschnittene Tomaten dazwischen setzen und die fertige, dickflüssige Soße über den Fisch gießen. Zuletzt Käse, Semmelbrösel und einige Butterflöckchen obenauf geben und das Ganze im vorgeheizten Backofen unter dem Grill minutenschnell überbacken.

Tipp:
Fast alle Fische, auch Fischreste und auch Schaltiere, können gratiniert werden. Der Käse, der zum Gratinieren gebraucht wird, soll kein Geschmacksgeber sein – deshalb sparsam verwenden. Das Gratinieren soll rasch erfolgen, sonst wird die Speise zu trocken!

Sprotten, Sardellen, Sardinen

sind kleine Seefische und gehören zur Gattung der Heringe. Die Sprotten kommen gesalzen und geräuchert, die Sardellen – meistens als Filet – gesalzen oder in Öl, Sardinen vor allem als Ölkonserven in den Handel; es gibt auch tiefgefrorene und in guten Fischgeschäften auch frische Sardinen. Ausgewachsene Sardinen heißen auch Pilchards und können bis zu 30 cm lang werden.

726

Sardinen vom Grill

300 g Sardinen, tiefgefroren
(1 Packung) oder 16 frische Sardinen,
Salz und Pfeffer, Zitronensaft,
2 Essl. Olivenöl,
ein paar Tropfen flüssige
Knoblauchwürze, Zitronenschnitze,
frische gehackte Petersilie.

Die tiefgefrorenen Sardinen auftauen lassen; die Fische aufschlitzen, ausnehmen und waschen. Mit Salz, Pfeffer und Zitronensaft würzen. Ein großes Stück Alufolie „extra stark" mit Olivenöl bepinseln, evtl. etwas Knoblauch zugeben, auf den Grill über gut durchgeglühte Holzkohle legen (die Kanten etwas hochbiegen, damit das Öl nicht in die Glut fließt). Die Sardinen von beiden Seiten ca. 5–6 Min. grillen. Auf einer vorgewärmten Platte mit Zitronenschnitzen und Petersilie anrichten. Dazu einen bunten Salat und frisches Weißbrot reichen. Sardinen vom Grill können als Vorspeise oder kleines Gericht serviert werden.
Oder die Fische mit frischem Fenchelkraut füllen und grillen.

727

Gefüllte Sardinen

600 g frische Sardinen (beim Fischhändler vorbestellen), Köpfe und Mittelgräten entfernt,
Mehl, vermischt mit Salz und Pfeffer,
2–3 Essl. Olivenöl.
Füllung:
2 Essl. Olivenöl, 60 g Semmelbrösel oder Weißbrotkrumen,
30 g Pinienkerne,
1–2 Knoblauchzehen, fein gehackt,
30 g Rosinen oder Korinthen, 10 Min. in lauwarmem Wasser eingeweicht,
½ Bund glattblättrige Petersilie,
einige Stängel Minze,
Saft von 1 Zitrone und 2 Orangen,
einige Lorbeerblätter,
evtl. 100 ml trockener Weißwein.

Die vorbereiteten Sardinen waschen und trocknen. Aufgeklappt im gewürzten Mehl wälzen, überschüssiges Mehl abschütteln. Im erhitzten Öl von jeder Seite 1 Min. braten und beiseite legen. Für die Füllung Olivenöl erhitzen, die Semmelbrösel mit den Pinienkernen darin hellbraun braten. Knoblauch dazu geben, mitbraten, Rosinen einlegen, gehackte Petersilie und Minze einrühren. Die Füllung sollte nicht feucht sein. Mit Salz und Pfeffer abschmecken.
Den Backofen auf 180 °C vorheizen (G.-Herd 2–3). Die Sardinen mit der Haut nach unten auf die Arbeitsplatte legen und mit der Füllung bestreichen. Die Fische aufrollen, in die Backform legen (Schwänzchen nach oben), mit Zitrussaft besprenkeln, einige Lorbeerblätter zwischen die Fische stecken. Evtl. mit Weißwein aufgießen. Auf der mittleren Schiene 18–20 Min. backen. Ein Sommeressen mit Ciabattabrot oder gewürztem Fladenbrot **2091**.

1 Plattfisch- bzw. Steinbutt-Steaks: Mit der dunklen Seite nach oben legen und den Kopf abtrennen.

Steinbutt

Dieser größte und feinste Plattfisch, dessen eine Seite weiß, die andere wassergrau ist, hat festes, weißes Fleisch, das von Anfang Oktober bis Ende März am besten schmeckt; der Steinbutt kommt meist ohne den Schleim, der ihn umgibt, in den Handel und braucht nur kurz gewaschen zu werden. Die weiße Seite bleibt durch Einreiben mit Zitronensaft oder Mitkochen von Zitronenschnitzen im Sud hell.

728

Steinbutt (Turbot), gedünstet

1 Steinbutt (1½ -2 kg),
Saft von 1 Zitrone.
Zum Sud:
2–3 l Wasser, 1 Essl. Salz,
⅛ l Weißwein,
1 Zwiebel in Scheiben,
Suppengrün,
evtl. 1 Stück Staudensellerie,
Petersilie, 1 Lorbeerblatt,
einige Pfeffer- und Senfkörner,
2–3 Champignons,
2 Zitronenschnitze.
Zum Anrichten:
100 g zerlassene Butter.

Den Fisch auf der wassergrauen Seite am Kopf einschneiden, durch diese Öffnung sorgsam ausnehmen und die Flossen mit der Schere kürzen. Den Steinbutt kurz waschen, trocknen, mit Zitronensaft überpinseln, den Kopf umschnüren und den Fisch mit der weißen Seite nach oben in den Kesseleinsatz legen. Den kalten Sud darübergießen, zum Kochen bringen und nach dem ersten Aufwallen die Siedehitze vermindern; im Sud etwa 40 Min. (2 kg erfordern diese Garzeit) ziehen lassen, den Einsatz herausheben und den Fisch auf einer erwärmten Platte anrichten. Zerlassene Butter oder Holländische oder Dillsoße und Salzkartoffeln dazu reichen.
Oder den Steinbutt im Sud halbgar kochen und wie **725** gratinieren.

Fehlt ein Fischkessel mit Einsatz, den Steinbutt der Länge nach spalten, Kopf entfernen und die Fischhälften in Stücke von etwa 250 g teilen; die Einzelstücke in den kochenden Sud einlegen, die Hitze sofort zurücknehmen und jeweils eine Garzeit von 15 Min. rechnen.

729

Steinbutt- (Turbot-) Steaks

1 Steinbutt (ca. 2 kg),
Salz, Pfeffer,
3 Essl. Mehl, 1 Essl. Butter.

Den Steinbutt wie unten abgebildet vorbereiten und in Scheiben schneiden. Mit Salz und Pfeffer würzen, in Mehl wenden und in Butter von jeder Seite 1 Minute braten.
Auch andere Plattfische lassen sich so zubereiten. **Schwarzer Heilbutt** eignet sich dafür besonders gut.

Thunfisch

Thunfisch ist eine große Makrelenart, die vorzugsweise im Mittelmeerraum und in Japan verwendet wird. Der Gelbflossenthunfisch (Yellowfin tuna) und der Rote Thunfisch (Bluefin tuna) sind beliebte Sushi-Zutaten und ihr zartes, wohlschmeckendes Fleisch ist so begehrt, dass diese Fische durch skrupellose Überfischung vom Aussterben bedroht sind. Ihr Fleisch ist knapp und sehr teuer geworden. Daher empfiehlt es sich, auf andere Arten, wie Seelachs, Lachs oder Kapseehecht, auszuweichen, die auch tiefgekühlt angeboten werden. Zum Auftauen werden sie einfach in ein Glas- oder Keramikgefäß gelegt und über Nacht in den Kühlschrank gestellt.

730

Thunfisch, gebraten

600 g frischer Thunfisch aus dem Mittelstück, in daumendicke Scheiben geschnitten,
ersatzweise Lachskoteletts,
Meersalz,
Mehl, gewürzt mit Pfeffer, etwas Chilipulver und scharfer Currymischung,
Pflanzenöl oder Butterfett zum Braten.

Die Fischscheiben von beiden Seiten schwach salzen und 15 Min., leicht beschwert, kühl stellen. Dann trocken tupfen und durch das gewürzte Mehl ziehen, überschüssiges Mehl abklopfen. In einer großen Pfanne das Fett erhitzen und die Fischsteaks von jeder Seite knapp 2 Min. anbraten. Die Pfanne vom Herd nehmen den Fisch noch 4–5 Min. ruhen lassen. Thunfisch sollte innen noch saftig und rosa sein, durchgebraten schmeckt er nicht. Wer ihn noch „roher“ wünscht, kann die Bratzeit verkürzen.
Als Beilage passen Blattsalate oder Ratatouille **630**, knuspriges Weißbrot und Zitronenachtel zum Beträufeln.

2 Der Länge nach halbieren ...

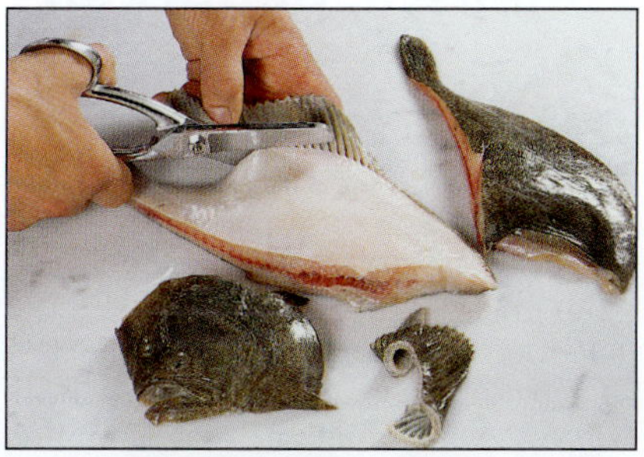

3 und den Flossenkranz abtrennen

4 Tranchen schneiden.

Waller (Wels)

Wird in der Donau und im Bodensee gefangen, seit einiger Zeit wird er auch gezüchtet. Sein weißes Fleisch schmeckt sehr fein; er kann wie Forelle blau oder auf einem Gemüsebett gedünstet zubereitet werden. Der Waller kann sehr groß werden, es empfiehlt sich dann, beim Fischhändler Scheiben (ca. 2 cm dick) zu kaufen und diese weiterzuverarbeiten.

731

Wallerscheiben auf Spinat

600 g Waller, in Scheiben geschnitten, Salz,
400 g Spinat, möglichst kleine Blätter, Butter,
1 Essl. gehackte Schalotten,
1/8 l Weißwein, 1/8 l Wasser.
Zur Soße:
Garflüssigkeit,
40 g schaumig gerührte Butter,
1/8 l süße Sahne,
2 Essl. gehackte Petersilie,
2 Essl. geröstete Mandelstückchen.

Die Wallerscheiben leicht salzen. Den geputzten Spinat in kochendem Wasser kurz blanchieren, sofort herausnehmen und in eiskaltem Wasser abschrecken. In einer feuerfesten Form die Butter zerlassen, Schalotten darin andünsten, den Spinat darüber verteilen, darauf die Wallerscheiben legen und mit Wein und Wasser angießen. Die Form in den vorgeheizten Backofen stellen und den Fisch garen.
E.-Herd 200 °C/G.-Herd 3
15 Minuten
Die Garflüssigkeit in einen Topf gießen (Fischscheiben und Gemüse mit Alufolie abgedeckt warmhalten), die schaumig gerührte Butter unterschwenken, Sahne zugeben, die Soße kurz aufkochen, dann die Petersilie zugeben. Den Waller entweder in der Form oder auf einer vorgewärmten Platte anrichten; den Spinat noch mit gerösteten Mandelstückchen bestreuen, danebenlegen und über jede Portion die Soße geben.

732

Waller im Wurzelsud

Für 6 Personen
1 Waller, ca. 1,5 kg, Zitronensaft.
Wurzelgemüse:
50 g Karotten, 50 g Lauch,
50 g Sellerie,
50 g Staudensellerie,
50 g Petersilienwurzel,
100 g Zwiebeln, 50 g Butter,
1/2 l trockener Weißwein,
1/2 l Fischfond ***5****,*
40 g Butter mit Mehl verknetet,
Kerbel oder Petersilie,
Salz.

Den Fisch küchenfertig vorbereiten lassen, mit Zitronensaft marinieren.
Das Gemüse putzen, waschen und in größere Stücke schneiden. Die Butter in einem ovalen Fischkessel zerlassen, das Gemüse nacheinander darin anschwitzen, mit Wein und Fond ablöschen und den Fisch einlegen. Bei milder Hitzezufuhr in ca. 30–40 Min. bei aufgelegtem Deckel garziehen lassen. Den Waller (im Ganzen) herausheben, auf eine vorgewärmte Platte legen und das Gemüse darumlegen. Warmhalten; die Flüssigkeit stark einkochen, mit Mehlbutter binden und mit frischen Kräutern und Salz würzen. Dazu passen Salzkartoffeln.

Weißfisch

Dieser Süßwasserfisch (ein Fisch mit vielen Gräten) schmeckt gebacken am besten.

733

Weißfisch, gebacken

3/4 kg Fisch, Salz, Pfeffer,
2 Essl. Mehl, 1 Ei,
Semmelbrösel, Backfett.

Die Fische sorgfältig schuppen, ausnehmen, unzerteilt mit Salz und Pfeffer einreiben und 30 Min. durchziehen lassen; in Mehl, gequirltem Ei (evtl. mit wenig Wasser vermischt) und Semmelbröseln wenden und etwa 8 Min., im heißen Fett schwimmend, backen. Dazu schmeckt Kartoffelsalat.

Zander

Schill oder Hechtbarsch wird dieser Fisch auch genannt; er ist ein dem Hecht ähnlicher Raubfisch und hat eine blaugraue Farbe mit schwarzgrauen Querstreifen. Das Fleisch ist überaus schmackhaft und leicht verdaulich. Am fettesten ist der Zander im Herbst und Winter. Zubereitung nach Hechtrezepten.

734

Zander, mit Rahm gedämpft

Für 6 Personen
1 1/2 kg Zander, Salz, Pfeffer,
Saft von 1 Zitrone.
Zum Dämpfen:
100 g Butter, 4 Schalotten,
1 Bund Petersilie, 6 Champignons,
1/4 l dicker saurer Rahm,
1 Glas Weißwein,
1 Teel. Speisestärke, 2 Sardellen,
etwas Bratensoße (evtl. aus einem Soßenwürfel hergestellt).
Fischkartoffeln ***1221****,*
1 Essl. gewiegte Petersilie.

Den Fisch schuppen und häuten, die beiden Filets von den Gräten lösen, das Innere gut auswaschen, die Filets abtrocknen und in schräge Stücke schneiden. Mit Salz und Pfeffer bestreuen, mit Zitronensaft beträufeln und kurze Zeit durchziehen lassen. Inzwischen in der heißen Butter die fein gewiegte Zwiebel und gehackte Petersilie und die vorbereiteten, würfelig geschnittenen Champignons dämpfen; die Filetstücke einlegen, auf beiden Seiten anbraten, Rahm und Wein zugießen und noch 4 Min. dünsten. Dann herausnehmen und bis zum Anrichten warm stellen. Die Soße mit der kalt angerührten Speisestärke aufkochen, sämig eindicken, dann die gewässerten, zerdrückten Sardellen und die Bratensoße zufügen. Die Filetstücke beim Anrichten mit einem Teil der Soße übergießen, in der Mitte der Platte gekochte Fischkartöffelchen häufen, Petersilie darüberstreuen und einige Zitronenschnitze dazwischensetzen. Die übrige Soße extra reichen (bei Dosenchampignons genügt es, sie in der Soße mitzukochen).

Verschiedene Fischgerichte

735 Fischhackbraten

Für 4–6 Personen
1 kg Fischfilet,
2 trockene Brötchen,
Salz, Pfeffer, Muskat,
1 kleine, geriebene Zwiebel,
Saft von ½ Zitrone, 1 Ei,
1 Essl. geriebener Käse,
Semmelbrösel, Backfett,
Fleischbrühe.
Zur Soße: 1 Essl. Speisestärke,
⅛ l saure Sahne oder Milch,
etwas Senf.

Am besten sind Filets von größeren Fischen wie Kabeljau, Seelachs oder Schellfisch. Die gewaschenen Filetstücke mit den abgeriebenen, eingeweichten und ausgedrückten Brötchen zweimal durch die feine Scheibe des Fleischwolfs drehen oder portionsweise im Mixer pürieren; Salz, Gewürz, Zwiebel, Zitronensaft, das Ei und den geriebenen Käse zufügen, alles gut vermischen und den Fischteig zu einem länglichen Braten formen; in Semmelbröseln rollen, in heißem Fett ringsum anbraten, mit wenig Fleischbrühe oder Wasser ablöschen und in 30–40 Min. unter öfterem Beträufeln gar werden lassen. Dann herausnehmen, warm stellen, unter den Bratensatz die mit der sauren Sahne angerührte Speisestärke mischen, die Soße kurz aufkochen, evtl. noch mit Fleischbrühe verdünnen und durchsieben. Beim Anrichten den Fischbraten mit Senf bestreichen, die Soße darübergießen und dazu Gemüse, Salzkartoffeln oder grünen Salat reichen.

736 Fischbratlinge oder -klöße

Aus dem Fischhackteig **735** runde Küchlein formen, in Semmelbröseln wenden und 8 –10 Min. in heißem Fett auf beiden Seiten goldbraun braten. Dazu Kartoffelsalat reichen.
Oder aus dem Fischteig kleine Klößchen formen oder mit einem Esslöffel abstechen, in eine Butter-, Tomaten- oder braune Soße einlegen, etwa 10 Min. darin ziehen lassen und mit Salzkartoffeln servieren; **oder** die Klöße als Einlage zu Fischsuppen verwenden.

737 Pichelsteiner mit Fisch

Für 6 Portionen
Etwa 1 kg Schellfisch oder
Kabeljau, Zitronensaft, Pfeffer,
1 kleine, gewiegte Zwiebel,
20 g Butter,
1 kg gemischtes Gemüse
(z. B. Gelbe Rüben, Sellerie, Lauch,
Wirsing oder Weißkraut),
etwas Kümmel, wenig Salz,
250 g rohe Kartoffelscheiben.

Den Fisch in Filetstücke teilen, abtrocknen, in Würfel schneiden, mit Zitronensaft und Pfeffer würzen und durchziehen lassen. In einem gut schließenden Topf in der heißen Butter die Zwiebel glasig schwitzen, das vorbereitete, klein geschnittene Gemüse kurz mitdünsten, mit Kümmel und wenig Salz würzen und so viel Wasser zugießen, dass die Gemüse knapp bedeckt sind. Den Topf schließen, die Gemüse halbweich kochen, dann erst die Kartoffelscheiben zugeben. In den letzten 15 Min. Kochzeit die Fischstücke einlegen und mitgaren lassen.

738 Fischtimbales

Vorspeise für 6–8 Personen
600 g Fischfleisch (Forelle, Lachs,
Seezunge), 1 Essl. Butter,
1–2 sehr fein gewiegte Schalotten
oder Frühlingszwiebelchen (nur das
Weiße), 175 ml süße Sahne,
1 Essl. Zitronensaft,
abgeriebene Schale von ¼ Zitrone,
Salz, Pfeffer, 1 Eiweiß,
100 g Sauerampferblättchen, evtl.
vermischt mit Spinatblättchen.

Das Fischfleisch sorgfältig von Haut und allen Gräten befreien, gekühlt einmal durch die feine Scheibe des Fleischwolfs drehen oder kurz in den Mixer geben. In der erhitzten Butter die Zwiebelwürfelchen kurz andünsten und abgekühlt mit der Sahne zur Fischmasse geben. Mit Zitronensaft, der Schale, Salz und Pfeffer würzen und das leicht geschlagene Eiweiß unterziehen. 6 oder 8 Timbale-Förmchen (Becherpasteten-Förmchen) gut ausbuttern, etwas Fischmasse einfüllen, darauf einige zarte Sauerampferblättchen (evtl. vorher kurz in kochendes Wasser legen, dann gut ausdrücken und etwas trockentupfen) und zuletzt wieder Fischmus füllen. Die Förmchen gut mit Alufolie verschließen und im sacht kochenden Wasserbad ca. 20 Min. garen (pochieren).
Die Fischtimbales auf Portionstellern mit Soße **23**, einigen Blättchen leicht mariniertem Frisée bestreut mit gehäuteten Tomatenwürfeln servieren. Dazu schmeckt knuspriges Weißbrot.

739 Einfacher Fischauflauf

Für 6 Personen
1 kg beliebiger Fisch oder Fischfilet, auch Reste.
Soße: 60 g Butter, 80 g Mehl,
¼ l Milch oder süße Sahne,
Fischsud, Salz, Muskat.
2–3 Eier, getrennt, 1 Essl. Parmesan.
Butter und Semmelbrösel für die Form.

Den Fisch, wenn nötig, häuten, entgräten und in kleine Blättchen teilen.
In der zerlassenen Butter das Mehl hell anschwitzen, mit Milch oder Sahne und Fischsud ablöschen, würzen und gut durchkochen, erkalten lassen. Unter die kalte Soße die Eigelb und den Parmesan rühren, die Fischblättchen und den steif geschlagenen Eischnee leicht unterheben und die Masse in eine mit Butter ausgestrichene und mit Semmelbröseln bestreute Form füllen. Im vorgeheizten Backofen aufziehen.
E.-Herd 175–200 °C/G.-Herd 2-3
Ca. 30 Minuten
Die Masse kann auch in Muschelförmchen überbacken werden.

740 Fischauflauf mit Broccoli oder Blumenkohl

500 g Broccoli oder Blumenkohl, leicht gesalzenes Wasser.
Fett für die Form,
750 g Seefischfilet, Zitronensaft,
Salz und Pfeffer, 2 Eier,
⅛ l Milch, Salz,
1 Prise Muskat,
40 g geriebener Emmentaler oder Parmesan,
40 g in wenig Butter geröstete Mandelblättchen oder Haselnussstückchen.

Den Broccoli (oder Blumenkohl) in Röschen zerteilen, die Stängel zu einem Salat verwenden. Die Röschen im Siebeinsatz des Dampfdrucktopfes ca. 2–3 Min. halbweich garen. Herausnehmen und kurz unter kaltem Wasser abschrecken. Eine feuerfeste Form leicht ausfetten, das in Würfel geschnittene und gewürzte Fischfilet mit den Broccoliröschen hineinschichten. Die Eier mit Milch verquirlen, leicht mit Salz und Muskat würzen und über den Auflauf gießen. Obenauf den geriebenen Käse streuen und im vorgeheizten Backofen backen.
E.-Herd 200 °C/G.-Herd 3
Ca. 20–25 Minuten
Den Auflauf in der Form zu Tisch bringen, mit gerösteten Mandelblättchen bestreuen. Dazu Pellkartoffeln reichen.
Oder den Auflauf mit einer Kruste überbacken: 100 g Cornflakes zerstoßen, mit 2 Eiern, Salz, Pfeffer, frischen gehackten Kräutern vermischen, über den Auflauf streichen. Butterflöckchen aufsetzen und die Form überbacken.

741 Fischpudding

750 g Fischfilet (Seelachs),
1 kleine, gewiegte Zwiebel,
1 Essl. Petersilie, 20 g Butter,
2–3 trockene Brötchen,
2 Eigelb,
20 g Emmentaler,
Salz, Pfeffer,
Schnee von 2 Eiern.

Das rohe Fischfleisch ohne Haut und Gräten zweimal durch die feine Scheibe des Fleischwolfes drehen oder portionsweise im Mixer pürieren. In wenig Butter zuerst Zwiebel und Petersilie hell dünsten, dann die abgeriebenen, eingeweichten, ausgedrückten Brötchen mitdünsten, die übrigen Zutaten untermischen und alles mit dem Fischhackfleisch gut vermengen; zuletzt den steifen Eischnee unterziehen. Den Fischpudding in einer gut gefetteten Form mit Deckel im Wasserbad 30–45 Min. kochen, stürzen und mit einer Tomaten-, Kapern- oder Sardellensoße servieren.

742 Fischkrusteln

500 g Fischfleisch ohne Haut und Gräten,
1 Essl. Butter,
1 Essl. Mehl,
etwas Fleischbrühe oder Würfelbrühe, 2 Eigelb,
Zitronensaft,
abgeriebene Schale von ¼ Zitrone,
Salz, Pfeffer,
2–3 Essl. fein gehackte frische Kräuter nach Wahl,
2 Eiweiß.
Zum Panieren:
Mehl, verschlagenes Ei, Semmelbrösel oder grobes Weizenschrot,
Öl oder Kokosfett zum Ausbacken.

Das schiere Fischfleisch zweimal durch die feine Scheibe des Fleischwolfs treiben oder im elektrischen Blitzhacker zu einer geschmeidigen Masse zerkleinern. Aus Butter und Mehl unter Zugabe von etwas Brühe eine helle Schwitze zubereiten, unter die Fischmasse arbeiten. Die Eigelb sowie die Gewürze und kleingehackten Kräuter zufügen. Zuletzt die leicht geschlagenen Eiweiß unterziehen. Die Masse auf eine Platte etwa 1 cm dick aufstreichen (mit einem immer wieder in kaltes Wasser getauchten Spatel) und erkalten lassen. Dann beliebige Ringe oder andere Formen ausstechen, diese panieren und entweder in der Pfanne in viel Fett schwimmend oder in der Friteuse ausbacken.
Friteuse-Ausbacktemperatur: 180 °C
Auf Küchenkrepp entfetten und auf einer vorgewärmten Platte mit Zitronenschnitzen, beliebigen Kräuterbüschelchen und Tomatenachteln servieren.
Dazu passen: eine große Salatplatte oder Gemüseplatte, in Kräuterbutter geschwenkte Kartöffelchen oder frisches Brot.

743

Seefische, im Wasserbad gekocht

1–1½ kg Fische (Merlan, Scholle oder Schellfisch), Salz,
Saft von 1 Zitrone, Suppengrün,
1 kleine Zwiebel, 6 Pfefferkörner, 30–40 g Butterflöckchen.
Zur Soße:
40 g Butter, 2 Essl. Mehl, Fischbrühe,
1 Essl. gewiegte Petersilie oder Kerbel.

Größere, vorbereitete Fische in Stücke teilen, kleinere nicht zerschneiden, mit Salz und Zitronensaft einreiben und 1 Std. durchziehen lassen. Dann in eine gefettete Puddingform legen, das zerkleinerte Suppengrün, die gewiegte Zwiebel, das Gewürz und die Butterflöckchen zugeben, die geschlossene Form in ein kochendes Wasserbad stellen, auch das Wasserbad zudecken und den Fisch 30 Min. im eigenen Saft garen. Inzwischen eine Buttersoße zubereiten und über den fertigen, auf einer Platte (ohne Suppengrün) angerichteten Fisch gießen. Die Petersilie überstreuen und dazu gedämpften Reis oder Salzkartoffeln reichen.

744

Frikassee von Seefischen

750 g Seelachs, Rotbarsch oder anderes Fischfilet, Salz, Pfeffer,
Saft von 1 Zitrone oder 2 Essl. Essig,
350 g Spinat oder
250 g frische Pilze,
etwas Butter zum Dünsten der Pilze und Ausfetten der Form,
100 g geriebener Käse.
Zur Buttersoße:
40 g Butter, 50 g Mehl,
2 Essl. Weißwein, 1 Eigelb,
⅛ l dicke, saure Sahne,
etwas Salz und Paprika,
einige Butterflöckchen.

Das vorbereitete Fischfleisch in kleinere Stücke schneiden und mit Salz, Pfeffer, Zitronensaft oder Essig 1 Std. marinieren. Den Spinat in leicht gesalzenem Wasser ca. 3–4 Min. kochen und nach dem Abtropfen in die Mitte einer gefetteten Auflaufform (oder an Stelle des Spinats die in Butter vorgedünsteten Pilze) setzen. Die Fischstücke im geriebenen Käse wenden und ringsum legen; die Buttersoße darübergießen, etwas Reibkäse aufstreuen, Butterflöckchen obenauf geben und das Frikassee im gut vorgeheizten Backofen bei mittlerer Hitze hellbraun backen.
E.-Herd 200 °C/G.-Herd 3
Ca. 30 Minuten

745

Fischfrikassee mit Bries und Krebsen

500 g gekochter Seefisch,
1 Kalbsbries,
10 Flusskrebse,
70 g Butter, 60 g Mehl,
Fleischbrühe, ⅛ l Weißwein,
Saft von ½ Zitrone, Salz, Pfeffer,
1 Prise Muskat,
evtl. 200 g frische Champignons.

Den erkalteten Fisch häuten, von den Gräten befreien und in Stückchen zerteilen. Das Bries nach **980** vorbereiten und 15 Min. in der Fleischbrühe garen, die Flusskrebse nach **775** kochen. Bries in Scheiben schneiden, die Krebse aus den Schalen brechen.
Aus Butter und Mehl eine helle Einbrenne herstellen, mit kräftig gewürzter Fleischbrühe und Weißwein ablöschen, gut durchkochen lassen und abschmecken. Evtl. die Champignons, in feine Scheiben geschnitten ca. 5 Minuten mitgaren. Fischstückchen, Briesscheiben und Krebse hineingeben und erwärmen.
Das Frikassee entweder in einem Blätterteigring oder in kleinen Pastetchen **283** servieren.

746

Fische vom Rost

Den vorbereiteten Fisch (kleine nicht zerteilen, größere in dicke Scheiben schneiden oder beide Fischhälften, am Rücken beginnend, von den Gräten lösen und in Stücke teilen) mit Salz und Pfeffer einreiben, kurz durchziehen lassen und in Mehl wenden; dann in zerlassene Butter tauchen, mit Semmelbröseln bestreuen und auf dem heißen Rost bei mittlerer Ober- und Unterhitze (oder im Backofen oder im Grillgerät) auf beiden Seiten hellgelb braten.
Oder den vorbereiteten, nur eingesalzenen Fisch ohne Fettzugabe auf den heißen Rost legen, bei starker Oberhitze etwa 10 Min. grillen, dann wenden, öfter mit dem ablaufenden Saft beträufeln und weitere 10 Min. grillen (die Gebrauchsanweisungen für bestimmte Herdtypen beachten!).

747

Fischcurry

20 g Butter oder Pflanzenöl,
1 Zwiebel, 1 Knoblauchzehe,
½ Teel. Kreuzkümmelsamen
1 säuerlicher Apfel,
1–2 Teel. Curry, je nach Schärfe,
⅛ l Brühe (Fischbrühe oder Würfelbrühe), ⅛ l Wein,
1 mittelgroße Kartoffel,
750 g Fischfleisch (auch Tiefkühlfisch), gewürfelt,
⅛ l süße Sahne oder Kokossahne,
Salz, Zitronensaft,
evtl. feingeschnittenes Grün von Frühlingszwiebeln.

Im heißen Fett die sehr fein gehackte Zwiebel und zerdrückte Knoblauchzehe hell andünsten, Kreuzkümmel dazugeben, den geschälten Apfel nicht zu grob dazu raffeln und mit Curry überstäuben. Unter Rühren durchschmoren, die Brühe und den Wein zugießen und die geschälte Kartoffel fein hinein reiben. Das in Würfel zerteilte Fischfilet einlegen, mit Sahne nach Wahl aufgießen und ca. 8–10 Min. bei milder Hitze garen. Mit Zitronensaft und Salz abschmecken. Evtl. mit dem Grün von Frühlingszwiebeln bestreuen.

748 Fischragout

Gekochtes Fischfleisch ohne Haut und Gräten (evtl. Reste) in kleine Stücke teilen, unter eine fertig zubereitete Tomatensoße oder Buttersoße mengen und in kleine Pastetchen oder in eine große Blätterteigpastete füllen.

749 Fisch in der Salzkruste

1 Seefisch, ca. 1,5 kg,
ca. 2–2½ kg grobes Meersalz,
4 Eiweiß
oder 2 Eiweiß, ⅕ l Wasser.
Gemüse zum Füllen:
1 Gelbe Rübe,
1 Stück Staudensellerie,
1 kleine Zwiebel,
2 Stängel Petersilie,
einige Zitronenscheiben.
Oder Dill oder frisches Fenchelkraut.

Den Fisch nach Wahl ausnehmen, schuppen, waschen, Flossen und Kiemen abschneiden und trockentupfen. Das Salz mit dem leicht geschlagenen Eiweiß vermischen. Auf ein tiefes Backblech (Fettwanne) eine Schicht Salz streichen. Den Fisch mit den zerkleinerten Gemüsen oder nur mit Dill oder Fenchelkraut füllen, auf das Salzbett legen und mit Salz umhüllen, etwas andrücken. Im vorgeheizten Backofen ca. 30 Min. (Edelfisch wie Lachs) bis 45 Min. (Seefisch) garen.
Entweder E.-Herd 200 °C/G.-Herd 3 oder nur 15 Min. im E.-Herd 250 °C/ G.-Herd 5, dann die Hitze abschalten. Während der Garzeit die Salzkruste öfter mit Wasser bestreichen, der Fisch wird dann saftiger.
Den Fisch in der Form servieren und erst bei Tisch das Salz abklopfen. Den Fisch in einzelnen Filets ablösen und dazu Soße **12** oder **23** reichen.

> **Tipp:**
> *Sollte die Salzkruste zu weich sein, etwas Mehl einarbeiten.*

750 Fischspieße

400 g durchwachsener Speck,
400 g Fischfilet, 300 g frischer Aal,
Salbeiblätter, 2 große Zwiebeln,
1 rote Paprikaschote.
Zum Bestreichen:
2 Essl. Zitronensaft,
Salz, frisch gemahlener Pfeffer,
1 Prise Cayenne, Olivenöl.

Den Speck, das Fischfilet und den Aal in Würfel schneiden, die Zwiebeln und Paprikaschote in Viertel bzw. Stücke teilen. Die Aalstücke mit Salbeiblättern umhüllen. Zum Bestreichen eine Soße aus Zitronensaft, den Gewürzen und Olivenöl rühren. Die Zutaten abwechselnd auf Metallspieße stecken und über dem Holzkohlengrill unter Bestreichen mit der Ölsoße 8–10 Min. grillen.
Oder die Spieße in eine gut eingefettete Grillpfanne legen, öfter wenden und mit der Ölsoße bestreichen.
Oder ganze kleinere Fische, wie kleine Heringe, Makrelen oder Meerbarben (evtl. tiefgekühlt und aufgetaut), waschen, trocknen; in die Bauchhöhlung entweder frische Lorbeerblätter oder Petersilienstängel oder Estragonstängel stecken. Mit Zitronensaft und Öl bestreichen und abwechselnd mit Zitronenachteln auf Metallspieße stecken; über dem Holzkohlengrill braten.

751 Fischfilet mit Muscheln

1 Packung Tiefkühl-Fischfilet (400 g), Zitronensaft, Salz,
2 Gelbe Rüben,
1 kleine Stange Lauch,
1 rote Paprika, 1 Zwiebel,
1–3 Essl. Öl, ⅛ l Weißwein,
1 Glas Muscheln, natur (Abtropfgewicht ca. 140 g),
*⅛ l Béchamelsoße **13**,*
2 Essl. kleingeschnittene Zitronenmelisse oder Estragon oder Petersilie.

Den Tiefkühlfisch auftauen lassen (am besten über Nacht im Kühlschrank in einer abgedeckten Schüssel), in kleinere Stücke zerteilen und mit Zitronensaft und wenig Salz marinieren. Gelbe Rüben, Lauch, Paprikaschote in feine Streifen (Julienne) schneiden, die Zwiebel fein hacken und das Gemüse in Öl leicht andünsten. Den Weißwein zugießen, die Fischstücke vermischt mit den abgetropften Muscheln auflegen. Das Gericht in 12–15 Min. garen. Zuletzt die vorbereitete Béchamelsoße unterrühren und mit frischen Kräutern bestreut zu Tisch bringen.
Zu diesem Fischgericht passen: körnig gekochter Reis, ausgestochene Kartöffelchen, leicht in Butter geschwenkt, oder Petersilienkartoffeln.

752 Fischfiletwürfel, gebacken, mit süß-saurer Soße

500 g TK-Fischfilet, aufgetaut oder frisches Fischfilet,
Marinade:
2 Essl. Sojasauce, 2 g Streuwürze,
1 Prise Pfeffer.
Mehl zum Bestäuben.
Ausbackteig:
1½ Essl.. Speisestärke,
¾ Teel. Backpulver,
3 Essl. Mehl, je 1 Prise Salz und Pfeffer,
¼ Teel. Streuwürze,
1 Essl. weiches Schweinefett, 1 Ei,
1–2 Essl. kaltes Wasser.
*Süß-saure Soße **54**,*
Sonnenblumen- oder Erdnussöl zum Ausbacken.

Das Fischfilet in Würfel teilen. Die Marinade rühren, den Fisch allseitig darin wälzen und mit Mehl bestäuben. Überschüssiges Mehl abschütteln.
Aus den angegebenen Zutaten einen (nicht flüssigen) Ausbackteig rühren, die Fischstücke darin wenden, etwas abstreifen.
Die süß-saure Soße nach Rezept **54** zubereiten und warmhalten.
Das Öl in einer Pfanne mit dickem Boden stark erhitzen. Die Fischstücke hineingeben, die Pfanne ca. 4–5 Minuten von der Kochstelle nehmen. Zu-

rück auf das Feuer setzen, die Würfel umdrehen und den Fisch goldbraun ausbacken. Auf Küchenkrepp entfetten und mit der Sauce bedeckt auf einer vorgewärmten Platte anrichten. Dazu schmeckt Reis.

Tipp:
Tiefgekühltes Fischfilet kann als Vorrat sehr wertvoll sein, auch in Gegenden, wo frischer Fisch nicht immer erhältlich ist. Mit Tiefkühlfisch lassen sich alle Rezepte, bei denen frisches Fischfilet vorgeschrieben ist, zubereiten.

753

Fischfilet mit Sauerkraut (Elsässisches Gericht)

Fischsud ***658****,*
500 g Fischfilet (Schellfisch, Kabeljau, Goldbarsch oder Hecht),
500 g Sauerkraut, 2 Äpfel,
1 Zwiebel, 1 Essl. Schweinefett,
Butterflöckchen.

In würzigem Sud kurz aufgekochtes Fischfilet oder Reste von gebratenem oder gekochtem Fisch sorgfältig entgräten; Sauerkraut mit 2 geraspelten Äpfeln und der gewiegten Zwiebel in Schweinefett weich dünsten. Etwaige Flüssigkeit abtropfen lassen und Kraut und Fisch im Wechsel in eine gefettete Auflaufform schichten. Beim Einlegen mit Kraut beginnen und enden. Butterflöckchen obenauf verteilen und das Gericht im vorgeheizten Backofen überbacken.
E.-Herd 175 °C/G.-Herd 2
Ca. 30 Minuten
Dazu Erbsen- oder Kartoffelbrei reichen.
Oder ca. 800 g Filets von Süßwasserfischen (Hecht, Karpfen, Barsch, Zander, Lachs) in wenig gewürztem Mehl (Salz und Pfeffer) wälzen und in heißem Pflanzenöl ca. 6 Minuten braten. Das Sauerkraut separat zubereiten, dann in eine feuerfeste Form geben und die Fischfilets darauf legen. Kurz im Backofen durchziehen lassen und mit Pellkartoffeln servieren.

754

Fischfilet mit Sahne und Champignons

750 g Fischfilet von Goldbarsch oder Schellfisch, 1 Zwiebel,
Saft von ½ Zitrone, Salz,
1–2 Essl. Mehl, 60 g Butter,
je 1 Essl. gehackte Zwiebel und Petersilie,
125 g Champignons (frisch oder aus Dosen) oder andere Pilze.
Zum Bestäuben:
1 Essl. Mehl.
Zum Ablöschen:
etwas Wasser,
⅛ l saure Sahne, 1 Glas Weißwein,
je 1 Prise Salz und Pfeffer,
2 Eigelb.

Die Filetstücke auf beiden Seiten mit der Zwiebel, Zitronensaft und etwas Salz einreiben, in Mehl wenden, rasch in der heißen Butter anbraten, herausnehmen und beiseite legen. Inzwischen die gehackte Zwiebel, Petersilie und die fein geschnittenen Champignons im zurückgebliebenen Fett glasig schwitzen, mit Mehl bestäuben, kurz mitdünsten, mit wenig Wasser ablöschen und aufkochen. Die Sahne und Weißwein zuletzt zufügen, die Fischfilets einlegen und noch 10 Min. darin ziehen lassen. Vor dem Anrichten mit Salz und Pfeffer würzig abschmecken und die verquirlten Eigelb leicht unterrühren. Dosenpilze erst mit den Fischfilets in der Soße erhitzen. Kochfertig eingekaufte Fischfilets lassen sich auch nach **751**, **753** und **756** zubereiten.

1 Fischfilet entgräten: Mit dem Messer am Grätenansatz leicht einschneiden...

755

Schollenfilets im Thymiandampf

(im Dampfkochtopf zubereitet)
Für 2 Personen
4 Schollenfilets, Saft von 1 Zitrone, Kräutersalz,
1 Bund feingehackter frischer Kerbel,
⅜ l Wasser,
1 großer Bund frischer Thymian,
Butter.

Schollenfilets säubern, mit Zitronensaft 20 Min. marinieren. Dann beidseitig salzen und in Kerbel wenden.
Für den Thymiandampf Wasser mit grob zerschnittenem Thymian 15 Min. bei milder Hitze köcheln lassen. Die Schollenfilets nebeneinander in den gebutterten Dämpfeinsatz des Dampfkochtopfes legen. Dämpfeinsatz über den Thymiansud setzen (das Wasser darf den Einsatz nicht berühren), zudecken, 2–4 Min. bei kleinster Stufe garen. Dann den Topf sofort öffnen, und die Filets zusammen mit feinem Buttergemüse (Blumenkohl-, Broccoliröschen, tournierten Karotten) servieren.

Tipp:
Für 4 Personen genügen etwa 800 g Fischfilet als Hauptgericht.

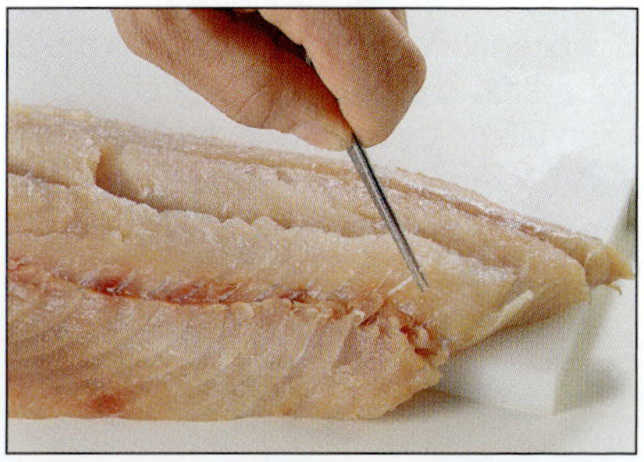

2 und mit der Pinzette die Gräten herausziehen.

756

Gedämpfte Seezungenstreifen auf Gemüsejulienne

(im Bambuskörbchen / Steambasket zubereitet)
Zitronensud:
1 dl trockener Weißwein,
1/4 l Wasser,
2 Stangen Zitronengras (in Asienläden erhältlich),
ersatzweise 3–4 Limonenscheiben und Saft von 1/2 Limone,
1 Schalotte.
Gemüsejulienne:
2 mittelgroße Karotten,
1 kleine Salatgurke, Meersalz.
Soße:
1 dl Fischfond ***5****,*
1/8 l Crème fraîche,
Saft von 1/2 Limone.
8–10 frische Seezungenfilets à 75 g,
50 g Butter.

Für den Sud Wein, Wasser, kleingeschnittenes Zitronengras sowie Schalottenscheiben im Wok (siehe dazu Seite 683) oder in einem entsprechenden Topf zum Kochen bringen.
Das Gemüse putzen, Karotten und Gurke in lange, dünne Streifen schneiden. Gemüse in einer Pfanne kurz anschwenken, mit Salz bestreuen, warm stellen.
Für die Soße Fischfond, Crème fraîche und Limonensaft um 1/3 einkochen, durchsieben, mit wenig Salz würzen.
Die vorbereiteten Seezungenfilets sparsam salzen, in ein gebuttertes Bastkörbchen legen und über dem Zitronensud 2-3 Min. dämpfen. Auf dem Gemüse anrichten, mit wenig Soße überziehen. Dazu Reis oder Fischkartoffeln **1221** reichen.
Nach diesem Rezept können auch Schollenfilets oder anderes Fischfilet zubereitet werden. Bei dickeren Stücken Dämpfzeit etwas verlängern.

757

Brassenfilets auf Wildreis

(im Dampfkochtopf zubereitet)
4 Brassenfilets à 150 g,
Saft von 1/2 Limone,
1 Bund frisches Basilikum,
2 Fleischtomaten, 50 g Butter,
1/8 l vom Fischfond,
2 cl trockener Wermut oder trockener Sherry,
weißer Pfeffer.

Brassenfilets vorbereiten, mit Zitrone beträufelt 20 Min. stehen lassen. Basilikumzweige waschen (2 zurückbehalten), in 1/4 l heißem Wasser 15 Min. ausziehen lassen.
Tomaten häuten und fein würfeln. Brassenfilets auf einen gebutterten Dämpfeinsatz legen, über den Basilikumsud stellen, zugedeckt 4-6 Min. dämpfen. Brassenfilets mit Alufolie bedeckt warmhalten. Den Fischfond durchsieben, mit Wermut verfeinern, aufkochen, Tomatenwürfelchen und gehackte Basilikumblättchen unterrühren. Die Soße mit Pfeffer sparsam würzen. Brassenfilets auf Wildreis **1174** anrichten, mit dem Tomaten-Fischfond umgießen.

Kaviar

Kaviar ist der eingesalzene Rogen verschiedener Störarten. Der bekannteste Kaviar ist der Beluga. Er stammt vom Hausen, einem Stör aus dem Kaspischen Meer. Die Fischeier sind 3–4 mm groß, hellgrau bis anthrazitfarben und schwach gesalzen. Er ist der teuerste und beste Kaviar. Etwas kleinere, hartschaligere Fischeier hat der Osetra-Kaviar (dunkelgrau), gefolgt vom Sevruga-Kaviar mit kleinen, grauen Eiern, aber geschmacklich sehr gut. Kaviar gibt es frisch und gepresst zu kaufen. Malossol ist eine Qualitätsbezeichnung – der betreffende Kaviar ist schwach gesalzen. Ein guter Kaviar muss „trocken" aussehen, der Rogen muss wie einzelne kleine Perlen sein – keineswegs schleimig!
Bei sogenanntem Kaviarersatz handelt es sich um den Rogen (Fischeier) verschiedener Fischarten.
Der rote, großkörnige **Ketakaviar** stammt vom Kett, einer Lachsart. Er ist etwas hartschalig, stark gesalzen und leicht geräuchert. Leichter Eigelbgeschmack.
Der goldgelbe **Forellenkaviar** von der Lachsforelle ist zartschalig und besonders mild im Geschmack.
Deutscher (auch dänischer oder schwedischer) **Kaviar** ist Rogen vom Seehasen, einem Nordseefisch. Der meist dunkelgefärbte, feinkörnige Rogen schmeckt etwas streng, ist aber recht preiswert. Ihn sollte man nur zur Garnierung von Vorspeisen, Canapés etc. verwenden.
Für ein Kaviar-Schlemmeressen rechnet man pro Person 50–100 g echten Kaviar. Je nach Anlass und Geldbeutel genügen aber auch der delikate Keta- bzw. Forellenkaviar. Kaviar wird entweder im Originalglas auf gestoßenem Eis serviert oder in eine Glas- bzw. Porzellanschale umgefüllt und auf Eis angerichtet. Zum Umfüllen einen Kunststoff- oder Hornlöffel verwenden, da Kaviar nie mit Metall in Berührung kommen darf. Dazu Zitronenspalten, getoastetes Weißbrot und Butter reichen. Als Getränk Sekt (Krimsekt) oder Champagner, eiskalten Wodka oder auch einen guten trockenen Weißwein.
Weitere Verwendung von Kaviar siehe S. 61 und 62.

758

Kaviar mit Blinis

Für 6 Personen
Für den Teig:
200 g Weizenmehl (Type 1050),
75 g Buchweizenmehl,
50 g weiche Butter,
ca. 1/4 l Milch mit Wasser gemischt,
4 Eier, 2–3 Essl. saure Sahne,
25 g Hefe, 1 Prise Zucker,
1 Teel. Salz, Butter zum Braten.
6 Essl. saure Sahne,
Schnittlauchröllchen,
1 Dose (80 g) gekühlter Kaviar,
evtl. Zitronenschnitze.

Die Mehlsorten vermischen, auf ein Backbrett oder in eine Schüssel sieben. Eine Mulde in das Mehl drücken, die weiche Butter, Wasser-Milch-Mischung sowie die mit Sahne verquirlten Eier hineinschütten.
Die Hefe mit 1 Prise Zucker und etwas lauwarmem Wasser anrühren und dazugeben. Das Salz auf den Mehlrand streuen. Den Teig von der Mitte her durcharbeiten und ca. 30 Min. bei Zimmertemperatur aufgehen lassen. Nochmals durchschlagen, dann jeweils 1 Schöpfkelle voll in ein kleines Bratpfännchen mit erhitzter Butter geben. Zuerst bei geringer Hitzezufuhr und aufgelegtem Deckel, dann bei steigender Hitze beidseitig Blinis backen. Gebackene Blinis mit Alufolie oder einem Deckel bedeckt warmstellen. Dann die Blinis zweimal falten (wie Tüten) und portionsweise auf Tellern mit je einem Löffelchen Kaviar und evtl. einem Klecks saurer Sahne, bestreut mit Schnittlauch, sowie Zitronenschnitzen anrichten.
Oder den Teig aus 50 g Weizenmehl (Type 1050) und 200 g Buchweizenmehl mit 25 g Hefe, 1/4-1/2 l Wasser, und je 1 Teel. Zucker und Salz zubereiten.

Weichtiere

Zur Familie der Weichtiere zählen die Krake (großer Tintenfisch), der Kalmar und der kleine Tintenfisch (Sepia, Calamaretti, Seppioline und Moscardini).
Für die Vorbereitung zunächst den Sack unter fließendem Wasser rundherum ablösen – das geht am besten mit den Fingern. Den Kopf mit den Tentakeln mit einem Ruck soweit aus dem Mantel herausziehen, dass die Eingeweide und evtl. das Kalkblatt herausgelöst werden können. Dann die Schleimhaut vom Sack abziehen und den Tintenbeutel vorsichtig herausholen. Die darin enthaltene Tinte kann zum Beispiel für Soßen oder auch für „Schwarzen Risotto“ (Risotto nero) verwendet werden. Nun alle essbaren Tentakel direkt über dem Kopf abtrennen.
Den Kopf und die Eingeweide wegwerfen.Vom Tentakelstumpf alle harten Teile und den Kiefer abschneiden. Alles gut unter kaltem Wasser abwaschen und trockentupfen.

Pro Person Rohgewicht für Krake und Kalmar: 240 – ca. 300 g; Rohgewicht für kleine Tintenfische: ca. 250–350 g, je nach Rezept.

759

Frittierte Tintenfische

1 kg Tintenfische (Rohgewicht),
Mehl oder Ausbackteig ***698****,*
Pflanzenöl zum Frittieren,
Zitronen- oder Limettenspalten,
evtl. ausgebackene Petersilie.

Die vorbereiteten Tintenfische entweder ganz lassen oder in Ringe teilen. Abtrocknen und in Mehl wenden, in ein Sieb legen und das überschüssige Mehl abschütteln. In einer tiefen Pfanne oder in der Friteuse das Öl erhitzen und die Tintenfische portionsweise ausbacken. Auf Küchenkrepp entfetten und auf einer vorgewärmten Platte mit Zitronen- oder Limettenspalten und evtl. im selben Öl ausgebackenen Petersilienstängeln servieren.
Beilage: frisches Brot.

Tintenfisch in Tomatensoße **760**

Weichtiere und Schaltiere

760

Tintenfisch in Tomatensoße

1 kg kleine Tintenfische (Rohgewicht), oder ca. 1,2 kg größere Tintenfische, 4 Essl. Olivenöl, 1 milde Zwiebel, 2 Knoblauchzehen, ca. 1/8 l trockener Weißwein, 1 Dose geschälte Tomaten oder 500 g frische Tomaten, Salz, 1 Prise Zucker, 1/2 Bund großblättrige Petersilie, einige Stängel frischer Thymian. Nach Geschmack: einige kernlose schwarze Oliven.

Die Tintenfische wie auf der vorigen Seite beschrieben vorbereiten,Tintenbeutel anderweitig verwenden oder wegwerfen. Größere Tiere in Ringe schneiden, kleinere evtl. am Stück lassen. Das Olivenöl erhitzen, fein gehackte Zwiebel und Knoblauchzehen darin anschwitzen,die Tintenfische zugeben und anbraten. Den Wein angießen und etwas einkochen lassen. Dann erst die geschälten,entkernten Tomaten zugeben, würzen und alles ca. 25–30 Minuten schmoren. Zuletzt die gehackte Petersilie und den abgezupften Thymian zugeben. Wer mag, kann noch einige schwarze Oliven untermischen. Dazu knuspriges Weißbrot oder Reis servieren werden.

Tipp:
Große Tintenfische werden oft unter der italienischen Bezeichnung „Calamari" angeboten, die kleinen als „Calamaretti". Diese sollte man bevorzugen, da die großen Tintenfische manchmal zäh sind.

761

Risotto nero mit Tintenfischen

500 g vorbereitetete kleine Tintenfische mit Tintenbeutel, 2–3 Essl. Olivenöl, 2 Schalotten oder kleine Zwiebeln, je 1 Chilischote und Knoblauchzehe, ca. 1/8 l trockener Weißwein, 1/2 Dose geschälte Tomaten (ca. 150 g), 1/2 Bund großblättrige Petersilie, Salz und frisch gemahlener Pfeffer. Risotto: 1 Essl. Olivenöl, 400 g Rundkornreis, heiße Fischbouillon oder Salzwasser.

Die vorbereiteteten Tintenfische in schmale Streifen schneiden; die Tintenbeutel beiseite legen. Das Öl erhitzen, fein gehackte Schalotten, Chilischote und Knoblauchzehe darin anschwitzen. Die Tintenfischstücke zugeben und leicht anbraten. Mit dem Wein ablöschen, die zerkleinerten Tomaten mit etwas Saft sowie die gehackte Petersilie untermengen. Sanft köcheln lassen, bis die Flüssigkeit verdampft ist und die Tintenfische gar sind. Nach Geschmack würzen. Nebenbei den Risotto zubereiten: das Öl in einem weiten Topf erhitzen, den Reis darin anbraten und mit heißer Brühe oder Salzwasser etwa zweifingerbreit über dem Reis aufgießen. Mit aufgelegtem Deckel zum Kochen bringen,den Deckel abnehmen und den Risotto, unter öfterem Umrühren, bei kleiner Hitze solange köcheln, bis die Flüssigkeit aufgesogen ist. Die Tinte aus den Beuteln unter den Reis rühren und die Tintenfische unterheben. Evtl. nachwürzen.

Austern

Die meisten der bei uns angebotenen Austern stammen von der Atlantikküste, teilweise auch aus dem Mittelmeer. Man unterscheidet 2 Hauptsorten, die **portugiesischen Austern** (Felsenaustern), tiefe Austern mit rauer, sehr zerklüfteter Schale, und die **flachen Austern** (frz. Belons, Marennes; holl. Imperial; engl. Colchesters, Whitestables; dän. Limfjord). Sie sind im Geschmack milder und feiner, außerhalb der Zuchtgebiete jedoch kaum erhältlich.
Seit ein paar Jahren werden auf Sylt wieder Austern gezüchtet. Es handelt sich hierbei um Irische Felsenaustern, die in den jetzt wieder sauberen Gewässern im Norden der Insel ausgesetzt werden. Die „Sylter Royal" hat einen feinen Geschmack und kann problemlos innerhalb von 24 Stunden in alle Gebiete Deutschlands gebracht werden.
Austern werden frisch (lebend) angeboten. Die Klassifizierung nach Größen ist international uneinheitlich. In den Austernregionen Frankreich, Irland, England gilt: Nr. 4 (40 g = klein) bis Nr. 1 (75 g) und dann aufsteigend von 0 (90 g = groß) bis 00000 (150 g). Die Größen ab 00 (100 g) gelten als sehr groß.
Austern können einige Tage mit der gewölbten Seite nach unten in einem Kistchen, am besten auf Seetang, zumindest aber feucht abgedeckt, kühl (ca. 1–7 °C), jedoch nicht unter 0 °C aufbewahrt werden.
Austern schmecken am besten in der Zeit vom Oktober bis April. Beim Einkauf darauf achten, dass die Schalen fest geschlossen sind. Erst kurz vor

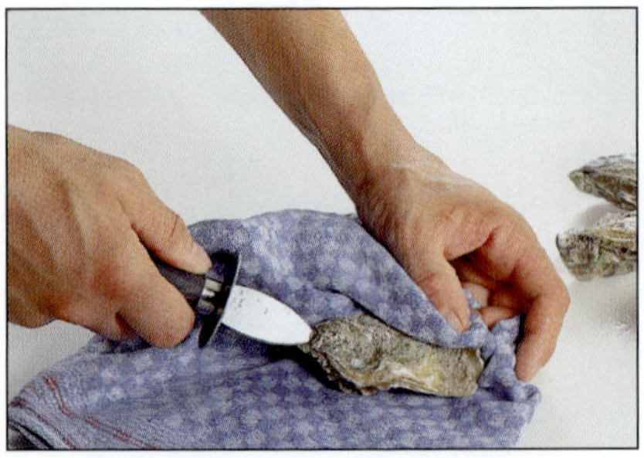

1 Die tiefe Auster: Mit dem Austernmesser öffnen.

dem Anrichten öffnen: Austern mit einem Tuch in der linken Hand halten (flache Deckelschale nach oben), mit dem Austernmesser oder einem anderen kurzen, starken Messer die Schale seitlich am dicken Ende langsam öffnen, dabei mit dem Daumen leicht auf den Deckel drücken, dann das Messer scharf unter die obere Schale um die Auster führen, so dass der Muskel nicht zerschnitten wird und das Wasser nicht herausfließt.
Austern, die keine Flüssigkeit mehr enthalten, wurden beim Transport zu lange trocken gelagert und sind nicht mehr genießbar.
Die geöffneten Austern auf Einzeltellern oder einer Platte anrichten. Damit die Austern nicht kippen, eine 1 cm dicke Schicht Salz auf die Platte geben. Es gibt auch spezielle Austernplatten mit entsprechenden Vertiefungen. Dazu je nach Geschmack mit halben Zitronen, einer Pfeffermühle und evtl. einer Vinaigrette servieren.
Beim Essen mit der einen Hand die Auster festhalten, mit der anderen das Bärtchen mit Hilfe der Austerngabel lösen und den Muskel herausheben, evtl. mit Zitronensaft oder Sauce Vinaigrette (Bretagne) **309** mit kleingehackten Schalotten beträufeln oder etwas Pfeffer darübermahlen.
Oder das Fleisch nur von der Schale lösen und mit dem Saft schlürfen. Den Muskel gut kauen. Austern, die brackig schmecken, sollte man nicht verzehren.
Austern werden wegen ihrer appetitanregenden Wirkung gern als Vorspeise serviert.
Geöffnete Austern nicht aufbewahren, sondern zu Austernsoße oder als gebackene Austern verwenden.

762

Austern mit Lauchsoße

3 Dutzend Austern,
Mehl, verquirlte Eier,
feine Semmelbrösel oder
Weißbrotkrumen, Butter zum Braten.
Lauchsoße:
2 zarte Stangen Lauch, etwas Butter,
ein Schuss trockener Weißwein,
½ Becher süße Sahne (100 g),
1 Fleischtomate, gehäutet, entkernt
und in Würfel geschnitten.

Die Austern ausbrechen, ca. 1 Minute blanchieren, abtrocknen. Das Austernwasser aufheben. Die Austern mehlieren, in verquirlten Eiern wenden und panieren. Rasch in Butter ausbraten, warm stellen. Die Lauchstangen gut putzen, das Weiße in feine Ringe schneiden, in Butter angehen lassen, den Wein angießen und ca. 5 Minuten dünsten. Die Sahne zugießen, etwas einkochen lassen, die Tomatenwürfel darin erhitzen, evtl. etwas Austernsaft zugießen. Die Soße zu den Austern servieren. Dazu passt frisches Weißbrot.
Oder die Austern wie oben panieren und mit einer Apfel-Ingwer-Soße **89** dazu servieren. Geröstetes Brot dazu reichen.

763

Ausgebackene Austern

3 Dutzend Austern.
Zur Marinade:
¼ l Weißwein,
1 Schalotte, 6 Pfefferkörner,
Saft von ½ Zitrone.
Zum Teig:
150 g Mehl,
gut ⅛ l helles Bier,
1 Teel. Olivenöl,
1 starke Prise Salz, 3 Eiweiß.
Zum Backen:
Butter oder gutes Backfett.

Die aus der Schale gelösten Austern von den Bärtchen befreien und 1 Std. in eine Marinade von Weißwein, Zwiebelscheiben, Pfefferkörnern und Zitronensaft legen. Zum Teig das Mehl mit dem Bier glattrühren, das Öl, Salz und den steifen Eischnee untermischen, die leicht abgetrockneten Austern im Teig wenden und kurz vor dem Anrichten in heißer Butter oder Fett hellgelb backen.
Oder die Austern ohne Marinieren in Mehl, gequirltem Eiweiß und Semmelbröseln wenden; kurz vor dem Anrichten (wie panierte Schnitzel) in reichlich Butter backen (als Verzierung für Fischplatten geeignet).
Oder die gebackenen Austern in besonders tiefe, gereinigte, im Backofen erwärmte Austernschalen setzen und mit etwas geriebenem Käse bestreut und mit wenig Béchamelsoße beträufelt im Backofen gratinieren. Mit Zitronenschnitzen verziert anrichten.

2 Den Muskel lösen.

1 Die flache Auster: Nach dem Öffnen aufklappen...

2 und das Fleisch entnehmen.

Muscheln

Muscheln sind Schaltiere und leben ausschließlich im Wasser. Kulinarisch sind nur die Meeresmuscheln interessant. Muschelfleisch enthält viel Eiweiß (bis zu 11%), wenig Fett und reichlich Mineralstoffe. Zwischen den Monaten September und April schmecken Muscheln am besten und sind in diesen Monaten auch bei uns frisch zu haben. Man unterscheidet:

Miesmuscheln
auch als Pfahlmuscheln bekannt, sind die „Austern des kleinen Mannes", die wichtigste essbare Muschelart. Beim Einkauf frischer Muscheln müssen die blauvioletten, löffelförmigen Muschelschalen noch fest geschlossen sein. Offene Muscheln sofort aussortieren, sie sind ungenießbar.

Venusmuscheln
sind an der Mittelmeer- und Atlantikküste zu Hause. Als Konserve unter der Bezeichnung „Clam" im Handel. Venusmuscheln (ital. vongole) werden als Cocktail (konserviert) gereicht oder frisch ausgelöst und in Butter gedünstet für Reisgerichte (Paella) oder als Füllung für Pastetchen, Omeletts etc. verwendet.

Herzmuscheln
Die nur 2–5 cm großen Muscheln, die in den flachen Sandgründen der Nordsee, des Atlantiks und Mittelmeeres zu finden sind, schmecken in den Monaten Oktober bis April am besten.
Die Zubereitungsarten frischer Herzmuscheln gleichen denen der Venusmuscheln.

Jakobsmuscheln
(Fächer-, Kamm-, Pilgermuscheln, Scallops): Sie zählen zu den größten und schmackhaftesten Muscheln. Frische Muscheln aus dem Mittelmeer oder Atlantik sollten schwer und geschlossen sein. Zum Öffnen legt man die großen Muschelschalen auf eine heiße Herdplatte. Nach wenigen Minuten lässt sich die flache Schale aufklappen und das Muschelfleisch samt orangerotem Corail herausnehmen. Jakobsmuscheln schmecken gedünstet oder mit Weinteig umhüllt und fritiert ausgezeichnet.

764

Muscheln auf italienische Art

Ca. 1,25 kg Muscheln,
1/8 l Öl oder Olivenöl,
2–3 gehackte Knoblauchzehen,
1 Chilischote, 2 Zwiebeln,
evtl. 2 Stängel Staudensellerie,
600 g Tomaten,
6 Pfefferkörner, etwas zerdrückt,
1 Lorbeerblatt, 1/2 l Weißwein,
gehackte Petersilie.

Die Muscheln wie nebenstehend vorbereiten. In einem großen Topf das Olivenöl erhitzen und darin die fein gehackten Knoblauchzehen, Chilischote und die gehackten Zwiebeln andünsten. Fein geschnittenen Staudensellerie sowie gehäutete (evtl. entkernte) Tomaten zugeben, kurz mitdünsten. Dann die Trockengewürze und die geschlossenen Muscheln zugeben, mit Wein angießen; die Muscheln unter häufigem Rütteln (damit sie nicht ansetzen) in 10 Min. garen. Die Muscheln mit der Schale portionsweise in tiefen Tellern oder Schüsseln anrichten, die Soße darüberschöpfen und mit gehackter Petersilie bestreuen.

765

Seemuscheln (Moules)

1,5 kg Miesmuscheln.
Zum Sud: 1/2 l Wasser,
1/2 l Weißwein, 1 Zwiebel,
1 Bund Suppengrün,
8 Pfefferkörner, 1 Lorbeerblatt.

Die Muscheln mit einem Messer sorgfältig abschaben, dann mit einer Bürste bürsten, in mehrmals erneuertem Wasser waschen, bis das Wasser ganz klar bleibt (geöffnete Muscheln wegwerfen). Die Zutaten für den Sud zum Kochen bringen, etwa 10 Min. vorkochen, dann die Muscheln einlegen und zugedeckt in ca. 8–10 Min. bei etwas verminderter Hitze kochen, bis sich alle Muscheln geöffnet haben. (Muscheln, die nach dem Kochen noch geschlossen sind, wegwerfen.) Dann das Muschelfleisch aus den Schalen herauslösen, mit der durchgesiebten Muschelbrühe oder in einer Buttersoße oder kalt in Sülze servieren.

1 Miesmuscheln mit einer Bürste säubern.

766

Muscheln in Sahnesoße

1,5 kg Muscheln, 20 g Butter,
4 Schalotten oder Frühlingszwiebeln (nur das Weiße),
1/2 Bund Petersilie,
3/8 l trockener Weißwein,
1 Likörglas trockener Wermut,
1 Becher süße Sahne (200 g),
3–4 Eigelb, etwas Zitronenschale, fein abgerieben.

Die Muscheln wie oben vorbereiten. Die Butter erhitzen und darin die fein gehackten Zwiebelchen und die fein gehackte Petersilie andünsten. Weißwein und Wermut zugießen und die Muscheln hineingeben. Zum Kochen bringen, wenn sich die Muscheln öffnen, den Topf von der Feuerstelle nehmen. Die Muscheln herausnehmen und eine Hälfte der Schale entfernen; die gefüllten Hälften in eine feuerfeste Form legen und warm stellen. Den Kochsud durch ein Sieb schütten, etwas einkochen, dann die Sahne zufügen, nochmals einkochen. Den Topf

2 Miesmuscheln entbarten.

vom Feuer nehmen und die Eigelb rasch unterziehen. Die Soße über die warmgehaltenen Muscheln gießen und mit wenig Zitronenschale bestreuen.
Oder die Muschelplatte noch mit wenig Käse bestreuen und für kurze Zeit unter den Grill schieben (siehe S. 204).

767

Gratinierte Muscheln

Pro Person etwa 6–8 Muscheln, leicht gesalzenes Wasser, 2 Essl. Öl, 1 zerdrückte Knoblauchzehe, 2 Essl. fein gehackte Kräuter wie Petersilie oder Kerbel oder Zitronenmelisse, Salz und Pfeffer (oder Zitronenpfeffer), 4 Essl. Semmelbrösel, 2 Essl. geriebener Parmesan oder Emmentaler.

Die Muscheln nach **765** vorbereiten und in leicht gesalzenem Wasser im geschlossenen Topf in wenigen Minuten garen (sobald sich die Muscheln öffnen, herausnehmen). Die Muscheln aus den Schalen lösen. Das Öl mit der Knoblauchzehe, den Kräutern, Gewürzen und den Semmelbröseln vermischen. Muschelförmchen (oder kleine flache Gratinförmchen) leicht ausfetten, jedes mit ausgelöstem Muschelfleisch füllen, mit der gewürzten Panade bedecken und wenig geriebenen Käse obenauf streuen. Im vorgeheizten Backofen ca. 5 Min. gratinieren. In den Förmchen servieren; dazu getoastetes Brot, gesalzene Butter und frischen Salat reichen. Geeignet als Vorspeise oder kleines Abendessen.

768

Gehacktes Muschelfleisch, in der Schale überbacken

Pro Person 6–8 Muscheln, Kochsud. 20 g Butter, 1 Schalotte, 1 Bund Petersilie, etwas Wasser oder Weißwein, ½ Teel. Meersalz, weißer Pfeffer, Saft von ½ Zitrone, gesäuberte Muschelschalen, geriebener Parmesan oder Emmentaler, Butterstückchen.

Die Muscheln nach **765** vorbereiten und kochen.
Das Muschelfleisch aus den Schalen nehmen und entweder mit dem Messer oder im Blitzhacker grob hacken.
In der Butter die gehackte Schalotte mit der fein gehackten Petersilie anschwitzen, das Muschelhaschee zugeben, mit Wasser oder Wein ablöschen und mit Meersalz, frisch gemahlenem weißen Pfeffer und Zitronensaft würzen. Etwas einkochen lassen. Dann in gesäuberte Muschelschalen füllen, in grobes Salz auf ein Backblech oder in eine feuerfeste Form setzen, mit Parmesan oder geriebenem Emmentaler bestreuen, mit Butterstückchen belegen und im vorgeheizten Backofen bei mittlerer Hitze überbacken.
E.-Herd 175 °C/G.-Herd 2–3
Ca. 10–15 Minuten
Oder das Muschelhaschee etwas flüssiger zubereiten; zusätzlich noch mit 2 durch die Presse gedrückten Knoblauchzehen würzen und zu Spaghetti oder körnig gekochtem Reis servieren.

769

Jakobsmuscheln à la crème oder gratiniert

250 g tiefgefrorene Jakobsmuscheln mit Corail (Muschelorgan), 1 Zwiebel, 1 Knoblauchzehe, 100 g frische Champignons, 30 g Butter, 2 Teel. Mehl, 200 g süße Sahne, Saft von ½ Zitrone, Salz, weißer Pfeffer, 2 Eigelb, 2 Essl. trockener Weißwein.

Die Jakobsmuscheln zugedeckt im Kühlschrank 8–10 Std. auftauen lassen. Nicht ganz aufgetaute Muscheln werden beim Garziehen zäh.
Zwiebel und Knoblauchzehe schälen und fein hacken; die Pilze putzen, waschen, in dünne Scheiben schneiden. Zwiebel und Knoblauch in Butter glasig dünsten, mit Mehl bestäuben, einmal umrühren. Pilze, Sahne, Zitronensaft, Salz und Pfeffer zugeben, einmal aufkochen lassen und die Muscheln mit Corail 5 Min. bei ganz milder Hitze darin ziehen lassen. Danach die Muscheln und Pilze herausnehmen und warm stellen.
Die Cremesoße bei starker Hitze etwas einkochen lassen. Die Eigelbe und Weißwein im Wasserbad cremig aufschlagen, die eingekochte Soße unter Schlagen zufügen. Beginnt die Soße dicklich zu werden, nochmals mit Salz und Pfeffer abschmecken und über die angerichteten Jakobsmuscheln mit Pilzen geben.
Oder Muscheln mit Pilzen in gefettete Muschelschalen oder feuerfeste Förmchen geben, die Soße darüberziehen und mit hellen Bröseln und wenig fein geriebenem, mildem Käse bestreuen. Flüssige Butter darüberträufeln und die Muscheln unter dem heißem Grill oder im vorgeheizten Backofen goldgelb gratinieren.
E.-Herd 220 °C/G.-Herd 4
Ca. 3-4 Minuten
Dazu frisches Weißbrot oder Butternudeln reichen.

Jakobsmuscheln gratiniert **769**

770

Jakobsmuscheln, überbacken

6 Jakobsmuscheln, tiefgekühlt,
2 Schalotten, 2 Essl. Butter,
250 g frischer Spinat, möglichst kleine Blättchen,
1 Essl. Butter,
50 g frische Champignons,
Salz und Pfeffer.
Soße:
2 Essl. Butter, 2 Essl. Mehl,
⅛ l Weißwein, ⅛ l süße Sahne,
2 Essl. geriebener milder Emmentaler, 1 Eigelb.

Die kochfertigen Jakobsmuscheln auftauen lassen. Jede Muschel in vier Scheiben schneiden und mit Küchenkrepp trockentupfen.
Die Schalotten sehr fein hacken, in der heißen Butter hellgelb andünsten, dann den gut gewaschenen, geputzten und leicht abgetropften Spinat (evtl. grob gehackt) zugeben und nur solange mitdünsten, bis er zusammenfällt. Die Champignons ebenfalls in Butter kurz andünsten und leicht würzen.
Zur Soße die Butter erhitzen, das Mehl hellgelb darin anrösten, mit Wein ablöschen und die Soße etwa 5 Min. einkochen; dann die Sahne zugießen, nochmals 5 Min. kochen, den Käse untermischen und mit dem Eigelb legieren. Vier gefettete Auflaufförmchen zuerst mit Spinat, dann mit Champignons und Muschelscheiben füllen und mit Soße übergießen. Im vorgeheizten Backofen gratinieren.
E.-Herd 175–200 °C / G.-Herd 2–3
Ca. 20 Minuten
Eine festliche Speise, die mit einem trockenen Weißwein (Riesling) und frischem Weißbrot, evtl. Stangenbrot besonders gut schmeckt.

771

Venus- und Herzmuscheln mit Zitronendip

Pro Person ca. 6 frische Venus- und Herzmuscheln, frischer Seetang.
Zitronendip:
1 Becher Crème fraîche (200 g),
abgeriebene Schale von
1 unbehandelten Zitrone,
1 Essl. trockener Sherry (Fino),
Meersalz, weißer Pfeffer.

Die frischen, gekühlten Venus- und Herzmuscheln auf einem Bett von frischem Seetang anrichten.
Für den Dip die angegebenen Zutaten cremig verrühren, in Portionsschälchen verteilen.
Bei Tisch öffnet jeder die Muscheln und tunkt das Muschelfleisch in den bereitgestellten Dip. Dazu Stangenweißbrot reichen.

772

Spaghetti alle vongole

Ca. 750 g frische Venusmuscheln,
1 Zwiebel, 2 Knoblauchzehen,
4 Essl. Olivenöl,
500 g gehackte Tomaten (entkernt),
½ Glas trockener Weißwein,
½ Teel. Oregano, Salz, Pfeffer,
400 g Spaghetti, 1 Teel. Butter,
gehackte Petersilie.

Die Venusmuscheln nach **765** vorbereiten, aus den Schalen lösen. Oder Muschelfleisch aus der Dose im Sieb abtropfen lassen.
Gehackte Zwiebel und zerquetschte Knoblauchzehen in Öl 1 Min. glasig dünsten, Tomaten, Weißwein und Oregano zufügen, 10 Min. durchschmoren lassen. Die Soße mit Salz und Pfeffer würzen.
Inzwischen Spaghetti in reichlich Salzwasser bissfest garen, abgießen, in Butter schwenken.
Das Muschelfleisch in der Soße 3 Min. erwärmen. Spaghetti auf Tellern anrichten, Muschelsoße darübergeben, mit Petersilie bestreut servieren.

Schnecken

Die Vorarbeit zur Schneckenbereitung lässt sich durch Einkauf vorbereiteter Schnecken (und der Häuschen) wesentlich erleichtern. Es gibt TK-Schnecken, auch Schnecken in Dosen. Sie sind fast das ganze Jahr erhältlich und können in extra dazu gelieferten Häuschen, mit Kräuterbutter eingefettet und zugestrichen, im Backofen erhitzt, tischfertig zubereitet werden.

773

Schnecken mit Kräuterbutter

Frische Weinbergschnecken, die heute meist gezüchtet werden, unter fließend kaltem Wasser gründlich abspülen und -bürsten. Dann in Essigwasser (6 Essl. Essig auf 1 l Wasser) so lange kochen, bis sich das Innere vom Häuschen löst. Die Schnecken samt Häuschen kurz in eiskaltes Wasser legen.
Mit einer Spicknadel die Weichteile herausnehmen, Kopf, Knorpel, Darm, Schwanzende und alles Dunkelgefärbte (Kloake) entfernen. Die Schnecken nochmals gründlich in klarem Wasser reinigen, dann in einem kräftigen Wein-Fleischbrühfond garkochen. Die Schalen in leichtem Sodawasser auskochen, nochmals bürsten und in klarem Wasser ausspülen.
Trockene Schneckenhäuschen 1 cm hoch mit Kräuterbutter **132** ausfetten, in jedes 1–2 Schneckchen eindrücken, die Häuschen mit Kräuterbutter gut zustreichen und in einer Schneckenpfanne oder auf einer dick mit Salz bedeckten, feuerfesten Platte im vorgeheizten Backofen so lange erhitzen, bis die Butter zu kochen beginnt. Dann die Schnecken sofort zu Tisch geben.
E.-Herd 220 °C/G.-Herd 4
Ca. 10–15 Minuten

774

Schnecken auf elsässische Art

20–24 frische Schnecken oder
2 Pakete TK-Schnecken,
2 Teel. Cognac,
100 g Butter/Margarine,
2 Essl. feingewiegte Petersilie,
2 Msp. Knoblauchpulver oder
1 fein gehackte Knoblauchzehe,
1 Teel Salz, ½ Teel. Pfeffer,
einige Tropfen Zitronensaft.

Frische Schnecken samt ihrem Häuschen gut abspülen und so lange im Salzwasser kochen, bis sich das Häuschen ablösen lässt. Die Schnecken mit einer Spicknadel herausheben, sofort in kaltes Wasser legen und, nachdem der Kopf, die Knorpel, der Darm, das Schwanzende und alles Dunkelgefärbte entfernt ist, in einer würzigen Fleischbrühe weich kochen. Die Brühe etwas einkochen. Die Schneckenhäuschen ca. 30 Minuten auskochen.
Die Schnecken auf einem Sieb abtropfen lassen, mit Cognac beträufeln, kurz durchziehen lassen Etwas Sud in die Häuschen geben, dann die Schnecken hineinstecken. Die schaumig gerührte Butter oder Margarine mit der Petersilie und den Gewürzen abschmecken. Die Häuschen mit der Butter füllen, die Öffnung glattstreichen und die Schnecken, damit die Füllung nicht ausläuft, mit der Öffnung nach oben in eine Schneckenpfanne oder auf ein dick mit Salz bestreutes Kuchenblech setzen. Im vorgeheizten Backofen bei Oberhitze überbacken.
E.-Herd 200 °C / G.-Herd 3
Ca. 10 Minuten

Krebse

Krebse, die stets lebend eingekauft werden sollten, sind in den Monaten Mai, Juni, Juli und August am schmackhaftesten; von den Süßwasserkrebsen werden die Bach- oder Steinkrebse bevorzugt. Heutzutage leben nur noch wenige Krebse in einheimischen Gewässern. Die meisten Einfuhren stammen aus südosteuropäischen Ländern und der Türkei.

775

Krebse kochen

Man kocht Krebse in einem großen Topf mit genügend Salzwasser und unter Zugabe von etwas Weißwein, Essig und 1 Teel. Kümmel. Zuerst die lebenden Krebse unter Wasser tüchtig abbürsten, dann am Schwanz fassen und rasch, mit dem Kopf voraus, in den stark strudelnden Sud werfen, wobei sie sofort getötet werden und wodurch die schöne Rotfärbung erreicht wird. Es können jeweils 3–4 Krebse im kochenden Sud gegart werden.
Die Krebse nur etwa 4 Min. kochen und auf einer Serviette anrichten. Die Platte mit gefüllten Tomaten, Eivierteln, Zitronenschnitzen und Dill oder Zitronenmelisse verzieren.
Für ein Krebsessen rechnet man pro Person etwa 6 Krebse.

Einfacher Kochsud: 2 l Salzwasser, 1 Glas Weißwein, 1 Schuss Essig, 1–2 Teel. Kümmel. Sud aufkochen, Krebse hineingeben und aufkochen; vom Herd nehmen und ca. 3–4 Min. ziehen lassen.

Schwedischer Sud: Ca. 3 l Wasser oder 2 l Wasser und 1 l Weißwein, 3–4 Essl. Salz, 8 etwas zerdrückte weiße Pfefferkörner, 1 halbierte Zwiebel, 1 Lorbeerblatt, etwa 100 g frischer Dill, 24 frische Krebse.
Den Sud zuerst 10 Min. kochen, dann den Dill zugeben, etwa 5 Min. mitziehen lassen, dann die Krebse einlegen.

Würziger Sud zum Dazu-Essen: 1 l Fischfond **5**, ½ l Weißwein, 1 Gelbe Rübe, 1 Stückchen Lauch (nur das Weiße), 1 Frühlingszwiebel (nur das Weiße), 100 g Champignons, 1 Fenchelknolle mit Grün, 1 Teel. Salz, 6 etwas zerdrückte weiße Pfefferkörner, 1 Essl. Koriandersamen, 4 Zitronenscheiben. Zitronenmelisse oder Pfefferminzblättchen.
Fischfond und Weißwein in einen großen Topf gießen, die grob zerkleinerten Gemüse, Pilze, Fenchelknolle und die Gewürze zugeben und den Sud ca. 20 Min. ziehen, nicht kochen lassen. Dann den Sud aufkochen, die Krebse einlegen und etwa 3 Min. garen. Fertige Krebse warm stellen. Den Sud durch ein Sieb gießen, zum Kochen bringen und etwas eindampfen lassen, evtl. nachwürzen. Wenig in feine Streifen geschnittene Zitronenmelisse- oder Pfefferminzblättchen beim Auftragen über den Sud streuen. Den Sud in Portionsschüsselchen zu den Krebsen servieren, dazu Weißbrot zum Stippen reichen.

Krebse kalt: Sollen die Krebse kalt serviert werden, ca. 3–4 Min. im kochenden Sud garen. Einen weiten Steingut- oder Porzellantopf mit Dill auslegen, die gekochten Krebse darauflegen und mit durchgesiebtem Sud begießen, sie sollten bedeckt sein. Etwas beschweren und abkühlen lassen. Für etwa 24 Std. kühl stellen (Kühlschrank oder Keller).
Aus dem Sud nehmen und auf frischem Dill anrichten. Dazu dunkles Brot mit gesalzener Butter und einen trockenen Weißwein reichen.

Krebsfleisch auslösen

Die gekochten Krebse etwas abkühlen lassen. Dann den Krebsschwanz durch Abdrehen vom Kopf lösen. Über einer Schüssel arbeiten, da die Flüssigkeit, die aus dem Kopfteil ausläuft, noch für eine Soße verwendet werden kann. Den Kopf mit einem Löffel auskratzen, zur Flüssigkeit geben und aufheben. Die Beine vom Rumpf trennen, die Scheren abbrechen, seitlich aufschneiden und das Fleisch herauslösen. Den Schwanz seitlich aufschneiden (evtl. mit einer Küchenschere) und das Schwanzfleisch herausheben. Den dunklen Darm herausziehen und wegwerfen.

Tipp:
Die Krebse erst unmittelbar vor der Weiterverwendung aus den Schalen lösen. Wenn das Krebsfleisch lange steht, läuft es an und wird unansehnlich!

776

Krebsragout mit Pilzen

250 g frische Champignons oder Steinpilze oder Morcheln,
2 Schalotten, 20 g Butter,
1 Teel. Zitronensaft, Salz,
etwas weißer Pfeffer,
ausgelöstes Krebsfleisch von 18–20 Krebsen,
4 Essl. süße Sahne, 2 Eier,
fein gehackte Petersilie,
Muschelförmchen oder Auflaufförmchen, Butterflöckchen.

Die Pilze rasch waschen, putzen, in Stückchen schneiden; Schalotten fein hacken. Beides in der heißen Butter andünsten. Mit Zitronensaft, Salz und Pfeffer würzen, das Krebsfleisch zugeben und erwärmen. Süße Sahne leicht schlagen, die Eier verquirlen, mit der Petersilie unter die Sahne ziehen und alles miteinander vermischen. Muschelförmchen oder andere Förmchen leicht ausbuttern, das Krebsragout einfüllen, kleine Butterflöckchen obenauf setzen und im vorgeheizten Backofen kurz überbacken.
E.-Herd 220 °C/G.-Herd 4
Ca. 4 Minuten
Mit Toast oder kleinen Kartöffelchen oder auch mit Reis servieren.

Tipp:
Werden Morcheln verwendet, diese gründlich waschen, damit kein Sand mehr anhaftet!

777

Soße aus Krebsschalen und Innereien

Köpfe, Beine, Schalen, Scheren,
1 l Fischfond ***5****,*
1 Essl. Tomatenextrakt,
1/8 l dicke saure Sahne (Crème fraîche oder Crème double),
1 Essl. Weinbrand,
die Hälfte der Innereien und Krebsflüssigkeit,
1/8 l steif geschlagene süße Sahne.

Die Krebsschalen und Abfälle mit einem Rundholz oder Kartoffelstampfer gut zerstampfen – so werden die Schalen besser ausgelaugt. Mit dem Fischfond angießen, Tomatenextrakt zufügen und die Flüssigkeit etwa 50 Min. eindampfen lassen. Dann durch ein Sieb gießen und abmessen – es sollte etwa ein guter Viertelliter sein. Den Topf wieder auf die Platte stellen, den leicht verquirlten Sauerrahm oder Crème double und den Weinbrand unter die Flüssigkeit schwenken. Durch ein feines Sieb die aufbewahrten Innereien usw. dazustreichen und zuletzt die sehr steif geschlagene Sahne unterziehen. Entweder die Soße zu feinem Fisch reichen oder die ausgelösten Krebse in der Soße servieren.

Krebs in der Soße:
Dieses Gericht kann als Vorspeise oder kleines Abendessen gereicht werden. Als Beilagen empfehlen sich: frisches Weißbrot, gesalzene Butter und evtl. ein Spinat- oder Lauchgemüse.

Tipp:
Um ein Gericht festlich anzurichten, empfiehlt es sich, einige Krebsscheren zur Dekoration zurückzubehalten.

1 Krebse oder Scampi (siehe Abb.) auslösen: Das Schwanzende abdrehen.

2 Den Panzer abschälen...

3 und das Fleisch herausziehen.

Hummer

Der Hummer zählt zu den langschwänzigen Krebsen und wird mit einer Größe von ca. 30 cm und einem Gewicht von ca. 1 kg gehandelt. Die lebend angebotenen Hummer stammen aus Einfuhren. An erster Stelle steht Kanada, dann folgen Norwegen, Irland und Schottland. Der geschmacklich beste Hummer ist der norwegische.

778

Hummer kochen

1 Hummer von 800–1000 g,
mit Meersalz gewürztes Wasser.

Genügend Salzwasser zum Kochen bringen, der Hummer muss ganz davon bedeckt sein! Den Hummer hinter den Scheren packen, mit dem Kopf voran ins Wasser werfen. Das Tier ist sofort tot.* Nach ein paar Minuten läuft der Hummer rot an. Man kann ihn in diesem Stadium bereits weiterverarbeiten, sein Fleisch ist dann auf den Punkt gegart, also ganz innen noch roh. Wer dies nicht so sehr schätzt, kocht den Hummer noch etwa 15 Min. (500 g Hummer benötigen etwa 15 Min., 1000 g Hummer etwa 20 Min. Kochzeit). Je länger ein Hummer kocht, desto trockener und faseriger wird sein Fleisch. Der Fleischanteil eines Hummers beträgt etwa 30–40%. Falls der Hummer kalt gereicht wird, empfehlen wir, ihn außerhalb des Sudes erkalten zu lassen, da das Fleisch sonst zäh wird.

Tipp:
Niemals tote Hummer abkochen; sie verbreiten einen unangenehmen Geruch, und das Fleisch flockt aus, es ist nicht mehr fest! Kann gesundheitschädigend sein.

* Der Hummer kann auch durch einen Stich an einem bestimmten Punkt des Kopfes getötet werden, dies sollte aber ein Fachmann machen.

779

Hummer, warm

*1 Hummer, gekocht nach **778**,*
blanchierte Kopfsalatherzen,
Zitronenschnitze oder -scheiben,
frisch gerösteter Toast,
Butter, Mayonnaise.
Als Getränk: ein Wein aus dem Elsass, ein Chablis, ein Muscadet oder trockener Sekt.

Vom gekochten, leicht abgekühlten Hummer die Scheren abbrechen, den Schwanz ausdrehen und den Panzer aufbrechen. Alles aufheben, bis auf das gallertartige Teil im Kopf. Seitlich im Panzer befindet sich eine hellrosa Masse, die Hummerbutter, die für eine Soße weiterverwendet werden kann. Den Schwanz aufschneiden und das Schwanzfleisch herauslösen. Die Scheren klopfen, aufbrechen und das Fleisch möglichst am Stück herausnehmen. Das Hummerfleisch in einem Sieb über Fischdampf (Fischsud leise kochen lassen) für kurze Zeit warm halten und erst unmittelbar vor dem Auftragen in Portionen teilen.

Den warmen Hummer auf einem Bett von blanchierten Kopfsalatherzen mit Zitronenscheiben anrichten und dazu Toast, Butter usw. reichen.
Oder das Hummerfleisch herrauslösen, in Scheiben schneiden und auf vorgewärmten Tellern mit der Soße **777** (mit wenig Knoblauch, wie auf der folgenden Seite abgebildet) anrichten.

Tipp:
*Hummerschalen können im Tiefkühlgerät aufbewahrt werden und als Grundlage für einen Fond oder eine Soße **777** dienen.*

1 Hummer zerteilen: Die Hummerscheren abdrehen.

2 Mit einem scharfen Messer am Schwanz ansetzen und halbieren.

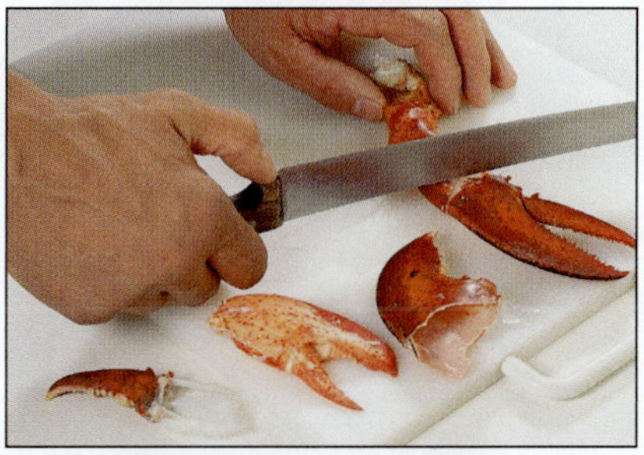

3 Die Scheren zum Ausnehmen abtrennen.

4 Das Hummerfleisch vorsichtig auslösen.

780

Hummer auf amerikanische Art

2 frische oder TK-Hummer (à ca. 600 g),
Saft von 1/2 Zitrone,
75 g Butter,
2 Schalotten,
125 g frische Champignons,
1 Becher süße Sahne (200 g),
1 Essl. Speisestärke,
1 Likörglas trockener Sherry (Fino),
3 frische Eigelb,
Pfeffer oder Cayennepfeffer,
1 Prise Salz.

Hummer nach **778** vorbereiten, abtropfen und halbieren. Das Fleisch vorsichtig aus den Schalen lösen, die Schalen auswaschen, beiseite legen. Das Fleisch in mundgerechte Stücke schneiden, mit Zitrone beträufeln.
Butter in einem Topf schmelzen, gehackte Schalotten und in Scheiben geschnittene Pilze darin 5 Min. gelbdünsten. Sahne zugießen, aufkochen lassen. Die Soße mit in Sherry angerührter Speisestärke binden. Hummerfleisch kurz darin erwärmen, mit Eigelben legieren, mit wenig Pfeffer oder Cayennepfeffer und etwas Salz abschmecken.
Hummer mit der Soße in Porzellanschälchen anrichten. Dazu kann Reis oder geröstetes Brot gereicht werden.
Oder das Hummerragout in die ausgewaschenen Schalen einfüllen, mit etwas Reibekäse überstreuen und im Backofen überbacken. Auf gewaschenen Salatblättern anrichten und sofort servieren. Dazu Toast und Butter reichen.
E.-Herd 250 °C/G.-Herd 5
Ca. 12–15 Minuten

781

Hummercocktail*

2 Grapefruits, 100 g Hummerfleisch, frisch gekocht nach ***778***
oder aus der Dose,
1 hart gekochtes Ei,
1 Teel. Zitronensaft,
je 1 Prise Salz und Cayennepfeffer,
1 Tasse Mayonnaise ***77***
oder aus der Tube,
4 Essl. trockener Wermut (Noilly Prat),
etwas Paprika.

Die Grapefruits halbieren, das Fruchtfleisch herauslösen und sehr klein zerteilen. Das Hummerfleisch und das Ei kleinwürfelig schneiden, den Zitronensaft, das Gewürz zufügen und alles mit der Mayonnaise vermischen (zum Verzieren ein wenig Mayonnaise zurückbehalten). Den Rand der Grapefruitschalen mit einem scharfen Messer

Hummer **779** mit Soße und Knoblauchblättchen

oder mit einer Schere auszacken, den Hummersalat einfüllen, den Wermut darüberträufeln, Mayonnaisetupfen aufspritzen und Paprika darüberstäuben; die gefüllten Schalen auf Glastellern mit Löffelchen servieren.
Oder wie Shrimp-Cocktail **182** zubereiten.

782
Hummerplatte *

Vom gekochten Hummer die Scheren und den Schwanz ausbrechen (vgl. Abb.), die Scheren mit einer Hummerschere aufschneiden oder mit einem scharfen Messer aufhacken, den Schwanz entweder der Länge nach in der Mitte spalten (vgl. Abb.) und den Darm entfernen oder, um das Fleisch an einem Stück herausnehmen zu können, die Glieder am Rande der Schalen auf beiden Seiten unter dem Schwanz abschneiden. Das Fleisch in ½ cm dicke, schräge Stückchen teilen. Die leeren Hummerschalen mit Gemüsesalat oder Italienischem Salat füllen und mit den Hummerstückchen verzieren.
Die Platte kann noch mit Nestchen von Kopfsalatblättern, Eirosetten, Kapern, kleinen, gestürzten Fischsülzen, mit Lachs- und Kaviarbrötchen sowie mit Sülze- oder Aspikwürfelchen garniert werden; dazu gut gekühlte Mayonnaise reichen.

* Geeignet zur Kalten Küche, zum Kalten Büfett und als festliche Vorspeise.

Langusten

Die Languste ähnelt dem Hummer, besitzt aber keine großen Krebsscheren, sondern lange Fühler, die den Körper an Länge überragen. Langusten stammen wie die Hummer aus Einfuhren und werden lebend, auch tiefgefroren, gehandelt.
Die Langusten sind für den normalen Hausgebrauch meist zu groß. Es muss ein besonders großer Topf zum Kochen vorhanden sein.

783
Langustenplatte *

Die Languste wie Hummer **778** zubereiten und vor dem Kochen mit gestrecktem Schwanz auf ein Brettchen binden, so in den strudelnden Sud einlegen und nach dem Garwerden herausnehmen. Erkalten lassen; das Fleisch vom Schwanz herausbrechen, in schräge Stücke schneiden, zum Übersülzen zunächst auf einer Platte anrichten und mit Scheiben von Ei und Gewürzgurken, gekochten Gelben Rüben oder Dosenchampignons belegen. Über die angerichteten Fischstü cke sämige Sülze oder Aspik gießen (es genügt etwa ¼ l Sülzflüssigkeit) und zum Erstarren kühl stellen. Inzwischen das Fleisch des Körpers in kleine Würfel schneiden und unter einen Gemüsesalat mischen. Den leeren Langustenkörper mit Kopfsalatblättern auslegen, den Salat einfüllen und auf einem flachen Brotsockel anrichten.
Die übersülzten Schwanzstücke zurechtschneiden oder ausstechen, ringsum legen und Eiviertel, Herzblättchen von Kopfsalat oder Kaviarnestchen, Zitronenschnitze und Tomatenscheiben dazwischen setzen. Mit Remouladensoße oder Mayonnaise zu Tisch geben.

* Geeignet zur Kalten Küche, zum Kalten Büffet und als festliche Vorspeise.

Garnelen

Bei Garnelen unterscheidet man zwischen den kleinen, bis zu 6 cm langen Nordseekrabben (eigentlich Sandgarnelen) und den größeren Tiefseegarnelen, die bis zu 10 cm groß werden können. Verwandte Arten sind die Ostseegarnele und Garnelenarten, die unter dem Namen „Shrimps" sowie Grönland- oder Eismeerkrabben im Handel sind. Die Nordseegarnelen sind die wohlschmeckendsten. Sie werden gekocht und ungeschält oder geschält, tiefgefroren oder konserviert angeboten.

Zubereitungsarten:
TK-Garnelen im Kühlschrank auftauen lassen, trocken tupfen und in heißem (Oliven)öl nur kurz braten: Rötlich verfärbt sind sie genau richtig. Zu lange gebratene Garnelen werden gummiartig und trocken. Zu Garnelen passt die Mayonnaise **77** mit Chili.
Riesengarnelen lassen sich auch gut ausbacken (im dünnen Ausbackteig, Seite 372). Dazu passt eine beliebige Sahnesoße (Seite 41 ff) oder Mayonnaise (Seite 45 ff). Sie können auch auf einem Salatbett angerichtet oder mit gebratenen italienischen Nudeln **1199** serviert werden.

1 Ausgelöste Tiefseegarnele (ungekocht) auf der Schwanzoberseite einschneiden...

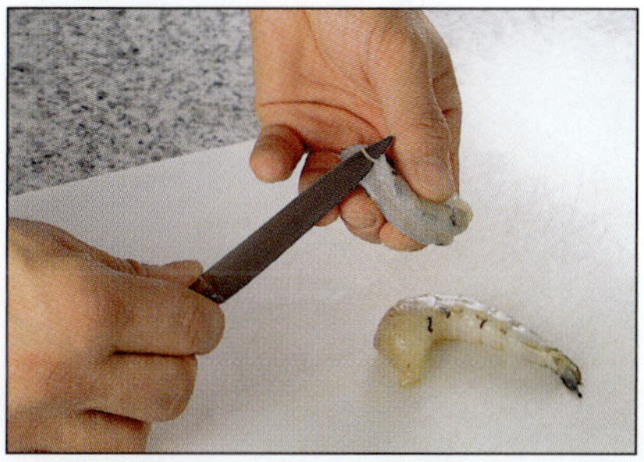

2 und den Darm herauslösen.

784

Krabbenbrot

Pro Person:
1 Scheibe dunkles Roggenbrot, etwas gesalzene Butter, 80–100 g frisch abgekochte, ausgepuhlte Nordseekrabben (-garnelen), wenig Zitronensaft, frisch geschnittener Schnittlauch.

Die Brotscheiben buttern und dick mit frisch ausgelösten Krabben bedecken. Mit wenig Zitronensaft beträufeln und Schnittlauchröllchen darüberstreuen. Weitere Garnelen- bzw. Krabben-Rezepte siehe S. 64 und S. 162.
Oder die Krabben leicht in Butter erwärmen; in einer anderen Pfanne lockeres Rührei backen, dieses zuerst auf das Brot geben und obenauf Krabben häufeln.

785

Shrimp-Cocktail

Als Vorspeise oder kleines Abendessen
200 g Shrimps, gekocht oder tiefgefroren und aufgetaut, Saft von ½ Zitrone, 2 Fleischtomaten, 6 Artischockenherzen aus dem Glas oder der Dose.
Zur Soße:
1 fein gehackte Schalotte, 3 Essl. Olivenöl, 1 Essl. Weinessig, 2 Essl. trockener Sherry, Salz, frisch gemahlener Pfeffer, 1 Prise Cayenne, 1 Prise Zucker, 2 Essl. fein gehackte Petersilie oder Korianderkraut.

Die Shrimps mit Zitronensaft beträufeln und durchziehen lassen. Die Tomaten kurz in kochendes Wasser legen, dann die Haut abziehen, entkernen und in Würfel schneiden. Die Artischockenherzen in vier Teile schneiden. Alle Zutaten in einer Schüssel mischen. Zur Soße die Knoblauchzehe, Schalottenwürfel, Öl, Essig und Sherry mit dem Schneebesen gut verschlagen, mit Salz und Pfeffer, wenig Cayenne und der Prise Zucker würzen. Zuletzt die feingehackte Petersilie unterziehen. Die Soße gut mit den Cocktail-Zutaten vermischen, in mit Salatblättern ausgelegte Glasschalen einfüllen und mit Toastbrot oder Weißbrot und Butterkügelchen servieren.
Oder wie Hummercocktail **781** zubereiten.

Kaisergranat

(Meereskrebs, ital. Scampo, franz. Langoustine). Dieser orange-lachsrote, dem Hummer ähnliche Krebs wird nur bis zu 24 cm lang und lebt in Tiefen bis zu 300 m im Nordatlantik und Mittelmeer. Da in den schlanken Scheren fast kein Fleisch sitzt, kommen nur die Schwänze frisch tiefgefroren oder in Dosen konserviert in den Handel. Zubereitet werden Kaisergranate wie Hummer, aber auch gegrillt z. B. mit Knoblauchsoße oder als Cocktail schmecken sie ausgezeichnet.

786

Scampi in Orangensoße

Als Vorspeise oder kleines Abendessen
8 große Scampi oder Langostinos, frisch oder tiefgekühlt und aufgetaut.
Zum Marinieren:
Saft von 1 Orange, 2 Essl. Weinbrand, Salz und frisch gemahlener Pfeffer, Öl oder flüssige Butter zum Bepinseln.
Zur Soße:
*sehr dünn abgeschälte Schale (nicht das Weiße) von 1 ungespritzten Orange, Scampischalen, 1 fein gehackte Schalotte, 2 Essl. Butter, 1 Glas Weißwein, ⅛ l gut gewürzter Fischfond **5**, 1 Stängel Petersilie, ⅛ l süße Sahne, Salz, Cayenne.*

Die Scampi oder Langostinos aus den Schalen lösen und mit Orangensaft, Weinbrand, vermischt mit etwas Salz und Pfeffer, ca. 15 Min. marinieren. Inzwischen die fein abgeschälten Orangenschalen in Streifen schneiden (Julienne) und in kochendem Wasser kurz blanchieren. In der heißen Butter die Scampischalen mit den Schalottenwürfelchen anrösten, Weißwein angießen, mit Fischfond auffüllen und den Petersilienstängel zufügen. Die Soße etwas eindampfen lassen. Dann durch ein Sieb gießen, die Soße warm stellen. Die marinierten Scampi trockentupfen, mit Öl oder flüssiger Butter bestreichen und in der ausgefetteten Grillpfanne oder unter dem Backofengrill auf dem

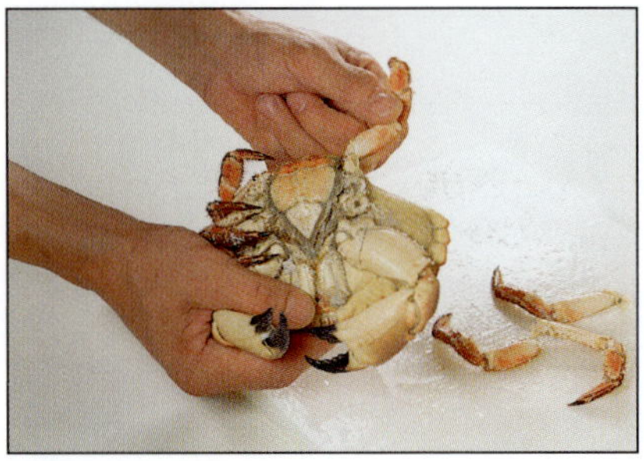

1 Taschenkrebs zerteilen: Beine abdrehen.

2 Die Scheren entfernen.

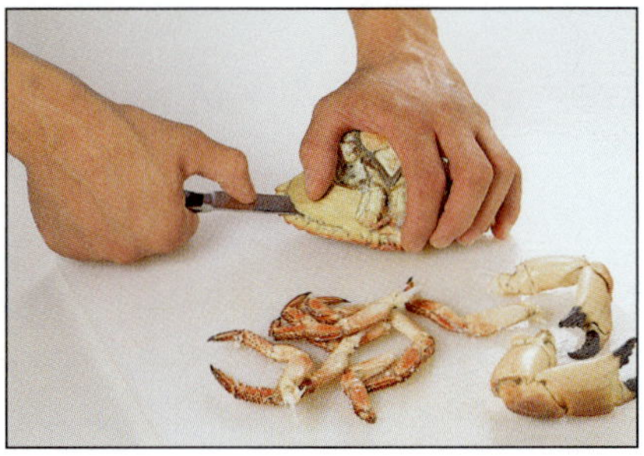

3 Den Panzer mit einem scharfen Messer öffnen.

Rost ca. 3 Min. von jeder Seite grillen. Die Marinade zur Soße geben, Sahne zufügen, kurz einkochen und mit Salz und Cayenne abschmecken. Die Scampi in vorgewärmte Portionsschälchen oder auf Teller legen, mit Soße bedecken und obenauf die feinen Orangenstreifen streuen. Dazu frisches Brot servieren.

787

Scampi auf provenzalische Art

8–12 große Scampi oder Langostinos,
1 Essl. Mehl,
4 Schalotten, 2 Knoblauchzehen,
2 Fleischtomaten, 4 Essl. Olivenöl,
½ Glas trockener Weißwein,
1 Teel. frischer Thymian,
½ Bund Petersilie,
Salz, Pfeffer,
1 Essl. Weißbrotbrösel.

Die Scampi aus den Schalen brechen, mit Mehl überstäuben.
Die Schalotten und Knoblauchzehen schälen, sehr fein hacken. Tomaten häuten, halbieren, Kerne ausdrücken, das Fruchtfleisch sehr fein würfeln.
Öl in einer großen Pfanne erhitzen und die Scampi rundum 3–4 Min. braten. Herausnehmen, warm stellen.
Schalotten und Knoblauch im Bratfett ca. 3 Min. gelbdünsten. Tomatenwürfel, Weißwein und Gewürze 5 Min. mitgaren. Mit Salz und Pfeffer würzen. Scampi kurz in der Soße erwärmen, mit Bröseln überstreuen, einmal durchrühren. Warm servieren. Dazu Weißbrot oder körnigen Reis reichen.

Königskrabbe

Sie ist das größte aller Krustentiere und kommt meist aus Alaska oder Kanada – sie wiegt bis zu 3 kg. Königskrabben kommen auch tiefgefroren auf den Markt, sind aber besser bekannt als **crab meat** in Konserven. Dieses kann gut zu Vorspeisen und Salaten verwendet werden. Eine ganze Königskrabbe wird wie Hummer zubereitet.

788

Gratin von Königskrabben

1–2 frische oder TK-Königskrabben (King crabs).
Sud:
1 Schalotte,
1 Stange Bleichsellerie,
½ Teel. Dillsamen,
¼ l Weißwein.
Soße:
1 Schalotte,
1 Dose Steinpilze (120 g),
1 Essl. Butter,
1 gestrichener Essl. Mehl,
1/16 l Weißwein,
1/16 l süße Sahne,
3 Essl. Cognac,
1 Teel. Dijon-Senf,
1 Spritzer Tabasco,
50 g geriebener Käse,
1–2 Teel. helle Semmelbrösel.

Schalotte schälen und mit dem Bleichsellerie in Scheiben schneiden. ¾ l Wasser mit Gemüsescheiben, Dill und Weißwein 10 Min. durchkochen, die Königskrabben hineingeben und ca. 10–15 Min. darin ziehen lassen. Aus dem Sud nehmen, erkalten lassen.
Für die Soße die Schalotte fein hacken. Steinpilze abgießen, Sud dabei auffangen und die Pilze feinblättrig schneiden. Butter zerlassen, Schalotte 2 Min. darin andünsten. Das Mehl zufügen, anschwitzen lassen. Mit Wein, Pilzsud und Sahne ablöschen, 8 Min. durchkochen lassen. Die Soße mit Cognac, Senf, Tabasco würzen, ⅔ vom Käse unterrühren. Ausgelöstes, zerteiltes Krabbenfleisch und Pilze darin erwärmen. Das Ragout in gefettete Muschelschalen oder Gratinförmchen geben, mit Käse und Bröseln bestreuen und unterm heißen Grill kurz überkrusten. Dazu Toast oder körnigen Reis und Weißwein reichen.

Taschenkrebs

Taschenkrebse kommen das ganze Jahr über frisch vom Mittelmeer oder Atlantik in den Handel; sie werden auch gekocht und in Dosen angeboten. Das Fleisch der Scheren ist hell und schmeckt delikater als das dunkle Fleisch des Panzers. Taschenkrebse werden wie in **778** ca. 15 Min. gekocht und können warm oder kalt mit der Soße **96** oder ausgelöst als Cocktail oder auf Toast (gewürzt mit Salz, weißem Pfeffer und Zitronensaft) gereicht werden.

4 Die Innereien entnehmen.

5 Die Scheren mit Hilfe einer Hummerzange knacken...

6 und das Fleisch auslösen.

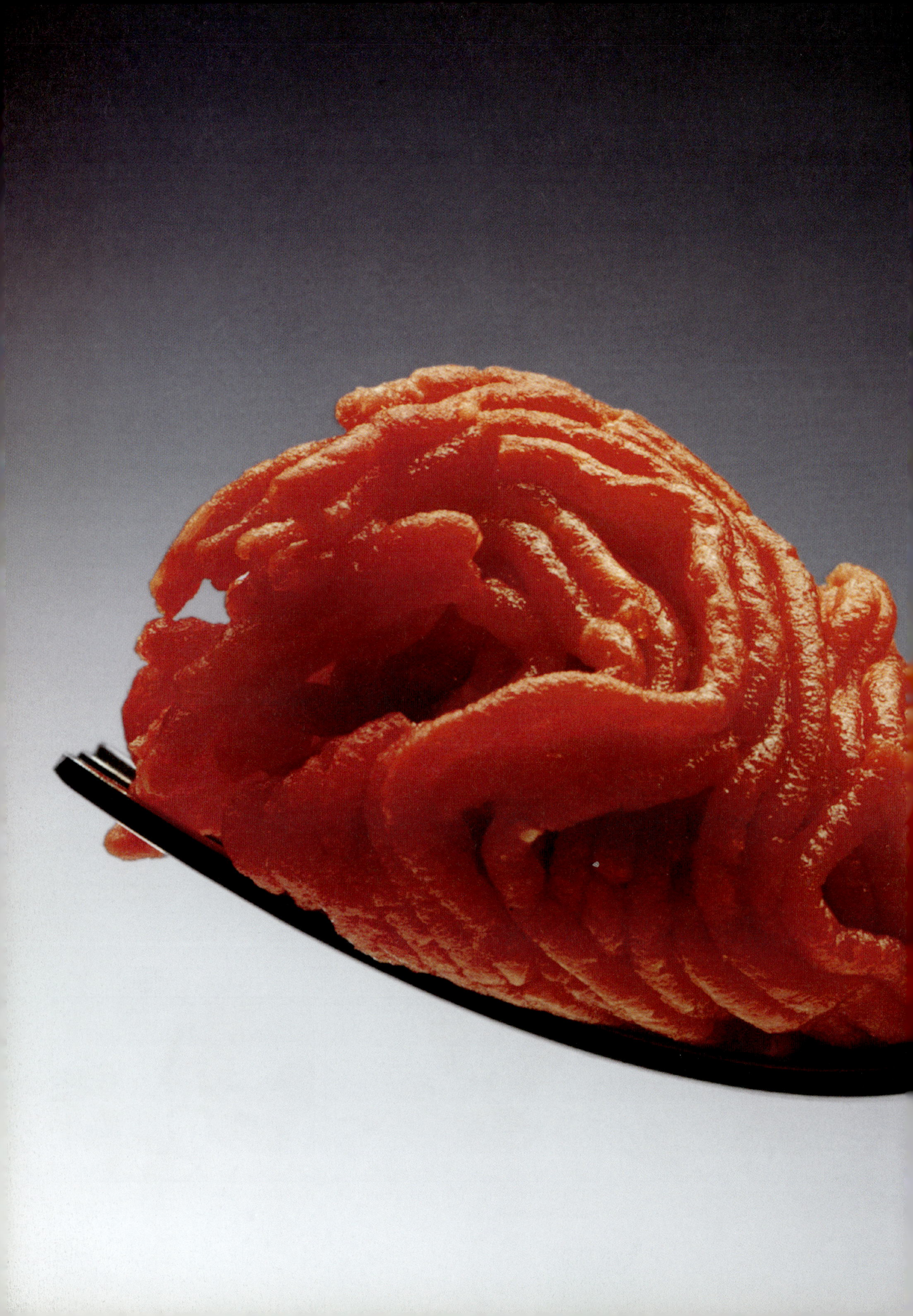

FLEISCH

Vegetarier sind selbstverständlich keine besseren Menschen als Fleischesser. Wenn behauptet wird, homo sapiens sei ursprünglich als „Pflanzenfresser“ angelegt gewesen, dann stellt sich die Frage, warum er mit Reißzähnen – vorn oben und unten – ausgerüstet worden ist. Zum Gräser- und Blattzermalmen gewiss nicht. Allein – diese Erkenntnis rechtfertigt nicht den heute in „reichen Ländern“ üblichen Umgang mit sogenannten Schlachttieren. Auch sie sind Geschöpfe Gottes! Und – und vor allem – artgerecht gehalten, „ergeben“ sie zwar weniger Menge zu einem faireren Preis, aber unendlich mehr Güte.

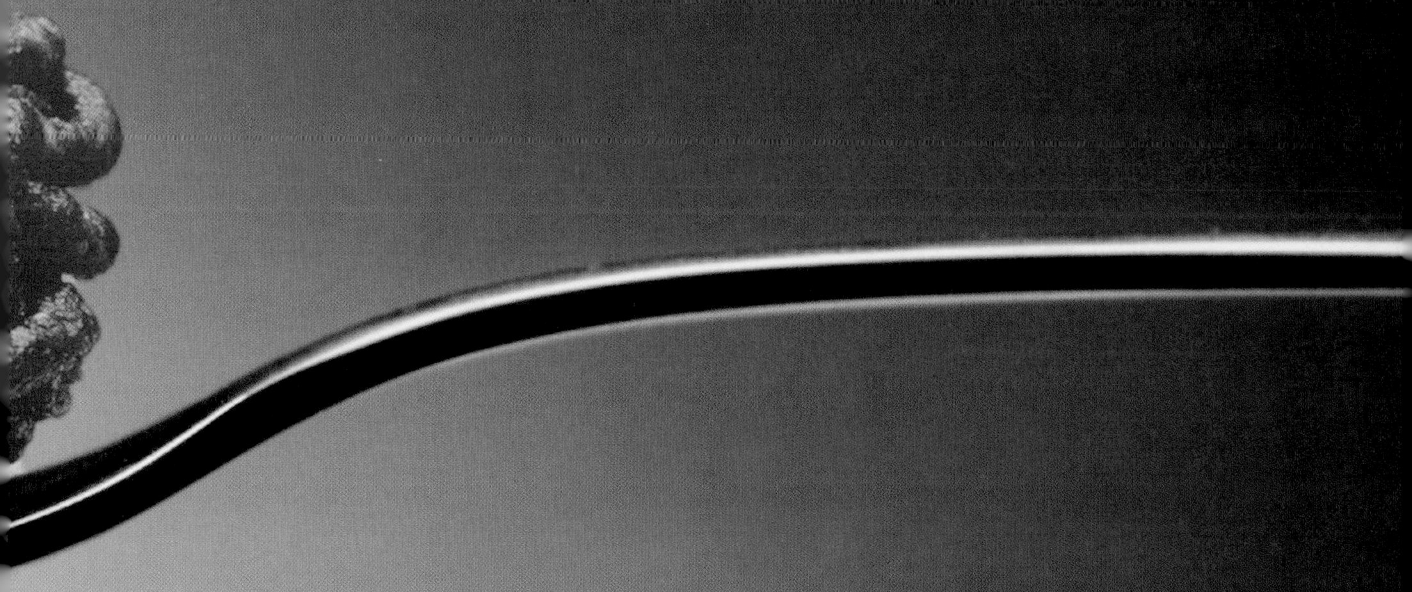

Fleischgerichte

Einkauf. Der richtige Einkauf entscheidet mit über die Qualität Ihres Fleischgerichts. Es muss nicht immer Filet sein. Auch aus preiswerten Teilen lassen sich hervorragende Gerichte zubereiten.

Rindfleisch. Rindfleisch wird in der Regel als Ochsen-, Färsen- oder Jungbullenfleisch angeboten. Es hat allgemein eine sattrote Farbe, gibt auf Fingerdruck nach, die Druckstelle soll jedoch schnell wieder verschwinden. Beim Schneiden zeigt es glänzende Schnittflächen. Rindfleisch soll gut abgehangen sein, d. h. zum Kochen 3–5 Tage und zum Braten bis zu 14 Tage, sonst bleibt es zäh.
Bullenfleisch ist mager und wird mit zunehmendem Alter stark faserig. Ochsenfleisch ist mit Fettadern durchzogen. Junges Mastochsenfleisch ist hellrot mit kurzen Fleischfasern und weißem Fett.
Die hochwertigsten Stücke sind Filet und Rostbraten zum Braten und Kurzbraten. Kochfleischstücke sind wesentlich billiger und können bei richtiger Zubereitung ebenfalls gegrillt und gebraten werden.

Kalbfleisch. Frisches Kalbfleisch soll hellrosa und auf der Schnittfläche leicht feucht sein. Die hochwertigsten Stücke sind Kalbskeule oder -schlegel, aus denen man Schnitzel (ca. 1 cm dick) schneidet, und Kalbsrücken, aus dem das Kalbsfilet getrennt wird. Preisgünstiger sind Bug und Schulter für Kalbsgeschnetzeltes, Ragout und Frikassee sowie Kalbsbrust, Flanke (für Rollbraten) und Nacken.

Schweinefleisch. Das Fleisch soll im Gegensatz zu Rindfleisch so frisch wie möglich sein. Junges Schweinefleisch weist eine hellere Farbe und eine feine Marmorierung auf. Die wichtigsten Teilstücke sind der Schinken (für Braten und Schnitzel), die Schulter, das Eisbein (Schweinehaxe) und der Kotelettstrang vom Hals (zum Braten und Grillen) bis zum Mittelstück für Stielkoteletts und Kasseler.

Lamm- und Hammelfleisch. Dieses Fleisch entwickelte sich nicht zuletzt durch den Einfluss der mediterranen und der englischen Küche vom Stiefkind zur beliebten und preisgünstigen Spezialität. Es ist besonders würzig und aromatisch und lässt sich backen, braten, grillen, schmoren, dünsten und kochen. Lamm- und Hammelfleisch wird häufig tiefgefroren aus Importen angeboten. Es sollte in diesem Fall nicht ein zweites Mal im Rohzustand, sondern nur als fertiges Gericht eingefroren werden. Gutes Hammel- oder Lammfleisch hat eine saftig-rote Farbe und weißes Fett.

Hackfleisch, Tatar. Dieses Fleisch soll noch am Tage des Einkaufs zubereitet und verzehrt werden. Tatar wird aus schierem, rohen Rindfleisch (Oberschale) hergestellt. Häufig wird es auch als „Schabefleisch" angeboten. Hackfleisch erhält man vom Rind, vom Schwein oder gemischt; auf Vorbestellung auch vom Lamm.

Innereien. Sie sind besonders reich an Eiweiß, Vitaminen, Mineralstoffen und Spurenelementen, leider in letzter Zeit auch an Schadstoffen und deshalb sollten sie nicht so oft auf dem Speisezettel stehen. Leber ist besonders vitamin- und eisenhaltig, was für die Blutbildung von Bedeutung ist. Alle Innereien haben den Vorzug, sehr preisgünstig zu sein.

Die richtige Aufbewahrung. Frischfleisch ist nur kurzfristig haltbar. Es wird ausgepackt, in möglichst luftdichten Behältern oder zwischen zwei Tellern im Kühlschrank aufbewahrt. Eine längere Aufbewahrungsfrist wird ermöglicht, wenn man das Fleisch in eine Beize, Butter- oder Sauermilch einlegt. Das Fleisch verfärbt sich grau (kein Grund zur Beunruhigung) und wird mürber. Falls Fleisch nicht luftdicht verpackt ist, soll es im Kühlschrank nicht neben Lebensmitteln mit starkem Eigengeruch (Käse) liegen, da es den Geruch seiner Umgebung annimmt. Für gleichmäßiges Garen/Braten rechtzeitig aus dem Kühlschrank nehmen, damit das Fleisch Zimmertemperatur annehmen kann

Vorbereitung. Beim Putzen werden Knochensplitter, Knorpel, Sehnen und überflüssiges Fett entfernt. Es empfiehlt sich jedoch, nicht alles Fett zu entfernen; Rindfleisch, Schweinefleisch und vor allem Hammel- und Lammfleisch brauchen bei der Zubereitung das besondere Aroma ihres Fettes. Nach dem Braten oder Grillen können Sie das Fett immer noch abschneiden, wenn Sie es nicht mitessen wollen. Manche Fleischsorten (z. B. Reh- und Hasenrücken) und Innereien (Hirn und Leber) werden vor der Zubereitung gehäutet. Dabei wird die dünne, äußere Haut abgehoben. Zum Säubern werden große Fleischstücke kurz mit kaltem Wasser abgewaschen und dann gut abgetrocknet, sonst bekommen sie beim Braten keine schöne Kruste. Kleine Fleischstücke (Gulasch, Geschnetzeltes, Schnitzel, Steaks, Koteletts usw.) werden nur mit einem Papierhandtuch (Küchenkrepp) abgetupft, damit kein wertvoller Fleischsaft ausgewaschen wird.
Beim Schneiden von Fleisch achten Sie bitte darauf, quer zur Faser zu schneiden. Das schönste Steak wird zäh, wenn es falsch, nämlich längs der Faser geschnitten wird. Dieser Hinweis gilt auch für jeden Braten.

Würzen. Große Braten werden vor dem Anbraten mit den im Rezept angegebenen Gewürzen eingerieben. Kleine Fleischstücke würzt man nach dem Anbraten, Kurzgebratenes, Leber und Geschnetzeltes nach dem Garwerden, damit das Fleisch zart bleibt.
Eine Marinade ist eine besondere Form des Würzens, die sich vor allem für Braten (Sauerbraten, Wild) und Grilladen eignet und das Fleisch mürber macht. Dafür wird das Fleisch mindestens einen Tag vor der Zubereitung in eine Beize (Zutaten siehe jeweilige Rezepte), Sauer- oder Buttermilch oder in Essiglake gelegt. Auch Öl ist eine gute Basis für manche Marinaden.
Milde **Buttermilchmarinade** (für Wild: 1–2 l Buttermilch glattrühren, 6 leicht zerdrückte Wacholderbeeren, 1 Lorbeerblatt, 4 Pimentkörner und 3 Scheiben Zitrone zufügen. Das Fleisch 2–3 Tage darin ziehen lassen.
Saure **Rotwein-Essigmarinade** (für Rind, teilweise Wild- und Schweinefleisch): ¼ l Rotwein, ⅛ l Essig, ca. ¼ l Wasser, 1 grobgewürfelte Zwiebel, 1 Lorbeerblatt, 3 Nelken, ½ Teel. Pfefferkörner und 4 Wacholderbeeren aufkochen. Nach dem Erkalten über das Fleisch gießen. Je nach Bratengröße 2 bis 6 Tage ziehen lassen.
Aromatische **Ölmarinade** (für Hammel, Lamm, Geflügel): 3–4 gehackte

Knoblauchzehen, 2 Schalotten in Scheiben, 1 unbehandelte oder geschälte Zitrone in Scheiben, je 1 Zweig frischer oder 1 Teel. getrockneter Thymian und Rosmarin. Das Fleisch zwischen die Zutaten betten, mit 5–6 Essl. oder mehr Öl beträufeln. Über Nacht durchziehen lassen.

Whisky-(Sherry-)Marinade (für Geflügel, Steaks): 1 gehackte Zwiebel, ½ Teel. gerebelter Thymian, 1 Löffelspitze gemahlener Pfeffer, etwas Zitronensaft, 4 Essl. Öl und 4 Essl. Whisky oder Sherry miteinander verrühren. Fleisch damit bestreichen, ½ Tag ziehen lassen.

Minzmarinade (für Lammkoteletts): 8–10 feingehackte Pfefferminzblätter (oder 2 Essl. fertige Minzsoße), 1 kleine gewürfelte Zwiebel und 1 gehackte Knoblauchzehe mit 4 Essl. Öl und 3 Essl. Weißwein verrühren. Fleisch über Nacht darin ziehen lassen.

Zubereitung. Es gibt zahlreiche Garmethoden. In der Fleischtabelle (ab Seite 186) ist angegeben, welches Fleisch sich für welche Methoden am besten eignet. Man unterscheidet:

Braten im offenen oder geschlossenen Kochgeschirr (Pfanne, Brattopf) auf dem Herd. Bräunung mit wenig Fett bei 120° bis höchstens 200 °C. Oder Garen im Backofen auf dem Rost über der Fettpfanne oder im geschlossenen Kochgeschirr (z. B. Römertopf, aber auch in Aluminiumfolie oder Bratfolie), Bräunung bei 150–250 °C.

Kurzbraten (Rösten) in der Pfanne im heißen Fett hält das Fleisch saftig, weil sich durch die starke Anbrathitze sofort die Poren schließen.

Grillen unter dem Backofengrill oder auf Holzkohle im Freien ergibt besonders saftige und wohlschmeckende Fleischstücke, wenn man nicht zu dünne Scheiben verwendet und das Fleisch vorher gut abtrocknet. Wird eine Grillpfanne verwendet, diese zuerst gut einfetten, erhitzen und dann das mit Öl oder zerlassener Butter bestrichene Fleisch von jeder Seite kurze Zeit grillen.

Dünsten/Schmoren Kurzes Anbraten und Bräunen in wenig Fett, danach Garen mit wenig bzw. reichlich Flüssigkeit im geschlossenen Geschirr.

Frittieren Schwimmend im Fettbad ausbacken (Wiener Backhendl, Fondue, chinesische Küche). Damit wird das Fleisch in kürzester Zeit gegart.

Kochen in Salzwasser oder Brühe (evtl. mit Suppenknochen), so dass das Fleisch bedeckt ist.

Druckgaren im Dampfdruck- bzw. Schnellkochtopf. Besonders für kleine und flache Fleischstücke geeignet. Der Nährwert bleibt sehr gut erhalten, das gegarte Fleisch ist besonders saftig.

Niedrigtemperatur, die „alte“ Methode des Garens bei ca. 80 °C, erfordert etwas Geduld und bringt geschmacklich hervorragende, zarte Ergebnisse. Sie eignet sich besonders gut für Schmorbraten.

Wann ist das Fleisch gar?
Für Braten errechnet man die Bratzeit bei einer Temperatur von ca. 200 °C (G-Herd 3) nach folgender Faustregel:
Rind- und Hammelfleisch:
Je 500 g ca. 50 Minuten
Schweinefleisch:
Je 500 g ca. 40 Minuten
Kalbfleisch: Je 500 g ca. 30 Min.
Eine andere Faustregel, die sich an der Höhe des Bratguts orientiert, lautet:
Je Zentimeter Fleischhöhe:
10 Min.: durchgebraten
8 Min.: innen rosa
5 Min.: innen noch roh
13 Min.: durchgebraten mit Knochen.
Nach dem Braten lässt man das Fleisch noch kurze Zeit ruhen, damit der Fleischsaft sich gut verteilt.

Garprobe. Ein Braten ist gar, wenn beim Einstechen mit einer dünnen Nadel kein Saft mehr austritt. Sehr zuverlässig wird die Garprobe mit dem Fleischthermometer.
Steaks werden gewendet, wenn auf der Oberfläche kleine Saftperlen austreten, und sind gar, wenn die Saftperlen nach dem Wenden wieder an die Oberfläche treten.

Bratzeiten für Steaks (2 cm dick):

Bratzeit je Seite	Aussehen	Bezeichnung
1 Min. braten	– dünne braune Kruste innen blutig-roh	blau bleu, raw
2 Min. braten	– braune Kruste – innen heller, blutiger Kern	blutig saignant rare
1 Min. anbraten 3 Min. weiterbraten	– bis auf einen rosa Kern durchgebraten	englisch à point, medium
1 Min anbraten 4 Min. weiterbraten	– gleichmäßig durchgebraten	durchgebraten bien cuit, well done

1 Das Fleisch ist von jeder Seite 2 Min. gebraten (bleu).

2 Das Fleisch ist 1 Min. angebraten und 3 Minuten weitergebraten (medium)

3 Das Fleisch ist durchgebraten.

Rind

Zungenstück (Hals)

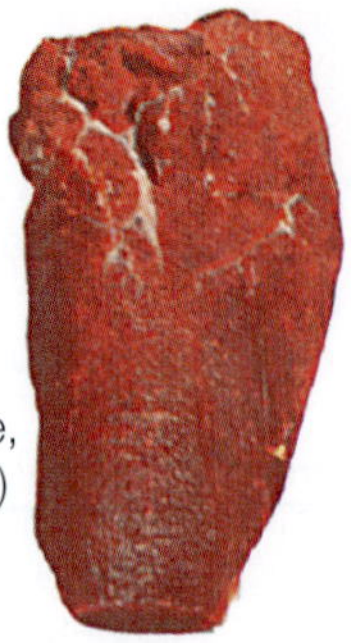
Falsches Filet (falsche Lende, Schulterspitze)

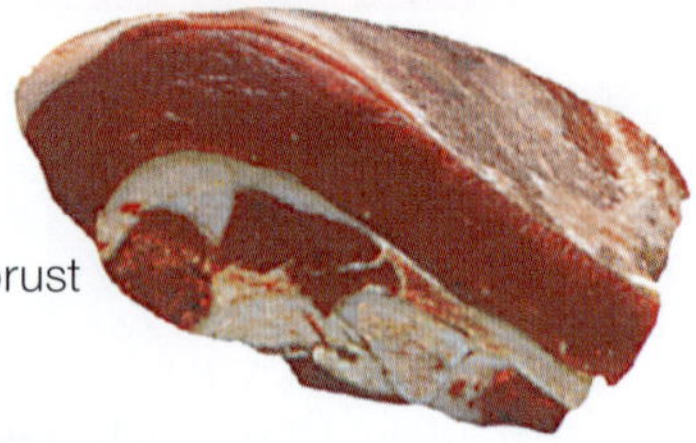
Mittelbrust

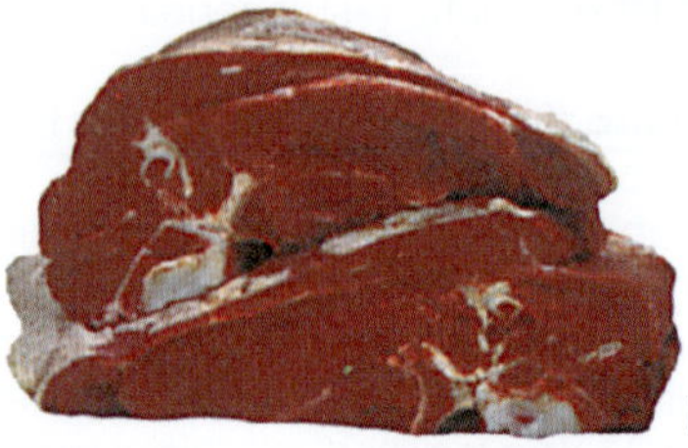
Nacken

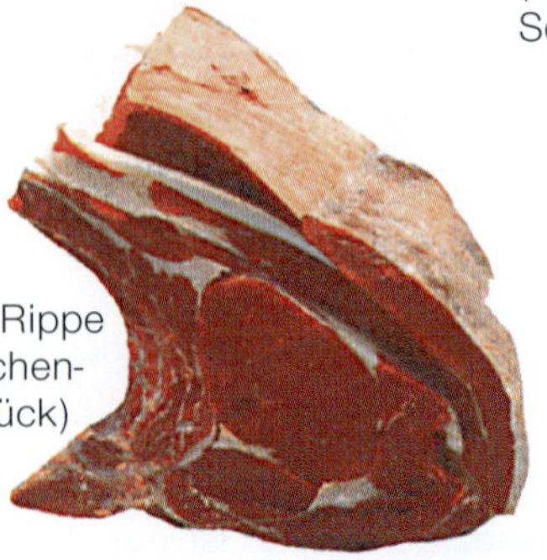
Hohe Rippe (Zwischenrippstück)

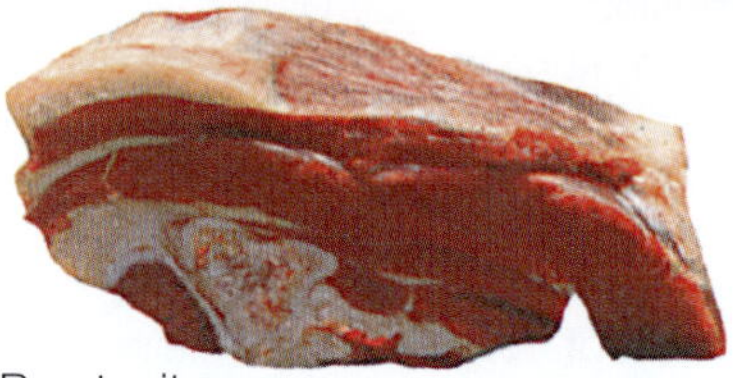
Bruststpitze

Bugschaufel- und Mittelbugstück

Filet (von der Spitze zum dickeren Ende unterteilt in Filet Mignon, Tournedos, Chateaubriand und Filetsteak)

Dicker Bug

Rostbeef (Rumpsteak)

Schwanzstück

Kluft (Oberschale)

Lappen (Brustkern)

Schwanzrolle

Kugel- und Bürgermeisterstück

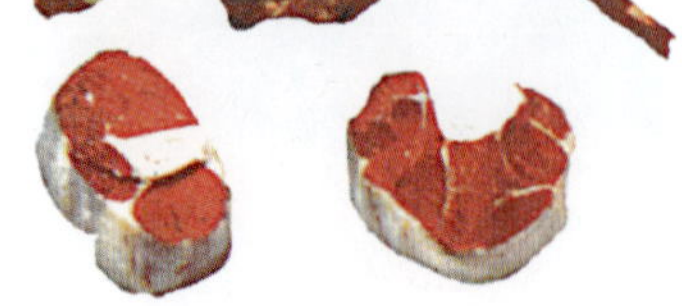
Beinscheiben und Schwanz

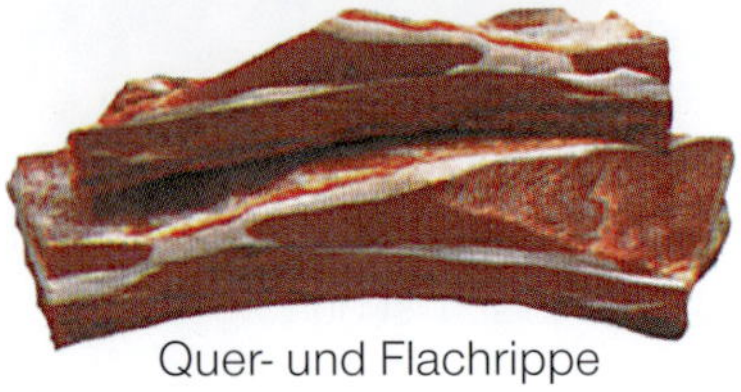
Quer- und Flachrippe

Hüfte und Hüftdeckel

Schwein

Nacken (Hals)

Kotelett

Dicke Rippe

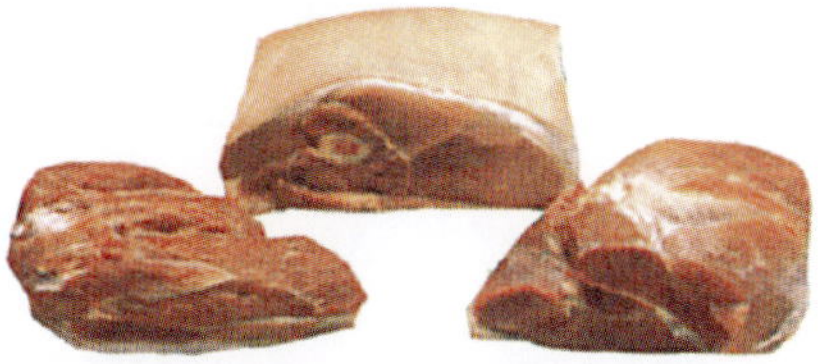
Schulter

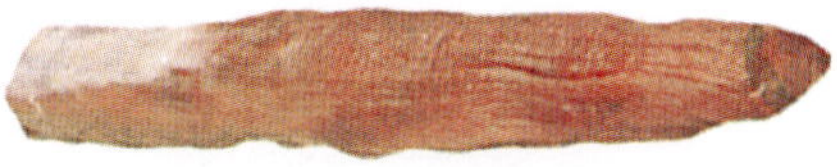
Filet

Nuss

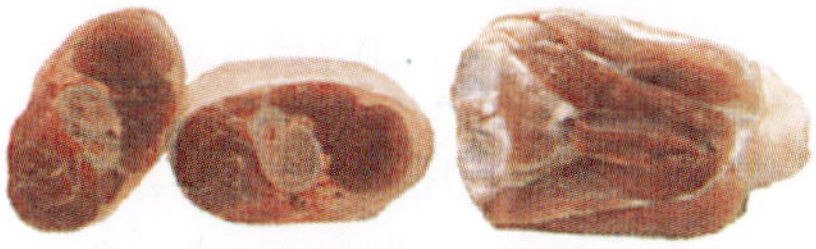
Vorder- und Hintereisbein

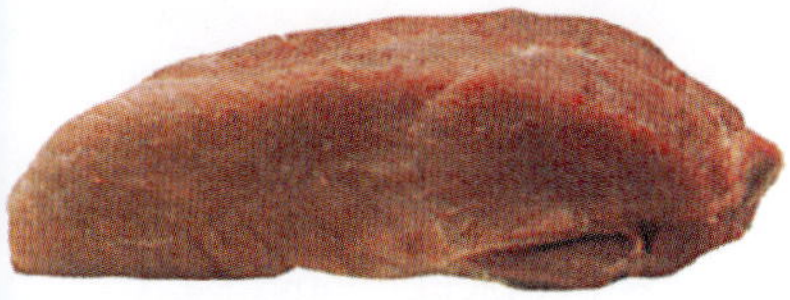
Oberschale

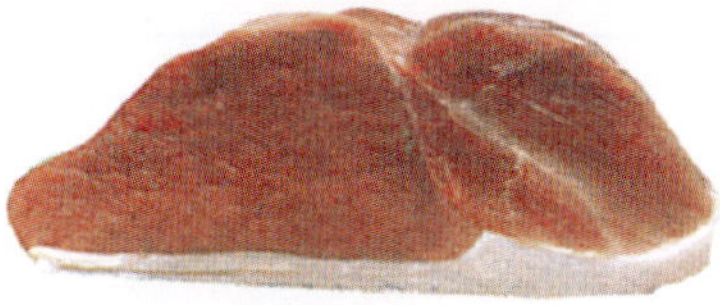
Unterschale

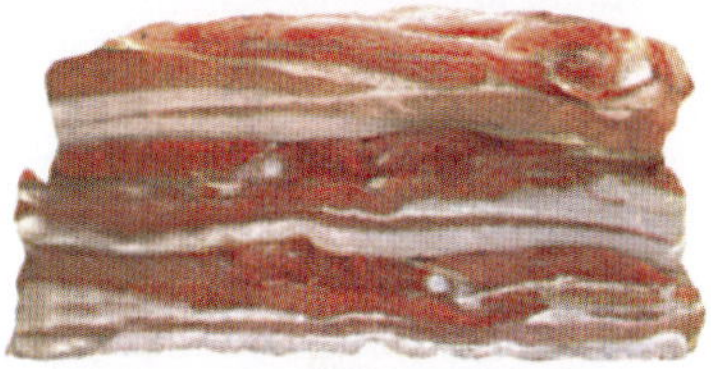
Bauch

Kalb

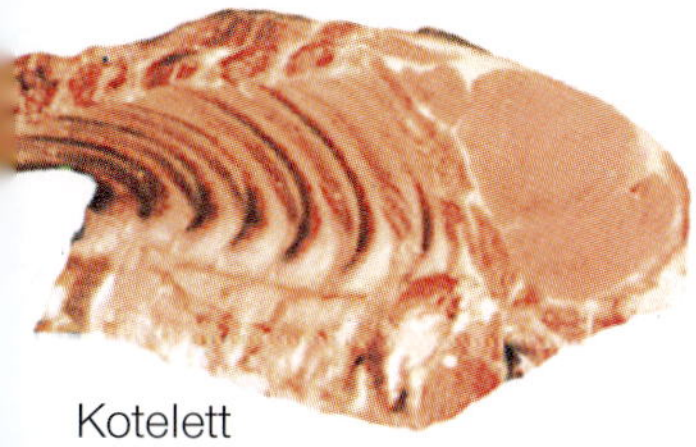
Kotelett

Oberschale (Frikandeau)

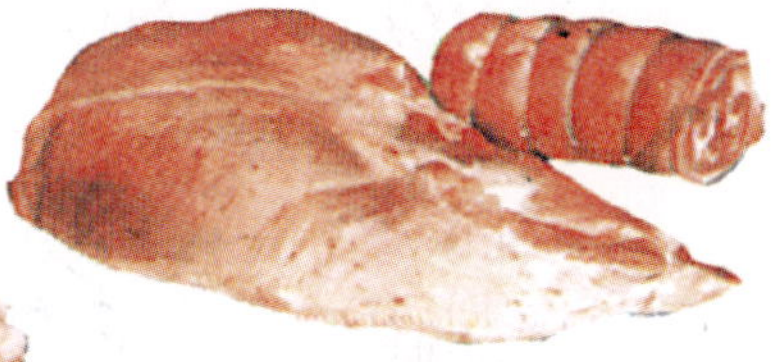
Brust und Rollbraten

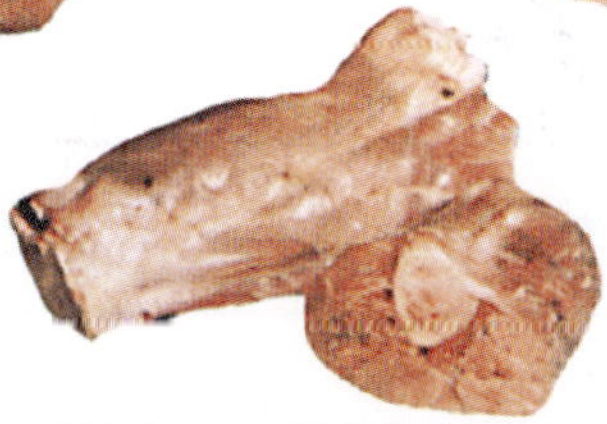
Vorder- und Hinterhaxe

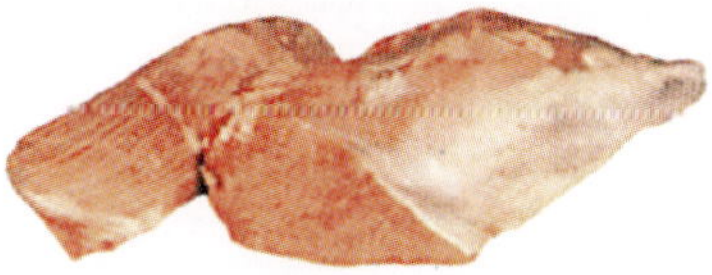
Unterschale

Nierenbraten

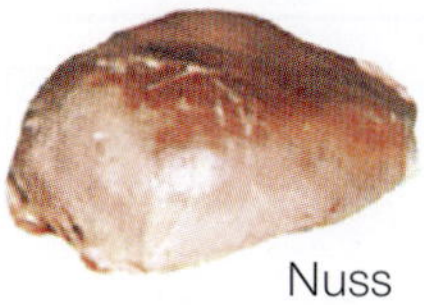
Nuss

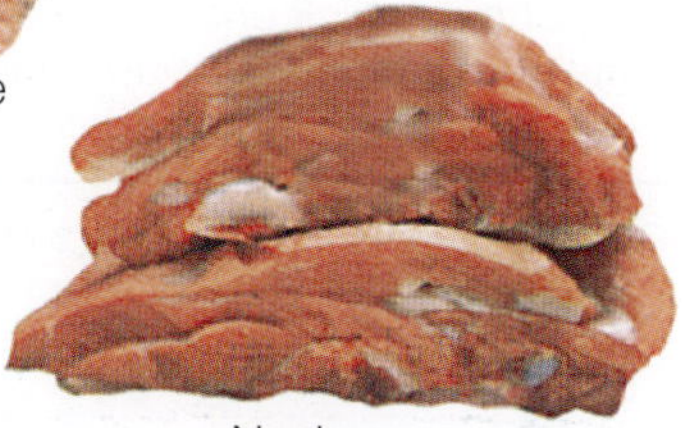
Nacken

Lamm

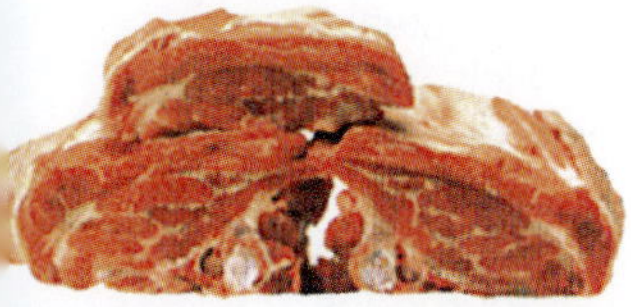
Nacken

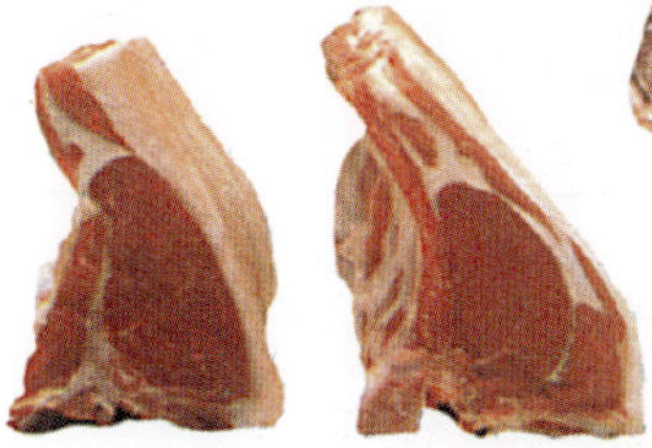
Kotelett

Schulter

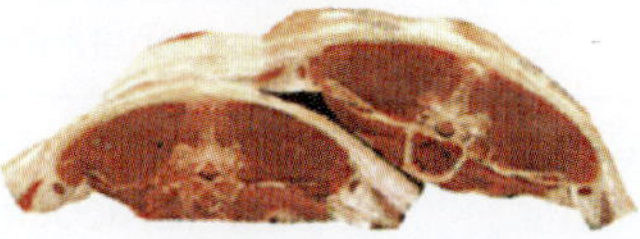
Rücken

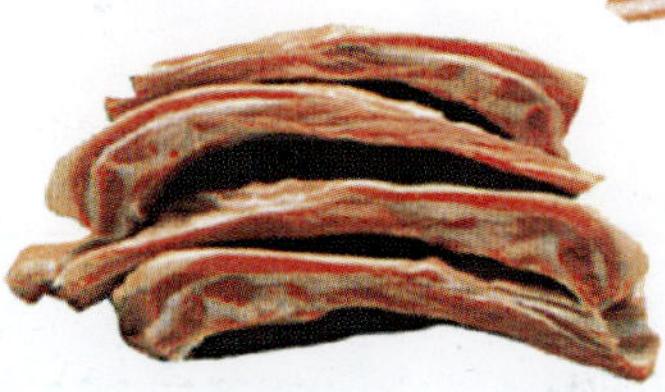
Brust

Keule

Fleischgerichte

Rind

	Kochen	Schmoren	Braten	Kurzbraten und Grillen
Hohe Rippe (Zwischenrippenstück)	Fleischbrühe, Suppenfleisch, Eintöpfe, Fleischsalate	Schmorbraten	Rinderbraten	Rumpsteak, Roastbeef, Entrecôte
Flach- und Querrippe		Gulasch, Schmorbraten, Sauerbraten, Ochsenschwanzragout		
Mittelbrust, Brustspitze	Fleischbrühe, Suppenfleisch, Eintöpfe, Fleischsalate	Rinderbrust	Rinderbraten	
Schwanzstück mit Schwanzrolle	Eintöpfe	Gulasch, Schmorbraten, Sauerbraten, Ochsenschwanzragout	Spickbraten, Rostbraten	Spickbraten
Beinscheibe	Fleischbrühe, Kochfleisch, Fleischklößchen			
Bauchlappen, Mittelbugstück, Nacken (Hals)	Fleischbrühe, Klärfleisch, Suppenfleisch, Eintöpfe			
Zungenstück (Hals)	Suppenfleisch	Sauerbraten, Gulasch	Hackfleischgerichte	Grilladen
Bugschaufelstück und Mittelbugstück	Kesselfleisch, Pot au feu, Eintöpfe	Schmor- und Sauerbraten, Ragouts	Spickbraten	Geschnetzeltes
Oberschale (Kluft)		Rouladen, Sauerbraten, Schmorbraten	Roastbeef	Kluftsteaks, Rumpsteaks, Entrecôte, Fleischfondue
Hüfte und Hüftdeckel		Rouladen, Schmorbraten	Spickbraten, Rostbraten	Hüftsteaks, Beefsteaks, Fleischfondue
Lende (Filet)	Dünsten in Aluminiumfolie	Gulasch	Schlachtbraten, Rostbraten, Spickbraten, Lungenbraten	Steaks, Medaillons, Tournedos, Spießchen, Geschnetzeltes
Roastbeef (Rumpsteak)			Rostbraten Spickbraten	Rostbraten in Scheiben (Zwiebelrostbraten), Fondue

Rind

	Kochen	Schmoren	Braten	Kurzbraten und Grillen
Kluft				Steaks, Fleischfondue
Falsches Filet (Falsche Lende, Schulterspitze)		Sauerbraten, Ragouts		
Dicker Bug		Rouladen, Schmorbraten	Rollbraten	Geschnetzeltes
Junge Innereien	Ochsenzunge	Ragouts, Saure Nieren, Saure Leber	Leberscheiben	
Kugel (Nuss) oder Bürgermeisterstück, Keule oder Schulter	Tafelspitz	Schmor- und Sauerbraten, Rouladen, Gulasch	Spickbraten, Rostbraten	Steaks, Fleischfondue
Hesse (Rinderwade)	Suppenfleisch	Gulasch		Klären von Brühen

Kalb

Kotelett			Koteletts	Koteletts
Brust		Ragouts	Rollbraten, Gefüllte Kalbsbrust	Rollbraten, Grillscheiben (Medaillons)
Nierenbraten (Rücken)			Rostbraten, Nierenbraten	Rostbraten, Rückensteaks, Schnitzel
Nuss (Kugel), Keule		Gulasch	Braten	Braten, Geschnetzeltes
Unterschale (Frikandeau)			Braten	Steaks, Schnitzel, Geschnetzeltes, Fleischspießchen
Oberschale		Rouladen	Braten	Schnitzel, Braten
Vorder- und Hinterhaxe	Fleischbrühe, Eintöpfe	Ragouts	Kalbshaxe (Ossobuco)	Kalbshaxe
Filet (Lende)			Filetbraten	Spießchen, Fondue, Medaillons

Fleischgerichte

Kalb

	Kochen	Schmoren	Braten	Kurzbraten und Grillen
Schulter, Bug, Blatt		Ragout fin, Gulasch, Frikassee, Schmorbraten		Geschnetzeltes, Fleischspießchen, kleiner Braten
Hals (Nacken)	Fleischbrühe	Frikassee, Ragouts, Gulasch		
Innereien	Bries, Hirn, Leber, Herz, Leberklöße			Scheiben von Leber, Hirn, Bries, Niere

Schwein

Nacken, Kamm, Hals		Schweinepfeffer	Schweinebraten	Koteletts
Dicke Rippe, Brustspitze	Eintöpfe, Schälrippchen	Gulasch, gefüllte Schweinerippe		
Kotelett	Rippchen, Pökelfleisch		Koteletts, Kasseler Rippenspeer	Koteletts, Kasseler Rippenspeer in Scheiben
Schulter, Bug, Vorderblatt, Schinken		Gulasch	Rollbraten, Schinken im Brotteig	Schinkenscheiben
Filet, Lende	Dünsten in Aluminiumfolie		Filetbraten	Filetbraten, Fondue, Medaillons, Fleischspießchen
Bauch	Eintöpfe, Fleischbrühe, Wellfleisch	Gefüllter Schweinebauch, Frühstücksspeck		Speckscheiben für Grilladen, Frühstücksspeck, falsches Kotelett
Hüfte, Schinkenspeck			Braten	
Oberschale, Kluft, Frikandeau		Schmorbraten	Braten	Schnitzel, Braten
Unterschale				Schnitzel, Steaks, Braten
Nuss, Kugel			Braten	Fleischspießchen, Fondue

Schwein

	Kochen	Schmoren	Braten	Kurzbraten und Grillen
Vorder- und Hinter-Eisbein	Eisbein, Krautgericht	Surhaxe	Schweinshaxe	Schweinshaxe
Innereien	Zunge, Herz, Nieren, Hirn	Leber, Nieren, Herz		Leber, Nieren, Herz

Lamm, Hammel

Schulter	Sauerkrautgerichte, Bohneneintopf	Braten, Gulasch		
Rücken		Gulasch, Pilaff, Ragouts	Braten, Hammelkrone	Spießbraten
Hals, Brust, Bug, Lappen, Haxe	Eintöpfe, Rippchen, Hammelfleisch	Ragouts, Stews, Pastete, Frikassee	Gefüllte Lammbrust, Lammhaxe	
Innereien	Hammelzunge, Herz, Nieren	Leber		Scheiben von Leber und Nieren

Schweinefilet mit Früchten **909**

789

Rinderbraten

750–1000 g Rindfleisch (Bug, Keule, Brust oder Mürbeschoß), Salz, Pfeffer, 40 g Bratfett oder Butter, 1 Zwiebel, Suppengrün, 1 Brotrinde, 1 Essl. Mehl, 1 Zitronenschnitz, 1 Nelke, 1 Lorbeerblatt, 1 Tomate, 2 Essl. Rotwein.

Das gut abgelagerte Fleisch klopfen, salzen, mit wenig Pfeffer bestreuen und in heißem Fett oder Butter auf einer Seite anbraten. Den Braten wenden, die Zwiebel und das zerschnittene Suppengrün zufügen, etwas anbräunen lassen, die Brotrinde und das Mehl mitrösten, dann mit Wasser ablöschen. Zitrone, Gewürz und die Tomate zugeben, das Fleisch unter Begießen gar braten; den Wein erst kurz vor dem Durchsieben in der Soße aufkochen. Zum Binden der Soße kann statt Mehl auch Stärkemehl verwendet werden, das mit wenig Wein oder Wasser glattgerührt und in der fertigen Soße nur noch kurz aufgekocht wird. Bratzeit 1½-2 Stunden.

790

Rinderbraten, ohne Fett gebraten

500–750 g Rindfleisch (Hohe Rippe, Kugel), Salz und Pfeffer, 4 l Wasser, 1 Zwiebel, 1 Bund Suppengrün, 1 Essl. Speisestärke, Wasser oder Fleischbrühe.

Das Fleisch leicht klopfen, mit Salz und Pfeffer einreiben und in einer gut schließenden Kasserolle mit kochendem Wasser übergießen; Zwiebel und Suppengrün beifügen, das Fleisch bei mäßiger Kochhitze gar schmoren, dabei öfter mit dem eigenen Saft beträufeln. Wenn alles Wasser eingekocht und das Fett ausgebraten ist, das Fleisch und die Zwiebel anbräunen lassen. Die kalt angerührte Speisestärke unterrühren, mit wenig Wasser ablöschen, die Soße aufkochen, evtl. noch mit Wasser oder Fleischbrühe verdünnen und durchsieben. Bratzeit 1–1¼ Stunde.

791

Schmorbraten, mariniert

1000–1250 g gut abgehangenes Rindfleisch (Kamm, Hohe Rippe, Bugschaufel, Brust).
Zur Marinade:
½ l Weinessig, 1 Essl. Salz, 2–3 Nelken, 1 Lorbeerblatt, 6 Pfefferkörner, 1 Zitronenscheibe, 1 Zwiebel, Suppengrün.
Zum Braten:
40 g Spickspeck, 40 g Butter oder Margarine, 1 Zwiebel,1 Essl. Petersilie, 2 Essl. Mehl, 4 Essl. saure Sahne, Fleischbrühe oder Wasser.

Den Essig mit ¼ l Wasser, Salz, Gewürz, der zerteilten Zwiebel und Suppengrün aufkochen, erkalten lassen und das geklopfte Fleisch in einem hohen, engen Topf damit übergießen; kühl stellen, täglich wenden und nach 4–6 Tagen wieder herausnehmen. Dann das Fleisch abtrocknen, entweder spicken oder den Speck in Scheiben schneiden und mitbraten. Im heißen Fett Zwiebelscheiben und Petersilie hellgelb dünsten, das Fleisch rundum darin anbraten, auf der Seite das Mehl mitrösten und mit Fleischbrühe oder Wasser und etwas Beize ablöschen. Sahne zufügen und den Braten bei nicht zu starker Hitze in 1½ bis 2 Std. zugedeckt gar schmoren. Die Soße durchsieben, dazu reichen.
Oder das Fleisch nur 2 Tage in die Beize einlegen, dann weiter verfahren wie oben, jedoch noch zerkleinertes Gemüse zum Fleisch geben: Gelbe Rüben, weiße Rüben, evtl. etwas Weißkraut oder Lauch. Die Bratkasserolle gut verschlossen in den vorgeheizten Backofen stellen.
E.-Herd 175 °C/G.-Herd 2
Ca. 3–4 Stunden
Gelegentlich nachsehen, ob genügend Flüssigkeit vorhanden ist und evtl. mit Fleischbrühe oder Wein angießen. Dieser Schmorbraten heißt auch **„Braisierter Braten“** oder **„boeuf braisé“**.

792

Schmorbraten (Boeuf à la mode)

1000 g Rindfleisch, gut abgehangen aus der Hüfte.
Zum Sud:
1½ l leichtes Salzwasser, Suppengemüse, 1 Kalbsfuß (500 g).
Zum Spicken:
100 g fetter Speck, Salz, Pfeffer, je 1 Prise Muskat und Piment, 2 Essl. gewiegte Petersilie, 1 Gläschen Cognac, ¼ l Rotwein.
Kräutersträußchen aus 3 Stängel Petersilie, 1 Lorbeerblatt, 1 Zweiglein Thymian.
Zum Braten: 50 g Kokosfett, 50 g Butter, 1 große Zwiebel, Suppengrün, ½ l Rotwein, 2 Tomaten, 1 Zitronenscheibe, 2 Essl. gebräuntes Mehl.

Den Kalbsfuß im Sud gut auskochen, die Brühe durchsieben und zum Auffüllen der Bratensoße beiseite stellen. Den Speck in 1 cm dicke, schmale Streifen schneiden, einzeln in einer Mischung von Salz, Pfeffer, Muskat, Piment und Petersilie wenden, mit Cognac beträufeln und 20 Min. durchziehen lassen. Das Bratenfleisch mit Salz und Pfeffer einreiben, mit den Specksstreifen in Laufrichtung der Fleischfasern spicken und in eine Schüssel legen. Mit dem restlichen Cognac und dem Wein übergießen und das Kräutersträußchen zufügen. Über Nacht durchziehen lassen. Das Fleisch aus der Marinade nehmen und gut abtrocknen, im heißen Kokosfett rundum anbraten; dann das Bratfett abgießen, dafür die frische Butter zugeben, die in Scheiben geschnittene Zwiebel und das Suppengrün darin rösten, mit dem Wein ablöschen, Tomaten, Zitronenscheibe, Marinade zufügen und den Topf gut verschließen. So lange dünsten, bis die Flüssigkeit fast eingekocht ist; mit genügend Kalbsfußbrühe auffüllen; die Brühe sollte über dem Braten stehen. Im Backofen sanft schmoren lassen.
E.-Herd 175–200 °C/G.-Herd 2–3
Ca. 3–4 Stunden
Zuletzt das gebräunte Mehl oder kalt verquirlte Speisestärke unterrühren, die Soße kurz aufkochen und durchsieben.
Oder zum Braten noch 500 g Gelbe Rüben in Scheiben oder frische kleine

Champignons und 250 g Schalotten, beides in etwas Butter angeschmort, sowie das ausgelöste, zerkleinerte Kalbsfußfleisch geben. Mit dem Braten noch ca. 30–45 Min. mitschmoren. Vor dem Servieren die Soße evtl. entfetten und würzig abschmecken.
Das Fleisch in Scheiben schneiden, auf eine vorgewärmte Platte legen, mit dem Gemüse umlegen und mit Soße begießen.

Tipp:
Dieser Schmorbraten kann im Sommer auch kalt serviert werden. Die Soße muss völlig fettfrei sein; sie geliert durch die Beigabe des Kalbsfußes zu einem feinen Aspik.

793

Schmorbraten, gespickt

750–1000 g Rindfleisch (Bug, Schwanzstück, Kugel),
Salz und Pfeffer,
100 g Spickspeck, 2 Essl. Mehl,
40 g Bratfett, 1 Zwiebel,
Suppengrün, 1 Brotrinde,
1 Essl. Essig, 2 Essl. Rotwein,
Fleischbrühe, 4 Essl. saure Sahne.
1 Essl. Speisestärke oder Mehl.

Das Fleisch waschen, klopfen, mit Salz und Pfeffer einreiben; dann spicken: mit einem spitzen, schmalen Messer gleichlaufend mit den Fleischfasern die Oberfläche mit schrägen Einschnitten versehen, dann 1 cm breite Speckstreifen hineinstecken. Das Fleisch in Mehl wenden und im heißen Fett mit Zwiebelscheiben, Suppengrün und einer Brotrinde rundum anbraten. Essig und Wein zufügen, die Flüssigkeit fast einkochen lassen, dabei den Braten damit öfter übergießen. Dann so viel Fleischbrühe nachfüllen, dass der Braten bis zur Hälfte damit bedeckt ist; das Fleisch bei verminderter Herdhitze unter öfterem Wenden gar werden lassen und kurz vor dem Anrichten die Sahne zugeben. Die Soße durchsieben, evtl. entfetten und mit der Speisestärke oder dem kalt angerührten Mehl binden.
Bratzeit ca. 1½ Stunden.

794

Schmorbraten

750 – 1000 g Rindfleisch (Bug, Brust oder hohe Rippe),
Salz, Pfeffer,
50 g geräucherter Speck,
2 Zwiebeln, Suppengrün,
Fleischbrühe, Lorbeerblatt,
einige Senfkörner und Wacholderbeeren,
1 Brotrinde, 1 Essl. Mehl,
2 Essl. Rotwein, 1 Essl. Essig,
1 Tasse saure Sahne.
Zur Soße:
1 Teel. Senf, 1 Prise Paprika,
2 Essiggürkchen oder Champignons.

Das Fleisch waschen, etwas breit klopfen, mit Salz und Pfeffer einreiben und aufrollen. Eine gut schließende Kasserolle mit Speckscheiben, Zwiebelringen und Suppengrün auslegen, den Braten hineingeben und so viel kochende Fleischbrühe oder Wasser zugießen, dass das Fleisch bis zur Hälfte bedeckt ist; das Gewürz zufügen und den Braten bei gleichbleibender, nicht zu starker Herdhitze unter öfterem Wenden und Beträufeln garen. Ist die Bratflüssigkeit fast eingekocht, die Kasserolle so lange in den heißen Backofen stellen, bis sich auch der Braten knusprig gebräunt hat (dabei die Brotrinde und das Mehl mitrösten). Dann Wein und Essig zugießen, kurz aufkochen, noch Fleischbrühe sowie Sahne zufügen, die Soße durchsieben und zuletzt mit den obigen Zutaten würzen.
Bratzeit ca. 1¾ Stunden.
Oder den Braten im vorgeheizten Backofen bei 150 °C (Ober- und Unterhitze) in der Kasserolle zunächst ca. 30 Min. offen, dann zugedeckt bei 120 °C noch ca. 1½ Std. fertig schmoren.

Suppengrün-Bündel für die Soße

795

Sauerbraten

1 kg gut abgehangenes Rindfleisch (Schwanzstück, Bugschaufel).
Beize zum Einlegen:
je 1 Teil Weißwein, Essig und Wasser,
1 Bund Suppengrün, grob zerkleinert,
6 zerdrückte Pfefferkörner,
1 Lorbeerblatt, einige Senfkörner, evtl. 2–3 Nelken.
50 g Kokosfett oder Margarine,
1 Zwiebel, 2 Gelbe Rüben,
1 Stange Lauch, 1 Petersilienwurzel,
3 Petersilienstängel,
Fleischbrühe oder braune Soße ***32****,*
½ Essl. Speisestärke oder
2 Scheiben Lebkuchen,
400 g Dörrobst (Birnen, Äpfel und Pflaumen),
Wasser zum Einweichen,
1 Teel. Honig,
1 Prise gemahlener Zimt,
1–2 Streifen Zitronenschale,
1 Essl. Rum.

Ein Rinderschwanzstück einige Tage in einer Beize von je einem Teil Weißwein, Essig und Wasser mit Suppengrün und Gewürz marinieren, abtrocknen und im heißen Fett anbraten; inzwischen in einer zweiten Kasserolle die grob geschnittene Zwiebel und Wurzelwerk anrösten, das Fleisch darauf legen und einen Teil der Beize, Fleischbrühe, Wasser oder braune Soße zufüllen. Das Fleisch langsam schmoren lassen, mit der Soße öfter übergießen und nach und nach die Beize zugeben. Ist das Fleisch gar, die Soße durchsieben und evtl. mit kalt angerührter Speisestärke binden.
Im Rheinland wird zum Dicken der Soße etwas geriebener Lebkuchen verwendet.
Dörrobst in wenig Wasser einweichen, mit dem Einweichwasser aufsetzen und mit Honig, Zimt, Zitronenschale und Rum weich kochen. Beim Anrichten das in Scheiben geschnittene Fleisch mit dem Obst (ohne Obstsaft) umlegen, die Bratensoße darübergießen und Kartoffelklöße mit gerösteten Semmelbröseln dazu reichen. Diese Zubereitungsart ist besonders in Norddeutschland sehr beliebt.
Schmorzeit: 1¾–2 Stunden.

796

Sauerbraten, Hamburger Art

1–1½ kg gut abgehangenes Rindfleisch (Schwanzstück oder Mürbeschoß),
Beize und Suppengrün,
*Gewürz wie **795**,*
4–6 Wacholderbeeren,
150 g Speckwürfel,
Rinderbouillon und Wein,
1 große Zwiebel, 20 g Butter,
1 Tasse saure Sahne.

Das Fleisch wie **795** vorbereiten, in die Beize einlegen, zerkleinertes Suppengrün und Gewürz zufügen. 2–3 Tage marinieren.
Das Fleisch abtrocknen, mit zerdrückten Wacholderbeeren in Speckwürfeln anbraten, mit Rinderbouillon und einem Schuss Wein ablöschen. Die Zwiebel feinhacken, in Butter anschwitzen, das Fleisch und die durchgesiebte Soße zugeben und saure Sahne einrühren. Das Fleisch bei niedriger Hitzezufuhr in 2–3 Stunden garschmoren.

797

Tafelspitz

1 kg Rindfleisch aus der Kugel (Keule oder Lendenbraten),
1½ l Fleischbrühe,
3 Karotten, 3 Stangen Lauch,
1 kleinere Sellerieknolle,
1 Petersilienwurzel,
1–2 Zwiebeln, 1 Lorbeerblatt,
Pfefferkörner, Petersilie.

Das Fleisch gut waschen, in die siedende Fleischbrühe geben und zugedeckt bei geringer Hitze eine Stunde ziehen, nicht kochen lassen.
Die Karotten säubern und stifteln. Das Weiße der Lauchstangen in dünne Ringe schneiden. Die Sellerieknolle waschen, schälen und in Scheiben schneiden, Petersilienwurzel in Streifen schneiden. Die Gemüse mit der zerkleinerten Zwiebel, dem Lorbeerblatt und Pfefferkörnern zum Fleisch geben und noch ca. 30 Min. mitziehen lassen.
Das Fleisch aus der Brühe nehmen, kurze Zeit ruhen lassen und quer zur Faser in nicht zu dünne Scheiben schneiden. Auf einer vorgewärmten Platte mit dem Gemüse umlegt anrichten. Etwas Brühe darübergießen, mit Petersilie garnieren. Dazu gibt es Petersilienkartoffeln, Meerrettich- oder Senfsoße oder Apfelkren und Preiselbeeren.
Bleibt Fleisch übrig, kann es kalt, dünn aufgeschnitten, mit Meerrettich und Essiggürkchen zum Abendessen gereicht werden.

798

Siedfleisch

800 g hohe Rippe oder Wadenfleisch,
*Zubereitung wie **797**.*
*Meerrettichsoße **30***
oder 100 g frische Meerrettichwurzel,
1 Becher süße Sahne (200 g),
1 Prise Zucker
*oder Remouladensoße **92**.*

Das Fleisch waschen, abtrocknen und garen.
Aus der Brühe nehmen, warmhalten und währenddessen die Soße zubereiten oder frischen Meerrettich fein reiben, mit geschlagener Sahne und einer Prise Zucker vermischen. Das Fleisch in Scheiben schneiden, mit der Soße nach Wahl und Bratkartoffeln anrichten.

799

Zwiebelfleisch

*800 g Siedfleisch **798**,*
4 milde Zwiebeln (Gemüsezwiebeln, ca. 400 g),
etwas Fleischbrühe,
frisch gemahlener Pfeffer,
*dicke braune Soße **32**.*

Das Siedfleisch wie in **798** beschrieben zubereiten und warmhalten. Die Zwiebeln nicht zu fein würfeln, in der Brühe weichkochen. Mit Pfeffer würzen und mit Soße abschmecken. Das Fleisch in Scheiben schneiden, mit der Soße übergießen. Dazu schmecken Salz- oder Bratkartoffeln.

800

Roastbeef

1 kg Roastbeef, 50 g Butterschmalz,
Salz, Pfeffer, 1 Zwiebel,
Suppengrün,
3/8 l Wasser oder Fleischbrühe,
1 Essl. Speisestärke
oder 1/8 l süße Sahne.

Das gut abgelagerte Fleisch waschen und abtrocknen. Das Fett in einer Kasserolle erhitzen und das Fleisch ringsum anbraten, herausnehmen und mit Salz und Pfeffer bestreuen. Dann im vorgeheizten Backofen auf den Bratrost über die Fettpfanne legen und ca. 35–40 Min. braten. Das Fleisch soll sich bei leichtem Fingerdruck noch elastisch anfühlen. Zwiebel und Suppengrün vorbereiten und mit etwas Wasser in die Fettpfanne geben. Zuletzt den Bratensatz mit Wasser oder Fleischbrühe durch ein Sieb gießen und die Soße mit der angerührten Speisestärke oder Sahne binden und abschmecken. Das Fleisch in nicht zu dünne Scheiben schneiden und auf einer Platte mit verschiedenen Gemüsen anrichten. Das gebratene Roastbeef soll innen gleichmäßig rosarot sein und einen fingerbreiten braunen Rand haben.
E.-Herd 225–250 °C/G.-Herd 4–5
Zeit je nach gewünschter Farbe, siehe Tabelle S. 229.
Oder Roastbeef erkalten lassen und in feine Scheiben schneiden. Gefüllte Tomaten, Spargelsalat, Kartoffelsalat und Remouladensoße dazu reichen.

Tipp:
Wer noch nicht viel Erfahrung beim Braten großer Fleischstücke hat, sollte evtl. ein Bratenthermometer verwenden. Dieses Thermometer, ins Fleisch gesteckt, zeigt die Innentemperatur an: etwa 40 °C – das Fleisch ist innen „englisch“, fast blutig, etwa 60 °C – das Fleisch ist innen „medium“, halbgar, saftig, etwa 80 °C – das Fleisch ist ganz durchgebraten.

801

Lendenbraten, Schlachtbraten (Filet) oder Lungenbraten

Für 10–12 Personen
$2\frac{1}{2}$ kg Rinderfilet,
Salz, Pfeffer,
evtl. 30 g geräucherter Speck,
125 g Butter, 1 große Zwiebel,
Suppengrün, $\frac{1}{4}$ l saure Sahne,
Fleischbrühe, 2 Lorbeerblätter,
1 Zitronenscheibe, 1–2 Tomaten,
1 Essl. Mehl oder Speisestärke,
$\frac{1}{8}$ l Rotwein.

Das Rinderfilet häuten (kann vom Fleischer/Metzger vorgenommen werden), mit Salz und Pfeffer einreiben und evtl. mit feingeschnittenen, schmalen Speckstreifen spicken; in der heißen Butter mit der gehackten Zwiebel und Suppengrün anbräunen, sofort in den vorgeheizten Backofen stellen und die saure Sahne zugießen.
E.-Herd 220 °C/G.-Herd 4
Ist die Sahne beinahe eingekocht, 1–2 Schöpflöffel Wasser oder Fleischbrühe und die anderen Zutaten, außer Wein und Mehl, zugeben (für je 500 g Fleisch eine Bratzeit von 10 Min. rechnen, damit es innen rosarot und zart bleibt). Durch Druck mit dem Finger prüfen, ob der Braten gar ist. Dann das Fleisch herausnehmen, die Soße nach Belieben entfetten, durchsieben, mit dem Wein und angerührten Mehl oder Speisestärke aufkochen und den Braten beim Anrichten damit glasieren.

Tipp:
Vor der Zubereitung sollte Fleisch rechtzeitig aus dem Kühlschrank genommen werden, damit es Zimmertemperatur annehmen kann. Dann brät es gleichmäßiger durch.

802

Rinderfilet, an der Schnur gegart (Boeuf à la ficelle)

1 kg Rinderfilet oder Roastbeef, gut abgehangen,
Küchengarn, 1 Holzkochlöffel.
Brühe:
1 Zwiebel, gespickt mit 3 Nelken,
2 Gelbe Rüben, 1 Lauch,
1 Stück Sellerie,
evtl. 1 Stück Fenchel,
1 Petersilienwurzel,
3–4 Stängel Petersilie,
2 Blättchen Liebstöckel,
1 Lorbeerblatt,
4 zerdrückte Pfefferkörner,
1 Teel. Salz, ca. 2 l Wasser.

Das Fleisch wie einen Rollbraten umschnüren, auf der Oberseite 3 bis 4 Schlaufen anbringen, durch diese den Kochlöffel schieben. Das Gemüse zerkleinern und mit den Gewürzen im Wasser ca. 15–20 Min. vorkochen. Dann das Fleisch an den Schlaufen so in die Brühe hängen, dass es davon ganz bedeckt ist; es darf nicht den Topfboden berühren. Das Fleisch in ca. 25–30 Min. garziehen – nicht kochen – lassen. Es ist dann innen noch rosa. Dieses Fleisch mit einer beliebigen Soße, siehe S. 33, evtl. auch einer kalten Kräutersoße servieren.
Dazu gebackene Kartoffeln oder Kartoffelgratin **1257** oder **1237** reichen.

803

Filet oder Schlachtbraten mit Gemüse

Den Braten nach **801** zubereiten und auf einer großen Platte mit gefüllten Tomaten **307** anrichten. Verschiedene feine Gemüse, Karotten oder Pfifferlinge, Blumenkohl, grüne Bohnen, Spargel, junge Erbsen usw., weich dünsten und den Braten damit umlegen. Dazu Kartoffelbällchen, Pommes frites, Strohkartoffeln oder Makkaroni reichen.

Boeuf à la ficelle **802**

804
Filetbraten nach Herzoginart

Für 6–8 Personen
2 kg Rinderfilet, Salz und Pfeffer,
je 100 g fetter Speck und gekochter Schinken, Speckscheiben,
125 g Butter, Suppengrün,
1/4 l saure Sahne, Fleischbrühe,
1 Stück Zitronenschale,
1–2 Tomaten,
1 Essl. Speisestärke, 1/8 l Rotwein.
1 Glas Madeira,
100 g Champignons.

Das Filet mit Salz und Pfeffer einreiben. Dann eine Seite, gleichlaufend mit den Fleischfasern, mit feinstreifig geschnittenem Speck und gekochtem Schinken spicken, die ungespickte Seite mit dünnen Speckscheiben belegen, den Braten umschnüren, in einer Kasserolle in Butter anbraten, mit den Zutaten bei nicht zu starker Kochhitze fertig braten. Die Soße durchsieben, ein Glas Madeira und einige gewiegte, frische Champignons oder Dosenpilze zufügen.
Das Filet beim Anrichten in Scheiben schneiden und mit Reiskrusteln oder jungen Erbsen und Blumenkohlröschen umlegen.

805
Châteaubriand

1 Filetsteak (4–5 cm dick), ca. 500 g, gut abgehangen, Öl und Butter, Salz, Pfeffer, Kräuterbutter.

Das Fleisch mit Öl bepinseln und ca. 1 Std. ruhen lassen. Dann das Fleisch unter dem vorgeheizten Grill von beiden Seiten je 1 1/2 Min. grillen. Das Fleisch 1 Schiene tiefer einsetzen und noch ca. 8–10 Min. unter mehrmaligem Wenden braten. Dann würzen und mit Kräuterbutter servieren.
E.-Herd 250 °C/G.-Herd 5
Ca. 8–10 Minuten
Oder das Fleisch in zerlassener Butter in der Pfanne, je nach Geschmack 9–12 Min. braten, dabei mehrmals wenden. Mit Salz und Pfeffer würzen und in ca. 1 cm dicke Scheiben schneiden. Auf einer vorgewärmten Platte mit feinen Gemüsen wie Prinzessbohnen, Blumenkohlröschen, Spargelspitzen, Zuckererbsen, Grilltomaten und Champignons umlegen und ausgestochene Kartöffelchen oder Stangenweißbrot dazu reichen.

806
Gefüllter Lendenbraten

2–3 kg Lendenbraten an einer Seite der ganzen Länge nach so aufschneiden, dass er noch gut zusammenhält. Den unteren Teil mit Scheiben von Gänseleber und in Butter gedünsteten, frischen Champignons belegen oder mit der unten beschriebenen Fülle bestreichen. Die obere Fleischhälfte darüberklappen, die Teile zusammennähen und wie Schlachtbraten unter öfterem Begießen 45–60 Min. braten.
Dieser gefüllte Braten kann auch nach dem Erkalten mit Sülze **244** überzogen und in Scheiben geschnitten gereicht werden.
Fülle: Je 100 g durchgedrehtes Kalb- und Schweinefleisch mit einem eingeweichten und ausgedrückten, mit Zwiebel und gewiegter Petersilie in wenig Butter angedünsteten Brötchen vermengen und 2 Eier, Salz, Pfeffer, etwas Majoran und evtl. einige gehackte Pilze und Gänseleberstückchen untermischen.

807
Filet Wellington (Filet im Blätterteigmantel)

1 1/4 kg Rinderfilet, 60 g Fett,
500 g Kalbfleisch,
1 altbackenes Brötchen,
1 Essl. Butter,
1/2 fein gewiegte Zwiebel,
1 Essl. fein gehackte Petersilie,
1–2 Eier, 2 Essl. süße Sahne,
je 1 Prise Salz, Pfeffer oder Paprika,
1 Paket Tiefkühl-Blätterteig,
1 Eiweiß, 1 Eigelb.

Das Filet nach **801** halbgar braten. Inzwischen das Kalbfleisch durch die feine Scheibe des Fleischwolfes drehen, das eingeweichte, ausgedrückte Brötchen in Butter mit der fein gewiegten Zwiebel und etwas Petersilie andünsten; dann mit der Kalbfleischmasse, den Eiern, der Sahne und je 1 Prise Salz, Pfeffer oder Paprika gut vermengen. Vom angetauten Blätterteig ein Rechteck auswellen, den Rand etwa 1 cm breit mit Eiweiß bepinseln und die Hälfte der Fleischfülle (in der Größe des Filets) auf eine Teighälfte streichen; das Filet darauf legen, mit der restlichen Fülle bedecken, die andere Teighälfte darüberklappen und den Rand ringsum andrücken. Die obere Seite mit ausgerädelten Teigstreifen verzieren, mit Eigelb bestreichen und das Filet im vorgeheizten Backofen backen.
E.-Herd 200 °C/G.-Herd 3
Ca. 30–35 Minuten
Dazu feines Gemüse reichen.

808
Lendenbraten im Römertopf

750 g gut abgehangenes Rinderfilet oder Ochsenfleisch von der Hohen Rippe, Salz, Pfeffer,
edelsüßes Paprikapulver,
einige Wacholderbeeren,
2 Lorbeerblätter, 3 Zwiebeln,
3 geschälte Tomaten,
2 Essl. Butter, 1/4 l Würfelbrühe,
Weißwein oder saure Sahne.

Das Fleisch gut mit Salz, Pfeffer und Paprikapulver einreiben und in die gewässerte, mit Butterflöckchen versehene Tonform legen, Wacholderbeeren und Lorbeerblätter daraufgeben und mit den geschälten, in Scheiben geschnittenen Zwiebeln und halbierten Tomaten umlegen. Die Form verschließen, in den kalten Backofen schieben und den Braten garen. Während dieser Zeit mit der Würfelbrühe, Weißwein oder sauren Sahne begießen.
E.-Herd 250 °C/G.-Herd 5
Ca. 80 Minuten
Oder 250 g vorbereitete Champignons und 250 g geschälte kleine Kartoffeln mitschmoren. Tomaten und Zwiebeln dann weglassen.
Oder den Braten mit dünnen Speckscheiben belegen und 10–15 Min. in der offenen Form überbacken.

Oder 2–3 entkernte, in Stücke geschnittene rote oder grüne Paprikaschoten und 2 Essl. Kapern mitbraten. Mit flüssiger Knoblauchwürze abschmecken.
Oder den Lendenbraten vor dem Anrichten mit kleingehackter Petersilie bestreuen.

809

Rinderlendenschnitte (Beefsteak)

4 Scheiben Rinderfilet (je 150 g),
40 g Butter oder 2 Essl. Öl,
1 Zwiebel, Salz, Pfeffer.

Die Fleischscheiben mit der Hand etwas flach drücken, mit Butter oder Öl bepinseln, auf dem heißen Grillrost oder in der Grillpfanne mit Zwiebelscheiben von beiden Seiten ca. 5 Min. braten. Während dieser Zeit das Überpinseln mit Öl oder Butter mehrmals wiederholen. Mit Salz und Pfeffer würzen.
Oder die Fleischscheiben in der heißen Butter in einer Bratpfanne auf jeder Seite 3–4 Min. braten. Die Zwiebelscheiben mitbräunen. Je eine Scheibe Kräuterbutter oder ein gebratenes Spiegelei darauf anrichten.
Oder 3–4 Markknochen kurz in Salzwasser kochen, das Mark herauslösen und auf jede Schnitte eine dicke Markscheibe legen.
Oder auf jede Lendenschnitte eine gebratene Gänseleberscheibe und Champignonköpfchen legen und evtl. etwas Soße darüber verteilen.

1 Filet formen: Fleischscheiben mit der Hand flachdrücken und leicht in Form klopfen.

Oder Weißbrotscheiben beidseitig in Butter rösten, mit Mayonnaise oder Sauce Béarnaise bestreichen und die gewürzten Beefsteaks darauf anrichten. Mit Tomatenscheiben garnieren.

810

Lendenschnitten mit Speck

750 g Rinderfilet,
Salz, 125 g Speck,
40 g Butter,
etwas Worcestershiresauce,
*Champignonsoße **12**,*
2 Essl. Madeira oder Rotwein.

Das gehäutete Rinderfilet der Länge nach durchteilen, in schräge Vierecke teilen, die Schnitten leicht klopfen, mit wenig Salz bestreuen und mit Speckscheiben umwickeln. Dann in Butter rasch braten und mit einigen Tropfen Worcestershiresoße beträufeln; unter die Soße **12** den Madeira oder den Rotwein mischen, die Lendenschnitten kranzförmig anrichten, in die Mitte Kartoffelbrei häufen, das Ganze mit der Soße übergießen und grünen Salat oder Gemüse dazu reichen.

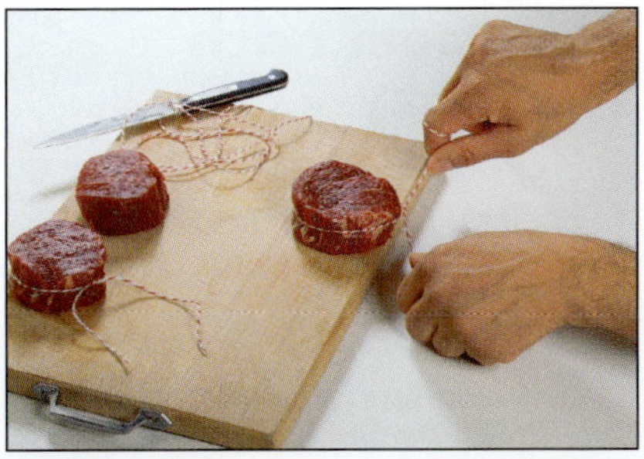

2 Die Scheiben mit Küchengarn umwickeln.

811

Lendenschnitten (Tournedos) mit Madeirasoße

Pro Person 2 kleine Beefsteaks à 100 g,
20 g Butter und 2 Essl. Öl,
*Madeirasoße **35**,*
Nach Belieben:
250 g Champignons, 30 g Butter,
Salz und Pfeffer aus der Mühle,
oder 1 frische Trüffel (ca. 30 g).

Die Tournedos mit dem Messerrücken etwas flachdrücken, in Butter mit Öl rasch braten.
Madeirasoße darübergießen und entweder mit in Scheiben geschnittenen und in Butter kurz angebratenen Champignons oder mit fein gehobelten Trüffelscheiben servieren.
Dazu passt Kartoffelpüree.

812

Zwischenrippenstück (Entrecôte), gegrillt

1 Zwischenrippenstück (evtl. beim Metzger vorbestellen),
ca. 800–1000 g oder 2 Stück à 400 g,
Öl und flüssige Butter zum Bepinseln.
*Kräuterbutter oder Sahnesoße **12**.*
Feines Gemüse nach Wahl.

Das Fleischstück mit in Öl getauchten Händen etwas durchwalken. Dann mit flüssiger Butter bestreichen und auf den eingefetteten Rost des vorgeheizten Backofens oder auf den Grill legen.
E.-Herd 250 °C, Grill/G.-Herd 5–6
Sofern die eine Seite gebräunt ist, das Fleisch wenden und leicht salzen. Das Entrecôte noch etwa zwei- bis dreimal wenden. Dann herausnehmen und mit Alufolie bedeckt auf einer vorgewärmten Platte 3–4 Min. ruhen lassen, damit der Fleischsaft beim Aufschneiden nicht wegfließt
Grillzeit: ca. 20 Min.
Das Fleisch mit feinen Gemüsen umlegen, dazu eine Kräuterbutter oder Soße reichen. Strohkartoffeln oder Schloßkartoffeln passen gut dazu.

813 Pfeffersteaks mit grünem Pfeffer

4 Scheiben gut abgehangenes Rindfleisch aus dem Filetmittelstück (ca. 2 cm dick), evtl. auch Hüfte, weiße und schwarze Pfefferkörner, grob gemahlen oder geschrotet,
1 Essl. Öl,
1 Essl. geklärte Butter (s. S. 9),
Salz,
4 Essl. gute Fleischbrühe,
1/8 l süße Sahne, 1–2 Essl. Cognac,
1 Essl. ganze grüne, eingelegte Pfefferkörner oder 1/2 Essl. gehackte grüne Pfefferkörner,
40 g schaumig gerührte Butter, evtl. einige Blättchen Estragon, kurz in kochendem Wasser blanchiert und kleingehackt.

Die Fleischscheiben auf beiden Seiten mit dem grob gemahlenen oder geschroteten Pfeffer (Pfefferkörner auf ein Brett legen und mit dem Nudelholz daraufdrücken, ein Tuch dazwischenlegen) würzen. Dabei den Pfeffer mit dem Handballen eindrücken. In einer schweren Pfanne das Öl mit der Butter zerlassen und die Fleischscheiben zuerst auf jeder Seite 1 Min. scharf anbraten, dann auf jeder Seite 3 Min. bei etwas verminderter Hitze weiterbraten – das Fleisch ist dann innen rosa und saftig. Wer es „englischer" liebt, brät nur etwa 1 1/2 Min. Leicht salzen und auf einer vorgewärmten Platte mit Alufolie bedeckt warm halten*. Den Bratfond mit etwas Fleischbrühe lösen, die Sahne und den Cognac zufügen, aufkochen, die Pfefferkörner zugeben und die Butter zum Sämigmachen darunterschwenken. Die Soße bei Tisch über die einzelnen Portionen gießen, evtl. mit Estragonblättchen bestreuen. Dazu passen Pommes Soufflées **1264** oder Kartoffelgratin **1237**.
Oder die Steaks braten, herausnehmen, das Bratfett abgießen und den Fond mit 1 Gläschen Cognac lösen. Diesen anzünden, die Steaks wieder einlegen und kurz flambieren. Dann weiterverfahren wie oben, jedoch zur Soße noch 2–3 Essl. Portwein geben.
***Oder** die Steaks in Butterschmalz anbraten, salzen, pfeffern und im vorgeheizten Backofen (120 °C) ca. 10 Min. garen. Weiter wie oben.

814 Rinderkoteletts mit Béarner Soße

4 Scheiben Roastbeef (2 cm dick), Salz, Pfeffer, 30 g Butter, Fleischbrühe, Soße ***19***.

Die Fleischscheiben leicht klopfen, mit Salz und Pfeffer einreiben und in heißer Butter auf beiden Seiten rasch braten. Mit etwas Fleischbrühe ablöschen und die heiße Béarner Soße beim Anrichten darübergießen oder dazu reichen. Bratzeit etwa 10 Min.

815 Rinderkoteletts (Entrecôtes oder Rumpsteaks)

4 Scheiben Roastbeef
(ca. 2 cm dick),
Salz und Pfeffer,
30 g Butterschmalz, 1 Zwiebel,
etwas Fleischbrühe.

Die Fleischscheiben leicht klopfen und mit Salz und Pfeffer einreiben. In sehr heißer Butter bei starker Herdhitze zusammen mit fein geschnittenen Zwiebelringen auf beiden Seiten rasch braten und zugedeckt noch 5 Min. garen lassen. Die mitgebratenen Zwiebelringe mit ganz wenig Fleischbrühe oder Wasser ablöschen und mit den Koteletts zu Tisch geben.
Oder den Bratensatz mit wenig saurer Sahne vermischen, beim Anrichten darübergießen und mit Schnittlauch bestreuen. Bratzeit ca. 10–15 Min.

816 Roastbeef nach Esterhazy

4 Scheiben Roastbeef (2 cm dick),
50 g Butter, 1 Gelbe Rübe,
1 Zwiebel, 1/2 Stängel Lauch,
1 kleine Sellerieknolle,
etwa 1/4 l Fleischbrühe oder Wasser,
Salz, etwas Piment.
In der heißen Butter die feinstreifig geschnittenen Gemüse glasig schwitzen, mit wenig Fleischbrühe oder Wasser ablöschen und würzen. Die Koteletts nach **814** vorbereiten, rasch in Butter braten und mit dem Gemüse zusammen anrichten.

817 Geschmorte Rumpsteaks

4 Rumpsteaks (à 180 g),
50 g Butter,
1 Zwiebel, 4 Karotten,
20 g geräucherter Speck,
1 Essl. Mehl, Fleischbrühe,
1/2 Glas Rotwein,
2 Essl. Tomatenmark,
1 Lorbeerblatt,
1 Prise Cayennepfeffer, Salz.

Die Rumpsteaks mit Öl überpinseln und auf dem heißen Rost oder in der Grillpfanne oder in etwa 30 g heißer Butter bei starker Herdhitze rasch braun anbraten. Inzwischen in einer Kasserolle Zwiebel, Karotten und Speck (alles würfelig geschnitten) mit der restlichen Butter hellgelb rösten. Das Mehl überstäuben, mit Fleischbrühe ablöschen, kurz aufkochen, dann Wein, Tomatenmark, Gewürz und Salz zufügen, die Rumpsteaks einlegen und weich schmoren. Vor dem Anrichten das Lorbeerblatt entfernen und die Steaks mit der nicht durchgesiebten Soße übergießen.

818 Wiener Rostbraten

4 Scheiben Roastbeef (je 150 g),
2 Essl. Schweineschmalz oder Öl,
1 große Zwiebel in Ringen,
etwas Fleischbrühe,
2 Essl. ungesüßte Sahne,
Saft von 1/2 Zitrone, Salz und Pfeffer.

Im heißen Schmalz oder Öl die Zwiebelringe rösten, herausnehmen und die flachgedrückten, trocken getupften Roastbeefscheiben im zurückgebliebenen Fett rasch braten. Mit Fleischbrühe, Sahne und Zitronensaft ablöschen, kurz aufkochen und dann erst mit Salz und Pfeffer würzen. Die gerösteten Zwiebeln nochmals erhitzen, obenauf streuen und die Rostbraten sofort servieren.

819 Schwäbischer Rostbraten

4 Scheiben Roastbeef (je 150–180 g), schön marmoriert,evtl. von der Färse, 50 g Butter oder Butterschmalz, Salz, Pfeffer.*

Das Fleisch mit Küchenkrepp abreiben, am Fettrand mehrmals einschneiden und in der Pfanne im heißen Fett von beiden Seiten je ca. 3–4 Min. braten, so dass das Fleisch innen noch rosa ist. Mit Salz und Pfeffer würzen. Fettarme Zubereitung: in der Grillpfanne oder unter dem Backofengrill (Fleisch dünn mit Öl bestreichen).
Original schwäbisch wird der Rostbraten mit Spätzle und Sauerkraut auf einer Platte angerichtet – das Kraut wird evtl. noch mit kross gebratenen Speckscheiben oder kleinen Rostbratwürsten oder Maultaschen garniert.
Oder den Rostbraten mit gesalzenen und dadurch entwässerten, knusprig gebratenen Zwiebelringen als **Zwiebelrostbraten** servieren.
Andere Garmethode: Von jeder Seite knapp 2 Min. anbraten, dann im vorgeheizten Backofen (120 °C) in 20 Min. fertig garen.

820 Ungarischer Rostbraten

4 Scheiben Roastbeef (ca. 2 cm dick), 40 g Butter.
Zur Soße:
30 g Butter, 40 g Mehl, etwas Fleischbrühe, 4 Essl. Weißwein, 1 Teel. Paprika, Salz, 1 Prise Muskat, 2 frische Tomaten oder 1 Teel. Tomatenmark.
Zum Rösten:
1 Zwiebel, etwas Butter oder Öl.

Zur Soße das Mehl in der heißen Butter braun rösten, mit Fleischbrühe ablöschen, glatt rühren und den Wein, Gewürz, Salz und die Tomaten zugeben. Die Soße 10 Min. kochen und durchsieben; die Rostbraten in der erhitzten Butter auf beiden Seiten rasch anbraten, in die Soße einlegen und weich schmoren. Fein geschnittene Zwiebelringe in Butter oder Öl hellgelb rösten, mit den Koteletts anrichten und Reis dazu reichen.

*Färse = junge Kuh, die nicht gekalbt hat. Das Fleisch ist besonders zart.

821 Burgundertopf Boeuf Bourguignon

250 g Räucherspeck, gewürfelt, 25 Schalotten, 20 g Schweineschmalz, 1 kg Ochsenkeule in mittelgroßen Würfeln, Kräutersträußchen ***502*** *(ohne Rosmarin), Salz, schwarzer Pfeffer, 1 Flasche kräftiger Rotwein, z. B. (Spät-) Burgunder, 2 Knoblauchzehen, gepresst, 300 g kleine Champignons, 2 Essl. Mehl, verknetet mit 2 Essl. Butter.*

Den Speck in einem Schmortopf auslassen, Schalotten darin leicht anbräunen und aus dem Topf nehmen. Das Fleisch von allen Seiten in Schmalz anbraten, Kräuter, Gewürze und die Speck-Schalotten dazu geben. Mit Rotwein auffüllen, Knoblauch darüber geben und alles bei milder Hitze ca. 3 Stunden sanft kochen. Evtl. noch Rotwein nachgießen. 15 Min. vor Ende der Garzeit die Champignons zugeben. Zuletzt die Mehlbutter zum Binden einrühren.

Schwäbischer Zwiebelrostbraten **819**

821 a
Rindfleisch aus dem Tontopf/Römertopf Boeuf en Daube

Ähnliche Zutaten wie das Rezept 821, jedoch werden diese mariniert. Außerdem kommen noch ein zerkleinerter Kalbsfuß und Tomaten mit in den Topf. Im Backofen zuerst 15 Min. bei 220 °C, dann 4 Std. bei 180 °C im geschlossenen Topf schmoren.

822
Filetgulasch

500 g Rinderfilet, 40 g Butter,
1 Zwiebel, Salz, Pfeffer, 2 Essl. Mehl,
etwa 1/4 l Fleischbrühe,
4 Essl. Weißwein,
evtl. etwas Bratensoße.

In der heißen Butter die fein geschnittene Zwiebel gelb schwitzen, das kleinwürfelig geschnittene Fleisch zugeben und rasch anbraten. Dann erst Salz und Pfeffer überstreuen, mit dem Mehl bestäuben und mit der Fleischbrühe, Wein und Bratensoße ablöschen. 5 Min. bei milder Hitze mehr ziehen als kochen lassen und sofort servieren. Für andere Fleischstücke eignen sich besser die Zubereitungsarten **828**.

823
Filet „Stroganoff"

4 Scheiben gut abgehangenes Rindfleisch (à 125 g) – Roastbeef oder Blume,
Butter oder Butterschmalz zum Braten,
Salz und frisch gemahlener weißer Pfeffer, Paprikapulver.
Soße:
1 Zwiebel, 250 g Champignons,
30–40 g Butter oder Butterschmalz,
2–3 Pfeffergürkchen, fein gehackt,
etwas Fleischbrühe,
1 Becher saure Sahne (150 g),
2 Essl. Tomatenmark,
1 Teel. Speisestärke,
40 g schaumig gerührte Butter.

Zuerst die Soße zubereiten: die Zwiebel in feine Würfel, die Champignons in Scheiben schneiden. Zwiebelwürfel im heißen Fett unter Rühren gut anrösten, jedoch nicht schwarz werden lassen. Die Champignons zugeben, mit andünsten, Pfeffergürkchen mit der Brühe zufügen. Die saure Sahne mit Tomatenmark und Speisestärke verquirlen, zugießen und die Soße ca. 10 Min. köcheln. Das Fleisch, in feine Streifen geschnitten (quer zur Fleischfaser), im erhitzten Bratfett unter Wenden 3–4 Min. braten. Mit Salz und weißem Pfeffer würzen, etwas Paprika darüberstreuen. Das Fleisch auf einer vorgewärmten Platte anrichten, mit Alufolie bedecken. Den Bratensatz mit etwas Fleischbrühe lösen, die zubereitete Soße zugeben, alles kurz aufkochen und die leicht geschlagene Butter einschwenken. Die Soße über das Fleisch gießen. Dazu passen Petersilienkartoffeln oder auch Reis.

824
Rinderbrust, gesalzen (Pökelfleisch)

Für 8–10 Personen
1 Rinderbrust (etwa 2–2 1/2 kg).
Zum Pökeln:
200 g Salz, 10–15 g Salpeter,
1 Teel. Paprika,
6–8 Wacholderbeeren und Pfefferkörner, 2 Nelken,
1 geschälte Knoblauchzehe,
1 grob zerteilte Zwiebel,
2–3 Zitronenscheiben,
2 Lorbeerblätter, Suppengrün.
Wasser, Gewürzdosis.

Aus der Rinderbrust die Knochen entfernen, das Fleisch mit Salz, Salpeter und Paprika einreiben, in eine Schüssel legen, das Gewürz zufügen, das Fleisch mit einem Tuch bedecken und leicht beschweren. Zum Pökeln 2–3 Wochen in den Kühlschrank stellen und von Zeit zu Zeit umwenden. Vor dem Zubereiten das Fleisch mehrmals abwaschen und mit genügend Wasser, frischem Suppengrün und einer kleinen Gewürzdosis weich kochen. Beim Anrichten in Scheiben schneiden, warm oder kalt zu Tisch geben und dazu rohen Meerrettich reichen.
Oder die Scheiben in gequirltem Ei und Semmelbröseln wenden, in heißem Fett beidseitig knusprig backen, mit Meerrettichsoße **30** servieren.

825
Tellerfleisch

500 g kleingehackte Rindsknochen,
1 kg Rindfleisch (Brustkern oder Hochrippe oder Zwerchrippe),
Suppengemüse:
1 Stück Sellerie,
1 Karotte,
Petersilienwurzel mit Kraut,
1 Zwiebel.
Zum Servieren:
grobes Salz,
frisch geriebener Meerrettich,
Schnittlauchröllchen.

Die gut gewaschenen, kleingehackten Rindsknochen in kochendes Wasser geben, aufkochen, abgießen und kalt abspülen. Dann erneut, diesmal kalt aufsetzen, Wasser zum Kochen bringen und das Rindfleisch einlegen (bei 1 kg ca. 2 1/2 l Wasser). Anschließend etwas salzen und nach 1 Stunde das Suppengemüse sowie die halbierte angeröstete Zwiebel dazugeben. Das Fleisch insgesamt ca. 2 Stunden auf kleiner Flamme kochen und dann nochmals 1 Stunde in der Brühe ziehen lassen. In fingerdicke Scheiben schneiden und auf dem Holzbrett mit grobem Salz und etwas frisch geriebenem Meerrettich servieren. Etwas von der Brühe über das Fleisch gießen und mit Schnittlauchröllchen bestreuen.
Am besten schmeckt dazu ein Schwarz- oder Bauernbrot.

826
Rindsrouladen

4 Scheiben Rindfleisch für Rouladen (Keule),
Salz, Pfeffer,
2–3 Zwiebeln,
1 Essl. gewiegte Petersilie,
1 Essl. Butter,
100 g Räucherspeck,
50 g Sardellenfilet.
Zum Braten:
40 g Butterschmalz,
200 g Wurzelgemüse (Lauch, Sellerie, Möhren, Petersilienwurzel),
in Würfel geschnitten,
1–2 Teel. Mehl,
Fleischbrühe.
1 Stück Zitronenschale,
1 Lorbeerblatt.

Die Rouladen mit Salz und Pfeffer bestreuen, die gewiegten Zwiebeln und die Petersilie in Butter vordünsten, die Rouladen damit bestreichen, dann kleine Speckwürfelchen und die gewässerten, zerdrückten Sardellen darauflegen. Die Fleischscheiben zusammenrollen, mit Zwirn umwickeln oder mit einer Rouladennadel zusammenstecken und in Butterschmalz rundum anbraten. Wurzelgemüse und Mehl mitrösten, mit Fleischbrühe oder Wasser (evtl. auch Wein) ablöschen, die Zitronenschale und das Lorbeerblatt zugeben und die Rouladen zugedeckt in ca. 2–3 Stunden weichschmoren. Dabei sollte die Soße auf die Hälfte einkochen.

Vor dem Anrichten die Fäden oder Nadeln entfernen und die durchgesiebte, würzig abgeschmeckte Soße (Wurzelgemüse evtl. pürieren) über die Rouladen gießen.

Oder die Fleischscheiben gut würzen, mit Senf bestreichen. Rohe, gehackte Zwiebeln und Streifen von Räucherspeck oder Gewürzgurken auflegen; dann aufrollen, mit Zwirn umwickeln, in Mehl wenden, in der heißen Butter ringsum anbraten und mit Fleischbrühe oder Wasser ablöschen. Bei mäßiger Herdhitze zugedeckt garen, kurz vor dem Anrichten 1/8 l saure Sahne, mit 1–2 Teel. Speisestärke verrührt, zugießen, aufkochen und durchsieben.

Oder die Rouladen mit gehackten Pilzen wie Champignons, Steinpilze oder Austernpilze (auch getrocknete Pilze, eingeweicht und kleingeschnitten), Zwiebelwürfeln, gehackter Petersilie oder Kerbel, vermischt mit saurer Sahne, füllen. Die Fülle auf 3/4 der Roulade verteilen, vom gefüllten Ende her aufrollen.

Als Beilage passen Kartoffelpüree, Salzkartoffeln oder Spätzle.

827

Rindsrouladen mit Hackfleischfülle

Zutaten nach **826**; statt Räucherspeck 250 g Hackfleisch mit einer gewiegten Zwiebel, einem Ei, Salz und Pfeffer vermengen. Die Fleischfülle auf die vorbereiteten Rouladen fingerdick aufstreichen (einen Streifen freilassen), aufrollen, mit Zwirn umwickeln und beim Garbraten mit 1/4 l saurer Sahne übergießen. Die Soße nur mit der Sahne binden, etwas einkochen lassen und beim Anrichten über die Rouladen träufeln.

828

Ungarisches Gulasch

750–800 g Rind- oder Ochsenfleisch (Hals),
80 g Räucherspeck,
3 große Zwiebeln,
1 Knoblauchzehe,
etwa 1/2 l Fleischbrühe,
2 Essl. Tomatenmark (von frischen Tomaten), 1 Teel. Paprika,
1 Prise Kümmel, Salz.

Den Speck in Würfelchen schneiden, etwas anrösten und die feingeschnittenen Zwiebelscheiben darin gelb schwitzen. Die zerdrückte Knoblauchzehe und das in daumendicke Würfel geschnittene Fleisch zufügen, hellbraun werden lassen und dann erst mit soviel Fleischbrühe oder Wasser ablöschen, dass das Fleisch gut bedeckt ist. Das Tomatenmark, Gewürz und Salz zugeben, das Gericht zudecken und etwa 1–1 1/2 Std. schmoren; echtes ungarisches Gulasch wird nicht mit Mehl bestäubt, auch keine weitere Flüssigkeit zugegossen; die Soße soll nur sämig einkochen.

Teigwaren oder gedämpften Reis dazu reichen.

Oder den Speck, Zwiebeln, Knoblauch und 2 fein geschnittene Paprikaschoten in 2 Essl. Schweineschmalz anrösten, mit 1 Teel. Rosenpaprika und 1 Essl. Edelsüßpaprika überstäuben; das Fleisch portionsweise in einer anderen Pfanne anbraten, zugeben und mit halb Fleischbrühe, halb Rotwein ablöschen. 400 g abgezogene, entkernte, gehackte Tomaten zugeben, evtl. noch ein Stückchen Pfefferschote einlegen und das Gericht 1–1 1/2 Std. schmoren lassen. Frisches Brot dazu servieren.

Szegediner Gulasch: Gulasch wie oben zubereiten, mit Sauerkraut **1336** vermischen. Dazu Salzkartoffeln und Crème fraîche servieren.

829

Beinfleisch

500 g kleingehackte Rinderknochen,
1 kg Rinderhaxe, in Scheiben gesägt,
Suppengemüse:
1 Stück Sellerie, 1 Gelbe Rübe,
1 Petersilienwurzel mit Kraut,
1 Zwiebel, Salz.

Rindsknochen waschen und wie bei Tellerfleisch **825** beschrieben, zuerst in kochendes Wasser geben und dann mit dem zerkleinerten Suppengemüse kalt aufsetzen. Die Rindshaxe in ca. 5 l Wasser einlegen, Suppengemüse sowie die halbierte angebräunte Zwiebel und Salz dazugeben und in ca. 1 bis 1 1/2 Stunden in dem Sud ziehen lassen, herausnehmen, in dicke Scheiben schneiden und wie Tellerfleisch servieren.

830

Ochsenschwanzragout

750 g Ochsenschwanz,
30 g Butter,
30 g geräucherter Speck,
1 Zwiebel, 1 große Gelbe Rübe,
1/2 Lauchstängel, 1/2 Sellerieknolle,
Salz, Pfeffer, 1 Lorbeerblatt,
2 Nelken, 10 g Mehl,
1/4 l Rotwein, 2 Essl. Tomatenmark,
Fleischbrühe.

Den Ochsenschwanz in Stücke teilen und in der heißen Butter mit dem würfelig geschnittenen Speck in einer Kasserolle rundum anbraten. Die Zwiebel und das Suppengemüse zerkleinern, kurz mitrösten, Salz und Gewürz zufügen und das Mehl darüber stäuben. Mit wenig Fleischbrühe oder Wasser ablöschen, eindampfen lassen, wieder ablöschen. Wein und Tomatenmark zufügen und das Fleisch 2 Std. zugedeckt schmoren lassen. Öfter prüfen, ob genügend Brühe vorhanden ist, dann heißes Wasser oder heiße Fleischbrühe nachfüllen. Die Stücke auf einer runden Platte anrichten und mit der durchgesiebten Soße übergießen. Dazu Nudeln, Spätzle oder körnig gekochten Reis reichen.

Kalbfleisch

831 Kalbsbraten

800–1000 g Kalbfleisch (Schlegel, Hals oder Bug), Salz, Pfeffer,
30 g Fett, 1 Zwiebel, 1 Karotte,
1 Essl. Mehl, Fleischbrühe.

Das Fleisch nicht waschen, nur mit Küchenkrepp trockentupfen, mit Salz und Pfeffer bestreuen und im heißen Fett mit Zwiebel- und Karottenscheiben unter öfterem Begießen braten. Das Mehl auf der Seite mitrösten. Zunächst mit wenig Fleischbrühe oder Wasser ablöschen und während des Bratens mehrmals mit wenig Fleischbrühe übergießen. Ist der Braten fertig, die Soße passieren und getrennt dazu reichen.
Bratzeit 1–1¼ Stunden.

Oder den Braten nach dem Bräunen der Zwiebel nicht ablöschen, sondern bei Niedrigtemperatur (ca. 70 °C) im Backofen zugedeckt weich dünsten; dabei öfter mit dem eigenen Saft übergießen und darauf achten, dass die Kasserolle jedesmal wieder rasch zugedeckt wird. Dann den Braten herausnehmen, die Soße mit Fleischbrühe ablöschen, durchsieben und das Fleisch noch kurze Zeit darin ziehen lassen.
Bratzeit ca. 2 Stunden.

Tipp:
Kalbsbraten wird schmackhafter, wenn er in der offenen Kasserolle im Backofen gebraten wird. Dabei das Begießen nicht vergessen!

832 Gespickter Kalbsbraten (Fricandeau)

500–750 g Kalbfleisch vom Schlegel (das Fricandeaustück), Salz, Pfeffer,
30 g Räucherspeck, 30 g Butter,
2–3 Scheiben Gelbe Rübe,
1 Zwiebel, ⅛ l saure Sahne,
Fleischbrühe.

Das Fleisch mit einem Tuch abtupfen, mit Salz und Pfeffer bestreuen und entweder spicken oder mit dünnen Speckscheiben umwickeln; in der Kasserolle mehrmals im heißen Fett wenden, Zwiebel- und Gelbe Rübe-Scheiben zugeben, das Fleisch auf beiden Seiten hellbraun anbraten und mit der sauren Sahne beträufeln. Dann den Braten in den vorgeheizten Backofen stellen und, wenn die Sahne eingekocht ist, wenig Wasser oder Fleischbrühe nachfüllen.
E.-Herd 200 °C/G.-Herd 3
Ca. 80 Minuten
Den Braten fertig braten, dabei öfter mit dem Fleischsaft übergießen.
Oder das Fleisch am Abend zuvor mit Speckstreifen spicken, in ein weingetränktes Tuch einschlagen und am nächsten Tag ebenso braten.

833 Kalbsrücken

Für 8–10 Personen
3–4 kg Kalbsrücken (mit den Nieren), Salz, Pfeffer,
120 g Butter, 2 Zwiebeln,
250 g frische Pilze,
Suppengrün, Fleischbrühe,
½ l dicke Sahne,
1 Zweiglein Thymian,
1 Glas Rotwein,
1 Essl. Speisestärke,
Saft ½ Zitrone.
Zum Verzieren:
Blumenkohlröschen,Spargel.

Vom Kalbsrücken die Nieren ablösen, das Fleisch häuten und mit Salz und Pfeffer bestreuen. In einer großen Kasserolle in der heißen Butter samt den Nieren, Zwiebel- und Pilzscheiben und Suppengrün ringsum anbraten, dann die Nieren herausnehmen und den Braten mit Fleischbrühe oder Wasser ablöschen. Den Thymianzweig und die Sahne zufügen, den Braten in etwa 2 Std. gar schmoren, 10 Min. vor dem Anrichten die Nieren wieder zugeben und weich dünsten; Thymian entfernen. Zum Eindicken der Soße die Speisestärke mit Rotwein und Zitronensaft anrühren, einlaufen, kurz aufkochen lassen und die Soße durchsieben. Beim Aufschneiden das Fleisch auf beiden Seiten des Rückenknochens lösen, in schräge, feine Scheiben schneiden, wieder zusammen schieben und auf dem Knochengerüst (Sattel) anordnen. Die Nieren ebenfalls fein aufschneiden und schuppenförmig auf den angerichteten Rücken legen, der mit gekochten Blumenkohlröschen oder gekochtem Spargel und verziert werden kann.
Dazu passen Kartoffelschnee oder Dampfkartoffeln.

834 Kalbsrücken mit Gemüse

Den angerichteten Kalbsrücken **833** mit jungen, gedünsteten Gemüsen wie Karotten, Erbsen, Spargel, Blumenkohlröschen, grünen Bohnen, Pfifferlingen, gefüllten Tomaten oder ebenfalls gefüllten jungen Kohlräbchen so umlegen, dass durch den Wechsel der Farben ein buntes, appetitanregendes Bild entsteht.

835 Kalbslende (Filet)

Dieses sehr feine Fleischstück wird meistens in einzelnen Stückchen (Medaillons) oder auch im Ganzen (vgl. Schweinefilets **908**) gebraten. Die Medaillons brauchen eine kürzere Bratzeit (jedes Medaillon etwa 4–5 Min.). Ein Kalbsfilet von 250–375 g nicht waschen, nur mit einem Tuch oder Küchenkrepp trockentupfen und in 4 cm dicke Scheiben schneiden. Die Scheiben oval formen, leicht klopfen und in etwa 60 g erhitzter Butter auf beiden Seiten braten, dann erst mit Salz und wenig Paprika würzen; nach dem Braten noch etwas frische Butter mit dem Bratfett vermischen und beim Anrichten über die Lendenstücke gießen.
Dazu Kartoffelgratin **1237** oder Reis nach türkischer Art **1183** reichen.
Oder die Kalbsmedaillons vor dem Braten mit wenig Pfeffer und etwas Salbeipulver würzen; braten und auf leicht gerösteten Weißbrotschnitten anrichten. Etwas fein abgeriebene Zitronenschale über jedes Medaillon streuen. Dazu einen frischen Salat servieren.
Oder das ganze Kalbsfilet (ca. 800 g) im vorgeheizten Backofen (80 °C) in der Kasserolle in ca. 2 Stunden bei Niedrigtemperatur garen. Dann erst salzen und pfeffern.

836

Kalbslende in Wermutsoße

1 große Kalbslende (-filet, ca. 750 g),
Salz, Pfeffer, 3 Essl. Öl,
1 Zwiebel, gehackt
Saft von ½ Zitrone,
1 Essl. Butter,
½ Weinglas trockener Wermut,
⅛ l süße Sahne,
2 Essl. Kalbsfond ***499****,*
1 Teel. eingelegte grüne Pfefferkörner.

Die Kalbslende häuten und entsehnen. Das Öl in einer Pfanne erhitzen, das Filet ringsum darin anbraten, dann mit Salz und Pfeffer würzen.
Zwiebelwürfel zugeben, das Fleisch ca. 20 Min. bei mittlerer Hitze braten. Die Lende herausnehmen, Bratfond mit Zitronensaft, Butter, Wermut, Sahne und Fond ca 3 Min. durchkochen, durchsieben.
Abgetropfte Pfefferkörner in die Soße geben. Lende aufschneiden, mit Soße übergießen. Dazu Grilltomaten und Pommes frites oder Nudeln servieren.

837

Kalbfleisch mit Thunfischsoße (Vitello tonnato)

Für 8 Personen
1,2–1,5 kg Kalbskeule,
2 große Zwiebeln,
1 Karotte,
¼ Sellerieknolle,
1 Knoblauchzehe,
4 Essl. Olivenöl,
2 Bio-Zitronen,
1 Lorbeerblatt,
2 Sardellenfilets,
⅜ l Weißwein,
½ l Fleischbrühe.
Zur Soße:
2 frische Eigelb,
⅛ l Olivenöl,
1 kleine Dose Thunfisch (Einwaage ca. 100 g), erste Qualität,
Saft von ½ Zitrone,
Salz, weißer Pfeffer, Zucker.
1 Essl. Kapern und gehackte Petersilie zum Bestreuen.

Vitello tonnato **837**

Das Gemüse einschließlich Zitronen mit Schalen in kleine Würfel schneiden. Olivenöl in einer Kasserolle erhitzen, das Fleisch ringsum hell anbraten, herausnehmen. Gemüsewürfel, Lorbeerblatt und Sardellenfilets im Bratfett andünsten, mit Wein und Brühe auffüllen. Das Fleisch wieder einlegen, zugedeckt bei milder Hitze ca. 1½ Stunden köcheln und danach im Sud erkalten lassen.
Das kalte Fleisch in Scheiben schneiden. Die Soße durch ein feines Sieb seihen. Eigelbe im Mixer glattrühren, Olivenöl in dünnem Strahl zugießen. So lange schlagen, bis eine homogene Masse entstanden ist. Die Weinsoße unterrühren, feingewiegten Thunfisch zufügen. Soße mit Zitronensaft und den Gewürzen abschmecken.
Das Fleisch auf einer Platte anrichten, mit der Soße überziehen, mit Kapern und Petersilie bestreuen. Als Beilage Risotto oder Risi-Bisi **1184** reichen.
Oder das Fleisch in einer Marinade aus 2 Karotten, 2 Stangen Bleichsellerie, 2 Zwiebeln (alles kleingehackt), 2 Lorbeerblättern, einigen Zweigen Estragon, 3-4 Gewürznelken, Salz und frisch gemahlenem Pfeffer und 1 l trockenem Weißwein 1 Tag einlegen. Das Fleisch abtropfen lassen, fest in ein ausgekochtes Baumwolltuch einwickeln (damit es die Form behält), in einen nicht zu großen, ovalen Bräter legen und mit der Marinade bedecken. Das Fleisch bei mäßiger Hitzezufuhr ca. 1 Stunde garen – in der Marinade erkalten lassen.
Zur Soße 200 g abgetropften Thunfisch mit 2 gewässerten Sardellenfilets im Mixer pürieren. Mit 200 g Salatmayonnaise und 2 Essl. gehackten Kapern vermischen und mit 1 Essl. Weißweinessig und 1 Essl. Zitronensaft pikant abschmecken. Das Fleisch auswickeln, in dünne Scheiben schneiden, auf einer Platte terrassenförmig anrichten und mit der Soße überziehen. Evtl. noch einige Kapern obenauf streuen.
Knuspriges Stangenweißbrot passt gut dazu.

838
Kalbsschinken

Aus einem Kalbsschlegel (von einem fetten Kalb) den Schlussknochen und das Rohrbein ablösen und den Schlegel mit Salz und etwas Zucker einreiben. Das Fleisch mit der erkalteten Lake **886** übergießen, mit einem Küchenbrett beschweren und 14 Tage marinieren; dann herausnehmen, unter fließendem Wasser abwaschen, abtrocknen und 24–36 Std. in den Rauch hängen. Beim Zubereiten in einem würzigen Sud (vgl. **489**) etwa 2 Std. kochen und darin erkalten lassen. Kalbsschinken hat einen feineren Geschmack als Schweineschinken.

839
Gefüllter Kalbsschlegel

Für 8–10 Personen
Etwa 2 kg Kalbfleisch aus der Schale, 50 g geräucherter Speck, Salz, Pfeffer.
Zur Fülle: 250 g Kalbfleisch, 250 g mageres Schweinefleisch, 60 g frischer Speck, je 1 Teel. gewiegte Zwiebel und Petersilie, 2 Brötchen, Saft und Schale ½ Zitrone, 2 gewässerte Sardellen, einige Kapern, 1 Ei, Salz, Pfeffer, Muskat.
Zum Braten: 80 g Butter, 1 Zwiebel, 1 Gelbe Rübe, 1 Tomate, ¼ l saure Sahne.

Das Kalbfleisch mit kurzen Speckstreifen spicken und an der Seite so aufschneiden, dass es nicht auseinanderfällt. Zur Fülle das Kalb- und das Schweinefleisch samt dem frischen Speck durch die feine Scheibe des Fleischwolfs drehen, Zwiebel, Petersilie und das zuvor eingeweichte, ausgedrückte Brötchen in wenig Butter dünsten, alle Zutaten gut verkneten, würzig abschmecken und in den Fleischeinschnitt füllen. Mit großen Stichen zunähen, den Braten rundum mit Salz und Pfeffer einreiben und wie **832** in etwa 2 Std. fertig braten.
Mit feiner Gemüsebeilage servieren und die Soße extra dazu reichen.
Oder den gefüllten Schlegel kalt in Scheiben schneiden und mit gehackter Sülze verziert servieren.

840
Gebeizter Kalbsbraten

Für 6–8 Personen
1 kg Kalbsschlegel, ½ l Essig oder Weißwein oder Sauermilch, 1 Zwiebel, 1 Gelbe Rübe, ½ Stängel Lauch, ½ Sellerieknolle, 1 Lorbeerblatt, 6 Pfefferkörner, 1 Zitronenscheibe, Salz.

Den Kalbsschlegel mit einem Tuch abreiben und in eine Marinade von aufgekochtem Essig, Suppengemüse und Gewürz oder in leichten Weißwein oder in Sauermilch legen. Im Kühlschrank (täglich wenden) 5–6 Tage zugedeckt beizen, weiter zubereiten nach **832**.

841
Kalbsnuss mit Steinpilzen und Burgundersoße

750 g Kalbsnuss, 30–50 g geräucherter Speck, 50 g Fett, 1 Zwiebel, Salz, Pfeffer, Thymian, ¼ l Fleischbrühe (Würfel), 1 Essl. Tomatenpüree, 250 g Steinpilze, 30 g Butter oder Margarine, 4 feingeschnittene Schalotten, 1 Glas Burgunder (Rotwein).

Das Fleisch gut waschen, mit Küchenkrepp abtrocknen und mit Speckstreifen spicken. Im heißen Fett mit der kleingeschnittenen Zwiebel von allen Seiten anbraten. Gewürze und Wasser oder Fleischbrühe zufügen, ebenso Tomatenpüree, dann aufkochen lassen und zugedeckt unter öfterem Begießen bei geringer Hitze gar schmoren. Die Steinpilze vorbereiten, in Scheiben schneiden, in der heißen Butter oder Margarine mit den Schalottenzwiebeln dämpfen und mit Rotwein ablöschen. Die Bratensoße durchsieben und zu den Pilzen geben. Das Fleisch in Scheiben schneiden, auf einer vorgewärmten Platte anrichten, mit den Steinpilzen umlegen und die Soße darübergießen.
Bratzeit 1½ Stunden.

842
Kalbsnuss, gebraten

Die Kalbsnuss ist ein glattes, rundes Stück aus dem Kalbsschlegel (Abb. S. 231). Das Fleisch mit schmalen, geräucherten Speckstreifen umwickeln oder spicken und wie **832** zubereiten.
Oder eine Kasserolle mit Speckscheiben, Zwiebelringen, Suppengrün und einer Zitronenscheibe auslegen und darin die leicht gesalzene Kalbsnuss (ca. 750 g) mit ¼ l Weißwein und ¼ l Fleischbrühe oder Wasser unter öfterem Begießen garen. Zuletzt noch wenig Wasser oder braune Soße und 2 Essl. saure Sahne zufügen.
E.-Herd 200 °C/G.-Herd 3
Bratzeit ca. 1¼ Stunden

843
Kalbsnierenbraten

Für 6 Personen
1¼ -1½ kg Kalbsnierenbraten, Salz, Pfeffer, 60 g Bratfett, 1 Zwiebel, 1 kleine Gelbe Rübe, 1 Tomate, 1 Selleriescheibe, 1 Essl. Mehl, Fleischbrühe, Wasser oder Molke.

Falls der Braten nicht vom Metzger fertig gebunden ist, das gewaschene, abgetrocknete Bratenfleisch gut würzen, die Niere darauflegen, das Ganze fest zusammenrollen und umschnüren. Im heißen Fett mit Zwiebelscheiben und dem zerkleinerten Gemüse anbraten und nach dem Bräunen der Zwiebel das Mehl im Bratensaft mitrösten. Mit Fleischbrühe, Wasser oder Molke ablöschen und den Braten unter öfterem Übergießen gar schmoren. Beim Anrichten in Scheiben schneiden und dazu die durchgesiebte Soße reichen.
E.-Herd 175–200 °C/G-Herd 2–3
Bratzeit ca. 2 Stunden.

844

Gefüllter Nierenbraten

Für 6 Personen
Ca. 1,2 kg Nierenbraten wie gewachsen (Rückenstück mit Nieren),
wenig Salz.
Zur Fülle:
250 g Schweinefleisch,
1 Brötchen, 1 Ei, Salz, Pfeffer,
1 Prise Majoran, 2–3 gewässerte, gewiegte Sardellen, 1 Teel. Kapern,
1 Essl. fein gehackte Zwiebel und Petersilie.
Zum Braten: 70 g Butter, Fleischbrühe.

Aus dem Bratenfleisch die Niere mit dem Fett herausschneiden und fein wiegen. Das Schweinefleisch durch die feine Scheibe des Fleischwolfs drehen oder im Schnellmixer (Blitzhacker) zerkleinern und mit dem eingeweichten, ausgedrückten, in wenig Butter gedünsteten Brötchen und den übrigen Zutaten gut vermischen. Zuletzt die Niere beifügen und die Fülle auf das etwas flach geklopfte Fleisch aufstreichen, das entweder zur Hälfte übergeklappt und am Rand zugenäht oder zusammengerollt und mit einem starken Zwirn umwickelt wird. Nach **843** fertig braten und heiß oder kalt, mit Sülze **243** verziert, zu Tisch geben.

845

Glasierte Kalbsbrust

750 g Kalbsbrust,
40 g Butter,
Salz, 1 Tasse Mehl,
1 große Zwiebel in Scheiben,
knapp 1/4 l frische oder saure Milch.

Die Kalbsbrust in Scheiben schneiden, waschen, abtrocknen, mit etwas Salz bestreuen und in Mehl wenden. Dann in der heißen Butter mit den Zwiebelscheiben anbraten, mit der Milch ablöschen und bei milder Herdhitze 1 Std. zugedeckt schmoren lassen. Die Soße durchsieben und die Fleischstücke damit überziehen.
Dazu passen Nudeln, Reis oder Salzkartoffeln. Auch Schupfnudeln (Bubenspitzle) schmecken gut dazu.

846

Gefüllte Kalbsbrust

Für 4–6 Personen
1 kg Kalbsbrust, vom Metzger vorbereitet,
Salz, Saft 1/2 Zitrone.
Zur Fülle:
3 trockene Brötchen,
1/4 l Milch, 1/2 Zwiebel,
1 Teel. gewiegte Petersilie,
1 Essl. Butter,
125 g Hackfleisch oder Bratwurstbrät,
2 Eier, getrennt,
je 1 Prise Salz und Muskat.
Zum Braten:
40 g Butter, 1 Zwiebel,
1 Gelbe Rübe, 1 Tomate,
1 Selleriescheibe,
etwas Paprika oder Pfeffer,
Fleischbrühe oder Wasser,
1/8 l saure Sahne.

Die Kalbsbrust nicht waschen, nur mit einem Tuch abreiben, klopfen, mit Salz bestreuen und mit Zitronensaft beträufeln. Die abgeriebenen Brötchen in Würfelchen schneiden, mit der Milch befeuchten und mit der fein gehackten Zwiebel in Butter dünsten. Das Hackfleisch oder Brät und die Petersilie untermischen, nach dem Erkalten der Fülle die übrigen Zutaten und den Eischnee zufügen. Alles leicht vermengen, die Kalbsbrust damit füllen, mit starkem Zwirn gut zunähen und wie Kalbsbraten **831** in einer Kasserolle braten. Besonders knusprig wird die Brust, wenn sie im Backofen unter öfterem Begießen gebraten wird (während der Bratzeit auf der Knochenseite liegen lassen). Die Soße mit wenig Flüssigkeit ablöschen, nur mit der Sahne binden, durchsieben und dazu reichen. Durch Vorschneiden mit der Schere gelingt es leichter, gleichmäßige Scheiben zu schneiden.
E.-Herd 200 °C/G.-Herd 3
Bratzeit etwa 1 1/2 Stunden
Dazu passt ein Kartoffelsalat; auch breite Nudeln schmecken gut als Beilage.

847

Kalbsrolle, gefüllt

Für 4–6 Personen
1 kg Kalbsbrust, Salz.
Zur Fülle:
1 Brötchen, je 1 Teel. gewiegte Zwiebel und Petersilie,
1 Essl. Butter,
250 g gehacktes Schweinefleisch,
2 gewässerte Sardellen,
1 Ei, 1 Teel. Kapern,
Salz und etwas Pfeffer.
Zum Bestreichen: 1 Eiweiß.
Zum Braten:
60 g Butter, 1 Zwiebel,
2–3 Pfefferkörner, Fleischbrühe,
2 Essl. Weißwein.

Zur Fülle das abgeriebene Brötchen in Wasser einweichen, gut ausdrücken, mit Zwiebel und Petersilie in Butter dünsten und mit dem Schweinefleisch vermengen. Die anderen Zutaten beifügen und die Fülle würzig abschmecken. Die Kalbsbrust ganz aufschneiden, leicht klopfen, mit Salz einreiben und die Oberfläche mit Eiweiß überpinseln; die Fülle aufstreichen, das Fleisch von der schmalen Seite her zusammenrollen, die beiden Enden zunähen und die ganze Rolle mit Zwirn umwickeln. In der heißen Butter mit Zwiebelscheiben und Gewürz ringsum anbraten, mit Fleischbrühe ablöschen, Weißwein angießen und während der Bratzeit mit dem Fleischsaft öfter übergießen.
Ca. 1 1/2–2 Std. zugedeckt garen; dann in Scheiben schneiden und mit der durchgesiebten Soße servieren.

848

Kalbsbrustspitze, gebraten

Dieses sehr zarte Stück ohne Knochen ergibt einen besonders guten Braten. Zubereiten nach **831**, aber statt mit Pfeffer mit Paprika würzen und während des Bratens mit einigen Esslöffeln Sahne übergießen; die Soße nicht mit Mehl binden, sondern nur etwas einkochen lassen, evtl. einige eiskalte Butterstückchen einschwenken. Dazu Salzkartoffeln oder Weckklöße reichen.

849

Kalbskoteletts, gedämpft

4 Kalbskoteletts (ca. 2 cm dick), Paprika oder Pfeffer, Mehl, 40 g Butter oder Pflanzenfett, 1 Zwiebel, Salz.

Die Haut am Rippenknochen entlang einschneiden und das Fleisch bis zur Hälfte des Knochens zurückstreifen (evtl. das Kotelett vom Fleischer so vorbereiten lassen). Die Koteletts klopfen, mit Paprika oder Pfeffer einreiben, in Mehl wenden und in der heißen Butter mit fein geschnittenen Zwiebelringen zuerst auf beiden Seiten anbraten, dann bei nicht zu starker Herdhitze in etwa 12 Min. zugedeckt gardämpfen, leicht salzen. Evtl. wenig Fleischbrühe oder Wasser zugießen.

Oder die Kalbskoteletts naturell braten: Die Fleischscheiben leicht mit Pfeffer oder Paprikapulver würzen, evtl. mit etwas Öl einreiben und für kurze Zeit kühl stellen. Bratfett zerlassen und die Kalbskoteletts auf beiden Seiten je 3–4 Min. braten. Das Fleisch ist gar, wenn sich an der Oberfläche farblose Saftperlen zeigen. Den Bratensatz mit Fond **1** oder Wein, auch Sahne lösen, würzen und etwas einkochen lassen. Als „kurze" Soße über die Koteletts gießen.

850

Kalbskoteletts, paniert

4 Kalbskoteletts (je 125 g), Salz, Pfeffer, Mehl, 1–2 Eier, feine Semmelbrösel.
Zum Braten:
Schweinefett oder Butterschmalz.

Die gewaschenen, trocken getupften Koteletts mit der Spitze eines Messers leicht häckeln, dann lassen sie sich rund formen. Mit Salz und Pfeffer bestreuen, in Mehl, gequirltem Ei und Semmelbröseln umwenden und in reichlich sehr heißem Fett auf beiden Seiten hellbraun braten. Die Koteletts erst kurz vor dem Braten panieren, damit die Semmelbrösel nicht abfallen.
Bratzeit 10–12 Minuten

851

Koteletts Nelson

4 Kalbskoteletts (je 125 g), Salz.
Zur Fülle:
250 g Schweinefleisch (vom Hals), 1 trockenes Brötchen, 1 feingewiegte Zwiebel und 1 Essl. Petersilie, etwas Butter, 1 Ei, Salz, Pfeffer oder 1 Messersp. Rosmarin, 1 Prise Muskat.
Zum Bestreuen und Übergießen:
100 g Parmesan oder geriebener Emmentaler, 50 g Butter, ⅛ l saure Sahne, ⅛ l Fleischbrühe.

Die Koteletts oder handgroße Stücke vom Schlegel waschen, trockentupfen, evtl. häuten, mit der Spitze eines Messers leicht häckeln, oder mit einer gezackten Fleischrolle mehrmals überrollen), dann rund formen. Zur Fülle das Schweinefleisch durch den Fleischwolf drehen, das abgeriebene Brötchen einweichen, fest ausdrücken und mit der Zwiebel in etwas Butter andünsten. Nach kurzem Abkühlen die roh gewiegte Petersilie, das Ei, Schweinefleisch (oder statt dessen ebensoviel Bratwurstbrät), Salz sowie das obige Gewürz zugeben. Die Fülle gut abschmecken und hoch auf die leicht gesalzenen Koteletts häufen; die Knochen sollten wie kleine Henkel nach oben stehen. Zuletzt den Reibkäse aufstreuen, die Koteletts in einer Kasserolle mit der heißen Butter übergießen, im gut vorgeheizten Backofen anbräunen, dann mit der Sahne beträufeln und die Soße bei starker Brathitze rasch einkochen lassen.
E.-Herd 220 °C/G.-Herd 4
Bratzeit 45–55 Minuten
Fleischbrühe nachfüllen und unter öfterem Begießen die Koteletts gar schmoren; die Soße extra zu Tisch geben. Die Koteletts mit Kartoffelkroketten **1248** oder geschmälzten Nudeln und Blumenkohlröschen auf gebackenen Tomatenscheiben umlegen und an die Henkelknochen ausgezackte Zitronenrädchen hängen.

Oder die fertig vorbereiteten Koteletts noch mit geschlagenem Eiweiß überpinseln und dick mit geriebenen, ungeschälten Mandeln bestreuen, dann braten wie angegeben.

852

Gespickte und glasierte Koteletts

4 Kalbskoteletts (je etwa 150 g), Salz, Pfeffer, 100 g Räucherspeck, 40 g Butter, 1 kleine Zwiebel, 1 Gelbe Rübe, 1 Tomate, 1 Brotrinde, 1 Essl. Mehl, 1/10 l Weißwein, Fleischbrühe, evtl. 3–4 frische oder Dosenpilze.

Die gewaschenen, geklopften Koteletts mit Salz und Pfeffer einreiben, mit schmalen Speckstreifen spicken, dann in der heißen Butter zusammen mit Zwiebelringen, der zerschnittenen Gelben Rübe, Tomate und Brotrinde auf beiden Seiten anbraten. Das Mehl mitrösten. Zum Ablöschen den Weißwein und wenig Fleischbrühe zufügen und die Koteletts darin schmoren lassen. Vor dem Anrichten die Soße durchsieben und, wenn möglich, einige vorgedünstete Pilze untermischen. Die Koteletts zusammen mit der Soße servieren und Teigwaren oder Kartoffeln und evtl. Zwiebelpüree **1352** dazu reichen.
Schmorzeit etwa 20 Minuten

853

Kalbsschnitzel in Folie

4 Kalbsschnitzel, je etwa 125 g, Salz, Pfeffer, Butter, 1 geriebene Zwiebel, 2 Essl. gewiegte Petersilie, Rosenpaprika.

Die Schnitzel salzen und pfeffern und auf ein Stück gut mit Butter ausgefettete Folie legen. Zwiebel und Petersilie darüber verteilen. Folienränder gut umschlagen, damit der Fleischsaft nicht herausläuft, und die Schnitzel umwickeln. Auf den Grillrost im Backofen legen und bei starker Hitze ca. 15 Min. garen. Nach ca. 8 Min. wenden. Damit die Schnitzel schön braun werden, kurz vor dem Ende der Garzeit die Folie öffnen, Rosenpaprika darüberstreuen und noch einmal kurz grillen.
E.-Herd 250 °C/G.-Herd 5
Die in Folie gebratenen Fleischstücke eignen sich gut für Schonkost und behalten durch diese Garmethode den Fleischgeschmack ganz unverfälscht.

Dazu gibt es Rohkostsalate oder gemischten Salat.
Steaks und Koteletts vom Schwein können genauso zubereitet werden.

854

Schnitzel, natur

4 Kalbsschnitzel (je 100–125 g), Salz, Pfeffer, wenig Weißmehl, 40 g Butter, 1 Zwiebel in Ringen, Fleischbrühe, Saft von ¼ Zitrone.

Die Schnitzel klopfen, mit Salz und Pfeffer einreiben und in Weißmehl umwenden. Die Zwiebelringe in Butter glasig schwitzen, die Schnitzel zugeben und auf beiden Seiten knusprig anbraten. Etwas Fleischbrühe und den Zitronensaft zugießen; die Schnitzel zugedeckt bei mäßiger Herdhitze noch 10 Min. braten.
Oder die Schnitzel ungewürzt in heißem Öl oder Butterschmalz von jeder Seite 2–3 Minuten anbraten, die Hitze zurücknehmen, etwas Zitronensaft und Fleischbrühe angießen und die Schnitzel noch 6–8 Minuten fertigbraten.
Vor dem Servieren salzen und pfeffern.

855

Rahmschnitzel

Die Schnitzel nach **854** zubereiten und beim Ablöschen 3–4 Essl. Crème fraîche oder sauren Rahm (Sahne) sowie 1 Teel. Zitronensaft und 1 Essl. Weißwein zufügen.

856

Paprikaschnitzel

Wie Schnitzel **854** zubereiten, beim Ablöschen 2–3 Essl. saure Sahne, etwas Zitronensaft und 1 Essl. Weißwein zugeben. Jedes Schnitzel mit etwas Edelsüßpaprika und Rosenpaprika bestreuen.

Tipp:
Fleisch, das in der Pfanne gebraten werden soll, vom Körper weg ins heiße Fett einlegen. Das schützt vor Fettspritzern.

857

Kalbsschnitzel mit Bries

*4 Kalbsschnitzel (à ca. 100–125 g), Salz, Pfeffer, etwas Mehl, 50 g Butter, 1 kleine Zwiebel, etwas Zitronensaft, 2 Essl. Weißwein, 2 Essl. Rahm. 1 Bries **980**, Fleischbrühe. Geröstete Weißbrotscheiben. Feines Gemüse nach Wahl.*

Die Schnitzel wie Rahmschnitzel **855** zubereiten.
Das gewässerte Bries in Fleischbrühe ca. 30 Minuten garen, häuten und in Scheiben schneiden.
Die Weißbrotscheiben zu einem Kranz legen, die Schnitzel mit den Briesscheiben darauf anrichten, feines Gemüse in die Mitte geben und die Schnitzel mit wenig Soße beträufeln.

858

Schnitzel, gegrillt

4 Kalbsschnitzel (je 125 g), Salz, Pfeffer oder Paprika, evtl. Zitronensaft.

Die Schnitzel kurz waschen, evtl. klopfen, gut abtrocknen und jeweils den Rand mit kleinen Einschnitten versehen, damit sich das Schnitzel beim Braten nicht wölbt. Im vorgeheizten Backofen grillen. Für eine Seite etwa 4 Min. und nach dem Wenden noch 2 Min. Grillzeit berechnen, (Herdtyp beachten) Die Schnitzel erst beim Anrichten salzen und würzen. Da die Schnitzel ohne Fettzugabe gegrillt sind, schmecken sie noch delikater, wenn sie mit Würzbutterscheiben belegt werden.

859

Wiener Schnitzel

4 dünne Kalbsschnitzel (je 100–125 g), Salz, Pfeffer. Zum Panieren: Mehl, 2 Eier, 1 Essl. Wasser, Semmelbrösel oder Mutschelmehl. Für die Pfanne: etwa 100 g Butterschmalz.

Die mit Küchenkrepp trocken getupften Schnitzel leicht mit dem flachen Messer oder dem Fleischbeil klopfen, dann mit Salz und Pfeffer bestreuen. Zuerst in Mehl, dann in mit Wasser verquirltem Ei und zuletzt in Semmelbröseln wenden, bis sie vollständig davon bedeckt sind. Im heißen Fett schwimmend bei mittlerer Hitze auf beiden Seiten braten. Mit Zitronenachteln und Petersilie anrichten.
Das echte Wiener Schnitzel wird ohne Soße, meistens mit Kartoffel- und Blattsalat serviert.
Bratzeit ca. 10–15 Minuten

Tipps:
Für die Panade eignet sich auch „Panko", ein asiatisches, etwas gröberes Paniermehl aus Weißbrot. Die Schnitzel nach dem Panieren sofort braten, sonst könnte die Panade abfallen.

860

Holsteiner Schnitzel

*8 kleine, dünn geschnittene Kalbsschnitzel (je etwa 80 g), Salz, 40 g Butter, 1 Zwiebel, 20 g Sardellenbutter nach **131**, 4 Eier, 4 gewässerte Sardellenfilets.*

Die Schnitzel trockentupfen, wenig salzen und in heißer Butter mit fein geschnittenen Zwiebelscheiben in der Pfanne bei mäßiger Hitze braten. Kurz vor dem Servieren jeweils ein Schnitzel mit der Sardellenbutter bestreichen, ein zweites Schnitzel darauf legen und je ein gebratenes Spiegelei obenauf setzen. Jedes Spiegelei mit Sardellenstreifen verzieren.
Bratzeit ca. 10 Minuten
Evtl. die Schnitzel noch mit Gurkenfächern, Kapern oder Zitronenscheiben dekorieren.

861 Gefüllte Schnitzel

4 dicke Kalbsschnitzel
(à ca. 180–200 g),
1 feingewiegte Zwiebel,
1/2 Bund feingewiegte Petersilie oder Kerbel,
20 g Butter und 2 Essl. Öl oder Butterschmalz,
etwas Fleischbrühe,
Salz und Pfeffer,
1 Teel. Zitronensaft,
2–3 Essl. saure Sahne.

Die Schnitzel leicht klopfen, jeweils drei schräge Einschnitte machen und da hinein die Zwiebelwürfel und die gehackten Kräuter streichen. Das Fett erhitzen, die Schnitzel anbraten, wenden und die Hitzezufuhr reduzieren. Bei milder Hitze, unter öfterem Begießen mit Fleischbrühe ca. 30 Minuten schmoren. Salzen und pfeffern, mit Zitronensaft und saurer Sahne abschmecken.

862 Schnitzel mit feinem Ragout

Pro Person: 1 Kalbsschnitzel vom Schoß (etwa 100 g),
*1 Essl. feines Ragout **282** oder Frikassee **983**,*
1 kleiner Pfannkuchen von 1 Ei,
1 Teel. Mehl, wenig Milch oder Sahne.
20 g Butter.
Evtl. 4 reife Tomaten,
20 g Butter.

Das Schnitzel wie Rahmschnitzel **855** braten, mit wenig Schnitzelsoße glasieren, das fertig zubereitete Ragout daraufstreichen und das Ganze mit dem in Butter gebratenen Pfannkuchen einschlagen; mit Kartoffelkroketten oder Strohkartoffeln verzieren.
Oder den gebratenen Pfannkuchen zur Hälfte überklappen, auf das angerichtete Schnitzel legen, mit geschälten, in dicke Scheiben geschnittenen und in wenig Butter gebratenen Tomaten ganz bedecken. Den Saft der Tomatenscheiben beim Braten vollständig verdunsten lassen.

863 Kalbsschnitzel nach römischer Art (Saltimbocca)

4 dünne große Kalbsschnitzel,
Salz und Pfeffer,
8 Scheiben milder roher Schinken,
8 frische Salbeiblätter,
etwas Mehl zum Wenden,
50 g Butterschmalz
oder Butter und Öl, gemischt,
1/8 -1/4 l Marsala-Wein zum Ablöschen.

Die Kalbsschnitzel am besten vom Metzger mit der Wurstschneidemaschine sehr dünn schneiden lassen. Die Schnitzel in 2 Stücke teilen, leicht salzen und pfeffern und auf jedes Schnitzelchen eine Scheibe Schinken und ein Salbeiblatt legen (man kann auch erst das Salbeiblatt und dann den Schinken auflegen). Mit einem Holzzahnstocher wie eine Tasche zustecken, leicht in Mehl wälzen, überflüssiges Mehl abklopfen und die Schnitzelchen im heißen Fett beidseitig in 8–10 Min. braten. Aus der Pfanne nehmen, auf einer Platte warm halten. Den Bratensatz mit dem Wein lösen, kurz aufkochen und als kurze Soße auf die einzelnen Portionen geben.
Als Beilage passen Schupfnudeln oder Butternudeln und ein frischer Salat.

864 Kalbsvögel

4 Kalbsschnitzel vom Schlegel
(je etwa 125 g), Salz und Pfeffer.
Zur Fülle:
125 g gehacktes Schweinefleisch,
Salz, 1 Messersp. Rosmarin,
20 g Butter, 1/2 trockenes Brötchen,
1 Ei, 1/2 gehackte Zwiebel,
1 Teel. gewiegte Petersilie.
Zum Wenden:
1 Tasse Mehl.
Zum Anbraten und Ablöschen:
40 g Butter, Fleischbrühe oder Wasser oder Molke,
Saft von 1/4 Zitrone,
1 Essl. Weißwein,
1–2 Essl. saure Sahne.

Die Schnitzel leicht klopfen und mit Salz und Pfeffer einreiben. Das Hackfleisch mit Salz und Rosmarin würzen, das eingeweichte, ausgedrückte Brötchen mit Zwiebel und Petersilie in der heißen Butter dünsten, das Ei zufügen und alles gut vermischen Die Fleischscheiben mit der Fülle bestreichen, zusammenrollen, mit Garn umbinden oder mit Rouladennadeln zustecken. Dann in Mehl wenden und in der zerlassenen Butter ringsum hell anbraten. Mit Fleischbrühe, Wasser oder Molke ablöschen, Zitronensaft, Weißwein und Sahne zufügen, die Kalbsvögel zugedeckt noch 30 Min. schmoren lassen und – nachdem der Bindfaden entfernt ist – mit der etwas eingekochten, durchgesiebten Soße glasieren.
Dazu gespritzten, kurz übergrillten Kartoffelbrei servieren.
Oder als Fülle 300 g blanchierten Blattspinat mit Salz, Muskat und Knoblauch würzen, auf den Fleischscheiben verteilen, je 1 hartgekochtes Ei darauflegen. Die Schnitzel zusammenrollen, binden, wie angegeben schmoren.

865 Cordon bleu

4 dünne, große Kalbsschnitzel
(je 150 g), Salz, Pfeffer,
4 Scheiben roher Schinken,
4 Scheiben Emmentaler Käse,
1 Essl. Mehl, 1–2 Eier,
1 Essl. Wasser,
4 Essl. Semmelbrösel,
50 g Kokosfett.

Die Schnitzel breit drücken, salzen, pfeffern und mit je 1 Scheibe Schinken und Emmentaler Käse belegen. Die Schnitzel zur Hälfte überklappen und mit Holzstäben zusammenstecken. Dann in Mehl, mit Wasser verquirltem Ei und zuletzt in Semmelbröseln wenden. Danach im heißen Fett auf beiden Seiten ca. 10 Min. goldbraun braten.
Oder die Schnitzel statt mit Käse mit je 1 Scheibe Schinken und 1 hartgekochten Ei füllen. Die **Eier im Nest** auf einem Kressebett anrichten.

866
Kalbsragout

625 g Kalbsschlegel oder Bug,
Salz und Pfeffer,
40 g Butterschmalz oder Öl,
60 g Mehl, 1 Zwiebel,
Fleischbrühe oder Wasser,
4 Essl. Weißwein,
Saft von ¼ Zitrone,
1 Essl. Tomatenmark,
einige Nelken, 1 Lorbeerblatt,
1 Prise Paprika.

Das Fleisch in 4 cm große Würfel schneiden, mit Salz und Pfeffer bestreuen und im heißen Fett kurz anbraten. Dann wieder herausnehmen und im zurückgebliebenen Fett das Mehl sowie die gewiegte Zwiebel hellgelb schwitzen, mit Fleischbrühe oder Wasser ablöschen, dann den Wein, Zitronensaft, das Tomatenmark und zuletzt das Gewürz zufügen. Die Fleischstücke einlegen und darin 30–45 Min. dünsten. Vor dem Anrichten Nelken und Lorbeerblatt entfernen und das Ragout in einem Reisring servieren.

867
Kalbsgulasch

625 g Kalbfleisch (vom Bug oder von der Schale), 1 Zwiebel,
½ fein zerdrückte Knoblauchzehe,
40 g Butter, 3 Essl. Mehl,
Fleischbrühe oder Wasser,
2 Essl. Weißwein,
1 Essl. dicke saure Sahne,
etwas Bratensoße,
Salz, 1 Prise Paprika,
einige gegarte, frische Champignons.

Die fein geschnittene Zwiebel und die zerdrückte Knoblauchzehe in Butter gelb dünsten, das würfelig geschnittene Fleisch darin anrösten, mit Mehl bestäuben und mit Fleischbrühe oder Wasser ablöschen. Den Wein, Sahne und evtl. vorhandene Bratensoße zufügen, dann alles zusammen ca. 30–40 Min. bei mittlerer Hitze schmoren lassen. Erst vor dem Anrichten gut würzen, die Pilze untermischen und nochmals kurz erhitzen.

868
Zürcher Geschnetzeltes

500 g geschnetzeltes (blättrig oder streifig geschnittenes) Kalbfleisch von der Keule, 1 Essl. Mehl,
1 feingewiegte Zwiebel oder Schalotte, 40 g Butter oder Margarine,
⅛ l Weißwein,
¼–⅜ l süße Sahne,
Salz, Pfeffer.

Die Zwiebelstückchen im heißen Fett glasig dünsten, die Fleischscheiben zufügen, mit Mehl bestäuben und kurz anbraten. Weißwein und Sahne darübergießen und das Fleisch bei geringer Hitze ca. 10 Min. garen. Vor dem Anrichten mit Salz und Pfeffer würzen. Dazu gibt es Butternudeln, Spätzle, Reis und Blattsalat oder Berner Rösti.
Oder nur den Weißwein und 2–3 Essl. Fleischbrühe über das Geschnetzelte gießen, noch 10 Min. sanft garen und würzen. Vor dem Anrichten ¼ l halbsteif geschlagene süße Sahne unter die Soße ziehen und sofort servieren.

869
Kalbsfrikassee

500 g Kalbfleisch (Keule, Nuss, Hals oder Brust),
Suppengrün,
1 Lorbeerblatt, 1 Zwiebel,
Salzwasser.
40 g Butter oder erhitzbares Pflanzenöl,
30 g Mehl, ¼ l Brühe,
¼ l süße Sahne,
4 Essl. Weißwein,
1–2 Essl. Zitronensaft,
Pfeffer, 1 Prise Zucker.

Das gut gewaschene Kalbfleisch mit dem vorbereiteten Suppengrün **499**, Lorbeerblatt und der halbierten Zwiebel in das kochende Salzwasser geben. Bei schwacher Hitze 1 Std. kochen.
Für die Soße das Fett erhitzen, das Mehl darin hellgelb werden lassen, mit der Brühe ablöschen und die Sahne darunterrühren. Die Soße ca. 10 Min. kochen.
Das Fleisch aus dem Sud nehmen, in kleine Würfel schneiden, in die Soße geben und erhitzen. Zuletzt das Frikassee mit Weißwein, Zitronensaft, Pfeffer und Zucker pikant würzen. Das Frikassee mit Weck-, Kartoffel- oder Grießklößen servieren.
Oder Krabben, Spargelstückchen oder Champignons unter das Frikassee mischen. Mit gehacktem Dill oder Zitronenmelisse bestreuen.
Oder die Soße mit saurer Sahne oder Schmand und 1 Eigelb und 1 kleingehackten Sardellenfilet oder Kapern verfeinern.

1 *Zürcher Geschnetzeltes* ***868****: Die Fleischstreifen zu den angebratenen Zwiebeln geben.*

2 Das Fleisch mit Mehl bestäuben.

3 Die Sahne und Weißwein zugießen und garen.

870 Eingemachtes Kalbfleisch

625–750 g Kalbfleisch (Brust oder Nacken),
40 g Butter, 1 Zwiebel,
3 Essl. Mehl, Fleischbrühe, wenig Salz, 1–2 Nelken, 1 Lorbeerblatt,
4 Pfefferkörner,
1 gewässerte Sardelle,
Saft von $\frac{1}{4}$ Zitrone, 2 Essl. Weißwein,
2 Essl. saure Sahne, 1 Eigelb.

Das Fleisch in 4 cm große Würfel schneiden und blanchieren, d. h. mit kochendem Wasser überbrühen, damit sich das Fleisch weiß färbt. In der Butter zuerst die gewiegte Zwiebel, dann die abgetrockneten Fleischstücke kurz dünsten (das Fleisch dabei nicht bräunen). Das Mehl darüberstreuen, mit Fleischbrühe ablöschen, das Gewürz zufügen und langsam weich dünsten. Dann das Gericht von der Herdplatte nehmen, die gewiegte Sardelle, Zitronensaft und Weißwein zufügen, nochmals kurz erhitzen, jedoch nicht mehr kochen lassen. Vor dem Anrichten die Gewürze entfernen, die Soße mit gequirlter Sahne und Eigelb abziehen und zusammen mit den Fleischstücken in einem Reisring zu Tisch geben; evtl. mit Fleischklößchen aus Bratwurstbrät oder gedünsteten Pilzen verfeinern.
Garzeit ca. 50 Minuten

871 Kalbshaxe, gebraten

1 Kalbshaxe (1 kg),
Salz und Pfeffer,
40 g Butterschmalz,
Wasser oder Fleischbrühe,
1 Zwiebel, 1 Gelbe Rübe,
1 Knoblauchzehe, 1 Tomate.

Die Kalbshaxe nach dem Waschen gut abtrocknen, mit Salz und Pfeffer einreiben, im heißen Fett anbraten, die klein zerteilten Gemüsestückchen zufügen und im eigenen Saft, mit wenig Fleischbrühe oder Wasser, unter öfterem Begießen fertigbraten. Die Brathitze langsam vermindern, damit die Fleischkruste nicht hart, sondern hellbraun und glänzend wird. Die Soße bzw. den Fleischsaft durchsieben, evtl. das Fleisch vom Knochen lösen oder die Haxe im Ganzen servieren und die Soße beim Anrichten darübergießen. Dazu warmen Kartoffelsalat (mit heißen Speckwürfeln angemacht) oder Gemüse wie Spinat, Rosenkohl usw. reichen.
Bratzeit $1\frac{1}{2}$ Stunden
Oder die Kalbshaxe im Bräter anbraten und das Gemüse kurz mitbraten. 100 ml Rotwein angießen und einkochen lassen. Den Backofen auf 150 °C vorheizen. Die Haxe mit $\frac{1}{4}$ l Kalbfleischbrühe **494** begießen, 2 Lorbeerblätter, 2-3 Stiele frischen Majoran und ein Stück Zitronenschale einlegen und die Haxe unter öfterem Begießen ca. 3 Stunden schmoren.

> ***Tipp:***
> *Die gegarte Kalbshaxe wird knusprig, wenn sie mit Bier überpinselt kurz im vorgeheizten Backofen bei Oberhitze oder unter dem vorgeheizten Grill gebräunt wird.*

872 Panierte Kalbshaxe

1 fleischige Kalbshaxe (1 kg),
Wurzel- oder Fleischbrühe,
1 Lorbeerblatt, Salz und Pfeffer.
Zum Panieren:
Mehl, 1 Ei, Weckmehl (Semmelbrösel), 50 g Fett.

Die Kalbshaxe in der Brühe fast weich kochen (ca. 45 Min.), herausnehmen. Dann mit Salz und Pfeffer bestreuen, in Mehl, gequirltem Ei und Semmelbröseln wenden. Die Brösel sollen ringsum dick anhaften. Im gut vorgeheizten Backofen in einer Kasserolle im heißen Fett knusprig braun werden lassen. Dabei öfters mit dem Fett übergießen.
E.-Herd 175–200 °C/G.-Herd 2-3
Ca. 45 Minuten
Oder auf dem Grillrost bei Grilloberhitze (vgl. **873**) hell bräunen, dabei öfter mit dem zugefügten Fett aus der Abtropfschale beträufeln. Die Kalbshaxe im Ganzen (ohne Soße) servieren, mit Zitronenschnitzen und Petersilie verzieren, Kartoffelsalat und grünen Salat dazu reichen.
Oder die Kalbshaxe vom Metzger halb durchsägen lassen, kochen wie oben, dann in eine offene Bratkasserolle legen und mit 100 g zerlassener Butter übergießen. Im vorgeheizten Backofen unter öfterem Beträufeln mit der Bratflüssigkeit (evtl. auch etwas Fleischbrühe) knusprig braten.
E.-Herd 175 °C/G.-Herd 2
Ca. 50–60 Minuten

> ***Tipp:***
> *Die Kalbshaxe lässt sich auch sehr gut im Römertopf zubereiten: die gewürzte Kalbshaxe in den gewässerten Römertopf legen, Gemüsestückchen beigeben und den geschlossenen Topf in den kalten Backofen stellen. Bei guter Backofenhitze bräunen lassen.*
> *E.-Herd 250 °C/G.-Herd 5*

873 Ausgelöste Kalbshaxe, gegrillt

*1 Kalbshaxe, zur Hälfte vom Metzger bereits durchgesägt, nach **872**, jedoch 60 Min. lang in der Brühe vorgekocht.*

Die vorgekochte Kalbshaxe etwas abkühlen lassen, dann das Fleisch mit einem scharfen Messer vom Knochen lösen. Auf einen gefetteten Grillrost legen und unter öfterem Bepinseln mit Butter oder Bier oder leicht gesalzenem Wasser die Haxenstücke unter dem vorgeheizten Grill oder bei Oberhitze ca. 30 Min. bräunen (untere Einschubleiste). Beim Servieren das Fett aus der Auffangschale über die Haxenstücke träufeln.
Oder die Haxenstücke, wie bei **872** beschrieben, in der Bratkasserolle bei geringer Hitzezufuhr langsam bräunen. Den Bratensatz mit etwas Wurzelbrühe lösen, $\frac{1}{8}$ l süße Sahne oder Kondensmilch mit 1 Essl. Speisestärke verrührt zugießen, die Soße aufkochen, abschmecken und durchsieben. Dazu breite Nudeln und Kopfsalat servieren.

Gegrillte Kalbshaxe **873** mit Leipziger Allerlei **1318** ▷

874

Kalbshaxenscheiben, in Gemüse geschmort (Ossobuco)

1 Kalbshaxe, ca. 1,2 kg,
vom Metzger in ca. 3 cm dicke Scheiben geschnitten,
60 g Butterschmalz oder Olivenöl,
Salz und frisch gemahlener Pfeffer,
2 Zwiebeln oder
10 ganze Schalotten,
2 Gelbe Rüben, 1 Stange Lauch,
2–3 Stangen Staudensellerie,
oder 10 schwarze Oliven mit Kern,
4 Tomaten, 4 Zehen Knoblauch,
1 Essl. Tomatenmark.
1 Kräutersträußchen:
3 Petersilienstiele, 1 Lorbeerblatt,
je 1 Zweiglein Thymian und Rosmarin.
¼ l Fleischbrühe, ⅛ l Weißwein,
1 Essl. Speisestärke, Salz und frisch gemahlener Pfeffer.

Die Kalbshaxenscheiben trockentupfen (evtl. mit Öl bestreichen und kurz im Kühlschrank aufbewahren) und einzeln im heißen Fett von beiden Seiten sachte anbraten und würzen. Im selben Fett, evtl. noch etwas dazugeben, die in Würfel geschnittenen Zwiebeln (oder die Schalotten), Gelbe Rüben, in Scheiben geschnittenen Lauch und Staudensellerie andünsten (oder die Oliven zugeben), die gehäuteten, entkernten Tomaten, die fein gehackten Knoblauchzehen und Tomatenmark zufügen. Die Fleischscheiben auf das Gemüsebett legen, das Kräutersträußlein einlegen und mit Fleischbrühe angießen. Das Gericht im vorgeheizten Backofen schmoren.
E.-Herd 150–175 °C/G.-Herd 2
Ca. 2 Stunden
Das Kräutersträußchen entfernen, den mit etwas Speisestärke angerührten Weißwein zugießen und gut verrühren. Den „Ossobuco“ würzen und in der Kasserolle oder einer vorgewärmten großen Terrine mit frischem Brot, Risotto oder kleinen ausgestochenen Butterkartöffelchen servieren.
Das fertige Gerichte evtl. mit einer Mischung aus gehackter Petersilie und geraspelter Zitronenschale bestreuen oder fein gehackte Sardellen und Zitronenraspel darüber geben.
Oder die Kalbshaxenscheiben leicht mit Mehl bestäuben, salzen, pfeffern, in Butterschmalz anbraten und streifig geschnittene Zwiebeln und etwas Knoblauch mit anschwitzen. Mit 1 Glas Weißwein ablöschen und je 1 Stück dünn abgeschälte Zitronen- und Orangenschale (ohne das Weiße) einlegen. Zudecken und garen. Dabei öfter mit Fleischbrühe beträufeln. Die Soße durchsieben und abschmecken. Dazu passen geschmorte Pilze.

Geschmorte Kalbshaxenscheiben (Ossobuco) **874**

875

Kalbsfüße in Soße

2 Kalbsfüße,
3 Eßl. Essig, wenig Salz,
Petersilie, ½ Sellerieknolle,
1 Tomate, 1 Gelbe Rübe,
1 Zwiebel,
1 Lorbeerblatt,
einige Pfeffer- und Senfkörner,
etwas Piment.
40 g Fett, 50 g Mehl,
3 Eßl. Rotwein oder Madeira.

Die Kalbsfüße in leicht gesalzenem Wasser mit Essig, dem zerkleinerten Suppengemüse, Zwiebelscheiben und Gewürzen in ca. 50–60 Min. weich kochen. Dann das Fleisch von den Knochen lösen und von Fett, Mehl sowie dem Fleischsud eine braune Soße zubereiten. Gut auskochen, den Rotwein oder Madeira zugießen, die Soße durchsieben und würzig abschmecken. Die ausgebeinten Kalbsfüße kurz darin erwärmen und in der Soße servieren

876

Gebackene Kalbsfüße

2 Kalbsfüße,
Gewürze und Suppengemüse nach ***875****, 1 gequirltes Ei,*
Semmelbrösel, 50 g Fett.

Die Kalbsfüße nach **875** weich kochen, das Fleisch von den Knochen lösen und einige Stunden zwischen zwei befeuchtete Brettchen pressen. Dann leicht abtrocknen, in gequirltem Ei und Semmelbröseln wenden und in heißem Fett hellbraun backen.
Oder die ausgebeinten Kalbsfüße nicht panieren, sondern in Pfannkuchenteig **451** tauchen und im heißen Fett knusprig backen.

877

Kalbskopf in brauner Soße (Kalbskopf en tortue)

Für 8 Personen
½ gebrühter Kalbskopf (etwa 2 kg),*
Salz, Suppengrün, 1 Lorbeerblatt,
einige Pfeffer- und Senfkörner,
2–3 Nelken, 3 Eßl. Essig.
Zum Marinieren:
½ l Rotwein, Salz und Pfeffer.
Zur Soße:
1 Zwiebel, 125 g Schinkenwürfel oder 40 g geräucherter Speck,
60 g Butter, 100 g Mehl,
Saft von ½ Zitrone,
Kalbskopfbrühe, 3 Eßl. Madeira oder guter Rotwein,
1 Prise Paprika.

Den halben Kalbskopf kurze Zeit wässern und mit den herausgelösten, zerkleinerten Kopfknochen in schwach gesalzenem Wasser zum Sieden bringen. Mehrmals abschäumen, mit Suppengrün, Gewürz und Essig in 1½–2 Std. weich kochen; dann die Zunge ablösen und den Kalbskopf zwischen zwei nassen Brettchen einige Stunden pressen, damit sich davon glatte, schräge Vierecke schneiden lassen. Die Zunge schälen, in Scheiben schneiden. Die Marinade zubereiten und die Zungenscheiben sowie die Kalbskopfstücke kurze Zeit darin marinieren. Inzwischen die gewiegte Zwiebel und die Schinkenwürfel in der heißen Butter glasig schwitzen, das Mehl darin braunrösten und mit der Kalbskopfbrühe ablöschen. Den Zitronensaft zufügen, die Soße gut auskochen, durchsieben und mit dem Wein oder Madeira sowie Paprika würzig abschmecken. Die marinierten, abgetropften Fleisch- und Zungenstücke in der Soße erhitzen, auf einer Platte anrichten und mit Blätterteighalbmonden, Eischnitzen, Gürkchen oder Tomatenvierteln umlegen.

* Unter gebrühtem Kalbskopf ist ein vorbereiteter, evtl. von den Knochen gelöster Kalbskopf zu verstehen. (Dieser wird auf Wunsch vom Fleischer auch ohne Kopfhaut geliefert.)

878

Gebackener Kalbskopf

Für 4–6 Personen

Den gekochten, gepressten Kalbskopf (vgl. **877**) in Scheiben schneiden, mit Salz und Pfeffer bestreuen, in gequirltem Ei und Semmelbröseln wenden, dann im heißen Fett schwimmend hellbraun backen. Auf Küchenkrepp abtropfen lassen, mit Tomatenscheiben, Petersilie und Zitronenschnitzen verzieren.

879

Kalbskopf mit Essig und Öl

Für 4–6 Personen
Ein Viertel eines gebrühten Kalbskopfes (etwa 1 kg),
Sud ***877****.*
Zur Salatsoße:
2–3 Eßl. Essig, 4 Eßl. Öl,
je 1 Eßl. gewiegte Zwiebel und Petersilie, 1 Teel. Kapern,
Salz, Pfeffer, etwas Kochbrühe,
2 hartgekochte Eier.
Den vorbereiteten Kalbskopf im Sud weich kochen, die Knochen herauslösen, das Fleisch in feine Scheiben oder Stiftchen schneiden und mit der Salatsoße anmachen; die Eier würfeln, untermischen und alles 30 Min. durchziehen lassen.

880 Schweinebraten in der Bratfolie

1–1,2 kg Schweinebraten (Schulter) mit Schwarte,
je 1 Teel. Salz und weißer Pfeffer,
2–3 Knoblauchzehen,
evtl. 1/2 Teel. Kardamompulver
Gemüse: 2 Zwiebeln, 1 Tomate,
1 Stängel Selleriegrün.

Die Schwarte rautenförmig einschneiden, das Fleisch mit den Gewürzen gut einreiben. Knoblauchzehen in Stifte schneiden, den Schweinebraten damit spicken. Ein genügend großes Stück Bratfolie mit dem zerkleinerten Gemüse belegen, das Fleisch darauflegen und die Folie gut verschließen. Auf dem Rost des Backofens garen, bis die Schwarte knusprig ist.
E.-Herd 200 °C/G.-Herd 3
Ca. 1 1/4 Stunden
Dazu passen Kartoffelpüree oder Knödel.

881 Schweinebraten, klassisch

Für 6 Personen
Ca. 1,5 kg Schweineschulter mit Schwarte,
Salz, Pfeffer, gemahlener Kümmel,
2 Gelbe Rüben, 2 Zwiebeln,
1/4 Sellerieknolle,
1 Weinglas Rotwein,
1–2 Teel. Speisestärke.

Schweineschulter auf der Fleischseite mit Salz, Pfeffer und Kümmel einreiben. Das Fleisch mit der Schwarte nach unten auf den Backofenrost legen, Fettpfanne darunterschieben. 3/8 l Wasser in die hineingießen. Im vorgeheizten Backofen garen.
E.-Herd 200 °C/G.-Herd 3
Ca. 1 Stunde
Danach den Braten aus dem Ofen nehmen, die Schwarte rautenförmig einschneiden. Gewürfeltes Gemüse in die Bratreine geben, den Braten mit der Schwarte nach oben auf dem Rost darüberlegen, weiterbraten.
E.-Herd 180 °C/G.-Herd 2
Ca. 1 Stunde
Inzwischen 1 Essl. Salz mit etwas Wasser verrühren, Braten 30 Min. vor Ende der Garzeit 1–2 mal damit bestreichen. Das gibt eine schöne Kruste. Den Braten vor dem Aufschneiden 15 Min. ruhen lassen. Bratfond mit Rotwein ablöschen, Soße mit Gemüse durch ein Sieb streichen oder mit dem Pürierstab zerkleinern. Mit angerührter Speisestärke binden. Soße getrennt dazu reichen.
Mit Knödeln, Gemüse oder Salat servieren.
Variante: In die rautenförmig eingeschnittene Schwarte ganze Gewürznelken stecken und mitgaren.

882 Schweinebraten

750–1000 g Kamm, Schlegel oder Bug,
Salz, Pfeffer,
1 Messersp. Rosmarin
oder 1 Teel. Koriander, gemahlen,
1 Zwiebel, Suppengrün,
1 Essl. Speisestärke,
evtl. Fleischbrühe.

Das Fleisch waschen, trockentupfen, mit Salz, weißem Pfeffer und Rosmarin bestreuen und, da Schweinefleisch meist fett ist, in der Bratkasserolle mit 1/4 l kochendem Wasser überbrühen. Dann Zwiebelscheiben und Suppengrün zufügen und im heißen Backofen so lange braten, bis das Wasser verdunstet und das Fett ausgebraten ist.
E.-Herd 200 °C/G.-Herd 3
Ca. 1 1/2 Stunden
Erst nach dem Bräunen der Zwiebel ein wenig Fleischbrühe oder Wasser nachgießen und bei nicht zu starker Brathitze, je nach der Dicke des Stückes, in etwa 1/2 Std. garbraten. Das Fett der Soße vor dem Anrichten evtl. abschöpfen, die Soße abschmecken und die mit Wasser angerührte Speisestärke in der Soße sämig kochen oder statt Speisestärke vor dem Ablöschen wenig Mehl im Fett mitbräunen. **Oder** zur Soße den Bratsatz mit Rotwein lösen, das Suppengrün durch ein Sieb dazudrücken, mit frisch gemahlenem Pfeffer und 1 Prise gemahlener Nelken würzen und 1/2 Becher süße Sahne (100 g), leicht geschlagen, unter die Soße ziehen.

Tipp:
Einen pikanten Geschmack und eine schöne Kruste bekommt der Schweinebraten, wenn er statt mit Salz und Pfeffer mit Rôtisseur-Senf bestrichen wird. Das ist Senf mit ganzen und geschroteten Senfkörnern, gut gewürzt, auch unter dem Namen „Moutarde de Meaux" im Handel erhältlich.

883 Gebeizter Schweinebraten

750 g nicht zu fettes Schweinefleisch (Schlegel oder Bug).
Zur Beize:
1/4 l Essig oder Most, 1/8 l Wasser,
1 Zwiebel, Suppengrün,
1 Zitronenscheibe, 2 Nelken,
1 Lorbeerblatt, 6 Pfefferkörner.
Zum Braten:
40 g Schmalz oder Butter,
Salz, Pfeffer, 1 Messersp. Rosmarin,
1 Zwiebel, 2 Essl. Mehl,
Fleischbrühe,
4 Essl. saure Sahne,
2 Essl. Weißwein.

Das vorbereitete Fleisch in einem Steintopf mit der Beize übergießen und 4–6 Tage unter täglichem Wenden darin marinieren. Nach dem Herausnehmen gut abtrocknen, mit Salz, Pfeffer und Gewürz bestreuen und mit Zwiebelscheiben im heißen Fett anbraten. Das Mehl zufügen und mitrösten, dann erst mit Fleischbrühe und etwas Beize ablöschen. Kurz vor dem Anrichten die Sahne sowie den Wein zugießen, die Soße durchsieben, dann nicht mehr kochen lassen.
Bratzeit 1/2 Stunde.

884 Schweineschlegel mit Kruste

Für 12–14 Personen
1 Schlegel (3–4 kg),
Salz, Pfeffer, 1 Prise Rosmarin,
2 Zwiebeln, 2 Gelbe Rüben,
Semmelbrösel, 40 g Butter.

Den vorbereiteten Schlegel mit Salz, Pfeffer und Rosmarin einreiben. In eine hohe Bratkasserolle die zerteilten Zwiebeln, Gelbe Rübenscheiben sowie 1 l kochendes Wasser geben und das Fleisch einlegen. Kurze Zeit darin garen und dann im Backofen unter öfterem Begießen (ohne weitere Flüssigkeitszugabe) bei guter Hitze fertig braten.
E.-Herd 220 °C/ G.-Herd 4
Ca. 2–2½ Stunden
Etwa 15 Min. vor dem Anrichten herausnehmen, messerrückendick mit Semmelbröseln bestreuen, zerlassene Butter darüberträufeln und so lange wieder in den Backofen stellen, bis sich die Kruste hellgelb gebräunt hat.

885

Schweineschlegel nach Schwarzwildart

Für 4–6 Personen
1 nicht zu fetter Schlegel (1½ kg).
Zur Beize:
¼ l Rotwein, ⅛ l Essig, ⅛ l Wasser,
1 Essl. Wacholderbeeren,
2 Lorbeerblätter,
1 Teel. Pfefferkörner,
4 Nelken, 2 Zitronenscheiben,
1 halbierte Zwiebel, Suppengrün.
Zum Braten:
100 g Butter, etwas Rotwein,
geriebenes Schwarzbrot, mit Salz vermischt,
2–3 Essl. zerlassene Butter.

Einen Schweineschlegel mit dünner Schwarte 5 Tage in der zubereiteten Beize marinieren. Das Fleisch gut abtrocknen, in der heißen Butter rasch anbraten, etwas Rotwein sowie etwa die Hälfte der Beize zugeben und den Schlegel unter öfterem Übergießen zugedeckt garbraten. Nach 2 Std. Bratzeit die Oberseite dick mit Schwarzbrotbröseln bestreuen, die zerlassene Butter oder Butterflöckchen daraufgeben und im heißen Backofen zu einer Kruste anbacken lassen. Zum heißen Braten einen Kartoffelsalat, und grünen Salat mit reichlich Dill gewürzt, servieren. Zum kalten Braten eine pikante, grüne Soße (aus gewiegtem, frischem Spinat, Würzkräutern und Mayonnaise oder Quarkmayonnaise) reichen.
Bratzeit 2–2½ Stunden

886

Einsalzen von Schweinefleisch (Ochsenfleisch, Ochsenzunge oder Kalbszunge)

Etwa 5 kg Schweinefleisch (Schlegel, Bug, Kamm, Bauchlappen, Füße, Waden, Zunge und Schwanz) oder Ochsenfleisch, Ochsenzunge oder Kalbszunge,
500 g Salz, 8 g Salpeter,
40–60 g Zucker,
1–1½ l Wasser,
einige Lorbeerblätter,
Pfefferkörner, 1 Zwiebel in Scheiben, Nelken,
15 Wacholderbeeren.

Das gewaschene Fleisch gut abtrocknen und mit 250 g Salz kräftig einreiben, besonders im Umkreis der Knochen. Das restliche Salz mit Wasser, Salpeter, Zucker und Gewürz aufkochen und diese Lake nach dem Erkalten über das Fleisch gießen; zum Einlegen ist eine Holzstande oder ein Steintopf geeignet. Die größeren Fleischstücke zuerst einschichten; zuletzt alles mit einem Holzdeckel beschweren und kühl aufbewahren. Kleinere Stücke können schon nach 8 Tagen, größere erst nach 3–4 Wochen herausgenommen und nach kurzem Wässern zubereitet werden.

887

Gesalzenes, gekochtes Fleisch

500–750 g gesalzenes Fleisch,
1–2 Zwiebeln, Suppengrün.

Dazu eignet sich am besten Hals oder Rippenstück. Das Fleisch in der Lake nach **886** pökeln. Nach dem Herausnehmen mehrmals waschen und in reichlich Wasser (ohne Salz) mit Zwiebeln und Suppengrün schwach strudelnd kochen. Mildes Sauerkraut, Rotkraut mit Äpfeln oder Teltower Rübchen dazu reichen.
Kochzeit 1 Stunde

888

Schweinebraten von gesalzenem Fleisch

1 kg mageres Schweinefleisch für 1–2 Tage in einer Salzlake (vgl. **886**) mit 1 Messersp. Rosmarin oder 2 Zweigen frischem Rosmarin marinieren. Nach dem Herausnehmen gut abtrocknen, in 20 g heißem Fett oder Butter mit Zwiebelscheiben und Suppengrün anbraten und fertig zubereiten nach **882**. Die Soße würzig abschmecken und durchsieben.

889

Eisbein mit Sauerkraut

1 Eisbein (ca. 750 g),
½ l Wasser, 750 g Sauerkraut,
3–5 Wacholderbeeren,
1 Zwiebel, evtl. 2 Äpfel oder 1 Essl. Kümmel,
Salz, evtl. Zucker.

Das Fleisch waschen und bei schwacher Hitze ca. 70 Min. kochen. Sauerkraut, Wacholderbeeren, Zwiebelwürfel und Scheiben von geschälten Äpfeln oder Kümmel dazugeben. Das Gericht in ca. 1 Std. fertig garen, wobei das Fleisch auf dem Kraut liegen soll. Mit Salz und eventuell einer Prise Zucker abschmecken und mit Kartoffelpüree servieren. Auch Erbsenpüree **1272** schmeckt gut dazu.

890

Gekochtes grünes Schweinefleisch

Die Bauchlappen, den ausgebeinten Kopf oder die Eisbeine eines frisch geschlachteten Schweines in reichlich Wasser mit Salz und Suppengrün oder in Sauerkraut weich kochen.
Kochzeit 1–1½ Stunden

Schweinefleisch

891

Kasseler Braten, glasiert

800 g Kasseler Braten (Rücken).
Zum Bestreichen:
2 Essl. Honig,
2 Essl. mittelscharfer Senf,
4 Essl. Schweineschmalz
oder 4 Essl. Öl,
250 g Schalotten,
½ l trockener Weißwein,
Salz und weißer Pfeffer.
250 g reife Fleischtomaten oder gehackte Tomaten aus der Packung/Dose,
1 Prise Cayennepfeffer,
frische Majoranblättchen.

Das Fleisch trockentupfen. Honig und Senf verrühren und den Braten damit bestreichen. Schmalz oder Öl in einem Bräter erhitzen, das Fleisch von allen Seiten darin kräftig anbraten.
Sollte noch Senf-Honig-Masse übrig sein, den Rest aufstreichen.
Die Schalotten schälen, evtl. halbieren, mit dem Wein und den Gewürzen zum Fleisch geben. Den Bräter zudecken und das Fleisch im vorgeheizten Backofen schmoren.
E.-Herd 200 °C/G.-Herd 3
Ca. 1 Stunde
5 Minuten vor Ende der Garzeit die gehackten Tomaten (frische Tomaten häuten und entkernen) zum Fleisch geben. Das Fleisch auf eine vorgewärmte Platte geben, die Soße abschmecken und den frischen Majoran über das Fleisch streuen. Dazu Salzkartoffeln und Sauerkraut oder Bayrisch Kraut oder Bandnudeln reichen.
Oder Schweinerücken im Blätterteig: Ca. 800 g Schweinerücken salzen, pfeffern und mit einer Farce aus 250 g Champignons, 2 Frühlingszwiebeln, 4 Scheiben gekochtem Schinken, ½ Bund Petersilie (alles gehackt) sowie Salz und Pfeffer umhüllen. In Blätterteig einpacken (½ Packung TK-Blätterteigscheiben, ausgewellt) und im vorheizten Backofen zunächst ca. 20 Min. bei 200 °C, danach, mit Alufolie bedeckt, weitere 40 Min. bei 150 °C fertig garen. Den Backofen ausschalten und den Schweinerücken noch 5 Min. darin ruhen lassen.

892

Kasseler Rippchen – Grundrezept

750 g vom Rippenstück,
etwa 2 l Wasser,
1 Zwiebel, Suppengrün,
evtl. vorhandene oder aus einem Würfel hergestellte Bratensoße.

Das Rippenstück nur 2 Tage in einer Salzlake (vgl. **886**) pökeln, dann 1 Tag in den Rauch hängen. Unter Wasser gut abbürsten und in einer Kasserolle mit so viel kochendem Wasser aufsetzen, dass es die Hälfte des Fleisches bedeckt; Zwiebel und zerkleinertes Suppengrün zufügen und im heißen Backofen unter öfterem Begießen garen. Evtl. noch kochendes Wasser nachfüllen; auf diese Weise wird das Fleisch besonders saftig und mürbe.
E.-Herd 220 °C/G.-Herd 4
Ca. 1 Stunde
Oder alle Flüssigkeit verdunsten lassen und zuletzt die Bratensoße unterrühren. Dazu Sauerkraut mit Äpfeln oder Ananas und Kartoffelpüree servieren.
Kochzeit etwa 1½ Stunden

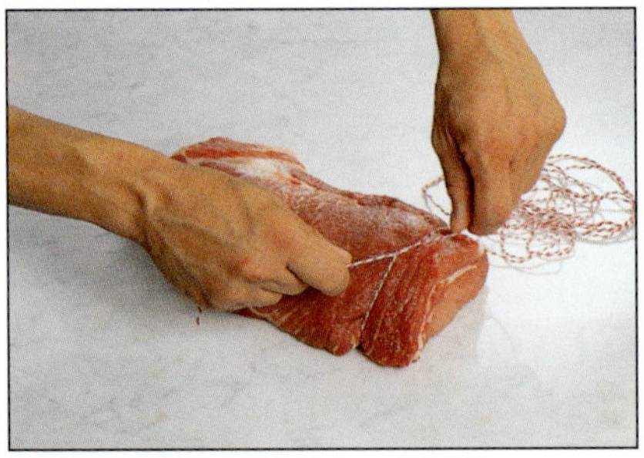

1 Einen Braten/Rollbraten in Form bringen: Am Ende des Bratens beginnen …

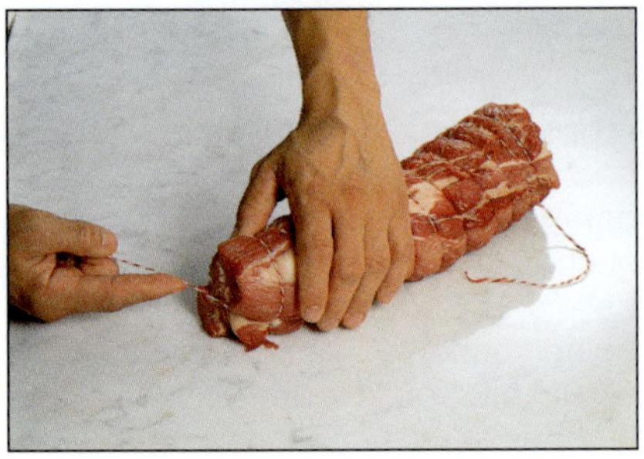

6 bis zum Ende des Bratstücks.

893

Kasseler Rippchen (Rippenspeer) vom Rost

1 kg Kasseler Rippchen,
1–2 Zwiebeln, Suppengrün,
¼ l Wasser, Rosmarin,
⅛ l Weißwein oder saure Sahne,
1 Essl. Speisestärke,
Kirschwasser.

Das Fleisch waschen, abtrocknen, auf den Rost über die mit kaltem Wasser abgespülte Fettpfanne legen und 10–15 Min. braten. Dann Zwiebelringe, vorbereitetes Suppengrün und das heiße Wasser in die Fettpfanne geben. Das Fleisch mit Rosmarin würzen und garen. Es ist gar, wenn es bei festem Druck nicht mehr nachgibt. Für die Soße Weißwein oder saure Sahne dazugießen und diese mit der angerührten Speisestärke binden. Würzig abschmecken und mit Kirschwasser verfeinern. Dazu gibt es Kartoffelpüree und Gemüse.
E.-Herd 200 °C/G.-Herd 3
Ca. 60–70 Minuten

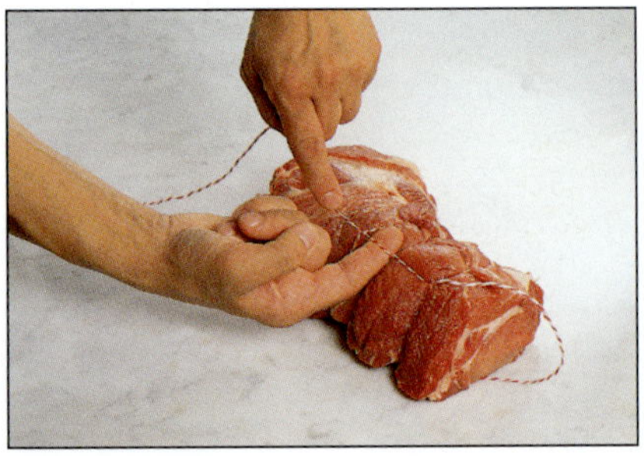

2 und in kurzen Abständen …

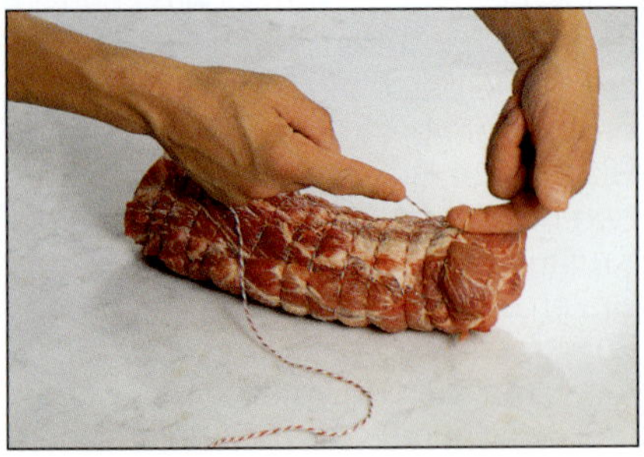

7 Den Braten wenden …

894 Schweinskarree, mit der Schwarte gebraten

Für 8 Portionen
Etwa 2 kg vom Rückenstück eines nicht zu fetten Jungschweines, Salz, Pfeffer, 1 Zwiebel, Suppengrün, etwas Rosmarin, 1/4 l saure Sahne.

Das Fleisch mit Salz und Pfeffer einreiben, mit Zwiebel und Suppengrün im Backofen wie Schweineschlegel **884** braten. 30 Min. vor dem Anrichten Sahne zufügen, öfter damit übergießen und mit Rosmarin bestreuen.
Oder in die Schwarte, kurz vor dem Fertigbraten, mit einem scharfen Messer kleine Vierecke einkerben, wenig Mehl überstäuben und bei starker Oberhitze rasch knusprig bräunen. Mit rohen Kartoffelklößen **1206** und verschiedenen feinen Gemüsen.
Bratzeit 2–2 1/2 Stunden

Tipp:
In die eingekerbte Schwarte ganze Nelken stecken; das gibt einen feinen Geschmack.

895 Schweinerollbraten

750 g entbeinte Schweinebrust, Salz, Pfeffer, Majoran, 2 grüne Paprikaschoten, 40–50 g Fett, 1 Zwiebel, 1 Karotte, 1 Tomate, 3/8 l Rotwein oder Wasser, 1/4 l saure Sahne, 1 Teel. Speisestärke.

Das gewaschene und abgetrocknete Fleisch salzen, pfeffern und mit Majoran bestreuen. Die Paprikaschoten entkernen, in Streifen schneiden und darauf verteilen. Den Braten zusammenrollen, gut mit Faden umwickeln und im heißen Fett mit Zwiebelscheiben, der zerteilten Karotte und Tomate anbraten. Mit Rotwein oder Wasser ablöschen und zugedeckt 60–80 Min. garen. Die Speisestärke mit saurer Sahne anrühren, die Soße damit binden und abschmecken.
Oder das gerollte Fleisch grillen. Den Grillspieß in der Mitte durchstecken, das Fleisch befestigen und im vorgeheizten Grill am Drehspieß bei höchster Temperaturstufe garen. Die Grilldauer richtet sich nach der Größe des Fleischstückes (45–60 Min.).

896 Schweineschmalz auslassen

Dickes, frisches Bauchfett, den sog. Bauchspeck (ohne Schwarte), in Streifen und dann kleinwürfelig schneiden. In einer Bratkasserolle mit einer geschälten Zwiebel erst glasig, dann nach und nach hellbraun werden lassen. Das flüssige Fett abschöpfen, in Töpfe füllen und nach dem Erkalten zubinden. Die Schmalzgrieben zu Bratkartoffeln verwenden oder auf Schwarzbrotschnitten, mit wenig Salz bestreut, reichen.
Oder die Zwiebel sehr fein hacken, noch 1 säuerlichen Apfel in Stiftchen zugeben. Will man das Schmalz noch im Geschmack verfeinern, so gibt man noch etwas Gänsefett und evtl. Majoran dazu.

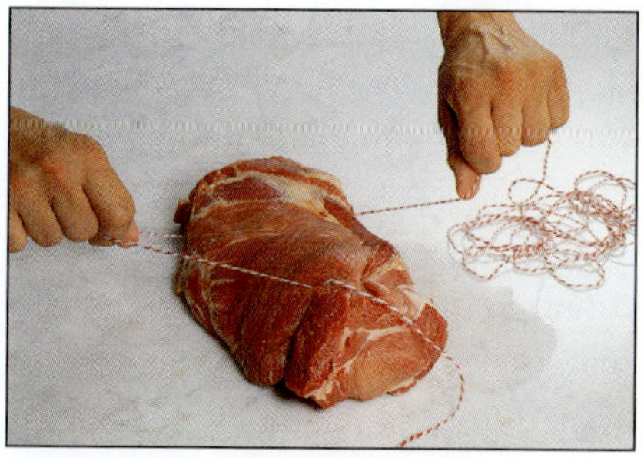

3 Schlingen um den Braten legen ...

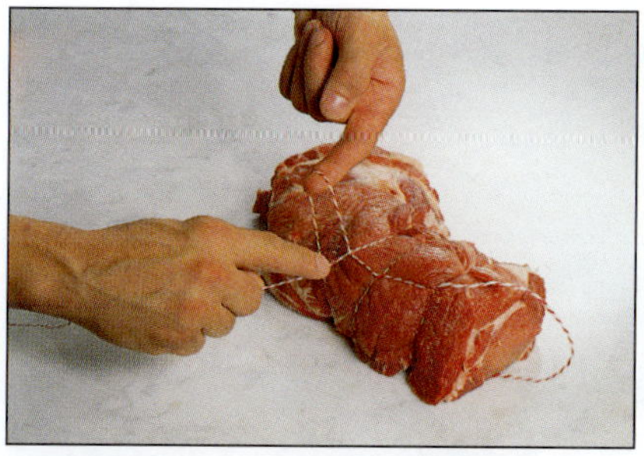

4 und verknoten.

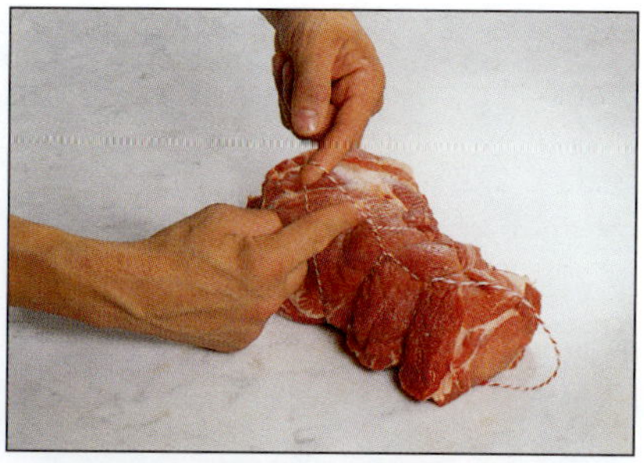

5 Weitere Schlingen legen ...

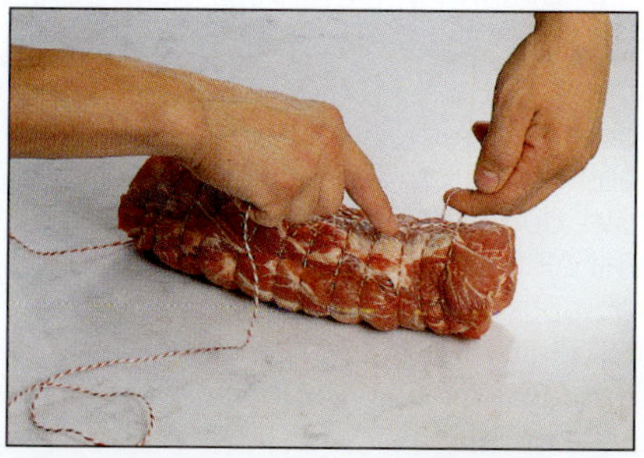

8 und die Schnur in der Längsrichtung unter den Querschlaufen durchführen ...

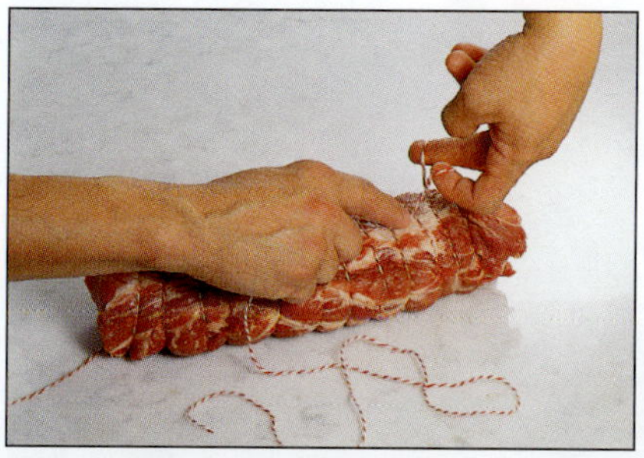

9 und jeweils verknoten.

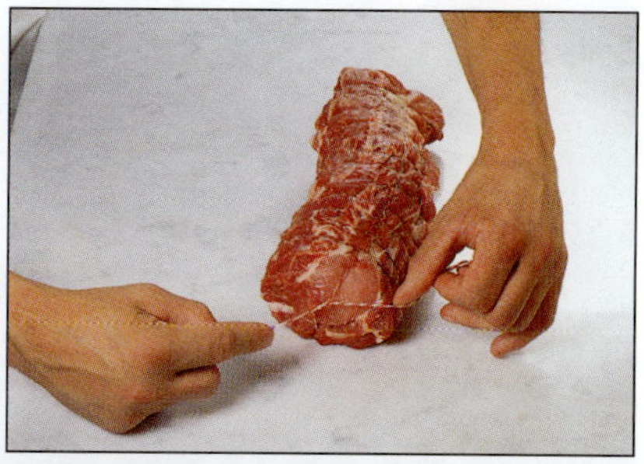

10 Zum Schluss die beiden Schnurenden gut verknoten.

Schweinefleisch

897

Schweinebauch, gefüllt

Für 6 Personen
1 kg magerer Schweinebauch ohne Knochen, Salz, Pfeffer.
Zur Füllung: 400 g Schweinemett,
1 altbackene Brezel,
1 Ei, 1 kleine gewürfelte Zwiebel,
je ½ rote und grüne Paprikaschote,
1 Bund oder ½ Pckg. TK-gemischte Kräuter.
2 Essl. Kokosfett, ¼ l Wasser,
1 Gelbe Rübe, 1 Stück Sellerieknolle und 1 Lorbeerblatt,
½ Weinglas Madeira.

In den Schweinebauch eine große Tasche einschneiden, innen und außen salzen und pfeffern.
Schweinemett, eingeweichte, ausgedrückte Brezel, Ei, Zwiebel, gewürfelte Paprikaschoten und Kräuter vermischen. Die Füllung locker in die Tasche füllen, Öffnung zunähen.
Kokosfett in einem Bräter erhitzen, den Braten rundum knusprig braun anbraten. Nach 10 Min. das Wasser zugießen, gewürfeltes Gemüse und Lorbeerblatt zufügen. Zugedeckt 60 Min. schmoren lassen. Fertigen Braten herausnehmen, warm stellen. Bratfond mit etwas Madeira loskochen, durchsieben, die Soße mit Salz, Pfeffer und Madeira abschmecken. Schweinebauch in Scheiben schneiden, die Soße getrennt reichen. Grüne Bohnen und Kartoffelklöße passen dazu.

898

Rauchfleisch

Durchwachsener, gesalzener und geräucherter Schweinespeck ist als Dörr- oder Rauchfleisch bekannt. Gut, d. h. genügend lange geräuchert, schmeckt es auch roh ausgezeichnet. Soll es gekocht werden, dann zuerst unter Wasser gut abbürsten, einige Stunden einweichen und mit warmem Wasser aufsetzen. Schwach strudelnd so lange kochen, bis sich die Schwarte weich anfühlt.

Schälrippchen **900**

899

Kesselfleisch

500 g Schweinebauch,
-bug oder -hals,
auch halbierter Schweinekopf,
Salz, Pfeffer, 1 Zwiebel,
½ l Fleischbrühe (Würfel)
oder 500 g Sauerkraut.

Das Fleisch in daumendicke Scheiben schneiden, waschen, salzen und pfeffern. In der heißen Würfelbrühe mit Zwiebelringen schwach kochend oder auf Sauerkraut wie Eisbein (siehe **889**), jedoch ohne Äpfel, in ca. 1½ Std. bei geringer Hitze garen. Mit Senf servieren.
Oder das Kesselfleisch in Scheiben schneiden, mit Blut- und Leberwürsten **966** und Bratwürsten, Kartoffelpüree **1232**, Erbsenpüree **1272** und Sauerkraut servieren **(Schlachtplatte)**.

900

Schälrippchen

1 kg Schälrippchen,
Salz, Pfeffer, 1 Zwiebel,
1 l Fleischbrühe (Würfel).

Die Schälrippchen in 4–5 Stücke schneiden, dann waschen, salzen und pfeffern. In die heiße Würfelbrühe geben und mit Zwiebelringen bei geringer Hitze ca. 80 Min. garen. Das Fleisch von den Knochen lösen. Dazu Sauerkraut und Kartoffelpüree reichen.
Oder die Schälrippchen grillen: die gewaschenen und abgetrockneten Schälrippchen in Portionsstücke teilen und mit einer Marinade bestreichen: 1 Essl. Sojasauce, 1 Teel. Curry, 1 Prise Cayennepfeffer, je ½ Teel. Edelsüß- und Rosenpaprika, 1 Essl. frisch abgestreifte Thymianblättchen, Saft von 1 Zitrone, 1 Essl. Honig, 4 Essl. Olivenöl oder anderes Öl, evtl. 2 Essl. Chilisauce aus dem Glas. Die Schälrippchen 1–2 Std. durchziehen lassen. Einen Grillrost mit Alufolie belegen, die Schälrippchen darauflegen und unter dem vorgeheizten Grill unter öfterem Wenden und Beträufeln mit der Marinade ca. 20–25 Min. grillen.

Oder auf Alufolie oder direkt auf dem Holzkohlengrill ca. 30 Min. grillen. Dazu Kartoffeln aus der Folie, Bohnensalat oder Krautsalat servieren.

901

Schweinshaxe

1 große Schweinshaxe (1 kg),
Salz, Pfeffer, Wacholderbeeren,
½ Teel. Kümmel,
1 Flasche Malzbier oder Altbier,
½ l saure Sahne,
1 Essl. Speisestärke,
Delikateß-Paprikapulver.

Die Schweinshaxe waschen, abtrocknen und die Schwarte karoförmig einschneiden. Mit Salz und Pfeffer einreiben und in die Fettpfanne legen. Mit etwas heißem Wasser übergießen, die Wacholderbeeren und Kümmel darübergeben und im Backofen braten. Zwischendurch mit Bier begießen. 15 Min. vor Beendigung der Garzeit die Schwarte mit kaltem Salzwasser bestreichen. Die Speisestärke mit der Sahne anrühren und die Soße damit binden. Pikant abschmecken. Das Fleisch von den Knochen lösen (siehe Abb.) und anrichten. Dazu gibt es Kraut und Knödel, Senf und Meerrettich.
E.-Herd 175–200 °C/G.-Herd 2–3
Ca. 1½ Stunden

902

Gekochter geräucherter Schinken

Für 10 Personen
1 Schinken (etwa 3–4 kg),
2 Zwiebeln, reichlich Suppengrün.

Den mild geräucherten Schinken 3–4 Std. in kaltem Wasser wässern oder kalt aufsetzen und das erste Kochwasser abgießen. Dann mit so viel frischem Wasser aufsetzen, dass der Schinken völlig davon bedeckt ist, und erneut zum Kochen bringen. Zwiebeln sowie Suppengrün zugeben und zugedeckt schwach ziehend gar werden lassen. Lässt sich der Schlussknochen leicht herausziehen, ist der Schinken gar; beim Prüfen aber nicht anstechen! Den Schwartenrand ringsum in scharfen Zacken einkerben und die Schwarte sorgsam abziehen.
Soll der Schinken kalt gereicht werden, im Sud abkühlen lassen; andernfalls die Brühe abgießen, den abgezogenen Schinken leicht abtrocknen, am Knochen entlang an beiden Seiten abtrennen, in dünne Scheiben schneiden und auf der Platte wieder zusammensetzen. Den gekürzten Knochen mit einer kleinen Papierrüsche verzieren.

903

Schinkenbraten

Für 8 Personen
Ca. 1,5 kg Hinterschinken ohne Schwarte,
10–12 Nelken, 100 g Pumpernickel,
2 Essl. brauner Zucker,
1 Msp. gemahlene Nelken,
2 Essl. flüssige Butter.

Die Fettschicht rautenförmig einschneiden, mit Nelken spicken.
Schinken mit der Fettschicht nach oben auf den Backofenrost legen und die Bratreine unterschieben, 2 Tassen Wasser einfüllen. Den Schinken im Backofen garen, ab und zu mit Wasser übergießen.
E.-Herd 200 °C/G.-Herd 3
Ca. 21 Stunden
Pumpernickel rösten, fein zerkrümeln, mit Zucker und gemahlenen Nelken mischen. Die Mischung auf dem fertigen Schinkenbraten verteilen, Butter darüberträufeln. Den Schinken nochmals in den Backofen schieben, weiterbraten, bis die Kruste fest ist.
Dazu Kartoffelsalat, Waldorfsalat und Cumberlandsoße **59** reichen.

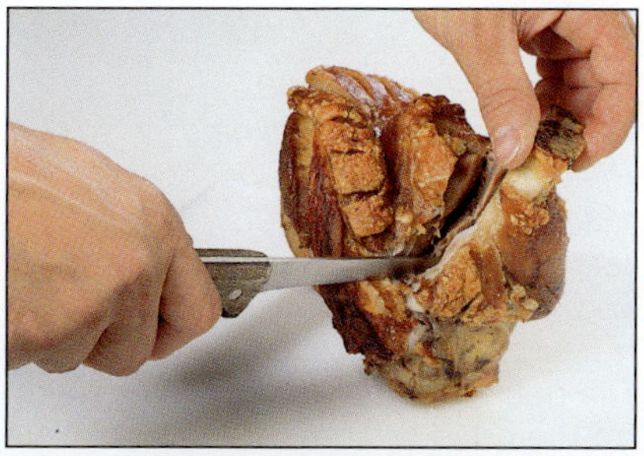

Schweinshaxe **901** lösen: Mit einem scharfen Messer vorne und hinten am Knochen entlang schneiden.

904

Schinken, in Brotteig gebacken

Einen rohen, nur wenige Tage in milder Lake gebeizten Schinken (das Nussstück von etwa 1½ kg) gut abtrocknen und in einen Brotteig aus Roggen- oder Weizenmehl einschlagen. Dabei ist darauf zu achten, dass der Schinken ringsum völlig eingehüllt ist, damit der Saft beim Backen nicht ausläuft. Im vorgeheizten Backofen (oder beim Bäcker) bei nicht zu starker Brathitze knusprig braun backen, zwischendurch mehrmals mit leichtem Salzwasser bestreichen. Die Brotkruste ablösen und den Schinken in dicken Scheiben kalt oder warm mit Kartoffelsalat servieren. Das Brot dazu essen.
E.-Herd 200 °C/G.-Herd 3
Ca. 2½ Stunden
Möglichst einen flachen, breiten Schinken wählen; ist der Schinken dick und rund, ist es empfehlenswert, diesen vorher in Wasser zu kochen, damit er nach dem Backen auch innen gar ist.

> ***Tipp:***
> *Eine Tasse Wasser mit in den Backofen stellen. Der Wasserdampf verhindert, dass die Kruste zu hart wird.*

905

Prager Schinken im Tontopf

1 geräucherter oder gepökelter Schinken (ca. 1½ kg),
3 Lorbeerblätter, Nelken,
¼ l Wasser.

Den Schinken in den gewässerten Tontopf legen, Lorbeerblätter und Nelken dazugeben, Wasser zugießen, in den kalten Backofen stellen und zugedeckt garen.
E.-Herd 200 °C/G.-Herd 3
Ca. 3 Stunden
In Scheiben geschnitten auf Sauerkraut oder Erbsenpüree anrichten. Auch weiße Bohnen schmecken gut dazu.

906 Schinken im Biersud

Den leicht gesalzenen Schinken von einem Jungschwein mit geschälten Zwiebeln einreiben, in eine große Bratkasserolle legen, 2 Flaschen dunkles Bier darübergießen und darin im Backofen garziehen lassen. Aus der Bierbrühe herausnehmen und Champignonsoße dazu reichen.
E.-Herd 200 °C/G.-Herd 3
Ca. 2–2½ Stunden

907 Schinken in Burgunder

Für 10 Personen
1 leicht geräucherter Schinken (etwa 3 kg),
1–2 Flaschen Burgunder oder ein anderer Rotwein,
1 Zwiebel in Scheiben,
1 Zwiebel mit 4 Nelken gespickt,
*Suppengrün, Gewürzdosis **497**, doppelte Menge, Zuckerwasser.*
Zur Soße:
60 g Butter, 2 Essl. Tomatenmark oder 3 gehäutete und entkernte Tomaten, 1 kleine Gewürzdosis,
¼ l süße Sahne, 3 Essl. Butter,
3 Essl. Mehl, evtl. etwas Pfeffer.

Den Schinken über Nacht in kaltes Wasser legen, abbürsten und mit frischem Wasser 1–1½ Std. kochen. Dann aus der Brühe herausnehmen, die Schwarte sorgsam abziehen und den Schinken mit Zwiebelscheiben, gespickter Zwiebel, Suppengrün, dem Gewürz und Wein sowie 3–4 Schöpflöffel Schinkenbrühe im vorgeheizten Backofen im geschlossenen Topf garen.
E.-Herd 200/G.-Herd 3
Ca. 1 Stunde
Den Schinken aus dem Topf nehmen, leicht mit Zuckerwasser überpinseln, auf den Grillrost über der Fettpfanne legen und noch kurze Zeit überbacken.
E.-Herd 220/G.-Herd 4
Ca. 15 Minuten
Inzwischen in der Butter das Tomatenmark oder die Tomatenstückchen mit dem Gewürz andünsten, mit etwas Schinkenbrühe und Weinsud ablöschen, mit der Sahne vermischen, kurz aufkochen lassen und durch ein Sieb gießen. Die Butter mit dem Mehl glatt verkneten und unter ständigem Rühren in die Soße geben. Noch etwa 5 Min. sanft kochen, nachwürzen, dann über den auf einer vorgewärmten Platte in Scheiben angerichteten Schinken gießen. Mit glasierten Zwiebelchen, Kastanien oder Teltower Rübchen umlegen.

908 Schweinefilet

2 Filets (je ca. 375 g),
Salz und Pfeffer, 30 g Butter,
1 Zwiebel, Suppengrün, 1 Essl. Mehl,
1 Scheibe Schwarzbrot,
evtl. etwas Fleischbrühe,
4 Essl. saure Sahne, 2 Essl. Weißwein.

Die Filets mit Salz und Pfeffer bestreuen, in der heißen Butter mit Zwiebelringen und Suppengrün rundum anbraten. Das Mehl und etwas Schwarzbrot mitrösten, zunächst mit wenig Fleischbrühe oder Wasser ablöschen, später die Sahne und Wein zugießen. Die Filets zudecken und bei mäßiger Herdhitze oder im Backofen fertigbraten.
E.-Herd 175 °C/G.-Herd 2
Bratzeit ca. 20 Minuten
Die Soße vor dem Anrichten durchsieben, die Filets damit überziehen und geschmälzte Makkaroni mit Tomaten oder Gemüse dazu reichen.
So kann auch Kalbsfilet zubereitet werden (vgl. **835**).

909 Schweinefilet mit Früchten

*Schweinefilets wie **908**, angebraten, 12 getrocknete Pflaumen ohne Stein oder getrocknete Feigen, gut ⅛ l Wein (denselben wie für das Fleisch verwenden), 1 Teel. feiner Zucker.*

Die getrockneten Früchte über Nacht im Wein einweichen. Dann den Wein mit dem Zucker zusammen aufkochen, bis sich der Zucker vollständig aufgelöst hat. Mit den Früchten in eine kleine feuerfeste Form geben und ca. 15 Min. mit dem angebratenen Fleisch im Backofen schmoren. Die Restflüssigkeit zur Soße geben und die Früchte um die Filets anrichten. Die Soße in einem Kännchen dazustellen, mit Reis servieren.

Tipp:
Schweinefleisch und Früchte vertragen sich geschmacklich sehr gut. Statt des teuren Filets kann man auch einen Schweinebraten verwenden. Auch frische Früchte können so mitgeschmort werden, ihr Aroma ist noch besser als das von getrockneten Früchten.

910 Schweinesteaks in Blätterteig

1 Paket TK-Blätterteig,
4 Schweinesteaks,
Salz, edelsüßes Paprikapulver,
2 Essl. gehackte, frische Kräuter,
1 Zwiebel, sehr fein gehackt,
100 g Schinkenspeck, 1 Ei.

Den Blätterteig auftauen. Die Steaks salzen und mit Paprika einreiben. Die Kräuter mit der fein gehackten Zwiebel und den Speckwürfeln vermischen. Die Fleischscheiben auf den in Quadrate geschnittenen Blätterteig legen, die Kräuter mit den Speckwürfeln darüber verteilen und die Filetstücke einwickeln. Den Blätterteigrand mit Eiweiß bestreichen und zukleben. Die Blätterteigtaschen oben mit Eigelb bestreichen und auf einem mit kaltem Wasser abgespülten oder leicht gefettetem Backblech im vorgeheizten Backofen backen. Dazu Blattsalat reichen.
E.-Herd 200–220 °C/G.-Herd 3–4
Ca. 15–20 Minuten

911 Schweinemedaillons

Pro Person
2 kleine Schweinemedaillons,
Butter und Öl gemischt
zum Braten,
Salz und frisch gemahlener Pfeffer,
1 Becher dicke saure Sahne (150 g),
2 Schnapsgläschen Cognac
oder Calvados (französischer
Apfelschnaps).

Die Medaillons trockentupfen und im heißen Fett von beiden Seiten je 2 Min. knusprig braten und würzen. Aus der Pfanne nehmen, auf eine vorgewärmte Platte legen und mit Alufolie bedecken. Den Bratsatz mit der sauren Sahne lösen, den Alkohol nach Wunsch zugeben und die Soße kurz aufkochen. Die Soße in einer Sauciere zu Tisch bringen. Zu Schweinemedaillons passen frische Gemüse nach Jahreszeit: im Frühjahr z. B. Spargel, Zuckerschoten, dann grüne Bohnen, Blumenkohl und Broccoli usw. Als Ergänzung kleine Kartöffelchen oder breite Nudeln, auch grüne Nudeln reichen.

912 Schweinekoteletts mit Meerrettich

4 Schweinekoteletts (je 150 g),
½ Stange Meerrettich,
⅜ l leichter Weißwein oder Essig, Salz,
Pfeffer, etwas Fleischbrühe,
40 g Butter.

Die gewaschenen, geklopften Schweinekoteletts dicht nebeneinander in eine Schüssel legen, mit dem geriebenen Meerrettich bestreuen, den Wein oder Essig darübergießen und in dieser Marinade 24 Std. kühl stellen.
Vor der Zubereitung gut abtrocknen, leicht mit Salz und Pfeffer einreiben und in der heißen Butter hell anbraten. Dann Fleischbrühe oder Wasser sowie etwas Wein (keine Marinade) zugießen und zugedeckt bei mäßiger Hitze schmoren lassen.
Bratzeit etwa 30 Minuten
Dazu geröstete Kartoffeln und Rote Bete-(Rüben-)Salat servieren.

913 Kräuterkoteletts

4 Schweinekoteletts (je 150 g),
Salz, Pfeffer, 50 g Butter,
2 Essl. Mehl,
½ geriebene Zwiebel,
evtl. 2 Tassen Fleischbrühe,
1 Teel. Kapern,
etwas Schnittlauch,
reichlich Petersilie, 1 Gelbe Rübe,
4–6 Essiggurken,
¼ Stange Lauch, ½ Sellerieknolle,
Saft von ½ Zitrone,
evtl. 1 kleine Dose Champignons.

Die Koteletts klopfen, mit Salz und wenig Pfeffer bestreuen, dann in der heißen Butter auf beiden Seiten hellbraun anbraten. Aus dem Fett herausnehmen, das Mehl darin gelbrösten, die geriebenen Zwiebeln zufügen und mit Fleischbrühe oder Wasser ablöschen. Alle übrigen Zutaten (außer den Champignons) fein wiegen und untermischen, kurz aufkochen, die Soße durchsieben und die Koteletts einlegen. Etwa 20 Min. darin bei mäßiger Herdhitze garziehen lassen, 10 Min. vor dem Anrichten den Zitronensaft und die Champignons zugeben, gut erhitzen (aber nicht kochen) und servieren. Dazu passen Dampfkartoffeln und ein frischer Salat.

914 Weinbrandkoteletts

4 Schweinekoteletts, Selleriesalz,
frisch gemahlener schwarzer Pfeffer,
40 g Fett, ¼ l Fleischbrühe,
200 g frische Champignons (oder aus der Dose) in Scheibchen,
1–2 Essl. gehackte Petersilie,
1 Schuss Weinbrand.

Die Schweinekoteletts breit drücken, salzen und pfeffern und im heißen Fett auf beiden Seiten anbraten. Mit der Fleischbrühe ablöschen, die Champignons und Petersilie zufügen und die Koteletts bei geringer Hitze ca. 20 Min. fertigbraten. Kurz vor dem Anrichten mit Weinbrand abschmecken.
Dazu breite Nudeln und evtl. Blumenkohlgemüse servieren.

Oder die Schweinekoteletts wie Kalbskoteletts **849** oder **850** zubereiten (etwa 2 Min. längere Bratzeit rechnen), das Fleisch jedoch nicht vom Knochen lösen. Paniert oder naturell schmecken sie gleichermaßen vorzüglich.

915 Schweineschnitzel

Entweder naturell, gegrillt oder paniert wie Kalbsschnitzel **859** zubereiten (zum Wiener Schnitzel eignet sich ebensogut ein Schweineschnitzel).
Es darf aber dann nicht „Wiener Schnitzel" genannt werden, sondern „Schnitzel Wiener Art".

916 Jägerschnitzel

4 Schweineschnitzel, à ca. 150 g,
Salz, Pfeffer, 1 Essl. Mehl,
40–50 g Fett, 1 Zwiebel,
200 g blättrig geschnittene
Champignons, Mischpilze oder
Pfifferlinge,
⅛ l Sahne oder Dosenmilch,
1 Essl. Weißwein.

Die Schweineschnitzel etwas breit drücken, salzen, pfeffern, in Mehl wenden und im heißen Fett auf beiden Seiten je ca. 7 Min. goldbraun braten.
Die Schnitzel aus der Pfanne nehmen und abgedeckt warmhalten. Evtl. etwas frisches Fett zugeben und darin die sehr fein gehackte Zwiebel gelb anschwitzen, dann die Pilze zugeben, unter Rühren andünsten, mit Sahne oder Dosenmilch und Wein auffüllen. Die Soße kurz zum Kochen bringen, abschmecken, evtl. mit etwas Salz, Pfeffer und Zitronensaft würzen und über den einzelnen Schnitzeln verteilen.
Zu Jägerschnitzel passen Knödel, Spätzle, Bubenspitzle oder Röstkartoffeln.

Schweinefleisch

917
Schweineröllchen, gefüllt

4 große Schweineschnitzel,
1/2 rote Paprikaschote, 1 Zwiebel,
150 g Doppelrahmfrischkäse mit Kräutern,
Mehl zum Wenden, 2 Essl. Öl,
1 Pck. Tomatenstücke (500 g),
75 g Joghurt, 1/2 Teel. Speisestärke,
Salz, Pfeffer,
1/2 Bund gehackte Petersilie.

Die Schnitzel flach klopfen. Paprikaschote waschen, entkernen, klein würfeln. Zwiebel schälen und hacken. Frischkäse auf die ausgebreiteten Fleischscheiben streichen, Paprika- und Zwiebelwürfel daraufstreuen. Die Fleischscheiben zusammenrollen, zustecken, in Mehl wenden.
Öl erhitzen, Schweineröllchen ringsum anbraten. Tomaten zufügen und alles ca. 40 Min. bei milder Hitze schmoren lassen. Joghurt mit Speisestärke glattrühren, die Soße damit binden, mit Salz, Pfeffer und Petersilie würzen. Dazu passt Kartoffelpüree, Reis mit Erbsen oder auch Teigwaren.

918
Schweinepfeffer

375 g durchwachsenes Schweinefleisch, Salz und Pfeffer.
Zur Beize:
Essig und Wasser zu gleichen Teilen,
1 Zwiebel, 1 Gewürzdosis.
Zum Braten:
40 g Butter, 2 Essl. Mehl,
evtl. 1/2 Tasse Schweineblut,
1 Essl. Essig.

Das Fleisch rasch waschen und in größere Würfel schneiden. In einer Schüssel mit der Beize übergießen und über Nacht darin marinieren. Dann abtrocknen, mit Salz und Pfeffer einreiben, in der heißen Butter hell anbraten, mit Mehl bestäuben und mit wenig Wasser oder Beize ablöschen. Etwa 1–1 1/2 Std. kochen. Vor dem Anrichten evtl. das Schweineblut und den Essig zufügen, einmal aufwallen lassen und die Soße durchsieben. Die Fleischstücke in der Soße servieren.

919
Ungarisches Gulasch

600 g Schweinefleisch, gewürfelt,
600 g Zwiebeln, 50 g Fett,
3/8 l Wasser, 4 Teel. Edelsüßpaprika,
6 geschälte Tomaten aus der Dose,
je 1 grüne und rote Paprikaschote,
Salz, Rosenpaprika.

Die feingehackten Zwiebeln in Fett so lange dünsten, bis sie goldgelb sind, dann 1/8 l Wasser zugießen, edelsüßes Paprikapulver einrühren und die Fleischwürfel unangebraten dazugeben. Die Tomaten und die entkernten, in Streifen geschnittenen Paprikaschoten zufügen. Das restliche Wasser darübergießen, mit Salz und Paprika abschmecken und das Gulasch bei geringer Hitze ca. 60 Min. weich schmoren. Wenn notwendig, noch etwas Wasser zugießen. Dazu gibt es Salzkartoffeln, Spätzle, Klöße, Nudeln oder Reis.

920
Gulasch, nach Szegediner Art

600 g Schweinefleisch (Hals oder nicht zu fetter Bauch),
50 g Schweineschmalz,
2 große Zwiebeln, 1 Teel. Kümmel,
1 Essl. Edelsüßpaprika,
1 Essl. Tomatenmark,
Salz, 2 Essl. Mehl, 1 Brühwürfel,
500 g Sauerkraut
1 Becher saure Sahne oder Schmand (200 g).

Die klein geschnittenen Zwiebeln im Fett hellgelb rösten. Das Fleisch in Würfel schneiden, ringsum anbraten und mit wenig Wasser ablöschen. Gewürz sowie Tomatenmark zufügen und alles zusammen in etwa 1 Std. gar werden lassen. Nach dem Einkochen der Flüssigkeit das Mehl darüberstäuben, den Brühwürfel zugeben und so viel Wasser zugießen, dass eine sämige Gulaschsoße entsteht. Dann die Soße noch etwa 10 Min. durchkochen. Inzwischen das Sauerkraut in wenig Wasser weich dünsten, vor dem Anrichten etwas abtropfen lassen und unter das Gulasch mischen. Mit dicker saurer Sahne servieren. Dazu Hefeklöße **1212** reichen.

921
Schaschliks auf Kartoffelpüree

Marinade:
1 Essl. Sojasauce, Pfeffer,
1 Prise Cayenne, 2 Essl. Zitronensaft,
2 fein zerdrückte Knoblauchzehen,
1 Prise Salbeipulver,
3 Essl. fein gehackte Petersilie oder Kerbel, 1/8 l Olivenöl.
250 g durchwachsenes Schweinefleisch,
250 g Hammel- oder Lammfleisch,
ca. 100 g Schweinenetz,*
2 Scheiben Schweine- oder Rindsleber oder 4 Lammnierchen,
Salz und Pfeffer,
frische Salbeiblätter oder kleine Lorbeerblätter,
1 Paprikaschote,
4 kleine, feste Tomaten,
2 kleine Courgettes (Zucchini),
2 Zwiebeln.
Kartoffelpüree ***1232***.

Die Marinade zubereiten und das Fleisch, in nicht zu große Würfel geschnitten, einlegen. Ein paar Stunden durchziehen lassen. Das Schweinenetz etwa 10 Min. in lauwarmem Wasser einweichen, trockentupfen und in 8 Teile schneiden; die Leber oder die Nierchen ebenfalls in 8 Teile zerkleinern, mit Salz und Pfeffer leicht würzen, ein frisches Salbei- oder Lorbeerblatt auflegen und mit dem Schweinenetz umhüllen. Die Paprikaschote in kochendem Wasser blanchieren, entkernen und in Stücke schneiden. Die Tomaten nur abreiben, die Courgettes in dicke Scheiben (ungeschält) und die Zwiebeln in Viertel schneiden. Fleischwürfel, Innereien und alle Gemüsestücke im bunten Wechsel auf Metallspieße stecken, mit der Marinade überpinseln und entweder im vorgeheizten Backofen auf der Fettpfanne liegend grillen oder über der milden Glut des Holzkohlengrills braten. Dabei öfter wenden und mit der Marinade überpinseln: ca. 15–20 Min. grillen. Dazu das Kartoffelpüree servieren; es passen aber auch frisches knuspriges Brot und ein Blattsalat dazu.

* Schweinenetz kann beim Metzger vorbestellt werden!

Lamm- und junges Hammelfleisch (1–2 Jahre alte Tiere) ist von typischem Geschmack, zart, feinfaserig und wenig fettdurchwachsen.
Beim Einkauf zeigt die Farbe des Fleisches das Alter der Tiere an. Lammfleisch ist lachsfarben, das Fleisch junger Hammel ziegelrot, je älter die Tiere sogar braun- bis violettrot. Das Fett junger Lämmer ist weiß, später gelblich.
Lammfleisch wird heutzutage ganzjährig angeboten, besonders beliebt ist das Fleisch aus der Bretagne und Normandie sowie aus Neuseeland. Aber auch hierzulande werden Lämmer vermehrt gezüchtet.
Lamm- und Hammelgerichte vertragen Gewürze. Knoblauch, würzige Ölmarinaden, alle Mittelmeergewürze oder die bekannte englische Mintsoße (zu Lammkoteletts) passen vorzüglich.
Einziger Wermutstropfen: Lamm- bzw. Hammelfett erstarrt bereits bei 40 °C. Das Fett schmeckt dann unangenehm talgig. Deshalb Lammspeisen sehr heiß servieren!

Siehe auch Eintöpfe, S. 168.

922

Hammelbraten

750 g Hammelfleisch (Bug oder Schlegel), Salz, Pfeffer,
1 Essl. Kokosfett, Suppengrün,
1 Knoblauchzehe, 1 Zwiebel,
einige Wacholderbeeren,
1 Prise Thymian, Fleischbrühe,
1 Teel. Speisestärke.

Das Fleisch oder den ausgebeinten Schlegel gut klopfen, mehrmals waschen, dann mit Salz und Pfeffer einreiben. Eine Bratkasserolle mit Kokosfett ausstreichen, das Fleisch mit dem Suppengrün, Knoblauch, Zwiebelringen, Wacholderbeeren und Thymian hineingeben und mit 1 Tasse kochendem Wasser übergießen. Dann die Kasserolle so lange in den heißen Backofen stellen, bis das Wasser verdunstet und das Hammelfett ausgebraten ist. Erst nachdem die Zwiebeln sich gebräunt haben, mit Fleischbrühe oder Wasser ablöschen und unter öfterem Begießen gar schmoren. Die Soße kurz vor dem Anrichten durchsieben, evtl. entfetten, die mit wenig Wasser angerührte Speisestärke zufügen und nochmals aufkochen. Den Hammelbraten sehr heiß zu Tisch geben und die Soße gesondert reichen.
E.-Herd 220 °C/G.-Herd 4
Bratzeit: zuerst 15–20 Minuten
E.-Herd 180 °C/G.-Herd 2
dann noch ca. 40–50 Minuten

923

Senfhammelbraten, pikant

Für 8–10 Personen
1 Hammelschlegel (2½–3 kg),
Salz, 2 Zwiebeln, 3 Essl. körniger Senf,
3 Knoblauchzehen, Suppengrün,
1 Prise Curry, einige Wacholderbeeren.
Zum Anbraten:
40 g Butter oder Schweinefett,
Fleischbrühe oder Wasser.
Zur Soße:
80 g Mehl, (evtl. Fleischbrühe oder Wasser), Saft von ½ Zitrone,
1 Prise Muskat, 4 Essl. Weißwein,
1 Essl. saure Sahne, 1 Eigelb.

Den ausgebeinten Schlegel klopfen und waschen, das überflüssige Fett abschneiden, das Fleisch mit Salz bestreuen, mit Zwiebelstiftchen spicken und rundum mit Senf überpinseln. Den Schlegel in eine verschließbare Schüssel legen, die Knoblauchzehen und Suppengrün obenauf geben und gut zudecken. 1–2 Tage in den Kühlschrank stellen. Dann mit Butter oder Schweinefett anbraten und die Wacholderbeeren sowie das Gewürz zufügen. Zuerst mit wenig Flüssigkeit ablöschen, zugedeckt unter öfterem Nachfüllen mit etwas Fleischbrühe und Übergießen mit dem heißen Fleischsaft fertig braten. Eine knusprige Kruste lässt sich durch kurzes Übergrillen (15 Min.) erzielen. Den Braten in der Kasserolle auf den Grillrost stellen und bei stärkster Oberhitze überkrusten. Dann den Braten herausnehmen und aus dem zurückgebliebenen Fleischsaft die Soße mit den zuvor genannten Zutaten zubereiten. Den Braten in Scheiben schneiden und Kartoffelpüree oder Salzkartoffeln dazu reichen. Die Soße gesondert servieren.

924

Lammragout nach Stuttgarter Art

Für 4–6 Personen
1 kg Lamm- oder junges Hammelfleisch (Brust oder Hals),
30 g Butter, 1 kleine Zwiebel,
1 Knoblauchzehe, 20 g Mehl,
Fleischbrühe,
½ Glas Weißwein,
evtl. etwas vorhandene Bratensoße,
1 Essl. Essig,
3–4 Essl. dickes Tomatenmark,
10–12 mittelgroße Gelbe Rüben,
etwa 30 kleine, ausgebohrte, rohe Kartoffeln.
Zum Verzieren:
1 kleine Dose Erbsen,
20 g Butter, 1 Prise Zucker,
wenig Salz, evtl. einige Minzeblättchen.

Die fein geschnittene Zwiebel und zerdrückte Knoblauchzehe in der heißen Butter glasig schwitzen. Die großgewürfelten Fleischstücke zugeben, kurz darin anbraten, mit Mehl überstäuben und mit Fleischbrühe, Wein, evtl. Bratensoße und Essig ablöschen. Das Tomatenmark darunterrühren und alles zusammen in geschlossenem Topf schmoren lassen. Ist das Fleisch halbweich, die streifig geschnittenen Gelben Rüben und etwa 30 Min. vor dem Anrichten die ausgebohrten Kartöffelchen einlegen. Dann alles zusammen gar werden lassen. Die Erbsen (ohne Brühe) in zerlassener Butter erwärmen, Zucker und Salz zufügen und möglichst alle Flüssigkeit verdunsten lassen. Das Hammelfleisch und die Gelben Rüben in der Mitte einer Platte aufhäufen, die Soße darübergießen, die Kartöffelchen ringsum legen und die Erbsen (mit wenig gehackter Minze bestreut) in kleinen Nestchen obenauf setzen.
Schmorzeit 1½–2 Stunden

925

Lammkarree in der Kasserolle

1,5 kg Lammkarree mit Knochen, Salz, Pfeffer, 500 g Kartoffeln, 1 kleiner Kopf früher Wirsing (250 g), 200 g Schalotten oder kleine Zwiebeln, 1 Bund junge Karotten, 3 Essl. Olivenöl, je 1 Sträußchen frischer Thymian und Petersilie, 1 Lorbeerblatt, 1 Knoblauchzehe, evtl. 1/8 l Rinderbrühe oder Weißwein zum Auffüllen.

Das Lammkarree mit Salz und Pfeffer einreiben. Das Gemüse putzen, Kartoffeln in Würfel, Wirsing in grobe Stücke schneiden, Schalotten und Möhren ganz lassen. Öl in einer flachen Kasserolle erhitzen, das Fleisch darin rundum braun anbraten, herausnehmen. Schalotten und Karotten im Bratfett andünsten, Wirsing zugeben. Das Karree aufs Gemüse legen, mit Kartoffeln umlegen, Gewürze obenauf verteilen. 20 Min. bei geringer Hitze zugedeckt schmoren lassen, falls nötig, etwas Brühe zugießen. Dann den Deckel abnehmen, offen noch 20 Min. weitergaren. Das Fleisch herausnehmen, warm stellen. Ist das Gemüse noch nicht gar, weitere 5 –10 Min. nachdünsten. Fleisch und Gemüse zusammen in der Form servieren

926

Lammrücken

Für 12 Personen
1 Lammrücken (etwa 3 kg), Salz, Pfeffer, 40 g Speck, 60 g Butter, 1 Zwiebel, Suppengrün, evtl. etwas Fleischbrühe, 1/4 l saure Sahne, 2 Essl. Speisestärke, 1 Messersp. Thymian.

Das Fett vom Lammrücken nicht abschneiden, das Fleisch mit Salz und Pfeffer einreiben, dann kurze Zeit zugedeckt kühl stellen. Inzwischen die Speckscheiben in der Butter anbräunen, Zwiebelringe sowie Suppengrün zugeben und den Lammrücken darin unter öfterem Begießen gar braten (wenn nötig, Fleischbrühe oder Wasser zugeben). Evtl. das Fett abschöpfen und 15 Min. vor dem Anrichten die Hälfte von der Sahne zugießen. Die Speisestärke mit der restlichen Sahne anrühren, die Soße damit sämig eindicken, Thymian zufügen und den Braten mit der durchgesiebten Soße glasieren.
Bratzeit 60–70 Minuten
Oder den Lammrücken nur 45 Min. braten, herausnehmen und mit einem spitzen Messer die Filets vom Knochen lösen, wieder andrücken. Aus 150 g Weißbrotkrumen, 2 Essl. Olivenöl, 1 fein gehackten oder zerdrückten Knoblauchzehe, 2 Essl. frischer gehackter Petersilie, 1 Essl. gehacktem Thymian, Salz, Pfeffer, Rosmarin und 1–2 leicht geschlagenen Eiweiß eine streichfähige Masse zubereiten und den Lammrücken damit bedecken. Nunmehr den Lammrücken auf einen Rost über der Fettpfanne oder einer feuerfesten Form, gefüllt mit etwas Brühe oder Wasser, legen und den Lammrücken im vorgeheizten Backofen bei Mittelhitze noch ca. 15–20 Min. überbacken, bis die Hülle eine schöne Farbe zeigt. Den Lammrücken mit Kartoffelgratin oder Kartoffeln und Ratatouille, servieren.
E.-Herd 220 °C/G.-Herd 4
Ca. 15-20 Minuten

927

Hammelkrone mit Trauben

2 kg Hammelrücken, Salz, Pfeffer, 1 Karotte, Suppengrün, 60 g Fett, 3/8 l Wasser oder Brühe, 1 Essl. Speisestärke, 1/8 l saure Sahne, 20–25 grüne Weintrauben.

Den Hammelrücken vom Fleischer der Wirbelsäule entlang teilen lassen. Dann gut waschen, zu einer Krone zusammenbiegen und beide Stücke zusammennähen. Die oberen Rippenknochen, so gut es geht, vom Fleisch lösen, salzen, pfeffern. Mit der Karotte und dem vorbereiteten Suppengrün im heißen Fett anbraten, ablöschen, dann auf den Rost über die mit Wasser ausgespülte Fettpfanne legen. Wasser oder Brühe mit Karotte und Suppengrün in die Fettpfanne geben. Den Braten im Backofen garen. Zuletzt die Soße durchsieben und mit der mit saurer Sahne angerührten Speisestärke binden. Vor dem Anrichten die Rippen des Rückens mit gewaschenen Trauben bestecken. Dazu Reis, mit Lauchringen vermischt und beliebiges Gemüse.
E.-Herd 200 °C/G.-Herd 3
Ca. 1 1/2 Stunden

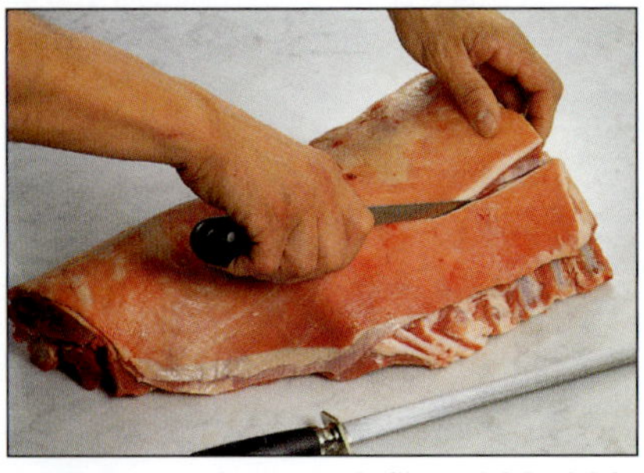

1 Lammkoteletts und -filets **938**, **939**: Seitendeckel abschneiden.

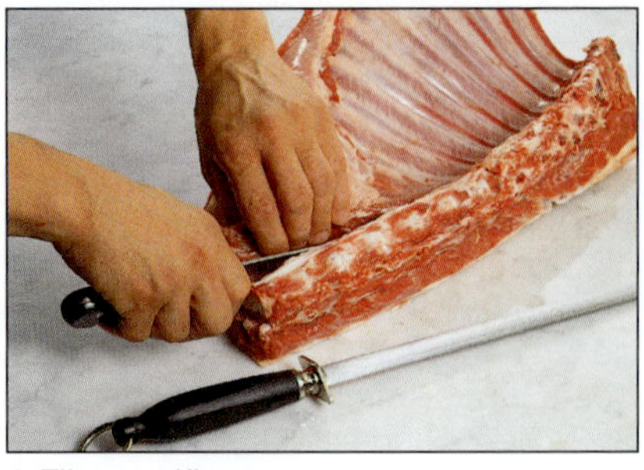

2 Filet auslösen.

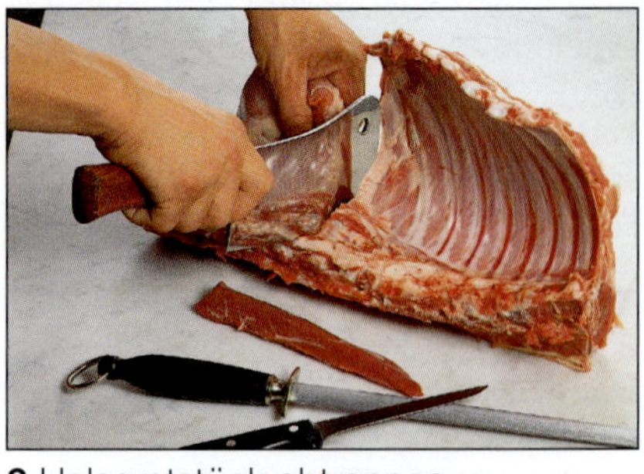

3 Halsgratstück abtrennen.

928 Lammbrust, gefüllt

*$1\frac{1}{2}$ kg Lammbrust,
Salz, Saft von ½ Zitrone, 30 g Butter,
1 Zwiebel, 1 Gelbe Rübe,
1 Tomate, ½ Sellerieknolle,
1 Teel. getrocknetes Basilikum,
Fleischbrühe.
Zur Fülle:
3–4 Brötchen, je 1 Teel. gewiegte Zwiebel und Petersilie,
20 g Butter, 2–3 Eier, Salz, Muskat.*

Zubereitung und Füllen wie Kalbsbrust **846**. Die Soße (ohne Sahne) etwas dicker einkochen lassen.
Bratzeit $1\frac{1}{2}$ Stunden

929 Lammfrikassee

625 g Lammbrustfleisch ohne Knochen mit den Zutaten von **870** wie eingemachtes Kalbfleisch zubereiten.

930 Lammhaxe, französisch gebraten

*1 Lammhaxe, Salz, 50 g Fett,
2–3 in Scheiben geschnittene Zwiebeln,
1 Essl. Mehl,
¼ l Wasser oder Fleischbrühe,
1 kleine Dose Tomatenmark,
Salz, Pfeffer, ⅛ l Weißwein.*

Die Haxe gut waschen, salzen und im heißen Fett anbraten. Die Zwiebelscheiben zufügen und mitbräunen. Das Mehl darüberstreuen, mit Wasser oder Fleischbrühe ablöschen, das Tomatenmark unterrühren, die Gewürze und den Wein dazugeben und $1\frac{1}{2}$–2 Std. garen. Die Haxe mit Erbsen und Karotten oder anderem Gemüse, Salzkartoffeln oder Pommes frites servieren

931 Uracher Lammragout

*1 kg Lammfleisch (Bug), 3 Essl. Öl,
1 Bund Suppengrün mit 1 Tomate,
¼ l Rotwein (Trollinger),
½ l Rinderbrühe* ***489****,
3 geschälte Knoblauchzehen,
1 Kräutersträußchen.
Gemüse:
2 junge Kohlrabi,
2 Karotten und einige junge Zwiebeln.*

Das Fleisch in große Würfel schneiden, mit Salz und Pfeffer bestreuen, in Öl ringsum braun anbraten. Zerkleinertes Suppengrün mit Tomate zufügen, mit anrösten, mit Wein auffüllen. Unter ständigem Rühren etwas einkochen lassen. Dann die Brühe, Knoblauch und Kräuter zufügen und alles 1 Stunde bei milder Hitze zugedeckt schmoren. Inzwischen das Gemüse vorbereiten. Das gegarte Fleisch aus der Soße nehmen, zusammen mit dem Gemüse in eine feuerfeste Form geben. Die Soße darübersieben, zugedeckt im Backofen fertiggaren.
E.-Herd 180 °C/G.-Herd 3
Ca. 20 Minuten
Als Beilage Kartoffelgratin.

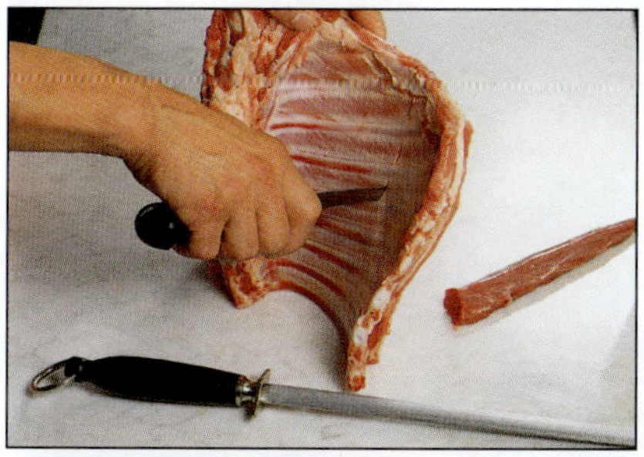
4 Rippen einkerben.

5 Rippen seitlich einritzen.

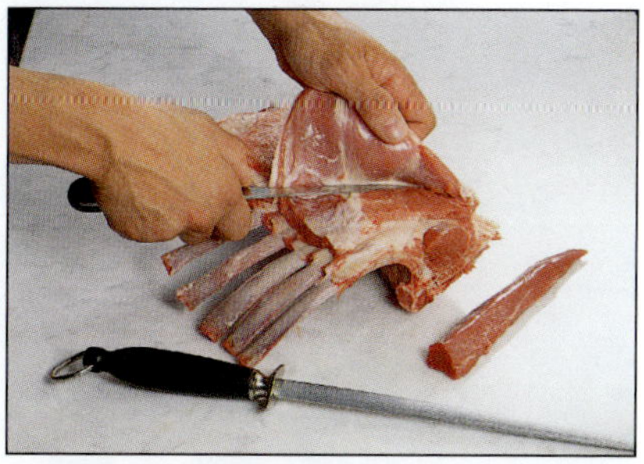
6 Oberdeckel ablösen.

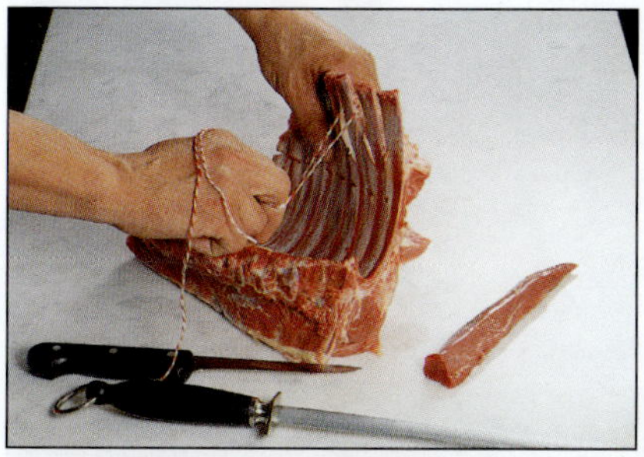
7 Rippenknochen auslösen.

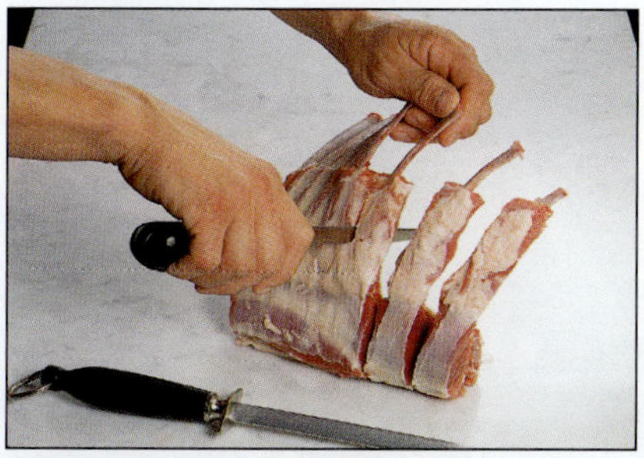
8 Kotelett einschneiden.

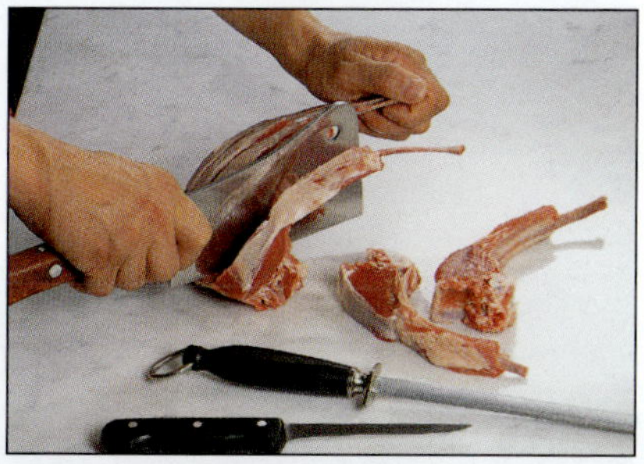
9 Kotelett abhacken.

932

Lamm- oder Hammelfleisch mit Gemüse im Römertopf

Für 4–6 Personen
1 kg Lamm- oder Hammelfleisch, in 5 cm große Würfel geschnitten,
4 Gelbe Rüben,
1–2 Stangen Lauch,
1 kleine Sellerieknolle,
10 Schalottenzwiebeln,
1 kleiner Wirsing,
200 g rohe Kartoffelstückchen,
2 Tassen gut gewürzte Fleischbrühe,
1 Prise Paprika.

Das Fleisch mit dem klein zerteilten Gemüse (Gelbe Rüben und Lauch in Scheiben, Sellerie gewürfelt und Wirsing gehobelt) in einen gewässerten Römertopf einschichten, auch die Zwiebelchen und Kartoffelstückchen. Mit Fleischbrühe übergießen, Paprika überstreuen und den dicht verschlossenen Topf in den kalten Backofen stellen. Bei guter Hitze garen.
E.-Herd 220 °C/G.-Herd 4
Ca. 2 Stunden

933

Lammkeule

Für 8 Personen
1 Lammkeule (etwa 2 kg),
Salz, Pfeffer, 30 g Speck,
50 g Butter, 1 Zwiebel,
Suppengrün,
evtl. etwas Fleischbrühe,
½ Tasse saure Sahne,
1 Essl. Speisestärke,
1 Messersp. Thymian.

Zubereitung nach **926**. Die Sahne etwa 15 Min. vor dem Anrichten zufügen und die Keule mehrmals mit der Soße übergießen.
Bratzeit etwa 90 Minuten
Oder die Lammkeule mit Kräuterkruste **926** zubereiten.
Oder die Lammkeule von allen Seiten mit Edelsüß- oder Rosenpaprika einreiben, schmale Knoblauchstiftchen unter die Haut stecken und die Keule auf dem Rost über der mit ¼ l Brühe gefüllten Fettpfanne im vorgeheizten Backofen braten. Dabei öfters mit der Brühe beträufeln.
E.-Herd 200 °C/G.-Herd 3
Ca. 1½ Stunden
Die Brühe mit etwas Rotwein aufgießen, abschmecken und als kurze Soße dazu reichen. Beilagen wie zu Lammrücken **926** oder kleine grüne Bohnenkerne (flageolets) in Butter geschwenkt.
Oder auf weißen Bohnen **1264a** mit Thymian anrichten.

Lammkeule **933** mit Kräuterkruste

934 Gefüllte Lammschulter

Für 8 Personen
1 ausgelöste Lammschulter,
2 Knoblauchzehen zum Spicken.
Zur Fülle:
1 Scheibe Kalbsleber (150 g),
½ Becher süße Sahne (100 g),
150 g mageres Lamm- oder Kalbfleisch,
1 Brötchen oder 2 Scheiben Weißbrot in kleinen Würfeln und in Butter angeröstet,
100 g fein gehackte Pilze (Champignons, Egerlinge),
1 Bund Petersilie,
Salz, frisch gemahlener Pfeffer,
½ Teel. Thymian,
1 Prise gemahlener Rosmarin,
1 zerdrückte Knoblauchzehe oder 1 Teel. Knoblauchpulver.
Zum Anbraten:
50 g Kokosfett oder Butterschmalz,
1 Petersilienwurzel,
1 Stange Lauch, 1 Stück Sellerie,
2 Gelbe Rüben, grob zerkleinert,
1 Zweig Rosmarin,
1 Flasche Bier (Pils oder Altbier).
Zur Soße:
20 g Butter, 4–5 Schalotten oder Frühlingszwiebelchen (nur das Weiße),
1 kleines Glas Rotwein,
1 kleines Glas Bier,
½ l Fleischbrühe oder Würfelbrühe, gelöster Bratsatz, Salz und Pfeffer,
100 g geschlagene Butter (oder eiskalte Butter in kleinen Stückchen).

Wer es mag, spickt die Lammschulter mit Knoblauchstiftchen. Für die Fülle die Kalbsleber mit der Sahne im Mixer zerkleinern (oder gemahlene Leber kaufen und diese mit der Sahne vermischen); das Fleisch grob hacken, von Hand oder im Mixer, mit der Leber und den Weißbrotwürfeln, den fein gehackten Pilzen, der gehackten Petersilie vermischen und pikant mit den Gewürzen abschmecken. Auf die Lammschulter streichen, diese mit Garn umschnüren oder mit Rouladennadeln zustecken. In einer großen Bratkasserolle das Fett zerlassen und die Lammschulter darin anbraten, dann das Wurzelgemüse zugeben, evtl. noch einen frischen Rosmarinzweig hineinlegen. Etwas Bier zum Gemüse gießen. Im vorgeheizten Backofen gar schmoren. Regelmäßig mit Bier begießen.
E.-Herd 200 °C/G.-Herd 3
Bratzeit ca. 1½ Stunden
Zur Soße die Butter erhitzen und darin die fein gehackten Zwiebelchen hell anschwitzen; mit Wein und Bier ablöschen, die Fleischbrühe zugießen und auf etwa die Hälfte eindampfen lassen. Die Lammschulter aus der Kasserolle nehmen, das Garn entfernen und auf einer vorgewärmten Platte mit Alufolie bedeckt wieder in den abgeschalteten Backofen stellen. Den Bratfond mit etwas Wasser oder Bier lösen, mit dem Gemüse durch ein Sieb in die Soße passieren. Mit Salz und Pfeffer abschmecken und die geschlagene Butter in die Soße einschwenken. Die Soße gesondert servieren.
Zur gefüllten Lammschulter können kleine Kartöffelchen und junge Möhren, in Butter geschwenkt, gereicht werden. Auch Bohnen schmecken gut dazu.

935 Puszta-Gulasch

500 g mageres, in Würfel geschnittenes Hammel- oder Lammfleisch (Schulter, Keule oder Rücken),
3 Zwiebeln, 60 g Fett,
4 grüne Paprikaschoten,
evtl. 1 Pfefferschote,
½ l Fleischbrühe,
3 Essl. Tomatenmark,
1 Teel. Speisestärke,
Salz, Delikatess-Paprika,
1 Essl. Essig.

Die Fleischwürfel mit den Zwiebelringen im heißen Fett anbraten. Die entkernten, gewaschenen und in Streifen geschnittenen Paprikaschoten kurz mitbraten, die halbierte Pfefferschote zugeben. Die Fleischbrühe zugießen, das Tomatenmark unterrühren und das Fleisch bei geringer Hitze zugedeckt 45–60 Min. garen. Die Soße mit angerührter Speisestärke binden und würzig abschmecken. Mit Weckknödeln servieren.

936 Lammbug

1 Lammbug (etwa 1 kg),
Salz, Pfeffer, 20 g Speck,
40 g Butter,
1 Zwiebel, Suppengrün,
evtl. Fleischbrühe,
4 Essl. saure Sahne,
1 Essl. Speisestärke,
1 Messersp. Thymian.

Zubereitung nach **926**.
Bratzeit etwa 1 Stunde

937 Lamm- oder Hammelfleisch (gekocht als Suppentopf)

750 g Brustrippchen,
2 l Wasser, Salz, Suppengrün,
1 Zwiebel, 1 Gelbe Rübe,
1 Sellerieknolle,
1 Zweiglein Thymian,
1 Lorbeerblatt,
wenig getrocknete Paprikaschote,
etwa 500 g Kartoffeln,
1 Prise Majoran.

Die Brustrippchen in kleine Stücke teilen, rasch waschen und in dem vorbereiteten Sud mit den Einlagen weichkochen. Die Brühe dann durchsieben, die Rippchen warmstellen, inzwischen die geschälten, rohen Kartoffeln in Würfel schneiden und in der Hammelbrühe gar werden lassen. Zuletzt mit Majoran würzen, die Fleischstücke einlegen und als Suppentopf servieren.
Oder zu den Kartoffeln noch 1 Paket Tiefkühl-Suppengemüse in die Brühe geben und mitgaren. So erhält man einen leckeren Eintopf*.
Oder die Brustrippchen in heißem Fett anbraten, mit Wasser oder Brühe aufgießen, die vorbereiteten Gemüse sowie zusätzlich noch 500 g grüne oder weiße Bohnen (dann die Kartoffelmenge auf die Hälfte beschränken) und die Gewürze zugeben und garkochen. Mit frischem, gehacktem Majoran oder Bohnenkraut bestreuen.

* Siehe auch Eintöpfe, S. 168.

Lamm- und Hammelfleisch

938

Lamm- oder Hammelkoteletts, naturell

*4 Lamm- oder Hammelkoteletts *,*
Salz, Pfeffer, 1 Essl. Mehl,
40 g Butter oder Margarine,
1 Zwiebel.

Die Sehnen am Rand der Koteletts einschneiden. Die Koteletts dann salzen, pfeffern, in Mehl wenden und im heißen Fett mit den fein geschnittenen Zwiebelringen zuerst auf beiden Seiten anbraten und dann zugedeckt bei geringer Hitze 15–20 Min. fertigbraten. Zum Ablöschen nach Belieben etwas Fleischbrühe oder Bratensoße verwenden.

Oder die gebratenen Koteletts mit Würzbutter anrichten. Dazu 60 g schaumig gerührte Butter mit Salz, Pfeffer, Zitronensaft, einigen Tropfen Worcestershiresauce, 1 Teel. fein gewiegter Petersilie und je 1 Messersp. Rosmarin und Thymian gut vermischen und würzig abschmecken. Die Butter kalt stellen und beim Anrichten jedes Kotelett mit einer Scheibe belegen.

939

Lamm- oder Hammelkoteletts, auf dem Rost gebraten

*4 Lamm- oder Hammelkoteletts *,*
90 g Butter, 2 Eier,
Salz, Pfeffer, Muskat, Petersilie,
Semmelbrösel.

Die Butter schaumig rühren, die ganzen Eier, Gewürz sowie gewiegte Petersilie zugeben und die vorbereiteten Koteletts auf beiden Seiten damit bestreichen. Mit Bröseln bestreuen und auf den heißen Rost über der Fettpfanne im Backofen legen, nach 2 Min. die Hitze verringern und noch ca. 8–10 Min. grillen.

* Gegebenenfalls vorbereiten nach der Bildfolge auf Seite 268/269.

Oder die Koteletts „natur" lassen, mit gewürztem Öl (Öl mit Salz, Pfeffer, Paprika und Rosmarin- oder Salbeipulver verrühren) bestreichen, etwa 20 Min. kühl stellen und dann unter dem vorgeheizten Grill im Backofen ca. 8 Min. grillen.

Oder in der gefetteten Grillpfanne unter Wenden braten. Dazu passt ein Paprika-Tomatengemüse und kleine Kartoffeln oder Weißbrot.

940

Lammkoteletts mit Zwiebelfülle

4 Lammkoteletts (je 150 g),
3–4 mittelgroße Zwiebeln,
80 g Butter, 40 g Mehl,
¼ - ⅜ l Milch, 1 Eigelb, Salz,
Pfeffer, Muskat, Semmelbrösel,
1–2 Essl. Parmesankäse.

Die Zwiebeln schälen, in Scheiben schneiden, im strudelnden Wasser einmal aufkochen und auf einem Sieb abtropfen lassen. Dann in einer Kasserolle mit 40 g Butter glasig dünsten, mit Milch ablöschen, gut auskochen, mit Mehl eindicken und durchpassieren. Nach dem Erkalten 1 Eigelb und das Gewürz zufügen. Inzwischen die vorbereiteten Koteletts auf einer Seite in der restlichen Butter anbraten, die Fülle fingerdick auf die gebackene Seite aufstreichen, mit Semmelbröseln und Parmesankäse bestreuen und in einer gut gefetteten Form im Backofen hellbraun überbacken.
E.-Herd 200 °C/G.-Herd 3
Ca. 30 Minuten
In der Form servieren und Madeirasoße **35** dazu reichen.

941

Lammsteaks, auf verschiedene Art zubereitet

4 nicht zu dünne Lammsteaks (Keule), je 1 Messersp. Thymian und Basilikum (Pulver), Salz, Pfeffer,
50 g Butterfett oder Olivenöl,
1 Gläschen Weinbrand,
1 Teel. Speisestärke,
geröstete Zwiebelscheiben.

Die Steaks breit drücken. Thymian und Basilikum mit Salz und Pfeffer vermischen und die Steaks damit einreiben. Das Butterfett oder Olivenöl erhitzen, die Fleischscheiben auf beiden Seiten bei guter Hitze anbraten und rasch (6–8 Min.) fertig braten. Die Steaks herausnehmen, warm stellen und den Weinbrand zu dem Bratenfond gießen. Die Soße mit der angerührten Speisestärke binden, abschmecken und über die Steaks gießen. Mit Zwiebelscheiben garnieren.
Grüne Nudeln und Paprikagemüse oder Pilzgemüse dazu reichen.

Oder die Soße nicht binden und den Weinbrand weglassen. Dafür 4 Essl. Tomatenmark mit 4 Essl. Dosenmilch oder Wasser vermischen, über die angebratenen Steaks verteilen und diese darin fertigbraten. Mit Paprika und geriebenem Käse würzen.

Oder die Steaks auf gerösteten Toastbroten anrichten und mit in Scheiben geschnittenen, gefüllten Oliven und feingewiegter Petersilie garnieren.

942

Schisch Kebab

600 g in Würfel geschnittenes Lamm- oder Hammelfleisch von der Keule,
1 Knoblauchzehe, halbiert,
2–3 Zwiebeln, 1 Aubergine oder ca. 12 Backpflaumen,
2 rote Paprikaschoten,
Öl, Salz, Curry oder Rosenpaprika.
Fertige Würzsoßen, z. B. Chili-Soße, Zigeunersoße, Senf- und Meerrettichsoße, Tomatenketchup, Kapern und Oliven (aus dem Glas).

Die Fleischwürfel mit der Knoblauchzehe einreiben. Die Zwiebeln, die entkernten Paprikaschoten und die Aubergine (oder die Pflaumen) in mundgerechte Scheiben oder Würfel schneiden (Pflaumen ganz lassen). Alles im Wechsel auf Spieße aufreihen und gut mit Öl bepinseln. Die Spieße unter dem vorgeheizten Grill 10–15 Min. garen. Dann mit Curry oder vorsichtig mit Rosenpaprika würzen. Dazu gibt es Reis, verschiedene Würzsoßen und Oliven.

943

Zicklein

Für 8–10 Personen
1 Zicklein,
Salz, Pfeffer,
1 Messersp. Thymian,
60 g Schweinefett oder Öl,
40 g Butter, 1 Zwiebel,
einige Scheiben Gelbe Rüben,
Fleischbrühe.

Das Abziehen, Ausnehmen und Zerlegen sorgfältig vornehmen, die Schlegel, Vorderläufe und den Nierenbraten mit Salz, Pfeffer und Gewürz einreiben. Diese Fleischstücke im heißen Fett recht knusprig anbräunen, das Fett wieder abgießen und dafür Butter, Zwiebel- und Gelbe-Rüben-Scheiben zugeben. Zuerst mit wenig Fleischbrühe oder Wasser ablöschen, dann unter öfterem Begießen im Backofen gar braten. Den Fleischsaft nicht durchsieben, nur die Gemüsestückchen entfernen.
E.-Herd 200 °C / G.-Herd 3
Bratzeit etwa 1¼ Stunden
Grünen Salat und Bratkartoffeln dazu reichen. Hals, Kopf, Herz, Lunge und Leber nach **866** als Ragout zubereiten oder braten.

Tipp:
Das Fleisch von einem Zicklein schmeckt am besten in den Monaten März, April und Mai. Es sollte möglichst von 3–4 Wochen alten, gut gefütterten, fleischigen Tieren sein.

944

Zicklein aus dem Ofen

Für 8 Personen
1 Zicklein (ca. 2 kg), grobes Meersalz,
1 Knoblauchknolle (!),
grober schwarzer Pfeffer, 2 Nelken,
1 Messerspitze Muskatnuss,
je ½ Teel. Thymian und Oregano,
¼ l trockener Weiß- oder Rotwein,
1 dl Öl, evtl. 1 Schuss Essig,
2 Lorbeerblätter, ½ Bund gehackte Petersilie.

Zicklein in 8 Stücke zerlegen, die Teile großzügig mit Meersalz einreiben. Die Hälfte des Knoblauchs, Pfeffer und Nelken im Mörser zerstoßen, Muskat, Thymian und Oregano zufügen, mit Wein, Öl und Essig mischen. Die Marinade über die Fleischstücke gießen, Lorbeerblätter obenauf legen, zugedeckt mindestens 12 Stunden kühl stellen. Zwischendurch einmal wenden.
Danach die Fleischstücke in eine große feuerfeste Form mit Deckel legen, die durchgesiebte Marinade darüberträufeln. Die Form zudecken, in den Backofen stellen und bei mäßiger Hitze schmoren.
E.-Herd 180 °C / G.-Herd 2
Ca. 30 Minuten
Dann den Deckel abnehmen und die Fleischteile bei starker Hitze (am besten unterm Grill) noch etwa 15 Min. bräunen. Während des Bratvorganges das Fleisch mehrmals wenden und mit Flüssigkeit übergießen.
Zuletzt den restlichen gehackten Knoblauch mit Petersilie mischen, das Zicklein damit überstreuen und kurz mitbraten.
Frisches Weißbrot dazu servieren. **Oder** zusätzlich rohe Kartoffelscheiben mitbraten und buntes Bohnengemüse **1261** dazu servieren.

Das Kaninchen, das als Haus- und Wildkaninchen vorkommt, wird wegen seines Pelzes besonders geschätzt. Das helle, zartsaftige Fleisch besitzt einen hohen Nährwert und ist leicht verdaulich. Das Fleisch des Hauskaninchens ist dem des Huhns vergleichbar, wogegen das Fleisch des wilden Kaninchens wesentlich würziger schmeckt. Hauskaninchen sind teils tiefgefroren, küchenfertig im Handel oder man bekommt sie frisch geschlachtet. Das Abziehen und Ausnehmen, siehe Kapitel Wild S. 297.

945

Gebackenes Kaninchen

1 junges Kaninchen,
Salz, 1 Zwiebel, Suppengrün.
Zur Marinade:
1 Glas Weißwein oder
Saft 1 Zitrone,
1 Glas abgekochtes Wasser,
einige Pfefferkörner, Salz,
2–3 Schalotten, Petersilienwurzel.
Zum Backen:
Mehl, 1–2 Eier, Semmelbrösel,
Butterschmalz oder Kokosfett.

Zum Backen eignen sich nur ganz junge Tiere. Das abgezogene Kaninchen in kleinere Stücke teilen, in schwach gesalzenem Wasser mit Zwiebel und Suppengrün etwa 10 Min. vorkochen und auf ein Sieb zum Abtropfen legen. Die Marinade zubereiten und die gekochten Fleischstücke darin 1–2 Std. durchziehen lassen. Dann leicht abtrocknen, in Mehl, gequirltem Ei und Semmelbröseln umwenden und schwimmend im heißen Fett (wie Wiener Schnitzel) oder in der Friteuse hellbraun backen.
Oder die Fleischstücke nur in Mehl wenden und in heißer Butter unter öfterem Umwenden knusprig braten. Mit Zitronenschnitzen und Petersilie verzieren, Salat oder Remouladensoße dazu reichen.

946

Kaninchenragout

750 g Fleisch (Bug, Bauchlappen, Hals und Kopf).
Zur Beize:
½ l Essig, ⅛ l Wasser,
1 Zwiebel in Ringen,
Suppengrün, Salz, 2 Nelken,
6–8 Pfefferkörner, 1 Lorbeerblatt,
1 Zitronenscheibe.
Zum Braten:
40–60 g Fett,
½ gewiegte Zwiebel oder 1 Schalotte und etwas gehackte Petersilie,
3 Eßl. Mehl, evtl. Fleischbrühe,
Salz und Pfeffer, ½ Glas Rotwein.

Das Fleisch in nicht zu kleine Stücke schneiden und über Nacht in die mildgewürzte Beize legen. Dann auf einem Sieb trocknen lassen, im heißen Fett mit der gewiegten Zwiebel und Petersilie anbraten und das Mehl darüberstäuben. Mit etwas Beize und Fleischbrühe oder Wasser ablöschen, die Soße mit Salz und Pfeffer würzig abschmecken und das Fleisch darin unter Zugießen von Rotwein bei mäßiger Herdhitze in ca. 40–50 Min. weich schmoren. Die Soße durchsieben und über die Fleischstücke gießen.

947

Kaninchen in Estragonsoße (Lapin à l'estragon)

800–1000 g Kaninchenfleisch,
Salz und weißer Pfeffer,
3 Eßl. Sonnenblumenöl,
½ l trockener Weißwein,
¼ l Crème fraîche oder Schmand,
frische Estragonblättchen
evtl. etwas Speisestärke zum Binden.

Das Kaninchenfleisch waschen, abtrocknen und in Stücke zerteilen. Salzen und pfeffern und in heißem Öl rundherum gut anbraten. Mit dem Wein aufgießen und ca. 50 Minuten sanft schmoren. Die Kaninchenstücke in eine vorgewärmte Terrine legen. Die Soße mit der Sahne und den gehackten Estragonblättern noch 5–10 Minuten köcheln, evtl. mit Speisestärke binden. Über die Kaninchenstücke gießen und dazu Butternudeln oder Reis servieren.

948

Kaninchen in weißer Soße

750 g Kaninchenfleisch,
1 Zwiebel, Suppengrün,
2–3 Nelken, 6–8 Pfefferkörner,
1 Lorbeerblatt.
Zur Soße:
40 g Butter, 2–3 Eßl. Mehl,
Saft von ¼ Zitrone,
je 1 Prise Muskat und Salz,
Basilikum oder Zitronenmelisse,
Kochbrühe.
Zum Abziehen:
1 Eigelb, 2 Eßl. saure Sahne.

Die zerlegten Fleischstücke von Schlegel, Rücken, Bug, Bauchlappen und Hals in Salzwasser aufsetzen, beim Kochen mehrmals abschäumen, dann die Zwiebel, Suppengrün sowie die Gewürze zufügen und in der Brühe weich kochen. Inzwischen in der heißen Butter das Mehl hell anschwitzen (ohne Farbe), mit der Brühe ablöschen, Zitronensaft, Muskat, wenig gewiegte Kräuter zugeben und die Soße noch 20 Min. auskochen. Vor dem Anrichten durchsieben, mit Eigelb und Sahne abziehen und sehr heiß über die Fleischstücke gießen. Dazu Nudeln oder Spätzle reichen.

949

Kaninchengulasch

750 g Schlegel (Bug oder Hals),
Salz und Pfeffer, 40–60 g Fett,
1 Zwiebel, einige Gelbe-Rüben-Scheiben, 3–4 Eßl. Mehl,
evtl. Fleischbrühe,
⅛ l Rotwein, 1 Lorbeerblatt.

Das ausgebeinte Fleisch in Würfel schneiden, mit Salz und Pfeffer bestreuen, dann mit der fein geschnittenen Zwiebel und Gelbe Rüben-Scheiben im heißen Fett braten. Das Mehl zufügen, mitrösten und mit Fleischbrühe oder Wasser ablöschen. Zuletzt den Rotwein zugießen, das Lorbeerblatt einlegen und das Fleisch bei mittlerer Hitze ca. 45 Min. schmoren lassen. Die Soße bei starker Hitze dicklich einkochen, durchsieben und beim Anrichten über die Fleischwürfel gießen. Mit Salzkartoffeln oder Makkaroni servieren.

950

Kaninchenschlegel und -ziemer (Rücken) in Rahmsoße

Für 8–10 Personen
2 Schlegel, 1 Rücken,
Salz, Pfeffer, 80 g Butter,
1 große Zwiebel, 1 Lorbeerblatt.
Zur Soße:
2–3 Eßl. Mehl, evtl. Fleischbrühe,
¼ l Rotwein,
¼-½ l saure Sahne (Rahm),
1 Prise Salz, Saft von ½ Zitrone.

Den Schlegel und Rücken, wenn nötig, noch etwas abhäuten, mit Salz und Pfeffer einreiben und in der heißen Butter mit der gewiegten Zwiebel und dem Lorbeerblatt goldgelb anbraten. Das Fleisch dann herausnehmen, in dem zurückgebliebenen Fett das Mehl rösten, mit Fleischbrühe oder Wasser, Rotwein und Sahne ablöschen, mit Salz abschmecken und den Zitronensaft zufügen. Das Fleisch darin etwa ¾ bis 1 Std. zugedeckt schmoren lassen. Die Soße durchsieben und darübergießen.

951

Kaninchenfleischküchlein

Etwa 500 g gekochtes Kaninchenfleisch (oder Reste),
2–3 trockene Brötchen,
1 Zwiebel, 1 Teel. Petersilie,
30 g Butter, 1 Ei, Salz, Muskat.
Zum Braten:
1 Eiweiß, Semmelbrösel, Kokosfett.

Das Fleisch und die abgeriebenen, eingeweichten, ausgedrückten Brötchen fein wiegen oder durch die feine Scheibe des Fleischwolfs drehen. Die gehackte Zwiebel und Petersilie in der heißen Butter glasig schwitzen, dann mit dem Ei und Gewürz unter das Fleisch mengen. Kleine, runde Küchlein formen, in geschlagenem Eiweiß und Semmelbröseln umwenden und im heißen Fett hellbraun braten.
Dazu ein Gratin und frischen Salat reichen.

Das leicht verderbliche Hackfleisch darf laut „Hackfleisch-Verordnung" nur an dem Tag, an dem es hergestellt wird, verkauft werden. Rohes Hackfleisch (Tatar) innerhalb weniger Stunden verzehren. Andernfalls das Gehackte durchbraten, so hält es sich im Kühlschrank 2–3 Tage.

Angebotsformen bei Hackfleisch

Beefsteakhack (Schabefleisch, Tatar). Das ist feinzerkleinertes, schieres, rohes Muskelfleisch vom Rind ohne jeden Zusatz. Es muss immer frisch zubereitet werden und wird roh verzehrt.

Hackfleisch vom Rind. Hier handelt es sich um ein mehr durchwachsenes Fleisch mit einem höheren Fettgehalt.

Hackfleisch vom Schwein. Es wird nur aus Schweinefleisch, analog dem Hackfleisch vom Rind, zubereitet und oft sehr preiswert angeboten.

Gemischtes Hackfleisch. Das ist die handelsübliche Hackfleischart. Es wird je zur Hälfte aus durchwachsenem Rind- und Schweinefleisch hergestellt.

Zubereitetes (angemachtes) Hackfleisch, dem Speisesalz, Zwiebeln und Gewürze beigefügt sind. Es ist unter Hackepeter, Thüringer Mett oder Häckerle bekannt. Jedes weitere Würzen erübrigt sich.

Hackfleisch von Kalb- oder Hammelfleisch. Dieses Fleisch wird nur auf Verlangen hergestellt.

Fettgehalt der verschiedenen Hackfleischarten
Nachfolgende Zahlenwerte stellen den chemisch ermittelten Fettgehalt dar. Dabei muss beachtet werden, dass auch mageres Muskelfleisch bis zu 10% sogenanntes nicht sichtbares Fett enthält.
Beefsteakhack, Tatar, Schabefleisch maximal 6% Fett;
Rinderhack höchstens 20% Fett;
Schweinehack maximal 35% Fett;
Gemischtes Hackfleisch (halb und halb) maximal 30% Fett.

952

Hackbraten

Für 6 Personen
Je 250 g Rind-, Kalb- und Schweinefleisch,
2 trockene Brötchen, 25 g Butter,
1 Zwiebel und ½ Bund Petersilie, gewiegt, Salz, Pfeffer, 1 großes Ei,
1–2 gewässerte Sardellen,
1–2 Essl. saure Sahne,
1 Teel. Kapern.
Zum Braten:
Semmelbrösel, Backfett,
1 Zwiebel, zerkleinertes Suppengrün.

Das Fleisch durch den Fleischwolf drehen, die eingeweichten, gut ausgedrückten Brötchen mit Zwiebel und Petersilie in der heißen Butter andünsten und zusammen mit dem Gewürz, Ei, den gewiegten Sardellen, Sahne und Kapern unter das Hackfleisch mischen. Alles gut vermengen, aus dem Fleischteig 1–2 längliche Stollen formen, in Semmelbröseln wenden und mit dem Backfett, der zerteilten Zwiebel und Suppengrün in eine große Kasserolle oder feuerfeste Form legen und in den vorgeheizten Backofen stellen. Die Kasserolle öfter rütteln, damit der Braten nicht anhängt (nicht umwenden!). Aus dem zurückbleibenden Bratenfett evtl. eine Kapernsoße herstellen und extra servieren.
E.-Herd 200 °C / G.-Herd 3
Bratzeit 1–1½ Stunden

953

Hackbraten, auf dem Rost gebraten

*Die halbe Menge der Zutaten von **952** und etwa 80 g Spickspeck.*
Zur Soße:
1 Prise Salz, etwas Paprika,
1 Essl. Speisestärke,
⅛ l saure Sahne.
Zur Fülle:
2–3 harte Eier,
einige Essiggürkchen.

Den nach **952** zubereiteten und geformten Fleischteig mit dünnen Speckscheiben umwickeln. Eine Bratkasserolle gut fetten, 2–3 Speckscheiben einlegen, den Hackbraten darauf setzen und in der Form auf dem Rost braten. Es genügen meist 30 Min. Bratzeit. Aus dem Bratensatz die Soße zubereiten, mit Salz und Paprika nachwürzen, die Speisestärke mit der Sahne anrühren und zufügen. Die Soße gut aufkochen, durchsieben und beim Anrichten über den Braten gießen.
Oder den geformten Hackteig vor dem Braten durch einen Längsschnitt in der Mitte öffnen. Die geschälten, ganzen Eier und die Essiggürkchen einfügen, den Braten wieder zurecht formen, wie oben fertig braten und kalt aufschneiden. Jede Kalte Platte wird durch diese verzierten Scheiben wirkungsvoll bereichert.

954

Feine Fleischklößchen

Je 125 g Kalb- und Schweinefleisch,
1 trockenes Brötchen,
je 1 Teel. gewiegte Zwiebel und Petersilie, 20 g Butter, 1 Ei,
Salz, Pfeffer und 1 Prise Majoran,
1 l Fleischbrühe oder
leicht gesalzenes Wasser.

Das Fleisch zweimal durch den Fleischwolf drehen, das Brötchen abreiben, einweichen, ausdrücken, mit Zwiebel und Petersilie in Butter dünsten; nach kurzem Abkühlen mit den übrigen Zutaten vermengen und würzen. Mit bemehlten Händen kleine, runde oder längliche Klöße aus dem Fleischteig formen und in einem Sieb (je nach Größe) 10–15 Min. in heiße Fleischbrühe tauchen; nur ziehen lassen, nicht kochen, damit sie nicht hart werden.

Weitere Hackfleischgerichte: Gefüllte Kohlrouladen **1339**, Gefüllte Paprikaschoten **1299** usw.

955 Hackfleichsoße (Ragú), Pasta asciutta

40 g Olivenöl, 1–2 gewiegte Zwiebeln und Knoblauchzehen,
300 g Rinderhack oder gemischtes Hackfleisch,
3–4 Essl. Tomatenmark und
1/4 l Wasser oder 1 Dose geschälte Tomaten (ca. 240 g),
Salz, Pfeffer, Thymian, Oregano),
250–300 g Spaghetti,
3–4 Essl. geriebener Parmesankäse.

Das Öl erhitzen, die gewiegten Zwiebeln und Knoblauch darin andünsten, das Hackfleisch zufügen, unter Rühren anbraten und so lange unter Zugabe des Tomatenmarks und der Gewürze dämpfen, bis es die rote Farbe verloren hat. Das Wasser zugießen (oder die Tomaten zugeben) und ca. 30 Min. bei geringer Hitze kochen lassen. Pikant würzen.
Für Pasta asciutta die Soße heiß über den (nebenher gegarten) Spaghetti anrichten. Mit Käse bestreuen. Dazu Blattsalat reichen.

Čevapčići **956** mit Tomatenreis

956 Čevapčići

500 g Rinderhack (Hüfte, Schulter),
1 Knoblauchzehe,
3 Zwiebeln, 1 Ei,
je 1/2 Teel. Pfeffer, Majoran, Salz,
1/2 Teel. Rosenpaprika,
50 g Bratfett.

Das Hackfleisch mit der gewiegten Knoblauchzehe und den gehackten Zwiebeln, dem Ei und den Gewürzen vermischen. Pikant würzen. Mit nassen Händen dicke Würstchen formen und in heißem Fett von allen Seiten 8–10 Min. knusprig braten. Dazu gibt es Kartoffelsalat Tomatenreis mit Erbsen und gehackte Gemüsezwiebel.
Oder Čevapčići unter dem vorgeheizten Grill zubereiten, und zwar so, dass sie innen noch leicht rosig sind. Während der Grillzeit von 6–8 Min. wenden.

Tipp:
Die Hackfleischwürstchen werden lockerer, wenn man unter den Fleischteig 1 Messerspitze Natron (Backsoda) mischt und den Teig über Nacht durchziehen lässt.

957 Sarma (Serbisches Gericht)

750 g Sauerkraut, 40 g Fett,
3/8 l Fleischbrühe (Würfel),
einige Wacholderbeeren,
250 g Hackfleisch vom Hammel,
250 g Schweinehack,
1 feingewiegte Zwiebel,
1–2 Eier, Salz, Pfeffer,
Edelsüß-Paprikapulver,
1 Prise Knoblauchpulver.

Das Sauerkraut mit einer Gabel lockern, in das heiße Fett geben, etwas Fleischbrühe zugießen und die Wacholderbeeren zufügen. Das Kraut 30 Min. bei geringer Hitze zugedeckt kochen. Das Hackfleisch mit den restlichen Zutaten vermischen und einen großen Fleischkloß formen, auf das Kraut legen und zugedeckt bei geringer Hitze ca. 70 Min. garen. Wenn notwendig, noch etwas Fleischbrühe zufügen. Dazu gibt es Salzkartoffeln oder Kartoffelklöße.
Oder den Fleischkloß in frische Weinblätter einwickeln und wie oben garen. Curry-Reis, mit Erbsen vermischt, passt gut dazu.

958
Hack-Spießchen

500 g Schweine- oder Lammhackfleisch, 100 g Rindermark (aus Markknochen), 2 Essl. gehackte Petersilie, 1 Essl. gehackte Pfefferminzblätter, 1 große, feingehackte Zwiebel, 1 Essl. Edelsüßpaprika, Salz, evtl. 1 Teel. Kreuzkümmel, 1 Prise Cayennepfeffer. Alufolie und Öl zum Einpinseln.

Das fein durchgedrehte Hackfleisch mit dem gehackten Mark, den Kräutern, der Zwiebel und den Gewürzen vermischen und ca. 1 Std. ruhen lassen. Dann mit nassen Händen kleine Klößchen formen, auf Metallspieße stecken, etwas flach drücken und entweder auf gefetteter Alufolie oder direkt auf dem Rost über der milden Glut des Holzkohlengrills (oder unter dem vorgeheizten Herdgrill) ca. 10 Min. unter Wenden grillen.
Dazu eine kalte Joghurtsoße **74** servieren.

959
Königsberger Klopse

400 g Rinderhackfleisch, 125 g Schweinehackfleisch, 20 g Butter, 1½ trockene Brötchen, 1 Eigelb, 1 Zwiebel, 1 geriebene, gekochte Kartoffel, abgeriebene Schale von ½ Zitrone, je 1 Prise Salz, Muskat, Pfeffer. Salzwasser oder Fleischbrühe.

Das Hackfleisch mit der schaumig gerührten Butter vermischen. Die abgeriebenen, eingeweichten, ausgedrückten und klein zerteilten Brötchen, das Eigelb, die gewiegte Zwiebel, Kartoffel, Zitronenschale und Gewürz zufügen. Alles gut vermengen, mit bemehlten Händen kleine Klöße formen und in leicht gesalzenem Wasser oder Fleischbrühe bei schwacher Hitze garen. In einer Kapern- oder Sardellensoße (s. Seite 33) servieren.
Garzeit je nach Größe: 15–20 Min.
Oder unter den Hackteig noch 2 gewässerte, gewiegte Sardellenfilets mischen. Dann in Kapernsoße mit Dampfkartoffeln servieren.

960
Deutsche Beefsteaks (Fleischküchlein, Buletten, Frikadellen)

400 g Rinderhackfleisch oder 375 g gemischtes Hackfleisch, 1 Brötchen, 1 Ei, 1 Zwiebel, 1 Essl. gewiegte Petersilie, nach Belieben: 1–2 gewiegte Sardellenfilets, Salz, Pfeffer, 3 Essl. Öl, etwas Butter.

Das Hackfleisch mit dem eingeweichten und ausgedrückten Brötchen, dem Ei, der gewiegten Zwiebel und Petersilie sowie Sardellenfilets und Gewürzen verkneten. Kleine, runde Beefsteaks formen, die Oberfläche mit dem Messer einkerben und im heißen Öl auf beiden Seiten ca. 10 Min. braten. Zuletzt die Butter zugeben. Nach Belieben den Bratensatz mit ⅛ l Wasser loskochen und eventuell mit 1 Teel. Speisestärke binden.
Oder die Beefsteaks in Mehl oder Semmelbröseln wenden und dann braten. Mit Olivenscheiben garnieren.
Oder den Fleischteig mit Majoran und Basilikum würzen. Petersilie, Zwiebel und Sardellenfilets dann weglassen.
Oder das Hackfleisch mit Salz, Pfeffer, etwas Sojasauce, 1 Prise Cayennepfeffer, ½ Teel. Kreuzkümmel und Abrieb von ½ Bio-Zitrone würzen.
Oder je ½ Tasse feingeschnittene Lauchringe und Champignons unter die Hackfleischmasse mischen.
Oder für Pleskavica je einen Würfel Schafkäse in die Mitte geben, mit Fleischteig umhüllen und braten.
Oder anstatt Hackfleisch gebratene oder gekochte Fleischreste verwenden. Mit dem Brötchen und der Zwiebel durch den Fleischwolf geben und mit den übrigen Zutaten verkneten.
Oder anstatt Brötchen 2-3 Essl. feine Haferflocken zur Fleischmasse geben.

Tipp:
Die Fleischküchlein von beiden Seiten nur ca. 2 Min. anbraten und dann im vorgeheizen Backofen (150 °C) fertig garen. Evtl. jedes Beefsteak mit einem Spiegelei krönen.

961
Hacksteaks vom Rind

400 g Rinderhack, 2 Zwiebeln, 1–2 Eier oder ½ Tasse lauwarmes Wasser, Salz, Pfeffer, etwas Muskat, evtl. 2 gekochte Kartoffeln, pro Hacksteak 20 g Butter oder Bratfett, evtl. Fleischbrühe, 1 Teel. Speisestärke.

Das Fleisch mit einer gewiegten Zwiebel, dem Ei oder Wasser, Salz, Gewürz und den geriebenen Kartoffeln gut vermengen. Flache, runde Hacksteaks davon formen, die Oberfläche mit dem Messerrücken einkerben, in 8–10 Min. in heißer Butter auf beiden Seiten braten, öfter damit beträufeln, die Hacksteaks herausnehmen und bis zum Anrichten warm stellen. Ist die mitgeschmorte zweite Zwiebel braun, den Bratensatz mit wenig Fleischbrühe oder Wasser ablöschen, kalt angerührte Speisestärke zugeben, kurz aufkochen, die Soße durchsieben und über die Beefsteaks gießen.
Oder das Fleisch mit den Eiern und dem Gewürz gut verkneten, flache, runde Küchlein (Hacksteaks) formen, in Semmelbröseln wenden und in der heißen Butter auf beiden Seiten braten. Bratzeit pro Beefsteak etwa 8 Min.

962
Beefsteak Tatar

375 g ganz mageres Rinderfilet oder Oberschale, Salz, Pfeffer, 4 sehr frische Eigelb, 4 Sardellenfilets, 1 Zwiebel, 1 Prise Paprika, ½ Teel. Kapern.

Das Filetstück evtl. häuten und entsehnen, durch die feine Scheibe des Fleischwolfs drehen oder das Fleisch ganz fein schaben; das Schabefleisch mit Salz und Pfeffer abschmecken und 4 runde Beefsteaks formen. Jeweils in die Mitte eine kleine Vertiefung eindrücken, in diese je 1 Eigelb hineingeben und mit streifig geschnittenen, zuvor gut gewässerten Sardellenfilets, fein gewiegten Zwiebeln und Kapern belegen; etwas Paprika darüber streuen. Mit Weißbrot und Butter servieren.

Würste

963
Klöße von Bratwurstbrät

450–500 g Bratwurstbrät (von etwa 3 Paar rohen Bratwürsten) oder ***972****,*
¼ l Milch, 2 Eier, 4 Essl. Mehl,
1 Zwiebel,
1 Essl. gewiegte Petersilie,
60 g Butter.

Die Milch nach und nach unter stetem Rühren mit dem rohen Bratwurstbrät mischen, dann die ganzen Eier und löffelweise das Mehl zugeben. Die fein gewiegte Zwiebel und Petersilie in 1 Essl. Butter hellgelb schwitzen und nach kurzem Abkühlen unter die Teigmasse mengen; inzwischen in einem hohen Topf leicht gesalzenes Wasser zum Kochen bringen, die Klöße abstechen, mit zwei Esslöffeln formen, einlegen und in etwa 10 Min. schwach strudelnd gar werden lassen. Mit dem Schaumlöffel herausheben, auf eine erwärmte Platte legen und mit der restlichen, zerlassenen Butter übergießen. Dazu Kartoffel- und grünen Salat reichen.
Oder Brätklößchen als Suppeneinlage zubereiten:
375–400 g feines Bratwurstbrät,
1 Ei, 4 Essl. Semmelbrösel,
½ Bund gewiegte Petersilie,
etwas abgeriebene Zitronenschale,
je 1 Prise Salz und Pfeffer,
wenig frisch geriebenes Muskat.

Das Bratwurstbrät mit allen Zutaten in einer Schüssel mit Hilfe eines Holzspatels oder der elektrischen Küchenmaschine gut vermischen. Mit einem angefeuchteten Esslöffel etwa 16 Klößchen abstechen, in siedende Fleischbrühe legen und ca. 6 bis 8 Minuten darin ziehen lassen.

964
Frankfurter/Wiener Würstchen

Nur 10 Min. in schwach ziehendes leicht gesalzenes Wasser legen, nicht kochen, damit die Haut nicht aufplatzt und der Saft verloren geht. Senf oder Meerrettich dazu servieren.

965
Gekochte Fleischwurst

1 trockenes Brötchen,
2 gekochte Kartoffeln,
je 1 Prise Salz und Majoran,
frisch gemahlener Pfeffer,
einige Senfkörner,
1–2 Essl. lauwarmes Wasser,
300 g gehacktes Rindfleisch,
evtl. 60 g Rindsleber,
1 gewiegte Zwiebel.
Zum Sud:
Salz, Suppengrün, 1 Gelbe Rübe,
1 Tomate, 1 Zwiebel,
etwas ganzer Pfeffer, 1 Lorbeerblatt,
1½ l Wasser.

Das abgeriebene Brötchen einweichen, ausdrücken, mit den geriebenen Kartoffeln, Gewürz und Wasser unter das Hackfleisch mischen und gut vermengen. Zur Geschmacksverbesserung evtl. die gewiegte Rindsleber und Zwiebel untermengen und den Fleischteig gut verkneten. Einen länglichen Stollen oder einen großen Kloß daraus formen, aus leicht gesalzenem Wasser und den Gewürzen einen Sud zubereiten und die Fleischwurst darin 1 Std. lang schwach strudelnd kochen. Beim Anrichten in Scheiben schneiden und mit einer braunen Soße zu Tisch geben.
Oder aus dem durchgesiebten Sud eine Sülze herstellen und die erkalteten Fleischscheiben damit überziehen.
Oder die Kochbrühe zu einer Suppe verwenden.

966
Grüne Bratwürste, gebraten

Die Bratwürste in kochendes Wasser legen, dann die Hitzezufuhr zurücknehmen, da die Würste sonst trocken werden. Wenn sich die Würste fest anfühlen, herausnehmen, in Milch wenden und die Würste in Butter braun braten.
Gesamtzubereitungszeit 15 Minuten.

967
Leber- und Blutwürste

Die Würste werden auf dieselbe Weise gebraten wie die grünen Bratwürste.

968
Saftwürstchen, gegrillt

4 Paar Saitenwürste (Schützen- oder Bockwurst, Frankfurter oder Wiener Würstchen), Senf,
4 Käse-Scheibletten,
8 Scheiben Frühstücksspeck.

Die Würstchen mit Senf bestreichen, zuerst mit Käse und dann mit Frühstücksspeck umwickeln. Mit Hölzchen (Zahnstochern) zusammenhalten. Im vorgeheizten Grill 3–4 Min. grillen.
Sie können auch in einer Pfanne mit heißem Fett gebraten werden.

969
Gebratene Rote Würste (Schützenwürste, Regensburger)

4 Rote Würste oder
8 Regensburger,
2 Zwiebeln,
Fett zum Braten.

Die Haut von den Würsten abziehen, die Würste längs aufschneiden und mit den feingewiegten Zwiebeln im heißen Fett ca. 10 Min. braten. Dazu gibt es Brot und Salate.
Oder in jede Wurst eine Scheibe Käse legen, mit einem Hölzchen zusammenstecken und die Wurst dann so lange braten, bis der Käse zu schmelzen anfängt. Zwiebeln dann weglassen.
Oder die gebratene Wurst auf heißem Sauerkraut zwischen 2 Brötchenhälften anrichten.
Oder die Haut von der Wurst nicht abziehen, die Wurst 15 Min. in heißes Wasser legen und dann mit Zwiebelstückchen knusprig braten.

970
Oberländer Würste im Rock

1 Paket aufgetauter TK-Blätterteig,
8 Oberländer Würste,
Senf, 2 feingewiegte Zwiebeln,
20 g Fett, 1 Eigelb, Kümmel.

Den Blätterteig ausrollen und in der Länge der Würste 8 Rechtecke zum Einwickeln schneiden. Die Würste mit Senf bestreichen und auf die Teigstücke legen. Die Zwiebeln hell rösten, auf die Würste verteilen und mit in den Teig einwickeln. Mit Eigelb bestreichen, etwas Kümmel daraufstreuen und im Backofen zu schöner Farbe backen. Dazu gibt es Blattsalat.
E.-Herd 220 °C / G.-Herd 4
Ca. 20 Minuten

971
Panierter Fleischkäse

4 Scheiben Fleischkäse (je 125 g),
Meerrettichsenf,
8 Essl. Semmelbrösel,
30 g Fett, 1 gewiegte Zwiebel,
8 Tomatenscheiben,
4 gefüllte Oliven.

Den Fleischkäse auf beiden Seiten dünn mit Meerrettichsenf bestreichen, in den Semmelbröseln wenden und im heißen Fett mit den Zwiebelstückchen ca. 6 Min. braten. Die Tomaten- und Olivenscheiben auf den Fleischkäsescheiben anrichten.
Oder Fleischkäse nicht panieren, sondern in einen dicken Pfannenkuchenteig **698**, mit Bier zubereitet, tauchen, backen und mit gerösteten Zwiebelscheiben garnieren.

972
Bauernbratwurst oder Bratwurstbrät

Rezept für eine größere Menge (10 kg), z. B. bei Haus-Schlachtung:

3,2 kg Schweinefleisch
(Schulter und Abschnitte),
3,2 kg Rindfleisch
(Schulter, Hochrippe, Hals),
3,6 kg Schweinebauch oder
grüner Speck, 200 g Kochsalz,
1½ Essl. Koriander, gemahlen,
1½ Essl. Kümmel, gemahlen,
2 Essl. weißer Pfeffer,
1 ausgepresste Knoblauchzehe,
100 g Milchzucker.
Evtl. 1 Teel. Salpeter.

Das Fleisch in Stücke schneiden, grobe Sehnen, Schwarten usw. entfernen, durch den Fleischwolf (3 mm-Scheibe) drehen. Mit Gewürzen und Salz gut verkneten und in Dosen oder sehr gut gereinigte Einmachgläser füllen. Verschließen und 2 Std. im Einmachkessel kochen.
Oder die vorbereitete Wurstmasse mit etwas Salpeter vermischen, in Därme (28–32 mm Durchmesser) füllen, die man beim Metzger erhält. 2 Tage kalt räuchern.

973
Zervelatwurst

1½ kg mageres Schweinefleisch,
1 kg zartes Rindfleisch,
500 g Räucherspeck,
2 Essl. Salz, 1 Teel. Pfeffer und
1 Messersp. Salpeter.

Das Fleisch und den Speck sehr fein hacken, Salz und Gewürz zugeben, die Wurstmasse tüchtig verkneten und sofort in vorbereitete Därme füllen. Sorgfältig zuschnüren, leicht mit Salz einreiben und die Würste 2–3 Tage, gut aufeinander gepackt, kühl aufbewahren; 6–8 Tage luftig aufhängen, dann kurze Zeit räuchern.

974
Grütz(e)wurst (Blutwurst, Griebenwurst)

Ergibt etwa 3½ kg Wurst

2½ l Wasser,
1 Teel. gemahlene Nelken,
etwas Majoran,
½ Teel. gemahlener Pfeffer,
2 Essl. Salz,
2 große, geriebene Zwiebeln,
750 g dicke Weizengraupen,
500 g Schweinegrieben,
1–1½ l Schweineblut,
evtl. 250–500 g gesalzenes,
gekochtes Schweinefleisch.

Das Wasser mit sämtlichen Gewürzen, Salz und den geriebenen Zwiebeln zum Kochen bringen. Die Graupen darin etwa 2½ Std. unter häufigem Umrühren bei mäßiger Herdhitze weich kochen. Dann die Grieben und nach kurzem Abkühlen das Blut zugeben. Inzwischen Papierdärme in Wasser einweichen, ausdrücken und die gut durchgeknetete Wurstmasse so einfüllen, dass noch ein freier Raum zum Aufquellen der Grütze bleibt. Im schwach strudelnden Salzwasser ca. 1 Std. kochen. Nach 1–2 Tagen die Papierhaut abziehen, dicke Scheiben schneiden und vor dem Anrichten in wenig Fett anbraten.
Schweinefleischwürfelchen (unter die Wurstmasse gemischt) verbessern den Geschmack wesentlich.
Oder noch Schalenabrieb von 1 Bio-Zitrone zugeben.

975
Kachelwurst

Gewürze, Zwiebeln, 4 ausgedrückte, zerpflückte Brötchen, evtl. 1 Essl. Speisestärke, Schweinegrieben und Blut (Mengen wie im obigen Rezept) gut verrühren, in eine Kasserolle (Kachel) füllen und im vorgeheizten Backofen backen. Eventuell mit Speckscheiben oder Aluminiumfolie belegen, damit die Wurst nicht austrocknet.
E.-Herd 220 °C / G.-Herd 4
Ca. 1 Stunde

976

Leberwurst

1 kg Schweineleber,
1 ½ kg durchwachsenes frisches Schweinefleisch,
½ kg fetter, ungeräucherter Speck.
Zum Sud:
2 l Wasser, Salz, 1 Zwiebel,
1 Messersp. gemahlene Nelken, einige Pfefferkörner, 1 Lorbeerblatt.
Zur Wurstmasse:
1 geriebene Zwiebel, Salz, Pfeffer, Majoran, Thymian, Piment.

Das Schweinefleisch etwa 1½ Std., den Speck nur 45 Min. in leicht gesalzenem Wasser mit der halbierten Zwiebel und den Gewürzen kochen. Die Leber häuten, in dicke Scheiben schneiden, nebeneinander auf ein Sieb legen und 3–4 mal in die kochende Brühe eintauchen (insgesamt 3 Min.). Den Speck kleinwürfelig schneiden, das Fleisch und die Leber durch den Fleischwolf drehen, dann so viel durchgesiebte Kochbrühe (etwa 1–1½ l) zugießen, bis eine dickflüssige Masse entsteht. Das Gewürz und die geriebene Zwiebel zufügen und gut abschmecken. Die Wurstmasse in gewässerte, auf beiden Seiten sorgfältig gereinigte Därme ¾ hoch füllen und die Würste zubinden. Mit einer Stopfnadel mehrmals anstechen und in leicht gesalzenem Wasser etwa 30–45 Min. schwach strudelnd ziehen lassen; öfters unter das Wasser drücken, abtrocknen und aufhängen oder räuchern.

977

Milzwurst

1 große Kalbsmilz (beim Metzger vorbestellen), 3–4 Brötchen, etwas Milch, 1 Essl. Butter oder Butterschmalz,
1 Bries, Fleischbrühe.
250 g gewiegtes Schweinefleisch oder fetter Braten,
je 1 Essl. gedämpfte Zwiebelwürfel und kleingehackte Petersilie,
1 Ei, 1 Eigelb, Salz und Pfeffer.
1 Kalbsnetz (beim Metzger vorbestellen).

Die Milz gut ausschaben und fein wiegen.
Die Brötchen in Scheiben schneiden, mit Milch befeuchten und mit heißem Fett übergießen.
Das gewässerte Bries ca. 20 Minuten in Fleischbrühe kochen, dann in Würfel schneiden. Unter das gewiegte Fleisch geben und alle Zutaten gut miteinander vermengen.
Das Kalbsnetz mit warmem Wasser gut auswaschen, ausbreiten, trockentupfen und die Milzmasse daraufgeben. Zu einer länglichen Wurst rollen, mit einem Küchenfaden binden und in siedender Fleischbrühe oder Salzwasser ca. 30 Minuten sanft kochen.
Die Masse kann auch in die ausgeschabte und gesäuberte Haut der Milz gefüllt werden. Die Milz zunähen, ebenfalls 30 Min. kochen und erkaltet in Scheiben schneiden.

978

Presssack (Presskopf)

1 halber gesalzener Schweinerüssel,
1 gesalzenes Schweineohr,
250 g Schweinefleisch aus einer milden Salzlake,
1 Schweinsfuß (frisch),
Suppengemüse, 1 Lorbeerblatt,
4–6 Pfefferkörner, 2–3 Nelken,
1 Zwiebel.
Zur Marinade:
1/10 l Essig, Fleischsud,
Salz, Pfeffer, 1 Eiweiß.

Die Fleischzutaten mit dem Suppengemüse und den Gewürzen in reichlich Wasser weichkochen. Rüssel, Ohr und Schweinefleisch nach dem Garwerden herausnehmen, abgekühlt in Streifen schneiden und kurze Zeit mit Essig, wenig Fleischsud, Salz und Pfeffer marinieren. Den Schweinsfuß noch etwas auskochen, dann den heißen Sud durchsieben, entfetten und mit Eiweiß klären. Eine kalt ausgespülte Form mit der flüssigen Sülze und den abgetropften Fleischstreifen schichtweise füllen (jede Lage erstarren lassen, bevor die nächste aufgelegt wird), den Presskopf einige Stunden kalt stellen und stürzen. Mit Essig und Öl und Zwiebelringen servieren.

979

Kallstadter/Pfälzer Saumagen* (Originalrezept)

Für 10–12 Personen
1 kleiner, vom Fleischer gereinigter Schweinemagen,
750 g magerer Schweinebauch ohne Schwarte,
750 g magerer Schweinevorderschinken ohne Knochen und Schwarte,
750 g rohe, geschälte Kartoffeln,
1 kg Bratwurstbrät,
2–3 Brötchen, 4–6 Eier,
Salz, Pfeffer, Muskat, Majoran.

Den Schweinemagen gut wässern. Den Schweinebauch und -schinken in Würfel, nicht größer als etwa 2 cm, schneiden. Die kleingeschnittenen Kartoffeln einmal in Wasser aufkochen lassen, abgießen, zu den Fleisch- und Schinkenwürfeln geben und alles mit dem Bratwurstbrät, den eingeweichten, ausgedrückten Brötchen, den Eiern und den Gewürzen gut vermischen. Die Masse pikant abschmecken und in den Schweinemagen füllen. Vorsichtig, nicht zu prall, sonst platzt er. Die 3 Magenöffnungen abbinden und den Magen in reichlich heißem Wasser, bei ca. 80 °C, ca. 3 Std. ziehen, auf keinen Fall aber kochen lassen. Der Magen muss schwimmen und während des Garens öfters gedreht werden. Abtropfen lassen, in Scheiben aufschneiden und mit Brot, nach Belieben mit Sauerkraut, heiß servieren.
Oder den erkalteten Saumagen in Scheiben schneiden, in der Pfanne braun braten. Dazu knusprige Zwiebelringe und Kartoffelsalat servieren.

Tipp:
Für eine Schlachtplatte werden Blutwurst (Griebenwurst), Leberwurst und „Kesselfleisch" (Schweinefleisch aus frischer Schlachtung) in gekochtem Sauerkraut erwärmt. Je nach Region wird anstelle von Kesselfleisch Pfälzer Saumagen oder Kasseler Rippchen serviert.

*Kallstadter Saumagen heißt auch eine bekannte Weinlage in Kallstadt.

Zu den Innereien, die in der Küche verwendet werden können, gehören: Zunge, Mark, Magen oder Kutteln, Lunge, Milz, Leber, Nieren, Herz, Hirn und Bries. Diese Innereien sind bis auf das Mark alle sehr fettarm und leicht verdaulich.

Bries (Kalbsmilch, Midder) muss meistens beim Metzger vorbestellt werden; es muss ebenso frisch wie Hirn verarbeitet werden. Die Beschaffenheit von Bries ist etwas fester als von Hirn. Man kann es vom Kalb oder Lamm zubereiten. Siehe **980** – **985**.

Hirn muss immer frisch verarbeitet werden; gutes Wässern ist wichtig, damit alle Blutgerinnsel ausgeschwemmt werden. Danach weiter zubereiten wie **986** oder **987** bis **989**.

Zunge wird, ob frisch oder gepökelt, immer gekocht und die harte Oberhaut abgezogen. Weiterverwendung bei den einzelnen Rezepten ab **990**.

Lunge (Beuscherl, Beuschel, Lüngerl) siehe **1000**, **1001**.

Herz wird immer bei milder Hitze gekocht oder geschmort, sonst wird es hart. In Frage kommen Rinder- und Kalbsherz, **1002** und **1003**.

Kutteln (Kuttelfleck, Kaldaunen), Kalbsmagen, Gekröse oder Schafsmagen, müssen stets vorgekocht werden (die Brühe kann weiter verwendet werden). Man kann sie aber auch fertig vorbereitet und bereits abgekocht beim Metzger kaufen, siehe **1007** ff.

Leber wird meist in Scheiben verkauft; am delikatesten schmeckt die Kalbsleber, siehe **532**, **1010** bis **1019**, am preiswertesten ist Geflügelleber **1076**.

Milz wird geschabt und gut gewürzt (Majoran oder Salbei) zu Milzschnitten verwendet, auch als Suppeneinlage.

Nieren sollten nur kurz gebraten werden und nicht lange stehen, sonst werden sie hart. Sehr fein schmecken die Kalbsnieren (siehe **1020**), die beim Metzger evtl. vorbestellt werden müssen, da sie sehr begehrt sind. Schweine- und Rindernieren sollten vor der Weiterverwendung gut gewässert werden, siehe **1021**, **1022**.

Mark wird für gute Fleischbrühen mitverwendet; gekochtes Mark kann zu Suppeneinlagen und zu Eintöpfen genommen oder auf gebratenes Fleisch gelegt werden. Außerdem können Soßen damit gewürzt werden. Siehe auch Markklößchen **529**.

Euter, die Milchdrüse hochtragender Kühe, wird ebenfalls zu den Innereien gezählt. Das gründlich gewässerte Kuheuter wird meist schon weichgekocht und in Scheiben geschnitten zum Verkauf angeboten. Verwendung paniert („Berliner Schnitzel“) oder als Einlage für helle Ragouts.

Hinweis: Wegen der verstärkten Umweltbelastung sollten Innereien höchstens einmal im Monat zubereitet werden, da sich Umweltgifte besonders häufig in Leber, Nieren etc. festsetzen.

980

Brieschen im Speckmantel

2 Kalbsbrieschen, 1 Schuss Essig,
4 dünne Scheiben
Speck, 40 g Butter, 1 Zwiebel,
gewiegte Petersilie, 1 Brotrinde,
1 Essl. Mehl, 3–4 Essl. Weißwein,
Fleischbrühe, Salz, Pfeffer, Muskat,
evtl. einige Champignons,
2 Essl. Madeira.

Die Brieschen gut wässern, dabei das Wasser öfter erneuern und ins letzte Wasser 1 Schuss Essig geben. 1–2 mal mit kaltem Wasser aufsetzen, jedesmal bis zum Kochen bringen, dann herausnehmen und in eine Schüssel mit kaltem Wasser legen. Nach dem Abkühlen etwaige Hautreste, Adern, Fett und die innere Röhre entfernen. Die Brieschen zwischen zwei befeuchteten Brettchen, beschwert mit einem schweren Gegenstand, ca. 2 Std. pressen. Dann die Brieschen mit Speckstreifen umwickeln. In der heißen Butter zuerst Zwiebelscheiben, gewiegte Petersilie sowie eine Brotrinde leicht anbraten, die Brieschen mitdünsten, das Mehl darüberstäuben und kurze Zeit garen. Mit dem Wein, Fleischbrühe oder wenig Wasser ablöschen und erst zuletzt mit dem Gewürz gut abschmecken. Evtl. kleine Champignonköpfchen (aus Dosen) in der Soße erhitzen und noch 2 Essl. Madeira zufügen. Bratzeit 15–20 Min.

981

Gebackene Brieschen

2 Kalbsbrieschen,
Salz, Pfeffer, 1 Ei,
Semmelbrösel, Backfett.

Die Brieschen nach **980** vorbereiten. Dann nur blanchieren, sorgfältig häuten und in fingerdicke Scheiben schneiden; mit Salz und Pfeffer bestreuen, in gequirltem Ei und Semmelbröseln wenden und im heißen Fett braun backen.

Oder die Briesscheiben leicht in Mehl wälzen, nur in Butter von jeder Seite goldbraun braten (dabei darauf achten, dass die Butter nicht dunkel wird). Dann erst mit Salz und Pfeffer leicht würzen, warm stellen. Eine Sahnesoße **12** zubereiten, evtl. 1 kleine Dose Trüffel (fein geschnitten) mit der Flüssigkeit zugeben und mit etwas geschlagener Sahne sämig machen. Die Briesscheiben noch einmal kurz in der Soße erwärmen und als Vorspeise mit kleinen Blätterteig-Halbmonden, als Hauptgericht mit körnig gekochtem Reis oder mit Schupfnudeln servieren.

1 Bries wässern.

2 Bries ca. 2 Stunden pressen.

982

Kalbsbrieschen Mailänder Art

Zubereitung wie gebackene Brieschen, jedoch ohne Semmelbrösel. Statt dessen die Scheiben in Mehl und gequirltem Ei, das mit 1–2 Essl. Reibekäse vermischt wurde, wenden.

983

Brieschenfrikassee mit Zunge

1 Kalbsbrieschen,
1 gesalzene Kalbszunge,
Fleischbrühe.
Zur Soße:
50 g Butter, 60 g Mehl,
1 Teel. Kapern,
2 gewässerte Sardellen,
8 Champignons, 1 Eigelb,
2 Essl. saure Sahne,
wenig Salz und Muskat.

Die Brieschen wässern (vgl. **980**) und blanchieren. In einer gut gewürzten Fleischbrühe oder in leicht gesalzenem Wasser in ca. 20 Min. gar werden lassen und sorgfältig häuten. Die Brieschen und die gesondert weich gekochte, geschälte Kalbszunge in große oder kleine Würfel schneiden. Dann von Butter, Mehl und der Brieschen-Kochbrühe eine weiße Grundsoße zubereiten und die Kapern, die gewiegten Sardellen, vorgedünstete frische oder Dosenchampignons (in feine Scheiben geschnitten) zugeben. Die Brieschen- und Zungenwürfel einlegen und kurz erhitzen. Das Frikassee mit Eigelb und Sahne abziehen, würzig mit Salz und Muskat abschmecken und in einer großen oder in mehreren kleinen Pastetchen anrichten. Evtl. noch kleine Fleischklößchen **955** zum Füllen mitverwenden. Diese Menge ist ausreichend für 10–12 kleine Pastetchen oder für eine große Pastete (vgl. **1132**).

984

Brieschenfrikassee, überbacken

Das Frikassee **983** in ausgefettete Muschelförmchen füllen, mit fein gesiebtem Weckmehl und Parmesankäse bestreuen, zerlassene Butter darüber träufeln und im gut vorgeheizten Backofen etwa 15 Min. hell überbacken.
E.-Herd 200 °C / G.-Herd 3

985

Kalbsbries mit Kerbel- oder Cognacsahne

2 Kalbsbrieschen, je ca. 400 g,
2 Essl. Weinessig.
Salz und Pfeffer,
¼ l Gemüse- oder Fleischbrühe,
Zur Soße:
gut ⅛ l Brühe,
1 Becher süße Sahne (200 g),
je 1 Prise Salz und Pfeffer,
2 Essl. Cognac oder
1 Essl. fein gehackter Kerbel.

Die Kalbsbriese in mehrmals erneuertem Wasser ca. 1 Std. wässern (ins letzte Wasser etwas Essig geben). Alle Adern und Häutchen entfernen, nur nicht die Haut, die die Briese zusammenhält. Die Briese jeweils halbieren, leicht mit Salz und Pfeffer würzen und in den gelochten Einsatz des Dampfdrucktopfes legen. Den Einsatz auf das Gitter stellen, so dass er nicht mit der Flüssigkeit in Berührung kommt. Den Topf verschließen und die Brieschen ca. 10 Min. in Dampf garen. Währenddessen die Soße zubereiten: die Brühe mit der Sahne aufkochen, etwas einkochen lassen, bis eine cremige Soße entsteht, würzen und entweder mit Cognac oder frischem Kerbel abrunden. Die Brieschen in Scheiben schneiden, auf einer vorgewärmten Platte ziegelartig anrichten, mit der Soße übergießen und dazu feines Gemüse wie Spinat oder Pilzgemüse oder frische Erbsen, auch Spargel reichen.
Oder die Briesscheiben in einem Reisring anrichten und die Soße in einem Soßenkännchen dazustellen.

986

Gebackenes Hirn

600–800 g Kalbshirn,
Salz und Pfeffer, 1–2 Eier,
Semmelbrösel, Backfett.

Das Hirn zuerst in kaltes, mehrmals gewechseltes Wasser legen, damit alles Blut ausgesogen wird. Dann lauwarm wässern, von der Haut befreien und 5 Min. auf einem Sieb in kochendes Salzwasser oder Fleischbrühe tauchen. Auf einem Tuch abtropfen und abkühlen lassen, in fingerdicke Scheiben schneiden, mit Salz und Pfeffer bestreuen, im gequirlten Ei und Semmelbröseln wenden. Im heißen Fett langsam auf beiden Seiten hellbraun backen. Grünen Salat und Remouladensoße dazu reichen.

987

Kalbshirn mit Buttersoße oder in saurer Soße

600–800 g Kalbshirn (2 Stück),
1 l Wasser, 1 Bund Suppengrün,
grob zerkleinert,
1 Gewürzsträußchen:
1 Lorbeerblatt, 2–3 Stängel Petersilie,
evtl. 1 Zweiglein Thymian,
1 Essl. Weinessig, 1 Teel. Salz,
50 g Butter,
1 fein gehackte Schalotte,
1–2 Essl. Weißwein,
1 Essl. gehackte Petersilie.

Während das Hirn wässert, vgl. **986**, die Gemüsebrühe zubereiten, ca. 30 Min. kochen, dann durch ein Sieb gießen und wieder zum Kochen bringen. Das von allen Adern, Häutchen und harten Stellen befreite Hirn in der Brühe ca. 15–20 Min. ziehen, nicht kochen lassen. In der zerlassenen Butter die Zwiebelwürfelchen hellgelb anschwitzen, den Wein und die Petersilie unterrühren. Die Hirne in Scheiben schneiden, auf eine vorgewärmte Platte legen und mit der Buttersoße übergießen.
Oder eine weiße Soße mit Zitronensaft gewürzt zubereiten und noch 1–2 Essl. Kapern hineingeben.

988
Hirnschnitten

Für 2–3 Personen
1 Kalbshirn (etwa 300 g),
30 g Butter, 1 Teel. gewiegte Schalotten und Petersilie,
1 eingeweichtes Brötchen, 1 Ei,
1 Eigelb, wenig Salz und Muskat,
3 Milchbrötchen oder mehrere Scheiben Weißbrot.
Zum Braten:
30–40 g Butter.

Das gewässerte, gehäutete Hirn fein hacken. In der zerlassenen Butter die gewiegte Zwiebel und Petersilie, das gut ausgedrückte Brötchen und das Hirn bei mäßiger Herdhitze garen. Nach kurzem Abkühlen das Ei, Eigelb sowie das Gewürz zufügen, alles gut vermischen und die Fülle auf nicht zu dünn geschnittene Brotscheiben etwa fingerdick aufstreichen. Dann in heißer Butter 5–6 Min. einzeln braten (nicht umwenden).
Andere Zubereitungsart: Die bestrichenen Brotscheiben auf ein Backblech legen, mit heißer Butter beträufeln und im vorgeheizten Backofen überbacken.
E.-Herd 200 °C/ G.-Herd 3
Ca. 10–12 Minuten

989
Hirnkoteletts

100 g Kalbshirn,
125 g gehacktes Schweinefleisch (Bug),
125 g gekochte, geriebene Kartoffeln,
1 Eigelb, Salz,
je 1 Essl. gedämpfte Zwiebel und Petersilie,
Semmelbrösel, Bratfett.

Das Hirn wässern, in lauwarmem Wasser häuten und fein wiegen. Alle Zutaten miteinander vermischen, runde Küchlein formen, in Semmelbröseln wenden und im heißen Fett ausbraten. Dazu passt Kartoffelsalat und Kopfsalat.

990
Ochsenzunge, gekocht

1 Ochsenzunge, ca. 1,2–1,5 kg,
2–3 l Wasser,
Suppengrün, 4 Pfefferkörner,
2–3 Gewürznelken
1 Lorbeerblatt, Salz.

Eine frische oder gepökelte Ochsenzunge (vgl. Lake **886**) abwaschen, mit reichlich Suppengrün und den Gewürzen in das strudelnde, bei gepökelter Zunge ungesalzene Wasser geben und bei schwacher Herdhitze so lange kochen, bis sich die harte Oberhaut abschälen lässt. Die Zunge in Scheiben schneiden und in der durchgesiebten heißen Brühe servieren.
Dazu passen Salzkartoffeln oder Kartoffelpüree und gemischtes Gemüse

991
Zungenragout

Für 8–10 Personen
1 große, gesalzene Ochsenzunge,
Suppengrün, 2 Lorbeerblätter,
4 Pfefferkörner,
je 1 Prise Paprika und Piment,
60 g Butter, 30 g Schinken oder geräucherter Speck,
1 Zwiebel, 100 g Mehl,
1/4 l Rotwein, Saft von 1/2 Zitrone,
evtl. 1 Essl. Madeira,
einige Champignons oder Kapern.

Die Zunge mit kaltem, ungesalzenem Wasser, Suppengrün und Gewürz aufsetzen, bei schwacher Herdhitze etwa 3 Std. kochen, dann durch Anstechen an der Spitze prüfen, ob die Zunge weich ist. Die Haut abziehen (siehe Abb.) und die Zunge wieder in wenig Brühe warm stellen. Den würfelig geschnittenen Schinken oder Speck mit feinen Zwiebelscheiben in der heißen Butter glasig schwitzen, das Mehl langsam darin bräunen, mit Zungenbrühe und Rotwein ablöschen, den Zitronensaft zufügen und die Soße etwa 30 Min. kochen. Nach dem Durchsieben evtl. 1 Essl. Madeira und einige fein geschnittene Champignons oder Kapern zugeben. Die Zunge beim Anrichten in schräge, nicht zu dicke Scheiben schneiden, mit Harteivierteln und Essiggürkchen verzieren; die Soße dazu reichen.

Tipp:
Die Zunge lässt sich besser schälen, wenn sie im Kochwasser erkaltet.

1 Ochsenzunge: Lässt sich die Zungenspitze leicht einstechen, ist die Zunge gar. Zunge einritzen.

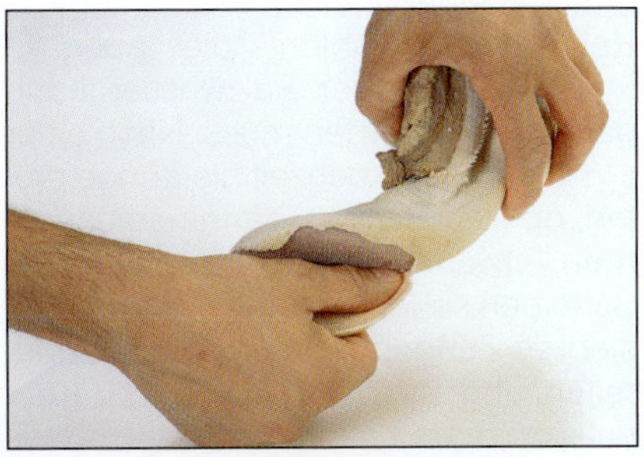

2 Oberhaut von der Zungenspitze her abziehen.

3 Seitlich auf ein Brett legen und vom dünnen Ende her in Scheiben schneiden.

992

Gespickte Ochsenzunge

1 frische Ochsenzunge,
2–3 l Wasser, reichlich Suppengrün,
Salz, einige Pfefferkörner,
1 Lorbeerblatt.
Zum Spicken:
30 g geräucherter Speck.
Zur Soße:
50 g Butter, 1 Zwiebel, 30 g Mehl,
1 Glas Rotwein, Saft von ½ Zitrone,
Zungenkochbrühe.

Die Zunge kochen und schälen; der Länge nach mit feinen Speckstreifen spicken, in der heißen Butter mit Zwiebelscheiben rasch anbraten, das Mehl miträsten, mit Kochbrühe ablöschen, Wein und Zitronensaft zufügen und die Zunge noch etwa 10 Min. in der Soße ziehen lassen; beim Anrichten in Scheiben schneiden und mit der durchgesiebten Soße übergießen.

993

Ochsenzunge mit Rahm- oder Kapernsoße

Zubereitung nach **992**; unter die Soße zuletzt ¼ l sauren Rahm (Sahne) rühren.
Oder eine Kapernsoße **12** zubereiten, die Zungenscheiben damit übergießen und dazu Nudeln, Makkaroni oder Kartoffelbrei reichen.

994

Ochsenzunge mit Sülze

Die nach **990** gekochte und geschälte Zunge zwischen 2 Brettchen legen und leicht beschweren. Nach dem Erkalten in Scheiben schneiden, wieder zusammensetzen und die Zunge mit Sülze **243** oder erwärmtem Aspik glasieren. Beim Anrichten mit einer Rosette von Eischnitzen, aufgespritzter Mayonnaise und Petersilie verzieren und mit Sülzdreieckchen umlegen.

995

Geräucherte Zunge

Eine geräucherte Zunge einige Stunden oder am Abend zuvor in kaltes Wasser legen, dann mit frischem Wasser aufsetzen und etwa 3 Std. kochen. Nach dem Garwerden häuten, in Scheiben schneiden und mit beliebigem Gemüse servieren.
Auch kalt ist die geräucherte Zunge eine delikate Beilage, z. B. in feine Scheiben geschnitten und mit Apfel-Ingwer-Soße **89** oder Tatarsoße **95** und einer Salatgarnitur serviert.

996

Ochsenmaul

Das Ochsenmaul salzen und wie Zungenragout **991** zubereiten. Als Salat angerichtet, ist es jedoch schmackhafter und wird mehr geschätzt (vgl. **396**).

997

Kalbszunge

1 frische Kalbszunge, ca. 600 g,
Fleischbrühe oder Wasser,
1 Zwiebel, Suppengrün,
½ Sellerieknolle,
Salz, einige Pfeffer- und Senfkörner,
1 Lorbeerblatt,
Kapernsoße ***12*** *(aus der Zungenbrühe zubereitet),*
1–2 Essl. dicke saure Sahne.

Die Zunge entweder in einer gut gewürzten Fleischbrühe oder in Salzwasser so lange kochen, bis sich die harte Oberhaut abziehen lässt. Oder beim Einkauf eine gebrühte, abgezogene Kalbszunge wählen, die aber in Fleischbrühe oder Salzwasser noch gar gekocht werden muss. Nach einer 1½-stündigen Kochzeit die Zunge prüfen, ob sie weich ist, dann herausnehmen, etwas abkühlen lassen und in Scheiben schneiden. Mit der durchgesiebten Zungenbrühe die Soße zubereiten und die Sahne zufügen. Kurz aufkochen und dann die Zungenscheiben hineinlegen. Dazu gedämpften Reis oder Salzkartoffeln reichen.

998

Kalbs- oder Schweinezunge

1 größere oder 2 kleinere Zungen,
1–1½ l Salzwasser, 1 Zwiebel,
Suppengrün,
einige Pfeffer- und Senfkörner,
1 Lorbeerblatt,
Béchamel-Soße ***13****,*
1–2 Essl. saure Sahne,
1 Teel. Sojasoße.

Die Zunge waschen und in leicht gesalzenem Wasser mit der halbierten Zwiebel, vorbereitetem Suppengrün, Senf- und Pfefferkörnern so lange kochen (1½–2 Std.), bis sich die harte Oberhaut abziehen lässt. Zunge prüfen, ob sie weich ist, dann herausnehmen, mit kaltem Wasser kurz abschrecken, die Haut abziehen und die Knorpel entfernen. Dann in Scheiben schneiden. Die Béchamelsoße mit der durchgesiebten Zungenbrühe zubereiten, die Sahne zufügen, kurz aufkochen und mit Sojasoße abschmecken. Die Zungenscheiben in der Soße anrichten. Gedämpften Reis oder Salzkartoffeln dazu reichen.

999

Hammelzunge in Berliner Soße

2 Hammelzungen,
1 Zwiebel, Suppengrün,
1 Lorbeerblatt, Salzwasser,
½ l mit hellem Bier zubereitete weiße Soße ***11****,*
Salz, Pfeffer,
gebräunte Zwiebelringe.

Die Zungen gut waschen und mit der klein geschnittenen Zwiebel, dem zerkleinerten Suppengrün und Lorbeerblatt in Salzwasser so lange garziehen lassen, bis sich die Spitze leicht durchstechen lässt und die Zunge weich ist. Die Haut von den Zungen abziehen, die Knorpelteile entfernen, die Zungen in Scheiben schneiden und warmstellen. Die weiße Soße würzig abschmecken und die Zungenscheiben darin anrichten. Mit gebräunten Zwiebelringen garnieren.

1000 Lunge (Beuschel) in Gurkensoße

*800 g Kalbslunge,
1 1/2 l Salzwasser, 1 Zwiebel,
Suppengrün,
evtl. 1 Stück Petersilienwurzel,
einige Pfeffer- und Senfkörner,
1 Lorbeerblatt, Thymian,
1/2 Tasse Essig,
40 g Fett, 40 g Mehl,
1 Teel. Zucker,
1 Prise Knoblauchpulver,
1 Essl. Kapern, 1 Gewürzgurke,
1/4 l Lungenbrühe, 1/8 l saure Sahne,
Saft von 1/2 Zitrone, Salz.*

Die Lunge gut waschen und die Luftröhre herausschneiden. Das Salzwasser mit der zerteilten Zwiebel, dem vorbereiteten Suppengrün, Gewürzen und Essig zum Kochen bringen. Die Lunge einlegen und ca. 1–1 1/2 Std. bei geringer Hitze kochen lassen. Anschließend, wenn möglich, noch Teile der Luftröhre entfernen und die Lunge in Streifen schneiden.
Zur Soße das Fett erhitzen, das Mehl mit Zucker hellbraun rösten, Knoblauchpulver, kleingehackte Kapern und kleingehackte Gewürzgurke dazugeben, kurz mit anrösten und mit der durchgesiebten Lungenbrühe ablöschen. Die Soße 10 Min. durchkochen lassen, Sahne und Zitronensaft sowie die Lungenstreifen dazugeben, erhitzen und würzig, evtl. noch mit Zucker, abschmecken. Kartoffeln, Klöße, Spätzle oder Nudeln schmecken dazu.
Oder halb Lunge, halb Kalbsherz (Herz länger) kochen, in schmale Streifen schneiden. Die Soße bereiten mit zusätzlich zerdrücktem Sardellenfilet und Zitronenschale. Die Lunge in der Soße mit einem Semmelknödel anrichten.

Tipp:
Die Lunge lässt sich besser in Streifen schneiden, wenn sie zuvor 1–2 Stunden gepresst wurde. Vgl. ***1001****!*

1001 Saure Lunge (Wiener Beuschel)

*800 g Kalbslunge,
1 1/2 l Wasser, Salz,
1 Zwiebel, Suppengrün,
einige Pfeffer- und Senfkörner,
1 Lorbeerblatt, 2 Nelken,
2 Essl. Weißwein,
1/2 Tasse Essig.
Zur Soße:
40 g Fett, 70 g Mehl,
Saft von 1/2 Zitrone, oder
1/8 l Weinessig,
3/8 l Lungenbrühe.*

Die gut ausgewaschene Lunge in leicht gesalzenem kaltem Wasser aufsetzen, mit Zwiebel, Suppengrün, Gewürz, Weißwein und Essig etwa 30 Min. (oder die Zwiebel mit dem Lorbeerblatt und den Nelken spicken) kochen. Während dieser Zeit die Lunge mehrmals darin umwenden, dann herausnehmen, abkühlen lassen und auf einem Holzbrett leicht pressen. Inzwischen im heißen Fett das Mehl hellbraun rösten, mit der gesiebten Lungenbrühe ablöschen, den Zitronensaft zufügen und die würfelig oder streifig geschnittene Lunge noch etwa 30 Min. darin gar werden lassen. Als Beilage Kartoffeln, Klöße, Spätzle oder Nudeln reichen.
Oder die vorgekochte Lunge wiegen und mit Kartoffelwürfelchen in der Soße garen.
Oder unter die fertige saure Lunge noch 2–3 gewürfelte Essiggurken mischen.

1002 Gespicktes Herz

*1 aufgeschnittenes Kalbsherz,
50 g geräucherter Speck,
1/8 l Essig.
Zur Fülle:
20 g Butter, 1 Essl. gewiegte
Zwiebel und Petersilie,
1 eingeweichtes Brötchen, 1 kleines Ei,
Salz, Pfeffer, Muskat.
Zum Braten:
30 g Butter, Suppengrün,
1 Brotrinde, 1 Essl. Mehl,
Fleischbrühe,
1/8 l saure Sahne.*

Die Röhren und Hautteilchen herausschneiden, das Herz etwas aushöhlen, gut auswaschen und rundum mit feinen Speckstreifen spicken. Dann mit dem heißen Essig übergießen und 1 Std. kühl stellen. Inzwischen in der heißen Butter die gewiegte Zwiebel, Petersilie, das gut ausgedrückte Brötchen andünsten, Ei und Gewürz zufügen und eine streichfähige Fülle davon zubereiten. Das Herz mit dieser Masse dicht füllen, gut zunähen oder mit Fleischklammern zustecken, mit Salz und Pfeffer bestreuen und mit dem Suppengemüse in heißer Butter anbraten. Eine Brotrinde und das Mehl mitrösten. Mit Fleischbrühe oder Wasser ablöschen und unter öfterem Begießen im vorgeheizten Backofen braten. Etwa 10 Min. vor dem Anrichten die saure Sahne zufügen. Die Soße noch ein wenig eindicken lassen und durchsieben.
E.-Herd 175–200 °C / G.-Herd 2–3
Ca. 50–60 Minuten

Das gegarte Herz vom Herzeingang beginnend im schrägen Winkel zur Spitze schneiden.

1003
Herz in saurer Soße

600 g Kalbsherz,
1½ l Wasser, Salz, Suppengrün,
1 Zwiebel, ½ Sellerieknolle,
1 Gelbe Rübe, 1 Tomate
oder etwas Tomatenmark,
3–4 Pfefferkörner.
Zur sauren Soße:
1 Essl. Schweinefett oder Butter,
1 Zwiebel, 2 Essl. Mehl,
2 Essl. Essig, Saft von ½ Zitrone,
1 Stück Würfelzucker,
je 1 Prise Thymian und Piment.

Zuerst einen Sud zubereiten: Wasser, Salz, Suppengrün, die zerteilte Zwiebel, die geschälte Sellerieknolle und Gelbe Rübe, Tomate oder Tomatenmark und das Gewürz etwa 20 Min. durchkochen. Inzwischen das Kalbsherz waschen, die Röhren und Muskelfasern entfernen, das Herz in die strudelnde Brühe einlegen und darin in ca. 30 Min. weich werden lassen. Dann die Soße zubereiten, mit der durchgesiebten Kalbsherzbrühe ablöschen und würzig abschmecken. Das abgekühlte Herz in mäßig dicke Scheiben schneiden und in der Soße noch einmal kurz erhitzen. Dazu Salzkartoffeln, Spätzle oder Weckklöße reichen.
Hinweis: Kalbsherz wird vom Metzger aufgeschnitten (wie eine Tasche) angeboten.

1004
Milzbeefsteaks

1 Kalbsnetz (beim Metzger vorbestellen),
Milz-Brieschen-Masse ***977****,*
Bratfett.

Das Kalbsnetz mit lauwarmem Wasser gut auswaschen, ausbreiten und trockentupfen. In Vierecke schneiden und auf jedes Viereck einen Esslöffel der Milzmasse geben. Die Netzstücke von allen Seiten einschlagen. Die Päckchen in eine ausgefettete feuerfeste Form legen und im Backofen garen. Evtl. mit etwas heißer Fleischbrühe begießen.
E.-Herd 200–225 °C / G.-Herd 2–3
Ca. 20 Minuten

1005
Kalbsgekröse, geröstet und sauer

Das Kalbsgekröse sorgfältig waschen, in Salzwasser weich kochen und in feine Scheiben schneiden. Dann entweder in Butter oder Schweineschmalz mit Zwiebelringen knusprig rösten oder sauer nach **1008** zubereiten.

1006
Kutteln in Tomatensoße

800 g gewässerte, gewaschene und weichgekochte Kutteln,
3–4 Essl. Olivenöl,
1 Gemüsezwiebel,
2 Fleischtomaten oder 1 Dose geschälte Tomaten,
1 frische Chilischote,
½ Bund Thymian,
6–8 Zehen Knoblauch,
Saft von ½ Zitrone, ca. ¼ l Weißwein,
Salz, 2 Essl. frische Tomatenwürfel.

Die Kutteln in schmale Streifen schneiden. Portionsweise in Olivenöl anschwitzen. Die Gemüsezwiebel würfeln, die Tomaten häuten, entkernen und in Würfel schneiden (oder die Dosentomaten kleinschneiden). Die Pfefferschote entkernen und fein hacken. Zu den Kutteln geben. Die Thymianzweige und die halbierten Knoblauchzehen leicht unterheben. Mit Zitronensaft würzen, mit der Hälfte des Weines angießen. Bei geringer Hitzezufuhr ca. 1–1½ Stunden köcheln lassen. Evtl. etwas Wein nachgießen.

Die vorgekochten Kutteln in schmale Streifen schneiden

Salzen, abschmecken, mit den Tomatenwürfeln bestreuen und die Kutteln mit Salzkartoffeln oder Weißbrot servieren.
Oder die weich gekochten, fein geschnittenen Kutteln in Tomatensoße **50** anrichten. Dazu passen breite Nudeln.

1007
Kutteln oder Kuttelfleck, geröstet (Kaldaunen)

Für 3–4 Personen
500 g Kutteln, gut gewässert,
40–50 g Butter,
1 Zwiebel, Salz, Pfeffer, 1 Ei.

Die gewaschenen, weich gekochten Kutteln in feine, fingerlange Streifen schneiden. In der heißen Butter die Zwiebelscheiben hellgelb dünsten, die Kutteln, Salz und Pfeffer zugeben und so lange dünsten, bis sie leicht angebacken sind; dann das geschlagene Ei darunterrühren und kurz stocken lassen. Dazu Kartoffelsalat reichen.
Oder Kutteln in Apfelmost zubereiten: Zu den Kutteln noch je 250 g Gelbe Rüben in Würfeln und Zwiebeln in Scheiben sowie 1 Knoblauchzehe geben. 1 gereinigten, einmal durchgehackten Kalbsfuß, 1 Kräutersträußchen (1 Lorbeerblatt, 3 Stängel Petersilie, 1 Zweiglein Thymian), 6 Pfefferkörner und 2 Nelken beifügen und das Ganze mit gut ½ l Apfelmost aufgießen (evtl. 1 Gläschen Apfelkorn zufügen). Dazu eine gut schließende Kasserolle benutzen, die fest verschlossen im vorgeheizten Backofen stehen sollte.
E.-Herd 150 °C/G.-Herd 1–2
Ca. 4–5 Stunden
Vor dem Auftragen das Fleisch vom Kalbsfuß lösen, das Kräutersträußchen entfernen und das Gericht, evtl. mit Mehlbutter gebunden, sehr heiß zu Kartoffeln oder Nudeln servieren.

Weitere Kuttelgerichte:
Kuttelsalat **395**, S. 115.

1008
Kutteln, sauer

1 kg Kutteln,
1 Bund Suppengemüse:
Sellerie, Karotte, Lauch,
Saure Soße ***37*** *mit Rotwein.*

Die frischen Kutteln, gut reinigen und wässern. In kaltem Wasser aufsetzen, aufkochen, abgießen und nochmals kalt aufsetzen. Das Suppengemüse grob zerkleinern, beifügen und insgesamt 5 Stunden langsam kochen. Zum Auskühlen in kaltes Salzwasser legen und anschließend die Kutteln in feine Streifen schneiden.
Die Saure Soße zubereiten, die Kutteln darin erwärmen. Zu Kutteln als Hauptgericht passen geröstete Kartoffeln.

1009
Kutteln mit Pilzen

Die nach **1008** vorbereiteten und angeschwitzten Kutteln in die braune Rahmsoße **32** geben. Dazu 100 g getrocknete gut eingeweichte, in 100 g Schlagsahne (1/2 Becher) ca. 8–10 Min. gekochte Steinpilze mischen.

1010
Gebratene Kalbsleber oder Rindsleber

500–600 g Kalbsleber,
etwa 1/4 l Milch, Weißmehl,
30 g Butter, 1 kleine Zwiebel,
Fleischbrühe oder evtl. Bratensoße,
Salz und Pfeffer.

Die gehäutete Leber in 4–5 Scheiben schneiden, in Milch eintauchen und in Weißmehl wenden, überflüssiges Mehl abklopfen. In heißer Butter mit den fein geschnittenen Zwiebelscheiben auf beiden Seiten jeweils ca. 3–4 Min. braten. Aus der Pfanne nehmen und zugedeckt auf einer vorgewärmten Platte warmhalten. Den Bratsatz mit Fleischbrühe, wenig Wasser oder Bratensoße ablösen kurz aufkochen und dazu servieren. Die Leberscheiben mit Salz und Pfeffer bestreuen und dazu Kartoffelsalat oder -püree reichen.

1011
Saure Kalbsleber

500 g Kalbsleber, 1 Zwiebel,
30 g Butter, etwas Mehl,
Fleischbrühe oder Wasser,
2 Essl. Weißwein oder heller Weinessig, Salz.

Die Leber nach dem Häuten halbieren und mit einem scharfen Messer in feine Scheiben, dann in Streifen schneiden. Schmale Zwiebelringe in Butter hellgelb dünsten, die Leber darin unter öfterem Umwenden anrösten, mit Mehl bestäuben, Wasser oder Fleischbrühe zugießen und alles in ca. 6–8 Min. bei milder Hitze garen. Erst kurz vor dem Anrichten mit Salz und Essig würzen. Auf diese Weise können auch saure Nieren zubereitet werden. Dazu schmecken Semmelknödel oder Bratkartoffeln.

1012
Gespickte Kalbsleber

500–600 g Kalbsleber,
30 g geräucherter Speck,
1/4 l Weißwein, 1 Zwiebel,
einige Pfeffer- und Senfkörner,
1 Lorbeerblatt, 2 Nelken, Petersilie.
Zum Braten:
40 g Butter, 1 Teel. Speisestärke, Salz.

Die Leber nicht teilen, nur häuten und mit feinen Speckstreifen spicken. Den Weißwein mit Zwiebel, Gewürz und Petersilie aufkochen, nach dem Abkühlen über die Leber gießen und sie etwa 15 Min. darin marinieren. Dann die Leber abtropfen lassen, in heißer Butter hellbraun anbraten und bei mäßiger Brathitze unter wiederholtem Begießen mit der durchgesiebten Marinade in etwa 15 Min. gardünsten. Kurz vor dem Anrichten die Soße mit der angerührten Speisestärke aufkochen und dann erst die Leber salzen.

Saure Leber **1011** mit Semmelknödeln

1013
Kalbsleber Berliner Art

Dieses Gericht wird genauso zubereitet wie **1010**, jedoch empfiehlt es sich, mit zwei Pfannen zu arbeiten. In einer Pfanne werden Zwiebelringe von 3–4 Zwiebeln angebraten, evtl. mit einem Schuss Brühe oder Wein abgelöscht, darauf kommen nicht zu dünne Scheiben von 2 säuerlichen Äpfeln. Bis die Flüssigkeit eingekocht ist, sind die Apfelscheiben soweit gedünstet, dass sie nicht auseinanderfallen. In der zweiten Pfanne die in wenig Mehl gewendeten Leberscheiben in halb Butter, halb Öl bei mittlerer Hitzezufuhr in 3–4 Min. braten. Auf vorgewärmte Teller legen, leicht salzen, evtl. auch pfeffern und über jede Leberscheibe einige Zwiebelringe und Apfelscheiben legen.
Oder die Zwiebelringe und Apfelscheiben hintereinander braten und warm halten.
Mit Kartoffelpüree servieren.

1014
Leberbeefsteak, überbacken

250 g Leber (Kalbs-, Rinds- oder Schweineleber),
1 kleine Zwiebel, 2 Sardellen,
2 hartgekochte Eier,
1 Eigelb, 50 g Butter,
1 Prise Paprika, Salz,
Saft von ½ Zitrone,
4 frische Brötchen oder Weißbrot,
Margarine für die Form.

Die Leber häuten und mit der geschälten Zwiebel, den gewässerten Sardellen und den hartgekochten Eiern durch die feine Scheibe des Fleischwolfs drehen, mit Eigelb, zerlassener Butter, Gewürz und Zitronensaft verrühren. Die Brötchen oder das Weißbrot in dicke Scheiben schneiden, mit der Lebermasse bestreichen und in eine gefettete feuerfeste Form legen. Im vorgeheizten Backofen überbacken.
E.-Herd 200 °C/G.-Herd 3
Ca. 20 Minuten

1015
Schweineleber

Die Schweineleber ca. 10 Min. lang in Milch einlegen, das mildert den etwas strengen Geschmack; trockentupfen und dann wie **1010**, **1011** oder **1012** zubereiten. Besonders zu empfehlen ist auch das Grillen auf dem Rost oder in der offenen Grillpfanne. Erst nach dem Garbraten salzen und würzen wie Kalbsleber.

1016
Schweineleber im Netz

½ Schweinenetz (beim Metzger vorbestellen),
500 g Schweineleber in ca. 1 cm dicken Scheiben,
1 Zwiebel, 3–4 Schalotten,
je 2 Essl. gehackte Kräuter: Petersilie, Thymian, Basilikum,
Salz und Pfeffer.
4 Essl. Sonnenblumenöl oder Olivenöl,
1 Zitrone, in dünne Scheiben geschnitten.
Zum Anrichten:
gehackte Petersilie,
dünn gehobelte Zwiebelscheiben.

Das Schweinenetz gut wässern, trockentupfen und in Stücke zerteilen, so groß, dass jeweils eine Leberscheibe eingewickelt werden kann. Zwiebel und Schalotten fein hacken, auf den Leberscheiben verteilen, gehackte Kräuter, Salz und Pfeffer darüberstreuen. Das Schweinenetz über die Leberscheiben schlagen. Eine flache Schale mit dem Öl ausgießen, die Leberpäckchen mit den Zitronenscheiben hineinlegen und ca. 3–4 Stunden marinieren.
Die Leberpäckchen von beiden Seiten entweder in der Pfanne oder auf dem Rost braten. Mit gehackter Petersilie und Zwiebelscheiben anrichten und warmen Kartoffelsalat dazu servieren.

1017
Lammleber

400 g Lammleber,
Milch, 60 g Butter oder Öl,
4 Scheiben Speck,
2 Bund Frühlingszwiebeln,
1 Schuss Wein.

Die Leber gut waschen und über Nacht in Milch legen. Dann abgetropft in Streifen schneiden und mit den Speckscheiben in 30 g heißer Butter oder Öl ca. 4 Min. braten. Die gekürzten Frühlingszwiebeln in der restlichen Butter kurz braten und etwas Wein angießen. Wenn er verdampft ist, die Zwiebelchen auf einer vorgewärmten Platte anrichten, die Leber mit den Speckscheiben darübergeben und mit den gebräunten Zwiebeln garnieren.

1018
Leberspatzen, Lebernocken

Je 250 g gemahlene Rinds- und Kalbsleber, 2 eingeweichte Brötchen, 1 Zwiebel, Petersilie,
20 g Butter, 1–2 Eier,
2 Essl. Mehl, 2–3 Essl. Semmelbrösel,
Salz, Pfeffer, Muskat,
1 Prise Majoran,
evtl. 1 Essl. gewiegter roher Spinat.
Zum Schmälzen:
in 20 g Butter geröstete Semmelbrösel (½ Tasse).

Die abgeriebenen, eingeweichten, gut ausgedrückten Brötchen mit der gewürfelten Zwiebel und Petersilie in Butter andünsten, die übrigen Zutaten und die Leber daruntermischen. Zuerst einen Probekloß kochen (ist die Masse noch zu weich, wenig Semmelbrösel zufügen) und mit einem angefeuchteten Esslöffel schmale Spatzen oder Nocken in strudelndes, leicht gesalzenes Wasser einlegen. Zugedeckt bei schwacher Kochhitze etwa 8–10 Min. darin ziehen lassen. Die Spatzen beim Anrichten mit gerösteten Semmelbröseln überschmälzen.
Oder knusprig gebratene Zwiebelringe darüber anrichten.
Leberklößchen siehe **532**,
Leberknödel **1211**.

1019

Leberspießchen

350–400 g Kalbs- oder Schweineleber,
75 g Speck, 1–2 Zwiebeln,
frische Salbeiblätter,
1 rote Paprika, in Würfel geschnitten,
60 g Butter oder Margarine,
Salz, Pfeffer.

Die gewaschene Leber in daumendicke, kleinere Stücke und den Speck in Würfel schneiden. Die geschälte Zwiebel teilen und auseinandernehmen. Auf die Spießchen im Wechsel ein Stück Leber, ein Salbeiblatt, einen Würfel Speck, dann Zwiebel und Paprikaschote stecken. Die Spießchen in der heißen Butter oder Margarine ca. 6 Min. braten oder unter den vorgeheizten Grill schieben. Vor dem Anrichten salzen und pfeffern.

1020

Kalbsnierchen oder Lammnierchen

2 Kalbsnieren (ca. 400–500 g)
oder 6–8 Lammnieren,
2 Essl. Butter oder Butterschmalz,
Salz und Pfeffer,
2 Schalotten oder Frühlingszwiebeln (nur das Weiße),
250 g frische Pilze wie Champignons, Egerlinge oder Austernpilze,
2 Essl. Butter oder Butterschmalz,
1/8 l Portwein oder Madeira,
1/8 l süße Sahne,
1 Essl. fein gehackte Zitronenmelisse oder Petersilie.

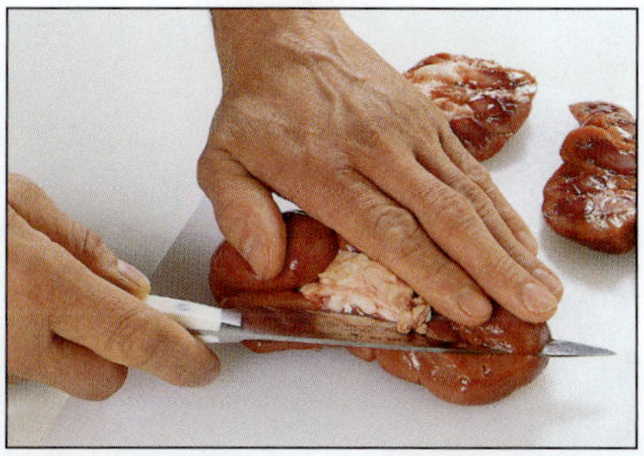

Niere: Mit der Hand gut flachdrücken und aufschneiden. Fett und Aderansätze entfernen.

Die Kalbsnierchen enthäuten, evtl. entfetten, Sehnen oder Röhren herauslösen, in Scheiben schneiden; mit den Lammnierchen ebenso verfahren, diese jedoch noch für 5 Min. in Wasser mit etwas Essig legen, dann trockentupfen. Das Fett in einer Pfanne zergehen lassen und die Nierenscheiben bei starker Hitze 4–5 Min. unter Rühren anbraten, mit Salz und Pfeffer würzen und auf einer vorgewärmten Platte zugedeckt warmhalten. Die Zwiebelchen fein hacken und zusammen mit den geputzten, in Scheiben geschnittenen Pilzen in der Butter gelb anschwitzen. Den Wein zugießen, ca. 10 Min. schmoren lassen, die Sahne zufügen und etwas einkochen lassen. Die Nierenscheibchen unter die Pilze heben und noch kurz darin erwärmen. Sofort servieren, sonst werden die Nierchen hart. Mit frisch gehackten Kräutern bestreuen. Wer schon etwas Übung beim Kochen hat, kann, während die Nierchen braten, die Pilze zubereiten, da dieses Gericht sehr schnell zubereitet werden muss!

Oder die gebratenen Nierchen warm halten, den Bratsatz mit Weißwein lösen, süße Sahne zufügen, etwas einkochen lassen und 1 Essl. gehackten Estragon an die Soße geben. Mit Reis servieren.

Oder den Bratsatz mit 1/8 l Weißwein ablösen, 2 Essl. mittelscharfen Senf einrühren, würzen mit Salz, frisch gemahlenem Pfeffer und dem Saft von 1/2 Zitrone. Zum Schluss 4 Essl. schaumig gerührte Butter unter die Soße schwenken; sofort über die Nieren geben und servieren. Dazu Dampfkartoffeln oder Safranreis reichen.

Zu den obigen Gerichten eignen sich ebenso Rind- und Schweinenieren. Diese ca. 30–40 Min. wässern, dann trockentupfen.

1021

Schweinenieren

Die kleinen, bohnenförmigen, gut gewässerten Schweinenieren lassen sich rasch zubereiten. Entweder in strudelndem Wasser 10 Min. kochen, dann mit Salz und 1 Prise Majoran bestreuen und gleich servieren oder als saure Nieren wie **1011** weich dünsten.

1022

Saure Rinds- oder Kalbsnieren

500 g Rinds- oder Kalbsnieren,
40 g Butter, 2 Essl. Mehl,
1 Zwiebel,
etwa 1/8 l Fleischbrühe oder Bratensoße, 4 Essl. Rotwein,
1 Essl. Essig, 1 Teel. Zitronensaft,
wenig Salz, 1 Prise Pfeffer.

Die Nieren nach **1020** vorbereiten, halbieren quer in feine Scheiben schneiden, in heißer Butter rasch anbraten, nach etwa 6–8 Min. (sobald sie nicht mehr rot sind) herausnehmen, damit sie nicht hart werden, und warmstellen. Das Mehl und die klein geschnittene Zwiebel in dem zurückbleibenden Fett hell bräunen, mit Fleischbrühe, Bratensoße oder Wasser ablöschen, den Wein, Essig und Zitronensaft zufügen und die Soße durchkochen; mit Salz und Pfeffer würzen, durchsieben, die Nieren kurz darin erhitzen und sofort servieren. Dazu Röstkartoffeln reichen.

1023

Lammnierchen vom Grill

Pro Spieß: 2 Lammnieren,
4 Scheiben durchwachsener Speck,
3 Schalotten,
2 Backpflaumen ohne Stein
oder 2 kleine Champignons,
Butter oder Öl zum Bestreichen,
ein paar Zweige Rosmarin.

Die Lammnieren enthäuten, entfetten und der Länge nach halbieren, Sehnen und Röhren herausschneiden. Ca. 30 Min. wässern. Trockentupfen und mit den Speckscheiben umwickeln. Zuerst ein Zwiebelchen dann die halbierte, umwickelte Niere, dann eine Backpflaume oder einen Pilz, dann wieder ein Stück Niere usw. auf den Metallspieß stecken, bis die Zutaten verbraucht sind. Mit Butter oder Öl bestreichen und über der milden Glut, ca. 20 cm entfernt, auf dem Rost unter Wenden ca. 15 Min. grillen. Rosmarinzweige in die Glut legen, das gibt ein feines Aroma.

WILD & GEFLÜGEL

Er sei davon überzeugt, „dass das ganze Geschlecht der Hühnervögel... geschaffen worden ist, um unsere Speisekammern zu füllen und unsere Festessen zu bereichern", blödelte – bei aller Liebe – der tafelfrohe Richter Anthelme Brillat-Savarin, Ende des 18. Jahrhunderts, in seiner „Physiologie des Geschmacks". Und ein Fresser unserer Zeit schwätzte gar, alle Vögel seien einzig aufgestiegen, „um auf einem Herd zu landen". Unbestritten ist, dass alles Geflügel – einerlei wie zubereitet – den Menschen besser bekommt, als solcherlei „geflügelte Worte".

Wild

Reh

	Kochen	Schmoren	Braten	Kurzbraten und Grillen
Rücken			Rehrücken, Koteletts Spickbraten	Rehnüsschen, Koteletts,
Keule			Gebeizte Rehkeule, Gefüllte Keule, Spickbraten	Steaks, Schnitzel
Hals, Bauchlappen, Bug		Ragout		
Blatt			Spickbraten	
Innereien				Leberscheiben

Hirsch

Keule		Pastete	Hirschröllchen, Braten	Steaks, Frikadellen
Brust			Gefüllte Hirschbrust	
Blatt, Brust, Hals, Rippen		Hirschpfeffer		
Vorderziemer und Blatt		Spickbraten, gebeizt		
Ziemer				Spießbraten

Hase

Rücken, Hinterläufe		Ragouts	Braten, Spickbraten	Koteletts
Keule		Ragouts, Gulasch	Spickbraten	
Schenkel			Braten	
Lende (Filet)				Medaillons
Bug, Hals		Gulasch		
Kopf, Hals, Bauchlappen, Leber, Herz		Ragouts, Hasenpfeffer		Leberscheiben, paniert
ganzer Hase				Spießbraten

Wildschwein

Schlegel			Braten	
Blatt		Ragout		
Keule			Braten	

Wildfleisch verschiedenster Art ist heute ganzjährig tiefgefroren erhältlich. Die Hauptsaison für Wildgerichte ist, mit Ausnahmen, nach wie vor die Zeit der Wintermonate. In diesen Monaten liegen die Hauptabschusszeiten für Wild, und das Fleisch kommt frisch in den Handel. Ausnahme: Rehfleisch ist auch im Sommer frisch zu bekommen (Sommerjagd). Das meiste Wild wird heute bratfertig angeboten; nur wer das Wild vom Jäger kauft, bekommt manchmal ungehäutete, unausgenommene Tiere.
Das teure, feinaromatische Wildfleisch sollte stets gut abgehangen sein – eine Ausnahme bildet auch hier wieder das Rehfleisch, das durchaus frisch verwendet werden kann (Rücken, Filet, Steak, Geschnetzeltes). Um den gelegentlich strengen Wildgeschmack zu mildern, legt man das Fleisch einige Stunden bis 2 Tage in eine Beize ein. Typische Wildgewürze sind: Wacholderbeeren, Pfefferkörner, Nelken, Rosmarin, auch Thymian, Lorbeerblatt und Paprika. Zum Ablöschen sowie zur Soßenzubereitung nimmt man einen guten Rotwein (keinen Landwein, der hat zuviel Säure), gelegentlich auch guten Weinbrand oder Cognac (bei kleineren Wildstücken). Ebenso wird eine gute Wildsoße mit reichlich süßer Sahne oder dicker saurer Sahne (Crème fraîche) abgerundet.
Um Wildfleisch während des Bratens vor dem Austrocknen zu schützen, kann es mit dünnen, fetten Speckscheiben oder mit einem Schweinenetz umhüllt werden. Das Spicken ist nicht immer angebracht, da die Fleischfasern dabei verletzt werden. Zum Spicken sollte ein spitzes Messer oder die Spicknadel verwendet werden. Man kann die Speckstückchen auch in Gewürzen wälzen – so nimmt das Fleisch die Geschmackszutaten besser auf. Siehe auch: Hase, S. 297
Beliebte Beilagen zum Wild sind: gedünstete Pilze wie Pfifferlinge, Steinpilze, auch Champignons oder Morcheln, glasierte Maronen oder Maronenpüree, Linsengemüse, Rosenkohl, Rot- oder auch Sauerkraut und Preiselbeeren oder Johannisbeergelee (siehe einzelne Rezepte).

Reh

Rehfleisch zählt dank seines vorzüglichen Geschmacks und feinen Wildaromas zum teuersten Wildfleisch. Es ist kurzfaserig, daher besonders leicht verdaulich. Beim Braten von Rehfleisch ist zu beachten, dass das Fleisch nicht zu lange gebraten wird, da es sonst austrocknet.
Besonders saftig und zart bleibt das Rehfleisch, wenn es in der Bratfolie (nur gewürzt, evtl. unter Beigabe von etwas Suppengrün und mit 1 Glas Rotwein begossen) im Backofen gegart wird.
E.-Herd 200–225 °C/G.-Herd 3–4, (siehe auch **1031**).
Rehkeule von 1,5–2 kg ca. 60 Min.
Rehrücken und Rehkeule sollten stets durchgebraten serviert werden, da das heimische Wildbret in den seltensten Fällen veterinärmedizinisch untersucht wird.
Damwild ist im Fleisch dem Reh vergleichbar und wird nach denselben Rezepten zubereitet.

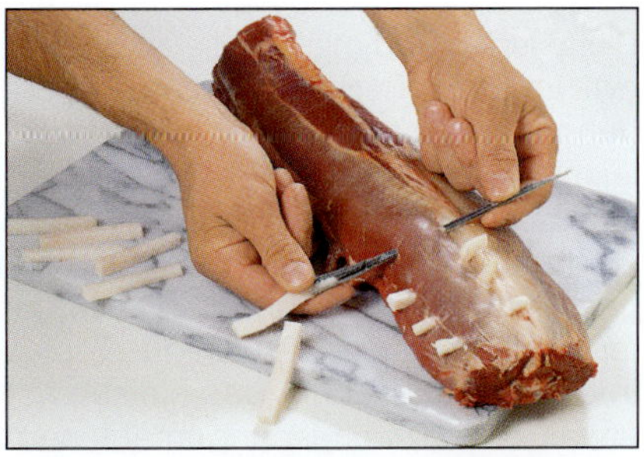

1 Rehrücken **1024** vorbereiten: Mit der Spicknadel spicken.

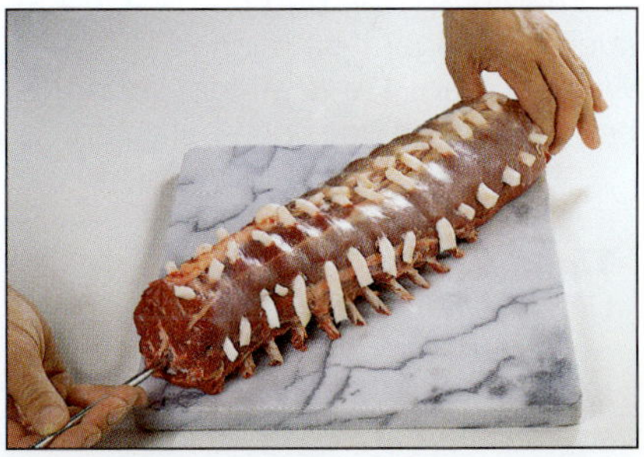

2 Einen Metallstab durch den Rehrücken schieben, damit er sich beim Braten nicht verformt.

1024

Rehrücken

1 abgehangener Rehrücken,
40 – 60 g Räucherspeck oder
4 – 5 Speckscheiben,
Salz, Pfeffer, 50 g Fett,
150 g Schweinsknochen,
¼ l Fleischbrühe, 1 Zwiebel,
einige Nelken, 1 – 2 Lorbeerblätter,
3 – 4 zerdrückte Wacholderbeeren,
¼ l saure oder süße Sahne,
1 Essl. Speisestärke,
Zitronensaft, 1 Glas Rotwein.

Den Rehrücken häuten, den Hals, falls er hochsteht, abhacken und die Rippen etwas kürzen, damit der Braten eine gleichmäßige Form erhält. Den Rücken mit feinen Speckstreifen spicken oder mit Speckscheiben umwickeln, in ein essig- oder weingetränktes Tuch einschlagen und über Nacht kühl stellen. Den Rücken salzen und pfeffern und im heißen Fett mit den gewaschenen Knochen auf beiden Seiten in der Fettpfanne im Backofen anbraten. Fleischbrühe zugießen, die zerteilte Zwiebel und die anderen Gewürze zugeben und den Rücken braten. Öfter übergießen.
Nach ca. 30 Min. die Soße durchsieben, wenn notwendig, noch etwas Fleischbrühe dazugeben und das Fleisch fertig braten. Erst ganz zuletzt die saure Sahne zufügen und die Soße mit der angerührten Speisestärke binden. Mit Zitronensaft, Rotwein und Gewürzen abschmecken. Das Fleisch herausnehmen, beide Filetstücke dicht am Rückenknochen loslösen, schräg in dicke Scheiben schneiden und auf einer vorgewärmten Platte auf dem Knochengerüst wieder zusammensetzen. Die Soße gesondert dazu reichen.
Den Rehrücken mit Birnenhälften, die mit Preiselbeerkonfitüre gefüllt sind, garnieren. Dazu gibt es Spätzle und Apfelrotkraut.
E.-Herd 200–225 °C / G.-Herd 3–4
Ca. 60 Minuten

Tipp:
Das Filet am oberen Knochen entlang leicht mit einem Messer einritzen – so kann man durch Wegziehen mit den Fingern prüfen, ob das Fleisch schon gar ist!

1025
Rehrücken mit Früchten

Den Rehrücken mit Champignonköpfen, kurz erwärmten Ananasscheiben und Weinbrandkirschen, mit Orangenscheiben oder Mandarinenspalten und abgezogenen, gerösteten Mandelstiftchen garnieren. Kartoffelkroketten **1248** ergänzen das Gericht.

1026
Rehrücken mit Quittensoße

Die Soße (Zubereitung nach **1024**) mit Salz, Pfeffer, gemahlenen Nelken und Ingwerpulver abschmecken. Quittenstücke in Madeira weichkochen, etwas süßen, ohne Saft in die Soße geben.

1027
Rehrücken mit Gänseleber und Trüffeln

Den Rehrücken schuppenförmig mit gedünsteter, in Scheiben geschnittener Gänseleber und Dosentrüffeln belegen.

1028
Rehnüsschen mit Gänseleber

Die gebratenen Fleischscheiben (siehe **1032**) auf die Weißbrotschnitten legen, obenauf je 1 Scheibe gebratene Gänseleber geben. Dazu kleine Blätterteigpastetchen, gefüllt mit gedünsteten Pilzen und evtl. auch mit Pflaumenmus, und Nestchen von Strohkartoffeln **1262** servieren.

Tipp:
Tiefgefrorene große Bratenstücke werden besonders aromatisch, wenn sie zum Auftauen in eine milde Beize gelegt werden. Kleine Stücke, wie Steaks oder Wildkoteletts, nur kurz angetaut braten.

1029
Rehrücken mit Hagebuttensoße

Den Rehrücken mit Hagebutten- (Hägenmark-) soße servieren: Zubereitung nach **1024**, jedoch ohne Sahne, dafür mit mehr Fleischbrühe. Zur Soße 2 Essl. »Hägenmark« (Hagebuttenmark) oder 1 Essl. Hagebuttenmarmelade mit ¼ l Rotwein aufkochen und zufügen. Kurz vor dem Anrichten noch 30 g kalte Butter und evtl. 1–2 Essl. Madeira unterrühren.

1030
Ausgelöstes Rehfilet

500 – 600 g ausgebeinter Rehrücken (Filet), Butter und Öl oder Butterschmalz zum Braten,
80 g frische schwarze Johannisbeeren oder Johannisbeerkompott,
1 Teel. Zucker, ¼ l Rotwein,
*¼ l Wildfond (**4**),*
80 g schaumig geschlagene Butter,
Salz und frisch gemahlener Pfeffer.

Das gehäutete, zugeschnittene Rehfilet im erhitzten Fett auf jeder Seite ca. 4–6 Min. braten. Auf eine vorgewärmte Platte legen und mit Alufolie zudecken, evtl. im Backofen warm halten. Die Johannisbeeren mit Zucker und Rotwein leicht einkochen, dann durch ein Sieb streichen. Den Bratsatz mit Fond lösen, zu der durchgesiebten Fruchtsoße geben, kurz aufkochen und die Butter unter Hin- und Herschwenken des Topfes in die Soße mischen. Das Fleisch mit etwas Salz und frisch gemahlenem Pfeffer würzen und aufschneiden, mit der Soße überziehen und dazu überschmälzte Spätzle und Blaukraut oder auch Linsengemüse reichen.
Wer es mag, kann einige Johannisbeeren ganz in der Soße belassen.

Tipp:
Das Rehfilet einmal nicht in kleinen Scheiben, sondern in Längsrichtung schneiden. Das ergibt schmale lange Scheiben mit gleichmäßigen Bratpunkten.

1031
Gebeizte Rehkeule (Rehschlegel)

Für 8 – 10 Personen
1 enthäutete und vom Knochen befreite Rehkeule (ca. 2 kg),
50 g Speck, 1 Zwiebel,
1 Karotte, 1 Stück Sellerie,
4 zerdrückte Wacholderbeeren,
1 Lorbeerblatt, ½ l Rotwein,
1 Essl. Essig, ¼ l Wasser,
Salz, Pfeffer,
50 g Butter/Margarine,
2 Essl. Speisestärke,
⅛ l süße Sahne, Senf,
1 kleine Dose Pfifferlinge,
1 Essl. gewiegte Petersilie.

Die Rehkeule nach Belieben mit dem in Streifen geschnittenen Speck spicken. Die zerteilte Zwiebel mit kleingeschnittener Karotte, dem Stück Sellerie, Wacholderbeeren und Lorbeerblatt zum Rotwein geben, Essig und Wasser zufügen und kurz aufkochen. Die Rehkeule für 2 Tage in die erkaltete Beize legen.
Vor dem Braten abtrocknen, mit Salz und Pfeffer einreiben und in der heißen Butter oder Margarine auf beiden Seiten anbraten. Die Beize mit den Gewürzen darübergießen und die Keule im vorgeheizten Backofen braten. Nach 15 Min. die Hitze vermindern und die Keule ca. 75 Min. garen. Aus dem Backofen nehmen und zum Warmhalten eine Aluminiumfolie darüberdecken.
E.-Herd 200–225 °C,
dann 175–200 °C
G.-Herd 3–4, dann 2–3
Zuerst 15 Minuten
dann 1 ¼ Stunden
Die Speisestärke mit der Sahne anrühren, die durchgesiebte Soße damit binden und verfeinern, mit Senf würzig abschmecken und die Pfifferlinge kurz darin erwärmen. Die Keule in dünne Scheiben schneiden, auf einer vorgewärmten Platte anrichten, mit etwas Soße übergießen und mit Petersilie garnieren. Dazu gibt es Spätzle oder Semmelklöße.

1032
Rehnüsschen mit Pilzsoße

1 Rehrücken (Fleisch ca. 600 g), Suppengrün, 1 Lorbeerblatt, 1 Zweiglein Thymian, 2 Stängel Petersilie, einige Pfefferkörner, ½ l Wasser oder halb Rotwein, halb Wasser, 400 g frische Pilze (oder Dosenpilze) wie Stein- oder Austernpilze, Champignons, Egerlinge oder Pfifferlinge, 2 kleingehackte Schalotten, 20–30 g Butter, 1 Schuss Rotwein, 1 Essl. Speisestärke, 1 Becher saure Sahne (150 g), 40 g Butterstückchen. Butter zum Braten, Salz und frisch gemahlener Pfeffer, pro Person 2 in Butter angeröstete Weißbrotscheiben.

Den Rehrücken häuten, beide Filets aus dem Rückenknochen lösen, in fingerdicke Stücke schneiden und leicht breitdrücken. Evtl. mit etwas Öl bestreichen. Die Knochen kleinhacken, mit dem Suppengrün, und den Gewürzen anrösten, Flüssigkeit zugießen, gut auskochen und durchsieben. Die Pilze rasch waschen, putzen und in Scheiben schneiden. In der heißen Butter die Schalotten andünsten, die Pilze zugeben, Wein angießen und die Pilze ca. 10 Min. garen. Die durchgesiebte Brühe auf etwa ¼ l einkochen lassen, die saure Sahne, verrührt mit Speisestärke, darunterziehen und zuletzt die Butterstückchen einschwenken. Die Pilze unter die Soße mischen. Die Rehnüsschen in heißer Butter von jeder Seite ca. 3 Min. braten, mit wenig Salz und etwas Pfeffer würzen und auf gerösteten Weißbrotschnitten anrichten. Mit einem Teil der Soße überziehen, die restliche Soße dazu stellen. Dazu feines Gemüse oder auch kleine Gemüsepuddings von Sellerie oder Rosenkohl servieren.

1033
Rehkoteletts, gespickt

1 Rehrücken, ca. 1 kg, ca. 80 g fetter Speck, Butter zum Braten, Salz und Pfeffer. ¼ l Wildfond ***4****, 1 Glas Rotwein, 1 Becher saure Sahne (150 g), 1 Essl. Speisestärke, Salz und Pfeffer, 1–2 Essl. Madeira.*

Den Rehrücken der Länge nach in der Mitte auseinanderhacken und gleichmäßige, nicht zu dicke Koteletts daraus schneiden; leicht klopfen oder mit dem Messerrücken breitdrücken, mit feinen Speckstreifen spicken. In der heißen Butter von jeder Seite 4–5 Min. braten, dann leicht mit Salz und Pfeffer würzen. Auf einer vorgewärmten Platte zugedeckt warmhalten. Die Soße mit Fond, Rotwein und der angerührten Sahne zubereiten, mit den Gewürze und Madeira abschmecken. Die Soße vor dem Servieren über die Koteletts gießen und Kastanien- oder Zwiebelpüree und dazu breite Nudeln oder Kartoffelkroketten reichen.

1034
Rehsteaks

4 Scheiben Rehkeule, Ingwerpulver, 3–4 zerdrückte Wacholderbeeren, 40 g Butter oder Margarine, Salz, 1 Teel. Mehl, 2 geschälte Tomaten aus der Dose, ⅛ l Weißwein, Zitronensaft.

Die Steaks mit Küchenkrepp abreiben, leicht klopfen und häuten. Danach mit Ingwer und Wacholderbeeren einreiben und im heißen Fett auf beiden Seiten ca. 5 Min. braten. Dann salzen, aus der Pfanne nehmen, warmhalten, das Mehl zu dem Bratfond geben, bräunen, zerkleinerte Tomaten zufügen, langsam unter Rühren den Weißwein zugießen, die Soße kurz durchkochen und mit Salz und Zitronensaft würzig abschmecken. Dazu evtl. einen Gemüseflan (S. 340) servieren.

1035
Rehragout

1 kg Ragoutfleisch (Hals, Bauchlappen oder Bug). Zur Beize: ⅜ l Essig, ⅜ l Rotwein oder Wasser, 1 Zwiebel in Scheiben, Suppengrün, 2 Nelken, ½ Lorbeerblatt, 6 Pfefferkörner. Zum Braten: 40 g Butter, 30 g Räucherspeck, 1 kleine Zwiebel, 60 g Mehl, etwas Fleischbrühe, ⅛ l Rotwein, je 1 Prise Salz und Paprika, evtl. einige Perlzwiebeln und einige frische oder Dosenchampignons.

Das Ragoutfleisch in Stücke schneiden und über Nacht in die Beize legen. In der heißen Butter den kleinwürfelig geschnittenen Speck und die gewiegte Zwiebel hellgelb schwitzen, die trockengetupften Fleischstücke mit dem Suppengrün aus der Beize darin anbraten, das Mehl darüberstäuben. Zunächst mit wenig Fleischbrühe ablöschen, einen Teil der Beize und den Rotwein dazugeben, mit Salz und Paprika würzen und evtl. noch Perlzwiebeln oder die vorgedünsteten, frischen oder Dosenpilze zufügen. Als Beilage eignen sich Weckklöße, Nudeln oder Spätzle.
Soll das Ragout aus Rehbratenresten hergestellt werden, dann eine pikante Soße **42** oder **34** zubereiten, die Rehreste einlegen und das Ragout bis zum Anrichten im schwach strudelnden Wasserbad warmstellen.

1036
Rehbug

Zubereitung nach **1024**; die Bratzeit für etwa 2 kg nicht über 2 Std. ausdehnen. Der Rehbug lässt sich auch zu Ragout verwenden.

1037
Rehleberspatzen

Die Rehleberspatzen werden wie Leberspatzen (**1018**) zubereitet. Der Geschmack der Rehleber ist aber viel feiner! Unter die Zutaten noch 40 g kleingehackten Speck mischen.

1038
Gebratene Rehleber

Für 2 Personen
1 Zwiebel, 60 g Butter,
1 Rehleber,
½ Glas fruchtiger Weißwein,
1 – 2 Essl. braune Soße oder Restsoße von Rehbraten, Saft von ½ Zitrone,
einige frische, vorgedünstete Pilze oder Dosenpilze,
je 1 Prise Salz und Pfeffer.

Die Zwiebel in Ringe schneiden, in Butter gelb anschwitzen und die in feine Scheiben geschnittene Leber kurz darin rösten; dann herausnehmen, zudecken; das zurückgebliebene Fett und die Zwiebel mit dem Wein ablöschen, die Soße oder Bratensoße, den Zitronensaft und die Pilze zufügen. Erst vor dem Anrichten die Leber mit Pfeffer und Salz würzen, in der Soße kurz erhitzen und sofort servieren.

Tipp:
Rehleber ist eine Delikatesse, leider selten zu bekommen.

1039
Wildgeschnetzeltes vom Reh oder Hirsch

4 Reh- oder Hirschkalbsteaks,
etwas Öl.

Nur für Hirschsteaks:
Beize aus ¼ l Rotwein,
1 Schuss Cognac, 1 Lorbeerblatt,
je 6 zerdrückte Pfefferkörner und Wacholderbeeren,
einige Zwiebelscheiben,
1 Zweiglein Thymian,
evtl. ½ Knoblauchzehe.
Zum Braten:
50 g Butterschmalz oder Butter und Öl,
2 feingehackte Schalotten,
⅛ l Wildfond oder Brühe,
2 – 3 Essl. Beize (für Hirsch),
1 Becher süße Sahne (200 g),
Fleischsaft, Salz, Pfeffer,
1 Prise Paprika, Zitronensaft,
evtl. 2 Essl. Reh- oder Hirschblut,
eine Handvoll grüne Weintrauben.

Die Wildsteaks leicht mit Öl bestreichen. Für die Hirschsteaks die Beize zubereiten, etwa 10 Min. kochen, lauwarm über die Steaks gießen und diese ca. 2–3 Std. darin marinieren. Rehsteaks nicht marinieren, das Fleisch ist zu zart und würde leiden. Die trocken getupften Steaks in schmale Streifen schneiden und im heißen Fett rasch anbraten, herausnehmen und zugedeckt beiseite, aber nicht warm stellen, sonst wird das Fleisch hart. Im Fett die Schalotten anschwitzen, Fond oder Brühe (evtl. etwas Beizflüssigkeit) und Sahne zugeben, aufkochen. Den abgeflossenen Fleischsaft des gebratenen Fleisches zugießen, mit Salz, Pfeffer, Paprika und Zitronensaft würzen und evtl. noch etwas Reh- oder Hirschblut zur Soße geben (das macht sie sämiger). Die Weintrauben halbieren, entkernen und in der Soße erwärmen. Das geschnetzelte Fleisch damit vermischen und sofort servieren.
Dazu passen Spätzle oder andere Nudeln.

Hirsch

Das dunkle Fleisch vom Rothirsch ist von kerniger Struktur. Das Fleisch junger Tiere eignet sich zum Grillen und Braten, ältere Tiere eher zum Schmoren. Der **Sikahirsch** hat wegen seines kurzfaserigen, saftigen Fleisches einen besonders feinen Geschmack.

1040
Gefüllte Hirschbrust

1 enthäutete Hirschbrust.
Zur Beize:
5 zerdrückte Wacholderbeeren,
einige Pfefferkörner,
2 – 3 Zitronenscheiben,
1 Lorbeerblatt, ½ l Weinessig,
¼ l Wasser.
Zur Fülle:
2 Brötchen und 1 Rehleber,
2 Essl. gewiegte Petersilie,
1 gewiegte Zwiebel, 1 – 2 Eier,
Salz, Pfeffer, Muskatnuss.
Zum Braten:
60 g Butterschmalz,
6 Speckscheiben.
12 Pflaumen, 1 Glas Rotwein,
1 Essl. Speisestärke, ⅛ l saure Sahne,
Ingwerpulver, Zitronensaft.

Die Hirschbrust in der Beize 2–3 Tage marinieren. Danach vorsichtig das Fleisch mit dem Rippenfell von den Rippen lösen und zwischen Haut und Fleisch einschneiden, so dass eine Tasche entsteht. Zur Fülle die eingeweichten, ausgedrückten Brötchen mit gewiegter Rehleber, Petersilie, Zwiebel, Ei und Gewürzen vermischen. Die Farce in die Tasche füllen, diese zunähen. Die Brust, mit Speckscheiben bedeckt, zusammen mit den ausgelösten Knochen im heißen Fett anbraten. Mit der Beize ablöschen und garen.
E.-Herd 200 °C / G.-Herd 3–4
Ca. 1½ Stunden
Die Pflaumen mit Rotwein übergießen und durchziehen lassen. Die Speisestärke mit der Sahne anrühren, abgeseihten Rotwein von den Pflaumen und den durchgesiebten Bratfond damit binden, die Soße mit Ingwerpulver, Zitronensaft und Salz würzig abschmecken. Die Pflaumen in der Soße erwärmen, mit der aufgeschnittenen Hirschbrust anrichten.

1041
Gespickte Hirschkalbskeule

1 kg gespickte Hirschkalbskeule (ohne Knochen),
1 Zwiebel, 1 Karotte, 1 Stück Sellerie,
6 zerdrückte Wacholderbeeren,
1 Lorbeerblatt, 1/2 l Rotwein,
1 Essl. Essig, 1/4 l Wasser,
Salz, Pfeffer, 6 Essl. Öl,
2 Essl. Speisestärke,
1/8 l saure Sahne, Senf,
Johannisbeergelee.

Die Keule beizen und zubereiten wie die Rehkeule **1031**. Dazu schmecken gekochte Klöße, die mit Armagnac-Pflaumen gefüllt werden können.

1042
Hirschröllchen

4 Scheiben Hirschfleisch aus der Keule, Salz, Pfeffer,
4 zerdrückte Wacholderbeeren,
4 Scheiben Speck,
4 Essl. Bratwurstbrät,
1 Essl. gewiegte Zwiebel,
1 Essl. gewiegte Petersilie,
1 Ei, 50 g Fett, 1/2 l Fleischbrühe,
1 Teel. Tomatenpüree,
1/8 l süße Sahne, 1 Teel. Speisestärke,
1 Essl. Madeira,
Pfirsichhälften aus der Dose,
Weinbrand.

Die hauchdünnen, eventuell einmal geteilten Fleischscheiben mit Küchenkrepp abreiben, breitdrücken, salzen und pfeffern, mit den Wacholderbeeren einreiben und mit je einer Speckscheibe belegen. Das Bratwurstbrät mit der Zwiebel, Petersilie und Ei gut vermischen und auf die Fleischscheiben streichen, diese zusammenrollen und mit Hölzchen feststecken. Im heißen Fett anbraten, ablöschen, Tomatenpüree zufügen und zugedeckt ca. 10–15 Min. garen. Speisestärke mit Sahne anrühren, die Soße damit binden, würzig abschmecken und mit Madeira verfeinern. Auf gedünsteten, mit Weinbrand parfümierten Pfirsichhälften anrichten.
Dazu passen Teigwaren oder Kartoffelkroketten.

Hase

Der Hase hat ein vorzügliches, braunrotes Fleisch, das junger Tiere ist besonders hochwertig. Vor der Zubereitung oder Lagerung im Gefriergerät allerdings alles sichtbare wachsfarbene Fett sorgfältig entfernen. Es kann den Geschmack negativ beeinflussen.

Vom Wildhasen werden meist nur die Keulen oder der Rücken angeboten. Tiefgefrorene Stücke sind häufig gespickt und bratfertig vorbereitet. Es empfiehlt sich, den Spickspeck zu erneuern, da er bei zu langer Lagerung ranzig werden kann.
Ein Hasenrücken ist für 2–3 Personen ausreichend.
Der junge Hase ist – außer an der langen, buschigen Blume – daran zu erkennen, dass sich die Löffel der Länge nach gut einreißen und die Rippen leicht eindrücken lassen. Wer einen Hasen im Fell erhält, kann ihn wie folgt verarbeiten:
Beim Abziehen das Fell mit einem scharfen Messer an den Pfoten und Hinterläufen einschneiden, die Hinterläufe herauslösen, den Hasen an einem Haken aufhängen und das ganze Fell herunterziehen, dabei am Kopf hinter den Ohren und bei den Augen das Fell so einschneiden, dass die Ohren daran hängenbleiben. Vom Schwanz an aufwärts den Bauch öffnen und die Gedärme zwischen Magen und Leber trennen. Herz, Lunge, Leber und Bauchlappen, Kopf, Hals, die abgeschnittenen Vorderläufe und das gesammelte Blut (mit wenig Essig verrührt) zu Hasenpfeffer verwenden. Gedärme, Magen und die von der Leber sorgsam abzulösende Gallenblase sind ungenießbar.

1043
Hasenpfeffer

Hasenpfeffer wird aus Kopf, Hals, Bauchlappen, Lunge, Leber und Herz wie Rehragout zubereitet. Unter die Soße statt Mehl Hasenblut, mit etwas Essig verrührt, mischen, kurz aufkochen, durchsieben und die Hasenstücke servieren.

1044
Hasenbraten

Für 4–6 Personen
1 Hasenrücken, 2 Schlegel,
2 Läufchen, Salz und Pfeffer,
40 g fetter Räucherspeck oder
80 g durchwachsener Speck,
90 g Butter, 1 Zwiebel,
1–2 Gelbe Rüben,
reichlich Suppengrün,
*1 Gewürzdosis *, 1/4 –1/2 l saure Sahne,*
Saft von 1/2 Zitrone.
Zur Soße:
1 Essl. Speisestärke,
je 1/8 l Rotwein und Fleischbrühe.

Den Rücken und die Schlegel häuten, alle Teile mit Salz und Pfeffer einreiben und spicken oder mit Speckscheiben umwickeln; in einer Kasserolle mit heißer Butter übergießen, Zwiebelscheiben, Gelbe Rüben, Suppengrün und Gewürz zufügen, dann in den vorgeheizten Backofen stellen.
E.-Herd 200 °C / G.-Herd 3
Sind die Hasenstücke rundum gebräunt, nach und nach die Sahne zugeben, Zitronensaft darüberträufeln und öfter übergießen. Nach etwa 40 Min. den Hasenrücken, der eine kürzere Bratzeit erfordert, herausnehmen, in schräge Scheiben schneiden (vgl. Rehrücken **1024**) und zugedeckt warmstellen, die Vorderläufe und die Schlegel in weiteren 15 Min. gar braten. Den Bratensatz mit wenig kalt angerührter Speisestärke sämig kochen, evtl. Sahne, Wein, Fleischbrühe oder Wasser zufügen, die Soße durchsieben und würzig abschmecken. Die Bratenstücke beim Anrichten damit übergießen, die übrige Soße und als Beilage gedünstete Apfelscheiben mit Preiselbeermarmelade oder gedämpfte Tomaten mit Pfifferlingen und Salzkartoffeln dazu reichen.

* Siehe Seite 143

1045

Hasenkeulen in der Folie

3–4 Hasenkeulen,
60 g Räucherspeck, Senf,
40 g Butter oder Margarine,
6 zerdrückte Wacholderbeeren,
1–2 Lorbeerblätter, einige Nelken,
20 g getrocknete Morcheln,
½ l braune Soße ***32****.*

Die Hasenkeulen häuten. Die Hälfte des Specks in dünne Streifen und den restlichen Speck in Scheiben schneiden. Die Keulen spicken, mit Senf bestreichen und auf gefettete größere Stücke Alufolie legen. Die zerlassene Butter oder Margarine, Wacholderbeeren, Lorbeerblätter und Nelken darüber verteilen und die Speckscheiben darauflegen. Die Keulen locker einwickeln, auf den Bratrost über der Fettpfanne legen, im vorgeheizten Backofen garen.
E.-Herd 250 °C / G.-Herd 5–6
Ca. 50 Minuten
Die Soße zubereiten: Zuerst die Morcheln in lauwarmem Wasser einweichen. Das Einweichwasser zur braunen Soße verwenden und die Pilze darin ca. 15 Min. mitkochen. Die Keulen in der Folie servieren und erst bei Tisch öffnen. Dazu gibt es Sauerkraut, Kartoffelpüree und die braune Soße mit Morcheln.
Oder auf die Speckscheiben noch einige Apfelscheiben legen. Die Keulen können auch wie Hasenbraten mit entsprechend verringerten Zutaten zubereitet werden.

1046

Schwarzwälder Hasenlendchen (Filet)

2 Hasenrücken, 70 g fetter Speck,
Salz, Pfeffer, gemahlene Nelken,
2 Zwiebeln, ¼ l Fleischbrühe,
⅛ l Rotwein (Spätburgunder),
⅛ l saure Sahne,
1 Teel. Speisestärke,
2 Essl. Kirschwasser, Zitronensaft.

Die Hasenrücken häuten und die Filets mit einem sehr scharfen Messer vom Knochen lösen. Die Hälfte des Specks in Streifen und die andere Hälfte in Scheiben schneiden. Die Lendchen spicken, salzen, pfeffern, mit Nelkenpulver einreiben und auf den Speck- und Zwiebelscheiben 10–15 Min. von allen Seiten goldbraun braten. Herausnehmen und warm stellen. Die Fleischbrühe, Wein und Sahne zum Bratfond geben und 5 Min. durchkochen. Die Speisestärke mit dem Kirschwasser anrühren, die Soße damit binden, durchsieben und mit Zitronensaft würzig abschmecken. Die Soße über die warmgehaltenen Hasenfilets gießen. Dazu gibt es Spätzle oder breite Nudeln, auch Schupfnudeln, Preiselbeeren oder Holunderbeerenmus und frische Salate.
Oder eine Soße aus Wildfond (siehe **4**), vermischt mit 2 Essl. Weinessig (oder Himbeeressig), 2–3 Stängeln Petersilie und 3–4 kleingehackten Schalotten zubereiten und alles auf ca. 1 knappen Essl. einkochen lassen. Den Bratsatz mit 1 Schuss Portwein lösen, durch ein Sieb zum Fond geben und ca. 60 g schaumig gerührte Butter unterschwenken.
In diesem Fall die Hasenlendchen natur, d. h. ohne Speck, braten.

Hasenkeulen in der Folie **1045**

Wildschwein oder Schwarzwild

Das dunkelrote, hocharomatische Fleisch vom Wildschwein liefert das saftigste Wildbret überhaupt.
Zum Verkauf kommt nur Fleisch von ein- und zweijährigen Tieren.
Das zarte Fleisch einjähriger Frischlinge eignet sich vorzüglich zum Braten und kann nach Rehrezepten zubereitet werden. Es wird auch als Spanferkel angeboten. Das Fleisch der zweijährigen Tiere, der „Überläufer" (männlich Keiler, weiblich Bache genannt), ist eher zum Schmoren geeignet. Es kann vor der Zubereitung einige Stunden in eine Beize (siehe Seite 228) gelegt werden. Wildschweinfleisch schmeckt am besten in den Wintermonaten. Das Fleisch von älteren Tieren ist zäh und nicht mehr verwendbar.
Wildhandlungen liefern einen Wildschweinrücken oder -schlegel von Frischlingen oder Keilern auch in Teilstücken ohne Schwarte.

1047

Wildschweinrücken oder -schlegel mit überbackener Kruste

Für 6–8 Personen
Teilstück eines Ruckens oder Schlegels (etwa 2 kg).
Zur Beize:
2 l Essig, Salz, 1 Zwiebel,
6–8 Wacholderbeeren.
Zum Braten:
½ l Rotwein, ½ l Fleischbrühe,
1 Gewürzdosis, Suppengrün.
Zur Kruste:
2 Tassen Schwarzbrotbrösel,
100 g Butter,
1 Prise gemahlene Nelken,
wenig Zimt, 1 Teel. Zucker.

Das Fleisch leicht klopfen, mit der Beize übergießen und 2–3 Tage darin marinieren. Dann gut abtrocknen, leicht einsalzen und in einer großen Kasserolle mit dem Rotwein, Fleischbrühe oder Wasser, der Gewürzdosis (evtl. mit etwas Basilikum) und dem eigenen Fett, das herauskocht, 2–3 Std. bei nicht zu starker Herdhitze zugedeckt schmoren lassen. Die Brösel mit der zerlassenen Butter und Gewürzen vermischen, den Braten ringsum dick damit bestreichen und in der Kasserolle im vorgeheizten Backofen knusprig überbacken.
E.-Herd 220 °C / G.-Herd 4
Da. 20 – 30 Minuten
Die Soße durchsieben, etwas einkochen und nachwürzen. Den Braten erst bei Tisch tranchieren, damit die knusprige Kruste unverletzt bleibt. Dazu Kartoffelklöße und Rotkraut servieren.

1048

Wildschweinrücken nach Försterinart

1 Frischlingsrücken (ca. 1 kg),
Salz, ca. 80 g fetter Speck,
Suppengrün, 1 Zwiebel,
40 g Schweineschmalz oder
Margarine, ¼ l Rotwein,
⅛ l Fleischbrühe oder Wasser,
¼ l saure Sahne, 1 Essl. Speisestärke,
Salz und Pfeffer,
2 Essl. Johannisbeergelee.

Den Frischlingsrücken mit Salz einreiben, einen Teil des Specks zum Spicken und den anderen Teil in Würfel geschnitten für die Soße verwenden (oder Speck in breiten Scheiben um den Rücken legen, evtl. festbinden). Das Suppengrün und die Zwiebel grob zerschneiden, das Fett erhitzen und den Frischlingsrücken darin von allen Seiten anbraten. Das Gemüse zugeben, mit Rotwein und Brühe oder Wasser ablöschen und den Braten unter öfterem Begießen im Backofen garschmoren.
E.-Herd 220 °C / G.-Herd
Ca. 1 Stunde
Die Bratflüssigkeit durch ein Sieb gießen, den Bratsatz evtl. mit etwas Wasser lösen, zugeben. Die saure Sahne mit Speisestärke verquirlen, unterrühren und die Soße würzig abschmecken; mit Johannisbeergelee abrunden.
Das Fleisch in Scheiben schneiden und mit gedünstetem Weinsauerkraut, geschmorten Steinpilzen oder Morcheln, gebratenen, halbierten Tomaten, kleinen, geschmälzten Kartoffeln anrichten und die Soße dazu reichen.

1049

Wildschweinbraten mit Kirschsoße

1000 g Wildschweinfleisch (Keule),
Pfeffer, Salz, 60 g Butterschmalz,
2 ml Kirschwasser, ¼ l Brühe
⅛ l trockener Rotwein, 1 Lorbeerblatt,
2 Wacholderbeeren, 2 Pimentkörner,
1 Essl. brauner Zucker,
½ Dose Sauerkirschen, entsteint,
100 g Crème fraîche,
1 Teel. Speisestärke.

Das Fleisch mit Pfeffer und Salz einreiben, in Schmalz ringsrum braun anbraten. Kirschwasser erwärmen, über den Braten gießen, anzünden und die Flamme ausbrennen lassen. Mit Brühe und Rotwein auffüllen. Gewürze und Zucker zufügen, zugedeckt sanft ca. 1½ Stunden schmoren lassen.
Die Soße durchsieben, Crème fraîche mit Speisestärke verquirlen, die Soße damit binden. Abgetropfte, Kirschen darin erwärmen. Braten in Scheiben schneiden, auf eine vorgewärmte Platte legen und die Kirschsoße separat servieren. Dazu Teigwaren oder Klöße reichen.

1050

Wildschweinragout

500 g in Würfel geschnittenes
Fleisch aus dem Blatt,
2 Zwiebeln in Scheiben,
1 Karotte,
1 geschälte Tomate, 30 g Fett,
1 Lorbeerblatt, Thymian,
Salz, Pfeffer,
¼ l herber Weißwein,
1 Teel. Speisestärke,
3 Essl. Sahne,
Portwein.

Die Fleischwürfel waschen und gut abgetrocknet mit den Zwiebeln, der geteilten Karotte und Tomate im heißen Fett anbraten. Die Gewürze dazugeben, mit Wein ablöschen und zugedeckt ca. 90 Min. garschmoren.
Speisestärke mit Sahne anrühren, die Soße damit binden, abschmecken und mit Portwein parfümieren.
Sauerkraut, geschmorte Steinpilze oder Kartöffelchen dazu servieren.

Geflügel

Huhn

	Kochen	Schmoren	Braten	Kurzbraten und Grillen
Suppenhuhn	Bouillon, Eintöpfe, Frikassee, Aspik, Geflügelsalate	Ragout		
1 ganzes oder 1 Hähnchen		Schmorbraten, Ragout	Braten, Paprikahuhn, Gefüllte Hähnchen, Wiener Backhendln	Grillhähnchen
Hühnerbrust		Hähnchenbrüste im Teigmantel	Braten	
Keulen, Ober- und Unterschenkel	Eintöpfe, Coq au vin	geschmorte Schenkel	Braten	
Leber				Hühnerleber

Truthahn, Pute

ganze Pute			Braten, Gefüllte Pute	Steaks, Schnitzel, Spießchen
Keulen	Sülze		Rollbraten	

Ente

ganze Ente		Schmorbraten	Braten, Gefüllte Ente	
Leber				Entenleber

Gans

ganze Gans		Ragout	Braten, Gefüllter Gänsebraten	
Kopf, Hals, Magen, Herz, Flügel, Füße	Gänseklein, Gänseweißsauer		Gefüllter Gänsehals	
Leber				Gänseleber

Wildgeflügel

	Kochen	Schmoren	Braten	Kurzbraten und Grillen
Rebhuhn		Rebhuhn im Topf	Spickbraten, Rebhuhn, gefüllt	Tournedos
ganzer Fasan			Braten	
Fasanenbrust			Braten	
Perlhuhn		Ragouts, Schmorgerichte	Braten	
Wachtel		Schmoren	Braten	Brüstchen
Taube			Braten	
Schnepfe			Braten	
Wildente		Ragout	Braten	

Gebratene Wachteln **1120**, mit Weinblättern und Speckscheiben umwickelt, auf einem Wirsingbett.

Hausgeflügel

Einkauf. Für die meisten Verbraucher kommt Geflügel gerupft und ausgenommen und damit problemlos auf den Markt. Tiefgefrorenes Geflügel enthält teilweise im Innern die Innereien in einem Plastiksack. Es muss daher am besten über Nacht so weit auftauen, dass der Beutel herausgenommen werden kann.
Man erhält tiefgefroren auch Geflügelteile wie Hähnchenkeulen, -brüste, Putenschnitzel oder Truthahnrollbraten.
Einjährige Gänse ergeben den besten Braten. Man erkennt sie an der blassgelben Farbe des Schnabels und der Füße, an der weichen Gurgel und den leicht auszupfbaren Federn. Auch Truthähne sollen möglichst nicht älter als ein Jahr, zart und fleischig sein. Sie sind an den hell- oder blaugrauen Beinen und einer weichen Haut erkennbar. Truthennen sind besonders zu empfehlen. Ihr Fleisch ist zarter und leichter verdaulich.

Rupfen. Geflügel soll gerupft werden, solange es noch körperwarm ist. Erkaltetes und älteres Geflügel wird kurz in heißes Wasser getaucht. Nicht zu viele Federn auf einmal herausziehen, damit die Haut nicht verletzt wird.

Ausnehmen. Kopf und Füße werden abgeschnitten und – besonders beim Truthahn – die dicken Sehnen aus den Keulen herausgezogen. Die Flügel stutzen. Die Halshaut am Rücken einschneiden und Kropf und Luftröhre herauslösen. Halswirbel immer dicht am Körper abschneiden. Die Halshaut nicht aufschneiden, wenn der Hals (Gans und Truthahn) gefüllt werden soll.
Die Darmöffnung vergrößern und die Innereien vorsichtig, damit die Galle nicht platzt, mit Zeige- und Mittelfinger herausnehmen. Die Galle von der Leber abtrennen, den Magen an der gewölbten Seite öffnen und den Mageninhalt und die dicke Haut entfernen. Von den Innereien können Magen, Herz und Leber verwendet werden, der Rest ist ungenießbar.
Die Talgdrüsen am Schwanz werden herausgeschnitten.

Flambieren, Absengen. Um den feinen Flaum abzusengen, wird das ausgenommene, gewaschene und abgetrocknete Geflügel über die offene Flamme des Gasherdes oder eines Rechauds gehalten. Die Stoppeln mit einer Pinzette herausziehen und das Geflügel in kochendes Wasser tauchen, damit sich das Fleisch leichter löst. Anschließend gut waschen und abtrocknen.

Dressieren. Das Geflügel wird in Form gehalten, indem man die Keulen und Flügel mit Küchengarn so zusammenbindet, dass sie dicht am Körper anliegen.

Ausbeinen. Für bestimmte Gerichte (z. B. Galantine) ist es nötig, das rohe, vorbereitete Geflügel auszubeinen. Das Fleisch von beiden Seiten dicht am Knochengerüst sorgfältig lösen. Das Schlegel- und Flügelfleisch rings um den Knochen abtrennen, bis zu den Gelenken zurückschieben, dort abschneiden und die Knochen herausziehen. Vorsicht, die Haut nicht verletzen!

Zubereitung. Besonders knusprig wird Geflügel, wenn es gegen Ende der Bratzeit mit einem Schuss Weinbrand oder Bier übergossen oder mit Salzwasser bestrichen und dann nochmals bei Oberhitze gebräunt wird.
Das beim Gänsebraten von der Soße abgeschöpfte Fett ergibt mit gebräun-

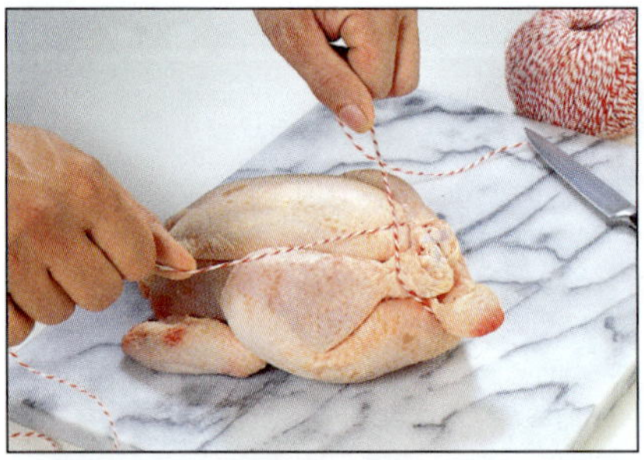

1 Geflügel dressieren: Die Schnur straff um die Geflügelbeine legen (Schnurlänge ca. eine Armspannweite).

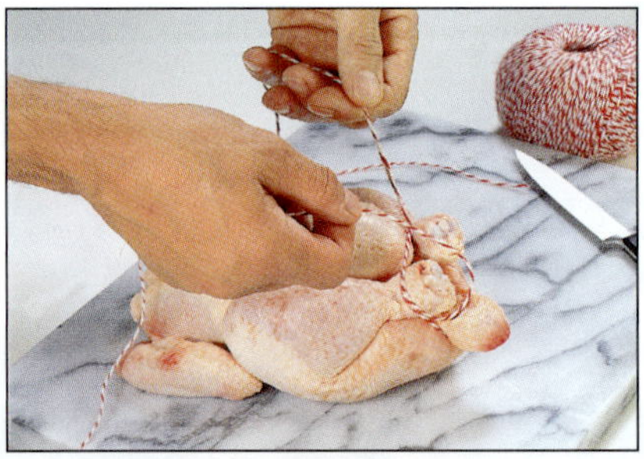

2 Die Schnur straff nach oben führen und über den Geflügelbeinen kreuzen.

3 Schlaufen um die Beine legen, die Schnur erneut kreuzen und strammziehen, am Körper entlang führen...

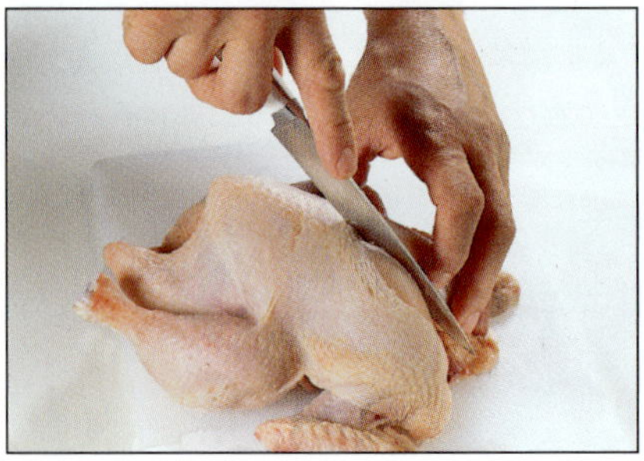

1 Tranchieren: Vom Kopfende am Brustbein entlang nach hinten schneiden und das Geflügel halbieren.

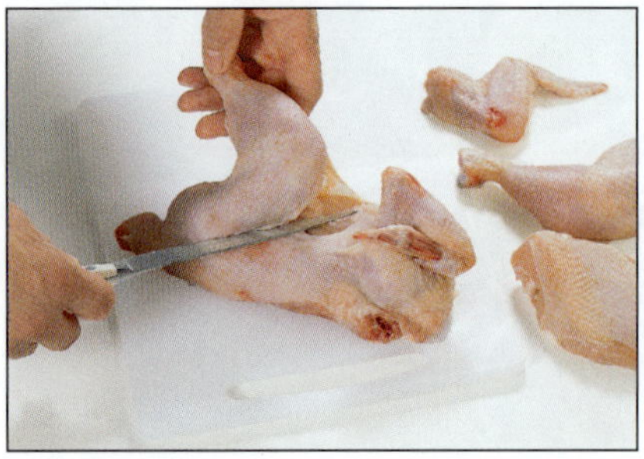

2 Geflügelhälften mit der Schnittfläche nach unten legen, unterhalb von Flügel und Keulen einschneiden.

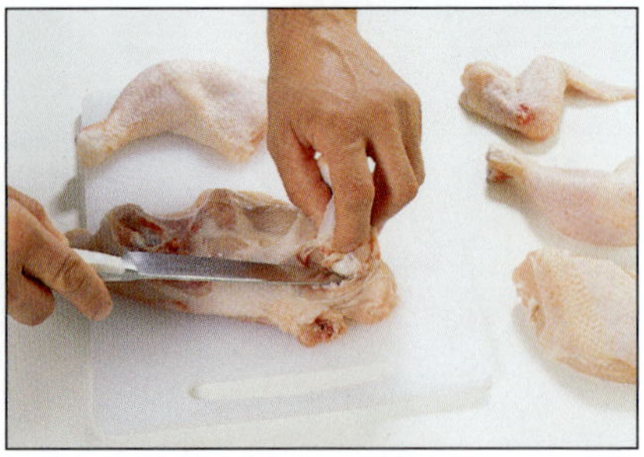

3 Die Gelenke freilegen und die Keulen nach hinten knicken.

ten Zwiebelwürfeln einen guten Brotaufstrich und eignet sich gut als Bratfett für Bratkartoffeln und Gemüse. Aus Geflügelklein, Herz, Magen, Flügeln, Hals und Gerippe lässt sich eine ausgezeichnete Bouillon herstellen, die sich auch zum Ablöschen von Bratenfonds und als Grundlage für Soßen eignet. Herz und Leber können auch für die Fülle verwendet werden. Garzeit siehe Rezepte.

Tranchieren. Messer oder Geflügelschere zwischen Brust und Keulen des Geflügelbratens ansetzen, die Keulen im Gelenk abtrennen und die Flügel abschneiden. Das Gerippe der Länge nach durchschneiden und die Brust in gleichmäßige Stücke teilen. Brustfleisch von Truthahn und Gans an beiden Seiten vom Gerippe lösen und schräg in Stücke schneiden.

Anrichten. Das Geflügel auf einer Platte in seiner ursprünglichen Form zusammensetzen und die Keulenknochen zur Dekoration mit Papiermanschetten umhüllen.
Bei gefülltem Geflügel die Fülle sorgsam herausnehmen und in Scheiben rings um das Geflügel anrichten.

4 ... und Schlaufen um die Flügel legen und die Schnur am Halsende fest verknoten.

4 Die Gelenke mit dem Messer durchtrennen und die Hautlappen durchschneiden.

Huhn

Dieses nützliche und wohl am meisten geschätzte Hausgeflügel lässt sich sehr vielseitig verwenden. Das Fleisch von jungen Hühnern ist zart und leicht verdaulich; ältere Hühner ergeben aromatische Suppen. Junge Hühner und Hähne sind an dem weichen, biegsamen Brustbein leicht zu erkennen. Nach dem Töten geht das Rupfen noch bei Lebendwärme am leichtesten vor sich. Beim Ausnehmen zunächst nur die Gedärme entfernen, das Innere mit Pergamentpapier ausstopfen und das Huhn mindestens 2 Tage kühl und luftig abhängen, weil sonst das Fleisch zäh ist. Vorbereitung bzw. Ausnehmen vgl. S. 302 und 303.
Im Handel sind Hühner frisch, gekühlt oder tiefgefroren erhältlich. Man unterscheidet je nach Größe und Gewicht:

Hähnchen, junge, vor der Geschlechtsreife geschlachtete Tiere mit einem Gewicht von 700–1200 g. Geeignet zum Braten, Grillen, Schmoren. Das Fleisch reicht für 2–3 Personen.

Kapaun, gemästeter, kastrierter Hahn.

Poularden wiegen über 1200 g und reichen für 3–4 Personen. Die Zubereitung ist die gleiche wie bei den Hähnchen.

Suppenhühner werden nach der Geschlechtsreife im Alter von 12–15 Monaten geschlachtet. Das Fleisch der ca. 1,5 kg schweren Tiere ist ausreichend für 4 Personen und wird vorwiegend als Suppeneinlage gekocht, sowie für Frikassee, Ragouts, Salate und Eintöpfe verwendet.

Stubenküken oder Mis(ch)tkratzerle sind ca 2–3 Monate alt und haben ein Gewicht von ca. 250–350 g. Pro Person ein Küken rechnen.

Geflügelteile, ebenfalls frisch oder tiefgefroren im Handel, sind preiswert und können zu vielerlei Gerichten verarbeitet werden; vor allem werden Hühnerklein, Hühnerkeulchen, Hühnerbrüstchen, Hühnerleber und Hühnerherzen angeboten.

1051

Hähnchen, gegrillt

Für 2 Personen
1 Hähnchen (küchenfertig vorbereitet),
40 g Butter oder Öl,
4–6 Scheiben durchwachsener Speck, Salz und Pfeffer oder leicht gesalzenes Wasser,
2–3 feste Tomaten.

Das vorbereitete Hähnchen dressieren, mit zerlassener Butter oder Öl bestreichen und auf den heißen Rost über der Fettpfanne legen.
E.-Herd 200 °C / G.-Herd 3
Nach 10 Min. Bratzeit salzen und pfeffern oder mit leicht gesalzenem Wasser überpinseln und in weiteren 30–40 Min. knusprig braten. Die Speckscheiben und die gewaschenen, abgetrockneten Tomaten (die Oberfläche über Kreuz eingeschnitten) in den letzten 10 Min. mitbraten und das Hähnchen beim Anrichten damit verzieren. Strohkartoffeln nach **1262** können auf der Platte mit angerichtet und grüner Salat oder Selleriesalat dazu gereicht werden.
Oder das dressierte Hähnchen auf einen Grillspieß stecken, mit zerlassener Butter oder Öl, mit $1/2$ Teel. Paprikapulver verrührt, bepinseln und unter dem heißen Grill in ca. 45 Min. knusprig braun grillen.

Tipp:
Geflügelteile kann man gut fettfrei und schonend im Tontopf garen: Den Topf 10 Min. in kaltem Wasser einweichen, Gemüse der Saison einlegen, darauf das gewürzte Geflügelfleisch geben. Den Topf verschließen, auf den Rost in den kalten Backofen stellen, die Temperatur auf 175 °C (G-Herd 2–3) einstellen und das Gericht in ca. 1 Std. garen.

1052

Brathähnchen

1–2 Hähnchen, Salz, Pfeffer, Zitronensaft, 50 g Butter, frische oder getrocknete Kräuter (Thymian, Oregano, Rosmarin, Petersilie), 1 Zwiebel, 1 Karotte, einige Selleriewürfel, ¼ Wasser oder Hühnerbouillon.

Die vorbereiteten Hähnchen mit Salz, Pfeffer und Zitronensaft einreiben (nur innen salzen). Herz, Leber, 1 Würfelchen Butter und Kräuterzweiglein in das Innere einlegen. Das Hähnchen in der heißen Butter mit den Zwiebelscheiben, Karotten- und Selleriestückchen anbraten und im Backofen von beiden Seiten fertigbraten. Mit heißem Wasser oder Bouillon ablöschen und während der Bratzeit beträufeln.
E.-Herd 200–225 °C / G.-Herd 3–4
Ca. 45 Minuten
Die Hähnchen beim Anrichten halbieren oder vierteln und wieder in die Form bringen. Den Bratensatz mit etwas Hühnerbouillon aufkochen, die Soße durchsieben, abschmecken und getrennt dazu reichen.

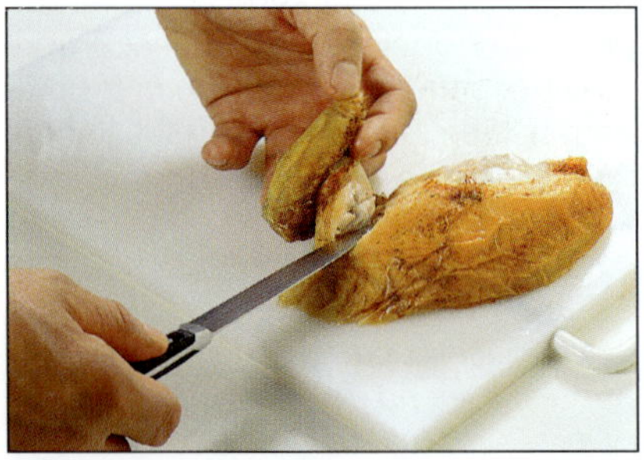

1 Brathähnchen tranchieren: Halbieren, Keulen und Flügel dicht am Körper abtrennen.

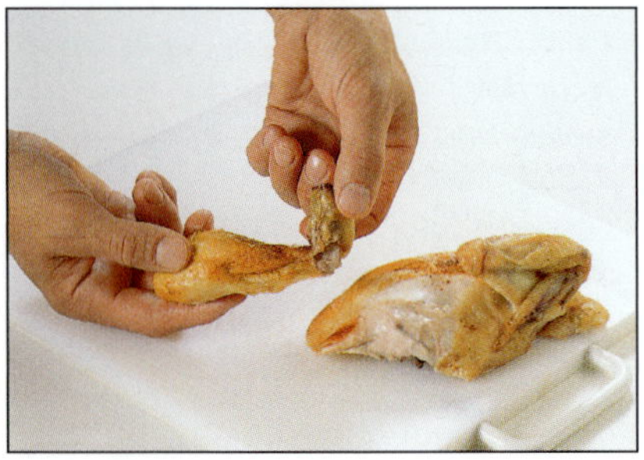

3 Knorpel am Ende der Keulen mit Drehbewegung entfernen.

1053

Wiener Backhendl

2 junge Hähnchen à ca. 800 g, Salz, Edelsüßpaprika, 4–6 Essl. Mehl, 2–3 Eier, 2 Essl. Milch, 2 Teel. Öl, 10–12 Essl. Semmelbrösel, Zum Ausbacken: Butterschmalz oder Kokosfett, Zitronenscheiben.

Die vorbereiteten Hähnchen in 2 oder 4 Teile schneiden und die Knochen soweit möglich auslösen. Die Hähnchenteile mit Salz und Paprika einreiben, in Mehl, mit Milch und Öl verquirlten Eiern und Semmelbröseln wenden und sofort nacheinander in heißem Fett ca. 20 Min. hellbraun backen. Mit Zitronenachteln und Kartoffelsalat anrichten.
Oder das Fett in einer Friteuse auf 170°C erhitzen und die Geflügelteile ca. 10–12 Min. darin backen. Nicht so oft wenden, da sonst die Panade abfällt. Die Backhendl auf Küchenkrepp entfetten und mit Zitrone und ausgebackener Petersilie servieren.

2 Keulen und Flügel an den Gelenken einstechen, die Knorpel entfernen.

4 Die Brust je nach Größe ein- oder zweimal quer durchschneiden.

1054

Hähnchen in Burgunder (Coq au vin)

2 Brathähnchen oder 1 Bresse-Poularde, 150 g durchwachsener Speck, 2 große Zwiebeln oder 8–10 Schalotten, 2 Gläschen Cognac, ½ Flasche Burgunder, ersatzweise ein anderer guter Rotwein, ¼ l Fleischbrühe, Salz und Pfeffer, 2–3 zerdrückte Knoblauchzehen, Kräuterstrauß: 1 Petersilienwurzel, 2 Stängel Petersilie, 1 Zweig Thymian. 250 g frische, kleine Champignons, 2 Essl. Butter, 1 Essl. Mehl.

Das Geflügel waschen, in Portionen zerteilen und trockentupfen. Den Speck und die Zwiebeln würfeln (Schalotten nur halbieren), mit den Hähnchenteilchen in einem Bräter anbraten. Den Cognac darübergießen und abbrennen (flambieren). Den Wein, Fleischbrühe, Gewürze, Knoblauch und den Kräuterstrauß zugeben, den Topf gut verschließen und auf kleiner Flamme ca. 40 Min. sanft kochen. Das Kräutersträußchen entfernen, die geputzten Champignons halbiert (größere Pilze in Scheiben) zugeben und noch etwa 10 Min. mitgaren.
Die Geflügelteile in eine vorgewärmte Terrine legen und die Soße mit Mehlbutter (Butter mit Mehl zu einem glatten Klümpchen verkneten) binden. Über die Geflügelteile gießen.
Dazu passen breite Nudeln, kurz in Butter geschwenkt.
Oder das Gericht mit einem würzigen Weißwein und Tresterschnaps zubereiten, statt des Kräuterstraußes 2 Lorbeerblätter zugeben und zuletzt mit Sahne, verquirlt mit 1 Eigelb, die Soße legieren.

1055

Gefülltes Hähnchen

*1 großes Brathähnchen,
Salz, Zitronensaft.
Zur Fülle:
100 g Hackfleisch,
100 g Hühnerleber,
1 trockenes Brötchen,
ca. 1/8 l Milch,
je 1 Teel. gewiegte Zwiebel und Petersilie, 1/2 Teel. Thymian,
1 Essl. Butter oder Margarine,
je 1 Prise Salz und Muskat,
1 Ei.
Zum Braten:
60 g Fett,
1 Karotte, 1 kleine Zwiebel,
einige Selleriewürfel,
etwas Fleischbrühe.*

Herz und Leber des Brathähnchens zusammen mit der Geflügelleber fein wiegen und mit dem Hackfleisch vermischen. Das abgeriebene Brötchen in Milch oder Wasser einweichen, ausdrücken und mit der Zwiebel und Petersilie in Butter oder Margarine andünsten. Gewürze, Salz und Ei zufügen und alles mit der Fleischmasse vermischen. Das vorbereitete, mit Salz und Zitronensaft eingeriebene Hähnchen damit füllen, mit Rouladennadeln zustecken, mit heißem Fett übergießen und mit dem Gemüse anbraten. Im Backofen unter mehrmaligem Begießen beidseitig braten.
E.-Herd 200–225 °C / G.-Herd 3–4
Ca. 45 Minuten
Den Bratensatz mit etwas Fleischbrühe loskochen, evtl. abschmecken und die durchgesiebte Soße sehr heiß zum Hähnchen servieren.

Oder Hähnchen mit 2 Speckscheiben umwickeln und braten.
Oder das Hähnchen gut zunähen und in Salzwasser, das öfter abgeschäumt werden muss, garen.
Oder die Fülle mit 1/2 Tasse gekochtem Reis, 400 g Hackfleisch, je 1 Essl. gehackten Walnüssen, Pinienkernen und Pistazien zubereiten. Alles gut miteinander verkneten und mit Salz, Pfeffer, Knoblauchpulver und 1 Prise gemahlenem Zimt würzen. Evtl. zum Fleischteig etwas Wasser oder 1 Ei geben.

1056

Hähnchen, geschmort

*Für 3–4 Personen
1 Hähnchen (ca. 1000 g),
Salz, Pfeffer, Saft von 1/2 Zitrone,
50 g Räucherspeck oder roher Schinken, 30 g Butter,
1 Zwiebel, Suppengemüse,
1/2 Glas Weißwein, 1/2 l Fleischbrühe.*

Das Hähnchen vorbereiten, mit Salz, Pfeffer und Zitronensaft einreiben und dressieren. Den würfelig geschnittenen Speck in einer Kasserolle in der heißen Butter mit der zerschnittenen Zwiebel und dem Suppengemüse glasig schwitzen, das Hähnchen hineingeben, kurze Zeit mitbraten, mit Wein und Fleischbrühe ablöschen und gut zugedeckt in der Brühe in ca. 40 Min. gar werden lassen. Eine mit der durchgesiebten Hühnerbrühe abgelöschte Butter-, Champignon- oder Tomatensoße zubereiten und beim Anrichten über das Hähnchen gießen.
Teigwaren oder Reis dazu servieren.

1057

Hähnchen in Morchelsoße

*2 Hähnchen oder 1 Poularde, bratfertig vorbereitet, Salz, Pfeffer,
40 g Butter, 1 Zwiebel, 1 Möhre,
1 Stückchen Sellerieknolle,
3/8 l Weißwein oder kräftige Geflügelbrühe **495**.
Für die Soße: 25 g getrocknete Morcheln oder 150 g Morcheln aus der Dose, 2 Schalotten, 1 Essl. Butter,
je 1 Becher süße und saure Sahne,
evtl. 1 Essl. Speisestärke.*

Das Geflügel in Portionsstücke zerteilen, salzen und pfeffern. Teilstücke in erhitzter Butter ringsum anbraten, das geschälte, zerkleinerte Gemüse zugeben, kurz mitrösten. Mit Wein oder Brühe auffüllen und zugedeckt bei milder Hitze 30–40 Min. schmoren lassen.
Getrocknete Morcheln in 1/2 Tasse kaltem Wasser einweichen. Geschälte, gehackte Schalotten in Butter gelbdünsten, Morcheln mit dem Einweichwasser oder Sud und süße und saure Sahne zugeben, mit Salz und Pfeffer würzen. Die Soße bei leichter Hitze 10 Min. im offenen Topf köcheln lassen.
Gegarte Hähnchenteile herausnehmen und warm stellen. Bratfond mit Gemüse durch ein Sieb zur Morchelsoße passieren, evtl. mit in etwas Wein angerührter Speisestärke binden. Hähnchenteile in der Morchelsoße servieren. Dazu Butternudeln oder Kroketten reichen.

1 Gefülltes Hähnchen **1055**: Nicht zu prall füllen.

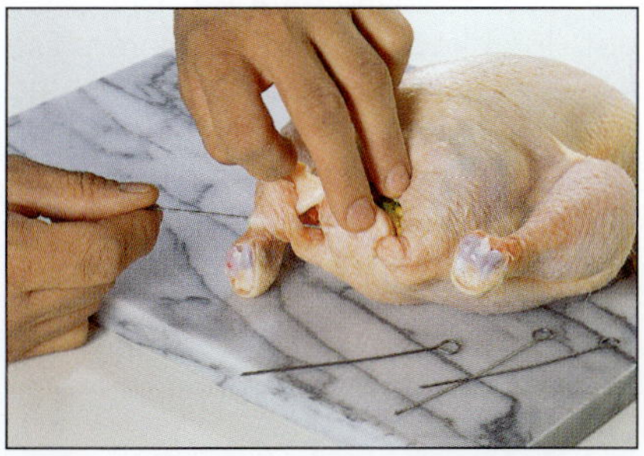

2 Mit Rouladennadeln zustecken.

3 So ist das Hähnchen gut verschlossen.

1058
Paprikahuhn

Für 6 Personen
2 tiefgefrorene Hähnchen,
3 Paprikaschoten, 3 Zwiebeln,
3 geschälte Tomaten aus der Dose,
80–100 g Butterschmalz oder
Kokosfett, 1/8 l Geflügelbrühe ***495*** *oder*
Wasser,
30 g Rosenpaprika,
20 g Edelsüßpaprika,
Salz, Pfeffer,
1 zerdrückte Knoblauchzehe oder
1 Prise Knoblauchpulver,
1 Essl. Speisestärke.

Die aufgetauten Hähnchen in je 8 Stücke zerlegen. Die entkernten Paprikaschoten in Streifen, die Zwiebeln in Würfel und die geschälten Tomaten in Scheiben schneiden. Die Geflügelteile im heißen Fett mit den Zwiebelscheiben anbraten. Das restliche Gemüse, die Flüssigkeit und die Gewürze dazugeben, gut umrühren und ca. 30 Min. garen. Die Speisestärke mit wenig kaltem Wasser anrühren und das Gericht damit binden. Vor dem Anrichten abschmecken.
Dazu passen Teigwaren, Reis oder Salzkartoffeln.

1059
Indisches Hähnchengericht

1 großes Hähnchen, Salz, Curry,
60 g Butter oder Butterschmalz,
1/4 l Wasser,
1/2 saurer Apfel, gerieben,
1 kleine geschälte Kartoffel, gerieben,
1 Banane,
250 ml Halbfettsahne zum Kochen,
1/8 l Kokosmilch,
1/2 Teel. gemahlener Kreuzkümmel,
1/2 Teel. gemahlener Koriander,
1 Prise Zucker,
1 Essl. Curry,
trockener Sherry (Fino),
1 Essl. Ananaswürfel.

Das vorbereitete Hähnchen mit Salz und Curry einreiben und im heißen Fett ringsum anbraten. Mit etwa 1/8 l Wasser ablöschen und ca. 40 Min. braten. Das Hähnchen herausnehmen, in Portionsstücke teilen und warm halten. Den Bratensatz mit wenig Wasser aufkochen, den geriebenen Apfel, die Kartoffel und die geschälte, in Scheiben geschnittene Banane dazugeben und wenige Minuten durchkochen lassen. Kochsahne und Kokosmilch darunterrühren und die Soße pikant mit den Gewürzen und zuletzt mit wenig Sherry abschmecken. Über die auf einer vorgewärmten Platte angerichteten Geflügelteile gießen und mit Ananasstückchen garnieren.
Dazu körnig gekochten Reis (evtl. Basmatireis) servieren.

1060
Huhn nach Jägerart

Für 3–4 Personen
1 junges Huhn (oder 1 Poularde),
Salz, 50 g Butter, 1 kleine Zwiebel,
3/8 l evtl. vorhandene Bratensoße
oder Fleischbrühe, 1/8 l Rotwein,
2 Essl. Tomatenpüree,
4 Essl. brauner Soßenfond ***3****,*
1 Zitronenschnitz,
1 kleine Gewürzdosis (siehe S.143),
Zur Soße:
8–10 frische Champignons.

Das Huhn nach S. 304 vorbereiten, roh in 4–6 Stücke schneiden, wenig salzen, in der zerlassenen Butter mit Zwiebelscheiben anbraten, herausnehmen und warmstellen. Das zurückbleibende Fett mit Bratenfond oder Fleischbrühe ablöschen. Wein, Tomatenpüree, braune Soße, den Zitronenschnitz und die Gewürzdosis zufügen. Die Soße gut durchkochen und passieren. Die fein geschnittenen Champignons und die Geflügelstücke einlegen und darin weich dünsten. Einen Reisring **1181** auf eine runde Platte stürzen, in die Mitte die Geflügelstücke legen und mit Soße übergießen.
Oder die Geflügelstücke – ohne Knochen – in einem Nudelring anrichten.

1061
Gefülltes Huhn in der Bratfolie

1 Bratbeutel, 1 Teel. Speisestärke,
1 Huhn oder 1 Poularde, ca. 1,5 kg,
100 g gekochter Reis,
2 Essl. geriebener Parmesan oder
Greyerzer, 1 Ei,
125 milder, roher Schinken,
ein paar frische Majoranblättchen,
Salz und Pfeffer, 4–5 Essl. Öl,
Edelsüßpaprika, gerebelter Majoran,
Rosmarinpulver.
Zur Soße:
Geflügelbrühe, 1 Essl. Speisestärke,
3–4 Essl. saure Sahne,
Salz und Paprika.

Den Bratbeutel mit der Speisestärke füllen, gut durchschütteln, so dass die Folie damit überzogen ist. Das gewaschene, trockengetupfte Huhn mit einer Füllung aus Reis, Käse, dem Ei, fein gehacktem Schinken, gewürzt mit Majoran, Salz und Pfeffer, füllen und die Öffnung mit einem Holzstäbchen zustecken. Das Öl mit den Gewürzen verrühren. Das Huhn damit bestreichen und in die Bratfolie legen; gut verschließen und auf der Oberseite zweimal mit einer Gabel einstechen. In eine kalte Fettpfanne oder auf den kalten Rost über derselben legen und im vorgeheizten Backofen garen.
E.-Herd 200 °C / G.-Herd 3
Ca. 1 Stunde
Eine Ecke der Bratfolie abschneiden, den Bratensaft in einen Topf gießen, mit etwas Geflügelbrühe aufgießen und zum Kochen bringen. Die Speisestärke mit der Sahne verquirlen und die Soße damit binden, mit Salz und Paprika abschmecken. Das Huhn aus der Folie auf eine vorgewärmte Platte legen und entweder mit der Füllung aufschneiden oder die Füllung gesondert servieren. Die Soße dazustellen und Saisongemüse, z. B. frische Zuckerschoten oder Blumenkohl, in Butter geschwenkt, dazu reichen.

1062
Poularde, gebraten

Für 6 Personen
1 große Poularde, ca. 1½ kg,
Salz, Saft von 1 Zitrone,
80–100 g Butter, evtl. 1 frische Trüffel oder Champignons.
Zur Fülle: Leber und Herz,
2 trockene Brötchen,
je 1 Teel. gewiegte Zwiebel und Petersilie, 1 Ei, 1 Eigelb,
je 1 Prise Salz, Pfeffer, Majoran.
Zum Umwickeln:
1 große Speckscheibe.
Zum Übergießen:
¼ l Geflügelkleinbrühe.
Zur Soße: 1 Teel. Speisestärke.

Die Poularde falls nötig sorgfältig rupfen, ausnehmen, waschen, innen austrocknen, mit Salz und Zitronensaft einreiben und einige Butterflöckchen, evtl. auch Trüffel- oder Champignonstückchen, in das Innere einlegen. Soll das Geflügel gefüllt werden, die von der Galle sorgfältig befreite Leber und das Herz fein wiegen; die abgeriebenen, eingeweichten, ausgedrückten Brötchen mit Zwiebel und Petersilie in 20 g Butter glasig schwitzen und kurz abkühlen lassen. Dann Leber, Herz, Ei, Eigelb, Salz und Gewürz zufügen und alles gut vermischen. Das Geflügel damit füllen, zunähen, dressieren, mit der Speckscheibe umwickeln und umschnüren; in eine Kasserolle legen und ¼ l Fleisch- oder Geflügelbrühe oder heißes Wasser darübergießen, damit die Fülle aufquellen kann. Nach dem Einkochen der Flüssigkeit die erhitzte Butter zufügen, das Geflügel hellgelb anbraten, mit dem eigenen Saft häufig beträufeln und bei nicht zu starker Backofenhitze braten; in der letzten Garzeit das Geflügel ohne Speckscheibe fertigbraten, damit die Haut knusprig wird.
E.-Herd 200 °C / G.-Herd 3
Ca. 1¼ Stunden
Vor dem Anrichten den entfetteten Bratensaft mit der wie oben angerührten Speisestärke aufkochen, mit wenig Brühe verdünnen, die Soße durchsieben und zum tranchierten Geflügel reichen.
Dazu passen Mandelkroketten, Kartoffelpüree und feines Gemüse.

1063
Poularde, mit Reis und Gänseleber gefüllt

Für 6 Personen
1 Poularde, Salz, Pfeffer.
125 g Reis, 100 g Butter,
½ l Fleisch- oder Geflügelkleinbrühe,
1 große Gänseleber,
60 g Trüffeln (aus Dosen).
1 Zwiebel, Suppengemüse,
⅛ l Weißwein,
4 Essl. braune Soße,
1 Essl. Madeira.

Die Poularde nach S. 302 sorgfältig vorbereiten und ausbeinen, die Keulen und Flügelknochen aber nicht abschneiden, und mit Salz und Pfeffer bestreuen. Den gewaschenen, abgetropfen Reis in etwa 40 g Butter anrösten, mit knapp ¼ l Brühe ablöschen und nicht zu weich kochen. Die Gänseleber und Trüffeln in Würfelchen schneiden, unter den Reis mengen und erkalten lassen; die Poularde damit füllen und dicht zunähen, damit sie ihre Form wieder erhält. In der restlichen heißen Butter die Poularde mit Zwiebelscheiben und Suppengemüse leicht anbraten, mit dem Sud der ausgekochten Knochen und dem mitgekochten Geflügelklein ablöschen, Weißwein und braune Soße zugeben und die Poularde bei geringer Hitzezufuhr in ca. 1¼ Std. garen. Vor dem Anrichten tranchieren, auf eine erwärmte Platte setzen und evtl. geröstete Brotschnitten mit gebratenen Gänseleberscheiben ringsum legen. Die Soße durchsieben, den Madeira unterrühren, gesondert dazu reichen und eine bunte Salatplatte mitservieren.

1064
Gekochtes Huhn

1 Suppenhuhn,
ca. 1,5 kg, mit Innereien,
Salz, Suppengemüse:
2–3 Gelbe Rüben, 1 Stück Sellerie oder Staudensellerie,
2 Stangen Lauch, 1–2 Tomaten,
evtl. 1 Petersilienwurzel.

Das Huhn sorgfältig vorbereiten, unter fließendem Wasser abspülen, Herz, Leber und Magen wieder in das Innere stecken oder in der Brühe mitkochen und das Huhn dressieren (vgl. S. 302). Dann mit so viel heißem Wasser aufsetzen, dass es vollständig bedeckt ist, Salz und zerkleinertes Suppengemüse zugeben und zugedeckt bei mittlerer Hitze in 1½–2 Std. weichkochen (oder im Schnellkochtopf das Huhn in 45 Min. garen); herausnehmen, kurz in kaltes Wasser tauchen, evtl. die Haut abziehen, die Bruststücke abtrennen und in 4 Teile zerlegen. Die Keulchen etwas kürzen und das übrige Fleisch zurechtschneiden. Die Brühe durchsieben.
Das Geflügelfleisch würfeln; eine weiße Soße **11** zubereiten, mit Geflügelbrühe ablöschen und mit Eigelb legieren, mit dem Zitronensaft und Weißwein verfeinern und das Geflügelfleisch mit Spargelstückchen oder Champignons darin anrichten.

1065
Hühnerklöße

1 Suppenhuhn (ca. 1,5 kg), 1 Eiweiß,
8 Essl. dickflüssige Béchamelsoße ***13****,*
2 Essl. Crème fraîche.
Butter für die Form,
ca. ½ l Geflügelbrühe,
Pilze nach Wahl, frische Kräuter.

Das Suppenhuhn kochen. Das gegarte Huhn häuten, das Fleisch von den Knochen lösen, durch den Fleischwolf drehen. Ca. 500 g* durchgedrehtes Fleisch mit Eiweiß, Béchamelsoße und Crème fraîche vermengen. Aus dem Teig mit 2 nassen Esslöffeln Klöße abstechen, in eine gebutterte Kasserolle legen. Mit heißer Brühe auffüllen und die Klöße bei leichter Hitze 15–20 Min. ziehen, aber nicht kochen lassen. Die Klöße herausnehmen, warmstellen. Aus dem Fond eine helle Buttersoße rühren, Pilze und Kräuter zufügen. Die Klöße in der Soße anrichten. Dazu Reis servieren.

*Das Restfleisch für eine Suppe oder einen Geflügelsalat verwenden.

1066

Hühnerfrikassee

Für 4–5 Personen
1 Suppenhuhn, 30 g Butter.
Zur Soße:
50 g Butter, 80 g Mehl,
2 Sardellenfilets, Salz, Muskat,
Saft von ½ Zitrone,
etwas Fleisch- oder Geflügelkleinbrühe,
3 Essl. Weißwein, 1 Teel. Kapern,
300 g frische Champignons, in Scheiben geschnitten, oder
1 kleine Dose Champignons.
Zum Abziehen:
1–2 Eigelb,
2 Essl. saure oder frische Sahne.

Das Huhn nach S. 302 vorbereiten, dressieren, in strudelndem Salzwasser, in Fleischbrühe oder im Sud vom Geflügelklein 5 Min. blanchieren, um eine schöne, weiße Färbung zu erreichen; dann in 30 g Butter andünsten, aber nicht bräunen, mit der durchgesiebten Fleisch- oder Geflügelbrühe ablöschen und in geschlossener Kasserolle in 1–1¼ Std. weich dünsten. Nach dem Abkühlen die Haut abziehen und das Huhn in gleichmäßige Stücke zerlegen (S. 302). Aus Butter, Mehl und Hühnerkleinbrühe eine feine Buttersoße zubereiten, die gewiegten Sardellen und die übrigen Zutaten beifügen, die Geflügelstücke einlegen, kurz erhitzen und in einer tiefen Schüssel evtl. mit Fleischklößchen **954** servieren; oder in einem Reis-, Nudel- oder Blätterteigring oder einer großen Pastete anrichten.

1067

Bremer Kükenragout

1 Hähnchen (850 g) oder
3–4 Stubenküken,
je 500 g frische Spargel und Champignons,
80 g Butter,
1 Kalbsbrieschen,
1 Kalbszunge,
50 g Mehl,
½ l Hühner- oder Zungenbrühe,
*½ Menge Fleischklößchen **954**.*

Das vorbereitete Hähnchen oder die Stubenküken in leicht gesalzenem Wasser weich dünsten. Die Spargel schälen, in Stückchen schneiden und in Salzwasser kochen. Die sorgfältig gereinigten Champignons in 30 g Butter weich schmoren, das Brieschen und die Zunge (Vorbereiten S. 281 und S. 283) ebenfalls in Salzwasser gar werden lassen und alles warmstellen. Inzwischen die restliche Butter mit dem Mehl hellgelb schwitzen, mit der Hühner- oder Zungenbrühe ablöschen und ein paarmal aufkochen. Die sämige Soße durchsieben, die zerteilten Hähnchen, die Spargelstückchen und Champignons einlegen und mit den fein geschnittenen Brieschen- und Zungenscheiben und den Fleischklößchen heiß servieren.

1068

Stubenküken (Mistkratzerle)

3–4 Stubenküken (bratfertig), Salz,
3 Essl. Öl, ½ Teel. Paprika, edelsüß.

Die dressierten Stubenküken innen und außen salzen und mit Öl, mit Paprika verrührt, einpinseln. Die Küken in der Pfanne, auf dem Rost im Backofen oder auf dem Drehspieß unter dem Grill knusprig braun braten. Danach halbieren, mit Kartoffelsalat oder feinen Gemüsen servieren.
E.-Herd 200 °C / G.-Herd 3
Ca. 30 Minuten
Oder: Mit Quark gefüllt: 2 Stubenküken oder kleine Brathähnchen sorgfältig entbeinen. 75 g entrindete Weißbrotwürfel mit 250 g Quark, 2 Eigelb, 2 Essl. Crème fraîche und je 2 Essl. gehacktem Estragon und Schnittlauchröllchen mischen, 2 steifgeschlagene Eiweiß unterziehen. Die Masse in die Hähnchen füllen, in die Form zurückbringen. Die Hähnchen auf 2 große Stücke Alufolie legen, mit etwas Weißwein angießen, die Folie verschließen. Im vorgeheizten Backofen braten. Dann die Folie oben aufreißen, das Fleisch, falls nötig, noch etwas Farbe annehmen lassen. Den Fleischsaft mit Bratensoße binden, dazu reichen. Dazu passen Butternudeln.
E.-Herd 180 °C / G.-Herd 2
Ca. 30 Minuten

1069

Kalte Geflügelrolle (Galantine) von einer Poularde

Für 4–6 Personen
1 Poularde von 1½–2 kg,
Salz, Pfeffer.
Zur Fülle:
300 g mageres Schweinefleisch,
150 g Kalbfleisch,
250 g ungeräucherter Speck,
die Poulardenleber, 2 Eier,
1 Likörglas Weinbrand,
1 Teel. Salz, Pfeffer,
5 g Pastetengewürz, 1 Gänseleber,
je 60 g geräucherte Zunge und Speck,
1 Trüffel, 8 Pistazien,
20 g Butter oder Margarine,
Suppengemüse, 40 g flüssige Butter,
knapp ¼ l Fleischbrühe.
*Zum Glasieren: Fleischgelee **2**.*
Zum Garnieren:
Orangenscheiben, Pistazienkerne, Spargelköpfe.

Die gerupfte, abgesengte Poularde ausnehmen, gut waschen, abtrocknen und ausbeinen. Die Haut mit dem abgelösten Fleisch ausbreiten, dünne Stellen der Haut mit einem Teil des Brustfleisches bedecken, salzen und pfeffern. Das Fleisch der Keulen von den Knochen befreien und mit dem restlichen Brustfleisch, dem Schweine- und Kalbfleisch, dem Speck und der Poulardenleber (alles gut gekühlt) zweimal durch den Fleischwolf drehen. Mit den Eiern, Weinbrand, Salz, Pfeffer und Gewürz gut vermischen. Etwa ⅓ der Fülle auf die ausgebreitete Haut streichen und im Wechsel feine Streifen von Gänseleber, Räucherzunge, Räucherspeck, Trüffel und die geschälten, halbierten Pistazien auflegen. Die restliche Fülle obenauf verteilen, die Haut ringsum einschlagen und die Rolle dicht zunähen. Etwas Fett in die Fettpfanne geben, Suppengemüse kurz andünsten, die Galantine darüber auf den Grillrost legen, mit heißem Fett übergießen und im vorgeheizten Backofen braten. Mit Fleischbrühe begießen.
E.-Herd 200 °C / G.-Herd 3
Ca. 1–1¼ Stunden
Die abgekühlte Galantine mit Fleischgelee überziehen und garnieren.

1070 Hühnerbrüstchen mit Provence-Kräutern

4 Hühnerbrüstchen, frisch oder tiefgefroren und aufgetaut.
Marinade:
4 Essl. Olivenöl,
Salz und frisch gemahlener Pfeffer,
1 zerdrückte Knoblauchzehe,
2 Essl. getrocknete Kräuter der Provence, leicht zwischen den Fingern zerrieben, oder besser frische Kräuter:
1 Zweiglein Rosmarin,
1 Zweig Oregano,
1 Zweig Thymian,
evtl. etwas frisches Basilikum.
10 Schalotten oder Frühlingszwiebeln (nur das Weiße),
2 Essl. Cognac,
¼ l Hühnerbrühe (frisch oder aus einem Brühwürfel), ⅛ l süße Sahne,
1 Teel. Speisestärke.

Die Hühnerbrüstchen etwas flachdrücken und in der Ölmarinade ca. 30 Min. ziehen lassen. Herausnehmen und trockentupfen. In der erhitzten Marinade die Zwiebelchen anbraten, die Hühnerbrüstchen zugeben und 5 Min. mitbraten. Den Cognac in einer Schöpfkelle erwärmen, anzünden und brennend über das Fleisch gießen. Wenn die Flamme verloschen ist, die Hühnerbrühe zugießen, aufkochen und die Brüstchen noch 5 Min. in der Soße ziehen lassen. Die süße Sahne mit der Speisestärke verquirlen und die Soße damit binden; frische Kräuterzweige entfernen.
Dazu schmecken in Butter geschwenkte Kartöffelchen oder auch knuspriges frisches Weißbrot und ein grüner Salat.

1071 Hähnchenbrüste mit Limettensoße

2 Limetten, 4 große Hähnchenbrüste (à ca. 150 g), 1 Essl. Butterschmalz,
*⅛ l trockener Weißwein oder halb Weißwein, halb Geflügelbrühe **495**,*
Salz, weißer Pfeffer,
1 Becher süße Sahne (200 g),
1 Essl. sehr kalte Butter.

Limetten heiß abspülen, die Schale sehr dünn abschälen und in feine Streifen schneiden, 5 Min. in Wasser dünsten, abgießen. Die Limetten auspressen.
Hähnchenbrüste in heißem Fett hell anbraten, mit Wein aufgießen, 10 Min. darin ziehen lassen. Das Fleisch herausnehmen, salzen, pfeffern, zugedeckt warm stellen.
Limettenstreifen und -saft in den Bratfond gießen, auf die Hälfte einkochen lassen. Sahne zufügen, ebenfalls bei starker Hitze reduzieren. Zuletzt die eiskalte Butter in Stücken mit dem Schneebesen unterschlagen. Die Soße abschmecken, über die in Scheiben geschnittenen Hähnchenbrüste gießen. Dazu passen Nudeln.

1072 Gefüllte Hühnerbrüstchen

4 Hühnerbrüstchen, frisch oder tiefgefroren und aufgetaut,
Salz und Pfeffer,
1 Essl. Zitronensaft.
6–8 kleine frische Steinpilze oder 50 g getrocknete Steinpilze,
20 g Butter, 1 kleine Zwiebel,
je 2 Essl. gehackte Petersilie und Kerbel.
1–2 Essl. Öl, ¼ l Weißwein,
evtl. 3–4 Essl. saure Sahne,
1 Teel. Speisestärke.

In die Hühnerbrüstchen eine Tasche schneiden, mit Salz und Pfeffer und Zitronensaft würzen. Die frischen Pilze rasch waschen, putzen und in Scheiben schneiden; getrocknete Pilze in lauwarmem Wasser etwa 30 Min. einweichen, herausnehmen und ausdrücken. Die Butter erhitzen, die kleingehackte Zwiebel andünsten, die Pilze zugeben, mit den Kräutern würzen und alles kurz durchziehen lassen. Die Brüstchen damit füllen (evtl. mit einem Holzstäbchen zustecken) und im heißen Öl von allen Seiten anbraten, mit dem Wein ablöschen und etwa 25 Min. schmoren. Die Soße evtl. mit in Sahne verquirlter Speisestärke binden.
Dazu körnig gekochten Reis oder Mandelkroketten servieren.

1073 Hühnerbrust mit Gemüse

1 Paket Frühlingsgemüse (600 g) oder frisches Gemüse in Würfeln,
Salzwasser,
50 g gekochter Schinken,
4 tiefgefrorene Hähnchenbrustfilets,
50 g Butter oder Margarine,
½ Teel. Salbeipulver,
Salz, Pfeffer, 50 g geriebener Käse,
feingewiegte Petersilie.

Das Gemüse in kochendem Salzwasser zugedeckt 10 Min. kochen. Den Schinken in Streifen schneiden. Die aufgetauten Hähnchenbrustfilets kalt abbrausen, trocknen und im heißen Fett von jeder Seite ca. 5 Min. braten. Das abgetropfte Gemüse zugeben und erwärmen. Den Schinken daruntermischen. Das Gericht würzen und beim Anrichten mit Käse und Petersilie bestreuen.

1074 Hähnchenkeulen mit Backpflaumen und Äpfeln

4 Hähnchenkeulen, frisch oder tiefgefroren und aufgetaut,
Salz, Majoranpulver,
4 Essl. Butterschmalz oder Butter und Öl gemischt,
je 4 Essl. Hühnerbrühe, Apfelwein und Calvados,
250 g eingeweichte, entsteinte Backpflaumen,
4 Äpfel (Granny Smith, Boskop),
⅛ l süße Sahne,
1 Teel. Speisestärke.

Die Hähnchenkeulen mit Salz und Majoran einreiben, im heißen Fett von allen Seiten anbraten, mit Brühe, Wein und Schnaps angießen und mit den Backpflaumen etwa 25–30 Min. schmoren. Die Äpfel schälen, entkernen und in Würfel schneiden, 10 Min. vor Ende der Garzeit zugeben. Die Soße mit in Sahne verquirlter Speisestärke binden.
Dazu Kartoffelpüree oder Kartoffelknödel und in Butter geschwenktes Gemüse wie Möhren servieren.

1075 Geflügelpfanne

4 Hähnchenkeulen, frisch oder tiefgefroren,
je 1 Prise Salz und Pfeffer.
2–3 Essl. Sonnenblumen- oder Olivenöl,
Saft von ½ Zitrone,
4 kleine Zwiebeln oder Frühlingszwiebeln,
2 Tomaten, 1 Courgette (Zucchini),
150 g frische Champignons oder Egerlinge (oder aus der Dose),
1 Teel. Curry,
knapp ¼ l Hühnerbrühe oder Weißwein, 1 Essl. Tomatenmark,
2 Essl. frisch gehackte Kräuter (Petersilie oder Kerbel).

Die tiefgefrorenen Hähnchenkeulen aus der Packung nehmen und zugedeckt über Nacht im Kühlschrank auftauen lassen. Die Keulen kalt abwaschen, gut trocknen, mit Salz und Pfeffer einreiben. Das Öl erhitzen und die Keulen von allen Seiten knusprig anbraten, mit dem Zitronensaft beträufeln. Die Zwiebeln halbieren oder vierteln, Tomaten häuten, in Viertel teilen, die junge Courgette mit der Schale in Scheiben und die Pilze je nach Größe in Scheiben oder in Viertel schneiden. Das Gemüse zu den Hähnchenkeulen geben und etwa 10 Min. mitbraten. Den Curry überstäuben, mit der Brühe oder Wein angießen und das mit etwas Wasser verrührte Tomatenmark zugeben. Zudecken und bei sanfter Hitze ca. 15 Min. schmoren lassen. Mit gehackten Kräutern bestreut servieren. Dazu passt ein körnig gekochter Reis.

1076 Hühnerleber mit Speck

3–4 große Hühnerleberstücke
4 Scheiben durchwachsener Speck,
etwas Mehl, 30 g Butter,
je 1 Prise Salz und Pfeffer.

Große Hühnerlebern in mäßig dicke Scheiben schneiden, in Mehl wenden (überschüssiges Mehl abschütteln) und mit dem Speck in der heißen Butter auf beiden Seiten ca. 2–3 Min. braten. Dann mit etwas Salz und Pfeffer bestreuen, mit wenig heißem Wasser oder Fleischbrühe ablöschen und die Scheiben im Wechsel mit dem Speck auf Kartoffelpüree anrichten. Die Soße darüberträufeln.

1077 Geflügelleber mit Apfelstückchen

600 g frische Geflügelleber oder
2 Packungen tiefgefrorene Geflügelleber, aufgetaut,
2 Frühlingszwiebeln mit Grün oder
2 Stangen zarter Lauch,
60 g Butter, 2 säuerliche Äpfel,
Salz und Pfeffer, 1 Teel. Majoran.

Die Lebern waschen, trockentupfen und in kleine Stücke zerteilen. Die Zwiebelchen oder den Lauch waschen und in feine Ringe schneiden, in der Hälfte der Butter gelb anschwitzen. Die Äpfel schälen, entkernen und stifteln, zu den Zwiebeln geben und ca. 1–2 Min. andünsten. Etwas zur Seite schieben, die restliche Butter erhitzen und darin die Leberstückchen unter Rühren anbraten, dann mit den Zwiebeln und Apfelstückchen vermischen und unter ständigem Rühren ca. 4 Min. braten. Mit Salz, Pfeffer und Majoran würzen. In einem Reisrand anrichten oder auf leicht geröstetem Weißbrot servieren.
Oder zur Leber 4–5 frische, gehäutete Pfirsiche in Stückchen geben, mit den Lebern braten, mit wenig Sherry oder Madeira ablöschen und mit Salz und Curry würzen.

Truthahn, Pute(r)

Bei Truthähnen (Putern) unterscheidet man je nach Mast und Gewicht den sog. Babyputer (bratfertig, 2–6 kg) von dem durch Langmast aufgezogenen Tier mit einem Gewicht von 5–11 kg (bratfertig). Truthahnfleisch besitzt einen hohen Eiweißgehalt und wenig Fett. Geeignet zum Braten in Teilen, Schmoren und Braten am Stück (dann mit Speck bardieren). Zum Braten im Ganzen eignet sich der Babyputer. Geflügelteile wie Keule, Schenkel und Brust sowie küchenfertige Zubereitungen wie Schnitzel, Steaks und Rollbraten stammen von schwereren Tieren und werden frisch oder tiefgefroren das ganze Jahr hindurch angeboten. Ganze Puten sind meist nur in der Weihnachtszeit erhältlich (oder auf Vorbestellung).
Junge, höchstens einjährige Tiere erkennt man an den hell- oder blaugrauen Beinen und einer weichen, schuppenartigen Haut; bei alten Tieren ist sie rötlich und hornartig.

1078 Gefüllte Pute

Für 8–10 Personen
1 Pute (3–4 kg), Salz.
Zur Fülle:
Je 250 g Hackfleisch vom Kalb und Schwein, die Putenleber,
je 1 Teel. gewiegte Zwiebel und Petersilie,
20 g Butter oder Margarine,
1 eingeweichtes, ausgedrücktes Brötchen,
je 1 Prise Salz, Pfeffer, Majoran,
einige Wacholderbeeren,
evtl. einige Trüffelstückchen,
3 Eier, 1 große Speckplatte.
Zum Übergießen:
100 g Butter oder Margarine.
Zur Soße:
1 Essl. Speisestärke,
2–3 Essl. saure Sahne,
etwas Fleischbrühe (Würfel).

Die ausgenommene Pute waschen und abtrocknen. Das Fleisch am unteren Ende der Keulen mit einem spitzen Messer lösen und die dicken Sehnen aus der Keule mit einer Zange herausziehen. Die Pute innen mit Salz einreiben. Die Zutaten zur Fülle einschließlich der kleingehackten Putenleber vermischen, abschmecken und die Pute damit füllen. Die Pute dressieren, mit der Speckplatte umhüllen, umschnüren, auf dem Bratenrost über die Fettpfanne in den kalten Backofen schieben. Mit ca. 1/2 l heißem Wasser überbrühen, nach 30 Min. mit dem heißen Fett übergießen und fertigbraten.
E.-Herd 200–220 °C / G.-Herd 3–4
zuerst 30 Minuten,
dann 2 1/2–3 Stunden
Die Speckplatte 10–15 Min. vor dem Garwerden abnehmen und die Pute noch etwas bräunen lassen. Den Bratensaft entfetten, mit in kaltem Wasser angerührter Speisestärke binden, Sahne und evtl. noch etwas Fleischbrühe zugeben, die Soße aufkochen und durchsieben. Die Pute zerlegen (tranchieren), die Schlegel beim Anrichten mit kleinen Papiermanschetten verzieren, die Fülle in Scheiben schneiden und die Pute damit umlegen.

Oder den Rumpf der Pute anstatt mit der Fleischfülle mit 250 g weichgekochten, geschälten, in Butter und wenig Zucker gerösteten Kastanien und 4 geschälten, kleingeschnittenen Äpfeln füllen.

Oder 250 g Reis garen, mit kleingehackten Zwiebeln und geschälten, in Würfel geschnittenen Tomaten vermischen und in die Pute füllen. Evtl. den Putenhals mit einem Teil der Hackfleischfülle wie Gänsehals **1103** füllen und dazu servieren.

Oder die Pute mit einer Mischung aus gegartem Reis, Rosinen, Pinienkernen, eingelegten Ingwer und gehackter Petersilie füllen (siehe Abb. mit Babypute).

Tipp:
Wer Fett sparen möchte, bestreicht den gefüllten Puter nur mit etwas zerlassener Butter und schlägt den Vogel dann in Alufolie – extra stark – ein. Auch das Garen in der Bratfolie empfiehlt sich!

1079
Putenröllchen, gefüllt

4 dünne Putenschnitzel (à ca. 180 g),
Salz, Pfeffer.
Für die Füllung: 1 Pckg. TK-Blattspinat (300 g), 2 Knoblauchzehen,
1 Essl. Sardellenpaste,
Saft von 1 Zitrone, Muskat, 3 Essl. Öl,
Mehl zum Wenden,
1/4 l Hühnerbrühe, je 2 Essl. süße Sahne und trockener Sherry (Fino).

Die Putenschnitzel flach klopfen, salzen und pfeffern. Aufgetauten Blattspinat etwas kleiner hacken, mit zerdrücktem Knoblauch, Zitronensaft und Muskat würzen. Die Schnitzel flach ausbreiten, mit Sardellenpaste bestreichen, mit Spinat belegen, zusammenrollen und mit Hölzchen feststecken. Öl erhitzen, Röllchen in Mehl wenden, im heißen Fett ringsum anbraten. Heiße Hühnerbrühe zugießen und zugedeckt bei milder Hitze 30 Min. schmoren lassen. Putenröllchen herausnehmen, den Bratfond durchsieben, mit Sahne und Sherry verrühren, bei starker Hitze etwas reduzieren. Die Soße abschmecken, über das Fleisch gießen.

1080
Putenschnitzel nach italienischer Art

Pro Person
2 sehr dünn geschnittene Putenschnitzel, am besten vom Metzger auf der Wurstschneidemaschine schneiden lassen,
Pfeffer oder Zitronenpfeffer,
Zitronensaft, Mehl zum Wenden,
Butter und Öl zum Braten,
Weißwein zum Ablöschen,
wenig Salz.

Die dünnen Schnitzel halbieren – es sollen ganz kleine Schnitzelchen sein (evtl. pro Person 4 halbe Schnitzelchen servieren); mit Pfeffer oder besser mit Zitronenpfeffer und Zitronensaft würzen. Leicht in Mehl wenden, überschüssiges Mehl abschütteln und die Schnitzelchen bei mittlerer Hitzezufuhr in Butter, gemischt mit etwas Öl, auf jeder Seite ca. 2–3 Min. braten. Mit Weißwein angießen, die Hitzezufuhr erhöhen und den Wein etwas einkochen lassen. Mit wenig Salz würzen.
Dazu schmeckt frisches Weißbrot und ein bunter Salat.

Gefüllte Babypute **1078**

1081

Putengeschnetzeltes

600 g Putenbrustfilets.
Marinade:
4 Essl. Öl, Salz, Pfeffer,
1/2 Teel. Chinagewürz (Fertiggewürz),
1/2 Teel. Zwiebelpulver,
1 Prise Zucker, Saft von 1/2 Zitrone.
10 sehr kleine Schalotten oder Frühlingszwiebeln (nur das Weiße),
250 g frische Pilze wie Champignons, Egerlinge, Austernpilze oder Morcheln, ersatzweise Dosenpilze oder getrocknete, eingeweichte und ausgedrückte Pilze,
1/8 l Hühnerbrühe oder Weißwein,
1/8 l süße Sahne, 1 Teel. Speisestärke,
1 Essl. Cognac.

Das Putenfleisch in schmale Streifen schneiden und in die Marinade einlegen. 15–20 Min. darin ziehen lassen, dann herausnehmen, trockentupfen. Zusammen mit den halbierten Zwiebelchen in der erhitzten Marinade anbraten, die Pilze in Scheiben geschnitten zugeben, die Brühe oder den Wein angießen und zugedeckt bei kleiner Hitzezufuhr ca. 20 Min. schmoren lassen. Die Sahne mit der Speisestärke verrühren und die Soße damit binden. Kurz vor dem Auftragen mit wenig Cognac abrunden.

Oder das Fleisch mit 200 g in Ringe geschnittenem Lauch und 2 säuerlichen, in Stifte geschnittenen Äpfeln sowie 1 Teel. kleingehacktem Ingwer zubereiten. Den Bratensatz mit Wein und Orangensaft, halb und halb, ablöschen, mit 1 Teel. gekörnter Hühnerbrühe und Pfeffer würzen.

1082

Putenschnitzel, paniert

4 Putenschnitzel, je 125 - 150 g,
Salz, Pfeffer.
Zum Panieren:
Mehl, 2 Eier, 1 Essl. Wasser,
Semmelbrösel.
Butterschmalz oder Öl zum Ausbacken

Die Putenschnitzel wie Wiener Schnitzel **859** braten. Auf einem Bett von Blattspinat servieren. Mit Basilikum und Tomatenwürfeln (siehe Abb.) garnieren.

Panierte Putenschnitzel **1082**

1083

Putengulasch

750 g Putenbrust,
60 g Margarine oder Kokosfett,
50 g Sellerieknolle oder Staudensellerie, 2 Zwiebeln,
je 1 rote und grüne Paprikaschote,
100 g frische Champignons (oder aus der Dose),
2 Teel. Edelsüßpaprika,
1/2 Teel. Rosenpaprika,
Saft von 1/2 Zitrone,
1/4 l Hühnerbrühe, 1/4 l saure Sahne,
evtl. 1 Teel. Speisestärke.

Das Putenfleisch in gulaschgroße Stücke zerteilen, im heißen Fett ringsum anbraten. Aus dem Fett nehmen und warm stellen. Sellerie und Zwiebeln in Würfel, Paprikaschoten in Streifen schneiden, die Pilze in Scheiben. Nacheinander im heißen Fett andünsten, dann mit Paprikapulver überstäuben, Zitronensaft und Hühnerbrühe zugießen und das Fleisch wieder einlegen. Das Gulasch bei kleiner Hitze etwa 20 Min. schmoren. Vor dem Anrichten die Sahne (evtl. mit Speisestärke verrührt) unterrühren.
Dazu Reis oder Nudeln oder Dampfkartoffeln servieren.
Oder die Soße wie folgt abwandeln: 1 Teel. Speisestärke mit 1 Teel. Zucker, 3 Essl. Sojasauce und 1/2 Teel. Zitronenpfeffer verrühren, zum Gemüse geben. Kochen, bis es andickt, dann das angebratene Putenfleisch zugeben, die Hitze zurückschalten und noch 10 Min. schmoren. Mit gehackten, leicht in Butter gerösteten Mandeln oder Nüssen servieren.

1084

Putensteaks mit Oliven

4 Putensteaks (je 150 g), 40 g Fett,
4 geschälte Tomaten,
1/4 l Würfelbrühe oder Weißwein,
1/2 Teel. gehackter Thymian,
1/4 Teel. getrocknetes Basilikum,
1 Prise Zucker, 1 Prise Selleriesalz,
1/4 Teel. frisch gemahlener schwarzer Pfeffer, ein Hauch Knoblauchwürze,
4 gefüllte Oliven.

Die Putensteaks mit Küchenkrepp abreiben und im heißen Fett von jeder Seite 3–4 Min. braten. Die Tomaten in einen Topf geben, Würfelbrühe oder Weißwein zugießen, die Kräuter zugeben und 5 Min. bei geringer Hitze kochen. Pikant mit den Gewürzen abschmecken. Die Steaks auf einer vorgewärmten Platte anrichten, die Soße darübergeben und mit Olivenscheiben garnieren. Sofort servieren.
Oder anstatt der Soße Senfgemüse aus dem Glas, mit etwas Weinbrand verfeinert, darüber anrichten.
Oder mit Ananasscheiben, die kurz in heißer Butter angebraten werden, und mit Sauerkirschen servieren.

1085

Putenoberkeule mit Gemüse

1 Putenoberschenkel, quer in 4–5 Scheiben gesägt,
Salz und Pfeffer, Mehl,
6 Essl. Olivenöl oder Kokosfett,
1 fein gehackte Knoblauchzehe,
2 Zwiebeln, 1 Stückchen Sellerie oder 2 Staudensellerie, in Stückchen geschnitten,
1 Gelbe Rübe,
2 Essl. Tomatenmark,
¼ l Weißwein oder Brühe,
1 Lorbeerblatt,
3 Essl. gehackte Petersilie.

Den Putenschenkel am besten vom Metzger mit der Knochensäge durchtrennen lassen. Salz, Pfeffer und Mehl vermischen und die Fleischscheiben darin wälzen. In einem Bräter oder einer großen tiefen Pfanne das Fett erhitzen und die leicht abgeklopften Putenscheiben etwa 20 Min. darin braun schmoren. Herausnehmen und auf eine vorgewärmte Platte legen, mit Alufolie abdecken. Das Gemüsewürfeln, in die Pfanne geben und ca. 5 Min. andünsten; Tomatenmark mit Wein vermischen, mit dem Lorbeerblatt zum Gemüse geben. Die Putenstücke wieder zufügen und bei sehr geringer Hitzezufuhr das Gericht in ca. 1 Std. gar schmoren. Beim Anrichten mit der gehackten Petersilie überstreuen; dazu körnig gekochten Reis oder Risi Bisi **1184** oder Maisgrießschnitten Seite 605 reichen.

Ente

Junge Enten sind an den weichen Brustknochen und dem leicht zu brechenden Schnabel zu erkennen. Beim Ausnehmen und Vorbereiten der Ente ist es ratsam, die beiden Fettdrüsen, die wie weiße Bohnen aussehen und die rechts und links oberhalb des Bürzels liegen, zu entfernen, weil das Fleisch sonst tranig schmeckt. Enten kommen fast ausschließlich aus Mastbetrieben auf den Markt. Geschlachtet, ausgenommen, frisch oder tiefgefroren wiegen sie 1400–2200 g. Schwerere Tiere (meist Flugenten oder Barberie-Enten) sind erheblich fleischreicher und eignen sich deshalb besser zum Braten im Ganzen.
Eine junge Ente von ca. 1500 g Gewicht hat eine Bratzeit von ca. 60–90 Minuten.

1086

Gebratene Ente

1 bratfertige junge Ente (ca. 2 kg),
Salz, Majoran, Pfeffer,
2–3 Stängel Beifuß,
60 g Butter oder Margarine,
1 Zwiebel, ¼–½ l Wasser oder Fleischbrühe, ⅛ l Rot- oder Weißwein,
4 Essl. Ananasstückchen mit Saft.

Die Ente ausnehmen, die Drüsen, die wie weiße Bohnen aussehen, entfernen, dann die Ente waschen, abtrocknen und innen mit Salz und Majoran einreiben. Außen leicht pfeffern. Beifuß in die Ente legen und diese zunähen. In der heißen Butter oder Margarine die Zwiebelscheiben bräunen, die Ente dazugeben, heißes Wasser oder Fleischbrühe zugießen und unter Begießen mit dem Bratensaft im Backofen braten.
E.-Herd 200 °C / G.-Herd 3
Ca. 60–70 Minuten
Den Bratensatz gut ablösen, den Wein und die Ananasstückchen mit Saft und evtl. noch etwas Brühe dazugeben und die Soße über die tranchierte Ente gießen.
Dazu reicht man Gemüse. Sehr gut eignen sich als Beilagen Rosenkohl, weiße Rübchen und Rotkraut, Salzkartoffeln oder Klöße.

Oder die Ente mit 6 säuerlichen, kleinen Äpfeln und 1 Essl. Rosinen füllen. Ananasstückchen weglassen.
Oder 2 eingeweichte, ausgedrückte Brötchen, gewiegte Zwiebel und Petersilie, 1–2 Eier, Salz, Muskat vermischen und in die Ente füllen. Rotwein und Ananasstückchen weglassen.
Oder 2–3 Essl. Selleriewürfel, 1–2 geschälte, kleingeschnittene Äpfel, einige grüne oder blaue Trauben und 100 g feingewiegten gekochten Schinken vermischen und in die Ente füllen.

1087

Ente, geschmort

Eine junge Ente nach **1086** vorbereiten, mit Zwiebelscheiben, zerschnittenem Suppengrün, Salz, Pfeffer, ½ l Fleischbrühe oder heißem Wasser aufsetzen, in geschlossener Kasserolle 30 Min. schmoren lassen, dann ohne Deckel in den heißen Backofen stellen, wiederholt mit dem Bratensatz übergießen und, wenn nötig, noch etwas Fleischbrühe, heißes Wasser oder Bratensoße und 1 Glas Weißwein zufügen; durch das wiederholte Beträufeln erhält die Ente eine glänzende Kruste. Nach etwa 1 Std. Bratzeit tranchieren und mit Saft, glasierten Kastanien, Blattsalat anrichten. Köstlich schmecken als Beilagen glasierte Zwiebeln und weiße Rübchen **1353**.
E.-Herd 200 °C / G.-Herd 3
Ca. 60–75 Minuten

1088

Ente im Römertopf

Den gut gewässerten Römertopf mit Zwiebelscheiben und zerschnittenem Gemüse nach Wahl füllen, die innen und außen gewürzte Ente einlegen und mit ¼ l Fleischbrühe und 1 Glas Weißwein angießen. Den Römertopf in den kalten Backofen stellen und ca. 2 Stunden bei guter Hitze darin lassen, bis die Ente gar ist.
E.-Herd 225 °C / G.-Herd 4
Ca. 2 Stunden

Weitere Entenrezepte: Ente, mit Kartoffeln gefüllt (vgl. Gans **1096**). Ente, mit Kastanien gefüllt (vgl. Gans **1098**).

1089

Ente mit Orangen (französische Art)

1 junge Ente, 1 Entenleber und 1 Entenherz, Salz, Pfeffer, 80 g Butter oder Margarine, 1/4 l Fleischbrühe oder heißes Wasser, 4 Orangen, 1 Teel. fein geschnittene Orangenschale, 1 Essl. Zucker, 2 Essl. Weinessig, 2 Essl. Wasser, 1–2 Essl. Cointreau (Orangenlikör), 1/8 l Weißwein, 1 Teel. Speisestärke, Orangenscheiben.

Die ausgenommene und vorbereitete Ente innen mit Salz und Pfeffer, außen nur mit Pfeffer einreiben. Im heißen Fett unter Wenden anbraten und Fleischbrühe oder Wasser zugießen. Im vorgeheizten Backofen unter öfterem Begießen braten. Die Ente ist gar, wenn beim Anstechen ein klarer, gelber Saft herausfließt.
E.-Herd 200 °C / G.-Herd 3
Ca. 50–70 Minuten
Leber und Herz waschen, in kleine Würfel schneiden und in der letzten Viertelstunde der Bratzeit dazugeben. Die geschälten Orangen in Scheiben schneiden, fein geschnittene Schalenstreifen zugeben und mit kochendem Wasser überbrühen. Zucker mit Essig und Wasser in einer Pfanne leicht karamellisieren, dann die abgetropften Orangenscheiben mit den Schalenstreifen zufügen, mit Orangenlikör verfeinern und gut umrühren. Die Bratensoße der Ente entfetten. Die Speisestärke mit wenig Wasser anrühren, die Soße binden, Weißwein zugießen, erhitzen und mit den Orangenscheiben vermischen. Die Ente tranchieren, auf einer vorgewärmten Platte mit Entenleber- und Entenherzstückchen anrichten, mit Orangenscheiben garnieren und die Soße gesondert dazu reichen. Dazu passen breite Nudeln.

1090

Ente, süß-sauer

Für 6 Personen
1 Ente (1,5–2 kg, küchenfertig), 8 getrocknete Mu-Err Pilze, je 1/2 rote und grüne Paprikaschote, 1 Gemüsezwiebel, 2 Knoblauchzehen, frischer Ingwer, 3 Ananasringe, 250 g Sojabohnensprossen, Sesamöl zum Braten.
Für die Soße: 1/8 l Ananassaft, 3 Essl. heller Weinessig, je 1 Essl. Sake (Reiswein) und Tomatenketchup, 1 Teel. Öl, 1 Essl. Speisestärke, Pfeffer, Cayennepfeffer.

Die Ente innen und außen waschen, in kochendes Wasser legen, 30 Min. bei mittlerer Hitze garen lassen. Die Ente herausnehmen, nach dem Erkalten Brust- und Schenkelstücke ablösen, in 3 cm breite Streifen schneiden.
Pilze 5 Min. in warmem Wasser einweichen, danach putzen, in Streifen schneiden. Paprikaschoten entkernen, würfeln. Zwiebel, Knoblauch und Ingwer schälen, feinhacken. Ananas in Stücke teilen. Sojasprossen in kaltem Wasser waschen, abtropfen lassen.
Öl in einer tiefen Pfanne oder im Wok (siehe im Kapitel: Wenn Gäste kommen) erhitzen, Zwiebel, Knoblauch und Ingwer 1 Min. gelbrösten. Entenstreifen zugeben und 5 Min. mitbraten. 1/2 Tasse Entensud zugießen. Die Gemüse zufügen, glattgerührte Soßenzutaten darübergeben und das Gericht 5 Min. weiterköcheln lassen. Evtl. noch etwas Brühe hinzugießen.
Gekochten Reis dazu servieren.

1091

Entenbrüstchen mit Apfelscheiben

4 Entenbrüstchen à ca. 200–220 g, Salz und Pfeffer, 20 g geklärte Butter oder Butterschmalz.
Zur Soße:
Entenfond, hergestellt aus Knochen von 1 Ente, Wurzelgemüse, evtl. 1 Knoblauchzehe, etwas Thymian, 1/2 l Rotwein, Wasser.
Abgeriebene Schale von 1/2 ungespritzten Orange oder fein geschnittene Schalenstreifen, 5 Min. in kochendem Wasser blanchiert.
2 feste Äpfel, 20 g Butter, 1 Schuss Weißwein.
4 Teel. Johannisbeergelee.

Die Entenbrüstchen enthäuten, salzen und pfeffern und in der heißen Butter von jeder Seite ca. 4 Min. braten. Zugedeckt auf einer vorgewärmten Platte warm halten. Den zuvor zubereiteten, abgekühlten Entenfond **1** entfetten, 1/8 l zum Lösen in den Bratsatz gießen. Den Orangenabrieb zugeben, etwas einkochen lassen. Die geschälten Äpfel in jeweils 4 Scheiben schneiden, das Kernhaus ausstechen, in der zerlassenen Butter leicht anbraten und mit dem Wein in wenigen Minuten halbweich dünsten. Die Entenbrüstchen kurz in der Soße erwärmen, portionsweise auf Teller legen, die Apfelscheiben mit einem Klecks Johannisbeergelee in der Mitte darauflegen und mit wenig Soße überziehen. Dazu schmecken Mandelkroketten.
Oder die Entenbrüstchen nur in der Orangensoße mit Orangenfilets servieren.
Oder zu den Entenbrüstchen eine Sauerkirschensoße zubereiten: 250 g entsteinte Sauerkischen in 1/4 l Rotwein unter Zugabe von 1 Prise Zimt und 1 Teel. Zucker ca. 10 Min. kochen. Den Kochwein zum Ablöschen des Bratsatzes verwenden, evtl. noch 1 Teel. Speisestärke zum Binden zugeben. Die Entenbrüstchen in schräge Scheiben schneiden und mit der Soße und den Kirschen überziehen.
Dazu Schupfnudeln servieren.

1092 Gebratene Ente (kalt)

Eine junge, ungefüllte Ente nach **1086** knusprig braten, nach dem Erkalten mit der Bratensoße, in der 1 Blatt weiße Gelatine aufgelöst wird, überpinseln und auf einem Brotsockel anrichten. Orangenfilets ringsum legen . Ein köstliches, sommerliches Abendgericht mit Toast und frischer Butter oder ein Zwischengang bei festlichem Essen.

1093 Ente (Huhn) in Aspik

1 Ente (oder 1 Huhn),
je nach Größe 2–3 l Wasser,
1–2 gestr. Essl. Salz,
3–4 Essl. Essig,
1 Gewürzdosis (siehe S. 497)
Zum Nachwürzen:
etwas Essig und Salz.
Zum Klären:
1 Eiweiß und Eischale.
Zum Färben:
1 Likörglas Madeira.
Zum Aspik:
16–18 Blatt weiße Gelatine oder die entsprechende Menge Aspikpulver (vgl. ***248****).*

Das vorbereitete Geflügel mit Wasser, Essig, Salz und Gewürz weich kochen, herausnehmen und abkühlen lassen. Das Fleisch sorgfältig von den Knochen lösen und in gleich große Stücke (die Brust in Querscheiben, den Rumpf und die Keulen der Länge nach) teilen. Inzwischen die durchgesiebte, auf 1 l eingekochte Brühe mit Essig und Salz gut würzen, mit Eiweiß und der Eischale klären und durch Zugabe von Madeira färben. Die gewaschene, ausgedrückte, in 2 Essl. warmem Wasser aufgelöste Gelatine zugeben, die Brühe noch einmal erhitzen, wieder durchsieben und einen Teil davon für die Verzierung in einen flachen Teller füllen und kühl stellen. Mit der übrigen Sülzflüssigkeit die Geflügelstücke überziehen oder, noch besser, in eine Porzellanschüssel legen und übersülzen. Ist das Aspik steif, die Stücke mit Tomatenscheiben oder Dosenpilzen, Eivierteln, Radieschenröschen (alles farblich aufeinander abgestimmt) verzieren; das kalt gestellte Aspik häckeln und als Kranz ringsum legen.
Remouladensoße und Bratkartoffeln als Beilage reichen.

Gebratene Ente **1086**

Gans

Bei Gänsen unterscheidet man die zarten, weißfleischigen Frühmastgänse, die nach etwa 5 Monaten schlachtreif und ca. 4 kg schwer sind. Sie sind am biegsamen Brustbeinfortsatz sowie der blaßgelben Farbe der Füße und des Schnabels erkennbar. Die ca. 7–8 kg schweren Mastgänse werden im Alter von 9 Monaten geschlachtet und im Spätherbst und Winter verkauft. Erkennbar ist das Alter am leicht eingefallenen Brustbein und der dunkelgelben Fettfärbung. Eine Gans im bratfertigen Zustand mit einem Gewicht von 4–5 kg reicht für ca. 8 Personen. Teilstücke wie halbe Gänse, Gänsebrust oder -keulen und Gänseklein sind häufig zur Weihnachtszeit in den Tiefkühltruhen zu finden.
Stopfgänse halten den Fettrekord. Durch das Stopfen wird eine große Leber erzielt (siehe **1104** und Foie gras **1147**). Ihr Fleisch ist allerdings trocken und weniger schmackhaft. Wichtig ist, dass die Gänse gleich nach dem Töten gerupft und nach dem Ausbluten, nicht ausgenommen, an luftigem Ort (je nach Witterung 2–6 Tage) abgehängt werden. Sonst wird das Fleisch zäh.
Gänse- und Geflügelfett eignet sich als Bratfett für deftige Gemüse, Bratkartoffeln und als Brotaufstrich. Damit es streichfähig wird, mischt man 1/3 reines Schweineschmalz mit 2/3 flüssigem Gänsefett. Geschmack geben geröstete Zwiebelwürfel, Apfelstückchen und Majoran oder Beifuß.

Tipp:
Ist die Gans sehr fett, empfiehlt es sich, sie nach dem Waschen in eine große Schüssel zu legen und mit 2 l sehr heißem Wasser zu übergießen. Dabei wird ein Teil des Fettes herausgeschwemmt.
*Für die Vorratshaltung lässt sich Gans wie Ente als Confit **2305** zubereiten*

1094

Gans, gebraten

Für 8 Personen
1 Frühmastgans (bratfertig vorbereitet, 3,5–4 kg schwer), Salz, Pfeffer, Majoran oder Beifuß,
evtl. Bier zum Überpinseln.
Füllung nach Belieben: Äpfel, Maronen u.a.

Die Gans innen und außen unter fließend kaltem Wasser waschen, mit Küchenkrepp oder Tuch trockentupfen. Die weißen Fettdrüsen links und rechts unterhalb des Bürzels herausschneiden. Die Gans innen salzen, pfeffern und etwas Majoran oder Beifuß einstreuen. Nach Belieben mit Äpfeln, Maronen oder sonstiger Füllung locker füllen. Die Öffnung zunähen oder mit dem „Schnürschuhtrick" (siehe S. 302) zubinden. Die Gans außen mit Salz, Pfeffer und Kräutern einreiben. Dann mit der Brust nach unten auf den Bratrost legen, eine Fettpfanne darunterstellen.
E.-Herd 200 °C / G.-Herd 3
Gesamtbratzeit ca. 2 1/2 Stunden
Nach 20 – 30 Min. zweifingerhoch Wasser in die Fettpfanne gießen. Seiten, Hüften, Rücken und oberhalb der Flügel die Gans mehrmals mit einer Stricknadel einstechen, damit das Fett besser ausbraten kann. Nach 45 Min. die Gans auf den Rücken legen, hin und wieder mit Bratfond übergießen. Bei zu starker Bräunung Flügel und Keulen mit Alufolie umwickeln. 10 Min. vor Ende der Bratzeit die Gans mehrmals mit starkem Salzwasser oder Bier überpinseln, damit die Haut schön knusprig wird.
Die fertig gegarte Gans vor dem Tranchieren noch 10 Min. im ausgeschalteten, geöffneten Backofen ruhen lassen. Danach die Gans zerteilen, die Teile entweder wieder auf dem Gerippe anrichten oder einzeln zusammen mit der Füllung und Beilagen auf einer vorgewärmten Servierplatte zu Tisch bringen.
Zur Soße einen Teil des Bratfonds entfetten, mit angerührter Speisestärke binden. Als Beilagen Rotkraut und Kartoffelklöße servieren.

1095

Gans mit Weckfülle

Für 6–8 Personen
1 Gans von etwa 4 kg, Salz.
Zur Fülle:
Herz und Leber der Gans,
4–5 trockene Brötchen,
je 1 Teel. gewiegte Zwiebel und Petersilie, 20 g Butter,
1 Prise Majoran oder Thymian,
Salz, etwas Muskat, 3 Eier,
etwas Milch.
Zum Braten:
für eine fleischige Gans
40–60 g Butter,
für eine fette Gans 1–2 l Wasser.

Die Brötchen abreiben, in Wasser oder Milch einweichen, ausdrücken, mit Zwiebel und Petersilie in Butter kurz dünsten und abkühlen lassen. Herz und Leber der sorgfältig ausgenommenen Gans fein wiegen oder durchdrehen und mit Gewürz, Eiern, Milch und den Brötchen vermischen. Die Gans innen mit Salz einreiben, nicht zu prall füllen und gut zunähen. Das Braten der Gans und Zubereiten der Soße nach **1094** durchführen. Für eine gefüllte Gans eine 30 Min. längere Bratzeit rechnen als für eine ungefüllte. Beim Anrichten die Fülle herausnehmen, in Scheiben schneiden, die tranchierte Gans damit umlegen und mit erwärmten Ananasscheiben und Sauerkirschen garnieren.
Dazu Knödel oder Kroketten servieren.

1096

Gans mit Kartoffelfülle

An Stelle von Brötchen etwa 8 mittelgroße, gekochte, geschälte, kleinwürfelig geschnittene Kartoffeln in wenig Butter, gewiegten Zwiebeln und Petersilie dünsten. Die übrigen Füllezutaten von **1095** untermischen, die vorbereitete Gans damit füllen, braten und beim Anrichten tranchieren.

1097

Junge Gans, mit Äpfeln gefüllt

Für 4–6 Personen
1 Gans von etwa 3 kg,
Salz, Pfeffer.
Zur Fülle:
1 kg kleine Äpfel,
einige Stängel Beifuß und Majoran.
Zum Braten:
50 g Butter, Fleischbrühe oder
Brühe vom Gänseklein.

Die Gans nach **1094** sorgfältig vorbereiten, das Gänseklein kochen und einen Teil der Brühe zum Ablöschen der angebratenen Gans verwenden. Zur Fülle die gewaschenen, ungeteilten Äpfel von Blüte und Kernhaus befreien und samt der Schale in die Gans einlegen.
Oder die Äpfel schälen, das Kernhaus ausbohren, einige vorbereitete Sultaninen oder kleine Ananaswürfelchen einlegen.
Oder die ausgebohrten Äpfel nur in Schnitze teilen. Die Gans füllen, die Beifuß- und Majoranstängel hineinstecken, zunähen und nach **1094** braten. Beim Anrichten tranchieren, die Stücke wieder zur Form zusammenfügen und die mitgebratenen Äpfel oder Schnitze rundum legen. Die Soße nach **1094** zubereiten und dazu reichen.

1098

Gans mit Kastanienfülle

Für 6 Personen
1 Gans von 3–4 kg, Salz.
Zur Fülle:
1 kg Kastanien,40 g Butter,
je 1 Teel. gewiegte Zwiebel und
Petersilie, 2–3 mürbe Äpfel,
1 Prise Pfeffer oder Paprika,
die gewiegte Gänseleber.
Zum Braten:
1 l Wasser, 1 Zwiebel,
Suppengemüse.

Zur Fülle die Kastanien ringsum einschneiden, etwa 8 Min. in leicht strudelndem Salzwasser kochen, dann die äußere Schale und die innere Haut entfernen. Zwiebel und Petersilie in Butter hellgelb rösten, die Kastanien einlegen und unter Zufügen von wenig Wasser weichdünsten. Die geschälten, kleinwürfelig geschnittenen Äpfel, das Gewürz und die fein gewiegte Gänseleber zuletzt untermischen.
Die Gans nach **1094** vorbereiten, mit Salz einreiben, füllen, sorgfältig zunähen (bei einer fetten Gans die Haut an einigen Stellen mit dem Messer leicht einritzen) und in einer Kasserolle mit dem Wasser aufsetzen. Ist das Wasser fast verdunstet, einen Teil des ausgebratenen Fettes abschöpfen, Zwiebel, Suppengemüse und etwas Wasser zugeben und die Gans unter öfterem Übergießen bei nicht zu starker Backofenhitze gar braten.
E.-Herd 200 °C / G.-Herd 3
Ca. 2½ Stunden
Die Fülle nicht herausnehmen, nur die Fäden entfernen. Die Gans sorgsam tranchieren und mit Thüringer Kartoffelklößen und Blattsalat zu Tisch geben. Die Soße nach **1094** zubereiten und extra reichen.

Tipp:
Die Garprobe erfolgt durch Einstechen am Keulengelenk: Ist der austretende Saft noch rosa, ist die Gans noch nicht durchgebraten. Erst wenn er farblos aussieht, ist der richtige Zeitpunkt erreicht.

1099

Gans mit Mandelfülle

Für 6 Personen
1 Gans von 3–4 kg, Salz, Pfeffer.
Zur Fülle:
60 g Butter, 4 Eier getrennt,
1 Teel. Zucker,
60 g geschälte, geriebene Mandeln,
2–3 trockene Brötchen oder 100 g
Weißbrot, 60 g Sultaninen oder
Korinthen, evtl. in Weinbrand
eingeweicht, wenig Salz,
etwa 150 g Zwiebackbrösel.

Die Gans nach **1094** vorbereiten, einsalzen und etwas Pfeffer einstreuen. Zur Fülle die Butter sahnig rühren, die gequirlten Eigelb, Zucker und Mandeln untermischen, die ausgedrückten Brötchen, die gewaschenen oder eingeweichten Sultaninen, Salz und Brösel zufügen und alles gut vermengen. Zuletzt den steifen Eischnee locker unterziehen. Die Gans mit der geschmeidigen, nicht zu feuchten Masse füllen, dicht zunähen und bei mittlerer Backofenhitze braten.
E.-Herd 200 °C / G.-Herd 3
Ca. 2½ Stunden
Mit Salzkartoffeln und Selleriesalat servieren Die Soße nach **1094** zubereiten und zur tranchierten Gans reichen.

1100

Gänse-Weißsauer

1 Gänsekeule und 1 Gänsebrust oder
andere fleischige Gänseteile.
Für den Sud:
1 Stange Lauch, 1–2 Möhren,
1 Zwiebel, 1 Stück Sellerieknolle,
1 Lorbeerblatt, 2 Nelken,
5 Pfefferkörner.
8 Blatt helle Gelatine,
1–2 Gewürzgurken, 2 Essl. Weinessig,
1 Prise Zucker, Salz, Pfeffer.

Das Gänsefleisch unter Fließwasser gründlich abspülen. 1 l Wasser aufkochen, das Fleisch einlegen, 1 Std. bei mittlerer Hitze köcheln lassen. Nach 30 Min. das vorbereitete Gemüse und die Gewürze zufügen. Das fertige Fleisch und das Gemüse herausnehmen, abkühlen lassen. Das Fleisch häuten und wie das Gemüse würfeln. Die Brühe durchsieben, erkalten lassen.
Gelatine einweichen, auflösen, in die Brühe rühren. Fleisch- und Gemüsewürfel sowie Scheiben von Gewürzgurken in eine Schüssel schichten, den gewürzten Sud darübergießen, erstarren lassen. Zum Servieren das Weißsauer stürzen, Bratkartoffeln **1249** sowie eine Kräutersoße nach **12** dazu reichen.

Hausgeflügel und Wildgeflügel

1101

Gänsepfeffer oder Gänseklein

1 Pckg. TK- Gänseklein (ca. 600 g) oder Kopf, Hals, Magen, Herz, Flügel, Füße einer 3–4 kg schweren Gans, etwa 2 l Wasser, Salz, 1 Zwiebel, Suppengrün, 1 Gewürzdosis (S. 143)
Zur Mehlschwitze:
40 g Butter, 60 g Mehl,
Saft von 1/2 Zitrone oder 4 Essl. Weißwein, je 1 Prise Muskat und Salz oder statt der Mehlschwitze
1 Tasse Reis.

Den Kopf und die Füße mit kochendem Wasser überbrühen, die Augen entfernen und von den Füßen die Haut abziehen. Die Halshaut samt dem Fett vom Halswirbel abstreifen und zu gefülltem Gänsehals **1103** verwenden. Die Leber nach **1104** zubereiten oder fein gewiegt unter die Gänsehalsfülle mischen. Das Gänseklein in leicht gesalzenem Wasser mit Zwiebel, Suppengrün und Gewürz 1–1 1/2 Std. kochen. Von Butter und Mehl eine weiße oder braune Schwitze herstellen, mit der Brühe ablöschen, Zitronensaft oder Wein zufügen, mit Muskat und 1 Prise Salz nachwürzen und die sämige Suppe durchpassieren; das Gänseklein noch kurz darin erhitzen und dazu Salzkartoffeln reichen.
Oder nach dem Garwerden des Gänsekleins die durchgesiebte Brühe mit dem gewaschenen, gebrühten Reis dickflüssig kochen und das Gänseklein darin servieren.

1102

Gänseklein nach russischer Art

*Gänseklein **1101**, Suppengrün,*
2 l Wasser, Salz, 1 Gewürzdosis,
je 1 Prise Ingwer und Muskat,
3 säuerliche Äpfel, 3 kleine Birnen,
3 reife Pflaumen, 1 Essl. Rosinen.
Zur Mehlschwitze:
20 g Schweinefett, 40 g Mehl.
Zum Ablöschen:
3/8 l Gänsekleinbrühe,
evtl. 1 Essl. Zucker, 1 Essl. Essig.

Das vorbereitete Gänseklein mit Suppengrün und Gewürz im leicht gesalzenen Wasser weich kochen, herausnehmen, nach kurzem Abkühlen sorgfältig häuten ausbeinen und das Fleisch in nicht zu kleine Würfel schneiden. Äpfel und Birnen schälen, die Pflaumen aussteinen und (getrennt) in wenig Wasser halbweich dünsten. Inzwischen von Fett und Mehl eine helle Schwitze zubereiten, mit der Gänsekleinbrühe ablöschen, kurz aufkochen, durchpassieren und die Fleischwürfelchen einlegen. Die gedünsteten Äpfel, Birnen und Pflaumen würfelig schneiden, zusammen mit den gewaschenen, kurz eingeweichten Rosinen unter das Gericht mischen, etwa 10 Min. stark erhitzen und evtl. mit Zucker und Essig süßsäuerlich abschmecken. dazu reichen.

1103

Gefüllter Gänsehals

1 Gänsehals.
Zur Fülle:
1 trockenes Brötchen,
je 1 Teel. fein gewiegte Zwiebel und Petersilie, 1 Essl. Butter,
180 g gehacktes Schweinefleisch,
1 Gänseleber,
je 1 Prise Salz und Majoran,
Fleischbrühe oder Salzwasser.

Den Gänsehals dicht am Rumpf abschneiden, gut reinigen, abflammen, die Haut mit dem Fett herunterziehen und die Gurgel entfernen. Zur Fülle das eingeweichte, gut ausgedrückte Brötchen mit Zwiebel und Petersilie in der heißen Butter dünsten. Nach kurzem Abkühlen mit dem Schweinefleisch und der gewiegten Gänseleber vermischen, dann mit Salz und Majoran würzig abschmecken. Die Halshaut zuerst an einem Ende zunähen, die Fülle mit Hilfe eines Kochlöffelstieles eindrücken (nicht zu straff füllen), das andere Ende ebenfalls zunähen und den Hals in Fleischbrühe oder leicht gesalzenem Wasser 20 - 30 Min. schwach kochend ziehen lassen. Zwischen zwei Brettchen leicht gepresst kühl stellen und in feinen Scheiben zu Aufschnitt, Kalten Platten oder als Brotbelag verwenden.

Der gefüllte Gänsehals kann auch beim Braten der Gans mitgebraten und heiß mitserviert werden.

1104

Gänseleber

Für 2 Personen
1 große Leber von einer Mastgans,
1/8 l Milch,
evtl. 1 Trüffel oder 2 dünne Scheiben ungeräucherter Speck,
40 g Butter oder Margarine,
1/2 Zwiebel,
1/2 Glas Rotwein oder Madeira,
1/8 l Fleischbrühe, 1 Prise Salz.

Die sorgfältig von der Galle befreite Leber in Milch legen, abtrocknen, in der heißen Butter mit feinen Zwiebelringen kurz anbraten, dann Fleischbrühe und Wein oder Madeira zugießen und die Leber ca. 8–10 Min. schmoren. Zuletzt salzen und sofort servieren.
Zur Verfeinerung kann die Leber vor dem Braten mit kurzen, schmalen Trüffelstiftchen gespickt oder zwischen 2 dünne Speckscheiben eingebunden werden. Evtl. eine Madeirasoße extra dazu reichen.
Oder die Leber in breite Streifen schneiden, leicht salzen, pfeffern und durch Mehl ziehen, überschüssiges Mehl abschütteln. Je 20 g Butter und Öl erhitzen, 4–6 fein gehackte Schalotten darin anschwitzen, 6–8 frische kleine Salbeiblättchen zugeben, kurz durchschwenken und die Leberstreifen zufügen. Ca. 2–3 Min. braten, evtl. einen Schuss Rotwein zugießen. Mit Toast oder Weißbrotscheiben servieren.
Oder 2 kleinere Gänselebern in 2 Essl. Butter anbraten. Herausnehmen und zur Butter noch etwas Gänsefett geben. 2 feste säuerliche Äpfel schälen (das Kernhaus ausstechen) und in dicke Scheiben schneiden. In das heiße Fett legen, die Lebern darauflegen und mit wenig Zitronensaft beträufeln; einen Deckel auflegen und die Lebern bei milder Hitze ca. 20 Min. sanft schmoren. Evtl. mit frisch gemahlenem Pfeffer würzen.
Auch halbierte, entkerne weiße Weintrauben passen gut zur Gänseleber. Die Weintrauben über Nacht in Süßwein einlegen und diesen dann zum Ablöschen verwenden.
Siehe auch Foie gras **1147**.

Wildgeflügel ist in der heutigen Zeit nur noch in begrenzter Auswahl im Handel. Viele Arten sind vom Aussterben bedroht und dürfen nicht mehr oder nur noch in geringen Mengen geschossen werden (Rebhuhn).
Erhältlich sind noch Fasane, Wachteln, die beide auch in Freigehegen gezüchtet werden, ferner Schnepfen, Wildenten und Tauben. Wildgeflügel wird häufig ungerupft und unausgenommen angeboten; auf Wunsch wird Ihre Wildhandlung aber das Geflügel küchenfertig vorbereiten. Beim Einkauf von Geflügel durch Zurückblasen der Federn prüfen, ob das Tier eine volle fleischige Brust hat; magere Tiere sind zwar billiger, aber nicht vorteilhaft. Bei Wildgeflügel verraten grün gefärbte Stellen, dass das Tier vor längerer Zeit geschossen wurde und das Fleisch gesundheitsschädlich ist. Auch die Altersmerkmale nicht übersehen: Bei jungem Geflügel ist z. B. das Brustbein biegsam; weitere Merkmale sind jeweils in den Rezepten angegeben. Älteres Geflügel in einem würzigen Sud kochen, es ergibt feine, aromatische Suppen. Das Fleisch kann entweder zu Frikassee oder fein geschnitten zu Geflügelkroketten verwendet werden. Keinesfalls versuchen, älteres Geflügel zu braten!

Rebhuhn

Das Rebhuhn kommt nur noch relativ selten in den Handel. Die Jagdzeit ist von September bis Mitte Dezember. Nur junge Rebhühner haben zartes, leicht verdauliches Fleisch und eignen sich zum Braten; sie sind an ihren hellgelben Füßen und an einer zur Probe rasch ausgezupften Feder, die weich und deren Kiel mit Blut gefüllt sein muss, gut zu erkennen. Ältere Rebhühner haben dunkelgelbe, noch ältere blaugraue Füße, und bei der ausgerupften Feder ist der Schaft nicht mit Blut gefüllt, sondern hohl. Das Fleisch älterer Rebhühner gibt würzige Suppen und eignet sich auch zu Ragouts und als Fülle von Pasteten.

1105

Gebratene Rebhühner im Speckmantel

4 junge Rebhühner, Salz.
Zum Einlegen:
1 Butterwürfelchen,
1 Zitronenscheibe,
1 Lorbeerblatt,
2–3 Wacholderbeeren,
einige Pfefferkörner,
1 Messersp. Rosmarin.
Zum Braten:
einige Weinblätter aus der Dose,
4 große, dünne Scheiben Räucherspeck.
40 g Butter, 1 Zwiebel,
1 Gelbe Rübe,
¼ l Fleischbrühe oder Bratensoße.

Die Rebhühner sorgfältig rupfen, ausnehmen, flambieren, mehrmals rasch abwaschen, innen mit einem Tuch austrocknen, mit Salz einreiben und die zuvor genannten Zutaten ins Innere einlegen. Die Hühner evtl. mit je einem abgespülten Weinblatt umhüllen, sowie eine Räucherspeckscheibe darüberbinden, in eine Kasserolle setzen und mit der heißen Butter übergießen. Zwiebel und Gelbe Rübe zerteilt zugeben und die Rebhühner im Backofen auf dem Rost in der Kasserolle oder auf dem Rost über der Abtropfpfanne braten.
E.-Herd 200 °C / G.-Herd 3
Ca. 25–30 Minuten
Während der Bratzeit mit wenig Fleischbrühe oder Wasser ablöschen. Kurz vor dem Garwerden die Speckscheiben abnehmen; die Hühnchen noch 10 Min. auf dem Rost übergrillen oder bei starker Oberhitze knusprig bräunen. Beim Anrichten die Speckscheiben aufrollen und zwischen die Hühnchen setzen. Zur Verzierung eignen sich außerdem gebackene Apfelringe **1621** oder gefüllte Brötchen **1111**, Zitronenscheiben und Petersilie. Die knappe Soße durchsieben, evtl. mit fertigem Wildfond **4** oder aus dem Glas verlängern, würzig abschmecken und über die Rebhühner gießen. Dazu Linsengemüse und ausgestochene Kartöffelchen servieren.

1106

Gebratene Rebhühner mit Rahm (Sahne)

Die Rebhühner nach **1105** vorbereiten, leicht in Butter anbraten und beim Garschmoren ³/₈ l saure Sahne nach und nach zugeben.

1107

Rebhühner mit Sauerkraut

4 Rebhühner,
4–8 dünne Scheiben durchwachsener Räucherspeck, Fleischbrühe,
1 Glas Weißwein, Suppengrün,
*Gewürzdosis **497**,*
500 g Sauerkraut,
einige Wacholderbeeren.

Die Rebhühner nach **1105** vorbereiten, mit dünnen Scheiben Räucherspeck umwickeln, mit Fleischbrühe knapp bedecken und Weißwein, Suppengrün und eine kleine Gewürzdosis zufügen. Zuerst 15 Min. in der Brühe kochen, dann herausnehmen, in Sauerkraut mit ein paar Wacholderbeeren weichdünsten und dabei die durchgesiebte Rebhuhnbrühe nach und nach zugießen. Das Sauerkraut auf einer Platte anrichten und die tranchierten Rebhühner auf die abgelösten Speckscheiben legen. Auch ältere Rebhühner können auf diese Weise zubereitet werden.

Tipps:
Wird Wildgeflügel mit Speckscheiben umwickelt, so ist es ratsam, die Speckmäntel kurz vor dem Garwerden abzunehmen, damit die Haut in der letzten Bratzeit noch knusprig werden kann.
*Als besonders köstliche Beilage eignen sich gebackene Früchte nach **1621**.*

Wildgeflügel

1108
Rebhühner im Topf mit Gemüse

1 Gelbe Rübe,
1 weiße Rübe,
1 kleine Sellerieknolle,
1 mittelgroße Zwiebel,
6–8 grüne Bohnen oder je nach der Jahreszeit eine entsprechende Menge Weiß- oder Rotkraut,
80 g Butter,
je 1 Prise Salz und Zucker,
½ l Fleischbrühe,
4 Rebhühner,
Salz und Pfeffer,
4 durchwachsene Speckscheiben,
reichlich gewiegte Petersilie.

Das Gemüse vorbereiten, kleinwürfelig schneiden und in 40 g Butter mit Salz und Zucker kurz andünsten; Fleischbrühe oder Wasser zugeben und halbweich dünsten. Die gerupften, ausgenommenen Rebhühner innen austrocknen, außen mit Salz und Pfeffer einreiben und jedes Huhn mit einer Speckscheibe umbinden. In einer gut schließenden, feuerfesten Form in der restlichen Butter anbraten, das Gemüse zufügen und unter Nachgießen von Fleischbrühe mit den Hühnern gar werden lassen. Beim Anrichten Petersilie überstreuen und das Gericht in der Form servieren.
Bratzeit ca. 30 Minuten
Oder 1 Essl. Zwiebelwürfel in 1 Essl. Gänseschmalz andünsten. 500 g Wirsing 5 Min. in kochendem Wasser blanchieren, dann kalt abschrecken, ausdrücken und die Rippen flach schneiden, auf die Zwiebelwürfel legen, mit 2–3 zerdrückten Pfefferkörnern, 1 Nelke und 3–4 zerdrückten Wacholderbeeren sowie etwas Salz würzen. Die Rebhühner in 1–2 Essl. Gänseschmalz mit 100 g Speckwürfeln anbraten, auf den Wirsing legen, mit Wirsing bedecken und mit guter Fleischbrühe übergießen. Im vorgeheizten Backofen im geschlossenen Topf schmoren.
E.-Herd 175 °C / G.-Herd 2
Ca. 1½–2 Stunden
Den Kohl evtl. mit etwas Mehl binden, die Rebhühner portionieren. In einer Terrine zuunterst den Kohl und darauf die Rebhühner anrichten.

1109
Rebhühner im Wirsingmantel

Die Rebhühner in zerlassener Butter mit 150 g Speckwürfelchen rundum anbraten, aus dem Topf nehmen. Große Wirsingblätter in kochendem Wasser einige Minuten blanchieren, gut abtropfen lassen, kalt abschrecken und die dicken Rippen flachschneiden. Nun jedes Rebhuhn leicht in Wirsingblätter einhüllen, mit Garn umbinden und im Topf, unter Zugabe von etwas Fleischbrühe und einem Schuss Weißwein, in ca. 30 Min. bei milder Hitze gar schmoren.
Beim Servieren das Garn entfernen; Kartoffelpüree oder auch Kartoffel-Sellerie-Gratin dazu servieren.

1110
Rebhühner im Sud (kalt)

50 g Räucherspeck, 30 g Butter,
3 Rebhühner, 3 l Fleischbrühe,
1 Kalbsfuß, 1 Tomate,
reichlich Suppengemüse,
2 Zwiebeln, Salz, 1 Lorbeerblatt,
8 Pfefferkörner, 2 Nelken.

Den Speck in Würfel schneiden und in der zerlassenen Butter hellgelb rösten. Die vorbereiteten, eingesalzenen Rebhühner darin ringsum anbraten, herausnehmen und von der Soße etwas Fett abgießen. Dann mit Fleischbrühe oder Wasser ablöschen, den klein gehackten Kalbsfuß, die halbierte Tomate, Suppengemüse, Zwiebeln, Salz und Gewürz zugeben, die Rebhühner wieder einlegen und bei nicht zu starker Herdhitze in der geschlossenen Kasserolle in ca. 60–80 Min. weich kochen. Den Sud öfter abschäumen, die Rebhühner nach dem Garwerden darin erkalten lassen, tischfertig zerlegen und die Stücke in einer flachen Schüssel anrichten. Die Brühe entfetten, nach **488** klären, durchsieben und die Rebhuhnstücke damit übergießen. Die Schüssel einige Stunden kühl, aber nicht auf Eis stellen. Mit in Butter geschwenkten Kartöffelchen oder mit Toast und Butter reichen.

1111
Gefüllte Brötchen zu Wildgeflügel

Leber und Herz von 4 Rebhühnern oder anderem Wildgeflügel,
evtl. noch 125 g Kalbsleber,
30–40 g Räucherspeck,
1 trockenes Brötchen,
je 1 Teel. fein gewiegte Zwiebel und Petersilie, 30 g Butter,
je 1 Prise Salz und Majoran.
Zum Belegen:
einige kleine Brötchen oder Weißbrotschnitten, etwas Butter,
4 Essl. Parmesan, Butterflöckchen.

Nach dem Ausnehmen des Geflügels Leber, Herz, evtl. die Kalbsleber und den Räucherspeck durch den Fleischwolf drehen. Das Brötchen abreiben, einweichen, ausdrücken und mit Zwiebel und Petersilie in der heißen Butter andünsten; die durchgedrehten Zutaten beifügen, gut vermischen und mit Salz und Majoran würzen. Die halbierten, etwas ausgehöhlten Brötchen auf der Schnittseite oder quadratisch geschnittene Weißbrotschnitten auf einer Seite in Butter hellgelb rösten, die Fülle fingerdick aufstreichen und die Brötchen oder Schnitten auf ein gefettetes Backblech setzen. Mit Parmesankäse bestreuen, Butterflöckchen obenauf geben und im vorgeheizten Backofen kurz überbacken.
E.-Herd 220 °C / G.-Herd 4 oder Grill
Diese gefüllten Brötchen sind eine schmackhafte Beilage zu allem Wildgeflügel.

Tipp:
Innereien von Wildgeflügel nur verwenden, wenn die Herkunft der Tiere bekannt ist und die Ware frisch und einwandfrei ist!

1112
Haselhühner

Zubereitung nach Rebhuhnrezepten; das Fleisch der Haselhühner ist sehr wohlschmeckend. Die Hühnchen aber nicht zu lange braten, die Brust soll weiß bleiben.

Fasan

Der männliche Fasan hat im Gegensatz zum weiblichen, dem der prächtige Farbenschmuck fehlt, ein braunrotes, goldschimmerndes, an Hals und Kopf violett-grün schillerndes Gefieder. Feinschmecker ziehen Fasanenhähne den -hennen vor. Ein junges Tier ist leicht an den schwach ausgebildeten runden Sporen, der spitzen äußersten Flügelfeder, die beim alten Fasan abgerundet ist, und dem weichen, biegsamen Brustknochen zu erkennen. Der Wildvogel wird in Freigehegen gezüchtet.
Im Spätherbst schmeckt der junge Fasan am besten (das Fleisch ist mager). Zum Braten mit Butter übergießen oder mit Speck bardieren. Ältere Tiere schmoren oder zu Wildsuppe verwenden.
Fasane sind auch tiefgefroren erhältlich.

1113

Fasan, gebraten

Für 2 Personen
1 junger Fasan, Salz, Pfeffer,
1 große Scheibe durchwachsener Speck, 60 g Butter,
1 kleine Zwiebel.
Zur Soße:
Fleischbrühe, 1/2 Tasse saure Sahne.

Von einem Fasan den Kopf, den Hals und die Flügel (im ersten Gelenk) abhacken. In trockenem Zustand rupfen, ausnehmen, flambieren (oder die Haut abziehen), innen mit einem Tuch ausreiben, dann außen und innen mit Salz und Pfeffer bestreuen. Den Fasan dressieren, die Brust mit der Speckscheibe vollständig umhüllen und umschnüren. Die zerlassene Butter darübergießen und den Fasan in einer zugedeckten Kasserolle oder im vorgeheizten Backofen unter öfterem Beträufeln im eigenen Saft gar braten.
E.-Herd 200–225 °C / G.-Herd 3–4
Etwa 40–50 Minuten
Die Brustseite soll während der ganzen Bratzeit oben liegen, deshalb den Fasan nicht wenden. Den Bratensatz mit wenig Fleischbrühe, und Sahne aufkochen, die Soße durchsieben, abschmecken und extra reichen.

1114

Fasan mit Kartoffeln und Pilzen

2 Jungfasane, Salz, Pfeffer,
1 Essl. zerdrückte Wacholderbeeren,
2 dünne Scheiben fetter Speck,
3 Essl. Butter, 1 Tasse Bratensaft,
150 g durchwachsener Räucherspeck,
750 g Kartoffeln,
100 g Pfifferlinge (frisch oder aus der Dose),
1/2 Glas Spätburgunder,
1 Teel. Speisestärke.

Die vorbereiteten Fasane mit Salz, Pfeffer und Wacholder innen und außen einreiben und mit Speckscheiben umwickeln. In einer Kasserolle etwa 2 Essl. Butter zerlassen, die Fasane hineingeben und im vorgeheizten Backofen unter öfterem Begießen mit Bratensaft garen.
E.-Herd 200–225 °C / G.-Herd 3–4
Ca. 40–50 Minuten
Inzwischen den Räucherspeck würfeln, die Kartoffeln schälen, in 1 cm große Würfel schneiden und in kochendem Wasser kurz blanchieren. Nach Beendigung der Garzeit die Fasane herausnehmen und warm stellen. In einer Pfanne die restliche Butter zerlassen, den gewürfelten Räucherspeck darin anbraten, die Kartoffelwürfel und die Pfifferlinge zufügen und darin schmoren.
Den Bratensatz mit einem halben Glas Rotwein ablöschen und mit der angerührten Speisestärke binden. Die Fasane tranchieren, die Soße darübergeben und mit Kartoffelwürfeln und Pfifferlingen umkränzen.

1115

Gefüllter Fasan

2 junge Fasane, Salz, Pfeffer,
2 dünne Scheiben fetter Speck,
2 Essl. Butter, 1/2 l saure Sahne,
etwas Fleischbrühe,
10 g Speisestärke,
2 Gläschen Weinbrand.
Füllung:
Herz, Leber und Magen der Fasane oder 250 g frische Champignons,
60 g Speck, 2 Brötchen, 2 Eier,
2 Essl. gehackte Petersilie,
1 Teel. Majoran.

Die vorbereiteten Fasane innen und außen mit Salz und Pfeffer einreiben. Die Innereien klein hacken, den Speck würfeln, die Brötchen einweichen und gut ausdrücken.
Die Speckwürfel anrösten, dann die Innereien oder fein geschnittenen Pilze zugeben und einige Minuten Farbe nehmen lassen. Brötchen, Eier, Petersilie, Majoran und die abgekühlte Speck-Innereienmischung gut vermengen und in die Fasane füllen. Die Öffnungen zunähen und die Vögel mit Speckscheiben umwickeln. In einer Kasserolle mit zerlassener Butter im vorgeheizten Backofen braten.
E.-Herd 200 °C / G.-Herd 3
Ca. 40 Minuten
Dabei mehrmals mit Wasser oder Bratensaft begießen!
Dann die Speckstreifen abnehmen, mit der sauren Sahne übergießen und die Fasane weitere 15 Min. im heißen Backofen bräunen lassen. Den Bratensatz mit etwas Fleischbrühe lösen, mit angerührter Speisestärke binden und mit Weinbrand, Salz und Pfeffer abschmecken.
Dazu schmecken Mehlklöße und Feldsalat.

1116

Fasan mit Sauerkraut

Den Fasan nach **1113** vorbereiten, mit breiten Scheiben von durchwachsenem Speck umwickeln, gut umschnüren und in der heißen Butter oder in Gänseschmalz halbgar braten (ca. 25 Min.). Dann herausnehmen und in mild gesalzenem Sauerkraut weich dämpfen. Den Fasan in kleine Stücke zerlegen, im Wechsel mit den Speckscheiben auf dem Sauerkraut anrichten, den durchgesiebten Bratensatz darübergießen. Für diese Zubereitungsart eignet sich auch ein älterer Fasan.
Oder den Fasan auf Champagnerkraut, vermischt mit einigen halbierten und entkernten Weintrauben, servieren. Dazu passen Mandelkroketten.

Tipp:
Wenn der Fasan zerlegt wurde, empfiehlt es sich, die Keulen länger zu garen, da ihr Fleisch fester ist. Die zarten Brüstchen nur kurz braten.

Wildgeflügel

Perlhuhn

Das Perlhuhn, mit leichtem Wildgeschmack und dunklem Fleisch, kann nach allen Fasan- oder Huhn-Rezepten zubereitet werden. Besonders geeignet zum Schmoren, für Ragouts und zum Braten. Mit Speck bardieren oder in Bratfolie oder im Römertopf zubereiten. Darauf achten, dass beim Braten keine zu starke Kruste entsteht. 1 Perlhuhn reicht für 2–3 Portionen.

1117
Perlhuhn, gegrillt, mit Früchten

2 Perlhühner (küchenfertig, je ca. 850 g), Salz, Pfeffer, 50 g Butter, 3 Essl. weiße Semmelbrösel, Öl zum Beträufeln, 1/8 l Geflügelbrühe oder -fond ***495****, 1/2 Tasse Ananassaft, 1 Likörglas Weinbrand, 1 Teel. Speisestärke, gebackene Früchte* ***1621****.*

Die Perlhühner innen und außen waschen, trockentupfen, dressieren, salzen und pfeffern. Die Hühner mit der Hälfte der geschmolzenen Butter bestreichen, in Semmelbröseln wenden, mit Öl beträufeln. Perlhühner im restlichen Fett rundum braun anbraten, zudecken und bei mittlerer Hitze knapp 1/2 Stunde weiterbraten. Dann herausnehmen, auf den Grillspieß stecken und unter dem Grill noch 10 Min. rundum knusprig braun rösten.
Das Bratfett mit Geflügelbrühe und Ananassaft loskochen, mit in Weinbrand angerührter Speisestärke binden. Die Soße abschmecken. Perlhühner halbieren, auf einer Platte zusammen mit den gebackenen Früchten (Bananen, Pfirsiche, Kirschen etc.) anrichten. Die Soße und Reis oder Baguette getrennt dazu reichen.

1118
Perlhuhnbrüstchen in Himbeeressigsoße

2 junge Perlhühner (küchenfertig, je ca. 850 g), 2 Gelbe Rüben, 2 Zwiebeln, 2 Stangen Bleichsellerie, 50 g Butter, 1/2 l trockener Rotwein, 4 Essl. Himbeer- oder Balsamico-Essig, 100 g frische oder TK-Himbeeeren, 50 g süße Sahne. 2 Essl. Öl, 1 Stich Butter, Pfeffer, Salz.

Perlhühner waschen, trockenreiben, Brustfleisch samt Keulen vom Gerippe lösen und beiseite stellen.
Zur Soße das Knochengerippe grob zerhacken. Das Gemüse putzen, grob würfeln, in Butter anrösten. Mit Wein ablöschen, die Knochen zugeben und die Soße bei mittlerer Hitze auf ein Drittel einkochen. Dann durchsieben, Essig und Himbeeren zugeben, nochmals einkochen. Die Soße erneut durchsieben, mit Sahne abziehen und warmstellen.
Die Brüste samt anhängenden Keulen in Öl anbraten. Das überschüssige Öl abgießen, Butter zufügen und das Fleisch 8–10 Min. bei milder Hitze ziehen lassen. Salzen und pfeffern.
Perlhuhnbrüstchen anrichten, mit der Soße übergießen. Dazu Rösti, Maisplätzchen oder ein Gemüsepüree servieren.

1 Gefüllte Wachteln, Tauben etc. werden in ein gewässertes Schweinenetz (vom Metzger) gepackt.

Wachtel

Sie kommt heutzutage aus Zuchtbetrieben auf den Markt. Wachteln werden bardiert und geschmort, evtl. auch gefüllt. Sehr fein schmecken ausgelöste Wachtelbrüstchen, die nur ganz kurz in Butter gebraten werden. Dazu serviert man eine Soße aus dem Fond der Knochen, Schenkel usw., evtl. mit einer Sauce béarnaise **19** und mit Portwein abgeschmeckt.

1119
Wachteln mit Trüffeln

8 Wachteln, Salz, Pfeffer, 8 Scheiben roher Schinken, 2 kleine Döschen Trüffeln, 80 g Butter, 1 Glas Weinbrand, 1/2 Tasse Fleischbrühe.

Die vorbereiteten Wachteln salzen und pfeffern und mit dem Inhalt eines Döschens in feine Scheiben geschnittenen Trüffeln füllen. Nun mit dem rohen Schinken umwickeln, mit einem Faden umbinden und in einer Kasserolle mit Butter anbräunen lassen. Den Weinbrand darübergießen und anzünden, die Fleischbrühe dazugießen und die Wachteln 15 Min. schmoren lassen. Den Faden entfernen, die Wachteln in die Mitte eines mit dem Spritzbeutel geformten Nestes aus Kartoffelbrei legen und warm stellen. Den Bratenfond mit den restlichen klein geschnittenen Trüffelscheibchen verrühren und die Soße noch einige Minuten sanft kochen lassen. Vor dem Servieren die Trüffelsoße über die Wachteln gießen.

2 Das Schweinenetz wird zum Verschließen fest über das Geflügel gezogen.

1120
Gebratene Wachteln

Pro Person 2 Wachteln,
Salz und Pfeffer,
2 Wein- oder Wirsingblätter,
in kochendem Wasser blanchiert,
Speckscheiben.
Zum Braten:
Butter oder Butterschmalz.
Zur Soße:
vorhandene Bratensoße oder
Soßenfond, evtl. Fleischbrühe,
1 Glas Rotwein oder Portwein.

Die frischen Wachteln nach dem Rupfen und Ausnehmen innen austrocknen, außen mit Salz und Pfeffer einreiben, mit einem Weinblatt und Speckscheiben gut umschnüren. In heißer Butter 10–15 Min. braten und herausnehmen. Den zurückbleibenden Bratensatz mit evtl. vorhandener Bratensoße oder Soßenfond vermischen, Rotwein zufügen, die Soße aufkochen und durchsieben. Die Hülle von den Wachteln nehmen und die Soße beim Anrichten über die Wachteln gießen.
Dazu passt gedünstetes Gemüse **1341** oder gedünsteter Lattich **1290** oder auch ein Gemüsepüree sowie Kartoffelpüree.
Oder die Wachteln mit Weinblättern und Speckscheiben umwickeln und auf einem Bett von Wirsing mit Specksstreifen servieren (siehe Abb. Seite 301).

Tipp:
Die Wachteln bleiben schön saftig, wenn sie in ein gewässertes Schweinenetz gehüllt werden. Außerdem wird ein Auseinanderfallen vermieden. Diese Art der Zubereitung ist auch für Tauben möglich.

Taube

Tauben sind heutzutage nur in Wildhandlungen oder Delikatessgeschäften zu bekommen. Taubenfleisch ist besonders fettarm und sollte deshalb mit Speck bardiert werden. Ältere Tauben eignen sich eher zum Schmoren oder Kochen. Je nach Größe rechnet man 1–2 Tauben pro Person.
Wildtauben werden frisch von Juli bis April angeboten.

1121
Gefüllte Tauben

4 junge Tauben.
Zur Fülle:
2 trockene Brötchen,
je 1 Teel. gewiegte Zwiebel
und Petersilie, 20 g Butter,
Leber, Herz, Magen der Tauben,
2 Eigelb,
je 1 Prise Salz und Muskat.
Zum Aufquellen:
½ l Fleischbrühe.
Zum Braten:
60 g Butter, 1 Zwiebel, 1 Gelbe Rübe.

Junge Tauben, die am schwachen, spitzen Schnabel und an den biegsamen Knochen zu erkennen sind, nach dem Töten sofort rupfen, den Kopf abschneiden und durch die entstandene Öffnung die Hals- bzw. Brusthaut von oben bis zwischen die Schenkel sehr sorgsam lösen, d.h. mit beiden Daumen leicht abheben (ohne einzureißen), damit ein Säckchen entsteht, das gefüllt werden kann. Den Halswirbel herausziehen und die Tauben von unten her weiter ausnehmen. Zur Fülle die eingeweichten, ausgedrückten Brötchen mit Zwiebel und Petersilie in Butter andünsten und mit Leber, Herz und Magen (alles fein gewiegt), den Eigelben, Salz und Muskat vermischen. Vom Magen nur den fleischigen Teil verwenden, Fett, Haut und Knorpel vor dem Hacken entfernen. Die gereinigte, ausgespülte Hauttasche am Täubchen damit füllen, einen schmalen Hautstreifen frei lassen, durch leichtes Dehnen über die Öffnung ziehen und am Rücken festnähen. Die Tauben dressieren und 10 Min. in gut gewürzter, kochender Fleischbrühe aufquellen lassen; nach kurzem Abtropfen in einer Kasserolle mit der heißen Butter beträufeln, einige Zwiebelscheiben und die zerschnittene Gelbe Rübe zugeben, dann zugedeckt bei mäßiger Herdhitze etwa 20 – 30 Min. braten. Den Bratensaft evtl. mit wenig Fleischbrühe verdünnen, durchsieben und beim Anrichten über die Tauben gießen.
Oder zur Fülle nur 1 Brötchen, dafür 2 hartgekochte, klein gehackte Eier, 50 g geriebenen Parmesan und 3 Essl. fein gehackte Petersilie und die Eigelbe verwenden.

Tipp:
Magen und Herz der Tauben bleiben auch bei längerem Kochen oder Braten meist hart. Darum zur Fülle nur gewiegt oder durchgedreht verwenden oder zur Verbesserung der Brühe im Sud mitkochen.

1122
Gebratene Tauben

4 junge Tauben (bratfertig), Salz,
80 g Räucherspeck
oder roher Schinken,
1 Zwiebel, Suppengrün.
Zur Soße:
⅛ l Weißwein, ⅛ l brauner Fond.
Zum Ausfetten:
20 g Butter.

Die Tauben kurz mit kochendem Wasser überbrühen, abtrocknen oder die Haut abziehen und einsalzen. Eine gefettete Kasserolle mit Scheiben von Speck oder Schinken auslegen, die gewiegte Zwiebel und das zerschnittene Suppengrün aufstreuen, die Tauben darauflegen, mit feinen Speckscheiben bedecken und im vorgeheizten Backofen braten.
E.-Herd 200 °C / G.-Herd 3
Ca. 30 Minuten
Tauben herausnehmen, Bratsatz mit Wein und Fond durchkochen, durchpassieren und zu den Tauben reichen.

1123

Tauben im Hemd

4 junge Tauben, Salz, Pfeffer,
50 g Butter, 5 Wacholderbeeren,
1 Löffelspitze Thymian.
Für die Füllung:
175 g frische Champignons,
2 Schalotten, 1–2 Tomaten,
1 Essl. Butter, 2 Essl. gehackte Petersilie. 4 große Scheiben gekochter Schinken, Öl.

Die bratfertigen Tauben salzen und pfeffern. Butter mit zerdrückten Wacholderbeeren und Thymian aufschäumen, die Tauben 5 Min. ringsum darin braun anbraten. Herausnehmen, abkühlen lassen.
Die Champignons putzen, hacken. Schalotten und gehäutete, entkernte Tomaten fein würfeln. Pilze, Zwiebel- und Tomatenwürfel in Butter dünsten, gehackte Petersilie untermischen. Die Tauben damit füllen und die Öffnungen mit Holzstäbchen zustecken. Schinkenscheiben um die Tauben wickeln. 4 große Stücke Pergamentpapier einölen, je eine Taube darin einschlagen, die Enden zusammendrehen und im vorgeheizten Backofen braten.
E.-Herd 225 °C / G.-Herd 4
Ca. 15 Minuten
Die Täubchen in der geöffneten Papierhülle zu Tisch bringen. Dazu Blattspinat oder Broccoli- und Blumenkohlröschen reichen.

Schnepfe

Die Wald- und Sumpfschnepfen oder Bekassinen sind Zugvögel, die im März zu uns kommen und im Oktober wieder nach dem Süden ziehen; sie werden im Frühjahr und im Herbst geschossen (Sumpfschnepfen sind geschützt). Die Herbstschnepfen sind zarter und fetter als die Frühjahrsschnepfen; sie erreichen etwa die Größe von Rebhühnern.

1124

Schnepfenbrötchen (Schnepfendreck)

Innereien von 2 Schnepfen,
1 Schalottenzwiebel,
1 Essl. gewiegte Petersilie,
40 g Räucherspeck, 30 g Butter,
1 Essl. gesiebte feine Semmelbrösel,
1 Essl. Madeira oder Rotwein,
je 1 Prise Salz, Pfeffer, Muskat,
1 Essl. Zitronensaft, 1 Eigelb,
evtl. 1 gewiegte Gänseleber.
Zum Belegen:
Brötchen oder Weißbrotschnitten.

Das Innereien der sorgfältig ausgenommenen Schnepfen ohne Magen (den sog. Schnepfendreck) mit der Schalottenzwiebel, Petersilie und Räucherspeck durch den Fleischwolf (feine Scheibe) drehen und in der heißen Butter kurz dünsten; nach dem Abkühlen die übrigen Zutaten untermischen, das Ganze durchpassieren und evtl. noch die gewiegte Gänseleber untermengen. Die Fülle 1 cm dick auf die halbierten, etwas ausgehöhlten, leicht gerösteten Weißbrötchen oder auf Toastschnitten streichen und kurz vor dem Anrichten im heißen Backofen bei Oberhitze hellgelb überbacken.
E.-Herd 220 °C / G.-Herd 4
Ca. 5 Minuten

1125

Schnepfe, gebraten

2 Schnepfen, Salz,
2 große Scheiben durchwachsener Speck, 60 g Butter, 1 Zwiebel,
evtl. vorhandene Bratensoße oder Fleischbrühe.

Die Schnepfen einige Tage an einem kühlen Ort abhängen, dann rupfen, die Haut vom Kopf her abziehen, die Augen entfernen und das Innere sorgfältig ausnehmen. Kropf und Magen wegwerfen, das andere Eingeweide zu Schnepfenbrötchen verwenden. Die abgetrockneten Schnepfen flambieren und innen mit einem Tuch ausreiben. Beim Dressieren so zusammenbinden, dass der lange, gereinigte und geschabte Schnabel zwischen den Schlegeln durchgesteckt werden kann; die Flügel auf dem Rücken kreuzen.
Die Vögel mit Salz einreiben, mit den Speckscheiben umwickeln, umschnüren und in der heißen Butter mit der gewiegten Zwiebel unter häufigem Beträufeln 15–20 Min. braten. Kleinere Schnepfen brauchen nur 10–12 Min. Bratzeit. Zur Soße einen Teil des ausgebratenen Fettes mit Bratensoße oder Fleischbrühe aufkochen, die Schnepfen beim Anrichten damit übergießen und mit kleinen Schnepfenbrötchen nach **1124**, und Kressenestchen verzieren.

1126

Schnepfe in Rotweinsoße

2 Schnepfen, Salz,
2 große Scheiben durchwachsener Speck, 60 g Butter.
Zur Soße:
3/8 l leichter Rotwein,
Saft von 1/2 Zitrone,
3 Essl. brauner Soßenfond,
2 Essl. guter Rotwein.

Die Schnepfen nach **1125** vorbereiten, in der heißen Butter je nach Alter 10–20 Min. braten, tranchieren und Brust, Schlegel und Flügel auf einer feuerfesten Platte warm stellen. In dem zurückgebliebenen Fett die klein gehackten Rückenknochen anbraten, mit dem leichten Rotwein ablöschen, den Zitronensaft zufügen und die Knochen darin gut auskochen. Die durchpassierten rohen Eingeweide mit dem Soßenfond mischen, die Knochenbrühe zugeben, den Rotwein unterrühren und die Soße noch einmal bis ans Kochen bringen; dann durch ein Sieb über die angerichteten Schnepfen gießen.

Wildente

Die Wildente, deren Fleisch im Herbst am besten ist, soll im Gegensatz zum anderen Federwild nicht abgehängt, sondern frisch geschossen zubereitet werden, weil das Fleisch rasch ungenießbar wird. Beim Einkauf ist zu prüfen, ob die Haut am Unterleib fest und weiß ist; bei grünlichem Aussehen und weicher Haut ist bereits Fäulnis eingetreten. Außerdem gilt noch die Regel: je schlichter und dunkler das Gefieder, desto besser das Fleisch; je bunter und heller, um so traniger der Geschmack! Die Krickente, eine kleine Wildentenart, ist etwa so groß wie eine Taube, aber fleischiger, und schmeckt, wie Kenner feststellen, noch aromatischer als die Wildente.
Um den evtl. tranigen Geschmack der Haut zu vermeiden, Hinweis beim Tipp beachten.

1127

Wildente, gebraten

2 kleine, junge Wildenten,
Salz, Pfeffer, 2 große, dicke Speckscheiben, 1 Zwiebel,
1 Gelbe Rübe, 60 g Butter,
4 Wacholderbeeren, 1 Lorbeerblatt,
2 Nelken, 1 Zitronenscheibe,
1 Glas Rotwein,
etwa ¼ l Fleischbrühe, 2 Essl. Essig.

Die Enten nach dem Rupfen und Ausnehmen sorgfältig flambieren, rasch mehrmals waschen (oder die Haut abziehen), mit Salz und Pfeffer einreiben, dressieren, mit der Speckscheibe umwickeln und gut umschnüren. Dann mit Zwiebelscheiben und der zerschnittenen Gelben Rübe in der heißen Butter anbraten, das Gewürz zufügen, mit dem Rotwein ablöschen, später Fleischbrühe und guten Essig zugießen und im vorgeheizten Backofen braten. Die Garprobe machen.
E.-Herd 200 °C / G.-Herd 3
Ca. 45 Minuten
Die Soße durchsieben und sehr heiß servieren.
Oder die Soße statt mit Essig mit 2 Essl. Zitronensaft und 1 Teel. angeröstetem Zucker zubereiten. Kurz vor dem Servieren 1–2 Zitronen dick abschälen, in hauchdünne Scheiben schneiden und diese wiederum in kleine Stückchen teilen und in die Soße geben. Mit etwas Portwein oder Madeira abschmecken. Kartoffelkroketten oder Strohkartoffeln und feines Gemüse wie Erbsen oder Zuckerschoten dazu reichen.

Tipp:
Um den evtl. vorhandenen tranigen Geschmack zu mildern, kann die Ente vor dem Braten kurz in kochendes Wasser getaucht oder die Haut entfernt werden oder 1–2 Tage in eine Beize von Essig oder Sauermilch gelegt werden (dies ist besonders bei älteren Enten zu empfehlen).

1128

Gespickte Wildente mit Orangensoße

Zwei nach **1127** vorbereitete Enten mit fein geschnittenen Speckstreifen spicken oder mit Speckscheiben umhüllen und gar braten. Aus dem Bratensatz die Orangensoße **1089** herstellen und sehr heiß zur Ente servieren.

1129

Wildente, geschmort

1 junge Wildente (ca. 1,5 kg),
3 Essl. Mehl, 50 g Butter, Salz,
Pfeffer, je 1 Essl. gehackte Zwiebel und Petersilie, 1 Teel. Thymian,
1 Lorbeerblatt, ⅛ l Weißwein,
⅛ l süße Sahne.

Die vorbereitete, gehäutete Ente in Stücke schneiden, in Mehl wälzen und in Butter braun anbraten; salzen und pfeffern. Leber und Magen der Ente klein hacken und mit allen anderen Zutaten außer der Sahne zu den Entenstücken geben. Zugedeckt im Ofen schmoren lassen, bis die Ente weich ist, öfter begießen!
E.-Herd 200 °C / G.-Herd 3
Ca. 1¼ Stunde
15 Min vor Garzeitende die Sahne zugießen.

1130

Wildente mit feiner Soße oder gefüllt

1 junge Wildente, Salz, Pfeffer,
100 g fetter Speck in Scheiben,
¼ l Rotwein.
1 Glas Sherry (Fino),
½ Teel. Thymian,
Saft von 1 Zitrone und 2 Orangen,
100 g gewürfelter Speck,
½ Tasse Walnüsse, 1 Tasse Rosinen,
3 Essl. gehackte Petersilie,
2 Essl. saure Sahne,
1 Essl. rotes Johannisbeergelee,
¼ l Bratensoße,
frisch gemahlener weißer Pfeffer,
Orangenscheiben zum Garnieren.

Die vorbereitete Ente innen und außen salzen und pfeffern, in einen Bräter legen und mit den Speckscheiben bedecken. Im heißen Backofen anbraten, nach und nach den Rotwein zugeben und die Ente garbraten
E.-Herd 200 °C / G.-Herd 3
Ca. 45 Minuten
Inzwischen Sherry, Thymian, Zitronen- und Orangensaft, gewürfelten Speck, gehackte Walnüsse, gewaschene Rosinen, Petersilie, saure Sahne und Johannisbeergelee im Mixer pürieren.
Wenn die Ente gar ist, herausnehmen und warm stellen. Die pürierte Mischung in den Bratsatz rühren, gut durchschmoren lassen und mit frisch gemahlenem weißem Pfeffer abschmecken.
Oder die Ente mit obiger Mischung füllen, nur einen kleinen Teil im Bräter zurücklassen. Bratensoße hinzugeben und alles noch einmal aufkochen lassen. Die Ente mit Orangenscheiben oder mit gedünsteten Apfelscheiben garnieren, die Soße gesondert dazu servieren. Besonders gut schmecken hierzu Kartoffelkroketten.

1131

Krickente

Für 2–3 Personen

Die Krickente kann wie Wildente **1127** zubereitet werden, braucht aber nur 40 bis 50 Min. Bratzeit.

PASTETEN, TERRINEN, AUFLÄUFE & PUDDINGS

Das haben sie gemeinsam, dass sie in Form sind, manchmal darin bleiben. Ständiger Umgang mit ihnen bewirkt das Gegenteil. Ein Mensch, der sich Pasteten, Aufläufen und Puddings hingibt, wird sehr bald aus der Form geraten, außer Form sein, formlos werden. Maßvolles Verhalten hingegen beschert jeder Genießerin und jedem Genießer die reine Freude. Die Formen für Pasteten, Terrinen, Aufläufe und Puddings sind mannigfaltig. Sie fügen dem Gaumenkitzel und der Nasenlust, den Augenschmaus hinzu. Nochmals, Obacht – nicht von den Sinnen wegtragen lassen. Das belastet.

1132
Große Blätterteigpastete (Vol-au-vent)

Für 8–10 Personen
Zum Blätterteig:
250 g Mehl,
180–250 g Butter
oder Pflanzenmargarine,
1 Teel. Salz, 1/10 l Wasser.
Zum Bestreichen:
1–2 Eiweiß und Eigelb.

Den Blätterteig zubereiten (vgl. **1652**), 2–4 Touren geben und eine lange Bahn (knapp 1/2 cm dick) auswellen. Dann in Tellergröße zwei Rundungen (eine davon etwa 3 cm größer als die andere) ausrädeln und die kleinere Platte als Boden für die Pastete umgekehrt auf ein befeuchtetes Backblech legen. Einen zusammengeknüllten Pergamentpapierballen in die Teigplattenmitte setzen, den Rand mit gequirltem Eiweiß bepinseln und die zweite, größere Teigplatte als Deckel darüberstülpen. Diesen Deckel am Teigbodenrand leicht andrücken, ringsum gleichmäßig abschneiden und die Pastete vom Rand zur Spitze in kleinen Abständen mit ausgerädelten Teigstreifen verzieren. Zuletzt einen 2 cm breiten, ebenfalls ausgerädelten Teigstreifen ringsum legen, einen zweiten Streifen etwas unterhalb der Spitze aufsetzen. An dieser Stelle nach dem Backen den Deckel durchschneiden, den Papierknäuel entfernen und die warme Pastete beliebig füllen. Zuvor die Pastete mit Eigelb bestreichen. Im vorgeheizten Backofen backen, evtl. abdecken.
E.-Herd 220 °C / G.-Herd 4
Ca. 30–40 Minuten
Einfachere Zubereitung: Einen dicken, runden Teigboden ausrädeln, mit der Spitze eines Messers, etwa 2 cm vom Rand entfernt, einen Deckel andeuten und ein Muster einritzen oder wie bei kleinen Pastetchen (vgl. **2061**) auf den Teigboden einen gleich großen, ausgestochenen Teigring setzen. Das Ganze mit Eigelb sorgsam bestreichen und im vorgeheizten Backofen hellbraun backen.
E.-Herd 220 °C / G.-Herd 4
Ca. 30 Minuten
Oder Vol-au-vent für kleine Pasteten zubereiten. Ergibt ca. 8 Portionen (vgl. unten stehende Abbildungen).
E.-Herd 220 °C / G.-Herd 4
Ca. 30 Minuten

1133
Blätterteigpastete mit Fischfrikassee, Brieschen und Krebsen

750 g gekochter Schellfisch,
1 Kalbsbrieschen, 10 Krebse.
Zur Soße:
70 g Butter, 80–90 g Mehl,
etwa 1/4 l Fleischbrühe,
je 1 Prise Salz und Muskat,
Saft von 1/2 Zitrone, 1/2 Glas Weißwein,
einige Champignons,
*1 große Blätterteigpastete **1132** oder mehrere kleine Pastetchen **2061**.*

Den gekochten Fisch sorgfältig häuten, nach dem Erkalten von den Gräten lösen und in kleine Stücke teilen. Ein fertig zubereitetes Kalbsbrieschen nach **980** in Scheiben schneiden, die Krebse gar kochen (vgl. **775**) und das Fleisch der Schwänze und Scheren auslösen. Zur Soße Butter und Mehl hellgelb schwitzen, mit Fleischbrühe oder Wasser ablöschen, Salz, Muskat, den Zitronensaft und Weißwein zufügen, die Soße 10 Min. kochen und durchsieben. Die fein geschnittenen Champignons und alle Einlagen in der Soße erhitzen. In die noch warme große oder in kleine Pasteten einfüllen und servieren.

1 Vol-au-vent als kleine Pastete: Den Teigboden und -deckel (diesen etwas größer) ausrädeln.

1134
Fischpastete

*1 1/2 mal Rezept Blätterteig **1652**.*
Für die Füllung:
Ca. 1 kg Fischfilets (z. B. Hecht oder Zander), abgeriebene Schale von 1/2 unbehandelten Zitrone,
1 Bund Dill, Salz, weißer Pfeffer,
1 Eiweiß, 200 g süße Sahne.
Zum Bestreichen:
1 Eigelb, mit 1 Essl. süßer Sahne verquirlt.

Blätterteig vorbereiten. 2 große schöne Fischfilets mit dem Zitronenabrieb und 1 Teel. Dill bestreuen und einmassieren. Die übrigen Filets grob würfeln, salzen, pfeffern und mit dem Eiweiß vermischen. Die gekühlten Würfel im Schnellmixer portionsweise fein pürieren. 30 Min. kalt stellen, dann eiskalte Sahne einarbeiten. 1/3 der Farce mit feingeschnittenem Dill grün färben. Blätterteig halbieren, jede Portion zu großen Rechtecken auswellen. Eine Teigplatte auf ein mit Wasser benetztes Backblech legen. Lagenweise helle Farce in Fischfiletgröße, Fischfilet, grüne Farce, Fischfilet, helle Farce auftragen. Die helle Farce bildet den Abschluss und soll auch die Seiten bedecken. Die Ränder mit Wasser bestreichen, die zweite Teigplatte auflegen, andrücken. Den Teig in Fischform ausschneiden, Schwanz, Flossen und Kopf formen. Aus Teigresten „Schuppen“ schneiden und auf dem „Fisch“ befestigen. Die Pastete mit Eisahne bestreichen und im vorgeheizten Backofen auf Backpapier goldbraun backen.
E.-Herd 200 °C / G.-Herd 3
Ca. 40 Minuten

2 Pergamentpapier zusammenknüllen und in die Mitte setzen. Den Rand mit Eiweiß bestreichen.

1135
Truthahn-Pastete

Für 4–6 Personen
*300 g Blätterteig **1652***
oder tiefgefrorener Blätterteig.
Für die Füllung:
800 g Putenschnitzel,
1 Löffelspitze Zitronenschalengranulat und gerebelter Thymian, Salz, Pfeffer, Mehl, 2 Essl. Öl und 1 Essl. Margarine,
1 Gemüsezwiebel,
1 rote und grüne Paprikaschote,
200 g frische Champignons,
1 Bund gehackte Petersilie,
1 Pckg. Holländische Soße (200 g).
1 Eigelb, mit 1 Essl. süßer Sahne verquirlt.

Putenschnitzel halbieren, mit den Gewürzen bestreuen, in Mehl wenden. Das Fett erhitzen, die Schnitzel darin beidseitig je 1 Min. braten, herausnehmen. Fein gehackte Zwiebel im Bratfett 2 Min. dünsten, die Paprikastreifen und Pilzscheiben zufügen, 3 Min. mitdünsten. Gehackte Petersilie und Holländische Soße unterrühren, erkalten lassen. Schnitzelchen nebeneinander in eine feuerfeste Form legen, das Gemüseragout darüber schichten. Blätterteig auswellen, als Deckel darauf legen, dabei den Formenrand mit Wasser bestreichen, den Teig fest andrücken. In den Teigdeckel 1–2 kleine Löcher stechen, aus dem übrigen Teig Verzierungen ausstechen, Pastete damit verzieren. Die Teigoberfläche mit Eisahne bestreichen und die Pastete backen. Heiß mit einem Blattsalat servieren.
E.-Herd 200 °C / G.-Herd 3
Ca. 35 Minuten

3 Deckel auflegen und leicht andrücken.

1136
Große Pastete nach Toulouser Art

Die Pastete **1132** zubereiten und noch warm mit folgender Einlage füllen: Zu gleichen Teilen dünne Scheiben von gekochtem oder gebratenem Hühnerfleisch, Brieschen oder Hirn, gekochter Zunge, kleinen Fleischklößchen, einigen Champignons oder Trüffeln, klein geschnittenen, gebratenen Kalbs- oder Schweinenieren. Alles in einer feinen, gut gewürzten Buttersoße erhitzen.

Oder die Blätterteigpastete **1132** mit Hühnerfrikassee **1066** oder Brieschenfrikassee **283** oder **983** füllen und sofort servieren.

Tipp:
Gefüllte, große Pasteten eignen sich auch als Vorspeise oder Zwischengang bei festlichen Essen und sind dann für 8–10 Personen berechnet. Es kann ebensogut Tiefkühlblätterteig zu Pasteten verwendet werden.

4 Dünne, ausgerädelte Teigstreifen zur Verzierung auflegen. Die Pastete mit Eigelb bestreichen und backen.

1137
Pilzpastete

*Ca. 700 g salziger Mürbeteig **1644**.*
Für die Füllung:
100 g Räucherspeck in Scheiben,
4 Schalotten, 1 Essl. Butterschmalz,
ca. 500 g frische Pilze,
je 500 g Schweinemett und Bratwurstbrät, 1 Bund Petersilie,
1 Teel. Pastetengewürz, Salz, Pfeffer, Muskat.
1 Eigelb, mit 1 Essl. Kondensmilch verquirlt.
Für das Gelee:
¼ l heiße Fleischbrühe, 8 Blatt helle Gelatine, ⅛ l trockener Sherry (Fino).

Speck und Schalotten fein würfeln, in Butterschmalz auslassen. Pilze putzen, grob zerkleinern, etwa 5 Min. dünsten. Schweinemett, Brät, abgekühlte Pilzmasse und gehackte Petersilie miteinander gut verarbeiten, würzig abschmecken.
Mürbeteig halbieren, jede Hälfte zu einer großen ovalen Platte auswellen. Eine Teigplatte auf ein gefettetes Backblech legen, Pilzfarce hügelartig darauf geben. Rand mit Wasser bestreichen, mit der zweiten Platte bedecken. Die Ränder nach innen zusammenrollen. In die Oberfläche einen Kamin einstechen. Die Pastete mit Eimilch bestreichen, im Backofen goldbraun backen.
E.-Herd 200 °C / G.-Herd 3
Ca. 1 Stunde
Erkalten lassen. Inzwischen die eingeweichte Gelatine in der heißen Brühe auflösen, Sherry zufügen. Das lauwarme Gelee langsam durch den Kamin in die Pastete gießen, erstarren lassen. Zur Pastete grünen Salat reichen.

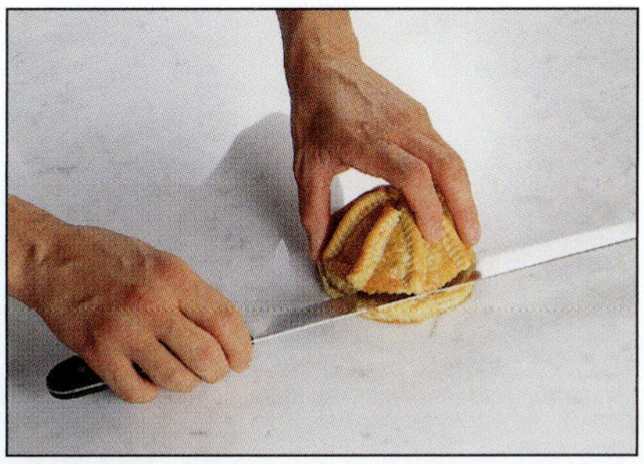

5 Die ausgekühlte Pastete aufschneiden und das Papier entfernen.

1138

Jagd- oder Hasenpastete

Für 8–10 Personen
Ca. 700 g salziger Mürbeteig ***1644***
(evtl. ein Ei zusätzlich verwenden).
Zur Einlage:
1 Hasenrücken,
einige Scheiben und Streifen von Spickspeck, evtl. 1 Gänseleber,
1–2 Trüffeln oder frische Champignons (oder aus Dosen).
Zum Marinieren:
2–3 Essl. Madeira, Peffer- und Pimentkörner, leicht zerdrückt, Salz,
Fülle:
1 Hasenschlegel,
600 g grüner, ungeräucherter Speck,
200 g Kalbskarree,
300 g Schweinskarree (oder beides vom Filetstück), 2 Eier,
1 Likörglas Cognac,
1 gestr. Teel. Salz, etwas Pfeffer,
1 Prise Pimentgewürz, Wildessenz.
Zum Ausfetten und Überpinseln:
etwa 40 g Butter, 2 Eigelb.
Zum Einträufeln:
4 Essl. Madeira.

Zuerst den Pastetenteig zubereiten und ruhen lassen. Den Hasenrücken häuten, das Fleisch von den Knochen lösen, in zweifingerlange und ebenso breite Stücke schneiden und mit sehr feinen Speckstreifen spicken. Dann die Stücke in wenig Butter kurz anbraten oder zuvor mit 2–3 Essl. Madeira, etwas Piment, Pfeffer, Salz marinieren und 1 Std. kühl stellen. Zur Fülle den Hasenschlegel ebenfalls häuten, ausbeinen und zusammen mit dem frischen Speck, Kalb- und Schweinefleisch 2–3-mal durch die feine Scheibe des Fleischwolfs drehen. Die Eier, Cognac, Salz, Gewürz und die dick eingekochte Wildessenz (von den Hasenknochen gewonnen, vgl. Wildfond **4**, kräftig reduziert) darunter mengen.

Den Teig $1/2$ cm dick auswellen, eine gut gefettete Kastenform oder feuerfeste Form zur Probe leicht darauf drücken und dadurch die Größe bestimmen. Den angedeuteten Teigboden etwas größer als die Form ausrädeln und so einlegen, dass außer dem Boden auch die Seiten bedeckt sind und noch ein 1–2 cm breiter Rand übersteht; von dem übrigen Teig einen Deckel und Verzierungen ausstechen.

Den Boden und die Seiten 1 cm dick mit der Fülle bestreichen, die gespickten Fleischstücke, einige fingerdicke Speckstreifen und die Gänseleber-, Trüffel- oder Pilzscheiben der Länge nach im Wechsel mit etwas Fülle einschichten. Auf die oberste Lage, die aus Speckscheiben bestehen soll, den Teigdeckel legen, den überstehenden Rand einschlagen und beide Teile durch Einkerben mit einer Pasteten- oder Zuckerzange miteinander verbinden.

In die Oberfläche mit einem kleinen, runden Ausstecher 1–2 Vertiefungen eindrücken und schmale, gefettete Papierröhrchen einsetzen, durch die der Dampf beim Backen abziehen kann. Den Teigdeckel mit den ausgestochenen Teigblättern verzieren, das Ganze mit Eigelb überpinseln und die Pastete im vorgeheizten Backofen backen. Es ist ratsam, die Oberfläche mit einem befeuchteten, starken Pergamentpapier zu bedecken; kocht das Fett darunter klar herauf, ist die Pastete gar.
E.-Herd 200 °C / G.-Herd Stufe 3
Ca. 60–70 Minuten
Möglichst sofort zu Tisch geben, die Papierröhrchen zuvor entfernen, den Madeira, evtl. mit Wildessenz ver-

1 Pastete in der Form: Teig $1/2$ cm dick auswellen.

2 Mit Hilfe der Form die benötigte Teiggröße einschließlich der Stirn- und Seitenwände feststellen

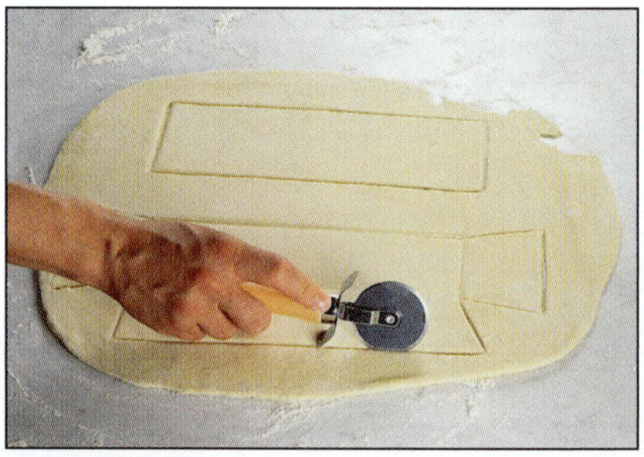

3 Mit dem Teigrad Boden und Seiten (zusammenhängend) und den Deckel ausrädeln.

7 Die Fülle glattstreichen...

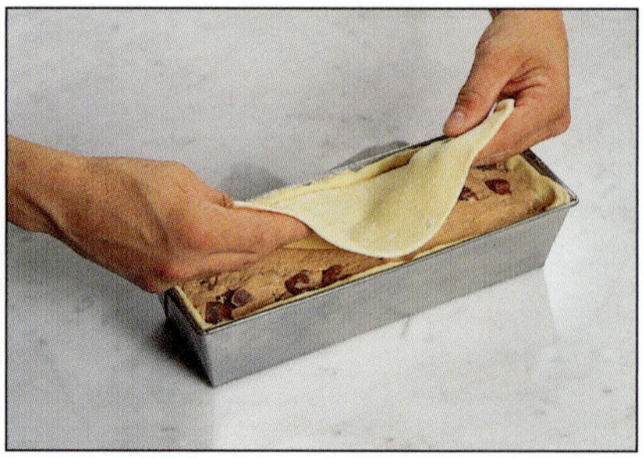

8 und den Deckel auflegen.

9 Mit Hilfe einer Pasteten- oder Zuckerzange Deckel und Wände gut zusammendrücken.

mischt, in die Dampföffnungen gießen und, falls eine feuerfeste Form benützt wurde, die Pastete darin servieren. Auch kalt schmeckt die Pastete vorzüglich. In diesem Fall in die Dampföffnungen am nächsten Tag oder nach völligem Erkalten klare, dickflüssige Sülze nach **242** einträufeln, erstarren lassen, die Pastete beim Anrichten in gut 1 cm breite Scheiben schneiden und mit klein gehackter oder ausgestochener Sülze verzieren.
Cumberlandsoße **59**, Senffrüchte und Weißbrot dazu reichen.

Tipp:
Für alle mit einer Fülle gebackenen Pasteten, die an der Oberfläche mit Teigrosetten oder -figuren verziert werden, eignen sich statt der früher üblichen Pastetenformen, die seitlich geöffnet werden konnten, feuerfeste Formen. Wird die Pastete heiß gereicht, kann sie in der Form serviert werden, andernfalls nach dem Erkalten vorsichtig herauslösen, um ein Verletzen der Teigverzierungen zu verhindern.

1139

Münstertäler Tourte (Fleischpastete)

Für 6 Personen
Für die Form: 50 g Butter, salziger Mürbeteig ***1644****,*
1 Pck. TK-Blätterteig (250 g).
Für die Füllung:
400 g Kalbfleisch (aus der Nuss),
400 g nicht zu mageres Schweinefleisch, 2 Brötchen, 1 dl Milch,
2 Zwiebeln, 2 Knoblauchzehen,
1 Bund gehackte Petersilie,
1 Glas Weißwein (Silvaner),
Salz, Pfeffer, Muskat,
1 Messerspitze gemahlene Nelken,
2 Eiweiß, 1 Eigelb. Zum Bestreichen:
1 Eigelb, mit 1 Essl. Sahne verquirlt.

Kalb- und Schweinefleisch in grobe Würfel schneiden. Brötchen in lauwarmer Milch einweichen. Zwiebeln und Knoblauch hacken, in wenig Butter kurz andünsten, Petersilie untermischen.

Fleischwürfel und Brötchen durch die feine (oder mittelfeine) Scheibe des Fleischwolfs drehen, die Zwiebelmischung, Wein und Gewürze unter das Fleisch mengen. Die Masse über Nacht kalt stellen. Erst kurz vor dem Zubereiten Eiweiß und Eigelb unterarbeiten.
Eine Tourte- oder Pastetenform mit Butter fetten, mit dem ausgewellten Mürbeteig auskleiden, dabei einen Rand hochziehen. Die Fleischmasse darauf verstreichen. Blätterteig dünn auswellen, als Deckel auf die Farce legen, dabei die Ränder mit etwas Wasser bepinseln, gut zusammendrücken. In die Teigdecke ein Luftloch von 3 cm Durchmesser stechen und ein gefettetes Pergamentpapier einstecken, damit der Dampf abziehen kann. Die Oberfläche mit Eisahne bepinseln und die Tourte im vorgeheizten Backofen backen.
E.-Herd 170 °C / G.-Herd 1–2
Ca. 60–70 Minuten
Als Hauptgericht einen gemischten Salat dazu reichen. Oder die Fleischpastete als Teil eines Büfett servieren.

4 Mit dem Boden zuerst in die Form einlegen. Lufteinschlüsse vorsichtig ausstreichen.

5 Die Ecken gut zusammendrücken (evtl. mit Eiweiß bestreichen).

6 Die vorbereitete Pastetenmasse einfüllen.

10 Zwei „Schornsteine“ aus gefetteten Papierröllchen einsetzen.

11 Den Teigdeckel verzieren und mit Eiweiß bestreichen.

12 Nach dem Erkalten Madeira oder Sülzflüssigkeit durch die „Schornsteine“ eingießen.

1140 Schinkenpastete

Salziger Mürbeteig ***1644***
oder Blätterteig ***1652****.*
Für die Füllung:
200 g ungeräucherter Speck,
400 g mageres Schweinefleisch oder je 200 g Schweine- und Kalbfleisch,
1–2 Eier, ½ Teel. Salz,
5 g Pastetengewürz,
2 Teel. Cognac oder Madeira,
2 eingeweichte Brötchen (mit je 1 Essl. gehackter Zwiebel und Petersilie in 1 Essl. Butter gedünstet).
Als Einlage:
180 g Scheiben von gekochtem Schinken.
Zum Bestreichen:
1 Eiweiß, 1 Eigelb.

Von einem Drittel des zubereiteten, ausgewellten Teiges einen ½ cm dicken, etwa 25 cm langen und 12–15 cm breiten Boden ausrädeln und auf ein befeuchtetes Backblech legen. Die Zutaten zur Fülle gut vermischen und fingerdick auf die Teigplatte auftragen, dabei ringsum einen 2 cm breiten Rand frei lassen. Die Schinkenscheiben im Wechsel mit der Fülle darauf legen und aus dem übrigen Teig einen Deckel und kleine Verzierungen ausrädeln. Den Teigbodenrand ringsum mit Eiweiß bestreichen, den Teigdeckel über das Ganze breiten, leicht andrücken und das Überstehende abrädeln. Die Teigverzierungen obenauf setzen, in die Pastete 1 oder 2 kleine Öffnungen eindrücken und gefettete Papierröhrchen für den abziehenden Dampf hineinstecken. Die Pastete mit Eigelb überpinseln, im vorgeheizten Backofen hellbraun backen und warm oder kalt servieren.
E.-Herd 200 °C / G.-Herd 3
Ca. 1 Stunde

13 Die fertige Pastete.

1141 Kalbfleischpastete

Die Pastete nach **1138** mit Kalbfleisch statt mit Wild zubereiten und die Einlage mit schmalen Streifen von Räucherzunge oder rohem Schinken ergänzen oder die Fülle durch 150 g kurz in Butter gebratene, durchpassierte Kalbsleber veredeln oder 1 Kalbsfilet umhüllt von Spinatblättern einlegen.

1142 Leberkäse oder Leberpastete

Für 6–8 Personen
500 frische Kalbs- oder Schweineleber,
200 g Schweinskarree,
400 g ungeräucherter Speck,
125 g Sardellenfilet,
Salz, Pfeffer, 1 Teel. Majoran,
4 Essl. Madeira oder Cognac.
Zum Auslegen der Form:
einige Scheiben geräucherter Speck oder Räucherzunge.

Leber, Schweinefleisch, Speck und die gewässerten Sardellen zweimal durch die feine Scheibe des Fleischwolfs drehen, mit den übrigen Zutaten gut vermischen und den Fleischteig in eine mit Speckscheiben – oder einem Stern aus Räucherzungenstreifen – ausgelegte Terrinenform einfüllen. Einige Speckscheiben darüber decken, die Form schließen und die Terrine 1½–2 Std. im Wasserbad kochen. Nach dem Erkalten in Scheiben schneiden und mit gehackter Sülze verzieren.

1143 Rehpastete

Ca. 500 g salziger Mürbeteig ***1644****.*
Für die Füllung:
500 g Rehfleisch (Keule, Schulter),
2 Likörgläser Weinbrand,
400 g Schweinefleisch,
100 g grüner Speck, 3–4 Schalotten,
300 g feines Bratwurstbrät,
50 g gehackte Pistazien,
1 Teel. Pastetengewürz, Salz, Pfeffer.
1 Eigelb, mit 1 Essl. Kondensmilch verquirlt, Portweinaspik ***246****.*

Rehfleisch falls nötig häuten und entsehnen, in lange, 1 cm dicke Streifen schneiden. Über Nacht mit Weinbrand marinieren.
Schweinefleisch, Speck* und Schalotten grob würfeln, durch die feine Scheibe des Fleischwolfs drehen, mit Brät, Pistazien und den Gewürzen mischen, abschmecken.
⅔ vom Pastetenteig auswellen, die gefettete Pastetenform oder – ersatzweise – mit Backpapier ausgekleidete Kastenform mit Teig auslegen. Abwechselnd Farce und Rehstreifen einschichten, mit Farce abschließen. Teigränder mit Wasser bestreichen, den übrigen Teig als Deckel auflegen und die Ränder zusammenkniffen. Aus den Teigresten Verzierungen ausstechen, die Oberfläche damit garnieren. Zum Abziehen des Dampfes ein bis zwei Kamine (1 cm Durchmesser) in den Teigdeckel stechen. Die Pastete mit Eimilch bestreichen, im vorgeheizten Backofen 5 Min. vorbacken, dann die Temperatur drosseln und weiterbacken.
E.-Herd 250 °C / G.-Herd 6
Zuerst 5 Minuten
E.-Herd 200 °C / G.-Herd 3
Dann 40 Minuten
In der Form abkühlen lassen, dann vorsichtig herauslösen. Portweingelee durch die Öffnungen in die Pastete gießen, erstarren lassen. Dazu Senffrüchte und Weißbrot servieren.

Tipp:
Fleisch und Speck sollten gut gekühlt sein.

Hasenterrine **1148**, getrüffelt und glasiert ▷

1144

Terrine von Süßwasserfischen

Je 250 g Hecht- und Zanderfilet,
300 g süße Sahne,
Salz, Cayennepfeffer,
½ rote Paprikaschote, gehäutet,
½ Bund Dill,
1 geräucherter Aal oder 2 schöne geräucherte Forellenfilets.

Gut gekühltes Hecht- und Zanderfilet würfeln, im Schnellmixer fein pürieren, eiskalte süße Sahne einarbeiten. Die Masse solange cremig rühren, bis sie leicht schaumig ist. Mit Salz und wenig Cayennepfeffer würzen. Paprikaschote und Dill sehr klein schneiden, unter ein Drittel der Fischfarce mengen. Den Aal häuten und filetieren. Eine Terrinenform buttern, mit der Hälfte der hellen Fischfarce ausstreichen. Boden und Wände mit Aal- oder Forellenfilets auskleiden, Paprika-Dill-Masse einfüllen, restliche Filets einlegen. Den Abschluss bildet die helle Fischfarce. Mit einem Streifen Alufolie bedecken und den Deckel auflegen. Die Terrine im Wasserbad im Backofen pochieren.
E.-Herd 80 °C / G.-Herd ½
Ca. 40 Minuten
Dazu passt eine milde Soße aus Crème fraîche, mit Felchenrogen oder Ketakaviar vermischt, mit Salz und wenig Pfeffer abgeschmeckt.

1145

Seezungenterrine mit Lachs

250 g frischer Lachs, Saft und abgeriebene Schale von ½ Zitrone,
2 cl Aquavit,
4 chinesische Pilze (Mu-Err),
375 g Merlan- oder Hechtfilets,
Salz, Pfeffer, 1 Eiweiß,
200 g süße Sahne,
10 möglichst lange Seezungen- oder Schollenfilets, Butter für die Form.

Lachs in daumendicke, lange Streifen schneiden, mit Zitronenschale, -saft und Aquavit 30 Min. marinieren.
Pilze in lauwarmem Wasser einweichen, putzen und fein schneiden.
Fischfilets grob würfeln, mit Salz, Pfeffer, Eiweiß mischen, zuerst durch die grobe, dann durch die feine Scheibe des Fleischwolfs drehen. Die Masse 30 Min. kaltstellen, dann die sehr kalte Sahne und die Pilze einarbeiten.
Seezungenfilets mit einer Palette flach drücken, so in die gebutterte Terrinenform legen, dass die Enden über den Formenrand hängen. Die Hälfte der Farce einfüllen, Lachsstreifen hineindrücken, die übrige Farce darauf streichen. Die Seezungenfiletenden über die Fischmasse schlagen und die Terrine zugedeckt im Wasserbad garen.
E.-Herd 180 °C / G.-Herd 2
Ca. 40 Minuten
Danach den Deckel entfernen, die Flüssigkeit vorsichtig abgießen und die Terrine mit einem Gewicht (Brettchen und Konservendose darauf) beschwert erkalten lassen.

1146

Terrine mit Hühnerleber

200 g Hühnerleber, gekühlt,
400 g Schweinehackfleisch, gekühlt,
1 Zwiebel, grob zerteilt,
2 Knoblauchzehen, fein gehackt,
Salz, frisch gemahlener weißer Pfeffer,
je ½ Teel. Thymian und Rosmarin, getrocknet.
4 Eier, ¼ Becher süße Sahne (50 g),
6 cl Cognac.
500 g große Speckscheiben von Spickspeck oder grünem Speck.
Einlage: 200 g ganze Hühnerlebern,
100 g grüne Oliven ohne Stein.
2 Lorbeerblätter.

Die gut gekühlte Hühnerleber zusammen mit dem Schweinehackfleisch, den Zwiebelstücken und dem Knoblauch zweimal durch die feine Scheibe des Fleischwolfes treiben. Die Masse kräftig würzen. In einer Schüssel die Eier mit Sahne und Cognac mit dem Schneebesen verquirlen, zur Hackmasse geben und gut verarbeiten. Für kurze Zeit in den Kühlschrank stellen.
Eine Terrinenform mit den Speckscheiben so auskleiden, dass diese seitlich weit über den Rand herunterhängen. Einen Teil der gekühlten Masse in die Form füllen, die ganzen Lebern und die Oliven einlegen und mit dem Rest der Masse auffüllen. Die überhängenden Speckscheiben zur Mitte hin einschlagen und mit Lorbeerblättern verzieren. Die Form verschließen, in ein warmes Wasserbad stellen und im vorgeheizten Backofen garen.
E. Herd 160 °C / G.-Herd 2
Ca. 60-70 Minuten

1 Terrine **1146**: Form mit überlappenden Speckstreifen auslegen.

2 Speckmantel über der Farce schließen.

3 Kräuter nach Wahl auflegen und die Form verschließen.

1147

Gänseleberterrine (Terrine de foie gras)

1 Gänseleber, ca. 600–700 g,
Milch zum Einlegen, Meersalz, Pfeffer,
2 cl sehr guter Cognac,
evtl. 1 Trüffel (ca. 20 g),
2 Essl. Gänseschmalz oder frische Butter.

Die frische Leber 1 Stunde in Milch legen. (Milch entzieht der Leber evtl. vorhandene Bitter- oder sonstige geschmacksstörende Stoffe.)
Die Leber herausnehmen, vorsichtig trockentupfen, von Blutgerinnseln, Fett- und Nervensträngen befreien. Dabei die Leber möglichst wenig verletzen oder kneten.
Die Leber mit wenig Salz und Pfeffer würzen (in Frankreich bieten Feinkostgeschäfte spezielle Salz-Kräuter-Mischungen an) und mit Cognac beträufeln, sanft einmassieren. Trüffel in feine Scheibchen schneiden, zwischen die Leberlappen stecken. Die Leber zugedeckt über Nacht kühl stellen.
Eine Terrinenform (1 l) mit Schmalz einstreichen, die Leber hineinlegen, etwas festdrücken, damit keine Zwischenräume entstehen. Mit Schmalz bestreichen, zudecken und im Wasserbad (bis zur Höhe der Leber) bei 68 °C in 35–40 Min. garziehen lassen. Die Temperatur muss mittels Bratthermometer beobachtet und ständig im Auge behalten werden. Die fertige Terrine abkühlen lassen, in den Kühlschrank stellen. Die Terrine frühestens 24 Stunden nach der Zubereitung anschneiden. Gekühlt mit frischem Weißbrot genießen.
Unangeschnitten kann eine Gänseleberterrine, mit einer dicken Schicht Gänsefett luftdicht abgeschlossen, bis zu einem Monat im Kühlschrank aufbewahrt werden. Ansonsten innerhalb weniger Tage verbrauchen.

1148

Hasenterrine, getrüffelt und glasiert

4 Hasenläufe oder 2 größere Keulen, 125 g fetter Speck,
1 Brötchen,
125 g frische Champignons,
125 g Schalotten,
1 Essl. Butter oder Margarine,
100 g Kalbszunge,
1 kleine Dose Trüffeln,
50 g Pistazien,
1 Teel. Salbeipulver,
1 Essl. gerebelter Majoran,
Salz und frisch gemahlener Pfeffer,
1 Glas Madeira, Wildsoße ***42****.*
Zum Glasieren:
Rinder-Portwein-Aspik ***246***
zubereitet mit Madeira
oder Sülze ***244*** *mit Wildfond zubereitet.*
Zum Verzieren:
1 Pfirsich in Scheiben,
einige Sauerkirschen.

Das Hasenfleisch roh von den Knochen lösen und mit dem gewürfelten Speck, dem eingeweichten, gut ausgedrückten Brötchen zweimal durch den Fleischwolf drehen. Die Champignons und Zwiebelchen sehr fein hacken und in der heißen Butter oder Margarine kurz andünsten. Abgekühlt mit der gewürfelten Kalbszunge, den Trüffelstückchen, Pistazienkernen und den Gewürzen sowie Madeira zum Hasenfleisch geben. Alles gut vermengen und so viel Wildsoße zugeben, bis ein weicher, glatter Teig entsteht. In eine schmale, gut gefettete Form füllen und im vorgeheizten Backofen backen.
E.-Herd 200 °C / G.-Herd 3
Ca. 50 Minuten
Die erkaltete Hasenterrine mit Aspik überziehen und mit Pfirsichscheiben und Sauerkirschen verzieren. Mit Cumberlandsoße **59**, kräftigem Landbrot und Rotwein servieren.

1149

Gemüseterrine

Ca. 375 g geputzter Broccoli,
1 kleiner Blumenkohl,
2–3 große Karotten,
Butter für die Form, 5 Eier,
400 g süße Sahne (2 Becher),
Salz, weißer Pfeffer, Muskat.

Den Broccoli in kleine Röschen teilen. Blumenkohl putzen, ebenfalls zerkleinern. Karotten schälen, längs in Streifen schneiden. Die Gemüsesorten getrennt in Salzwasser bissfest garen, sofort herausnehmen, in Eiswasser erkalten lassen. Zum Abtropfen auf ein Küchentuch legen. Das Gemüse lagenweise in eine gebutterte Form schichten. Eier, Sahne und Gewürze verquirlen, darüber gießen. Die Terrine zudecken, und im Wasserbad im Backofen stocken lassen.
E.-Herd 200 °C / G.-Herd 3
90 Minuten
Vor dem Stürzen vollständig erkalten lassen.
Dazu eine Frankfurter Grüne Soße **73** und Weißbrot oder Blattsalate reichen.
Oder die Terrine mit Rosenkohl, Kohlrabi, Zucchini etc. zubereiten.

1150
Fischauflauf, einfach

Für 4–6 Personen
1 kg Schellfisch oder anderer Seefisch, Fischfond ***5****.*
Zur Soße:
60 g Butter, 80 g Mehl, etwas Fischsud,
1/4 l frische Sahne oder Milch, je 1 Prise Salz und Muskat, abgeriebene Schale von 1/2 Zitrone, 2–3 Eier, 1 Essl. geriebener Käse.
Zum Ausstreuen: Semmelbrösel.

Den vorbereiteten Fisch in einem würzigen Sud kochen, häuten, entgräten und in kleine Blättchen teilen. Von Butter, Mehl, dem durchgesiebten Fischsud und Sahne oder Milch eine dicke Soße zubereiten, gut durchkochen, mit Salz, Muskat und Zitronenschale würzen und erkalten lassen; dann Eigelb, Käse, die Fischblättchen (es können auch Fischreste sein) und den steifen Eischnee leicht untermengen. Das Ganze in eine mit Butter gefettete, mit Semmelbröseln ausgestreute Auflaufform füllen und im vorgeheizten Backofen aufziehen.
E.-Herd 175 °C / G.-Herd 2
30–40 Minuten
Oder die Fischmasse in gefettete Muschelförmchen füllen und unter dem vorgeheizten Grill kurz goldbraun überbacken.

1151
Feiner Fischauflauf mit Gemüse

4 frische Lachs- oder Forellenfilets (à ca. 180 g), Saft von 1/2 Zitrone, 2 Stangen Staudensellerie, 1 Zwiebel, 1 rote Paprikaschote, 100 g frische Champignons, 1 Bund Basilikum, 2 Knoblauchzehen, 2 Essl. Butter oder Margarine, Salz, Pfeffer,
1/4 l frische Sahne,
4 dünne Scheiben Frühstücksspeck.

Fischfilets mit Zitronensaft 20 Min. marinieren. Das Gemüse putzen, fein schneiden oder hacken. Basilikum von den Stängeln zupfen, grob hacken, Knoblauch schälen und zerdrücken. Butter erhitzen, Gemüse mit dem Knoblauch 10 Min. darin dünsten. Fischfilets salzen, pfeffern, in Basilikum wenden und nebeneinander in eine flache Form legen. Das Gemüse darüber verteilen, mit Sahne übergießen und mit Speckscheiben bedecken. Den Auflauf im Backofen backen.
E.-Herd 220 °C / G.-Herd 4
Ca. 30 Minuten
Beilage: Reis oder Dampfkartoffeln.

> ***Tipp:***
> *Wer keinen Speck dazu mag, bedeckt den Fischauflauf mit großen Blättern von Chinakohl (o.ä.), die ein Austrocknen verhindern. Die Blätter vor dem Servieren entfernen.*

1152
Reisauflauf mit Pilzen

200 g Risotto-Reis, Arborio oder Vialone,
3/8 l Milch und 1/8 l Wasser, je 2 Essl. gewiegte Zwiebel und Petersilie, 60 g Butter,
375 g frische Pilze (oder 1 kleine Dose), je 1 Prise Salz und Muskat, Saft von 1/2 Zitrone,
2 Essl. geriebener Käse, 2–3 Eier,
1/4–3/8 l Milch, Butterflöckchen.

Den gewaschenen, heiß überbrühten Reis in die mit Wasser vermischte, strudelnde Milch einstreuen und in 30 Min. (ohne umzurühren) bei mäßiger Kochhitze ausquellen lassen. Zwiebel und Petersilie in 30 g Butter hellgelb dünsten, die sorgfältig gereinigten, in Scheiben geschnittenen Pilze, Salz und Gewürz zufügen und zusammen etwa 5 Min. dünsten. Eine Auflaufform mit der restlichen Butter gut fetten, den Reis im Wechsel mit den Pilzen einfüllen (zuvor unter den Reis den geriebenen Käse mit einer Gabel mischen), die letzte Lage sollte Reis sein. Die ganzen Eier mit der Milch verquirlen, darüber gießen, obenauf einige Butterflöckchen setzen. Den Auflauf im vorgeheizten Backofen hellbraun überbacken.
E.-Herd 175 °C / G.-Herd 2
Ca. 35 Minuten
Dazu nach Belieben eine Tomatensoße **12** und grünen Salat reichen.

1153
Kartoffelauflauf mit Quark

750 g gekochte Kartoffeln,
150 g in Würfel geschnittener Speck, 250 g Quark (10% Fett),
2–3 Essl. Joghurt,
je 1 Essl. gewiegte Zwiebel und Petersilie, Salz, Kümmel,
3 Essl. geriebener Käse, Butterflocken.

Die Kartoffeln schälen und in Scheiben schneiden. Die Speckwürfel hell bräunen. Quark mit Joghurt, Zwiebelstückchen, Petersilie und Gewürzen vermischen und abschmecken. Eine gefettete Auflaufform im Wechsel mit Kartoffelscheiben, der Hälfte der Speckwürfel und Quark füllen. Mit Kartoffelscheiben abdecken, Käse und Butterflocken darüber verteilen. Den Auflauf im vorgeheizten Backofen backen und vor dem Servieren die restlichen Speckwürfel darauf verteilen.
E.-Herd 200 °C / G.-Herd 3
Ca. 25–30 Minuten

1154
Kartoffelauflauf

1 kg Kartoffeln, stark 3/8 l Milch, je 1 Prise Salz und Muskat, 25 g Butter, 1–2 Eier.

Die roh geschälten und in Schnitze geteilten Kartoffeln mit 1 Prise Salz im Siebeinsatz des Dampfdruck- oder Schnellkochtopfs weich dämpfen. Die Kartoffeln unter einem Tuch noch kurz nachdämpfen lassen und heiß durchpassieren. Die heiße Milch, Salz und Muskat, Butter und Eigelb zufügen; die Kartoffelmasse schaumig schlagen und das steife Eiweiß unterziehen. Den Auflauf in einer gefetteten Form im vorgeheizten Backofen knusprig backen.
E.-Herd 175 °C / G.-Herd 2
Ca. 30 Minuten
Oder die Kartoffelmasse in Portionsförmchen füllen. Nach dem Backen stürzen und zu Gulasch, Rinderbraten o.ä. reichen.

1155 Lasagne – Nudelauflauf nach italienischer Art

Nudelteig:
400 g Mehl, 2 Eier,
1 Tasse gewiegter, frischer Spinat,
ca. 1/2 Tasse Wasser, 1 Prise Salz.
Fülle:
50 g Schinken, 300 g Hackfleisch,
1 fein gehackte Zwiebel, 1 Essl. Öl,
800 g Spinat, 1 Knoblauchzehe,
2–3 geschälte Tomaten oder Tomaten aus der Dose,
Salz, Pfeffer, Muskat, Petersilie,
*1/4 l süße Sahne oder Béchamelsoße **13**, Butterflöckchen und geriebener Parmesan.*

Zutaten für den Teig verkneten und mit dem Nudelholz gleichmäßig dick ausrollen. Mit einem Tuch bedecken, damit überflüssige Feuchtigkeit aufgesaugt wird. Dann 6–7 dünne Platten auswellen, in Salzwasser in 2–3 Min. halbgar kochen.
Für die Fülle Schinken, Hackfleisch und Zwiebel in Öl anbraten. Spinat mit der gehackten Knoblauchzehe in einem Topf mit etwas Öl andünsten, bis er zusammenfällt.
In eine gefettete Auflaufform schichtweise Nudelplatten, Fülle und süße Sahne geben und die oberste Teigplatte mit Butterflöckchen und geriebenem Käse belegen. Im vorgeheizten Backofen backen. Die Oberfläche soll knusprig braun und die Fülle cremig sein.
E.-Herd 200 °C / G.-Herd 3
Ca. 30 – 35 Minuten
Oder vegetarisch mit in Öl angebratenen Auberginenscheiben, Mozzarellascheiben und Tomatensoße **50** füllen.

Tipp:
Hackfleischfülle 1 Tag vorher zubereiten, dann hält die Lasagne besser zusammen.

Tipp:
Gekaufte Teigplatten im Salzwasser bissfest garen (immer nur 3–4 Platten). Für eine rechteckige Form ca. (18 x 30 cm) benötigt man pro Lage 6 Nudelplatten.

1156 Nudelauflauf

250 g schmale Nudeln, 20 g Butter,
2 Essl. Semmelbrösel, 2–3 Eier,
1/8 l süße Sahne oder Milch,
1 Essl. geriebener Käse,
einige Butterflöckchen.

Die Nudeln in leicht gesalzenem Wasser halbweich kochen, kalt überbrausen und auf einem Sieb abtropfen lassen. Eine Auflaufform mit Butter fetten und mit 1 Essl. Semmelbrösel ausstreuen. Die Nudeln einlegen, die Eier mit Sahne oder Milch verquirlen, darüber gießen. Den geriebenen Käse und 1 Essl. Semmelbrösel obenauf streuen. Einige Butterflöckchen darauf verteilen. Den Auflauf im vorgeheizten Backofen hellbraun überbacken.
E.-Herd 175 °C / G.-Herd 2
Ca. 30 Minuten
Oder statt Nudeln die gleiche Menge Makkaroni oder Spaghetti verwenden.
Oder noch 180 g gewürfelten Schinken oder Wurstreste untermischen.
Oder noch 200 g bissfest gegarte Karottenwürfel oder Broccoliröschen zufügen

1157 Gemüseauflauf

1 Tasse gedünstete Sojabohnenkeimlinge,
200 g klein geschnittene, gedünstete Karotten (evtl. Rest),
Salz, Curry,
200 g körnig gekochter Reis,
300 g klein geschnittene Bratenreste oder geschnetzeltes Schweinefleisch,
1 Tasse Kondensmilch,
1 Essl. Tomatenmark, 30 g Fett,
50 g Schafskäse,
je 10 Salatgurken- und Tomatenscheiben,
edelsüßes Paprikapulver.

Die Sojabohnenkeimlinge und die Karotten unter den Reis mischen und pikant würzen. Unter das Fleisch die Kondensmilch und das Tomatenmark mischen. Geschnetzeltes kurz im heißen Fett anbraten und würzig abschmecken. Eine gefettete Auflaufform mit dem Gemüsereis und dem Fleisch füllen. Mit Reis bedecken. Den Käse zerbröckeln und darüber streuen. Den Auflauf im vorgeheizten Backofen backen. Vor dem Servieren mit Gurken- und Tomatenscheiben garnieren und mit Paprika bestreuen.
E.-Herd 200 °C / G.-Herd 3
Ca. 20 – 30 Minuten

1 Lasagne **1155**: Béchamelsoße auf die Hackfleischfülle geben.

2 Teigplatten auflegen.

3 Zum Schluss die oberste Schicht mit Käse überstreuen.

1158

Spinatauflauf mit Flädle

750 g Spinat, zubereitet nach ***1321****,*
100 g gekochter Schinken,
4 Flädle oder Pfannkuchen ***348****,*
Butter für die Form,
¼ l saure Sahne, 1 Ei,
1 Essl. geriebener Käse,
evtl. einige Butterflöckchen.

Spinatgemüse zubereiten und mit gewiegtem Schinken vermischen. Dann 4 sehr dünne Pfannkuchen oder Flädle backen, einzeln mit dem Spinat bestreichen, jedes Flädle aufrollen und in kurze Stücke schneiden oder unzerschnitten der Länge nach in einer mit Butter gefetteten Auflaufform aufeinander schichten; saure Sahne und 1 Ei verquirlen, über die Flädle gießen, geriebenen Käse und Butterflöckchen aufstreuen und den Auflauf im vorgeheizten Backofen hellgelb überbacken.
E.-Herd 175 °C / G.-Herd 2
Ca. 30 Minuten
Oder die kurzen Flädlesrollen senkrecht in die gefettete Form stellen. Mit 200 ml süßer Sahne (1 Becher), gewürzt mit wenig Salz und Pfeffer sowie Schnittlauchröllchen, übergießen. Nach Belieben mit etwas geriebenem Käse bestreuen und 20 Min. überbacken.

1159

Blumenkohlauflauf

2 Tassen Reis, 30 g Butter,
4 Tassen Gemüsebrühe oder Wasser,
1 mittelgroßer Blumenkohl,
evtl. 2 Tomaten,
1 Essl. Butter, schwach ¼ l Milch,
2 Eier, 1 Prise Salz,
2 Essl. geriebener Käse,
einige Butterflöckchen.

Den gewaschenen, kurz überbrühten, abgetropften Reis in der zerlassenen Butter leicht anrösten. Die Gemüsebrühe zugießen, den Reis darin ausquellen lassen und auf einer Platte ausgebreitet erkalten lassen. Den Blumenkohl in Röschen teilen und in schwach gesalzenem, strudelndem Wasser halbweich kochen. Die Hälfte vom Reis in eine gut gefettete Auflaufform füllen, den abgetropften Blumenkohl darauf legen, evtl. die geschälten, entkernten, in Würfel geschnittenen Tomaten zufügen und mit dem übrigen Reis bedecken. Milch und Eier verquirlen, darüber gießen, etwas Salz, den Käse und die Butterflöckchen obenauf geben und den Auflauf im vorgeheizten Backofen hellbraun backen.
E.-Herd 175–200 °C / G.-Herd 2–3
Ca. 30 Minuten

1160

Brieschenpudding mit Grieß

1–2 Kalbsbrieschen,
¼–½ l Fleischbrühe,
⅛ l Milch, 60 g Butter, 60 g Grieß,
je 1 Prise Salz und Muskat,
1 gewiegte Zwiebel,
1 Essl. Petersilie, ⅛ l Sahne,
3–4 Eier.

Das Kalbsbrieschen kurze Zeit wässern, blanchieren und nach dem Abgießen und Abtropfen etwa 30 Min. in Fleischbrühe weich kochen, sorgfältig häuten und in Würfel schneiden. Die Milch und 10 g Butter erhitzen, nach dem ersten Aufwallen den Grieß einstreuen, unter Quirlen zu einem Kloß abbrennen und kalt stellen. Die übrige Butter leicht verrühren und mit Salz, Muskat, der gewiegten, in 1 Essl. Butter vorgedünsteten Zwiebel, Petersilie und Sahne vermengen. Den abgekühlten Grießkloß und die Eigelbe zufügen, zuletzt die Brieschenwürfel und den Eischnee locker unterziehen; eine gefettete Form damit füllen und gut verschlossen 45 Min. im Wasserbad kochen. Mit Kapernsoße servieren.

> ***Tipp:***
> *Die Puddingform nur zu ⅔ oder ¾ Höhe füllen, da der Pudding beim Garen noch aufgeht. Nach dem Garen den Pudding ca. 5 Min. ruhen lassen, dann mit einem spitzen Messer von der Form lösen und stürzen.*

Siehe auch Süße Aufläufe ab Seite 447 und süße Puddings ab Seite 442.

1161

Schinkenpudding

60 g Butter, 100 g Mehl,
knapp ¼ l Milch, 4 Eier, getrennt,
125 g gekochter Schinken (ohne Fett), 1–2 Essl. geriebener Käse,
Semmelbrösel.

Die Butter erhitzen, das Mehl hell darin anschwitzen, die Milch nach und nach zugeben und unter Rühren so lange kochen, bis sich ein Kloß bildet. Sofort 1 Eigelb und nach dem Abkühlen die restlichen drei Eigelbe untermischen; den fein gewiegten Schinken und den geriebenen Käse zufügen, zuletzt den steifen Eischnee unterziehen und eine gefettete, mit Semmelbröseln ausgestreute Puddingform mit der Masse füllen. Im Wasserbad 1 Std. zugedeckt kochen und dazu Tomatensoße, grünen Salat oder Gemüse reichen.

1162

Kalbsbratenpudding

375 g gegarter Kalbsbraten,
je 1 Essl. gewiegte Zwiebel und Petersilie, 1 trockenes Brötchen,
60 g Butter, 4 Eier, getrennt,
je 1 Prise Salz und Pfeffer,
1 Essl. Parmesankäse,
4 Essl. saure Sahne.

Den kalten Kalbsbraten oder Bratenreste durch die feine Scheibe des Fleischwolfs drehen. Zwiebel, Petersilie und das eingeweichte, gut ausgedrückte Brötchen in 1 Essl. Butter glasig schwitzen und das Eigelb mit der restlichen, schaumig gerührten Butter und allen übrigen Zutaten gut vermengen; zuletzt das Fleisch und den steifen Eischnee untermischen, eine gefettete Puddingform damit füllen und zugedeckt 1 Std. im Wasserbad kochen. Eine pikante Soße oder Bratensoße dazu reichen.

> ***Tipp:***
> *Immer erst einen Teil des Eischnees locker unter die Puddingmasse heben, dann erst den Rest zugeben – so wird der Pudding lockerer.*

1163 Kartoffelpudding

500 g gekochte Kartoffeln,
3–4 Eier, getrennt, 50 g Butter,
2 trockene Brötchen,
4 Essl. Milch, 1 Essl. Butter,
je 1 Essl. gewiegte Zwiebel und Petersilie,
evtl. 1 Teel. gewiegtes Maggikraut (Liebstöckel),
1 Essl. Mehl,
je 1 Prise Salz und Muskat.
Zum Ausfetten:
Butter, Semmelbrösel.

Die gekochten Kartoffeln schälen, reiben und im Wechsel mit dem Eigelb unter die leicht verrührte Butter mengen. Die Brötchen in Scheiben schneiden, mit der Milch befeuchten, dann mit Zwiebel und Petersilie (evtl. Maggikraut) in wenig Butter kurz dünsten. Nach dem Abkühlen Mehl, Salz und Muskat zugeben, alles vermischen und zuletzt den steifen Eischnee leicht unterziehen. Eine gut gefettete Puddingform damit füllen, verschließen und 1 Std. im Wasserbad kochen.

1164 Selleriepudding

500 g Sellerieknolle, 50 g Butter,
1 gekochte Kartoffel, Salz, Pfeffer,
abgeriebene Schale von
1 ungespritzten Orange,
4 Eier, getrennt, 2 Eiweiß.
Für die Form:
Butter oder Margarine,
Semmelbrösel.

Die Sellerieknolle bürsten, waschen, abschälen, roh kleinwürfelig schneiden und im gelochten Einsatz im Schnellkochtopf in 4–5 Min. gar kochen. Etwas abkühlen lassen und im Mixer pürieren; die Butter verflüssigen, mit der zerdrückten Kartoffel, den Gewürzen untermischen und die Eigelbe zugeben. Den Eischnee auf zweimal unterheben. Den Sellerieschaum in gut gefettete und mit Semmelbröseln ausgestreute Tassen, Pastetenförmchen oder in eine Puddingform füllen und mit Pergamentpapier oder Alufolie überdecken, zubinden und im langsam ziehenden Wasserbad 30–35 Minuten stocken lassen. Nach dem Stürzen mit einer Tomatensoße übergießen.
Oder mit beliebig anderen Gemüsesorten zubereiten: z. B. Blumenkohl, mit Muskat gewürzt, oder Rosenkohl, zusätzlich 50 g geröstete Sesamkörner untermischen.

1165 Spinatpudding mit Fleisch

2 Milchbrötchen vom Tag zuvor,
etwas Milch, 40 g Butter,
je 1 Essl. gewiegte Zwiebel und Petersilie,
je 1 Prise Salz und Muskat,
3–4 Eier, getrennt,
200 g gewiegter, roher Spinat,
250 g beliebiger kalter Braten,
2 gewässerte, gewiegte Sardellenfilets.

Die abgeriebenen, in feine Scheiben geschnittenen Brötchen mit Milch befeuchten und zugedeckt 30 Min. stehen lassen. Die Hälfte der Butter schaumig rühren, in der übrigen Butter Zwiebelstückchen, Petersilie und die Brötchen kurz andünsten und nach dem Abkühlen das Gewürz, Eigelb, Spinat und zuletzt den fein gewiegten Braten und die gewiegten Sardellenfilets untermischen; den Eischnee leicht unterziehen. Eine Puddingform oder mehrere kleine Förmchen fetten, die Masse einfüllen und ca. 1 Std. im Wasserbad kochen.
Eine Béchamelsoße oder andere helle Soße dazu servieren.

Siehe auch Süße Aufläufe ab Seite 447 und süße Puddings ab Seite 442.

1166 Krautpudding mit Fleisch

Für 6 Personen
1–1 1/2 kg Weißkraut mit möglichst großen Blättern,
20 g Butter oder Gänseschmalz,
je 1 Essl. gewiegte Zwiebel und Petersilie oder einige Butterflöckchen, Salz, Pfeffer.
Zur Fülle:
2 trockene Brötchen,
1–2 Essl. Butter, 1 gewiegte Zwiebel,
etwas Petersilie, je 125 g gehacktes Kalb- und Schweinefleisch,
1 Ei, 1 kräftige Prise Salz,
etwas Pfeffer,
gemahlener Kümmel oder Majoran.
Zum Ausfetten:
Butter.

Die äußeren, welken Blätter des Krautkopfes entfernen, alle übrigen sorgsam ablösen, die dicken Blattrippen etwas flach schneiden, die Blätter in leichtem Salzwasser einige Male aufwallen und abtropfen lassen. Die inneren, kleinen Krautblättchen ebenfalls kurz mitkochen, herausnehmen, grob wiegen und in 20 g Butter mit Zwiebel und Petersilie dünsten; oder roh wiegen, mit Salz, Pfeffer und einigen Butterflöckchen vermischen und so zum Füllen der Form mitverwenden. Zur Fülle die eingeweichten, gut ausgedrückten Brötchen in 1 Essl. Butter mit Zwiebel und Petersilie dünsten, Fleisch, Salz, Gewürz und das Ei zufügen, dann alles gut vermengen. Eine gefettete Puddingform mit großen Krautblättern auslegen, die vorgedünsteten Blättchen und die Fülle darauf geben, mit Krautblättern bedecken und die geschlossene Form im Wasserbad 1 1/4–1 1/2 Std. kochen.
Oder eine Stoffserviette benützen, diese mit Krautblättern und Fülle belegen, zusammenrollen, an beiden Enden verschnüren und in Salzwasser oder in Fleischbrühe 1 Std. kochen. Beim Anrichten das Kraut auswickeln bzw. die Form stürzen und den Pudding mit einer Buttersoße servieren.

1167
Spargelflan

750 g frischer weißer Stangenspargel, 1/4 l Wasser mit 1 Teel. Salz und Zucker, 100 g süße Sahne, 2 Eigelb, Salz, Streuwürze, 1 Prise Muskat, Butter für die Form.

Stangenspargel sehr gut schälen, bündeln, in Wasser mit Salz und Zucker 15 Min. leise garen. Danach gut abgetropft pürieren. Evtl. das Püree noch durch ein Sieb streichen, damit die Masse keine Fasern enthält. Erkaltet die geschlagene Sahne und Eigelb unterheben, mild würzen. Spargelpüree in eingefettete hohe Förmchen oder Tassen füllen, mit Alufolie zudecken und im Wasserbad im Backofen stocken lassen.
E.-Herd 180 °C / G.-Herd 2
Ca. 30 Minuten
Nach kurzem Ausdampfen stürzen, mit frischen Dillzweiglein oder Spargelspitzen garnieren und mit Sauce Hollandaise **18** oder Tomatenconcassée (entkernte gewürfelte Tomatenstückchen in Fett dünsten, würzen) umgießen.

1168
Broccoli-Sellerie-Flan

500 g Broccoli, 1 Zwiebel,
1 Essl. Butter oder Margarine,
1/8 l Fleisch- oder Gemüsebrühe,
500 g Knollensellerie, 1 Zwiebel,
1–2 Knoblauchzehen,
1 Essl. Butter oder Margarine,
1/8 l Fleisch- oder Gemüsebrühe, Saft von 1 Zitrone,
1 Pck. Instant-Helle Soße,
4 Eier, Salz, Pfeffer.

Broccoli in Röschen teilen. Gehackte Zwiebel in Butter gelb dünsten, Broccoli und Brühe zugießen, zugedeckt ca. 20 Min. garen. Danach abtropfen, davon pürieren, salzen und pfeffern. Sellerie in kleine Würfel schneiden. Gehackte Zwiebel und Knoblauch in Butter gelb dünsten, Sellerie, Brühe, Zitronensaft zugeben, ca. 15 Min. garen. Abgetropft pürieren, würzen.
Jedes Püree mit Soßenpulver und 2 verquirlten Eiern vermischen. In eine gebutterte hohe Form lagenweise weißes und grünes Püree einfüllen, einige Broccoliröschen dazwischen legen. Die Form mit Alufolie oder Pergamentpapier zudecken, im Wasserbad im Backofen garen.
E.-Herd 200 °C / G.-Herd 3
Ca. 2 Stunden
Nach kurzem Ausdampfen stürzen, mit den übrigen Broccoliröschen, Holländischer Soße **18** und Kartoffeln servieren.

1169
Schwarzwurzelflan

Für 6 Metallförmchen oder Kaffeetassen à 1/8 l,
500 g Schwarzwurzeln,
1/2 Becher süße Sahne (100 g).
3 Eier, 1 Eigelb, 1 Prise Salz,
evtl. 1 Essl. gehacktes Fenchelkraut oder Dill.
Zum Fetten:
Butter.

Die Schwarzwurzeln nach dem Schälen sofort in Essigwasser legen (2 Essl. Essig, 1 Essl. Mehl, reichlich Wasser), dann in 3 cm lange Stücke schneiden, die dickeren der Länge nach durchteilen. Nochmals kurz kalt überbrausen, in leicht gesalzenem Wasser weich kochen und auf einem Sieb abtropfen lassen. Die Schwarzwurzelstückchen im Mixer oder mit dem Pürierstab zerkleinern, die erhitzte Sahne untermischen. Die Eier mit dem Eigelb verquirlen, mit Salz und gehackten Kräutern würzen und unter die Schwarzwurzelmasse rühren. Metallförmchen oder Tassen gut ausfetten, die Masse bis 1 cm unter der Oberkante einfüllen und die Förmchen im heißen Wasserbad im vorgeheizten Backofen stocken lassen.
E.-Herd 200 °C / G.-Herd 3
Ca. 30–35 Minuten
Falls die Oberfläche zu braun wird, mit Alufolie abdecken. Herausnehmen, einige Minuten ruhen lassen, dann auf Portionsteller stürzen. Dazu eine beliebige Soße servieren (siehe S. 33 ff).

Siehe auch Süße Aufläufe ab Seite 447 und süße Puddings ab Seite 442.

1170
Karottensoufflé in Förmchen*

750 g Karotten, 40 g Butter,
1 fein gewiegte Zwiebel,
2 Essl. gewiegte Petersilie,
3–4 rohe Kartoffeln,
je 1 Prise Salz und Zucker, 2 Eier.
Zum Ausfetten und Bestreuen:
pro Förmchen 1 Teel. Butter,
1 Teel. Semmelbrösel.

Die Karotten waschen, schaben, grob zerkleinern und in der heißen Butter mit Zwiebel, Petersilie, den geschälten, in Würfelchen geschnittenen Kartoffeln und so viel Wasser, dass das Gemüse bedeckt ist, weich dünsten. Dann durch ein feines Sieb passieren, mit Salz und Zucker würzen. Nach dem Erkalten die gequirlten Eigelbe zufügen und zuletzt den steifen Eischnee untermischen. Feuerfeste, kleine Förmchen mit Butter fetten, den Karottenbrei 2/3 hoch einfüllen, Brösel darauf streuen und die Aufläufe im vorgeheizten Backofen stocken lassen.
E.-Herd 200 °C / G.-Herd 3
Ca. 15–20 Minuten

Tipps:
Das gedünstete, abgetropfte Gemüse im Mixer oder mit dem Pürierstab pürieren.
Flans, Mousselines und Timbales sollten eine sehr feine Konsistenz haben. Deshalb empfiehlt es sich, die Masse nach dem Pürieren noch durch ein Passiersieb zu streichen. So wird der Gemüseschaum besonders zart und schmelzend.

*Siehe auch Soufflés auf Seite 137.

1171 Gemüseschaum-Puddings (Mousselines)

Für 6 Metallförmchen oder Tassen à 1/8 l:
500 g Paprikaschoten,
je 1 Prise Pfeffer, Salz und Zucker,
evtl. 1 Prise Cayenne,
120 g Eiweiß (etwa von 3 Eiern, Gewichtsklasse 5–6),
4 Essl. süße Sahne.

Die Paprikaschoten entkernen und in wenig Wasser (oder im Gemüseeinsatz des Dampfdrucktopfes) weich kochen. Das Gemüse abtropfen und etwas abkühlen lassen; dann im Mixer pürieren und anschließend durch ein Sieb streichen, um eventuelle Schalenreste zu entfernen. Mit Pfeffer, Zucker und evtl. Cayenne würzen, die verquirlten Eiweiß und zuletzt die Sahne untermischen. Metallförmchen gut mit Butter ausstreichen, die Masse nicht zu hoch einfüllen und mit Folie bedeckt im heißen Wasserbad ca. 30 Min. garen (pochieren). Das Wasser darf nicht kochen! Aus dem Wasser nehmen, kurz stehen lassen, dann auf vorgewärmte Teller stürzen.

Blaukraut-Mousselines: 600 g Blaukraut weich kochen, abtropfen und pürieren; evtl. 1/2 Apfel mitpürieren, mit Salz und Pfeffer würzen, 120 g verquirltes Eiweiß und zuletzt 4 Essl. Sahne untermischen.

Fenchel-Mousselines: 500 g gegarten Fenchel pürieren, evtl. 50 g sehr fein gehackte Schinkenstückchen untermischen, salzen, pfeffern und mit etwas abgeriebener Orangenschale würzen, verquirltes Eiweiß und die Sahne unterziehen. Die gestürzten Mousselines mit frischem Fenchelkraut garnieren.

> ***Tipp:***
> *Auf den Boden der gebutterten Förmchen ein rund ausgeschnittenes, unten gebuttertes Pergamentpapier legen, dann lösen sich die Mousselines besser heraus. Evtl. die Förmchen mit einem in kaltes Wasser getauchten und ausgedrückten Tuch kurz umhüllen, dann stürzen.*

1172 Spargeltimbale (Pastete)

1 1/2 kg Spargel,
*Schalensud nach **1315**.*
Zur Fülle: 125 g Butter, 5 Eier,
100 g Mehl,
125 g gekochter Schinken,
wenig Salz,
1 Prise Paprika, edelsüß.

Die Spargel sehr sorgfältig waschen, schälen, im Schalensud halbweich kochen und auf einem Sieb abtropfen lassen. Den Boden einer gut gefetteten Timbal- oder Auflaufform mit den Spargeln so auslegen, dass die Köpfchen in der Mitte zusammentreffen. Die überstehenden Enden abschneiden und zur Fülle verwenden. Die leicht erwärmte Butter sahnig rühren. Die gequirlten Eigelbe, das gesiebte Mehl, den würfelig geschnittenen Schinken, die Spargelstückchen, je 1 Prise Salz und Paprika untermischen und zuletzt den steifen Eischnee locker durchziehen. Die Form damit füllen, mit einem Stück Alufolie oder gefettetem Pergamentpapier verschließen und im heißen Wasserbad etwa 1 Std. schwach strudelnd kochen; dann stürzen und mit Holländischer Soße oder Kalbsschnitzel naturell und Blattsalat servieren.

1173 Karotten-Timbales

375 g Karotten, Saft von 1/2 Zitrone,
50 g Butter, 2 Eier,
1 Löffelspitze Zwiebelpulver, Salz,
1 Prise Zucker, Muskat.

Karotten in wenig Wasser mit Zitronensaft 12–15 Min. dünsten, pürieren. Zerlassene Butter mit Eiern und Gewürzen verquirlen, das Püree unterziehen. Das Püree in gefettete hohe Timbale-Förmchen (ersatzweise hohe Tassen) füllen, mit gefettetem Pergamentpapier zudecken, im Wasserbad ca. 45 Min. stocken lassen. Danach stürzen. Als Vorspeise mit heller Soße oder als Beilage zu Braten reichen.

Variante: Schmeckt auch mit zartem Kohlrabi oder Roter Bete.

Karotten-Timbale **1173**

NUDELN, KARTOFFELN & CO.

Kartoffeln gehören in den Keller, Knödel – oder Klöße, je nach Landsmannschaft in den Trog. Groteske Geringachtung: In Hungerzeiten begehrte Überlebensmittel, überstehen die Zwei Tage des Überflusses nur bei willensstarken, feinschmeckenden Menschen. Die irren nicht. So wenig wie Liebhaber von Teigwaren. Und – Konsumenten von Reis. Nudeln – das soll diffamieren. Gänse und Enten werden genudelt, um sie fett zu machen. Nudeln schmecken himmlisch, fühlen sich köstlich an, machen satt, aber – nie dick. Letzteres haben sie mit dem Reis gemein. Jedoch – Obacht bei köstlichen Soßen.

Reis

Als Beilage rechnet man pro Portion 50 – 60 g und für ein Hauptgericht ca. 70 g rohen Reis. Es empfiehlt sich, Reis immer in größeren Mengen zu kochen, da er gegart im Kühlschrank bis zu einer Woche hält. Um Reis schonend zu erwärmen, im Sieb über Wasserdampf erhitzen oder mit 2 Essl. Wasser vermischt in der Mikrowelle heiß machen.
Auch aufgebraten schmeckt Reis gut. Mit gedünstetem Gemüse und kurzgebratenen Fleisch- oder Geflügelstreifen vermischt, entsteht ein leckeres Essen.

Die bei uns gebräuchlichen Reissorten:

Langkornreis, eine weiße, wenig stärkehaltige Sorte, kocht trocken und körnig. Zu den bekanntesten Sorten zählen **Siam-Patna-Reis** (dünnes, langes Korn) und der amerikanische **Carolina Reis**. Aus Indien und Pakistan kommt der duftende **Basmati-Reis.**

Mittelkornreis wird beim Kochen weich und feucht, bleibt aber noch körnig. Besonders für Risotto und Paella geeignet sind **Arborio, Vialone Nano** und **Carnaroli.**

Rundkornreis verliert beim Kochen einen Teil seiner Stärke, das Korn wird weich und breiig. Wird meist für Milchreis verwendet.

Vollkorn- oder Naturreis ist ein brauner Reis, bei dem die harte Spelze entfernt, aber das Korn noch ungeschält und von der nährstoffreichen Silberhaut umgeben ist. Er enthält alle Nährstoffe und bleibt beim Kochen leicht bräunlich. Kochzeit ca. 15 – 20 Min. länger als bei den anderen Sorten. Begrenzte Lagerfähigkeit.
Spezielle Reissorten wie der aus Vietnam kommende grüne **Apati-Reis** und der aus Indien und der französischen Camargue stammende **Rote Reis** (die Färbung stammt von der tonhaltigen Erde, auf der der Reis angebaut wird) sind sehr teuer und selten erhältlich.

Reissorten, oben: Naturreis, Arborio, roter Reis, Avorio; unten: Bali-Reis, Patna-Reis, Basmati, Wildreis.

Wilder Reis ist der Samen einer Wassergrasart und im eigentlichen Sinne gar kein Reis. Die wie braune Tannennadeln aussehenden Körnchen schmecken leicht nussig. Sie werden von Hand vor allem in USA und Kanada geerntet. Daher der hohe Preis. Preiswerter sind Mischungen aus weißem und wildem Reis. Er hat eine Kochzeit von ca. 45 – 50 Minuten.

Die Zusätze **Parboiled** und **Avorio** deuten auf ein spezielles Herstellungsverfahren hin. Um die Lagerfähigkeit des Reises zu erhöhen, werden die Körner vor dem Schälen mit einem speziellen Dampfdruck-Verfahren behandelt, wobei die Vitamine und Mineralstoffe aus der Silberhaut ins Innere des Korns gepresst werden.
Für die schnelle Küche geeignet ist sogenannter **Kurzzeit-Reis,** ein vorgekochter, wieder getrockneter weißer Reis. Die Garzeit beträgt maximal 3 – 5 Min.

1174

Wilder Reis

2 Tassen Wilder Reis,
6 Tassen Wasser,
½ Zwiebel oder 1 Schalotte,
15 g Butter.

Den Reis in Wasser ca. 15 Min. vorweichen, mit dem Wasser aufsetzen und bei geringer Hitze zugedeckt etwa 45 Min. kochen; dann auf einem Sieb abtropfen lassen. Die Zwiebelhälfte oder Schalotte klein hacken, in der Butter rösten und unter den Reis mischen.
Oder 50 g Pinienkerne in Butter leicht anrösten, unter den Reis mischen und mit dem Saft von 1½ Zitronen oder Limetten abschmecken.

1175

Körniger Reis Grundrezept I

4 Tassen Wasser, Salz,
2 Tassen Langkornreis, parboiled.

Wasser mit Salz aufkochen, den gewaschenen, gut abgetropften Reis zugeben, die Hitze reduzieren und im geschlossenen Topf ca. 15 –20 Min. quellen lassen. Anschließend auf ein Sieb geben, mit lauwarmem Wasser überbrausen und abtropfen lassen.

1176

Körniger Reis Grundrezept II

1 Essl. Öl oder Margarine,
500 g Langkornreis, parboiled,
Würfelbrühe, Zitronensaft,
evtl. etwas Salz.

In einem flachen, großen Topf das Fett erhitzen. Den gewaschenen, trockenen Reis zugeben, kurz anrösten und so viel Würfelbrühe zugießen, bis der Reis etwa 2 Finger breit mit Flüssigkeit bedeckt ist. Einen Spritzer Zitronensaft zufügen (dann bleibt der Reis schön weiß), evtl. noch etwas salzen, umrühren und den Reis zugedeckt auf kleiner Flamme 15 –20 Min. garen. Mit zwei Gabeln lockern.

1177

Butterreis

Wasserreis nach Grundrezept I,
30 g Butter.

Den abgetropften Wasserreis zu der erhitzten Butter geben und bei geringer Hitze unter Rühren wärmen.
Oder nach Geschmack noch 2–3 Teel. Curry, 1 Messerspitze Safran oder Kurkuma daruntermischen. Auch eine Prise Zimt und Nelkenpfeffer geben einen interessanten Geschmack. Mit Mandelstiften garnieren.
Oder den angerichteten Reis dick mit Käse bestreuen.

1178

Risotto

4–6 Portionen
1 mittelgroße Zwiebel, 50 g Butter,
2 Essl. Olivenöl, 350 g Mittelkornreis,
1 Lorbeerblatt, 1 geschälte
Knoblauchzehe, 125 ml Weißwein,
1 l kräftige Rinder- oder
Geflügelbrühe, Salz, Pfeffer,
75 g Parmesankäse, Butterflocken.

Die gehackte Zwiebel in der Hälfte der Butter und in Olivenöl 3 Min. gelb schwitzen. Reis, Lorbeerblatt und leicht zerdrückte Knoblauchzehe zufügen, unter Rühren glasig dünsten. Den Wein zugießen, solange rühren, bis er verdampft ist. Dann stets so viel Brühe nachfüllen, dass der Reis gerade bedeckt ist. Erst wenn die Flüssigkeit vom Reis aufgenommen ist, erneut Brühe zugießen. Den Risotto unter häufigem Rühren im offenen Topf bei guter Hitze ca. 18–20 Min. garen. Mit Salz und Pfeffer würzen, Käse und Butterflöckchen untermischen. Zugedeckt auf abgeschalteter Herdplatte noch 4–5 Min. ziehen lassen. Als Vorspeise oder mit einer Salatplatte vorweg als Hauptgericht servieren. Geriebenen Parmesan dazu reichen.
Ein Risotto sollte nicht zu trocken sein.

1179

Risotto mit Spargelragout

500 g Spargel, 1 Prise Zucker,
Salzwasser, 1 Zitronenscheibe,
*½ l Béchamelsoße **13**,*
50 g kleingehackter gekochter
Schinken, Zitronensaft,
250 g Rundkorn- oder Mittelkornreis,
1 kleine Zwiebel oder Schalotte,
40–50 g Butter oder Pflanzenöl,
½ l Fleisch- oder Würfelbrühe,
1 Messerspitze Safran,
2–3 Essl. geriebener Parmesankäse.

Die Spargel waschen, schälen, holzige Teile abschneiden und die Stangen in kleinere Stücke schneiden. Mit sehr wenig Zucker und Zitrone in Salzwasser ca. 15–25 Min. kochen. Den Schinken und die Spargelstücke unter die Soße mischen und das Ragout würzig mit Zitronensaft abschmecken. Den Reis ungewaschen mit einem Tuch abreiben. Die geschälte, gewiegte Zwiebel in der heißen Butter oder in Öl glasig dünsten, den Reis zufügen und unter Rühren so lange erhitzen, bis er glasig ist. Dann die kochendheiße Brühe mit Safran angießen, zum Kochen bringen und den Reis ca. 20 Min. quellen lassen. Den Käse unter den auf einem Sieb abgetropften Reis rühren. Den Risotto bergartig auf einer Platte anrichten und das Spargelragout darübergeben.

1180

Pilz-Risotto

30 g getrocknete Steinpilze
oder 2–3 frische Steinpilze,
250 g frische Champignons oder
Steinchampignons, 1 Zwiebel,
40 g Butter, 200 g Vialone-Reis,
½ l Hühnerbrühe (Würfel),
1 Teel. Salz,
2 klein gehackte Tomaten,
1 Messersp. Safran,
2 Essl. klein gehackte Petersilie,
3 Essl. geriebener Sbrinz,
frisch gemahlener Pfeffer.

Die getrockneten Pilze in lauwarmes Wasser legen, quellen lassen und gründlich waschen. Die frischen Pilze schonend putzen und, wenn möglich, nicht waschen. Sonst nur kurz waschen und in Scheiben schneiden. Die Zwiebel fein hacken und in der heißen Butter goldgelb rösten. Den Reis (ungewaschen) mit den ausgedrückten oder frischen Pilzen dazugeben. Alle Zutaten vermischen, mit der Hühnerbrühe auffüllen, leicht salzen, aufkochen lassen. Die Hitze zurückschalten und den Risotto bei geöffnetem Topf ca. 15–20 Min. sachte garen, dabei öfter umrühren. 10 Min. vor Ende der Garzeit die Tomaten unterziehen. Safran mit etwas Hühnerbrühe verrühren und unter den Reis ziehen. Die klein gehackte Petersilie unterrühren. Den Käse mit frisch gemahlenem Pfeffer vermischen und darüber streuen.
Der Risotto soll nie trocken, eher etwas suppig sein. Dazu passen ausgebackene Artischocken **1247a**, Seite 370, oder Rumpsteaks **815** oder **817**.

1 Risotto **1178**: Gehackte Zwiebel in der Butter gelb schwitzen.

2 Den Reis dazugeben und mit den restlichen Zutaten glasig dünsten.

3 So viel Brühe aufgießen, dass der Reis gerade bedeckt ist.

4 Fertiger Risotto.

1181

Reisring

250 g Langkornreis, 3 l Wasser,
1 Essl. Salz, 30 g Butter,
20–30 g geriebener Emmentaler.
Zum Ausfetten: Butter.

Den vorbereiteten, abgetropften Reis im strudelnden, leicht gesalzenen Wasser 15 Min. kochen, durch ein Sieb gießen und abtropfen lassen. Mit einer Gabel auflockern, die klein geschnittene Butter und den Käse untermischen, den Reis in eine mit Butter gefettete Ringform, kleine Becherförmchen oder Tassen füllen und diese in den warmen Backofen oder in ein Wasserbad stellen.
E.-Herd 150 °C / G.-Herd 1
Ca. 10–15 Minuten
Vor dem Anrichten auf eine Platte stürzen und mit Gulasch, Tomatensoße oder einem Pilzgericht servieren.
Oder Reis im gefetteten Blechring formen, auf eine runde Platte stürzen, in die Ringmitte gedünstete Pilze oder ein Fleischragout geben und geriebenen Käse dazu reichen. Wird statt Salz eine Pflanzenwürze verwendet, diese nicht mit dem Reis kochen, sondern erst nach Verdampfen der Flüssigkeit unterrühren.

1182

Gebratener Reis

3 Tassen Basmati- oder
Mittelkornreis, 4½ Tassen Wasser.
3–4 Essl. Sonnenblumenöl oder
Erdnussöl,
2 Essl. helle Sojasauce,
1–2 Essl. Austernsauce (evtl.),
4–6 Frühlingszwiebeln,
ersatzweise zarter Lauch.

Den Reis, wenn nötig, waschen und abtrocknen. Mit dem abgemessenen (kalten oder warmen) Wasser in einen Topf gießen. Bei größter Hitzezufuhr ca. 1–2 Min. sprudelnd kochen, dann auf Mittelhitze zurückschalten. Ist die Oberfläche des Reises mit Löchern durchsetzt, einen Deckel fest auf den Topf legen und den Reis bei geringster Hitze ca. 8–10 Min. ziehen lassen. Die Hitze ganz abschalten und den Reis noch 5–10 Min. ausquellen lassen. Mit einer Gabel vorsichtig auflockern. Der Reis sollte einen Tag oder wenigstens einige Stunden vor der Weiterverarbeitung gekocht und abgekühlt sein. Dann in einer Pfanne das Öl erhitzen, den Reis zugeben und unter ständigem Rühren hellgelb braten. Die Soßen darüber träufeln und die in schmale, schräge Scheiben geschnittenen Frühlingszwiebeln für 2–3 Min. mitbraten. Sofort servieren! Dies ist ein einfaches **Grundrezept**, das sich mit den verschiedensten Gemüsen variieren lässt. Außerdem empfehlen sich Krabben, geschälte Garnelen oder auch in feine Streifen geschnittenes Fischfilet sowie geschnetzeltes Schweine- oder Rindfleisch. Die Fisch- oder Fleischstreifen in etwas Sojasoße und trockenem Sherry marinieren und vorgaren.

1183

Reispilaw (oder -pilaff)

250 g Langkornreis,
60 g Butter 1 kleine Zwiebel,
knapp ¾ l Wasser oder Hühner-
oder Fleischbrühe.

Es gibt zwei Möglichkeiten, den Pilaw-Reis zuzubereiten:
1. Den Reis waschen, mit kochendem Wasser überbrühen, einige Zeit abtropfen lassen. Dann in der zerlassenen Butter die fein gehackte Zwiebel andünsten, den Reis zufügen und etwa 5 Min. anrösten. Das Wasser oder die Brühe zugießen und den Reis bei mittlerer Hitzezufuhr 20 Min. kochen lassen. Danach den Topf in den vorgeheizten Backofen stellen und den Reis trocknen lassen.
E.-Herd 150 °C / G.-Herd 1–2
Ca. 20–30 Minuten
2. Den gut gewaschenen Reis mit der Butter in kochendes, leicht gesalzenes Wasser geben und bei kleinster Hitzezufuhr in ca. 25 Min. ausquellen lassen, evtl. mit etwas Safran gelb färben. Den Reis in eine gefettete Ringform pressen, stürzen und mit einem beliebigen Ragout servieren. In der orientalischen Küche wird dieser Reis auch, je nach Weiterverwendung, mit Ingwer oder Zimt gewürzt.

1184

Risi & Bisi, einfache Art

1 Zwiebel,
60 g Butter oder Pflanzenöl,
200 g Mittelkornreis,
1 Brühwürfel, Salz,
1 Paket TK-Erbsen (300 g),
2 Essl. gewiegte Petersilie,
50 g geriebener Parmesankäse.

Die fein gewürfelte Zwiebel in der Hälfte des Fetts andünsten, den Reis zufügen, kurz unter Rühren anrösten, Brühwürfel und Salz zugeben und 3 Tassen Wasser zugießen. Den Reis unter gelegentlichem Umrühren bei geringer Hitze ca. 20 Min. garen. Im restlichen Fett die Tiefgefriererbsen ca. 6 Min. dünsten, dann den körnig gekochten Reis locker untermischen, mit Petersilie würzen und in einer vorgewärmten Schüssel mit Käse bestreut anrichten.

1185

Tomatenreis

8 reife Tomaten, 1 kleine Zwiebel,
3 Tassen Reis (etwa 375 g),
50 g Butter,
6 Tassen gut gewürzte Fleischbrühe,
40 g geriebener Parmesankäse.
Zum Ausfetten: Butter.

Die Tomaten abreiben, halbieren, mit der fein geschnittenen Zwiebel dick einkochen und durchpassieren. Den vorbereiteten, gebrühten, gut abgetropften Reis in der zerlassenen Butter anrösten, das Tomatenpüree, Fleischbrühe (oder Wasser und Salz) zufügen und den Reis zugedeckt gar dünsten; etwas abkühlen lassen, mit dem geriebenen Käse vermengen und zum Formen in eine gefettete Ringform füllen. Beim Anrichten stürzen und mit einer Tomatensoße übergießen.
Oder den Reis nach **1177** zubereiten, außer dem geriebenen Käse noch 2 Essl. Tomatenmark (aus Dosen) untermischen und, evtl. ebenfalls im Ring geformt, mit Hühnerfrikassee, gedünsteten Pilzen oder eingemachtem Kalbfleisch oder mit grünem Salat servieren.

1186

Reiskrusteln (Reiskroketten)

*Gekochter Reis **1176**,*
*4 Essl. dicke Rahmsoße **12**,*
2 Essl. geriebener Parmesankäse,
1 Eigelb.
Zum Wenden:
1–2 Eier, feine Semmelbrösel,
Backfett.

Den Reis körnig kochen und mit der sämig eingedickten Buttersoße, dem geriebenen Käse und dem Eigelb vermischen. Die Reismasse etwa $1^1/_2$ cm dick auf ein gefettetes Backblech streichen und erkalten lassen; dann Rechtecke von 7–8 cm Länge und 3 cm Breite daraus schneiden, in gequirltem Ei und feinen Semmelbröseln wenden und in heißem Fett knusprig backen.

Oder den Reis (evtl. auch übrig gebliebenen) mit 1–2 Eiern, 1 Prise Salz und 1–2 Essl. geriebenem Käse vermischen, fingerlange und 2 cm dicke Röllchen formen, zweimal in gequirltem Ei und Weckmehl wenden und in heißem Fett schwimmend backen. Beim Anrichten mit gewiegter Petersilie bestreuen und dazu grünen Salat oder Tomatensoße reichen.

Oder den Reis wie oben mischen, klein gehackte Pilze mit Zwiebeln und Gewürzen ca. 8 Minuten garen und als Füllung in rund geformte Reisklößchen geben. In einer tiefen Pfanne in heißem Öl ausbacken und zu Salat oder Gemüse servieren.

Ein Rezept für Reisknödel befindet sich auf S. 357.

1187

Bunter Reis (Geflügelreis)

Von gebratenem Geflügel oder Resten die Haut und Knochen entfernen, das Fleisch in Würfelchen schneiden und in eine sämige Buttersoße oder eine andere pikante Soße einlegen. Körnig gekochten, gut abgeschmeckten Reis nach **1176** zubereiten, mit Safran leicht färben, in eine gefettete Ring- oder Auflaufform 1 cm hoch füllen, flach andrücken und das Fleisch mit etwas Soße daraufgeben. Dann eine zweite Lage Reis darüber decken, einige Butterflöckchen obenauf verteilen und die Form 30 Min. in ein kochendes Wasserbad stellen. Vor dem Anrichten stürzen, mit geriebenem Käse bestreuen und die übrige Soße extra dazu reichen. Die gefettete Form kann vor dem Füllen mit gewiegtem Schinken und gekochten grünen Erbsen ausgestreut werden; der gestürzte, gelblich gefärbte Reis sieht durch die bunte Verzierung besonders hübsch aus.

Reisklößchen (Variante) nach **1186** mit Füllung

1188

Reis, in Milch aufgezogen

2 Tassen Mittelkornreis,
4 Tassen Milch (keine Kondensmilch),
1 Prise Salz.
Zum Fetten:
Butter und einige Butterflöckchen.

Den Reis vorbereiten, gut abtropfen lassen, in eine gefettete, feuerfeste Form mit hohem Rand füllen und glattstreichen. Die Milch mit der Prise Salz würzen, über den Reis gießen, Butterflöckchen obenauf geben, die gefüllte Form in den noch kalten Backofen stellen und bei mittlerer Hitze backen.
E.-Herd 175 °C / G.-Herd 2
Ca. 50 – 60 Minuten
Nach völligem Verdunsten der Milch und wenn sich an der Oberfläche eine helle Kruste bildet, die Backhitze etwas vermindern. Als Beilage eine Fleisch-, Tomaten- oder Kräutersoße oder Preiselbeer- bzw. anderes Kompott reichen.

1189

Paella (Spanisches Reisgericht), schnelle Art

4–5 Essl. Öl, 1–2 gewiegte Zwiebeln,
1 rote und 1 grüne Paprikaschote,
350 g Mittelkornreis,
2–3 Essl. Tomatenmark,
Salz, Pfeffer, Paprika,
1 Messersp. Safran,
1 l Hühnerbrühe.
200 g geschnetzeltes Schweinefleisch,
40 g Fett, 250 g gekochtes, klein geschnittenes Hühnerfleisch,
1 Tasse TK-Erbsen,
100 g Langostinos oder Krabben, küchenfertig, und/oder 6 – 8 gekochte, ausgelöste Miesmuscheln,
100 g TK-Tintenfischringe, aufgetaut,
6 – 8 schwarze Oliven.

Das Öl in einer großen Pfanne erhitzen und die Zwiebelwürfel hell rösten. Die entkernten Paprikaschoten in Streifen schneiden, waschen und zufügen. Den gewaschenen Reis darunter mischen und andünsten. Tomatenmark unterrühren, pikant würzen und die Hühnerbrühe zugießen. Den Reis ungefähr 20 Min. ausquellen lassen. Inzwischen das Schweinefleisch im heißen Fett anbraten, wenden und bei geringer Hitze in ca. 15 Min. fertig garen. Mit dem klein geschnittenen Hühnerfleisch und den Erbsen unter den Reis mischen. Die Langostinos, die Muscheln und die Tintenfischringe darauf legen, erwärmen. Die Paella auf einer großen, vorgewärmten, runden Platte anrichten und mit schwarzen Oliven garnieren.

Tipp:
Es gibt spezielle Paella-Pfannen, in denen das Gericht gegart und serviert werden kann.

Paella **1189**

1190

Reis „Casimir"

250 g Langkornreis, 1 l Salzwasser,
400 g geschnetzeltes Kalb- und Schweinefleisch, 50 g Fett,
125 g Champignons, blättrig geschnitten, 3/8 l Weißwein,
1/4 l süße Sahne, Curry, Salz,
1 Essl. Mandelblättchen,
1 Teel. Rosinen,
2 Pfirsichhälften aus der Dose,
6 Mandarinenspalten aus der Dose,
1 klein geschnittene Ananasscheibe,
1 Essl. Bananenscheiben, Curry.

Den Reis nach **1176** zubereiten. Inzwischen das geschnetzelte Fleisch im heißen Fett anbraten, die Champignons dazugeben, mit Weißwein ablöschen, etwas einkochen lassen, dann die Sahne zugießen und noch ca. 15 Min. leise kochen. Sehr würzig mit Salz und Curry abschmecken und die Mandelblättchen, Rosinen, klein geschnittenen Pfirsichhälften, Mandarinenspalten, Ananas- und Bananenstückchen darunter mischen.
Den Reis auf einem Sieb abtropfen lassen, lauwarm abschrecken und mit Curry würzen. In eine gefettete Ringform füllen, gut festdrücken und stürzen. Das Geschnetzelte mit der sehr würzigen Sahne-Currysoße in der Mitte anrichten. Den Reisrand mit Curry bepudern.

Teigwaren Zubereitung

Teigwaren werden grundsätzlich in kochendes Salzwasser gegeben. Damit sie genügend Platz zum Aufgehen haben, muss die Wassermenge reichlich bemessen werden. Nudeln kleben nicht zusammen, wenn man dem Kochwasser einige Tropfen Öl beigibt. Teigwaren dürfen nicht zu weich gekocht werden. Die Italiener, Spezialisten im Zubereiten köstlicher Spaghettigerichte, kochen sie „al dente", also so, dass die Zähne noch etwas zu beißen haben. Diesen Garungszustand erreicht man problemlos, wenn man sich genau an die auf den jeweiligen Packungen angegebenen Kochzeiten hält. Eiernudeln sollten gar gekocht werden. Nach dem Kochen schüttet man die Teigwaren sofort auf ein Sieb, lässt sie kurz abtropfen, vermischt sie mit etwas Butter oder Öl und serviert sie in einer vorgewärmten Schüssel oder auf einer Platte. Industriell hergestellte Teigwaren immer in reichlich leicht gesalzenem Wasser kochen (4 l Wasser für 500 g rechnen); nicht zu weich werden lassen, sonst kleben die Nudeln aneinander.

1191

Spätzle

500 g Weizenmehl, 4–5 Eier,
evtl. etwas Molke, pro Ei
½ Eischale Wasser, 1 Teel. Salz.
Zum Schmälzen: 2 Essl. Butter,
3–4 Essl. Semmelbrösel oder feine Zwiebelringe oder 50 g Speckwürfel.

Das Mehl mit den Zutaten zu einem glatten Teig anrühren und so lange schlagen, bis kein Teigrest am Kochlöffel hängen bleibt, wenn er zur Probe in die Höhe gehalten wird. Ein Spätzlebrett in kaltes Wasser tauchen, einen Schöpflöffel Teig auf das Brett streichen und davon mit einem breiten Messer oder Schaber längliche, dünne Teigstreifen in schwach strudelndes, leicht gesalzenes Wasser schaben. Schwimmen die Spätzle an der Oberfläche, mit einem Schaumlöffel herausnehmen, kurz in heißem Wasser schwenken und zum Abtropfen auf ein Sieb geben. Die Spätzle warm stellen. Den Vorgang so oft wiederholen, bis der Teig aufgebraucht ist. Zum Anrichten die Spätzle mit in Butter gerösteten Semmelbröseln oder fein geschnittenen Zwiebelringen oder Speckwürfelchen überschmälzen.

Schwäbische Spezialität: Gekochtes Sauerkraut im Wechsel mit Spätzle in 2–3 Lagen auf einer Platte anrichten und gebratene Zwiebelringe darüber geben.

Oder auf das Wasser verzichten und so viele Eier zugeben, bis der Teig gesättigt ist (Eierspätzle).

Tipp:
Die erfahrene schwäbische Hausfrau schwört auf „ihr" Spätzlebrett, ein Holzbrett, bei dem die Vorderseite beidseitig abgeflacht ist, so dass der Teig gleichmäßig dünn ins Wasser geschabt werden kann. Einfacher geht's mit einem Spätzlehobel oder einer Spätzlepresse. Letztere benötigt allerdings etwas Kraft beim Durchdrücken des Teiges. Ist keines von den drei Geräten vorhanden, kann der Teig auch portionsweise durch ein groblöcheriges Sieb gestrichen werden.

Spätzlehobel

Spätzlepresse

Spätzlebrett zum Spätzleschaben

1192
Käs'spätzle

50–60 g Butterschmalz,
500 g abgekochte, abgetropfte Spätzle,
150 g geriebener Emmentaler oder Allgäuer Bergkäse oder Greyerzer,
20 g Butterschmalz, 2 Zwiebeln.

Das Butterschmalz erhitzen, einen dünnen Film in eine feuerfeste Form gießen; darauf im Wechsel Spätzle, geriebenen Käse und Butterschmalz schichten, bis alles verbraucht ist; mit Butterschmalz abschließen. Die Form in den vorgeheizten Backofen stellen und überbacken.
E.-Herd 200 °C / G.-Herd 3
Ca. 20 Minuten
Inzwischen das Kokosfett zerlassen und die in Scheiben geschnittenen Zwiebeln darin anrösten. Über den Kässpätzle anrichten und sofort servieren, sonst verlieren die Kässpätzle ihren Wohlgeschmack. Dazu passt ein nasser Kartoffelsalat und Kopfsalat.

1193
Geröstete Spätzle

Dazu eignen sich frisch gekochte, gut abgetropfte oder erkaltete Spätzle. Am knusprigsten werden sie in einer Bratpfanne, die nach dem Gebrauch nicht so oft gewaschen, sondern nur mit Pergamentpapier ausgerieben wird. Zum Rösten Schweinefett oder Butter erhitzen und die Spätzle unter öfterem Wenden so lange darin braten, bis sie eine helle Kruste haben; dann 1–2 Eier mit $^1/_2$ Tasse Milch oder saurer Sahne und 1 Prise Salz quirlen, über die Spätzle gießen und diese nach kurzem Anbacken auf eine Platte stürzen.

1194
Nudeln

3–4 Eier, etwas Salz, Essig,
360–400 g Mehl,
leicht gesalzenes Wasser.
Zum Schmälzen: 40 g Butter,
2 Essl. Semmelbrösel oder fein geschnittene Zwiebeln.

Die Eier in einer Schüssel mit 1 Prise Salz verquirlen, auf jedes Ei $^1/_2$ Eischale Wasser rechnen und zufügen; einige Tropfen Essig darüber träufeln (dadurch trocknen die Nudelplatten später rascher). Das Mehl auf ein Backbrett sieben, die verquirlten Eier untermischen und gut verarbeiten; je nach der Beschaffenheit des Mehles evtl. mehr Wasser oder ein weiteres Eiweiß zugeben. Den Teig auf dem Backbrett so lange kneten, bis er beim Durchschneiden kleine Löchlein zeigt, dann in 4–6 Stücke teilen, die Teile rund formen, mit einer erwärmten Schüssel bedecken, damit der Teig geschmeidig bleibt, und bei Zimmertemperatur kurze Zeit ruhen lassen. Einen Teil nach dem anderen sehr dünn, fast durchsichtig auswellen. Schnell ablösen, sonst haftet der Teig an. Die ausgewellten Nudelplatten auf ein Tuch legen, darauf achten, dass sie nicht zu trocken werden; rechtzeitig in gleichmäßige, etwa 6 cm breite Streifen rädeln, aufeinander schichten, in breite oder schmale Nudeln schneiden und zum völligen Trocknen auf dem Backbrett weit ausbreiten.

1 Nudelteig zubereiten: Wasser in die Mehlmulde gießen,

2 Eier dazugeben...

3 und mit einem Kochlöffel glattrühren.

5 Den Nudelteig formen...

6 und durcharbeiten.

7 Hauchdünn ausgewellten Nudelteig von Hand schneiden...

Die Nudeln portionsweise ca. 8 Min. in leicht gesalzenem Wasser kochen, auf einem Sieb abtropfen lassen und sehr heiß auf einer vorgewärmten Platte anrichten; mit gerösteten Semmelbröseln oder fein geschnittenen, in etwas Butter gelb gerösteten Zwiebeln überschmälzen oder in Butter durchschwenken.
Oder einen feineren Teig aus 2 Eiern, 2 Eigelben, 1 Prise Salz, 300 g Mehl und 2 Essl. Öl zubereiten. Möchte man die Nudeln färben, so ist dies durch Zugabe von Tomatenmark (rote Nudeln) oder püriertem Spinat oder Spinatsaft (grüne Nudeln) möglich (2 Essl. auf ca. 100 g).
Eine italienische Spezialität sind schwarze Nudeln. Dafür wird der Nudelteig mit der Tinte des Tintenfischs (Sepia) gefärbt.

Tipp:
Bereiten Sie öfter Nudeln zu, lohnt die Anschaffung einer Nudelmaschine. Dabei wird der fertige Teig durch Walzen gedreht, das mühsame Auswellen entfällt.

4 Den Teig mit den Händen ankneten.

8 oder durch die Nudelmaschine drehen.

1195
Nudel-Käseschnitten

250 g feine Suppennudeln,
½ l Milch, 2 Essl. Tomatenmark,
1 Ei, 1 Prise Salz.
Zum Fetten: Butter,
250 g Emmentaler
in feinen Scheiben.

Die Nudeln in der schwach strudelnden Milch kurz aufkochen, das Tomatenmark zufügen und zusammen auf warmer Herdplatte dick aufquellen lassen. Abkühlen und das verquirlte Ei mit etwas Salz untermischen, die Nudelmasse auf ein gefettetes Backblech streichen und im vorgeheizten Backofen überbacken.
E.-Herd 175 °C / G.-Herd 2
Ca. 25 Minuten
Dann die Käsescheiben (ohne Rinde) gleichmäßig darauf verteilen, das Ganze nochmals so lange in den heißen Backofen stellen, bis der Käse weich ist. Den gebackenen, heißen Nudelkuchen genau in der Größe der Käsescheiben zurechtschneiden und die Schnitten mit Blattsalat servieren.

1196
Nudeln mit Reitersoße

300 g breite Nudeln, Salzwasser,
*½ l weiße Soße **11**,*
150 g in Streifen geschnittene Schinkenwurst,
2 Tassen gedünstete Erbsen,
4 Essl. geriebener Käse,
20 g Fett, 4 Eier.

Die Nudeln in das kochende Salzwasser geben und bei geringer Hitze ca. 12–15 Min. garen. Die Soße nach dem Grundrezept zubereiten, Wurststreifen, Erbsen und den Käse darunter mischen und noch einige Minuten durchkochen lassen. Nebenher im heißen Fett Spiegeleier braten. Die abgetropften Nudeln auf einer Platte mit der Soße und den Spiegeleiern darüber anrichten.

1197
Nudelring

250 g feine Suppennudeln,
2 Essl. Parmesankäse, Butter.

Die Nudeln in leicht gesalzenem Wasser fast weich kochen, abtropfen lassen, mit dem geriebenen Käse vermengen, in eine mit Butter ausgestrichene Ringform füllen und im Wasserbad in den heißen Backofen stellen oder zugedeckt im leicht strudelnden Wasserbad auf der Herdplatte 15 Min. kochen. Zum Anrichten auf eine Platte stürzen und ein beliebiges Ragout in die Ringmitte füllen.
E.-Herd 200 °C / G.-Herd 3
Ca. 20 Minuten

1198
Schinkennudeln

500 g frisch zubereitete Nudeln oder Fertigteigwaren,
30 g Butter oder Margarine,
1 Zwiebel,
100–150 g gekochter Schinken,
evtl. 2 mit etwas Wasser oder Milch verquirlte Eier, 1 Prise Salz und
2 Essl. Schnittlauchröllchen.

Die Nudeln nach **1194** zubereiten, schmalstreifig schneiden, in leicht gesalzenem Wasser kochen und abtropfen lassen. Im erhitzten Fett eine fein gewiegte Zwiebel hellgelb schwitzen, den kleinwürfelig geschnittenen, gekochten Schinken und die Nudeln zugeben; etwa 10 Min. offen darin anbraten, evtl. die gewürzten Eier darübergießen, dann zudecken und in der Pfanne etwas anbacken lassen. Mit Schnittlauchröllchen bestreut servieren. Dazu grünen Salat oder Kartoffelsalat reichen.
Oder eine feuerfeste Form verwenden und die Schinkennudeln im vorgeheizten Backofen überbacken.
E.-Herd 200 °C / G.-Herd 3
Ca. 20 Minuten

1199
Fettucine
Italienische Nudeln

500 g Weizenmehl (Hartweizen), 4 Eier, ½ Teel. Salz, 1 Essl. Olivenöl. 120 g Butterflöckchen oder -würfel, 120 g junger oder mittelalter Parmesan, gerieben.

Aus Mehl, Eiern, Salz und Öl einen glatten Teig kneten. In einer gefetteten Schüssel, zugedeckt, 20 Min. ruhen lassen. Ein Brett mit Mehl bestreuen und den Teig darauf ca. 1 mm dünn ausrollen. 30 Min. trocknen lassen. Den Teig aufrollen und von der Rolle 4–6 mm breite Streifen abschneiden. In einem großen Topf inzwischen reichlich Salzwasser zum Kochen bringen, die Teigstreifen in das sprudelnde Wasser geben und in wenigen Minuten kochen, sodass sie noch einen Biss haben. Abtropfen lassen und in eine vorgewärmte Schüssel geben. Butterflöckchen darauf schmelzen lassen, Parmesan darüber streuen, alles mit zwei Gabeln locker vermischen und auf vorwärmten Tellern servieren.

1200
Maultaschen

*Nudelteig nach **1194**. Zur Fülle: 20 g Butter, 20 g kleine Speckwürfelchen, je 1 Essl. gewiegte Zwiebel und Petersilie, 400 g Spinat, oder je 200 g Spinat und Bärlauch, 2–3 trockene Brötchen, 150 g erkaltetes Bratenfleisch oder gekochter Schinken, 250 g Hackfleisch oder Bratwurstbrät, 2–3 Eier, je 1 Prise Salz, Pfeffer, Muskat. Zum Schmälzen: 20 g Butter, 2 Essl. feine Semmelbrösel, 2 Essl. gehackte Petersilie.*

Einen nicht zu weichen Nudelteig zubereiten und längliche, etwa 20–25 cm breite Streifen oder runde, kleinere Nudelflecke auswellen. Die Speckwürfelchen in der zerlassenen Butter glasig schwitzen, Zwiebel und Petersilie mitdünsten, nach dem Abkühlen den gekochten, gewiegten Spinat und die eingeweichten, ausgedrückten Brötchen zufügen; dann das durchgedrehte Bratenfleisch oder Schinken, Hackfleisch oder Brät, das Ei, Salz und Gewürz untermischen, alles gut vermengen und abschmecken. Die Fülle gleichmäßig auf die Nudelstreifen streichen, der Breite nach aufrollen und davon nicht zu große Recht- oder Vierecke abschneiden. In strudelndes Salzwasser einlegen, halb zugedeckt in etwa 10 Min. gar werden lassen, mit gerösteten Bröseln überschmälzen oder in Fleischbrühe weich kochen und darin anrichten, mit Petersilie bestreuen.

Oder die runden Nudelflecke wie Ravioli **1203** ringsum mit Eiweiß bestreichen, füllen, halbmondförmig überklappen und den Teigrand ausrädeln.

Oder auf einen großen Nudelfleck mehrere kleine Füllehäufchen in gleichmäßigem Abstand setzen, um jedes ringsum Eiweiß pinseln, einen zweiten Nudelfleck über das Ganze decken, mit einem Holzlöffel fest aneinander drücken und die so angedeuteten Maultaschen ausrädeln; dann wie oben kochen und anrichten.

Tipp:
Kleine Maultaschen (ca. 2 x 2 cm) eignen sich sehr gut als Suppeneinlage. Die Fülle kann beliebig verändert werden; z. B. fein gehackter Fisch, vermischt mit Sahne und frischen Kräutern, oder gehacktes Wildfleisch mit Pilzstückchen oder auch vorgedünstetes, grob püriertes Gemüse, pikant abgeschmeckt. In einer sahnigen Soße serviert, können diese „Maultäschle“ auch als Vorspeise gereicht werden.

1 Maultaschen: Entweder Boden und Deckel ausstechen oder eine größere Teigplatte mit Eiweiß bestreichen...

2 und die Fülle darauf geben. Dann wie Ravioli halbmondförmig einschlagen.

1 Gerollte Maultaschen: Den Nudelteig mit der Fülle gleichmäßig einstreichen.

2 Mit Hilfe eines Spatels einrollen.

3 Von der Rolle Rechtecke oder Vierecke abschneiden.

1201
Überbackene Maultaschen

Pro Person 2–3 Maultaschen, Butterschmalz oder Margarine, 2 mit etwas Wasser verquirlte Eier, gehackte Petersilie, angeröstete Zwiebelwürfelchen.

Frische oder übriggebliebene kalte Maultaschen vom Tag zuvor in daumendicke Streifen schneiden. Im erhitzen Fett unter Wenden anbraten. Die verquirlten Eier darübergeben und stocken lassen. Mit Petersilie und Zwiebelwürfelchen bestreut servieren. Dazu einen Kartoffelsalat reichen.

1202
Maultaschen, vegetarisch

Zubereitung nach **1200**, zur Fülle kein Fleisch verwenden, den Spinat roh hacken, mit Zwiebel und Petersilie in Butter dünsten und statt Brötchen 200 g gekochten Reis, Salz und Muskat zufügen. Die Maultaschen nach dem Garkochen abtropfen lassen, auf eine erwärmte Platte legen, lagenweise je 1 Essl. geriebenen Käse überstreuen, mit brauner Butter beträufeln oder geröstete Zwiebeln obenauf geben.

1203
Ravioli

*Nudelteig **1194**,*
*Fülle **458***
*oder Maultaschenfülle **1200**.*

Zwei gleich große Nudelteigplatten dünn auswellen und die Fülle in kleinen Plätzchen – ungefähr im Abstand von 4 cm – gleichmäßig über die eine Platte verteilen. Die zweite Teigplatte darüber decken und mit dem Teigrädchen oder Messer kleine Quadrate oder beliebige andere Formen ausschneiden. Die Ränder gut zusammendrücken und vor dem Kochen die Ravioli einige Stunden ruhen lassen. Entweder in leicht gesalzenem Wasser schwach strudelnd in ca. 10 Min. garen, abgetropft in Butter wenden und mit Parmesan bestreut servieren oder in Tomatensoße oder einer Béchamelsoße garen und in der Soße servieren.
Oder die Ravioli in einer sämigen Käsesauce servieren (Béchamelsoße mit weichem Gorgonzola verrühren).
Oder die in Butter gewendeten Ravioli mit ausgebackenen Salbeiblättchen belegen.

Tipp:
Wer häufig Ravioli bereitet, sollte sich ein Raviolibrett (Küchenfachhandel) anschaffen. Darauf legt man eine Teigplatte und gibt je einen Teelöffel Füllung in die Vertiefungen. Zweite Teigplatte darüberlegen, zusammenwellen und entlang der Ränder ausrädeln. Oder ein Zusatzteil zur Nudelmaschine verwenden.

1204
Quarktaschen

*Nudelteig **1194**.*
Zur Fülle: 500 g Quark, 1 Prise Salz, 2 Eier, 1 Essl. Butter, 1 Prise Paprika.
Zum Bestreichen: 1 Eiweiß.
Zum Überschmälzen: 3 Essl. feine Semmelbrösel, 20 g Butter.

Den Nudelteig zubereiten, rund formen, unter einer Schüssel zugedeckt 30 Min. ruhen lassen und sehr dünn auswellen; dann in Quadrate teilen und ausrädeln. Den Quark durchpassieren, Salz, Eigelb, zerlassene Butter und Paprika untermischen, davon mit einem Teelöffel kleine Häufchen auf die Quadrate setzen, den Teigrand ringsum mit leicht geschlagenem Eiweiß bestreichen und die Täschchen so überklappen, dass Dreiecke entstehen. Durch Einkerben mit einem Löffelstiel kann der Quark nicht herausquellen. Die Täschchen in schwach gesalzenem Wasser etwa 10 Min. strudelnd zugedeckt kochen, mit einem Schaumlöffel herausnehmen, auf einer heißen Platte anrichten, mit gerösteten Semmelbröseln überschmälzen.

Maultaschen **1200** als Suppeneinlage

Klöße = Knödel

Ob „Klöße" oder „Knödel", bleibt sich gleich. Beides bedeutet dasselbe, die Bezeichnungen sind regional unterschiedlich: In Süddeutschland spricht man mehr von Knödeln, in Norddeutschland mehr von Klößen. Wichtiger als die Frage des Namens ist die der Zubereitung.
Der Teig darf nicht zu flüssig sein. Er soll sich gut von der Schüssel lösen. Klöße formt man am besten mit nassen oder bemehlten Händen. Wichtig ist der Probekloß, den man kocht, bevor man – möglicherweise umsonst – alle Klöße geformt hat. Falls der Teig noch nicht die richtige Konsistenz hat und der Kloß zerfällt, kann man je nach Rezept noch Grieß, Mehl oder Semmelbrösel dazugeben. Ist der Teig zu fest, 1 Eiweiß oder etwas heiße Milch zufügen.
Für die Zubereitung benötigt man einen großen, breiten Topf mit viel kochendem Salzwasser, damit die Knödel schwimmen und nach dem Garwerden gut an die Oberfläche kommen können. Einen schönen Glanz erhalten die Klöße, wenn das Kochwasser mit 2 Essl. kalt angerührter Speisestärke gebunden wird.
Klöße werden im offenen Topf bei geringer Wärmezufuhr gegart. Mehr ziehen als kochen lassen!
Kartoffelklöße gelingen nur mit mehligkochenden, abgelagerten Kartoffeln. Deshalb ist es ratsam, das ganze Jahr hindurch einen kleinen Vorrat einer späten Kartoffelsorte parat zu haben. Bei der Zubereitung von Klößen dann halb neue, halb alte Kartoffeln verwenden. Sonst besser auf Kartoffel-Halbfertigprodukte ausweichen.

1205

Kartoffelklöße von gekochten Kartoffeln

1 kg gekochte Kartoffeln,
1–1½ trockene Brötchen
(2 Tage alt), 20 g Butter,
je 2 Essl. gewiegte Zwiebel und
Petersilie, 2 kleine Eier, 2–3 Essl.
Mehl,
je 1 Prise Salz und Muskat,
½ Teel. gehackter, frischer Majoran.
Zum Abkochen der Klöße:
3 l Wasser, 1 Teel. Salz.
Zum Schmälzen: 20 g Butter,
1 Essl. Weckmehl (Semmelbrösel).

Die am Tag zuvor gekochten Kartoffeln schälen, reiben, mit den in Butter gerösteten Brotwürfeln, der gedünsteten Zwiebel, Petersilie und den anderen Zutaten gut vermengen. Aus dem Kartoffelteig mit mehlbestäubten Händen gleichmäßig runde Klöße so lange formen, bis sie keine Risse mehr zeigen. In leichtem, schwach strudelndem Salzwasser im offenen Topf 8–10 Min. gar kochen.
Die Klöße beim Anrichten mit geröstetem Weckmehl überschmälzen; als Hauptgericht mit grünem Salat oder als Beilage zu Sauerbraten oder Ragout reichen.

1206

Thüringer Klöße

Etwa 2,5 kg Kartoffeln,
1 kräftige Prise Salz, evtl. 1 Ei.
Als Einlage:
2 trockene Brötchen,
1–2 Essl. Butter.
Zum Kartoffelbrei: etwas heiße Milch.

Etwa ⅔ der geschälten Kartoffeln in eine mit kaltem Wasser reichlich gefüllte Schüssel reiben (oder durch die Kloßmaschine drehen) und kurze Zeit stehen lassen, damit sich das Kartoffelmehl absetzen kann. Die übrigen Kartoffeln in leicht gesalzenem Wasser weich kochen und einen recht trockenen Kartoffelbrei daraus bereiten. Die Brötchen kleinwürfelig schneiden, in Butter hellgelb rösten und beiseite stellen. Das Kartoffelwasser sorgsam abschütten, die Kartoffelflocken in einem Tuchsäckchen fest ausdrücken, auflockern und mit dem am Boden der Schüssel zurückgebliebenen Kartoffelmehl, dem heißen Kartoffelbrei, Ei und Salz gut vermengen.

Die rohe Kartoffelmasse in einem Küchentuch gut auspressen.

Oder das gekochte Drittel der Kartoffeln heiß oder abgekühlt durch die Presse drücken und mit den rohen, aufgelockerten und mit ca. ¼ l kochendem Wasser übergossenen und gesalzenen Kartoffelflocken vermischen. Der Kartoffelteig muss geschmeidig sein, darf aber nicht zwischen den Fingern durchlaufen. Mit befeuchteten Händen jeweils einen Teil des Kartoffelteiges auf der Handfläche breitdrücken, 4–5 geröstete Semmelwürfelchen einlegen, mit etwas Kartoffelteig zudecken und gleichmäßig runde Klöße formen; in strudelndem, leicht gesalzenem Wasser halb bedeckt (je nach Größe) 20–30 Min. ziehen lassen.
Die Klöße eignen sich als Beilage zu Hammel-, Rind- oder Schweinebraten. Übriggebliebene Klöße in Scheiben schneiden und auf beiden Seiten knusprig braten.

1207

Fränkische Klöße

1½ kg große, rohe Kartoffeln,
¼ l Milch, 1 Teel. Salz,
60 g grober Grieß, 1 Brötchen,
200 g gekochte Kartoffeln,
20 g Butter oder Fett.

Die rohen Kartoffeln schälen, reiben und in eine mit kaltem Wasser reichlich gefüllte Schüssel geben. Milch und Salz zum Kochen bringen, den Grieß einstreuen, 10 Min. quellen lassen, unter die gut ausgedrückten, aufgelockerten, rohen Kartoffeln mengen und die gekochten, ebenfalls geriebenen Kartoffeln zufügen. Mit befeuchteten Händen Klöße formen – in jeden Kloß wie bei **1206** einige geröstete Semmelwürfelchen einlegen – und je nach Größe in strudelndem, leicht gesalzenem Wasser 15–20 Min. kochen. Der Grießbrei zum Binden der Kartoffelmasse erübrigt sich, wenn das am Boden der Schüssel abgesetzte Kartoffelmehl verwendet wird.
Zu Schweine- oder Gänsebraten.

1208 Ostpreußische kleine Klößchen

1 kg rohe Kartoffeln,
3–4 gekochte, mehlige Kartoffeln vom Vortag, Salz, 1 Essl. Mehl.
Bratfett, 80–100 g durchwachsener Speck, 2–3 Zwiebeln.

Die Kartoffeln in Wasser reiben, eine Zeitlang stehen lassen, das Wasser abgießen und die geriebenen Kartoffeln in einem Leinensäckchen ausdrücken. Gekochte, geriebene Kartoffeln, Salz und, falls nötig, 1 Essl. Mehl untermengen.
Mit nassen Händen kleine Kugeln oder längliche Würstchen formen, ins kochende Wasser einlegen und bei verminderter Hitze gar ziehen lassen. Die Klößchen sind fertig, wenn sie nach ca. 20 Min. an der Oberfläche schwimmen.
Inzwischen in einer Pfanne in etwas Fett Speckwürfel und Zwiebelwürfel kross braten und über den fertigen Klößchen anrichten.

1209 Bayerische Semmelknödel

Für 6 Personen
10 trockene Semmeln (Brötchen) vom Tag zuvor, etwa ½ l Milch,
50 g Räucherspeck, 20 g Butter,
je 2 Essl. gewiegte Zwiebel und Petersilie, 3 Eier,
je 1 Prise Salz und Muskat.

Die Semmeln in feine Scheiben schneiden, mit so viel warmer Milch übergießen, dass sie aufquellen können, und 30 Min. zugedeckt beiseite stellen. Den kleinwürfelig geschnittenen Speck in der Butter gelb rösten. Zwiebel und Petersilie kurz mitdünsten, nach dem Abkühlen die Eier und das Gewürz zufügen und die Semmeln untermengen. Faustgroße Klöße formen, in leicht gesalzenem Wasser etwa 20 Min. kochen und sofort servieren.
Die Semmelknödel können in einer guten Fleischbrühe oder mit Pfifferlingen in Rahm serviert werden.
Übriggebliebene Semmelknödel werden in Scheiben geschnitten, in Butter angeröstet und mit verquirltem Ei übergossen. Dazu schmeckt grüner Salat.

Für **Tiroler Speckknödel** wird mehr Räucherspeck (ca. 150 g) unter die Semmelmasse gemischt.

Nach demselben Rezept können auch **Brezelknödel** aus altbackenen Laugenbrezeln (8–9 Stück) hergestellt werden. Vorsicht beim Salzen!

Semmelknödel **1209** in der Brühe.

1210

Wiener Semmelknödel

Ergibt ca. 8 Knödel
4 trockene Brötchen vom Tag zuvor oder die entsprechende Menge altbackenes Weißbrot (oder fertig geschnittenes Knödelbrot), 100 g geschmolzene Butter, 1–2 Eier, ½ Bund Petersilie, 1 Prise Salz, ca. 150 g süße Sahne oder Kondensmilch oder gemischt, Semmelbrösel und etwas Mehl zum Formen.

Die Brötchen in möglichst kleine Würfel schneiden, mit der zerlassenen Butter übergießen, dann mit Ei, gehackter Petersilie, Salz und Sahne oder Kondensmilch vermischen und den Teig mit wenig Semmelbröseln und Mehl verkneten. Den Teig in Alufolie einschlagen und erst unmittelbar vor dem Kochen Knödel formen. In kochendes, leicht gesalzenes Wasser einlegen und bei geschlossenem Topf ca. 10 Min. bei milder Hitze ziehen lassen.
Oder den Knödelteig schon am Abend vorher zubereiten und in Alufolie eingeschlagen im Kühlschrank aufbewahren.

1211

Bayerische Leberknödel

3 trockene Semmeln, etwa ⅛ l Milch oder Fleischbrühe, 500 g Rindsleber, evtl. 60 g Ochsenmark, je 1 Essl. fein gewiegte Zwiebel und Petersilie, 40 g Mehl, 1–2 Eier, geriebene Schale von ¼ Zitrone, je 1 Prise Salz, Pfeffer und Majoran, evtl. etwas Weckmehl (Semmelbrösel), 1 l Fleischbrühe.

Die Semmeln in dünne Scheiben schneiden, mit heißer Milch oder Fleischbrühe anfeuchten und 1 Std. zugedeckt stehen lassen. Die Leber schaben oder gehackte Leber kaufen. Ochsenmark, Zwiebel, Petersilie fein wiegen, Mehl, Eier, Salz und Gewürz zufügen, zuletzt die Semmeln untermischen. Einen Probekloß kochen und, falls der Teig zu weich ist, noch etwas Weckmehl zugeben. Faustgroße Knödel formen, in schwach strudelnde Fleischbrühe einlegen und 30 Min. zugedeckt kochen. In der heißen Brühe oder als Beilage zu Sauerkraut reichen.

1212

Hefeklöße

20 g Hefe, ¼ l Milch, 500 g Mehl, 40–60 g Butter, 1–2 Eier, 1 Prise Salz.

Die Hefe in der lauwarmen Milch auflösen; das Mehl in eine Schüssel sieben, eine Vertiefung eindrücken, mit der Hefemilch einen Vorteig darin anrühren und aufgehen lassen. Die anderen erwärmten Zutaten beifügen, einen ziemlich festen Teig kneten und warm stellen. Hat der Teig etwa die doppelte Höhe erreicht, ovale Klöße abstechen und zum Aufgehen nochmals kurze Zeit auf ein bemehltes Backbrett legen. In schwach gesalzenem, stark strudelndem Wasser 10–15 Min. zugedeckt kochen, während dieser Zeit einmal umwenden und durch Anstechen mit einem spitzen Hölzchen prüfen, ob sie gar sind; klebt Teig am Hölzchen, dann die Klöße noch etwas ziehen lassen. Zum Abtropfen kurz auf ein Sieb legen und möglichst rasch anrichten. Die Klöße mit zwei Gabeln leicht einreißen, um ein Zusammenfallen zu verhüten und zu Sauerbraten, saurer Leber usw. reichen.

1 Serviettenkloß **1213**: Den gegangenen Hefekloß in ein Tuch geben.

1213

Hefekloß (Serviettenkloß)

20 g Hefe, ¼ l Milch, 500 g Mehl, 40–60 g Butter, 1–2 Eier, 1 Prise Salz.
Zum Ausstreichen der Serviette: 20 g Butter, etwas Mehl.
Süße Variante (zum Teig): 2 Essl. Zucker, etwas abgeriebene Zitronenschale.
Zum Bestreuen: Zucker und Zimt.
Zum Beträufeln: 1–2 Essl. Butter.

Zubereitung des Teiges mit den obigen Zutaten nach **1212**; nach dem Aufgehen auf dem bemehlten Backbrett zu einem großen Kloß formen, eine Serviette mit Butter bestreichen, etwas Mehl überstreuen, den Kloß damit umhüllen und noch mal 30 Min. zum Gehen warm stellen. Dann die geöffnete Serviette mit dem Kloß über einen Topf mit strudelndem Wasser hängen, den Topfdeckel darauf legen und die vier Serviettenenden darüber verknoten. Den Kloß nur im Dampf (ohne Berührung mit dem Wasser) in 30 Min. garen. Vor dem Anrichten aus der Serviette lösen, auf eine erwärmte Platte stürzen, mit zwei Gabeln rasch auseinanderziehen. Der Hefekloß schmeckt zu Rinderbraten, Sauerbraten und auch zu Lammbraten. Zum süßen Hefekloß kommen noch Zucker und abgeriebene Zitronenschale in den Teig. Zubereitung erfolgt wie oben. Den fertigen Kloß ebenfalls rasch auseinanderziehen. Zucker und Zimt darauf streuen und die heiße Butter darüber träufeln. Kompott oder Apfelmus dazu reichen.

2 Die vier Tuchenden gut verknoten und den Kloß darin am Kochlöffelstiel hängend über Dampf garen.

1214
Schinkenkloß

8–10 große, rohe Kartoffeln, 2 trockene Brötchen vom Tag zuvor, etwa ¼ l Milch, 1–2 Eier, 150 g gekochter, gewiegter Schinken, 40 g Mehl, je 1 Prise Salz, Muskat und Majoran. Zum Bestreichen: 40 g Butter. Zum Übergießen: 50 g Räucherspeck in Würfelchen.

Die rohen Kartoffeln in kaltes Wasser reiben (vgl. **1206**) und durch ein Tuchsäckchen pressen (das abgesetzte Kartoffelmehl anderweitig verwenden). Die Brötchen in Würfelchen schneiden, mit der heißen Milch befeuchten, unter die aufgelockerte Kartoffelmasse mengen, die übrigen Zutaten zufügen und den Teig kräftig verkneten. Eine Serviette mit Butter bestreichen, die Kloßmasse einfüllen. Die Serviette wie ein Säckchen zubinden, an einem Kochlöffel befestigen, in schwach strudelndes Salzwasser hängen und leicht bedeckt 45 Min. kochen lassen. Den Kloß kurz vor dem Anrichten auswickeln, auf ein Sieb zum Abtropfen geben und auf einer erwärmten Platte mit den gerösteten Speckwürfeln übergießen.
Oder unter den Semmelteig **1209** etwa 150 g gewiegten gekochten Schinken mengen und einen großen oder mehrere kleine Klöße formen.

1215
Böhmische Knödel

325 g Mehl, 15 g Frischhefe, ⅛ l lauwarme Milch, 2 Eier, 6 Scheiben Toastbrot oder Weißbrot, 1 gewiegte Zwiebel, 40 g Butter oder Margarine, 2 Essl. gehackte Petersilie, 1 Teel. Salz.

Mehl in eine Schüssel geben und in die Mitte eine Mulde drücken. Hefe mit lauwarmer Milch verrühren, in die Mehlmulde gießen, 10 Min. gehen lassen. Dann die Eier zufügen; alles zu einem festen, glatten Teig verarbeiten. Zugedeckt 30 Min. gehen lassen.
Toastbrot oder Weißbrot (Knödelbrot) entrinden und grob würfeln. Zwiebelwürfel und Toastbrot in Butter gelbrösten; erkaltet mit Petersilie und Salz unter den gegangenen Hefeteig kneten. Den Teig zu einer ca. 8 cm dicken Rolle formen und in kochendes Salzwasser einlegen. Die Hitze stark zurücknehmen und die Rolle etwa 30 Min. darin ziehen lassen. Einmal wenden. Knödelrolle herausnehmen, abtropfen lassen und in 2 cm breite Scheiben schneiden.
Zu Rinderbraten, Ente oder Gulasch reichen.

1216
Reisknödel

1¼ l Brühe (Würfel), 40 g Butter/Margarine, Salz, 250 g Rundkornreis, Pfeffer, Muskat, edelsüßes Paprikapulver, 3 Eier, 50 g Mehl, 3 Essl. geriebener Käse.

Die Brühe mit Fett und Salz zum Kochen bringen, den gewaschenen Reis dazugeben und bei geringer Hitze körnig weich kochen. Mit den Gewürzen pikant abschmecken. Erkalten lassen, Eier und Mehl darunter rühren, Knödel abstechen und mit 2 Essl. formen. In kochendem Salzwasser bei geringer Hitze garen. Abgetropft und mit Käse bestreut auf einer vorgewärmten Platte anrichten. Dazu gibt es eine beliebige Soße und Blattsalat.
Oder jeden Knödel mit 2–3 gekochten Krabben füllen.

1217
Grießklöße

1 l Milch, 300 g Grieß, 2 trockene Brötchen, 40 g Butter, je 1 Essl. gewiegte Zwiebel und Petersilie, 2 Eier, je 1 Prise Salz und Muskat. Zum Schmälzen: 2 Essl. Butter.

Die Milch zum Kochen bringen, den Grieß einstreuen und zu einem festen Brei eindicken. Die kleinwürfelig geschnittenen Brötchen mit Butter rösten, Zwiebel und Petersilie kurz mitdünsten, mit den übrigen Zutaten unter den Grießkloß mischen und alles gut verkneten. Klöße formen, in strudelndem, leicht gesalzenem Wasser zugedeckt 10 Min. kochen und beim Anrichten mit zerlassener Butter überschmälzen.
Oder die vierfache Teigmenge der Suppenklößchen **508** zubereiten und davon mit zwei Esslöffeln längliche Klöße formen; diese noch feineren Klöße beim Anrichten mit 40 g heißer, brauner Butter überschmälzen.

1218
Gefüllte Grießknödel

¾ l Milch, 300 g Grieß, 30 g Butter/Margarine, je 1 Essl. gewiegte Zwiebel und Petersilie, 2 Eier, Salz, Muskat, 100 g gewiegter gekochter Schinken oder Schinkenwurst. Geröstete Weißbrotwürfel.

Die Milch zum Kochen bringen, den Grieß einstreuen und zu einem dicken Brei kochen. Im heißen Fett Zwiebel und Petersilie kurz dünsten und mit Eiern und Gewürzen unter den Grießteig mischen. Wenn dieser etwas abgekühlt ist, mit nassen oder bemehlten Händen Knödel formen, mit Schinken- oder Wurststückchen füllen und in kochendem Salzwasser ca. 10 Min. garen. Weißbrotwürfelchen darüber anrichten. Dazu eine Bratensoße und Karottensalat reichen.

Kartoffelgerichte

Kartoffeln sind für unsere Ernährung unentbehrlich. Sie enthalten kein Fett, dafür hochwertiges Eiweiß, viel Stärke, wichtige Vitamine und Mineralien sowie verschiedene Ballaststoffe. Nur höchste Qualitätsansprüche beim Anbau, Weiterverkauf, Lagerung beim Händler und zu Hause sind für Kartoffeln gut genug. Man unterscheidet nach Erntezeit Frühkartoffeln (Anfang Juni bis Ende Juli), mittelfrühe Sorten (August bis September) und mittelspäte bis späte Sorten (ab September). Die frühen Sorten sind nur kurz (2–3 Wochen) lagerfähig, mittelfrühe und -späte Sorten können bis zum Jahresende, späte Sorten bis ins nächste Frühjahr hinein eingelagert werden. Nach Beschaffenheit unterscheidet man:

Festkochend (Salatkartoffeln): Sie haben festes, glattes Fleisch und zerfallen nicht beim Kochen. Geeignet für Salate, Pellkartoffeln und Salzkartoffeln. Die gängigsten Sorten: Sieglinde, Hansa, Nicola, Selma, Rosalinde.

Vorwiegend festkochend: Sie haben nach dem Kochen mittelfestes Fleisch und eignen sich für Bratkartoffeln, Rösti und Puffer, Ofenkartoffeln, Gratins und Folienkartoffeln. Die bekanntesten Sorten: Christa, Saskia, Gloria, Granola, Grata, Rote Emma.

Mehligkochend: Sie sind ideal für Püree, Suppen und Knödel.
Die gängigsten Sorten: Aula, Adretta, Likaria.

Wichtig für die Küchenpraxis: Kartoffeln möglichst häufig als Pellkartoffeln auf den Tisch bringen. So sind sie am gesündesten. Andernfalls Kartoffeln erst kurz vor dem Kochen schälen und nicht lange im Wasser liegen lassen, da sich die enthaltenen Vitamine und Mineralien schnell verflüchtigen. Außerdem können Kartoffeln, die zu lange im Wasser lagen, „wasserhart“ werden, d. h. sie werden beim Kochen nicht weich. Grüne Stellen und Keime („Augen“) großzügig ausschneiden, sie enthalten schädliche Stoffe, die beim Kochen nicht entfernt werden.
Klöße und Knödel gelingen nur mit abgelagerten (alten) Kartoffeln. Frühe Sorten enthalten zu wenig Stärke, durch die die Klöße zusammengehalten werden. Deshalb immer einige alte Kartoffeln in Reserve halten und diese bei der Knödelzubereitung mit verwenden.

Primura

Christa

Spunta

Italienische Primura

Sieglinde

1219

Schalkartoffeln (Pellkartoffeln)

1 kg Kartoffeln,
1 Teel. Kümmel,
leicht gesalzenes Wasser.

Die Kartoffeln in reichlich Wasser gründlich abbürsten und in einem Topf mit nicht zuviel Salzwasser im Drahtkörbchen oder in einem Dampftopf gar kochen. Für ältere Kartoffeln etwa 45 Min., für neue 30 Min. Kochzeit rechnen; im Dampfdrucktopf 20, bzw. 12–15 Min.; besonders gut schmecken alle Kartoffeln, wenn beim Aufsetzen 1 Teel. Kümmel übergestreut wird. Kurz vor dem Anrichten das Dampfwasser abgießen, den Topf mit einem Tuch (statt mit dem Deckel) zudecken, damit die Kartoffeln gut abtrocknen; den Topf einige Male schütteln.
Oder neue, gut abgebürstete Kartoffeln ungeschält auf ein Backblech legen (evtl. halbieren) und im vorgeheizten Backofen garen.
E.-Herd 200 °C/G.-Herd 3
Ca. 50 - 60 Minuten

1220

Salzkartoffeln

Rohe, geschälte Kartoffeln in gleichmäßige Schnitze teilen, in einem Topf mit nicht zu viel kaltem oder lauwarmem Salzwasser im Drahtkörbchen oder in einem Dampftopf aufsetzen, rasch zum Kochen bringen und gar werden lassen. Bevor sie ganz weich sind, alles Wasser abgießen und den Topf – mit einem Tuch bedeckt – auf die mäßig warme Herdplatte oder in ein Wasserbad zum Abdämpfen stellen. Die Kartoffeln in einer erwärmten Schüssel anrichten, gewiegte Petersilie überstreuen oder feine, in Butter oder Öl gelb geröstete Zwiebelringe obenauf geben.

Siehe auch Backkartoffeln **2137**.

◁ Verschiedene Frühkartoffel-Sorten.

1221

Fischkartoffeln

Fischkartoffeln sind geschälte, rund herausgebohrte Kartöffelchen, die wie Salzkartoffeln am besten über Dampf gekocht werden. Vor dem Anrichten evtl. in heißer Butter schwenken und mit gewiegter Petersilie bestreuen.

Tipp:
Zum Formen der Kartoffeln ein sog. Pariser Messer verwenden (kugelförmiges Ausstechmesser).

1222

Niedernauer Kartoffeln

Etwa 1 kg mit der Schale gekochte Kartoffeln,
30 g Butter oder Fett,
1 Ei oder Eigelb, 1/8 l saure Sahne,
1 Essl. gewiegte Petersilie,
1 Prise Salz.

Die Kartoffeln heiß schälen, abkühlen lassen, in Würfel schneiden und in einer Bratpfanne in der heißen Butter oder im Fett anbraten. Das Ei oder Eigelb mit Sahne glattquirlen und über die Kartoffeln gießen; die Pfanne noch kurze Zeit in den heißen Backofen stellen.
E.-Herd 200 °C/G.-Herd 3
Ca. 5 - 8 Minuten
Beim Anrichten mit der gewiegten Petersilie und etwas Salz bestreuen; als Beilage zu gekochtem Rindfleisch oder Kurzgebratenem reichen.

1223

Colbert-Kartoffeln

750 g Kartoffeln,
80 – 100 g Butter zum Braten,
*gut 1/4 l Fleischglace **2**, flüssig,*
1 Bund Petersilie.

Die rohen Kartoffeln schälen, in kleine Würfel schneiden und in reichlich Butter goldgelb braten. In eine vorgewärmte Form umfüllen, mit flüssiger, heißer Glace durchschwenken (oder auffüllen, je nach Art der Beilage) und mit gehackter Petersilie bestreuen.

1224

Rahmkartoffeln

1 kg Kartoffeln.
Zur Soße:
40 g Butter, 50 g Mehl,
1/4 l Fleischbrühe,
je 1 Prise Salz und Muskat,
1/4 l frischer oder saurer Rahm (Sahne) oder Crème fraîche oder Schmand.

Die rohen Kartoffeln schälen, in feine Scheiben schneiden, in leicht gesalzenem Wasser weich kochen und abgießen. Von Butter und Mehl eine helle Schwitze bereiten, mit Fleischbrühe ablöschen, die Soße 10 - 15 Min. kochen, würzig abschmecken und durchpassieren; den Rahm oder die Crème fraîche zufügen, die Soße mit dem Schneebesen leicht schlagen, die Kartoffelblättchen einlegen und noch einmal kurz erhitzen.

1225

Petersilienkartoffeln

Unter das nach **1224** fertig gekochte Gericht ein Bund gewiegte Petersilie mischen, dann aber nicht mehr zu stark erhitzen.

1226

Saure Kartoffelblättchen (Kartoffelrädle)

1 kg Kartoffeln.
Zur Soße:
40 g Butter oder Margarine,
60 g Mehl,
etwa 1 l gut gewürzte Fleischbrühe,
2–3 Essl. Weinessig, 1 Lorbeerblatt,
2 Nelken, einige Pfefferkörner,
1/2 Glas Weißwein.
Zum Nachwürzen:
wenig Salz und etwas Majoran.

Die Kartoffeln schälen, in feine Scheiben schneiden, über Dampf weich kochen und das Wasser abgießen. Von Fett und Mehl eine braune Schwitze herstellen, mit Fleischbrühe ablöschen, Essig und Gewürz zufügen, die Soße 20 Min. kochen, durchpassieren und den Wein unterrühren. Zuletzt die Kartoffelblättchen einlegen, heiß werden lassen und evtl. mit wenig Salz und Majoran nachwürzen.

1 Colbert-Kartoffeln **1223**: Die Kartoffelwürfel in genügend Butter anbraten.

2 In eine vorgewärmte Form füllen und flüssige Fleischglace zugeben.

3 Mit den Kräutern bestreuen.

Nudeln, Kartoffeln & Co

1227 Bouillonkartoffeln

1 kg Kartoffeln,
1–1½ l gewürzte Fleischbrühe,
1 kleine Stange Lauch,
2 Gelbe Rüben, 1 Stück Sellerie,
je 1 Essl. gewiegte Zwiebel und Petersilie, 30 g Butter.

Die rohen Kartoffeln schälen, in messerrückendicke Scheiben oder in schmale Schnitze oder Würfel schneiden. Die fein gewürfelten Gemüse mit Zwiebel und Petersilie in der zerlassenen Butter anschwitzen, mit Fleischbrühe ablöschen, die Kartoffeln einlegen und nicht zu weich garen. Geeignet als Beilage zu gekochtem Rindfleisch oder zu Fleischküchlein.

1228 Béchamelkartoffeln

1 kg in der Schale gekochte Kartoffeln, 40 g Butter oder Margarine, 40 g Mehl,
¼ l Fleischbrühe,
¼ l Milch,
Salz, Pfeffer, Muskat,
⅛ l saure Sahne,
50 g gekochter Schinken,
2 Essl. gewiegte Petersilie.

Die heißen Kartoffeln schälen und in dünne Scheiben schneiden. Fett erhitzen, Mehl zugeben, eine helle Einbrenne bereiten, mit Fleischbrühe und Milch unter ständigem Rühren ablöschen und die Soße 10–15 Min. durchkochen lassen. Würzig abschmecken, Sahne zufügen, den in Würfel geschnittenen Schinken mit den noch warmen Kartoffelscheiben in die Soße geben und noch einmal kurz aufkochen lassen. Mit Petersilie bestreut anrichten.

1229 Heringskartoffeln

750 g Pellkartoffeln,
2–3 eingelegte Heringe,
1 Zwiebel, 200 g saure Sahne,
Butterflöckchen,
1 Essl. Semmelbrösel.

Pellkartoffeln schälen, in dünne Blättchen schneiden. Sehr salzige Heringe evtl. 30 Min. wässern, abtropfen lassen, in Streifen oder Würfel schneiden. Zwiebel fein hacken. In eine gebutterte Form lagenweise Kartoffeln, Hering und Zwiebel schichten, mit Kartoffeln abschließen. Mit Sahne übergießen, mit Butterflöckchen und Bröseln bestreuen. Im Backofen goldbraun überbacken.
E.-Herd 180 °C/G.-Herd 2
Ca. 45 Minuten

1230 Annakartoffeln

Etwa 750 g rohe Kartoffeln,
50 g Butter, 100 g geriebener Käse,
einige Butterflöckchen.

Von länglichen, rohen, geschälten Kartoffeln gleichmäßige, möglichst runde Scheiben schneiden, kurz in frischem Wasser spülen und mit einem Tuch abtrocknen. Eine große Becherform (oder kleinere Förmchen) mit Butter dick ausstreichen, die Scheiben kreisförmig einlegen – jeweils zur Hälfte übereinander schichten –, jede Lage mit geriebenem Käse bestreuen und kleine Butterflöckchen dazwischensetzen. Die bis zum Rand gefüllte Form in den vorgeheizten Backofen stellen und die Annakartoffeln aufziehen.
E.-Herd 200 °C/G.-Herd 3
Ca. 50–60 Minuten
Zum Anrichten auf eine Platte stürzen.

1231 Kartoffelschnee

Große, mehlige Kartoffeln schälen, in Viertel teilen und wie Salzkartoffeln kochen; im halb geöffneten Topf oder mit einem Tuch bedeckt kurze Zeit abdämpfen lassen, heiß durch eine Kartoffelpresse auf eine erwärmte Platte drücken und sofort zu Tisch geben. Der Kartoffelschnee eignet sich als Zugabe zu Blumenkohl, Gelbe Rüben, Rosenkohl oder Rotkraut.

1232 Kartoffelpüree

1 kg mehligkochende Kartoffeln,
50–100 g Butter, etwa ⅜–½ l Milch,
je 1 Prise Salz und Muskat.
Zum Übergießen: 20 g zerlassene oder hell gebräunte Butter.

Die Kartoffeln schälen, in Schnitze teilen und in leicht gesalzenem Wasser oder über Dampf in 20–30 Min. weich kochen. Das Wasser abschütten, den offenen Topf mit einem Tuch bedecken, die Kartoffeln abtrocknen lassen und durch die Kartoffelpresse drücken oder mit einem Stampfer fein zerdrücken. Die Butter und so viel heiße Milch zufügen, bis das Püree weißschaumig ist, mit Salz und Muskat würzen.
Das Kartoffelpüree anrichten und mit zerlassener oder hell gebräunter Butter übergießen oder in Butter knusprig gebratene Zwiebelringe obenauf geben.
Oder das Püree mit 1 Bund feingehackten Kräutern oder 50 g Spinat grün, mit 1 Essl. Tomatenmark rot oder mit 1 Döschen Safran oder Kurkuma gelb färben. Dann jeweils 2 Essl. süße Sahne zusätzlich untermischen.

1233 Kartoffelbrei aus Süßkartoffeln (Bataten)

750–1000 g Süßkartoffeln,
30 g Butter,
je ½ Teel. Schalenabrieb von unbehandelter Zitrone und Orange,
1 Prise Salz.
Zum Überbacken:
2 Essl. Vollzucker (brauner Zucker),
Edelsüß-Paprika,
20–30 g Butterflöckchen.

Die Kartoffeln in der Schale, knapp mit Wasser bedeckt, ca. 15–18 Min. kochen. Etwas abkühlen lassen, schälen, durch die Kartoffelpresse drücken, Butter, Zitrusschale und Salz unterrühren und das Püree in eine ofenfeste Form füllen.
Mit Zucker und einer kräftigen Prise Paprikapulver bestreuen, Butterflöck-

chen aufsetzen und im vorgeheizten Backofen braun überbacken.
E.-Herd 175 °C/G.-Herd 2
Ca. 15–20 Minuten
Oder statt Butter 2 Essl. Olivenöl in das Püree geben.
Oder noch 150 g geriebenen Hartkäse einarbeiten.

1234 Kartoffelring

1 kg Kartoffeln, Salzwasser,
50 g Butter oder Margarine,
2 Eier, Salz, Muskat,
1 kleine Dose oder eine kleine Packung TK-Erbsen (150 g),
1–2 Essl. Semmelbrösel.

Die geschälten Kartoffeln waschen, in kleinere Stücke schneiden, in Salzwasser 20–30 Min. weich kochen, abdämpfen und heiß durch die Kartoffelpresse drücken. Nach dem Abkühlen Butter oder Margarine, Eier und Gewürze dazugeben und alles gut vermischen. Die abgetropften oder aufgetauten Erbsen in eine gefettete, mit Semmelbröseln ausgestreute Ringform geben, darüber den Kartoffelteig verteilen, mit dem Kochlöffel etwas hineindrücken und im vorgeheizten Backofen backen.
E.-Herd 175–200 °C /G.-Herd 2–3
Ca. 25–30 Minuten
Heiß auf eine Platte stürzen und in die Mitte Geschnetzeltes oder kurz gebratenes, gemischtes Hackfleisch füllen.

1235 Kartoffelbögen

100 g Mehl, 100 g gekochte, geschälte, geriebene Kartoffeln,
100 g Butter,
je 1 Prise Salz und Muskat,
1 Eigelb.
Zum Fetten: Butter.

Alle Zutaten auf dem Backbrett so lange hacken, bis sich der Teig zusammenballt, verkneten, auswellen und wie Blätterteig mehrmals einschlagen; dann messerrückendick ausrollen, in 2 cm breite und 10–12 cm lange Streifen schneiden und jeweils in die Mitte eines Streifens ein ausgestochenes Teigsternchen setzen. Die Streifen über eine gewölbte, außen gefettete Backform (Rehrückenform) legen, mit Eigelb bestreichen und auf dem Blech im vorgeheizten Backofen knusprig backen.
E.-Herd 200 °C/G.-Herd 3
Ca. 15–20 Minuten

1236 Kartoffelgratin, einfache Art

750–1000 g Kartoffeln,
Butter für die Form,
¼ l süße Sahne, Salz, Pfeffer, 1 Prise Muskat.
Evtl. 50 g geriebener Käse.

Die geschälten Kartoffeln mit dem Gurkenhobel in feine Scheiben hobeln. Eine ovale Gratinform ausbuttern, die Scheiben ziegelartig einlegen und mit der gewürzten Sahne übergießen. Evtl. mit Käse bestreuen und im vorgeheizten Backofen backen.
E.-Herd 200 °C/G.-Herd 3
Ca. 50–60 Minuten

> ***Tipp:***
> *In einer flachen Glasform (Pie-Form) ist das Gratin bei 180 °C /Stufe 2 in ca. 45 Minuten fertig.*

1237 Kartoffelgratin mit Sellerie

750 g Kartoffeln,
1 mittelgroße Sellerieknolle,
40 g Butter zum Anbraten,
Butterstückchen für die Form.

Die geschälten Kartoffeln und die Sellerieknolle in feine Scheiben hobeln, kurz in Butter in einer Pfanne anbraten (sautieren). Dann lagenweise in eine gefettete Auflaufform schichten, mit den Kartoffeln beginnen und abschließen. Butterflöckchen aufsetzen und das Gratin im vorgeheizten Backofen knusprig braun backen.
E.-Herd 180 °C/G.-Herd 2
Ca. 50–60 Minuten

1238 Kartoffelgratin mit Käse

750–1000 g Kartoffeln, Milch,
1 Becher süße oder saure Sahne (150 g),
Salz und Pfeffer, 1 Prise Muskat,
50 g geriebener Emmentaler oder Greyerzer,
evtl. etwas Fleischbrühe,
Butter für die Form.

Die geschälten Kartoffeln in Scheiben hobeln und kurz in die aufgekochte Milch geben – so werden sie nicht schwarz. Herausnehmen; die Sahne mit den Gewürzen und dem Käse vermischen, evtl. etwas Brühe zugeben. Eine Form einfetten, Kartoffelscheiben hineinlegen und mit der Sahnemischung übergießen. Im vorgeheizten Backofen goldbraun überbacken.
E.-Herd 175 °C/G.-Herd 2
Ca. 45–50 Minuten

1239 Kartoffel-Zucchini-Gratin

500 g Kartoffeln,
500 g Zucchini,
Salz, grob geschroteter Pfeffer,
75 g geriebener Emmentaler Käse oder Parmesan,
1 Becher süße Sahne (200 g),
einige Butterflöckchen.

Kartoffeln schälen, mit dem Gurkenhobel raffeln. Zucchini waschen, ungeschält ebenfalls hobeln oder dünn schneiden. Eine gebutterte flache Gratinform mit Kartoffel- und Zucchinischeiben füllen, jede Lage salzen und pfeffern und etwas Käse dazwischenstreuen. Mit Sahne übergießen, mit dem übrigen Käse und Butterflöckchen bestreuen. Im vorgeheizten Backofen goldbraun überbacken.
E.-Herd 200 °C/G.-Herd 3
Ca. 40–50 Minuten
Fein zu Lammkoteletts, Kurzgebratenem oder Grilladen.
Oder statt Sahne eine kräftig abgeschmeckte Fleischbrühe verwenden.

1240 Kartoffelpuffer (Reibekuchen)

750 g rohe Kartoffeln,
1/2 Tasse Milch oder dicke Sahne (süß oder sauer),
4–5 tags zuvor gekochte Kartoffeln oder 2–3 Essl. Mehl,
je 1 Prise Salz und Muskat,
1–2 Eier,
Kokosfett, Schweineschmalz oder Öl.

Die Kartoffeln schälen, roh in eine Schüssel reiben und kurze Zeit zugedeckt stehen lassen, damit sich das Kartoffelwasser etwas absetzen kann; 2–3 Essl. Kartoffelwasser abschöpfen und dafür die Milch oder die Sahne zufügen. Dann die gekochten, geriebenen Kartoffeln oder das Mehl, Salz, Muskat und das Ei untermischen. Den Teig glattrühren und kleine, flache Pfannkuchen im heißen Fett oder Öl auf beiden Seiten knusprig backen. Die Reibekuchen möglichst kurz vor dem Anrichten zubereiten und heiß servieren. Salat oder Apfelbrei dazu reichen.

Tipp:
Die in Würfel geschnittenen, rohen Kartoffeln zusammen mit Mehl, Eiern und Gewürzen im Elektromixer zerkleinern. Das geht ganz fix. Die Masse allerdings sofort weiterverarbeiten, sonst färbt sie sich unansehnlich braun.

Oder die geschälten, rohen Kartoffeln auf der groben Raffel reiben, den Saft leicht ausdrücken und eine fein gewiegte, in 1 Teel. Butter oder Öl geröstete Zwiebel, etwas Petersilie und Schnittlauch untermischen; je 1 Prise Salz und Kümmel zufügen und flache Küchlein auf beiden Seiten in heißer (zuvor geklärter) Butter knusprig backen. Etwa 100 g angeröstete, kleine Speckwürfelchen dazu reichen und bei Tisch darüberstreuen.
Als festliche Vorspeise kleine Kartoffelpuffer mit Forellenkaviar servieren.

1241 Kartoffelpuffer mit Quark

750 g rohe Kartoffeln,
4–5 tags zuvor gekochte Kartoffeln,
125 g Quark, 1 Ei, 1 Prise Salz,
2 Essl. Mehl, Kokosfett oder Butter.
Zum Bestreuen:
Sandzucker.

Die rohen Kartoffeln nach **1240** vorbereiten und nach dem Reiben etwa 30 Min. zugedeckt stehen lassen; das sich absetzende Kartoffelwasser zur Hälfte abgießen, die gekochten, geriebenen Kartoffeln, den Quark, Ei, Salz und Mehl unter die rohen Kartoffeln mischen und davon im heißen Backfett flache Puffer auf beiden Seiten knusprig backen; bei Tisch mit Zucker bestreuen.

1242 Kartoffelpfannkuchen von gekochten Kartoffeln

250 g gekochte Schalkartoffeln,
125 g Mehl, 1–2 Eier,
etwa 1/4 l Milch, je 1 Prise Salz und Muskat,
Butterschmalz.

Die Kartoffeln schälen und nach dem Erkalten reiben; das Mehl untermischen, Eier, Milch, Salz und Muskat zufügen, den Teig glattrühren und im heißen Fett kleine Küchlein backen. Ein evtl. übriggebliebener Kartoffelbrei (statt der geriebenen Kartoffeln) macht diese Pfannkuchen besonders locker.

1243 Kartoffelhaber

750 g gekochte Schalkartoffeln,
1 geriebene Zwiebel,
etwa 200 g Mehl,
je 1 Prise Salz und Muskat,
Backfett.

Mehlige, erkaltete, geschälte Kartoffeln auf der Raffel reiben und erst kurz vor dem Backen Zwiebel, Mehl, Salz und Gewürz mit zwei Gabeln locker untermengen. In einer Pfanne das Fett erhitzen, die Masse aufstreichen, auf einer Seite anbacken lassen, die Pfanne mit einem Deckel umwenden und den Kartoffelpfannkuchen wie Kaiserschmarrn in kleine Stücke zerstoßen. Dazu gekochtes Obst, Blattsalat oder Gemüse reichen.

1 Kartoffelpuffer **1240**: Die rohen Kartoffeln reiben.

2 Kartoffelmasse in die Pfanne geben und leicht flachdrücken.

3 Vorsichtig wenden.

1244

Kartoffelküchlein mit Quark

750 g am Tag zuvor gekochte Schalkartoffeln, 250 g Quark, je 1 Prise Salz und Muskat, 1 Essl. gehackte Petersilie, 1 Ei, 1 Essl. Kartoffelmehl, Backfett.

Die gekochten Kartoffeln schälen und reiben; den Quark durchpassieren, Salz, Gewürz, Petersilie und das Ei untermischen. Die Kartoffeln und das Kartoffelmehl zufügen, alles gut verkneten, kleine Küchlein daraus formen und im heißen Fett hellgelb backen. Grünen Salat dazu reichen.

1245

Kartoffelnudeln (Schupfnudeln)

1 kg Kartoffeln, 1 Ei, je 1 Prise Salz und Muskat, etwa 150 g Mehl, Backfett. Oder zum Überbacken: 1 Ei, 2–3 Essl. süße Sahne.

Die am Tage zuvor gekochten Kartoffeln schälen, fein reiben, Ei, Salz, Muskat und Mehl zufügen, dann je nach der Beschaffenheit der Kartoffeln so viel Mehl untermischen, bis die Masse zusammenhält. Den Teig durchkneten, fingerlange und fingerdicke Röllchen daraus formen und entweder im heißen Fett ringsum hellbraun braten oder in leicht gesalzenem Wasser so lange kochen, bis sie an die Oberfläche kommen. In einem Sieb abtropfen lassen, dann braten.

Oder die abgetropften Schupfnudeln in Butterschmalz oder Gänseschmalz in der Pfanne knusprig anbraten.

Oder die abgetropften Schupfnudeln, gut abgetrocknet, in einer gefetteten Pfanne mit dem gequirlten Ei und der Sahne übergießen und im vorgeheizten Backofen goldgelb überbacken.
E.-Herd 200 °C/G.-Herd 3
Ca. 20 Minuten

1246

Kartoffelnudeln, süß

1 kg mehlige Pellkartoffeln, 1 Ei, je 1 Prise Salz und Muskat, etwa 50 g Mehl, Backfett. Oder zum Schmälzen: 50 g Butter, 2 Essl. Zucker, 4 Essl. Semmel- oder Zwiebackbrösel, 50 g grob gehackte Haselnüsse, 1 Prise Zimt. Zum Bestreuen: Puderzucker.

Die Schupfnudeln nach **1245** formen und kochen.
Die gekochten Schupfnudeln mit einem Schaumlöffel aus dem Wasser heben und zum Abtropfen in ein Sieb legen. Inzwischen in einer Bratkasserolle in der zerlassenen Butter den Zucker und die Semmelbrösel mit den Haselnüssen hell rösten, etwas Zimt zufügen und die heißen Nudeln in kleinen Portionen darin wälzen. Auf einer vorgewärmten Platte aufhäufen, mit Puderzucker bestäuben und servieren.

1247

Kartoffel-Hefe-Küchlein

250 g Mehl, ⅛ l lauwarme Milch, 20 g Hefe, 250 g gekochte, erkaltete Kartoffeln, je 1 Prise Salz und Muskat, 1 Ei, 30 g Butter, Backfett. Oder statt Muskat 30 g Zucker. Zum Wenden: feiner Zucker und 1 Prise Zimt.

Von Mehl, Milch und Hefe einen Vorteig zubereiten, nach dem Aufgehen die geriebenen Kartoffeln und die übrigen Zutaten beifügen, den Teig so lange kneten, bis er Blasen zeigt, und etwa 1 Std. warm stellen. Von dem aufgegangenen Teig mit einem Esslöffel kleine Klöße abstechen, etwas flachdrücken und im heißen Fett schwimmend hellbraun backen.

Oder den Teig mit Zucker süßen, die Küchlein wie angegeben backen und – noch heiß – in feinem Zucker und Zimt wenden.

Schupfnudeln (Kartoffelnudeln) **1245**

1248

Kartoffelkroketten oder -bällchen

500 g Kartoffeln, 30 g Butter,
2 Eigelb, je 1 Prise Salz
und Muskat, 1–2 Essl. Mehl.
Zum Panieren:
2 Eigelb, Semmelbrösel, Backfett.

Mehlige gekochte Kartoffeln erkaltet schälen und reiben. Die schaumig gerührte Butter, Eigelb, Salz, Muskat und Mehl unter die Kartoffelmasse mischen; den Teig auf dem Backbrett glatt kneten und mit der bemehlten Hand fingerlange Röllchen oder kleine Kugeln formen.
Oder mit Hilfe des Spritzbeutels Stränge spritzen und etwa fingerlange Stücke davon schneiden. Kurz vor dem Backen in geschlagenes Eigelb tauchen, das hält die Panade besser, in Semmelbröseln wenden*, im heißen Fett schwimmend hellbraun backen.

Tipp:
**Am besten in einer rechteckigen Form, gefüllt mit Semmelbröseln, rütteln (ohne Hände zu benutzen).*

Oder Mandelkroketten herstellen: Die Röllchen statt in Semmelbröseln in Mandelblättchen wälzen und dann fritieren.
Oder Sesamsamen oder gehackte Haselnüsse verwenden.

1249

Bratkartoffeln von rohen Kartoffeln

1 kg rohe Kartoffeln, 40 g Schweine- oder Pflanzenfett oder Öl,
etwas Salz, wenig Fleischbrühe,
reichlich Petersilie.

Rohe Kartoffeln dünn schälen. Neue, kleinere Kartoffeln halbieren, ältere in Würfel schneiden. Fett in einer Pfanne erhitzen, Kartoffeln einlegen, etwas Salz überstreuen und zugedeckt auf der heißen Herdplatte goldgelb braten (evtl. wenig Fleischbrühe oder Wasser zugießen). Erst wenden, wenn die Unterseite gebräunt ist. Beim Anrichten gewiegte Petersilie überstreuen.
Oder 100 g durchwachsenen Speck in Würfel schneiden, 1 Zwiebel fein hacken und in 20 g Schweineschmalz oder Pflanzenöl anbraten. Aus der Pfanne nehmen und warm halten. Frisches Fett in die Pfanne geben. Die geschälten Kartoffeln auf dem Gurkenhobel in feine Scheiben schneiden und in etwa 30 Min. bei nicht zu starker Hitze knusprig braun und gar braten. Öfter die Kartoffelscheiben in der Pfanne „rütteln“, d. h. hin- und herschieben. Zuletzt die Speck- und Zwiebelwürfel zugeben und mit Salz und Kümmel oder Majoran würzen.

1250

Geröstete Kartoffeln

750 g mit der Schale gekochte festkochende Kartoffeln vom Vortag,
40 g Schweine- oder Pflanzenfett,
1 Teel. gewiegte Zwiebel,
1 Prise Salz, 1–2 Essl. saure Sahne.

Die erkalteten, geschälten Kartoffeln in feine Scheiben schneiden; in einer Bratpfanne das Fett hoch erhitzen, die Kartoffelblättchen darin hellgelb rösten, die Zwiebel zufügen und mit etwas Salz bestreuen. Unter Rütteln goldgelb braten, einmal wenden, zuletzt den Rahm darübergießen und kurz mitbacken.

1 Kroketten **1248**: Gekochte Kartoffeln reiben oder durch eine Kartoffelpresse drücken.

2 Eigelbe und die restlichen Zutaten unter die Kartoffeln geben.

3 Mit Hilfe eines Spritzbeutels lange Stangen aufspritzen.

4 Fingerlange Stücke abschneiden...

5 und diese in Eigelb tauchen und in Semmelbröseln wenden.

6 In heißem Fett frittieren.

1251
Bratkartoffeln von gekochten Kartoffeln

750 g Pellkartoffeln, festkochend,
50 g geräucherter Speck in Würfel,
50 g Schweine- oder Butterschmalz,
1 gehackte Zwiebel,
Salz, Pfeffer, Thymian, Majoran oder Kümmel.

Die kalten Kartoffeln schälen, in Scheiben oder Würfel schneiden.
Speck in einer möglichst gusseisernen Pfanne bei starker Hitze auslassen, herausnehmen. Kartoffeln ins Bratfett geben und bei mäßiger Hitze goldbraun braten. Mehrmals vorsichtig wenden. Zum Schluss die Kartoffeln etwas zur Seite schieben, Zwiebel- und Speckstückchen hineingeben, kurz mitbraten. Die Kartoffeln erst zuletzt mit Salz, Pfeffer und nach Geschmack mit Thymian, Majoran oder Kümmel würzen.
Oder die Kartoffeln auf einem gefetteten Backblech ausbreiten, mit heißem Butterschmalz beträufeln und im Backofen goldgelb braten.
E.-Herd 200 °C/G.-Herd 3
Ca. 20 – 30 Minuten
Oder die Kartoffeln portionsweise braten, auf einem Backblech im Backofen bei ca. 75 °C warm halten. Zuletzt die Speck- und Zwiebelwürfel braten, unter die Kartoffeln mischen und würzen.

1252
Bratkartoffeln aus Süßkartoffeln

750 g Süßkartoffeln
(evtl. am Vortag gekocht),
50 – 60 g Butterschmalz oder
1 Essl. Öl mit 50 g Butter gemischt,
1 Gemüsezwiebel,
Salz und Pfeffer aus der Mühle,
je nach Geschmack: 1 Prise Zimt oder
1 Prise Piment.

Tipp:
Bleiben Kartoffeln übrig, so kann man sie noch einmal aufbacken.

Die knapp gar gekochten Kartoffeln (ca. 10 Minuten) auskühlen lassen, schälen und in Würfel schneiden. (Oder am Tag zuvor gekochte Kartoffeln verwenden, die erst unmittelbar vor dem Braten geschnitten werden.)
Fett in einer gusseisernen Pfanne zerlassen, die Zwiebel in kleinen Würfeln zugeben und glasig braten. Die Kartoffelstückchen zugeben, würzen und unter häufigem Wenden braten, bis die Kartoffeln eine braune Kruste haben.

1253
Berner Rösti

1 kg festkochende Kartoffeln,
am Vortag gekocht,
2 gewiegte Zwiebeln,
50 g Butterschmalz oder
geklärte Butter,
40 g Butter, 1 Essl. Salz,
evtl. 100 g Räucherspeck, in Streifen geschnitten.

Die geschälten Kartoffeln grob raffeln. Das Butterschmalz in einer großen Pfanne (möglichst aus Gusseisen) erhitzen und die Zwiebelstückchen gelb dünsten und herausnehmen. Die Kartoffeln in die Pfanne geben, dazwischen immer etwas Salz streuen, dann flach zu einem runden Kuchen drücken. Die Kartoffeln zudecken und bei geringer Hitze ca. 25 Min. langsam braten, bis sie unten eine Kruste aufweisen. Dann auf einen umgedrehten Deckel stürzen. Frische Butter in die Pfanne geben und die andere Seite der Rösti bräunen. Die Zwiebeln darüber verteilen. Zusammenhängend als Kuchen auf eine vorgewärmte Platte gleiten lassen.
In der Schweiz wird dazu Geschnetzeltes und ein Rohkostsalat gereicht.
Oder in einer zweiten Pfanne Räucherspeckstreifen anbraten und über den Rösti anrichten.
Oder nach 10 Min. Bratzeit 50 g geriebenen Emmentaler Käse oder Appenzeller darunter mischen und die Kartoffeln zu einem flachen Kuchen formen.
Oder Schinkenwürfel oder Kümmel oder 3 Essl. klein gehackte Küchenkräuter darunter mischen.
Oder rohe Kartoffeln raffeln und ebenso braten.

1254
Bauernomelett

750 g Pellkartoffeln,
250 g Rauchfleisch, 50 g Fett,
2 gewiegte Zwiebeln,
Pfeffer, 4 Eier,
2 Essl. fein gehackter Schnittlauch.

Die Kartoffeln schälen, in Scheiben und das Rauchfleisch in Würfel schneiden. Das Fett erhitzen, die Kartoffeln zugeben und zugedeckt so lange bei geringer Hitze braten, bis sie ein schönes Krüstchen haben. Rauchfleischwürfel und Zwiebelstückchen während des Bratens nach ca. 15 Min. darunter mischen. Vorsichtig würzen, da das Rauchfleisch Salz abgibt. Die verquirlten Eier über die Kartoffeln gießen und stocken lassen. Die Kartoffeln nicht mehr wenden. Das Omelett auf eine Platte gleiten lassen und mit Schnittlauch bestreut servieren. Dazu gibt es Feldsalat oder Weißkrautsalat.

1255
Blutwurstkartoffeln

1 kg festkochende Kartoffeln,
Butterschmalz,
2 Blutwürste,
1 Prise Salz, ½ Tasse Milch.

Die frisch gekochten Kartoffeln schälen, in Scheiben schneiden und im heißen Fett rösten. Die Blutwürste in schwach strudelndem Wasser erhitzen, die Haut abziehen und in Scheiben schneiden oder die Wurstmasse herausschaben, dann unter die Kartoffeln mischen. Etwas Salz und Milch zufügen und das Ganze kurz überbacken. Dieses sehr wohlschmeckende, preiswerte Gericht nicht zu trocken servieren.
Mit grünem Salat ergibt es ein sättigendes Hauptgericht.
Leberwürste eignen sich ebenfalls dafür.

1256

Kartoffelauflauf

Für 2 – 3 Personen
30 g Butter, 1–2 Eier, 90 g Zucker,
40 g geschälte, geriebene Mandeln,
abgeriebene Schale von 1/2 Zitrone,
250 g tags zuvor gekochte Kartoffeln.

Die leicht erwärmte Butter mit Eigelb und Zucker schaumig rühren, Mandeln, Zitronenschale und die geriebenen Kartoffeln zufügen. Alles gut vermengen, den steifen Eischnee locker durchziehen und den Auflauf in einer gefetteten, feuerfesten Form bei mittlerer Backofenhitze hellbraun backen. In der Form zu Tisch geben.
E.-Herd 175 °C/G.-Herd 2
Ca. 40 Minuten

1257

Gebackene Kartoffeln in der Folie (Silberkartoffeln)

4 größere, mehlig kochende Kartoffeln, Alufolie,
60 g Butter oder Öl, grobes Salz,
200 g Doppelrahm-Frischkäse,
1/8–1/4 l Milch, 1 Essl. Mayonnaise,
etwas Zitronensaft, Salz, Pfeffer,
2 Essl. klein geschnittene, frische oder marinierte Paprikaschoten aus dem Glas,
3 Essl. gewiegte Petersilie.

Die Kartoffeln in der Schale gut waschen, am besten abbürsten und mit der Gabel einige Male einstechen. Folie in 4 größere Rechtecke schneiden, glänzende Seite der Folie einfetten und auf jedes Stück eine Kartoffel legen. Etwas Salz darüber streuen und ein Butterflöckchen darauf setzen. Die Folie gut verschließen, damit während des Backens nichts herauslaufen kann (die matte Seite nach außen legen). Die Kartoffelpäckchen im vorgeheizten Backofen oder auf dem Gartengrill garen. Mit einer Spicknadel probieren, ob die Kartoffeln innen weich sind.
E.-Herd 225 °C/G.-Herd 4–5.
Ca. 50–60 Minuten

Die Päckchen halb öffnen, die Oberseite der Kartoffel über Kreuz einschneiden, das Innere leicht herausdrücken und die Kartoffeln in der Folie servieren. Den Doppelrahm-Frischkäse mit einer Gabel zerdrücken, mit den restlichen Zutaten verrühren, pikant abschmecken und über den Kartoffeln oder gesondert dazu servieren.
Eine köstliche Beigabe zu allen Grilladen.
Oder statt der Käsemischung saure Sahne mit frischem gehacktem Dill über die Kartoffeln geben.

1258

Schaumkartoffeln

8 große, mehlig kochende Kartoffeln.
Zur Fülle: Auf 500 g Kartoffelmasse,
50 g Butter, 2 Eigelb,
je 1 Prise Salz und Muskat,
2/10 l süße Sahne.
Evtl. 1 Eigelb zum Bestreichen.

Die Kartoffeln in reichlich Wasser gründlich abbürsten, abtrocknen und mit der Schale auf einem leicht gefetteten Backblech im vorgeheizten Backofen garen.
E.-Herd 220 °C/G.-Herd 4
Ca. 45 Minuten
Ein Deckelchen abschneiden, die Kartoffeln aushöhlen, das Ausgeschabte durchpassieren und abwiegen. Unter die Kartoffelmasse die Füllezutaten mischen, in einer Pfanne auf der mäßig heißen Herdplatte glatt rühren und nach dem Abkühlen die steif geschlagene Sahne leicht unterziehen. Die ausgehöhlten Kartoffeln damit füllen oder mit dem Spritzsack einspritzen, evtl. mit Eigelb bestreichen und im heißen Backofen überbacken.
E.-Herd 200 °C/G.-Herd 3
Ca. 15 Minuten

1259

Gefüllte Kartoffeln

8 mittelgroße, mehlig kochende Kartoffeln,
1 gewiegte Zwiebel,
1–2 Essl. gewiegte Petersilie,
Salz, Pfeffer, Muskatnuss,
250 g gemischtes Hackfleisch,
Fleischbrühe, 3 Essl. geraffelter Käse.

Die Kartoffeln schälen und so vorsichtig zum Füllen aushöhlen, dass sie nicht zerbrechen. Die Zwiebel und Petersilie mit den Gewürzen unter das Hackfleisch mischen, pikant abschmecken und in die Kartoffeln füllen. In einen größeren, flachen Topf nebeneinander setzen. So viel Fleischbrühe zugießen, dass sie bis zu 3/4 darin stehen und im Backofen garen. Zuletzt den Käse darüber verteilen und kurz unter dem Grillstab bräunen. Dazu wird Gemüse oder Salat gereicht.
E.-Herd 200 °C/G.-Herd 3
Ca. 30–40 Minuten

1260

Pommes frites

Rohe, geschälte Kartoffeln (fest kochende Sorte) waschen, gleichmäßig in etwa 1/2 cm dicke Streifen schneiden und in einem Tuch nachtrocknen. Reichlich Backfett auf 170 °C erhitzen, die Kartoffelstäbchen in kleinen Portionen darin 4 Min. backen, bis sie Häutchen bilden, dann herausnehmen. Das Fett stärker (190 °C) erhitzen und die Kartoffeln wieder hineinlegen. Rasch hellbraun werden lassen, auf einem erwärmten Sieb leicht schütteln und mit wenig Salz bestreuen.
Oder die Kartoffeln auf ein leicht gefettetes Backblech legen und im Backofen knusprig backen.
E.-Herd 200 °C /G.-Herd 3
Ca. 20 – 30 Minuten
Evtl. einige Tropfen Öl über die Pommes frites träufeln.

Tipp:
Zum Backen der geschnittenen, rohen Kartoffeln eignet sich das sogenannte Pommes-frites-Backsieb, in dem die Kartoffeln rasch knusprig werden und nicht so viel Fett annehmen wie beim Backen schwimmend im Fett. Noch besser ist eine elektrische Fritteuse.
Frittierhitze: 170–180 °C
Zum Backen werden jeweils 250 g Backfett oder Öl benötigt, bei größeren Mengen, wenn weiteres Fett zugefügt werden muss, ist dieses vor jedem Einlegen der Kartoffeln gut zu erhitzen. Die Fritteuse nie zu voll füllen.

1261

Streichholzkartoffeln (Pommes allumettes)

8–10 mittelgroße, festkochende Kartoffeln, 250 g Backfett (Kokosfett oder Öl), etwas Salz.

Kartoffeln in streichholzdünne Stäbchen schneiden, alle auf einmal vorfrittieren, dann portionsweise kross backen.

1262

Strohkartoffeln (Pommes paille)

Kartoffeln in noch dünnere Stäbchen als Streichholzkartoffeln **1261** schneiden oder raffeln, portionsweise ca. 3 Min. frittieren und währenddessen öfter mit einem Schaumlöffel wenden. Vor dem Salzen das Fett auf Küchenkrepp abtropfen lassen.

1263

Pommes chips (Gebackene Kartoffelscheiben)

Rohe, geschälte Kartoffeln waschen, in einem Tuch trocknen, mit einem gerippten Messer zurechtformen und messerrückendicke Scheiben davon schneiden oder mit dem Gurkenhobel raffeln; sofort in kaltes Wasser legen, herausnehmen, gut abtrocknen und portionsweise in einem Sieb in heißes Fett tauchen. Unter Rütteln rasch ausbacken, auf Küchenkrepp entfetten und mit wenig Salz und Paprikapulver bestreuen.

Kartoffelnester mit Hilfe einer Spezialform frittieren.

1264

Pommes soufflées (Aufgeblähte Kartoffeln)

Am besten eignen sich dazu die gelbfleischigen Kartoffeln, die weder zu fest noch zu mehlig sind. Mittelgroße Kartoffeln wählen, rundum glatt abschälen, rasch waschen, mit einem Tuch abtrocknen und mit einem gerippten Messer vierkantig zurechtformen. Dann in messerrückendicke Scheiben schneiden, eine nach der anderen in mäßig heißes Fett einlegen, hin und wieder mit dem Fettlöffel wenden und unter Rütteln hellgelb backen. Während der Backzeit soll das Fett langsam heißer werden, die Kartoffeln sollen aber keine Farbe annehmen und keine Kruste bilden. Schwimmen sie oben, sofort mit dem Schaumlöffel herausnehmen, in eine Pfanne mit noch heißerem Fett legen, öfter mit dem Fettlöffel unter das Fett drücken und die wie Bällchen aufgegangenen Kartoffeln hell bräunen lassen. Zum Abtropfen auf ein Sieb geben, wenig Salz überstreuen und sehr heiß servieren. Der gleichmäßige Schnitt der Kartoffelscheiben ist eine der wichtigsten Vorbedingungen für richtiges Garwerden und gut geformtes Aussehen der Pommes soufflées.

1265

Kartoffelnestchen

Kartoffeln wie zu Strohkartoffeln schneiden. Zur Zubereitung der Nestchen benötigt man eine Spezialform, die aus zwei ineinander passenden, mit einem Scharnier verbundenen Drahtkörbchen besteht. Die Kartoffelstreifen werden gegen das untere (größere) Sieb gedrückt, darauf wird der kleine Korb fest aufgepresst. Im heißen Fett ca. 3 Min. frittieren. Das frittierte Nestchen auf Küchenkrepp abtropfen lassen. Mit feinem Gemüse oder Pilzen gefüllt zur Garnierung großer Platten sehr gut geeignet.

1266

Feine Kartoffelbällchen

125 g gekochte Kartoffeln (mehlig kochend),
1–2 Eigelb, je 1 Prise Salz und Muskat, 1 Essl. Parmesankäse, 1 Essl. Mehl, 30 g Butter.
Zum Wenden:
Semmelbrösel oder Mandelblättchen, Backfett.

Die erkalteten Kartoffeln schälen, reiben und mit Eigelb, Gewürz, geriebenem Käse und Mehl im Wechsel unter die leicht gerührte Butter mengen. Aus der Masse kleine Bällchen formen, in Semmelbröseln wenden und im heißen Fett schwimmend hellbraun backen.
Fritteuse: 180 °C
Oder aus der Kartoffelmasse kleine Kroketten oder Halbmonde formen, ausbacken und zur Verzierung von Braten, Gemüse usw. verwenden.

1267

Herzoginkartoffeln

Kartoffelmasse wie für Kartoffelkroketten, 1–2 Eigelb.

Den Kartoffelteig in einen Spritzsack füllen, kleine Türmchen, Streifen oder Kringel auf das gefettete Backblech spritzen, mit Eigelb bestreichen und backen.
E.-Herd 200 °C/G.-Herd 3
Ca. 10–15 Minuten

Herzoginkartoffeln **1267**: Kartoffelmasse aufspritzen.

GEMÜSE & PILZE

Sternengleich ist die Zahl der Gemüse- und Pilzarten, die zu mehr taugen, als „in der Landschaft herumzustehen". Aus denen sich lukullische Köstlichkeiten bereiten lassen. Gemüse und Pilze gibt es so viele, dass es einem Menschen unmöglich ist, sich alle ihre Namen zu merken. Bei der Geschwindigkeit heutiger Transportmittel muss niemand mehr ein Stück davon aus einem Treibhaus oder aus der Folienaufzucht beziehen. Wer denkt, ein Kohlkopf müsse nicht die Erde umrunden, um in seinem Kochtopf zu enden, der findet zu jeder Jahreszeit ein ihm genehmes, heimatliches Angebot. Übrigens: Viele Pilze sind getrocknet ganz besonders lecker.

Gemüse von A bis Z

Das Gemüseangebot ist in den letzten Jahren immer reichhaltiger geworden. Die Jahreszeit spielt weniger denn je eine Rolle, denn Gemüse kommt aus dem Ausland, aus Gewächshäusern und nicht zuletzt aus Dosen und Tiefkühltruhen. Man kann also seine Wahl ganz nach Geschmack treffen.
Am besten schmeckt natürlich frisches Gemüse aus dem eigenen Garten; aber nicht alles wächst bei uns, und deshalb ist es wichtig, beim Einkauf auf frische Ware zu achten.
Für den kleinen Haushalt bieten sich Mini-Zucchini oder Blumenkohl oder Cherry-Tomaten (Cocktailtomaten) an.
Frisches Gemüse nicht länger als 2–3 Stunden nach dem Einkauf liegen lassen. Der Vitaminzerfall setzt schnell ein.
Nicht lange wässern, sondern nur kurz, aber kräftig waschen oder mit einer Gemüsebürste unter fließendem Wasser säubern. Die Vitamine werden sonst ausgelaugt, und das Gemüse schmeckt obendrein auch noch fad.
Das Gemüse erst dann zerkleinern, wenn es auch anschließend gleich zubereitet wird. Beim Liegenlassen zerstört der Sauerstoff die Vitamine.
Zum Garen nur so viel Wasser zugießen, dass das Gemüse gerade bedeckt ist. Nur bei geringer Hitze garen; das Gemüse sollte noch „Biss" haben.
Der Nährwert des Gemüses, vor allem sein Gehalt an Vitaminen und wertvollen Spurenelementen, bleibt am besten erhalten, wenn es so kurz und schonend wie möglich gegart wird.
Die Garzeit einhalten und möglichst nicht verlängern. Durch zu lange Kochzeiten verliert das Gemüse Nährstoffe.
In den modernen Kochtöpfen und Dampfdrucktöpfen kann Gemüse sehr schonend gegart werden. Die Herstellerangaben bitte beachten!
Das Kochwasser, das die abgegebenen Mineralstoffe und Vitamine enthält, für Suppen und Soßen verwenden!

Lagertemperaturen für Gemüse.
Dafür gibt es eine Faustregel: Die Temperatur sollte der Klimazone entsprechen, in der das Gemüse heimisch ist. Paprika, Tomaten und Zucchini gehören nicht in den Kühlschrank. Einheimisches Gemüse wie Hülsenfrüchte oder Kohl, Wurzelgemüse und Spinat vertragen kühlere Temperaturen. Spargel sollte rasch verzehrt oder gegebenenfalls über Nacht in ein feuchtes Küchentuch gewickelt werden.

1247a

Artischocken

Den Stiel und die starken unteren Blätter der Artischocken entfernen, die Spitzen der oberen und der seitlichen Blätter mit einem scharfen Messer oder einer Küchenschere abschneiden; die Artischocken mit kaltem Wasser gründlich überbrausen und in einem hohen Topf zugedeckt in schwach strudelndem, leicht gesalzenem Wasser mit Zitronensaft – auf 1 l Wasser Saft von 1/2 Zitrone – oder einigen Zitronenscheiben (ungespritzt) so lange kochen, bis sich nach etwa 35 Min. aus der Mitte ein Blättchen herausziehen lässt. (Sehr große Artischocken haben meist dicke, zähe Blätter und brauchen eine längere Kochzeit.)
Oder die vorbereiteten Artischocken jeweils mit einer Zitronenscheibe sowie einem Lorbeerblatt belegen, mit Küchengarn umschnüren und garen. Zum Abtropfen auf ein Sieb stülpen, vor dem Anrichten die mittleren Blättchen herauslösen, die Samenfäden (das s. g. Heu) entfernen und die herausgelösten Blätter wieder in die Öffnung einlegen. Die Artischocken heiß servieren und dazu eine Vinaigrette **309** oder Grüne Soße **73** mit etwas zerdrücktem Knoblauch reichen. Auch Tatarsoße **95** oder Aïoli **98** passen gut dazu
Beim Essen die Blättchen einzeln herausziehen, mit dem dicken Ende in die Soße tauchen, die fleischigen Blattansätze aussaugen und den Rest weglegen, wozu am besten kleine Schalen gedeckt werden. Zuletzt bleibt der Fruchtboden übrig, der besonders köstlich schmeckt.

1 Artischocken: Stiel mit einem Tuch festhalten und über der Tischkante abbrechen.

Oder die Artischockenböden salzen, mit Zitronensaft beträufeln und in erhitztem Olivenöl sautieren (kurz in der Pfanne schwenken). Bei aufgelegtem Deckel und geringer Hitze ca. 15. Minuten garen. Dann frische (oder TK-) Erbsen einlegen und ohne Flüssigkeitszugabe zugedeckt noch ca. 30 Min. garen. Passt gut zu Kalb- oder Geflügelfleisch.

1248a

Artischockenböden, überbacken

Pro Person 2–3 Böden
Zur Fülle:
125 g frische Champignons,
100 g Kalbfleisch, 30 g Butter,
je 1 Teel. gewiegte Petersilie und Zwiebel, je 1 Prise Salz und Pfeffer,
1 Ei, 2 Essl. geriebener Käse,
Semmelbrösel,
einige Butterflöckchen.

Die Artischocken nach **1247a** vorbereiten und kochen. Alle Blättchen und Samenfäden ablösen und die Böden (die auch als Konserven erhältlich sind) 2 cm dick mit folgender Fülle bestreichen: Die Champignons, das Kalbfleisch fein wiegen, mit Petersilie und Zwiebel in der zerlassenen Butter dünsten, nach kurzem Abkühlen Salz, Pfeffer und das Ei zufügen und alles gut vermischen. Nach dem Aufstreichen den Käse und etwas Brösel aufstreuen, je ein Butterflöckchen obenauf setzen und die gefüllten Böden im vorgeheizten Backofen rasch überbacken. Zu Braten oder Geflügel reichen.
E.-Herd 220 °C / G.-Herd 4
Ca. 15 Minuten

2 Die Spitze mit einem Messer abschneiden.

1249a

Gefüllte Auberginen (Eierfrüchte)

4 Eierfrüchte,
etwas Salz, 20 g Butter oder Olivenöl.
Zur Fülle:
1 mittelgroße Zwiebel,
40 g Butter oder 2 Essl. Öl,
2–3 Tomaten,
4 trockene Brötchen,
je 1 Prise Salz und Pfeffer,
1 Essl. gewiegte Petersilie,
1 Essl. Semmelbrösel,
2 Essl. geriebener Käse,
Butterflöckchen.

Die Eierfrüchte waschen, putzen, der Länge nach durchteilen und aus jeder Hälfte einen Teil des Fruchtfleisches herausschaben. Das Innere ein wenig salzen, die Früchte in Butter oder Öl anbraten und auf einem Gitter kurz trocknen. Zur Fülle die gehackte Zwiebel in Butter oder Öl andünsten, die geschälten, kleinwürfelig geschnittenen Tomaten mitdämpfen, die eingeweichten, ausgedrückten Brötchen, Salz, Pfeffer, das gehackte Fruchtfleisch und reichlich Petersilie untermischen. Die Fruchthälften damit füllen, in eine mit Butter gefettete feuerfeste Form legen, Brösel und Käse überstreuen, Butterflöckchen obenauf verteilen und hellbraun backen.
E.-Herd 175–200 °C / G.-Herd 2–3
Ca. 40 Minuten
Oder zur Fülle 80 g gekochten Reis mit dem ausgeschabten Fruchtfleisch und 250 g Hackfleisch (Rind- oder Lammhackfleisch), der angedünsteten Zwiebel und 2 gehackten Knoblauchzehen vermischen, mit frischen, gehackten Kräutern, Salz und Pfeffer würzen und in die Auberginen geben. Die Eierfrüchte in eine tiefe feuerfeste Form setzen und mit Brühe bis zur Hälfte angießen. Butterflöckchen darauf geben. Im vorgeheizten Backofen garen.
E.-Herd 175–200 °C / G.-Herd 2–3
Ca. 40 Minuten

1250a

Gebratene Auberginen

4 kleine oder 2 große Auberginen (Eierfrüchte),
Salz, Mehl, Olivenöl oder anderes Öl zum Braten.

Die Auberginen waschen, junge Früchte nicht schälen, die Enden abschneiden und die Eierfrüchte der Länge oder Breite nach in Scheiben teilen. Leicht salzen und in Mehl wenden; im heißen Öl rasch von allen Seiten herausbacken.
Oder die Auberginenscheiben mit Salz und 2 Teel. gehacktem Knoblauch bestreuen, Zitronensaft darüber träufeln und etwa 15 Min. durchziehen lassen. Dann mit Küchenkrepp abtupfen und die Scheiben in einer mit Öl ausgestrichenen Grillpfanne in ca. 2–3 Min. von jeder Seite leicht bräunen. Die Auberginen auf eine Platte legen und eine Soße aus 1 Teil Zitronensaft oder Essig und 3 Teilen Öl, gewürzt mit etwas Salz, frisch gemahlenem Pfeffer und frischer gehackter Petersilie, darüber gießen. Lauwarm servieren. Zu gegrilltem Fleisch, Fisch, frischem Knoblauchbrot oder Risotto reichen.

3 Die Blattspitzen mit der Schere kürzen.

4 Die Artischoken zusammen mit Zitrone und Lorbeerblatt binden.

1251a

Batate

Diese Süßkartoffel ist mit unserer heimischen Kartoffel nicht verwandt; es handelt sich um buschig dahinkriechende Pflanzen, deren fleischige Wurzelstücke sich zu kartoffelartigen Knollen verdicken. Sie wächst vor allem in tropischen und subtropischen Gegenden. Die Bataten sind durch Einfuhren ganzjährig erhältlich. Die Farbe der Schale und des Fruchtfleisches kann von weißlich-hell bis rötlich variieren. Der beim Schneiden austretende milchige Saft ist unbedenklich, der Geschmack der Knolle ist leicht süßlich. Geeignet für Kartoffelbrei, als Ofenkartoffeln, in Folie gebacken, Bratkartoffeln siehe **1249**, Kartoffel-Gratin **1236** (evtl. mit Apfelscheiben), Kartoffelsalat (als Schalkartoffeln kochen), vermischt mit Früchten oder süßlichen Gemüsen wie Fenchel und mit Apfel-Ingwer-Soße **89** angemacht.
Aus Bataten wird Stärke, das sog. Arrow-Root gewonnen.

1252a

Bleichselleriegemüse

1–2 Stauden Bleichsellerie,
1–2 Zwiebeln,
50 g Butter/Margarine,
¼ l Gemüsebrühe,
3–4 Tomaten,
1 Prise Zucker, Salz,
1 hart gekochtes Ei.

Die Selleriestauden von den Blättern befreien. Wurzelenden abschneiden. Stiele halbieren und in kleinere Stücke schneiden. Gut waschen, Zwiebeln fein wiegen und im heißen Fett andünsten. Das Gemüse zugeben, Brühe zugießen und bei geringer Hitze ca. 20 Min. garen. Tomaten in heißes Wasser legen, schälen, vierteln und entkernen; in den letzten 5 Min. zum Gemüse geben. Gemüse abschmecken, auf eine vorgewärmte Platte geben und die Brühe einkochen. Über das Gemüse gießen und mit dem klein gehackten Ei garnieren. Bleichsellerie kann auch wie Spargel **1315** gegart und mit brauner Butter übergossen gereicht werden.

1253a
Bleichsellerie, überbacken

2 Stauden Bleichsellerie (Staudensellerie), ca. 600 g,
½ l Wasser.
*Käsesoße **14**,*
2 Tomaten,
2 Essl. geriebener Käse.

Die Selleriestücke wie **1252 a** vorbereiten und in wenig Wasser ca. 8–10 Min. kochen. Abtropfen lassen und die Käsesoße zubereiten. Die Selleriestücke in eine gefettete Form legen, Tomatenscheiben darauf legen und die Käsesoße darüber verteilen. Mit geriebenem Käse bestreuen und im vorgeheizten Backofen überbacken.
E.-Herd 220 °C / G.-Herd 3–4
Ca. 20 Minuten

1254a
Blumenkohl

1 großer Blumenkohl.
Zur Soße:
40 g Butter, 50 g Mehl,
Blumenkohlwasser oder
¼ l Fleischbrühe,
etwas Muskat, Salz.
Zum Abziehen:
1 Eigelb, 1 Essl. Sahne.

Die äußeren Blumenkohlblätter entfernen, den Strunk etwas kürzen, die kleinen Blättchen mit einem spitzen Messer herauslösen und den Blumenkohl entweder ganz oder in kleinen Röschen etwa 10 Min. in leicht gesalzenes, lauwarmes Essig- oder Zitronenwasser legen (oder sehr gründlich unter fließendem kalten Wasser waschen), auf einem Sieb abtropfen lassen, dann in strudelndem Salzwasser, dem etwas Milch oder Zitronensaft zugesetzt wird, in 20–25 Min. langsam weich kochen. Die Buttersoße zubereiten, mit Eigelb und Sahne abziehen, den Blumenkohl auf einer erwärmten Platte anrichten und mit der Soße übergießen.
Oder den Blumenkohl in Röschen teilen und im gelochten Einsatz des Schnellkochtopfes (unter Zugabe von 2 Tassen Wasser) in ca. 8–10 Min. garen.

1255a
Blumenkohl, überbacken

Einen Blumenkohl nach **1254 a** vorbereiten, halbweich kochen, in eine gut gefettete, mit Semmelbröseln bestreute Pudding- oder Auflaufform setzen und mit der dicken Buttersoße nach **15** übergießen. Je 1–2 Essl. Parmesankäse und Semmelbrösel darüber streuen, einige Butterflöckchen aufsetzen und das Gericht im heißen Backofen hellgelb überbacken.
E.-Herd 200 °C / G.-Herd 3
Ca. 30–40 Minuten

1256a
Blumenkohl, ausgebacken

1 mittelgroßer Blumenkohl.
Zur Soße:
30 g Butter,
40 g Mehl, ⅛ l Milch,
etwas Blumenkohlkochwasser,
je 1 Prise Salz und Muskat,
1 Eigelb, 2 Essl. Sahne.
Zum Ausbacken: Semmelbrösel,
1–2 Eier, Backfett.

Den in große Röschen geteilten Blumenkohl 10 Min. wässern und in leicht gesalzenem Wasser mit wenig Milch halbweich kochen. Eine dicke Buttersoße zubereiten, die Blumenkohlröschen eintauchen, zuerst in Semmelbröseln, dann im gequirlten Ei und noch einmal in Semmelbröseln wenden und im heißen Fett schwimmend knusprig backen.
Oder die Buttersoße weglassen und die Blumenkohlröschen zuerst in Mehl, dann in verquirlten Eiern und Semmelbröseln wenden (oder halb Semmelbrösel, halb geriebener Käse) und im heißen Fett ausbacken (oder in der Fritteuse ausbacken).
Neben dem weißen Blumenkohl gibt es noch Blumenkohl mit violetten und grünen, türmchenähnlichen Blütenständen (Romanesco).
Romanesco kann wie weißer Blumenkohl zubereitet werden (da die Blütenoberfläche nicht ganz glatt ist, sollte er unbedingt einige Minuten in kaltes Wasser eingelegt werden, um evtl. Maden oder Raupen herauszulocken). Am schönsten sieht der Romanesco im Ganzen aus.
Serviermöglichkeiten: Mit Buttersoße **15**, weißer Soße **11** oder Essig- und Ölsoße **310** mit frischen, gehackten Kräutern.

1257a
Bodenkohlraben (Kohlrübe)

1 kg Bodenkohlraben,
1½ l leicht gesalzenes Wasser,
500 g rohe Kartoffeln,
500 g frisches oder gepökeltes Schweinefleisch,
2 Essl. saure Sahne (Rahm) und
*1 Essl. Mehl oder 1 Essl. dextriniertes Mehl nach **6**, 1–2 Essl. Essig,*
1 Essl. Zucker, 1 Prise Rosmarin.

Die Bodenkohlraben dick abschälen, waschen und das gelbe Fruchtfleisch in Würfel oder Stifte schneiden und ca. 5 Min. (im Winter 10 Min.) vorkochen, um den strengen Geschmack zu mildern. Dann mit den geschälten, würfelig geschnittenen Kartoffeln und dem Schweinefleisch in leicht gesalzenem Wasser (Pökelfleisch in Wasser ohne Salz) weich kochen und absieben. Unter die Brühe das mit Rahm glatt verquirlte Mehl oder das dextrinierte Mehl mischen und aufkochen. Die Kohlraben wieder einlegen und das etwas sämig gewordene Gericht mit Essig und Zucker abschmecken. Das mitgekochte Schweinefleisch in Scheiben schneiden (auch Hammelrippchen oder Rostbratwürste schmecken vorzüglich dazu), beim Anrichten obenauf legen und mit etwas Rosmarin würzen.

Tipp:
*Gemüse lässt sich schnell und knusprig in einem leichten Teig **ausbacken**:*
1 Ei mit 100 g gesiebtem Mehl verquirlen und mit 125 ml (dünnflüssiger Teig) oder 75 ml Eiswasser (dickflüssiger Teig) vermischen und nur leicht verrühren. Gemüsestücke in den Teig tauchen und bei 160 °C in Fett schwimmend (Fritteuse) rasch ausbacken.

1258a
Bodenkohlrabenpüree

1 kg Bodenkohlraben (Kohlrüben), leicht gesalzenes Wasser, 20 g Butter, 30 g Mehl,
1/4 l Fleisch- oder Würfelbrühe, Salz, 1 Prise Zucker, Kümmel, 1 Becher süße Sahne (200 g), evtl. 1 Schuss Weinessig.

Die gut geschälten Bodenkohlraben in Stückchen schneiden und in Salzwasser ca. 15 Min. dünsten – sie müssen noch einen Biss haben. Dann portionsweise in den Mixer geben und pürieren (oder mit dem Blitzhacker zerkleinern). Die Butter erhitzen, das Mehl darin hell anschwitzen, mit der Brühe ablöschen und mit dem Püree vermischen. Mit den Gewürzen abschmecken, die Sahne unterrühren, evtl. mit Essig abschmecken (das ist nicht jedermanns Geschmack) und sehr heiß zu Röstkartoffeln, Fleischküchlein oder zu einem Schweinebraten servieren.

1259a
Bohnengemüse

3/4 kg fadenfreie grüne Bohnen (Buschbohnen), Salz, Bohnenkraut, 150 g Rauchfleisch, 30 g Fett, 40 g Mehl, 1/2 l Kochbrühe, Salz, Pfeffer, 1 Messersp. gemahlene Nelken oder 1 klein gehackte Knoblauchzehe, 3–4 Essl. geriebener Käse.

Die Bohnen gipfeln, in kleinere Stücke schneiden und in Salzwasser ca. 20–30 Min. garen. Bohnenkraut mitkochen. Rauchfleisch in dünne Streifen oder Würfel schneiden und dazu geben. Fett erhitzen, Mehl anschwitzen und mit der Kochbrühe ablöschen. Salz, Nelken oder die klein gehackte Knoblauchzehe und Pfeffer zufügen. Die Soße ca. 10 Min. kochen lassen, Gemüse dazugeben und das Bohnenkraut entfernen. Vor dem Servieren mit Käse bestreuen.

Oder in der Soße mit den grünen Bohnen noch je 1 mittelgroße Dose (Einwaage ca. 220 g) grüne Bohnenkerne (Flageolets) und rote Bohnenkerne (Kidney Beans) erwärmen. Kräftig würzen und keinen Käse überstreuen.
Oder das Bohnengemüse mit Artischocken und geschälten Tomaten zubereiten.
Oder die gekochten Bohnen kurz in Butter schwenken und als Beilage zu Kurzgebratenem reichen.

1260a
Bohnentopf

3/4 kg Buschbohnen oder Stangenbohnen, 1 Zwiebel, Bohnenkraut, 2 Essl. Schweineschmalz, 3 Kartoffeln, Salz, Pfeffer, wenig Senf, 1 Essl. geröstete Semmelbrösel, 2 Essl. gewiegte Petersilie.

Die Bohnen vorbereiten und einmal durchschneiden. Fadenfreie müssen nicht abgezogen werden. Zwiebel und Bohnenkraut fein wiegen und in heißem Fett anschwitzen. Bohnen und die geschälten, würfelig geschnittenen rohen Kartoffeln zugeben und ca. 30 Min. garen. Das Gemüse zuletzt mit Salz, Pfeffer und Senf abschmecken. Semmelbrösel und Petersilie darüber anrichten. Gemüse heiß mit kalten Matjesheringen servieren.

Tipp:
Außerhalb der Saison Keniabohnen verwenden.

1261a
Grüne oder gelbe Bohnen (Wachsbohnen, Schnippelbohnen)

Junge, zarte Bohnen vorbereiten und fein schnitzeln. Fein geschnittene Zwiebelringe, etwas gewiegtes Bohnenkraut und Petersilie in zerlassener Butter dünsten, die Bohnen hineingeben, mit wenig Fleischbrühe oder heißem Wasser ablöschen und die Bohnen zugedeckt 20–30 Min. dünsten. Evtl. 2–3 rohe, geschälte, in Würfelchen geschnittene Kartoffeln mitkochen; zuletzt mit Salz und etwas Pfeffer abschmecken. Gelbe Bohnen (Wachsbohnen) ebenso zubereiten, statt mit Pfeffer mit 1 Prise Edelsüßpaprika würzen.

Grüne Bohnen mit Artischocken und Tomaten ▷

1262a Gedörrte Bohnen *

80 – 100 g gedörrte grüne Bohnen, je 1 Teel. gewiegte Zwiebel und Petersilie, 40 g Butter, 1/4 l Fleischbrühe, je 1 Prise Salz und Pfeffer, reichlich Bohnenkraut.

Die Bohnen über Nacht in kaltem Wasser einweichen, abgießen, in strudelndem, schwach gesalzenem Wasser weich kochen und abtropfen lassen. Zwiebel und Petersilie in Butter anschwitzen und die Bohnen mit wenig Fleischbrühe noch etwa 10 Min. darin dünsten; mit Salz, Pfeffer und gewiegtem Bohnenkraut würzen.

1263a Dicke Bohnen (Puffbohnen)

1 kg frische dicke Bohnen, 70 g Räucherspeck, gewürfelt. Zur Soße: 20 g Butter, 50 g Mehl, 1/2 l Fleischbrühe, 1 kräftige Prise Salz, etwas Pfeffer, 1 Teel. Zucker, 1 Essl. Essig, evtl. etwas Majoran.

Die Bohnenkerne kurze Zeit in leicht gesalzenem Wasser kochen und auf einem Sieb abtropfen lassen. Den Speck etwas ausbraten, Butter und Mehl zufügen und hellgelb anschwitzen. Mit Fleischbrühe oder Wasser ablöschen, Salz, Pfeffer und Zucker untermischen, den Essig zugießen und die Bohnen in der Soße weich kochen; evtl. etwas gewiegten Majoran überstreuen. Gekochten Schinken, gebratene, durchwachsene Speckscheiben oder heiße Wurst dazu reichen.

* (Vgl. Dörren Seite 637).

****Tipp:**
Frischer Broccoli muss dunkelgrün sein, gelbe Röschen nicht verwenden. Nicht zu lange kochen (Vitamin- und Farbverlust)!

1264a Weiße Bohnen

400 g weiße Bohnen, über Nacht eingeweicht, 1 Zwiebel, geviertelt, evtl. 2 Knoblauchzehen, zerdrückt, Thymian- und Petersilienstängel. 50 g Butter, 1–2 Zwiebeln, gehackt, 2-3 Tomaten, entkernt und gehackt, einige frische Thymianblättchen.

Die Bohnen mit Zwiebeln und Kräutern in Wasser aufkochen und bei geringer Hitzezufuhr unter halb aufgelegtem Deckel ca. 1 – 1½ Stunden köcheln, ab und zu abschäumen. Abgießen und abtropfen lassen.
Gehackte Zwiebeln in Butter anschwitzen und die Bohnen, Tomaten und Thymianblättchen noch ca. 10 Minuten darin schmoren. Abschmecken und zu Lamm- oder Hammelfleisch servieren.
Oder die Bohnen mit Suppengrün, Lorbeerblatt und einem Thymianstängel wie oben garen und anstelle der Tomaten ein Glas Rotwein dazu geben. Mit Pfeffer und frisch gehacktem Bohnenkraut oder Petersilie würzen.

1265a Broccoli in Käsesoße

*3 Stauden Broccoli ** (ca. 700 g), Salz, 2 P. Weiße Soße oder Soße **11**, 1/2 l Gemüsebrühe, 50 g klein geschnittener roher Schinken, 3 Essl. geriebener Käse, 1 Essl. klein geschn. Schnittlauch.*

Den unteren Teil der Broccolistangen etwas kürzen und die harte Schale abziehen (bis zu den Knospen). Das Gemüse gut waschen und in Salzwasser ca. 10 – 15 Min. kochen. Nach der Kochanweisung eine Weiße Soße kochen, Schinken und Käse daruntermischen. Broccoli in der Soße anrichten, mit Schnittlauch bestreuen.
Oder zuerst die Stängel im gelochten Einsatz des Schnellkochtopfes (Boden etwa zweifingerhoch mit Wasser bedeckt) 5 Min. vorgaren; dann die Röschen einlegen und noch ca. 3–5 Min. weiterdämpfen.

1266a Broccoli mit Mandelsoße

*2 Pakete TK – Broccoli oder ca. 600 g frischer Broccoli **, 50 g Butter oder Margarine, 1/8 l Fleischbrühe (Würfel), 1/8 l süße Sahne, Salz, 1 Prise Zucker, 2 Essl. geröstete Mandelblättchen.*

Broccoli etwas antauen. Butter oder Margarine erhitzen, Fleischbrühe und Sahne zugeben und das Gemüse ca. 10 – 15 Minuten darin garen. Abschmecken und mit Mandeln bestreut anrichten.

1267a Chicorée mit Schinken und Käse *

8 Stangen Chicorée, 200 g Emmentaler oder Gouda, 200 g gekochter Schinken, 50 g Margarine oder Butter, Saft von 1 Zitrone, etwas Salz, 1/2 l Fleischbrühe oder Wasser mit 1 Brühwürfel oder Bratensoße aus 1 Soßenwürfel hergestellt, Edelsüßpaprika zum Bestäuben.

Von den Chicoréestauden die äußeren welken Blätter entfernen, jede Chicorée halbieren, den bitteren Keil herausschneiden und zwischen je 2 Hälften ein fingerlanges, bleistiftdickes Stück Käse einlegen. Dann beide Hälften aneinanderdrücken, mit einer Schinkenscheibe umwickeln und mit einem Spieß zusammenstecken. Inzwischen Margarine oder Butter in einer Kasserolle oder feuerfesten Form erhitzen, die Chicorée-Rollen einlegen, mit Zitronensaft beträufeln, evtl. mit Salz würzen und die Fleischbrühe oder Bratensoße darüber gießen. Dann zugedeckt auf der Kochplatte bei nicht zu starker Hitze oder im Backofen gar werden lassen.
E.-Herd 200 °C / G.-Herd 3
Ca. 30 Minuten
Vor dem Anrichten Paprika überstäuben und in der Form servieren. Körnigen Reis, Nudeln oder Salzkartoffeln und grünen Salat dazu reichen.

1268
Chicorée, gedämpft*

8 Stangen Chicorée, 50 g Butter, 2–3 Zwiebeln, Petersilie, Salz, evtl. 1 Fleischbrühwürfel, ½ Teel. Thymian.

Die nach **1267** vorbereiteten Chicoréestauden je in 3–4 Stücke schneiden, in reichlich Butter mit feingehackten Zwiebeln und gewiegter Petersilie weichdünsten. Dabei den eigenen Saft mit nur wenig Wasser ergänzen und mit Salz und evtl. dem Brühwürfel würzen. Thymian mildert den herben Geschmack der Chicorée.

1269
Überbackene Chicorée*

Die Chicorée nach **1267** vorbereiten, der Länge nach halbieren und in leicht gesalzenem Wasser halbweich kochen; nach kurzem Abtropfen in eine gut gefettete Auflaufform setzen, mit dem Saft ½ Zitrone beträufeln und je 1 Prise Salz, Muskat und einige Butterflöckchen zufügen. Dann 2 Essl. geriebenen Käse darüberstreuen und die Chicorée im Backofen 20–30 Min. hellgelb überbacken.
Oder die Chicoréehälften 5 Min. in Salzwasser vorkochen, abtropfen lassen, in eine sämige Buttersoße legen und im vorgeheizten Backofen garziehen lassen.
E.-Herd 200 °C / G.-Herd 3
Ca. 20–25 Minuten

* Nur trockene, fehlerfreie Chicoréestauden wählen und braun gefärbte Blattränder mit einem scharfen Messer abschneiden. Bei der Zubereitung nur Holz- oder Hornlöffel und irdene oder tadellose Emailtöpfe benützen, da die Chicorée durch Berührung mit Metall eine unansehnliche Farbe annimmt. Chicorée ist sehr eisenhaltig und dadurch für die Ernährung äußerst wertvoll.

1270
Gedünsteter Chinakohl

1 schöne Staude Chinakohl (ca. 600 g), 1 Zwiebel, 50 g Speck, ¼ l Fleischbrühe (Würfel), 1–2 Essl. Sojasauce, Salz, 1 Bund Petersilie oder Basilikum.

Die welken Blätter von der Staude entfernen. Das Gemüse waschen und in Streifen schneiden. Zwiebel und Speck klein schneiden, leicht anrösten, die Kohlstreifen und Fleischbrühe zugeben und ca. 10–12 Min. garen. Mit Sojasauce und noch etwas Salz würzen. Klein geschnittene Petersilie oder Basilikum darüber streuen.

1271
Chinakohl-Gemüse

1 Staude Chinakohl (ca. 500 g), 2 Frühlingszwiebeln mit Grün, 2 Knoblauchzehen, fein gehackt, 1 kleine rote Paprikaschote, 1 Stück frischer Ingwer, geschält und gestiftelt, Pflanzenöl, ¼ l Gemüse- oder Hühnerbrühe, 1 Teel. Curry, 1 Prise Zucker. Butter, 50 g ganze Mandeln, gehäutet.

Die einzelnen Blätter von der Staude ablösen, falls die Hüllblätter nicht knackig frisch sind, entfernen. Den fleischigen Teil der Blätter etwas kürzen, die Blätter waschen, in Streifen schneiden und abtropfen lassen. Die Frühlingszwiebeln waschen, putzen und schräg in Scheiben schneiden. Die Paprikaschote evtl. häuten, putzen, in kleine Würfel schneiden. Das Öl erhitzen, nacheinander das Gemüse darin anbraten, vermischen; die Brühe angießen und das Chinakohl-Gemüse ca. 8–10 Minuten knackig garen. Mit Curry und Zucker würzen. Butter in einer Pfanne erhitzen, die Mandeln darin goldgelb braten und über dem Gemüse anrichten.
Oder noch ½ entkernte Chilischote, fein gehackt, mitgaren.
Oder noch 200 g blättrig geschnittene, frische Champignons in das Gemüse geben.

1272
Erbsenbrei

Etwa 375 g gelbe Erbsen, 40 g Fett, ½ Zwiebel, 30 g Mehl, je 1 Prise Salz, Muskat, Pfeffer oder Paprika, 20 g Butter.

Die Erbsen verlesen, in einem Sieb überbrausen, in frischem Wasser über Nacht einweichen (halbe Erbsen nicht einweichen), mit dem Einweichwasser aufsetzen, in ca. 1½ Std. weich kochen und durchpassieren. Von Fett, gewiegter Zwiebel und Mehl eine hellgelbe Mehlschwitze zubereiten, die Erbsen zufügen, mit Salz und Gewürzen abschmecken und unter stetem Rühren noch kurze Zeit kochen oder in ein strudelndes Wasserbad setzen. Es genügt auch, die durchpassierten Erbsen mit 1 Essl. dextriniertem Mehl nach **6** zu vermischen und Butter unterzurühren.
Oder die durchpassierten Erbsen nur würzen und mit geschmälzten Zwiebelringen, ausgebratenen Speckwürfelchen oder in Butter gerösteten Semmelwürfelchen zu Eisbein **889** mit Sauerkraut, Rotkraut oder zu gekochten Schweinerippchen reichen.

1273
Grüne Erbsen

1,5 kg junge Erbsen, 30 g Butter oder Margarine, je 1 Prise Salz, Pfeffer und Zucker, etwa ½ l Fleischbrühe. Zum Überstreuen: reichlich gewiegte Petersilie.

Die Erbsen aushülsen, waschen und auf einem Sieb abtropfen lassen; in der heißen Butter andünsten, die Fleischbrühe zugießen, Salz, Pfeffer und Zucker zufügen und die Erbsen bei milder Hitze ca. 30 Min. garen lassen; zuletzt mit gewiegter Petersilie bestreuen.
Oder die Erbsen wie oben garen und beim Anrichten gewiegte Minzeblättchen darüber streuen. Die Erbsen evtl. in einem Blätterteigring anrichten und mit gebackenen Blätterteighalbmonden verzieren.

1274 Fenchelknollen

3–4 Fenchelknollen (ca. 750 g),
1 Zwiebel, ½ Lauchstängel,
20 g Butter, 1 Prise Salz,
1 Tasse Gemüsebrühe,
1 Essl. gewiegte Petersilie
oder Fenchelgrün.

Die äußeren, harten Blätter abschneiden, die Knollen waschen und in Viertel teilen. Feine Zwiebelringe und den klein geschnittenen Lauch in der Butter hellgelb rösten, die Fenchelstücke, Salz und Gemüsebrühe oder Wasser zugeben und zusammen 20–30 Min. dünsten. Evtl. noch etwas Gemüsebrühe nachgießen. Das Gemüse mit Petersilie oder Fenchelgrün bestreut servieren.
Oder das Gemüse noch mit Parmesan bestreuen, einige Butterflöckchen aufsetzen und gratinieren.
E.-Herd 250 °C / G.-Herd 5
Ca. 10 Minuten

1275 Fenchel, überbacken

4 schöne Fenchelknollen,
1 Zwiebel, 1 Knoblauchzehe,
2 Essl. Butterschmalz oder Öl,
Brühe oder Salzwasser,
2–3 Fleischtomaten,
Salz und Pfeffer,
4 Essl. Semmelbrösel,
4 Essl. geriebener Emmentaler
oder Parmesan,
Saft von ½ Zitrone,
Butterflöckchen.

Die Fenchelknollen putzen, den Kern herausschneiden, der Länge nach durchschneiden und in halbe Scheiben teilen. Die Zwiebel und die Knoblauchzehe fein hacken, im heißen Fett hell anschwitzen und die Fenchelscheiben unter Rühren darin anbraten. Wenig Brühe zugießen und den Fenchel 15–20 Min. bei milder Hitze garen. Die Tomaten häuten (Stielansätze ausschneiden), in Scheiben schneiden und mit Salz und Pfeffer bestreuen. Abwechselnd mit den abgetropften Fenchelscheiben in eine feuerfeste Form einschichten, etwas Garflüssigkeit zugießen, obenauf die Semmelbrösel, vermischt mit Käse und Zitronensaft, streichen. Mit Butterflöckchen besetzen und im vorgeheizten Backofen überbacken, bis die Oberfläche goldbraun ist.
E.-Herd 200–220 °C / G.-Herd 3–4
Ca. 15–20 Minuten

1276 Grünkohl, Winterkohl

1 kg Grünkohl,
1 große, gehackte Zwiebel,
80–100 g Schweineschmalz
oder Gänseschmalz,
evtl. Schweinebauch oder Kasseler
zum Mitkochen.

Grünkohl wird durch mehrere Nachtfröste milder und verliert dann den etwas bitteren Geschmack. Die gelben, welken Blätter entfernen, alle grünen, krausen Blätter von den Stielen abstreifen. Grünkohl blanchieren (vgl. Seite 8) und abtropfen lassen. Je nach Geschmack grob oder fein schneiden und mit der gehackten Zwiebel in reichlich Schweineschmalz oder Gänseschmalz gar dünsten (ca. 1½–2 Std.), etwas Wasser angießen. Evtl. geräuchten Schweinebauch oder mild geräuchertes Kasseler mitkochen.
Auch Mettwürstchen oder Pinkelwurst schmecken gut dazu (nur 30 Min. mitkochen). Dazu gibt es Bratkartoffeln.

1277 Gefüllte Gurken, gedünstet

2 Salatgurken oder
4 Schmorgurken,
Saft von 1 Zitrone,
etwas Salz,
250 g frische Pilze (oder 100 g
Dosenpilze),
80 g durchwachsener Räucherspeck,
2 Zwiebeln,
je 1 Prise Rosenpaprika und
Majoran.
Zum Fetten der Kasserolle:
20 g Butter;
oder zum Auslegen:
4 dünne Speckscheiben,
Bratensoße, evtl. aus einem
Soßenwürfel hergestellt.

Die Gurken schälen, quer in zwei Hälften teilen und das Innere sorgsam aushöhlen. Dann mit Zitronensaft und etwas Salz einpinseln und kurze Zeit durchziehen lassen. Inzwischen die vorbereiteten, fein gehackten Pilze, den in Würfelchen geschnittenen Speck, die gewiegten Zwiebeln und das Gewürz vermischen und in die Gurkenhöhlungen füllen. Eine Kasserolle mit Butter fetten oder mit den Speckscheiben auslegen, die gefüllten Gurken hineinsetzen, kurz anbraten und unter Zugießen der Bratensoße weich dünsten. Körnig gekochten Reis oder Salzkartoffeln dazu reichen.

1278 Gurkengemüse

1–2 junge Salatgurken,
2 Essl. Öl oder 40 g Butter,
1 kleine Zwiebel,
1 Teel. gekörnte Brühe,
⅛ l süße Sahne oder Crème double,
1 Bund Dill.

Die Salatgurken schälen, der Länge nach halbieren, die Kerne entfernen und die Gurkenhälften in 1 cm dicke Scheiben schneiden. In einer Kasserolle Öl oder die Butter und gehackte Zwiebel andünsten, die Gurkenscheiben zufügen, mit gekörnter, aufgelöster Brühe würzen und bei nicht zu starker Herdhitze so lange zugedeckt dünsten, bis die Gurken Saft gezogen haben; dann Sahne zugießen und in 10 Min. gar werden lassen. Zuletzt reichlich frischen oder getrockneten, gewiegten Dill überstreuen und das Gericht mit körnig gekochtem Reis oder Risotto servieren.
Oder saure Kartoffelblättchen **1226** unter das Gurkengemüse mischen.
Oder die Gurken in Kugeln mit dem Pariser Messer ausstechen, in Butter etwa 10–15 Min. schmoren, mit Salz, frisch gemahlenem Pfeffer, Zitronensaft und frischer, gehackter Petersilie würzen.

1279
Gurken mit Weck- oder Reisfülle

*3 schlanke Salatgurken,
Saft von 1 Zitrone, etwas Salz,
30 g Butter,
1–2 Tassen Gemüsebrühe.
Zur Fülle:
3 trockene Brötchen,
etwa 1/8 l Milch,
je 1 Essl. gewiegte Zwiebel und
Petersilie, 30 g Butter, 2 Eier,
je 1 Prise Salz oder Hefewürze und
Muskat.
Zum Bestreuen und Übergießen:
2 Essl. Reibkäse,
2 Essl. Semmelbrösel oder
Sonnenblumenkerne,
4 Essl. saure Sahne.*
Oder *zur Fülle:
150 g Reis, 20 g Butter, 1 Zwiebel,
2 Essl. Reibkäse,
Tomatensoße* ***49****.*

Die Gurken schälen, der Länge nach halbieren, die Kerne herausschaben, die Gurkenhälften mit Zitronensaft und etwas Salz einreiben und 30 Min. zugedeckt beiseite stellen; dann in Butter und Gemüsebrühe oder Wasser 10 Min. garen und auf ein Sieb zum Abtropfen legen. Zur Fülle die abgeriebenen Brötchen in Scheiben schneiden, mit Milch befeuchten und durchziehen lassen. Zwiebel und Petersilie in Butter anschwitzen, die Brötchen und die Eier zufügen; mit Salz und Gewürz abschmecken, die gut vermischte Masse in die Gurkenhälften füllen und auf eine gefettete, feuerfeste Platte setzen. Den Reibkäse und die Brösel oder Sonnenblumenkerne aufstreuen, die Sahne darüber gießen und im vorgeheizten Backofen backen.
E.-Herd 220 °C / G.-Herd 4
Ca. 15–20 Minuten
Oder den mit Butter und Zwiebel angerösteten Reis unter Zugießen von 1/2 l Wasser weich kochen und mit dem Käse würzen; evtl. einige Dosenpilze untermischen, den Reis einfüllen, die Gurken wie oben backen und Tomatensoße dazu reichen.

1280
Hopfenkeime oder Hopfenspargel

*3/4 kg zarte Hopfensprossen,
Salz, Zitronensaft,
Buttersoße* ***11*** *oder Béchamelsoße* ***13****,
evtl. Schinkenstreifen.*

Die zarten Hopfensprossen, die den Spargeln sehr ähnlich und ebenso wohlschmeckend sind, etwas kürzen, wenn nötig, abschaben und mit Zitronensaft in leicht gesalzenem Wasser 15–20 Min. kochen; in der Buttersoße zu Tisch geben.
Oder die Hopfensprossen garen und abgetropft in ein Omelett einschlagen. Mit frischen Kerbelblättchen bestreuen.

1281
Rheinisches Karottengericht

*1 Zwiebel, 100 g Butter,
500 g Karotten, 1/8 l Weißwein,
2–3 saftige Äpfel, Salz, Zucker.*

Die Zwiebel in Scheiben schneiden, in 20 g Butter hellgelb anschwitzen und die gewaschenen, geschabten, in Stifte geschnittenen Karotten dazugeben. Weißwein zugießen und das Gemüse zugedeckt bei geringer Hitze ca. 20 Min. garen. Ein Stückchen Butter von ca. 30 g verfeinert das Gericht. Äpfel schälen, vierteln, Kernhaus entfernen, in Stifte schneiden und mit der restlichen Butter weichkochen. Die Apfelstifte unter die Karotten mischen und abschmecken.

1282
Karotten, Möhren

*1 kg Karotten, 30 g Butter,
je 1 Essl. gewiegte Zwiebel und
Petersilie, 2 Tassen Fleischbrühe,
evtl. 2 Essl. süße Sahne oder Crème
fraîche, je 1 Prise Salz und Zucker.
Zum Überstreuen: Petersilie.*

Die Karotten mit einer harten Bürste unter fließendem Wasser putzen und schaben. Dann ganz lassen oder in Scheiben bzw. Streifen schneiden. Zwiebel und Petersilie in der heißen Butter glasig schwitzen, die Karotten kurze Zeit mitdünsten, dann etwas Fleischbrühe und Sahne zugießen, mit Salz und Zucker würzen und gar werden lassen. Beim Anrichten reichlich gewiegte Petersilie überstreuen.
Oder ganz junge, kleine Möhren mit nur 1 Tasse Fleischbrühe ca. 10 Min. vordünsten, dann 1 Becher süße Sahne (200 g) zugießen und die Möhren bei sehr geringer Hitzezufuhr in ca. 10 Min. fertig garen. Eigelb mit etwas heißer Flüssigkeit verrühren und die Möhren damit legieren. Mit Kerbelblättchen bestreuen.

1283
Karottenpüree

*500 g Karotten, 1 Tasse Reis,
2 Tassen Wasser,
je 1 Prise Salz und Zucker,
80 g Butter, 1 Tasse Sahne oder
Fleischbrühe, evtl. wenig
Korianderblättchen, gehackt.*

Die vorbereiteten Karotten in feine Scheiben schneiden, mit dem gewaschenen, überbrühten Reis, der Prise Salz und Zucker, 2 Tassen Wasser oder halb Milch, halb Wasser weich kochen und durchpassieren. Dann die Butter erhitzen, das Püree zufügen und die Sahne oder die Fleischbrühe untermischen, mit Koriander garnieren.
Oder die Karotten ohne Reis weich kochen und durchpassieren.

1284
Karotten und Erbsen

*1 gehackte Zwiebel,
30 g Butter oder Margarine,
500 g geputzte, gewürfelte
Karotten, 500 g enthülste Erbsen,
1/2 Teel. Rosmarinpulver, Salz,
frisch gemahlener Pfeffer,
1 Prise Zucker,
1/8 l Fleisch- oder Würfelbrühe,
gehackte Petersilie zum Bestreuen.*

Die Zwiebelstückchen im heißen Fett glasig schwitzen, die Gemüse zugeben, würzen und mit Brühe übergießen. Das Gemüse zugedeckt 20 Min. bei milder Hitze dünsten; mit reichlich Petersilie überstreuen.

1285

Glasierte Esskastanien (Maronen)*

500 g Esskastanien,
1 Essl. Zucker, 40 g Butter,
etwa 1/8 l Fleischbrühe oder
Bratensoße oder
braune Grundsoße **32**.

Große Edelkastanien mit einem Einschnitt versehen, etwa 8 Min. in strudelnd heißem Wasser kochen oder auf der Oberseite überkreuzt einschneiden und auf einem befeuchteten Backblech im heißen Backofen rösten, damit sich die äußere Schale und die innere Haut ablösen lässt.
E.-Herd 250 °C / G.-Herd 5
Ca. 7–8 Minuten
Den Zucker in der heißen Butter karamellisieren lassen, mit Fleischbrühe ablöschen. Die geschälten Kastanien einlegen und 10–15 Min. bei milder Hitze unter gelegentlichem Wenden glasieren. Als Beilage zu Braten oder Rosenkohl, Rotkraut und Sauerkraut reichen.

1286

Kastanienpüree*

1 kg Esskastanien,
Fleischbrühe, 40 g Butter,
1/8 l süße Sahne oder Milch,
je 1 Prise Salz, Pfeffer und Zucker.

Die Kastanien nach **1285** vorbereiten, schälen, in so viel Fleischbrühe, dass sie davon bedeckt sind, in 40–50 Min. weich kochen und durchpassieren. Dann die übrigen Zutaten zufügen und das Püree noch 5–10 Min. bei schwacher Herdhitze oder im Wasserbad durchrühren. Als Beilage zu Wild-, Lendenbraten oder Lendenschnitten geeignet.

* Kastanien sollten vor dem Schälen in Wasser vorgekocht werden, weil durch das Rösten im Backofen leicht eine harte Kruste entsteht, die auch nach dem Durchpassieren spürbar bleibt. Für glasierte Kastanien ist das Vorrösten im Backofen zu empfehlen, weil das Röstaroma den köstlichen Kastaniengeschmack noch erhöht.

1287

Kohlrabigemüse

6–8 junge Kohlrabi,
30 g Butter oder Margarine,
2–3 Essl. Mehl,
Salz, Muskat, etwas Pfeffer,
2 Essl. süße Sahne oder Milch.

Die zarten Herzblättchen von den Stängeln abstreifen, waschen, nudelig schneiden und kurz vor Ende der Garzeit ans Gemüse geben. Die Knollen schälen, von allem Holzigen befreien, in leicht gesalzenem Wasser weich kochen und in feine Scheiben schneiden. Von Butter, Mehl und Gemüsewasser eine weiße Grundsoße **11** zubereiten, mit Salz, Muskat und Pfeffer würzen, mit der Sahne verfeinern und die Kohlrabischeiben darin erhitzen.
Oder die rohen Kohlrabi (besonders junge) nach dem Schälen in Stifte schneiden, in Butter mit etwas Salz, Muskat und Pfeffer nicht zu weich dünsten; zuletzt die Sahne zugeben. Die feinnudelig geschnittenen Blättchen mitdünsten.

1288

Kürbis, gratiniert

1 kg Kürbis (geschält ca. 800 g),
Salzwasser, Butter für die Form,
evtl. Salz und Pfeffer,
1 fein gehackte Zwiebel,
2 fein gehackte Knoblauchzehen,
20 g Butter oder Öl,
4 Essl. Semmelbrösel,
8 Essl. Parmesan, 2 Eiweiß.

Den Kürbis in kleinere Stücke schneiden, gut abschälen, und die Kerne und Fasern mit einem Löffel herausschaben. Das Kürbisfleisch in Salzwasser etwa 15 Min. kochen, dann gut abtropfen lassen. Eine feuerfeste Form ausbuttern und die Kürbiswürfel einlegen, evtl. mit Salz und frisch gemahlenem Pfeffer bestreuen. Zwiebel und Knoblauchzehen in der Butter hell anschwitzen, über die Kürbiswürfel streuen. Die Semmelbrösel mit Parmesan und dem Eiweiß vermischen, über das Gemüse streichen und den Kürbis im vorgeheizten Backofen überbacken.
E.-Herd 175–200 °C / G.-Herd 2–3
Ca. 15 Minuten
Mit Schalkartoffeln oder knusprigem Brot servieren; oder mit gegrilltem Fleisch oder Fisch auftragen.

1289

Kürbisgemüse

1 kg Kürbis (geschält ca. 800 g),
1/2 l Gemüse- oder Hühnerbrühe oder
leicht gesalzenes Wasser.
2–3 frische rote Chilischoten,
ersatzweise 2 eingelegte Schoten,
1 Bund Frühlingszwiebeln mit Grün,
2 Knoblauchzehen,
2 Essl. Sonnenblumen- oder
Erdnussöl,
je 1/2 Teel. Kreuzkümmel und
Kardamom, gemahlen,
1 Prise Kurkuma,
Salz und weißer Pfeffer aus der
Mühle.
Zum Überstreuen:
50 g gehackte Kürbis- oder
Sonnenblumenkerne.

Das Kürbisfleisch in ca. 2 cm große Würfel schneiden, in der Brühe oder im Salzwasser ca. 5 Min. bei geschlossenem Deckel garen. Die Würfel in ein Sieb geben, ca. 1/8 l Sud zur weiteren Verwendung abmessen.
Die Chilischoten waschen, sehr fein hacken, die Kernchen entfernen. Vorsicht, mit den Händen nicht das Gesicht berühren, die Schoten sind sehr scharf! (Oder eingelegte Schoten fein zerkleinern.) Die geputzten Frühlingszwiebeln in feine Ringe schneiden, die Knoblauchzehen klein hacken. Alles im erhitzten Öl anbraten, Kreuzkümmel, Kardamom und Kurkuma unterrühren, mit dem Sud ablöschen und die Kürbiswürfel einlegen. Das Gemüse ca. 10 Minuten schmoren, mit Salz und Pfeffer würzen. Falls Flüssigkeit fehlt, noch etwas Brühe zugießen.
Die Kerne ohne Fett in einer Pfanne anrösten, über dem Gemüse anrichten.
Oder statt der gerösteten Kerne frisches Korianderkraut über das Gemüse streuen. Dazu passt körnig gekochter Reis.

1290
Lattichgemüse

500 g Lattich (Römischer Salat), ca. 1 Staude, oder Endivienherzen oder fester Kopfsalat, 30 g Butter, 2 fein gehackte Schalotten oder Frühlingszwiebeln, etwas Mehl zum Überstäuben, evtl. 2 Essl. gehackter Kerbel oder frische Minze in feinen Streifen Weißbrot-Croûtons.

Den Salat in Blätter teilen, die Rippen flach schneiden, und waschen. In etwa 5 cm lange Stücke zerteilen und den Salat für ein paar Minuten ins kochende Wasser legen (blanchieren); herausnehmen und gut abtropfen lassen. In der Butter die fein gehackten Zwiebelchen hell anschwitzen, die Salatblättchen darin 3–4 Min. schwenken. Etwas Mehl überstäuben, mit den frischen Kräutern und in Butter gerösteten Brotwürfeln bestreut anrichten.
Oder den Lattich zusammen mit 1 geriebenen Kartoffel in leicht gesalzenes Wasser geben und ca. 15 Min. sanft kochen. Im Mixer portionsweise pürieren (oder im Blitzhacker zerkleinern), mit etwas Pfeffer, 1 Prise Zucker und Muskatblüte würzen, zuletzt 4–5 Essl. steif geschlagene Sahne unterziehen.

1291
Lauchgemüse

4–5 Stangen Lauch, 1 Zwiebel, 40 g Fett, ⅛ l Wasser, 3 Essl. Tomatenmark, 2 Gewürzgurken, Salz, Muskat.

Den Lauch vorbereiten und in ca. 4–5 cm lange Stücke schneiden. Diese mit der klein geschnittenen Zwiebel in das heiße Fett geben, bräunen, ablöschen und 20–30 Min. garen. Tomatenmark und die klein geschnittenen Gurken untermischen. Lauch in der Soße durchziehen lassen. Nach Geschmack würzen.
Oder den geputzten Lauch in schmale Ringe schneiden und in wenig Fleischbrühe mit einem Schuss Weißwein in ca. 6 Min. garen. Mit Salz und Muskat abschmecken.
Oder den Lauch in der Sahne-Butter-Soße **13** servieren.

1292
Linsen

300 g Linsen, 1 Lorbeerblatt, 30 g Fett oder geräucherter Speck, 50 g Mehl, 1 fein gehackte Zwiebel, 1 Bund zerkleinertes Suppengrün, etwa ¼ l Fleischbrühe, 1–2 Essl. Essig, Salz und Pfeffer.

Die Linsen sorgfältig verlesen, kalt waschen, kurz heiß überbrühen, nochmals kalt abbrausen und in frischem Wasser (es sollte darüber stehen) über Nacht einweichen. Den aufgequollenen Linsen frisches Wasser zufügen (die Linsen sollen davon gut bedeckt sein), das Lorbeerblatt einlegen und ca. 45 Min. kochen und evtl. etwas heißes Wasser nachfüllen. Nach 30 Minuten testen, wie weich die Linsen sind. Im heißen Fett oder in ausgelassenen Speckwürfeln das Mehl braun rösten, die Zwiebel und das Suppengrün darin andünsten und die Linsen zugeben. Mit Fleischbrühe oder Wasser ablöschen, mit Essig abschmecken, das Gericht gut durchkochen und mit Salz und Pfeffer nachwürzen. Salzkartoffeln oder Spätzle und heiße Würstchen oder gebratene Scheiben von nicht zu magerem Rauchfleisch dazu reichen.
Oder Fleischbrühe durch Rotwein ersetzen (Vorsicht mit dem Essig!).

Tipps:
Nur alte Linsen müssen eingeweicht werden. Linsen die nach 15 Min. an der Oberfläche schwimmen, entfernen.
Garzeiten:
Alblinsen – 25–30 Min.
Belugalinsen – 18–20 Min.
Berg- und Trojalinsen – ca. 40–50 Min.
Pardinalinsen – 20–30 Min.
Puy- und Champagnelinsen – 20–30 Min.
Rote Linsen – ca. 10 Min.
Je nach Ernte können sich die Kochzeiten verkürzen oder verlängern.
Lorbeerblätter und eine mit Nelken gespickte Zwiebel mitkochen.
Erst nach dem Garen salzen.

1293
Linsenpüree

375 g vorbehandelte Linsen, 2 Gelbe Rüben, 1 große Zwiebel, 1 Prise gemahlene Nelken, 1 Lorbeerblatt, 1 Zweiglein Thymian, evtl. 1 Knoblauchzehe. 50 g Butterstückchen, Salz und Pfeffer, Essig.

Die Linsen mit viel Wasser, dem grob zerkleinerten Gemüse, Gewürz und dem Kräutersträußchen aufsetzen und ca. 1 Std. sanft kochen lassen. Die gegarten Linsen portionsweise durch ein feines Sieb streichen (Kräutersträußchen entfernen); dann erhitzen und die Butter zugeben. Mit wenig Salz, Pfeffer und einem Schuss Essig abschmecken. Linsenpüree passt ausgezeichnet zu Wildgerichten.

1294
Mais vom Grill

Pro Portion 1–2 Maiskolben, Butter, Salz, Knoblauchsalz.

Frische, junge Maiskolben, deren Körner noch etwas weich und saftig sind, schmecken am besten. Die Blätter herunterziehen und abschneiden. Den Mais mit weicher, aber nicht zerlassener Butter bestreichen. Salzen und eine kleine Prise Knoblauchsalz darüber geben. In Alufolie einwickeln, 20–30 Min. direkt auf der Glutschicht oder auf dem Rost, nahe an der Glut unter mehrmaligem Wenden grillen. Die Garzeit auf dem Rost ist etwas länger.
Oder die Hüllblätter zurückstreifen, die Fäden entfernen, die Maiskolben mit Butter bestreichen und in den Blättern grillen.

Tipp:
Wenn der Mais nicht mehr so zart und weich ist, die Maiskolben in kaltem Wasser mit etwas Salz aufsetzen. Langsam zum Kochen bringen und 5 Minuten ziehen lassen. Danach abtropfen lassen und wie beschrieben weiterverarbeiten.

1295
Buttermais

8 Maiskolben,
100 g Butter oder Margarine,
je 1 Prise Pfeffer, Zucker, Salz.

Die Maiskolben ca. 20 Min. kochen und die Körner mit einem Esslöffel abkratzen und im heißen Fett schwenken. Mit den Gewürzen abschmecken.
Oder noch einen Rest Erbsen unter den Buttermais mischen, so hat das Gemüse ein neues Gesicht. Dazu gibt es Schaschliks oder Zwiebelfleisch.

1296
Maisküchlein

1/8 l Milch, 2 Eier,
ca. 400 g Maiskörner aus der Dose (abgetropft),
240 g Weizenmehl,
1 Teel. Backpulver,
1 Teel. Sonnenblumenöl,
je 1 Teel. Salz und Zucker,
Pflanzenöl zum Braten.

Die Milch mit den Eiern mit dem Schneebesen oder der Küchenmaschine gut verrühren, die Maiskörner einrühren. Mehl mit dem Backpulver vermischen, dazugeben, würzen und aus den Zutaten einen Teig rühren.
In einer tiefen Pfanne reichlich Öl erhitzen und nacheinander Küchlein backen. Jeweils etwa 1 Essl. Teig in die Pfanne geben, etwas flachdrücken, dann auf beiden Seiten kross ausbacken. Auf Küchenkrepp entfetten und evtl. im Backofen bei 75 °C warmhalten. Die Maisküchlein passen zu Geflügelgerichten, zu gegrilltem Fisch und Fleisch. Sie schmecken auch mit Kompott oder Fruchtsoße zum Nachtisch.

1297
Mangold, Rhabarberblätter

Mangold ist vom späten Frühjahr bis in den Frühherbst frisch erhältlich; seine Blätter sollten dunkelgrün und die Stängel (auch Rippen genannt) weiß oder dunkelrot sein. Blattmangold: Blätter wie für Spinatgerichte verwenden; sie sind auch für Aufläufe, für Füllungen und, wie Krautblätter, zum Einwickeln von Füllungen geeignet.
Stielmangold: Die Stiele vor der Weiterverarbeitung von den Blättern abschneiden und die Außenhaut evtl. abziehen. Die Stängel 3–5 Min. blanchieren und anschließend 10–15 Min. dünsten oder in einer Soße schmoren. Siehe auch **1325**.
Oder Mangold wie Kohlrouladen **1339** in einer Sahnesoße zubereiten und im Backofen gratinieren.
Oder Laubfrösche **1325** zubereiten.
Oder die gedünsteten Stängel mit einer Käsesoße **14** übergießen, mit Semmelbröseln bestreuen und Butterflöckchen aufsetzen. Im vorgeheizten Backofen gratinieren. Mangold in Edelstahl- oder Emailtöpfen oder feuerfestem Porzellan zubereiten.
Vom **Rhabarber** nur die ganz jungen, zarten Blätter ohne Blattrippen verwenden und wie **Spinat** zubereiten.

1298
Okra-Gemüse, indisches Gericht

500 g kleine Okraschoten,
1 Gemüsezwiebel,
3 Essl. Sonnenblumen- oder Erdnussöl,
1 Teel. Kreuzkümmel,
1 Teel. frischer, fein gehackter Ingwer,
1 grüne Peperoni, fein gehackt,
1/2 Teel. Kurkuma, Salz aus der Mühle,
1 Teel. Zitronen- oder Limettensaft.
Tomatenachtel zum Garnieren.

Kleine junge Okraschoten gut waschen und abtrocknen. Die Stiele und Spitzen abschneiden oder wie bei grünen Bohnen abknipsen. Die Schoten längs halbieren. Zwiebel würfeln. In einer tiefen Pfanne das Öl erhitzen, Kreuzkümmel, Ingwer und gehackte Peperoni darin anbraten, die Zwiebelwürfel zugeben und glasig braten. Die halbierten Okras, die übrigen Gewürze sowie Zitrussaft zugeben und das Gemüse zugedeckt auf kleiner Flamme in ca. 15 Minuten garen. Mit Tomatenachteln garniert servieren. Dazu passt Reis.
Oder die Okraschoten vorbereiten wie oben, kurz in Salzwasser mit einem Schuss Essig blanchieren, mit kaltem Wasser abschrecken und abtropfen lassen.
Oder die geputzten Okraschoten durch eine Mischung aus Mais- und Weizenmehl ziehen und in heißem Öl schwimmend ausbacken.

Mangoldsorten: rot- und weißstieliger Mangold.

Die Mangoldblätter von den Stielen abziehen.

Okra: Spitzen und Stielansätze abschneiden.

Okra wird auch Gombo oder Ladyfinger genannt. Die unreife Schote eines Hibiskusgewächses ist in der afrikanischen, asiatischen und kreolischen (als Eintopf Gumbo) Küche sehr verbreitet; bei uns sind die grünen Schoten im Frühling und Herbst frisch, sonst als Konserven erhältlich. Okra kann im Ganzen gekocht oder gedünstet werden (ca. 15–20 Min. Garzeit), dann nur den Stielansatz und die Spitze abschneiden. In Scheiben geschnitten wird Okra vor allem in Eintöpfen verwendet, da die klebrige Flüssigkeit, die austritt, als Bindemittel dient. Nur junge, kleine und kräftige grüne Schoten kaufen.

Tipp:
Nur junge knackige Schoten verwenden. Ältere Schoten sind meist holzig, sie verlieren an Vitaminen, Geschmack und Farbe.

1299

Gefüllte Paprikaschoten

6–8 grüne oder rote Paprikaschoten,
2 fein gewiegte Zwiebeln,
3–4 Essl. Reis, 1 Ei,
500 g gehacktes Schweinefleisch,
Salz, Pfeffer, 60 g Fett,
3 geschälte Tomaten,
1 Teel. Speisestärke,
1/10 l saure Sahne,
2 Essl. geriebener Käse.

Von den Paprikaschoten die Stiele herausdrehen oder -schneiden und die Kerne entfernen. Das Gemüse gut waschen. Zwiebeln, Reis und Ei unter das Fleisch mischen. Farce würzen und in die Paprikaschoten füllen. Fett erhitzen, Schoten anbraten und ablöschen. Kleingeschnittene Tomaten zufügen und das Ganze zugedeckt ca. 35 Min. dünsten. Speisestärke mit Sahne verquirlen, die Soße binden und mit geriebenem Käse würzen.
Oder die gegarten Paprikaschoten mit einer dicken Sahne-Käse-Soße übergießen und im Backofen ca. 3-5 Min. unter dem Grillstab gratinieren.

1300

Paprikagemüse

1 kg rote, grüne und gelbe Paprikaschoten,
100 g Schweineschmalz
oder 4 Essl. Olivenöl,
3–4 Zwiebeln, Salz, Pfeffer.

Die Paprikaschoten halbieren, Stiel und Kerne entfernen, gut auswaschen und in breite Streifen schneiden. Fett erhitzen, die klein geschnittenen Zwiebeln hell rösten, Paprikastreifen zugeben und umrühren. Etwas salzen und pfeffern und im eigenen Saft zugedeckt bei geringer Hitze ca. 20 Min. dünsten. Das Gemüse um einen Berg abgeschmälzter Nudeln anrichten.

Tipp:
Paprikaschoten sind besser bekömmlich, wenn sie gehäutet werden. Dazu die Schoten entweder auf ein kalt abgespültes Blech legen und im Backofen solange rösten oder grillen oder in der Pfanne ohne Fett rösten, bis die Haut schwarz ist. Unter einem feuchten Tuch ausdampfen lassen, dann die Haut abziehen und die Schoten weiter verarbeiten.

Gefüllte Mangoldrouladen in Sahnesoße.

Gemüse von A bis Z

1301 Pastinake

Ein Wurzelgemüse, das der Petersilienwurzel und Möhre ähnelt, mit beigefarbenem Fleisch, sehr stärkehaltig, kann wie Rettichgemüse **1302** oder Möhren **1282** zubereitet werden. Die Pastinake wird von November bis Mai angeboten, und muss, wenn sie älter ist, länger gegart werden; evtl. den holzigen Kern entfernen.

1302 Rettichgemüse, Radieschengemüse

4 mittelgroße Rettiche oder
3 Bund Radieschen,
20–30 g Butter oder Margarine,
evtl. 1 fein gehackte Schalotte,
Salz und frisch gemahlener Pfeffer,
1/8 l süße Sahne oder Milch,
1 Essl. fein gehackte Petersilie oder Schnittlauch.

Die Rettiche gründlich schaben, waschen und in sehr feine Scheiben schneiden (oder die Radieschen). Etwa 3–5 Min. in kochendes Wasser geben, dann geht der strenge Geschmack verloren. Gut abtropfen lassen. In der heißen Butter die Schalotte anschwitzen, die Rettich- oder Radieschenscheiben darin andünsten, bis sie Wasser ziehen. Mit Salz und Pfeffer würzen, die Sahne oder Milch zugießen und das Gemüse noch etwa 5 Min. kochen lassen. Beim Anrichten das Rettichgemüse mit Petersilie, das Radieschengemüse mit Schnittlauch bestreuen.
Oder die vorbereiteten, in sehr feine Streifen geschnittenen Radieschen etwa 5 Min. in leicht gesalzenem Wasser kochen, abtropfen lassen und mit brauner Butter anrichten.

1303 Rosenkohl

2 große Stängel Rosenkohl oder
500–700 g Röschen.
Zur Soße: 40 g Butter, 50 g Mehl,
1/8 l süße Sahne oder Milch,
1 Prise Muskat, evtl. etwas Salz.

Die Röschen* von den Stängeln abschneiden, die gelben Blättchen entfernen, die Röschen waschen und in leicht gesalzenem, schwach strudelndem Wasser oder im Dampftopf fast weich kochen. Aus Butter, Mehl, etwas Rosenkohlbrühe, Sahne, Muskat und evtl. etwas Salz eine Buttersoße zubereiten und die Röschen darin gardünsten.
Oder in heißer Butter je 1 Essl. gewiegte Zwiebel, 2 Essl. Speckwürfel und Petersilie dünsten, die geputzten Rosenkohlröschen zugeben, gut würzen, mit 1/4 l Fleischbrühe oder Wasser ablöschen und das Gemüse bei milder Hitze zugedeckt 15–25 Min. weich dünsten.

1304 Rote-Rüben-Gemüse

750 g Rote Rüben (Rote Bete),
Salzwasser, 40 g Fett,
20 g Mehl, 1/4 l Würfelbrühe,
1 geriebene Zwiebel,
Salz, 1 Prise Zucker.

Die Roten Rüben waschen, gut bürsten, den Stielansatz nicht abschneiden, damit die Rüben beim Kochen nicht ausbluten. In kochendem Salzwasser 50–60 Min. garen, schälen und in kleine Stücke schneiden. Fett erhitzen, Mehl anschwitzen, unter Rühren ablöschen, Zwiebel zufügen und ca. 10 Min. kochen. Rote Rüben-Stücke in der Soße erhitzen und abschmekken.
Oder 4 Essl. dicke saure Sahne, etwas gehackten Dill und 2 klein geschnittene Essiggurken unter das Gemüse mischen.
Oder 4 Essl. Crème fraîche mit 1 Essl. Meerrrettich vermischen und unter das Gemüse mischen.
Oder ganz junge, kleine Rote Rüben wie oben vorbereiten und ca. 15 Min. in Salzwasser kochen. Die Haut abziehen. Die Rüben in feine Blättchen schneiden und mit einer Essig- und Ölsoße und Kümmel lauwarm servieren. Wer nicht so gerne Kümmel ißt, serviert die Scheiben in einer dicken Rahmsoße, mit frischem, gehacktem Dill vermischt.

* Darauf achten, dass die Röschen beim Einkauf noch geschlossen sind.

1305 Teltower Rübchen

1 kg Rübchen,
50 g Butter, 1 Prise Salz,
2 Essl. Schwarzbrot- oder Semmelbrösel,
1 Essl. Mehl, 1 Teel. Zucker.

Die Rübchen gründlich schaben, waschen und unzerteilt mit wenig Wasser, 20 g Butter und etwas Salz in etwa 45 Min. weich dünsten. Die Brösel, Mehl und Zucker in der restlichen Butter braun rösten, die abgetropften Rübchen darin wälzen und zu Hammel- oder Schweinebraten reichen oder mit Blattsalat servieren.
Oder die vorbereiteten Rübchen zuerst 5 Min. in leicht gesalzenem Wasser vorkochen (blanchieren), dann in 50 g zerlassene, mit 1 Essl. Zucker gebräunte Butter einlegen und unter Rütteln glänzend werden lassen. Nach Zugießen von 1–2 Tassen Fleischbrühe oder Wasser etwa 30–40 Min. dünsten und zuletzt mit Salz und Thymian würzen.

1306 Weiße Rüben

1 kg junge, weiße Rüben,
etwa 1 l Wasser, 1 Teel. Salz,
40 g Butter oder
ca. 200 g durchwachsener Speck,
2–4 rohe Kartoffeln,
1 Essl. Mehl,
1 Teel. Zucker,
2 Essl. süße Sahne,
1 Prise Rosmarin.

Die Rüben dick schälen, in kurze, fingerdicke Streifen schneiden und mit Wasser, Salz, Butter oder mit dem Speck kalt aufsetzen. Nach 20 Min. Kochzeit die geschälten, ebenfalls streifig geschnittenen Kartoffeln zugeben, wenn nötig, noch etwas Wasser nachgießen und das Gericht in 15 Min. gar kochen. Mit Mehl überstäuben und den Zucker mit der Sahne darunterrühren. Den mitgekochten Speck in Scheiben schneiden, beim Anrichten obenauf legen und Rosmarin überstreuen.
Oder kleine weiße Rübchen nach **1353** glasieren.

1307

Rotkraut

1 Kopf Rotkraut (1 kg), 2 Zwiebeln, 40 g Schweine- oder Gänsefett, 3 Äpfel, 1 Teel. Zucker, evtl. etwas Kümmel, ½ l Fleischbrühe, 2–3 Essl. Essig, je 1 Prise Salz und Pfeffer. Zum Binden: 1 Essl. Mehl oder 2–3 rohe, geschälte, geriebene Kartoffeln, evtl. 1 Glas Weiß- oder Rotwein.

Das Rotkraut von den äußeren Blättern und den dicken Rippen befreien, feinstreifig schneiden oder hobeln. Dünne Zwiebelringe im Fett glasig schwitzen, das Rotkraut, die geraspelten Äpfel, Zucker und Kümmel zugeben, unter öfterem Auflockern und unter Zugießen von Fleischbrühe oder Wasser weich dünsten. Dann erst mit Essig, Salz und Pfeffer würzen, das Mehl überstäuben, kurz aufkochen und den Wein zugießen.
Oder anstelle von Mehl die geriebenen Kartoffeln nach der halben Garzeit zugeben und mitkochen.

Tipp:
Auch Rotkraut eignet sich – wie Weißkraut und Wirsing – für Kohlrouladen. Die Rotkrautblätter zunächst 10 Minuten sanft kochen und dann kalt abschrecken. Weiter verarbeiten wie ***1339****.*

1308

Rotkraut mit Apfelsüßmost

Zutaten nach **1308**; an Stelle von Fleischbrühe das angedünstete Rotkraut mit etwa ½ l Süßmost ablöschen und darin weichkochen. Zuletzt mit 1 Essl. Mehl bestäuben, kurz mitkochen oder statt Mehl nach der halben Garzeit zwei rohe, geriebene Kartoffeln zufügen. Vor dem Anrichten mit etwas gemahlenem Kümmel, Salz und Pfeffer würzen.
Oder 80 g fein gewürfelte ausgelassene Speckwürfel über dem Kraut anrichten.

1309

Schwarzwurzeln in Buttersoße

Etwa 750–1000 g Schwarzwurzeln, Essigwasser mit 1 Essl. Mehl und 2 Essl. Essig. Zum Kochen: mildes Salzwasser mit 1 Tasse Milch. Zur Soße: 40 g Butter oder Margarine, 50 g Mehl, 1 gewiegte Zwiebel, ¼ l Fleischbrühe oder Gemüsewasser, etwas Milch, je 1 Prise Salz und Muskat, Saft von ½ Zitrone, 2 Essl. süße Sahne, 1 Eigelb.

Die Schwarzwurzeln gründlich bürsten, abschaben, waschen, in 3 cm lange Stücke schneiden und sofort in das kalte Essigwasser legen (das Mehl mit Essig anrühren und dem Wasser zufügen), damit sich die Wurzeln nicht dunkel färben; dann in leicht gesalzenem Wasser mit Milch in etwa 20 Min. halbweich kochen. Die Buttersoße mit einem Teil Schwarzwurzelsud und etwas Milch oder mit Fleischbrühe ablöschen, Salz, Muskat und Zitronensaft zugeben, die Soße durchsieben und die Wurzeln darin weich dünsten. Vor dem Anrichten die Sahne unterrühren und die Soße mit Eigelb abziehen.
Oder die Schwarzwurzeln nach dem Vorbereiten aus dem Essigwasser nehmen, gleich in die mit Fleischbrühe abgelöschte Buttersoße einlegen und darin weich kochen; darauf achten, dass sie nicht anhängen.

Tipp:
Zum Putzen der Schwarzwurzeln Gummihandschuhe anziehen! Der austretende Saft verfärbt die Handflächen sehr stark und ist schwer abzubekommen.

1310

Schwarzwurzeln, ausgebacken

1 kg dicke Schwarzwurzeln, reichlich Salzwasser mit 1 Tasse Milch. Zum Teig: 250 g Mehl, ¼ l Milch, 1 Prise Salz, 1 Ei, 1 Essl. Olivenöl, 15 g Hefe, ½ Tasse Milch, Backfett. Zum Bestreuen: gewiegte Petersilie.

Die gut gereinigten Schwarzwurzeln nach dem Abschaben in 6–8 cm lange Stücke schneiden, in leicht gesalzenem Wasser weich kochen und zum Abtrocknen auf ein Tuch legen. Das Mehl mit der Milch glattrühren, Salz, Ei und Öl zugeben und zuletzt die mit wenig Milch aufgelöste Hefe unterrühren. Den Teig 30 Min. gehen lassen. Die Schwarzwurzeln im Teig wenden, im heißen Fett schwimmend goldgelb backen (evtl. in der Fritteuse) und beim Anrichten mit reichlich Petersilie überstreuen.

1311

Selleriegemüse

1 große Sellerieknolle. Zur Soße: 40 g Butter, 50 g Mehl, 4 Essl. süße Sahne oder Milch, 1 Prise Muskat oder ½ Teel. gewiegte Zitronenmelisse, evtl. Salz.

Die gebürstete, gewaschene und geschälte Knolle in Scheiben schneiden und in leicht gesalzenem Wasser halbweich kochen. Die Buttersoße zubereiten, mit dem Selleriewasser ablöschen, Sahne oder Milch, Muskat oder Zitronenmelisse zufügen und, wenn nötig, noch mit wenig Salz nachwürzen. Die Sellerieschreiben in der Soße gar ziehen lassen.
Oder die Sellerieschreiben bissfest garen, in Mehl wenden und durch den Ausbackteig **1620** (mit 2 Eigelb zusätzlich, aber nur 1 Prise Zucker) ziehen. In der Fritteuse oder Pfanne in heißem Fett ausbacken. Als Beilage oder mit Soße **89** oder **95** als Vorspeise geeignet.

1312 Gefüllte Sellerie

8 kleine Sellerieknollen,
30 g Butter, 1 gehackte Zwiebel,
2 Essl. Semmelbrösel, 1 Prise Salz,
je 1 Teel. gehackte Petersilie und
gewiegtes Bohnenkraut oder Majoran,
1 Eigelb, 1/8 l saure Sahne oder
Buttersoße ***11****.*
Zum Bestreuen:
Semmelbrösel,
1 Essl. geriebener Schweizer Käse.

Die gut abgebürsteten, gewaschenen Sellerieknollen schälen, in wenig Wasser und mit einem Butterwürfelchen zugedeckt weich dünsten. Dann mit dem Kartoffelbohrer nicht zu dünnwandig aushöhlen und nebeneinander in eine gefettete Kasserolle setzen. Zur Fülle das Ausgehöhlte der Knollen fein wiegen, die in wenig Butter glasig geschwitzte Zwiebel, 1 Essl. Brösel, Salz, Gewürzkraut, Petersilie und Eigelb zufügen. Die Knollen damit füllen, Sahne oder Buttersoße darüber gießen, Brösel und geriebenen Käse dick aufstreuen und die Sellerieknollen im vorgeheizten Backofen hellgelb überbacken.
E.-Herd 200 °C / G.-Herd 3
Ca. 30–40 Minuten

1313 Gebackene Selleriescheiben

3 mittelgroße Sellerieknollen,
etwas Salz, 2 Essl. Mehl, 2 Eier,
feine Brösel von 1–2 trockenen
Brötchen.
Zum Ausbacken:
Öl oder Kokosfett.

Die Sellerieknollen sorgfältig abbürsten, waschen und samt der Schale halbweich kochen; nach dem Erkalten schälen, in ca. 1 cm dicke Scheiben schneiden, mit wenig Salz bestreuen, in Mehl, den gequirlten Eiern und Semmelbröseln wenden und dann im heißen Öl oder Kokosfett in der Bratpfanne oder in der Fritteuse knusprig backen. Grünen Salat oder Kartoffelsalat dazu reichen.

1314 Selleriepüree, überbacken

3 mittelgroße Sellerieknollen,
250 g Kartoffeln.
Zum Dünsten:
60 g Butter,
etwa 1/8 l süße Sahne oder Milch.
Zum Bestreuen:
2 Essl. Parmesankäse,
1 Essl. Semmelbrösel,
einige Butterflöckchen.

Sellerieknollen und Kartoffeln schälen, klein zerteilen, in leicht gesalzenem Wasser oder im Dampftopf weich kochen, abtropfen lassen und durch ein Sieb passieren. Das Püree in der Butter zunächst trocken dünsten, dann mit Sahne und etwas Selleriebrühe verrühren, auf eine gefettete, feuerfeste Platte streichen, Käse und Semmelbrösel darüber streuen, die Butterflöckchen aufsetzen und das Gericht im vorgeheizten Backofen hellbraun backen. Eine gute Beilage zu kurz gebratenem Fleisch.
E.-Herd 200 °C / G.-Herd 3
Ca. 15–20 Minuten

Tipp:
Ist keine feuerfeste Platte vorhanden, kann eine stabile Porzellanplatte auch auf ein dick mit Salz bestreutes Backblech gestellt werden.

1315 Spargel

1 kg frischer, weißer Spargel.
Zum Sud: Etwa 2 l Wasser,
1 Teel. Salz, 1 Teel. Zucker,
1–2 Zitronenscheiben
und/oder 20 g Butter.
Zur Soße: 40 g Butter,
40–60 g Mehl,
Spargelbrühe, evtl. Fleischbrühe,
2 Essl. Weißwein, Saft von 1/2 Zitrone,
1 Prise Muskat,
2 Essl. frische Sahne,
1 Eigelb, 1 Butterwürfelchen.

Die Spargel sehr sorgfältig waschen, mit dem Schälen etwa 2 cm unterhalb des Köpfchens beginnen und alles Holzige restlos entfernen; die Spargel gleichmäßig kürzen, je zu 10–12 Stück bündeln und umschnüren. Zum Sud* die Schalen und Strünke mit dem kalten Wasser, Salz, Zucker und Zitronenscheiben oder Butter aufsetzen, etwa 10 Min. vorkochen (Schalen entfernen), die gebündelten Spargel hineinlegen (der Sud sollte die Spargel ganz bedecken) und in 20–30 Min. weich kochen. Mit den angegebenen Zutaten, dem Spargelwasser und evtl. etwas Fleischbrühe die Buttersoße zubereiten, durchsieben und mit Wein, Zitronensaft und einer Prise Muskat würzig abschmecken; mit Sahne und Eigelb abziehen und zuletzt ein Butterwürfelchen unterrühren. Die Spargel locker auf einer erwärmten Platte anrichten, dazu feine Eierpfannkuchen und/oder gekochten und rohen Schinken, geriebenen Käse und die Soße reichen.
Oder die Spargel mit neuen Kartoffeln (in der Schale gekocht) und mit einer mit Zitronensaft, Salz und Pfeffer sowie gehacktem Kerbel oder anderen Kräutern gewürzten Schlagsahne (steif geschlagen) servieren.

* Das Kochen der Spargel im gesalzenen und gewürzten Sud der Schalen ist dem üblichen Kochen im Salzwasser unbedingt vorzuziehen, weil das Aroma dadurch wesentlich verstärkt wird und die Spargel viel besser schmecken. Rohe Spargelschalen lassen sich auch dörren (vgl. S. 637) und als Suppengemüse zum Mitkochen in Fleischbrühen usw. verwenden.

Spargel schälen: Mit einem Spargelschäler unterhalb der Spitze ansetzen, abschälen und in Zitronenwasser legen.

1316
Grüner Spargel, überbacken

1 kg grüner Spargel,
leicht gesalzenes Wasser,
Butter für die Form,
50–60 g frisch geriebener Emmentaler oder Parmesan,
60 g zerlassene Butter.

Tipp:
Wer oft Spargel zubereitet, sollte einen speziellen Spargeltopf benutzen; in diesem Topf wird der geschälte Spargel stehend, über gewürztem Sud, nährstoffschonend gedämpft. Das feine Spargelaroma kommt so besonders gut zur Entfaltung.

Die Spargel nur bis zu den Köpfen mit einem Kartoffelschäler abschälen und möglichst aufrecht stehend im Spargeltopf in Salzwasser ca. 12–15 Min. garen. Abtropfen lassen und in eine große, gefettete feuerfeste Form legen. Die oberen zwei Drittel dick mit Parmesan überstreuen und mit zerlassener Butter begießen. Im vorgeheizten Backofen so lange überbacken, bis der Käse zu schmelzen beginnt.
E.-Herd 225–250 °C / G.-Herd 4–5
Der untere, holzige Teil der grünen Spargel wird nicht mitgegessen.

Tipp:
Gelegentlich gibt es auch ***Wildspargel*** *zu kaufen; diesen braucht man nicht zu schälen; nur gut waschen und die holzigen Enden abschneiden.*
Kochzeit etwa 8 Minuten.

Oder die Spargel etwas abkühlen lassen; 4 wachsweich gekochte Eier grob zerkleinern, darübergeben und mit einer Soße aus 1 Teil sehr gutem Weinessig und 2 Teilen kaltgepresstem Olivenöl oder einem anderen guten Öl, gewürzt mit Salz und Pfeffer aus der Mühle und 1 Prise Zucker, übergießen. Dieses Gericht kann gut als Vorspeise gereicht werden. Stangenweißbrot dazu servieren.

Tipps:
Grüner Spargel hat mehr Vitamine als sein weißer Bruder und ist geschmacklich ausdrucksvoller; essbar sind etwa ⅔ der Stangen.
1 Prise Natron oder Meersalz ins Kochwasser geben, dann bleibt der Spargel schön grün.
Bei leicht bitterem Spargel eine Scheibe Weißbrot ins Kochwasser geben.

Grüner Spargel mit frisch gehobeltem Parmesan

1317 Spargel, in Butter gedünstet

1 kg Spargel nach **1315** vorbereiten, in fingerlange Stücke schneiden und in einer geschlossenen Kasserolle in 100–125 g heißer Butter (ohne Flüssigkeit) weich dünsten, die Kasserolle dabei öfter rütteln, damit die Spargel nicht anbacken, und erst beim Anrichten mit Salz und wenig Pfeffer bestreuen. Das übrig bleibende Butterfett mit dem Sud aus den Spargelschalen und -abschnitten für eine Suppe oder Soße verwenden. Das erstarrte Butterfett ergibt auch einen köstlichen Brotaufstrich.

Tipp:
Dieses Gericht lässt sich sehr gut mit Spargel mittlerer Qualität oder auch Bruchspargel zubereiten!

1318 Leipziger Allerlei

250–500 g frischer Spargel,
1 kleiner Blumenkohl,
etwa 20 junge Karotten oder Teltower Rübchen,
500 g frische Erbsen,
2 Kohlrabi.
Zum Dünsten:
50 g Butter oder Margarine,
etwa ½ l Fleischbrühe,
evtl. 1 Essl. Mehl oder einige rohe, geschälte Kartoffelwürfelchen,
je 1 Prise Salz, Muskat, Zucker,
4–6 frische oder Dosenpilze (Pfifferlinge oder Steinpilze),
Butterflöckchen.

Die geschälten Spargel in 3 cm lange Stücke schneiden, den Blumenkohl ganz lassen oder in Röschen teilen und beide Gemüse getrennt in leicht gesalzenem Wasser weich kochen. Die geschabten, unzerteilten Karotten mit den ausgehülsten Erbsen in der zerlassenen Butter oder Margarine 10 Minuten dünsten. Die in Scheiben geschnittenen Kohlrabi zugeben. Die Spargel- und Blumenkohlbrühe, außerdem noch so viel Fleischbrühe zugießen, dass die Gemüse gut bedeckt sind. Mit Salz, Muskat und Zucker würzen und die Gemüse gar werden lassen. Evtl. mit wenig Mehl bestäuben oder die Kartoffelwürfelchen mitkochen. Dann den Blumenkohl, die Spargel und die zerteilten Pilze zufügen – frische Pilze zuvor in wenig Butter mit feinen Zwiebelringen weich dünsten – und einige Butterflöckchen unter das Gericht rühren.
Oder den Blumenkohl unzerteilt in der Mitte einer Platte anrichten, mit dem übrigen Gemüse umlegen und evtl. noch kleine Weck- oder Fleischklößchen dazwischensetzen.
Das **Original-Rezept** sieht die zusätzliche Verwendung von frisch gekochten Süßwasserkrebsen vor.

1319 Feines Spargelragout

750 g grüne Spargel,
Salz, 1 Prise Zucker,
60 g Butter oder Margarine,
40 g Mehl, etwa ⅜ l Spargelwasser,
⅛ l süße Sahne, Saft von ½ Zitrone,
1 Eigelb,
300 g blättrig geschnittene, gedünstete Champignons.

Den Spargel waschen, schälen, in kleinere Stücke schneiden, in Salzwasser mit Zucker und 20 g Fett ca. 15 Min. kochen und abtropfen lassen. Restliches Fett erhitzen, Mehl dazugeben, anschwitzen und mit der Spargelbrühe ablöschen. Sahne unterrühren, Soße mit Zitronensaft und Salz würzig abschmecken, mit Eigelb legieren, die Champignons und die Spargel darunter mischen. Wenn man nur die Spargelspitzen verwendet, eignet sich das Ragout besonders gut als Fülle für Blätterteigpasteten.

1320 Spargel nach polnischer Art

¾–1 kg gleichmäßig dicke Spargel,
2 hart gekochte Eier,
1 Teel. fein gewiegte Petersilie,
40 g Butter,
1 Essl. feine Brösel von Weißbrötchen.

Die Spargel sorgfältig vorbereiten, in 3–4 Bündel abbinden, in Salzwasser oder Spargelschalensud nach **1315** weich kochen, abtropfen lassen und locker auf einer Platte anrichten. Die Brösel in der zerlassenen Butter hellgelb rösten und über die Spargel gießen; das gehackte Eigelb und Eiweiß getrennt mit der gewiegten Petersilie vermischen, auf die Spargelköpfchen streuen oder durch Aufstreuen quer über 6–8 Spargel jeweils ein Bündelchen andeuten.

1321 Spinat

1 kg Spinat, 40 g Butter,
je 1 Essl. gewiegte Zwiebel und Petersilie, ½ Knoblauchzehe,
1 Essl. Mehl, etwas Fleischbrühe,
je 1 Prise Salz und Muskat,
4 Essl. süße Sahne oder Milch,
einige Butterflöckchen.

Den Spinat verlesen, abstielen, die Blätter mehrmals waschen, (¼ der Menge roh zurückbehalten und später mit durchdrehen.) In wenig Wasser mit 1 Prise Salz nur so lange kochen, bis der Spinat zusammenfällt; bei kleinem Quantum genügt auch Überbrühen auf einem Sieb. Den Spinat mit den rohen Blättern durch den Fleischwolf drehen oder, falls nur gekochter Spinat verwendet wird, durch ein Sieb passieren. In der zerlassenen Butter Zwiebel, Petersilie und die zerdrückte Knoblauchzehe glasig schwitzen, das Mehl überstäuben, kurz anrösten und den Spinat zufügen. Mit Fleischbrühe und Kochwasser ablöschen, gar dünsten, zuletzt Salz, Muskat und Sahne unterrühren und Butterflöckchen darauf schmelzen lassen.
Oder den Spinat waschen, verlesen, evtl. zerkleinern. 1 gehackte Zwiebel mit 2 durchgepressten oder fein gehackten Knoblauchzehen in Öl anschwitzen. Den tropfnassen Spinat zufügen. Bei aufgelegtem Deckel so lange garen, bis der Spinat zusammenfällt. Mit Salz, Pfeffer und Muskat würzen und mit 2–3 Essl. süßer Sahne abschmecken.

1322 Spinat mit Sauerampfer

1 kg Spinat, 200 g Sauerampfer,
50 g Butter oder Margarine,
2 Essl. Haferflocken,
4 Essl. süße Sahne, Salz,
1 Prise Zucker, Muskat.

Den Spinat nach dem Waschen und Entstielen mit dem ebenfalls gewaschenen Sauerampfer zugedeckt ca. 15 Min. weich dünsten. Gemüse abtropfen lassen, leicht ausdrücken und pürieren. Fett erhitzen, Haferflocken hell rösten, Spinat zufügen, mit Sahne und Gewürzen abschmecken.
Oder Bärlauchblätter anstelle von Sauerampfer verwenden.

1323 Französisches Spinatgericht

1 kg Spinat oder
1 großes Paket TK-Spinat,
100 g Butter, 3 hart gekochte Eier,
Salz, Muskat, 50 g geriebener Käse.

Den Spinat gut waschen, Stiele entfernen und und die Blätter abtropfen lassen. Mit etwas Fett und Salz im eigenen Saft nur so lange dünsten, bis der Spinat zusammenfällt. Fein gewiegt oder als Blattspinat mit schaumig gerührter Butter und den fein zerdrückten oder passierten Eidottern vermischen. Mit Salz, Muskat und Käse würzig abschmecken.

1324 Spinatküchlein

500 g verlesener, junger Spinat,
je 1 Essl. gewiegte Zwiebel und Petersilie,
4 trockene Brötchen
oder 200 g Weißbrot oder
250 g gekochte, geriebene Kartoffeln,
25 g Butter oder Margarine,
1 Ei, etwas Salz und Basilikum oder Majoran,
2 Essl. Semmelbrösel. Backfett.

Den rohen, fein gewiegten Spinat mit Zwiebel, Petersilie und den eingeweichten, gut ausgedrückten Brötchen in Butter oder Margarine glasig schwitzen; das Gewürz zufügen, aus dem Spinatteig mit Hilfe von Bröseln runde oder längliche Küchlein formen und im heißen Fett backen.
Oder statt Brötchen geriebene Kartoffeln untermischen.
Dazu passt Tomatensalat.

1325 Laubfrösche

20–25 große Spinat- oder Mangoldblätter (etwa 500 g).
Zur Fülle:
2–3 trockene Brötchen,
je 1 Essl. gewiegte Zwiebel und Petersilie,
20 g Butter oder Margarine,
250 g Bratwurstbrät oder durchgedrehtes Bratenfleisch,
2 Eier,
je 1 kräftige Prise Salz und Muskat.
Zum Dünsten:
40 g Butter, etwas Fleischbrühe.
Zur Buttersoße:
30 g Butter, 40 g Mehl, vorhandenes Gemüsewasser oder Würfelbrühe, wenig Salz.

Die entstielten, gewaschenen Blätter in einem Sieb mit kochendem Wasser übergießen und zum Abtrocknen auf einem Brett ausbreiten. Die eingeweichten, wieder ausgedrückten Brötchen, Zwiebel und Petersilie in Butter glasig schwitzen, abkühlen lassen, die übrigen Zutaten untermischen und würzig abschmecken. Auf jedes Blatt 1 Essl. Fülle setzen, das Blatt zusammenklappen oder ein zweites darüber decken und den „Frosch" zu einer kleinen Halbkugel formen. In einer Kasserolle die Butter erhitzen, die Frösche so hineinsetzen, dass die glatte Wölbung oben ist, etwas Fleischbrühe oder Wasser zugießen und im vorgeheizten Backofen garen. Zur Buttersoße den Bratensatz mitverwenden, die Soße durchsieben und die Laubfrösche darin servieren.
E.-Herd 200 °C / G.-Herd 3
Ca. 30 Minuten

1326 Laubfrösche (vegetarisch)

20–25 große Spinatblätter.
Zur Fülle:
4 trockene Brötchen,
30 g Butter oder Margarine,
je 1 Teel. gewiegte Zwiebel und Petersilie,
evtl. 125 g gewiegte, in etwas Butter oder Öl vorgedünstete Pilze (auch Dosenpilze),
2–3 Eier, 1 Essl. geriebener Käse.
Zum Dünsten:
40 g Butter,
etwas Gemüsebrühe (Würfel).

Die Spinatblätter nach **1325** vorbereiten. Zur Fülle nur die eingeweichten, ausgedrückten Brötchen mit Zwiebel und Petersilie in Butter anschwitzen, die übrigen Zutaten beifügen und die Röllchen oder Frösche in eine Kasserolle in heiße Butter nebeneinander setzen. Die Brühe mit dem darin aufgelösten Suppenbrühwürfel darüber gießen und die Spinatfrösche im vorgeheizten Backofen gar dünsten.
E.-Herd 200 °C / G.-Herd 3
Ca. 30 Minuten

1326a Spitzkohl/Filderkraut

Eine besondere Spielart des Weißkohls: Die Köpfe sind etwas kleiner und laufen nach oben kegelförmig spitz zu. Der Spitzkohl hat eine feinere Struktur als der Weißkohl, gart schneller und ist leichter bekömmlich. Er wird wie Weißkraut **1338** zubereitet und eignet sich gut für Krautsalat **354** und Rohkost **355**. Sauerkraut aus Filderkraut ist wegen des zarten Aromas beliebt.

1327 Stachys

Die kleinen, spiralförmig gedrehten, gelblichen Rübchen in reichlich Wasser abbürsten, in Salzwasser weich kochen und abhäuten oder nach kurzem Überbrühen häuten, in feiner Holländischer Soße **18** gar kochen und darin anrichten.

1328

Tomaten mit Hackfleisch und Dill

8 Tomaten, 60–80 g Fett,
375 g gemischtes Hackfleisch,
Salz, Paprika, 1 Prise Zucker,
wenig Curry, ¼ l Fleischbrühe,
1 Essl. Mehl, 3 Essl. Dosenmilch,
2 Essl. fein gewiegter Dill.

Tomaten waschen, trockenreiben, in jede Frucht mit der Gabel kleine Löcher stechen und in heißem Fett andünsten. Oder die Tomaten häuten. In eine feuerfeste Form setzen, Hackfleisch in die Zwischenräume oder auch über die Tomaten verteilen. Würzen, ablöschen und ca. 20 Min. garen. Mehl mit der Dosenmilch anrühren, Soße binden, abschmecken und erst vor dem Anrichten den Dill darüber streuen.

1329

Tomaten mit Schinkenfülle

8 feste, reife Tomaten, Salz.
Zur Fülle:
2 trockene Brötchen,
1 Tasse Milch, Fett zum Braten,
je 1 Teel. gewiegte Zwiebel und Petersilie, 100 g gekochter Schinken oder Bratenreste,
etwas Salz und Muskat,
1–2 Eier, 60 g Butter,
je 2 Essl. geriebener Parmesankäse und Semmelbrösel,
einige Butterflöckchen,
ca. ⅛ l Fleischbrühe.

Von den Tomaten ein Deckelchen abschneiden, aushöhlen, dabei die Kerne und weiches Mark entfernen. In jede Höhlung etwas Salz einstreuen und die Tomaten mit der Schnittseite nach unten auf einem Gitter abtropfen lassen. Die Brötchen abreiben, klein schneiden, mit Milch befeuchten und im heißen Fett mit Zwiebel und Petersilie kurz dämpfen; dann den gewiegten Schinken, Salz, Muskat, Eigelb und den steifen Eischnee untermischen. Die Tomaten damit füllen, in eine butterbestrichene feuerfeste Form setzen, mit Käse und Bröseln bestreuen, etwas Fleischbrühe zugießen und obenauf Butterflöckchen legen.
Im vorgeheizten Backofen hellgelb backen.
E.-Herd 220 °C / G.-Herd 4
Ca. 25–30 Minuten

1330

Tomaten in Weißwein

8 Flaschentomaten (San Marzano),
2 Essl. Öl,
4 Essl. Weißwein,
1 Teel. fein gewiegte Petersilie,
1 Teel. fein geriebene Orangenschale (ungespritzt), Selleriesalz.

Die Tomaten waschen, abtrocknen, den Stielansatz herausschneiden, in Öl andünsten, Weißwein zugießen und bei geringer Hitze ca. 10 Min. schmoren. Wenn notwendig, während des Dünstens noch etwas Weißwein zugießen. Die Tomaten dürfen aber nicht zerfallen, und die Flüssigkeit muss verdunstet sein. Zuletzt die Tomaten mit Petersilie, Orangenschale und Salz würzen.

1331

Panierte, gebackene Tomatenscheiben

Große, feste Tomaten waschen, abtrocknen, in dicke Scheiben schneiden und mit wenig Salz bestreuen; dann in Mehl, gequirltem Ei und feinen Bröseln wenden. In heißer Butter oder Öl auf beiden Seiten knusprig backen und zu gedämpftem Blumenkohl oder Kartoffelbrei oder Gegrilltem reichen.

1332

Topinambur

Topinambur, auch Erdbirne oder Jerusalem-Artischocke genannt, wurde zuerst von den Indianern angebaut. Das Knollengewächs, der Kartoffel ähnlich, hat festes, cremefarbiges Fleisch und kann wie die Kartoffel als Gemüse, Salat oder Suppe zubereitet werden. Die Knollen abbürsten, ungeschält oder geschält (dann kurz in Essigwasser legen) in Salzwasser weich kochen und weiterverarbeiten. Das Gemüse sollte in Edelstahl- oder Emailtöpfen zubereitet werden. Kochzeiten: ungeschält, als ganze Knolle, 15 bis 20 Minuten; geschält, in Scheiben geschnitten, 5 bis 10 Minuten. Topinambur wird auch zum Schnapsbrennen verwendet. Topinambursaft sagt man heilende Wirkung auf den Magen-Darm-Trakt nach.

Weitere Tomatenrezepte siehe Seite 76.

1 Tomaten: Stielansätze herausschneiden und über Kreuz einschneiden.

2 Kurz blanchieren und in Eiswasser abschrecken.

3 Tomaten häuten.

1333
Weißkraut

1 Kopf Weißkraut (750–1000 g),
1 gewiegte Zwiebel, 40 g Butter oder Margarine oder 2 Essl. Öl,
evtl. 3–4 rohe Kartoffeln,
¼–⅜ l Fleischbrühe,
1 Msp. Rosmarin oder Thymian,
Salz, 1 Prise Zucker.

Das Weißkraut von den Außenblättern befreien, den Kopf in Viertel teilen, den Strunk und die dicken Blattrippen entfernen und das Kraut hobeln oder fein schneiden. In kochendem Wasser ca. 4 Min. blanchieren und abtropfen lassen. Im heißen Fett oder Öl die Zwiebel glasig werden lassen, das Kraut zufügen, die rohen Kartoffeln grob raspeln und zugeben. Mit Fleisch- oder Würfelbrühe ablöschen, das Kraut und die Kartoffeln in 20 Min. gar dünsten und mit Rosmarin oder Thymian würzen; evtl. noch mit wenig Salz und Zucker abschmecken.

1334
Kümmelkraut

Unter das rohe, gehobelte Weißkraut vor dem Kochen 1–2 Essl. Kümmel mischen und nach **1333** garkochen. Der Kümmel wird durch das Mitkochen weich, und der Geschmack kann sich besser entfalten.
Oder das fein gehobelte, rohe Kraut in reichlich Öl mit einer gewiegten Zwiebel, 2 Essl. Kümmel und so viel Fleischbrühe oder Wasser, dass das Kraut knapp bedeckt ist, weich dämpfen; evtl. mit gekörnter Brühe nachwürzen.

1335
Bayerisch Kraut

1 Kopf Weißkraut (ca. 1 kg),
1 Zwiebel,
40 g Schweine- oder Gänsefett,
1 Prise Zucker,
je 1 Prise Salz und Kümmel,
etwa ½ l Fleischbrühe, 2 Essl. Essig.
Zum Binden:
1½ Teel. Kartoffelstärke, in etwas Weißwein kalt angerührt,
oder 3–4 rohe Kartoffeln, gerieben,
⅛ l Weißwein.

Die äußeren, welken Blätter entfernen, die dicken Blattrippen und den Strunk herausschneiden, dann das Kraut hobeln. Die fein geschnittene Zwiebel im heißen Fett gelb dämpfen und das Kraut, Zucker, Salz, Kümmel und Fleischbrühe zugeben. Das Kraut in 25–30 Min. nicht zu weich kochen, den Essig zufügen, die Kartoffelstärke einrühren oder die rohen, geriebenen Kartoffeln nach der halben Garzeit mit dem Kraut dämpfen. Zuletzt den Weißwein und evtl. noch etwas Fleischbrühe zugießen und kurz aufkochen.

1336
Sauerkraut

1 große Zwiebel,
40–60 g Schweine- oder Gänsefett,
1 kg Sauerkraut,
2–3 rohe Kartoffeln, 3 Äpfel,
6 Wacholderbeeren oder 2–3 Nelken,
1 Prise Kümmel, ca. 1 l Fleischbrühe.
Zum Binden:
1 Essl. Mehl, ½ Glas Weißwein,
evtl. Most oder Süßmost.

Die fein geschnittene Zwiebel in einer Kasserolle im Fett hellgelb werden lassen; das etwas ausgedrückte, aufgelockerte, evtl. kleiner geschnittene Sauerkraut, die geriebenen Kartoffeln, die geraspelten Äpfel, die Gewürze, Fleischbrühe oder Wasser zufügen und zugedeckt 1–1½ Std., möglichst ohne zu rühren, kochen. Falls keine Kartoffeln mitgekocht werden, zuletzt das Mehl überstäuben, kurz mitdünsten und den Wein oder Most zugießen. Es ist ratsam, selbst eingelegtes Kraut, das von Januar ab meist sehr sauer ist, vor dem Aufsetzen rasch durch kaltes, frisches Wasser zu ziehen.
Oder 250 g Bauchspeck oder Kasseler mitkochen. Mit Cayennepfeffer würzen.

1337
Champagnerkraut

Kraut nach **1338** kochen und an Stelle von Weißwein ½ Flasche Sekt oder Champagner zugießen; evtl. 100 g halbierte und entkernte Weintrauben mitkochen.
Vor dem Servieren noch etwas Champagner zugießen.

1338
Weinkraut

750 g Sauerkraut,
2 Äpfel, 1 Prise Zucker,
ca. ½ – ¾ l trockener Weißwein (Riesling)
oder halb Wasser, halb Wein,
2 Lorbeerblätter,
1 Essl. Schweineschmalz,
1 Zwiebel, 1 Teel. Mehl.

Das Sauerkraut mit den ungeschälten, fein geraspelten Äpfeln, dem Zucker und so viel Weißwein (oder halb und halb) aufsetzen, dass es knapp bedeckt ist; zugedeckt 20–30 Min. dünsten. Dann mit 1 Essl. Schweineschmalz zuerst die gewiegte Zwiebel hellgelb rösten, das Mehl darüber stäuben, das Kraut untermengen, kurz aufkochen und 1 Glas Weißwein darüber gießen.

1339
Krautwickel, Kohlrouladen

8 große oder 16 kleinere Kohlblätter,
350 g gemischtes Hackfleisch,
1 Brötchen, 1 Ei,
Salz, Muskat, Pfeffer,
50 g Fett, ¼ l Würfelbrühe,
3–4 geschälte Tomaten oder
1 Essl. Tomatenmark.

Alle großen Blätter von dem Weißkraut lösen. Die Rippen flach schneiden. Blätter in heißes Wasser legen und ca. 5 Min. bei geringer Hitze kochen. Dann vorsichtig herausnehmen, kalt abschrecken und abtropfen lassen. Das Fleisch mit dem eingeweichten, ausgedrückten, zerzupften Brötchen, Ei und den Gewürzen vermischen. Auf die einzelnen Blätter (sind es kleinere, werden immer zwei zusammengelegt) etwas Fleischteig geben, zusammenrollen und mit Faden oder Rouladennadeln zusammenhalten. Fett erhitzen, Kohlrouladen kurz auf beiden Seiten anbraten, Brühe zugießen, Tomaten oder Tomatenmark zufügen und bei geringer Hitze ca. 50 Min. garen.
Oder die Wickel mit gewürzten Lachsstücken füllen.
Oder Rotkraut statt Weißkraut verwenden.

1340
Wildgemüse

Die Wildgemüse sind sehr gesunde und billige Frühlingsgemüse. Zur Zubereitung von **Brennesseln** nur die obersten, zarten Blätter, die noch nicht brennen, verwenden; vom **Löwenzahn** die jungen Triebe und Blätter, ebenso von **Hederich, Huflattich, Brunnenkresse, Spitzwegerich, Distelpflanze, Sauerampfer** und **Gänseblümchen**. Das Wildgemüse wie Spinat zubereiten (**1321**), evtl. zur Hälfte rohen Spinat untermischen, oder als Salat servieren.

1341
Wirsing

1 Kopf Wirsing (ca. 1 kg),
40 g Butter oder Schweineschmalz,
1 kleine Zwiebel,
1 Essl. gewiegte Petersilie,
2 Essl. feine Haferflocken oder
3–4 kleine rohe Kartoffeln,
etwa ½ l Fleischbrühe,
je 1 Prise Salz, Pfeffer, Muskat,
1 Butterwürfelchen.

Vom Wirsing die Außenblätter, den Strunk und die dicken Blattrippen entfernen, die Blätter gut waschen, im offenen Topf (oder im Dampftopf) in strudelndem, leicht gesalzenem Wasser kochen, abtropfen lassen und durchpassieren oder grob wiegen. Butter, Zwiebel, Petersilie und Haferflocken (oder fein geriebene Kartoffeln) hell schwitzen, den Wirsing kurz mitdünsten, dann mit Fleischbrühe und einem Teil der Gemüsebrühe ablöschen. Salz, Pfeffer, Muskat zugeben, den Wirsing noch etwa 15 Min. bei schwacher Herdhitze dünsten und vor dem Anrichten ein Butterwürfelchen unterrühren.

1342
Wirsing in Sahnesoße

1 kg Wirsing,
50 g Gänse- oder Schweineschmalz,
¼ l Wasser, ¼ l süße Sahne, Salz,
Pfeffer, 20 g Speisestärke,
100 g geräucherter Speck.

Von dem Wirsing die welken Blätter entfernen. Kohl vierteln, waschen und im Mixer zerkleinern oder fein wiegen, nachdem der Strunk herausgeschnitten ist. Schmalz erhitzen, Wirsing zufügen, andünsten, Wasser zugießen und ca. 25 Min. garen. Sahne mit Salz, Pfeffer und Speisestärke verquirlen, dazugeben, kurz aufkochen lassen, abschmecken und mit dem kleinwürfelig geschnittenen, gebräunten Speck bestreuen.

1343
Gefüllte, kleine Wirsing- oder Krautwickel

Für 4–6 Personen
2 feste Köpfe Wirsing (1–1½ kg)
oder 1 Kopf Weißkraut.
Füllung:
200 g Reis, 2 l Wasser,
10 g Salz,
1 Essl. geriebener Parmesankäse,
2 Essl. dickes Tomatenpüree
oder 1 Essl. Tomatenmark,
je 1 Prise Salz und Muskat.
Zum Dünsten:
40 g Butter, 1 Tasse Gemüsebrühe
oder eine dünne Tomatensoße.

Von den Wirsing- oder Krautköpfen 12 große Blätter ablösen und in leicht gesalzenem Wasser 4 Min. überbrühen. Vom Übrigen die Blattrippen entfernen, die Blätter in demselben Gemüsewasser weich kochen, grob hacken und abkühlen lassen. Zur Fülle den Reis im strudelnden Wasser und etwas Salz etwa 10 Min. kochen, auf ein Sieb schütten und nach dem Abtropfen mit dem gehackten Wirsing oder Kraut, Käse, Tomatenmark, wenig Salz und Muskat gut vermischen. Die Fülle auf den Blättern verteilen, jeweils die Ecken einschlagen und Köpfchen formen. Die Wickel in eine mit Butter gefettete Kasserolle setzen (gewölbte Seite nach oben), die Brühe oder Tomatensoße darüber gießen, die restliche Butter in Flöckchen obenauf setzen und im vorgeheizten Backofen unter wiederholtem Beträufeln gar dünsten.
E.-Herd 175 °C / G.-Herd 2
Ca. 50 Minuten

1344
Zucchini mit Butter

500 g kleine Zucchini (Courgettes),
Salz, 50 g Butter,
1 Sträußchen Petersilie,
1 Essl. fein gehackte Walnüsse.

Die jungen Früchte gut waschen, nicht schälen, in nicht zu dünne Scheiben schneiden und in leicht gesalzenem Wasser 4–5 Min. garen. Fett erhitzen, die gut abgetropften Zucchini darin schwenken und mit fein gewiegter Petersilie und gehackten Walnüssen bestreut anrichten.

1345
Frittierte Zucchinischeiben

600 g frische, junge Zucchini,
Olivenöl zum Ausbacken.
Teig zum Ausbacken:
125 g Mehl, 1 Prise Salz,
2 Eier, getrennt,
3 Essl. zerlassene Butter oder Öl.

Zuerst den Teig zubereiten: Mehl, Salz, Eigelb und Butter oder Öl zusammenrühren; wenn der Teig glatt aussieht, ca. 1 Std. ruhen lassen. Erst kurz bevor der Teig verwendet wird, das steif geschlagene Eiweiß unterziehen. Die Zucchini nur waschen und nach Entfernen des Stielansatzes mit Küchenkrepp trockentupfen. In Scheiben schneiden. Die Zucchinischeiben in den Teig eintauchen und im heißen Fett schwimmend herausbacken, auf Küchenkrepp entfetten.
Fritteuse: 170 °C

1346
Gefüllte Zucchini

Pro Person 2 Zucchini (ca. 250 g), 2–3 Essl. Margarine oder Öl,
2 Zwiebeln, evtl. 1 Knoblauchzehe,
80 g gekochter Reis,
3 Essl. Pinienkerne oder
Mandelstückchen, Salz und Pfeffer,
2 Essl. fein gehackte Petersilie oder
Zitronenmelisse, Fett für die Form.

Die Zucchini der Länge nach halbieren und mit einem Löffel das Fruchtfleisch herausheben, dabei einen etwa 1 cm breiten Rand stehenlassen. Das Fruchtfleisch hacken; die fein gehackten Zwiebeln (evtl. auch Knoblauch) im Fett anschwitzen, das gehackte Fruchtfleisch zugeben und unter Rühren ca. 5 Min. braten. Den Reis mit den Pinienkernen oder den Mandelstückchen untermischen und würzen. Die gehackten Kräuter zugeben und die Füllung in die Zucchini geben. Diese in eine feuerfeste, gut ausgefettete Form setzen, Butterflöckchen oder etwas Öl darüber verteilen und im vorgeheizten Backofen garen.
E.-Herd 175 °C / G.-Herd 2–3
Ca. 40–45 Minuten
Oder die Zucchini folgendermaßen füllen: 500 g gehackte Tomaten, 250 g gehackte Champignons, sehr kleine Würfel von 4 Kartoffeln, gewürzt mit Salz, Pfeffer, Oregano und Knoblauchpulver. Mit reichlich Olivenöl beträufeln, Parmesan darüber streuen und im vorgeheizten Backofen backen.
E.-Herd 175 °C / G.-Herd 2–3
Ca. 35–40 Minuten

Mit dieser Füllung kann man auch **Auberginen** oder **Tomaten** füllen.

1347

Gemüsebratlinge

Gemüsereste oder frisches Gemüse nach Wahl, ca. 250 g,
120 g Semmelbrösel,
1 Essl. gehackte Petersilie,
etwas Hefewürze oder Streuwürze, 1–2 Eier, Semmelbrösel zum Formen,
Kokosfett oder Butterschmalz zum Braten.

Dazu lassen sich fast alle Gemüsereste oder frisches Gemüse wie Sellerie, Wirsing, Zucchini, Blumenkohl, Gelbe Rüben – kurz gegart und fein verwiegt – verwenden. Frisches Gemüse kann auch durch den Fleischwolf gedreht werden. Die Brösel, die gehackte Petersilie, etwas Hefewürze und die Eier unter das Gemüse mischen; in Semmelbröseln gewendete, kleine runde Küchlein formen und in heißem Fett knusprig backen.

1348

Ausgebackene Zucchiniblüten

Pro Person 4 – 5 Blüten.
Ausbackteig:
150 g Mehl,
2 Eier,
wenig Salz,
ca. ½ l Milch,
wahlweise Mineralwasser oder Bier.
Oder *Ausbackteig* ***698****.*
Zum Ausbacken:
Olivenöl oder Butterschmalz.

Zucchiniblüten gibt es nur kurze Zeit, sie sollten keinen oder nur einen kleinen Fruchtansatz haben.
Die Blüten möglichst morgens pflücken,wenn sie noch geschlossen sind. Ausschütteln, um evtl. Kleintiere zu entfernen. Nicht waschen.

Kürbisblüten lassen sich nach dem selben Rezept ausbacken.

Den Ausbackteig zubereiten und ca. 1 Stunde ruhen lassen. Die Blüten in den Teig tauchen – nicht zu viel Teig daran lassen – und in einer tiefen Pfanne (oder in der Fritteuse) im heißen Fett in ca. 4-5 Minuten herausbacken. Immer nur ca. 5–6 Blüten in das Fett geben, damit die Blüten nicht aufeinanderkleben. Die fertigen Blüten im Backofen warm halten oder portionsweise hintereinander servieren.
Oder die Staubgefäße aus den Blüten entfernen und in jede Blüte 1 Stückchen Mozzarellakäse enlegen. Frittieren wie oben.
Oder die etwas größeren Blüten mit kleinem Fruchtansatz mit einer Füllung aus: gekochtem Reis, Zwiebelwürfeln, Brotkrümeln, gehacktem Knoblauch, gehackter kleiner Zucchini, gehackter Petersilie oder etwas Dill, gewürzt mit Salz und Pfeffer, gebunden mit einem Ei, zubereiten. Die Blüten ganz kurz blanchieren, füllen, die Blütenenden zudrehen und die Blüten in eine gefettete Form legen.
E.-Herd 160 °C/ G.-Herd 2–3
Ca. 15-20 Minuten
Heiß als Vorspeise servieren.

In Bierteig ausgebackene Zucchiniblüten.

Gemüse von A bis Z

1349
Zuckerschoten

750 g Zuckerschoten,
je 1 Teel. gewiegte Zwiebel und Petersilie,
40 g Butter oder Margarine,
je 1 Prise Salz, Pfeffer und Zucker,
1–2 Tassen Fleischbrühe,
evtl. 1 Essl. Speisestärke.

Die Zuckerschoten abfädeln, waschen und auf einem Sieb abtropfen lassen. Zwiebel und Petersilie in Butter glasig dünsten, die Schoten zufügen, mit Salz und Pfeffer und Zucker würzen, wenig Fleischbrühe zugießen, zugedeckt in 3–4 Min. knackig dünsten. Evtl. mit Speisestärke binden.
Oder die ganz frischen Zuckerschoten blanchieren: In einem großen Topf leicht gesalzenes Wasser zum Kochen bringen, das Gemüse portionsweise einlegen und ca. 2–3 Min. kochen. Dann herausnehmen, in ein Sieb geben und abtropfen lassen, kurz in Eiswasser abschrecken. Die abgetropften Zuckerschoten in reichlich Butter schwenken und noch etwa 5 Min. garen.

1 Zuckerschoten: Die Enden abknipsen und Fäden abziehen.

2 Die Zuckerschoten blanchieren und in Eiswasser abschrecken.

1350
Zwiebeln

Die Zwiebel (Verwandte sind der Lauch und der Knoblauch) ist unentbehrlich in der Küche, sei es als Gemüse oder als Würzmittel.
Frühlings- oder **Lauchzwiebeln** werden mit dem Grün geerntet, bevor sie auswachsen; sie sind sehr aromatisch und runden roh auch Salate geschmacklich ab.
Kleine Zwiebeln können gut in Eintöpfen mitgeschmort werden.
Schalotten wachsen in kleinen Büscheln und werden wegen ihres feinen Aromas gern für Soßen, Kräuterbutter usw. verwendet.
Rote bis **violettfarbene** und **weiße Zwiebeln** sind mild im Geschmack; **gelbe Zwiebeln** meist sehr scharf und können auch beim Reiben bitter werden. Längeres Kochen oder Braten mildert den scharfen Geschmack.
Gemüsezwiebeln schmecken mild, manchmal süßlich, und eignen sich gut zum Füllen und für Zwiebelringe.
Die **Winterheckzwiebel**, auch Eschlauch und Röhrle genannt, wächst auf naturbelassenen Böden, z. B. in Weinbergen, auch ein Anbau im Garten ist möglich. Sie sind frostresistent und ganzjährig verfügbar. Die Röhrenblätter schmecken wie eine Mischung aus Zwiebel und Lauch.

1351
Frühlings- oder Lauchzwiebel-Gemüse

3 Bund kleine Frühlingszwiebeln mit Grün,
Pflanzenöl, etwas Gemüse- oder Hühnerbrühe, 1 Schuss Weißwein,
1 Prise Zucker, Salz und Pfeffer aus der Mühle.

Die Lauchzwiebeln waschen, putzen, das Grün etwas kürzen und die Zwiebeln gut abtropfen lassen. In einer weiten Pfanne Öl erhitzen, die Lauchzwiebeln unter Wenden rundum anbraten, mit Brühe und etwas Weißwein angießen und so lange dünsten, bis die Flüssigkeit verdampft ist. Würzen und zu Gegrilltem oder Lammfleisch servieren.

> ***Tipp:***
> *Um die Schärfe der Frühlingszwiebeln zu mildern, die Zwiebeln kurz blanchieren und in Eiswasser abschrecken (so behalten sie auch ihre schöne grüne Farbe).*

1352
Zwiebelpüree

8 große, weiße Zwiebeln,
50 g Butter, 40 g Mehl,
¼ l süße Sahne oder Milch,
1 kräftige Prise Salz,
etwas Pfeffer und Muskat,
1 Prise Zucker.

Die geschälten, halbierten, in feine Scheiben geschnittenen Zwiebeln in strudelndem, leicht gesalzenem Wasser halbweich kochen oder auf einem Sieb mit Salzwasser überbrühen. Nach dem Abtropfen in einer Kasserolle in der zerlassenen Butter in etwa 15 Min. glasig schwitzen, das Mehl überstäuben und mit Sahne oder Milch ablöschen. Salz und Gewürz zufügen und das Ganze zu einem dicken Brei kochen; die Zwiebeln sollen dabei weiß bleiben. Zuletzt durch ein Sieb passieren und das Zwiebelpüree als Beilage zu Hammel-, Kalb- oder Rehkoteletts servieren.

1353 Glasierte Zwiebeln und Gemüse

10–12 Frühlingszwiebeln oder kleine Zwiebeln,
1 Zucchino, einige Frühlingsmöhren,
1–2 weiße Rüben, 30 g Butter,
1 Essl. Zucker, ¼ l Bratensoße, Salz.

Die Frühlingszwiebeln am grünen Ansatz abschneiden, Wurzeln entfernen, mit kochendem Wasser überbrühen; Zucchino an beiden Enden kappen, das übrige Gemüse schälen, in gleichmäßige, kleine Schnitze teilen (tournieren), in leicht gesalzenem Wasser halbgar kochen und auf einem Sieb abtropfen lassen. Die heiße Butter mit dem Zucker hell bräunen, Zwiebelchen und Gemüseschnitze locker einlegen, nicht umrühren, die Kasserolle nur einige Male schütteln; mit der Bratensoße ablöschen, das Gemüse darin weich dünsten, öfter wenden, damit es braun und glänzend aussieht, zuletzt salzen. Zur Verzierung von Braten oder zu Gemüseplatten verwenden.
Oder das zerteilte Gemüse ca. 1–2 Min. in kochendes Wasser legen, in einem Sieb abtropfen lassen. Etwa 60–100 g geklärte Butter (je nach Gemüsemenge) mit 2–3 Essl. braunem Zucker oder Honig und 1 Teel. Salz vermischen und erhitzen, bis sie dünnflüssig ist. Über das Gemüse geben, alles gut darin wenden und in einer feuerfesten Form im vorgeheizten Backofen garen, öfter mit der Flüssigkeit beträufeln.
E.-Herd 200 °C / G.-Herd 3–4
Ca. 20–30 Minuten

1354 Gefüllte Zwiebeln

8 mittelgroße Zwiebeln.
Zur Fülle:
1 Essl. gewiegte Petersilie,
2 Essl. Weißbrotkrumen,
100 g frische Pilze, 30 g Butter,
je 1 Prise Salz und Muskat,
1–2 Eier, 2 Essl. Hackfleisch oder
2 Essl. geriebener Käse.
Zum Dünsten:
40 g Butter,
etwa ⅛ l Fleischbrühe oder Weißwein.

Die Zwiebeln schälen und, damit sie stehen können, am Wurzelansatz glatt schneiden; dann aushöhlen und in wenig gesalzenem Wasser 5 Min. kochen. Das Ausgehöhlte und die Petersilie fein wiegen, mit den Weißbrotkrumen und den geputzten und gehackten Pilzen in der heißen Butter andünsten und abkühlen lassen. Salz, Gewürz, Eier und das Hackfleisch oder den Käse beifügen, alles gut vermengen und die Zwiebeln damit füllen. Zum Dünsten nebeneinander in eine mit Butter gefettete Kasserolle setzen, 1 Schöpflöffel Fleischbrühe oder Wein darüber gießen, zuerst zugedeckt in den vorgeheizten Backofen stellen, dann aufdecken und fertig garen.
E.-Herd 200 °C / G.-Herd 3
Zuerst 20 Min., aufgedeckt nochmals 20 Minuten
Oder statt Hackfleisch 3 fein gehackte Sardellen in die Füllung geben.
Oder gehackte Minze statt Petersilie in die Füllung geben.

1355 Ausgebackene Zwiebelringe

Große Zwiebeln schälen, in mäßig dicke Scheiben schneiden und durch leichtes Drücken in Ringe teilen; mit Mehl und Edelsüßpaprika bestäuben, in einem Sieb schütteln, damit das überschüssige Mehl abfällt, und schwimmend in heißem Fett knusprig braun braten. Die Zwiebelringe auf einer Papierserviette oder in Muschelförmchen anrichten und als Beilage zu Braten oder Gemüse reichen.
Oder die Zwiebelringe kurz in Milch tauchen, abtropfen lassen und in Mehl wälzen. In der Fritteuse in Kokosfett oder Öl in 3–4 Min. ausbacken, auf Küchenkrepp etwas entfetten.
Fritteuse: 180 °C

> ***Tipp:***
> *Kleine Zwiebeln lassen sich leichter schälen, wenn man sie für kurze Zeit in kochendes Wasser legt. Wurzeln und Stiel zuvor entfernen.*

Zwiebelringe herstellen.

1 Zwiebeln: Die halbierte Zwiebel zum Wurzelansatz hin in Scheiben schneiden,

2 quer unterteilen...

3 und würfeln.

Pilze

Angst vor der Giftigkeit und Unkenntnis der vielseitigen Verwendungsmöglichkeit hindern viele daran, ihren Speisezettel mit Pilzgerichten zu bereichern. Dabei lassen sich Pilze so köstlich und vielfältig zubereiten, dass sie den Wohlgeschmack des Fleisches eher übertreffen.
Wer Pilze selbst sammeln will, muss wissen, dass nur sichere Kenntnis der Pilze vor Irrtum und damit verbundener Gefahr für Gesundheit und Leben schützt .
Die Verfärbung des Pilzfleisches beim Mitdämpfen einer Zwiebel oder eines mitgekochten Silberlöffels sind keine Erkennungszeichen für die Giftigkeit der Pilze, ebenso wie das Ausbleiben eines solchen Zeichens keine Gewähr für die Ungefährlichkeit ist.
Eine Warnung für Sammler: Der Champignon, aber auch einige andere Pilze können mit dem giftigen Knollenblätterschwamm verwechselt werden, was zu schweren Schäden führt. Die Merkmale dieses Pilzes sind kleinere oder je nach dem Alter des Pilzes auch größere Knollen am Strunk, die beim Herausdrehen aus dem Erdboden sichtbar sind. Wenn sie aber abbrechen und im Boden verbleiben, können unerfahrene Sammler den Unterschied vor allem zwischen dem Champignon und dem Knollenblätterschwamm schwer feststellen. Deshalb ist es unerlässlich, alle Pilze, die auch nur den leisesten Zweifel an ihrer Essbarkeit erwecken, bei der **Pilzberatungsstelle,** die in jeder größeren Stadt eingerichtet ist, überprüfen zu lassen. Besser ist es, auf verdächtige Pilze ganz zu verzichten und die oft in überreicher Anzahl vorkommenden bekannten, ungefährlichen Pilze zu sammeln; auch die Erzeugnisse der Pilz-, vor allem der Champignon- und Austernseitlingzuchten sind sehr zu empfehlen, die das ganze Jahr über frisch und konserviert erhältlich sind.
Die Pilze sollen bei heißer Witterung noch am selben Tag zubereitet und gegessen werden, weil sie auch gekocht dann leicht verderben.
Nur trocken gepflückte Pilze lassen sich über Nacht – weit ausgebreitet – an einem kühlen, luftigen Ort aufbewahren. Nie jedoch dürfen sie in größeren Mengen im Korb oder Karton liegenbleiben, weil durch die Erwärmung eine Zersetzung eintreten kann, die oft, aber nicht immer, sichtbar wird. Im Kühlschrank (Gemüsefach) können sorgsam gereinigte Pilze ohne Schaden 1–2 Tage aufbewahrt werden (siehe auch Konservieren durch Tiefkühlen S. 672).
Verschiedene Pilzarten lassen sich auch sterilisieren und dörren. Zum Sterilisieren eignen sich am besten Pfifferlinge, junge Steinpilze, Rothäubchen, Champignons, echte Reizker, Semmel- und Stoppelpilze; zum Trocknen Steinpilze, Champignons, Pfifferlinge, Morcheln und ganz besonders die in großen Pilzfamilien wachsende trichterförmige Totentrompete. Dieser Pilz schmeckt als Gemüse ebenso gut wie in frischem Zustand als Salat.

Getrocknete Pilze sind eine vorzügliche Würze für Suppen und Soßen, lassen sich aber auch als Gemüse zubereiten; in solchem Fall nur kurz waschen, mit kochendem Wasser übergießen, 1–2 Std. darin einweichen. Das Einweichwasser durch ein Sieb gießen und mit verwenden. Das Trocknen (Dörren) soll rasch, am besten im Halbschatten, mindestens aber in der Zugluft geschehen, jedoch nicht im heißen Backofen oder über einer offenen Flamme; das Nachtrocknen kann in der warmen Backröhre (50 °C) erfolgen. Die Zubereitung von Pilzpulver als willkommene, immer griffbereite Würze für Suppen und Soßen wird auf Seite 401, Rezept **1373** beschrieben..
Ein Pilzgericht aus selbst gesuchten Pilzen sollte selten auf dem Speiseplan stehen, da sich durch die Umweltverschmutzung auch im Waldboden Gifte angesammelt haben.

Angebote im Handel: Im gut sortierten Gemüsehandel, auf Wochenmärkten und in Markthallen werden saisonal unterschiedliche Pilze angeboten. Neben Champignons, Austernseitlingen, Pfifferlingen, Steinpilzen und Morcheln finden sich in den Wintermonaten Trüffeln, gelegentlich gibt es auch Sommertrüffeln. Immer häufiger sieht man Pilze aus dem asiatischen Raum wie Shiitake, Enoki und Shimeji, einen in Büscheln wachsenden Pilz mit kleinen Köpfen, der in Flaschen gezogen wird.

Beschreibung essbarer Pilze (Auswahl)

Austernpilz: Hut: blass bis ockerfarben; Fleisch: weiß; Lamellen: weiß; Geruch: Anis; Wert: vorzüglicher Speisepilz. Angebot fast ausschließlich aus Zuchtbetrieben, als Auslese (nur Hüte, keine Stiele) oder in Büscheln mit Stiel (preiswerter, jedoch mehr Abfall).

Feld-Egerling/-Champignon: Hut: anfangs durch Ring geschlossen, schmutzig weiß; Fleisch: weiß, manchmal leicht rötend; Lamellen: jung rötlich, später braun; Geruch: aromatisch nach Mandeln; Geschmack: leicht angenehm; Standort: Wiesen, Feld und Wegränder, Juni bis September; Wert: vorzüglicher Speisepilz.

Zucht-Egerling/-Champignon: Hut: bräunlich, jung durch einen Ring mit dem Stiel verbunden; Fleisch: weiß, zart; Blätter: anfangs hellrot; Geschmack: mandelartig; Geruch: angenehm; Standort: künstliche Zuchtanlagen das ganze Jahr; Wert: vorzüglicher Speisepilz.

Eierschwamm/Pfifferling: Hut: hell-dottergelb, anfangs eingerollt, später fast trichterförmig; Fleisch: weiß, weiß-gelb, längsfaserig; Blätter: leistenförmig, eingerollt; Geruch: angenehm, recht würzig; Geschmack: leicht, angenehm; Standort: Laub- und Nadelwald, meist in Gruppen, Juni und Oktober; Wert: vorzüglicher Speisepilz.

Echter Reizker: Hut: orangerot, bei feuchtem Wetter schmierig, oft grünliche Flecken; Stiel: hohl, narbig; Fleisch: reichlich orange-rote Milch; Blätter: rötlich, bei Druck grün werdend; Geruch: würzig; Geschmack: etwas scharf, kratzend; Standort: junge Wälder, grasige Wege, September bis Oktober; Wert: guter Speisepilz.

Rothäubchen: Hut: orange- bis ziegelrot, jung sehr klein; Stiel: weiß mit grauschwarzen Schuppen; Fleisch: weiß, grau werdend; Röhren: weiß, später leicht grau; Geruch und Geschmack: angenehm; Standort: Nadel- und gemischter Wald, Juli bis Oktober; Wert: guter Speisepilz.

Semmelporling/Stoppelpilz: Hut: semmelbraun, unregelmäßig; Stiel: knollig, verästelt; Fleisch: weiß, leicht rötend; Röhren: sehr kurz, weiß; Geruch: angenehm; Geschmack: anfangs nussartig, später bitter; Standort: Nadelwälder, August bis Oktober; Wert: mittl. Speisepilz, nur jung brauchbar.

Sommertrüffel: Aussehen: schwarzbraun, mit großen Warzen besetzt; Fleisch: weiß-ockergelb, bräunlich, fest; Adern: ziemlich stark, weiß; Geruch: schwach würzig; Geschmack: angenehm, jedoch nur wenig würzig; Standort: Laubwald, unter der Erde; Wert: oft fälschlich mit der Perigord-Trüffel verwechselt.

Speisemorchel: Hut: kastanienbraun, höckerig, lappig mit Falten; Stiel: kurz, weiß, faltig, hohl; Fleisch: weiß, zerbrechlich; Geruch und Geschmack: angenehm; Standort: Nadelwälder, Wegränder, Köhlerplätze, April und Mai; Wert: vorzüglicher Speise- und Würzpilz, unabgekocht giftig! Erstes Kochwasser fortgießen.

Spitzmorchel: Hut: kegelförmig, gelbdunkelbraun; Stiel: weiß-gelblich; Fleisch: dünn, zerbrechlich; Gruben: tief wabenartig; Geruch und Geschmack: angenehm; Standort: grasige Wälder, März und April; Wert: vorzüglicher Speise- und Würzpilz.

Steinpilz Hut: kahl, fleischig, hell- bis dunkelbraun; Stiel: weißgrau-hellbraun, netzadrig; Fleisch: reinweiß bleibend; Lamellen: anfangs weiß, dann gelb und grün; Geschmack: nussartig mild; Geruch: angenehm; Standort: Laub- und Nadelwald, Juni bis Oktober; Wert: vorzüglicher Speisepilz.

Stockschwämmchen: Hut: braungelb, Mitte dunkler, dünn, jung durch die Haut mit dem Stiel verbunden; Stiel: unten schwarzbraun, oben gelb; Fleisch: wässerig, bräunlich; Blätter: bräunlich, ungleich lang; Geruch: würzig; Geschmack: obstartig, mild; Standort: hauptsächlich an modernden Buchenstöcken; Wert: vorzüglicher Speisepilz.

Täubling: Hut: von chromgelb über rotglänzend, weinrot, olivbraun, braun, grünspanfarben bis violettgrün; Stiel: kurz, in den Hut verlaufend; Fleisch: weißfleischig; Geschmack: mild (bittere oder scharfe Täublinge nicht verwenden, kosten!), nussartig und kernig, leicht zu putzen; Standort: nicht anspruchsvoll, praktisch überall; Wert: mittlerer Speisepilz, kein starkes Eigenaroma.

Trüffeln: Die edelsten sind die weißen Piemont- oder Albatrüffeln. Sie werden im Spätherbst bis Winter angeboten. Die schwarze Edeltrüffel hat von Mitte November bis März Saison und stammt traditionell aus dem Périgord und der Provence. In unterschiedlicher Qualität werden weiße und schwarze Trüffeln auch aus anderen Regionen angeboten: Lombardei, Ligurien, Venetien, Emilia-Romagna, Toskana, aus Spanien, vom Balkan, aus Ungarn und der Türkei.
Die Sommertrüffeln wachsen von April bis Ende August fast in ganz Europa. Sie erreichen wie die Herbstrüffeln nicht die Qualität der Alba- und Périgordtrüffeln.

Weiße Trüffel (Piemont)

1356

Austernpilze (Austernseitlinge, Kalbfleischpilze)

600 g junge Austernpilze,
2 Schalotten oder Frühlingszwiebeln,
3 Essl. Butter, 2 Essl. Öl (Olivenöl),
evtl. etwas Mehl, Salz und frisch gemahlener Pfeffer.
Nach Geschmack:
2–3 fein gehackte Knoblauchzehen,
1 Bund gehackte Petersilie.

Große Pilze mit Küchenkrepp abtupfen, schräg in Scheiben schneiden, von kleinen Pilzen nur den Stiel abschneiden, der manchmal zäh sein kann. Die Schalotten oder Frühlingszwiebeln (mit Grün) fein hacken, in der Butter-Öl-Mischung anschwitzen und die Pilze (evtl. in wenig Mehl gewendet) darin anbraten. Die Pilze unter Schwenken ca. 8–10 Min. garen. Würzen, fein gehackten (oder evtl. auch gepressten) Knoblauch und die Petersilie darüber streuen.
Dieses Gericht schmeckt auch lauwarm als Vorspeise.
Oder die Pilze klein schneiden, mit gehackten Schalotten in Butter anbraten, 1 Glas Weißwein zugießen und gar schmoren. Mit Salz, frisch gemahlenem Pfeffer, frischem, gehackten Basilikum und etwas Knoblauchpulver würzen und 1/8 l steif geschlagene Sahne unterziehen. Ebenso lassen sich Champignons zubereiten.
Zu Wiener Semmelknödeln, Salzkartoffeln oder auch grünen Spätzle servieren.

Dieser Pilz kann wie der Champignon auch gezüchtet werden.

1357

Frische Champignons im Päckchen

Ca. 2–3 Portionen
250 g Champignons,
Salz, Pfeffer, Zitronensaft,
Knoblauchsalz,
gehackte Petersilie, Butter.

Frische Champignons mit Küchenkrepp säubern, wenn nötig rasch waschen und gut abtropfen lassen. Die Siele herausdrehen und die Köpfe auf ein Stück Alufolie oder gebuttertes Pergamentpapier legen, eine Prise Salz, Pfeffer, einen Teel. Zitronensaft und einen Hauch Knoblauchsalz darüber geben. Obenauf einen Essl. gehackte Petersilie und ein Stückchen Butter legen. Die Folie oben zusammenfalten und das Päckchen im vorgeheizten Backofen bei E.-Herd 225 °C / G.-Herd 3–4 ca. 15 Min. garen

1358

Champignons in Weißwein

500 g kleine Champignons,
60–80 g Butter oder Margarine
2 Essl. Semmelbrösel oder Mehl,
1/8 l Weißwein, Salz, weißer Pfeffer.

Die Pilze kurz waschen und unzerkleinert in heißer Butter oder Margarine schwenken. Abgetropft in Semmelbröseln oder Mehl wenden, in den Topf zurückgeben und bei geringer Hitze unter Zugabe des Weins ca. 10 Min. durchziehen lassen. Nicht zu kräftig würzen.
Oder statt Semmelbrösel 2 Essl. frische gehackte Kräuter (wie Petersilie, Zitronenmelisse, Kerbel) unter die fertigen Pilze schwenken.

1359

Champignons, mariniert

500 g kleine Champignons,
Pflanzenöl, etwas trockener Weißwein.
Marinade:
Salz und schwarzer Pfeffer aus der Mühle oder rosa Pfefferbeeren,
2 Essl. Balsamico-Essig,
1 Spritzer Zitronensaft,
2–3 Essl. trockener Sherry (Fino)
3–4 Essl. Olivenöl, extra vergine,
2–3 Loorbeerblätter,
1 Bund Blattpetersilie oder Kerbel, gehackt.

Die Pilze mit Küchenkrepp säubern, die Stiele kürzen und die Pilzköpfchen halbieren. In Öl anbraten, etwas Wein zugießen und die Pilze ca. 6–8 Min. dünsten, bis alle Flüssigkeit verdampft ist. Aus den angegebenen Zutaten eine kräftig abgeschmeckte Marinade rühren, die Pilze heiß hineingeben und ca. 1 Stunde darin ziehen lassen.
Passt zu gegrilltem Fisch und Fleisch oder zu einem Reisgericht.
Oder kleine, feste Steinpilze sehr gut putzen, zerkleinern, nicht vorbraten und in der Marinade 1 Tag durchziehen lassen.

1360

Duxelles

2–3 Schalotten,
40 g Butter oder Butterschmalz,
125 g Zuchtchampignons oder Steinchampignons,
60 g gekochter Schinken oder Schinkenspeck, Salz und Pfeffer,
evtl. etwas Edelsüßpaprika,
1/2 Teel. Zitronensaft,
evtl. 1 Essl. Madeira.

Die Schalotten fein hacken und in der Butter glasig anschwitzen; die gewaschenen Pilze fein schneiden oder hacken, zugeben, bei milder Hitze kurz mitrösten, dann die Schinkenwürfel zugeben. Etwa 8–10 Min. sanft dünsten, würzen nach Wahl.
Statt Paprikapulver kann man auch 2 Essl. Tomatenmark verwenden. Oder mit einer dick eingekochten Soße würzen. Fein gehackte Petersilie gibt eine weitere geschmackliche Veränderung.

Tipp:
*Duxelles lässt sich zum Füllen von großen Champignonhüten, aufgeschnittenen Kalbsschnitzeln, Pfannkuchen und vielem mehr verwenden. Sog. magere Duxelles (ohne Schinken) kann zum Verfeinern von Suppen und Soßen verwendet werden. Auch das Filet Wellington **807** kann mit Duxellles zubereitet werden. Duxelles kann auch nur von den Pilzstielen zubereitet werden, dann die Pilzhüte zum Füllen verwenden.*

1361 Ausgebackene Pilze

Beliebige Pilze, Salz,
1–2 verquirlte Eier, Semmelbrösel.
Backfett.

Zum Ausbacken eignet sich wegen seines würzigen Geschmackes besonders der echte Reizker oder frische Champignons sowie Steinpilze. Bei der Zubereitung nur die Hütchen oder kleinere Pilze halbiert verwenden, mit wenig Salz bestreuen und kurze Zeit beiseite stellen; dann in gequirltem Ei und Semmelbröseln wenden und in heißem Fett knusprig backen.
Oder die vorbereiteten Pilze in einen Bier- oder Weinteig (siehe **698**) tauchen und im heißen Kokosfett oder Öl schwimmend herausbacken (die Friteuse eignet sich dazu am besten).

1362 Pilzkoteletts

Beliebige Pilze, Salz, Pfeffer,
1 Ei, 1 Essl. Milch, Mehl,
feine Semmelbrösel,
Bratfett,
Zitronensaft zum Beträufeln.

Dazu eignen sich z. B. große Steinchampignons oder Boviste. Letzterer hat oft 1/2–1 kg Gewicht und ein zartes, weißes Fleisch. Die Pilze häuten, in fingerdicke Scheiben schneiden und mit wenig Salz und Pfeffer bestreuen. Zum Panieren Ei mit Milch oder Wasser quirlen, die Scheiben zuerst in Mehl wenden, dann in die Eimilch tauchen, zuletzt in Semmelbröseln wälzen und in heißem Fett goldgelb backen. Auf einer erwärmten Platte anrichten, mit Zitronensaft beträufeln und grünen Salat dazu reichen.

1363 Rührei mit Pilzen

20 g Butter,
40 g durchwachsener Räucherspeck in Würfelchen,
500 g beliebige Pilze, 4–6 Eier,
2 Essl. Milch, 1 Prise Salz.
Zum Bestreuen:
1 Essl. Petersilie oder Schnittlauch.

In der zerlassenen Butter die Speckwürfelchen leicht anrösten, die sorgfältig gereinigten, in Scheiben geschnittenen Pilze zufügen und so lange dünsten, bis die Flüssigkeit eingekocht ist. Die Eier mit der Milch verquirlen, Salz zugeben, unter Rühren über die Pilze gießen und stocken lassen. Mit frischer Petersilie oder Schnittlauch bestreuen.

Marinierte Steinpilze (nach **1359**)

1364

Morcheln

500 g frische Morcheln,
50 g roher Schinken, 20 g Butter,
Salz und Pfeffer,
1 Schuss trockener Sherry,
1/8 l süße Sahne.

Die Morcheln in frischem, mehrmals erneuertem Wasser waschen, um den Sand zu entfernen. Abtropfen lassen und die Stiele herausdrehen; große Morcheln etwas zerteilen, evtl. die Pilze vor dem Dünsten überbrühen und das Wasser abschütten.
Den Schinken fein hacken, in der Butter anrösten, die Morcheln zufügen, etwa 10 Min. mitdünsten, dann würzen. Den Sherry zugießen, einkochen lassen, die Sahne langsam einrühren und weiterdünsten, bis eine Bindung entsteht.
Dazu ein Gemüse aus frischem Bärlauch (siehe Abb.) oder Spinatblättchen und Kartoffelpüree reichen.
Oder die gereinigten Morcheln in Bierteig **698** tauchen und im Fett schwimmend herausbacken.
Oder große Morcheln besonders sorgfältig reinigen, auch durch das Fußende Wasser einströmen lassen und die Pilze mit gewürztem Hackfleisch, Bratwurstbrät, gehacktem, gegarten Hühnerfleisch oder auch mit Schnecken (evtl. aus der Dose) füllen. Die gefüllten Pilze in einer hellen Soße (oder in Kalbsfond **1**) garen.

Tipp:
Frische Morcheln sind nur selten zu bekommen; man kann auf getrocknete Pilze zurückgreifen, die ein sehr feines Aroma entwickeln. Empfehlenswert für eine Morchelrahmsoße oder zu Füllungen für Blätterteigpastetchen.

◁ Morcheln in Sherry-Rahm

1365

Pilzknödel

250 g geputzte Pilze wie Champignons, Reizker, Maronen oder Birkenpilze,
30 g Butter,
2 milde Zwiebeln oder Frühlingszwiebeln mit Grün,
250 g Rinderhackfleisch,
1 Ei, Salz und Pfeffer,
*evtl. 1 Teel. Pilzpulver **1373**,*
2 Essl. gehackte Petersilie,
Weißbrotkrumen oder Semmelbrösel zum Formen,
1 l gute Rinds- oder Kalbsbrühe, auch Geflügelbrühe.

Die Pilze fein schneiden, die Zwiebeln hacken, nacheinander in der Butter anbraten, bis die Flüssigkeit verdampft ist. Abkühlen lassen, dann durch die feine Scheibe des Fleischwolfs drehen oder im Blitzhacker zerkleinern. Mit dem Hackfleisch, Ei und den Gewürzen verkneten, wenig Weißbrot oder Semmelbrösel unterkneten – der Teig soll geschmeidig sein. Kleine Bällchen mit nassen Händen formen, in die kochende Brühe einlegen und etwa 20 Min. bei kleiner Hitze gar ziehen lassen. Evtl. zuerst ein Probeklößchen kochen!
Oder anstatt Hackfleisch Bratwurstbrät verwenden; die Semmelbröselmenge etwas erhöhen. Etwas größere Knödel formen und diese in Salzwasser oder Brühe in ca. 15–20 Min. gar ziehen lassen.
Pilzknödel können in der Brühe oder in einer dunklen Soße serviert werden. Sie passen gut zu Fleisch, besonders Wild, aber auch als einzige Beilage zu Kartoffelpüree oder frischen Nudeln.

1366

Pilzkartoffelpuffer

500 g Kartoffeln (roh oder gekocht),
500 g Pilze (am besten Reizker),
20 g Butter oder Margarine,
je 1 Essl. gewiegte Zwiebel und Petersilie, wenig Salz, 2 Essl. Mehl,
1 Prise Muskat,
Bratfett.

Die geschälten Kartoffeln reiben; die sorgfältig gereinigten Pilze fein wiegen, rmit Zwiebel und Petersilie in der zerlassenen Butter glasig schwitzen, mit den Kartoffeln, Mehl und Gewürz vermengen; von der nicht zu feuchten Masse kleine Küchlein formen und im heißen Fett knusprig backen.

1367

Pilzragout mit Gemüse (vegetarisches Ragout)

1 mittelgroßer Blumenkohl,
100 g ausgehülste, junge Erbsen (oder TK-Erbsen),
125 g Möhren,
1 kleine Sellerieknolle,
evtl. 3–4 Schwarzwurzeln oder Spargel, 250 g frische Steinpilze oder 1 kleine Dose Champignons.
Zum Dünsten der Pilze:
20 g Butter, Saft von 1/2 Zitrone.
Zur Soße:
40 g Butter, 50 g Mehl,
je 1 Prise Salz und Muskat oder 1 Messersp. Hefewürze,
etwa 1/2 l Gemüsebrühe (halb Brühe, halb Milch).
Zum Abziehen:
evtl. 1 Ei,
2 Essl. saure Sahne.

Den gewässerten Blumenkohl in kleine Röschen teilen, die anderen Gemüse sorgfältig reinigen und jede Sorte getrennt in leicht gesalzenem Wasser halbweich kochen. Die frischen Pilze sorgsam verlesen, mit Küchenkrepp abreiben, in Scheiben schneiden und in Butter und Zitronensaft weich dünsten. Von Butter, Mehl und Gemüsebrühe eine weiße, dickflüssige Buttersoße zubereiten, mit Salz, Muskat oder Hefewürze abschmecken, das Gemüse und Pilze zufügen (Dosenpilze ohne Brühe) und bei mäßiger Kochhitze noch etwa 8–10 Min. garen; zuletzt das Ei mit der Sahne verquirlen und unterrühren; Blattsalat dazu reichen oder das Ragout in Blätterteigpastetchen anrichten.

1368

Pilzgulasch

500 g Pfifferlinge oder gemischte Waldpilze, 1 Zwiebel,
40 g Fett,
Salz, Paprika, 1/8 l saure Sahne,
1 kg Kartoffeln, Petersilie,
Fleischbrühe (Würfel).

Die Pilze gut säubern, evtl. waschen und dann halbieren. Die klein geschnittene Zwiebel im erhitzten Fett glasig dämpfen. Abgetropfte Pilze zugeben und ca. 30 Min. garen. Die Sahne zugießen, kurz aufkochen lassen und abschmecken. Inzwischen Kartoffeln schälen, in Würfel schneiden, in Salzwasser garen und abgießen. Pilze über den Kartoffeln in einer Schüssel anrichten und klein gehackte Petersilie darüber streuen. Nach Belieben mit heißer Fleischbrühe verdünnen.

Tipp:
Frische Waldpilze sollten mindestens 20 Min. garen, da sie sonst schwer verdaulich sind.

1369

Pfifferlinge mit Tomaten

750 g Pfifferlinge,
250 g feste Tomaten,
40 g Butter, 2 Schalotten,
je 1 Prise Salz und Pfeffer,
4 Essl. Weißwein,
4–6 Essl. Bratensoße oder etwas Fleischbrühe.
Zum Bestreuen: reichlich gewiegte Petersilie oder Zitronenmelisse.

Die sorgsam gereinigten Pfifferlinge evtl. waschen und in Stückchen teilen. Die Tomaten kurz in kochendes Wasser tauchen, häuten und die Tomaten in feine Scheiben schneiden. Die Kerne entfernen. In der zerlassenen Butter die gewiegten Schalotten glasig schwitzen, Pilze, Tomaten, Salz, Pfeffer und nach 5 Min. Weißwein und Bratensoße oder Fleischbrühe zugeben, weich dünsten und beim Anrichten mit reichlich Petersilie oder fein gehackter Zitronenmelisse bestreuen.

Steinpilze lassen sich nach demselben Rezept zubereiten.

1370

Steinpilze, gedünstet

750 g Steinpilze, 40 g Butter,
1 Zwiebel oder 3–4 Schalotten,
je 1 Prise Salz und Pfeffer,
evtl. gemahlener Kümmel,
Saft von 1/2 Zitrone,
evtl. etwas Bratensoße oder Fleischbrühe.
Zum Bestreuen: reichlich gewiegte Petersilie oder Kerbell.

Beim Einkauf oder Sammeln von Steinpilzen durch Auseinanderbrechen prüfen, ob sie nicht madig sind. Merkmal der jungen Steinpilze ist ein hellbrauner, der älteren ein dunkelbrauner Hut. Bei der Zubereitung den Stiel abschaben, alle grünlichen Stellen entfernen, die Pilze kurz waschen und in Scheiben schneiden. In heißer Butter die grob gewiegte Zwiebel oder die Schalotten hellgelb schwitzen, die abgetropften Pilze, Salz, Pfeffer, evtl. Kümmel und Zitronensaft zufügen, evtl. mit etwas Bratensoße oder Fleischbrühe ablöschen und bei mäßiger Herdhitze zugedeckt 18–20 Min. dünsten. Beim Anrichten reichlich Petersilie oder fein gehackten Kerbel überstreuen.

Alle Pilzsorten können auf diese Art zubereitet werden.

1371

Steinpilze, gebraten

750 g kleine Steinpilze,
2 Schalotten, 80 g Speck,
30 g Butterschmalz und
2 Essl. Olivenöl,
Salz und frisch gemahlener Pfeffer,
frischer Rosmarin.

Die Steinpilze putzen, mit einem Tuch abreiben und halbieren (größere Pilze in Scheiben schneiden). Schalotten und Speck hacken, im heißen Schmalz mit Öl gelb dünsten, die Pilze zugeben und gut durchbraten. Mit Salz, Pfeffer und frischem Rosmarin würzen (wer die Nadeln nicht mag, nimmt Rosmarinpulver). Dazu schmeckt knuspriges Weißbrot und ein guter Rotwein.

◁ Gebratene Steinpilze

1372

Trüffeln

Frische Trüffeln eignen sich zum Dünsten (z. B. in Burgunder oder Sherry), zum Einlegen und Trocknen. Hauchdünn gehobelt geben sie jedem guten Essen einen besonders edlen Geschmack (z. B. Omelett oder Risotto mit Trüffeln).
Aufbewahrung: Weiße Trüffeln in ein Baumwolltuch oder Küchenkrepp locker einschlagen und in einem luftdichten Behälter im Kühlschrank-Gemüsefach aufbewahren (Umhüllung alle 2–3 Tage wechseln. Schwarze Trüffeln mit Reiskörnern in einem luftdicht verschlossenen Behälter aufbewahren. Sie sind weniger empfindlich. Siehe auch S. 395.

1373

Pilzpulver von Totentrompeten oder Nelkenschwindlingen

Totentrompeten oder Nelkenschwindlinge putzen und an einem luftigen Ort trocknen. Die getrockneten Pilze in einem Mörser zu Pulver zerstoßen. Das Pilzpulver ist sehr aromatisch und lange haltbar. Geeignet für: Suppen, Soßen, Gemüse, Füllungen, Knödel, zum Einreiben von Fleisch. Totentrompeten können auch in Essigwasser eingelegt werden (siehe Konservierung S. 541).

1374

Pilzwürze (Extrakt)

Finden sich größere Mengen von Pilzen, z. B. Steinpilze oder Totentrompeten, können sie zu einer Würze verarbeitet werden, die sich wie Maggiwürze verbrauchen lässt. Die Pilze möglichst gleich im Walde sortieren, zu Hause putzen, falls nötig rasch waschen, abtropfen lassen und mit 2–3 Tassen Salz (auf etwa 2 kg Pilze) überstreuen. Dann ohne Wasser in einer feuerfesten Form aufsetzen und etwa 15 Min. dünsten; den Saft abgießen, beiseite stellen, die Pilze mit wenig Wasser nochmals aufsetzen und wieder 15 Min. dünsten. Diesen zweiten Saft mit dem ersten mischen, auf je 1 l Flüssigkeit 200 g Salz rechnen, in dem Saft auflösen und 15–20 Min. strudelnd kochen lassen (dabei mehrmals abschäumen). Den heißen Extrakt durch ein Tuchfilter in kleine Flaschen füllen, sofort verkorken und den Flaschenkopf in flüssiges Wachs tauchen. Der Extrakt hält sich 2–3 Jahre.
Sehr sparsam verwenden.

Getrocknete Pilze aus Fernost

Im Pilzangebot ist u. a. ein faltiger Trockenpilz aus China mit Namen **Wolkenohr**, auch **Mu-Err** oder **Judasohr**. (Dieser Pilz wächst bei uns vor allem auf alten Holunderstämmen und heißt hier Holunderschwamm oder Baumohr.) Die Pilze entwickeln in getrocknetem Zustand ein zartes Aroma, das an Morcheln erinnert. Die Pilze haben eine große Quellfähigkeit: ca. 30 Min. in lauwarmem Wasser einweichen, dann „blühen sie auf". Die Einweichflüssigkeit durchsieben und mitverwenden.
Eine andere Pilzart, die bei uns getrocknet angeboten wird, ist eine **Totentrompete**, wolkenförmig, aufgefächert.
Außerdem sind noch japanische Pilze im Handel: **Tung-Koo** und auch **Shiitake-Pilze**, die nach dem Einweichen einen fleischigen Hut haben, den man in Scheiben schneiden kann. Shiitake-Pilze werden auch frisch und als Konserve angeboten.
Alle diese Pilze lassen sich gut als Vorrat halten; sie geben Gemüse- oder Fleischgerichten, auch Suppen und Soßen ein feines Aroma. Auch zu Risotto eignen sie sich. Sehr fein schmecken sie, auf chinesische Art, mit vielen frischen Gemüsen, wie Staudensellerie, Frühlingszwiebeln oder Lauch, Möhrenstreifen oder Sojasprossen, gewürzt mit Hühnerbrühe, Sojasauce, etwas Wein oder Essig und Curry, in der Pfanne zubereitet. (Siehe auch Gebratener Reis **2480** und Pfannengerührtes Gemüse im Wok **1182**).

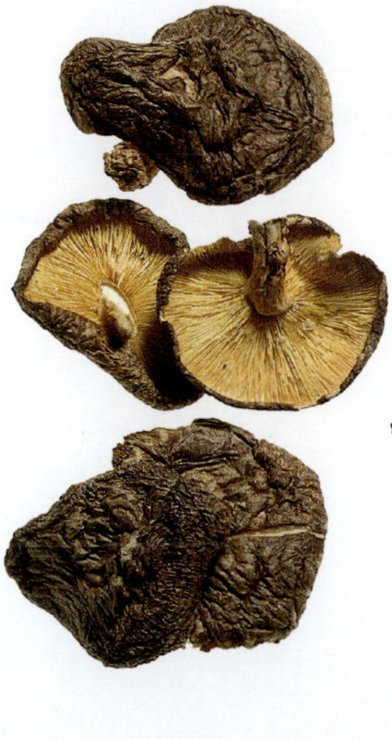

getrocknete Shiitake

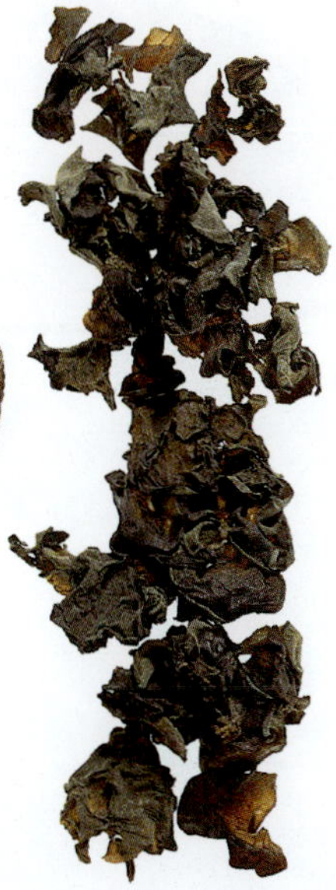

Wolkenohren

frische Shiitake

OBST

Schaufenster bersten, Marktstände gehen aus den Nähten, Auslagen von Supermärkten quellen über. Die Preise von Obst sind – von ganz besonderen Exoten abgesehen – für jede Frau und für jedermann bezahlbar. Und dennoch boomt das Geschäft mit Vitaminen, Spurenelementen und Mineralien aus der Retorte. Apotheker und Drogisten frohlocken. Keiner fragt sich: „Was ist in die Menchheit gefahren?“ Hat kein Mensch jemals in einen Apfel gebissen? Eine Orange – fast – vom Baum gegessen? Frische Erdbeeren gepflückt? Brombeeren am Strauch gesehen? Oder sie alle zu einem Salat, einer Creme, zu Kompott verarbeitet?

Frische Früchte *

1375
Apfelfächer mit Weinschaum

4 kleine saftige Äpfel, Zitronensaft,
evtl. etwas feiner Zucker,
Weinschaum ***118****, halbe Menge,*
4 Essl. geröstete Mandelblättchen
oder Pinienkerne.

Die Äpfel schälen, das Kernhaus entfernen, die Äpfel halbieren und in feine Blättchen schneiden. Mit Zitronensaft beträufeln, damit sie nicht braun werden, evtl. leicht zuckern. Den Weinschaum zubereiten und kaltschlagen. Die Apfelscheiben fächerförmig auf vier Portionstellern anrichten, den Weinschaum darüber verteilen und mit trocken in der Pfanne gerösteten Mandelblättchen oder Pinienkernen bestreuen.

*Siehe auch S. 119 Fruchtsalate.

1376
Gefüllte Bananen

4 Bananen,
rote Marmelade,
Saft von 1/2 Zitrone,
Apfel- oder Quittengelee.
Oder zum Füllen:
Fruchtsalat ***414****.*
Zum Verzieren:
1/4 l süße Sahne,
1 Prise Vanillezucker.

2 Bananen waschen, abtrocknen, der Länge nach halbieren und die Schnittflächen mit Marmelade überpinseln. Die 2 übrigen Bananen schälen, in feine Scheiben schneiden, mit Zitronensaft beträufeln (damit sie weiß bleiben) und schuppenförmig auf die aufgeschnittenen Bananen legen; auf jede Scheibe ein Geleewürfelchen setzen und die Bananen mit gespritzter Schlagsahne verzieren.
Oder die längs aufgeschnittenen, ausgehöhlten Bananen mit Fruchtsalat füllen, mit Sahne garnieren.

1377
Erdbeerbecher

Pro Person ca. 150 g reife Erdbeeren
oder Walderdbeeren,
je nach Geschmack:
2 Essl. feiner Zucker,
1 Essl. Honig oder
2 Essl. Zitronensaft.
Schlagsahne, mit ein paar Tropfen
Orangenlikör verfeinert.

Die Erdbeeren rasch waschen, abtropfen lassen, den Stielansatz herausschneiden und die Früchte je nach Größe halbieren oder in kleinere Stückchen schneiden. Die Erdbeeren entweder süßen oder mit Zitronensaft übergießen (das hebt das Aroma). In Portionsschalen füllen und mit einem Klecks Schlagsahne garnieren.
Oder die Erdbeeren in eine weite Schale füllen, mit grob geschrotetem, schwarzen Pfeffer bestreuen und mit Zitronenmelisseblättchen garnieren.
Oder die Erdbeeren mit Spänen von dunkler Schokolade bestreuen, Minzeblättchen darunter heben, obenauf die aromatisierte Sahne und nochmals Schokospäne geben.

1 Ananas zerlegen: Den Wurzelansatz abschneiden...

2 und die Frucht halbieren.

3 Den Strunk herausschneiden.

1 Fruchtdekoration aus Papaya: In eine möglichst runde Papaya den ersten Blütenblätterkranz schneiden...

2 und versetzt darüber einen zweiten.

3 Den Stielansatz abschneiden...

1378
Früchteteller mit exotischen Früchten

Pro Person 1 reife Feige,
1 Sternfrucht (Karambole),
½ Mango (falls möglich rosafleischig),
evtl. 1 Stück Papaya oder
1 Scheibe frische Ananas,
4 Kapstachelbeeren (Physalis),
Pecannüsse oder Paranüsse,
½ Maracuja (Passionsfrucht) oder
½ Granatapfel,
Zitronen- oder Limettensaft.

Die Feige überkreuz einschneiden und die einzelnen Segmente etwas auseinanderziehen. In die Mitte eines großen Tellers legen. Die Karambole abwaschen, in feine Scheiben schneiden (so erscheint die Sternform) und um die Feige legen. Die Mango abschälen, das Fruchtfleisch zum Kern in schmale Spalten schneiden, eine Hälfte des Tellers damit belegen. Ein Stück Papaya schälen, in Stücke schneiden oder die Ananasscheiben in Stücke schneiden, neben den Mangospalten anordnen. Die Kapstachelbeeren dazwischen legen. Mit den halbierten Nüssen nach Wahl belegen oder die Fruchtpulpe der Maracuja bzw. des Granatapfels über die aufgeschnittenen Früchte geben. Mango und Papaya mit etwas Zitrussaft beträufeln, das erhöht den Eigengeschmack.
Wem die Früchte zu sauer sind, kann mit etwas Honig oder Ahornsirup süßen. Oder mit Läuterzucker (siehe Kapitel Konservieren) leicht süßen.

4 und die dunklen Kerne entfernen. Die Einschnitte vorsichtig nach außen drücken, und fertig ist die Papayablume.

1379
Heidelbeerbecher

400 g Heidelbeeren (Blaubeeren),
2 Essl. Puderzucker,
*Schlagsahne **1421**, halbe Menge,*
4 Essl. Fruchtmark von Himbeeren oder Walderdbeeren.

Die Heidelbeeren möglichst nur verlesen, nicht waschen. Mit Puderzucker vermischen und in Portionsgläser füllen. Die Schlagsahne daraufspritzen. Himbeeren oder Walderdbeeren pürieren, falls gewünscht mit Maraschino parfümieren, durch ein Sieb streichen und das Püree über die Sahne geben.

1380
Himbeer-Brombeer-Dessert

Je 250 g reife Himbeeren und Brombeeren,
3 Essl. schwarzer Johannisbeerlikör,
evtl. 1 Essl. feiner Zucker,
*Schlagsahne mit Pumpernickel **1423**.*

Die Beeren verlesen, falls nötig, waschen. Die Brombeeren mit Johannisbeerlikör beträufeln und leicht zuckern. Kurze Zeit durchziehen lassen und die Flüssigkeit auffangen. Die Beeren abwechselnd in Gläser einschichten und mit der Pumpernickelsahne bedecken. Die Abtropfflüssigkeit zuletzt über die Sahne gießen.

1 Orangenfilets: Die Schale überall dick abschälen, so dass keine weiße Innenhaut übrigbleibt.

1381
Orangendessert

2 Navel-Orangen (ohne Kerne),
2–3 Blutorangen,
1 rotfleischige Grapefruit oder
2 Mandarinen.
Soße:
je 3 Essl. Orangen- und Zitronensaft,
1 Essl. Honig, 1 Essl. Orangenlikör.
*Evtl. Weinschaum **118**.*

Die Früchte sehr gut schälen – alles Weiße, das der Schale anhaftet, sollte entfernt werden – und die Spalten zwischen den Trennhäuten herausschneiden. Über einer Schüssel arbeiten und den aufgefangenen Saft zur Soße verwenden. Die Soßenzutaten gut verrühren. Die Früchte bergartig in einer Glasschüssel anrichten und mit der Soße übergießen. Evtl. Weinschaum dazu servieren.

1382
Pfirsiche mit Vanillecreme

4 große, reife Pfirsiche,
*Vanillecreme **1428**,*
4 Teel. Johannisbeergelee,
einige Rispen von frischen Johannisbeeren.

Die Pfirsiche für kurze Zeit in kochendes Wasser legen, herausnehmen und die Haut abziehen. Halbieren und entsteinen; in flache Portionsschalen legen und die Kernhöhlungen mit Vanillecreme füllen. Auf die Vanillecreme etwas Johannisbeergelee geben und mit frischen Johannisbeerrispen garnieren.

2 Mit einem Messer die Fruchtsegmente zwischen den Trennhäuten herauslösen.

1383

Pampelmusen, mit Obstsalat gefüllt

4 möglichst rotfleischige Pampelmusen oder Grapefruits,
4 Teel. Zucker,
4 Orangen (evtl. Blutorangen),
1–2 süße Äpfel, 2 Bananen,
2–3 Scheiben frische Ananas,
einige geschälte Litschis (evtl. Konserve),
2–3 eingedünstete Pfirsiche.
Zum Beträufeln:
pro Fruchthälfte 1 Teel. Cognac oder Curaçao,
Orangenlikör (oder für Kinder Orangensaft).

Die Pampelmusen oder Grapefruits* halbieren, das Fruchtfleisch herauslösen, die Kerne und die weiße Haut der Schalen sorgfältig entfernen und das Fruchtfleisch in Würfelchen schneiden. Die Orangen, Äpfel, Bananen und die frischen Ananasscheiben schälen, alle Früchte – auch die eingedünsteten – kleinwürfelig schneiden, mit den Pampelmusenwürfelchen leicht vermischen, den Zucker überstreuen und Likör oder Orangensaft darüber träufeln. Den Fruchtsalat in die ausgehöhlten, evtl. am Rand ausgezackten Fruchthälften füllen und bis zum Anrichten kalt stellen.
Oder aus halbierten **Orangen** das Fruchtfleisch herauslösen, zum Fruchtsalat **414** verwenden und die Orangen mit dem Obstsalat füllen.

* Pampelmusen haben eine dickere Schale. Grapefruits sind eine Kreuzung aus Pampelmuse und Orange.

Exotische Früchte (Auswahl)

Karambole

Passionsfrucht

Mango

Physalis

Papaya

Rambutan

1 Orangenkörbe: Zwei Segmente herausschneiden und einen Henkel stehenlassen.

2 Fruchtfleisch unter dem Henkel und aus der restlichen Orange herauslösen.

3 In den Korbrand Zacken schneiden. Tomaten und Melonen können ebenso bearbeitet werden.

Kompotte und verschiedene Fruchtspeisen

1384

Apfelbrei

1 kg mürbe Äpfel,
1/4 – 1/2 l Wasser,
evtl. 1/2 Glas Weißwein
oder Süßmost,
1/4 Stange Zimt oder 2–3 dünne
Stückchen Zitronenschale oder
Saft von 1/2 Zitrone, 50–80 g Zucker.
Zum Verzieren:
einige geschälte, geriebene Mandeln
und Korinthen.

Die Äpfel waschen und ungeschält in kleine Schnitze schneiden; dann in geschlossener Kasserolle mit dem Wasser, Wein oder Süßmost, Zimt, Zitronenschale oder -saft langsam weich kochen und durchpassieren. Den Brei mit dem Zucker vermischen und beim Anrichten die Mandeln und die kurz überbrühten, gut abgetropften Korinthen obenauf streuen. Von geschälten, in wenig Wasser oder Süßmost gekochten Äpfeln wird dieser Brei besonders feincremig.
Mit steif geschlagener Sahne serviert, schmeckt der Apfelbrei köstlich.

1385

Apfelkompott

750 g Äpfel, 1/4 l Wasser,
80 g Zucker, 1 Handvoll Rosinen,
1 Glas Weißwein,
Saft von 1 Zitrone,
evtl. 1 Päckchen Vanillinzucker,
2 Essl. Mandelblättchen.

Äpfel schälen, vierteln und das Kerngehäuse entfernen. Das Wasser mit Zucker zum Kochen bringen, die Apfelstücke und Rosinen zufügen, ca. in 8 Min. weich kochen, aber nicht zerfallen lassen. Das Kompott mit Weißwein und Zitronensaft abschmecken, evtl. noch Vanillinzucker unterrühren. Erkaltet mit Mandelblättchen garniert anrichten.
Oder anstatt Weißwein vor dem Anrichten mit 1 Essl. Weinbrand verfeinern und mit einer Schlagsahnehaube verzieren.

1386

Aprikosen- oder Pfirsichkompott

750 g Aprikosen oder Pfirsiche,
1/2 l Wasser, 60 g Zucker,
1 Päckchen Vanillinzucker.

Die Früchte in schwach kochendes Wasser tauchen, schälen, halbieren und entsteinen. Wasser und Zucker mit einigen aufgeschlagenen Steinen zum Kochen bringen. Die Früchte einlegen und darin ca. 10 Min. mehr ziehen als kochen lassen. Mit einem Schaumlöffel herausnehmen und in einer Glasschale anrichten. Erkaltet mit Vanillinzucker bestreuen und den etwas eingekochten, erkalteten Saft darüber gießen. Mit Schlagsahne ein herrlicher Nachtisch.
Oder 50 g geriebene Haselnüsse und 1 Teel. Maraschino oder Weinbrand darüber geben.
Oder einige frische, zerzupfte Ysopblättchen über das Kompott streuen.

1387

Birnenkompott

750 g Birnen,
1/2 l Wasser,
100 g Zucker,
1 Zitronenachtel von einer
ungespritzten Frucht,
1/2 Stange Zimt oder 2 Nelken,
1 Glas Rotwein.

Die geschälten Birnen in Schnitze schneiden, das Kernhaus entfernen und mit Wasser, Zucker, Zitrone, Zimt oder Nelken sowie Rotwein ca. 20–30 Min. dünsten. Zitronenachtel, Zimt oder Nelken vor dem Anrichten entfernen.

1388

Brombeerkompott

1 kg Brombeeren,
1 Tasse Wasser, 80–100 g Zucker,
1 Päckchen Vanillezucker.

Die Brombeeren sorgfältig verlesen, mit 1 Tasse heißem Wasser aufstellen, Zucker und Vanillezucker zufügen und etwa 5 Min. kochen.

1389

Johannisbeer-, Erdbeer- und Himbeer-Kompott

Je 250 g Erdbeeren,
Johannisbeeren und Himbeeren,
1/2 Tasse Wasser,
etwa 100 g Zucker oder
2 Essl. Ahornsirup,
1/2 Vanillestange oder 1 Päckchen
Vanillezucker,
1 Teel. Rum oder 1–2 Essl. Portwein.

Die Erdbeeren und Johannisbeeren waschen, abstielen, die Himbeeren nur sorgfältig verlesen; das Wasser mit Zucker, Vanillestange oder Vanillezucker kurz aufkochen, die Beeren einlegen, ca. 5 Min. weich dünsten und nach dem Abkühlen Rum oder Portwein darüber träufeln. Die Vanillestange entfernen.

1390

Heidelbeerkompott

1 kg Heidelbeeren,
50 – 100 g Zucker.

Die Heidelbeeren sorgfältig verlesen, in mehrmals gewechseltem Wasser rasch waschen, abtropfen lassen, in einen flachen Topf geben, mit dem Zucker bestreuen und bei milder Hitze 5 Min. kochen. Dabei den Topf mehrmals hin und her rütteln.

1391

Kirschkompott

750 g Kirschen, 1/8 l Wasser,
etwa 80–100 g Zucker,
1/4 Stange Zimt, Zitronenschale.

Das feinste Aroma haben die hellfarbigen so genannten Porzellankirschen; dunkle Kirschen sollten entsteint werden. Die Kirschen zuerst waschen, dann entstielen, mit Zucker, etwas Zimt und Zitronenschale und nicht zu viel Wasser kalt aufsetzen und zugedeckt bei milder Hitze 5–10 Min. weich dünsten; beim Anrichten Zimt und Zitronenschale entfernen.

1392
Preiselbeerkompott

750 g reife Preiselbeeren,
200 g Zucker oder 3 Essl. Honig,
¼ l Wasser, Saft von ½ Zitrone.

Zum Kompott sollten nur die dunkelroten Beeren verwendet werden; nach sorgfältigem Verlesen in mehrmals gewechseltem, frischem Wasser rasch waschen und nach dem Abtropfen mit dem Zucker bestreuen. Die Beeren etwas Saft ziehen lassen, das heiße Wasser darüber gießen, den Zitronensaft zufügen, evtl. auch Honig, und 10 Min. kochen.
Vorzüglich zu Wild und Wildgeflügel.
Oder Preiselbeeren und Cranberries halb und halb vermischen.

1393
Reineclauden- oder Mirabellenkompott

1 kg Reineclauden oder Mirabellen,
¼ l Wasser,
125–250 g Zucker je nach Reifegrad.

Dazu eignen sich nicht zu weiche Früchte. Wasser und Zucker läutern, die gewaschenen, gut abgetropften Reineclauden oder Mirabellen mit einem spitzen Hölzchen anstechen, in den Läuterzucker einlegen und etwa 15–20 Min. mehr ziehen als kochen lassen. Die Früchte in einer Glasschale anrichten, den Saft noch kurze Zeit eindicken lassen und nach dem Erkalten darüber träufeln.

1394
Rhabarberkompott

1 kg Rhabarber, ⅛ l Wasser,
120–150 g Zucker,
1 Essl. Zitronensaft,
1 Stückchen Zitronenschale.

Den Rhabarber schälen, in 3–4 cm lange Stücke schneiden und auf einem Sieb mit heißem Wasser überbrühen. Den Zucker mit Wasser, Zitronensaft und etwas Zitronenschale läutern, den Rhabarber zugeben und zugedeckt weich dünsten. Die Rhabarberstückchen bald herausnehmen, weil sie sehr rasch verkochen; den Saft noch etwas eindicken und über den Rhabarber gießen. Das Kompott kann auch ohne Wasser, nur mit Zucker bestreut, bei geringer Hitze gekocht werden.

Tipp:
Junge Rhabarberstangen müssen nicht geschält werden: Nur das Grün und evtl. Fäden entfernen. Rotstieliger Rhabarber ist milder im Geschmack.

1395
Stachelbeerkompott

1 kg halbreife Stachelbeeren,
180 g Zucker, ¼ l Wasser,
etwas Zitronenschale.

Die Stachelbeeren waschen, von Blüte und Stielen befreien, in strudelndem Wasser einmal aufkochen und zum Abtropfen auf ein Sieb geben. Den Zucker mit Wasser und Zitronenschale 5 Min. durchkochen lassen, die Beeren einlegen und zugedeckt etwa 20 Min. darin ziehen lassen; darauf achten, dass sie nicht zerfallen. Sollte der Saft noch zu dünnflüssig sein, die Beeren herausnehmen, den Saft etwas einkochen und wieder darübergießen. Ganz reife Stachelbeeren nur kurz im Zuckerwasser dünsten.

1396
Quittenkompott oder -brei

1 kg reife Quitten, 2–3 Tassen Wasser,
200 g Zucker oder 100 g Honig,
Saft von 1 Zitrone.

Die Quitten dick schälen, in Achtel teilen, die Kerne sorgfältig entfernen und die Quittenschnitze mit Wasser, Zucker oder Honig und Zitronensaft weich kochen. Sobald sie sich mürbe anstechen lassen, herausnehmen, evtl. mit etwas Zimt bestreuen und zugedeckt beiseite stellen; den Zuckersaft noch etwas einkochen und nach dem Erkalten über die Schnitze gießen.
Oder Quittenbrei wie Apfelbrei **1384** zubereiten.

1397
Zwetschgenkompott

1 kg Zwetschgen, 80 g Zucker,
etwas Zitronenschale oder
1 Stückchen Zimt, ⅛ l Wasser,
1 Glas Rotwein oder
2 cl Zwetschgenwasser.

Die Zwetschgen waschen, entsteinen, mit dem Zucker bestreuen und etwas Saft ziehen lassen; Zitronenschale oder Zimt zufügen, die Zwetschgen mit oder ohne Wasser bei geringer Hitze 15 Min. dünsten und mit Rotwein oder Zwetschgenwasser verfeinern.
Zwetschgenröster: Halbierte, entsteinte Zwetschgen auf ein kalt abgespültes Backblech legen, mit Zucker, Zimt, Nelken und evtl. Vanille bestreuen. Im Backofen bei ca. 100 °C in 2–3 Stunden einkochen. Evtl. mit etwas Rotwein begießen. Eine klassische Beilage zu Kaiserschmarrn **466**.

1398
Vanilleäpfel

6 tadellose, reife Äpfel,
40 g Butter,
ca. ¼ l Süßmost/Apfelwein, Cidre,
1 Vanillestange,
40 g Puderzucker.
Zum Verzieren:
etwas dickes Fruchtgelee
oder 50 g feine Mandelstiftchen.

Die Äpfel mit einem Tuch trocken abreiben und das Kernhaus heraus stechen. Eine Kasserolle mit Butter fetten, die Äpfel hineinsetzen, in jede Apfelhöhlung ein Butterflöckchen legen und die Äpfel mit Süßmost oder Wasser übergießen. Die Vanillestange auskratzen, die Äpfel mit Vanillemark bestreuen und zugedeckt im heißen Backofen braten; kurz vor dem Anrichten dick mit Puderzucker bestäuben und noch etwa 10 Min. in die warme Backröhre stellen, damit die Äpfel einen schönen Glanz bekommen. Dann je einen Geleetupfen obenauf setzen oder die Äpfel ringsum mit den Mandelstiften spicken; mit Löffelbiskuit servieren.
E.-Herd 200 °C/G.-Herd 3
Ca. 30 Minuten

1399

Äpfel, mit Preiselbeeren gefüllt

6–8 kleinere, feste Äpfel,
leicht gezuckertes Wasser,
1 Stück Zimt, Vanillezucker oder
Zitronenschale und -saft.
Zum Füllen:
dicke Preiselbeermarmelade.

Die Äpfel schälen, ein Deckelchen abschneiden, mit dem Kartoffelbohrer aushöhlen und in leicht gezuckertem Wasser, mit etwas ganzem Zimt und Vanillezucker oder Zitronenschale und -saft weich kochen. Beim Anrichten mit dicker Preiselbeermarmelade füllen; oder in die vorbereiteten Äpfel je ein Butterwürfelchen einlegen, auf dem Backblech bei nicht zu starker Backofenhitze braten und ebenso füllen.
E.-Herd 175 °C/G.-Herd 2
Ca. 20–30 Minuten

1400

Gefüllte Äpfel, gebraten

6–8 mürbe Äpfel
(Renetten, Goldparmänen),
Butter für die Form,
Zucker, etwas Weißwein.
Zitronencreme ***1420****,*
Aprikosenmarmelade, Puderzucker.

Äpfel schälen, das Kernhaus ausstechen, die Äpfel noch etwas aushöhlen und in eine gefettete Kasserolle setzen. Mit Zucker bestreuen, etwas zerlassene Butter darüber träufeln, jeden Apfel mit 2 Essl. Weißwein befeuchten und im heißen Backofen weich werden lassen; mit einem Stück Alufolie bedecken, damit sie nicht zu sehr bräunen. Vor dem Anrichten mit Zitronencreme **1420** füllen, einen Tupfen Aprikosenmarmelade obenauf setzen, Puderzucker überstäuben und die Äpfel noch kurze Zeit im Backofen warm stellen.

Oder die Äpfel mit einer Mischung von kleinen Rosinen, geschälten, geriebenen Haselnüssen, Zucker und Zimt füllen, in eine gefettete Auflaufform setzen, dick mit Puderzucker bestäuben, einige Butterflöckchen darauf verteilen und zugedeckt im heißen Backofen garen.
E.-Herd 200 °C/G.-Herd 3
Ca. 30 Minuten

1401

Bananen oder Ananas in der Folie

Pro Person 1 Scheibe Biskuit.
Zum Bestreichen:
Johannisbeergelee.
½ Banane, geriebene Schokolade,
1–2 cl Weinbrand.
Gesüßte Schlagsahne.

Pro Person auf ein gebuttertes Stück Aluminiumfolie oder Pergamentpapier eine Scheibe Biskuit legen, mit Johannisbeergelee bestreichen und mit Bananenscheiben belegen. Geriebene Schokolade darüber streuen und mit Weinbrand beträufeln. Jedes Päckchen locker einpacken (vgl. **1257**) und im vorgeheizten Backofen backen. Mit geschlagener, gesüßter Sahne aus dem Spritzbeutel verzieren.
E.-Herd 220 °C/G.-Herd 4
Ca. 10 Minuten
Oder statt Bananen 2 Ananasscheiben auf den Biskuit legen, in die Mitte Preiselbeeren füllen und etwas Curaçao darüber träufeln. Die Päckchen locker einpacken und wie oben backen.

1402

Bananencreme

1–2 reife Bananen,
1 Becher Sahnejoghurt (175 g),
2 Essl. Bienenhonig,
1 Messersp. Vanillemark,
evtl. 1–2 Likörgläser Bananenlikör.

Alle Zutaten im Mixer cremig schlagen, Die Soße gut gekühlt zu Fruchtsalat reichen.

1403

Birnen in Rotwein

4 schöne, nicht zu reife Birnen,
½ l milder Rotwein, 1 Stück Zimt,
2–3 Nelken, 2 Essl. Honig,
1 Stück Zitronenschale.

Die Birnen schälen, den Stiel daranlassen. In den Rotwein legen, die Gewürze zufügen und je nach Reifegrad 15–20 Min. bei milder Hitze nicht zu weich garen.
Diese Birnen passen gut zu Wild oder dunklem Fleisch als Beilage; als Nachtisch die Gewürze herausnehmen, den Wein noch einkochen und heiß über die Birnen gießen.
Oder die geschälten Birnen vorsichtig vom Kernhaus befreien, in die Öffnung Johannisbeergelee streichen und garen. Die Flüssigkeit einkochen und mit 2–3 Essl. schwarzem Johannisbeerlikör (Crème de Cassis) vermischen. Die Flüssigkeit über die warmen oder abgekühlten Birnen träufeln.

1404

Dörrobst (Backobst)

375 g getrocknetes Obst (Birnen, Apfelringe, Zwetschgen oder Kirschen), ½ Stange Zimt,
2–3 Nelken,
einige Stückchen Zitronenschale,
60 g Zucker, 1 Prise Vanillezucker.

Das gedörrte Obst am Vorabend in mehrmals gewechseltem lauwarmen Wasser waschen, kurz heiß überbrühen und mit so viel frischem Wasser, dass es darüber steht, einweichen. Anderntags mit dem Einweichwasser, Zimt und Nelken, Zitronenschale und Zucker aufsetzen und zugedeckt langsam weich dünsten; beim Anrichten Zimt und Zitronenschale entfernen, evtl. ein wenig Vanillezucker zufügen.
Oder beim Anrichten feine Streifen (Julienne) von einer unbehandelten Zitrone oder Orange über das Kompott streuen. (Die Zitrusstreifen einige Minuten in kochendes Wasser legen, mit dem Schaumlöffel herausheben und abtropfen lassen.)

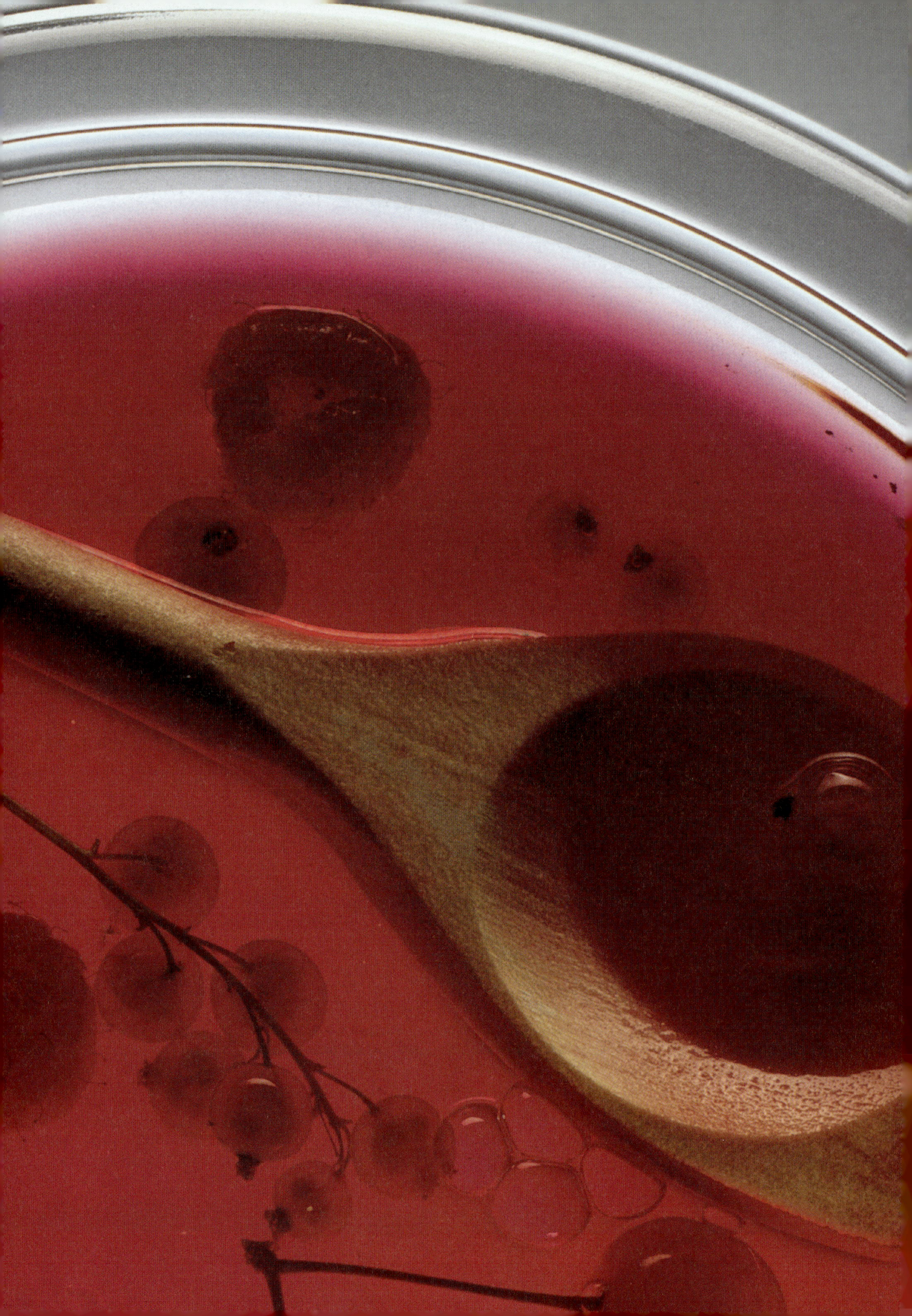

SÜSS-SPEISEN

Davon lebt ein ganzes Gewerbe – das der Schwarzmaler. Das sind die, die behaupten, sie wollen die Zähne der Menschheit weiß und – überhaupt – deren Gesundheit stabil erhalten. Mit allen Mitteln der Lustfeindlichkeit. Zu diesem Zweck malen sie weißen Zucker als schwarzen Teufel an die Wand. Als wüssten sie nicht: Im rechten Maß liegt das beste Wesen aller Dinge! Das meint die gnadenlosen Produzenten billigsten Zuckerwerks genauso wie die moralingesäuerten Gesundheitsapostel. Und bedenkenlose Verbraucher ebenso. Aber – wer sich sämtlicher Süßspeisen ein Leben lang enthält, der wird am Ende sagen müssen: Danebengelebt.

Kalte Süßspeisen

Cremes und Sahnespeisen

Süße Cremespeisen sind als Nachtisch stets willkommen. Sie müssen rechtzeitig zubereitet werden, um genügend Zeit zum Festwerden zu haben.
Gebunden werden echte Cremes entweder durch Eigelb, Zucker und Sahne, durch Gelatine oder süße Sahne. Die Zubereitung erfolgt im sanft kochenden Wasserbad oder – für Fortgeschrittene – direkt auf der Herdplatte bei geringer Hitzezufuhr. Dafür gibt es praktische Wasserbadtöpfe bzw. -schüsseln, die die Arbeit erheblich erleichtern. Bevor die geschlagene Sahne untergezogen wird, muss die Creme etwas anziehen, d. h. man muss „Straßen ziehen" können. Erst dann kann die steif geschlagene Sahne oder der Eischnee mit dem Schneebesen locker unter die Creme gezogen werden.

Die fertige Creme in eine kalt ausgespülte (evtl. mit Zucker oder feinen Bröseln ausgestreute) Servierschüssel oder in einzelne Portionsschälchen einfüllen. Bei Desserts, die mit Hilfe von Gelatine hergestellt werden und gestürzt werden sollen, rechnet man auf ½ l Flüssigkeit 8 – 10 Blatt, sonst genügen 6 Blatt Gelatine auf ½ l. Vor dem Stürzen die Form kurz in heißes Wasser tauchen oder mit einem in heißes Wasser getauchten Tuch umhüllen; den Rand mit einem erhitzten Messer lösen und die Speise auf eine Platte oder einen Teller (mit einer 180° Drehung) gleiten lassen.
Zum Verzieren eignen sich frische, eingedünstete oder kandierte Früchte, halbierte Orangenrädchen, ausgestochene Würfelchen von Fruchtgelee oder -paste, leicht gesüßte, steif geschlagene, evtl. aufgespritzte Sahne und feines Kleinbackwerk. Das Vorbereiten der Zutaten wie Rösten von Haselnüssen, Schälen von Mandeln, Abmessen von gesammeltem Eiweiß usw. vgl. S. 465 f Backzutaten.
Cremes zum Füllen von Gebäck bzw. einfache Buttercremes vgl. S. 529.

Wasserbadtopf

1405

Crème Eugénie (Ananascreme)

*Savarin **1670** in kleinen Ringförmchen backen.*
Zum Rösten und Bestreichen:
etwas Butter und Aprikosenmarmelade;
6 Scheiben Dosenananas (oder 6 frische Scheiben und Läuterzucker aus ¼ l Wasser und 150 g Zucker).
Zur Creme:
½ l süße Sahne,
4 Blatt weiße Gelatine,
3–4 Essl. Ananassaft aus der Dose (oder gepresst von 2 frischen Scheiben),
Saft von ¼ Zitrone, 2–3 Essl. Zucker.

Die gebackenen Savarinringe nach dem Erkalten flach halbieren, dann auf beiden Seiten auf einem Backblech im Backofen oder in einer Pfanne mit etwas Butter anrösten und eine Seite mit der erwärmten Marmelade bestreichen. Zur Creme die Sahne steif schlagen (3 Essl. zum Verzieren zurückbehalten), mit der aufgelösten, durchgesiebten Gelatine, dem Ananassaft, Zitronensaft und dem Zucker vermischen. Die Creme in einer runden Form erstarren lassen, auf eine Glasplatte stürzen, die Savarinringe rundum legen und jeden Ring mit einer Ananasscheibe bedecken (frische Ananasscheiben mit dem Läuterzucker vorkochen). Zur Verzierung frische Erdbeeren, Himbeeren oder dunkle Kirschen verwenden und die Creme mit Schlagsahne verzieren.

1406

Aprikosencreme (Pfirsich-, Mirabellen-, Reineclaudencreme) mit Ananas

500 g reife Aprikosen (oder die oben genannten Früchte),
100 g Zucker, 4 Essl. Wasser,
½ Vanillestange,
4 Blatt helle Gelatine, ¼ l süße Sahne.
Zum Verzieren:
3–4 Scheiben frische oder Dosen-Ananas (oder andere Früchte).

Die Früchte schälen, entsteinen und im Mixer pürieren. Sind die Früchte weich, lassen sie sich auch durch ein Sieb passieren. Zucker, Wasser und die aufgeschnittene, ausgeschabte Vanillestange aufkochen, nach kurzem Abkühlen mit der eingeweichten, in 2 Essl. heißem Wasser aufgelösten Gelatine vermischen und durchsieben. Die Sahne steif schlagen (1 Tasse zum Verzieren zurückbehalten), mit dem angezogenen Fruchtmark verrühren; die Creme in eine kalt ausgespülte Glasschale füllen, erstarren lassen und stürzen. Beim Anrichten mit der restlichen Sahne und Ananasscheiben oder Früchten verzieren.

1407

Aprikosencreme

80 g Zucker, 1/4 l Wasser,
350 g pürierte Aprikosen oder
125 g Aprikosenmarmelade,
Saft von 1/2 Zitrone,
6 Blatt weiße Gelatine,
1/4 l süße Sahne.

Zucker und Wasser aufkochen, Püree oder Marmelade damit glatt rühren und den Zitronensaft zufügen. Die gewaschene Gelatine mit 4 Essl. heißem Wasser auflösen, durchsieben und darunter mischen. Die Sahne steif schlagen. Das Aprikosenpüree locker unterziehen; die Creme in eine Glasschale oder Portionsschale füllen und sehr kalt stellen.

1408

Apfelcreme mit Biskuits

6 große Äpfel, 90 g Zucker,
1 Tasse Weißwein,
125 g Löffelbiskuits,
1–2 Essl. Rum oder Kirschwasser.
Zur Creme:
2 Essl. Speisestärke, 1/2 l Milch,
60 g Zucker, 2 Eier,
1 Päckchen Vanillezucker.
Zum Bestreuen:
etwa 50 g geschälte, gestiftelte Mandeln, 1 Essl. Butter.

Die Äpfel schälen, in Schnitze teilen, mit Zucker und Wein weich dünsten und durchpassieren (oder evtl. vorhandenes Apfelmus dazu verwenden). Eine Schale damit füllen, die Löffelbiskuits darüber legen und mit Rum oder Kirschwasser beträufeln. Zur Creme die kalt angerührte Speisestärke mit Milch, Zucker, Eiern und Vanillezucker unter Schlagen einmal aufkochen lassen und lauwarm über die Biskuits gießen. Die Mandelstiftchen in der zerlassenen Butter leicht anrösten und darüber streuen.

1409

Avocadocreme

2 sehr reife Avocados,
Saft von je 1/2 Zitrone und Orange,
50 g Zucker, 200 g Sahnequark oder Vollmilchjoghurt,
1 Becher süße Sahne (200 g),
geröstete Mandelblättchen zum Bestreuen.

Avocados schälen und vom Stein lösen. 4 dünne Schnitze davon mit Zitronensaft bepinseln, beiseite stellen. Das übrige Fruchtfleisch grob würfeln, mit Zitrussaft, Zucker und Quark sofort pürieren. Die Sahne steif schlagen. Avocadocreme und Sahne nur leicht miteinander mischen, in eine Glasschale füllen. Mit den übrigen Avocadoschnitzen und Mandelblättchen garniert sofort servieren.

1410

Bananencreme

5 große, reife Bananen,
125 g Zucker, Saft 1 Zitrone,
4 Blatt weiße Gelatine,
evtl. 1 Essl. Cognac oder Maraschino, 1/4 l süße Sahne oder 1/8 l Sahne und 2 Eiweiß.

Die geschälten Bananen mit einer Gabel fein zerdrücken, mit Zucker und Zitronensaft vermischen und cremig rühren oder kurz im Mixer pürieren. Die Gelatine waschen, auflösen, durchsieben, den Cognac oder Maraschino und den Fruchtschaum zugeben, die steif geschlagene Sahne zuletzt locker durchziehen und die Creme nicht zu kalt stellen.
Oder anstatt Zitronensaft 2–3 Essl. Bananenlikör unter die Creme mischen.

Tipp:
Die Bananen- und Avocadocreme rasch servieren, da sie sich bei zu langem Stehen verfärben und unansehnlich werden.

1 Aprikosencreme **1407**: Püree mit Zucker und Wasser verrühren, bis sich eine „Straße" ziehen lässt.

2 Aprikosenpüree unter die steifgeschlagene Sahne ziehen.

3 Die Creme vorsichtig aus dem Portionsschälchen lösen.

Kalte Süßspeisen

1411
Dreifarbencreme

½ Menge Erdbeercreme ***1413****,*
½ Menge Schokoladencreme ***1434****,*
¼ l süße Sahne,
1 Päckchen Vanillezucker,
4 Blatt helle Gelatine.

Erdbeercreme und Schokoladencreme zubereiten. In eine Form (die sich zum Stürzen eignet) als erste Lage die Erdbeercreme einfüllen und fest werden lassen. Inzwischen steif geschlagene Sahne mit Vanillezucker, aufgelöster, durchgesiebter Gelatine vermischen und den weißen Schaum auf die Erdbeercreme streichen. Als dritte Lage die Schokoladencreme obenauf geben, die Creme im Kühlschrank 6–8 Std. erstarren lassen; danach stürzen.

1412
Erdbeer- oder Himbeermousse

500 g Erdbeeren oder Himbeeren,
1 Essl. Zitronensaft,
4 Essl. feiner Zucker,
2 Eiweiß,
½ Päckchen Vanillezucker,
1 Becher süße Sahne (200 g).
Zum Dekorieren:
einige schöne Beeren

Die Erdbeeren waschen, entstielen und abtropfen lassen, Himbeeren nur verlesen. Mit dem Zucker und Zitronensaft im Mixer (oder mit dem elektrischen Handrührer) pürieren, die Himbeeren durch ein Sieb passieren. Die Eiweiß mit dem Vanillezucker so lange schlagen, bis die Masse fest und glänzend ist. Die Sahne sehr steif schlagen, mit dem Erdbeerpüree und dem Eischnee locker vermischen. In eine Glasschüssel füllen und entweder über Nacht in den Kühlschrank oder für 3–4 Std. in den Tiefgefrierschrank stellen. Mit den zurückbehaltenen Beeren garnieren.
Vor dem Servieren für einige Minuten bei Zimmertemperatur ruhen lassen.

1413
Erdbeercreme (Himbeer- oder Brombeercreme)

500 g frische Erdbeeren,
(Himbeeren oder Brombeeren),
100 g Zucker, 1 Päckchen
Vanillezucker, 9 Blatt rote Gelatine,
½ l süße Sahne.

Die Erdbeeren waschen, abtropfen, sorgfältig entstielen (Himbeeren und Brombeeren nur verlesen), durchpassieren, dann Zucker und Vanillezucker untermischen. Die Gelatine mit 5 Essl. heißem Wasser auflösen, durchsieben und mit dem Fruchtmark verrühren. Die steif geschlagene Sahne (3–4 Essl. zum Verzieren zurückbehalten) locker unterziehen. Eine kalt ausgespülte Form mit der Creme füllen und fest werden lassen. Evtl. einen Meringenboden nach **1826** (¼ Menge) backen, die erstarrte Creme darauf stürzen, frische Beeren ringsum setzen und Schlagsahne aufspritzen.
Oder zur Erdbeercreme noch 1 Essl. Zitronensaft und 100 g reife ganze Walderdbeeren geben.

1414
Kokoscreme

6–8 Portionen
¼ l Milch, 200 g Kokosraspel,
4 Blatt helle Gelatine, 4 Eier,
100 g Zucker,
Mark von 1 Vanillestange,
¼ l süße Sahne, 2 Essl. geröstete
Kokosraspel oder gehackte Pistazien.

Milch zum Kochen bringen, Kokosraspel damit übergießen, 20 Min. stehen lassen. Dann im Sieb ausdrücken und die Kokosmilch mit aufgelöster Gelatine binden. Nebenher die Eier mit Zucker und Vanillemark im Wasserbad dickcremig schlagen, aus dem Wasserbad nehmen, unter Schlagen kalt rühren. Die Eicreme mit der Kokosmilch sorgfältig mischen; nach kurzem Anziehen die steif geschlagene Sahne unterheben. Kokoscreme in Schälchen füllen, mit gerösteten Kokosraspel oder Pistazien bestreuen.

1415
Hagebuttencreme (Hägenmarkcreme)

⅛ l Weißwein,
5 Blatt weiße Gelatine,
4 Essl. Hägenmark
(Hagebuttenmark),
100 g Zucker, ½ l süße Sahne,
etwa 100 g Löffelbiskuits.

Den Weißwein etwas erhitzen, die Gelatine darin auflösen, durchsieben und das mit dem Zucker vermischte Hägenmark untermischen; zuletzt die steif geschlagene Sahne leicht durchziehen. Eine Form oder Schale mit den Biskuits auslegen, die Creme einfüllen und zum Steifwerden kalt stellen.

1416
Kirschcreme

500 g entstielte helle oder dunkle
Kirschen (vor dem Aussteinen
gewogen), 6 ganze Eier,
3 Essl. Weiß- oder Rotwein,
10–12 Würfelchen Zucker
(oder 3 Essl. feiner Zucker),
abgeriebene Schale von ½ Zitrone,
1 Prise Zimt oder
1 Päckchen Vanillezucker.

Die Kirschen nach dem Waschen entstielen, aussteinen, etwas zerkleinern und durchpassieren. Die Eier mit dem Wein verquirlen, die Zitronenschale mit den Zuckerwürfelchen abreiben, die getränkten Stückchen oder den feinen Zucker und die Zitronenschale unter den Eiwein mischen; dann Vanillezucker (oder bei dunklen Kirschen den Zimt) und das Kirschenmus zufügen. Das Ganze in einer Kasserolle bei mäßiger Herdhitze bis zum Aufwallen schlagen, den dicken Schaum in kleine Schalen füllen und darin erkalten lassen.
Oder an Stelle von frischen Kirschen gut abgetropfte, eingedünstete Kirschen verwenden und in diesem Fall nur 1–2 Essl. Zucker zugeben (bei dunklen Früchten den Rotwein untermischen und mit Zimt würzen); weitere Zubereitung wie oben. Die Creme schmeckt eisgekühlt mit Schlagsahnehäubchen besonders köstlich!

1417 Orangencreme

¼ l Orangensaft, frisch gepresst,
1 Päckchen Vanillezucker,
4 Blatt helle Gelatine oder 3 g Biobin,
4 Eier, getrennt,
75 g Zucker, 200 g süße Sahne,
4 cl Orangenlikör.

Orangensaft mit Vanillezucker leicht erwärmen. Die Gelatine einweichen. Eigelb mit Zucker cremig rühren, Orangensaft zugießen, im heißen Wasserbad 3 Min. cremig aufschlagen. Die Gelatine darin auflösen, kalt stellen. Beginnt die Creme zu stocken, nacheinander Schlagsahne, das steif geschlagene Eiweiß und Likör unterziehen. Die Creme in eine Glasschale füllen, vor dem Servieren mindestens 1 Stunde kalt stellen.

1418 Preiselbeercreme Cranberriecreme

5 Essl. Preiselbeermarmelade,
⅛ l Rotwein, 90 g Zucker,
5 Blatt rote Gelatine,
Schnee von 5 Eiweiß
oder ¼ l süße Sahne, geschlagen.

Die Marmelade mit dem Wein vermischen und durch ein Sieb passieren. Den Zucker und die mit 1 Essl. heißem Wasser aufgelöste Gelatine zufügen, alles gut verrühren und, bevor die Creme anzieht, den steif geschlagenen Eischnee oder die Schlagsahne locker durchziehen. Die Creme in eine kalt ausgespülte Form füllen und im Kühlschrank erstarren lassen.
Oder 250 g Cranberries (Moosbeeren) waschen und mit ca. 200 g Zucker oder Ahornsirup und etwas Wein oder Wasser aufkochen. Weitere 15 Min. köcheln, bis die Beeren aufplatzen. Mit 1 Prise Piment würzen. Weiter wie oben.
Cranberries kommen von Oktober bis Dezember aus den USA und Kanada frisch auf den Markt. Ersatzweise TK-Ware verwenden.

1419 Orangen oder Mandarinen, mit Weincreme gefüllt

6 Orangen, 6 Eigelb,
140 g Zucker, ½ l Weißwein,
4 Blatt rote und
8 Blatt weiße Gelatine,
¼ l leicht gesüßte Sahne.

Die Orangen halbieren oder von der ganzen Frucht ein Deckelchen abschneiden, den Saft auspressen und die Schale aushöhlen. Eigelbe und Zucker schaumig rühren, den Saft der Orangen, den Wein und die eingeweichte, ausgedrückte Gelatine zufügen. Das Ganze bei schwacher Herdhitze bis ans Kochen schlagen, durchsieben, kalt quirlen und die steif geschlagene Sahne zuletzt untermischen (eine Tasse Sahne zum Verzieren zurückbehalten). Die Creme einfüllen, obenauf Schlagsahne spritzen, aus Orangenschalen schmale Körbchenhenkel schneiden und einsetzen. Gut gekühlt servieren.

1420 Zitronen- oder Limettencreme

2 Zitronen oder Limetten (eine davon unbehandelt), 4 Eier, getrennt,
100 g Zucker oder 2–3 Essl. Honig,
4 Blatt helle Gelatine, 1 Prise Salz,
30 g fein gewiegtes Zitronat,
Schlagsahne zum Garnieren.

Von einer Zitrone die Schale abreiben; Zitronen halbieren, auspressen. Eigelb mit Zucker oder Honig und Zitronenschale cremig rühren, den Zitronensaft zugießen. Kalt eingeweichte Gelatine im Wasserbad auflösen, unter die Eicreme ziehen, kalt stellen.
Beginnt die Masse zu stocken, Eiweiß mit Salz sehr steif schlagen. Den Eischnee und Zitronat mit dem Schneebesen von Hand unter die Creme heben. Die Zitronencreme in Glasschälchen füllen, 30 Min. kalt stellen. Mit Schlagsahne verziert servieren.

1421 Schlagsahne

½ l süße Sahne,
1 Päckchen Vanillezucker.

Die gut gekühlte Sahne mit Vanillezucker vermischen und mit dem Handrührgerät oder Schneebesen steif schlagen. In eine Glasschale füllen und mit einer Garnierspritze ein Muster aufspritzen.

Schokoladensahne: 60 g geriebene Schokolade oder 1 Essl. Kakao und Zucker daruntermischen.

Likörsahne: 2 Essl. Maraschino, Cointreau, Nusslikör oder anderen Likör darunter mischen.

Ananassahne: 3 klein geschnittene und fein zerdrückte, gut abgetropfte Ananasscheiben dazugeben.

Himbeersahne: 250 g zerdrückte, nur ganz wenig gesüßte Himbeeren darunterheben und 2 eingeweichte, ausgedrückte und nach Vorschrift aufgelöste Blatt Gelatine darunter rühren. Über weichen Makronen anrichten.

1422 Schlagsahne mit Kastanien

½ l süße Sahne,
2 Essl. Puderzucker,
500 g gekochte Kastanien oder
1 Dose (340 g) Kastanienpüree,
evtl. 100 g Sultaninen,
1 Essl. Maraschino oder
1 Essl. Nusslikör.

Unter die steif geschlagene, etwas gesüßte Sahne das durchpassierte Mark von gekochten, geschälten Kastanien mischen. Evtl. gewaschene, gut abgetropfte Sultaninen, Maraschino oder Nusslikör unterrühren.

Kalte Süßspeisen

1423

Schlagsahne mit Pumpernickel

100 g Puderzucker,
125 g Pumpernickel,
½ l süße Sahne,
eingedünstete Früchte, Makronen.

Den Zucker mit geriebenem, zuvor leicht angeröstetem Pumpernickel vermischen und die steif geschlagene, ungesüßte Sahne unterziehen. Dann im Wechsel mit eingedünsteten, halbierten Früchten, entsteinten Kirschen usw. in eine Schale füllen und mit Makronen verzieren.
Oder als Pommerische Speise zubereiten: Statt Pumpernickel geriebenes Schwarzbrot verwenden.

1424

Walderdbeerbecher

500 reife Walderdbeeren,
Saft 1 Zitrone, ½ l süße Sahne,
75 g Zucker,
1 Päckchen Vanillezucker.

Die Erdbeeren sorgfältig verlesen, wenn nötig, waschen. Eine Tasse große, schöne Beeren zurückbehalten, die restlichen durchpassieren, mit dem Zitronensaft vermischen. Die Sahne steif schlagen, mit Zucker und Vanillezucker süßen (etwa eine Tasse zum Verzieren beiseite stellen), das Erdbeermark unterrühren und zum leichten Gefrieren in eine Schüssel in das Gefrierfach des Kühlschrankes stellen. Beim Anrichten in Sektkelche füllen, die restliche Sahne obenauf spritzen und mit Erdbeeren verzieren.

1425

Bayerische Creme (Crème bavaroise)

½ l Milch, 1 Vanillestange,
4 Blatt helle Gelatine,
6 frische Eigelb, 150 g Zucker,
⅛ l süße Sahne,
Zucker zum Ausstreuen der Form.

Die Milch mit der längs halbierten Vanillestange zum Kochen bringen, beiseite stellen und die Vanillestange noch 10 Min. in der Milch ziehen lassen, dann herausnehmen.
Gelatine in kaltem Wasser 5 Min. einweichen. Die sauber getrennten Eigelbe mit Zucker mit dem Schneebesen des elektrischen Handrührers 5 Min. weißcremig schlagen. Die Milch unter ständigem Schlagen in dünnem Strahl in die Eigelbcreme gießen. Die dünnflüssige Soße in eine mit kaltem Wasser ausgespülte Kasserolle geben und auf dem Herd bei milder Hitze (am besten auf der Automatikkochplatte Stufe 3–5) unter ständigem Schlagen mit einem Kochlöffel oder Schneebesen heiß aufschlagen, aber keinesfalls kochen lassen.
Ist die Creme so dick geworden, dass sie den Kochlöffel überzieht und nicht abfließt, den Topf vom Herd nehmen und zum Erkalten sofort in eine Schüssel mit kaltem Wasser stellen. Sofort die ausgedrückte oder flüssige Gelatine unter Rühren in der heißen Creme auflösen. Während des Abkühlens im Wasserbad (das dauert ca. 30 Min.) die Creme mehrmals mit dem Schneebesen vorsichtig durchrühren, damit sich keine Haut bildet.

Eine Form (1,5 l Inhalt) mit kaltem Wasser ausspülen und mit Zucker ausstreuen. Die Sahne steif schlagen; die abgekühlte Vanillecreme vorsichtig darunter heben. Die Bayerische Creme in die vorbereitete Form füllen und mindestens 3 Std. im Kühlschrank fest werden lassen. Zum Stürzen die Form kurz in heißes Wasser tauchen. Die Creme auf einer Servierplatte mit Sahnetupfen, frischem Himbeer- oder Erdbeerpüree oder frischem Fruchtsalat garnieren.

Tipp:
Die Grundmasse (ohne Vanille) mit beliebigen Obstwässern (2 Essl. Kirschwasser, Himbeergeist, Orangenlikör, Mokkalikör) parfümieren.

1426

Bayerische Creme mit Früchten

*Bayerische Creme **1425**,*
mit ⅜ l Milch und 150 g Fruchtpüree,
frische Früchte zum Einlegen
(z. B. Himbeeren oder Erdbeeren).

Die Creme wie unter **1425** angegeben mit Fruchtpüree zubereiten. Beim Einfüllen in die Form frische Früchte schichtweise dazwischen einlegen. Einige Stunden im Kühlschrank fest werden lassen. Nach dem Stürzen mit Fruchtsoße servieren.

1 Bayrische Creme **1425**: Milch unter ständigem Schlagen in die Eigelbcreme gießen.

2 Flüssige Gelatine in die heiße Creme rühren.

3 Abgekühlte Creme unter die steifgeschlagene Sahne heben.

1427
Götterspeise

500 g frische Früchte z. B. Wald- oder Gartenerdbeeren, Johannisbeeren, Himbeeren, Brombeeren, entsteinte Sauerkirschen oder Preiselbeerkompott, 80 g Zucker, 2–3 Scheiben leicht angerösteter Pumpernickel, 60 g geriebene Schokolade, 1 Päckchen Vanillezucker, 1/4 l süße Sahne, 1 Essl. Zucker.

Die vorbereiteten Beeren mit einem Teil des Zuckers bestreuen und in eine Schale legen. Den Pumpernickel reiben, mit Schokolade und Vanillezucker mischen, die Früchte damit bedecken und die leicht gesüßte Sahne als Berg darüber häufen. Die Götterspeise mindestens 2 Std. kalt stellen.

1428
Vanillecreme

1/2 l Milch, 1 Essl. Speisestärke, 1 Vanillestange oder 1 Päckchen Vanillezucker, 5 Eigelb, 100 g Zucker, 6 Blatt weiße Gelatine, 1/4 l süße Sahne oder Schnee von 5 Eiweiß.

Die Milch mit der kalt angerührten Speisestärke und dem ausgekratzten Vanillemark oder dem Vanillezucker unter stetem Rühren aufkochen und abkühlen lassen. Eigelb und Zucker schaumig schlagen, die Vanillemilch zugießen und unter weiterem Schlagen (nach dem Untermischen der gewaschenen, ausgedrückten Gelatine) erhitzen, aber nicht kochen. Die Creme heiß durch ein feines Sieb passieren, hin und wieder rühren und, wenn sie beginnt fest zu werden, die steif geschlagene Sahne oder Eischnee unterziehen. Eine kalt ausgespülte Form damit füllen und 2-3 Std. im Kühlschrank fest werden lassen.

1429
Diplomatencreme

*Vanillecreme **1428**, 6 Mandelmakronen, 60 g verschiedene, eingedünstete Früchte, evtl. je 30 g Zitronat und Orangeat, 60 g Sultaninen oder getrocknete kalifornische Weinbeeren, 3 Essl. Arrak oder Maraschino. Zum Verzieren: eingedünstete, halbierte Pfirsiche, Aprikosen oder Früchte nach der Jahreszeit, 1/8 l süße Sahne.*

Die Vanillecreme zubereiten und warm stellen, damit sie nicht zu rasch erstarrt. Die Makronen und Früchte kleinwürfelig schneiden, beides getrennt mit je 1 Essl. Arrak beträufeln; die Sultaninen oder Rosinen mit wenig Zuckerwasser aufkochen und den restlichen Arrak untermischen. Eine Lage Vanillecreme in eine mit kalter Milch ausgespülte Form füllen, die Makronenwürfel im Wechsel mit den verschiedenen Früchten und der restlichen Creme darüberschichten; die letzte Lage (Creme) glatt streichen. Die gefüllte Form zum Erstarren 6 - 8 Std. in den Kühlschrank stellen. Nach dem Stürzen mit Früchten und mit Schlagsahne verzieren.

1 Charlotte russe **1430**: Charlotteform mit Löffelbiskuits auskleiden.

1430
Vanillecreme mit Löffelbiskuits (Charlotte russe)

*Vanillecreme **1428**, 2 Essl. Arrak, 1/10 l Weißwein oder leichtes Zuckerwasser mit etwas Alkohol oder Fruchtsaft, 15 Löffelbiskuits. Zum Verzieren: 20 g Zitronat, einige Fruchtstücke (z. B. Äpfel, Birnen, Aprikosen oder Mandarinen) oder frische Beeren, 1/4 l süße Sahne.*

Unter die fertig gekochte, erkaltete, noch flüssige Vanillecreme 1 Essl. Arrak mischen. Den Wein mit dem restlichen Arrak verquirlen oder das Zuckerwasser mit etwas Alkohol oder Fruchtsaft verrühren und die gleichmäßig gekürzten Löffelbiskuits gut damit tränken. Statt in einer Charlotteform kann die Creme auch innerhalb des geschlossenen Randes einer Springform, der auf eine runde Platte aufgesetzt wird, zum Erstarren gebracht werden. Die getränkten Biskuits mit der Rundseite nach außen in dem inneren Blechrand aufstellen, die Creme randvoll einfüllen, evtl. einige Biskuitstücke dazwischen geben und kalt stellen; erst nach dem Festwerden der Creme den Springrand öffnen, sorgsam abheben, obenauf zurechtgeschnittenes Zitronat, kandierte oder vorgedünstete Fruchtstücke oder Beeren legen und die Creme mit Schlagsahne verzieren.

2 Die fertige Charlotte.

1431

Schokoladencreme (Mousse au chocolat)

200 g Zart- oder Edelbitterschokolade,
1 Essl. löslicher Instant-Kaffee oder abgeriebene Schale von 1/4 Orange,
4 absolut frische Eier, getrennt,
1 Eiweiß, 2–4 Essl. feiner Zucker (je nach Geschmack).

Die Schokolade in kleinen Stückchen im Wasserbad schmelzen lassen. Den Kaffee oder die Orangenschale zugeben. Die Eigelbe mit dem Zucker dickschaumig schlagen (von Hand oder mit dem elektrischen Handrührer), die etwas abgekühlte, aber flüssige Schokolade zugeben und gut miteinander verrühren. Zuletzt den steif geschlagenen Eischnee (aus 5 Eiweiß) locker unter die Creme ziehen. Die Schokoladencreme in eine Glasschüssel füllen und für ein paar Stunden oder über Nacht in den Kühlschrank stellen. Nicht stürzen, sondern Portionen mit einem heißen Löffel abstechen.

1432

Mousse au chocolat, weiß (weiße Mousse au chocolat)

150 g weiße Schokolade, 1/4 l Milch,
2 frische Eier, 50 g Puderzucker,
4 Blatt helle Gelatine,
2 cl weißer Rum oder 4 cl Eierlikör,
1/8 l süße Sahne,
Borkenschokolade zum Garnieren.

Schokolade grob zerbröckeln, in heißer Milch auflösen. Eigelb mit Zucker cremig schlagen, Schokomilch zugießen und verquirlen.
Eingeweichte Gelatine darin auflösen. Die Masse kalt stellen. Kurz bevor die Creme zu stocken beginnt, Rum oder Eierlikör, steifen Eischnee und Schlagsahne unterheben. Die Creme in eine Glasschale füllen, noch 2–3 Stunden kalt stellen. Nocken abstechen und mit Borkenschokolade und frischen Früchten garnieren.

1433

Mousse au chocolat ohne Ei

300 g bittere Schokolade oder dunkle Kuvertüre,
1/2 l Sahne/Rahm,
2 Essl. Espresso oder Mokkalikör.

Die Schokolade oder Kuvertüre kleinhacken, ca. 1/8 l Sahne aufkochen, den Topf vom Herd ziehen, die Schokolade oder Kuvertüre löffelweise in die Sahne geben und glattrühren. Espresso oder Mokkalikör unterrühren. Die restliche Sahne sehr steif schlagen und vorsichtig unter die Schokomasse heben. Ungefähr 3 Stunden kalt stellen und fest werden lassen.
Oder die Mousse mit 350 g weißer Kuvertüre zubereiten.
Anstelle von Mokka- einen Orangen- der Pfefferminzlikör verwenden.
Anstelle von Espresso mit selbst gemachtem Mokka-Extrakt **1849** aromatisieren.

1434

Schokoladen- oder Kakaocreme

125 g halbbittere Schokolade oder 60 g Kakao,
1/8 l Milch,
50 g Zucker (oder zum Kakao 100 g Zucker),
8 Blatt weiße Gelatine,
1/2 l süße Sahne.

Die Schokolade oder den Kakao in der warmen Milch auflösen, den Zucker zufügen und das Ganze zum Kochen bringen. Nach kurzem Abkühlen die aufgelöste, durchgesiebte Gelatine untermischen und, wenn die Creme beginnt fest zu werden, die steif geschlagene Sahne locker unterziehen; eine kalt ausgespülte Form damit füllen und bis zum Anrichten kalt stellen.
Oder zusammen mit der Gelatine 2–3 Essl. Mokkalikör unter die Creme mischen; dafür etwas weniger Milch nehmen.

Charlotte **1430** mit Erdbeeren und Sahne

1435
Kaffeecreme

2 geh. Teel. Instant-Kaffee,
5 Eigelb, 80 g Zucker,
1 Päckchen Vanillezucker,
1/4 l Milch,
4 Blatt weiße Gelatine,
1/4 l süße Sahne.

Die schaumig gequirlten Eigelbe, Zucker und Vanillezucker mischen. Die Milch und die mit wenig heißem Wasser aufgelöste Gelatine zugießen, das Ganze zu einer Creme abrühren, das Kaffeepulver trocken unter die noch warme Creme rühren und alles durch ein feines Sieb passieren. Vor dem Festwerden die steif geschlagene Sahne unterziehen und die Creme kühl stellen.
Noch feiner schmeckt die Creme, wenn mit der Schlagsahne noch 4 cl Kaffee- oder Mokkalikör untergezogen werden.

1436
Teecreme

1/4 l zubereiteter schwarzer Tee (nach Belieben mit Wildkirsch-, Vanille- o. a. Aroma),
3 Eigelb, 100 g Zucker,
1 Prise Salz, Abrieb von 1/2 Zitrone (ungespritzt),
1/2 Glas frisch gepresster Orangensaft,
4 Blatt helle Gelatine,
2 cl brauner Rum oder Weinbrand,
1 Becher süße Sahne (200 g).

Einen kräftigen, heißen Tee zubereiten und abkühlen lassen. Eigelb, Zucker und Salz weißcremig aufschlagen. Zitronenschalenabrieb dazu geben und mit Orangensaft und Tee aufgießen, die Creme im heißen Wasserbad cremig-dicklich schlagen. Eingeweichte Gelatine darin auflösen. Die Creme unter gelegentlichem Umrühren erkalten lassen. Kurz bevor sie zu stocken beginnt, Rum und Schlagsahne unterheben. Die Teecreme in Schälchen füllen, 2–3 Stunden kalt stellen. Vor dem Servieren evtl. mit Sahnetupfen verzieren.

1437
Karamellcreme

180 g Zucker, 1/2 l Milch,
Mark von 1/2 Vanillestange oder
1 Päckchen Vanillezucker,
4–5 Eier.

80 g Zucker in einem kleinen Topf schmelzen und bräunen lassen. Den gebräunten Zucker in vier Förmchen (oder einer großen Form) gleichmäßig verteilen und erkalten lassen.
Die Milch mit dem Vanillemark oder Vanillezucker aufkochen; die Eier mit dem restlichen Zucker zu einer schaumigen Masse schlagen (am besten mit elektrischem Handrührer). Nach und nach die heiße Milch unterrühren – wichtig ist, dass ständig weitergerührt wird. Die Creme durch ein Sieb vorsichtig auf den Zuckerspiegel gießen, die Förmchen (oder die Form) in einen Topf setzen und mit so viel heißem Wasser auffüllen, dass die Einfüllhöhe erreicht wird. Den Topf zudecken und die Karamelcreme im vorgeheizten Backofen fest werden lassen.
E.-Herd 200 °C / G.-Herd 3
Ca. 35–40 Minuten
Darauf achten, dass das Wasser nicht sprudelnd kocht! Die Förmchen noch für etwa 15 Min. im Wasser stehen lassen, dann herausnehmen.
Abkühlen lassen und für einige Stunden oder über Nacht in den Kühlschrank stellen. Zum Stürzen den Rand vorsichtig mit einem heißen Messer lösen und die Karamelcreme sofort servieren. Dazu evtl. Schlagsahne oder Kleingebäck reichen.

1438
Kastaniencreme

1 1/2 kg Kastanien (ergibt etwa 1 kg gekochte, geschälte Kastanien) oder
1 Dose eingelegte Kastanien oder gemahlene Kastanien,
1/2 l Milch,
150 g Zucker,
1 Päckchen Vanillezucker,
5 Blatt weiße Gelatine,
1/2 l süße Sahne.

Die Kastanien vorbereiten, kochen und schälen (vgl. **1285** oder **2279**); dann mit der Milch zu einem Brei kochen und durch ein feines Sieb passieren. Oder die gemahlenen Kastanien in der Milch aufkochen und passieren. Zucker, Vanillezucker, die aufgelöste, durchgesiebte Gelatine und die steif geschlagene Sahne untermischen. Die Creme in eine Schale füllen, 2 bis 3 Stunden kalt stellen. Mit Fruchtsaft zu Tisch geben.
Oder die Creme ohne Schlagsahne fertig zubereiten und nach dem Erkalten durch eine Spätzlepresse, ein grobes Sieb oder durch die Backspritze als Berg auf eine Platte häufen und die Schlagsahne ringsum spritzen.

1439
Erdnusscreme

100 g Erdnusskerne, ungesalzen,
1 Vanillestange oder
1 Päckchen Vanillezucker,
1/8 l Milch, 2 Eigelb,
50 g feiner Zucker oder Puderzucker,
1–2 Blatt weiße Gelatine oder Gelatinepulver,
1/4 l süße Sahne.
Zum Verzieren:
einige Erdnusskerne, frische Minze- oder Zitronenmelisseblättchen.

Die Erdnusskerne häuten und in einer Pfanne ohne Fett leicht anrösten. Abkühlen lassen und fein mahlen. Die Vanillestange aufschlitzen, das Mark herauskratzen und Mark und Schote in der Milch erhitzen. Die Schote entfernen. Eigelb mit Zucker in einem Kessel, der später in einen Wasserbadtopf gestellt werden kann, schaumig schlagen, die Milch in dünnem Strahl zugießen. In das Wasserbad stellen und so lange schlagen, bis die Creme dicklich ist. Die eingeweichte und gut ausgedrückte Gelatine (oder Gelatinepulver) zugeben und so lange schlagen, bis sie sich vollständig aufgelöst hat. Die Creme in Eiswasser kalt schlagen, bis sie anzieht. Die Sahne steif schlagen und zusammen mit den gemahlenen Erdnüssen unter die Creme heben. Die Erdnusscreme in Portionsschälchen füllen und im Kühlschrank fest werden lassen. Mit ganzen Erdnusskernen und frischen grünen Blättchen dekoriert servieren.

Kalte Süßspeisen

1440 Mandelmilchcreme

125 g geschälte, sehr fein geriebene Mandeln, 1/4 l süße Sahne,
1 l Milch, 200 g Zucker,
75 g Speisestärke,
einige Tropfen Bittermandelöl,
4 Eiweiß.

Mandeln und 1/8 l Sahne 3 Min. rühren, Milch und Zucker zufügen, dann alles zum Kochen bringen. Die Speisestärke mit wenig kalter Milch glatt quirlen, in die schwach strudelnde Mandelmilch einlaufen und unter stetem Schlagen mehrmals aufwallen lassen. Nach kurzem Abkühlen das Bittermandelöl zufügen und den steifen Eischnee unterziehen. Eine Ringform kalt ausspülen, die Creme einfüllen, kalt stellen und erst kurz vor dem Anrichten stürzen. Nach Belieben kalte Schokoladensoße über die Creme gießen und mit der restlichen geschlagenen Sahne verzieren.

1441 Haselnusscreme

100 g Haselnusskerne, 1/2 l Milch,
2–3 Eigelb, 110 g Zucker,
1 Päckchen Vanillezucker,
6 Blatt weiße Gelatine,
1/4 l süße Sahne.

Die Haselnüsse rösten, schälen, fein reiben und mit Milch 10 Min. kochen. Die übrige Milch mit den verquirlten Eigelben, Zucker, Vanillezucker und der aufgelösten, durchgesiebten Gelatine bis ans Kochen bringen; dann zu einer Creme abrühren und unter den abgekühlten Haselnussbrei mischen. Vor dem Festwerden einen Teil der steif geschlagenen Sahne oder den Eischnee locker durchziehen, die gefüllte Form 6–8 Std. in den Kühlschrank stellen und die Creme nach dem Stürzen mit der restlichen Schlagsahne verzieren.

1442 Weinschaumcreme (Chaudeau-Creme)

1/4 l Weißwein,
1 Likörglas Cognac,
80 g Zucker, 4 Eier,
Saft von 1/2 und abgeriebene Schale von 1/4 unbehandelten Zitrone,
4 Blatt weiße Gelatine.
Zum Beträufeln:
1 Essl. Arrak, 2 Essl. Wasser.

Weißwein, Cognac, Zucker, 1 ganzes Ei, 3 Eigelbe, Zitronensaft und -schale bei schwacher Kochhitze so lange mit dem Schneebesen schlagen, bis sich alle Flüssigkeit in Schaum verwandelt hat. Nach kurzem Abkühlen die aufgelöste, durchgesiebte Gelatine und den Schnee der übrigen 3 Eiweiß untermischen. Die Creme in eine kalt ausgespülte Porzellanform oder Glasschale füllen und erstarren lassen.
Oder den Weinschaum ohne Cognac zubereiten, Makronen oder Biskuits mit Arrak und Wasser befeuchten, in die Form legen und die Creme darüber gießen.

1443 Weinschaum (Sabayon)

4 Eigelb, 4–8 Essl. Zucker (je nach Wein oder Saftzugabe),
1/8 l Weißwein oder Portwein oder Sherry (Amontillado oder Oloroso) oder Madeira.

In einem großen Topf die Eigelbe mit dem Zucker und dem gewünschten Wein (auch Fruchtsaft ist möglich) schaumig rühren. Dann bei geringer Hitzezufuhr im Wasserbad so lange schlagen, bis sich die Menge etwa verdreifacht hat. Den Schaum in Gläsern anrichten und sofort servieren.
Soll der Schaum kalt gereicht werden, bis zum Erkalten in Eiswasser weiterschlagen.

Tipp:
Bei der Zubereitung der Weinschaumcreme ist wichtig, dass bei milder Hitze gearbeitet und die ganze Masse gut durchgeschlagen wird.

1444 Zabaione

5 Eigelb, 1 ganzes Ei,
2 Essl. Puderzucker,
ca. 1/8 l Marsala-Wein.

In einem Wasserbadtopf die Eigelbe mit dem ganzen Ei und dem Puderzucker bei sehr geringer Hitzezufuhr schaumig schlagen. Langsam den Wein zugießen und weiterschlagen, bis die Creme dickflüssig ist. In Gläser füllen und sofort servieren.

1445 Zabaione, andere Art

6 sehr frische Eigelb,
50 g Zucker,
1 Prise Meersalz,
Mark von 1/2 Vanillestange,
1/8 l Marsala (italienischer Süßwein).

Eigelbe mit Zucker, Salz und Vanillemark schaumig rühren. Nach und nach den Wein einfließen lassen. Die Masse im heißen, aber nicht kochenden Wasserbad so lange dicklich schlagen, bis ein bräunlicher Schaum entsteht. Sofort über Kompott- oder Rumfrüchten servieren. Oder zu süßen Puddings reichen.

Tipp:
Der Einsatz, in dem die Zabaione geschlagen wird, soll das Wasser nicht berühren. Auf diese Weise kann das Eigelb keine Klümpchen bilden.

1446
Arrakcreme

4–6 Eigelb, 125 g Zucker,
2–3 Essl. Arrak, ½ l süße Sahne.

Eigelbe und Zucker weißschaumig rühren. Den Arrak zufügen, die steif geschlagene Sahne leicht unterziehen und die Creme in eine Schale füllen und kalt stellen.
Oder für Halbgefrorenes die Creme für 3 - 4 Std. in das Tiefgefrierfach stellen.

1447
Sherry-Weinschaum

6 Eigelb, 2 Essl. feiner Zucker,
1 Teel. Vanillezucker,
1 Prise Salz, ⅛ l Cream-Sherry,
evtl. einige frische Früchte,
Löffelbiskuits.

Die Eigelbe mit Zucker, Vanillezucker und Salz in einem Wasserbadtopf mit einem elektrischen Handrührer oder dem Schneebesen so lange schlagen, bis der Zucker sich völlig aufgelöst hat und eine dickliche Creme entstanden ist. Die Hitzezufuhr erhöhen (jedoch nicht kochen lassen), nach und nach unter ständigem Rühren den Sherry zugießen, bis der Weinschaum luftigschaumig ist. Sofort in Gläser füllen und mit Früchten und Löffelbiskuits garniert servieren.

1448
Champagner-Creme

4 Eier, getrennt,
2 ganze Eier,
125 g feiner Zucker,
½ l Champagner oder
trockener Sekt,
1 Tütchen gemahlene oder
4 Blatt helle Gelatine.
Makronen zum Garnieren.

4 Eigelb und 2 ganze Eier miteinander verquirlen, den Zucker und den Champagner zugeben und die Masse bei geringer Hitzezufuhr auf dem Herd zu einer steifen Creme rühren. 4 Eiweiß steif schlagen, den Topf vom Herd nehmen, die Eiweiß unter die Creme ziehen und die eingeweichte Gelatine darin auflösen. Vorsichtig durchschlagen, die Creme abkühlen lassen und entweder in hohe Gläser oder in eine Glasschale füllen und im Kühlschrank erstarren lassen.
Die in einer Glasschale erstarrte Creme stürzen und mit kleinen Makronen umlegt servieren.

1449
Maiweincreme

1 Sträußchen Waldmeister,
1 Glas Weißwein,
6 Eier, getrennt, 180 g Zucker,
¾ l trockener Weißwein,
geriebene Schale von
½ unbehandelten Orange,
9 Blatt weiße Gelatine.

Den Waldmeister (ohne Wurzeln und Blüten) waschen, abtropfen lassen und einige Stunden trocknen lassen. Dann ein Glas Weißwein darüber gießen und 30 Min. zum Ausziehen kühl stellen. Inzwischen Eigelb und Zucker schaumig rühren, den Wein, die Orangenschale und die gewaschene, aufgelöste, durchgesiebte Gelatine zufügen. Das Ganze bei starker Kochhitze bis zum ersten Aufwallen schlagen, nach dem Abkühlen die Waldmeisteressenz zugießen und vor dem Festwerden den steifen Eischnee leicht unterrühren. Die Creme in eine Schale füllen und im Kühlschrank erstarren lassen.

Tipp:
Frischen Waldmeister finden Sie nur in den Monaten April und Mai. Das Maikraut vor der Blüte am frühen Morgen pflücken, in kaltem Wasser kurz schwenken, gut trocken schütteln und gebündelt 4–6 Stunden an einem schattigen, luftigen Ort anwelken lassen. So entwickelt der duftende Waldmeister sein volles Aroma.
*Für **Extrakt** 2–3 vorbereitete Waldmeistersträußchen in Weißwein geben und die Flasche fest verschlossen 4–6 Wochen an einem sonnigem Platz stehen lassen. Dann filtern und das Jahr über für Cremes, Bowle etc. verwenden.*

Verschiedene Süßspeisen und Flammeris

1450
Tutti frutti

Etwa 30 Löffelbiskuits oder
Kuchenreste,
1 Likörglas Arrak, Rum
oder etwas mehr Sherry oloroso,
1 Tasse Wein oder Fruchtsaft,
eingedünstetes oder frisches Obst,
*Vanillecreme **1428**, halbe*
Menge.

Zerbröckelte Löffelbiskuits oder mürbe Kuchenreste auf den Boden einer Schale legen, Arrak mit einer Tasse Wein oder Fruchtsaft vermischen und das Gebäck damit beträufeln. Eine Lage abgetropfte, eingedünstete oder frische Früchte, z. B. Erdbeeren oder Himbeeren, darauf verteilen, eine weitere Lage Biskuits darüberdecken und die Schale so im Wechsel füllen. Die halbe Menge Vanillecreme **1428** zubereiten, noch dickflüssig über die letzte Lage (Biskuits) gießen und die gefüllte Form kalt stellen.

1451
Pfirsich-Charlotte

Etwa 200 g Löffelbiskuits,
*Vanillecreme **1428**,*
etwa 6 Essl. Fruchtmark und
Stückchen von Pfirsichen,
evtl. etwas Zucker,
1 Essl. Kirschwasser oder
Maraschino.

Eine Charlotteform mit Löffelbiskuits dicht auslegen; unter die fertig zubereitete, noch flüssige Vanillecreme durchpassiertes Mark von rohen oder eingedünsteten Pfirsichen rühren. Einige Pfirsiche in kleine Würfel schneiden, etwas einzuckern und mit Kirschwasser oder Maraschino beträufeln. Dann die Form abwechselnd mit der Vanillecreme und den Pfirsichwürfelchen hoch auffüllen; im Kühlschrank in einigen Stunden fest werden lassen und vorsichtig stürzen.

1452
Kaiser-Charlotte *

Zum Fetten der Charlotteform:
etwas Butter.
etwa 200 g Löffelbiskuits.
Zur Creme:
250 g Butter, 4 Eigelb,
250 g Zucker,
3 Essl. starker Kaffee-Extrakt
nach ***1849*** *oder*
2 Essl. Instant-Kaffee.
Zum Guss:
100 g halbbittere Schokolade,
knapp 1/8 l heißes Wasser,
einige geschälte, gehackte Mandeln
oder Pistazien, 1/8 l süße Sahne.

Eine Charlotteform (glatte Kuppelform) mit Butter einfetten und dicht mit Löffelbiskuits auslegen. Zur Creme die schaumig geschlagene Butter mit Eigelb und Zucker weißschaumig rühren. Den Kaffee-Extrakt oder Instant-Kaffee untermischen und die Creme lagenweise im Wechsel mit zerbröckelten Biskuits in die Form füllen. Die Kaiser-Charlotte 3 Std. in den Kühlschrank stellen und 1 Std. vor dem Anrichten aus der Form stürzen. Zum Guss die geriebene Schokolade mit dem heißen Wasser dickflüssig kochen, die Speise rundum damit übergießen und, solange der Guss noch warm ist, die Mandeln oder Pistazien darüber streuen; dann nochmals kalt stellen und mit Schlagsahne bespritzen.
Rührzeit von Hand: 30 Minuten
Rührzeit mit dem elektrischen Rührgerät: 6 – 8 Minuten

1453
Mandel-Charlotte *

Zur Creme:
150 g Butter, 3 Eier,
180 g Puderzucker,
150 g geschälte, geriebene Mandeln,
2–3 Tropfen Bittermandelöl,
1 Teel. Vanillezucker oder
1/2 Teel. Vanillemark,
20 Löffelbiskuits oder
feine Butterkekse.
Zur Schaumsoße:
2 Eigelb, 2 Essl. Zucker,
1 Essl. Arrak oder Maraschino,
1/4 l süße Sahne.

Zur Creme die Butter schaumig rühren, abwechselnd Eier und Zucker zugeben, dann die Mandeln, Mandelöl und die Vanille untermischen. Eine Charlotteform kalt ausspülen, die Creme im Wechsel mit den Biskuits lagenweise einfüllen; über Nacht kühl stellen und beim Anrichten stürzen. Die steif geschlagene Sahne darüber ziehen oder zur Schaumsoße verwenden: Eigelb und Zucker schaumig quirlen, die halbsteif geschlagene Sahne, Arrak oder Maraschino unterrühren und die Soße bis zum Anrichten in den Kühlschrank stellen.
Rührzeit von Hand: 30 Minuten
Rührzeit mit dem elektrischen Rührgerät: 6 – 8 Minuten

*** Tipp:**
Um den Inhalt der mit Butter oder Creme ausgestrichenen Form gut lösen zu können, die Form vor dem Stürzen kurz in heißes Wasser tauchen; auch bei Formen, die mit Sülzflüssigkeit ausgegossen und mit Creme oder anderen Zutaten gefüllt sind, ist dies notwendig.

1454
Mohr im Hemd

200 g Butter, 125 g Puderzucker,
1 Essl. Vanillezucker, 1 Essl. Kakao,
4 Eier, getrennt,
125 g geriebene, bittere Schokolade,
1/4 l Milch, evtl. 1 Essl. Kaffeepulver,
30 Löffelbiskuits.
Zum Verzieren: 1/8 l süße Sahne.

Die Butter weißschaumig schlagen, Zucker, Kakao und Eigelb zufügen und alles so lange rühren, bis eine geschmeidige Creme entstanden ist. Die Schokolade mit der Milch kochen und nach dem Abkühlen zusammen mit dem steif geschlagenen Eiweiß und evtl. Kaffeepulver untermischen. Eine Puddingform kalt ausspülen, mit der kalten Creme dick bestreichen und die Biskuits beim Auslegen der Form dicht nebeneinander in die Creme eindrücken. Dann lagenweise die restliche Creme und die übrigen Biskuits einfüllen, die oberste Lage (Creme) mit einem befeuchteten Messer glatt streichen und die Form über Nacht kühl stellen. Beim Anrichten stürzen und mit der steif geschlagenen Sahne so überziehen, dass obenauf ein dunkles Köpfchen sichtbar bleibt.

1455
Elsässer Pudding

Für 6 – 8 Personen
Zur Creme:
200 g Butter, 5 Eier, getrennt,
200 g Puderzucker,
1 Likörglas Arrak,
125 g geschälte, geriebene Mandeln.
Zum Ausfetten der Form:
20 g Butter,
etwa 50 Löffelbiskuits oder kleine
Mandelmakronen (ca. 2 Päckchen).
Zum Eintauchen:
1 Tasse Milch,
1 Päckchen Vanillezucker.
Zum Verzieren:
1/2 l süße Sahne.

Zur Creme die Butter schaumig rühren, mit dem Eigelb und dem gesiebten Puderzucker cremig rühren; zuletzt Arrak, Mandeln und den steifen Eischnee untermischen. Eine niedere, glatte Form (Springform) mit Butter fetten und mit den Biskuits oder Makronen, die zuvor in Milch und Vanillezucker getaucht sind, dicht auslegen. Die Creme im Wechsel mit den restlichen Biskuits lagenweise einfüllen (letzte Lage Biskuits). Die gefüllte Form 24 Std. kühl stellen, stürzen und mit Schlagsahne verzieren.
Rührzeit von Hand: 30 Minuten
Rührzeit mit dem elektrischen Rührgerät: 6 –8 Minuten

1456
Schokoladen-Igel in Puddingform

250 g halbbittere Schokolade,
6 Essl. heißes Wasser,
125 g Butter,
2 absolut frische Eier,
125 g Puderzucker,
200 g Löffelbiskuits.
Zum Überziehen:
Schokoladenglasur mit Kuvertüre
1855*.*
Zum Spicken:
50 g geschälte, gestiftelte Mandeln.

Die Schokolade reiben und mit dem heißen Wasser bei schwacher Herdhitze auflösen; die Butter schaumig schlagen, die verquirlten, ganzen Eier und den gesiebten Puderzucker untermischen. Zuletzt die abgekühlte Schokolade zufügen und die Creme glatt rühren. Eine runde Form oder Schüssel mit der erkalteten Creme bestreichen und mit Löffelbiskuits dicht auslegen. Die übrigen Biskuits in Stückchen teilen und im Wechsel mit der Creme in die Form füllen. Über Nacht kalt stellen, den Pudding stürzen und mit dem Schokoladenguss überziehen; die Mandelstiftchen in einer beschichteten Pfanne gelb rösten und als Stacheln in den noch warmen Guss eindrücken.

1457

Schnee-Eier mit Vanillemilchcreme

3 Eier, getrennt, 1 Prise Salz,
100 g Zucker, 3/4 l Milch,
1 aufgeschlitzte Vanillestange,
abgeriebene Schale von
1/2 unbehandelten Zitrone.
Zur Creme:
1 Essl. Speisestärke.

Eiweiß mit Salz sehr steif schlagen, 40 g Zucker untermischen und kalt stellen. Die Milch mit 60 g Zucker süßen, Vanillestange und die Zitronenschale zugeben, zum Kochen bringen und die mit einem Esslöffel flach abgestochenen Eiweißklöße einlegen (die Klöße sollen sich nicht berühren). Die Hitze reduzieren. Nach ca. 1 Min. Garzeit mit einem Schaumlöffel einzeln herausheben und auf einer Platte anrichten. Vanillestange entfernen, Speisestärke mit etwas kalter Milch verquirlen, unter Rühren in die strudelnde Klößchenmilch einlaufen lassen, kurz aufkochen, von der Herdplatte nehmen und die Eigelbe nach und nach zufügen. Die Soße bis zum Erkalten schlagen und rings um die Schnee-Eier gießen.

1458

Grießflammeri

1 l Milch, 70 g Butter,
1 Päckchen Vanillezucker,
90 g Grieß, 3–4 Eiweiß,
75–100 g Zucker.

Milch, Butter und Vanillezucker einmal aufwallen lassen, den Grieß einstreuen und dick auskochen. Die Eiweiß steif schlagen, dabei den Zucker nach und nach unterrühren und mit der abgekühlten Grießmasse vermischen; kleine, kalt ausgespülte Förmchen damit füllen, kühl stellen und beim Anrichten stürzen. Eine dickflüssige, kalte Fruchtsoße oder durchpassierte, gedünstete, gesüßte Aprikosen dazu reichen.

Oder 3 ganze Eier verwenden. Eigelb unter den heißen Brei ziehen, Eiweiß mit Zucker steif schlagen und ebenfalls unterheben.

1459

Grießtörtchen mit Pfirsichen

1 l Milch, 1/2 Vanillestange, 40 g Butter,
120 g Zucker, 100 g Grieß,
8–10 mittelgroße Pfirsiche.
Zum Dünsten:
Läuterzucker von 1/2 l Wasser
und 250 g Zucker,
10 geschälte, halbierte Mandeln.
Zum Glasieren:
1 Tasse Johannisbeergelee.

Die Milch mit der aufgeschnittenen Vanillestange und Butter kurz aufwallen lassen; Zucker und Grieß trocken vermischen, einstreuen und zu einem Brei kochen. Die Vanillestange entfernen, den Brei zum Aufquellen noch 20 Min. warm stellen, dann etwa 3 cm hoch auf ein gefettetes Backblech streichen und davon nach dem Erkalten mit einem Pastetenring Törtchen ausstechen. Die geschälten Pfirsichhälften in dem zum Faden gekochten Läuterzucker halbweich dünsten, je eine Hälfte (mit der Schnittfläche nach oben) auf die Grießtörtchen legen und statt des Steines eine halbierte Mandel einfügen. Beim Anrichten erwärmtes Johannisbeergelee über die Törtchen gießen.

1460

Sagoflammeri

80 g Sago oder Perltapioka,
1 l Milch, 1 Prise Salz, 80 g Zucker,
1 Päckchen Vanillezucker,
abgeriebene Schale von
1/2 unbehandelten Zitrone,
6 Blatt weiße Gelatine,
2–3 Eier, getrennt.

Den verlesenen, im Sieb überbrausten Sago in die strudelnde Milch einstreuen, 1 Prise Salz zufügen, unter Rühren etwa 30 Min. kochen, dann von der Herdplatte nehmen. Zucker, Vanillezucker, Zitronenschale und die aufgelöste, durchgesiebte Gelatine und die verquirlten Eigelbe untermischen; nach dem Abkühlen den steif geschlagenen Eischnee leicht unterziehen. Eine kalt ausgespülte Puddingform damit füllen, erstarren lassen und stürzen; den Flammeri mit Schokoladen-, Frucht- oder Rotweinsoße zu Tisch geben.

1461

Schokoladenflammeri

80 g Schokolade (Halbbitter),
20 g Kakao, 50 g Zucker,
etwa 3/4 l Milch,
50 g Speisestärke, 2 Eiweiß.

Die geriebene, erwärmte Schokolade, Kakao und Zucker mit 1/2 l Milch einmal aufwallen lassen; die Speisestärke mit der restlichen Milch verquirlen, unter Rühren zufügen und 5 Min. kochen. Nach dem Abkühlen den steifen Eischnee untermischen, eine Schale damit füllen, kalt stellen und Vanillesoße **98** dazu reichen.

Kalte Süßspeisen

1462

Rote Grütze

500 g Johannisbeeren,
250 g Himbeeren,
150 g entsteinte Kirschen
1 l Wasser, 250 g Zucker,
auf 1 l Saft 90 g Speisestärke
oder 100 g Sago oder 100 g Grieß,
50 g geschälte, geriebene Mandeln.
Zum Verzieren:
evtl. 1/8 l süße Sahne.

Die gewaschenen, entstielten Johannis- und sorgfältig verlesenen Himbeeren mit Wasser und Zucker weich kochen, heiß durch ein feines Sieb gießen und den Saft abmessen. Einen Teil des erkalteten Safts mit der Speisestärke verrühren, den übrigen zum Kochen bringen, Kirschen zugeben, die angerührte Speisestärke einlaufen lassen und etwa 5 Min. unter Quirlen eindicken. Oder Sago bzw. Grieß darin aufquellen lassen. Die Mandeln zuletzt zufügen und das Ganze in einer kalt ausgespülten Form zum Steifwerden kalt stellen. Nach dem Stürzen mit Vanillesoße **98** und flüssiger süßer Sahne servieren.

Oder anstatt der Mandeln noch 300 g frische ganze Beeren unter die noch flüssige Grütze mischen.

1462a

Rote Grütze mit Biobin*

1/2 l Kirsch- oder Johannisbeersüßmost,
1 Essl. Weizenkeime,
5 g Biobin,
je 150 g entsteinte Kirschen und rote Johannisbeeren.

Den Süßmost mit den Weizenkeimen und dem Geliermittel verquirlen, frische entsteinte Kirschen und Johannisbeeren einrühren und in kalt ausgespülte Glasschalen füllen.

* Biobin ist ein pflanzliches Bindemittel (aus Johannisbrotkernmehl), gluten-, cholesterin- und purinfrei (für Diät-Kost geeignet). Es ist geschmacksneutral und bindet die Speisen im kalten Zustand.
1 g Biobin bindet 100 ml Saft. (Weitere Informationen: siehe Aufdruck auf der Dose; erhältlich im Reformhaus.)

1463

Wackelpeter

3/4 l Milch, 80 g Zucker,
30 g geschälte, geriebene Mandeln,
90 g Speisestärke, 2–3 Eier, getrennt,
abgeriebene Schale von 1/2 unbehandelten Zitrone.
Schnee von 2 Eiweiß.

In 1/2 l Milch den Zucker, die Mandeln, die mit der restlichen Milch verquirlte Speisestärke, die Eigelbe und Zitronenschale unter stetem Rühren sämig kochen. Nach kurzem Abkühlen den steifen Eischnee zufügen, das Ganze in eine mit kalter Milch ausgespülte Form oder Schale füllen und nach dem Festwerden stürzen; mit Himbeersaft zu Tisch geben.
Die Speise evtl. mit etwas roter oder grüner Speisefarbe vermischen.
Oder die Milchmenge verringern und statt dessen 1/8 l Himbeer- oder Pfefferminzsirup unter die leicht abgekühlte Mischung rühren.

1464

Apfelschaum

1 kg mürbe Äpfel,
125 g Puderzucker,
Saft von 1/2 Zitrone,
1–2 Essl. Quittengelee,
3 Eiweiß.
Zum Verzieren:
einige Kokosmakronen.

Die Äpfel im gut vorgeheizten Backofen oder in einer gefetteten Pfanne braten und durchpassieren. Den gesiebten Puderzucker, den Zitronensaft und das Gelee, das ein besonders feines Aroma vermittelt, zufügen und den steifen Eischnee unterziehen.
Den Apfelschnee ca. 2 Std. in das Tiefgefriergerät stellen. Dann mit dem Schneebesen schaumig aufschlagen, auf eine Glasplatte häufen und mit Makronen verzieren.

◁ Rote Grütze **1462** mit frischen Beeren.

1465 Himbeerschaum

500 g frische Himbeeren,
200 g Puderzucker,
Saft von ½ Zitrone, 3 Eiweiß,
Mandelmakronen oder Hohlhippen.

Die sorgfältig verlesenen Himbeeren fein zerdrücken oder durchpassieren, die übrigen Zutaten untermischen und den Schaum wie **1464** weiter zubereiten. Bei Verwendung von eingedünsteten Himbeeren, die nicht im eigenen Saft, sondern mit Zuckerlösung sterilisiert sind, den Saft absieben und anderweitig verbrauchen; Makronen oder Hohlhippen dazu reichen.

1466 Orangenschaum

4 Eier, getrennt,
1 Tasse Puderzucker,
Saft von 8 Orangen,
⅛ l süße Sahne.

Eigelb und Zucker schaumig rühren, den Orangensaft, die leicht geschlagene Sahne untermischen und den steifen Eischnee locker durchziehen. Oder sämtliche Zutaten im Elektromixer schaumig aufschlagen und den Schaum in Glasschalen servieren.

1467 Weinschaumreis

*Reiscreme **1548**.*
Weinschaum:
¼ l Weißwein, 2 Eier,
1 Eigelb, 100 g Zucker.

Die Reiscreme **1548** zubereiten und erkalten lassen. Zum Weinschaum die Zutaten gut verquirlen, bei nicht zu starker Herdhitze bis ans Kochen bringen und nach kurzem Abkühlen mit dem Reis locker vermischen; in niederen Gläsern oder Schalen anrichten und Fruchtsaft dazu reichen.

Süße Geleespeisen und Sülzen

Die angegebenen Mengen in den Rezepten reichen für 4–6 Portionen.
Durch ihre vielseitige Verwendungsmöglichkeit und ihren erfrischenden Geschmack bringen süße Sülzen eine angenehme Abwechslung unter die reiche Auswahl der Süßspeisen. Sie sollten nicht zu süß sein, aromatisch abgeschmeckt und sehr kalt – möglichst eisgekühlt – gereicht werden. Durch Einlegen von frischen oder gedünsteten Früchten und durch Färben mit verschiedenartigem Obstsaft lassen sie sich reizvoll anrichten. Kompott oder Fruchtsaft, kalte Vanillesoße, gesüßte, flüssige Sahne, Kondensmilch oder frische Milch sind eine wohlschmeckende Ergänzung.
Das Stürzen ist leichter, wenn die Form randvoll mit der Sülze gefüllt wird. Soll die Sülze nicht gestürzt werden, genügt ein verminderter Gelatinezusatz; in diesem Fall die Geleeflüssigkeit in Gläser oder Schalen füllen und nach dem Gelieren darin zu Tisch geben (vgl. auch Cremes). Um das Absinken der Einlagen in der Geleeflüssigkeit in den Schalen oder Gläsern zu verhindern, ist ein öfteres Umrühren bis zum Sämigwerden ratsam.

1468 Weißweinsülze

½ l Weißwein, ¼ l Wasser,
200 g Zucker,
12 Blatt rote oder
je 6 Blatt weiße und rote Gelatine
oder 7 g Biobin,
Saft von 1 Zitrone.

Den Wein mit Wasser und Zucker zum Kochen bringen, etwas abkühlen lassen, die gewaschene, aufgelöste Gelatine oder Biobin und den Zitronensaft zufügen, dann alles durchsieben. Die Sülzflüssigkeit in eine kalt ausgespülte Form oder in halbierte, ausgehöhlte, ausgezackte Orangenschalen füllen, nach dem Erkalten stürzen oder in den Orangenhälften servieren oder diese in Schnitze teilen und zur Verzierung beliebig verwenden.

Oder unter die erkaltete, noch flüssige Weinsülze 2–3 Essl. Kirschwasser mischen; die Wassermenge entsprechend reduzieren.
Oder unter die erkaltete, noch flüssige Weinsülze 2 Essl. Rum und 1 Essl. gebräunten Zucker mischen.
Oder unter die erkaltete, noch flüssige Weinsülze 2 Essl. beliebigen Likör (z. B. Maraschino) mischen.

1469 Weinsülze (zweifarbig)

Die Sülze **1468** in zwei Farben herstellen, und zwar eine Hälfte der Weinmischung mit roter, die andere mit weißer Gelatine vermischen. Zuerst den Boden einer Glasschale mit roter Sülzflüssigkeit 2 cm hoch bedecken und etwas fest werden lassen. Inzwischen die weiße Sülze auf Eis so lange schlagen, bis sie leicht sämig und schaumig ist, dann die weiße Sülze ebenso hoch auf die rote gießen und die Schale so im Wechsel randvoll füllen. Eisgekühlte Vanillesoße oder kalte, flüssige, gesüßte Sahne dazu reichen.

1470 Weinsülze mit Früchten

750 g frische Beeren oder Früchte,
½ l Wasser,
*200 g Zucker, Weinsülze **1468**.*

Frische, vorbereitete Beeren wie Erdbeeren, Himbeeren, Brombeeren oder rohe, geschälte, ausgesteinte und halbierte Pfirsiche, Aprikosen oder Mirabellen in leichter Zuckerlösung kurz aufkochen und nach dem Abtropfen in eine Form oder Glasschale legen. Die Weinsülze aus ½ l der durchgesiebten Flüssigkeit, ¼ l Weißwein und den übrigen Zutaten (jedoch ohne Wasser und Zucker) herstellen. Noch warm über die Früchte gießen und steif werden lassen; oder die Früchte lagenweise mit der noch flüssigen Sülze in eine Schale füllen und nach dem Erstarren stürzen.

Kalte Süßspeisen

1471 Süße Sülze mit Früchten

400 g Zucker,
1 l Wasser oder Fruchtsaft wie Apfelsaft oder Orangensaft oder Aprikosen-Nektar mit Wasser vermischt,
1 Orange,
Saft von 3 Zitronen oder Limetten,
14 Blatt weiße Gelatine.
Zum Einlegen:
Orangenscheiben, Walnusshälften, entsteinte, halbierte Aprikosen, Pfirsiche, Mirabellen, Zwetschgen.

Zucker und Wasser oder Saft aufkochen, die sorgsam geschälten Orangenscheiben 30 Min. darin ausziehen lassen, dann den Zitronensaft und die in wenig heißem Wasser aufgelöste Gelatine untermischen; das Ganze durch ein feines Passiertuch gießen und die saftlos gewordenen Orangenscheiben entfernen.
Den Boden einer Schale oder Glasform mit der Sülze 1 cm hoch bedecken, nach dem Erstarren mit den Früchten belegen, die restliche Sülze bis zum Rand auffüllen, kalt stellen und stürzen.
Oder Obstsalat aus der Dose nehmen und nur einige frische Obstscheiben oder Früchte einlegen.

1472 Himbeersülze

*Weinsülze **1468**,*
anstatt Wasser:
1/4 l frisch gepresster Himbeersaft oder 100 g Zucker und 1/8 l Himbeersirup.
Zum Einlegen:
frische Himbeeren,
evtl. 1 Essl. Himbeergeist zum Aromatisieren.

Die Weinsülze ohne Wasser zubereiten und dafür den Himbeersaft und zum Einlegen sorgsam verlesene, frische Himbeeren verwenden. Steht dicker, mit Zucker eingekochter Himbeersirup zur Verfügung, genügen zum Süßen der Weinsülze 100 g Zucker.
Evtl. mit Himbeersirup verfeinern.

1473 Ananassülze

*Weinsülze **1468**, jedoch mit 12 g Agar-Agar* oder 7 g Biobin anstatt Gelatine zubereitet,*
1/8 l frischer Ananassaft oder Dosensaft,
dafür nur 1/8 l Wasser zur Weinsülze.

Unter die noch flüssige Weinsülze den ausgepressten Saft einer halben, frischen Ananas oder 1/8 l Saft von Dosenananas mischen. Zur Weinsülze bei Verwendung von Dosensaft nur 100 g Zucker zufügen.
Die Sülze mit Agar-Agar oder Biobin binden, da die Ananas ein Enzym enthält, das eine Bindung mit Gelatine verhindert!

1474 Rhabarbersülze

1 kg Rhabarber.
Zur Zuckerlösung:
1/4 l Wasser, 250 g Zucker,
je 5 Blatt weiße und rote Gelatine,
Saft von 1/2 Zitrone,
evtl. 1 Glas Weißwein.

Die Rhabarberstängel waschen, schälen, in kleine Stücke teilen, in der Zuckerlösung weich kochen und durchpassieren. Die eingeweichte, in wenig heißem Wasser aufgelöste Gelatine durchsieben, den Zitronensaft zufügen und mit dem Rhabarber vermischen. Das Ganze in eine kalt ausgespülte Form füllen, erstarren lassen, stürzen und Vanillemilch dazu reichen.
Oder die Rhabarberstückchen in der Zuckerlösung weich kochen, den Saft absieben, mit Zitronensaft und dem Weißwein vermischen, daraus die Sülze herstellen und die abgetropften Rhabarberstückchen wieder einlegen. Auch Johannis-, Stachel-, Erdbeeren und Himbeeren, Aprikosen und Pfirsiche lassen sich auf diese Weise verwenden.

* Agar-Agar wird aus getrocknetem Tang gewonnen. In Fladen- oder Pulverform erhältlich. Für Sülzen, Eiscremes, Fruchtgummis etc.

1475 Mandelsülze

60 g geschälte Mandeln, 3/4 l Milch,
150 g Zucker,
2–3 Tropfen Bittermandelöl,
2 Essl. Rum oder Maraschino,
9 Blatt weiße Gelatine.

Die Mandeln fein reiben und mit den anderen Zutaten (ohne Gelatine) aufkochen. Die Gelatine auflösen, unter den abgekühlten Mandelmilchbrei mischen und durch ein Sieb gießen. Eine Form kalt ausspülen, die Sülze einfüllen und zum Erstarren in den Kühlschrank oder ins Tiefgefrierfach stellen. Statt Mandeln eignen sich auch geröstete, gemahlene Haselnüsse.

1476 Mandelmilchsülze

250 g geschälte, geriebene Mandeln,
ein paar Tropfen Bittermandelöl,
3/4 l Milch (evtl. zur Hälfte süße Sahne),
250 g Zucker, einige Tropfen Orangenblütenwasser,
9 Blatt weiße Gelatine.
Zum Verzieren:
1/4 l Sahne.

Die Mandeln mit Mandelöl und Milch (oder halb Milch und süße Sahne) und Zucker kalt aufsetzen, einmal aufkochen; dann das Orangenblütenwasser und die gewaschene, aufgelöste Gelatine zufügen. Durch ein feines Passiertuch pressen, nach dem Erstarren stürzen und mit Schlagsahne verzieren.

1477 Mandelmilchsülze mit Früchten

Die Mandelmilchsülze **1476** statt mit 3/4 l mit 1/2 l Milch zubereiten und etwa 200 g roh gepresstes Fruchtmark, z. B. von Aprikosen, Pfirsichen, Ananas, Erdbeeren oder Himbeeren, untermischen. Bei Eindünstfrüchten weniger Zucker zufügen, oder evtl. mit 4 Essl. Honig süßen.

1478 Marzipanmilchsülze

250 g Rohmarzipan,
3/4 l Milch, 120 g Zucker,
9 Blatt weiße Gelatine,
3/8 l süße Sahne.

Die Zubereitung der Sülze wird bei Verwendung von Rohmarzipan leichter und einfacher, weil die Mandeln (sehr fein verarbeitet) darin enthalten sind. Milch und Zucker erwärmen, das zerbröckelte Marzipan zufügen und unter Rühren so lange aufkochen, bis die Masse glatt ist. Nach dem Abkühlen die aufgelöste, durchgesiebte Gelatine untermischen und so lange schlagen, bis die Sülze sämig ist. Dann die steif geschlagene Sahne unterziehen und in kalt ausgespülte Förmchen füllen. 2–3 Std. in den Kühlschrank stellen und danach stürzen.

1479 Milchgelee

1 l Milch, 125 g Zucker,
1/2 Vanillestange oder
1 Päckchen Vanillezucker,
12 Blatt weiße Gelatine.

Milch, Zucker und das ausgekratzte Vanillemark oder Vanillezucker aufkochen und 15 Min. durchziehen lassen. Dann die aufgelöste Gelatine untermischen, das Milchgelee durch ein Sieb in eine kalt ausgespülte Form gießen und zum Steifwerden einige Stunden in den Kühlschrank stellen. Das Milchgelee lässt sich gut stürzen.

1480 Ambrosia

1/2 l saure Sahne, 200 g Zucker,
1/2 Likörglas Arrak,
1 Päckchen Vanillezucker,
6 Blatt rote Gelatine.
Zum Verzieren:
1/4 l süße Sahne.

Die saure Sahne schaumig quirlen und den Zucker, Arrak sowie Vanillezucker untermischen. Die gewaschene Gelatine in möglichst wenig heißem Wasser auflösen, durchsieben und mit der Sahne verrühren; in flache Schalen oder niedere Weingläser füllen und beim Anrichten kleine Häubchen von steif geschlagener Sahne darauf spritzen.

1481 Schokoladengeleespeise

1 l Milch, 80 g Zucker,
1 Tafel geriebene Milchschokolade oder Edelbitterschokolade (100 g),
1 Päckchen Vanillezucker,
12 Blatt weiße Gelatine.

Alle Zutaten (außer Gelatine) mit der kalten Milch verrühren, unter stetem Schlagen einmal aufwallen lassen und nach kurzem Abkühlen die aufgelöste Gelatine zufügen. Alles durch ein Sieb gießen, in kleine, kalt ausgespülte Förmchen oder in eine Puddingform füllen und zum Steifwerden einige Stunden kalt stellen; vor dem Anrichten stürzen und mit Vanillesoße zu Tisch geben.

1482 Aprikosengeleespeise

8 reife Aprikosen,
70 g geschälte, geriebene Mandeln,
Schale und Saft von
1 unbehandelten Zitrone,
4 Blatt weiße Gelatine,
2–3 Essl. Zucker,
Schnee von 4 Eiweiß.

Die Aprikosen kurz überbrühen, schälen, entsteinen und roh durch ein Sieb passieren. Die Mandeln mit dem durchgesiebten Zitronensaft und der geriebenen -schale verrühren, dann mit der aufgelösten, durchgesiebten Gelatine vermischen. Das Aprikosenmark und den Zucker zufügen, den steifen Eischnee leicht unterziehen; das Fruchtgelee in eine kalt ausgespülte Schale füllen und bis zum Anrichten kühl stellen.

1483 Kirsch- oder Preiselbeergelee

1 kg entsteinte Kirschen oder Preiselbeeren, 500 g Zucker (bei Süßkirschen nur 300 g),
1/8 l Wasser oder Wein,
Wasser oder Fruchtsaft zum Auffüllen,
14 Blatt rote Gelatine, eingeweicht und ausgedrückt.

Die Sauerkirschen oder Preiselbeeren mit Zucker und Wasser weich kochen. Die Früchte samt dem Saft durch ein feines Sieb passieren und noch so viel abgekochtes Wasser oder Fruchtsaft von Kirschen oder Johannisbeeren zufügen, bis das Gesamtquantum 1 Liter ergibt. Dann die in wenig heißem Wasser aufgelöste rote Gelatine darunter mischen, das Gelee nochmals durch ein Sieb gießen und in eine kalt ausgespülte Glasschale füllen. Nach dem Festwerden stürzen und mit Vanillesoße servieren.

1484 Erdbeergeleespeise

625 g Walderdbeeren oder kleine Gartenerdbeeren,
Saft 1 Orange oder Zitrone,
5 Essl. Honig,
1/2 l Wasser oder Apfelsaft,
2 Päckchen gemahlene rote Gelatine,
1/8 l süße Sahne.

125 g gut verlesene, entstielte Erdbeeren mit dem Orangen- oder Zitronensaft und 2 Esslöffeln leicht erwärmtem Honig beträufeln und zum Durchziehen 1 Std. kühl stellen. Inzwischen die restlichen Erdbeeren durchpassieren oder mit einem Stampfer zerdrücken, den Honig in 3/8 l heißem Wasser oder Apfelsaft auflösen und mit dem Erdbeermark vermischen. Die eingeweichte, ausgedrückte Gelatine in dem restlichen heißen Wasser auflösen, durchsieben und der Fruchtmasse beifügen. Kurz vor dem Festwerden die Schlagsahne und die kühl gestellten Beeren leicht darunter ziehen, das Ganze in eine kalt ausgespülte Form füllen und nach dem Erstarren stürzen.

Kalte Süßspeisen

1485
Bunte Ostereier aus Mandelmilchgelee

3/8 l süße Sahne oder Milch,
50 g geschälte, geriebene Mandeln,
6 Blatt weiße Gelatine, 60 g Zucker,
1 Päckchen Vanillezucker.
Zum Rot- oder Orangefärben:
2–3 Essl. Sanddorn- und Preiselbeersaft.
Zum Dunkelfärben:
1–2 Essl. Nescafé oder Kakao.

Die Mandeln in Sahne oder Milch, schwach kochend, etwa 15 Min. ausziehen lassen; dann durch ein feines Sieb oder Passiertuch gießen (aber nicht drücken). Die Gelatine kalt einweichen, ausdrücken und in 2 Essl. heißem Wasser auflösen, durchsieben und mit dem Zucker unter die Mandelmilch rühren. Das Milchgelee in kleinen Mengen (getrennt in einzelnen Töpfchen) mit den Fruchtsäften, Nescafé oder Kakao je nach Wunsch färben und die noch flüssigen, gefärbten Milchgelees mittels Spritztüte oder Kännchen in sorgfältig entleerte, unter fließendem Wasser durchgespülte Eierschalen füllen. Zum Füllen und Festwerden des Inhalts können die Eischalen auf Eierständer oder auf ein Backblech mit dicker Salzunterlage gesetzt werden. Über Nacht kühl stellen, dann die Schalen vorsichtig ablösen, dabei die Eier wiederholt in kaltes Wasser tauchen und in die noch sämige Sülze **1468** oder **1470** mit der Spitze nach oben einsetzen oder legen.
Oder das verschieden gefärbte Gelee in kalt ausgespülte Eierbecher füllen; nach dem Erstarren stürzen.

1486
Milchgelee-Eier auf Savarinringen (Ostersüßspeise)

Biskuitteig **1646** in Savarinförmchen backen, die Ringe zuerst mit Aprikosenmarmelade, dann mit Vanilleglasur überziehen; buntfarbige Milchgelee-Eier **1485** zubereiten, hineinsetzen und mit Sahnesternchen verzieren.

Süße Quarkspeisen

1487
Quarkcreme

Für 2–3 Personen
3/8 l Milch,
1/2 Päckchen Vanille-Puddingpulver,
80 g Zucker, 250 g Sahnequark,
50 g Sultaninen oder einige eingedünstete Früchte.

Zuerst von 2/8 l Milch, dem Puddingpulver und der Hälfte Zucker eine sämige Creme kochen und abkühlen lassen. Den Quark mit 1/8 l Milch verrühren, durchpassieren und den restlichen Zucker untermischen. Die gekochte Creme löffelweise zufügen, das Ganze in eine Glasschale oder mehrere kleine Becher füllen und mit den gewaschenen, abgetropften Sultaninen oder kleinen Fruchtstückchen verzieren. Zu dieser Quarkcreme Knusperflocken und Fruchtsaft reichen.

1488
Quarkschaumspeise

Für 2–3 Personen
250 g Quark, 80 g Zucker,
1 Päckchen Vanillezucker,
1/4 l süße Sahne,
40 g Rosinen oder
1 Essl. gewiegtes Orangeat oder
3–4 sehr fein gewiegte kandierte Ingwerfrüchte.

Den Quark durch ein feines Sieb passieren, mit Zucker und Vanillezucker schaumig rühren und kurz vor dem Anrichten die steif geschlagene Sahne unterziehen. Die gewaschenen, gut getrockneten Rosinen oder das Orangeat leicht untermischen; sehr aromatisch schmecken kandierte, in Zucker oder im eigenen Saft eingelegte Ingwerfrüchte, die in Feinkostgeschäften erhältlich sind.

1489
Quark mit Preiselbeeren oder Johannisbeeren

500 g Magerquark,
1/4 l süße Sahne oder
500 g Sahnequark und
1/4 l Vollmilch,
80–100 g Zucker,
250 g vollreife Preisel- oder Johannisbeeren, evtl. auch Cranberries,
Saft von 1/2 Zitrone
oder 1 Päckchen Vanillezucker.

Den Quark durchpassieren, mit Milch und der halben Zuckermenge 15 Min. rühren (mit dem elektrischen Handrührer 3 Min.). Die vorbereiteten, gut abgetropften Beeren etwas zerdrücken, mit dem restlichen Zucker, Zitronensaft oder Vanillezucker vermischen, 30 Min. durchziehen lassen und den Quark vor dem Anrichten leicht unterziehen.

1490
Quark mit Sauerkirschen

500 Mager- oder Sahnequark,
1/4 l süße Sahne oder rohe Milch,
125 g Zucker,
60 g geröstetes Schwarzbrot oder Pumpernickel,
500 g frische Sauerkirschen,
2 Essl. Zucker.

Den Quark mit Sahne oder Milch und Zucker schaumig schlagen. Das geriebene Brot, die entsteinten, eingezuckerten Kirschen oder andere entsteinte Früchte (evtl. etwas zerkleinert oder halbiert) mit 2 Essl. Zucker bestreuen, gut vermischen und den Quark vor dem Anrichten darunter rühren.
Oder Quark, Kirschen und Brösel lagenweise einschichten.

1491

Quarkgelee mit Orangen

500 g Quark,
1/2 l Milch (oder 1/4 l Milch und 1/4 l süße Sahne),
4 Essl. Zucker, Saft von 1 Orange,
1 Messersp. Vanillezucker oder Zitronenzucker,
4 Blatt weiße Gelatine.
Zum Verzieren: 1 Orange.

Den Quark durch ein Sieb passieren, mit Milch oder auch Sahne, Zucker, Orangensaft und Vanille- oder Zitronenzucker (vgl. Zitronenwürze **2383**) 5 Min. rühren. Die eingeweichte, leicht ausgedrückte Gelatine in 3 Essl. heißem Wasser auflösen, durchsieben und untermischen. Die dickflüssige Creme in eine Glasschale füllen, 1 Std. im Kühlschrank erstarren lassen, dann obenauf eine Rosette von sorgfältig geschälten, entkernten Orangenscheiben legen.

1492

Pastetchen mit Frischkäsecreme

Pro Person 2 Pastetchen ***2061*** *oder fertig gekaufte Pastetchen,*
400 g Doppelrahm-Frischkäse (2 Päckchen),
1 Becher Joghurt,
Saft von 1/2 Zitrone,
2 Essl. flüssiger Honig,
frische Beeren nach Wahl.

Möglichst kleine Pastetchen wählen; den Frischkäse mit dem Joghurt verrühren, mit Zitronensaft und Honig abschmecken und frische, ganze oder halbierte Beeren untermischen. Die Masse in die Pastetchen einfüllen, evtl. mit der Spritztülle, und mit einigen Beeren bestecken. Die Deckelchen leicht aufsetzen und servieren.

1493

Stippmilch (Westfälische Quarkspeise)

500 g Magerquark,
1/4 l Vollmilch oder süße Sahne,
125 g Zucker,
1/2 Teel. gemahlener Zimt.

Den Quark durchpassieren und mit Milch oder Sahne cremig rühren; dabei nach und nach Zucker und Zimt zufügen.

1494

Süße Spiegeleier

4 Scheiben Teekuchen,
2 Essl. Johannisbeergelee,
1 Pck. Doppelrahm-Frischkäse (200 g),
1 Essl. Puderzucker,
3–4 Essl. süße Sahne,
1 Teel. Zitronensaft,
4 Pfirsichhälften, frisch oder aus der Dose,
eingedickter Obstsaft,
Schokoladenstreusel zum Dekorieren.

Die etwa fingerdicken Kuchenscheiben rund ausstechen, mit Johannisbeergelee bestreichen. Frischkäse mit Puderzucker, Sahne und Zitronensaft zu einer steifen Creme verrühren und diese dick auf die Kuchenscheiben streichen. Darauf je eine Pfirsichhälfte legen und mit dick eingekochtem Sirup überglänzen. Den Rand der Kuchenscheiben mit Schokoladenstreuseln bestreuen.

1495

Pas'cha (russische Osterspeise)

750 g Sahnequark oder Ricotta,
100 g Butter,
100 g Zucker oder 3 Essl. Honig,
2 Eier oder 4 Eigelb, 1 Prise Salz,
100 g Korinthen,
100 g gehackte Mandeln,
Mark von 1 Vanillestange oder 1/4 Teel. Naturvanille (aus dem Reformhaus).
Zum Dekorieren:
Korinthen,
Zitronat und evtl. frische Mandarinenschnitze,
1 innen glasierter Tontopf, evtl. mit Löchern oder eine Becherform,
1 Mulltuch.

Den (möglichst trockenen) Quark mit der geschmolzenen Butter, dem Zucker oder Honig vermischen, die ganzen Eier oder nur Eigelb zugeben, mit den gewaschenen, abgetrockneten Rosinen und den gehackten Mandeln vermengen und mit Vanille würzen. Einen genügend großen, mit kochendem Wasser ausgebrühten Blumentopf aus Ton (mit Loch) mit einem Mulltuch auslegen, die Quarkmasse hineinfüllen und das Tuch oben zusammenfalten. Die Quarkmasse mit einem Teller mit Gewicht beschweren und 24 Std. kaltstellen. (Den Topf auf einen Rost über einer Schüssel stellen, damit die Molke abtropfen kann.) Die Quarkspeise auf eine Platte stürzen, mit Rosinen, Zitronenstückchen und evtl. Mandarinenschnitzen verzieren.
Oder nur 50 g Butter nehmen und dafür noch 1/4 l süße Sahne unter die Pas'cha mischen. Den Quark nicht zu lange rühren, sonst wird er zu flüssig!

Weitere Milch- bzw. Sauermilchspeisen S. 611.

Kalte Süßspeisen

Eiscremes und Sorbets

Grundregeln für Eiscreme

Zu Eiscreme stets zuerst Eigelb und Zucker schaumig quirlen, die gekochte, noch warme Milch nach und nach zugießen und alles nochmals erhitzen, aber nicht kochen. Dann die Creme in eine Schüssel umfüllen und so lange rühren, bis sie sich dickflüssig über den Löffel legt; zuletzt durch ein feines Sieb passieren und bis zum Erkalten schlagen. Um Eier zu sparen, können statt der jeweils angegebenen Eigelbanzahl die Hälfte ganze Eier oder als Ersatz für einen Teil der Eier etwas Speisestärke verwendet werden. Die Eiscreme wird aber ohne Speisestärke (nur mit Eiern) feiner und lockerer.

Grundregeln für Fruchteis und Sorbets

Aus 1 kg rohen, sorgfältig vorbereiteten, durchpassierten Früchten wird ca. 500 g bzw. 1/2 l Fruchtmark gewonnen. Im Sommer eignen sich dazu frische Beeren oder Früchte, im Winter kann außer den immer verfügbaren frischen, dann aber teureren Früchten auch sehr gut gedünstetes Fruchtmark oder eingefrorenes Fruchtmark verwendet werden. Bei der Zubereitung je nach Rezept erkalteten oder heißen Läuterzucker mit dem Fruchtmark vermischen oder das Mark so lange rühren, bis der Zucker völlig aufgelöst ist und die Masse glänzt. Dann erst die Flüssigkeit (Milch oder Sahne usw.) zugießen.

Für Fruchteis das durchpassierte Mark mit derselben Menge Milch oder flüssiger Sahne oder – so wird das Eis cremiger – unter die schon halb gefrorene Fruchtmasse geschlagene süße Sahne mischen. Werden mit Zucker eingefrorene oder eingedünstete Früchte bzw. Fruchtpüree verwendet, genügt eine geringere Zuckerzugabe (etwa die halbe Menge). Das Kochen (Läutern) von Zucker und Wasser und das Gewinnen der jeweils in den Rezepten angegebenen Läuterzucker-Mengen siehe **2318**.

Eis, das mit Alkoholzugabe zubereitet wird, muss bei 15 Grad minus gefrieren, das ist nur im Tiefgefriergerät oder in der Eismaschine, nicht aber im Tiefkühlfach des Kühlschranks möglich.

Fruchtsorbets mit aromatischen, reifen Früchten zubereiten; das Fruchtpüree unter öfterem Umrühren durchfrosten lassen (oder automatisch in der Sorbetière rühren). Dann 1–2 steif geschlagene Eiweiß unterziehen und weitere 1–2 Std. durchfrosten lassen. Von Zitrusfrüchten wird nur der Saft verwendet; weniger aromatische Früchte, wie z. B. Äpfel, werden mit etwas Alkohol verfeinert. Auch Sorbet von Kräutern oder Gemüsen kann so hergestellt werden. Zum Süßen wird ein Sirup aus Wasser und Zucker oder Wein mit Wasser vermischt und Zucker von unterschiedlicher Dichte gekocht (siehe S. 639). Der Zucker kann auch direkt im Fruchtsaft aufgelöst werden. Dabei ist genügendes Umrühren sehr wichtig – der Zucker muss völlig aufgelöst sein. Den Sorbet etwa 1 Std. vor dem Servieren aus dem Tiefkühlfach nehmen, und in den Kühlschrank stellen, damit er beim Servieren nicht zu fest ist; er sollte locker und weich wie frisch gefallener Schnee sein!

Eisbereitung in der elektrischen Eismaschine (Sorbetière)

Die Anschaffung einer Eismaschine lohnt sich für eine größere Familie oder aber, wenn gern und oft Eis oder Sorbet gegessen wird. Vorteil: In der elektrischen Eismaschine werden Fruchtpüree, Flüssigkeit sowie Geschmackszugabe unter ständigem Rühren bei gleichzeitiger Kühlung gefroren. Das Eis bekommt so eine cremige, feinkristallige und zartschmelzende Beschaffenheit. Größere Mengen fertiger Eiscreme können in gut schließenden Gefrierdosen in der Tiefkühltruhe einige Tage aufbewahrt werden.

Eisbereitung im Gefrierfach oder in der Gefriertruhe

Diese Art der Eiszubereitung eignet sich für Eisrezepte mit hohem Sahneanteil. Fruchtwassereis wird zu grobkristallig und bekommt keine gleichmäßige Konsistenz (die festeren Zutaten setzen sich am Boden der Schüssel ab). Zubereitung von Cremeeis: Eigelb, Zucker und geschmacksgebende Zutaten, wie im Rezept angegeben, vorbereiten. Die Crememasse in die Gitterschale oder eine runde, weite und nicht zu hohe Schüssel (Edelstahl oder Glas, kein Kunststoff) füllen und diese in das Gefrierfach oder die Tiefkühltruhe stellen. Die Eiscreme zuächst alle 10 Min. umrühren und das am Schüsselrand bereits Gefrorene gut ablösen.

1 Eiscreme herstellen: Die Creme über Eis kalt schlagen.

2 Fruchtmark oder Fruchtstückchen daruntermischen.

3 Unter die evtl. leicht gefrorene Creme die Schlagsahne heben.

Beginnt die Masse fest zu werden, geschlagene Sahne unterziehen. So lang in 10-minütigen Abständen umrühren, bis die Eiscreme feinkristallig und durchgefroren ist. Das Fruchteis nach etwa 1 Std. in den Mixer geben und kurz durchrühren; diesen Vorgang wiederholen. Dann steif geschlagene süße Sahne oder steif geschlagenen Eischnee (mit Puderzucker gesüßt) unterziehen und fertig gefrieren.
Das Nachfrieren von Eis, das umgeformt werden soll (z. B. in kleinen Förmchen oder in einer Bombenform), ist nur im Gefrierfach oder in der Tiefkühltruhe möglich und erfordert einen längeren Zeitraum.
Eisrezepte mit 1 l Flüssigkeit bzw. ½ l süßer Sahne zubereitet, genügen für 6 Personen; Sorbets mit 500 g Fruchtmark genügen für 4–6 Personen.

1496

Vanilleeis *

1 Vanillestange, 1 l Milch,
6–8 Eigelb, 200 g Zucker,
¼ l süße Sahne oder
Schnee von 3 Eiweiß,
mit 30 g Zucker gesüßt.

Die Vanillestange der Länge nach aufschneiden, das Mark herausschaben. Vanillestange und Mark in der Milch aufkochen und 15 Min. zum Ausziehen warm stellen. Eigelb und Zucker über dem heißen Wasserbad schaumig schlagen, die durchgesiebte, heiße Milch unter stetem Rühren zugießen. Die Vanillecreme bei geringster Hitzezufuhr leicht schlagen, bis sie dicklich wird (sie darf nicht kochen, sonst gerinnen die Eier), kaltschlagen. Nach völligem Erkalten die steif geschlagene Sahne oder den Eischnee locker unterziehen und die Creme in der Eismaschine oder im Gefrierfach gefrieren lassen.

Tipp:
*Vanilleeis zu Crêpes Suzette **463** servieren oder Fläde **462** damit füllen.*

1497

Vanilleeis (einfach) *

20 g Vanillepuddingpulver oder
1 Essl. Speisestärke,
1 l Milch, ½ Vanillestange,
2 ganze Eier, 180 g Zucker.

Das Puddingpulver oder die Speisestärke mit einem Teil der kalten Milch verquirlen; die übrige Milch mit der aufgeschlitzten und ausgeschabten Vanillestange aufkochen, das flüssige Puddingpulver zugießen, einige Male aufwallen lassen und durchsieben. Die ganzen Eier und Zucker schaumig schlagen, die heiße C606milch untermischen, bis zum Erkalten rühren und in der Eismaschine oder im Gefrierfach gefrieren lassen.

* Bei allen Eisrezepten die nebenstehenden Grundregeln beachten!

1498

Schokoladen- oder Kakaoeis *

120 g geriebene Schokolade
(halbbitter), 1 l Milch,
150 g Zucker,
1 Päckchen Vanillezucker,
6–8 Eigelb.

Die Schokolade in der Milch aufkochen und die Creme fertig zubereiten wie bei Vanilleeis **1496**.
Oder alle Zutaten von Vanilleeis **1496** verwenden, die Creme kaltrühren und dabei etwa 60 g Kakao untermischen.

1499

Karamelleis *

Zur Karamelzubereitung:
100 g Zucker, ¼ l Wasser,
⅜ l Milch.
Zur Creme:
8 Eigelb, 150 g Zucker.

Den Zucker in einer Kasserolle bei mäßiger Herdhitze hellgelb schmelzen, mit dem Wasser ablöschen, unter Rühren sämig kochen, dann nach und nach die Milch zugießen und kurz mit eaufkochen. Zur Creme die Eigelbe und den Zucker schaumig schlagen (evtl. über dem heißen Wasserbad), die heiße Karamelmilch untermischen, das Ganze noch einmal erhitzen, kaltrühren und gefrieren lassen.

4 Die Crememasse in eine flache Schale füllen.

5 Während des Gefriervorgangs die Masse ab und zu bewegen, damit sich keine groben Eiskristalle bilden.

Vanilleeis **1496**: Die Vanillestange aufschlitzen und das Mark herauskratzen.

Kalte Süßspeisen

1500
Ananaseis*

Für 4–6 Personen
500 g Ananasfruchtfleisch,
Läuterzucker aus:
400 g Zucker und ½ l Wasser,
Saft von 2 Orangen und
1 Zitrone oder Limette.

Fein zerdrückte oder im Mixer pürierte frische Ananasscheiben in heißem Läuterzucker zu dünnem Faden gekocht 2 Std. warm stellen. Den Orangen- und Zitronensaft zufügen, das Ganze kaltrühren, dann in der Eismaschine gefrieren lassen.
Oder das Ananasmus mit 1 l gekochter, erkalteter Milch, Saft von 1 Zitrone und 2 Orangen und 250 g feinem Zucker vermischen. Bei Verwendung von Dosenananas genügt der Inhalt einer 500 g-Dose. Die Ananasstückchen gut zerdrücken, mit dem Ananassaft und ¼ l dünn gekochtem Läuterzucker verrühren; den Fruchtsaft beifügen und nach völligem Erkalten in der Eismaschine gefrieren lassen oder unter das vorbereitete Mus statt Milch ½ l steif geschlagene Sahne und nur 125 g Zucker mischen und gefrieren.

1501
Aprikoseneis*

1 kg Aprikosen,
½ l Läuterzucker ***2318****,*
evtl. 1 Essl. Sanddornsaft oder
Aprikosenlikör (Marillenlikör).

Vollreife Aprikosen schälen (durch Eintauchen in kochend heißes Wasser lässt sich die Haut abziehen) und entsteinen.
Die Früche klein zerteilen, durchpassieren und mit zu dickem Faden gekochtem Läuterzucker vermischen, evtl. mit 1 Essl. Sanddornsaft nachfärben.
Oder statt Läuterzucker 500 g feinen Zucker untermischen, 1 l rohe Vorzugsmilch oder 1 l abgekochte, erkaltete Milch zugießen, den Saft einer Orange zufügen und die Creme in der Eismaschine gefrieren lassen oder nach **1503** mit Sahne zubereiten und im Gefrierfach zum Gefrieren bringen.

1502
Pfirsicheis*

1 kg Pfirsiche,
½ l Läuterzucker nach ***2318****,*
oder 500 g Zucker und 1 l Milch,
1 Essl. rotes Johannisbeergelee oder
dicker Preiselbeersaft,
evtl. 1 Teel. Kirschwasser,
3–4 Pfirsichsteine,
½ Tasse dünner Läuterzucker.

Zubereitung nach **1501** mit Läuterzucker oder Zucker und Milch; das Pfirsichmark mit rotem Johannisbeergelee oder dickem Preiselbeersaft nachfärben und das Kirschwasser unterrühren. Einige Pfirsichsteine öffnen, die Kerne in heißem, dünnem Läuterzucker zum Ausziehen 1 Std. warm stellen, dann absieben und den Saft unter das Mark mischen. Die Creme nach völligem Erkalten in der Eismaschine gefrieren lassen oder mit Sahne zubereiten und im Gefrierfach zum Gefrieren bringen.

1503
Erdbeereis*

1 kg frische Erdbeeren,
500 g feiner Zucker,
1 l Wasser oder 1 l Milch,
Saft von 1 Zitrone und 1 Orange.
Oder 250 g Zucker,
½ l Sahne,
Saft von 1 Zitrone und
1 Likörglas Minzlikör.

Die Erdbeeren sorgsam waschen, entstielen, roh durch ein Sieb drücken oder im Mixer portionsweise pürieren und mit dem Zucker glatt verrühren. Das abgekochte, erkaltete Wasser oder die Milch, den Zitronen- und Orangensaft zufügen und nach völligem Auflösen des Zuckers die Creme in der Eismaschine gefrieren lassen.
Oder nur 250 g Zucker und statt Milch ½ l steif geschlagene Sahne sowie Zitronensaft und Minzlikör zufügen und im Gefrierfach zum Gefrieren bringen; dabei öfter umrühren.

* Bei allen Eisrezepten Grundregeln S. 430, 431 beachten!

1504
Himbeereis*

1 kg Himbeeren,
250 g Zucker,
1 l abgekochte Milch,
Saft von 1 Orange,
evtl. 2 Essl. Himbeergeist.

Tadellose, möglichst frisch gepflückte, sorgsam verlesene Himbeeren durchpassieren; das Mark mit feinem Zucker glatt rühren (bei Verwendung von eingedünsteten, gesüßten Beeren oder Fruchtmark genügt die halbe Zuckermenge); dann die abgekochte, erkaltete Milch sowie den Saft einer Orange und evtl. den Himbeergeist zufügen und die Creme in der Eismaschine gefrieren lassen oder nach **1503** mit Sahne zubereiten und im Gefrierfach zum Gefrieren bringen.

1505
Sanddorn-Sahne-Eis*

¾ l Milch, ¼ l flüssige süße Sahne,
80 g feiner Zucker,
knapp ¼ l Sanddorn-Vollfrucht
(dickflüssiger Sanddornsirup).

Alle Zutaten mit dem Schneebesen gründlich vermischen oder kurz im Mixer verquirlen und die Creme gefrieren lassen.

1506
Sanddorn-Bananen-Eis*

2 mittelgroße Bananen,
¾ l Milch,
2 Eier, getrennt,
100 g feiner Zucker,
knapp ¼ l Sanddorn-Vollfrucht
(dickflüssiger Sanddornsirup).

Die geschälten Bananen mit einer Gabel zerdrücken, gut verrühren und die anderen Zutaten (ohne Eiweiß) unter Schlagen mit dem Schneebesen zufügen oder die Zutaten im Elektromixer verquirlen. Zuletzt den steif geschlagenen Eischnee locker durchziehen und die Creme gefrieren lassen.

1507
Orangeneis (einfach)*

500 g Zucker, 1 l Wasser, abgeriebene Schale von 2 unbehandelten Orangen und 1 Zitrone, Saft von 3 Orangen und 1 Zitrone.
Zum Verzieren:
1/8 l geschlagene süße Sahne.

Zucker und Wasser zum dicken Faden nach **2318** läutern, die Orangen- und Zitronenschalen 1 Std. darin ziehen lassen, den ausgepressten Fruchtsaft untermischen, das Ganze durchsieben und in der Eismaschine zum Gefrieren bringen; in niederen Schalen anrichten und Schlagsahnehäubchen aufspritzen.
Oder den Saft mit 200 g Zucker und 1/2 l steif geschlagener Sahne vermischen und im Gefrierfach gefrieren lassen; dabei öfter umrühren.

1508
Feines Orangeneis*

6 Eigelb, 125 g Zucker, Saft und abgeriebene Schale von 4 unbehandelten Blond- oder Blutorangen, Saft von 2 Zitronen, 1/4 l Milch oder trockener Weißwein, 3/4 l süße Sahne und 3 Essl. Zucker.

Eigelb und Zucker verquirlen, die abgeriebenen Orangenschalen, die Milch oder den Wein zufügen, unter Rühren bis ans Kochen bringen (evtl. im Wasserbad) und bis zum Erkalten schlagen; den durchgesiebten Orangen- und Zitronensaft untermischen, die steif geschlagene gesüßte Sahne locker durchziehen und die Creme gefrieren lassen. Bei der Verwendung von Milch flockt die Masse bei der Zugabe von Zitrusfrüchten leicht aus. Geschmacklich erfolgt keine Einbuße.

*Bei allen Eisrezepten Grundregeln S. 430, 431 beachten!

1509
Malagaeis*

*Vanilleeis **1496** oder **1497**, 100 g große Weinbeeren, 1/8 l Malaga, 60 g zerstoßener Krokant.*

Die Weinbeeren waschen, trockentupfen und für einige Std. in den Wein einlegen. Das Vanilleeis zubereiten, halb gefrieren lassen, dann die Weinbeeren, den Wein und den Krokant unterrühren, in die Eismaschine oder eine Eisform füllen und noch 2 Std. nachfrieren.

1510
Zitroneneis*

6 unbehandelte Zitronen oder Limetten, einige Stücke Würfelzucker, 1 l Wasser, 500 g feiner Zucker, 1 Eiweiß.

Die Schalen von 3 Zitronen (Limetten) mit Würfelzucker abreiben, die getränkten Zuckerstückchen mit dem Wasser und dem feinen Zucker einige Male aufkochen. Nach dem Erkalten den durchgesiebten Saft von 6 Zitronen und das leicht geschlagene Eiweiß zufügen und das Fruchteis in der Eismaschine zum Gefrieren bringen.
Zu beachten: Die Zitronen nur bis zur Hälfte einschneiden und dann auseinanderbrechen, weil durchgeschnittene Kerne dem Eis einen bitteren Geschmack geben.
Oder den Fruchtsaft mit 300 g Zucker und 3/4 l steif geschlagener Sahne vermischen und im Gefrierfach gefrieren lassen; öfters umrühren.
Oder anstatt 6 Zitronen nur 4 Früchte und dazu noch 2 grüne Limetten mit ihrem Saft verwenden.

> ***Tipp:***
> *Zur Eisbereitung nur sehr frische Eigelbe verwenden. Da die Eigelbe nicht gekocht werden, besteht sonst Salmonellengefahr.*

1511
Haselnuss- oder Walnusseis*

180 g geröstete, geriebene Haselnuss- oder Walnusskerne, 1 l Milch (oder 1/2 l Milch und 1/2 l süße Sahne), 6 Eigelb, 200 g Zucker.

Die geriebenen Nüsse in 1/2 l Milch aufkochen, zum Ausziehen 15 Min. warm stellen und durchpassieren. Eigelb und Zucker schaumig quirlen, die restliche Milch oder die steif geschlagene Sahne untermischen und den Nussbrei zufügen.
Oder nur 90 g Nusskerne in der Milch kochen, die restlichen unter die erkaltete Creme rühren und gefrieren lassen.
Oder bei Walnusseis einen Teil der Nusskerne grob gehackt unter die erkaltete Creme rühren und gefrieren lassen.

1512
Pistazieneis*

50 g Pistazienkerne, 2 Essl. Zucker, 2 Eigelb, 1/8 l Milch, evtl. etwas grüne Lebensmittelfarbe, 2 Essl. Orangenlikör, Grand Marnier oder Cointreau, 1/4 l süße Sahne

Die Pistazienkerne entweder sehr klein hacken oder in der Mandelmühle mahlen. Zucker mit Eigelb schaumig rühren, die Pistazien zugeben und zum Schluss die Milch und evtl. Lebensmittelfarbe. Unter ständigem Rühren kurz aufkochen, von der Feuerstelle nehmen, den Likör einrühren und erkalten lassen. Unter die geschlagene Sahne ziehen und in die Eismaschine geben oder im Gefrierfach des Kühlschranks bei höchster Kältestufe ca. 3–4 Std. gefrieren. Nach den ersten 10 und nach weiteren 30 Min. kurz umrühren; in der Eismaschine entfällt dies.

1513

Sauermilch- oder Joghurteis

6 Mandelmakronen oder Kekse.
Zum Beträufeln:
1–2 Essl. Arrak oder Maraschino.
1 l frisch gestockte, dicke Sauermilch mit der Rahmschicht oder 4 Becher Sahnejoghurt,
200 g Zucker,
50 g geriebene Blockschokolade,

Die Makronen oder Kekse fein zerbröckeln, mit dem Likör beträufeln und zum Durchziehen 15 Min. kühl stellen. Sauermilch oder Joghurt schaumig schlagen, Zucker und Schokolade zufügen, dann von Hand etwa 10 Min. rühren (mit dem elektrischen Handrührer 2–3 Min.). Zuletzt alles vermischen und die Creme gefrieren lassen.

1514

Pfirsich-Schaumspeise, halbgefroren

Etwa 8–9 tadellose, vollreife Pfirsiche oder
10–12 Weinbergpfirsiche,
½ Likörglas Kirschwasser,
¼ l Weißwein oder Süßmost,
*4 Essl. dünnflüssiger Läuterzucker nach **2318**,*
⅛ l süße Sahne.
Zum Verzieren:
⅛ l leicht gesüßte Schlagsahne.

Die Pfirsiche schälen, entsteinen und roh durchpassieren; das Mark mit Kirschwasser, Wein oder Most und Läuterzucker vermischen, im Gefrierfach unter gelegentlichem Umrühren nicht ganz fest gefrieren lassen und die steif geschlagene Sahne rechtzeitig unterziehen. Die Schaumspeise in Saftgläsern anrichten, mit der gesüßten Schlagsahne und evtl. Gebäck verzieren.

1515

Mokka-Parfait

6 Essl. sehr starker Kaffee oder
3 Essl. Instant-Kaffeepulver in etwas Wasser aufgelöst,
⅛ l Wasser, 200 g Zucker,
4 Eigelb, ⅜ l süße Sahne oder
⅛ l Milch und ¼ l süße Sahne.
Zum Bestreuen:
Schokoladenraspel oder Mokkabohnen.
Evtl. Mokkalikör zum Beträufeln.

Entweder einen sehr starken Kaffee zubereiten oder das Kaffeepulver mit wenig Wasser anrühren und erkalten lassen. Das Wasser mit Zucker zu einem Faden kochen (siehe S. 639); die Eigelb feinschaumig schlagen und den heißen Zuckersirup unter Rühren zufügen. Den Kaffee unterrühren und die Masse im nicht zu heißen Wasserbad so lange schlagen, bis sie dicklich wird. Nicht kochen lassen, sonst gerinnt das Eigelb! Die Schüssel in eine andere, mit Eiswürfeln gefüllte Schüssel setzen und die Creme kalt schlagen. Im Tiefkühlfach kurz angefrieren lassen, dann die sehr steif geschlagene süße Sahne unterziehen. In eine leicht eingeölte Cromarganschüssel füllen (oder in eine Kastenform) und für mindestens 3 Std. in den Tiefkühlschrank stellen, besser über Nacht. Evtl. einige Male umrühren.
Vor dem Servieren die Form einige Minuten bei Zimmertemperatur ruhen lassen, evtl. kurz in heißes Wasser tauchen und auf eine vorgekühlte Platte stürzen. Mit Schokoladenraspeln oder Mokkabohnen garnieren und evtl. mit Mokkalikör beträufeln.
Oder das Parfait mit 400 ml dicker saurer Sahne, mit 50 g Zucker cremig geschlagen, zubereiten.
Traditionell wird ein Parfait mit Kaffee zubereitet. Es eignen sich aber auch das Fruchtpüree **1514** oder die Bayerische Creme **1425** dafür.

Tipp:
Wenn die Form mit Klarsichtfolie ausgekleidet ist, lässt sich das Parfait leichter heraus lösen.

1516

Kastanieneis (Maronencreme, halbgefroren)

1 kg frische Kastanien oder aus der Dose,
etwa ½ l Milch,
2 Eigelb,
100 g Puderzucker,
evtl. 1 Päckchen Vanillezucker,
2 Essl. Rum oder Maraschino.
Zum Verzieren:
¼ l süße Sahne,
50 g geriebene Schokolade.

Die Kastanien vorkochen, schälen (vgl. **1285**) und so viel Milch zugießen, dass sie davon bedeckt sind; dann weich kochen und durchpassieren. Inzwischen die Eigelbe mit 1–2 Essl. warmer Milch verrühren, nach und nach den Puderzucker und evtl. Vanillezucker, den Rum oder Maraschino zufügen und unter die Kastanien mischen. Die Creme in die Gefrierschale (ohne Gitter) füllen und im Gefrierfach des Kühlschrankes halbgefrieren lassen. Beim Anrichten kleine Halbkugeln von der Creme abstechen, in Schalen oder Gläser einlegen, mit der leicht gesüßten Schlagsahne verzieren, mit der Schokolade bestreuen und Kleingebäck dazu reichen.
Oder das halbgefrorene Kastanieneis durch eine Spätzlepresse oder Kartoffelpresse drücken oder in einen Spritzbeutel mit feiner Tülle füllen, die herauskommenden Nudeln als Kranz oder Berg auf Portionsschälchen spritzen, noch einmal kurz durchkühlen lassen und mit Schokoladenstreuseln bestreuen.

Melonensorbet **1517**: Die Melone vorbereiten, Kerne entfernen.

1517
Melonensorbet*

2 Honigmelonen oder
4 kleine Netzmelonen oder
Kantalup-(Cavaillon-)Melonen,
zusammen ca. 1 kg,
1/8 l Wasser, 1/8 l Wein
oder nur 1/4 l Wasser,
200 g feiner Zucker,
Saft von 1 Orange und Zitrone
oder Limette,
evtl. einige Blättchen frische Minze,
2 Eiweiß, evtl. 2 Essl. Portwein.

Die reifen Melonen halbieren, entkernen und das Fruchtfleisch vorsichtig mit einem Löffel herausnehmen, so dass noch eine dünne Wand stehen bleibt. Kerne entfernen und das Fruchtfleisch im Mixer pürieren. Wasser und Wein oder nur Wasser mit dem Zucker zum dicken Faden kochen. Abkühlen lassen; den Orangen- und Zitronensaft sowie die Fruchtmasse und, falls vorhanden, einige fein gehackte Minzeblättchen unterrühren. Den Sorbet in 2–3 Std. durchfrieren, evtl. nach jeweils 1 Std. kurz in den Mixer geben und durchschlagen, dann bekommt der Sorbet eine lockere Beschaffenheit. Vor dem Servieren die steif geschlagenen Eiweiße unterziehen, nochmals kurz gefrieren, in die Melonenhälften füllen und mit etwas Portwein beträufeln.
Oder den Eischnee mit dem Läuterzucker vermischen und unter die Fruchtmasse heben. Dann wird der Sorbet besonders locker.
Ebenso kann **Kiwisorbet** zubereitet werden: pro Person etwa 2–3 Kiwifrüchte schälen, einige Scheiben zum Garnieren aufbewahren. Das Fruchtfleisch pürieren, weiter verfahren wie oben. Das fertige Sorbet mit gehackten Pistazien bestreuen und an den Glasrand eine Kiwischeibe stecken.

1518
Mandarinensorbet*

1/4 l Wasser, 1/4 l Weißwein,
300 g feiner Zucker,
1 Stückchen unbehandelte
Zitronenschale,
1/4 l frisch gepresster
Mandarinensaft,
evtl. 1–2 Essl. Mandarinenlikör.

Das Wasser mit Weißwein, Zucker und Zitronenschale zum Faden kochen. Die Zitronenschale entfernen und den Läuterzucker vollständig abkühlen lassen. Dann den Mandarinensaft und evtl. den Likör untermischen und die Masse in eine flache Metallschale oder in die Sorbetière füllen. 2–3 Std. gefrieren lassen, dabei öfter umrühren. In vorgekühlten Gläsern servieren.
Oder evtl. Wasser mit Mineralwasser mischen und damit den Sorbet zubereiten. Unter den abgekühlten Sirup Schnee von 2 Eiweiß mischen und gefrieren lassen; öfter umrühren. Sorbet soll eine weiche, flockige Beschaffenheit haben.
Ebenso lässt sich **Zitronensorbet** zubereiten; statt Mandarinenlikör dann evtl. 2 Essl. Curaçao oder Cointreau verwenden.

1519
Johannisbeersorbet von schwarzen Johannisbeeren*

500 g schwarze Johannisbeeren,
5 Essl. Wasser und
0,2 l Weißwein oder nur 0,3 l Wasser,
150 g Zucker, 2–3 Essl. schwarzer
Johannisbeerlikör (Crème de Cassis).

Die Johannisbeeren waschen, mit Küchenkrepp trockentupfen und mit Hilfe einer Gabel entstielen. Das Wasser mit Wein (oder nur Wasser) und Zucker zum Faden kochen (siehe **2318**). Die Johannisbeeren zugeben, abkühlen lassen und im Mixer fein pürieren. Durch ein Sieb streichen und entweder in eine flache Metallschale oder in die Sorbetière zum Gefrieren geben. Etwa 2–3 Std. gefrieren lassen, dann den Likör untermischen und nochmals 2 Std. frieren. Zum Servieren den Sorbet mit zwei Esslöffeln oder dem Eisportionierer abstechen und in vorgekühlte Gläser legen. Evtl. mit einer frischen Johannisbeerranke garnieren.
Ebenso kann **Sauerkirschensorbet** (dann die Zuckermenge auf 200 g erhöhen) oder **Aprikosensorbet** zubereitet werden. Dann Kirsch- bzw. Aprikosen- (Marillen-)likör zugeben.

1520
Rote-Bete-Sorbet*

1/2 l Rote-Bete-Saft,
Saft von 1/2 Zitrone.
Pro Portion: 2 cl Apfelschnaps
(Calvados) oder Grappa zum
Beträufeln.

Rote-Bete-Saft mit Zitronensaft vermischen, die Masse im Gefrierfach unter öfterem Durchrühren oder in der Sorbetière gefrieren lassen. 6 hohe Gläser kalt stellen. Den Sorbet in einen Spritzbeutel mit glatter Tülle füllen, spiralförmig in Gläser spritzen. Mit Alkohol beträufelt servieren.
Oder für **Selleriesorbet** 1/2 l Selleriesaft verwenden und evtl. 1 Essl. sehr fein geschnittenes Selleriekraut zugeben.

1521
Karottensorbet*

1/2 l frisch gepresster Karottensaft,
2 Tropfen gutes Öl, 1 Essl. Honig,
je 1 Prise gemahlener Ingwer und
Koriander, einige Spritzer Zitronensaft,
Melisseblättchen zum Garnieren.

Die angegebenen Zutaten gut miteinander vermischen, unter ständigem Durchrühren im Gefrierfach frosten. Den Sorbet 15 Min. vor dem Servieren aus dem Gefriergerät nehmen. Mit einem heißen Esslöffel Nocken abstechen, auf vorgekühlten Tellern anrichten. Mit Melisseblättchen garnieren.

Tipp:
Gemüsesorbets werden als Zwischengang gereicht, um den Gaumen und die Geschmacksnerven zu neutralisieren und den Magen auf kommende Genüsse vorzubereiten. Die angegebenen Mengen sind für 6–8 Portionen ausreichend.

*Bei allen Sorbet-Rezepten Grundregeln S. 430 beachten!

1522
Mango- oder Erdbeersorbet

2 reife Mangos (500 g Fruchtfleisch)
oder 500 g Erdbeeren,
Saft von 1 Zitrone,
100 g Puderzucker (Mangosorbet)
150 g Puderzucker (Erdbeersorbet).

Mangofrüchte (sie müssen auf Daumendruck nachgeben) schälen, in Scheiben vom Stein schneiden. Erdbeeren waschen, entstielen und auf Küchenkrepp abtropfen lassen. Das Fruchtfleisch im Mixer pürieren (Erdbeermark noch zusätzlich durch ein feines Sieb streichen) und mit Zitronensaft und Puderzucker gut verrühren. Das Fruchtmus in eine flache Metallschale oder in die Sorbetière füllen, im TK-Fach des Kühlschranks oder im Tiefgefriergerät 2–3 Std. durchfrieren, gelegentlich durchrühren. Eine Stunde vor Gebrauch den Sorbet in den Kühlschrank stellen, die Portionsschalen in das Tiefkühlfach geben.

1523
Champagner-Sorbet

¼ l Wasser, 200 g feiner Zucker,
Saft von ½ Zitrone,
½ Flasche Champagner oder Sekt,
2 Eiweiß, Zitronenmelisse.

Das Wasser mit Zucker zum Faden kochen (siehe S. 639); den Zitronensaft und die Hälfte des Champagners zugeben. In eine Sorbetière oder flache Metallschale füllen und etwa 1 Std. durchfrieren lassen. Dann den restlichen Champagner mit dem elektrischen Handrührer unterschlagen, wieder 1 Std. frieren. Die Eiweiß zu steifem Schnee schlagen und nach einer weiteren Std. unterheben. Den Sorbet nochmals durchfrieren; die Serviergläser sehr gut vorkühlen (am besten im Tiefgefrierfach). Den Sorbet mit dem Eisportionierer oder zwei Esslöffeln in die Gläser füllen und mit frischen, sehr fein geschnittenen Zitronenmelissenblättchen bestreuen.
Oder in kochendem Wasser kurz blanchierte, feine Zitronenstreifen darüber verteilen. Der Gebrauch eines Zestenreißers erleichtert die Arbeit.

Champagnersorbet **1523**

Eisbomben

Für Eisbomben, die einen besonders festlichen Charakter haben, werden eine oder mehrere, geschmacklich verschiedene Creme- bzw. Sahnemassen in eine runde, hohe Schüssel (Glas, Keramik oder Edelstahl) oder in eine spezielle Eisbombenform (kuppelförmige Schüssel mit Deckel) gefüllt und mit einem Deckel oder mit Alufolie (extra stark) fest verschlossen und in der Gefriertruhe 4–6 Std. durchgefrostet. Cremmassen für Eisbomben dürfen nur mit Eiern, süßer Sahne und geschmackgebenden Zutaten hergestellt werden; nur so wird die Eiscreme zartschmelzend und feinkristallig.
Besonders schnell und einfach können Eisbomben aus fertig gekauftem Eis zubereitet werden. Verschiedene Sorten, geschmacklich aufeinander abgestimmt, kurz antauen lassen (damit das Eis formbar wird), evtl. mit Obststückchen, Makronen, auch Alkohol etwas verfeinern und Schicht für Schicht in eine geölte Eisbombenform einfüllen. Die verschlossene Form 2–3 Std. in die Gefriertruhe stellen. Zum Anrichten die Form kurz in heißes Wasser tauchen und die Eisbombe kopfüber auf eine vorgekühlte Servierplatte stürzen. Die Eisspeise festlich mit leicht gesüßter Sahne, Früchten, feinem Gebäck usw. verzieren und sofort zu Tisch geben.

1524
Schokoladenbombe*

2 Eigelb, 90 g Zucker,
1 Päckchen Vanillezucker,
⅛ l Milch,
100 g halbbittere Schokolade,
½ l süße Sahne.

Eigelbe, Zucker und Vanillezucker schaumig quirlen, die Milch zufügen und bis ans Kochen schlagen. Die erwärmte, aufgeweichte Schokolade unter weiterem Schlagen darin auflösen. Das Ganze kaltrühren, die steif geschlagene Sahne untermischen und eine gut ausgetrocknete Bombenform randvoll damit füllen.

1525 Vanillebombe *

125 g Zucker, 1/2 l süße Sahne,
1 Vanillestange, 5 Eigelb,
60 g geschälte, geriebene Mandeln oder Haselnüsse,
evtl. auch einige kleine Gartenerdbeeren oder Früchtewürfelchen von eingedünsteten Aprikosen oder Pfirsichen.
Oder 1 Tasse Früchtepüree aus vollreifen Früchten.

Etwa 60 g Zucker in 1/4 l Sahne aufkochen, die aufgeschnittene, ausgeschabte Vanillestange zufügen, 10 Min. durchziehen lassen und durchsieben. Den restlichen Zucker mit den Eigelb schaumig quirlen, die leicht abgekühlte Vanille-Sahne untermischen, dickcremig rühren und nach völligem Erkalten die übrige steif geschlagene Sahne sowie die weiteren Zutaten nach Wahl locker unterziehen.

1526 Haselnussbombe *

125 g Haselnusskerne,
40 g halbbittere Schokolade,
5 Eigelb, 125 g Zucker,
1/2 l süße Sahne.
Evtl. 2 Essl. Haselnüsse, gehackt.

Die Haselnüsse rösten, schälen und fein mahlen; die Schokolade durch Erwärmen (am besten im Wasserbad) auflösen, die verquirlten Eigelbe, den Zucker und die Haselnüsse zufügen, zuletzt die steif geschlagene Sahne locker durchziehen. Evtl. 2 Essl. klein gehackte Nüsse untermischen. Die Masse in eine kleine Bombenform oder hohe schmale Edelstahlschüssel füllen und gefrieren. Danach stürzen und evtl. mit Schlagsahnetupfen verzieren.

1527 Fürst-Pückler-Bombe *

Schokoladenschicht:
1–2 Eigelb,
1/4 l süße Sahne,
60 g Zucker,
100 g halbbittere Schokolade,
evtl. 2 Essl. Milch,
*Zubereitung nach **1524**.*

Erdbeerschicht:
3 Essl. durchpassiertes Erdbeer-(oder Himbeer-)mark, Läuterzucker aus 100 g Zucker und 1/8 l Wasser,
2 Eigelb, 1/4 l süße Sahne,
evtl. zum Nachfärben 1 Essl. dicker Preiselbeersaft oder Sanddornsaft.

Vanilleschicht:
60 g Zucker, 1/4 l süße Sahne,
1 Päckchen Vanillezucker,
2 Eigelb,
*Zubereitung nach **1525**.*

Zuerst die Schokoladenschicht nach **1524** zubereiten. Für die Erdbeerschicht das durchpassierte Fruchtmark mit dem dünnflüssigen Läuterzucker vermischen, die verquirlten Eigelbe zufügen, bis zum Kochen schlagen, dann kaltrühren. Zuletzt die steif geschlagene Sahne unterziehen. Die Vanilleschicht nach **1525** zubereiten. 3/4 l steif geschlagene, ungesüßte Sahne in drei Portionen teilen. In eine trockene Bombenform als erste Lage den braunen, als zweite den roten und als dritte den weißen Sahneschaum füllen; evtl. jede Lage mit einer Schicht fein zerbröckelter Mandelmakronen oder Biskuitwürfelchen trennen.
Oder die Bombe nur zweifarbig herstellen; das ganze Sahnequantum in zwei Hälften teilen und den weißen Schaum mit Zucker süßen. Die zweite Hälfte wie oben mit Erdbeermark oder Schokolade bzw. mit Kakao und Zucker mischen, zuerst den farbigen Schaum und dann den weißen in die Form füllen.
Nach dem Gefrieren und Stürzen Schlagsahne aufspritzen und kleine Meringentörtchen ringsum setzen.

*Zur Eisbomben-Herstellung Grundregeln S. 436 beachten!

1528 Karamellbombe *

Zur Karamelbereitung:
70 g Zucker, 1/10 l Wasser.
Zur Creme:
5 Eigelb, 60 g Zucker,
1 Päckchen Vanillezucker,
1/2 l süße Sahne,
4–6 Mandelmakronen.
Zum Beträufeln:
1 Essl. Arrak.

70 g Zucker in einer Pfanne hellbraun rösten, mit dem Wasser ablöschen und so lange kochen, bis der Zucker ganz aufgelöst ist. Die Eigelbe mit 60 g Zucker schaumig quirlen, die noch warme Karamelflüssigkeit und den Vanillezucker untermischen, 1/8 l flüssige Sahne zufügen und dickcremig rühren. Nach völligem Erkalten die restliche, steif geschlagene Sahne und die würfelig geschnittenen, mit Arrak beträufelten Makronen locker unterziehen. Die Creme in eine Bombenform füllen und gefrieren.

1529 Kaffeebombe *

*1/10 l starker Kaffee-Extrakt **1849**,*
125 g Zucker, 5 Eigelb,
1 Päckchen Vanillezucker,
1/2 l süße Sahne,
4–6 Löffelbiskuits oder
2–3 Anisschnitten.
Zum Beträufeln:
1 Essl. Cognac.
Zum Garnieren:
2 Essl. Edelbitterschokolade,
einige Mokkabohnen.

Den Kaffee-Extrakt zubereiten und den Zucker darin auflösen. Eigelbe und Vanillezucker schaumig rühren, die Kaffee-Zucker-Lösung noch lauwarm untermischen und nach völligem Erkalten die steif geschlagene Sahne leicht darunter ziehen. Die Biskuits mit dem Cognac beträufeln, eine Bombenform damit auslegen und die Kaffeecreme randvoll einfüllen.
Die gefrorene Bombe stürzen und mit geriebener Edelbitterschokolade und einigen Mokkabohnen garnieren.

Kalte Süßspeisen

1530 Cassata alla Napoletana

Vanilleeis, Erdbeereis und Schokoladeneis, S. 431 und 432, oder fertig gekauftes Eis, die Menge variiert je nach Größe der Form,
50 g verschiedene kandierte Früchte,
Cointreau oder Maraschino zum Beträufeln.
1 Stück Marzipan (ca. 100 g),
1/2 l süße Sahne,
2 Essl. Puderzucker,
Ölpapier zum Abdecken.

Eine Kasten- oder Kuppelform mit fest verschließbarem Deckel im Gefrierfach sehr gut durchkühlen lassen. Die kandierten Früchte klein hacken, mit Likör beträufeln und gut durchziehen lassen. Das Marzipan zerkrümeln und die Sahne mit Puderzucker steif schlagen. Das Innere der Form etwa 1 cm stark mit Vanilleeis auskleiden, dann eine Schicht Erdbeereis und als letztes eine Schicht Schokoladeneis darüber streichen. Die getränkten Fruchtstückchen mit den Marzipankrümeln und der Schlagsahne vermischen und einfüllen. Glattstreichen und mit Ölpapier abdecken. Den Deckel schließen und die Form für einige Std. ins Tiefgefrierfach stellen.
Vor dem Servieren die Form öffnen, mit einem in heißes Wasser getauchten Tuch umhüllen und mit einem in heißes Wasser getauchten Messer an der Wand der Form entlang lösen und vorsichtig auf eine Platte stürzen.

1531 Zimtguglhupf mit Früchten

1/8 l Milch, 1 Zimtstange,
2 Blatt helle Gelatine, 4 Eier,
100 g feiner Zucker,
1 gehäufter Teel. gemahlener Zimt,
50 g Rum-Rosinen,
1 Becher süße Sahne (200 g),
ca. 300 g frische oder gedünstete Früchte zum Einlegen.

Die Milch mit der Zimtstange aufkochen, 5 Min. ziehen lassen. Die Gelatine einweichen. Eier, Zucker und Zimt weißcremig schlagen, die durchgesiebte heiße Milch zugießen; im heißen Wasserbad 3 Minuten cremig-dicklich schlagen. Ausgedrückte Gelatine darin auflösen, die Creme in Eiswasser kaltrühren. Rum-Rosinen und geschlagene Sahne unterziehen, in eine geölte Guglhupfform füllen, im Gefrierfach 3–4 Stunden frosten. Zum Anrichten stürzen und mit vorbereiteten Früchten füllen und umlegen.

> ***Tipp:***
> *Die Früchte 30 Min. in passendem Alkohol marinieren.*

1532 Geeister Ofenschlupfer

2 säuerliche Äpfel,
20 g Butter,
ca. 80 g Löffelbiskuits,
2 Eier (Bio), getrennt,
60 g Zucker, 1/4 l Sahne,
40 g Rosinen,
4–5 EL Apfelbrand (evtl. Calvados),
1 EL Sonnenblumenöl,
40 g gehobelte Mandeln..

Die Äpfel schälen, vierteln entkernen und in feine Scheiben schneiden. In der Butter kurz andünsten. Den Zucker von den Löffelbiskuits abreiben und diese in Stücke brechen. Eigelbe mit Zucker schaumig rühren, die Eiweiß zu Schnee und die Sahne steif schlagen. Eischnee und Schlagsahne unter die Eigelbe heben, gewaschene Rosinen, Apfelscheiben und Biskuitstücke dazugeben und mit dem Apfelbrand abschmecken. Die Mandelblättchen in Öl hellbraun anrösten
Die Masse in eine geölte Kastenform füllen, mit den Mandeln bestreuen und gefrieren.
Vanillesoße **99**, Hagebuttensoße **108** oder Himbeersoße **109** oder ein beliebiges Fruchtpüree dazu servieren.

Eisbecher und Eisgetränke

1533 Pfirsich Melba

Geschälte, frische Pfirsichhälften in einem leichten Vanillesirup nach **2319** mit einer Vanillestange gekocht, einige Male aufwallen lassen und zum Erkalten auf ein Sieb legen. Glasschalen oder Sektkelche mit Vanilleeis **1496** bis zu 3/4 Höhe füllen, die Pfirsichhälften darauf anrichten, mit rohem Himbeer oder Johannisbeergelee überziehen und mit gesüßter Schlagsahne verzieren. Bei Verwendung von eingedünsteten Pfirsichen erübrigt sich das Vorkochen in Läuterzucker.

1534 Birne Helene

4 aromatische, reife Birnen,
*Vanillesirup **2319**,*
*Schokoladensoße **103**,*
*ca. 400 g Vanilleeis **1496**,*
leicht gesüßte Schlagsahne.

Geschälte Birnenhälften in Vanillesirup weich dünsten und zum Abkühlen auf ein Sieb geben, mit der Schnittfläche nach unten auf eine Platte legen und mit kalter, dickflüssiger Schokoladensoße überziehen. (Auch rohe, ungeschälte, weichfleischige Birnenhälften lassen sich dazu verwenden.) Auf einer Platte Vanille-Eis **1496** als Halbkugel anrichten, die Schokoladenbirnen ringsum setzen und mit leicht gesüßter Schlagsahne verzieren.

1535 Coup Danmark

Pro Person:
1/4 Tafel Zartbitterschokolade,
etwas Milch oder Sahne,
2 Kugeln Vanilleeis S. 431,
geschlagene, leicht gesüßte Sahne zum Aufspritzen.

Die Schokolade zerbröckeln und mit etwas Milch im Wasserbad verflüssigen. Das Vanilleeis in einen Sektkelch legen, etwas Sahne darauf verteilen und die sehr heiße Schokoladensoße darüber gießen. Der Coup schmeckt besser, wenn die Schokoladensoße stets auf einem kleinen Rechaud warm gehalten wird und so immer wieder heiß über das Eis gegeben werden kann.

1536

Eisbecher Elisabeth

6 Scheiben Dosenananas,
8–10 Mandel- oder Kokosmakronen,
1–2 Essl. Curaçao oder ein anderer feiner Likör,
die halbe Menge Vanilleeis ***1496****.*
Zum Verzieren:
eingedünstete Kirschen.

2 gut abgetropfte Ananasscheiben und die Makronen kleinwürfelig schneiden, mit dem Likör befeuchten, 15 Min. durchziehen lassen und in 4 Eisbechern oder flachen Schalen verteilen. Je eine Lage Vanilleeis darüber decken, eine Scheibe Ananas obenauf legen und in die Mitte eine entsteinte Kirsche setzen.

1537

Eisschale mit Kiwischeiben

4 Meringen (Baisers) ***1925****,*
pro Person 2 Kugeln Eis:
Vanilleeis ***1496*** *und Malagaeis* ***1509*** *oder fertig gekauftes Eis,*
4 Kiwifrüchte,
evtl. etwas Likör zum Beträufeln,
steif geschlagene, ungesüßte Sahne,
Schokoladenraspeln.

Je 1 Meringe in eine Glasschale legen; daneben das Eis in Kugeln oder Würfeln und davor die geschälten, in Scheiben geschnittenen Kiwis legen. Evtl. die Früchte mit etwas Likör beträufeln und auf das Eis einen Klecks Sahne setzen. Über die Meringen Schokoladenraspeln streuen.

1538

Himbeer-Heidelbeer-Becher mit Fürst-Pückler-Eis

150 g frische Himbeeren,
100 g frische Heidelbeeren,
1 Haushaltspackung Fürst-Pückler-Eis oder selbst zubereitetes Eis (ab S. 431),
4 Essl. Preiselbeerkonfitüre,
4 Essl. Cassis (schwarzer Johannisbeerlikör),
einige eingedünstete Brombeeren,
½ Päckchen Vanillezucker,
1 Schuss Orangenlikör (Cointreau oder Grand Marnier),
⅛ l süße Sahne,
geröstete Mandelblättchen,
Rispen von schwarzen Johannisbeeren.

Die Himbeeren, evtl. nur verlesen, die Heidelbeeren verlesen und die Früchte auf Küchenkrepp auslegen. Das Eis in kleine Würfel schneiden und hohe Glasbecher wie folgt füllen: zuerst Heidelbeeren, dann Eis, dann Himbeeren, darauf Eis, je 1 Essl. Preiselbeeren, dann wieder Eis, darauf die Brombeeren mit je 1 Essl. Cassis beträufeln. Das Ganze krönt eine Sahnehaube (Sahne mit Vanillezucker und Orangenlikör steif geschlagen), die mit Mandelblättchen und Johannisbeerrispen besteckt ist.

1539

Gefüllte Honigmelone

1 große reife Honigmelone (oder auch Ogenmelone),
Vanilleeis, Haselnusseis oder Malagaeis, S. 433,
1 Stück eingelegter Ingwer,
abgeriebene Schale von 1 unbehandelten Orange,
Fruchtsoße S. 50 f oder fertig gekaufte Orangensoße.

Die Melone gut kühlen, dann in 4 Teile schneiden, entkernen und das Fruchtfleisch von der Schale lösen, wieder in die Schale legen. Auf die Melonenspalte zwei Eiskugeln nach Wahl legen, darauf etwas fein gehackten Ingwer und abgeriebene Orangenschale streuen. Zuletzt mit wenig Soße überziehen.

1540

Ananas, gefüllt mit Eis und Früchten

2 schöne reife Ananas,
je 4 Kugeln Zitronen-, Erdbeer-, Bananen- und Pistazieneis (S. 433, 432),
8 Essl. Rumtopffrüchte ***2352****,*
klein geschnittenes Ananasfruchtfleisch,
2 Orangen, 2 Bananen,
Maraschinokirschen,
kandierte Früchte.

Die frischen Ananas senkrecht halbieren, so dass bei jeder Hälfte noch ein Teil des grünen Büschels verbleibt, und das Fruchtfleisch vorsichtig herauslösen. Die Früchte kühl stellen. Dann zuerst Zitroneneis, darauf die Rumtopffrüchte, das klein geschnittene Ananasfleisch, 1 Kugel Erdbeereis, in Stückchen geschnittene Orangen, 1 Kugel Bananeneis, Bananenscheiben und eine Kugel Pistazieneis in die Ananas füllen. Mit Maraschinokirschen und kandierten Früchten (z. B. Ananas) hübsch garnieren.

1541

Eiskaffee

1/2 l gut gekühlter, starker Kaffee, evtl. leicht gesüßt,
1/2 Menge Vanilleeis ***1496***
oder ca. 500 g Vanilleeiscreme aus der Packung.
Zum Verzieren:
1/4 l leicht gesüßte Schlagsahne, evtl. Schokoladenspäne.*

Je 2 Kugeln Eiscreme in vorgekühlte Longdrinkgläser geben, den Kaffee darüber gießen und ein Häubchen Schlagsahne obenauf setzen und evtl. mit Schokoladenspänen bestreuen. Mit Strohhalmen oder Glasröhrchen zu Tisch geben und Hippen oder Biskuitgebäck dazu reichen.

1542

Eisschokolade

100 g halbbittere oder Milchschokolade,
1/2 l Milch, 1/2 l Vanilleeis.
Zum Verzieren:
1/4 l leicht gesüßte Schlagsahne.

Die geriebene Schokolade in der Milch aufkochen, kaltrühren und in den Kühlschrank stellen. Das Vanilleeis in Gläsern wie bei Eiskaffee anrichten und ebenso verzieren.

1543

Schokoladen-Frappé

1 l Milch,
4 Essl. sehr fein geriebene Zartbitterschokolade,
8 Kugeln Vanilleeis ***1496***
oder fertig gekauftes Eis.

Die gut gekühlte Milch mit der geriebenen Schokolade in den Mixer geben, rasch durchschlagen, dann das Eis kurz mitlaufen lassen, in hohe Gläser gießen und sofort mit einem Strohhalm servieren.
Evtl. wenig Kakaopulver darüber stäuben.
Oder das Frappé (das heißt eisgekühlt) portionsweise im Handshaker zubereiten.

1544

Erdbeer-Frappé

1/2 l Milch, 1 Päckchen Vanillezucker,
1 Essl. Honig,
4 Kugeln Erdbeereis ***1503****,*
1/8 l Schlagsahne,
Erdbeeren zum Garnieren.

Sehr kalte Milch mit Zucker und Honig kräftig durchschütteln, in vorgekühlte hohe Gläser gießen. Die Eiskugeln vorsichtig hineingeben, mit Sahnehäubchen und Erdbeeren garnieren.

1545

Eisflip mit Schuss

Für ein Glas:
10 dl Milch oder Joghurt,
Saft von 1/2 Zitrone oder Limette,
etwas Honig, 1 Likörglas Gin,
1 Kugel Zitroneneis ***1510****,*
Mineralwasser, Bitter Lemon oder Sekt zum Auffüllen.

Kalte Milch, Zitronensaft, Honig und Gin im Mixer aufschlagen, in ein Glas gießen. Zitronensorbet zugeben, mit eiskaltem Mineralwasser o. a. auffüllen.

1546

Eis-Longdrink mit Zitroneneis

400 g Zitroneneis ***1510*** *oder fertig gekauftes Eis,*
je 4 Teel. Zitronen- und Orangensirup,
Zitronensprudel oder leichter Weißwein zum Auffüllen,
Zitronenscheiben oder falls vorhanden 4 Limettenscheiben.

Vier hohe Kelchgläser gleichmäßig mit dem Eis füllen, den Sirup darüber träufeln und bis über das Eis mit Zitronensprudel oder Wein (auch ein leicht moussierender Wein schmeckt gut dazu) auffüllen. Die Zitronenscheiben halb einschneiden, über den Glasrand hängen und den Drink mit Strohhalm servieren.

1547

Eis-Longdrink aus der Frucht

Pro Person:
1 kleine Ananas oder 1 kleine Honig- oder Netzmelone.
Zum Füllen:
selbst hergestelltes Fruchteis oder Sorbet (siehe ab S. 430) oder fertig gekauftes Eis,
pro Portion etwa 4 Kugeln.
Ausgestochenes Fruchtfleisch,
evtl. etwas Curaçao oder weißer Rum,
Sodawasser oder trockener Sekt zum Auffüllen.
Zum Dekorieren:
frische Zitronenmelisse oder Pfefferminzstängel.

Von den gut gekühlten Früchten ein Käppchen abschneiden; das Fruchtfleisch vorsichtig herauslösen, dabei einen etwa 1 cm dicken Rand stehen lassen. Das Fruchtfleisch in kleine Stückchen schneiden; Melonenfleisch mit einem Bällchenausstecher (Pariser Messer) herausholen, dabei den Rand nicht verletzen. Die Innenwand der Früchte mit einem scharfkantigen Löffel (Grapefruitlöffel) etwas glätten. Das Eis nach Wahl einfüllen – auch Sorbet schmeckt sehr gut (dann aber höchstens zwei verschiedene Sorten, besser nur eine verwenden, damit der Fruchtgeschmack nicht zu sehr verändert wird), evtl. etwas Likör über die Fruchtstückchen bzw. Bällchen träufeln, zum Eis geben und mit Sodawasser oder Sekt auffüllen. Die Früchte in eine tiefe, mit Eiswürfeln gefüllte Glasschüssel setzen und mit frischen Kräuterstängeln und Strohhalm sowie langem Löffel servieren.

****Tipp:***
Schokoladenspäne sind eine hübsche Dekoration für Eisbecher, Desserts und Gebäck. Die Herstellung ist einfach: Kuvertüre (Edelbitter-, Vollmilch- oder weiße Kuvertüre) Zimmertemperatur annehmen lassen. Dann mit dem Messerrücken Späne abschaben.

Reisspeisen

1548
Kalte Reiscreme

250 g Rundkornreis,
1 l Milch, 1 Prise Salz,
1 Päckchen Vanillinzucker
(oder ½ aufgeschlitzte Vanillestange),
6 Blatt weiße Gelatine, 125 g Zucker,
2 Essl. Arrak oder Orangenlikör,
¼ l süße Sahne.

Die Milch mit Salz, Vanillinzucker oder Schote aufkochen, den Reis zufügen und auf kleinster Hitze in ca. 30 Min. ausquellen lassen, Vanillestange entfernen, kalt stellen. Gelatine einweichen, gut ausdrücken und in 3 Essl. heißem Wasser auflösen. Zucker, Arrak oder Orangenlikör unter den Reis mischen, die Gelatine und die steif geschlagene Sahne unterziehen und die Creme in eine kalt ausgespülte, mit Zucker ausgestreute Form füllen. Im Kühlschrank steif werden lassen; dann stürzen und mit Fruchtsaft servieren.

1549
Reis Trauttmansdorff

250 g Rundkornreis, 1 l Milch,
1 Prise Salz, 1 aufgeschlitzte Vanillestange, 100 g Zucker,
50 g Butter, 1 Eigelb,
½ l steif geschlagene süße Sahne,
2 Essl. Maraschino,
Aprikosen- oder Himbeersoße,
evtl. gedünstete Früchte.

Den Reis wie zu Reiscreme **1548** ganz langsam ausquellen lassen, die Milch noch mit Zucker und Butter anreichern. Die Vanillestange entfernen und den Reis kalt stellen. Dann das Eigelb und die steif geschlagene Sahne unterziehen und die Reiscreme in eine gefettete, leicht mit Zucker ausgestreute Form füllen, mit Maraschino beträufeln und im Kühlschrank fest werden lassen. Auf eine Platte stürzen, entweder mit Fruchtsoße übergießen oder diese extra dazu stellen. Mit gedünsteten Sauerkirschen oder Aprikosen, evtl. auch Mandarinen aus der Dose umlegen.

1550
Apfelreis nach Stuttgarter Art

Für 6–8 Personen
*Reiscreme **1548**,*
etwa 10 mittelgroße feste Äpfel,
500 g frische Weintrauben oder Malagatrauben.
Zum Sirup:
500 g Zucker, 1½ l Wasser,
1 Tasse Himbeer- oder Johannisbeergelee,
*Maraschinosülze **1468**.*

Die Reiscreme zubereiten und in einer großen, flachen, kalt ausgespülten Glasform kalt stellen. Von den geschälten Äpfeln das Kernhaus herausbohren und die gewaschenen Weintrauben oder Malagatrauben einfüllen; die Äpfel im Sirup halbweich dünsten (rechtzeitig herausnehmen, damit sie nicht zerfallen) und auf einem Sieb erkalten lassen; den Apfelsirup noch etwas einkochen oder Himbeer- bzw. Johannisbeergelee erwärmen und die Äpfel damit glasieren. Den Reis stürzen, die Äpfel obenauf setzen und mit erstarrter, gehackter Maraschinosülze bestreuen.

1551
Reis nach Sarah Bernhardt (mit Maraschinosülze)

In eine Ringform Maraschinosülze **1468** etwa 2 cm hoch gießen, etwas fest werden lassen, dann Reiscreme **1548** und die restliche Sülze bis zum Rand einfüllen; im Kühlschrank 4–5 Std. erstarren lassen, danach stürzen. In der Ringmitte einen Berg von ¼ l steif geschlagener, gesüßter Sahne und etwa 200 g sorgfältig verlesene Wald- oder Gartenerdbeeren aufhäufen.

Tipp:
Milchreis lässt sich vielseitig verändern: Zugabe von Safran, Zimt, Nelken, Rosinen, angerösteten Mandelstiften oder fein geschnittenen Trockenfrüchten.

1552
Milchreis I

250 g Langkornreis (Basmatireis),
1 l Milch (knapp),
1 aufgeschlitzte Vanillestange,
1 Prise Salz, 40 g Butter.

Den gewaschenen Reis in kochendes Salzwasser schütten und ca. 4 Min. sprudelnd kochen. In ein Sieb geben und unter kaltem Wasser nochmals waschen. Wenn das ablaufende Wasser ganz klar ist, den Reis in die kochende, gewürzte Milch geben und ca. 25 Min. bei milder Hitze ausquellen lassen. Zuletzt die Butter in Flöckchen locker mit einer Gabel unter den Reis mischen und die Vanillestange entfernen. Diese Art der Milchreis-Zubereitung eignet sich für alle Süßspeisen – der Reis klebt nicht zusammen, schmeckt zart und ist leicht bekömmlich.

1553
Milchreis II

250 g Rundkornreis,
1 l Milch, 1 Prise Salz,
abgeriebene Schale von 1 kleinen ungespritzten Zitrone oder
1 Zitronenspirale,
50 g Butter,
Zucker nach Geschmack,
evtl. Zimt und Zucker vermischt,
flüssige Butter.

Den Reis sehr gut waschen (das Wasser muss ganz klar sein) und in einem Sieb abtropfen lassen. Die Milch mit der Prise Salz und der Zitronenschale zum Kochen bringen, den Reis zugeben und bei aufgelegtem Topfdeckel in ca. 30 Min. bei sehr milder Hitzezufuhr langsam ausquellen lassen. Die Zitronenspirale entfernen und die Butter locker unter den Reis mischen. Je nach Weiterverwendung evtl. etwas Zucker zufügen. Für eine Hauptmahlzeit den Reis portionsweise in tiefe Teller geben, mit Zimtzucker bestreuen und mit der flüssigen Butter übergießen.

* Siehe auch Weinschaumreis **1467**.

Warme Süßspeisen

Puddings

Puddings werden im Gegensatz zu Aufläufen mit verschlossenem Deckel im heißen Wasserbad gegart. Man verwendet dazu entweder die hohe, napfkuchenähnliche, innen mit einem Zapfen versehene Puddingform oder die weite, becherförmige Charlotteform. Beide haben einen gut schließenden Deckel.
Damit sich Puddings gut aus der Form lösen, die Formen einschließlich Deckel mit flüssiger Butter oder Margarine einfetten und mit Bröseln, Grieß o. ä. ausstreuen. Da die Massen aufgehen, die Formen nur zu ²/₃ füllen.
Das Garen im Wasserbad erfolgt auf dem Herd oder im Backofen. Einen großen, weiten Topf mit so viel Wasser füllen, dass die Puddingform bis zur halben Höhe im Wasser steht. Die Herdtemperatur so einstellen, dass das Wasser leicht strudelt. Das Garen im Backofen erfolgt auf ähnliche Weise. Die Bratreine oder einen Topf mit hitzebeständigen Griffen halbhoch mit Wasser füllen, die Puddingform hineinstellen und den Pudding bei E.-Herd 175 °C / G.-Herd 2 garen lassen. Die Garzeit ist im Backofen um etwa ¹/₃ kürzer als auf dem Herd.
Nach der angegebenen Garzeit eine Garprobe machen. Dazu eine Metallnadel oder ein Holzstäbchen in den gestockten Pudding stechen und wieder herausziehen. Bleibt nichts daran hängen, ist die Speise fertig. Sonst die Garzeit um 10 Min. verlängern.
Gegarten Pudding in der geöffneten Form 10 Min. ausdampfen lassen. Dann mit einem Messer vorsichtig vom Rand lösen und stürzen. Heiß oder lauwarm servieren.

Puddingform im Wasserbad

1554

Einfacher Hefepudding

Für 6–8 Personen
330 g Mehl, stark ¹/₈ l Milch,
20 g Hefe, 30 g Butter,
60 g Zucker, 1 Prise Salz,
etwas geriebene Zitronenschale,
1 Ei.
Zum Fetten:
Butter.

In das gesiebte Mehl eine Vertiefung eindrücken, von Milch und Hefe einen Vorteig darin anrühren und zum Gehen 30 Min. in die Wärme stellen. Dann die Butter in Würfelchen schneiden, leicht mit dem Mehl verkneten, Zucker, Salz, Zitronenschale und das Ei zufügen, den Teig gut verarbeiten, bis er Blasen zeigt und sich vollständig von den Händen löst. Eine gut gefettete Puddingform damit füllen, den Teig bis zum doppelten Quantum aufgehen lassen und im Wasserbad im Backofen kochen. Beim Anrichten stürzen und mit Apfelsoße **104** oder einer anderen Fruchtsoße zu Tisch geben.
E.-Herd 175 °C / G.-Herd 2
Ca. 60 Minuten

1555

Tag-und-Nacht-Pudding

120 g Butter, 120 g Mehl,
knapp ¹/₂ l Milch, 5–6 Eier,
120 g Zucker,
60 g geschälte, geriebene Mandeln,
80 g geriebene Schokolade.
Zum Fetten: Butter.

Butter und Milch zum Kochen bringen, das Mehl auf einmal hineinschütten und alles zu einem festen Kloß abbrennen lassen. Den Teigkloß in eine Schüssel geben und abkühlen lassen. Eigelb und Zucker schaumig rühren, die Mandeln zugeben, alles unter den Milchkloß mischen und den steifen Eischnee zuletzt unterziehen. Die halbe Teigmasse in eine gefettete Puddingform füllen und den mit der geriebenen Schokolade vermengten übrigen Teig obenauf geben. Den Pudding in verschlossener Form im Wasserbad zunächst 30 Min. kochen. Dann den Backofen ausschalten und den Pudding weitere 30 Min. ruhen lassen. Stürzen und dazu eine heiße Schokoladen- oder Vanillesoße reichen.
E.-Herd 175 °C / G.-Herd 2
Ca. 30 + 30 Minuten

1556

Weckpudding

Für 4–6 Personen
6 Milchbrötchen, ¹/₄ l Milch,
60 g Butter, 120 g Zucker,
4–6 Eier, getrennt,
abgeriebene Schale
¹/₂ unbehandelten Zitrone,
evtl. 60 g Mandeln und je 30 g
Zitronat und Orangeat,
80 g Rosinen oder Sultaninen,
1 Prise Zimt.
Zum Fetten: Butter.

Die abgeriebenen Brötchen in feine Scheiben schneiden, mit Milch befeuchten, mit einem Teller beschweren und 30 Min. stehen lassen. Die Scheiben öfter umwenden und, wenn nötig, Milch zugießen. Die Butter leicht schaumig schlagen, dann Zucker, Eigelb und Zitronenschale unterrühren. Die vorbereiteten übrigen Zutaten zufügen, die aufgeweichten Brötchen untermischen, den steifen Eischnee zuletzt unterziehen und den Pudding gut verschlossen im Wasserbad kochen; dazu schmecken Weinschaum- oder Vanillesoße oder frisches Obst am besten.
E.-Herd 175 °C / G.-Herd 2
Ca. 60 Minuten
Rührzeit von Hand: 30 Min., mit dem elektrischen Rührgerät: 5 Minuten

1557

Westfälischer Pudding

50 g Pumpernickel, 2 Essl. Rum,
125 g Butter, 6 Eier, getrennt,
125 g Zucker,
30 g geriebene Schokolade,
50 g ungeschälte, geriebene
Mandeln.
Zum Fetten: Butter.
Zum Ausstreuen:
Zwiebackbrösel.

Den leicht angerösteten Pumpernickel reiben und mit dem Rum befeuchten. Die schaumig geschlagene Butter, Eigelb und Zucker 5 Min. rühren, die geriebene Schokolade, Pumpernickelbrösel, Mandeln und den steifen Eischnee untermischen. Eine gefettete, mit Bröseln ausgestreute Puddingform damit füllen und verschlossen 1 Std. im Wasserbad kochen. Fruchtsoße **105** (statt mit Aprikosen mit ausgesteinten Kirschen und etwas Rum zubereiten) dazu reichen.

1558 Schwarzbrotpudding

Für 4 – 6 Personen
130 g geröstetes und geriebenes Schwarzbrot,
1/8 l Weißwein,
60 g ungeschälte, geriebene Mandeln,
je 20 g Orangeat und Zitronat oder 50 g geriebene Schokolade,
4–6 Eier, getrennt,
125 g Zucker, Salz,
je 1 Prise Zimt und Nelken.
Zum Fetten: Butter.
Zum Ausstreuen: Zwiebackbrösel.
Zum Bestäuben: Puderzucker.
Zum Beträufeln: 2 Essl. 54%iger Rum oder Kirschwasser.

Das geriebene, gesiebte Schwarzbrot mit dem Wein befeuchten und die geriebenen Mandeln, das kleinwürfelig geschnittene Orangeat und Zitronat sowie die Schokolade zufügen. Die mit Zucker schaumig gerührten Eigelbe und das Gewürz untermischen; den Eischnee mit etwas Salz steif schlagen und locker unter die Puddingmasse ziehen. Den Pudding in einer gut gefetteten, mit Bröseln ausgestreuten, geschlossenen Form im Wasserbad 1 Std. kochen. Leicht abgekühlt stürzen und dazu Hagebuttenmarksoße **108** reichen.
Oder den Pudding mit Puderzucker bestäuben, Rum oder Kirschwasser darüber träufeln, rasch anzünden und den Pudding brennend servieren (vgl. Küchentips von A bis Z, S. 10).

1559 Plumpudding

Je 125 g Korinthen und kernlose Sultaninen,
je 50 g Orangeat und Zitronat,
125 g geschälte Äpfel,
1/3 l Rum oder Kirschwasser,
5 Milchbrötchen,
250 g Nierenfett, 125 g Mehl,
4–6 Eier, 125 g Zucker,
125 g geschälte, geriebene Mandeln,
Saft und abgeriebene Schale von 1/2 unbehandelten Zitrone und 1/2 Orange,
je 1 Messersp. Zimt, Nelken und Muskat, evtl. 1 Prise Salz.
Zum Fetten: Butter.
Zum Beträufeln: 2–3 Essl. 54%iger Rum oder Kirschwasser.

Die verlesenen und gewaschenen Korinthen und Sultaninen, das kleinwürfelig geschnittene Zitronat, Orangeat und die ebenso geschnittenen Äpfel mit dem Rum oder Kirschwasser übergießen. Die Brötchen in Scheiben schneiden, auf einem Backblech wie Toast rösten und reiben. Das Nierenfett von allen Häutchen und evtl. Blutteilchen befreien, mit dem Mehl bestäuben und fein verwiegen. Eier und Zucker 10 Min. rühren, Mandeln, Zitronen-, Orangensaft und -schale sowie das Gewürz zufügen, alle vorbereiteten Zutaten untermischen und eine gut gefettete Puddingform damit füllen; fest verschlossen im Wasserbad etwa 3 Std. kochen. Den Pudding auf eine runde Platte stürzen, mit dem Alkohol übergießen, rasch anzünden und den Pudding brennend auftragen. Glühwein oder heiße Arraksoße **119** dazu reichen.

1560 Prälatpudding

Für 6 Personen
4 Eier, getrennt, 100 g Zucker,
1 Päckchen Vanillezucker,
3/8 l saure Sahne, 60 g Sultaninen,
60 g geschälte, geriebene Mandeln,
250 g Zwiebackbrösel.
Zum Fetten: Butter.

Eigelb und Zucker schaumig rühren, die übrigen Zutaten (den steifen Eischnee zuletzt) untermischen. Den Pudding in einer gefetteten, geschlossenen Form entweder 1–1¼ Std. im Wasserbad stocken oder in einer offenen Form im Backofen hellbraun werden lassen (vgl. Regeln S. 442).
E.-Herd 175 °C / G.-Herd 2
Ca. 60 Minuten

1561 Zwiebackpudding

250 g Zwieback, 1/2 l Milch,
100 g Zucker, geriebene Schale von 1/2 unbehandelten Zitrone oder 1 Päckchen Vanillezucker,
4 Eier, 100 g Sultaninen,
100 g geschälte, geriebene Mandeln.
Zum Fetten: Butter.

Den möglichst frisch gerösteten Zwieback zerbröckeln; die Milch mit Zucker, Zitronenschale oder Vanillezucker erhitzen, etwas abkühlen lassen. Die ganzen Eier unterrühren. 1/3 des Zwiebacks in einer gefetteten Puddingform ausbreiten, Sultaninen und geriebene Mandeln darauf streuen, 1/3 der Eiermilch darüber gießen und so im Wechsel die Form füllen. Den Pudding verschlossen 1¼ Std. im Wasserbad kochen und dazu eine Vanille-, Wein- oder Schokoladensoße reichen.

1562 Kabinettpudding

Etwa 250 g Biskuitreste,
100 g Sultaninen oder Früchtewürfel von gedünstetem Obst,
3–4 Eier, knapp 1/2 l Milch,
60 g Zucker,
1 Päckchen Vanillezucker.
Zum Fetten: Butter.

Biskuit- oder Mürbkuchenreste in Würfelchen schneiden und im Wechsel mit Sultaninen oder eingedünsteten Früchtewürfeln in eine gefettete Form füllen. Die verquirlten ganzen Eier mit Milch, Zucker und Vanillezucker mischen, darüber gießen und den Pudding gut verschlossen 1 Std. im Wasserbad kochen; mit kalter Vanillesoße servieren.

1563 Biskuitpudding

4–6 Eier, getrennt,
100 g Zucker,
Saft und Schale von
1/2 unbehandelten Zitrone,
90 g Mehl.
Zum Fetten:
etwas Butter.
Zum Ausstreuen:
feine Zwiebackbrösel.

Eigelb, Zucker, Saft und abgeriebene Schale der Zitrone schaumig rühren; das gesiebte Mehl und den steifen Eischnee leicht untermischen. Eine Puddingform mit Butter fetten, mit Bröseln ausstreuen, die schaumige Masse einfüllen und den Pudding im Wasserbad kochen oder 30 Min. bei mäßiger Hitze im Backofen stocken lassen. Noch warm aus der Form stürzen.
Chaudeau-, Wein- oder Fruchtsoße dazu reichen.
E.-Herd 175 °C / G.-Herd 2
Ca. 45 Minuten

1564 Nusspudding

Für 6–8 Personen
180 g Butter, 180 g Zucker,
4–6 Eier, getrennt,
90 g Weißbrot ohne Rinde,
knapp 1/4 l Milch,
abgeriebene Schale von
1/2 unbehandelten Zitrone,
1 Messersp. Zimt,
150 g geschälte, geriebene Mandeln,
4 mit Zucker eingemachte Nüsse
oder 8 Walnusshälften.

Die schaumig geschlagene Butter mit Zucker und Eigelb cremig rühren. Das geriebene, mit Milch befeuchtete Brot, Zitronenschale, Zimt, Mandeln und die grob gehackten Walnüsse untermischen; zuletzt den steifen Eischnee durchziehen und den Pudding in der gefetteten, mit Bröseln ausgestreuten Form gut verschlossen 1 Std. im Wasserbad kochen. Weinschaum **118** dazu reichen.
Rührzeit von Hand: 20 Min.; mit dem elektrischen Rührgerät: 5 Minuten

1565 Kirschpudding

250 g Semmel- oder
Zwiebackbrösel,
knapp 1/2 l Milch, 80 g Zucker,
3 Eier, getrennt,
1 Messersp. Zimt oder geriebene
Zitronenschale,
500 g entsteinte, frische oder
eingedünstete Kirschen.
Zum Fetten: Butter.
Zum Ausstreuen: Zwiebackbrösel.

Semmel- oder Zwiebackbrösel mit der Milch befeuchten; Zucker und Eigelb schaumig rühren und Zimt oder Zitronenschale, die aufgeweichten Brösel, die frischen oder abgetropften, eingedünsteten Kirschen und den steifen Eischnee untermischen. Den Pudding in einer gefetteten, mit Bröseln ausgestreuten Form gut verschlossen im Wasserbad oder in einer offenen Form im Wasserbad im heißen Backofen kochen (vgl. Regeln S. 442).
Oder unter die Puddingmasse 500 g entsteinte Sauerkirschen mit steifem Eischnee mengen.
E.-Herd 175 °C / G.-Herd 2
Im Wasserbad ca. 75 Minuten
Im Backofen ca. 60 Minuten

1566 Sago- oder Tapiokapudding

250 g Sago oder Perltapioka,
1 l Milch, 40 g Butter,
1 Prise Salz, 2 Nelken,
2–3 Eier, getrennt, 125 g Zucker,
Saft und abgeriebene Schale von
1/2 unbehandelten Zitrone.
Form: Butter und Kokosraspel.

Den Sago in die strudelnde, mit Butter, Salz und Nelken vermischte Milch einstreuen und dick auskochen. Eigelbe und Zucker schaumig schlagen, Zitronensaft und die geriebene Schale zufügen, unter den Kloß rühren und den steifen Eischnee untermischen. Den Pudding in der gefetteten, mit Kokosraspeln ausgesteuten Form gut verschlossen 1 Std. im Wasserbad kochen. Fruchtsoße **110** dazu reichen.

1567 Grießpudding

Knapp 1/2 l Milch, 1 Prise Salz,
75 g Butter, 180 g Grieß,
4 Eier, getrennt,
150 g Zucker,
abgeriebene Schale von
1/2 unbehandelten Zitrone,
50 g geschälte, geriebene Mandeln,
2–3 Tropfen Bittermandelöl.
Zum Fetten: Butter.

Milch, Salz und Butter kurz aufkochen, den Grieß einstreuen und zu einem Kloß abbrennen lassen. Zum Abkühlen in eine Schüssel geben, 1 Eigelb untermengen und den Grieß kalt stellen. Die übrigen Eigelbe, Zucker und Zitronenschale schaumig schlagen, die Mandeln zufügen, alles unter den Grieß mischen und den steifen Eischnee rasch unterziehen. Grießmasse in eine gefettete Form füllen, gut verschlossen 1 Std. im Wasserbad kochen und mit Frucht- oder Weinsoße anrichten.

1568 Maisgrießpudding

200 g Maisgrieß,
200 g Mehl (oder Weizengrieß),
150 g Zucker,
je 1 Päckchen Backpulver und
Vanillezucker,
ca. 3/8 l Milch,
2 Eier, getrennt.

Maisgrieß, Mehl, Zucker, Backpulver und Vanillezucker in einer Schüssel trocken vermischen. Die Milch mit dem Eigelb verquirlen, langsam unter Rühren zugießen und den steifen Eischnee locker durchziehen. Die dickflüssige Teigmasse in eine gefettete Form füllen, gut verschließen und den Pudding im schwach strudelnden Wasserbad etwa 1 1/2 Std. kochen. Heiße Vanillesoße und Kompott von dunklen Früchten oder Marmelade dazu reichen.

Allgemeine Hinweise für Pudding im Wasserbad, siehe S. 442.

1569 Reispudding

Für 5 – 6 Personen
2 Tassen Rundkornreis oder Mittelkornreis,
4 Tassen Milch, 1 Prise Salz,
60 g Butter, 3–4 Eier, getrennt,
120 g Zucker,
abgeriebene Schale von ½ unbehandelten Zitrone.
Zum Fetten: Butter.

Den sorgfältig in reichlich Wasser gewaschenen, kurz überbrühten Reis in der Milch mit 1 Prise Salz weich kochen (der Reis sollte körnig bleiben), dann kalt stellen. Die Butter leicht rühren, Eigelb, Zucker und Zitronenschale zufügen und unter den Reis mischen; den steifen Eischnee zuletzt unterziehen. Eine gut gefettete Form damit füllen und verschlossen 1 – 1½ Std. im Wasserbad auf der Herdplatte kochen. Evtl. die Form noch 15 Min. geöffnet im Wasserbad in den heißen Backofen stellen, damit sich die Oberfläche des Puddings bräunen kann. Eine Frucht- oder Vanillesoße dazu reichen.
Dann E.-Herd 200 °C / G.-Herd 3
Ca. 15 Minuten

1570 Kartoffelpudding

3–4 Eier, getrennt,
100 g Zucker, 60 g geschälte, geriebene oder gewiegte Mandeln,
1 Messersp. Zimt,
abgeriebene Schale von ¼ unbehandelten Zitrone,
375 g tags zuvor gekochte, geriebene Kartoffeln,
1 Prise Salz, 1 Teel. Arrak.
Zum Fetten: Butter.

Eigelb und Zucker schaumig schlagen und Mandeln, Zimt, Zitronenschale 2 Min. mitrühren. Die Kartoffeln mit 1 Prise Salz vermischen, den Arrak darüber träufeln, den Eigelbschaum untermischen und den steifen Eischnee leicht unterziehen; eine gut gefettete Form damit füllen und den Pudding 1 Std. fest verschlossen im Wasserbad kochen. Mandelsoße **102** dazu reichen.

1571 Apfelreispudding

250 g Rundkornreis,
1 l Milch, 1 Prise Salz,
60 g Butter,
60 g Zucker, 2 Essl. Rum,
1 kg mürbe Äpfel.
Zum Dünsten:
1 Essl. Zucker,
1 Prise Zimt,
abgeriebene Schale von ½ unbehandelten Zitrone,
⅛ l Weißwein.
Zum Fetten:
Butter.
Zum Aufstreuen:
20 g geschälte, gestiftelte Mandeln,
1 Essl. Zucker,
1 Prise Zimt,
einige Butterflöckchen.

Den Reis waschen, auf einem Sieb kurz überbrühen und nach dem Abtropfen in der Milch mit der Prise Salz weich kochen; die klein geschnittene Butter, Zucker und den Rum untermischen, dann kalt stellen. Die geschälten, in feine Scheiben geschnittenen Äpfel in etwas Wasser, Zucker, Zimt, Zitronenschale und dem Weißwein weich dünsten, jedoch so, dass sie nicht zerfallen; dann herausnehmen und den Saft noch etwas einkochen. Eine feuerfeste hohe Form mit Butter fetten, Reis und Äpfel schichtweise einlegen, auf die letzte Lage (Reis) Mandeln, Zucker und Zimt streuen, einige Butterflöckchen obenauf setzen, den eingedickten Apfelsaft darüber gießen und den Auflauf in strudelndem Wasserbad im heißen Backofen (vgl. Regeln S. 442) backen; heiß oder kalt servieren.
E.-Herd 175 °C / G.-Herd 2
Ca. 45 Minuten

Allgemeine Hinweise für Pudding im Wasserbad, siehe S. 442.

1572 Nudelpudding

Stark ½ l Milch, 50 g Butter,
150 g Fadennudeln,
75 g Zucker,
2–3 Eier, getrennt,
50 g Sultaninen oder
60 g geschälte, geriebene Mandeln,
½ Teel. geriebene Zitronenschale oder Muskat, frisch gerieben.
Zum Fetten:
Butter.

Die Milch mit der Hälfte Butter zum Kochen bringen, die kleinen gebrochenen Fadennudeln einstreuen und alles so lange sanft kochen lassen, bis sich ein fester Nudelbrei gebildet hat. Abkühlen lassen. Inzwischen die restliche Butter, Zucker und Eigelb 5 Min. rühren, die gewaschenen, abgetropften Sultaninen oder die Mandeln und die Zitronenschale untermischen; alles mit dem Nudelkloß vermengen, zuletzt den steifen Eischnee unterziehen. Den Pudding in einer gut gefetteten, verschlossenen Form 1 Std. im Wasserbad kochen und mit einer Wein- oder Fruchtsoße anrichten.

1573 Mandelpudding

Für 2–3 Personen
120 g geschälte, geriebene Mandeln,
4 Eier, getrennt, 120 g Zucker,
abgeriebene Schale und Saft von ½ unbehandelten Zitrone,
45 g Mehl.
Zum Fetten: Butter.

Eigelb, Zucker, geriebene Schale und Saft der Zitrone cremig rühren, Mandeln und Mehl zufügen, zuletzt den steifen Eischnee leicht untermischen. Den Mandelschaum in eine gefettete Form oder in kleine Förmchen füllen und gut zugedeckt 1 Std. im Wasserbad kochen. Nach dem Stürzen mit Schokoladensoße übergießen.
Rührzeit von Hand: 15 Min.; mit dem elektrischen Rührgerät: 3 – 5 Minuten

1574

Haselnusspudding

180 g Haselnüsse, 130 g Zucker,
4–6 Eier, getrennt,
abgeriebene Schale von
1/2 unbehandelten Zitrone oder
1/2 Päckchen Vanillezucker.
Zum Fetten: Butter.

Die Haselnüsse schälen (vgl. S. 466) und die Kerne durch die Mandelmühle drehen. Den Zucker mit den Eigelben schaumig rühren, Zitronenschale, Haselnüsse und den steifen Eischnee untermischen, die Puddingmasse in eine gefettete Form füllen und gut verschlossen ca. 1 Std. im Wasserbad kochen. Nach dem Stürzen mit einer Wein-, Schokoladen- oder Vanillesoße anrichten.

1575

Schokoladenpudding

Für 4–6 Personen
125 g geriebene Schokolade
(Edel- oder Zartbitter),
15 g Kakao,
3/8 l Milch,
1/2 Vanillestange, 60 g Butter,
125 g Mehl,
1/2 Tasse kalte Milch,
100 g Zucker,
5–6 Eier, getrennt.
Zum Fetten:
Butter.

Schokolade und Kakao in einer Kasserolle schmelzen, die Milch, Vanillestange und Butter zufügen, dann alles zum Kochen bringen. Das Mehl mit der kalten Milch verquirlen, ebenfalls zugießen und das Ganze zu einem Kloß abrühren. Die Vanillestange entfernen, unter die Puddingmasse nach kurzem Abkühlen Zucker und Eigelb rühren und den steifen Eischnee locker unterziehen. Den Pudding in einer gefetteten Form gut verschlossen 1 1/4 Std. im Wasserbad kochen und Vanillesoße **99** dazu reichen.
Rührzeit von Hand: 20 Min.; mit dem elektrischen Rührgerät: 6–8 Minuten

1576

Maronenpudding mit Ananas

500 g große Edelkastanien,
1/2 l Milch, 1 Vanillestange,
90 g Butter, 125 g Zucker,
5–6 Eier, getrennt,
100 g frische Ananas oder
aus der Dose.
Zum Fetten: Butter.

Die Kastanien nach **1285** vorbereiten, sorgfältig schälen und in der Milch mit der aufgeschlitzten Vanillestange so lange kochen, bis die Milch verdunstet ist und die Kastanien weich sind; dann durchpassieren (die Vanillestange zuvor entfernen) und die zerlassene Butter untermischen. Zucker und Eigelb schaumig schlagen, samt dem steifen Eischnee unter den Kastanienbrei rühren und die würfelig geschnittene Ananas zuletzt zufügen. Das Ganze in eine gefettete Form füllen und gut verschlossen 1 Std. im Wasserbad kochen. Mit einer Ananas-, Aprikosen- oder Vanillesoße anrichten.

1577

Apfelpudding

Zur Puddingmasse:
100 g Butter, 100 g Mehl,
stark 1/4 l Milch, 100 g Zucker,
5 Eier, getrennt.
Zur Einlage:
5 mittelgroße Äpfel,
20 g Butter, 50 g Zucker,
etwas geriebene Zitronenschale.
Zum Fetten: Butter.
Zum Ausstreuen: 60 g Korinthen.

Die Puddingmasse aus den oben genannten Zutaten nach **1578** zubereiten (das Eiweiß zur Apfeleinlage zurückbehalten). Die geschälten Äpfel kleinwürfelig schneiden, in Butter und Zucker 10 Min. dünsten und die Zitronenschale zufügen. Den steifen Eischnee unter die abgekühlten Äpfel mischen, rasch unter die Puddingmasse ziehen und eine gefettete, mit den Korinthen ausgestreute Form damit füllen. Den Pudding verschlossen 1–1 1/4 Std. im strudelnden Wasserbad kochen.

1578

Zitronenpudding

Für 4–6 Personen
125 g Butter, 125 g Mehl,
1/2 l Milch, 125 g Zucker,
6 Eier, getrennt,
Saft und abgeriebene Schale von
1 unbehandelten Zitrone
oder 1 Limette.
Zum Fetten: Butter.

In der lauwarm zerlassenen Butter das gesiebte Mehl hellgelb dünsten, die Milch langsam zugießen und das Ganze zu einem Kloß abrühren. Nach dem Abkühlen Zucker, Eigelb, Zitronenschale und den durchgesiebten Zitronensaft im Wechsel unterrühren, zuletzt den steifen Eischnee locker durchziehen. Eine gut gefettete, offene Form damit füllen und im strudelnden Wasserbad in den heißen Backofen stellen (vgl. Regeln S. 442); nach dem Stürzen mit eisgekühlter Schlagsahne servieren.
E.-Herd 175 °C / G.-Herd 2
Ca. 60–75 Minuten

1579

Sächsischer Pudding

Die Zutaten vom Zitronenpudding (statt Zitrone 1 Päckchen Vanillezucker oder 1 ausgeschabte Vanillestange) dazu verwenden. Den Zucker aber nicht unter den Kloß, sondern nach und nach unter den steifen Eischnee rühren. Evtl. 80 g grob gestoßenen Krokant unter die gekochte Puddingmasse mischen und den Pudding wie **1578** im Wasserbad im Backofen stocken lassen.

Allgemeine Hinweise für Pudding im Wasserbad, siehe S. 442.

Milchbreie

1580
Reisbrei

125–150 g Rundkorn- oder Naturreis,
1 l Milch, 1 Prise Salz,
abgeriebene Schale von
½ unbehandelten Zitrone oder
1 Schuss Arrak.
Zum Bestreuen: Zucker und Zimt.

Den Reis gut waschen, kurz heiß überbrühen, abtropfen lassen und in der heißen Milch mit Salz aufsetzen. Etwa 15 Min. (Naturreis ca. 20 Min.) schwach strudelnd kochen, Zitronenschale oder Arrak zufügen, den Brei zum Nachquellen 30 Min. in ein heißes Wasserbad stellen und beim Anrichten mit Zucker und Zimt bestreuen. Besonders gut schmeckt dazu Chaudeausoße von Apfelmost **118**.

1581
Grießbrei (Sago- oder Tapiokabrei)

100 g Grieß, 1 l Milch,
3–4 Essl. Zucker,
2 sehr frische Eier, getrennt,
1 Prise Zimt oder
etwas Vanillezucker.

Den Grieß in die strudelnde Milch einrühren und bei mäßiger Herdhitze in 15 Min. dickbreiig kochen. Beim Anrichten den Zucker und das verquirlte Eigelb untermischen, den Eischnee unterheben und obenauf den Vanillezucker oder den Zimt, mit etwas Zucker vermischt, streuen.
Statt Grieß kann dieselbe Menge Sago oder Tapioka mit den übrigen Zutaten zu einem wohlschmeckenden Brei gekocht werden.

Tipp:
Zum Abziehen der Milchbreie nur sehr frische Eier (Eigelb) verwenden. Da die Eigelbe nicht gekocht werden, besteht sonst Salmonellengefahr.

1582
Zwiebackbrei

Pro Person 4 Zwiebackstücke,
¼ l Milch,
1 Essl. Zucker,
1 Banane oder 1 Apfel.

Die Zwiebackstücke zerbröckeln, mit der heißen oder kalten Milch befeuchten, nach dem Aufweichen den Zucker überstreuen und die fein zerdrückte Banane oder den geschälten, geriebenen Apfel untermischen.

1583
Mehlbrei

4 Essl. Mehl, 1 l Milch,
1 Prise Salz, 2 Essl. Zucker,
1–2 sehr frische Eigelb.
Zum Bestreuen:
Zucker und Zimt.
Zum Übergießen:
2 Essl. zerlassene Butter.

Das Mehl mit einem Drittel Milch glatt quirlen, die übrige Milch mit Salz und Zucker zum Kochen bringen, das angerührte Mehl unter Rühren einlaufen lassen und etwa 10 Min. kochen. Vor dem Anrichten das Eigelb untermischen, die zerlassene, heiße Butter obenauf gießen und den Brei mit Zucker und Zimt bestreuen.
Mondaminbrei: 75 g Mondamin statt Mehl verwenden, Eigelb einrühren und am Schluss Eischnee unterziehen.

1584
Maisbrei

8 Essl. feiner Maisgrieß,
1 l Vollmilch, ¼ l Kokosmilch,
1 Prise Salz, 3–4 Essl. Zucker,
1 Stück Bio-Zitronenschale,
angeröstete Kokosspäne oder frische Granatapfelkerne.

Den Grieß, Salz und Zucker in die kochende Milch einrühren, die Zitronenschale dazugeben. Unter Rühen ca. 10 Min. weiter kochen. Die Zitronenschale entfernen, den Brei in eine Schüssel füllen und mit Kokosspänen oder Granatapfelkernen bestreuen.

Aufläufe und aufgezogene Süß-Speisen

Aufläufe werden stets im Backofen gebacken. Man verwendet hierzu feuerfeste Formen aus Glas, Keramik oder Porzellan. Vor dem Einfüllen der Auflaufmasse die Form sorgfältig mit Butter oder Margarine einfetten und bei besonders schaumigen Aufläufen zusätzlich mit feinen Bröseln oder Grieß ausstreuen.
Aufläufe müssen nach dem Backen sofort serviert werden (S. 137 Soufflés), da sie sonst zusammenfallen.
Die Mengen sind für eine mittelgroße Form (für 4–6 Personen ausreichend) angegeben.
Abgeriebene Zitronen- oder Orangenschalen stets von ungespritzten Früchten verwenden!

1585
Rahmauflauf

Für 2–3 Personen
65 g Mehl, ¼ l dicke, saure Sahne oder Crème fraîche,
2–3 Eier, 2 Essl. Zucker,
½ Teel. zerstoßene Vanille
oder abgeriebene Zitronenschale.
Zum Fetten: Butter.
Zum Ausstreuen:
Zwiebackbrösel.

Mehl und Sahne glattrühren; die gequirlten Eigelb, Zucker und Vanille oder Zitronenschale zufügen, dann 5 Min. tüchtig schlagen. Den steifen Eischnee locker unterziehen, eine gefettete, mit Bröseln ausgestreute Form damit füllen und den Auflauf im vorgeheizten Backofen bei Oberhitze aufziehen. Eine heiße Weißweinsoße schmeckt dazu vorzüglich.
E.-Herd 200 °C / G.-Herd 3
Ca. 30 Minuten

Warme Süßspeisen

1586
Vanilleauflauf

Für 3 – 4 Personen
Stark ½ l Milch, 50 g Mehl,
50 g Butter, 4–6 Eier, 2 Essl. Zucker,
2 Päckchen Vanillezucker.
Für die Form: Butter, feiner Zucker.

Knapp ½ l Milch zum Kochen bringen, das Mehl mit der restlichen Milch verquirlen, in die strudelnde Milch einlaufen lassen und kurz mitkochen. Nach dem Abkühlen Butter, Eigelb, Zucker und Vanillezucker untermischen und 5 Min. cremig rühren. Den steifen Eischnee zuletzt locker unterziehen, in eine gefettete, leicht mit Zucker ausgestreute Form füllen und den Auflauf im vorgeheizten Backofen bei Oberhitze aufziehen.
E.-Herd 175 °C / G.-Herd 2
Ca. 30–45 Minuten
Oder die Schaummasse in ausgefettete, gezuckerte Förmchen füllen und im Wasserbad im vorgeheizten Backofen (180 °C) auf der mittleren Schiene ca. 20 Min. backen. Abgekühlt aus den Förmchen stürzen und mit Obst oder Eis servieren.

1 Süße Soufflés: Die Portionsförmchen ausfetten,

2 mit feinem Zucker ausstreuen ...

1587
Vanilleschaumauflauf

Für 3 – 4 Personen
70 g Butter,
60 g Mehl,
¼ l Milch, 60 g Zucker,
½ Teel. Vanillemark,
5 Eigelb,
6 Eiweiß.
Zum Fetten: Butter.
Zum Ausstreuen: feiner Zucker.

Die Butter erhitzen und das Mehl darin hellgelb andünsten; Milch, Zucker und Vanille kurz aufkochen, das Mehl damit ablöschen, einige Male aufwallen lassen und nach dem Abkühlen mit den verquirlten Eigelb verrühren. Den steifen Eischnee rasch unterziehen, den Vanilleschaum in eine gefettete, leicht mit Zucker ausgestreute Form füllen und im vorgeheizten Backofen gut aufziehen.
E.-Herd 175 °C / G.-Herd 2
Ca. 30 Minuten

1588
Schokoladenschaum (Soufflé)

Für 2 Personen
100 g geriebene Schokolade (halbbitter), 2 Essl. Wasser,
1 Stange Vanille, 80 g Zucker,
5 Eier.
Zum Ausfetten: geschmacksneutrales Öl.
Zum Bestreuen: feiner Zucker.

Die Schokolade mit dem Wasser bei schwacher Kochhitze auflösen. Das Mark aus der Vanillestange auskratzen, mit Zucker vermischen. Dann den Zucker mit dem Eigelb schaumig rühren. Die Schokolade zufügen, den steifen Eischnee unterziehen, in eine mit Öl ausgepinselte, leicht mit Zucker ausgestreute Form füllen und bei mäßiger Backofenhitze backen.
E.-Herd 160 °C / G.-Herd 1
Ca. 20–30 Minuten

3 und die Soufflémasse einspritzen.

1589
Zitronenschaum- oder Orangenschaum-Auflauf (Soufflé)

6 Eier, getrennt, 100 g Zucker,
abgeriebene Schale einer Zitrone oder Orange, 20 g Speisestärke.
Zum Fetten: Butter.
Zum Ausstreuen: feiner Zucker.
Zum Belegen: eingedünstete Früchte.
Zum Bestäuben: Puderzucker.

Eigelb, Zucker, Zitronen- oder Orangenschale schaumig rühren, die Speisestärke untermischen und den steifen Eischnee auf zweimal locker durchziehen. Eine gut gefettete Form damit füllen, den Auflauf bei Oberhitze backen, noch heiß mit abgetropften, halbierten Früchten belegen und beim Anrichten mit Puderzucker bestäuben.
E.-Herd 200 – 220 °C / G.-Herd 3–4
Ca. 30 Minuten

4 Die fertig aufgezogenen Soufflés.

1590

Rahmauflauf mit Früchten

Für 2–3 Personen
100 g Zwiebackbrösel,
1/4 l dicke, saure Sahne oder
Crème fraîche, 2 Eier, 50 g Zucker,
1 Prise Zimt, 1 Essl. Butter.
Zum Einlegen:
500 g ausgesteinte,
eingezuckerte Sauer- oder
Süßkirschen oder geschälte
Aprikosen- oder Pfirsichhälften.
Zum Fetten: Butter.
Zum Ausstreuen: 2 Essl. geschälte,
geriebene Mandeln.

Brösel und Sahne vermischen, kurz aufquellen lassen, die verquirlten Eigelbe, Zucker, Zimt und die zerlassene Butter darunter mischen; den steifen Eischnee leicht unterziehen. Die vorbereiteten Früchte in eine gefettete, mit den Mandeln ausgestreute Form legen, den Rahmschaum darüberstreichen und den Auflauf im vorgeheizten Backofen bei Oberhitze aufziehen.
E.-Herd 200 °C / G.-Herd 3
Ca. 30 Minuten

1591

Zwiebackauflauf in Förmchen

Pro Förmchen: 4 Zwiebackstücke,
1 Ei, 1/2 Tasse Milch, 30 g Zucker,
1/2 Teel. Vanillezucker,
etwas abgeriebene Zitronenschale.
Zum Ausfetten und Belegen:
je 10 g Butter und
1–2 Butterflöckchen.
Evtl. Himbeersaft.

Kleine feuerfeste Förmchen mit Butter ausfetten und die zerbröckelten Zwiebackstücke einlegen. Ei, Milch, Zukker, Vanillezucker und Zitronenschale verquirlen, darüber gießen und 30 Min. durchsickern lassen. Butterflöckchen auflegen und die Aufläufe im vorgeheizten Backofen hellgelb backen. Evtl. vor dem Anrichten mit Himbeersaft beträufeln.
E.-Herd 175 °C / G.-Herd 2
Ca. 30 Minuten

1592

Zwiebackauflauf

250 g geriebener Zwieback,
1/2 l Milch, 2–3 Eier,
100 g Zucker, 40 g Sultaninen.
Zum Ausfetten: 20 g Butter.
Zum Weinaufguss:
1 Tasse mit 1 Teel. Zucker
gesüßter Weißwein,
1 Messersp. Zimt, etwas
abgeriebene Zitronenschale.

Die Brösel mit der Milch übergießen und 30 Min. quellen lassen. Eigelbe und Zucker cremig rühren, die aufgeweichten Brösel, die gewaschenen, abgetropften Sultaninen und den steifen Eischnee zufügen. Den Zwiebackschaum in eine gefettete feuerfeste Form füllen und den Auflauf bei mittlerer Backofenhitze hellgelb backen. Inzwischen den Weinaufguss zubereiten, aufkochen und über den heißen Auflauf träufeln.
E.-Herd 175 °C / G.-Herd 2
Ca. 45 Minuten
Rührzeit von Hand: 30 Min.; mit dem elektrischen Rührgerät: 5 Minuten

1593

Grießauflauf nach Wiener Art

1 l Milch, 80 g Butter, 1 Prise Salz,
250 g Grieß, 100 g Zucker, 4 Eier,
geriebene Schale von 1 Zitrone.
Zum Fetten: Butter.
Zum Füllen: Aprikosenmarmelade,
einige Butterflöckchen.

Die Milch mit 20 g Butter und der Prise Salz aufkochen, den Grieß einstreuen und zu einem Kloß abbrennen lassen. 60 g Butter schaumig rühren, Zucker, Eigelb und Zitronenschale zufügen, alles unter den Grießkloß mischen und den steifen Eischnee rasch durchziehen. Eine Form mit Butter gut fetten und bis zu 3/4 Höhe im Wechsel mit Grieß und Marmelade füllen. Auf die letzte Lage (Grieß) einige Butterflöckchen setzen und den Auflauf bei mittlerer Backofenhitze backen.
E.-Herd 175 °C / G.-Herd 2
Ca. 45 Minuten

1594

Grießauflauf

1 l Milch, 1 Prise Salz,
30 g Butter, 180 g Grieß, 2–4 Eier,
80 g Zucker,
abgeriebene Schale von 1/2 Zitrone.
Zum Fetten: Butter.

Die Milch mit Salz und der zerlassenen Butter zum Kochen bringen, den Grieß einstreuen, zu einem dicken Brei ausquellen und erkalten lassen. Eigelb und Zucker schaumig schlagen, den Grießbrei untermischen, glattrühren und den steifen Eischnee locker unterziehen. Eine gefettete Form damit füllen und den Auflauf bei mittlerer Backofenhitze backen.
E.-Herd 175 °C / G.-Herd 2
Ca. 45 Minuten

1595

Haferflocken- oder Sago-Auflauf

Für 3–4 Personen
125 g Haferflocken, 1/2 l Milch,
1 Prise Salz, 20 g Butter,
100 g Zucker, 2 Eier,
abgeriebene Schale von 1/4 Zitrone.
Zum Ausfetten: etwas Butter.

Die Haferflocken in der Milch mit 1 Prise Salz in ca. 20 Minuten zu einem dicken Brei kochen. Die Butter leicht rühren, Zucker, Eigelb und Zitronenschale zufügen, den abgekühlten Brei untermischen und den steifen Eischnee locker durchziehen. Den Auflauf in einer gefetteten feuerfesten Form bei mittlerer Backofenhitze hellbraun backen.
Oder zum Sagoauflauf 180 g Sago* und 3/4 l Milch verwenden und diesen wie oben zubereiten.
E.-Herd 175 °C / G.-Herd 2
Ca. 30–45 Minuten

* Sago sollte wie Reis im Sieb gewaschen werden und darin gut abtropfen.

1596
Reisauflauf

250 g Rundkornreis, 1 l Milch, 1 Prise Salz, 40 g Butter, 2–4 Eier, 125 g Zucker, abgeriebene Schale von ½ Zitrone. Zum Fetten: Butter. Zum Ausstreuen: Feine Semmel- oder Zwiebackbrösel. Zum Bestäuben: Puderzucker.

Den Reis waschen, auf einem Sieb kurz überbrühen, abtropfen lassen, in der Milch mit der Prise Salz ca. 15 Min. kochen und zum Erkalten auf einer Platte ausbreiten. Die Butter schaumig rühren, Eigelb, Zucker, Zitronenschale und den Reis zufügen, zuletzt den steifen Eischnee untermischen. Eine mit Butter gefettete, mit feinen Bröseln ausgestreute Form damit füllen, bei mittlerer Backofenhitze backen und beim Anrichten mit Puderzucker bestäuben.
E.-Herd 175 °C / G.-Herd 2
Ca. 45 Minuten

1597
Reisberg mit Aprikosen

250 g Reis, 1 l Milch, 1 Päckchen Vanillezucker, 50 g Butter, 1 Prise Salz, 250 g Zucker. Zum Belegen: 250 g getrocknete oder 500 g frische Aprikosen, 5 Eiweiß.

Den gewaschenen, kurz überbrühten, gut abgetropften Reis in der schwach strudelnden Milch mit Vanillezucker, Butter, der Prise Salz und 100 g Zucker weich kochen. Den Reis auf einer Platte ausbreiten, erkalten lassen, dann als Berg auf eine gefettete feuerfeste Platte setzen. Inzwischen die eingeweichten Aprikosen mit dem Einweichwasser und dem restlichen Zucker langsam weich dünsten. Bei Verwendung von frischen Früchten die Aprikosen halbieren, entsteinen und in Läuterzucker (den restlichen Zucker und 3 Tassen Wasser zum Faden kochen) halbweich werden lassen. Den Reisberg mit den Aprikosen dicht belegen, den leicht gesüßten Eischnee darüber ziehen oder aufspritzen und den Auflauf bei guter Backofenhitze hellgelb backen; den etwas eingekochten Aprikosensaft beim Anrichten darüber träufeln. Statt Aprikosen können auch halbierte Pfirsiche oder entsteinte Mirabellen verwendet werden.
E.-Herd 200 °C / G.-Herd 3
Ca. 30 Minuten

1598
Reis-Quarkauflauf mit Schneehaube

¾ l Milch, 150 g Milchreis, 3 Eier, 3–4 Essl. Zucker, 125 g Quark, ½ Dose Fruchtcocktail, 2 Eiweiß, 1 Essl. Puderzucker, 2 Essl. geraspelte bittere Schokolade oder Schokospäne (S. 440).

Die Milch zum Kochen bringen, den Reis dazugeben und im geschlossenen Topf bei geringer Hitze ca. 30 Min. ausquellen lassen. Die Eigelb mit Zucker schaumig rühren, den Quark darunter mischen und zu dem abgekühlten Reis geben. Die Eiweiß steif schlagen und darunter heben. Die Hälfte des Reises in eine gefettete Auflaufform füllen, darüber die gut abgetropften Früchte geben und mit dem restlichen Reis abdecken. Den Auflauf im vorgeheizten Backofen backen. Die Eiweiß mit Puderzucker steif schlagen und diesen Schaum 5 Min. vor Ende der Backzeit über den Auflauf streichen. Mit geraspelter Schokolade oder Schokospänen, S. 440, garniert servieren. Dazu gibt es Schokoladensoße **103**.
E.-Herd 175–200 °C / G.-Herd 2–3
25 Minuten, dann noch 5 Minuten

1599
Quarkauflauf mit Reis

⅜ l Milch, 1 Prise Salz, 80 g Zucker, abgeriebene Schale von ½ Zitrone, 180 g Rund- oder Mittelkornreis, 250 g Quark, 2–3 Eier, 60 g Sultaninen.

Die Milch mit der Prise Salz, Zucker und Zitronenschale einmal aufwallen lassen, den gewaschenen, kurz überbrühten, abgetropften Reis einstreuen, halbweich kochen und zum Erkalten beiseite stellen. Inzwischen den Quark durchpassieren, den Reis und die verquirlten Eigelb untermischen, die vorbereiteten Sultaninen zugeben und den steifen Eischnee unterziehen. Den Auflauf in einer gut gefetteten Form bei mittlerer Backofenhitze hellbraun backen.
E.-Herd 175 °C / G.-Herd 2
Ca. 45 Minuten

1600
Quarkauflauf mit Früchten

500 g Quark (20% Fett), 40 g Grieß, 80 g Zucker, 1 Teel. Backpulver, 1 Prise Salz, 1 Teel. Marillenbrand (Aprikosengeist) oder Rum, 2 Eier, 40 g Butter, 2 trockene Brötchen oder 5 Zwiebackstücke, 500 g frische oder 250 g getrocknete Aprikosen (oder Apfelschnitze), 30 g Sultaninen, 2 Feigen, Butterflöckchen. Zu Bestreuen: Puderzucker.

Den Quark mit Grieß, der halben Zuckermenge, dem Backpulver, Salz und Arrak oder Rum vermischen. Eigelb, Butter und den restlichen Zucker schaumig rühren, dann den Quark zufügen. Die Brötchen in sehr feine Scheiben schneiden oder die Zwiebackstücke zerbröckeln; die Aprikosen schälen (getrocknete Aprikosen etwa 2 Std. zuvor in warmem Wasser einweichen) und in Viertel teilen; die Sultaninen verlesen, waschen und gut trocknen, die Feigen kleinwürfelig schneiden; die Brotscheiben, Früchte und den vermischten Quark im Wechsel in eine gefettete Auflaufform füllen, Butterflöckchen obenauf setzen und den Auflauf bei mittlerer Backofenhitze hellbraun backen; mit Puderzucker bestäuben und sehr heiß servieren.
E.-Herd 175 °C / G.-Herd 2
Ca. 55–60 Minuten

1601 Feiner Quarkauflauf

750 g Quark, 1/4 l Milch oder süße Sahne, 120 g Zucker, 2 Essl. Speisestärke, 4 Eier, 1 Teel. abgeriebene Zitronenschale. Zum Fetten der Form: 20 g Butter und einige Butterflöckchen. Zum Bestreuen: Puderzucker.

Den Quark durchpassieren, mit der Milch verrühren und Zucker, Speisestärke, Zitronenschale und die verquirlten Eigelbe unter stetem Schlagen untermischen. Den steifen Eiweißschaum zuletzt locker durchziehen, die Quarkmasse in eine mit Butter gefettete feuerfeste Form füllen, Butterflöckchen obenauf setzen und den Auflauf bei mittlerer Backofenhitze backen; mit Puderzucker bestäubt servieren und Fruchtsaft dazu reichen.
E.-Herd 175 °C / G.-Herd 2
Ca. 45 Minuten

1602 Kastanienauflauf nach Wiener Art

1 1/2 kg Kastanien mit Schale (ergeben etwa 3/4–1 kg ohne Schale), 3/4–1 l Milch, 125 g Butter, 125 g Zucker, 5 Eier, 1 Päckchen Vanillezucker, abgeriebene Schale von 1 Zitrone, evtl. etwas Grieß. Zum Ausfetten: 20 g Butter. Zum Bestäuben: Puderzucker.

Die Kastanien rundum mit einem Einschnitt versehen, etwa 8 Min. in strudelndem Wasser kochen, heiß abschälen und dabei auch die innere, braune Haut entfernen (jeweils nur kleine Portionen zum Schälen aus dem Wasser nehmen). Dann die Kastanien in so viel Milch weich kochen, dass sie davon bedeckt sind und, noch warm, durchpassieren. Die Butter schaumig rühren, Zucker, Vanillezucker, Eigelb sowie Zitronenschale zufügen und unter den Kastanienbrei, der so dick sein soll, dass ein Kochlöffel darin stehen bleibt, mischen; andernfalls 1–2 Essl. Grieß unterrühren. Zuletzt den steifen Eischnee locker durchziehen, eine gut gefettete flache Auflaufform oder Springform damit füllen und bei mittlerer Backofenhitze hellbraun backen. Nach dem Stürzen mit Puderzucker bestäuben, heiß zu Tisch geben und eisgekühlten Schlagrahm dazu reichen.
E.-Herd 175 °C / G.-Herd 2
Ca. 45–60 Minuten

Tipp:
Frische Kastanien gibt es nur kurze Zeit zu kaufen; als Ersatz kann man auf Kastanienpüree, vakuumverpackte (bereits vorgegarte) oder eingelegte Kastanien in der Dose zurückgreifen.

1603 Aprikosenauflauf

Für 3–4 Personen
300 g Semmelbrösel oder geriebener Zwieback, 1/4 l Milch, 50 g Butter, 4 Eier, 120 g Zucker, abgeriebene Schale von 1/2 Zitrone, 1 Essl. Rum oder Aprikosenlikör, evtl. 30 g geschälte, geriebene Mandeln, 125 g getrocknete oder 250 g frische Aprikosen.

Die Brösel mit der Milch befeuchten und 1 Std. durchziehen lassen; Butter, Eigelb und Zucker schaumig schlagen, dann Zitronenschale, Likör, Mandeln, die Brösel und den Schnee von 2 Eiweiß untermischen. Den Schaumteig in eine gefettete, mit Bröseln und Mandeln ausgestreute Form füllen und im vorgeheizten Backofen hellbraun backen.
E.-Herd 175 °C / G.-Herd 2
Ca. 30 Minuten
Noch heiß mit den zuvor eingeweichten, kurz in Zuckerwasser (50 g Zucker auf 1/4 l Wasser) aufgekochten Aprikosen belegen (frische Aprikosen nur entsteinen und etwas einzuckern), den restlichen Eischnee leicht gesüßt darüber streichen und den Auflauf im heißen Backofen bei starker Oberhitze oder unter dem vorgeheizten Grill überbacken.
E.-Herd 220 °C / G.-Herd 4
Ca. 5–10 Minuten

1604 Bananenauflauf

Für 2–3 Personen
40 g Mehl, 40 g Butter, 1/4 l Milch, 3 Eier, 60 g Zucker, Saft und Schale von 1 Zitrone, 6 reife Bananen, evtl. 1 Teel. Rum. Zum Ausfetten und Belegen: 20 g Butter und einige Butterflöckchen.

Das Mehl in der Butter hellgelb dünsten, mit der Milch ablöschen, glatt rühren und aufkochen. Nach dem Abkühlen Eigelb, Zucker, Zitronensaft und geriebene Schale sowie die fein zerdrückten Bananen untermischen; evtl. den Rum zufügen und den steifen Eischnee zuletzt unterziehen. Eine Auflaufform gut fetten, den Schaumteig einfüllen, Butterflöckchen obenauf setzen und den Auflauf bei mittlerer Backofenhitze hellbraun backen.
E.-Herd 200 °C / G.-Herd 3
Ca. 30 Minuten

1605 Erdbeer- oder Johannisbeerauflauf

4 Eiweiß, 90 g Zucker, 6 Essl. Mark von frischen Erdbeeren, 3 Essl. Semmel- oder Zwiebackbrösel. Zum Fetten: Butter. Zum Ausstreuen: 2 Essl. geriebene, evtl. ungeschälte Mandeln oder Nüsse. Zum Bestäuben: Puderzucker.

Eiweiß zu Schnee schlagen und mit Zucker, Erdbeermark und den Bröseln vermischen; eine gut mit Butter gefettete, mit den Mandeln ausgestreute Form damit füllen, den Auflauf im vorgeheizten Backofen bei Oberhitze backen und beim Anrichten mit Puderzucker bestäuben.
Oder statt Erdbeerfruchtmark etwa 500 g gewaschene, abgetropfte, entstielte Johannisbeeren mit den gleichen Zutaten und 125 g Zucker vermischen.
E.-Herd 200 °C / G.-Herd 3
Ca. 30 Minuten

1606

Bettelmann (Apfelauflauf)

8 tadellose, mürbe Äpfel,
1 Glas Weißwein oder Wasser,
100 g Zucker,
250 g geriebenes Weißbrot,
20 g Butter,
40 g Sultaninen, 1 Prise Zimt.

Die Äpfel schälen, vom Kernhaus befreien, in Achtelschnitze teilen und mit dem Wein oder Wasser und 50 g Zucker halbweich dünsten. Die Brösel in der zerlassenen Butter hellgelb rösten, als erste Lage in eine gut gefettete, mit Bröseln ausgestreute, feuerfeste Form geben, dann die Apfelschnitze, die vorbereiteten Sultaninen und den restlichen Zucker im Wechsel darauf verteilen. Den Saft der Äpfel noch etwas einkochen, über die letzte Lage (Brösel) träufeln, einige Butterflöckchen obenauf setzen und den Auflauf bei mittlerer Backofenhitze knusprig backen.
E.-Herd 175 °C / G.-Herd 2
Ca. 30–45 Minuten

1607

Kirschenmichel

6 Milchbrötchen, 3/8 l Milch,
70 g Butter, 3–4 Eier,
120 g Zucker, 1 Messersp. Zimt,
abgeriebene Schale von 1/2 Zitrone,
3/4–1 kg Kirschen.
Zum Fetten: Butter.
Zum Ausstreuen:
Zwiebackbrösel oder ungeschälte, geriebene Mandeln oder Haselnüsse.

Die abgeriebenen Brötchen in feine Scheiben schneiden, mit Milch befeuchten und 1 Std. durchziehen lassen. Die Butter schaumig rühren, Eigelbe, Zucker, die aufgeweichten Brötchen, Zimt, Zitronenschale, die gewaschenen Kirschen und den steifen Eischnee untermischen; eine gut gefettete, mit Zwiebackbröseln oder Mandeln ausgestreute Form damit füllen und im vorgeheizten Backofen bei mittlerer Hitze knusprig backen.
E.-Herd 175 °C / G.-Herd 2
Ca. 45 Minuten

1608

Birnenmichel

8 Zwiebackstücke,
2 Tassen Milch (knapp 1/4 l),
1 Essl. Butter oder Margarine,
abgeriebene Schale von 1/2 Zitrone,
4 Essl. Zucker, 2 Eier,
1 Tasse Mehl,
1 Päckchen Backpulver,
1 kg aromatische Birnen,
1 Tasse frische Himbeeren mit Johannisbeeren vermischt,
1 Prise Zimt.
Zum Fetten:
Butter, einige Butterflöckchen.
Zum Bestäuben: Puderzucker.

Die zerbröckelten Zwiebackstücke mit 1 Tasse heißer Milch befeuchten und unter diesen Brei die zerlassene Butter, Zitronenschale, Zucker, Eigelb, das mit dem Backpulver vermischte Mehl und die zweite Tasse kalte Milch mischen. Den steifen Eischnee zuletzt unterheben und etwa die Hälfte der Teigmasse in eine gefettete feuerfeste Form mit hohem Rand füllen. Die geschälten, in schmale Schnitze geteilten, leicht eingezuckerten Birnen, die Himbeeren und Johannisbeeren darauf legen, mit Zimt bestäuben, mit dem restlichen Teig bedecken und Butterflöckchen obenauf setzen. Den Auflauf im vorgeheizten Backofen bei mittlerer Hitze backen. Es ist ratsam, keine zu enge Form zu benützen, damit der Auflauf in der Mitte gut durchbäckt. Vor dem Anrichten etwa 10 Min. bei geöffneter Backröhre abdampfen lassen und mit Puderzucker bestäuben. Der Birnenmichel schmeckt auch kalt sehr gut.
E.-Herd 175 °C / G.-Herd 2
Ca. 40–45 Minuten

1609

Ofenschlupfer* mit Äpfeln

500 g mürbe Äpfel,
80 g Zucker, 1 Essl. Rum, 1/2 l Milch,
abgeriebene Schale von 1/2 Zitrone,
1 Prise Zimt, 6 Brötchen vom Vortag oder 300 g Weißbrot.
Für die Form: Butter und Semmelbrösel, Butterflöckchen.

Die geschälten, in feine Blättchen geschnittenen Äpfel mit 40 g Zucker und Rum ca. 30 Min. durchziehen lassen. Die Milch mit dem restlichen Zucker, Zitronenschale und Zimt vermischen, über die in Scheiben geschnittenen Brötchen gießen; diese kurz anweichen lassen, dann lagenweise in eine gefettete, mit Bröseln ausgestreute Form im Wechsel mit den Äpfeln einfüllen; auf die oberste Schicht (Brötchen) einige Butterflöckchen setzen und den Ofenschlupfer bei guter Hitze hellbraun backen.
Oder bei einer feineren Zubereitung zwischen die Äpfel 40 g vorbereitete Rosinen oder Sultaninen streuen und nach dem Einfüllen über den Ofenschlupfer 2 mit etwas Milch und Zucker verquirlte Eier gießen. Mit 3–4 Essl. Mandelblättchen bestreuen. Das Gericht heißt auch **Scheiterhaufen**.
E.-Herd 200 °C / G.-Herd 3
Ca. 45 Minuten

Tipp:
Bei zu starker Bräunung der Oberfläche die Form mit einem Stück Alufolie oder gefettetem Pergamentpapier bedecken.

1610

Ofenschlupfer* mit Quark

300 g Magerquark, 1 Prise Salz,
3 Essl. dicke, saure Sahne oder Crème fraîche,
40 g Zucker, 40 g Sultaninen,
4–5 Milchbrötchen,
1/4 – 3/8 l Milch, 2 Eier,
etwas geriebene Zitronenschale,
2 Essl. Zucker,
30 g Butter in Flöckchen.

* Siehe auch Geeister Ofenschlupfer **1532**

Den Quark durchpassieren, mit Salz, Sahne und 40 g Zucker verrühren und die vorbereiteten, gut abgetropften Sultaninen untermischen. Die abgeriebenen Brötchen in feine Scheiben schneiden, die Häfte davon in eine mit Butter gefettete Form legen, den Quarkschaum darüber streichen und mit den restlichen Scheiben bedecken. Die gequirlten Eier mit Milch, Zitronenschale und 1 Essl. Zucker vermischt darüber gießen, 1 Essl. Zucker aufstreuen, die Butter in kleinen Flöckchen darauf verteilen und den Ofenschlupfer bei mittlerer Backofenhitze hellbraun backen. Eine Zwischenlage geschälter, fein geschnitzelter Äpfel macht den Ofenschlupfer noch etwas feuchter.
E.-Herd 175 °C/G.-Herd 2.
Ca. 45 Minuten.

1611

Apfelmeringen auf Reis

250 g Rundkornreis, 1 l Milch,
40 g Butter, 50 g Zucker,
¼ Vanillestange, 8 Edeläpfel.
Zum Dünsten: 20 g Butter,
¼ l Weißwein oder Süßmost
oder Apfelwein (Cidre),
60 g Zucker, 50 g Sultaninen.
Zum Guss: 3–4 Eiweiß,
100 g Zucker.
Zum Fetten: Butter.

Den Reis nach dem Rezept **1553** weich kochen, nach dem Erkalten auf eine gefettete feuerfeste Platte streichen oder den Boden einer gefetteten Form damit bedecken. Die geschälten, vom Kernhaus befreiten, im Wein mit Butter und Zucker weich gedünsteten Äpfel auf den Reis setzen und die überbrühten, abgetropften Sultaninen in die Äpfel füllen. Den steifen Eischnee mit dem Zucker leicht verrühren, auf jeden Apfel ein Häubchen spritzen oder aufstreichen und im vorgeheizten Backofen oder unter dem Grill hell überkrusten. Eine heiße Aprikosensoße dazu reichen.
E.-Herd 250 °C/G.-Herd 5
Ca. 8–10 Minuten

1612

Apfelcharlotte, überbacken

1 kg mürbe Äpfel, 180 g Zucker,
30 g Butter, ⅛ l Weißwein,
50 g Korinthen, 1 Stückchen
Zitronenschale oder ganzer Zimt.
Zum Einlegen und Eintauchen:
250 g französisches Weißbrot oder
tags zuvor gebackener, ungerösteter
Einback (Zwieback),
80 g Butter, 2 Essl. Zucker.
Zum Fetten: Butter, Puderzucker.

Die geschälten, vom Kernhaus befreiten, in schmale Schnitze geteilten Äpfel mit allen Zutaten langsam dünsten, bis sie fast weich und ohne Flüssigkeit sind; darauf achten, dass die Apfelschnitze nicht zerfallen. Vom Weißbrot die Rinde abreiben, das Brot oder den Einback in 1 cm dicke Scheiben schneiden und in die mit Zucker vermischte, zerlassene Butter eintauchen. Zuerst den Boden einer gefetteten Charlotte- oder Auflaufform damit belegen, die Brot- oder Einbackscheiben im inneren Rand der Form senkrecht dicht nebeneinander stellen, die Apfelschnitze einfüllen, mit den übrigen Brotscheiben bedecken und bei mittlerer Backofenhitze hellbraun überbacken. Die Apfelcharlotte auf eine tiefe Platte stürzen (vor dem Stürzen die aufgelegten Brotscheiben evtl. entfernen), das Ganze dick mit Puderzucker bestäuben oder mit dicker Vanillesoße **99** überziehen und sehr heiß servieren.
E.-Herd 175–200 °C / G.-Herd 2–3
Ca. 45–55 Minuten

Ofenschlupfer **1609** mit Äpfeln und Sultaninen.

Warme Süßspeisen

1613 Gefüllte Äpfel, in der Form überbacken

8 mittelgroße Edeläpfel,
1/8 l Weißwein, 2 Essl. Zucker,
geriebene Schale von 1/2 Zitrone.
Zum Füllen der Äpfel:
je 1 Essl. geschälte, geriebene Mandeln, Zucker, Rosinen oder dickes Fruchtgelee.
Zur Creme:
3/8 l Milch,
1 Essl. Speisestärke, 60 g Zucker,
1 Päckchen Vanillezucker oder
1 Essl. Rum oder Maraschino,
2 Eigelb.
Zum Guss: 2 Eiweiß, 60 g Zucker.
Zum Fetten: Butter.

Die gewaschenen, geschälten, vom Kernhaus befreiten ganzen Äpfel im Weißwein mit Zucker und Zitronenschale weich dünsten, keinesfalls dürfen sie aber zerfallen. Dann nebeneinander in eine gefettete feuerfeste Form setzen und jede Apfelhöhlung mit den genannten Zutaten füllen. Zur Creme die Milch mit der Speisestärke aufkochen, die verquirlten Eigelb und die übrigen Zutaten untermischen und nach dem Erkalten über die Äpfel gießen. Die Eiweiße steif schlagen, mit dem Zucker leicht verrühren, die Äpfel damit bestreichen oder spritzen und im vorgeheizten Backofen bei mittlerer Hitze überbacken.
E.-Herd 175 °C / G.-Herd 2
Ca. 30 Minuten

1614 Überbackene, gemischte Früchte

Je 100–150 g Kirschen, Erdbeeren, Himbeeren, Aprikosen, Johannisbeeren, 120 g Zucker.
Zum Fetten und Ausstreuen:
20 g Butter,
20 g geschälte, geriebene Mandeln.
Zum Guss: 4 Eier, getrennt,
4 Stück Zwieback,
geriebene Schale von 1/2 Zitrone,
je 2 Essl. süße und saure Sahne.

Die Früchte nach dem Waschen und Abtropfen (je nach ihrer Art) entsteinen, abstielen, evtl. zerteilen oder nur sorgfältig verlesen, z. B. Himbeeren, und mit der Hälfte Zucker vermischen; eine gefettete, mit den Mandeln ausgestreute Form oder feuerfeste Platte mit den Früchten zur Hälfte füllen und den Guss zubereiten. Die Eigelbe mit dem restlichen Zucker schaumig rühren, den geriebenen Zwieback und die übrigen Zutaten untermischen, zuletzt den steifen Eischnee durchziehen. Den Guss über die Früchte streichen und im vorgeheizten Backofen bei Oberhitze hell überbacken.
Bei Verwendung von eingedünsteten Früchten genügen je 100 g als Einlage. Überbackene Früchte schmecken erkaltet noch besser als warm.
E.-Herd 200 °C / G.-Herd 2–3
Ca. 25–30 Minuten

1615 Äpfel mit Biskuitguss

6–8 Edeläpfel,
1/4 l Süßmost oder Apfelwein (Cidre),
40 g Zucker, 20 g Butter.
Zum Guss: 4 Eier, getrennt,
80 g Zucker, 25 g Mehl,
40 g Sultaninen.
Zum Fetten: Butter.

Die Äpfel waschen, schälen (das Kernhaus herausbohren) und in dem Süßmost mit 40 g Zucker und Butter halbweich dünsten; dann auf einem Sieb etwas abtropfen lassen, in eine gefettete Form setzen und die Sultaninen dazwischen streuen. Zum Guss die Eigelb mit dem restlichen Zucker schaumig rühren, das Mehl und den steifen Eischnee leicht untermischen, über die Äpfel gießen oder spritzen und bei starker Oberhitze im vorgeheizten Backofen aufziehen.
E.-Herd 220 °C / G.-Herd 4
Ca. 20–30 Minuten

1616 Weincreme mit Makronen

1/2 l Weißwein, 40 g Speisestärke,
3–5 Eier, getrennt, 100 g Zucker,
geriebene Schale von 1/4 Zitrone,
100 g Mandelmakronen (oder Löffelbiskuits), 30 g Zitronat.
Zum Eiweiß: 1 Essl. Zucker.
Zum Spicken:
geschälte, gestiftelte Mandeln.

Wein und Speisestärke glattrühren, Eigelb, Zucker und Zitronenschale zufügen und dann unter stetem Schlagen bis ans Kochen bringen. Eine flache Auflaufform mit Makronen oder Biskuit auslegen, den Weinschaum darüber gießen und nach dem Erkalten mit dem fein gewiegten Zitronat bestreuen. Den steif geschlagenen, leicht gesüßten Eischnee über die Creme streichen und mit gestiftelten Mandeln spicken. Kurz vor dem Anrichten im vorgeheizten Backofen oder unter dem Grill hellgelb überbacken und sofort servieren.
E.-Herd 250 °C / G.-Herd 5
Ca. 8–10 Minuten

1617 Weincreme, überbacken

Zur Creme:
3 Eier, 100 g Zucker,
1 Essl. Speisestärke,
Saft von 1/2 Zitrone, 1/2 l Weißwein.
Zum Fetten: etwas Butter.
Zur Schaummasse: 4 Eiweiß,
200 g Zucker, 50 g Mandelstifte.

Die Zutaten für die Creme miteinander verrühren, bei schwacher Herdhitze bis ans Kochen schlagen, unter weiterem Schlagen abkühlen lassen und in eine leicht gefettete Auflaufform füllen. Eischnee und Zucker rühren und durch den Spritzsack mit der Sterntülle in beliebigem Muster auf die Creme spritzen. Die Mandelstiftchen aufstreuen und die Creme im vorgeheizten Backofen oder unter dem Grill überbacken.
E.-Herd 250 °C / G.-Herd 5
Ca. 5–8 Minuten

1618

Punschauflauf, überbacken

Die halbe Menge Blitzkuchen ***1704*** *oder Reste von Biskuittorte.*
Zum Beträufeln:
1/4 l Weißwein oder Süßmost oder leichte Zuckerlösung (1/4 l Wasser, 100 g Zucker), 2 Teel. Arrak.
Zur Creme:
1/2 l Milch, 60 g Zucker,
1 flach gestr. Essl. Speisestärke,
abgeriebene Schale von 1/2 Zitrone,
2–4 Eier, getrennt
(statt Eigelb und Stärkemehl kann 1 Päckchen Puddingpulver zur Creme verwendet werden).
Zum Bestreuen:
etwas Zucker, 50 g geschälte, gestiftelte Mandeln.
Zum Ausfetten:
Butter.

Den gebackenen, erkalteten Blitzkuchen oder Tortenreste in schmale Streifen schneiden; Wein, Süßmost oder die abgekühlte Zuckerlösung mit 1 Teel. Arrak vermischen, die Gebäckstreifen damit beträufeln und in einer gefetteten Auflaufform übereinander schichten. Zur Creme Milch, Zucker, Speisestärke, geriebene Zitronenschale gut verquirlen, dickflüssig kochen, noch warm mit dem Eigelb verrühren und nach völligem Erkalten den restlichen Arrak zufügen. Die Creme über die Gebäckstreifen streichen, den steifen Eischnee darüber ziehen, Zucker und Mandeln aufstreuen und den Auflauf im vorgeheizten Backofen hellgelb überbacken; warm oder kalt servieren.
E.-Herd 200 °C / G.-Herd 3
Ca. 20 Minuten

Verschiedene Mehlspeisen

1619

Apfelküchlein, gespickt, mit Weinaufguss

3 Eier, getrennt, 65 g Zucker,
65 g Mehl,
3–4 große säuerliche Äpfel,
Backfett oder Öl.
Zum Spicken:
50 g geschälte, gestiftelte Mandeln.
Zum Weinaufguss:
1/8 l Rotwein, 2 Essl. Zucker,
1 Zitronenschnitz,
etwas ganzer Zimt,
1 Essl. Sultaninen oder Rosinen.

Eigelb und Zucker cremig rühren, dann das Mehl und den steifen Eischnee untermischen. Die Äpfel schälen, in dicke Scheiben schneiden, das Kernhaus dabei rund herausstechen und die Scheiben in der Biskuitmasse wenden. Im heißen Fett oder Öl schwimmend hellgelb backen, auf Küchenkrepp entfetten und noch heiß mit den Mandelstiftchen spicken. Den Weinaufguss mit den Zutaten kurz aufkochen und beim Anrichten darüber gießen (Zimt und Zitrone zuvor entfernen).

1620

Apfelküchlein/Apfelbeignets in Bier- oder Weinteig *

500 g mürbe Äpfel, etwas Zucker.
Zum Beträufeln:
1–2 Essl. Rum oder Kirschwasser.
Zum Teig:
200 g Mehl, 3 Essl. Zucker,
abgeriebene Schale von
1/2 unbehandelten Zitrone,
1/4 l helles Bier oder Weißwein,
2 Teel. Olivenöl,
2 Eiweiß, Backfett.
Zum Bestreuen:
Zucker und Zimt.

Die Äpfel schälen, in dicke Scheiben schneiden und dabei das Kernhaus möglichst klein und rund herausstechen. Die Scheiben mit Zucker bestreuen, Rum oder Kirschwasser darüber träufeln und kurz durchziehen lassen. Von den übrigen Zutaten einen dickflüssigen Teig* anrühren, ca. 30 Min. ruhen lassen. Dann den steifen Eischnee locker unterziehen und die Apfelscheiben in den Teig eintauchen; im sehr heißen Fett auf beiden Seiten hellgelb backen, auf Küchenkrepp entfetten, mit Zucker und Zimt bestreuen.
Oder aus Pfirsich- oder Aprikosenhälften oder Ananasringen solche Küchlein backen.

1621

Gebackene Früchte

3 säuerliche Äpfel, 3–4 Scheiben frische oder Dosenananas,
evtl. 1 Essl. Rum oder Obstbrand.
Zum Eintauchen:
Bier- oder Weinteig ***698****.*
Zum Backen: 250 g Kokosfett.

Die Äpfel schälen, das Kernhaus heraus bohren und die Äpfel in Ringe oder Achtel schneiden. Die frische Ananas gut schälen und in Scheiben schneiden, dabei evtl. die harte Mitte entfernen, dann die Scheiben vierteln. Dosenananas gut abtropfen lassen. Die Früchte evtl. mit Rum oder Obstbrand aromatisieren, kurz ziehen lassen, dann in den dünnflüssigen Teig eintauchen und schwimmend in heißem Fett hellbraun backen. Das Ausbacken erfordert eine etwas längere Backzeit als bei einer Verwendung von Milchteig; Bier- oder Weinteig hat aber den Vorzug, dass die Früchte nach dem Backen wie mit einer dünnen Haut umhüllt erscheinen und die Form erhalten bleibt; es ist ratsam, reichlich Fett zu verwenden, damit die Früchte nicht anbacken.
Als Beilage zu gebratenem Wild oder Geflügel servieren.

* Dieser Bier- und Weinteig (ohne Zucker) eignet sich auch vorzüglich zum Eintauchen und Ausbacken von Fischstücken oder kleineren Fischen. Siehe auch S. 194.

Warme Süßspeisen

1622 Holunderküchle

12 frisch geschnittene Holunderdolden, Bierteig oder Weinteig **1620**. Zum Ausbacken: Schweineschmalz oder Kokosfett. Zum Bestreuen: Sandzucker oder Puderzucker.*

Die Dolden waschen und auf Küchenkrepp gründlich abtropfen lassen. Einen dünnflüssigen Bier- oder Weinteig zubereiten und etwa 30 Min. quellen lassen. Dann die Blütendolden bis zum Stiel in den Teig tauchen und im heißen Backfett (evtl. in der Fritteuse) 2–3 Min. ausbacken. Auf Küchenkrepp entfetten und sofort, mit Zucker bestreut, als Nachtisch oder zum Nachmittagskaffee servieren (Abb. rechts unten).
Fritteuse 180 °C

**** Tipp:***
Die Holunderblüten nur voll erblüht verwenden; nur an trockenen Tagen mit der Schere abschneiden. Nicht lange liegen lassen! Wächst der Busch im eigenen Garten, abseits von Straßen, so brauchen die Blütendolden nur ausgeschüttelt zu werden.

1623 Bananenkrapfen

*2–3 mittelgroße Bananen, 1–2 Essl. Rum, etwas Zucker. Zum Eintauchen: Teig **1620**, Backfett. Zum Bestreuen: Puderzucker.*

Die Bananen schälen, in drei oder vier Stücke schneiden, mit Rum beträufeln, mit etwas Zucker bestreuen und kurze Zeit durchziehen lassen. Dann in den Teig eintauchen, im heißen Fett schwimmend hellbraun backen, auf einem Gitter abtropfen lassen oder auf Küchenkrepp entfetten und noch warm mit Puderzucker bestreuen.

1624 Arme Ritter/ Weckschnitten

4 Brötchen vom Tag zuvor, ½ l Milch, etwas Zucker, 1 Prise Salz. Zum Teig: 250 g Mehl, 2–3 Eier, ¼ l Milch, abgeriebene Schale von ½ unbehandelten Zitrone, 2 Essl. Zucker. Zum Ausbacken: Butter, Schweineschmalz oder Öl. Zum Bestreuen: Zucker und Zimt.

Die Brötchen je in 4 Scheiben schneiden; ½ l Milch mit etwas Zucker und der Prise Salz verquirlen, die Scheiben eintauchen und auf einem Brett ausbreiten. Von Mehl, den ganzen Eiern, der Milch und der restlichen Eintauchmilch, Zitronenschale und Zucker einen dickflüssigen Teig anrühren. Die abgetropften Scheiben darin wenden, mit einer breiten Gabel in heißes Backfett oder Öl legen und auf beiden Seiten goldbraun backen. Evtl. auf Küchenkrepp entfetten, mit Zucker und Zimt bestreuen und heiß zu Kompott reichen; oder ungesüßt als Beilage zu Gemüse servieren.

1625 Grießschnitten

1 l Milch, 40 g Butter, 2 Essl. Zucker, 1 Prise Salz, abgeriebene Schale von ½ unbehandelten Zitrone, 250 g Grieß, 1–2 Eier, Backfett. Evtl. zum Wenden: 1–2 Eiweiß, Semmelbrösel, Zucker und Zimt.

Milch, Butter, Zucker, Salz und Zitronenschale aufkochen, den Grieß einstreuen und zu einem dicken Brei abbrennen lassen. Dann die Eigelbe oder ein ganzes Ei untermischen, die Grießmasse auf ein befeuchtetes Backbrett streichen und mit dem in Wasser getauchten Wellholz etwa 1 cm dick ausrollen. Nach dem Erkalten in Rauten schneiden und im heißen Fett auf beiden Seiten hellbraun backen.

Oder die Schnitten vor dem Backen in gequirltem Eiweiß und Semmelbröseln wenden und beim Anrichten mit Zucker und Zimt bestreuen.

1626 Kartäuser Klöße

4 Milchbrötchen vom Tag zuvor, 2 Eier, 2 Essl. Zucker, ¼ l Milch, Backfett. Zum Wenden: Zucker und Zimt oder 50 g geschälte, gestiftelte Mandeln, Butterflöckchen.

Die Brötchen abreiben und halbieren oder in Viertel teilen; Eier, Zucker und Milch verquirlen, die Brötchen darin einweichen, leicht ausdrücken, noch etwas rund formen, in den abgeriebenen Bröseln wälzen und schwimmend im heißen Fett backen. Kurz vor dem Anrichten in Zucker und Zimt wenden und noch mal in das heiße Fett geben, damit sich eine Zuckerkruste bildet.
Oder die Klöße nach dem Wenden in Semmelbröseln mit den Mandelstiftchen spicken, auf ein gefettetes Backblech setzen, auf jeden ein Butterflöckchen legen und bei mittlerer Backofenhitze hellgelb backen. Kompott oder Weinschaum **118** dazu reichen.
E.-Herd 175 °C / G.-Herd 2
Ca. 15–20 Minuten

**** Tipps:***
Kartäuserklöße nicht in der Fritteuse, sondern stets in der tiefen Pfanne in reichlich Fett ausbacken. Das Fett danach durch ein Filterpapier gießen und – nur wenn es hell und klar ist – weiterverwenden. Sonst weggießen.

1627 Aufgezogene Dampfnudeln

20 Stück
Zum Teig:
500 g Mehl, 20 g Frischhefe, etwa ¼ l Milch, 2 Eier, 80 g Butter, 60 g Zucker, abgeriebene Schale von ½ unbehandelten Zitrone, 1 Prise Salz.
Zum Aufziehen:
40 g Butter, 300–400 ml Wasser, evtl. 1 Prise Salz oder statt Wasser ebenso viel Milch und 1 Essl. Zucker.

Einen geschmeidigen Hefeteig (vgl. **1637**) mit Vorteig zubereiten und zum Aufgehen warm stellen. In einer gut schließenden Kasserolle Butter und Wasser erhitzen, Salz zufügen, von dem aufgegangenen Teig mit einem Glas oder Esslöffel kleine Küchlein abstechen und in die kochende Flüssigkeit setzen. Gut zugedeckt ca. 18–20 Min. bei geringer Hitze aufziehen. Sobald die Dampfnudeln beginnen zu rösten, bzw. sich eine Kruste bildet, vorsichtig mit der Backschaufel herausnehmen und sofort servieren.
Oder die Dampfnudeln in einer offenen Kasserolle mit Butter, Milch und Zucker im vorgeheizten Backofen aufziehen. Auf diese Art bräunen sie ringsum, während die zugedeckten Dampfnudeln an der Oberfläche weiß bleiben und nur die untere Seite knusprig wird. Dazu Kompott, Frucht- oder Vanillesoße reichen.
E.-Herd 175 °C / G.-Herd 2
Ca. 25 Minuten

1627a Gerollte Dampfnudeln

Den Teig nach **1627** herstellen, gehen lassen und einen langen, etwa 15 cm breiten Streifen auswellen, zerlassene Butter darauf streichen, Hagelzucker überstreuen und den Streifen zu einer Wurst eng aufrollen. Davon kleine Stücke abschneiden, die Röllchen mit der Schnittfläche nach unten dicht nebeneinander auf ein gefettetes Backblech setzen und bei guter Hitze hellbraun backen. Nach kurzem Abkühlen die ganze Oberfläche mit leichtem Zuckerguss **1860** überziehen, die Röllchen vor dem Anrichten etwas auseinanderbrechen – nicht schneiden – und Vanillesoße oder Kompott dazu reichen.
E.-Herd 200 °C / G.-Herd 3
Ca. 30 Minuten

1627b Gebackene Dampfnudeln

Den Teig **1627** zubereiten, gut aufgehen lassen, mit einem Glas oder Esslöffel kleine Küchlein abstechen und auf mehlbestäubtem Backbrett noch mal kurze Zeit warm stellen. Dann in Abständen auf ein gefettetes Backblech setzen, mit Eigelb überpinseln, nach der Hälfte der Backzeit mit Zucker bestreuen und bei guter Hitze hellbraun backen.
E.-Herd 200 °C / G.-Herd 3
Ca. 10 – 15 Minuten

1628 Zwetschgenknödel nach böhmischer Art

30 g Butter, ¾ kg gekochte, geriebene Kartoffeln vom Tag zuvor, 2–4 Eigelb, 1 Prise Salz, etwa 100 g Mehl oder 50 g Mehl und 50 g Grieß, 1 kg Zwetschgen, ca. 125 g Würfelzucker (Mokkawürfel).
Zum Überschmälzen: 60 g Butter, 4 Essl. Semmel- oder Zwiebackbrösel oder gehackte Haselnüsse, 2 Essl. Zucker, etwas Zimt, Puderzucker.

Die glatt gerührte Butter mit den Kartoffeln, Eigelb, Salz und, je nach Beschaffenheit der Kartoffeln, mit so viel Mehl vermischen, dass der Teig nicht klebt und sich 1 cm dick auswellen lässt. Davon 10 cm große Quadrate abrädeln oder den Teig zu einer Wurst formen und gleichmäßig dicke Scheiben abschneiden. Die Zwetschgen mit einem Tuch abreiben, entsteinen, dafür ein Zuckerwürfelchen einlegen, jeweils eine Zwetschge in ein Teigquadrat oder in eine Teigscheibe einwickeln und zu einem Knödel formen; nicht zu viel drücken, damit die Knödel locker bleiben. Im strudelnden, leicht gesalzenen Wasser 10 Min. kochen und mit dem Schaumlöffel sorgsam herausnehmen. In einer Kasserolle die Butter, Semmelbrösel oder Haselnüsse und Zucker leicht anrösten, etwas Zimt zufügen, die abgetropften Knödel darin wälzen und auf einer erwärmten Platte aufgetürmt anrichten; dick mit Puderzucker bestäuben und sehr heiß zu Tisch geben.
Auch Strudelteig **1779** oder Brandteig **1657** eignet sich gut zur Herstellung von Zwetschgenknödeln (je Knödel 1 Essl.).

> ***Tipp:***
> *Der Knödelteig gelingt nicht mit neuen Kartoffeln.*

1629 Aprikosen- oder Kirschenknödel

*Kartoffelteig nach **1628**, etwa 1 kg reife Aprikosen oder schwarze Kirschen, ca. 125 g Würfelzucker.*
Zum Überschmälzen:
60 g Butter, 4 Essl. Zwiebackbrösel, 2 Essl. Zucker.
Zum Bestäuben:
Puderzucker.

Den Kartoffelteig zubereiten und die Aprikosenknödel wie Zwetschgenknödel **1628** herstellen. Bei der Zubereitung der Kirschenknödel genügen zum Einwickeln in die Teigquadrate jeweils 3–4 unentsteinte Kirschen. Zur Herstellung von Kirschenknödeln eignet sich auch leicht gesüßter Semmelteig **1209** (ohne Speck, Petersilie und Zwiebeln). Dieser Teig ist besonders im Sommer zu empfehlen, wenn die alten Kartoffeln nicht mehr verwendbar sind; neue Kartoffeln sind meist wässerig und erfordern eine reichlichere Mehlzugabe, die den Teig steif macht.

Warme Süßspeisen

1630 Quarkknödel

750 g Quark/Topfen (10%), 3 Eier, 3 Essl. Mehl, 1 Prise Salz, 3 Essl. Semmelbrösel, 4 Essl. Grieß, 1 Prise Zimt, 1 Essl. Rosinen. Geröstete Semmelbrösel.

Den Quark mit den ganzen Eiern, dem Mehl und den restlichen Zutaten gut vermischen und 1 Std. stehen lassen. Mit nassen oder bemehlten Händen Knödel formen und in schwach kochendem Salzwasser offen 10–15 Min. ziehen lassen. Abgetropft auf einer vorgewärmten Platte mit den Semmelbröseln darüber anrichten.
Oder Semmelbrösel noch mit Zucker und Zimt vermischen. Keine Rosinen. Mit brauner Butter begießen.
Oder Knödel mit je einer Aprikose füllen und in Semmelbröseln wenden.

1631 Russische Quarkklößchen

500 g Magerquark oder Schichtkäse, 2 ganze Eier, 2 Eigelb, 2 Essl. Mehl, 1 Prise Salz. Zum Bestreuen: Zimt und Zucker.

Möglichst trockenen, nicht zu sauren Quark oder Schichtkäse durch ein feines Sieb passieren und die verquirlten Eier, Eigelb, Mehl und Salz untermischen. Aus der Masse dicke Würstchen formen und in leicht gesalzenem, schwach strudelndem Wasser so lange kochen, bis sie an der Oberfläche schwimmen; sofort mit einem Schaumlöffel herausnehmen und beim Anrichten mit Zucker und Zimt bestreuen. Zwetschgenkompott oder gekochtes Dörrobst dazu reichen.

1632 Pfitzauf

250 g Mehl, 3/8–1/2 l Milch, 2 Essl. Zucker, 5 Eier, 75 g Butter. Zum Fetten: Butter. Zum Backen: Spezielle Pfitzaufform (süddeutsch). Zum Bestreuen: Zucker oder Puderzucker.

Mehl und Milch glattrühren, den Zucker, die gequirlten Eier und zuletzt die lauwarm zerlassene Butter zufügen. Alles gut vermischen, die gefetteten Pfitzaufformen zur Hälfte damit füllen und im vorgeheizten Backofen aufziehen; dann noch weiterbacken.
E.-Herd 150–175 °C / G.-Herd 2
Zuerst 25–30 Minuten
E.-Herd 175 °C noch 15–20 Minuten
Heiß stürzen, mit Zucker bestreuen und dazu Apfelkompott reichen.

Pfitzauf **1632** mit Apfelkompott.

1633
Grießschmarrn

1 l Milch, 50 g Zucker,
1 Prise Salz, 250 g Grieß,
1 Päckchen Vanillezucker oder etwas Vanillemark, 2–3 Eier.
Zum Backen:
Butterschmalz und einige Butterflöckchen.

Die Milch mit Zucker und Salz zum Kochen bringen, den Grieß unter Rühren einlaufen lassen und den Brei etwa 1 Std. beiseite stellen.
Dann Vanillezucker oder ausgekratztes Vanillemark mit den Eiern verquirlen und unter den Grieß mischen. In einer Kasserolle etwas Butterschmalz erhitzen, einen Teil der Grießmasse darauf verteilen, ein Butterflöckchen obenauf geben, nach dem Anbacken wenden und mit der Backschaufel zerstoßen. Das übrige ebenso backen oder die ganze Grießmasse auf einmal in die Kasserolle geben und wie Kaiserschmarrn backen; Zucker überstreuen und Kompott dazu reichen.
Oder den Grießschmarrn ohne Eier zubereiten.

1634
Semmelschmarrn (Weckeierhaber)

8 trockene Milchbrötchen,
3–4 Eier, etwa 3/8 l Milch,
50 g Zucker, 1 Prise Salz.
Zum Backen: 40 g Butterschmalz, evtl. einige Butterflöckchen.

Die Brötchen in dünne Scheiben schneiden; Eier, Milch, Zucker und Salz verquirlen, über die Brötchen gießen und 30 Min. durchziehen lassen. Das Butterschmalz in einer Pfanne erhitzen, die eingeweichten Brötchen darin hell anrösten, umwenden und evtl. noch einige Butterflöckchen zufügen, damit der Schmarrn recht knusprig wird. Die angerösteten Brötchen mit der Backschaufel öfters auflockern, den Schmarrn mit Zucker und Zimt bestreuen und Apfelbrei dazu reichen. Oder als Beilage zu Gemüse und Salat ohne Zucker zubereiten.

1635
Buchteln

Ca. 10 Stück – Abbildung s.u.
Hefeteig: ca. 150 ml Milch,
20 g Hefe, 50 g Zucker,
350 g Mehl Type 405,
1 Prise Salz, 60 g Butter, 1 Ei.
Zum Bepinseln: 120–140 g Butter.
Zum Überstreuen: Puderzucker.

Nach **1637** einen Hefeteig kneten und 50 Minuten gehen lassen. Aus dem Teig einen Strang formen, 10 Teigkugeln abdrehen und in eine gut gefettete Form mit hohem Rand legen. Mit flüssiger Butter überpinseln. Buchteln in der Form ca. 3/4 hoch aufgehen lassen und in den vorgeheizten Backofen schieben.
E.-Herd 175 °C / G.-Herd 2
Zuerst 30–35 Minuten
Buchteln evtl. noch einmal mit Butter bepinseln, Puderzucker überstäuben.

Oder die Buchteln mit entsteinten Zwetschgen füllen. Statt Stein einen Würfelzucker einlegen, die Zwetschgen mit Teig umhüllen und mit Butter bestreichen. Mit Zimt-Zucker bestreuen und ohne Puderzucker backen.

1636
Nussbuchteln

Hefeteig wie nebenstehend,
dazu 50 g gehackte Walnüsse.
Zum Überstreichen: 1–2 Eiweiß.
100–120 g Butterstückchen.
Fruchtsoße ***105*** *mit Ahornsirup.*

Den Hefeteig mit den Nüssen kneten, ruhen lassen. Teigkugeln formen, in eine gefettete Form einlegen, nochmals gehen lassen, mit verquirltem Eiweiß bestreichen und mit Butterstückchen belegen. Im vorgeheizten Backofen wie **1635** backen.
Dazu die Aprikosensoße servieren.

BACKEN – DIE GRUNDLAGEN

Backen

Abkühlen
Fertig gebackene Kuchen erst einige Minuten in der Form „schwitzen“ lassen und dann vorsichtig auf ein Kuchengitter stürzen und auskühlen lassen. Nie in der Backform abkühlen lassen, da der Kuchen sonst kleben bleibt.

Aluminiumfolie
Ein ideales Hilfsmittel zum Backen für zahlreiche Arbeitserleichterungen:
● Kleinere Teigmengen können auf großen Backblechen gebacken werden, ohne breit zu laufen, wenn man Aluminiumfolie zu einem Rand faltet.
● Dünner Teig, der leicht reißt, kann auf gefetteter Aluminiumfolie (oder Backtrennpapier) ausgewellt und mit der Folie auf das Backblech gelegt werden.
● Gebäck, z. B. Stollen, wird von unten weniger dunkel, wenn es mit Folie unterlegt ist. Außerdem behält es besser seine Form, wenn die Folie seitlich hochgeschlagen wird.
● Ein zu starkes Bräunen des Gebäcks von oben wird verhindert, wenn es nach einer gewissen Backzeit mit Folie abgedeckt wird.
● Kuchen können zum Frischhalten in Aluminiumfolie eingeschlagen werden. Gewürzkuchen entfaltet z. B. sein volles Aroma erst, wenn er über Nacht kühl, in Folie gepackt, aufbewahrt wird.
● Einfache Backförmchen für Kleingebäck lassen sich leicht aus Alufolie herstellen, indem man Quadrate über Gläser oder einen Flaschenhals stülpt.

Aprikotieren
Eine Trennschicht aus erwärmter, durchpassierter Aprikosenkonfitüre zwischen Gebäck und Glasur aufpinseln. Dadurch wird die Oberfläche schön glatt und das Backwerk trocknet nicht so schnell aus (siehe S. 513).

Ausrollen/Auswellen
Teige kleben nicht an und brechen nicht, wenn sie auf Mehl bzw. Zucker ausgerollt werden. Mürbteig und feiner Knetteig, die besonders empfindlich sind, können auch zwischen zwei Bogen Backpapier ausgerollt werden. Wenn der untere Bogen vorher gefettet wird, kann er mit dem Teig leicht auf das Backblech gelegt werden.
Manchmal empfiehlt es sich, einen Teig erst im Backblech fertig auszurollen. Hierfür eignet sich am besten ein kleines Wellholz.

Backautomatik
In Backöfen mit Abschaltautomatik und Temperaturregler können viele Kuchen automatisch gebacken werden. Bitte beachten Sie, dass die Backzeiten kürzer eingestellt werden müssen (7–10 Minuten) als im Rezept angegeben, da die Nachwärme des Backofens noch voll wirksam wird.

Backtrennpapier
erleichtert das Backen und lässt sich ähnlich wie Aluminiumfolie (nebenstehend) oder gefettetes Pergamentpapier verwenden. Es verrutscht nicht, wenn das Backblech leicht eingefettet wird.

Blindbacken
Backen ohne Belag. Den Teig für Kuchen oder Torteletts in gefettete Förmchen drücken, einen Kreis aus Pergamentpapier hineinlegen und darauf getrocknete Erbsen oder Linsen füllen, die mitgebacken werden (bei teflonbeschichteten Förmchen entfällt das Einfetten). Das verhindert, dass die Torteletts zu stark ausbacken und der Rand in sich zusammenrutscht. Nach dem Backen Pergamentpapier samt Hülsenfrüchte sofort herausnehmen. Sie können mehrere Male zum Blindbacken verwendet werden.

Einfetten
Bleche und Formen kurz erwärmen und dann mit Margarine oder Öl einfetten. Eventuell mit Mehl oder Semmelbröseln ausstreuen, damit sich der Kuchen nach dem Backen leichter löst. Für Blätterteig wird das Backblech in der Regel nicht gefettet, sondern mit kaltem Wasser abgespült und nass mit dem Teig belegt.

Einfrieren
Jedes Gebäck kann eingefroren werden. Es empfiehlt sich, Portionen in Aluminiumfolie einzuschlagen und zu beschriften. Das Einfrierdatum nicht vergessen. Die Lagerfähigkeit beträgt ungefähr
2 Monate für Rührteig und gefüllte Biskuittorten;
3 Monate für Hefeteig und Schmalzgebäck;
4 Monate für Blätterteig;
5 Monate für Hefekuchen, Brote, Brötchen und Rührkuchen;
6 Monate für ungefülltes Biskuitgebäck.
Damit das Gebäck nach dem Auftauen schön frisch ist, soll es unmittelbar nach dem Backen – beinahe noch lauwarm – eingefroren werden.

Einschubhöhe
Die richtige Einschubhöhe ist einer der Hauptfaktoren für das Gelingen des Gebäcks. Die Herde haben meistens drei oder vier Schubleisten. Die Formen sollten stets auf den Backrost, nie auf das Backblech gestellt werden, da die Unterhitze sonst zu stark abgedämmt wird.
● Untere Schiebeleiste: hohes und halbhohes Gebäck in Spring- und Kastenformen, Napfkuchen, Aufläufe und Stollen.
● Mittlere Schiebeleiste: flaches Gebäck und Kleingebäck.

Energie
Auch beim Backen kann Energie gespart werden. Sie sparen Strom oder Gas, wenn Sie ca. 5 Min. vor Ende der Backzeit (bei Backzeiten von über 60 Min. ca. 10 Min. vor Ende der Backzeit) die Wärmezufuhr abstellen und die restliche Speicherwärme ausnützen.

Frisch halten
Kuchen lassen sich, in Aluminiumfolie eingeschlagen, einige Tage im Kühlschrank frisch halten. Kleingebäck wird nach Sorten getrennt in gut schließenden Gläsern, Kunststoffbehältern oder Blechdosen aufbewahrt. Siehe auch „Einfrieren“.

Garprobe
Hierfür wird nach Ende der angegebenen Backzeit ein Holzstäbchen in die Mitte des Kuchens gesteckt. Wenn kein Teig mehr am Stäbchen hängenbleibt, ist der Kuchen gar. Andernfalls die Backzeit um 5–10 Min. verlängern. Machen Sie bitte nicht den Fehler, schon nach kurzer Backofenzeit den Backofen zu öffnen, um dann immer wieder die Garprobe zu machen. Ihr Kuchen fällt dann garantiert zusammen und wird innen speckig. Vor allem Gebäck aus Brandteig (Windbeutel, Eclairs), das hauptsächlich aus Luft besteht, reagiert sehr empfindlich. Kluge Hausfrauen wenden hier eine Spezial-

garprobe an: Das gefettete Backblech wird vor dem Backen mit Mehl bestäubt. Das sich bräunende Mehl verrät durch seinen Kuchenduft, wenn die Backzeit zu Ende ist.

Glasur
Glasuren, die nicht richtig decken, werden mit einem Eiweiß angereichert und noch einmal gut verrührt.
Etwas flüssiges Kokosfett (bei gekochten oder mit heißem Wasser hergestellten Glasuren) verleiht ihnen einen besonders schönen Glanz.
Vor dem Glasieren werden anhaftende Brösel mit einem Pinsel entfernt. Poröse Oberflächen werden zunächst mit einer glatten Marmelade bestrichen. Das verhindert das Einsickern der nachfolgenden Glasur.
Wird Gebäck verschiedenfarbig glasiert, muss die erste Glasur erst völlig trocken sein, ehe die nächste aufgetragen wird, mit einer Ausnahme: Man erreicht ein besonders schönes Muster, wenn eine Torte (z. B. Prinzregententorte) mit dunkler Schokoladenglasur grundiert wird und man dann auf die noch feuchte Lage Linien mit einer weißen Spritzglasur zieht.
Diese Linien werden mit einem Holzstäbchen oder Messerrücken durchquert, so dass eine Art Wellenmuster entsteht.

Grillgerät
Auch den Tisch- oder Backofengrill kann man zum Backen einsetzen. Viele Rezepte dieses Buches können mit kleineren Mengen auch im Tischgrill zubereitet werden. Für die Herstellung von Baumkuchen eignet sich der Grill sogar besonders gut, da die einzelnen Schichten nur mit Oberhitze gebacken werden sollen.

Rühren
Es soll stets in derselben Richtung erfolgen. Am einfachsten geht es mit dem elektrischen Handrührer.

Schwaden geben
Vor dem Einschieben des Backwerks im Backofen Dampf erzeugen. Dazu 1 Tasse Wasser auf den heißen Backofenboden schütten. Oder – weniger Dampf – eine feuerfeste Form mit Wasser gefüllt während des Backvorgangs auf den Backofenboden stellen. Bei Brandteiggebäck und vor allem beim Brotbacken und beim Backen mit Vollkorn erforderlich.

Spritzen
Man erleichtert sich das Spritzen von Teig (z. B. für Windbeutel), wenn auf das bemehlte Backblech vorher durch Eindruck mit einem Glas die Kreise eingezeichnet werden.

Spritzbeutel kann man selbst herstellen, indem man von kleinen Plastiktüten die Spitze abschneidet. Man bekommt dadurch sehr feine Öffnungen, durch die man fast fadenfeine Glasuren spritzen kann.
Oder man formt wie folgt aus Pergamentpapier eine Spritztüte: Ein Dreieck schneiden. Der Punkt, der der Dreieckspitze gegenüberliegt, bildet die Tütenspitze. Das Dreieck zur Tüte falten, indem man das Papier fest um zwei Finger der linken Hand wickelt. Zuletzt das Papierende einschlagen und festkniffen. Das gibt der Tüte den Halt. Anschließend die Glasur einfüllen und die Tüte verschließen. Mit einer Schere unten eine kleine Spitze abschneiden.

Stäbchenprobe
Ein Brot, Stollen oder Kuchen usw. ist durchgebacken, wenn beim schrägen Einstechen mit einem Holzstäbchen an diesem kein Teig mehr hängen bleibt.

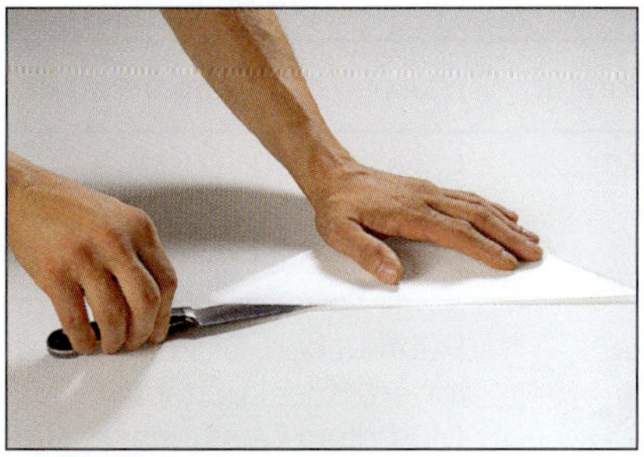

1 Spritzbeutel, selbstgemacht: Aus Pergamentpapier ein Dreieck schneiden.

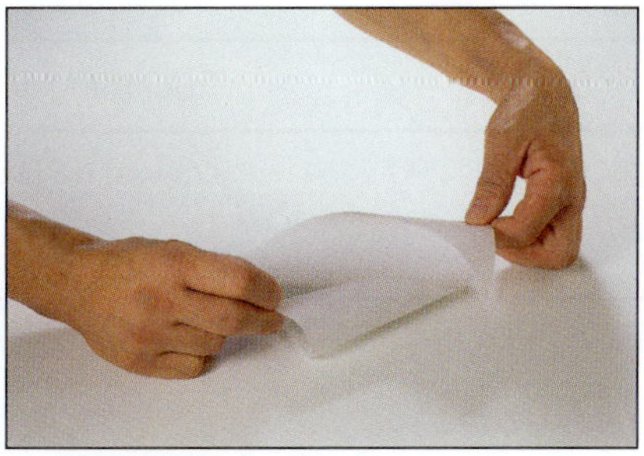

2 Das Dreieck einrollen.

3 Zu einer Tüte formen.

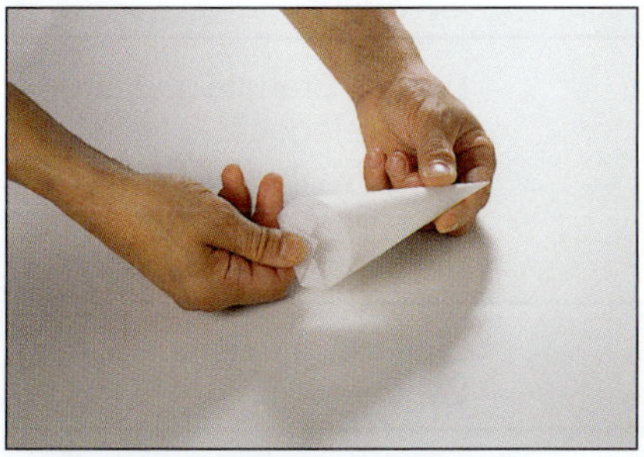

4 Den oberen Rand einknicken.

5 Die Tüte mit Glasur füllen.

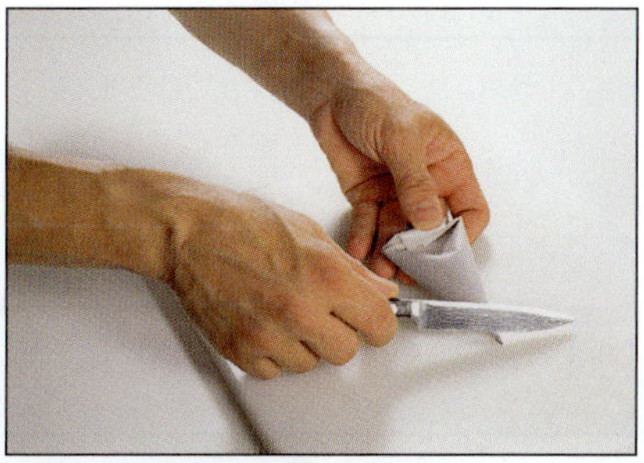

6 Die Spitze abschneiden.

Backen

Stürzen
Den Kuchen nach dem Backen kurz stehen lassen, dann mit einem Messer am Formenrand vorsichtig lösen und auf ein Kuchengitter stürzen. Evtl. ein leicht feuchtes Küchentuch über die Form legen.

Tortenboden
für mehrschichtige Torten erhält man, indem man den in der Springform gebackenen Teig mit dem Messer auf der gewünschten Höhe ringsum einschneidet und dann mit einem Faden umschlingt, der zugezogen wird. (Siehe Abb. Seite 515.)
Unter die Tortenplatte wird ein Bogen Pergamentpapier geschoben, mit dessen Hilfe sie sich mühelos abheben lässt.
Zwei zusammengefaltete Bogen Pergamentpapier legt man auch über Kreuz unter eine Torte, die glasiert wird. Sie lässt sich dann leicht abheben, ohne dass die Glasur beschädigt wird.

Touren
Blätterteig oder Plunderteig wird nach dem Kneten mehrmals ausgewellt und nach einem bestimmten Prinzip zusammengefaltet. Zwischendurch immer wieder kühlen. Das „Touren" bewirkt die Schichten- bzw. Blätterbildung des Teiges (siehe Fotos).

Verzierungen
Eine gute Hilfe sind Schablonen aus Papier (z. B. ein Herz oder eine Jahreszahl oder einfache Karos oder Streifen), die auf das Gebäckstück gelegt werden. Dann wird es mit Puderzucker überstäubt, die Schablone wird entfernt, und das Muster zeigt sich auf dem dunklen Untergrund.
Andere Verzierungen erhält man durch verschiedenfarbige Glasuren, die aufgestrichen oder gespritzt werden (vgl. „Glasuren" und „Spritzen").

Vorheizen
Der für das Backen wesentliche Unterschied zwischen Gas- und Elektroherden ist, dass der Elektroherd vorgeheizt werden muss, da sich die Glühwärme erst langsam entwickelt. Beim Gasherd entfällt das Vorheizen, da die Flamme sofort in der gewünschten Stärke brennt und heizt. Bei Heißluftherden entfällt ebenfalls das Vorheizen. Es kann zugleich auf mehreren Ebenen gebacken werden, wobei das Gebäck mit der längsten Garzeit auf der untersten Schiene, das mit der kürzesten Garzeit auf der obersten Schiene eingesetzt wird. Beim Einschieben in den kalten Backofen erhöht sich die Gardauer um ca. 10–20 Min. – das hängt von der Größe des Gebäcks ab.
Häufig wird zum Aromatisieren von Gebäck der Schalenabrieb von Zitronen, Limetten oder Orangen verwendet. Bitte immer unbehandelte Früchte, am besten in Bioqualität verwenden, auch wenn dies bei den einzelnen Rezepten nicht ausdrücklich angegeben ist.

Temperaturen im Elektro-, Heißluft- und Gasherd *

Elektroherd	**Heißluftherd**	**Gasherd**	**Temperatur**	**Gebäck**
50–100 °C			Warmhaltetemperatur	Hefeteig gehen lassen
100–150 °C	ca. 120 °C	Stufe 1	Trocknungstemperatur	Baiser (Meringen) trocknen
ca. 175 °C	ca. 135 °C	Stufe 2	schwache Backhitze	Schaumgebäck, Makronen, Rührkuchen, Biskuit, Lebkuchen, Früchtebrot
ca. 200 °C	ca. 170 °C	Stufe 3	mittlere Backhitze	Rührkuchen, Biskuit, Biskuittorten, Käsekuchen, Mürbeteig-Obstkuchen, Bröselteig, Brandteig, Strudel, Stollen, Früchtebrot, süße Stückchen, Kleingebäck, Lebkuchen, Brot
ca. 225 °C	ca. 200 °C	Stufe 4	höhere Backhitze	Biskuit, Brandteig, Blätterteig, Hefegebäck, Hefekleingebäck, Strudel, Stollen, Brot, Brötchen, pikante Kuchen
ca. 225–250 °C	ca. 220 °C	Stufe 5	starke Backhitze	Blätterteig, Quarkblätterteig, Laugenbrezeln

* Jeder Herd bäckt anders! Diese Tabelle kann nur Annäherungs-Werte vermitteln, bitte die Hersteller-Angaben beachten.

Geräte und Geschirr zum Backen:
1–2 Backbleche für Plattenkuchen;
Springform mit verschiedenen Einsätzen, (z. B. für Guglhupf) Durchmesser ca. 26 cm;
Obstkuchenform, Durchmesser ca. 30 cm;
evtl. Zwiebelkuchen- oder Pie-Form;
1–2 Kastenformen;
evtl. Brotbackform (auch für Stollen geeignet);
Sonderform für Torten (z. B. Herz oder Kleeblatt);
Ausstechförmchen;
Zitronenpresse und -reibe;
Waage (evtl. zum Zuwiegen), Meßbecher; Backbrett, große Teigschüssel;
Küchenmaschine oder elektrischer Handrührer (auch Zusatzgerät);
Schüttelsieb für Mehl und Puderzucker;
1 große und 1 kleine Teigrolle (Wellholz);
Teigradler, Teigschaber, Backpinsel
Alufolie, Back(trenn)papier;
Spritzsack, Schablonen (z. B. für Weihnachtsgebäck);
Wasserbadtopf (für Glasuren);
Kuchenpalette (zum Abheben des Kuchens);
Kuchengitter, Topflappen;
Kuchenplatten (rund und rechteckig);
Tortenhaube.

Diese Auswahl an Geräten und Geschirr kann je nach Vorliebe erweitert oder verkleinert werden. Ebenso ist die Haushaltsgröße bei der Auswahl entscheidend.
Bei kleinen Haushalten (1–2 Personen) hat sich statt eines Backofens auch ein Mini-Backofen oder der elektrische Tischgrill hervorragend bewährt. In ihm lassen sich Kuchen, Kleingebäck, Brot und Brötchen und auch Toast sowie Pizzen sehr gut backen (die Anleitungen des Herstellers bitte beachten).

Backzutaten von A bis Z

Ahornsirup
Er wird aus dem Saft junger Ahornbäume gewonnen, der nach der Ernte eingedickt wird (vorzugsweise in USA und Kanada). Er schmeckt kräftig bis herb (je nach Erntezeit, Frühjahrsernte mild), hat eine gute Süßkraft und kann statt Zucker z. B. bei Waffeln verwendet werden.

Anis
ist die getrocknete Spaltfrucht der Anispflanze mit einem stark süßlich-würzigen Aroma. Gemahlenen Anis rasch verbrauchen.

Arrak
ist meist das Erzeugnis aus Palmsaft, vergorenem Reis und Zuckerrohrmelasse. Es gibt verschiedene Sorten, bei uns ist der Arrak aus Java der gebräuchlichste. Sein Aroma veredelt das Gebäck und kommt vor allem in der Punschglasur zur Geltung.

Backaroma
gibt es in vielen verschiedenen Geschmacksrichtungen (z. B. Vanille, Bittermandel u. a.). Einige Tropfen unterstreichen den Geschmack des jeweiligen Gebäcks. Sparsam verwenden!

Backoblaten
werden stets auf das ungefettete Blech gelegt.

Butter oder Margarine
werden vor der Verarbeitung leicht erwärmt, so dass sie weich, aber nicht flüssig sind (Ausnahme Mürbeteig). Dann lassen sie sich am besten schaumig schlagen.
Für Mürbe- oder Hackteig eignet sich besser harte Margarine oder Butter.

Datteln
wachsen in Fruchtständen an Dattelpalmen und werden frisch oder getrocknet verkauft. Sparsam damit umgehen, da sie sehr süß sind.

Eier
Stets frische Eier zum Backen verwenden! Die Eier in den Rezepten sind mittelgroß (ca. 55–65 g). Hat man nur kleine oder sehr große Eier zur Verfügung, erhöht oder verringert sich die Stückzahl.
Eier stets einzeln über einer Tasse aufschlagen (oder einen Eiteiler verwenden) und dann erst zum Teig geben. Ein schlechtes Ei kann dann nicht den ganzen Teig verderben.

Eischnee
muss zum Backen sehr steif geschlagen werden. Beim Trennen des Eis darauf achten, dass kein Eigelb in das Eiweiß gerät. Eiweiß stets in einem völlig fettfreien Behälter mit einer Prise Salz schlagen! Konditoren schlagen das Eiweiß von Hand in einer halbrunden Kupferschüssel mit einem Schneebesen. So kommt genügend Luft unter die Masse. Beim Schlagen mit dem Handrührer kann es passieren, dass das Eiweiß zu stark geschlagen wird und deshalb keinen Stand hat. Es empfiehlt sich für den Hausgebrauch, in einer Rührschüssel das Eiweiß mit dem elektrischen Handrührer so lange vorzuschlagen, bis es schaumig ist. Dann mit dem großen Schneebesen von Hand weiterschlagen, bis der Eischnee in Spitzen stehen bleibt. Fertigen Eischnee nur sacht unterziehen, nie einrühren.
Kommt Zucker zum Eischnee, so wird dieser löffelweise unter stetem Schlagen untergerührt. Wenn der gesamte Zucker eingerührt ist, muss der Eischnee glänzen und schnittfest sein.
Bleibt Eiweiß übrig, so ergeben 4 Eiklar ca. 110–120 g Eiweiß (von Eiern von 55–60 g).

Feigen
sind birnenförmige Früchte, die frisch entweder grün oder blau aussehen. Das frische Fruchtfleisch ist sehr weich und aromatisch, eignet sich aber zum Backen nicht. Getrocknete Feigen hingegen finden besonders in der Weihnachtsbäckerei oft Verwendung.

Fenchel
Diese Doldenblütenpflanze, deren Früchte das ätherische Fenchelöl enthalten, findet in der Weihnachtsbäckerei und beim Brotbacken Verwendung.

Fertige Gewürzmischungen
Spekulatiusgewürz, Honigkuchengewürz, Lebkuchengewürz, Christstollengewürz, geriebene Orangenschale u. a. mehr gibt es in haushaltsgerechten Packungen.

Fett
Für das Backen von Dauerbackwaren (Kuchen oder Plätzchen) empfiehlt es sich, kein Pflanzenfett zu verwenden. Es bieten sich als Alternative Butter, Butterschmalz, raffiniertes Rinderfett oder frisches Schweineschmalz an.

Gewürze
Gewürze stets einzeln verpackt, licht- und luftundurchlässig aufbewahren. Angebrochene Packungen rasch verbrauchen, da sich das Aroma schnell verflüchtigt.

Gummiarabikum
wird zum Glasieren von Marzipanfrüchten verwendet. Es verhütet die Kristallisation von Zucker.

Haselnusskerne,
die geschält werden sollen, werden einige Minuten auf dem Backblech im heißen Backofen geröstet, auf ein Küchentuch geschüttet und noch warm zwischen den Händen gerieben. Für die ungeschälte Verwendung werden sie zuerst verlesen und dann in einem trockenen Tuch gut geschüttelt.

Honig
Er findet in Lebkuchen, Honigkuchen und in verschiedenem Kleingebäck Verwendung und kann auch in manchen Kuchenrezepten statt Zucker verwendet werden (siehe Rezepte).
Wichtig: Honig möglichst nicht über 40 °C erwärmen, da sonst die wertvollen Vitamine und Mineralstoffe zerstört werden.

Ingwer
Eine Gewürzlilie, deren getrockneter Wurzelstock ungeschält als schwarzer, geschält als weißer Ingwer, gebleicht oder gekalkt, kandiert, in Sirup eingelegt und in Pulverform verwendet wird. Er hat einen scharf-würzigen, etwas brennenden Geschmack und sollte nur in kleinen Mengen beigegeben werden.

Kardamom
Die getrockneten Samen der Kardamompflanze werden ganz oder in Pulverform angeboten. Kardamom ist geeignet für Spekulatius, Lebkuchen, Pfeffernüsse und Gewürzkuchen und hat einen intensiv würzigen, leicht zitronigen Geschmack.

Koriander
Die getrockneten Spaltfrüchte der Korianderpflanze geben u. a. Lebkuchen und Spekulatius einen würzigen Geschmack. Korianderpulver rasch verbrauchen, es verliert schnell das Aroma.

Mandeln
Süße Mandeln werden nach Größen sortiert angeboten oder gehackt, in Blättchen gehobelt, gesplittert und gemahlen. Mandeln halten sich normal verpackt ca. 2 Monate, vakuumverpackt noch länger.

Marzipan
gehört schon seit vielen hundert Jahren zu den beliebtesten Süßigkeiten. Bei uns ist das Königsberger und das Lübecker Marzipan bekannt. Königsberger Marzipan wird unter Verwendung von Rosenwasser hergestellt und nach dem Trocknen überbacken und oft mit Belegfrüchten verziert. Lübecker Marzipan wird mit Bittermandelöl hergestellt und kann weiterverarbeitet werden. Außerdem gibt es Marzipanrohmasse und Marzipanersatz zu kaufen. Verwendung von Rohmarzipan Seite 569.
Marzipanersatz wird auch unter der Bezeichnung Persipan gehandelt, die teuren Mandeln sind in dem Fall durch Pfirsich- oder Aprikosensteine ersetzt.

Mehl
In den Rezepten dieses Buches ist, wenn nicht anders angegeben, Weizenmehl der Type 405 verwendet. Dieses Mehl ist geschmacksneutral, schwach ausgemahlen, d. h. der Gehalt an Vitaminen und Mineralstoffen ist gering. Je höher die Typenzahl, desto reicher an Vitaminen und Mineralien ist ein Mehl und desto dunkler. Die gängigsten Weizenmehle sind: Type 405, 550 und 1050. Roggenmehl: Type 1150 und 1370. Zum Brotbacken wird oft auch Schrot verwendet, der möglichst frisch gemahlen sein sollte (es gibt eine Vielzahl von Mühlen für den Haushalt), Weizenschrot Type 1700 und Roggenschrot Type 1800. In guten Reformhäusern oder landwirtschaftlichen Genossenschaften kann man die Mehle und Schrot frisch kaufen. Sie müssen rasch verbraucht werden (Siehe auch S. 572).

Mohn
Stets gemahlenen Mohn verwenden, da nur er Flüssigkeit aufnehmen und so quellen kann. Es gibt spezielle Mohnmühlen. Man kann aber auch eine Kaffeemühle mit Schlagwerk benützen. Eine Kaffeemühle mit Mahlwerk ist ungeeignet, da sie durch den öligen, klebrigen Mohn verstopft wird.

Muskat
kann aus der Muskatnuss und der Muskatblüte gewonnen werden. Beide werden getrocknet, im Ganzen oder als Pulver angeboten. Der Geschmack ist leicht bitter und feurigaromatisch, wobei die Muskatblüte etwas milder im Aroma ist.

Nelken
sind die Blütenknospen des Gewürznelkenbaumes, die kurz vor dem Aufblühen geerntet werden. Sie werden ganz oder gemahlen verwendet, ihr Geschmack ist brennend-kräftig und scharf; sie sollten in einem gut verschlossenen Glas aufbewahrt werden, um ihr Aroma nicht zu verlieren.

Orangeat
wird aus der Schale der Bitterorange (Spanien, Sizilien, Südafrika) hergestellt, die Gewinnung gleicht der von Zitronat. Die Farbe ist tief-orange bis bräunlich, der Geschmack bittersüß.

Paranüsse
kommen aus Südamerika, wo sie von Hand gesammelt werden (daher auch der hohe Preis). Ungeschält und geschält werden sie bei uns angeboten; da sie sehr ölhaltig sind, muss auf trockene und kühle Lagerung geachtet werden. Paranüsse können als Stückchen in Kuchen oder Kleingebäck oder fein gemahlen, auch für andere Backwaren verwendet werden.

Pecannüsse
werden vorzugsweise in den südlichen Staaten der USA angebaut. Aber auch Australien, Südafrika etc. liefern die Hickory-Nuss. Ungeschält oder geschält sollten sie trocken und kühl gelagert werden, Pecannüsse beinhalten Eiweiß, Vitamine und Mineralstoffe; sie eignen sich gleichermaßen zum Rohessen und Verbacken in Kuchen, Torten, Knabber-Kleingebäck.

Piment
heißen die kurz vor der Ernte gepflückten Beeren des Nelkenpfefferbaumes. Zum Backen wird Piment gemahlen verwendet. Der Geschmack ist nelkenähnlich mit der Schärfe von Pfeffer. Besonders geeignet für Honiggebäck.

Pistazien
Die nicht ganz haselnussgroßen Früchte des Pistazienstrauches oder -baumes werden im Mittelmeerraum geerntet. Im Handel werden sie meist ohne Schale und von grüner Farbe angeboten. Sie sollten wegen ihres hohen Ölgehaltes nicht allzu lange aufbewahrt werden.

Pomeranzenschale
Die Pomeranze ist die ursprüngliche Form der Orange mit nussgroßen Früchten und hat einen stark würzigen, etwas bitteren Geschmack. In den Fruchtschalen ist ein ätherisches Öl enthalten. Zum Backen wird die Schale nur in ganz kleinen Mengen verwendet.

Quark (Topfen)
Um den Quark möglichst trocken zu verwenden, empfiehlt es sich, ihn auf ein grob gewebtes Baumwolltuch zu geben und entweder hängend abtropfen zu lassen oder ihn mit der Hand auszudrücken, damit die Molke herausgepresst wird.

Resteverwertung
Ist trockenes Gebäck übrig geblieben wie Teekuchen, Plätzchen, Biskuit, so empfiehlt es sich, daraus Brösel zu machen, die man zum Ausstreuen der Kuchenform oder unter Obstkuchenbelag verwenden kann. Ist mehr trockener Kuchen übrig, so schneidet man ihn in Scheiben, streicht zwischen die Scheiben eine frisch zubereitete Creme (Rezepte ab S. 529 f) oder bestreicht sie mit einer Konfitüre. Das Gebäck wird in Tortenform gebracht und mit Schlagsahne vollständig überzogen und mit kandierten oder frischen Früchten dekoriert. Oder man überzieht es mit einem Guss (Rezepte S. 531 f) und verziert es mit fein geschnittenem Orangeat und Zitronat, gehackten und halbierten Nüssen oder spritzt mit andersfarbigem Guss ein Phantasiemuster darauf. Tortenreste, Biskuitrouladen, Blätterteigstückchen etc. werden am besten entweder einzeln oder in familiengerechten Portionen in Frischhaltefolie eingefroren und innerhalb von vier Wochen verzehrt.

Rosenwasser
wird vorwiegend zu Marzipanherstellung verwendet und ist in der Apotheke erhältlich.

Rosinen
sind alle Arten von getrockneten Weinbeeren bestimmter Traubensorten. Sie werden reif gepflückt und dann getrocknet. Angeboten werden Sultaninen, Korinthen und Traubenrosinen. Sultaninen sind kernlos, fleischig, saftig, großbeerig und verschiedenfarbig. Der Farbton ändert sich je nach Weiterverarbeitung der Frucht. Unbehandelte Sultaninen sind dunkel, geschwefelte sind von brauner bis goldgelber Farbe. Korinthen sind kernlos, schwarzblau und sehr klein. Sie sind stets ungeschwefelt.
Traubenrosinen sind besonders groß, saftig, dunkelblau mit Kernen und Stielen. Sie eignen sich deshalb zum Backen nicht, es sei denn, man macht sich die Mühe und entkernt sie. Auch bei Rosinen gibt es Qualitätsunterschiede: Am besten und am teuersten sind die kalifornischen Rosinen. Rosinen sollten luftdicht, dunkel und kühl aufbewahrt werden und spätestens nach einem halben Jahr verbraucht sein, sonst verzuckern sie und verlieren dadurch an Geschmack. Rosinen werden auf einem bemehlten Tuch zwischen den Händen gerieben und die Stiele entfernt. Man kann sie auch entstielen, rasch waschen, ausgebreitet trocknen, kurz vor der Verwendung etwas anwärmen und leicht mit Mehl bestäuben. Das Untersinken im Teig wird dadurch vermieden.

Rum
wird aus Zuckerrohr gewonnen und stammt weitgehend aus der Karibik, dem Süden Asiens, von den Philippinen und Madagaskar. Zum Backen wird meist der 54%ige Rum verwendet, 80%iger Rum und weißer Rum eignen sich mehr für Mixgetränke.

Safran
Die getrockneten Blütennarben der Safranpflanze sind im Handel als Samenfäden und als Pulver erhältlich. Der Geschmack ist würzig-süßlich-bitter. Wegen seiner Intensität der Farbe und Würzkraft sollen nur kleine Beigaben zu Rührkuchen und Kleingebäck oder zum Färben von Glasuren verwendet werden.

Salz
Bei der Zubereitung von Dauerbackwaren muss darauf geachtet werden, dass in jedem Fall Salz zugegeben wird.

Semmelbrösel,
in die gefettete Backform gestreut, verhindern, dass sich der Kuchen am Boden oder Rand ansetzt.

Sojamehl
wird aus gerösteten, entbitterten und gemahlenen Sojabohnen hergestellt. Es gibt verschiedene Sorten mit unterschiedlichen Eiweiß- bzw. Fettgehalten. Man kann es statt Eigelb verwenden – das enthaltene Lezithin hat eine ähnlich emulgierende Wirkung. 1 Ei kann durch 1 Esslöffel Sojamehl, angerührt in 2 Esslöffeln Wasser, ersetzt werden. Wird für ein Gebäck 500 g Mehl gebraucht, so können davon 100 g durch Sojamehl ersetzt werden.

Sternanis
ist die Frucht eines tropischen Magnolienbaumes. Aroma und Geschmack sind dem europäischen Anis ähnlich – nur intensiver und feuriger. Im Handel ganz oder gemahlen erhältlich.

Tapiokamehl
Mehl von wachsartiger Struktur, aus derselben Kassawawurzel (Maniok) gewonnen, die die Grundlage des echten **Sago** ist. Selten erhältlich. Aufbewahrung wie normales Weizenmehl.

Tragant-Gummi
wird aus einer Pflanze im Nahen Osten gewonnen. Zur Herstellung modellierbarer Gummipaste für Konfektblumen und Kuchenverzierungen! Macht Lebkuchen hart und lagerfähig (nur für Deko-Lebkuchen; nicht verzehren!).

Treibmittel
Backnatron wirkt nur in Verbindung mit einer sauren Zutat, z. B. Sauermilch!

Backen

Backpulver wird mit Mehl vermischt und durchgesiebt. Es verteilt sich am besten, wenn man 1 – 2 Essl. Mehl zurückbehält, mit dem Backpulver vermischt und dann zum Teig gibt.

Hefe soll frisch und einwandfrei sein. Frische Presshefe sieht gelblich-weiß aus, riecht obstartig, aber nicht sauer, fühlt sich feucht an und lässt sich dann leicht zerbröckeln und glatt verrühren. In ein feuchtes Tuch eingeschlagen oder in einem Tupperbehälter bleibt sie im Kühlschrank für mehrere Tage verwendungsfähig. Hefe soll stets in lauwarmer Flüssigkeit und nicht zu heiß angerührt werden.
Hefe bekommt man in Würfeln als frische Presshefe (42 g) oder in Päckchen als Trockenbackhefe (7 g entsprechen 25 g Frischhefe).
Hefeteig muss an einem warmen Platz in der Küche aufgehen, bis er sein Volumen ungefähr verdoppelt hat. Ein guter Platz hierfür ist die aufgeklappte Backofentür bei Warmhaltetemperatur (Einstellung 50 °C).

Trockenbackhefe: 1 Päckchen (7 g) Trockenhefe entspricht 25 g frischer Hefe. Die Treibkraft hält 1 Jahr. Trockenhefe wird direkt unter das Mehl gemischt, ein Vorteig entfällt.

Hirschhornsalz ist Ammoniumkarbonat und wird als Treibmittel bei flachem Gebäck wie Honig- oder Lebkuchen verwendet. Die beim Backen freiwerdende Kohlensäure macht das Gebäck locker. Man rechnet auf 500 g ca. 8 g Hirschhornsalz.

Pottasche (Kaliumkarbonat), ein weißes, geruchloses Salz, wird meist für Lebkuchen als Treibmittel verwendet. Es muss stets zuerst in Flüssigkeit gelöst werden.
Sauerteig wird zum Brotbacken benötigt. Es gibt auch fertigen Sauerteig beim Bäcker oder, fertig abgepackt, in flüssiger oder getrockneter Form im Reformhaus.

Weinstein ist eine Substanz aus fermentiertem Traubensaft. In Verbindung mit Backpulver erzeugt sie Kohlendioxid als natürliches Treibmittel für geschlagenen Eierteig.

Vanille
sind die fast ausgewachsenen, aber noch nicht vollreifen, auf verschiedene Weise weiterbehandelten Kapselfrüchte (auch Stangen oder Schoten genannt) einer Kletterorchidee.
Das in den Schoten enthaltene Fruchtmark ist der Träger des feinen Aromas. Der Geschmack ist süßlich-würzig. In Pulverform wird Vanille mit Zucker vermischt angeboten.
Vanillinzucker ist ein synthetischer Ersatz für Vanille, vermischt mit Zucker. In den Rezepten werden beide Gebrauchsformen verwendet.

Walnüsse,
die noch frisch sind, müssen von dem weißen Häutchen befreit werden, da dieses Bitterstoffe enthält.

Weizenstärke
ist Weizenmehl, dem der Kleber entzogen ist. In Fachgeschäften erhältlich. Nicht mit Maisstärke verwechseln.

Zimt,
auch Kaneel genannt, ist die von der Außenrinde befreite, getrocknete Innenrinde des Zimtbaums oder -strauches. Zimt in Stangen ist von lieblich-würzigem, gemahlen von kräftig-aromatischem, leicht bitterem Geschmack.

Zitronat,
auch Sukkade genannt, wird aus der noch grünen Fruchtschale einer Zitronensorte des Mittelmeeres hergestellt. Die dicke Schale wird zunächst in Salzwasser eingelegt und dann mit viel Zucker eingekocht.

Zitrusfrüchte
Orangen und Zitronen, deren Schalen zum Backen verwendet werden sollen, dürfen nicht gespritzt sein. Bitte die Kennzeichnungen an Beuteln und Preisschildern beachten.

Zucker
wird entweder aus Zuckerrüben oder Zuckerrohr gewonnen. Die Rüben werden zerkleinert, mit heißem Wasser ausgelaugt und eingedickt. Durch verschiedene Trenn- und Reinigungsvorgänge entstehen: brauner Zucker, Weißzucker, Raffinade und Doppelraffinade.

Für das Backen ist der Puderzucker von Bedeutung, der aus Raffinade staubfein gemahlen wird: für Guss, Glasuren und zum Bestäuben.
Rohzucker ist ungereinigt und braun durch Sirupteilchen, die noch an den Zuckerkristallen hängen. Er wird zum Honig- und Lebkuchenteig verwendet.
Wird Zucker mit Hefe verrührt – z. B. beim Vorteig –, so verliert der Zucker seine Süßkraft. Will man den Teig süß, so muss noch zusätzlich Zucker zugegeben werden!

Zuckerersatz
Seit einiger Zeit ist in Europa Stevia als unbedenkliches Süßungsmittel zugelassen. Schon kleine Mengen süßen sehr stark. Die Süßkraft ist bei den angebotenen Produkten unterschiedlich (Herstellerangaben beachten). Stevia eignet sich gut für Diabetiker und zur Gewichtsreduktion.

Zuckerrübensirup,
auch Rübenkraut genannt, ist der eingekochte, karamellisierte Saft gedämpfter Zuckerrüben. Er enthält, im Gegensatz zum raffinierten Zucker, noch wertvolle Mineralstoffe. Als Brotaufstrich oder zum Backen geeignet.

Obere Reihe von links: Muskatnüsse, gemahlener Zimt, Zimtstangen:
darunter: Orangeat und Pistazien, daneben Sultaninen und Rosinen und 1 Stück Zitronat;
in der nächsten Reihe: Mohn, gehacktes Orangeat und Zitronat, Belegkirschen;
unterste Reihe: ganze Mandeln (ungeschält), Vanillestangen, ganze Nelken, Anissamen und Sternanis. ▷

KUCHEN, TORTEN, GEBÄCK

Nirgendwo sonst wird auf solche Weise schon den Kindern beigebracht, „der Mensch lebt nicht vom Brot allein". Das Volk der Dichter und Denker gibt diesem Satz seine eigene Auslegung: „Backe, backe Kuchen, der Bäcker (den Konditor nicht zu vergessen) hat gerufen." Es spricht nichts gegen die Produkte aus „Eier und Salz, Butter und Schmalz, Milch und Mehl, Safran macht den Kuchen gel". Sogar Zucker und Sahne nicht. Denn: „Alle Dinge sind Gift, und nichts ist ohne Gift. Allein die Dosis macht, dass ein Ding kein Gift ist", wissen wir seit 450 Jahren von Theophrastus Bombastus von Hohenheim, der sich Paracelsus nannte.

1637
Hefeteig

25 g frische Presshefe oder
1 Päckchen Trockenhefe,
ca. 1/8–1/4 l lauwarme Milch,
100 g Zucker,
500 g Mehl,
100 g Butter oder Margarine,
1/2 Teel. Salz,
1–2 Eier, je nach Größe.

Bei Verwendung von frischer Hefe stets darauf achten, dass die Hefe wirklich frisch ist! Frische Presshefe sieht gelblich-weiß aus, riecht obstartig, aber nicht sauer, fühlt sich feucht an, lässt sich leicht zerbröckeln und glatt verrühren.
Bei Verwendung von Trockenbackhefe unbedingt auf das Verfalldatum achten! Die Zubereitung des Hefeteigs erfordert eine wichtige Vorbedingung zum Gelingen: Alle Zutaten sollen gleichmäßig erwärmt sein. Entweder holt man Eier, Butter oder Margarine rechtzeitig aus dem Kühlschrank oder man taucht die Eier kurz in heißes Wasser und lässt das Fett lauwarm zergehen, aber nicht erhitzen! Die Hefe stets lauwarm anrühren, niemals heiß, und den Teig zum Aufgehen nicht zu heiß aufstellen! Und das ist noch wichtig: Ein Hefeteig braucht Ruhe!
Für einen **Blechkuchen mit Obstbelag** reduziert sich die Menge auf 25 g Hefe, ca. 1/8 l lauwarme Milch, 60 g Zucker (bei saurem Obstbelag 80 g), 375 g Mehl, 75 g weiche Butter und eine Prise Salz.

Handarbeit
Die zerbröckelte Hefe mit ca. 1/8 l lauwarmer Milch oder Wasser, 2 Teel. Zucker und 2 Teel. Mehl zu einem glatten Vorteig anrühren. Das trockene, gesiebte Mehl in eine große Backschüssel oder auf ein Backbrett geben, in die Mitte eine Vertiefung drücken, den Vorteig hineinfüllen, mit Mehl bestäuben und den Teig an einem warmen, zugfreien Ort gehen lassen. Wenn die Mehldecke aufreißt, ist der Teig genügend gegangen (die Trockenbackhefe nach Anleitung auf dem Päckchen verarbeiten).
Wichtig: Die angerührte Hefe darf nie direkt mit Fett und Salz in Verbindung kommen!
Nun alle übrigen Zutaten gut miteinander verarbeiten und den Teig so lange kneten, bis er Blasen zeigt und sich von der Hand und der Schüssel löst. Nun muss der Hefeteig nochmals gehen, je nach Gebäckart, z. B. Hefekleingebäck 1/2–1 1/2 Std., ein schwerer Teig wie z. B. Christstollen 2–3 Std. und länger. Wichtig ist auch hier wieder, dass der Teig an einem warmen, zugfreien Ort aufgehen kann. Den aufgegangenen Teig sofort mit bemehlten Händen auf einem mehlbestäubten Backbrett leicht durchkneten und formen. Auf ein gefettetes Backblech oder in eine Kuchenform legen und noch weitere 20–30 Min. gehen lassen.

Elektrisches Handrührgerät oder Küchenmaschine mit Knethaken
Bei der maschinellen Zubereitung des Hefeteiges kann auf die Zubereitung des Vorteiges verzichtet werden. In eine große Backschüssel oder Rührschüssel das Mehl sieben, in die Mitte die lauwarme Milch, das Fett, die Eier, Salz und Zucker geben und die Hefe außen herum bröckeln. Mit dem Knethaken zunächst auf niedrigster Schaltstufe, dann auf höchster Stufe den Teig durcharbeiten, bis er sich vom Schüsselrand löst. Den fertig gekneteten Teig mit Mehl bestäuben, mit einem Tuch abdecken und ihn so lange gehen lassen, bis sich der Umfang etwa verdoppelt hat. Hefeteig muss im vorgeheizten Backofen bei guter Mittelhitze nicht zu rasch, aber auch nicht zu langsam gebacken werden. Bei zu starker Hitze verflüchtigen sich die Gase zu schnell, bei zu geringer Hitze verdampft zuviel Wasser und Luft im Innern der Teigmasse. Das Gebäck bleibt dann niedrig (sitzen) und ist beim Aufschneiden speckig.
E.-Herd 175–200 °C / G.-Herd 2–3

1638
Rascher Hefeteig

80 g Butter oder Margarine,
3 Essl. Zucker, 1 Prise Salz,
1 Eigelb, 200 g Weizenmehl,
10 g Hefe, ca. 100 ml Milch.

Die Butter in kleine Flöckchen schneiden, mit Zucker, Salz und Eigelb unter das Mehl mischen, die Hefe in lauwarmer Milch auflösen, ebenfalls zugeben und den Teig so lange kneten, bis er Blasen zeigt. Dann vor dem Auswellen 45 Min. zum Gehen in die Wärme stellen.
Dieser Teig eignet sich vorzüglich als Boden zu Heidelbeer-, Zwetschgen-, Apfel- und Quarkkuchen.

1 Hefeteig: Den Vorteig anrühren.

2 Alle Zutaten mit dem gegangenen Ansatz verarbeiten.

3 Der Hefeteig ist (abgedeckt) aufgegangen.

1639
Rührteig

200 g weiche Butter oder Margarine,
200 g Zucker,
½ Päckchen Vanillezucker oder abgeriebene Schale von ½ Bio-Zitrone,
4 Eier, 125 g Speisestärke,
125 g Mehl, 1 Teel. Backpulver.

Handarbeit
Butter / Margarine und Zucker schaumig rühren, Vanillezucker oder Zitronenschale und nacheinander die Eier zugeben. Nach und nach das mit dem Backpulver vermischte Mehl und Speisestärke zufügen, ständig rühren. Rosinen, Mandeln, Zitronat oder Schokolade jeweils nach Rezept zuletzt unter den Teig mischen.
Gesamtrührdauer: 15–20 Minuten

Elektrisches Handrührgerät oder Küchenmaschine (Rührbesen)
Butter oder Margarine in Flöckchen in eine hohe Schüssel oder in die Rührschüssel geben. Zucker, Eier, Vanillezucker oder abgeriebene Zitronenschale, Speisestärke, Mehl und Backpulver darüber verteilen und alles auf der höchsten Schaltstufe verrühren.
Rosinen, Mandeln, Zitronat oder Schokolade (nach Rezept) zuletzt unter den Rührteig mischen (Küchenmaschine: Momentschalter).
Gesamtrührdauer:
Handrührgerät ca. 5 Min. und Küchenmaschine ca. 3½ Min.
Rührteig eignet sich für „dicke" Kuchen wie Guglhupf und Marmorkuchen und als Boden für Obstkuchen und für Kleingebäck.

1640
Dunkler Rührteig

Zutaten wie nebenstehend und 3 Essl. Kakao oder Schokoladenpulver, 1 Essl. Milch.

Den Kakao oder das Schokoladenpulver mit Milch verrühren und zuletzt unter den Teig rühren und dann z. B. für Marmorkuchen verwenden.

> **Tipp:**
> *Zusätzlich 2 Essl. Kirschwasser zufügen, das macht den Teig lockerer.*

1641
Bröselteig (für Obstkuchen, Torteletts)

180 g Mehl,
120 g Butter oder Margarine,
50 g Zucker, 1 Prise Salz,
abgeriebene Schale ¼ Zitrone,
1 Ei oder 3–4 Essl. Milch oder Wasser.

Das Mehl und die sehr kalte Butter auf dem Backbrett mit der Hand (ohne Messer) zu feinen Klümpchen verreiben, die anderen Zutaten zufügen, zusammen rasch verkneten und den Teig einige Male auf dem Brett aufschlagen.

1642
Mürbeteig für Pies

1 Boden und 1 Deckel:
350 g Weizenmehl Type 405,
⅓ Teel. Salz,
160 g eiskalte Butter,
35 g Margarine oder Schweineschmalz, aus dem Kühlschrank,
nach Bedarf etwas kaltes Wasser.

Das Mehl auf ein Backbrett sieben, mit dem Salz vermischen. Die kalte Butter in Stückchen oder Scheiben schneiden, zusammen mit dem anderen Fett rasch unter das Mehl arbeiten (mit dem Messer oder einer Gabel). Der Teig sollte eine Konsistenz wie Streusel haben. So viel kaltes Wasser zugeben, dass ein Teig entsteht, der gerade zusammenhält. Eingepackt im Kühlschrank mindestens 1 Stunde kühl stellen.
Die Teigmenge reicht für eine Form von 22 cm Durchmesser (Boden und Deckel). Wird Schweineschmalz verwendet, wird der Teig schön blättrig.

> **Tipp:**
> *Wird dieser Teig für Obst-Pies verwendet, kann das Wasser durch Fruchtsaft (sehr kalt) ersetzt werden. Etwas Zitronen- oder Orangenschalenabrieb verstärkt den Geschmack.*

1 Rührteig: Butter mit Zucker schaumig rühren.

2 Das mit dem Backpulver vermischte Mehl zugeben.

3 Den Rührteig in die gefettete Form einfüllen.

1643

Mürbeteig (Knetteig, Hackteig)

200–250 g Mehl, 80 g Zucker,
evtl. 2 Essl. Weißwein oder Apfelessig oder saure Sahne,
2 Eigelb oder 1 Ei, 1 Prise Salz,
125 g kalte Butter oder Margarine.

Handarbeit
Mehl auf dem Backbrett aufhäufen, in die Mitte eine Vertiefung drücken. In diese Zucker, Wein oder Sahne, Ei und Salz geben. Die Butter oder Margarine in kleinen Stückchen rund um das Mehl verteilen. Dann alle Zutaten mit einem Messer erst vorsichtig, dann energisch zusammenhacken, rasch zusammenkneten und zugedeckt etwa 30 Min. kalt stellen.

Elektrisches Handrührgerät oder Küchenmaschine (Knethaken)
Mehl in eine hohe Schüssel oder in die Rührschüssel füllen. Zucker, Wein oder Sahne, Ei, Salz und Fett darauf geben, alles auf der niedrigen Schaltstufe verkneten, den Teig kalt stellen.

Den Teig dünn ausrollen – am besten zwischen dicker Plastikfolie oder Backtrennpapier. Den Teig zusammenlegen und in der gefetteten Form wieder ausbreiten (siehe S. 581).
Der Teig eignet sich gut für Obst- und Käsekuchen (Menge ist ausreichend für eine Kuchenform von 30 cm Ø) und für Weihnachtsgebäck.
Wenn das Obst sehr nass ist, empfiehlt es sich, den Kuchenboden vor dem Belegen mit Semmelbröseln zu bestreuen.

1644

Pie-Teig (Einfacher Mürbeteig mit Schweineschmalz)

(Für Zwiebelkuchen, Krapfen mit Fleischfülle usw.)
60 g Schweineschmalz,
150–180 g Mehl, 1 kräftige Prise Salz,
evtl. 1 Teel. Backpulver,
3–4 Essl. kaltes Wasser.

Das Schweinefett leicht schaumig rühren, alle Zutaten rasch untermischen und den Teig etwa 1 Std. kalt stellen. Für Kleingebäck den Teig kurz vor dem Belegen evtl. in 3–4 Touren auswellen und zusammenlegen; die Teigbeschaffenheit wird dadurch ähnlich wie Blätterteig.
Die Teigmenge reicht für eine Tarteform von 24 cm Ø.

1645

Linzer Teig für Kleingebäck

100 g Butter oder Margarine,
20 g ungeschälte, geriebene Mandeln,
abgeriebene Schale ¼ Zitrone,
40 g Zucker,
120 g Weizenmehl (Type 405).

Die Butter schaumig rühren, die übrigen Zutaten (zuletzt das Mehl) zugeben, den gut vermengten Teig vor der Verwendung 1 Std. kalt stellen. Mit Hilfe von wenig Mehl nicht zu dünn auswellen (vgl. Tipp bei **2097**).

Tipp:
Die Teigmenge reicht jeweils für eine Form von ca. 26 cm Bodendurchmesser; es lassen sich daraus nach dem Backen 8–12 Kuchenstücke aufteilen. Günstig ist auch eine Springform in dieser Größe vor allem für Obstkuchen, weil diese meist nicht gestürzt werden können. Bei Mürbe- oder Hackteig beachten: Die Zutaten nicht zu stark oder zu lange mit den Händen bearbeiten, rasch verkneten und den Teig einige Male auf dem Backbrett aufschlagen. Wenn der Teig trotz Kaltstellens nicht genügend fest wird, ist es ratsam, den Teig in einer Form bzw. auf dem Backblechboden mit Hilfe von etwas Zucker mit einem kleinen Wellholz auszuwellen oder mit befeuchteten Händen breit zu drücken (keinesfalls aber mehr Mehl unterzukneten). Das Backen bei mittlerer Hitze bis zur hellen Bräunung durchführen; bei blind, d. h. ohne Belag gebackenen Kuchenböden ist eine Backzeit von etwa 25–30 Min. zu rechnen. Jeder Kuchen schmeckt besser, wenn der Boden nicht zu blass gebacken ist.

Siehe auch Linzer-Teig mit Mehl und Schrot **2097**.

Siehe auch Quark-Öl-Teig für süßes und pikantes Gebäck **2102**.

1 Mürbeteig: Mit einem breiten Messer die Zutaten zusammenhacken.

2 Den Teig zwischen den Händen rasch verkneten.

ausrollen.

1646 Butterbiskuit (Wiener Masse)

6 ganze Eier, 2 Eigelb,
125 g Zucker,
½ Teel. abgeriebene Zitronenschale,
65 g Mehl Type 405,
65 g Speisestärke, 65 g Butter.

Die ganzen Eier, Eigelb, Zucker und Zitronenschale in einer Kasserolle bei schwacher Herdhitze oder noch besser über nicht zu heißem Dampf schaumig schlagen. Die Teigmasse soll nur lauwarm werden. Wenn sie sich übereinander legt, d. h. ein Band zieht, wieder kaltrühren. Dann das gesiebte Mehl und Speisestärke nach und nach zufügen, die zerlassene, abgekühlte Butter untermischen und eine vorbereitete Tortenform damit füllen; im vorgeheizten Backofen backen und je nach Rezept weiter verfahren.
E.-Herd 175–200 °C / G.-Herd 2–3
Ca. 45 Minuten

1647 Biskuit (für Roulade, einfache Torte, Obstkuchenboden)

4 Eiweiß, 4 Essl. kaltes Wasser,
180–200 g Zucker,
1 Päckchen Vanillezucker,
4 Eigelb, 100 g Speisestärke,
100 g Mehl, 1 Teel. Backpulver.

Handarbeit
Eiweiß und Wasser sehr steif schlagen, Zucker und Vanillezucker einrieseln lassen, kurz darunter schlagen und die Eigelb darunter ziehen. Speisestärke, Mehl und Backpulver vermischen und leicht darunter heben.
Oder die Eigelbe mit heißem Wasser schaumig rühren, Zucker und Vanillezucker oder evtl. etwas Zitronenschalenabrieb einrühren. Eiweiß sehr steif schlagen, auf die Eigelbmasse geben, Mehl mit Speistärke und Backpulver darüber sieben und leicht unterheben.

Elektrisches Handrührgerät oder Küchenmaschine (Rührbesen)
Eiweiß und Wasser in der Rührschüssel auf der höchsten Schaltstufe sehr steif schlagen. Zucker und Vanillezucker unter weiterem Schlagen einrieseln lassen. Auf der niedrigen Schaltstufe (Küchenmaschine: Momentschalter) Eigelb leicht darunter ziehen, zuletzt Speisestärke, Mehl und Backpulver darunter heben.
Den Teig sofort in eine nur am Boden gefettete Springform oder Obstkuchen-Backform füllen, backen.
Für eine Biskuitrolle legt man Pergamentpapier auf ein gefettetes Backblech und falzt die Ränder hoch, damit der Teig nicht fortläuft. Der schaumige Teig wird mit dem Spatel dünn auf dem Pergamentpapier verstrichen.
In den vorgeheizten Ofen schieben. Der Biskuit ist nach ca. 10 Min. gar und lässt sich dann leicht vom Papier lösen. Der Teig muss gelb und noch nicht braun aussehen.
Schnell auf ein gezuckertes Tuch stürzen, das Papier abziehen und die Teigplatte mit Hilfe des Tuches aufrollen.

Tipp:
Der Teig für die Biskuitroulade lässt sich leichter aufrollen, wenn er nur mit Mehl ohne Speisestärke hergestellt wird.

Backzeiten:
Dünner Biskuit auf dem Backblech:
E.-Herd 200–225 °C / G.-Herd 3–4
8–12 Minuten
Tortenbiskuit (Springform):
E.-Herd 175–200 °C / G.-Herd 2–3
30–35 Minuten
Obstkuchenboden:
E.-Herd 200 °C / G.-Herd 3
20–25 Minuten
Biskuittörtchen:
E.-Herd 175-180 °C / G.-Herd 2-3
15–20 Minuten

1648 Wasserbiskuit (einfacher Biskuit)

6 Eier, 4 Essl. lauwarmes Wasser,
240 g Zucker, abgeriebene Schale und Saft ½ Zitrone oder
1 Päckchen Vanillezucker,
280 g feines Weizenmehl.

Eigelb, Wasser und Zucker weißcremig rühren; Zitronenschale und -saft oder Vanillezucker zufügen und das gesiebte Mehl löffelweise untermischen. Zuletzt den steifen Eischnee durchziehen, den Teig in eine vorbereitete Tortenform füllen, in den lauwarm vorgeheizten Backofen stellen und backen. Den Kuchen nach dem Stürzen mit Puderzucker bestäuben oder beliebig füllen und glasieren.
E.-Herd 200 °C / G.-Herd 3
Ca. 40 Minuten
Siehe auch Biskuitmasse S. 517, Krokanttorte.

1 Butterbiskuit: Zur Wiener Masse die Eier in einem Kessel aufschlagen.

2 Die Ei-Zuckermasse im Wasserbadtopf aufschlagen.

3 Nach und nach das Mehl und die Speisestärke zufügen ▷.

1649
Einfache Butterbiskuittorte (einfacher Sandkuchen)

24 cm Ø
50 g Butter, 220 g Zucker,
3 Eier, knapp ¼ l Milch,
300 g feines Mehl,
1 Päckchen Backpulver.
Zum Bestäuben: Puderzucker.

Die Butter schaumig rühren, Zucker und Eigelb zufügen und alles cremig rühren, dann abwechselnd Milch, Mehl und das mit etwas Mehl vermischte Backpulver untermischen. Zuletzt den steifen Eischnee unterziehen, den Biskuitteig in eine vorbereitete Form füllen und im vorgeheizten Backofen backen; die Torte nach dem Erkalten mit Puderzucker bestäuben.
E.-Herd 175 °C / G.-Herd 2
Ca. 45 Minuten

1650
Sehr feiner Biskuit

9 Eigelb, 250 g Zucker,
abgeriebene Schale und Saft
1 kleinen Zitrone
(etwa 1 Essl. Saft),
160 g Speisestärke oder feines Weizenmehl, 6 Eiweiß.

Eigelb und Zucker weißschaumig rühren; Zitronenschale und -saft, löffelweise etwa ⅔ der Speisestärke und den steifen Eischnee, abwechselnd mit dem übrigen Mehl, locker untermischen. Die Schaummasse in eine vorbereitete Springform füllen, glatt streichen und bei mittlerer Hitze backen. Dieser Biskuitboden kann, entsprechend gefüllt und verziert, zu verschiedenen Torten verwendet werden.
E.-Herd 200 °C / G.-Herd 3
Ca. 45–60 Minuten

1651
Mandelbiskuit

6 Eier, 200 g Zucker,
Saft und abgeriebene Schale
1 Bio-Zitrone,
100 g Weizenmehl,
100 g Speisestärke,
100 g geschälte, geriebene Mandeln,
60 g flüssige Butter.

Eier mit Zucker und Zitronenschale über heißem Dampf (Wasserbadtopf) schaumig schlagen. Die Masse darf nur lauwarm werden! Wenn man eine „Straße“ durch den Teig ziehen kann, bis zum Erkalten schlagen und nach und nach das Mehl mit der Speisestärke darüber sieben und einrühren. Dann die geriebenen Mandeln und zuletzt die flüssige Butter unterziehen. Die Torte im vorgeheizten Backofen backen und je nach Rezept weiter verarbeiten.
E.-Herd 175-200 °C / G.-Herd 2-3
Ca. 45 Minuten

Die Teigmenge reicht für eine Springform von 26 cm Ø oder ein Backblech (30 x 40 cm).

1 Unter den Butterbiskuit zuletzt den steif geschlagenen Eischnee heben.

2 Vorsichtig miteinander vermischen.

1652
Blätterteig

250 g Mehl, 250 g Butter,
1 Prise Salz,
je 3 Essl. Wasser und Weißwein.

Alle Zutaten sollen frisch und kühl sein. 100 g Mehl und 200 g Butter (in kleinen Stücken) zusammenkneten, zu einem viereckigen Teigstück auswellen und kalt stellen. In die Mitte des übrigen Mehls eine Vertiefung drücken, den Rest der Butter, Salz, Wasser und Wein hineingeben, den Teig gut kneten und gleichfalls zu einem Rechteck auswellen. In die Mitte das zuerst zubereitete Teigstück (Butterstück) geben, den zweiten Teig darüber schlagen und auswellen, diesmal zu einem länglichen Rechteck. Dieses wiederum zur Mitte hin einschlagen und dann nochmals zusammenfalten, so dass der Teig vierfach übereinanderliegt. 30 Min. kalt stellen. Dann erneut auswellen (nur ganz leicht, ohne zu drücken), übereinanderschlagen, kalt stellen. Diesen Vorgang mehrmals wiederholen, je nachdem, wie fein und blättrig man den Teig wünscht.
Blätterteig eignet sich für vielerlei Kleingebäck.
E.-Herd 220 °C / G.-Herd 4

1653
Quarkblätterteig

250 g Mehl, 250 g trockener Quark,
250 g Butter oder Margarine,
1 Prise Salz oder
1 Päckchen Vanillezucker.

Das Mehl auf ein Backbrett sieben, in eine Vertiefung in der Mitte den durchpassierten Quark geben, Fett in kleinen Stücken und zuletzt Salz oder Vanillezucker (je nachdem, ob es sich um pikantes oder süßes Gebäck handelt) zufügen. Alles zu einem glatten Teig kneten, 30 Min. kalt stellen. Dann den Teig zu einem Rechteck auswellen, von zwei Seiten her übereinanderschlagen und wieder auswellen. Diesen Vorgang etwa dreimal wiederholen, noch einmal kalt stellen, dann verwenden wie echten Blätterteig.
E.-Herd 220 °C / G.-Herd 4

1654

Hefeblätterteig (Plunderteig)

*35 g Hefe, 1/8–1/4 l Milch,
70 g Zucker, 500 g Mehl,
70 g Butter/Margarine,
1/2 Teel. Salz,
1–2 Eier.
Zum Einwellen:
100–180 g Butter oder Margarine,
etwas Mehl.*

Einen Hefeteig nach Grundrezept zubereiten. Nach dem Aufgehen auf einem bemehlten Backbrett rundum einschlagen und kurze Zeit an einem kühlen Ort ruhen lassen. Dann den Teig auswellen, die Butter zum Einwellen mit etwas Mehl verkneten, breitdrücken, auf die Teigplatte geben und wie Blätterteig (vorheriges Rezept) drei- oder viermal auswellen. Zwischendurch den Teig immer wieder für eine kurze Pause klein zusammenlegen. Dann den Hefeblätterteig in der Wärme nochmals gehen lassen.
Für pikantes Gebäck den Zucker weglassen.
Weitere Verwendung je nach Rezept.

1655

Blätterteig zu Kuchen und süßem Gebäck

*120–150 g Butter,
200–250 g Mehl, 1 Essl. Zucker,
1 Teel. Rum, 1 Eigelb,
1 Prise Salz und etwa 1/10 l süße Sahne oder Weißwein.*

Zuerst die Butter mit der halben Mehlmenge (vgl. Nr. **1652**) dünnblättrig auswellen; das übrige Mehl mit den anderen Zutaten zu einem glatten Teig verarbeiten und eine Teigplatte davon ausrollen. Dann den ausgewellten Butterteig darauf legen, einschlagen, 3–4 Touren rollen und den Teig beliebig verwenden*.

* Backtemperaturen, siehe Backtabelle S. 464 oder bei den einzelnen Rezepten.

1656

Krümelteig (für Böden, die cremig gefüllt werden)

*200–250 g zerkrümelte Plätzchen, Biskuits, Zwieback oder Cornflakes (nicht zu süß),
65 g feiner Zucker oder brauner Zucker,
100 g weiche Butter,
evtl. 100 ml Milch.*

Die zerkrümelten oder mit dem Wellholz zerstoßenen Plätzchen (oder anderes) mit Zucker und der weichen Butter gut vermischen. Falls der Teig zu krümelig ist, noch etwas Milch einarbeiten. Eine Pie-Form fetten, den Teig auf dem Boden verteilen, einen Rand hochziehen und den Teig vorbacken.
E.-Herd 175 °C / G.-Herd 2
Ca. 10 Minuten
Abkühlen lassen und mit einer beliebigen Creme füllen.

1 Blätterteig: Das Teigstück mit Mehlhilfe auswellen, überflüssiges Mehl abbürsten.

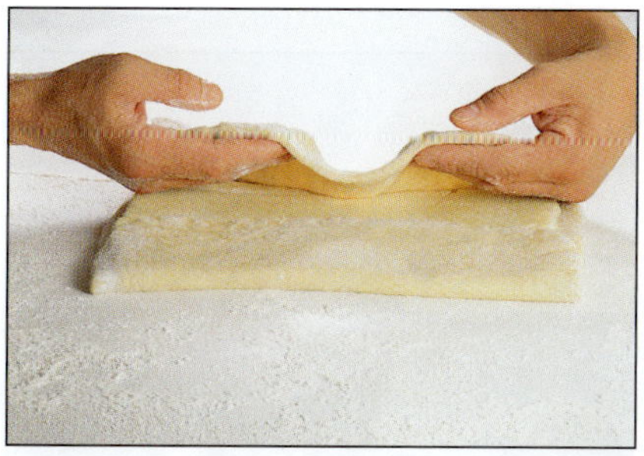

2 Den Teig von beiden Seiten zur Mitte überschlagen.

3 Die erste Tour geben.

4 Eine Doppeltour geben.

5 Eine einfache Tour geben.

6 Eine Doppeltour geben

1657 Brandteig (Brühteig)

¼ l Wasser, 50 g Butter oder Margarine, 1 Prise Salz, 150 g Mehl, 4–5 Eier, 1 gestrichener Teel. Backpulver.

Wasser mit Butter oder Margarine und Salz zum Kochen bringen. Dann das Mehl auf einmal zugeben und so lange mit dem elektrischen Handrührer rühren, bis sich alles als Kloß vom Boden des Topfes löst. Den heißen Teig in eine Schüssel geben und sofort mit einem Ei verrühren.
Abkühlen lassen und ein Ei nach dem anderen dazurühren.
Der fertige Teig soll glatt und glänzend sein und in langen Spitzen von den Knethaken fallen. Eventuell 1 Ei weniger verwenden. Das Backpulver zuletzt untermischen.
Aus dem Teig mit Hilfe einer Gebäckspritze oder mit dem Teelöffel/Spatel Windbeutel, Eclairs, Tortenboden etc. aufs vorbereitete Blech spritzen bzw. streichen. Die Teilchen 30 Min. backen, etwa 10 Min. im Backofen nachtrocknen lassen.
E.-Herd 220 °C / G.-Herd 4
25–30 Minuten;
10 Min. nachtrocknen

Windbeutel oder Eclairs noch warm mit einer Haushaltsschere oder einem gezahnten Messer aufschneiden.

Tipp:
Besonders gut geht Brandteiggebäck auf, wenn Sie vor Backbeginn ½ Tasse Wasser auf den Backofenboden gießen. Während des Backens die Backofentür nicht öffnen!

1658 Torteletts für Obsttörtchen

Mürbeteig-Grundrezept.
Den Mürbeteig nach Grundrezept **1643** zubereiten, auswellen und in gefettete Tortelett-Formen füllen und in 20–30 Minuten „blind“, d. h. ohne Belag, backen. Vergl. **1659**.
E.-Herd 200 °C /G.-Herd 3
20–30 Minuten

1 Brandteig: Das Mehl auf einmal zum heißen Wasser-Butter-Ansatz schütten.

2 Den Teig abbrennen.

3 Die Eier zugeben.

4 Den Brandteig durcharbeiten.

1659 Butterteig zum Auslegen von kleinen Förmchen

250 g Mehl, 120 g Butter, 1 Eigelb, 1 kräftige Prise Salz.

Die Zutaten gut verkneten und in 4 Touren auswellen. Kleine, gefettete Schiffchen oder runde Förmchen mit schmalem Rand damit auslegen, mit getrockneten Erbsen füllen und im vorgeheizten Backofen backen („blindbacken“).
E.-Herd 200 °C / G.-Herd 3
Ca. 20 Minuten
Die Erbsen wieder herausnehmen und die Förmchen beliebig füllen.

1660 Pikanter Teig zum Auslegen von Pastetenförmchen

200 g Mehl, 50 g zerlassenes Rinder- oder Ochsenmark oder Butter, 100 g geriebener Hartkäse, 1 kräftige Prise Salz, wenig Wasser.

Die Zutaten zu einem weichen, glatten Teig verkneten, kurze Zeit ruhen lassen, dann mäßig dick auswellen. Für jedes Pastetchen einen Boden, ein Deckelchen, einen Randstreifen (in Höhe des Förmchens) und einen schmalen Streifen zur Verzierung des Deckelchens ausrädeln; die gefetteten Förmchen damit auslegen und zum Blindbacken statt der Fülle ein Papierbällchen hineingeben. Oder den in der Größe des Förmchens ausgerädelten Teig über die gefetteten Förmchen stülpen und die Pastetchen im vorgeheizten Backofen backen.
E.-Herd 175 °C / G.-Herd 2.
Ca. 20–25 Minuten.
Die Deckelchen mit den Streifen verzieren, mitbacken und nach vorsichtigem Stürzen oder Ablösen der Pasteten vom Förmchen auf die beliebig gefüllten Pastetchen setzen.

1661
Hefekranz

1 kg Mehl, 1 Würfel Hefe (42 g), knapp ½ l Milch, 160 g Butter (oder ⅔ Butter und ⅓ Schweineschmalz), 2–3 Eier, 160 g Zucker, 1 gestr. Teel. Salz, Schalenabrieb von ½ Bio-Zitrone.
Zum Bestreichen: 1 Eigelb.
Zum Bestreuen: Hagelzucker und geschälte, gestiftelte Mandeln.
Zum Bestäuben: Puderzucker.

Die Hefe mit wenig lauwarmer Milch auflösen, etwas Mehl untermischen und zum Gehen warm stellen. Inzwischen die Butter schaumig rühren, dann mit Eiern, Zucker, Salz, Zitronenschale, Mehl und der aufgegangenen Hefe gut vermengen. So viel Milch zufügen, wie zum Kneten nötig ist, tüchtig schlagen (der Teig soll sich von den Händen leicht und glatt lösen) und den Teig so lange zugedeckt in die Wärme stellen, bis er das doppelte Quantum aufweist. In drei Portionen teilen, einzeln auf einem bemehlten Brett zu gleichlangen Rollen formen, nebeneinander legen von der Mitte aus zu einem Zopf flechten. Diesen kranzförmig in ein gefettetes Kuchenblech legen. Damit der Kranz die Form behält, ein kleines, gefettetes Schüsselchen oder eine Blechdose in die Mitte stellen. Den Kranz nach kurzer Ruhezeit mit Eigelb bepinseln, Hagel- oder Kristallzucker zwischen die Kranzrillen streuen (dadurch erweitern sich die knusprigen Risse), fein gestiftelte Mandeln obenauf geben, den Hefekranz bei gleichmäßiger, mittlerer Backhitze hellbraun backen und mit Puderzucker bestäuben.
E.-Herd 200–220 °C / G.-Herd 3–4
Ca. 40 Minuten
Aus diesem Teig oder aus den Teigresten lässt sich auch beliebiges Gebäck wie Schnecken, Brezeln, Zöpfchen, „S“ usw. formen. Diese ebenfalls nach dem Aufgehen mit Eigelb überpinseln, halbfertig backen, mit Zucker bestreuen und im Backofen fertig backen.

◁ Streuselkuchen und Butterkuchen vom Blech, S. 485.

1662
Krawatte (Schwäbischer Kaffeekuchen)

500 g Mehl, 30 g frische Hefe oder 1 Päckchen Trockenbackhefe, ⅛–¼ l Milch, 100 g Zucker, 1 Prise Salz, 2 Eier, 80 g Butter, abgeriebene Schale von ½ Zitrone.
Zum Bestreichen und Bestreuen: 3–4 Essl. zerlassene Butter, 150 g Sultaninen, 2 Essl. Zucker, 1 Päckchen Vanillezucker.

Mit den Zutaten einen Hefeteig ohne Vorteig zubereiten (die Hefe in der lauwarmen Milch auflösen), glatt kneten und in einer Schüssel zum Gehen warm stellen. Dann auf dem Backbrett etwa 2 cm dick auswellen, mit zerlassener Butter bestreichen (etwas Butter zum zweiten Bestreichen zurückbehalten), die vorbereiteten Sultaninen und den Zucker darauf streuen, den Teig zu einem Stollen aufrollen und auf ein gefettetes Backblech setzen; nach kurzem Warmstellen die Oberfläche in der Mitte der Länge nach aufschneiden und den Stollen mit der restlichen Butter überpinseln. Bei mittlerer Hitze hellbraun backen, noch warm mit der Glasur **1860** überziehen oder mit Puderzucker bestäuben.
E.-Herd 200 °C / G.-Herd 3
Ca. 45 Minuten

1663
Hefezopf

500 g Mehl, 30 g Hefe oder 1 Päckchen Trockenbackhefe, 100 g Butter, 50–80 g Zucker, 1 Ei, 2 Eigelb, 1 Essl. Anis, ½ Teel. Salz, ⅛–¼ l Milch, abgeriebene Schale von ½ Zitrone.
Zum Bestreichen: 1 Eigelb.
Zum Bestreuen: Hagelzucker und Mandelstifte oder -blättchen.
Zum Bestäuben: Puderzucker.

Zubereitung wie Hefekranz **1661**; den Zopf jedoch an beiden Enden spitz flechten und nicht in runder Form, sondern der Länge nach auf ein gefettetes Backblech setzen. Mit verquirltem Eigelb bestreichen, mit Mandelstiften und Hagelzucker bestreuen. Nach dem Backen mit Puderzucker bestäuben.
E.-Herd 175–200 °C / G.-Herd 2–3
Ca. 35–40 Minuten

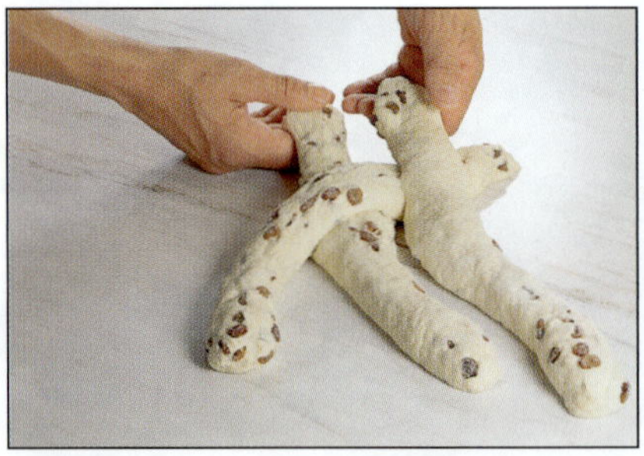

1 Hefezopf: Die Teigstränge legen.

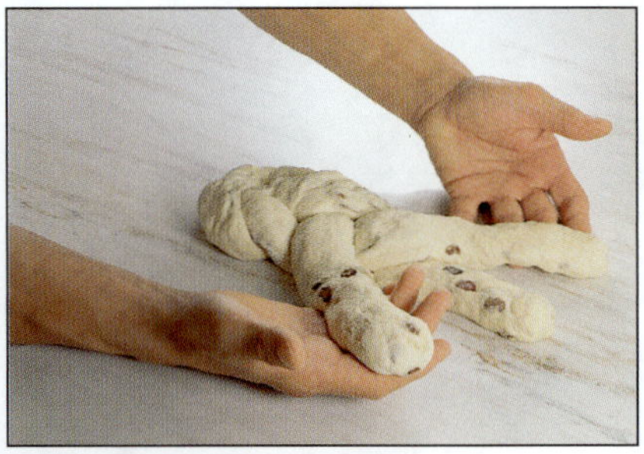

2 Den Zopf flechten.

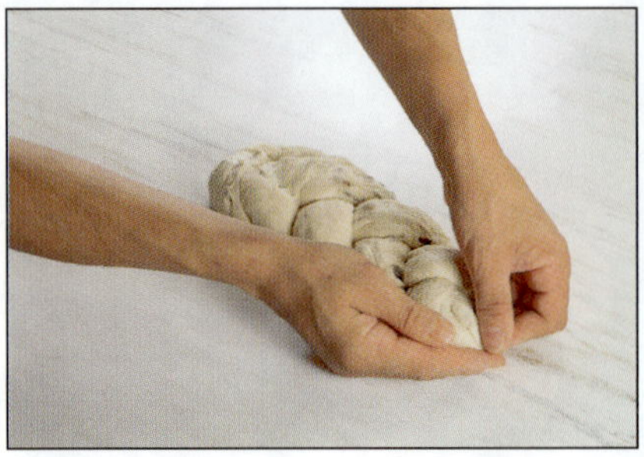

3 Die Teigenden zusammendrücken (verschließen).

4 Den Hefezopf mit Eigelb bestreichen.

1664

Einfacher Hefebund

20 g Hefe, knapp 1/4 l Milch,
500 g Mehl, 80–100 g Butter,
2 Eier, 120 g Zucker, 1 Prise Salz,
abgeriebene Schale von 1/2 Zitrone,
70 g Sultaninen.

Die Hefe mit einem kleinen Teil der lauwarmen Milch auflösen, in die Mitte des gesiebten Mehles gießen und einen Vorteig anrühren. Nach dem Aufgehen mit der schaumig geschlagenen Butter, den verquirlten Eiern, dem Zucker und den übrigen Zutaten vermischen. Den weichen Hefeteig mit dem Holzlöffel so lange schlagen, bis er Blasen zeigt; dann in eine gefettete Ringform einlegen, nochmals gehen lassen, bei guter Hitze hellgelb backen und auf ein Gitter stürzen.
E.-Herd 200–220 °C / G.-Herd 3–4
Ca. 30–40 Minuten

1665

Teekranz

*Hefeteig **1667**.*
Zum Bestreuen:
150 g Zucker, etwas Zimt,
je 100 g vorbereitete Sultaninen und Rosinen, je 50 g geschnittenes Zitronat und Orangeat.
Zum Bestreichen: 1 Eigelb.
*Glasur: **1864**,*
50 g geschälte, gestiftelte Mandeln.

Den Teig zubereiten, zu einem großen Rechteck auswellen, dann der Länge nach in drei Teile schneiden und mit den oben genannten Zutaten bestreuen. Jeweils den äußeren Rand einer Längsseite mit Eigelb bepinseln und nach diesem Rand hin aufrollen. Aus den drei gefüllten Rollen einen Zopf flechten, zum Kranz formen, auf ein gefettetes Blech setzen, in die Mitte ein ebenfalls gefettetes Schüsselchen oder einen Blechring einlegen und den Kranz in der Wärme etwa 1 Std. aufgehen lassen. Bei mittlerer Hitze hellbraun backen, sofort nach dem Herausnehmen glasieren und, so lange die Glasur noch feucht ist, mit den Mandeln spicken oder bestreuen
E.-Herd 175 °C / G.-Herd 2
Ca. 45–60 Minuten

1666

Haselnussring

80–100 g Butter, 375 g Mehl,
25–30 g Hefe, 60 g Zucker,
1 Prise Salz, 1 Ei, 1/8 l Milch,
etwas abgeriebene Zitronenschale.
Fülle:
120 g Haselnüsse, 50 g Zucker,
4 Essl. dicke süße Sahne,
etwas Vanillezucker.
*Glasur: **1851***
oder Puderzucker.

Von der Hälfte Butter und den übrigen Zutaten einen Hefeteig wie zu Strudelring **1667** zubereiten, die restliche Butter zuletzt einwellen wie bei Blätterteig **1654**. Inzwischen die Haselnüsse rösten, fein reiben und mit den genannten Zutaten zur Fülle verwenden. Den Teig auf dem Backbrett fingerdick ausrollen (etwa 50 cm lang und 30–40 cm breit), die Fülle darauf verteilen, eine Rolle formen und in eine gut gefettete Ringform von 25 cm Durchmesser legen. Den Teig darin aufgehen lassen, bei guter Hitze hellbraun backen und mit der Vanilleglasur überziehen oder dick mit Puderzucker bestäuben.
E.-Herd 220 °C / G.-Herd 4
Ca. 30–45 Minuten

1667

Strudelring

Ringform 30–32 cm Ø
500 g Mehl, 35 g Hefe,
70 g Butter oder Margarine,
abgeriebene Schale 1/2 Zitrone,
1 Ei, 1 Eigelb, 1 Prise Salz,
1/8 –1/4 l Milch.
Zum Einwellen:
70–100 g Butter.
Fülle:
100 g geschälte Mandeln,
100 g Zucker, 120 g Brösel,
1 Teel. gemahlener Zimt,
wenig Vanillezucker und
Wasser oder Milch.
*Glasur: **1860**.*

Aus den Zutaten zum Teig mit der aufgelösten Hefe einen mäßig festen Hefeteig zubereiten. Über Nacht auf dem bemehlten Backbrett gut zugedeckt aufgehen lassen. Am anderen Tag viereckig auswellen, die Butter in wenig Mehl durchkneten, flachdrücken, in den Teig einschlagen und dies dreibis viermal wiederholen (vgl. **1654**).
Für die Fülle die geriebenen Mandeln mit den übrigen Zutaten in einer Schüssel verrühren. Den Teig 60 cm lang und 50 cm breit auswellen, von leicht geschlagenem Eiweiß in der Mitte einen 2 cm breiten Streifen ziehen und die beiden Teighälften mit der nicht zu feuchten Fülle bestreichen. Den Teig an der Streifenlinie durchschneiden, die beiden Teile von außen zur Mitte aufrollen und die Rollen ineinander schlingen. In eine gefettete Ring- oder Tortenform legen (Durchmesser etwa 32 cm) und in die Mitte eine gefettete Blechdose oder eine Schüssel stellen. Den Strudelring 45–60 Min. in der Wärme aufgehen lassen, bei guter Hitze hellbraun backen und noch heiß glasieren.
E.-Herd 220 °C / G.-Herd 4
Ca. 30–45 Minuten

1668

Rollkuchen (Rosenkuchen)

Hefeteig siehe Strudelring.
Zum Bestreichen:
60 g zerlassene Butter.
Zum Bestreuen:
150–200 g Zucker, etwas Zimt,
100 g vorbereitete Sultaninen und
100 g Korinthen,
100 g gewiegtes Zitronat,
60 g geschälte, geriebene Mandeln.
Zum Pinseln: Eigelb.

Den aufgegangenen Hefeteig zu einem 30 cm breiten, 1 cm dicken Streifen auswellen, zerlassene Butter aufstreichen, den Belag aufstreuen (Zucker und Zimt mischen) und den Teigstreifen aufrollen. Dann 4–5 cm breite Stücke davon abschneiden und diese (mit der Schnittfläche nach unten) in eine gefettete Springform kranzförmig einsetzen. Darin nochmals kurz aufgehen lassen, die Röllchen mit Eigelb pinseln, bei guter Hitze hellbraun backen und zum Auskühlen auf ein Drahtgitter stürzen.
E.-Herd 200–220 °C / G.-Herd 3–4
Ca. 30–45 Minuten

1669
Gefüllter Mandelring

625 g Mehl, 25–30 g Hefe,
80 g Butter, 80 g Schweineschmalz,
70 g Zucker, 1 Prise Salz,
1/8 l Milch, 2 Eigelb.
Fülle:
150 g geschälte, geriebene Mandeln,
3–4 Tropfen Bittermandelöl,
150 g Zucker,
abgeriebene Schale von 1/2 Zitrone,
Schnee von 3 Eiweiß.
Glasur:
150 g Puderzucker,
1–2 Essl. kaltes Wasser oder Zitronensaft,
1 Teel. Vanillezucker.

Einen nicht zu festen Hefeteig zubereiten, nach dem Aufgehen rechteckig auswellen (etwa 70 cm lang und 40 cm breit) und mit der inzwischen hergestellten Fülle bestreichen. Dann die Teigfläche aufrollen und in eine gefettete Ringform von 28–30 cm Durchmesser einlegen. Bei mittlerer Hitze hellgelb backen und noch warm mit der glatt gerührten Glasur überziehen. Oder den gebackenen Mandelring mit Zucker und Zimt bestreuen.
E.-Herd 175–200 °C / G.-Herd 2–3
Ca. 45 Minuten

1670
Savarin (Punschring)

25 g Frischhefe oder 1 Päckchen Trockenbackhefe, 1/4 l Milch,
80 g Zucker, 500 g Mehl,
125 g Butter oder Margarine,
1/2 Teel. Salz, 4 Eier,
abgeriebene Schale von 1/2 Zitrone.
Zum Tränken:
4 Essl. Zucker, 3/8 l Wasser,
4 Essl. Rum.
Aprikosenmarmelade,
kandierte Früchte,
Mandeln zum Verzieren.

Einen Hefeteig nach Grundrezept herstellen, in eine gefettete, große Ringform einlegen, warm stellen und gehen lassen, bis er sich etwa verdoppelt hat. Im vorgeheizten Backofen backen.
E.-Herd 200–225 °C / G.-Herd 3–4
Ca. 45 Minuten

Den Zucker im Wasser zum dünnen Faden kochen und mit dem Rum vermischen. Den Savarin heiß aus der Form stürzen und diese halbhoch mit der Zuckerlösung füllen. Den Savarin so lange wieder in die Form setzen, bis der ganze Läuterzucker aufgesogen ist. Nach dem Stürzen mit Aprikosenmarmelade bestreichen und evtl. mit Zuckerglasur überziehen. Mit kandierten Fruchtstückchen und Mandelhälften verzieren.
Oder den fertig gebackenen Savarin statt mit Läuterzucker und Rum mit Fruchtsaft tränken. Nach dem Stürzen in die Mitte des Ringes verschiedene gedünstete und erkaltete, gut abgetropfte Früchte einlegen und den Savarin mit reichlich Schlagsahne verzieren.
Oder 3/8 l frisch gepressten Orangensaft mit 100 g feinem Zucker (nach Geschmack etwas mehr), dem Mark von 1 Vanillestange und 1/2 Teel. gemahlenem Kardamom aufkochen. Hitze reduzieren und auf etwa die Hälfte einkochen. Den fertig gebackenen Kuchen mit einer Nadel in kurzen Abständen einstechen und den Orangensirup auf dem Kuchen verteilen.

1671
Mandelkuchen

80 g Butter oder Margarine,
500 g Mehl, 3 Eigelb,
50 g Zucker, 20 g Hefe,
gut 1/4 l Milch, Salz,
abgeriebene Schale von 1/4 Zitrone.

1 Brioche: Die größere Teigkugel in das gefettete Briocheförmchen legen.

Zum Guss:
80–100 g schaumig gerührte Butter,
100 g Zucker, 2 Eigelb,
100–150 g geschälte, geriebene Mandeln,
1 Päckchen Vanillezucker,
Schnee von 2–3 Eiweiß.

Die Butter schaumig rühren, alle anderen Zutaten nach und nach beifügen (die Hefe in etwas warmer Milch auflösen). Einen nicht zu festen Teig bereiten, zum Gehen in die Wärme stellen und in eine gefettete Springform legen. Für den Guss die Zutaten gut verrühren, Eischnee zuletzt unterheben; den Cremeguss darauf streichen und den Mandelkuchen bei guter Hitze hellbraun backen.
E.-Herd 200 °C / G.-Herd 3
Ca. 30–45 Minuten

1672
Brioche I– französische Hefeteilchen

500 g sehr feines Mehl (Instantmehl),
30 g Frischhefe,
knapp 1/8 l lauwarme Milch oder Wasser,
35 g Zucker,
1 Essl. Meersalz,
5 Eier, abgeriebene Schale von 1/2 unbehandelten Zitrone,
450 g weiche Butter,
1 Eigelb, mit 1 Essl. süßer Sahne verquirlt.

Mehl in eine Rührschüssel sieben, zerbröckelte Hefe mit der Milch verquirlen, hineingeben, 20 Min. zugedeckt stehen lassen. Dann den Zucker, Salz,

2 In die Mitte der Teigkugel eine Mulde drücken.

3 Eier und Zitronenschale zufügen und verkneten. Nach und nach 150 g Fett in Stücken einarbeiten. Ist das Fett völlig aufgenommen, die übrigen Eier und das restliche Fett zugeben, gut durchkneten. Den Teig an einem warmen Ort ca. 2 Std. ruhen lassen.
Danach nochmals durchkneten, noch eine Stunde gehen lassen (oder besser: über Nacht in den Kühlschrank stellen).
Inzwischen 12 Brioche-Backförmchen gut einfetten. Den Teig nochmals durchkneten, in 12 große und 12 kleine Portionen teilen. Die großen Teigstücke birnenförmig rollen, in die Förmchen geben, in der Mitte etwas eindrücken. Aus den kleinen Portionen Kugeln formen und daraufsetzen. Die Teilchen noch etwa 1 Std. gehen lassen, mit Eimilch bepinseln und goldbraun backen.
E.-Herd 200–225 °C / G.-Herd 3–4
Ca. 30 Minuten

1673

Brioche II– französisches Kuchenbrot

250 g Mehl, 20 g frische Presshefe,
1 Essl. Zucker, 2–3 Eier,
150 g Butter oder Margarine,
1 ½ Teel. Salz,
1 Eigelb zum Bestreichen.

Das Mehl in eine Schüssel sieben und in die Mitte eine Mulde drücken. Die Hefe mit dem lauwarmen Wasser und dem Zucker verrühren und in die Mulde schütten. Den Vorteig leicht mit Mehl bestäuben und gehen lassen. Die Eier verquirlen und mit flüssiger Butter und dem Salz unter den Teig arbeiten. Den Teig ruhen lassen, dann in eine gut gefettete Kastenform füllen, mit Eigelb bestreichen und im vorgeheizten Backofen goldgelb backen.
E.-Herd 200 °C / G.-Herd 3
Ca. 30 Minuten
Oder den Teig nicht mehr gehen lassen und sofort in die gefettete Form füllen, mit Eigelb bestreichen und in den auf 50 Grad vorgewärmten Backofen schieben. Ca. 30 Min. bei dieser Hitze randhoch aufgehen lassen, dann die Temperatur etwa im 5 Minuten-Rhythmus jeweils um ca. 20 Grad hochschalten, bis auf 200 Grad. Danach den Stäbchentest machen.
Die Brioche lässt sich sehr gut auf Vorrat backen und einfrieren. Nach dem Auftauen die Brioche in Scheiben schneiden und leicht toasten.
Oder den Teig in gefettete kleine Briocheförmchen (8–10 cm Ø) füllen und in ca. 20–25 Min. goldgelb backen.

1674

Striezel

Die Hälfte der Zutaten vom Hefeblätterteig ***1654****.*
Zum Bestreichen: 20 g Butter.
Fülle:
60 g geschälte süße und einige bittere Mandeln oder einige Tropfen Bittermandelextrakt,
40 g Zucker, 1 Messersp. Zimt,
abgeriebene Schale ¼ Zitrone,
40 g Zitronat, 60 g Korinthen.
Glasur:
60 g Puderzucker,
½ Päckchen Vanillezucker,
1–2 Essl. Wasser
oder zum Bestäuben Puderzucker.

Den aufgegangenen Teig zu einem Streifen von 25–30 cm Breite und 40 cm Länge auswellen, dann mit zerlassener Butter bestreichen. Alle Zutaten zur Fülle untereinandermischen (die Mandeln zuvor reiben und das Zitronat fein schneiden). Den Teigstreifen damit bestreuen, der Länge nach aufrollen und auf ein gefettetes Blech legen. Den ganzen Stollen mit der Schere ungefähr bis zur Hälfte der Höhe dreimal einschneiden, damit der Teig beim Backen in die Breite gehen kann. Den Striezel bei guter Hitze hellbraun backen, noch warm mit der Glasur überpinseln oder mit Puderzucker bestäuben.
E.-Herd 200–220 °C / G.-Herd 3–4
Ca. 30–40 Minuten

3 Die kleinere Teigkugel einsetzen.

4 Mit Eimilch oder verquirltem Eigelb bestreichen.

5 Die fertig gebackene Brioche.

1675 Gugelhupf (Asch-, Napf-, Rodonkuchen)

500 g Mehl,
35 g Hefe,
180–200 ml Milch,
200 g Butter,
100 g Zucker,
3–4 Eier,
Schalenabrieb von ½ Bio-Zitrone,
1 Prise Salz,
60 g geschälte, gehackte Mandeln,
130 g vorbereitete Sultaninen.
Zum Ausfetten und Ausstreuen:
Butter oder Öl und
Zwiebackbrösel.

Die Hefe in lauwarmer Milch auflösen und mit wenig Mehl zu einem Vorteig anrühren. Etwa 1 Std. zum Aufgehen in die Wärme stellen, dann die leicht gerührte Butter, die übrigen Zutaten und zuletzt die Sultaninen beifügen und den Teig so lange schlagen, bis er Blasen zeigt. Eine Gugelhupfform mit Butter oder Öl bepinseln, mit Zwiebackbröseln ausstreuen und den Teig etwa bis zur Hälfte der Form einfüllen. Darin etwa 45–60 Min. aufgehen lassen und den Gugelhupf bei mittlerer Hitze hellbraun backen. Auf ein Gitter stürzen und dick mit Puderzucker bestäuben.
E.-Herd 175–200 °C / G.-Herd 2–3
Ca. 50–60 Minuten

Gugelhupf/Napfkuchen

1676 Wiener/Elsässer Gugelhupf

20 g Hefe,
1/10 l Milch oder süße Sahne,
300 g Mehl, 150 g Butter,
4 Eier, 2 Eigelb, 100 g Zucker,
1 Päckchen Vanillezucker,
1 Prise Salz.
Zum Ausfetten und Auslegen:
Butter und 50 g geschälte, halbierte Mandeln.
Zum Bestäuben: Puderzucker.

Die Hefe in der lauwarmen Milch oder Sahne auflösen, 60 g Mehl zufügen und 1 Std. aufgehen lassen. Die Butter schaumig rühren, die anderen Zutaten unter Rühren beifügen, zuletzt den Vorteig untermischen und den Teig so lange schlagen, bis er Blasen zeigt. Die gut gefettete Form mit den Mandeln am Boden und rundum an den Seiten dicht auslegen. Die Teigmasse einfüllen, zum Aufgehen etwa 45–60 Min. in die Wärme stellen und bei guter Hitze hellbraun backen (evtl. die Oberfläche mit einem Pergamentpapier schützen). Zum Abkühlen auf ein Gitter stürzen und mit Puderzucker bestäuben.
E.-Herd 200–220 °C / G.-Herd 3–4
Ca. 30–40 Minuten

1677 Gugelhupf (einfache Art)

750 g Mehl,
30–40 g Hefe,
125 g Butter oder Margarine und
1 Essl. Schweinefett oder
2 Essl. saure Sahne,
125 g Zucker, 1–2 Eier,
stark 3/8 l Milch, 1 Prise Salz,
Schalenabrieb von ½ Bio-Zitrone.

Wie **1675** zubereiten, jedoch einen etwas festeren Teig herstellen.

1678 Memminger Brot

1 kg Mehl, 40–50 g Hefe,
etwa ¼–3/8 l Milch, ½ Essl. Salz,
125 g Zucker, 100 g weiche Butter,
2 Eier, abgeriebene Schale
von 1 Bio-Zitrone, 1 Essl. Anis,
je 60 g kleinwürfelig geschnittenes
Zitronat und Pomeranzenschale,
2 Essl. Rosenwasser.

Alle Zutaten (die Hefe in einem Teil der Milch auflösen) auf dem Backbrett zu einem festen Teig verarbeiten und so lange kneten, bis der Anis wieder herausfällt; dann 1 cm dick auswellen, mit einem Glas kleine Küchlein ausstechen, je zur Hälfte überklappen und dicht nebeneinander als Halbmonde in eine gefettete Kastenform setzen und gehen lassen.
E.-Herd 180–200 °C / G.-Herd 2–3
Ca. 35–40 Minuten (Stäbchenprobe, S. 463)
Noch warm mit kaltem Wasser überpinseln, die Form stürzen, das Gebäck auskühlen lassen und in feine Scheiben schneiden; frische Butter als Aufstrich dazu reichen.

1679 Streuselkuchen

500 g Mehl, 25 g Hefe,
80 g Butter,
1 Essl. Schweinefett, 60 g Zucker,
2 Eier (oder 1 Ei und 2 Eigelb),
abgeriebene Schale von 1/4 Zitrone,
1 Prise Salz, 1/8–1/4 l Milch.
Zum Bestreichen:
40 g zerlassene Butter.
Für die Streusel:
90 g Butter, 100 g Zucker,
110 g Mehl, 60 g geschälte,
gewiegte Mandeln, 1/2 Teel. Zimt.

Einen nicht zu weichen Hefeteig zubereiten, nach dem Aufgehen auf dem Backbrett auswellen, in einem gefetteten, mehlbestreuten Backblech ausbreiten und noch kurze Zeit gehen lassen. Dann die Oberfläche mit einer Gabel einstechen, mit der zerlassenen Butter bestreichen und die Streusel darauf verteilen.
E.-Herd 175–200 °C / G.-Herd 2–3
Ca. 35–40 Minuten
Streuselzubereitung: Die gewiegten Mandeln und die Butter unter die übrigen Zutaten mischen. Mit den Händen so vorkneten, dass sich kleine Klümpchen bilden, und diese bröselig zerreiben.
Oder den Teig etwas dicker auswellen, in ein rundes, gefettetes Blech einlegen, Streusel darauf verteilen. Nach dem Backen und Erkalten halbieren und mit Vanillecreme **1838** füllen.

1680 Butter-/Zimtkuchen

*Hefeteig **1679**.*
Zum Bestreichen:
40 g Butter oder 1/8 l dicke saure Sahne, 50 g Zucker,
200 g Mandelblättchen,
1 Teel. Zimt.

Den ausgewellten Hefeteig nach nochmaligem Gehen mit der zerlassenen Butter oder dicker saurer Sahne (Crème fraîche) bestreichen, mit Zucker und Mandelblättchen oder Zimt bestreuen und bei guter Hitze knusprig backen.
E.-Herd 200 °C / G.-Herd 3
Ca. 35–40 Minuten

1681 Bienenstich

375 g Mehl,
20 g Hefe,
etwa 1/4 l Milch oder je die Hälfte süße Sahne und Milch,
60–80 g Butter,
50 g Zucker, 2 Eigelb,
abgeriebene Schale von 1/2 Zitrone,
1 Prise Salz, 1 Päckchen Vanillezucker.
Zum Aufstreichen:
80 g Butter, 120 g Zucker,
125 g geschälte, feinstreifig geschnittene Mandeln oder feine Mandelblättchen,
etwas Bittermandelöl,
2 Essl. Rosenwasser.
*Zum Füllen: Creme **1837** oder **1845**.*

Mit der Hefe, der Hälfte Milch und einem kleinen Teil des Mehles einen Vorteig zubereiten und aufgehen lassen. Inzwischen die Butter schaumig schlagen, Zucker, Eigelb, Zitronenschale, Salz und Vanillezucker mitrühren, abwechselnd Milch, Mehl und den Vorteig untermischen. Dann einen glatten, weichen Teig kneten und zum Gehen warm stellen. Sobald dieser das doppelte Quantum aufweist, einen Teigboden von 2 cm Höhe auswellen, in eine gefettete Springform einlegen und 10 Min. ruhen lassen.
Zum Aufstrich: Die Butter erhitzen, den Zucker und die Mandeln zugeben, kurz darin rösten, etwas abkühlen lassen und wenig Bittermandelöl mit Rosenwasser daruntermengen. Den Aufstrich nach dem Erkalten obenauf geben – der Teig ist durch das Ruhen noch ein wenig aufgegangen – und den Kuchen bei guter Hitze backen. Nach dem Erkalten flach halbieren und mit der Creme füllen.
E.-Herd 180–200 °C / G.-Herd 2–3
Ca. 30–45 Minuten

Bienenstich

1682 Rührkuchen mit Kaffee

4 Eier, 300 g Zucker, 500 g Mehl,
1 Tasse Bohnenkaffee,
je 1 Messersp. Nelken und Zimt,
125 g Sultaninen,
1 Päckchen Backpulver,
180 g zerlassene Butter oder Margarine.
Glasur: ***1860****.*

Die ganzen Eier mit dem Zucker schaumig rühren, das Mehl abwechselnd mit Bohnenkaffee zufügen, die vorbereiteten Sultaninen und die übrigen Zutaten untermischen. Zuletzt das gesiebte Backpulver und die zerlassene Butter leicht unterziehen, die Teigmasse in eine gefettete Kastenform füllen und bei mittlerer Hitze backen. Noch heiß mit der Zuckerglasur überziehen.
E.-Herd 175 °C / G.-Herd 2
Ca. 45–60 Minuten

1683 Sandkuchen

250 g Butter,
250 g Zucker,
2 Eier, 2 Eigelb oder 4 Eier,
abgeriebene Schale von 1 unbehandelten Zitrone,
250 g Speisestärke,
50 g Mehl,
1/2 Pck. Backpulver,
Puderzucker zum Bestäuben.

Geschmeidiges Fett schaumig rühren, nach und nach Zucker, Eier, Eigelbe und Zitronenschale unterschlagen. Speisestärke, Mehl und Backpulver sieben, esslöffelweise in den Teig einarbeiten. Den Teig in eine gefettete Kastenform füllen, backen. Nach 15 Min. Backzeit mit einem feuchten Messer einen Längsschnitt in den Kuchen machen. Erkaltet mit Puderzucker bestäuben.
E.-Herd 180 °C / G.-Herd 2
Backzeit : 50–55 Minuten

1684 Makronenkuchen

Rührteig: 200 g Butter oder Margarine, 175 g Zucker,
1 Pck. Vanillinzucker, 2 Eier,
2 Eigelb, 200 g Mehl,
50 g Speisestärke,
1 Teel. Backpulver, 2 Essl. Rum.
Makronenmasse: 2 Eiweiß,
100 g Puderzucker,
1/2 Fläschchen Bittermandel-Backöl,
175 g geschälte, gemahlene Mandeln.

Die angegebenen Zutaten zu einem Rührteig verarbeiten, in eine gefettete Kastenform füllen, der Länge nach eine Vertiefung eindrücken.
Eiweiß mit Puderzucker und Backöl cremig-steif schlagen, Mandeln von Hand unterheben. Die Masse in die Vertiefung füllen. Den Kuchen goldgelb backen.
E.-Herd 160–180 °C / G.-Herd 1–2
Backzeit: 60–80 Minuten

1685 Ananas- oder Aprikosenstollen

5 Eier, 125 g Zucker,
70 g Butter oder Margarine,
1–2 Scheiben frische Ananas oder 4 Aprikosen, 1 Essl. Cognac oder Madeira,
140 g feines Mehl,
1/4 Teel. Backpulver.
Glasur: ***1860****.*

Die gequirlten Eigelb mit Zucker und der schaumig geschlagenen Butter weißcremig rühren. Die Ananasscheiben oder Aprikosenhälften kleinwürfelig schneiden, mit Cognac oder Madeira beträufeln, kurz durchziehen lassen. Mehl, Backpulver und den Eigelbschaum zufügen, gut vermischen und den steifen Eischnee locker durchziehen. Eine gefettete Kastenform mit Pergamentpapier oder Backtrennpapier auslegen, die Schaummasse einfüllen und hellgelb backen. Das Papier nach dem Stürzen der Form durch Befeuchten ablösen und den Stollen glasieren.
E.-Herd 175–200 °C / G.-Herd 2–3
Ca. 30–40 Minuten

1686 Zitronenkuchen

175 g Butter oder Margarine,
200 g Zucker, 3 ganze Eier,
Saft von 1 Zitrone,
abgeriebene Schale von 2 Zitronen,
200 g Mehl, 100 g Speisestärke,
1/2 Päckchen Backpulver,
etwa 1/2 Tasse Milch.
Guss:
200 g Puderzucker,
Saft von 1 Zitrone.

Butter, Zucker, die ganzen Eier und Zitronensaft weißcremig rühren. Das gesiebte Mehl, Speisestärke und Backpulver, die geriebene Zitronenschale zufügen, löffelweise unter den Butterschaum mischen und die Milch dabei nach und nach zugießen. Den Teig in eine gefettete Teekuchenform füllen, bei mittlerer Hitze hellbraun backen und noch warm mit dem inzwischen zubereiteten Guss überziehen. Zum Guss den gesiebten Puderzucker mit dem Zitronensaft glattrühren.
E.-Herd 175 °C / G.-Herd 2
Ca. 45 Minuten

1687 Rosinenkuchen

200 g Butter oder Margarine,
6 Eier, 200 g Zucker, 1 Prise Salz,
abgeriebene Schale 1 Zitrone,
200 g Rosinen, 200 g Sultaninen,
50 g gewiegtes Orangeat,
360 g Mehl, 1 Teel. Backpulver.

Unter die weiche Butter nach und nach die gequirlten Eier, Zucker, Salz und Zitronenschale mischen und alles weißcremig rühren. Die sorgfältig vorbereiteten Rosinen und Sultaninen, das Orangeat, Mehl und zuletzt das Backpulver zugeben. Eine große Kastenform mit Pergament oder Backtrennpapier auslegen, mit etwas Butter überpinseln, die Teigmasse einfüllen und backen. Den Rosinenkuchen erst am anderen Tag anschneiden.
E.-Herd 175 °C / G.-Herd 2
Ca. 1–1 1/4 Stunden

1688
Mokkaring

5 Eier, 250 g Zucker,
200 g Butter oder Margarine,
125 g Mehl, 100 g Speisestärke,
abgeriebene Schale von ½ Zitrone,
1 Essl. Rum, 1 Teel. Backpulver.
Fülle: Mokkacreme ***1837****.*
Glasur: ***1864****.*
Zum Bestreuen:
etwa 100 g geröstete, geschälte, gestiftelte Haselnüsse.

Die ganzen Eier im Wasserbad luftig aufschlagen, die Butter schaumig schlagen und abwechselnd mit durchgesiebtem Mehl, Stärkemehl und dem Backpulver unter den Eierschaum mischen. Die Zitronenschale beifügen, den Teig gut verrühren, dann den Rum zugeben. Die Teigmasse in eine gefettete Ringform füllen und backen.
E.-Herd 200 °C / G.-Herd 3
Ca. 30–45 Minuten.
Den Ring stürzen, erkalten lassen und drei- bis viermal flach durchschneiden. Jede Schicht mit der Creme bestreichen, den Ring wieder zusammensetzen, glasieren und die Haselnüsse auf die noch feuchte Mokkaglasur streuen. Der Teig **1695** (ohne Sultaninen) eignet sich ebenfalls zur Zubereitung des Mokkaringes.

> ***Tipp:***
> *Zum Mischen des Backpulvers mit Mehl stets ein kleines Quantum (etwa 1 Essl.) von der gesamten Mehlmenge, die im Rezept angegeben ist, zurückbehalten und beides zusammen durchsieben.*

1689
Aprikosenring

Mokkaring ***1688****.*
Fülle: Aprikosenmarmelade.
Zur Glasur: ***1854****.*

Den Teig nach **1688** mit denselben Zutaten zubereiten, nach dem Backen und völligem Erkalten zwei- bis dreimal flach durchschneiden, mit Aprikosenmarmelade füllen und mit Eiweißglasur **1854** überziehen.

1690
Orangenring

Mokkaring ***1688****.*
Fülle: anstelle von Mokkacreme Orangenmarmelade,
Orangenglasur ***1850****,*
Gehackte Mandeln,
kandierte Orangenscheibe.

Den Teig zubereiten und backen; an Stelle von Mokkacreme mit dicker Orangenmarmelade füllen (evtl. 1 Schicht bittere Orangenmarmelade aufstreichen) und den Ring nach dem Zusammensetzen mit Orangenglasur überziehen. Die Seiten ringsum mit Mandeln bestreuen und obenauf zur Verzierung kandierte oder eingezuckerte, frische Orangenschnitze* setzen.
Oder den Kuchen zusätzlich mit Orangensirup **1670** tränken.

* Stets ungespritzte Früchte verwenden.

1691
Marmorkuchen

200 Butter oder Margarine,
4 Eier, 100 g Zucker, ¼ l Milch,
1 Päckchen Vanillezucker,
250 g Stärkemehl,
250 g feines Mehl,
1 Päckchen Backpulver,
3 Essl. Kakao oder Instant-Kakaopulver, etwas Wasser.
Zur Glasur:
1859 *oder Puderzucker.*

Mit den Zutaten (außer Kakao) einen Teig wie **1639** zubereiten. Die Masse in zwei Hälften teilen, die eine mit dem Kakao (in etwas Wasser angerührt) mischen und abwechselnd je einen Schöpflöffel hellen und dunklen Teig in eine gefettete, große Gugelhupfform füllen. Hellen und dunklen Teig mit einer Gabel leicht ineinander rühren und bei mittlerer Hitze backen. Ein wenig abkühlen lassen und den Kuchen mit dem Schokoladenguss überziehen oder dick mit Puderzucker bestäuben.
E.-Herd 175–200 °C / G.-Herd 2–3
Ca. 55–65 Minuten

Marmorkuchen mit Schokoladenguss

1692
Frankfurter Kranz

*200 g Butter oder Margarine,
200 g Zucker, 1 Prise Salz,
1 Päckchen Vanillezucker,
4 Eier, 200 g Mehl,
200 g Speisestärke,
½ Päckchen Backpulver,
ca. ⅛ l Milch, 2 Essl. Rum.
Buttercreme:
250 g Butter (handwarm),
150 g Puderzucker,
2 Eigelb, 3 Essl. Rum.
Zum Bestreuen:
1 Essl. Öl, 100 g Zucker,
75 g Mandelsplitter.*

Einen Rührteig nach Grundrezept zubereiten, zuletzt den Rum dazugeben und den Teig in einer gefetteten Kranzkuchenform im vorgeheizten Backofen backen.
E.-Herd 175–200 °C / G.-Herd 2–3
Ca. 45–55 Minuten
Die Zutaten zur Buttercreme schaumig rühren. Den erkalteten Kuchen zweimal flach durchschneiden und mit der Creme füllen, dann außen mit der Creme bestreichen und mit den in Öl und Zucker gerösteten Mandelsplittern bestreuen.

1693
Punschkranz

*4 Eier, 1 Essl. Rum, 140 g Zucker,
140 g Butter oder Margarine,
300 g Mehl, ⅛ l Milch,
½ Päckchen Backpulver,
80 g Rosinen.
Zum Ausfetten und Ausstreuen der Form: 30 g Butter, etwas Mehl,
30 g geschälte, feine
Mandelblättchen.
Zum Tränken: ¼ l Weißwein,
4 Essl. Zucker, 1–2 Essl. Rum.*

Die gequirlten Eigelb, Rum, Zucker und die schaumig geschlagene Butter weißcremig rühren. Das Mehl und die Milch abwechselnd löffelweise zugeben, das gesiebte Backpulver, die gewaschenen, gut getrockneten Rosinen untermischen und den steifen Eischnee locker durchziehen. Eine Ringform mit Butter fetten, etwas Mehl und die Mandelblättchen einstreuen, die Teigmasse einfüllen und bei mittlerer Hitze hellgelb backen. Nach dem Stürzen noch warm mit dem etwas abgekühlten Weinguss tränken.
Zum Guss: Den Wein erhitzen, den Zucker darin auflösen und den Rum zuletzt zufügen.
E.-Herd 175 °C / G.-Herd 2
Ca. 45 Minuten

Tipp:
Die Rosinen leicht mit Mehl bestäuben, dann verteilen sie sich besser im Kuchen!

1694
Schachbrettkuchen

*Rührteig Marmorkuchen S. 487
Creme:
3 Essl. Zucker, 1 Essl. Kakao,
2 Eier, 100 g Kokosfett.
Aprikosenmarmelade,
Schokoladenglasur **1855**,
Mandelblättchen.*

Einen hellen und einen dunklen Rührteig wie für Marmorkuchen nach Grundrezept herstellen. Auf einem gut gefetteten, hohen Backblech eine Trennschiene oder Alufolie einfügen und auf die eine Hälfte den hellen Teig und auf die andere Hälfte den dunklen Teig gleichmäßig einfüllen und glattstreichen. Im vorgeheizten Backofen backen, auf ein Gitter stürzen und erkalten lassen.
E.-Herd 175–200 °C / G.-Herd 2–3
Ca. 25–30 Minuten
Zur Creme Zucker und Kakao vermischen, mit den Eiern schaumig schlagen und zuletzt das flüssige Kokosfett unterrühren.
Den hellen und den dunklen Kuchen in gleichmäßige, 3–4 cm breite Streifen schneiden und ringsum mit der abgekühlten Creme bestreichen. Die Streifen im Schachbrettmuster hell-dunkel-hell zusammen- und aufeinandersetzen. Den Kuchen zwischen zwei Brettchen gut andrücken, kurze Zeit kühl stellen, mit Aprikosenmarmelade dünn überstreichen, um das Einsickern der Glasur zu verhindern, dann glasieren.
Mit Mandelblättchen verzieren.

1695
Königskuchen/ Teekuchen

*250 g Butter oder Margarine,
200 g Zucker, 4 Eier,
Saft und abgeriebene Schale
von ½ Zitrone, 1 Prise Salz,
1 Essl. Rum,
190 g Mehl, 60 g Speisestärke,
50 g geschälte, geriebene Mandeln,
120 g Sultaninen,
50 g Zitronat, gewürfelt, Puderzucker.*

Einen feinen Rührteig nach Grundrezept herstellen, Mandeln und mit Mehl bestäubte Sultaninen untermischen und den Teig in eine gut gefettete Kastenform (30 cm lang) einfüllen und glattstreichen.
Im vorgeheizten Backofen backen.
Etwas in der Form abkühlen lassen und zum Auskühlen vorsichtig auf ein Kuchengitter stürzen. Mit Puderzucker bestäuben.
E.-Herd 175–200 °C / G.-Herd 2–3
Ca. 60–75 Minuten

Tipp:
Gebäck, das über längere Zeit aufbewahrt werden soll, sollte besser mit geklärter Butter zubereitet werden. Für den raschen Verbrauch ist frische Butter zu empfehlen.

1696
Bananenkuchen

*250 g Margarine, 150 g Zucker,
1 Prise Salz, 5 Eier, getrennt,
75 g Kokosraspel,
Saft und abgeriebene Schale von
1 unbehandelten Zitrone,
500 g reife Bananen,
2 Essl. Rum,
250 g Mehl, 1 Packung Backpulver.
150 g Puderzucker,
2–3 Essl. Kokos- oder Bananenlikör.*

Margarine, Zucker, Salz und Eigelb schaumigrühren, Kokosraspel und Zitronenschale untermischen. Bananen mit einer Gabel fein zerdrücken, mit Zitronensaft beträufeln. Bananenpüree, Rum und mit Backpulver vermischtes Mehl unter die Eicreme rühren. Zuletzt

den Eischnee unterheben. Den Teig in eine gefettete, mit Kokosraspel ausgestreute Ring- oder Kastenform füllen, backen. Nach dem Erkalten mit Zuckerglasur, mit Likör angerührt, überziehen.
E.-Herd 175 °C / G.-Herd 2
Ca. 60 Minuten

1697
Schwäbischer Bund

6 Eier, 220 g Zucker,
160 g Butter oder Margarine,
60 g geschälte, geriebene Mandeln,
Saft und abgeriebene Schale
½ Zitrone,
je 60 g Sultaninen und Korinthen,
80 g feines Mehl, 80 g Speisestärke.
Zum Tränken:
¼ l Wasser, kurz aufgekocht,
3 Essl. Zucker, 1–2 Essl. Rum.
Glasur:
200 g Puderzucker, Saft 1 Zitrone.
Zum Bestreuen:
50 g geschälte, gewiegte Mandeln
und kandierte Fruchtstücke.

Die gequirlten Eigelb mit Zucker und Butter weißcremig rühren. Die Mandeln, Zitronensaft und -schale, die vorbereiteten Sultaninen und Korinthen, das mit Speisestärke gemischte Mehl und zuletzt den steifen Eischnee zufügen. Die Masse in eine gefettete, mit Mehl bestäubte Form füllen und backen.
E.-Herd 175–200 °C / G.-Herd 2–3
Ca. 50 Minuten
Den Ring nach dem Erkalten tränken (vgl. Savarin **1670**), kurz trocknen lassen und mit der Glasur überziehen. Die gerösteten Mandeln auf die noch feuchte Glasur streuen und mit kandierten Fruchtschnitzen verzieren.

1698
Rotweinkuchen

je 200 g Margarine und Zucker, 4 Eier,
1 Pck. Vanillinzucker,
je 1 Teel. gemahlener Zimt und
Kakao, 200 g Mehl,
100 g geriebene Haselnüsse,
100 g Schokostreusel oder -flocken,
1 Pck. Backpulver, ⅛ l Rotwein.
Puderzucker oder Schokoladenglasur ***1857****.*

Margarine, Zucker, Eier, Vanillinzucker und die Gewürze cremig aufschlagen. Mehl, Nüsse, Schokostreusel und Backpulver mischen. Esslöffelweise die Mehlmischung und Rotwein unterrühren. Den Teig in eine gefettete Kastenform füllen, backen. Erkaltet mit Puderzucker besieben oder mit der Glasur überziehen.
E.-Herd 175 °C / G.-Herd 2
Ca. 50 Minuten

1699
Rehrücken

150 g Butter oder Margarine,
150 g Schokolade, 150 g Zucker,
5 Eier, 150 g geriebene Mandeln,
60 g Mutschelmehl oder
Semmelbrösel, 1–2 Essl. Rum.
Creme:
100 g Butter oder Margarine,
50 g Schokolade,
100 g Puderzucker, 1–2 Essl. Rum.
Glasur:
75 g Schokolade,
1 Teel. Butter oder Margarine,
10 Stück Würfelzucker,
2 Essl. Wasser, 50 g Mandelstifte.

Im Wasserbad Butter mit geschmolzener Schokolade, Zucker und den ganzen Eiern (einzeln nacheinander) schaumig rühren. Mandeln und das mit Rum befeuchtete Mutschelmehl unter die Masse heben. Den Teig in eine gefettete, mit Bröseln bestreute Rehrücken- oder Kastenform streichen und backen.
E.-Herd 175–200 °C / G.-Herd 2–3
Ca. 45–60 Minuten
Für die Creme Butter und im Wasserbad geschmolzene Schokolade mit Zucker und Rum schaumig rühren. Den Rehrücken nach dem Erkalten einmal quer der Länge nach durchschneiden und mit der Creme füllen.
Für die Glasur die geschmolzene Schokolade mit der Butter vermischen. Den Würfelzucker mit Wasser einmal aufkochen und dazugeben. Den Rehrücken glasieren und eventuell mit Mandelstiften spicken.

Tipp:
Statt der aufwendigen Glasur 1 Becher fertige Schokoladen-Fettglasur verwenden.

1700
Biskuitrolle

6 Eiweiß, 6 Essl. kaltes Wasser,
150 g Zucker, Saft und abgeriebene
Schale von ½ Zitrone,
6 Eigelb, 80 g Mehl,
70 g Speisestärke,
1 Teel. Backpulver,
1 Glas Himbeermarmelade (450 g),
Puderzucker.

Die Biskuitmasse nach dem Grundrezept **1647** schlagen und fingerdick auf ein mit Backtrennpapier ausgelegtes Backblech streichen. Im vorgeheizten Backofen backen.
Oder 150 g Mehl und keine Speisestärke verwenden, damit sich der Teig leichter aufrollen lässt.
E.-Herd 200–225 °C / G.-Herd 3–4
Ca. 8–12 Minuten

Die gebackene Biskuitplatte sofort auf ein mit Zucker bestreutes Küchenhandtuch stürzen. Das Papier gleich abziehen und die warme Biskuitplatte mit der Marmelade bestreichen, von der breiten Seite her aufrollen und mit Puderzucker bestreuen.

1 Die Biskuitmasse mit einer Palette auf ein mit Backpapier belegtes Blech streichen.

2 Den fertig gebackenen Biskuit vom Blech auf ein Küchentuch gleiten lassen. ▷

1701 Biskuitrolle, gefüllt

Füllung mit Vanille- oder Schokoladencreme (S. 529, 530):
Die Roulade etwas abkühlen lassen. Die gebackene Biskuitplatte auf das mit Zucker bestreute Küchentuch stürzen, das Backpapier gleich abziehen und den Biskuit mit dem Küchentuch sofort aufrollen. Abkühlen lassen, vorsichtig auseinanderrollen, mit der Creme füllen und wieder aufrollen.

Füllung mit Erdbeer- oder Himbeersahne:
250 g reife Erd- oder Himbeeren verlesen, falls nötig waschen und gut trockentupfen. Die Beeren mit 3 Essl. Zucker bestreut 30 Min. ziehen lassen. 1 l süße Sahne mit 2 Pck. Vanillezucker und 2 Pck. Sahnefestiger steifschlagen, Beeren – nach Wunsch püriert – unterziehen. Die abgekühlte Roulade damit füllen, mit Sahnetupfen und einigen schönen Beeren garnieren. Vor dem Servieren 2 Std. kalt stellen.

1702 Baumstamm oder Bismarckeiche

6 Eier, getrennt, 3 Essl. Wasser,
140 g Zucker,
1 Päckchen Vanillezucker, 1 Prise Salz,
60 g Mehl, 60 g Speisestärke.
Schokoladencreme:
200 g weiche Butter, 100 g Puderzucker, 200 g Edelbitterschokolade, evtl. 3 Essl. Rum oder Milch,
*Buttercreme **1837**.*

Eigelb mit Wasser, Zucker, Vanillezucker und Salz so lange im warmen Wasserbad schlagen, bis die Masse schaumig ist. Unter Rühren etwas abkühlen und langsam das gesiebte Mehl und Speisestärke einrieseln lassen. Zum Schluss die steif geschlagenen Eiweiße unterziehen und die Biskuitmasse auf ein mit gefettetem Pergament- oder Backtrennpapier ausgelegtes Backblech streichen. Im vorgeheizten Backofen den Biskuit backen.
E.-Herd 200 °C / G.-Herd 3
Ca. 12–15 Minuten
Zur Schokoladencreme in einer Schüssel die weiche Butter und Puderzucker schaumig rühren und die im Wasserbad aufgelöste, eventuell mit etwas Rum verrührte Schokolade untermengen. Den fertigen Biskuit auf ein mit grobem Zucker bestreutes Küchentuch stürzen, das Pergament- oder Backtrennpapier mit etwas kaltem Wasser bestreichen und lösen. Den Biskuit mit Hilfe des Tuches aufrollen, etwas abkühlen lassen und wieder abrollen. Die abgekühlte Creme zu einem Drittel auf den Biskuitboden streichen, den Boden sofort wieder eng aufrollen und an beiden Enden schräg abschneiden. Diese Abfallstücke mit Creme überziehen und als Äste an den Baumstamm setzen. Die Buttercreme aufstreichen, dann übrige Schokoladencreme mit einem Spritzsack (Sterntülle) oder einem breiten Messer aufstreichen. Mit einer in heißes Wasser getauchten Gabel Längsrillen in die Creme ziehen. Den Baumstamm nicht zu kalt stellen, da sonst die Creme beim Aufschneiden bröselt.

Tipp:
Statt gefettetem Pergamentpapier das beschichtete Backtrennpapier verwenden. Dieses braucht nicht mehr gefettet zu werden und lässt sich leicht abziehen.

1 Die Schokoladencreme auf die Biskuitplatte streichen.

2 Biskuitplatte mit Hilfe eines Küchentuches aufrollen.

3 Baumstamm: Die Biskuitrolle zuerst mit Buttercreme bestreichen.

4 Die Schokoladencreme mit einer Palette auf die Rolle streichen.

5 Mit Hilfe einer in heißes Wasser getauchten Gabel Rillen ziehen.

6 Mit einer Spritztüte „Jahresringe“ andeuten.

Für einfachere Obstkuchen eignet sich am besten ein Hefe-, einfacher Rühr-, Mürbe- oder Butterteig; zu Kuchen mit feinem Obstbelag wie Erd- und Himbeeren, Aprikosen, Pfirsichen oder verschiedenen Früchten, z. B. Drei- oder Vierfruchtkuchen mit Bananen, Orangen, Ananas, entsteinten Kirschen oder Mirabellen (auch bei eingedünsteten Früchten) kann ein Blätter- oder Biskuitteig zubereitet werden. Je nach Rezept empfiehlt es sich, den Kuchenboden blind (ohne Belag) zu backen.
Das Ausstreuen von gefetteten Backformen und ausgelegten Teigböden oder vorgebackenen Kuchenböden usw. mit Zwieback- oder Semmelbröseln sollte stets durch ein Schüttelsieb erfolgen, weil die Brösel dann besonders feinkrümelig sind.
Bei sehr saftigen Obstsorten wird ein Durchweichen des Tortenbodens verhindert, indem man zwischen Boden und Obstbelag helle Buttercreme **1837**, passende Marmelade oder spezielle Backoblaten gibt. Gebäck mit Früchtebelag wie Apfelschnitten, Obstschnitten, Obsttörtchen usw. **1741**.

1703

Gestürzter Apfelkuchen

4 Eiweiß, 4 Essl. kaltes Wasser,
150 g Zucker, 4 Eigelb,
Saft und Schalenabrieb von ½ Zitrone,
1 Prise Salz, 120 g Mehl (oder je 60 g Mehl und Speisestärke),
Belag:
1 kg Äpfel, etwas Zitronensaft, Butter,
30 g Mandeln, Zucker.

Eine Biskuitmasse nach Grundrezept **1647** zubereiten. Die geschälten Äpfel halbieren, das Kerngehäuse mit einem Apfel- oder Kartoffelbohrer entfernen und die Apfelhälften mit der Öffnung nach oben in eine gebutterte, leicht mit Mehl bestäubte Form legen. Mit Zironensaft beträufeln. Die Äpfel mit den abgezogenen, geriebenen und mit etwas Zucker vermischten Mandeln füllen. Darüber die Biskuitmasse ziehen und den Kuchen im vorgeheizten Backofen backen.
E.-Herd 200 °C / G.-Herd 3
Ca. 35–40 Minuten

1704

Blitzkuchen mit Äpfeln

750–1000 g mürbe Äpfel,
2–3 Essl. Zucker.
Zum Biskuitteig:
60 g Butter, 150 g Zucker,
2 oder 4 Eier, getrennt,
Saft und abgeriebene Schale von ½ Zitrone,
200 g Mehl,
½ -¾ Päckchen Backpulver,
1 kleine Tasse Milch, evtl. 1 Essl. Rum.
Zum Ausfetten: 20 g Butter.

Die Äpfel schälen, halbieren, das Kernhaus mit dem Kartoffelbohrer rund herauslösen, die Apfelwölbung fein einkerben, mit dem Zucker bestreuen und zugedeckt 30 Min. durchziehen lassen. Inzwischen den Biskuitteig zubereiten: Die leicht schaumig geschlagene Butter, Zucker, Eigelb, Zitronensaft und -schale 20 Min. rühren (mit dem elektrischen Handrührer 3 Min.) und nach und nach das gesiebte Mehl und das Backpulver, die Milch und den Rum zufügen; den steifen Eischnee zuletzt unterziehen und den Biskuitteig in eine gefettete Springform füllen. Die Apfelhälften mit der Wölbung nach oben dicht nebeneinander hineinsetzen und den Kuchen im vorgeheizten Backofen hellbraun backen.
E.-Herd 200 °C / G.-Herd 3
Ca. 30–40 Minuten

1705

Apfelkuchen Salome

*Mürbeteig-Grundrezept **1643**,*
1–1½ kg Äpfel,
Saft von 1 Zitrone,
2–3 Essl. Rosinen,
80 g Butter oder Margarine,
3 Essl. Speisestärke,
½ l Milch, 3–4 Essl. Zucker,
1 Päckchen Vanillinzucker,
3 Eier, getrennt.

Den Mürbeteig nach Grundrezept herstellen, in eine gefettete Springform (ca. 26 cm Ø) geben und glattstreichen. Die Äpfel schälen, vierteln, vom Kerngehäuse befreien und in feine Schnitze schneiden. Sofort mit Zitronensaft beträufeln, damit sie nicht braun werden. Die Apfelschnitze dicht auf den Teig legen und die Rosinen darüberstreuen. In einem Topf bei geringer Wärmezufuhr aus Butter und Speisestärke eine helle Mehlschwitze bereiten, mit der Milch ablöschen, sofort Zucker, Vanillinzucker und Eigelb zugeben und unter ständigem Schlagen mit dem Schneebesen zum Kochen bringen. Die Eiweiß zu steifem Schnee schlagen und unter die noch heiße Masse heben.
Den Guss über den Kuchen gleichmäßig verteilen und backen.
E.-Herd 200–225 °C / G.-Herd 3–4
Ca. 50–60 Minuten

1706

Apfelkuchen mit glasierten Äpfeln

*Mürbeteig-Grundrezept **1643**,*
ca. 1–1½ kg mittelgroße Äpfel,
½ l Apfelsaft, 200 g Zucker,
abgeriebene Schale von ½ Zitrone,
4 Essl. Apfelgelee.
2–3 Essl. Zwiebackbrösel,
50 g Mandelstifte,
40 g Sultaninen.

Den Mürbeteig nach Grundrezept zubereiten und kühl stellen. Die Äpfel waschen, schälen, halbieren und das Kernhaus entfernen. Den Apfelsaft mit Zucker, Zitronenschale und Apfelgelee aufkochen und die Apfelhälften so lange darin dünsten, bis sie sich mit einem Hölzchen durchstechen lassen, ohne zu zerfallen. Dann auf ein Gitter zum Abkühlen legen und den Saft dick einkochen.
Inzwischen eine gefettete Tortenform mit dem ausgewellten Teig auslegen und einen Randstreifen rundum aufsetzen. Den Teigboden durch Einstechen mit einer Gabel auflockern und ohne Belag im vorgeheizten Backofen vorbacken. Den Kuchenboden mit Bröseln bestreuen, die Apfelhälften mit der Wölbung nach oben darauflegen, die Mandelstifte und vorbereiteten Sultaninen darauf verteilen und den Kuchen fertig backen. Die Äpfel noch warm mit dem gelierten Apfelsaft glasieren.
E.-Herd 200 °C / G.-Herd 3
Zuerst 25 Minuten; dann 15 Minuten

1707 Schwäbischer Apfelkuchen (Gedeckter Apfelkuchen)

280 g Mehl, 120–140 g Butter,
125 g Zucker, 1–2 Eier,
3–4 Essl. süße Sahne,
1–1,5 kg mürbe Äpfel, 80 g Zucker,
Schale und Saft von ½ Zitrone,
30 g geschälte, gehackte Mandeln,
60 g Sultaninen, 1 Eigelb.
Guss:
100 g Butter, 100 g Zucker,
etwas abgeriebene Zitronenschale
oder 1 Teel. Vanillinzucker.

Einen Mürbeteig nach Grundrezept herstellen und kalt stellen. Die geschälten Äpfel in Schnitze, dann in feine Blättchen schneiden, mit Zucker, Zitronenschale und Saft vermischen und zugedeckt 30 Min. durchziehen lassen. Inzwischen aus ⅔ der Mürbteigmenge einen Boden ca. 1 cm größer als die Form und aus dem Teigrest einen etwas dünneren Deckel in Kuchenformgröße auswellen.
Den Boden in die gefettete Springform legen, dann die Apfelblättchen, Mandeln und die vorbereiteten Sultaninen darauf verteilen. Den überhängenden Teigrand einschlagen, mit Eigelb bestreichen, den Teigdeckel darüberdecken und ringsum gut andrücken. Zum Guss die Butter leicht erwärmen, mit dem Zucker verrühren, die Zitronenschale oder den Vanillinzucker untermischen und den Teigdeckel damit überziehen. Den Kuchen im vorgeheizten Backofen hellbraun backen.
Sollte die Kuchenoberfläche zu schnell bräunen, den Kuchen mit Alufolie bedecken und bei ca. 150 °C fertig backen.
E.-Herd 180–200 °C / G.-Herd 3
Ca. 40–50 Minuten
Oder die Oberfläche nur mit einem verquirlten Eigelb bestreichen, ein Gittermuster einritzen und den Kuchen wie oben backen.

Schwäbischer Apfelkuchen

1708 Apfelkuchen mit Kartoffelguss

Mürbeteig-Grundrezept, ***1643****.*
Kartoffelguss:
80 g Butter, 100 g Zucker,
3 Eier, getrennt,
abgeriebene Schale von ½ Zitrone,
1 Prise Salz, 60 g Mandeln,
100 g gekochte Kartoffeln
(vom Tag zuvor), evtl. 1 Essl. Mehl.
1 kg Boskop oder andere Äpfel,
Zitronensaft, Zucker.

Einen Mürbeteig nach Grundrezept herstellen und kalt stellen. Die weiche Butter mit Zucker und den Eigelb schaumig rühren. Zitronenschale, Salz und die abgezogenen, geriebenen Mandeln unterrühren. Die Kartoffeln reiben und mit der Schaummasse vermischen. Die Äpfel schälen, in feine Scheiben teilen und mit Zitronensaft übergießen, leicht zuckern.
Den Teigboden in eine gefettete Springform (oder Pie-Form) legen, den Rand hoch ziehen. Die Eiweiß steif schlagen und unter den Kartoffelguss heben. Die Apfelschnitze mit einer Gabel in den Guss tauchen und auf den Mürbteigboden legen. Den übrigen Guss über die Äpfel streichen. Den Kuchen im vorgeheizten Backofen backen.
E.-Herd 200 °C / G.-Herd 3
Ca. 35–45 Minuten
Den Kuchen evtl. über Nacht in der Form durchziehen und dann auf eine Kuchenplatte gleiten lassen.

1709 Tarte Tatin* – Apfelkuchen, verkehrt gebacken

200 g Weizenmehl Type 405,
½ Teel. Salz, 1 Essl. Zucker,
120 g eiskalte Butter,
etwas kaltes Wasser.
Karamel:
100 g Würfelzucker,
ca. 3 Essl. Wasser.
1 kg Reinetten oder Boskop,
Zucker, 20 g Butter.

Mehl, Salz und Zucker vermischen, die Butter in kleine Stückchen schneiden und rasch mit den Händen alle Zutaten verarbeiten. Zu dem Krümelteig soviel kaltes Wasser geben, dass er gerade zusammenhält - er darf nicht zu weich sein. Eine Kugel formen und mit etwas Mehl bestäuben; ca. 30 Minuten kühlstellen. Während der Teig ruht, einen hellen Karamel mit dem Würfelzucker und dem Wasser zubereiten (siehe Seite 639). In einer feuerfesten Glas- oder Porzellanform kann der Karamel direkt zubereitet werden, sonst den Karamel in eine runde Backform gießen. Die Äpfel schälen, Kernhaus entfernen, erst in Viertel, dann in nicht zu feine Scheiben schneiden. Die Apfelschnitze konzentrisch auf dem erkalteten Karamel anordnen, mit etwas Zucker bestreuen und kleine Butterstückchen dazwischenlegen. Den Teig ca. 4 mm stark ausrollen, auf die Äpfel legen und den Teig an den Rändern soweit wie möglich hineindrücken. Im vorgeheizten Backofen goldgelb backen - der Teig darf aber nicht reißen.
E.-Herd 220 °C / G.-Herd 4
Backzeit: ca. 25–30 Minuten
Den Kuchen nur kurz in der Form abkühlen lassen, noch warm auf eine Servierplatte stürzen. Den Kuchen lauwarm mit eiskalter Schlagsahne servieren.
Oder die Tarteform sehr gut ausbuttern, die Apfelstückchen gut einzuckern und eng einschichten, dazwischen einige Butterstückchen geben. Dann mit dem Teig abdecken und backen. Nach dem Backen kurze Zeit stehen lassen, dann stürzen, mit Zucker überstreuen und für kurze Zeit unter den Grill stellen. Ebenfalls lauwarm servieren.
E.-Herd zuerst 220 °C / G.-Herd 4
Backzeit: 25 Minuten,
dann Grill, ca. 5 Minuten

*Der Name dieses Apfelkuchens kommt von den Schwestern Tatin, die den Kuchen erfunden haben.

Tipp:
Kuchenböden, auch Tortenböden, können auf Vorrat gebacken und eingefroren werden

1710

Apfelkuchen, englische Art (Apple-Pie)

250 g Mehl, 250 g kalte Butter, in kleine Würfel oder Flocken zerteilt, 1 Prise Salz, 3–4 Essl. kaltes Wasser (durch Eiswürfel gekühlt).
Belag: 6 große Äpfel,
Saft von 1 Bio-Zitrone,
4 Trockenaprikosen,
abgeriebene Schale von 1 Zitrone und 1 Orange (Bioqualität),
5 Essl. Zucker, 1 Pck. Vanillinzucker,
je 1 Prise Zimt und Ingwer.
Zum Bestreichen: 1 Ei.

Mehl, Fettflöckchen und Salz zu Streuseln verarbeiten, wenig kaltes Wasser zugeben, glatt verkneten. Den Teig 30 Min. kalt legen. Vom Teig etwa ⅔ in eine gefettete Pie-Form (30 cm Ø) legen, die Ränder etwas hochziehen, vom Rest Streifen abrädeln. Die geschälten Äpfel grob raffeln, mit Zitronensaft, in kleine Würfel geschnittenen Aprikosen sowie allen anderen Zutaten vermischen, auf dem Teig verteilen und mit den Teigstreifen gitterartig bedecken. Mit verquirltem Ei bestreichen, evtl. mit etwas Zucker bestreuen und im vorgeheizten Backofen backen.
Der Kuchen schmeckt warm und kalt!
E.-Herd 175 °C / G.-Herd 2–3
Ca. 35–40 Minuten

1711

Birnentorte

Mürbeteig:
90 g Mehl, 1 Essl. Weißwein,
45 g Butter oder Margarine,
60 g Zucker.
Mandelteig:
8 Eigelb, 120 g Zucker,
60 g Butter oder Margarine,
120 g geschälte, geriebene Mandeln,
100 g Mehl, 4 Eiweiß.
Schokoladenbuttercreme,
750 g Birnen, 100 g geröstete, gehackte Mandeln, Birnenhälften.

Hinweis: Wenn nicht anders angegeben, beziehen sich die Mengen auf Backformen von 26 cm Ø.

Den Mürbeteig nach Grundrezept zubereiten und kühl stellen. Zum Mandelteig Eigelb, Zucker und Butter schaumig rühren, die übrigen Zutaten untermischen und den steifen Eischnee leicht durchziehen.
Den Mürbeteig in einer gefetteten Tortenform im vorgeheizten Backofen backen.
E.-Herd 200 °C / G.-Herd 3
Ca. 15–20 Minuten
Den Mandelteig in eine gleich große gefettete Tortenform einfüllen und glattstreichen. Dann im vorgeheizten Backofen backen.
E.-Herd 225 °C / G.-Herd 4.
Ca. 30 Minuten.
Den Mürbeteigboden mit geschälten, gezuckerten Birnenschnitzen oder mit gut abgetropften Birnen aus dem Glas oder aus der Dose belegen.
Die ausgekühlte Mandeltorte quer durchschneiden, einen Boden mit der Hälfte der Creme bestreichen, beide Platten aufeinandersetzen und die gefüllte Mandeltorte über die Birnen decken. Die Torte mit der restlichen Creme bestreichen, den Rand mit Mandeln bestreuen und mit Birnenhälften verzieren.

1712

Erdbeer-Meringen-Torte

Biskuit-Grundrezept ***1647****,*
500 g Erdbeeren,
4 Eiweiß, 200 g Zucker.

Den Tortenboden nach Grundrezept in einer gefetteten Springform backen und erkalten lassen.
E.-Herd 200–225 °C / G.-Herd 3–4
Ca. 30-35 Minuten
Die gewaschenen Erdbeeren entstielen und kalt stellen. Von Eiweiß und Zucker eine steife Meringenmasse herstellen (vgl. **1925**) und etwa ¼ davon zum Spritzen zurückbehalten. Die Erdbeeren mit dem Meringenschaum leicht vermischen und auf dem Tortenboden gleichmäßig verteilen. Den Rand mit dem zurückbehaltenen Schaum verzieren und die Torte noch kurz bei Oberhitze überbacken.

1713 Erdbeerkuchen (Walderdbeerkuchen)

*Mürbeteig-Grundrezept **1643** oder Rührteig **1639**,*
1 kg Erdbeeren oder 500 g Walderdbeeren,
2–4 Essl. Zucker,
30 g geschälte, geriebene Mandeln,
¼ l süße Sahne, 1 Pck. Vanillinzucker.

Den Mürbeteig nach Grundrezept zubereiten, auswellen und in eine gefettete Springform legen. Im vorgeheizten Backofen ohne Belag backen.
E.-Herd 200–225 °C / G.-Herd 3–4
Ca. 25 Minuten
Oder den Rührteig nach Grundrezept herstellen, in eine gefettete Springform füllen, glattstreichen und ebenso backen.
E.-Herd 175–200 °C / G.-Herd 2–3
Ca. 30 Minuten
Die Erdbeeren waschen, abtropfen lassen, entstielen und mit Zucker bestreuen. Die Walderdbeeren verlesen, möglichst nicht waschen, mit Zucker bestreuen und kurz durchziehen lassen. Die Erdbeeren gleichmäßig auf dem abgekühlten, mit den geschälten, geriebenen Mandeln bestreuten Kuchenboden verteilen und über die ganze Fläche ein Gitter von leicht gesüßter Schlagsahne spritzen.
Oder die Erdbeeren mit einem fertigen Tortenguss überziehen.

1714 Holländische Erdbeertorte (mit Walderdbeeren)

*⅓ Tortenteigmenge **1646** oder*
*½ Menge **1651**,*
½ l süße Sahne,
150 g Zucker,
1 Päckchen Vanillinzucker,
500 g Walderdbeeren (oder Monatserdbeeren).
Zum Färben der Spritzsahne:
1 Essl. rotes Fruchtgelee.

Den Tortenteig zubereiten, in einer vorbereiteten Springform backen und erkalten lassen.
E.-Herd 200 °C / G.-Herd 3
Ca. 20 Minuten
Die Schlagsahne sehr steif schlagen (evtl. mit Gelatine binden, vgl. Gefüllte Tüten **1921**), Zucker und Vanillinzucker zufügen - ein Drittel davon zum Spritzen zurückbehalten - und die sorgsam verlesenen, nur wenn nötig gewaschenen Erdbeeren unter die Sahne mischen. Erdbeersahne auf dem Tortenboden verteilen. Die Spritzsahne mit dem Gelee hellrot färben, den Tortenrand damit verzieren und die Torte kalt stellen.

1715 Erdbeertorte mit Marzipanblättchen

Zum Teig:
120 g Butter oder Margarine,
1 Ei, 75 g Zucker,
180 g Mehl,
2 Essl. dicke, süße Sahne,
2 Teel. Rum.
1 kg kleine Erdbeeren,
2–3 Essl. Zucker,
*½ Menge Buttercreme **1837**,*
etwa 150 g Rohmarzipan,
*etwas Puderzucker oder ½ Menge Marzipan nach **2037**.*

Zum Tortenteig die Butter, das Ei und den Zucker weißcremig rühren. Die übrigen Zutaten untermischen und den Teig kalt stellen. Die gewaschenen, abgestielten Erdbeeren einzuckern und kalt stellen; inzwischen den Boden einer vorbereiteten Tortenform mit dem Mürbeteig auslegen, durch Einstechen mit einer Gabel auflockern und hellgelb backen.
E.-Herd 175–200 °C / G.-Herd 2–3
Ca. 20–30 Minuten
Nach dem Abkühlen die Buttercreme aufstreichen, die abgetropften Erdbeeren dicht darauf verteilen und den etwas eingekochten, erkalteten Erdbeersaft darüber träufeln. Zum Verzieren der Torte kleine Blättchen in Form von Erdbeerblättchen aus ausgewelltem Marzipan ausstechen (zum Auswellen das Marzipan mit etwas Puderzucker verkneten) und den Tortenrand damit belegen.

1716 Heidelbeer-Baiser-Torte

*Mürbeteig-Grundrezept **1643**,*
500 g frische oder tiefgefrorene Heidelbeeren,
2 Eiweiß, 100 g Zucker.

Den Mürbeteig nach Grundrezept zubereiten, in eine gefettete Springform (26 cm Ø) geben, dabei einen 2 cm hohen Rand formen. Den Boden im vorgeheizten Backofen vorbacken.
Danach den Backofen auf Oberhitze umschalten. Die Heidelbeeren auf dem Boden gleichmäßig verteilen.Die Eiweiß steif schlagen und den Zucker unter weiterem Schlagen einrieseln lassen. Die Baisermasse gitterförmig auf die Torte spritzen. Im Backofen, obere Schiebeleiste, überbacken. Die Baisermasse wird leicht gebräunt.
E.-Herd 200–225 °C / G.-Herd 3–4
Zuerst 20 Minuten;
dann 10–15 Minuten (nur Oberhitze)

1717 Himbeer- oder Brombeerkuchen

*Mürbeteig **1643** (statt Weißwein 1 Teel. Backpulver),*
evtl. je 1 Prise Zimt und Nelken,
1–2 Essl. geschälte, gehackte Mandeln oder Kokosflocken,
500 g Himbeeren oder Brombeeren,
2–3 Essl. Zucker,
1 Päckchen Tortenguss oder Schlagsahne.

Den Obsttortenteig zubereiten, in eine gefettete Springform füllen und glattstreichen. Ohne Belag im vorgeheizten Backofen backen.
E.-Herd 175–200 °C / G.-Herd 2–3
Ca. 30 Minuten
Nach dem Erkalten mit den gehackten Mandeln oder in etwas Butter und Zucker angerösteten Kokosflocken bestreuen. Die sorgsam verlesenen, möglichst nicht gewaschenen Himbeeren oder Brombeeren einzuckern, nur kurz durchziehen lassen, dicht auflegen, mit einem klaren Tortenguss überziehen oder mit einem Gitter von Schlagsahne verzieren.

1718

Heidelbeerkuchen mit Rahmguss

250 g Mehl,
1 Eigelb nach Belieben,
80 g Butter, 2 Essl. Zucker,
1 Prise Salz, 10–15 g Hefe,
1/8 l Milch,
500 g Heidelbeeren,
Semmelbrösel.
Rahmguss:
2 Eier, evtl. 1/2 Teel. Zimt,
60 g Zucker, 1/4 l saure Sahne,
etwas abgeriebene Zitronenschale.

Das Mehl auf ein Backbrett schütten, die Butter in Stückchen auf das Mehl schneiden, Eigelb, Zucker, Salz und die in lauwarmer Milch aufgelöste Hefe zugeben. Den Teig so lange bearbeiten, bis er Blasen zeigt. 30–45 Min. ruhen lassen, dann auswellen und in eine gefettete Obstkuchenform (26 cm Ø) legen, den Rand etwas hochziehen.
Die Heidelbeeren verlesen und wenn möglich nicht oder nur kurz waschen, abtropfen lassen. Für den Guss die Eier mit Zucker, Zimt, Sauerrahm und Zitronenschale verquirlen.
Die Teigplatte mit wenig Semmelbröseln bestreuen, die Heidelbeeren darauf verteilen und mit Guss bedecken. Im vorgeheizten Backofen auf der mittleren Schiebeleiste backen.
E.-Herd 200 °C / G.-Herd 3
Ca. 30–35 Minuten
Den Kuchen in der Form erkalten lassen, dann auf eine Platte gleiten lassen.

1719

Himbeerkuchen mit Weinguss

Teig: 150 g Mehl,
125 g Butter oder Margarine,
50 g Zucker, 1 Prise Salz,
abgeriebene Schale von 1/2 Zitrone,
1 Ei oder 3–4 Essl. Dosenmilch.
750 g Himbeeren,
3–4 Essl. Zucker, 1/8 l Rotwein,
1 Essl. Speisestärke.

Das Mehl und die kalte Butter auf dem Backbrett mit der Hand zu feinen Klümpchen verreiben, die anderen Zutaten zufügen, rasch zusammen verkneten und den Teig einige Male auf dem Brett aufschlagen, in einer gefetteten, runden Backform auslegen und ohne Belag im vorgeheizten Backofen backen.
E.-Herd 175–200 °C / G.-Herd 2–3
Ca. 25–30 Minuten
Die vorbereiteten Himbeeren mit Zucker bestreuen und kalt stellen. Dann den gezogenen Saft absieben, mit dem Rotwein vermischen und eventuell noch etwas nachsüßen. Mit Speisestärke binden und aufkochen. Den Guss lauwarm über die auf den Kuchenboden dicht aufgelegten Himbeeren gießen, fest werden lassen und eventuell mit Schlagsahne verzieren.
Der Kuchenboden kann auch aus Rührteig **1639** zubereitet werden.

1720

Himbeer- oder Brombeertorte

30 cm Ø
Mürbeteig:
150 g Butter oder Margarine,
1 ganzes Ei, 1 Eigelb,
200 g Zucker, 200 g Mehl.
500 g reife Himbeeren oder
Brombeeren.
Zum Guss:
6 Eiweiß, 180 g Zucker,
180 g geschälte, geriebene Mandeln,
etwas geriebene Zitronenschale,
1 Prise Zimt,
40 g gewiegtes Zitronat.
Zum Verzieren:
evtl. die 1/2 Menge Meringenmasse ***1925****.*

Den Teig wie **1645** zubereiten, in der gefetteten Springform ausbreiten und halbfertig backen.
E.-Herd 200 °C / G.-Herd 3
Ca. 20 Minuten
Inzwischen unter die steif geschlagenen Eiweiß alle übrigen Gusszutaten mischen. Die sorgsam verlesenen Beeren dicht auf den Tortenboden legen, die Schaummasse darüberziehen und die Torte fertig backen.
E.-Herd 175 °C / G.-Herd 2
Ca. 30 Minuten
Zur Verzierung evtl. ein Gitter aus Meringenmasse aufspritzen und noch 3–5 Min. unter dem vorgeheizten Grill überflammen. Statt eines Gitters aus Meringenmasse schmecken vom Guss zurückbehaltene, überstreute Mandeln (oder 1–2 Essl. geriebene Haselnüsse), die auf der Torte mitgebacken werden, ebenso gut.

1721

Johannisbeerkuchen (Träubleskuchen)

Mürbeteig – Grundrezept ***1643****,*
ca. 1 kg rote Johannisbeeren,
2–3 Essl. Zucker,
6 Eiweiß, 180 g Zucker,
180 g geschälte, geriebene Mandeln,
abgeriebene Schale von 1/2 Zitrone,
ca. 2 Essl. Zwiebackbrösel
oder zerbröckelte Löffelbiskuits.

Den Mürbeteig nach Grundrezept zubereiten, auswellen und in eine gefettete Springform (26 cm Ø) legen, kühl stellen.
Die entstielten Johannisbeeren mit etwas Zucker bestreuen. Die Eiweiß zu sehr steifem Schnee schlagen, Zucker dazugeben und kurz mitrühren. Die Mandeln und die Zitronenschale daruntermischen. Die Masse teilen, die eine Hälfte mit den abgetropften Johannisbeeren vermischen und auf den mit Zwiebackbröseln bestreuten Kuchenboden verteilen. Die übrige Masse darübergeben und den Johannisbeerkuchen im vorgeheizten Backofen backen.
E.-Herd 175–200 °C / G.-Herd 2–3
Ca. 40 Minuten
Da die Johannisbeeren beim Backen viel Saft abgeben, muss der Obstkuchenteig reichlich mit Bröseln bestreut oder ca. 10 Min. blind (d. h. ohne Belag) vorgebacken werden, damit der Kuchen nicht zu nass wird.

Hinweis: Wenn nicht anders angegeben, beziehen sich die Mengen auf Backformen von 26 cm Ø.

1722

Beeren-Mandeltorte

6 Eigelb, 180 g Zucker,
abgeriebene Schale und Saft
von ½ Zitrone,
180 g ungeschälte, geriebene
Mandeln,
1 Teel. Zimt,
30 g Zitronat,
2 Eiweiß.
500 g Johannis- oder Himbeeren,
Johannis- oder Himbeergelee,
100 g Mandelblättchen.

Eigelb, Zucker, Zitronenschale und -saft ca. 3 Min. mit dem elektrischen Handrührgerät rühren. Die Hälfte der Mandeln, den Zimt, das kleinwürfelig geschnittene Zitronat untermischen und zuletzt die übrigen Mandeln mit dem steifen Eischnee locker vermischt unterziehen. Die Masse in eine gefettete Tortenform füllen, glattstreichen und im vorgeheizten Backofen backen.
E.-Herd 175–200 °C / G.-Herd 2–3
Ca. 45–60 Minuten
Die erkaltete Torte quer durchschneiden, mit den gezuckerten Beeren füllen, die Oberfläche mit Gelee überstreichen und geröstete Mandelblättchen darüberstreuen.

1723

Johannisbeerkuchen mit Bröselteig

250 g Zwieback- oder
Butterkeksbrösel,
2–3 Essl. Milch, 80 g Butter,
2 Eier, getrennt,
125 g Zucker,
abgeriebene Schale und
Saft von ½ Zitrone,
750 g rote Johannisbeeren,
2 Essl. Zucker.
Zum Ausfetten einer Springform:
1 Essl. Butter.

Die Brösel mit der Milch befeuchten und 1 Std. zugedeckt aufweichen lassen. Die schaumig geschlagene Butter mit Eigelb und Zucker weißcremig rühren; dann Zitronenschale und -saft, Brösel, den steifen Eischnee und die abgestielten, eingezuckerten Johannisbeeren zufügen. Das Ganze in einer gefetteten, runden Kuchenform gleichmäßig verteilen und den Kuchen im vorgeheizten Backofen hellbraun backen; mit Puderzucker bestäuben und leicht gesüßten Schlagrahm dazu reichen.
E.-Herd 200 °C / G.-Herd 3
Ca. 40 Minuten
Oder den Quark-Öl-Teig **2102** als Basis für diesen Kuchen verwenden,

1724

Kirschkuchen, Thüringer Art

*Hefeteig-Grundrezept **1637***
(½ Menge),
1 kg schwarze Kirschen.
Milchguss:
½ l Milch, ⅛ l süße Sahne,
2 Essl. Zucker, 2 Essl. Speisestärke,
abgeriebene Schale von ½ Zitrone,
2 Eier, getrennt.
30 g geschälte, geriebene Mandeln,
einige Butterflöckchen.

Den Hefeteig nach Grundrezept zubereiten und auf ein gefettetes Backblech ½ cm dick ausrollen. Den inneren Teigrand etwas hoch drücken und die Form mit dem Teig nochmals kurze Zeit warm stellen. Inzwischen die Kirschen waschen, entsteinen und den noch etwas aufgegangenen Teigboden dicht damit belegen.
Milch, Sahne und Zucker zum Kochen bringen, die Speisestärke mit wenig kalter Milch verquirlen, einlaufen lassen und den Guss nach dem Sämigwerden kalt rühren. Dann Zitronenschale und Eigelb untermischen, den sehr steifen Eischnee locker durchziehen und den Kuchen kurz vor dem Backen damit übergießen.
Die Mandeln und Butterflöckchen obenauf geben und den Kuchen im vorgeheizten Backofen backen.
E.-Herd 175–200 °C / G.-Herd 2–3
Ca. 40 Minuten
Den Kuchen bei halb geöffneter Backofentüre noch ca. 10 Min. abdampfen lassen, dann sofort aus dem Backblech lösen.
Oder anstatt Speisestärke 1 Päckchen Vanillepuddingpulver, verrührt mit 5 – 6 Essl. dicker, saurer Sahne verwenden.

1725

Kirschkuchen mit Weckteig (Semmelteig)

6 Milchbrötchen, ⅜ l Milch,
90 g Butter,
4 Eier, getrennt, 150 g Zucker,
90 g geschälte, geriebene Mandeln,
½ Teel. Zimt,
abgeriebene Schale von ½ Zitrone.
1 kg Kirschen, 3 Essl. Zucker,
Puderzucker zum Bestäuben.

Die einen Tag alten Milchbrötchen abreiben, in feine Scheiben schneiden, mit der Milch befeuchten und gut durchziehen lassen. Die Butter schaumig rühren, Eigelb und Zucker zufügen und mit dem elektrischen Handrührer ca. 2 Min. schlagen, dann die Mandeln, Zimt, Zitronenschale und das steif geschlagene Eiweiß untermischen. Die befeuchteten Weckstückchen zufügen, alles leicht vermischen und den Teig auf ein gefettetes Backblech streichen. Die entsteinten, eingezuckerten Kirschen nebeneinander in den Teig eindrücken und den Kuchen im vorgeheizten Backofen hellbraun backen. Den erkalteten Kuchen mit Puderzucker bestäuben.
E.-Herd 200–225 °C / G.-Herd 3–4
Ca. 40 Minuten

1726

Grieß-Kirschenkuchen

1 l Milch, 1 Prise Salz,
125 g Butter oder Margarine,
180 g Grieß, 1 ganzes Ei,
6–8 Eier, getrennt,
250 g Zucker,
abgeriebene Schale von ½ Zitrone,
125 g Mandeln,
½ Teel. Zimt,
1–1½ kg frische oder 1 Literglas
eingedünstete Kirschen.

Milch, Salz und 30 g Butter zum Kochen bringen, den Grieß langsam unter ständigem Rühren einstreuen, zu einem dicken Brei kochen, sofort 1 ganzes Ei darunterrühren und kalt stellen.

Die restliche Butter schaumig rühren, Zucker, Eigelb, den Grießbrei, Zitronenschale, geriebene Mandeln, Zimt und zuletzt den steif geschlagenen Eischnee untermischen.
Den Boden einer Springform (28 cm Ø) mit Alufolie auslegen und die Hälfte des Teiges daraufstreichen. Unter den übrigen Teig die abgetropften und entsteinten Kirschen mischen und diese Masse gleichfalls in die Form geben. Im vorgeheizten Backofen backen.
E.-Herd 175–200 °C / G.-Herd 2–3
Ca. 45–60 Minuten (Stäbchenprobe)

1727

Kirschkuchen auf Wiener Art

125 g Butter oder Margarine,
150 g Zucker,
abgeriebene Schale von ½ Zitrone,
4 Eier, 300 g Mehl,
½ Päckchen Backpulver,
150 g geschälte, geriebene Mandeln.
1 kg Sauerkirschen, Puderzucker,
1 Päckchen Vanillinzucker.

Aus den angegebenen Zutaten einen Rührteig nach Grundrezept **1639** zubereiten. Den Teig in eine gefettete Springform streichen und die gewaschenen Kirschen darauf verteilen. Im vorgeheizten Backofen backen.
Nach kurzem Abkühlen mit Puderzucker und Vanillinzucker bestäuben.
E.-Herd 175–200 °C / G.-Herd 2–3
Ca. 45–60 Minuten

1728

Kirschkuchen mit Schokolade

200 g Butter oder Margarine,
180–200 g Zucker,
4 Eier, 200 g Mehl,
1 Päckchen Backpulver,
125 g ungeschälte, geriebene Mandeln,
100 g geriebene Schokolade,
1 Teel. Zimt, 3 Essl. Rum.
1 kg entsteinte Süß- oder Sauerkirschen,
Puderzucker.

Den nach Grundrezept **1639** zubereiteten Rührteig in einer gefetteten Springform gleichmäßig verteilen. Die Kirschen obenauf geben und leicht eindrücken. Den Kuchen im vorgeheizten Backofen backen und nach kurzem Abkühlen mit Puderzucker bestäuben.
E.-Herd 175–200 °C / G.-Herd 2–3
Ca. 45–60 Minuten

1729

Quittenkuchen

Mürbeteig-Grundrezept ***1643****,*
750 g frische, gedünstete oder eingedünstete Quitten,
1–2 Essl. Zwiebackbrösel,
30 g geschälte, geriebene Mandeln oder Haselnüsse.
Guss:
3–4 mittelgroße, reife Quitten,
180 g Zucker,
90 g geschälte, geriebene Mandeln,
abgeriebene Schale von 1 Zitrone,
3 Eier, getrennt.

Den Mürbeteig nach Grundrezept zubereiten, auswellen, eine gefettete Springform damit auslegen und den Teigboden mit den Bröseln, Mandeln oder Haselnüssen bestreuen. Die gedünsteten Quittenschnitze gut abtropfen lassen und nicht zu dicht auflegen.
Zum Guss die frischen Quitten in reichlich Wasser weich kochen, schälen, auf einer Raffel reiben oder im Schnellmixer pürieren und das Quittenmark abmessen. Unter 200 g Quittenmark die obigen Zutaten mischen, glatt verrühren, den steifen Eischnee locker durchziehen und den Guss über die Quitten streichen. Den Kuchen im vorgeheizten Backofen backen.
E.-Herd 175–200 °C / G.-Herd 2–3
Ca. 40 Minuten

1730

Pfirsich- oder Aprikosenkuchen

Mürbeteig-Grundrezept ***1643***
oder Rührteig ***1639****, 1 Eigelb,*
1 kg mittelgroße Aprikosen oder Pfirsiche,
Zuckerlösung von ¼ l Wasser und 150 g Zucker,
1–2 Essl. Zwiebackbrösel.
Guss:
3 Blatt weiße Gelatine,
2 Essl. Weißwein.
30 g Mandelblättchen.

Den Mürbeteig nach Grundrezept zubereiten, auswellen und einen Boden sowie einen 2 cm breiten Randstreifen abrädeln. Eine gefettete Springform mit dem Boden auslegen, den Randstreifen aufsetzen und mit einem Löffelstiel fein einkerben. Den Rand mit Eigelb bestreichen, den Boden durch Einstechen mit einer Gabel auflockern und ohne Belag im vorgeheizten Backofen backen.
E.-Herd 200 °C / G.-Herd 3
Ca. 25 Minuten
Die Pfirsiche oder Aprikosen schälen, evtl. kurz in kochendes und danach in kaltes Wasser tauchen, damit sie sich leichter schälen lassen. Dann halbieren, kurz in der kochenden Zuckerlösung dünsten und abtropfen lassen.
Den Kuchenboden mit Bröseln bestreuen und die Pfirsich- oder Aprikosenhälften mit der Wölbung nach oben darauf verteilen. ¼ l Saft (Zuckerlösung) nochmals erhitzen, die eingeweichte Gelatine darin auflösen und den Wein zufügen. Den Guss durchsieben, bis zum Sämigwerden rühren, die Pfirsiche damit beträufeln und die Mandelblättchen darüberstreuen. Evtl. Schlagsahne darauf spritzen.

Hinweis: Wenn nicht anders angegeben, beziehen sich die Mengen auf Backformen von 26 cm Ø.

1731 Rhabarberkuchen

*Mürbeteig-Grundrezept **1643**,
1250 g Rhabarber,
150–200 g Zucker,
Zwiebackmehl.
2 Essl. Speisestärke,
¼ l süße Sahne,
120 g Zucker, 2 Eier, getrennt,
abgeriebene Schale von ½ Zitrone.*

Den Mürbeteig nach Grundrezept zubereiten, auswellen und in eine gefettete Springform (26 cm Ø) legen.
Den Rhabarber schälen, in ca. 2 cm große Stücke schneiden, in einen Topf geben und mit kochendem Wasser übergießen. Das Wasser sofort wieder abschütten, den Rhabarber gut einzuckern und auf die mit Zwiebackmehl bestreute Teigplatte geben.
Speisestärke und Sahne verrühren, Zucker, Eigelb, Zitronenschale und zuletzt den Eischnee daruntermischen und den Guss auf dem Rhabarber verteilen. Den Kuchen im vorgeheizten Backofen backen.
E.-Herd 200 °C / G.-Herd 3
Ca. 55–60 Minuten

1732 Rhabarbertorte mit Baisergitter

*125 g Butter oder Margarine,
125 g Zucker, 1 Ei, 2 Eigelb,
50 g Speisestärke, 125 g Mehl,
1 Teel. Backpulver,
1250 g junger Rhabarber,
2 Eiweiß, 125 g Zucker,
1 Teel. Zitronensaft, Puderzucker.*

Den Rührteig nach Grundrezept **1639** zubereiten und in eine gefettete Springform (26 cm Ø) streichen. Den geputzten Rhabarber in 2 cm lange Stücke schneiden und auf der Teigplatte verteilen. Im vorgeheizten Backofen backen. Die Eiweiß sehr steif schlagen und den Zucker unter weiterem Schlagen einrieseln lassen, den Zitronensaft daruntermischen. Die Baisermasse in einen Spritzbeutel mit Tülle füllen und ein Gitter auf die Torte spritzen. Die Torte weiterbacken, bis das Baisergitter goldgelb ist (ca. 25 Min.). Puderzucker über die erkaltete Torte stäuben.
E.-Herd 200–225 °C / G.-Herd 3–4
Ca. 25 Minuten + 25 Minuten

Oder die Torte ca. 30 Minuten backen, das Baisergitter aufspritzen und bei Oberhitze noch ca. 5–7 Minuten goldgelb überbacken. Evtl. den Rand mit Mandelblättchen verzieren.

Tipp:
Ist der Rhabarber zart und jung, kann das vorherige Zuckern und Aufkochen entfallen.

1733 Stachelbeerkuchen

*Mürbeteig-Grundrezept **1643**,
10 Eiweiß, 300 g Zucker,
100 g Kokosflocken,
100 g Mandeln,
ca. 1 kg frische oder
eingedünstete Stachelbeeren,
2 Essl. Zwiebackbrösel.*

Den Mürbeteig nach Grundrezept zubereiten, auswellen und in eine gefettete Springform (26 cm Ø) legen.
Die Eiweiß zu sehr steifem Schnee schlagen, Zucker dazugeben und kurz mitrühren. Die Kokosraspel und die geschälten, gemahlenen Mandeln daruntermischen. Die Masse teilen, die eine Hälfte mit den abgetropften Stachelbeeren vermischen und auf den mit Zwiebackbröseln bestreuten Kuchenboden verteilen. Die übrige Masse darübergeben und den Kuchen im vorgeheizten Backofen backen.
E.-Herd 175 °C / G.-Herd 2
Ca. 70–80 Minuten
Erschrecken Sie nicht über die 10 Eiweiß! Sie können sie nach und nach ansammeln und im Gefrierfach des Kühlschranks oder in der Tiefkühltruhe konservieren.

Rhabarbertorte mit Baisergitter

1734 Traubenkuchen mit Eiweißguss

Zum Teig:
190 g Mehl, 120 g Butter,
60 g Zucker,
2 Essl. süße Sahne oder Milch,
1 Ei,
etwas abgeriebene Zitronenschale.
500 g vollreife Trauben, weiß oder blau (abgestielt gewogen).
Zum Eiweißguss:
5 Eiweiß, 250 g Zucker,
1 Teel. Vanillezucker.

Den Butterteig zubereiten und auswellen; einen Boden und einen Randstreifen davon abrädeln, eine gefettete Tortenform damit auslegen, den Teigstreifen auf den Rand ringsum setzen, gut andrücken und den Teigboden ohne Belag im vorgeheizten Backofen hellgelb backen.
E.-Herd 175 °C / G.-Herd 2
Ca. 20 Minuten
Zum Guss die Eiweiß steif schlagen, die halbe Zuckermenge und den Vanillezucker nach und nach zufügen; die vorbereiteten Traubenbeeren mit dem übrigen Zucker sorgsam vermischen und leicht unterziehen. Den etwas abgekühlten Kuchenboden damit belegen und das Ganze mit Belag fertig backen.
E.-Herd 200 °C / G.-Herd 3
Ca. 15–20 Minuten
Oder die Traubenbeeren mit 120 g Zucker (ohne Eiweiß) vermischen, auf den zuerst vorgebackenen, dann dick auf den mit Zwiebackbröseln bestreuten Kuchenboden legen und bei guter Hitze etwa 20 Min. backen. Nach kurzem Abkühlen mit einem Gitter aus dem obigen Guss verzieren (spritzen) und bei starker Oberhitze überbacken (überflammen).
E.-Herd 250 °C / G.-Herd 5 oder Grill
Ca. 8–10 Minuten

Tipp:
Fertig gebackene Obstkuchen auf einem Gitterrost 30 Min. abkühlen lassen. Dann erst den Formring abnehmen und den Kuchen vollständig auskühlen lassen.

1735 Traubenkuchen mit Rahmguss

*Blätterteig **1655** oder*
3 Scheiben Tiefkühlblätterteig.
Zum Fetten der Form:
20 g Butter.
1 kg helle Weintrauben,
1–2 Essl. Zucker. Zur Fülle:
120 g geschälte, geriebene Mandeln,
120 g Zucker,
¼ l saure Sahne,
4 oder 6 Eier.

Den Blätterteig zubereiten, kühl stellen und eine Tortenform mit Butter fetten. Die Trauben rasch durch reichlich Wasser ziehen, abtropfen lassen, dann abstielen und einzuckern. Zur Fülle die Mandeln mit der halben Zuckermenge, 6 Essl. Sahne und einem Ei vermischen; die vorbereitete Tortenform mit dem ausgewellten Blätterteig auslegen, die Mandelfülle aufstreichen und die Traubenbeeren dicht darauf verteilen. Den restlichen Rahm und Zucker mit den übrigen Eiern verquirlen, darüber gießen und den Kuchen im vorgeheizten Backofen backen.
E.-Herd 225 °C / G.-Herd 4
Ca. 30–40 Minuten

1736 Zwetschgenkuchen mit Guss

*Mürbeteig-Grundrezept **1643**,*
ca. 1 kg Zwetschgen, 120 g Zucker,
2 Essl. Semmel- oder Zwiebackbrösel oder Mandelstückchen.
Guss:
2 Essl. Speisestärke,
¼ l saure Sahne, 2 Eier, 60 g Zucker,
abgeriebene Schale von ½ Zitrone.

Eine gefettete, runde Kuchenform mit Mürbe- oder Obstkuchenteig auslegen. Die gewaschenen Zwetschgen halbieren, den Stein entfernen und jede Fruchthälfte nochmals leicht einschneiden. Die Schnitze mit dem Zucker bestreuen und etwa 1 Std. zugedeckt stehen lassen. Die Teigplatte mit Bröseln oder Mandeln bestreuen, die Zwetschgen mit der Schnittfläche nach oben schuppenartig darauflegen.
Zum Guss Speisestärke mit der Sahne verquirlen, Eier, Zucker und Zitronenschale daruntermischen. Den Guss gleichmäßig über die Zwetschgen verteilen und den Kuchen im vorgeheizten Backofen backen.
E.-Herd 200–225 °C / G.-Herd 3–4
Ca. 40 Minuten
Oder von einem Päckchen Vanillepudding mit Milch, Zucker und Eigelb einen Pudding kochen. Kalt schlagen und ¼ l saure Sahne unterziehen. Den Guss gleichmäßig auf den Zwetschgen verteilen und den Kuchen wie oben backen. Evtl. 10 Min. vor Ende der Backzeit mit Zucker bestreuen.
Oder den belegten Kuchen 10 Min. bei 200 °C (G.-Herd 3) vorbacken, dann bei 225 °C (G.-Herd 3–4 in 35–40 Min. fertig backen.

1737 Obstkuchen

*Mürbeteig-Grundrezept **1643**,*
1 kg Beeren, Äpfel, Kirschen oder Zwetschgen,
evtl. 2 Essl. Semmelbrösel,
60 g Schwarzbrotbrösel,
120 g Zucker, ½ Teel. Zimt,
30–50 g Mandelstifte,
30–50 g Butter oder Margarine.

Den Mürbeteig nach Grundrezept zubereiten, kühl stellen, auswellen, in eine gefettete Springform legen und glattstreichen. Bei sehr saftigem Obst Semmelbrösel auf die Teigplatte streuen und das vorbereitete Obst dicht darauf verteilen. Die Schwarzbrotbrösel mit Zucker, Zimt und Mandelstiften vermischen, den Obstbelag damit bedecken, mehrere Butterflöckchen obenauf setzen und im vorgeheizten Backofen backen.
E.-Herd 175–200 °C / G.-Herd 2–3
Ca. 55–60 Minuten
Oder die Teigplatte ca. 8–10 Minuten vorbacken, mit Marmelade bestreichen (passend zum Obst) und Löffelbiskuit auflegen. Dann das Obst darauflegen und wie oben weiterverfahren. Backzeit noch ca. 35 Minuten.

Hinweis: Wenn nicht anders angegeben, beziehen sich die Mengen auf Backformen von 26 cm Ø.

1738

Mehrfruchtkuchen

*Rührteig **1639** oder*
*Mürbeteig-Grundrezept **1643**,*
30 g geschälte, geriebene Mandeln
oder 1–2 Essl. Zwiebackbrösel,
250 g Himbeeren oder Erdbeeren,
3–4 Ananasscheiben
(aus der Dose),
einige dunkle Kirschen,
ca. ½ Tasse rote und weiße
Johannisbeeren,
250 g Aprikosen
oder Pfirsiche,
250 g Stachelbeeren.
Guss:
Ananassaft aus der Dose,
1 Päckchen Tortenguss
oder ½ Päckchen Agar-Agar,
50 g Mandelblättchen zum
Verzieren.

Den Rühr- oder Mürbeteig in eine gefettete runde Kuchenform füllen, glattstreichen und ohne Belag im vorgeheizten Backofen ca. 25 Minuten backen.
Rührteig:
E.-Herd 175–200 °C / G.-Herd 2–3
Mürbeteig:
E.-Herd 200–225 °C / G.-Herd 3–4
Den erkalteten Kuchenboden mit geriebenen Mandeln oder Zwiebackbröseln bestreuen und die sorgsam verlesenen Himbeeren oder vorbereiteten Erdbeeren in die Mitte häufen. Ringsum halbierte Ananasscheiben, entsteinte Kirschen legen und diese abwechselnd mit roten und weißen Johannisbeeren umranden. Um die Johannisbeeren geschälte, halbierte Aprikosen oder Pfirsiche (frische Früchte vordünsten) anordnen. Den äußeren Rand bilden kurz vorgekochte oder vollreife Stachelbeeren.
Auch andere Beeren und Früchte lassen sich zu Mehrfruchtkuchen verwenden, z. B. Brombeeren, Heidelbeeren, Mirabellen, Weintrauben, Sauerkirschen oder Südfrüchte aller Art. Statt Ananas eignen sich z. B. helle oder dunkle Orangenscheiben.
Zum Guss den Ananassaft aus der Dose mit Tortenguss oder Agar-Agar binden und erkaltet, aber noch dickflüssig, über den Kuchen träufeln. Die Mandelblättchen darüberstreuen.

1739

Torte mit exotischen Früchten

*Einfacher Butterbiskuit **1649***
*oder Mandelbiskuit **1651**.*
1 Becher süße Sahne (200 g),
evtl. 1 Teel. Curaçao oder Cointreau,
4–5 Kiwifrüchte oder 3 Limetten
(unbehandelt), oder etwa 12 Kumquats
(Zwergorangen) oder ebenso viele
Litschis (evtl. aus der Dose),
gemischt mit Clementinen.

Den Biskuit nach Wahl zubereiten und backen. Die Sahne unter Zugabe von etwas Alkohol steif schlagen (evtl. 1 Päckchen Sahnesteif zur besseren Festigkeit unterschlagen) und kuppelförmig auf den Biskuitboden häufen. Die Kiwis schälen, in nicht zu dünne Scheiben schneiden und die Torte damit belegen. Oder die Limetten heiß abwaschen, in sehr feine Scheiben schneiden; die Kumquats ebenfalls heiß abwaschen, mit der Schale in Scheiben schneiden; frische Litschis schälen, halbieren, den Kern entfernen und zusammen mit den abgezogenen Clementinenspalten auf der Torte anordnen.
Oder die Torte einmal durchschneiden, dünn mit Sahne bestreichen, die Früchte nach Wahl auflegen, mit dem Deckel zudecken, ringsum mit steif geschlagener Sahne bestreichen und mit gerösteten Kokosflocken oder Mandelstückchen oder auch gehackten Pistazien bestreuen.

1740

Tropentorte

Boden: 6 Eier, getrennt, 125 g Zucker,
125 g geriebene Bitterschokolade,
50 g Mehl.
Belag: 3–4 Bananen,
0,7 l Multivitamin- oder Mangosaft,
3 Pck. heller Tortenguss.
Außerdem:
1 Becher (200 g) süße Sahne,
je 1 Pck. Vanillezucker
und Sahnefestiger,
2 Kiwis, 1 reife Mango, 1 Banane,
1–2 Nektarinen,
1 Limette, 1 Karambole (Sternfrucht),
2–3 Essl. geröstete Mandelblättchen,
evtl. 1 Pck. heller Tortenguss,
2 Essl. Zucker.
Eigelb mit Zucker weißcremig rühren. Eiweiß steif schlagen, auf die Eicreme gleiten lassen. Schokolade und Mehl darübergeben, mit dem Backspatel alles untereinanderheben und in eine gefettete Springform füllen.
E.-Herd 180 °C / G.-Herd 2
Ca. 40 Minuten
Die Bananen schälen, längs halbieren. Den Fruchtsaft mit Tortenguss nach der Packungsanweisung binden. Einen Tortenring um den Tortenboden spannen, den Boden mit Bananen belegen, den Fruchtsaft darübergießen, 3–4 Stunden im Kühlschrank erstarren lassen.
Sahne mit Vanillezucker und Festiger steif schlagen. Die Früchte bis auf die Karambole schälen, in Scheiben oder Spalten schneiden. Den Tortenring entfernen. Die Torte ringsum mit Sahne bestreichen, den Rand mit Mandelblättchen bestreuen. Die Früchte auf der Oberfläche hübsch dekorieren, evtl. dünn mit zubereitetem Tortenguss überziehen.

1741 Apfel- oder Zwetschgenschnitten

*Hefeteig **1638** oder*
*Teig **1692**, ohne Eier und Rum,*
halbe Menge.
Fülle:
500–625 g mürbe Äpfel oder
Zwetschgen.
Zum Beträufeln (nach Belieben):
1–2 Teel. Kirsch- oder anderes
Obstwasser.
Zum Bestreuen:
150 g Zucker, etwas Zimt,
Zwiebackbrösel,
30–50 g geschälte, geriebene oder in
feine Scheiben geschnittene Mandeln,
50 g Sultaninen,
20–40 g Butter.

Den Hefe- oder Mürbteig zubereiten, zu einem Rechteck auswellen, auf ein gefettetes Backblech legen, den Rand ein wenig hochdrücken und die ganze Oberfläche mit leicht gerösteten Bröseln bestreuen. Zu Apfelschnitten die gewaschenen, geschälten Äpfel in kleine Schnitze teilen, der Länge nach einkerben, einzuckern und Obstbrand darüberträufeln. Die Schnitze kurze Zeit durchziehen lassen, dann auf den Teig legen, mit wenig Zucker (je nach der Obstsorte), Zimt, Zwiebackbröseln, Mandeln und vorbereiteten Sultaninen bestreuen sowie einige Butterflöckchen obenauf verteilen. Zu Zwetschgenschnitten nicht zu reife Früchte verwenden, mit einem befeuchteten Tuch abreiben, den Stein entfernen und die Zwetschgen in Hälften oder Viertel teilen. Mit Zucker bestreuen, kurz durchziehen lassen, gleichmäßig geordnet auf den Teig legen, und zwar so, dass die zweite Reihe Zwetschgen die erste zur Hälfte deckt (die Spitzen nach oben). Dann ebenso wie Apfelschnitten mit dem Belag bestreuen, jedoch ohne Sultaninen, und im vorgeheizten Backofen hellbraun backen.
E.-Herd 200 °C / G.-Herd 3
Ca. 30 Minuten
Oder entsteinte Mirabellen, Aprikosen oder Kirschen, gut eingezuckerte Johannisbeeren und Heidelbeeren verwenden. Bei diesen Früchten Biskuitguss **1754** obenauf streichen und hellgelb backen.

1742 Gedeckte Apfelschnitten

250 g Mehl, 180 g Butter
oder Margarine, 60 g Zucker,
etwas abgeriebene Zitronenschale,
evtl. 1 Eigelb oder 1 kleines Ei,
3 Essl. süße Sahne.
Fülle:
750 g mürbe Äpfel,
40–50 g Zucker, wenig Zimt,
40 g vorbereitete Rosinen,
20 g geschälte, feinblättrig
geschnittene Mandeln.
Zum Bestreichen:
1 Eigelb.
Zum Bestäuben:
Puderzucker.

Mehl und Butter in einer Schüssel zu Bröseln (Streusel) verreiben, die übrigen Zutaten auf dem Backbrett untermischen und den Teig 1 Std. kalt stellen. Dann zu einer 30 cm breiten, rechteckigen Platte etwa 1 cm dick auswellen, der Länge nach halbieren und eine Teighälfte auf ein gefettetes Backblech legen. Die geschälten Äpfel in Schnitze teilen, die Apfelwölbung fein einkerben und mit der Wölbung nach oben auf den Teigstreifen setzen. Zucker, Zimt, Rosinen und Mandeln daraufstreuen, den zweiten Streifen darüber decken (zuvor bis zum Rand feinstreifig einrädeln), die ganze Oberfläche mit gequirltem Eigelb bepinseln und im vorgeheizten Backofen hellbraun backen. Nach kurzem Abkühlen mit Puderzucker bestäuben und in Schnitten teilen.
E.-Herd 200 °C / G.-Herd 3
Ca. 30 Minuten
Auf diese Weise lassen sich auch Schnitten mit Johannis- oder Heidelbeeren, entsteinten Kirschen, Aprikosen, Mirabellen, Zwetschgen und Weintrauben zubereiten.

◁ Zwetschgenschnitte, siehe oben

1743

Erdbeertörtchen

*Fertige Torteletts (selbstgebacken **1658** oder fertiggekauft), Vanille-Buttercreme **1838**, 500 g kleine Erdbeeren.*

Die Törtchen mit Creme bestreichen und dicht mit den Erdbeeren belegen. Als Creme eignet sich auch die Buttercreme **1839**.
Ebenso kann man die Törtchen mit Himbeeren, Brombeeren, Ananas, Aprikosen oder Pfirsichen belegen.
Man kann die Törtchen noch zusätzlich mit einem fertigen Tortenguss überziehen und mit Schlagsahne verzieren.

1744

Kirschen- oder Zwetschgen-, Pflaumentörtchen

*Mürbeteig-Grundrezept **1643**, 500 g Kirschen oder Zwetschgen, 120 g Zucker, 2 Essl. Semmelbrösel. Guss: 2 Essl. Speisestärke, ¼ l süße Sahne, 2 Eier, 60 g Zucker, abgeriebene Schale von ½ Zitrone.*

Den Mürbeteig nach Grundrezept zubereiten, auswellen und die gefetteten Förmchen damit auslegen.
Kirschen waschen, entsteinen und auf die mit Brösel bestreuten Teigböden legen.
Zwetschgen waschen, halbieren, den Stein entfernen und jede Fruchthälfte nochmals leicht einschneiden. Mit Zucker bestreuen, etwa eine Std. zugedeckt stehen lassen und dann schuppenartig mit der Schnittfläche nach oben auf die mit Brösel bestreuten Teigböden legen.
Zum Guss die Speisestärke mit Sahne glattrühren, Eier, Zucker und Zitronenschale darunterмischen. Gleichmäßig über die Törtchen verteilen und im vorgeheizten Backofen backen.
E.-Herd 200–225 °C / G.-Herd 3–4
Ca. 30–40 Minuten

1745

Johannisbeer-, Stachelbeer- oder Heidelbeertörtchen

*Mürbeteig-Grundrezept **1643**, 500 g Beeren. Guss: 2 Eiweiß, 6 Essl. Zucker, 3 Essl. Mandelblättchen.*

Mürbeteig nach Grundrezept zubereiten, auswellen und in die gefetteten Förmchen füllen. Im vorgeheizten Backofen blind vorbacken.
E.-Herd 200 °C / G.-Herd 3.
Ca. 10 Minuten.
Dann dicht mit den Beeren nach Wahl belegen.
Für den Guss Eiweiß steif schlagen, den Zucker nach und nach dazugeben und die Mandelblättchen darunterheben. Über die Beeren verteilen und im vorgeheizten Backofen fertigbacken.
E.-Herd 175 °C / G.-Herd 2
Ca. 20 Minuten

1746

Stachelbeertörtchen

Zum Teig: 220 g Mehl, 160 g Butter oder Margarine, 150 g Zucker, 2 Eigelb oder 1 ganzes Ei, 2 Essl. saure Sahne oder Weißwein. Fülle: 1 kg grüne Stachelbeeren. Zuckerwasser: 500 g Zucker,. ¼ l Wasser.

Den Mürbeteig (siehe **1643**) zubereiten, 1 Std. kalt stellen, auswellen, kleine gefettete Förmchen damit auslegen, mit einer Gabel anstechen und blind (d. h. ohne Belag) halbfertig backen.
Inzwischen von den Beeren Blüte und Stiel entfernen, sie kurz in kochendes Wasser geben, bis sie in die Höhe steigen. Sofort zum Abtropfen herausnehmen, das Zuckerwasser kochen, die Beeren darin einmal aufwallen lassen, den Saft absieben und bis zum dicken Faden (siehe **2318**) gelieren. Die Törtchen mit den Beeren dicht belegen, nochmals 10 Min. in den heißen Backofen stellen, noch heiß mit dem eingedickten Zuckersaft beträufeln und vor dem Servieren mit Schlagsahne verzieren.
E.-Herd 200 °C / G.-Herd 3
Ca. 10 Minuten + 10 Minuten

1 Torteletts/Tartelettes: Kreise aus dem Teig ausstechen.

2 In die mit Teig ausgelegten Förmchen Hülsenfrüchte legen (blind backen).

3 Die fertig gebackenen Torteletts.

1747

Orangen- oder Mandarinentörtchen

Zum Teig:
4 Eigelb, 125 g Zucker,
abgeriebene Schale und
Saft von ½ Orange,
100 g Mehl,
Schnee von 4 Eiweiß.
Zum Bestreichen und Bestreuen:
4 Essl. Aprikosenmarmelade oder
Himbeer- oder Brombeergelee,
2 Essl. Puderzucker,
fein gewiegte Schale einer Orange.
Zum Belegen:
3 Blut- oder Blondorangen oder
4 Mandarinen.
50 g Hagelzucker,
¼ l süße Sahne.

Eigelb, Zucker, Orangenschale und -saft cremig rühren, dann das gesiebte Mehl und den steifen Eischnee löffelweise untermischen; die Biskuitmasse auf gut gebuttertem, langem Backblech etwa 1 cm hoch aufstreichen und im vorgeheizten Backofen hellgelb backen.
E.-Herd 200–225 °C / G.-Herd 3–4
Ca. 10 Minuten
Die Marmelade oder das Gelee mit dem Puderzucker vermischen, den abgekühlten Biskuitboden damit bestreichen und die Orangenschale überstreuen. Dann mit einem Glas oder rundem Förmchen kleine Törtchen ausstechen oder die ganze Fläche in Vierecke einteilen und ausschneiden. Die Törtchen je mit einer sorgsam geschälten, dicken, entkernten Orangenscheibe belegen, Hagelzucker darauf streuen, eine Johannis- oder Himbeere in die Mitte setzen und den Rand mit Schlagsahnesternchen verzieren. Werden Mandarinen verwendet, auf jedes Törtchen eine Rosette von drei geschälten, entkernten Scheiben legen (besser eignen sich kernlose Früchte, wie Clementinen, Tangerinen). Statt Hagelzucker schmecken zum Überstreuen in etwas Butter und Zucker angeröstete Kokosflocken oder geschälte, geriebene Mandeln oder geröstete Nussstückchen besonders aromatisch.

1748

Ananastörtchen

*Teigzutaten und Zubereitung nach **1746**.*
Aprikosenmarmelade,
3–4 dicke Scheiben
von frischer Ananas,
Läuterzucker
wie bei Bananentörtchen.
Zum Bestreuen:
50 g Schokoladenspäne (S. 440).
Zum Verzieren:
eingedünstete Kirschen,
evtl. ¼ l süße Sahne.

Aus dem Teig dieselben Törtchen wie nach **1746** backen und mit Aprikosenmarmelade bestreichen; die sorgsam geschälten Ananasscheiben in Dreieckchen schneiden, im Sternmuster darauf legen, mit dem Läuterzucker überpinseln und mit den Schokoladenspänen bestreuen. Die Törtchen mit Kirschen und Schlagsahne verzieren.

1749

Bananentörtchen

*Teig von **1746**.*
Zum Bestreichen:
Himbeer- oder Brombeergelee.
Zum Belegen:
3–4 nicht zu reife Bananen,
dicker, zur Perle gekochter
Läuterzucker von ⅛ l Wasser und
150 g Zucker.
Zum Bestreuen:
Kokosflocken oder Mandelblättchen
oder 50 g fein gestifteltes Orangeat.

Den Teig herstellen, nach **1746** backen, mit Gelee bestreichen und Törtchen davon ausstechen oder ausschneiden; die Bananen in feine Scheiben schneiden, kreisförmig oder beliebig auflegen, mit dem Läuterzucker überpinseln (dadurch bleiben die Bananen länger weiß) und mit den ohne Fett leicht gerösteten Kokosflocken oder Mandeln bestreuen oder mit Orangeatstreifchen verzieren und evtl. Schlagsahnesterne aufspritzen.

Güsse für Obstkuchen und -törtchen

1750

Rahmguss für Obstkuchen

2 Eier, 2 Essl. Zucker,
1 Päckchen Vanillezucker,
¼ l süße oder dicke saure Sahne
(Crème fraîche), 2–3 Essl. Mehl,
einige geschälte, geriebene
Mandeln, einige Butterflöckchen.

Eigelb, Zucker und Vanillezucker verquirlen, die Sahne abwechselnd mit dem Mehl untermischen und zuletzt den steifen Eischnee locker durchziehen. Den Obstkuchen erst kurz vor dem Backen damit übergießen, die Mandeln daraufstreuen und kleine Butterflöckchen obenauf verteilen.

1751

Milchguss

Für Kirschen-, Aprikosen-, Apfel- oder Zwetschgenkuchen

⅜ l frische Milch oder halb Milch, halb
süße Sahne, 2 Essl. Zucker,
2 Essl. Mehl, abgeriebene Schale
½ Zitrone, 2 Eier,
30 g geschälte, geriebene Mandeln,
einige Butterflöckchen.

Milch und Zucker zum Kochen bringen, das Mehl mit wenig kalter Milch verquirlen, einlaufen lassen und den Guss nach dem Sämigwerden kaltrühren. Dann Zitronenschale und Eigelb untermischen, den steifen Eischnee locker durchziehen und den Obstkuchen kurz vor dem Backen damit übergießen; die Mandeln darauf streuen und die Butterflöckchen obenauf verteilen.

1752

Kartoffelguss

2 Eigelb, 60 g Zucker,
½ Essl. Speisestärke,
1 Tasse geriebene Kartoffeln (tags zuvor gekocht), abgeriebene Schale von ½ Zitrone, 2 Eiweiß.

Alle Zutaten (außer dem Eiweiß) vermischen, den steifen Eischnee leicht unterziehen und als deckenden Guss auf Apfelbelag streichen (vgl. auch **1707** Apfelkuchen mit Kartoffelguss).

1753

Quittenguss auf Apfelkuchen

3–4 reife Quitten.
Auf 250 g Quittenmark:
120 g Zucker, 2 Eigelb,
evtl. 30 g geschälte, geriebene Mandeln, 20 g Butter, 2 Eiweiß.

Die Quitten in reichlich Wasser weich kochen; dann schälen und auf einer Raffel reiben oder, falls sie sehr weich sind, durchpassieren. Unter das abgewogene Mark den Zucker, die Eigelb und evtl. die Mandeln rühren; das Ganze schaumig aufschlagen, zerlassene Butter zufügen und den steifen Schnee der 2 Eiweiß zuletzt leicht unterziehen. Der Quittenguss eignet sich statt Rahmguss als aromatischer, deckender Guss auf Apfelkuchen. Bei nicht zu starker Oberhitze backen.

1754

Biskuitguss I

Für Obstbelag von Aprikosen, Mirabellen, Zwetschgen, Reineclauden oder Rhabarber

3 Eier, 2 Essl. Puderzucker,
1 Päckchen Vanillinzucker,
½ Tasse Kondensmilch oder
süße Sahne oder Wasser,
3 Essl. Mehl,
1 Essl. zerlassene Butter,
1 Essl. Arrak oder Rum.

Eigelb mit Zucker, Vanillinzucker, Milch oder Sahne oder Wasser verquirlen, das Mehl zufügen, zuletzt die Butter und den Eischnee untermischen, dann den Arrak darüberträufeln. Dieser Guss eignet sich zum Decken von sehr saftigem Obstbelag.

1755

Biskuitguss II

Für Beerenbelag jeder Art, entsteinte Kirschen, Trauben usw.

2 Eigelb, 2 Essl. Zucker,
1 Essl. Mehl, 2 Eiweiß,
abgeriebene Schale von ½ Zitrone.

Eigelb mit Zucker cremig rühren, dann das Mehl, den steifen Eischnee und Zitronenschale leicht untermischen. Diesen Guss nach der halben Backzeit auf Obstkuchen mit obengenanntem Belag aufstreichen und bei guter Oberhitze fertig backen.

1756

Mandeleiweißguss

Für Johannisbeerkuchen und Törtchen mit frischen Johannisbeeren

6 Eiweiß, 200 g Zucker,
abgeriebene Schale von ½ Zitrone,
180 g geschälte, geriebene Mandeln.

Die Eiweiß sehr steif schlagen, mit Zucker und Zitronenschale dickschaumig rühren und die Mandeln untermischen. Den Mandelschaum locker unter die vorbereiteten Johannisbeeren ziehen und auf einen Mürbeteigboden gleichmäßig aufstreichen.

1757

Quarkguss

Für Apfel-, Aprikosen- oder Rhabarberkuchen
2 Eigelb, 2 Essl. Zucker, 250 g Quark (40%), abgeriebene Schale von ½ Zitrone, evtl. 30 g geschälte, geriebene Mandeln, 2 Eiweiß.

Die Eigelb mit dem Zucker schaumig rühren, den (evtl. durchpassierten) Quark und die Zitronenschale sowie evtl. die geriebenen Mandeln untermischen. Zuletzt den steif geschlagenen Eischnee locker unterziehen.

1758

Fruchtsaftguss oder Minzeguss

Knapp ¼ l Fruchtsaft, auch Saft von Obstkonserven, 2 Essl. Speisestärke, evtl. 1 Teel. Kirschwasser oder Himbeergeist oder Rum.

Den Fruchtsaft zum Kochen bringen; die kalt angerührte Speisestärke einrühren, evtl. mit dem Alkohol abrunden. Den etwas abgekühlten Guss über den Kuchen ziehen.
Anstelle von Speisestärke können 5 g Agar-Agar (aus dem Reformhaus) oder Biobin verwendet werden.
Oder einen Tortenguss auf Basis eines starken Pfefferminztees herstellen. Er passt gut für Nuss- und Schokoladenkuchen oder -torten.

Himbeerkuchen mit Weinguss **1719**

Quarkkuchen (Käsekuchen) und andere Kuchen

1759

Käsekuchen

Springform 30 cm Ø,
*Mürbeteig-Grundrezept **1643**,*
6 Eier, getrennt,
750 g Quark (20%),
200 g Zucker,
1 Päckchen Vanillezucker,
100 g Mehl,
abgeriebene Schale von 1 Zitrone,
⅛ l Milch,
¼ l süße Sahne,
2–3 Essl. Rosinen.

Den Mürbeteig nach Grundrezept zubereiten, zwischen Klarsichtfolie etwas größer als die Form auswellen und in eine gefettete Springform legen. Den Rand hochziehen und den Boden einige Male einstechen. Die Eiweiße zu steifem Schnee schlagen und kalt stellen. Dann alle anderen Zutaten, außer Rosinen, gut mit den 6 Eigelb verrühren. Zuletzt den Eischnee unterheben und diese Masse auf der Teigplatte verteilen. Die Rosinen darüberstreuen und ganz leicht unter die Oberfläche drücken. Im vorgeheizten Backofen backen.
Nach ca. 20 Min. Backzeit mit einem spitzen Messer zwischen Rand und der sich schon langsam bräunenden und aufgehenden Quarkmasse fast bis zum Boden einschneiden, damit der Kuchen noch weiter aufgehen kann. Nach ca. weiteren 20 Min. Backzeit den Kuchen mit Pergamentpapier abdecken, damit er nicht zu braun wird. Nach dem Backen den Kuchen ganz kurz auskühlen lassen und dann auf ein Drahtgitter stürzen. Nach ca. 30 Min. den äußeren Rand des Springbleches wieder um den Kuchen legen und verschließen, bis der Kuchen ganz erkaltet ist.
E.-Herd 200 °C / G.-Herd 3–4
Ca. 55–65 Minuten

1760

Käsekuchen von Blätterteig

*Blätterteig **1655**.*
Zur Fülle:
½ l Milch, 60 g Butter, 80 g Mehl,
5–6 Eier, 100 g Zucker,
1 Päckchen Vanillinzucker,
500 g Quark (20%), gut abgetropft,
80 g Sultaninen oder Rosinen.
Zum Bestreuen der Fülle:
50 g geschälte, schmale
Mandelstiftchen, Puderzucker.

Den Blätterteig zubereiten, auswellen und in eine gefettete, mit gesiebten Bröseln ausgestreute Springform legen. Zur Fülle etwa ⅜ l Milch erhitzen, die Butter zufügen, einmal aufwallen lassen und das mit der restlichen Milch verquirlte Mehl unter Rühren darin 10 Min. kochen. Die Eigelb, Zucker und Vanillezucker schaumig schlagen, die erkaltete Breimasse, den durchpassierten Quark, die vorbereiteten Sultaninen und den steifen Eischnee untermischen. Den Quarkschaum auf den Teigboden streichen, die Mandelstiftchen obenauf geben und den Kuchen bei guter Hitze hellbraun backen; nach dem Erkalten mit Puderzucker bestäuben. (Ebensogut kann auch Tiefkühlblätterteig verwendet werden.)
E.-Herd 200 °C / G.-Herd 3
Ca. 40 Minuten

Käsekuchen

1761 Käsekuchen mit Rumrosinen

Springform 24 cm Ø,
Teig:
50 g Butter, 50 g Zucker,
ca. 75 ml süße Sahne oder Milch,
200 g Mehl,
½ Päckchen Backpulver.
Belag:
80 g Butter, 4 Eier, getrennt,
120 g Zucker,
600 g Quark (Topfen), 3 Essl. Mehl,
¼ – ⅜ l saure Sahne, ½ Teel. Zimt,
abgeriebene Schale von ½ Zitrone,
60 g Rumrosinen.

Für den Teig die Butter schaumig rühren, nach und nach die anderen Zutaten beigeben und den Teig in eine mit Backpapier ausgelegte Springform drücken. (Auch den Rand mit einem Streifen Backpapier belegen, dann löst sich der Kuchen leichter aus der Form.)
Für den Belag in die schaumig gerührte Butter abwechselnd Eigelb und Zucker einrühren (Rührdauer von Hand 20 Min., mit dem Handrührgerät ca. 2 Min.). Den Quark durch ein Sieb streichen und mit den anderen Zutaten, außer den Rosinen, unter die Schaummasse rühren. Die Rosinen mit etwas Mehl bestäuben, zugeben und zuletzt den Eischnee unterheben. Die Masse auf den Kuchenteig streichen und im vorgeheizten Backofen zu schöner Farbe backen. Falls die Oberfläche zu schnell bräunt, mit Alufolie bedecken.
E.-Herd 175–200 °C / G.-Herd 2–3
Ca. 45–60 Minuten

1762 Käsekuchen mit Frischkäse

Bröselteig:
9 Stück Zwieback,
40 g Butter, 150 g Zucker.
500 g Frischkäse,
1 Teel. abgeriebene Zitronenschale,
1 Essl. Zitronensaft,
⅛ l saure Sahne, 5 Eier.

Den Zwieback zu Bröseln zerreiben (am besten, indem man jeweils 4 Stück in einen Gefrierbeutel oder in eine Stoffserviette einschlägt und mit einem Wellholz zu Bröseln zerdrückt). Butter in Flöckchen zerteilen, mit den Zwiebackbröseln und 2 Essl. Zucker vermischen und so lange zwischen den Handflächen verreiben, bis sich die Zutaten miteinander verbunden haben. Eine Springform (24 cm Ø) gut fetten und die Zwiebackmasse mit einem Esslöffel auf den Boden der Springform fest eindrücken. Den Frischkäse bei Zimmertemperatur etwas stehen lassen und glattrühren. Den restlichen Zucker, Zitronenschale und -saft, Sahne und Eigelb nach und nach dazugeben und cremig rühren. Die Eiweiß zu sehr steifem Schnee schlagen. Locker unter die Käse-Creme ziehen, in die Springform füllen und glattstreichen. Im vorgeheizten Backofen backen (die Mitte muss elastisch und fest sein).
E.-Herd 175 °C / G.-Herd 2
Ca. 75 Minuten
Nach dem Backen den Rand vorsichtig lösen, ca. 10 Min. abkühlen lassen. Dann den Rand der Springform abnehmen und den Kuchen zum Auskühlen auf ein Kuchengitter geben – nicht stürzen!

1763 Rahmkuchen

*Blätterteig-Grundrezept **1652**,*
halbe Menge,
oder Tiefkühlblätterteig.
Belag:
60 g Mehl, je ¼ l süße
und saure Sahne,
5 Eigelb,
125 g Zucker, 1 Prise Salz,
abgeriebene Schale von ½ Zitrone,
250 g Schichtkäse oder sehr
trockener Quark oder Ricotta,
5 Eiweiß, zu steifem Eischnee
geschlagen.

Den Blätterteig nach Grundrezept zubereiten oder den Tiefgefrierblätterteig nach Anweisung auftauen und ausrollen. Auf ein mit kaltem Wasser abgespültes Blech legen, gegebenenfalls den niedrigen Rand des Blechs mit einer Aluschiene oder einem gefalzten Alustreifen begrenzen.
Das Mehl mit der Sahne glattrühren. Die Eigelb, Zucker, Salz, Zitronenschale sowie den durch ein Sieb gestrichenen Schichtkäse oder sehr trockenen Quark (es eignet sich hierzu sehr gut der italienische Ricotta) mitrühren, zuletzt den Eischnee unterheben. Die Quarkmasse auf den Blätterteig streichen und im vorgeheizten Backofen backen.
E.-Herd 200–225 °C / G.-Herd 3–4
Ca. 45 Minuten

1764 Apfel-Käse-Kuchen

125 g Butter oder Margarine,
1 Päckchen Vanillinzucker,
125 g Zucker, 2 Eier,
50 g Speisestärke, 125 g Mehl,
1 Teel. Backpulver.
750 g Äpfel.
150 g Butter oder Margarine,
200 g Zucker,
2 Päckchen Vanillezucker,
1–2 Eier, 500 g Quark (20%),
125 g Speisestärke,
2 Teel. Backpulver.
Streusel:
180 g Speisestärke, 180 g Mehl,
180 g Zucker, 1 Messersp. Zimt,
180 g Butter oder Margarine.

Den Rührteig nach Grundrezept **1639** herstellen, in eine gefettete Springform streichen und im vorgeheizten Backofen vorbacken. Die Äpfel waschen, schälen, in Scheiben oder Spalten schneiden. Die Butter oder Margarine mit dem Zucker, Vanillezucker und den Eiern schaumig rühren. Den gut abgetropften Quark mit Speisestärke vermischen und das Backpulver darunterrühren. Die Äpfel auf dem vorgebackenen Rührteig verteilen und die Quarkmasse darüberstreichen. Speisestärke, Mehl, Zucker und Zimt vermischen, die Butter darunter kneten, bis sich Streusel bilden. Die Streusel über die Quarkmasse streuen und den Kuchen im vorgeheizten Backofen fertigbacken.
E.-Herd 175–200 °C / G.-Herd 2–3
Zuerst 10 Minuten, dann 50–60 Minuten

1765
Käse-Sahnetorte

*Biskuit-Grundrezept **1647**,*
knapp 1/4 l Milch,
125 g Zucker, 3 Eigelb,
8 Blatt weiße Gelatine,
500 g Quark (40%),
abgeriebene Schale von 1 Zitrone,
1 Päckchen Vanillezucker,
1/2 l süße Sahne.

Den nach Grundrezept in einer Springform gebackenen Biskuitboden so durchschneiden, dass man einen fingerdicken und einen etwas dünneren Boden erhält. Den dickeren Boden mit dem gefetteten Springformring umstellen. Milch und Zucker aufkochen lassen und mit dem Schneebesen die Eigelb unterschlagen. Die eingeweichte, abgetropfte Gelatine in die heiße Eiermilch geben und gut verrühren. Den durchpassierten Quark, geriebene Zitronenschale und Vanillezucker zufügen und alles kräftig durchschlagen. Wenn die Quarkmasse abgekühlt ist, gut die Hälfte der steif geschlagenen Sahne unterheben und alles sofort in den Ring bis zum oberen Rand füllen. Den dünnen Biskuitboden obenauf legen und die Torte 3–4 Std. in den Kühlschrank stellen.
Nun mit einem Messer vorsichtig zwischen Springformring und Torte entlangfahren und den Ring lösen. Mit der restlichen Sahne die Tortenoberfläche und den Rand bestreichen.

1766
Sauermilchkuchen

*Mürbeteig **1643** mit Sahne.*
Zur Fülle:
4 Eier,
80 g Zucker,
80 g Mehl,
3/4 l Sauermilch, 1/4 l dicke saure Sahne (Crème fraîche),
abgeriebene Schale von 1/2 Zitrone oder 1 Päckchen Vanillinzucker.

Den Mürbeteig zubereiten, auswellen und eine gefettete Springform damit auslegen. Zur Fülle die Eigelb mit dem Zucker schaumig rühren, nach und nach das Mehl, die verquirlte Sauermilch und saure Sahne, Zitronenschale oder Vanillinzucker und den steifen Eischnee zufügen. Den Teigboden mit der Fülle gleichmäßig hoch bestreichen, sollte die Sauermilch wenig Rahm enthalten, ist es ratsam, einige Butterflöckchen obenauf zu geben. Den Kuchen im vorgeheizten Backofen backen.
E.-Herd 200 °C / G.-Herd 3
Ca. 40 Minuten

1767
Erdbeertorte mit Quark-Creme

3 Eiweiß, 3 Essl. Wasser,
150 g Zucker,
1 Päckchen Vanillezucker,
3 Eigelb, 60 g Mehl,
60 g Speisestärke,
1 Teel. Backpulver.
500 g Quark (40%),
2 Essl. Zitronensaft,
etwas abgeriebene Zitronenschale,
500 g frische Erdbeeren,
5 Essl. Zucker,
6 Blatt weiße Gelatine,
1 Becher (200 g) süße Sahne.

Den Biskuit nach Grundrezept in einer Springform backen.
Quark, Zitronensaft und -schale schaumig schlagen. Die Gelatine in kaltem Wasser einweichen und nach Vorschrift auflösen. Ein paar besonders schöne Erdbeeren zum Verzieren zurücklassen. Die restlichen Erdbeeren mit dem Zucker zerdrücken, unter den Quark mischen und die aufgelöste Gelatine vorsichtig unter die Quark-Creme rühren. Die Creme kalt stellen, bis sie fast steif ist. Den Biskuit quer durchschneiden, so dass zwei Tortenböden entstehen. Einen Becher steif geschlagene Sahne vor dem Füllen unter die Quark-Creme heben.
Dann die Erdbeer-Quark-Creme einmal durchrühren und auf den beiden Tortenböden verteilen. Die Böden aufeinandersetzen und die Torte mit den Erdbeeren verzieren und kühl stellen.
E.-Herd 200–225 °C / G.-Herd 3–4
Ca. 25 Minuten

1768
Quarktorte nach italienischer Art

500 g Quark oder Schichtkäse oder Ricotta,
300 g Puderzucker,
1 Päckchen Vanillezucker,
1–2 Essl. Maraschino,
evtl. Borkenschokolade,
ca. 400 g kandierte Früchte,
evtl. 6 Blatt weiße Gelatine,
*1 Biskuittortenboden **1651**,*
*Vanillezucker zum Bestäuben oder Zitronenglasur **1850** und einige kandierte Früchte.*

Den Quark durch ein Sieb passieren, mit dem Puderzucker vermischen und mit Vanillezucker und Maraschino würzen. Mit einem Holzlöffel oder dem elektrischen Handrührer gut durcharbeiten, damit die Masse schaumig wie eine Creme wird. Zuletzt einige Schokoladenstückchen oder nur die fein geschnittenen kandierten Früchte darunterrühren. Wer die Füllung fester wünscht, rührt zum Schluss die eingeweichte, ausgedrückte und in 4 Essl. Weißwein aufgelöste Blattgelatine unter die Quarkmasse.
Eine Springform mit Backtrennpapier auskleiden, den Tortenboden quer in drei dünne Scheiben schneiden und eine Scheibe auf den Boden der Springform legen. Die zweite Scheibe in Streifen schneiden und die Seiten der Form damit auskleiden. Den Quark einfüllen und die dritte Scheibe Biskuit daraufdecken. Die Torte im Kühlschrank gut durchkühlen lassen. Vor dem Servieren die Torte stürzen und das Pergament- oder Backtrennpapier abziehen und die Torte mit Vanillezucker bestäuben oder glasieren und mit kandierten Früchten garnieren.

Hinweis: Wenn nicht anders angegeben, beziehen sich die Mengen auf Backformen von 26 cm Ø.

1769 Grießkuchen

1 l Milch, 250 g Grieß,
3–4 Eier, getrennt,
90 g Zucker,
abgeriebene Schale von ½ Zitrone
oder einige Tropfen Mandelessenz,
60 g Sultaninen.

Den Grieß in die strudelnde Milch einstreuen und zu einem dicken Kloß kochen. Die Eigelb mit dem Zucker schaumig rühren, unter den etwas abgekühlten Grieß mischen, Zitronenschale oder Mandelessenz zufügen und eine gefettete, mit den vorbereiteten Sultaninen bestreute Tortenform damit füllen. Den Kuchen im vorgeheizten Backofen hell knusprig backen und heiß oder kalt mit Kompott oder Fruchtsoße servieren.
E.-Herd 175–200 °C / G.-Herd 2–3
Ca. 45 Minuten

1770 Reiskuchen

Blätterteig ***1655*** *oder*
Mürbeteig ***1643****.*
Zur Fülle:
250 g Rundkornreis,
¾ l Milch,
80 g Butter,
4 Eier, getrennt,
60 g Zucker,
abgeriebene Schale von 1 Zitrone,
30 g Zitronat,
1 Prise Zimt.
Zum Bestreuen:
50 g geschälte, fein gestiftelte
Mandeln, 1 Essl. Hagelzucker.

Den Blätter- oder Mürbeteig zubereiten, 1 Stunde kalt stellen, dann auswellen und eine gefettete, runde Kuchenform damit auslegen. Den Reis mit heißem Wasser überbrühen, abtropfen lassen, in der Milch weich kochen und auf einer Platte zum Abkühlen ausbreiten. Inzwischen zur Fülle die Butter schaumig rühren, Eigelb, Zucker, Zitronenschale, das fein gewiegte Zitronat und die Prise Zimt zufügen; den Reis untermischen und den steifen Eischnee locker unterziehen. Die Reismasse auf den Teigboden streichen, die Mandeln und den Hagelzucker aufstreuen und den Kuchen im vorgeheizten Backofen knusprig braun backen. Heiß oder kalt mit Fruchtsaft zu Tisch geben.
Blätterteig-Reiskuchen:
E.-Herd 175 °C / G.-Herd 2
Ca. 60 Minuten
Mürbeteig-Reiskuchen:
E.-Herd 160 °C / G.-Herd 1
Ca. 50 - 60 Minuten

1771 Kartoffelbiskuitkuchen

3 Eigelb, 150 g Zucker,
Saft und Schale von ½ Zitrone,
35 g geschälte Mandeln,
2–3 Tropfen Bittermandelöl,
1½ –2 Essl. Arrak oder Rum,
500 g gekochte Kartoffeln,
1 Päckchen Backpulver,
3 Eischnee.
Zum Belegen: beliebige Beeren oder Früchte (evtl. aus Dosen).

Die Eigelb mit dem Zucker schaumig rühren, Zitronensaft und -schale sowie die geriebenen Mandeln zugeben. Bittermandelöl und den Arrak über die geriebenen Kartoffeln träufeln und zusammen mit dem Backpulver zur Schaummasse geben. Zuletzt den Eischnee unterheben. Die Kartoffelmasse in eine mit Backpapier ausgelegte Form füllen und backen.
E.-Herd 200 °C / G.-Herd 3
Ca. 50 Minuten (Stäbchenprobe)
Den Kuchen nach dem Backen mit Früchten belegen.

Hinweis: Wenn nicht anders angegeben, beziehen sich die Mengen auf Backformen von 26 cm Ø.

1772 Kartoffelkuchen mit Hefeteig

Zum Teig:
180 g Mehl, 10 g Hefe,
½ Tasse Milch,
30 g Butter oder Margarine,
1 Teel. Zucker, 1 Prise Salz.
Zur Fülle:
2 Eier, getrennt,
50 g Zucker,
Saft und abgeriebene
Schale von ½ Zitrone,
600 g gekochte, kalt geriebene
Kartoffeln (mehlig kochend,
vom Vortag),
⅜ l dicke saure Sahne
oder Sauermilch.
Zum Bestreuen:
1–2 Essl. Zucker, ½ Teel. Zimt,
Butterflöckchen.

Das Mehl in eine Schüssel oder auf ein Backbrett sieben, in die Mitte eine Vertiefung eindrücken, die Hefe darin leicht zerbröckeln und mit der lauwarmen Milch verrühren. Die Butter in kleinen Flöckchen zufügen, Zucker und Salz untermischen und den Teig so lange kneten, bis er sich von der Schüssel löst und Blasen zeigt. Zum Aufgehen etwa 1 Std. warm stellen, danach dünn auswellen, auf ein gefettetes Backblech legen, den Rand etwas hochziehen und nochmals 10 Min. ruhen lassen. Dann mit einer Gabel mehrmals einstechen. Zur Fülle die Eigelb mit dem Zucker schaumig rühren, die übrigen Zutaten beifügen und den steifen Eischnee zuletzt leicht durchziehen. Die Fülle auf den Teigboden gleichmäßig aufstreichen, Zucker und Zimt überstreuen, einige Butterflöckchen aufsetzen und den Kuchen im vorgeheizten Backofen hellbraun backen. Schmeckt heiß köstlicher als kalt!
E.-Herd 200 °C / G.-Herd 3
Ca. 40–45 Minuten

Stollen – Strudel – Früchtebrote

1773

Sächsischer Stollen

60 g Hefe, 3/8 l Milch,
1 kg Mehl, 200 g Zucker,
350 g Butter, 1 Teel. Salz,
abgeriebene Schale 1/2 Zitrone,
1 Teel. Arrak oder Rum,
250 g Sultaninen, 250 g Korinthen,
100 g fein gewiegtes Zitronat,
125 g geschälte, geriebene Mandeln,
einige Tropfen Bittermandelöl. Zum Bestreichen:
50 g Butter und Puderzucker.

Am Abend zuvor die Hefe mit 1/8 l lauwarmer Milch auflösen und so viel Mehl zufügen, bis ein weicher Teig entsteht. Zugedeckt warm stellen, am anderen Morgen mit den übrigen zimmerwarmen Zutaten mischen und einen festen Teig zubereiten.
Oder mit 1/3 Quantum Mehl und 1/8 l lauwarmer Milch die aufgelöste Hefe zu einem glatten Vorteig verarbeiten und in die Wärme stellen. Nach etwa 2 Std. das übrige Mehl, Zucker, die erwärmte Butter, Salz und Zitronenschale (diese mit feinem Zucker bestreuen und mit 1 Teel. Arrak oder Rum beträufeln) untermengen. Wenn nötig, noch etwas warme Milch zufügen und einen festen glatten Teig kneten. So lange durcharbeiten, bis er sich von der Schüssel löst, dann erst die vorbereiteten Sultaninen, Korinthen, Zitronat und Mandeln untermischen.

Den Teig zudecken und bis zum doppelten Quantum aufgehen lassen. Das kann einige Stunden dauern. Auf dem bemehlten Backbrett rundum einschlagen und wie einen länglichen Brotlaib formen. Mit dem Wellholz in der Mitte eine tiefe Rille eindrücken, die beiden Seitenteile sollen hoch bleiben, dann die eine Hälfte über die andere schlagen, jedoch so, dass der untere Teil etwa 1/4 übersteht. Den Stollen auf ein buttergefettetes Blech legen, darauf nochmals 1/2 Std. gehen lassen, mit Butter bestreichen und zuerst bei guter, dann bei mittlerer Hitze hellbraun backen. Noch heiß mit zerlassener Butter mehrmals überpinseln und dick mit Puderzucker bestreuen. Einfache Zubereitung: Zum gleichen Quantum Mehl, Hefe, Zucker und Aromazutaten nur die Hälfte Butter, Korinthen, Sultaninen und Mandeln, aber etwas mehr Milch nehmen.
E.-Herd 200 °C / G.-Herd 3
30 Minuten, dann
E.-Herd 175 °C / G.-Herd 2
30–40 Minuten

Aufbewahrung von Stollen:
Wird ein Stollen nach dem Backen mehrmals im Wechsel mit zerlassener Butter bestrichen und dick mit Puderzucker oder Sandzucker bestreut, übernimmt der Zucker die Aufgabe des Konservierens. In Cellophanpapier eingeschlagen hält sich der Stollen, kühl aufbewahrt, dann mindestens 4 Wochen. Dies gilt allerdings nicht für Mohn- und Quarkstollen.

1774

Mohnstollen

1 kg Weizenmehl,
1 Würfel frische Hefe,
3/8 – 1/2 l Milch, 150 g Butter,
200 g Zucker, 1 Teel. Salz,
2 Eigelb oder 1 Ei,
abgeriebene Schale von 1/2 Bio-Zitrone,
1 Pck. Vanillezucker.
Fülle:
etwa 500 g fein gemahlener Mohn,
1/4 l Milch, 3 Essl. Zucker,
1 Messersp. Zimt,
100 g Sultaninen,
60 g Butter oder 3 Essl. Mohnöl,
2 Essl. Grieß, 2 Eigelb.
Glasur: ***1860****, 3 Essl. Zitronen- oder Limettensaft zusätzlich,*
oder Puderzucker zum Bestäuben.

Einen nicht zu festen Hefeteig (vgl. **1661**) zubereiten, den Teig in einer Schüssel zum Gehen warm stellen und dann etwa 2–3 cm dick auswellen.
Fülle: Den Mohn mit der kochenden Milch überbrühen, Zucker, Zimt, die vorbereiteten Sultaninen, die zerlassene Butter oder das Mohnöl und den Grieß untermischen. Etwa 30 Min. aufquellen lassen, dann die Eigelb unterrühren und die dickbreiige Fülle aufstreichen. Den Teig aufrollen, in Hufeisenform auf ein gefettetes, bemehltes Backblech setzen* und bei mittlerer Hitze hellbraun backen. Noch warm mit der Zuckerglasur überziehen oder dick mit gesiebtem Puderzucker bestäuben.
E.-Herd 175 °C / G.-Herd 2.
Ca. 60 Minuten.

* Das Teigende des gerollten Stollens stets nach unten legen, damit die Fülle nicht so leicht herausquellen kann.

1 Den Stollenteig mit dem Wellholz breitdrücken.

2 Die eine Seite zu 3/4 über die andere legen

3 Den Teig mit dem Wellholz andrücken.

1775 Christstollen (Weihnachtsstollen)

60–70 g frische Presshefe oder
2½ Päckchen Trockenbackhefe,
ca. ⅜ l Milch, 1¼ kg Mehl,
350 g Butter oder Margarine,
2–3 Eigelb, 1 Teel. Salz,
200 g Zucker, 1 P. Vanillezucker,
125 g geschälte, feine Mandelstiftchen,
je 200 g Rosinen und Sultaninen,
je 50 g würfelig geschnittenes Zitronat und Pomeranzenschale,
abgeriebene Schale 1 Zitrone,
1 Messersp. Zimt, 1 Prise Muskat.
Zum Bestreichen und Guss:
50 g Butter, 2 Eiweiß,
40 g Zucker,
60 g geschälte Mandelblättchen oder -stiftchen.

Die Hefe in einem Teil der lauwarmen Milch auflösen, das Mehl auf ein Backblech sieben, in der Mitte eine Vertiefung eindrücken und darin den Vorteig anrühren. Nach dem Aufgehen die zerlassene, lauwarme Butter, die verquirlten Eigelb, das Salz, die restliche Milch, Zucker und Vanillezucker untermischen und den Teig gut verkneten; die anderen zimmerwarmen Zutaten erst zufügen, wenn der Teig hoch aufgegangen ist. Dann zwei Stollen formen (siehe S. 509), nochmals kurz in die Wärme stellen und mit zerlassener Butter bestreichen. Zum Guss die Eiweiß steif schlagen, mit dem Zucker und den Mandeln leicht verrühren, die Stollen damit überziehen und bei guter Mittelhitze backen; nach der halben Backzeit ein Pergamentpapier darüber decken, damit die Mandeln nicht zu rasch bräunen.
E.-Herd 200 °C / G.-Herd 3
30 Minuten.
dann E.-Herd 175 °C / G.-Herd 2
30–40 Minuten

Tipp:
Die Anschaffung einer Brotbackform lohnt sich auch für Stollen und Strudel, besonders, wenn der Teig weich ist. Damit der Teig auf dem Backblech nicht breit läuft, empfiehlt es sich, eine Manschette aus Alufolie (extra stark) um den Stollen zu legen.

1776 Mandelstollen

1 kg feines Mehl,
200 g geschälte, geriebene Mandeln,
2 Tropfen Bittermandel-Backöl,
250 g Butter, 200 g Zucker,
40 g Hefe, ¼–⅜ l Milch, 1 Teel. Salz,
Schalenabrieb von ½ Zitrone mit ½ Essl. Arrak oder Rum getränkt.
*Puderzucker oder Guss **1860**.*

Mit diesen Zutaten einen festen Teig zubereiten wie **1772**, ebenso formen, hellbraun backen und mit Puderzucker bestäuben oder noch warm glasieren.

1777 Mohnstollen für den kleinen Haushalt

400 g Weizenmehl,
25 g Frischhefe oder
1 Päckchen Trockenbackhefe,
50 g Zucker, ⅛–¼ l lauwarme Milch,
1 Prise Salz, 50 g Butter oder Margarine, 1 Ei.
Fülle:
200 g fein gemahlener Mohn,
knapp ⅛ l kochende Milch,
50 g Zucker, 50 g Butter,
125 g Rosinen, eingelegt in Rum,
80 g gehackte Haselnüsse,
30 g Orangeat, 1 Ei.

Den Teig und die Fülle wie zum großen Mohnstollen zubereiten. Den Mohnstollen jedoch in eine gefettete Brotbackform legen und im vorgeheizten Backofen backen.
Zuerst E.-Herd 175 °C / G.-Herd 2,
30 Min. die Oberfläche mit Alufolie bedecken; dann fertigbacken:
E.-Herd 150 °C / G.-Herd 1
Ca. 30 Minuten
Noch warm wie Mohnstollen **1774** glasieren.

Tipp:
Mohn- und Quarkstollen nicht länger aufbewahren. Frisch schmecken sie am besten.

◁ Mohnstollen

1778
Quarkstollen

*500 g Mehl,
1 Päckchen Backpulver,
175 g Zucker,
1 Päckchen Vanillezucker oder Saft und abgeriebene Schale von ½ Zitrone,
1 Ei und 1 Eigelb, 125 g Butter,
evtl. 1 Prise Salz und Muskatblüte,
evtl. je 1 Teel. Zimt und Nelken,
100 g geschälte, gehackte Mandeln,
125 g Sultaninen, 3–4 Essl. Milch,
250 g Sahnequark.
Zum Bestäuben: Puderzucker.*

Das Mehl mit dem Backpulver auf ein Backbrett sieben, in die Mitte eine Vertiefung eindrücken, den Zucker, Vanillezucker oder Zitronenschale und -saft, Ei und die zerlassene Butter 10 Min. rühren und unter das Mehl mischen. Die übrigen Zutaten und den durchpassierten Quark zufügen (wenn nötig, mit Hilfe von wenig Mehl), einen Stollen formen, in eine gefettete Kastenform oder Brotbackform setzen und bei mittlerer Hitze hellbraun backen. Nach dem Stürzen und Abkühlen mit Puderzucker bestäuben.
E.-Herd 175 °C / G.-Herd 2
Ca. 45–55 Minuten

1779
Rahmstrudel mit Quark

*Zum Teig:
300 g Mehl, 1 Prise Salz,
½ Tasse lauwarmes Wasser,
evtl. 1 Ei,
30 g Butter oder 2 Essl. Öl*.
Zum Bestreichen:
30 g Butter oder süße Sahne.
Zur Fülle:
100 g Butter, 2–3 Eier, getrennt,
100–120 g Zucker, ¼ l saure Sahne,
abgeriebene Schale ½ Zitrone,
250 g Quark,
150 g Sultaninen, 1 Prise Zimt.
Zum Überpinseln und Bestreuen:
30 g zerlassene Butter, Puderzucker.*

* Strudelteig mit Öl ist geschmeidiger und lässt sich besser ausziehen.

Das gesiebte Mehl auf dem Backbrett mit den Zutaten zu einem weichen Teig verarbeiten. So lange kneten, bis er zart und glatt ist und sich von den Händen löst. Mit lauwarmem Wasser bestreichen und 30 Min. unter einer erwärmten Schüssel ruhen lassen, damit der Teig geschmeidig bleibt. Nach dieser Ruhezeit ein Tuch auf dem Tisch ausbreiten, mit Mehl bestäuben, den Teig darauflegen, mit dem Handrücken zu einem dünnen Schleier ausziehen und die flüssige Butter oder leicht verquirlte Sahne darüber streichen.
Zur Fülle die Butter schaumig rühren und im Wechsel Eigelb, Zucker, Sahne, Zitronenschale und den durchpassierten Quark untermischen; zuletzt den steifen Eischnee zufügen. Die Fülle auf dem Teig gleichmäßig verteilen, die vorbereiteten Sultaninen und etwas Zimt aufstreuen, zwei Tuchecken hochheben, den Strudel aufrollen und auf gefettetem Backblech zu einem Hufeisen oder einer Schnecke formen; mit zerlassener Butter überpinseln, im vorgeheizten Backofen backen und noch heiß mit Puderzucker dick bestäuben.
E.-Herd 175 °C / G.-Herd 2.
Ca. 40–45 Minuten.

1780
Quarkstrudel

*Zum Teig:
250 g Mehl, 60 g Butter, 1 Ei,
4–6 Eischalen Wasser, 1 Prise Salz.
Zur Fülle:
500 g Quark, ¼ l saure Sahne,
50 g Butter, 160 g Zucker,
4 Eier, getrennt, 60 g Rosinen,
geriebene Schale ½ Zitrone,
1 Prise Salz.
Zum Bestreichen: 20 g Butter.
Zum Bestäuben: Puderzucker.*

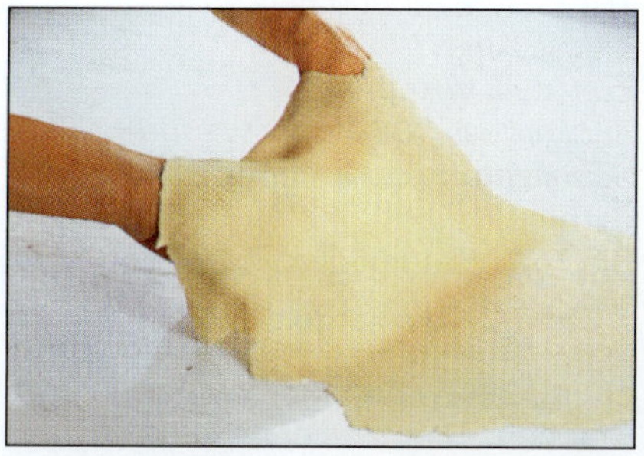

1 Den Strudelteig über den Handrücken ausziehen.

Zubereitung wie Rahmstrudel **1779**; den Strudelteig sehr dünn ausziehen, die Fülle dicksämig herstellen und den Strudel nach dem Backen nur mit Puderzucker bestäuben).
E.-Herd 175 °C / G.-Herd 2
Ca. 45–50 Minuten

1781
Apfelstrudel nach Wiener Art

*Strudelteig nach **1779**.
Zum Bestreichen:
30 g Butter oder süße Sahne.
Zur Fülle: Etwa 1 kg mürbe Äpfel,
3–4 Essl. Zucker,
100 g geschälte, gestiftelte Mandeln,
150 g Sultaninen, 60 g Butter,
2–3 Essl. feine Semmel- oder Zwiebackbrösel, 1 Prise Zimt.
Zum Überpinseln:
30 g zerlassene Butter.
Zum Bestäuben: Puderzucker.*

Den Strudelteig zubereiten, ruhen lassen; Äpfel schälen, in feine Blättchen schneiden, dick einzuckern, dann Mandeln und Sultaninen vorbereiten. Den Strudelteig auf einer Tischplatte ausziehen, mit der lauwarmen Butter oder der Sahne bestreichen und die gesiebten Brösel überstreuen. Die Apfelblättchen, Mandeln, Sultaninen, Zucker und Zimt im Wechsel darauf verteilen, den Teig aufrollen und nach dem Überpinseln mit der zerlassenen Butter wie Rahmstrudel backen; noch warm mit Puderzucker überstäuben.
E.-Herd 175–200 °C / G.-Herd 2–3
Ca. 50–60 Minuten

2 Den gefüllten (Apfel-)Strudel mit Hilfe eies Tuches aufrollen.

1782 Kirschenstrudel

Strudelteig nach ***1779****.*
Zum Bestreichen:
60 g Butter.
Zur Fülle:
1 kg schwarze Kirschen,
125 g geschälte, gestiftelte Mandeln,
Zucker und Zimt,
2–3 Essl. Zwiebackbrösel.
Zum Bestreuen:
Puderzucker.

Den Strudelteig wie bei Rahm- bzw. Apfelstrudel nach der Ruhezeit auf einer Tischplatte ausziehen und mit lauwarmer Butter bestreichen. Dann die entsteinten Kirschen und die übrigen Zutaten als Fülle obenauf geben. Den Strudel aufrollen, im vorgeheizten Backofen backen und noch warm mit Puderzucker bestreuen.
E.-Herd 175–200 °C / G.-Herd 2–3
Ca. 50–60 Minuten

1783 Früchtebrot (Hutzel- oder Schnitzbrot)

500 g getrocknete Birnenschnitze,
500 g getrocknete Zwetschgen,
500 g getrocknete Feigen,
1½ Würfel Frischhefe (60 g) oder
2 Päckchen Trockenbackhefe,
⅛–¼ l Schnitzbrühe (evtl. mehr),*
125 g Zucker,
500 g Weizenmehl,
je 1 Teel. Salz, Anis, Fenchel,
Zimt, 1 Prise gemahlene Nelken,
250 g Sultaninen,
250 g Korinthen,
300 g Walnusskerne,
200 g Haselnusskerne,
je 50 g Zitronat und Orangeat,
4 Essl. Kirsch- oder
Zwetschgenwasser.
Glasur:
¼ l Schnitzbrühe,
1 Essl. Speisestärke,
2–4 Essl. Zucker, Nusskerne,
Mandeln, kandierte Früchte.

* Schnitzbrühe lockert den Teig auf.

Am Vorabend das Dörrobst (Birnen, Zwetschgen und Feigen) einweichen. Am anderen Tag die Birnenschnitze in der Einweichbrühe nicht zu weich kochen. Mit der heißen Schnitzbrühe die entsteinten Zwetschgen und streifig geschnittenen Feigen übergießen, zugedeckt abkühlen lassen.
Inzwischen die Hefe in lauwarmer Schnitzbrühe auflösen und aus Zucker, Mehl, Salz und Gewürzen nach Grundrezept einen festen Hefeteig kneten. Nach und nach die vorbereiteten Sultaninen, Korinthen, grobgehackten Nüsse, Zitronat und Orangeat und zuletzt die gut abgetropften, kleingeschnittenen Früchte und das Kirschwasser untermengen. Den Teig mit Mehl bestäuben und in der Wärme so lange gehen lassen, bis das Mehl Risse zeigt.
Dann aus dem Teig kleine Laibe formen, nochmals ca. 30 Min. gehen lassen und auf einem gut gefetteten Backblech im vorgeheizten Backofen backen.
E.-Herd 175–200 °C / G.-Herd 2–3
Ca. 60 Minuten
Zur Glasur die Schnitzbrühe mit der kalt angerührten Speisestärke und Zucker aufkochen und die warmen Früchtebrote damit überziehen.
Die noch feuchte Oberfläche mit Nusskernen, Mandeln oder kandierten Früchten verzieren.

1784 Schnitzbrot (einfach)

Auf 750 g Mehl können insgesamt
½–1 kg Früchte (getrocknete
Zwetschgen, Birnen, Apfelringe,
Aprikosen usw.) und 30 g Hefe
gerechnet werden.
Zum Süßen und Würzen:
80 g Zucker, ½ Teel. Salz,
je 1 Prise Zimt und Nelken,
1 Essl. Anis.
Zum evtl. Verzieren:
Zuckerguss ***1860*** *oder warme*
Schnitzbrühe oder Puderzucker.

Die Früchte sorgfältig vorbereiten, etwa 1 Std. einweichen und (ohne Zwetschgen) 30 Min. schwach strudelnd kochen; die Zwetschgen nach dem Einweichen nur entsteinen und etwas zerteilen (durch Kochen würden sie zu weich). Dann mit der Hefe, ⅓ und ½ Tasse lauwarmer Schnitzbrühe einen Vorteig anrühren und 1½ Std. gehen lassen. Das übrige Mehl unter die abgetropften, zerkleinerten Schnitze und Zwetschgen mischen, Zucker, Salz, Gewürz und Anis zufügen, den Vorteig und, je nach bereits vorhandener Feuchtigkeit, noch so viel durchgesiebte Schnitzbrühe zugeben, dass der Teig gut durchgeknetet werden kann. Weitere Zubereitung und Backen nach **1783** durchführen; evtl. den Zuckerguss oder warme Schnitzbrühe über das abgekühlte Schnitzbrot pinseln oder Puderzucker überstäuben. Früchtebrot mit feineren Zutaten vgl. **1783**.
Oder 600g Roggenmehl und 150 g Weizenmehl verwenden.

1785 Früchtekuchen

30–40 Schnitten
6 Eier, 250 g Zucker,
je 50 g ungeschälte, grob gewiegte
Mandeln und Haselnüsse,
je 60 g Zitronat und Orangeat
(gemischt),
je 1 Messersp. Zimt und Nelken,
125 g Sultaninen, 250 g Mehl.
Zum Verzieren:
einige Ananaswürfelchen,
Puderzucker.

Eigelb und Zucker schaumig rühren; dann Mandeln und Haselnüsse, das kleinwürfelig geschnittene Zitronat und Orangeat, das Gewürz, die vorbereiteten, leicht mit Mehl bestäubten Sultaninen und das gesiebte Mehl zufügen. Zuletzt die steif geschlagenen Eiweiß locker unterziehen, in eine gut gefettete, mit Mehl ausgestreute Kastenform ¾ hoch füllen und bei mittlerer Hitze backen.
E.-Herd 175 °C / G.-Herd 2
Ca. 45 Minuten
Nach dem Stürzen in die noch heiße Oberfläche kleine Ananaswürfelchen eindrücken und nach völligem Erkalten Puderzucker dick überstäuben. Den feinen Früchtekuchen dünn aufschneiden.

Torten *

Zur Herstellung feiner Torten ist nicht nur der Tortenteig, sondern auch das Füllen und Verzieren wichtig. Bitte die Hinweise S. 463, 464 beachten.
Die **Teigmenge** ist, falls nicht anders angegeben, jeweils **für eine Springform von 26 cm Durchmesser** berechnet.
Bei Biskuitteig nur den Boden der Springform fetten (den Rand frei lassen) und mit feinen Zwieback- oder Semmelbröseln oder Mehl ausstreuen. Oder den Boden mit Backtrennpapier belegen.
Wird nur der Boden gefettet, geht der Teig gleichmäßig in die Höhe.
Andere Teigsorten werden in ganz gefettete und evtl. mit Bröseln ausgestreute oder leicht bemehlte Formen (Boden und Rand) gefüllt.
Zum Backen von dünnen Böden aus Rühr- oder Biskuitteig ist für jeden Boden eine Backdauer von etwa 8-12 Min. bei guter Mittelhitze erforderlich. Für Blätterteig ist das Backen auf nassem Blech und bei stärkerer Hitze notwendig, ebenso ein Auflockern durch Einstechen mit einer Gabel.

Das Durchteilen, Füllen und Verzieren von Torten

Die erkaltete oder am Vortag gebackene Torte am Rand ringsum (in gleicher Höhe) mit kleinen Einschnitten versehen und dadurch die Dicke der einzelnen Lagen bezeichnen; die Torte lässt sich an diesen Einschnittstellen entlang mit waagerecht geführtem Messer exakt durchteilen.
Ist der Tortenboden noch nicht ganz erkaltet, wird die Torte mit Hilfe eines starken Bindfadens durchgetrennt. Ein langes Stück Bindfaden in gleicher Höhe um den Kuchenrand legen, die Enden überkreuzen und den Faden gleichmäßig zusammenziehen. Dabei wird der Kuchenboden eben geteilt, siehe Abbildung auf Seite 515.
Gewöhnlich wird eine Torte zweimal geteilt, so dass man drei gleich dicke Lagen erhält. Je nach Rezept werden die Lagen auf einer Seite mit Konfitüre, Creme, Schlagsahne oder ähnl. bestrichen und wieder aufeinander gesetzt. Die Oberfläche der Torte je nach Rezeptzutaten mit Creme oder Puderzuckerglasur (in letzterem Fall die Torte zuvor mit glattgerührter, durchpassierter Konfitüre oder Marmelade dünn bepinseln) bedecken.
Wird die Torte nur mit Puderzucker bestäubt, sieht es hübsch aus, wenn dafür Schablonen (selbst ausgeschnitten oder aus dem Papierwarenhandel oder Konditoreibedarf) verwendet werden. Diese werden auf die Oberfläche gelegt, gleichmäßig mit Puderzucker bestäubt und dann vorsichtig von der Torte abgehoben. So entsteht ein hübsches Muster.
Weitere Verzierungen können mit mehrfarbiger Glasur, gespritzter Buttercreme, Marzipan, Zuckerzeug und anderem hergestellt werden. Fertige Torten bis zum Gebrauch kalt stellen. Eine Torte ergibt 12–16 Stück.
Verschiedene Biskuits für Torten siehe Grundrezepte S. 475, 476.

* Siehe auch Obst- und Quarktorten, S. 493 ff. und S. 507.

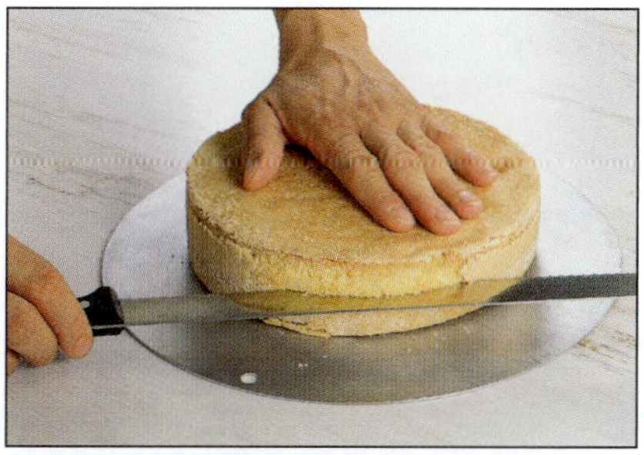

1 Die Torte mit einem breiten Messer durchschneiden (siehe auch Seite 464).

2 Einen Ring um den Tortenboden stellen.

3 Den Boden „aprikotieren" (siehe auch Seite 462).

4 Die Tortencreme aufstreichen.

5 Auf die Kakaoschicht eine Schablone legen und mit Puderzucker übersieben.

6 Die Torte verzieren.

1786
Brottorte

28 cm Ø
200 g Schwarz- oder Graubrot,
1/10 l Rotwein, 2 Teel. Rum,
90 g ungeschälte, geriebene Mandeln,
je 40 g Zitronat und Orangeat,
8 Eier, getrennt,
250 g Zucker,
Saft und geriebene Schale von 1/2 Zitrone,
je 1/2 Teel. Zimt und gemahlene Nelken.
Glühwein:
1/4 l Rotwein, 50 g Zucker,
1/2 Teel. Zimt, 1 Nelke,
1 Zitronenspalte.

Die Brotscheiben rösten, fein mahlen, eventuell sieben und mit Rotwein und Rum befeuchten. Die Mandeln, das kleinwürfelig geschnittene Zitronat und Orangeat zugeben und Eigelb, Zucker, Zitronensaft und -schale mitrühren (ca. 2 Min. mit dem elektrischen Handrührgerät). Zuletzt Zimt, Nelken, die befeuchteten Brösel untermischen und den steifen Eischnee leicht durchziehen.
Die Masse in eine gefettete Springform füllen, im vorgeheizten Backofen backen, die Torte noch warm mit einer Gabel mehrmals einstechen und den heißen, durchgesiebten Glühwein darüberträufeln.
E.-Herd 175–200 °C / G.-Herd 2–3
Ca. 60 Minuten

1787
Reistorte

32 cm Ø
250 g Rundkornreis, ca. 1 l Milch,
Blätterteig-Grundrezept ***1652***
oder Tiefgefrierblätterteig,
80 g Butter, 60 g Zucker,
4 Eigelb,
abgeriebene Schale von 1 Zitrone,
30 g feingewürfeltes Zitronat,
1 Prise Zimt, 4 Eiweiß.
Mandelstifte und Zucker zum Bestreuen.

Den Reis mit kochendem Wasser überbrühen, in der Milch ausquellen und abkühlen lassen.
Butter mit Zucker und Eigelb schaumig rühren, mit Zitronenschale, Zitronat und Zimt würzen, den Reis zugeben und den steif geschlagenen Eischnee unterheben.
Den nach dem Grundrezept zubereiteten Blätterteig oder den Tiefgefrierblätterteig in eine runde, mit Backpapier ausgelegte Form legen, dabei auch den Rand belegen, und die Reismasse einfüllen. Mandelstifte und Zucker darüberstreuen und die Reistorte backen.
E.-Herd 200–225 °C / G.-Herd 3–4
Ca. 45 Minuten

1788
Sandtorte

6 Eier, 300 g Zucker,
150 g Butter oder Margarine,
130 g Weizenmehl,
130 g Speisestärke,
abgeriebene Schale und Saft 1/2 Zitrone, 1 Essl. Rum,
1/2 Päckchen Backpulver,
Puderzucker.

Die ganzen Eier im warmen Wasserbad oder bei mäßiger Herdhitze so lange schlagen, bis sie lauwarm sind und im Wechsel mit Zucker und Mehl unter die schaumig gerührte Butter mischen (2 Essl. Mehl zurückbehalten). Das Ganze cremig schlagen, Zitronensaft und –schale, Rum, Backpulver (mit dem Rest Mehl vermischt) zufügen und in eine vorbereitete Springform füllen. Die Torte zuerst bei mäßiger, dann bei stärkerer Hitze insgesamt 60 Min. backen; nach dem Stürzen langsam abkühlen lassen und mit Puderzucker bestäuben.
Zuerst: E.-Herd 175 °C / G.-Herd 2
Ca. 20 Minuten
Dann: E.-Herd 200–225 °C / G.-Herd 3-4
Ca. 40 Minuten

Hinweis: Wenn nicht anders angegeben, eine Backform von 26 cm Ø verwenden (siehe S. 513).

1789
Grießtorte

6 Eigelb, 125 g Zucker,
abgeriebene Schale und Saft von 1/2 Zitrone,
180 g Grieß,
50 g geschälte und geriebene Mandeln,
1–2 Tropfen Bittermandelöl,
6 Eiweiß.
Schokoladenglasur ***1859*** *oder*
1 Packung fertige Schokoladenglasur.

Die Eigelb mit Zucker, Zitronenschale und -saft schaumig rühren. Den Grieß einfließen lassen und von Hand ca. 15 Min. (mit dem Handrührer ca. 1 1/2 Min.) rühren. Die geriebenen Mandeln und Backöl zugeben und den Eischnee unterziehen. In eine gut gefettete Springform einfüllen. Im vorgeheizten Backofen backen.
E.-Herd 200 °C / G.-Herd 3
Ca. 45 Minuten
Nach dem Erkalten mit der Glasur überziehen.

1790
Blitztorte

28 cm Ø
8 Eier, 200 g Zucker,
abgeriebene Schale und Saft 1 kleinen Zitrone,
200 g Mehl, 100 g Butter,
evtl. 50 g geschälte, feine Mandelstiftchen.
Arrakglasur ***1850*** *oder*
Puderzucker.

Eier, Zucker, Zitronenschale und -saft im warmen Wasserbad etwa 30 Min. (5 Min. mit dem elektrischen Handrührgerät) schaumig schlagen, dann kaltrühren, löffelweise das gesiebte Mehl und die leicht erwärmte Butter zufügen und den Teigschaum in eine vorbereitete Tortenform füllen. Die Oberfläche evtl. mit den Mandelstiftchen bestreuen, die Torte im vorgeheizten Backofen backen, glasieren oder mit Puderzucker bestäuben.
E.-Herd 200 °C / G.-Herd 3
Ca. 45–60 Minuten

1791 Zwiebacktorte

6 Eier, getrennt,
200 g Zucker,
Saft und abgeriebene
Schale von 1 Zitrone,
je 20 g Zitronat und Orangeat,
15 Zwiebackscheiben,
½ Teel. Zimt.
1/10 l Weißwein,
1 Essl. Zucker,
Puderzucker.

Eigelb, Zucker, Zitronensaft und -schale schaumig rühren. Das fein gewiegte Zitronat und Orangeat, die geriebenen Zwiebackscheiben, Zimt und den steifen Eischnee unterrühren. In eine gefettete Tortenform füllen und im vorgeheizten Backofen backen. Auf ein Gitter stürzen, den heißen, mit dem Zucker gesüßten Weißwein darübergießen und die Torte mit Puderzucker bestäuben.
E.-Herd 175–200 °C / G.-Herd 2–3
Ca. 60 Minuten

1792 Eiweißtorte

24 cm Ø
125 g Butter, 150 g Zucker,
abgeriebene Schale und
Saft von ½ Zitrone,
125 g geschälte, sehr fein geriebene
Mandeln, 125 g Mehl,
7 Eiweiß (Mindestgewicht 195 g;
bei dieser Torte muss das Eiweiß
unbedingt gewogen werden,
Zum Glasieren:
Zitronen-, Arrak- oder
Schokoladenglasur.

Butter, Zucker, Zitronenschale und -saft weißcremig rühren, dann nach und nach die Mandeln und das gesiebte Mehl zufügen. Die Hälfte der steif geschlagenen Eiweiß untermischen, den restlichen Schaum locker unterziehen, eine vorbereitete Form damit füllen und die Torte im vorgeheizten Backofen backen.
E.-Herd 175 °C / G.-Herd 2
Ca. 40 Minuten
Nach dem Erkalten mit der Glasur überziehen.

1793 Gleichgewichtstorte

7 Eier, getrennt,
210 g Zucker,
210 g Butter oder Margarine,
210 g Mehl.
Creme:
¼ l Milch, 30 g Speisestärke,
125 g Zucker, 2 Teel. Kakao,
2 Eier, getrennt,
1 Päckchen Vanillezucker,
125 g geschälte, geriebene Mandeln,
125 g Butter oder Margarine.
Schokoladenglasur ***1855****.*
Zum Verzieren:
geschälte, gehackte Mandeln
oder klein geschnittene Pistazien.

Eigelb, Zucker und Butter ca. 2 Min. mit dem elektrischen Handrührer schaumig rühren und zuletzt das gesiebte Mehl und den Eischnee untermischen. Aus dem Teig ca. 7 dünne Tortenböden backen. Für ein Tortelett ca. 2 Essl. Biskuitmasse in einer gut gefetteten, runden Kuchenform glattstreichen und im vorgeheizten Backofen backen.
E.-Herd 200–220 °C / G.-Herd 3-4
Ca. 6–8 Minuten pro Boden
Zur Creme die Milch und die mit etwas kalter Milch angerührte Speisestärke, Zucker, Kakao und die beiden Eigelb unter Quirlen dick kochen, bis zum Erkalten mit dem Schneebesen weiterschlagen, dann Vanillezucker, die leicht angerösteten Mandeln, die schaumig geschlagene Butter und den steifen Eischnee daruntermischen. Die Biskuitböden mit der Creme bestreichen, aufeinandersetzen und die Oberfläche mit Schokoladenglasur überziehen. Noch feucht mit Mandeln oder Pistazien verzieren.

Einen festen Faden um die Torte legen, kräftig zuziehen und so den Tortenboden durchschneiden

1794 Schokoladentorte

150 g Butter oder Margarine,
5 Eier, 300 g Zucker,
250 g Speisestärke,
250 g Mehl, 60 g Kakao,
¼ l Wasser,
1 Päckchen Backpulver.
Schokoladenglasur ***1857*** *oder fertige*
Schokoladen-Fettglasur.

Einen Rührteig nach Grundrezept herstellen. Den Teig in eine gut gefettete Springform füllen und glattstreichen. Im vorgeheizten Backofen backen.
E.-Herd 175–200 °C / G.-Herd 2–3
Ca. 50–60 Minuten
In der Form einige Minuten abkühlen lassen, dann zum Auskühlen auf ein Kuchengitter geben und mit Schokoladenglasur bestreichen.
Die Schokoladentorte schmeckt noch besser, wenn sie nach dem Abkühlen quer geteilt und mit Schokoladencreme (S. 530) oder Mokkacreme (S. 521, Havannatorte) gefüllt wird.

1795 Giraffentorte

200 g Zucker,
8 Eier, getrennt,
Saft ½ Zitrone,
210 g geschälte, geriebene Mandeln,
je 1 Essl. Mehl und Zwiebackbrösel
(beides gesiebt),
60 g geriebene Blockschokolade,
Eiweißglasur ***1854****,*
Schokoladenspritzglasur ***1862*** *oder*
50 g geschmolzene Schokolade.

Zucker, Eigelb und Zitronensaft weißcremig rühren; Mandeln, Mehl, Brösel und den steifen Eischnee nach und nach zufügen und die Masse teilen. Unter die eine Hälfte die Schokolade mischen und abwechselnd 1 Essl. hellen und dunklen Teig in zwei Lagen (die zweite in den Farben versetzt) in eine vorbereitete Form füllen. Die Torte im vorgeheizten Backofen backen.
E.-Herd 200 °C / G.-Herd 3
Ca. 45 Minuten
Nach dem Erkalten glasieren und noch feucht mit Schokoladentupfen verzieren (die etwas zerfließen sollen).

1796
Kastanientorte

1 ½ kg Edelkastanien (Maronen),
6 Eier, getrennt,
180 g Zucker,
1 Päckchen Vanillezucker,
75 g geschälte, geriebene Mandeln.
Creme:
250 g geschälte Kastanien,
ca. ¼ l Milch, 80 g Zucker,
1 Teel. Vanillezucker,
4 Blatt weiße Gelatine,
einige Tropfen Bittermandelöl,
1 Teel. Maraschino,
¼ l süße Sahne.
Vanilleglasur ***1851*** *oder*
Puderzucker.

Die Kastanien ringsum einschneiden und so lange auf einem Backblech im heißen Backofen rösten, bis sie aufspringen und sich die Schale mit der inneren Haut löst. Die Kastanien schälen und in der Mandelmühle mahlen. Eigelb und Zucker ca. 3 Min. mit dem elektrischen Handrührgerät rühren, den Vanillezucker, die Mandeln und die halbe Menge der gemahlenen Kastanien zufügen. Die restlichen Kastanien locker mit dem steifen Eischnee mischen, unter die Tortenmasse ziehen und in einer gefetteten Tortenform im vorgeheizten Backofen backen.
E.-Herd 175–200 °C / G.-Herd 2–3
Ca. 60 Minuten
Nach dem Erkalten die Torte einmal quer durchschneiden. Zur Creme die geschälten Kastanien in so viel Milch weichkochen, dass sie davon bedeckt sind. Dann durchpassieren und Zucker, Vanillezucker, die aufgelöste Gelatine, das Bittermandelöl, den Maraschino und die steif geschlagene Sahne untermischen. Die Torte mit der Kastaniencreme füllen, mit Glasur überziehen oder mit Puderzucker bestäuben. Die Torte lauwarm servieren.

Hinweis: Wenn nicht anders angegeben, beziehen sich die Mengen auf Backformen von 26 cm Ø.

1797
Rüebli-Torte (Gelbe-Rüben-Torte)

Springform, 24 cm Ø
260 g Zucker, 6 Eier, getrennt,
300 g rohe Karotten (Gelbe Rüben),
300 g geschälte, geriebene Mandeln,
2 Essl. Kirschwasser oder Rum,
40 g Speisestärke, ½ Teel. Zimt,
abgeriebene Schale und Saft
von 1 kleinen Zitrone.
Glasur: ca. 200 g Puderzucker,
2 Essl. Zitronensaft, etwas
Sanddornvollfrucht.

Zucker und Eigelb schaumig schlagen, die geschälten, roh geraspelten Karotten untermischen und ca. 3 Min. mit dem elektrischen Handrührer mitrühren. Dann die Hälfte der Mandeln und die übrigen Zutaten zufügen. Die restlichen Mandeln unter den steifen Eischnee ziehen und leicht mit der Tortenmasse vermengen.
Den Teig in eine gut gefettete Springform einfüllen und glattstreichen. Im vorgeheizten Backofen backen.
E.-Herd 175–200 °C / G.-Herd 2–3
Ca. 50–60 Minuten
Zuerst in der Form etwas abkühlen lassen, dann zum Auskühlen auf ein Kuchengitter legen.
Den Puderzucker mit Zitronensaft glattrühren und mit einem breiten Messer auf die Oberfläche der Torte streichen. Die Torte eventuell mit kleinen Marzipankarotten verzieren:
150 g Rohmarzipanmasse oder selbst hergestelltes Marzipan mit Puderzucker verkneten, mit rotem Gelee oder Sanddornsaft färben und daraus kleine Karotten formen.

Tipp:
Kleine Marzipanmöhren gibt es fertig zu kaufen.

1798
Weiße Mandeltorte

Springform, 24 cm Ø
8 Eier, getrennt, 200 g Zucker,
abgeriebene Schale und Saft
von ½ Zitrone,2 Essl. Speisestärke.
260 g geschälte, geriebene Mandeln,
Puderzucker oder Arrakglasur (S. 531).

Eigelb, Zucker, Zitronenschale und -saft schaumig rühren, die Hälfte der fein geriebenen Mandeln und die Speisestärke zufügen. Die restlichen Mandeln mit dem steifen Eischnee mischen, locker unter die Tortenmasse ziehen und in eine gefettete oder mit Backtrennpapier ausgelegte Springform füllen. Die Torte im vorgeheizten Backofen backen, nach dem Erkalten mit Puderzucker bestäuben oder glasieren.
E.-Herd 180 °C / G.-Herd 2–3
Ca. 45 Minuten

1799
Braune Mandeltorte

6 Eier, getrennt,
180 g Zucker,
abgeriebene Schale und
Saft ½ Zitrone,
180 g ungeschäle, geriebene
Mandeln,
1 geh. Teel. Zimt,
30 g Zitronat, 2 Eiweiß.
Zur Fülle:
500 g frische, abgestielte,
eingezuckerte Johannisbeeren
oder verlesene Himbeeren oder
4–5 Essl. Himbeermarmelade.
Zum Überpinseln und Verzieren:
Himbeergelee und 100 g geschälte,
in 1 Essl. Butter hellbraun geröstete
Mandelblättchen.

Eigelb, Zucker, Zitronenschale und -saft weißcremig rühren; die halbe Menge Mandeln, den Zimt, das kleinwürfelig geschnittene Zitronat untermischen und zuletzt die übrigen Mandeln (locker mit dem steifen Eischnee vermengt) unterziehen. Den Mandelteig in eine vorbereitete Form füllen und im vorgeheizten Backofen backen.
E.-Herd 200 °C / G.-Herd 3
Ca. 45–60 Minuten
Nach dem Erkalten flach halbieren, auf die eine Hälfte die eingezuckerten Beeren legen oder Marmelade aufstreichen und die andere Hälfte darüberdecken. Die Tortenoberfläche und die Seiten mit Gelee dünn überpinseln und die gerösteten Mandelblättchen überstreuen.

Hinweis: Wenn nicht anders angegeben, eine Backform von 26 cm Ø verwenden (siehe S. 513).

1807
Prinzregententorte

30 cm Ø
8 Eiweiß, 6 Essl. Wasser,
250 g Zucker, 8 Eigelb,
125 g Speisestärke,
125 g Mehl.
Creme:
250 g Zucker, 1/10 l Wasser,
500 g Schokolade,
180 g Butter oder Margarine.
Schokoladenglasur (S. 532),
Spritzglasur (S. 532).

Die Biskuitmasse nach Grundrezept **1647** zubereiten und aus dem Teig ca. 8 dünne Tortenböden backen. Für 1 Tortelett ca. 2 Essl. Biskuitmasse in einer gut gefetteten, runden Kuchenform glattstreichen und im vorgeheizten Backofen backen. Die Torteletts heiß aus der Form lösen und auf einem Gitter abkühlen lassen.
E.-Herd 200–225 °C / G.-Herd 3–4
Ca. 5–10 Minuten pro Boden
Zur Creme den Zucker mit dem Wasser zum dicken Faden kochen, die geriebene Schokolade kurz mitkochen, kalt rühren und löffelweise unter die schaumig geschlagene Butter mischen.
Die Tortenböden mit der Creme bestreichen und aufeinanderschichten. Die Oberfläche bleibt unbestrichen und wird mit etwas Mehl bestäubt. Die Torte in Pergamentpapier oder Alufolie einwickeln und über Nacht stehen lassen. Am anderen Tag die Schokoladenglasur mit einem breiten Messer auf die Torte streichen (Mehl vorher abpinseln) und die Zuckerglasur aufspritzen (vgl. Glasur S. 531, 532).

4 Die fertig gebackene Linzer Torte.

1808
Orangencremetorte

28 cm Ø
6 Eiweiß, 4 Essl. Wasser,
240 g Zucker,
abgeriebene Schale und Saft
von 1/2 Zitrone
oder 1 Päckchen Vanillezucker,
6 Eigelb, 140 g Mehl,
140 g Speisestärke, 1 Teel. Backpulver.
Creme: 1/4 l Weißwein,
15 g (1 Essl.) Speisestärke,
3 Eier, 90 g Zucker,
Saft von 1 1/2 Orangen,
1 Teel. Zitronensaft.
Orangenglasur (S. 531),
12 Orangenschnitze.

Die Biskuitmasse nach Grundrezept zubereiten, in eine gefettete Tortenform füllen, glattstreichen und im vorgeheizten Backofen backen.
E.-Herd- 175–200 °C / G.-Herd 2–3
Ca. 30–35 Minuten
Den ausgekühlten Biskuit zweimal quer durchschneiden.
Zur Creme Wein und Speisestärke glattrühren, 2 Eigelb, 1 ganzes Ei, Zucker, Orangen- und Zitronensaft zufügen und bei geringer Wärmezufuhr unter stetem Schlagen einmal aufkochen. Dann in einer Schüssel kaltrühren und den steifen Eischnee aus den restlichen Eiweiß unterziehen. Zwei Lagen mit der Creme bestreichen, die dritte darüberdecken. Die ganze Torte, auch die Seiten, mit der Orangenglasur überziehen. Die geschälten Orangenschnitze gleichmäßig auf der Torte verteilen.

1809
Punschtorte

9 Eigelb, 250 g Zucker,
abgeriebene Schale und Saft
von 1 kleinen Zitrone,
80 g Speisestärke, 80 g Mehl,
6 Eiweiß.
Punsch:
1/4 l Weißwein,
4 Essl. Zucker, 1–2 Essl. Rum.
Zum Bestreichen:
Aprikosenmarmelade.
Glasur:
125 g Puderzucker, 2–3 Essl. Arrak,
kandierte Früchte.

Eigelb und Zucker ca. 3 Min. mit dem elektrischen Handrührgerät rühren, Zitronenschale und -saft, löffelweise Speisestärke und Mehl und zuletzt den steifen Eischnee locker daruntermischen. Die Schaummasse in eine gefettete Springform füllen, glattstreichen und im vorgeheizten Backofen backen.
E.-Herd 175–220 °C / G.-Herd 2–3
Ca. 60–75 Minuten
Die erkaltete Torte einmal quer durchschneiden. Weißwein, Zucker und Rum mischen und kurz erhitzen, einen Tortenboden mit der Hälfte tränken. Aprikosenmarmelade darüberstreichen, die zweite Tortenhälfte darüberdecken, mit dem restlichen Punsch beträufeln und antrocknen lassen. Mit Arrakglasur überziehen und mit kandierten Früchten verzieren.

1810
Holländische Schokoladentorte

180 g Butter,
180 g Zucker, 8 Eigelb,
120 g flüssige halbbittere
Schokolade, 1 Teel. Zimt,
Saft und abgeriebene Schale von
1/2 Zitrone,
250 g geschälte, geriebene Mandeln,
8 Eiweiß.
Creme: 3/8 l Milch, 80 g Zucker,
3 Eigelb, 50 g Kakao, 45 g Butter.
Schokoladenglasur ***1855****.*

Die leicht erwärmte Butter mit Zucker und Eigelb schaumig rühren (von Hand 30 Min., Elektrorührer 2 Min.). Die flüssige Schokolade (mit 2 Essl. heißem Wasser flüssig rühren) löffelweise zugeben. Dann die übrigen Zutaten, zuletzt den steif geschlagenen Eischnee untermischen. Die Masse in einer mit Backpapier (auch die Wände) ausgelegten Springform backen.
E.-Herd 175–200 °C / G.-Herd 2–3
Ca. 50 Minuten
Nach dem Backen die Torte auf ein Kuchengitter stürzen und erkalten lassen.
Für die Creme alle Zutaten im Wasserbad so lange schlagen, bis sie dickflüssig ist.
Die Torte zweimal teilen, die Böden mit der Creme bestreichen, aufeinander setzen und die Torte glasieren.

1811

Fächertorte

28 cm Ø
100 g Butter oder Margarine,
2–3 Eier, getrennt,
160 g Zucker, 250 g Mehl,
250 g Speisestärke,
1 Päckchen Backpulver,
ca. ¼ l Milch, 30 g Kakao.
Creme:
¼ l süße Sahne, ¼ l Milch,
40 g Zucker,
1 Päckchen Vanillezucker,
1 Ei, 40 g Speisestärke,
⅛ l süße Sahne.
Zum Verzieren:
150 g Mandelblättchen,
Himbeergelee, Puderzucker,
ca. 100 g gestiftelte Pistazien oder Zitronat, Schokoladenkrümel oder geriebene Schokolade, Mandeln oder Haselnüsse oder Mokkabohnen.

Butter, Eigelb und Zucker rühren, nach und nach Speisestärke, Mehl, Backpulver und die Milch zufügen. Unter die Hälfte der Teigmenge den Kakao mischen, den steifen Eischnee (auf beide Teighälften gleichmäßig verteilt) unterziehen. In einer gut gefetteten Springform im vorgeheizten Backofen nacheinander 3 helle und 3 dunkle Tortenböden backen und auf einem Gitter erkalten lassen.
E.-Herd 200–225 °C / G.-Herd 3–4.
Ca. 8–10 Minuten pro Boden.

Zur Creme Sahne, Milch, Zucker, Vanillezucker, das verquirlte Ei aufkochen und die mit etwas kalter Milch verrührte Speisestärke zufügen. Die Creme unter stetigem Schlagen dick kochen, nach dem Erkalten die Schlagsahne leicht darunterziehen und 5 Tortenböden damit bestreichen. Abwechselnd die hellen und dunklen Tortenböden aufeinandersetzen, den Tortenrand mit der restlichen Creme bestreichen und mit den Mandelblättchen bestreuen. Den letzten Boden in 12 gleichgroße Stücke schneiden, 8 Stück mit Himbeergelee überziehen und von diesen 4 Stück mit Pistazien oder Zitronat und 4 mit Schokoladenkrümeln bestreuen. Die restlichen 4 Stück mit Puderzucker bestäuben. Die 12 Stück in bunter Reihenfolge fächerförmig, abgestützt auf Mandeln, Haselnüssen oder Mokkabohnen, auf die Torte legen.

1812

Makronentorte

Mürbteig-Grundrezept ***1643***
von 200 g Mehl.
Makronenmasse:
500 g geschälte, geriebene Mandeln,
500 g Zucker,
Saft und abgeriebene Schale von 1 Zitrone,
8 Eiweiß.
Zum Füllen:
Himbeergelee oder bittere Orangenmarmelade.

Einen Mürbeteig nach Grundrezept am Tag zuvor zubereiten und über Nacht kalt stellen. Die Mandeln überbrühen, schälen und über Nacht trocknen lassen.
Am nächsten Tag den Mürbeteig dünn auswellen, eine Springform damit auslegen und den Boden durch Einstechen mit einer Gabel lockern. Den Tortenboden halb fertig backen.
E.-Herd 200–225 °C / G.-Herd 3–4
Ca. 15–20 Minuten
Die gemahlenen Mandeln mit Zucker, Zitronensaft und -schale sowie 2 Eiweiß bei sehr geringer Hitzezufuhr so lange rühren, bis die Masse lauwarm ist. Abkühlen lassen, dann nach und nach die restlichen steif geschlagenen Eiweiß unterziehen. Zwei Drittel der Masse auf den Tortenboden streichen, im Backofen gelb überbacken und herausnehmen.
E.-Herd 175 °C / G.-Herd 2
Ca. 30 Minuten
Den restlichen Mandelschaum in einen Spritzsack füllen und mit der Sterntülle ein Gitter aufspritzen. Die Torte bei starker Oberhitze (oder unter dem Grill) kurz überbacken.
Nach dem Erkalten in die noch sichtbaren Zwischenräume die Marmelade streichen oder spritzen.

◁ Fächertorte: Die einzelnen Tortenstücke sind vorgeschnitten und abwechselnd mit Puderzucker, Schokoladenkrümeln und gehacktem Zitronat bestreut.

1813

Elisabethentorte

180 g Butter oder Margarine,
150 g Zucker,
5–6 Essl. Sauermilch,
500 g Mehl,
1 Päckchen Backpulver,
etwas abgeriebene Zitronenschale.
Erste Creme:
½ l Milch, 50 g Speisestärke,
1 Ei, getrennt,
30 g Butter oder Margarine,
80 g Zucker,
½ Päckchen Vanillezucker.
Zweite Creme:
½ l Milch,
50 g Speisestärke,
1 Ei, getrennt,
1 Essl. Kakao, 100 g Zucker,
einige Tropfen Mandelöl,
30 g Butter oder Margarine.
Johannis- oder Himbeermarmelade.

Die Butter schaumig rühren und Zucker, Sauermilch oder Wasser und die Zitronenschale zufügen. Das mit Backpulver vermischte Mehl dazugeben und den Teig auf dem Backbrett verkneten. Vier 1 cm hohe Tortenböden auswellen und nacheinander in einer gefetteten Tortenform im vorgeheizten Backofen backen.
E.-Herd 200–225 °C / G.-Herd 3–4
Ca. 10 Minuten pro Boden
Zu den beiden Cremes jeweils die Speisestärke mit der Milch verquirlen, Eigelb und die übrigen Zutaten untermischen, unter Rühren einmal aufkochen und nach dem Erkalten den steifen Eischnee unterziehen.
Den ersten ausgekühlten Tortenboden mit der Vanillecreme, den zweiten mit Marmelade und den dritten mit der Schokoladencreme bestreichen. Die Böden aufeinandersetzen, den vierten Tortenboden obenauf legen und evtl. aus restlicher, zurückbehaltener Creme ein Gitter aufspritzen oder mit Puderzucker bestäuben.

Hinweis: Wenn nicht anders angegeben, beziehen sich die Mengen auf Backformen von 26 cm Ø.

1814

Baumkuchentorte

24 cm Ø
250 g Butter oder Margarine,
250 g Zucker, 5 Eier,
1 Päckchen Vanillezucker,
125 g Speisestärke, 125 g Mehl,
75 g abgezogene, gemahlene Mandeln, 1 Essl. Rum.
Guss:
350 g Puderzucker,
5–6 Essl. Rum, 1 Essl. Kakao.
Zum Verzieren:
kandierte gelbe Kirschen oder abgezogene, gehackte Pistazien.

Das weiche Fett in eine hohe Schüssel geben. Zucker, Vanillezucker, Eier, Speisestärke, Mehl und Mandeln darauf geben und alles mit einem Handrührgerät auf der höchsten Schaltstufe gut verrühren; Gesamtrührdauer etwa 2 Min.
Zuletzt Rum unter den Teig mischen. Eine dünne Teigschicht gleichmäßig auf dem gut gefetteten Boden einer Spring- oder Kastenform verstreichen und im vorgeheizten Backofen (evtl. nur Oberhitze) oder unter vorgeheiztem Grill backen, bis der Teig goldgelb ist. Eine weitere dünne Teigschicht daraufstreichen, goldgelb backen und so weiterverfahren, bis der Teig verbraucht ist.
E.-Herd 250 °C / G.-Herd 5
Jeweils 2–4 Minuten pro Schicht.
Nach dem Backen die Torte auskühlen lassen, mit weißem Guss überziehen und mit dem dunklen Guss ein Gitter auf die Torte spritzen. In die Quadrate je eine Belegkirsche setzen. Für den Guss Puderzucker und Rum glattrühren, einen Essl. davon abnehmen und mit Kakao und ½ Essl. Rum vermischen.
Oder den Kuchen nach dem Backen stürzen, erkalten lassen, mit weißem Guss (ohne Kakao) überziehen und mit Pistazien oder gehackten Mandeln verzieren.

1815

Havannatorte

24 cm Ø
150 g geschälte, geriebene Haselnüsse, 220 g Zucker,
2 Päckchen Vanillezucker,
40 g Speisestärke, 10 Eiweiß.
Zum Vorbereiten des Backbleches:
20 g Butter, 2 Essl. Mehl.
Zur Creme: 200 g Butter,
250 g Puderzucker, 6–8 Eigelb,
2–3 Essl. Kaffee-Extrakt ***1849***
(ersatzweise Espresso),
200 g Eisröllchen oder Hippen ***1943****,*
50 g geschälte, gewiegte Pistazien.

Haselnüsse, Zucker, Vanillezucker und die gesiebte Speisestärke mischen, den steifen Eischnee locker unterziehen und den Teigschaum in einen Spritzbeutel füllen. Zwei Backbleche gut fetten, Mehl überstäuben und mit einer umgestülpten Tortenform drei Böden darauf bezeichnen. Die Tortenmasse mit einer glatten Tülle spiralförmig in die markierten Kreise spritzen; die Böden (nacheinander) sofort im vorgeheizten Backofen hellgelb backen.
E.-Herd 225–250 °C / G.-Herd 4–5
Ca. 10–12 Minuten pro Blech
Danach sofort vom Blech lösen und erkalten lassen. Für die Creme die Butter schaumig schlagen, nach und nach den gesiebten Puderzucker und die gut gekühlten Eigelb unterrühren.
Zuletzt den Kaffee-Extrakt hineinträufeln, es genügt auch 1 Essl. Extrakt, wenn die Creme eine ausdrucksvolle, gelbe Farbe aufweist. Zwei erkaltete Böden dick mit der Creme bestreichen und den dritten, mit der Unterseite nach oben, als Deckel darauf legen. Wenn nötig, die Torte ringsum etwas zurechtschneiden, komplett mit der Creme überziehen und gekürzte Hippen auf der Oberfläche verteilen. Die Pistazien dazwischenstreuen. Rings um die Torte senkrecht aufgestellte Hippen (auf Tortenhöhe verkürzt) gegen den Tortenrand drücken.

1816
Malakoff-Torte

200–250 g Löffelbiskuits.
Creme:
200 g Butter,
200 g Puderzucker,
250 g geriebene Mandeln,
2 Eigelb, 1/3 l Milch,
2–3 Essl. Rum.
Schlagsahne,
Maraschinokirschen oder ganze Mandeln oder Pistazien.

Den Boden einer Springform mit Löffelbiskuits auslegen und den inneren Rand mit halbierten Löffelbiskuits umstellen. Die Zutaten für die Buttercreme kalt verrühren und 2/3 der Menge dick auf die Biskuits streichen. Mit einer zweiten Schicht Löffelbiskuits belegen und die restliche Creme darüberziehen. Über Nacht kalt stellen.
Kurz vor dem Servieren dick mit Schlagsahne überziehen und mit Maraschinokirschen oder ganzen, geschälten Mandeln oder Pistazien garnieren.

1817
Holländer Kirschtorte

175 g Mehl, 100 g Butter,
1 Essl. Zucker, 1 Eigelb,
1 Prise Salz, 1 Teel. Rum,
evtl. 1/10 l Sahne oder Weißwein.
Oder 1 Paket Tiefkühlblätterteig,
Vanillecreme ***1838*** *oder* ***1845****,*
500 g entsteinte Sauerkirschen,
3/8 l süße Sahne.

Den nach Grundrezept auf S. 477 zubereiteten Blätterteig so dünn auswellen, dass 4 Tortenböden ausgeschnitten werden können. Die Böden einzeln backen und erkalten lassen.
E.-Herd 225–250 °C / G.-Herd 4–5
Ca. 8–10 Minuten pro Boden
Die Vanillecreme kurz vor dem Steifwerden auf zwei Böden aufstreichen, den dritten Boden mit Kirschen dicht belegen, eine dicke Schicht Schlagsahne darüberdecken und zwischen die ersten beiden Böden setzen. Den vierten Boden obenauf geben, die Oberfläche und Seiten mit Schlagsahne oder Creme überziehen, mit Kirschen und restlicher Sahne verzieren.

1818
Ananas-Rouladen-Torte

Biskuit-Grundrezept ***1647****.*
Zum Tränken der Tortenböden:
1/8 l Weißwein, 2 Essl. Puderzucker,
1 Essl. Rum, 4 Essl. Ananassaft,
1 Teel. Maraschino.
Biskuitroulade:
Biskuit-Grundrezept ***1647***
halbe Menge,
Aprikosenmarmelade.
Creme:
3 Eigelb, 70 g Puderzucker,
gut 1/8 l Apfelsaft,
3 Blatt weiße und
1 Blatt rote Gelatine,
3 kleinwürfelig geschnittene Ananasscheiben,
1/8 l steif geschlagene Sahne,
1 Teel. Sahnesteif,
Ananasringe aus 500 g Dose.
Zum Verzieren:
1/8 l Schlagsahne,
Ananasdreiecke.

Den Tortenboden und die Biskuitrolle einen Tag vor der Verwendung nach Grundrezept backen.
Tortenbiskuit:
E.-Herd 200 °C/G.-Herd 3
Ca. 25–30 Minuten
Den Tortenboden zweimal quer durchschneiden und mit der Weinmischung tränken, über Nacht kühl stellen.
Den Biskuit für die Roulade etwa 1/2 cm dick auf ein Blech streichen, rasch backen.
E.-Herd 175–200 °C / G.-Herd 2–3
Ca. 8 Minuten
Auf ein mit Zucker bestreutes Küchentuch stürzen und mit Marmelade bestreichen. Sofort aufrollen – Durchmesser ca. 6 cm. Die Roulade in Alufolie einwickeln und kühl stellen. Am anderen Tag in ca. 1/2 cm dicke Scheiben schneiden.
Eigelb mit Zucker und Apfelsaft im Wasserbad cremig-dicklich rühren. Eingeweichte, ausgedrückte Gelatine unterrühren und darin auflösen. Die Creme kalt rühren. Kurz vor dem Erstarren die Ananaswürfelchen und die sehr steif geschlagene Sahne (haltbarer mit Sahnesteif) unterziehen. Die drei getränkten Tortenböden aufeinander setzen, auf den obersten Tortenboden die Ananasringe legen, die Creme kuppelförmig daraufschichten und für einige Stunden (bis zum völligen Festwerden) in den Kühlschrank stellen. Dann mit den Rouladenscheiben dicht belegen, die steif geschlagene Sahne am Rand aufspritzen und mit den Ananasdreiecken verzieren.

1819
St. Honoré-Torte

Mürbeteig: 80 g Margarine,
40 g Zucker, 1 Prise Salz,
1 Eigelb.
Brandteig: 1/4 l Wasser,
70 g Butter, 1 Prise Salz,
200 g Mehl, 3–4 Eier.
Vanillecreme: 1/2 l Milch,
Mark von 1 Vanillestange,
1 Prise Salz, 4 Eigelb,
150 g Zucker,
1 Pck. Vanille-Puddingpulver,
4 Eiweiß.
Zuckerglasur ***1860****.*

Aus den angegebenen Zutaten rasch einen Mürbeteig kneten, 30 Min. kalt legen. Dann rund (26 cm Ø) auswellen, auf ein gefettetes Backblech legen.
Für den Brandteig Wasser, Butter und Salz aufkochen. Das Mehl einschütten, so lange abbrennen, bis sich der Teig als Kloß vom Boden löst. In eine Rührschüssel füllen, 1 Ei zugeben. Den Teig etwas abkühlen lassen, dann nacheinander die übrigen Eier zugeben. Den Brandteig in einen Spritzbeutel mit Zackentülle füllen und einen Ring auf den Mürbteigboden spritzen. Aufs Blech daneben noch 8–12 kleine Häufchen spritzen. Den Boden samt Windbeuteln backen.
E.-Herd 200 °C / G.-Herd 3
Ca. 15–20 Minuten
Milch mit Vanillemark und Salz aufkochen. Eigelb, 75 g Zucker und Puddingpulver verrühren, in die Milch gießen, unter Rühren aufkochen lassen. Eiweiß mit dem übrigen Zucker steif schlagen, unter die heiße Vanillecreme ziehen, abkühlen lassen. Die kalte Creme in den Teigboden füllen, glattstreichen. Die Windbeutelchen auf den Rand setzen, den Brandteigring und die Windbeutel mit einer dünnen Zuckerglasur bepinseln.

1820

Schwarzwälder Kirschtorte

4 Eiweiß, 4 Essl. Wasser,
250 g Zucker, 4 Eigelb,
125 g Speisestärke,
125 g Mehl,
1 Teel. Backpulver,
50 g Kakao.
750 g entsteinte Sauerkirschen,
3 Essl. Kirschwasser,
2 Essl. Zucker,
½ l süße Sahne,
4 Blatt weiße Gelatine,
50 g Schokoladenkrümel oder
Borkenschokolade.

Die Biskuitmasse nach Grundrezept S. 475 zubereiten, auf ein mit gefettetem Pergamentpapier ausgelegtes Kuchenblech streichen und im vorgeheizten Backofen backen.
E.-Herd 175–200 °C / G.-Herd 2–3
Ca. 45 Minuten
Nach dem Backen sofort auf ein Tuch stürzen und das Pergamentpapier abziehen. Die erkaltete Torte zweimal quer durchschneiden. Den untersten Tortenboden mit dem Kirschwasser beträufeln und mit den gut abgetropften, eingezuckerten Sauerkirschen belegen. Den zweiten Tortenboden darüberdecken, etwas andrücken und die mit Gelatine gebundene Sahne darauf verteilen (etwas Sahne zurückbehalten). Mit der dritten Tortenplatte abdecken, die restliche Sahne darüberziehen, die Schokolade aufstreuen und die Torte kalt stellen.

1821

Borkenschokolade

Herstellung: Eine Stange gekühlte Blockschokolade auf dem Gurkenhobel unter leichtem Druck in eine Richtung so hobeln, dass blätterige Späne entstehen; oder die Schokolade erwärmen, auf eine Porzellanplatte streichen und nach Wiederfestwerden mit einem flachen Messer ebenfalls unter leichtem Druck und nach einer Richtung schaben.

1822

Mokkasahnetorte*

28 cm Ø
8 Eiweiß, 250 g Zucker.
50 g dunkle Kuvertüre,
4 Blatt helle Gelatine,
4 Becher süße Sahne
(à 200 g), 60 g Zucker, 1 Tässchen
starker Mokka, 3–4 Likörgläser
Mokkalikör oder brauner Rum,
1 Beutel Mokkabohnen.
Zum Verzieren:
leicht gesüßte Schlagsahne,
einige schöne Erdbeeren.

Eiweiß und 125 g Zucker cremig aufschlagen, den restlichen Zucker mit dem Kochlöffel unterziehen. Baiser in einen Spritzbeutel mit grober Lochtülle füllen, 2 gleichgroße Böden spiralförmig auf Backpapier aufspritzen. Die Böden in den warmen Backofen schieben, über Nacht trocknen lassen.
E.-Herd 130 °C / G.-Herd knapp 1, nach dem Einschieben ausschalten, bei Spaltbreit geöffneter Tür über Nacht trocknen lassen.
Kuvertüre zerlassen, einen Boden damit bepinseln. Die Gelatine in kaltem Wasser einweichen. Sahne mit Zucker steifschlagen, ¼ davon beiseite stellen. Mokka, Mokkalikör und im Wasserbad aufgelöste Gelatine vermischen, unter die Sahne ziehen. Leicht anziehen lassen. Die Mokkasahne auf beide Böden gleichmäßig verteilen, dann aufeinandersetzen. Die übrige Schlagsahne aufstreichen oder -spritzen, die Torte mit Mokkabohnen verzieren. Kalt stellen.

Tipp:
Es ist ratsam, bei allen Torten, die mit hohen Lagen Schlagrahm oder Creme gefüllt sind, die oberste, gebackene Schicht in Tortenstücke vorzuteilen und auf der Torte sorgsam zusammenzusetzen. Das Messer kann beim Aufschneiden dann glatt durchgleiten, auch wenn die Torte überstrichen bzw. verziert ist.

Schwarzwälder Kirschtorte, verziert mit Borkenschokolade oder Schokospänen (S. 440) und frischen Schattenmorellen

1823
Makronen-Obsttorte

24 cm Ø
Teig: 75 g Mehl, 75 g Speisestärke,
1 Teel. Backpulver,
100 g weiche Butter/Margarine,
75 g Zucker,
1 Pck. Vanillezucker, 4 Eigelb.
Baiser: 4 Eiweiß, 1 Prise Salz,
200 g Puderzucker, 40 g gehackte Mandeln.
750 g vorbereitetes, gemischtes Obst nach Jahreszeit,
2 Pck. Sahnefestiger, 1 Essl. Zucker,
1½ Becher süße Sahne (300 g).

Mehl, Speisestärke und Backpulver mischen. Fett mit Zucker und Vanillezucker cremigrühren, Eigelbe untermischen. Das Mehl löffelweise zufügen. Den Teig in 2 gefettete gleich große Springformen verteilen.
Eiweiß mit Salz und Puderzucker cremig schlagen, auf die Teigböden streichen, mit Mandeln bestreuen. Im Backofen hellbraun backen. Den schönsten Boden sofort nach dem Backen in 8 Tortenstücke teilen.
E.-Herd 175 °C / G.-Herd 2
Backzeit: ca. 40 Minuten
Sahne mit Sahnefestiger und Zucker steif schlagen, das Obst unterziehen. Obstsahne auf dem unzerteilten Boden verstreichen, die Tortenstücke obenauflegen. Mit Puderzucker bestäubt servieren.

1824
Fürst-Pückler-Eistorte

Ca. 8 Portionen
150 g Löffelbiskuits,
250 g Erdbeeren, 120 g Zucker,
Saft ½ Zitrone,
200 g Zartbitterkuvertüre,
1 Vanillestange.
Eiermasse: 3 Eier, 6 Eigelb,
200 g Zucker, 600 g süße Sahne.
Zum Versüßen:
leicht gesüßte Schlagsahne,
einige schöne Erdbeeren.

Eine Kastenform mit Backtrennpapier auskleiden, den Boden mit zurechtgeschnittenen Biskuits belegen. Erdbeeren mit Zucker und Zitronensaft musig zerdrücken, die Kuvertüre schmelzen. Das Mark aus der Vanillestange kratzen.
Eier, Eigelb und Zucker cremig rühren, im warmen Wasserbad 3 Min. dicklich schlagen. Dann sofort in eine Schüssel mit Eiswasser stellen, kalt rühren. Sahne steif schlagen, dritteln. Ein Drittel mit Vanillemark mischen, ein Drittel mit Erdbeerpüree rosa färben, unter das letzte Drittel Kuvertüre rühren. In folgender Reihenfolge in die Kastenform streichen: Schokosahne, Erdbeersahne und Vanillesahne. Die Torte über Nacht ins Gefrierfach stellen. Vor dem Servieren stürzen, mit Schlagsahne und Erdbeeren garniert servieren.

1825
Eis-Torte

Ca. 8 Portionen
Eiermasse: 3 Eier, 5 Eigelb,
200 g Zucker, 1 Blatt helle Gelatine,
500 g süße Sahne,
75 ml Orangenlikör,
100 g geraspelte Bitterschokolade.
150 g Löffelbiskuits.
200 g Bitterkuvertüre,
evtl. 1–2 eingelegte Ingwerpflaumen oder kandierte Orangenscheiben.

Eier, Eigelb und Zucker verrühren, im warmen Wasserbad cremigdicklich schlagen. Dann sofort in eine Schüssel mit Eiswasser stellen, unter Rühren kalt und locker aufschlagen. Die Gelatine einweichen. Die Sahne steifschlagen, aufgelöste Gelatine unterheben. Die Sahne halbieren. Einen Teil mit Orangenlikör vermischen, unter den anderen Teil Schokoladeraspel ziehen. Eine geölte Guglhupfform mit heller Sahne füllen, dunkle Sahne obenauf geben. Mit zurechtgeschnittenen Löffelbiskuits abdecken. Über Nacht ins Gefriergerät stellen.
Dann stürzen, mit geschmolzener Kuvertüre überziehen, mit Streifen von Ingwer oder Orangenscheiben garnieren. Bis zum Servieren kühlen.

> ***Tipp:***
> *Die Eiercreme sollte eiskalt, aber cremig sein. Hebt man den Schneebesen hoch, sollen Spitzen (mit Stand) daran hängenbleiben.*

1826
Eistorte „Spanischer Wind"

6–7 Eiweiß, 350 g Zucker,
evtl. 2–3 Tropfen Bittermandelöl.
Rum zum Beträufeln,
je 200 g Malagaeis ***1465****,*
Pistazieneis ***1463***
und Schokoladeneis ***1460****,*
1 Becher Schlagsahne (200 g),
1 Essl. Puderzucker,
2 Essl. Schokoladenkrümel.

Die Eiweiß sehr steif schlagen und unter weiterem Schlagen den Zucker langsam einrieseln lassen. Nach Geschmack das Bittermandelöl zugeben und die Masse gleichmäßig auf leicht geöltes Backpapier in eine Springform streichen (Durchmesser ca. 22 cm). Das ergibt 4 etwa fingerdicke Platten. Leicht mit Zucker bestäuben und die Platten nacheinander im vorgeheizten Backofen mehr trocknen als backen.
E.-Herd 100–150 °C / G.-Herd ½–1.
Die Platten etwas auskühlen lassen und dann sorgfältig vom Backpapier lösen. Eine geeignete Form mit Rand mit der ersten Platte belegen, leicht mit Rum beträufeln und das Malagaeis aufstreichen. Die zweite Platte darüberlegen, wieder mit Rum beträufeln und das Pistazieneis darauf streichen. Die dritte Platte auflegen, Schokoladeneis aufstreichen und mit der vierten Platte abdecken.
Die süße Sahne mit Puderzucker steif schlagen und mit dem Spritzsack mit glatter Tülle in Kreisen auf die Torte spritzen. Die Schokoladenkrümel darüberstreuen und die Torte noch für etwa 10 Min. ins Gefrierfach stellen. Vor dem Servieren den Rand mit einem in kaltes Wasser getauchten Messer vorsichtig lösen und die Torte auf eine Platte gleiten lassen.

1827
Früchtekuchen zum Verschenken

Für 1 Kastenform 30 cm lang,
1 Kastenform 18 cm lang und
2 runde Formen 17 cm Ø.
300 g weiche Butter, 5 Eier,
6 Essl. Honig, 200 g Weizenmehl
Type 405, 100 g Speisestärke,
100 g gemahlene Haselnüsse,
100 g Kakao, 2 Teel. Backpulver,
1 Teel. Kardamom, gemahlen,
½ Teel. gemahlener Piment,
2 Teel. pulverisierte Orangenschale.
Früchte: 600 g getrocknete Feigen,
2 Essl. Cognac oder Whisky,
250 g weiche Datteln,
200 g Rosinen, 200 g Mandeln,
200 g Pecannüsse oder Walnüsse
oder Haselnüsse.
Für ⅓ des Gesamtteiges:
100 g Zitronat, 30 g kandierter Ingwer.
Glasur nach Wahl: ***1850*** *oder* ***1860****.*

Die weiche Butter mit den Eiern und Honig schaumig rühren. Mehl mit Speisestärke vermischen, langsam einrieseln lassen und gut verrühren. Die feingemahlenen Haselnüsse, den Kakao und das Backpulver zugeben, ebenso die Gewürze. Die Feigen in Stückchen schneiden, mit etwas Alkohol beträufelt durchziehen lassen. Die Datteln entkernen, in Streifen schneiden, die Rosinen zwischen Küchenkrepp oder einem Geschirrtuch reiben (nicht waschen) und die Mandeln und Nüsse nach Wahl grob hacken. Alle Zutaten mischen und leicht mit Mehl bestäuben. Früchte und Nüsse nach und nach unter den Teig rühren. Vom Gesamt-Teig etwa ein Drittel abnehmen (für die beiden runden Formen) und diesen Teig mit kleingehacktem Zitronat und Ingwer mischen. Alle Backformen gut ausfetten, den Teig nicht zu hoch einfüllen und jeweils zwei Formen nebeneinander stehend im vorgeheizten Backofen backen.
E.-Herd 200 °C / G.-Herd 3
Lange Formen: ca. 60 Minuten (Hölzchenprobe machen),
runde Formen: ca. 45 Minuten
Die Früchtekuchen in der Form leicht abkühlen lassen, dann aus der Form nehmen und mit Glasur nach Wahl überziehen.
Die Früchtekuchen gut eingepackt an einem kühlen Ort einige Tage durchziehen lassen – so entfalten sie erst ihr Aroma.
Oder in die Oberfläche der noch nicht gebackenen Kuchen halbierte Nüsse, Mandeln, Ingwerstückchen etc. leicht eindrücken und die Kuchen dann nach dem Backen nur noch mit einer einfachen Zitronen-Zucker-Glasur bestreichen.

1828
Geburtstagstorte

Schokoladentorte-Rezept
½ Menge ***1794****,*
Schokoladencreme (S. 530),
evtl. Schokoladenglasur (S. 532),
ca. 100 g Mandelblättchen,
oder Marzipankerzen:
150 g Rohmarzipan, ½ Eiweiß,
200 g Puderzucker,
Zitronat.

Die Schokoladentorte nach Rezept in einer gefetteten Spring- oder Kranzform backen.
E.-Herd 175–200 °C / G.-Herd 2–3
Mit Schokoladencreme oder Schokoladenglasur bestreichen und mit Mandelblättchen bestreuen.
Die Geburtstagstorte am besten einen Tag im Voraus backen. Gut in Alufolie einpacken und über Nacht in den Kühlschrank legen, sie lässt sich dann besser aufschneiden.
Oder die Torte mit Marzipankerzen nach der Anzahl der Lebensjahre- oder Gästezahl verzieren. Dazu das Rohmarzipan auf dem Backbrett mit etwas Eiweiß und so viel Puderzucker verkneten, dass es sich zu einer etwa 3 cm dicken Rolle formen lässt. Von der Rolle in der gewünschten Anzahl Stücke abschneiden, zu kleinen Kerzen ausrollen und als Docht ein kleines Zitronatstiftchen einfügen.
Der Name des Geburtstagskindes oder die Zahl der Lebensjahre kann auch mit einer Spritzglasur (S. 532) auf die Torte gespritzt werden.

Geburtstagstorte – festlich verziert

1829

Gewürzteig für beliebige Figuren

250 g milder Honig, 125 g Rohzucker (brauner Zucker), 125 g Butter,
1 Essl. Kakao,
½ Teel. gemahlener Zimt,
½ Teel. Anis und Nelken, gemahlen,
1 Prise Muskat.
500 g Weizenmehl oder halb Mehl, halb gemahlene Mandeln,
1 Teel. Backpulver,
1–2 Eier.
Zum Verzieren:
Eiweiß-Spritzglasur ***1861****,*
Nüsse, Mandeln, Geleefrüchte, Kokosraspel, Schokoladenkrümel etc.

In einem Topf den Honig mit dem Zucker und der Butter erhitzen, gut umrühren. Wenn sich der Zucker aufgelöst hat, den Kakao und alle Gewürze unterrühren und die Masse abkühlen lassen. In einer Backschüssel das Mehl (oder Mehl und gemahlene Mandeln) mit dem Backpulver vermischen, die verquirlten Eier und die Honigmasse zugeben und alles zu einem Teig verarbeiten. Ist der Teig schön glatt, mit einem Tuch abgedeckt über Nacht ruhen lassen.
Ein Backblech mit Backtrennpapier belegen, den Teig darauf ca. ½ cm dick ausrollen und mit Hilfe einer Schablone Figuren ausschneiden: z. B. zu Weihnachten Sterne, Glocken, Engel, Sternsinger etc.; zu Geburtstagen: ein Symbol wie eine Geige, eine Lokomotive, ein Auto, ein Tier, ein Haus oder einen Garten oder einen Baum mit Früchten aus Marzipan, bestreut mit Nüssen ...
Die Figuren im vorgeheizten Backofen backen.
E.-Herd 200 °C / G.-Herd 3
Backzeit: je nach Größe ca. 5–10 Minuten.
Sollten sich die Figuren beim Backen stark verformt haben, so können die Konturen am heißen Gebäck nachgeschnitten werden (mit Hilfe der Schablone). Die abgekühlten Figuren mit Spritzglasur nach Wahl (siehe S. 532) verzieren.
Auf die noch feuchte Glasur Nüsse, Mandelstückchen, Kokosraspel, Streifen von Geleefrüchten usw. kleben. Mit etwas Lebensmittelfarbe lassen sich auch bunte Muster aufspritzen.

1830

Nikolaus-Hefemann-Stutenkerl

500 g Weizenmehl Type 405,
25 g Frischhefe oder 1 Tütchen Trockenbackhefe,
⅛–¼ l lauwarme Milch, 50 g Zucker,
100 g Butter oder Margarine,
1 Prise Salz, 1–2 Eier.
Zum Bestreichen: 1 Eigelb.
Zum Verzieren: Haselnüsse, geschälte Mandeln, Rosinen, kandierte Kirschen, Hagelzucker.

Nach dem Grundrezept **1637** einen Hefeteig zubereiten und ca. 30 Minuten ruhen lassen. Den Teig in unterschiedlich große Teigbälle teilen – je nachdem, was für ein Gebilde entstehen soll. Aus einem großen Teigball den Körper formen, einen kleinen Teigball für den Kopf (oder Kopf mit Mütze), einen weiteren für einen Sack und zwei kleine für die Stiefel oder Beine und Arme. Teigreste zu einem Zopf flechten und als Mantelsaum oder ähnliches aufdrücken. Ein Backblech gut einfetten oder mit Backtrennpapier belegen, den Hefemann darauflegen, mit Eigelb bestreichen und Augen, Nase, Mund etc. mit Rosinen, Mandel- und Nussstückchen markieren. (Das Gewand vom Nikolaus mit gehackten Nüssen, Hagelzucker etc. bestreuen.) Im vorgeheizten Backofen backen.
E.-Herd 200 °C / G.-Herd 3
Backzeit: ca. 20–25 Minuten

◁ Ein fröhlich verzierter Nikolaus

1831 Bûche de Noël-Biskuitrolle zu Weihnachten

*Biskuitmasse **1647**.*
Mokkacreme:
200 g weiche Butter,
100 g Puderzucker,
1 Päckchen Vanillezucker, 3 Eigelb,
50 g weiches Kokosfett,
4 Teel. Nescafé, verrührt mit etwas Mokkalikör.
Zum Verschenken:
*1 Platte aus Mürbteig **1643**,*
*Schokoladencreme **1844**.*
Zum Verzieren:
Stechpalmenzweige oder Tannengrün.

Nach dem Rezept **1647** eine Biskuitrolle zubereiten, darauf achten, dass der Teig nur blaßgelb gebacken wird.
Zur Mokkacreme die weiche Butter mit dem Puderzucker, dem Vanillezucker und den Eigelb gut verrühren. Portionsweise das weiche Plattenfett einarbeiten. Den Nescafé mit dem Mokkalikör anrühren, mit den übrigen Zutaten gut vermischen. Die Biskuitrolle vorsichtig aufwickeln, mit der Hälfte der Mokkacreme bestreichen und wieder zusammenrollen. Die Enden schräg abschneiden, daraus Äste formen, die mit Hilfe von Creme an den Stamm geklebt werden. Die Oberfläche der Biskuitrolle mit der restlichen Mokkacreme bestreichen, mit einer Gabel „Rinde" aufzeichnen und das Ganze mit dunklem Kakao überstäuben.
Soll die „Bûche" verschenkt werden, noch aus Mürbteig eine Platte, die größer als die Biskuitrolle sein muss, backen. Diese abgekühlt mit Schokoladencreme bestreichen, die Biskuitrolle daraufsetzen und mit grünen Zweigen dekorieren.

1832 Weihnachts- oder Neujahrsbrezel

Zutaten wie zum Nikolaus, jedoch nur 50 g Butter oder Margarine und abgeriebene Schale von ½ Zitrone.
Zum Bestreichen:
1 Eigelb.
Zum Bestreuen:
Mandelstückchen.

Den Hefeteig nach Grundrezept **1637** zubereiten, ca. 30 Minuten gehen lassen. Die Teigmenge in zwei große und eine kleinere Portion teilen. Die zwei Teigballen zu etwa daumendicken Strängen rollen, die an zwei Enden etwas dünner sein sollten. Ein Backblech gut fetten oder mit Backtrennpapier belegen.
Die zwei Stränge zu einer Brezel schlingen, darauflegen. Aus dem kleinen Teigteil drei dünne Stränge rollen, aus denen ein Zopf geflochten werden kann.
Diesen Zopf auf die breitere Unterseite der Brezel legen, alles mit verquirltem Eigelb bestreichen und mit Mandelstückchen bestreuen. Im vorgeheizten Backofen goldgelb backen.
E.-Herd 180–200 °C / G.-Herd 2–3
Backzeit: ca. 25–30 Minuten
Die Brezel abkühlen lassen, in Zellophanpapier verpacken und frisch verschenken.
Oder aus der halben Teigmenge einen Engel backen, mit Rosinen, Mandelstückchen und Mohn verzieren.

1833 Ostereier aus feinem Rührteig

150 g zerlassene Butter,
250 g Zucker, 4 Eier,
Saft und abgeriebene Schale von ½ Zitrone,
1 Prise Salz,
280 g feines Weizenmehl, Type 405.
*Weißweinguss **1693**,*
Aprikosenmarmelade.
*Mokkaglasur **1864***
*oder Arrakglasur **1850**.*
Zum Dekorieren:
*Marzipanhäschen **2040**.*

Aus den Zutaten einen feinen Rührteig nach dem Grundrezept **1639** herstellen. Gut gefettete Eiformen halbhoch mit dem Teig füllen und im vorgeheizten Backofen hellbraun backen.
E.-Herd 175–200 °C / G.-Herd 2–3
Backzeit: ca. 25–30 Minuten
Die Eier aus den Formen stürzen, völlig erkalten lassen. Falls ein Rand übersteht, diesen glattschneiden und die Eihälften zweimal quer durchschneiden. Die Lagen mit Weißweinguss tränken, mit Aprikosenmarmelade dünn bestreichen und wieder aufeinandersetzen. Dann zwei passende Eihälften zu einem Ei zusammenfügen, mit Glasur nach Wahl überziehen und mit Marzipanhäschen verzieren.
Oder die Eier bzw. Eihälften nur mit Hägenmark bestreichen und in geschälten, fein gehobelten Mandeln wälzen.

1834 Ostereier und Osterhasen aus Biskuitteig

*Butterbiskuit **1646**,*
*Schokoladenglasur **1857**,*
*farbige Spritzglasur **1861**.*
*Küken und Entchen aus Zuckerteig oder ausgestochenes Marzipan **2040**.*

Den Butterbiskuit nach dem Grundrezept zubereiten, die gut gefetteten Eiformen bzw. Hasenformen bis zu ¾ der Höhe mit dem Teig füllen und hellgelb backen.
E.-Herd 175–200 °C / G.-Herd 2–3
Backzeit: ca. 30–35 Minuten
Ostereier oder Osterhasen stürzen, auskühlen lassen und vollständig mit dem Schokoladenguss überziehen. Nachdem der Guss etwas angetrocknet ist, können mit farbiger Spritzglasur Muster aufgezeichnet werden oder kleine Zuckerfiguren oder Marzipanfiguren aufgeklebt werden.
Oder die gebackenen Biskuithasen nur mit Puderzucker überstäuben.

1835
Ostertorte

28 cm Ø
*Biskuit-Grundrezept **1647**.*
Himbeer- oder Aprikosenmarmelade zum Bestreichen,
1/8 l süße Sahne, 40 g Zucker,
1/2 Päckchen Vanillezucker.
*Glasur **1854**,*
mit 1 Teel. Heidelbeersaft gefärbt.
100 g Schokoladenstreusel,
50 g Zitronat, Zuckereier,
ca. 20 g Marzipaneier,
*ca. 12 Osterhäschen Teig **2016**, halbe Menge*,*
Zuckerglasur (S. 531).

Den Biskuit nach Grundrezept, in einer mit Pergamentpapier ausgelegten Springform im vorgeheizten Backofen backen.
E.-Herd 175–200 °C / G.-Herd 2–3
Backzeit: ca. 30–35 Minuten
Die Osterhäschen wie auf S. 527 beschrieben backen, evtl. mit Mandelstückchen bestreuen.
Die erkaltete Torte quer durchschneiden. Den Boden mit Marmelade bestreichen und die steif geschlagene, mit Zucker und Vanillezucker vermischte Sahne darüberziehen. Den anderen Tortenboden darüberdecken, etwas andrücken und die Torte (auch den Rand) mit Marmelade bestreichen. Die Glasur mit Heidelbeersaft rosa färben, die Torte damit glasieren, an den Rand (so .lange die Glasur noch feucht ist) Schokoladenstreusel werfen. In die Mitte der Torte ein Nest von gestifteltem Zitronat mit bunten Zuckereiern setzen und ringsum die gebackenen, doppelt zusammengesetzten Osterhäschen aufstellen. Zwischen die Häschen kleine Nestchen mit weißer Zuckerglasur aufspritzen und je ein Marzipan- oder Zuckerei hineinlegen.

* Beim Backen der Häschen ist zu beachten, dass die Hälfte der ausgestochenen Förmchen umgekehrt auf das Backblech gelegt wird, damit die zusammengesetzten, gebackenen Häschen eine Vorder- und Rückseite aufweisen. Dünn aufgestrichener Honig hält gut zusammen, und ein gekürzter Zahnstocher, zwischen zwei Häschen eingefügt, gibt auf der Torte einen festen Stand.

1836
Osterlamm

Für 2 Lämmer
Biskuit: 4 Eier, 100 g Zucker,
1/2 Tütchen Vanillinzucker,
Schalenabrieb von 1/2 Zitrone,
50 g Weizenmehl, Type 405,
100 g verflüssigte Butter.
Puderzucker zum Bestäuben.

Eier, Zucker, Vanillinzucker und Zitronenschale in einen Schlagkessel geben, diesen in ein Wasserbad setzen und die Masse mit dem Schneebesen warm aufschlagen. Vom Wasserbad nehmen und kalt schlagen. Dann löffelweise das Mehl unterheben und zuletzt die flüssige Butter.
Die Backformen sehr sorgfältig ausfetten, den Teig zu 3/4 hoch einfüllen und die Lämmle im vorgeheizten Backofen hell backen.
Während der Backzeit die Ofentüre unbedingt geschlossen halten – die Biskuitmasse könnte sonst zusammen fallen.
E.-Herd 175 °C / G.-Herd 2
Backzeit: ca. 40–45 Minuten

Die Osterlämmer kurz in der Form ruhen lassen, dann stürzen und abgekühlt mit Puderzucker bestäuben. Jedes Lamm mit einem kleinen Papierfähnchen versehen.

Mit Hilfe einer Pergamentspritztüte (Seite 463) lassen sich beliebige Muster auftragen

Cremes und Glasuren

Torten oder Kuchen sehen festlicher aus, wenn sie mit einer Creme oder Glasur verziert sind. Wird Buttercreme verwendet, so ist darauf zu achten, dass die richtige Temperatur der Zutaten die Creme weder zu fest noch zu weich werden lässt. Dasselbe gilt für Glasuren; je nach Beschaffenheit können noch einige Spritzer Flüssigkeit oder flüssige Butter bzw. Puderzucker zugegeben werden, um die richtige Konsistenz zu erreichen. Buttercremes werden aus einem Spritzbeutel mit der glatten oder gezackten Tülle auf die Torte gespritzt. Dabei wird mit der Hand gleichmäßig von oben nach unten auf den gefüllten und verschlossenen Spritzbeutel gedrückt, mit Zeigefinger und Daumen der anderen Hand die Spritztülle gleichmäßig geführt. Wer wenig Übung im Garnieren hat, sollte das Muster vor dem Spritzen mit der Messerspitze auf der Tortenoberfläche markieren und dann diesen Linien nachfahren. Es empfiehlt sich ebenfalls, die Tortenstücke (je nach Durchmesser der Torte 12, 14 oder 16 Stück) vorher zu markieren. In Haushaltswarengeschäften sind auch Tortenteiler erhältlich, die durch leichtes Aufdrücken die Torte in gleichmäßige Stücke einteilen. Sollen besonders feine Verzierungen angebracht werden, kann aus Pergamentpapier oder einem Gefrierbeutel eine kleine Spritztüte hergestellt werden (siehe dazu Seite 463): aus Pergamentpapier ein Quadrat schneiden, dieses über Eck zusammenrollen (evtl. mit Klebestreifen verschließen), so dass eine spitze Tüte entsteht. Oder von einer Plastiktüte eine kleine Ecke abschneiden. Am besten ist es, mehrere Tüten mit verschieden großen Öffnungen herzustellen. Zum Einfüllen der Spritzmasse den oberen Rand nach außen umkrempeln, dann läuft nichts daneben. Zum Spritzen die oberen Enden fest zusammendrücken.

1837

Buttercreme

200 g weiche Butter,
50 g Kokosfett,
2 Eigelb, 125–175 g Puderzucker.

Die weiche Butter und das flüssige, nicht mehr warme Kokosfett verrühren. Die Fettmischung schaumig aufschlagen. In einem anderen Gefäß Eigelb und Puderzucker im Wasserbad erst warm, dann kalt und locker aufschlagen. Die Fettmischung in die Zuckermischung gießen und vorsichtig zur fertigen Creme vermischen.

Tipp:
Pflanzenfett wird zur Buttercreme mit verwendet, damit die Creme lockerer und leichter wird.

Dann eine der folgenden geschmacksverändernden Zutaten unter die Creme rühren:

Schokoladen-Buttercreme
4 Essl. geriebene Schokolade oder 50 g abgekühlte, zerlassene Kuvertüre.

Mokka-Buttercreme
4 Teel. Instantkaffee oder 4 cl zubereiteter Espresso.

Nuss-Buttercreme
3 Essl. geriebene Nüsse oder Nusspaste (Reformhaus).

Punsch-Buttercreme
3 Essl. Rum oder Arrak.

Orangen- oder Zitronen-Buttercreme
3 Essl. Saft und 1 Teel. abgeriebene Schale von ungespritzten Früchten.

Vanille-Buttercreme
1 Päckchen Vanillezucker unter den Puderzucker mischen oder ausgeschabtes Mark von 1 Vanillestange.

Es gibt auch verschiedene Tortencreme-Mischungen im Paket, die nach Anleitung auf dem Paket hergestellt werden können.

1838

Vanillecreme

½ l Milch, 6 Essl. Zucker,
1 Päckchen Vanille-Puddingpulver,
250 g Butter oder Margarine.

Aus Milch, Zucker und Puddingpulver einen Pudding kochen und bis zum Erkalten häufig umrühren. In einer Schüssel die Hälfte der Butter oder Margarine unter die Puddingmasse rühren, nach und nach die restliche Butter zugeben und zu einer glatten Creme verrühren. Am schnellsten geht das mit dem elektrischen Handrührgerät. Die Buttercreme lässt sich mit denselben geschmacksverändernden Zutaten wie auf nebenstehend angegeben variieren.

1839

Erdbeer-Buttercreme

120 g Butter oder Margarine,
150 g Puderzucker,
5–6 Essl. Erdbeermark.

Die Butter schaumig schlagen, den gesiebten Puderzucker und das durchpassierte Erdbeermark mitrühren, eventuell einen Essl. rotes Fruchtgelee zum Nachfärben daruntermischen und die Creme kalt stellen.

1840

Mandel- oder Nusscreme

*Vanille-Buttercreme wie **1838**,*
90 g geschälte, geriebene Mandeln oder 90 g geröstete, fein geriebene Nusskerne.

Unter die Creme die geriebenen Mandeln oder Nüsse rühren, vermischt mit ca. ¼ Tasse heißem Wasser oder 2 Essl. Nusslikör.

1 Buttercreme: Butter mit Pflanzenfett verrühren.

2 Die Fettmischung aufschlagen.

3 Eigelb mit Puderzucker verrühren.

4 Die Zuckermischung in die Fettmischung gießen.

5 Die Creme vorsichtig vermischen.

1841

Nougatcreme

½ l Milch,
1 Pck. Vanille-Puddingpulver,
150 g Zucker, 2 Eigelb,
250 g Butter, 100 g Nougat.

Aus Milch, Puddingpulver und Zucker einen Pudding laut Packungsaufschrift zubereiten, unter den kochendheißen Pudding die Eigelb rühren, abkühlen lassen.
Nougat im Wasserbad cremig werden lassen. Butter schaumig rühren, abwechselnd löffelweise Pudding und Nougat unterrühren. Die Creme eignet sich zum Füllen und Überziehen von feinem Gebäck aus Biskuitteig.

1842

Früchtecreme

Unter die fertig zubereitete, erkaltete Vanillecreme etwa einen Essl. verschiedene, kleinwürfelig geschnittene, kandierte Früchte oder Früchte aus dem Rumtopf oder Zitronat und Orangeat mischen.

1843

Orangencreme

20 g Speisestärke,
200 ml Weißwein,
2 Eigelb, 1 Ei, 90 g Zucker,
Saft von 1½ Orangen und
¼ Zitrone, 2 Eiweiß oder
1 Becher süße Sahne (200 g).

Die Speisestärke mit dem Wein verrühren, Eigelb, das ganze Ei, Zucker, Orangen- und Zitronensaft zufügen und unter Schlagen mit dem Schneebesen einmal aufkochen lassen. Dann sofort durch ein Sieb in eine Schüssel umgießen, bis zum Erkalten weiterschlagen und den Eischnee oder Schlagsahne zuletzt leicht unterziehen.

1844

Schokoladencreme I

150 g Butter oder Margarine,
60 g Puderzucker, 2 Eier,
120 g Sandzucker,
120 g geriebene Schokolade.

Butter und Puderzucker schaumig rühren. Die ganzen Eier und den Sandzucker über Wasserdampf zu einer steifen Masse schlagen. Unter Rühren abkühlen lassen, dann beides zusammenmischen und die geriebene, erwärmte Schokolade darunterrühren.

1845

Vanille-Sahnecreme

¼ l Milch, 20 g Speisestärke,
Mark von ¼ Stange Vanille,
2–4 Eigelb, 60 g Zucker,
4 Blatt weiße Gelatine,
⅛ l Schlagsahne.

Die Milch mit der kalt angerührten Speisestärke und dem Vanillemark unter Rühren aufkochen. Eigelb und Zucker schaumig schlagen, die etwas erkaltete Vanillemilch zugeben und mit der eingeweichten, ausgedrückten Gelatine nochmals schwach erhitzen. Durch ein feines Sieb gießen, verquirlen, und erst, wenn die Creme anfängt, fest zu werden, die steife Sahne unterziehen.
Die Vanille-Sahnecreme kann ebenso wie die Buttercreme (**1837**) mit geschmacksverändernden Zutaten abgewandelt werden.

1846

Orangen-Sahnecreme

¼ l süße Sahne,
Saft von 2 Orangen,
50 g Zucker,
3–4 Blatt weiße Gelatine.

Unter die sehr steif geschlagene Sahne den Orangensaft, den Zucker und die nach Vorschrift aufgelöste Gelatine mischen.

1847

Schokoladencreme II

200 g Vollmilch- oder
Halbbitterkuvertüre,
1 Becher süße Sahne (200 g).

Die Kuvertüre grob zerbröckeln, im warmen Wasserbad schmelzen. Unter die warme Kuvertüre Sahne ziehen, gut durchrühren. Die Masse abkühlen lassen, über Nacht in den Kühlschrank stellen.
Am anderen Tag mit dem elektrischen Handrührgerät schaumig aufschlagen. Die Creme eignet sich als Füllung oder als Überzug über helle und dunkle Biskuit- oder Nusstorten.
Nach Geschmack während des Aufschlagens 2 cl Rum, Whisky o. ä. unterrühren.

1848

Haselnuss- oder Walnusscreme

60 g geröstete, geriebene Hasel- oder Walnusskerne,
⅛ l Milch, 2–3 Eigelb,
60 g Zucker, 4 Blatt weiße
Gelatine, ¼ l süße Sahne.

Die Hälfte der fein geriebenen Nusskerne in der Milch aufkochen und durchpassieren. Eigelb und Zucker schaumig rühren, unter die Haselnussmilch mischen und die in 2 Essl. heißem Wasser aufgelöste, durchgesiebte Gelatine zufügen. Unter leichtem Schlagen rasch erhitzen und unter weiterem kräftigem Schlagen erkalten lassen. Die restlichen geriebenen Nüsse und zuletzt die steife Sahne darunterziehen.

1849

Mokka-Extrakt

Zum Färben und Aromatisieren von Cremes und Glasuren

120 g Zucker,
3–4 Essl. feinste Sorte mehlfein gemahlener Bohnenkaffee oder
2 Essl. Instantkaffee, 1/4 l Wasser.

Den Zucker in einer trockenen Bratkasserolle unter Rühren bei mäßiger Herdhitze so lange rösten, bis er goldgelb gefärbt und aufgelöst ist; den möglichst frisch gemahlenen Bohnenkaffee zufügen, die Kasserolle von der Herdplatte nehmen, den Kaffee einige Min. zugedeckt durchziehen lassen und dann erst das strudelnde Wasser nach und nach darübergießen. Nach völligem Auflösen des Zuckers kann der ausgezeichnete Extrakt durch einen Filter gegossen und in kleine Flaschen abgefüllt werden; er ist, gut verkorkt, lange haltbar.
Oder 125 g Zucker wie oben rösten, dunkelbraun werden lassen und mit durchgesiebtem Kaffeesud ablöschen; zum Kaffeesud 40 g gemahlenen Bohnenkaffee mit gut 1/2 l strudelndem Wasser nach und nach übergießen und den Extrakt bis zum völligen Auflösen des Zuckers, schwach strudelnd, kochen. Bei Verwendung von Instantkaffee ist nach dem Ablöschen des gerösteten Zuckers mit kochendem Wasser bei beiden Zubereitungsarten das trockene Kaffeepulver unter die heiße Flüssigkeit zu rühren.

Einfache Glasuren

Man unterscheidet zwischen kalt gerührten und gekochten Glasuren. Jede Glasur muss die richtige Konsistenz aufweisen soll. Zu flüssige Glasuren können mit etwas Puderzucker gebunden werden; zu dicke Glasuren werden durch Zufügen von einigen Tropfen Flüssigkeit oder Eiweiß flüssiger.
Vor dem Glasieren alle anhaftenden Brösel mit einem Pinsel abbürsten und die Oberfläche mit einer glatten Marmelade dünn bestreichen (siehe „Aprikotieren“, Seite 462); dann sickert die nachfolgende Glasur nicht ein, sondern erstarrt darauf gleichmäßig. Bei Torten die Unterseite als Oberfläche verwenden und die heiße oder kalte Glasur von der Tortenmitte aus mit einem breiten Messer oder einer Palette rasch verteilen, ohne dabei Messer oder Palette aus der Glasur herauszuziehen, damit dadurch keinesfalls Brösel abgehoben werden. Die ablaufende Glasur von unten nach oben streichen und somit auch den Tortenrand völlig bedecken.
Anderes Gebäck oder Kleinbackwerk in den Guss oder die Glasur eintauchen oder diese mit einem Pinsel auftragen. Bei mehreren bzw. andersfarbigen Glasuren stets die zuerst aufgetragene ganz trocknen lassen, ehe die nächste hinzukommt, um ein Zusammenfließen zu verhindern. Eine Ausnahme gilt für Spritzglasur von **1807** Prinzregententorte; in diesem Falle müssen beide Glasuren (die dunkle Deckglasur und die helle Spritzglasur) noch etwas feucht sein, damit beim Durchziehen mit dem Messer die exakte Zeichnung entstehen kann.

1850

Einfache Glasuren

200 g Puderzucker,
2–3 Essl. Flüssigkeit je nach Geschmack,
evtl. 1–2 Essl. heißes Wasser.

Den Puderzucker sieben, mit der Flüssigkeit glatt verrühren und mit einem breiten Messer auf dem noch warmen Gebäck verstreichen.

Zitronenglasur
2–3 Essl. Zitronensaft.

Orangenglasur
2–3 Essl. Orangensaft.

Arrakglasur
2–3 Essl. Arrak.

Punschglasur
2–3 Essl. Rum.

Eierlikörglasur
2–3 Essl. Eierlikör,
1 Essl. kochendes Wasser.

Whisky-Glasur
2–3 Essl. Whisky.

1851

Vanille-Glasur

200 g Puderzucker,
1 Päckchen Vanillezucker oder
1 Päckchen Vanillinzucker,
2 Essl. Arrak oder Zitronensaft,
2 Essl. heißes Wasser.

Den gesiebten Puderzucker mit Vanillezucker, Arrak oder Zitronensaft und dem heißen Wasser so lange rühren, bis die Glasur dickflüssig ist.

1852

Rote Glasur (Pink-Glasur)

200 g Puderzucker,
2 Teel. gemahlene rote Gelatine oder
1 Päckchen roter Tortenguss,
3 Essl. Erdbeer-, Himbeer- oder Kirschsirup.

Den Puderzucker sieben, die gemahlene Gelatine dazugeben, mit dem Sirup glatt verrühren, einige Minuten quellen lassen, erwärmen und mit einem breiten Messer auf dem noch warmen Gebäck verteilen.

1853

Karamell-Glasur

2–3 Essl. Zucker, 3–4 Essl. Milch,
200 g Puderzucker.

Den Zucker in der Pfanne ohne Fett leicht bräunen lassen, Milch dazugeben und gut durchkochen, bis sich der Karamel vollkommen aufgelöst hat. Den gesiebten Puderzucker mit der heißen Karamelmilch verrühren.

Tipps:
Für Kuchen oder Torten mit 26 cm Ø benötigt man eine Glasur mit 250 g Puderzucker. Bei Kleingebäck aus einer entsprechenden Teigmenge sollten ca. 100 g mehr gerechnet werden.
Die Flüssigkeit immer nur in kleinsten Mengen einrühren. Sonst könnte die Glasur zu dünnflüssig werden oder austrocknen.

1854 Eiweiß-Glasur

200 g Puderzucker,
1–2 Eiweiß, Saft von 1/2 Zitrone.

Den gesiebten Puderzucker mit Eiweiß und Zitronensaft glatt verrühren. Den dickflüssigen Guss mit einem breiten Messer auf dem kalten Gebäck verteilen.

1855 Schokoladenglasur mit Kuvertüre

90 g Kuvertüre,
175 g Zucker, 1/8 l Wasser.

Die Kuvertüre im Wasserbad auflösen. Den Zucker mit dem Wasser zum dünnen Faden kochen, langsam unter die aufgelöste Kuvertüre mischen und die Glasur so lange schlagen, bis sich eine Haut bildet. Im Wasserbad stehen lassen, damit sie dickflüssig bleibt.

1856 Feine Schokoladenglasur

150 g Schokoladenkuvertüre,
125 g geschmeidige Butter oder Butterschmalz oder geklärte Butter.

Die Kuvertüre grob zerbröckeln, im warmen Wasserbad schmelzen.
Dann in Stücken die weiche Butter unterrühren. Ist die Glasur homogen (d. h. die Zutaten haben sich gut verbunden), über das Gebäck gießen und mit einem breiten Messer glattstreichen. Trocknen lassen.

1857 Schokoladenglasur

200 g Puderzucker, 3 Essl. Kakao,
3 Essl. Wasser, 1 Essl. Kokosfett.

Puderzucker und Kakao vermischen, mit heißem Wasser glattrühren und dann das flüssige, aber nicht mehr heiße Kokosfett darunterrühren.

1858 Eiweiß-Schokoglasur

200 g Puderzucker, 1 Eiweiß,
120 g bittere Schokolade.

Den gesiebten Puderzucker mit dem Eiweiß glattrühren; geriebene, erwärmte Schokolade daruntermischen. Eventuell mit 1–2 Essl. Wasser verdünnen.

1859 Schokoladenglasur, gekocht

180 g geriebene Schokolade,
knapp 1/8 l heißes Wasser,
250 g Puderzucker, 1/8 l heißes Wasser.

Die geriebene Schokolade mit dem heißen Wasser glattrühren, den Puderzucker und eine weitere Tasse Wasser zufügen; die Flüssigkeit bis zum Faden kochen. Dann ohne Herdhitze so lange tablieren*, bis sich an der Oberfläche eine Haut bildet und der Guss die gewünschte Dickflüssigkeit aufweist. Die Glasur sofort heiß auftragen und in der Wärme trocknen lassen, z. B. in dem schwach vorgeheizten Backofen.

Tipp:
Soll die Glasur glänzen, einen Würfel (20 g) Kokosfett untermischen.

1860 Zuckerglasur

150 g Zucker oder Puderzucker,
3 Essl. Wasser.

Den Zucker mit dem Wasser so lange unter Rühren kochen, bis die Flüssigkeit klar ist und sich auf der Oberfläche eine Haut bildet. Sofort heiß mit einem feinen Pinsel auf das noch warme Gebäck auftragen. Diese Glasur deckt zwar nicht vollständig, gibt aber jedem Gebäck einen leichten Glanz.

* Tablieren: Die gewünschte Dickflüssigkeit wird beim Rühren durch gleichmäßiges Schlagen an die Innenwand des Topfes erzielt.

1861 Spritzglasur

150 g Puderzucker,
1 Eiweiß, 1 Essl. Zitronensaft.

Den gesiebten Zucker mit Eiweiß und Zitronensaft glattrühren. Am schnellsten geht das mit dem elektrischen Handrührgerät. In den Spritzbeutel füllen und auf das Gebäck aufspritzen. Zum Färben anstelle von Zitronensaft Himbeer- oder Erdbeersirup oder farbige Liköre verwenden.

1862 Schokoladen-Spritzglasur

150 g Puderzucker, 1 Eiweiß,
1 Essl. Zitronensaft,
60 g Schokolade oder 2 Teel. Kakao.

Den gesiebten Zucker mit Eiweiß und Zitronensaft glattrühren. Erwärmte Schokolade oder Kakao daruntermischen.

1863 Kaffeeglasur

250 g Puderzucker, 2 Essl. Kaffee-Extrakt, 1 Teel. Eiweiß, flüssig.

Den Puderzucker mit dem abgekühlten Kaffee-Extrakt und dem flüssigen Eiweiß vermischen und ca. 10 Min. rühren.
Den Kaffee-Extrakt wie folgt zubereiten: 2 Kaffeelöffel mehlfein gemahlenen Bohnenkaffee mit 3 Esslöffeln kochendem Wasser überbrühen und nach 4 Min. absieben.
Oder statt Bohnenkaffee 2 Kaffeelöffel Instantkaffee verwenden und mit 2 Esslöffeln heißem Wasser auflösen.

Tipp:
Die Spitze des Spritztütchens kann durch Abschneiden mit der Schere je nach Dickflüssigkeit der Glasur erweitert werden. Spritztütchen, selbstgemacht: Seite 463

1864 Mokka-Glasur

250 g Puderzucker,
2 Essl. Instantkaffee,
2–4 Essl. heißes Wasser,
evtl. 1 Eiweiß.

Den Nescafé im heißen Wasser auflösen und mit dem gesiebten Puderzucker und dem Eiweiß glatt verrühren.

1865 Glasur mit Läuterzucker

250 g feiner Zucker,
1/8 l Wasser, 100 g Puderzucker,
evtl. 1–2 Essl. Fruchtsaft oder Gelee oder 1 Teel. Kakao oder Instantkaffee.

Den Zucker mit Wasser zum schwachen Faden kochen (siehe **2318**), etwas abkühlen lassen und den gesiebten Puderzucker unterrühren. Dann das gewünschte Geschmacksaroma und zum Färben eine der oben angegebenen Zutaten zufügen.
Die Glasur in ein heißes Wasserbad stellen und, falls sie zu dick wird, mit etwas heißem Wasser oder Läuterzucker verdünnen. Das Gebäck eintauchen und zum Trocknen auf ein Drahtgitter legen.

1866 Rosenglasur

230 g Puderzucker, 1 Essl. Arrak,
1 Essl. Rosenwasser,*
2 Essl. heißes Wasser,
1–2 Essl. dicker roter Fruchtsaft.

Den gesiebten Puderzucker mit Arrak, Rosenwasser und dem heißen Wasser etwa 10 Min. rühren, bis die Glasur dickflüssig ist. Zum Nachfärben den Fruchtsaft untermischen.

* Rosenwasser ist in Apotheken erhältlich. Es eignet sich ebenso zum Aromatisieren wie das hochkonzentrierte Rosenöl, das nur tropfenweise zu verwenden ist.

Kaffee- und Teegebäck

1867 Süße Hefebrezeln/ Hefehörnchen

4–8 Stück, je nach Größe
Hefeteig-Grundrezept ***1637****.*
Abgeriebene Schale von 1/2 Zitrone,
1 Ei oder Dosenmilch, Hagelzucker.

Den Hefeteig nach Grundrezept zubereiten. Nach dem Aufgehen nochmals auf dem bemehlten Backbrett durchkneten und dabei die geriebene Zitronenschale einarbeiten. Den Teig zu einer langen Rolle form, zu ca. 25 cm langen Strängen rollen und Brezeln daraus schlingen oder Hörnchen, Kränzchen oder Schnecken daraus formen. Auf dem gefetteten Backblech nochmals gehen lassen, verquirltes Ei oder Dosenmilch darüberstreichen, mit Hagelzucker bestreuen und hell backen.
E.-Herd 200–225 °C / G.-Herd 3–4
Ca. 25 Minuten
Dieses Rezept eignet sich auch für die einfachere Zubereitung von Flachswickeln oder Flachszöpfen.
Oder pikantes Gebäck aus Hefeteig **1637** ohne Zucker herstellen und mit Kümmel bestreuen.

1868 Butterhörnchen (Butterkipferl)

500 g Weizenmehl,
30 g Hefe, etwa 1/4 l Milch,
150–180 g Butter,
1 Prise Salz, evtl. 1 Ei.
Zum Bestreichen:
40 g zerlassene Butter.

Von 1/3 Mehl und der aufgelösten Hefe einen Vorteig zubereiten, 1 Std. gehen lassen, dann das übrige Mehl und die restlichen Zutaten untermischen. Einen weichen, geschmeidigen Teig kneten und im Kühlschrank 2 Std. kalt stellen. Die Teigmasse in 20 Teile schneiden, jedes Teigstück mit bemehlten Händen leicht rollen und zu Hörnchen formen. Auf gefettetem Backblech nach kurzer, erneuter Ruhezeit mit Wasser bestreichen, im vorgeheizten Backofen backen und noch heiß mit der zerlassenen Butter überpinseln.
E.-Herd 200 °C / G.-Herd 3
Ca. 30 Minuten

1869 Kaffeekipferl

12–15 Stück
Butterteig:
100 g Mehl, 80 g Butter.
Hefeteig:
15 g Hefe, 1/8 l Milch,
160 g Mehl, 40 g Zucker,
abgeriebene Schale 1/4 Zitrone,
1 Prise Salz, 1 Eigelb.
Zum Bestreichen:
2 Eigelb.

Zum Butterteig: Zuerst Mehl und Butter rasch verkneten und den Butterteig kalt stellen. Dann den Hefeteig zubereiten: Die Hefe mit der lauwarmen Milch auflösen, den dritten Teil vom Mehl unterrühren und diesen Vorteig in der Wärme aufgehen lassen. Danach die übrigen Zutaten untermischen, den Teig glatt kneten und 1 cm dick auswellen. Den Butterteig ebenfalls ausrollen, etwa in gleicher Größe darauf legen und rundum einschlagen. Nun den Teig in drei Touren mit kleinen Zwischenpausen ausrollen und wieder zusammenlegen. Zuletzt einen länglichen Streifen formen, kleine Dreiecke (etwa 12–15 Stück) davon ausrädeln, jedes zu Kipferln drehen (von der breiten Seite zur Spitze), mit Eigelb bestreichen, 30 Min. in die Wärme stellen und nochmals mit Eigelb pinseln; in den heißen Backofen schieben und bei guter Hitze backen.
E.-Herd 200 °C / G.-Herd 3
Ca. 20 Minuten

1870
Flachswickel/ Flachszöpfe

30–40 Stück
250 g Butter oder Margarine,
2 Eier, ½ Teel. Salz,
500 g Mehl,
25 g Frischhefe,
2–3 Essl. Milch,
250 g Hagelzucker, 1–2 Eigelb.

Die Butter schaumig rühren, Eier, Salz, Mehl und zuletzt die in lauwarmer Milch aufgelöste Hefe untermischen. Einen glatten Teig kneten und in der Wärme gehen lassen. Aus dem aufgegangenen Teig eine Rolle formen, gleichmäßige Stücke abschneiden und auf Hagelzucker zu 15–20 cm langen Strängen formen. Im Hagelzucker drehen und spiralenförmig zu Flachswickeln schlingen oder aus drei Strängen kleine Zöpfe flechten. Auf dem gefetteten Backblech nochmals gehen lassen, mit Eigelb bestreichen und hell backen.
E.-Herd 200 °C / G.-Herd 3
Ca. 25 Minuten
Einfachere Zubereitung wie Hefebrezeln (s. ***1867***).

1871
Hefe-Wespennester

8 Stück
20 g Frischhefe oder
½ Päckchen Trockenbackhefe,
⅛ l Milch,
30 g Zucker, 250 g Mehl,
40 g Butter oder Margarine,
1 Prise Salz, 1 Ei oder 2 Eigelb,
abgeriebene Schale von ½ Zitrone.
Füllung:
50 g geschälte, geriebene Mandeln,
40 g gewiegtes Zitronat,
40 g Rosinen,
20 g Zucker und etwas Zimt.
50–60 g Butter, 2 Eigelb.

Den Hefeteig nach Grundrezept S. 472 zubereiten. Nach dem Gehen auf dem Backbrett einen 25 cm breiten Streifen auswellen, mit zerlassener Butter bestreichen und die Füllung darauf verteilen (Zutaten vorher gut vermischen). Den Teigstreifen der Länge nach aufrollen, davon etwa 5 cm lange Stücke abschneiden, an einer Schnittseite in zerlassene Butter tauchen und mit dieser Seite nach unten in ein gefettetes Backblech setzen. Die Wespennester nochmals ca. 30 Min. gehen lassen, mit Eigelb bestreichen und im vorgeheizten Backofen knusprig backen.
E.-Herd 200 °C / G.-Herd 3
Ca. 30 Minuten

1872
Wiener Schneckchen

Den Hefeteig und die Füllung wie Wespennester **1871** zubereiten. Von der Teigrolle etwa 2–3 cm große Stücke abschneiden, auf einem gefetteten Backblech nochmals gehen lassen, die Schneckchen mit Eigelb bestreichen und hell backen. Noch warm mit Zitronen- oder Vanilleglasur S. 531 überziehen.
E.-Herd 200 °C / G.-Herd 3
Ca. 25 Minuten

1873
Schneckennudeln

18–20 Stück, 8 cm ø
Hefeteig-Grundrezept ***1637****.*
50 g Butter,
2 Essl. Zucker, 1 Teel. Zimt,
100 g Sultaninen, 1 Ei.
Glasur:
125 g Puderzucker,
2 Essl. Zitronensaft,
1 Essl. Wasser.

Den Hefeteig nach Grundrezept zubereiten. Nach dem Aufgehen nochmals gut durcharbeiten und auf ca. 30 x 40 cm ausrollen. Die Teigplatte mit zerlassener Butter bestreichen, Zucker, Zimt und Sultaninen darüberstreuen. Den Teig der Länge nach locker aufrollen und in ca. 2 cm breite Scheiben schneiden. Mit der Schnittfläche nach oben auf einem gefetteten Blech nochmals gehen lassen. Mit verquirltem Ei bestreichen und im vorgeheizten Backofen backen und noch warm glasieren.
E.-Herd 200 °C / G.-Herd 3
Ca. 20–25 Minuten
Zur Glasur den Puderzucker, Zitronensaft und das Wasser mit dem Schneebesen oder elektrischem Handrührgerät glatt rühren.

1874
Süße Maultaschen

Butterteig:
100 g Butter oder Margarine,
150 g Mehl.
Hefeteig:
15 g Hefe oder ½ Päckchen Trockenhefe,
2 Essl. Milch, 150 g Mehl,
30 g Butter oder Margarine,
1 Prise Salz,
2 Eigelb oder 1 ganzes Ei,
abgeriebene Schale von ½ Zitrone.
Marmelade,
1 Ei zum Bestreichen.
Glasur:
125 g Puderzucker, 2–3 Essl. Wasser.

Butterteig: Die Butter mit dem Mehl auf dem Backbrett zu einem glatten, geschmeidigen Teig kneten und kalt stellen. Den Hefeteig nach Grundrezept S. 472 zubereiten und zu einem großen Rechteck auswellen. Den breitgedrückten Butterteig in die Mitte legen, den Teigrand rundum einschlagen, mit dem Wellholz klopfen und wie Blätterteig (S. 476) dreimal nach kurzen Pausen auswellen. Zuletzt den ganzen Teig messerrückendick ausrollen, gleichmäßige, ca. 10 cm große Quadrate ausrädeln und jeweils 1 Tupfen Marmelade daraufsetzen. Die Ecken zur Mitte hin einschlagen und mit Eigelb bestreichen. Eine kleine Teigrosette obenauf gelegt hält die Vierecke noch besser zusammen. Oder die Quadrate etwas kleiner ausrädeln und 2 schmale Teigstreifen über Kreuz auf die Füllung legen.
Die Maultaschen mit geschlagenem Ei oder Eigelb bestreichen, auf einem gefetteten Backblech noch einmal kurze Zeit gehen lassen, im vorgeheizten Backofen backen und noch warm glasieren.
E.-Herd 200–225 °C / G.-Herd 3–4
Ca. 20 Minuten

1875 Topfentascherln

Füllung:
50 g Butter oder Margarine,
1 Ei, getrennt,
50 g Zucker,
125 g Quark (Topfen),
1 Essl. saure Sahne,
etwas abgeriebene Zitronenschale,
20 g Rosinen, 1–2 Eigelb.
Glasur:
125 g Puderzucker,
2–3 Essl. Wasser. Oder Puderzucker.
Butter- und Hefeteig wie für süße Maultaschen (s. nebenstehend).

Den Butter- und Hefeteig wie für süße Maultaschen zubereiten, zusammen auswellen und Quadrate daraus schneiden. Zur Füllung die Butter mit Eigelb und Zucker schaumig rühren. Den durchpassierten Quark, Sahne, Zitronenschale und den steifen Eischnee und zuletzt die vorbereiteten Rosinen leicht untermischen. Auf jedes Quadrat ein wenig von der Füllung setzen, die Ränder mit Eigelb bepinseln und das Tascherl zu einem Dreieck überklappen (Ränder dabei fest andrücken). Im vorgeheizten Backofen hell backen, noch heiß mit der Glasur überziehen oder mit Puderzucker bestäuben.
E.-Herd 200–225 °C / G.-Herd 3–4
Ca. 25 Minuten

1876 Nusshörnchen

20–25 Stück
25 g Hefe oder 1 Päckchen Trockenbackhefe, ca. 1/4 l Milch,
50 g Zucker, 500 g Mehl, 70 g Butter oder Margarine, 1 Prise Salz, 1 Ei, abgeriebene Schale von 1/2 Zitrone.
Zum Einwellen:
100 g Butter oder Margarine.
Füllung:
125 g geröstete, geriebene Haselnüsse, 70 g Zwiebackbrösel,
Mark von 1/4 Vanillestange oder 1/2 Päckchen Vanillezucker,
6 Essl. Milch.
1–2 Eigelb zum Bestreichen,
Puderzucker zum Bestäuben.

Einen Hefeblätterteig nach Rezept (S. 477) zubereiten. Den aufgegangenen Teig ca. 1/2 cm dick auswellen und davon 12–15 cm große Quadrate ausrädeln. Jedes Viereck diagonal in zwei Dreiecke teilen.
Die Zutaten zur Füllung gut mischen, sie soll nicht zu dünnflüssig werden. Auf jedes Dreieck einen Kaffeelöffel Füllung setzen, von der breiten Seite aufrollen und Hörnchen formen. Auf ein gefettetes Backblech legen und nochmals in der Wärme gehen lassen. Mit Eigelb bestreichen und im vorgeheizten Backofen hell backen und mit Puderzucker bestäuben.
E.-Herd 200 °C / G.-Herd 3
Ca. 25 Minuten

1877 Zwieback

25 g Frischhefe oder
1 Päckchen Trockenbackhefe,
3/8 l Milch, 90 g Zucker, 750 g Mehl,
60 g Butter oder Margarine,
1/2 Teel. Salz, abgeriebene Schale von 1/2 Zitrone,
1/2 Essl. Anis.
Zucker und Zimt oder Vanillezucker.
Evtl. Eiweißglasur (S. 532) oder Mandelguss:
2 Eiweiß,
200 g Puderzucker,
1 Päckchen Vanillinzucker,
125 g geschälte, geriebene Mandeln oder Haselnüsse.

Den Hefeteig nach Grundrezept Seite 472 zubereiten. Den aufgegangenen Teig auf dem mit Mehl bestäubten Backbrett zu einer Rolle formen, gleichmäßige Stücke (etwa 2 cm dick) davon abschneiden, zu runden Küchlein formen und nebeneinander in eine gefettete Kapselform setzen. Diese noch einmal ca. 1½ Std. aufgehen lassen und im vorgeheizten Backofen backen.
E.-Herd 200–225 °C / G.-Herd 3–4
Ca. 30 Minuten
Am anderen Tag oder gleich nach dem Erkalten in Scheiben schneiden, in Zucker und Zimt oder in Vanillinzucker wenden und unter dem Grill oder im Backofen auf beiden Seiten rösten.
Oder die ganze Teigmasse in eine gefettete Zwiebackform füllen, backen und nach dem Erkalten die aufgeschnittenen Scheiben rösten. Die aufgeschnittenen Scheiben auf einer Seite evtl. mit Eiweißglasur (S.531), vermischt mit Vanillezucker, bestreichen, dann erst rösten.
Oder die Zwiebackscheiben mit einem Mandelguss bestreichen und dann rösten.
Für den Mandelguss die Eiweiß mit Puderzucker und Vanillinzucker verrühren, zuletzt die geschälten, geriebenen Mandeln oder Haselnüsse darunterrühren.

1878 Gefüllte Brezeln

*Hefeblätterteig **1654**.*
Zum Bestreichen: 20 g Butter.
Fülle:
100 g geschälte, gewiegte Mandeln,
30 g fein gewiegtes Zitronat,
100 g Sultaninen oder Korinthen,
60 g Zucker,
abgeriebene Schale 1/4 Zitrone
oder eine Messersp. Zimt,
1–2 Eigelb.
Glasur: 60 g Puderzucker,
1/2 Päckchen Vanillinzucker,
1 Essl. Wasser.

Den Hefeteig zubereiten, aufgehen lassen und davon ein Quadrat (60 cm groß und 1/2 cm dick) auswellen. Eine Teighälfte mit der zerlassenen Butter bestreichen, die Zutaten zur Fülle darauf streuen und die zweite Teighälfte darüber- decken und leicht andrücken. Dann schmale Streifen abrädeln und einfache (nicht geschlungene) Brezelchen formen. Nach kurzem Warmstellen mit Eigelb überpinseln, im vorgeheizten Backofen hellgelb backen und sofort glasieren.
E.-Herd 200 °C / G.-Herd 3
Ca. 25 Minuten

1879 Krapfen mit Mandelfülle

18–20 Stück
*Blätterteig **1655***
(statt 200 g Mehl 250 g verwenden)
oder 1 Paket Tiefkühlblätterteig.
Zum Auswellen:
125 g Hagelzucker.
Fülle:
125 g ungeschälte, geriebene Mandeln, 100 g Zucker,
1 Essl. Zwiebackbrösel,
1 Teel. Vanillezucker,
1–2 Essl. süße Sahne oder Milch,
50 g Rosinen.
Zum Bestreichen:
1–2 Eigelb.

Den Blätterteig zubereiten oder auftauen lassen und möglichst dünn zu einem großen Rechteck auswellen. Dann der Länge nach eng aufrollen und davon schmale Scheiben abschneiden (18–20 Stück). Diese Scheiben auf Hagelzucker mit einem kleinen Wellholz zu runden Böden formen und jeweils 1 Teel. Fülle darauf setzen. Die Krapfen zur Hälfte überklappen, mit Eigelb bepinseln und im vorgeheizten Backofen hellbraun backen.
E.-Herd 225 °C / G.-Herd 4
Ca. 20 Minuten
Füllezubereitung: Mandeln, Zucker, Brösel, Vanillezucker mit 1–2 Essl. Sahne oder Milch verrühren und die vorbereiteten Rosinen untermischen.

1880 Äpfel im Schlafrock

*Blätterteig **1655** mit*
180 g Butter und 250 g Mehl, ohne Rum.
Statt Sahne oder Weißwein ½ Tasse Wasser
*Oder Mürbeteig **1643**.*
4–6 mittelgroße, mürbe Äpfel.
Zur Fülle für jeden Apfel:
1 Essl. geschälte, gewiegte Mandeln, einige Sultaninen, 1 Teel. Zucker.
Zum Fetten: Butter.
Zum Bestreichen: 1–2 Eigelb.
Zum Bestreuen: Puderzucker.

Butter und Mehl feinblättrig auswellen, in die Mitte eine Vertiefung drücken und dahinein alle übrigen Zutaten geben. Mit zwei Spachteln alles gut zusammenarbeiten, dann wie bei **1655** weiter verfahren; den Teig kühl stellen; inzwischen die Äpfel schälen, das Kernhaus ausbohren und die Höhlung mit den Mandeln, den vorbereiteten Sultaninen und Zucker füllen. Den Teig messerrückendick auswellen, in Vierecke schneiden und jeden Apfel so darin einhüllen, dass die vier Teigecken oben zusammengedreht werden können. Die Äpfel auf ein gefettetes Backblech setzen, mit Eigelb überpinseln, im vorgeheizten Backofen goldgelb backen und noch warm mit Puderzucker dick bestäuben.
E.-Herd 175 °C / G.-Herd 2
Ca. 30 Minuten

1881 Apfelkrapfen

375 g Mehl,
200 g Butter oder Margarine,
⅛ l Wasser, 1 Ei.
Fülle:
8–10 mürbe Äpfel,
⅛ l Weißwein,
½ Tasse Zucker.
Zum Überpinseln:
1–2 Eiweiß und Eigelb.

Einen Blätterteig wie **1655**, jedoch mit den obigen Zutaten ohne Zucker herstellen, dünn auswellen und nicht zu große Rundungen mit einem Glas ausstechen. Die Äpfel schälen, entkernen, in Weißwein und Zucker kochen, durchpassieren und jede Teigrundung in der Mitte damit belegen, den Rand ringsum schmal mit Eiweiß pinseln, den Krapfen überklappen, leicht andrücken und den Krapfenrand einzacken. Die Oberfläche mit Eigelb pinseln und die Krapfen auf gefettetem, mit Mehl bestäubtem Backblech im vorgeheizten Backofen hellgelb backen.
E.-Herd 225 °C / G.-Herd 4
Ca. 20 Minuten
Oder das Gebäck mit tiefgefrorenem Blätterteig backen; dazu die Blätterteigscheiben ca. 30 Min. antauen lassen, dann wie im Rezept angegeben weiterverarbeiten.

1882 Russische Brezeln

30–40 g Hefe oder 1½ Päckchen Trockenbackhefe, ⅛–¼ l Milch,
60 g Zucker, 500 g Mehl,
100 g Butter oder Margarine,
1 Prise Salz, 1–2 Eier,
abgeriebene Schale von ½ Zitrone.
Glasur:
125 g Puderzucker, 2–3 Essl. Wasser oder Puderzucker zum Bestäuben.

Einen Hefeblätterteig nach Rezept (S. 477) herstellen, 50 g Butter für den Hefeteig und 50 g Butter zum Einwellen verwenden. Den Teig nach dem letzten Ausrollen zu einer 50 x 60 cm großen und etwa ½ cm dicken Platte auswellen. Die Teigplatte der Länge nach halbieren und in 1–2 cm breite Streifen schneiden. Je 2 Streifen ineinanderschlingen und Brezeln formen. Auf dem gefetteten Backblech noch kurze Zeit gehen lassen und hell backen. Noch warm glasieren.
E.-Herd 200 °C / G.-Herd 3
Ca. 30 Minuten

1883 Schweinsöhrchen

Blätterteig-Grundrezept (S. 476)
oder Quarkblätterteig (S. 476)
oder 1 Paket Tiefkühlblätterteig,
Sandzucker.

Den nach Grundrezept oder nach Anleitung auf der Packung zubereiteten Blätterteig auf Sandzucker zu einem Rechteck auswellen (ca. 10 cm breit und 20 cm lang). Zucker daraufstreuen, von beiden Seiten zur Mitte aufrollen. Dadurch entstehen zwei Rollen im Durchmesser von ca. 4 cm. Beide Rollen aneinanderlegen und davon 1 cm breite Scheiben abschneiden. Ein wenig flach drücken, dick mit Sandzucker bestreuen und im vorgeheizten Backofen backen.
E.-Herd 225 °C / G.-Herd 4
Ca. 15–20 Minuten
Oder Schuhsohlen backen:
Den Blätterteig ½ cm dick auswellen und runde Plätzchen ausstechen. In Zucker wenden, oval auswellen und mit Mandelblättchen bestreuen. Backen wie Schweinsöhrchen.

1884

Süßes Blätterteiggebäck

*Blätterteig **1652** oder*
2 Packungen Tiefkühlblätterteig,
2 Eiweiß, 2 Eigelb.
1½ Essl. Kirschkonfitüre oder Marzipan, verrührt mit einigen Tropfen Weinbrand,
3 Aprikosenhälften aus der Dose,
1½ Essl. Apfelkompott,
1 Messersp. Zimt,
4 Kaiserkirschen aus dem Glas.

Die Blätterteigscheiben nach Anweisung auf der Packung auftauen lassen, mit den Rändern leicht überlappend zu einer Teigplatte (ca. 28 x 37 cm) zusammenlegen und aus diesem Teigstück folgende Gebäckstücke herstellen:

Kaiserkragen
Auf die Mitte von 3 Teigquadraten (10 x 10 cm) je ½ Essl. Kirschkonfitüre oder mit Weinbrand verrührtes Marzipan geben, die Ränder mit Eiweiß bestreichen und zur Hälfte zusammenklappen. Die Ränder andrücken und 2 cm tief, in 2 cm breiten Abständen kammartig einschneiden.

Blätterteigtaschen
Je ½ Essl. des mit Zimt verrührten Apfelkompotts in die Mitte von 3 Teigquadraten (8 x 8 cm) geben. Die Ränder mit Eiweiß bestreichen und diagonal zusammenklappen. Die Ränder andrücken.

Blätterteigwindmühlen
Auf die Mitte von 3 Teigquadraten (10 x 10 cm) je 1 abgetropfte Aprikosenhälfte legen. Den Teig von 4 Ecken bis zur Aprikose einschneiden. Die vier Teigspitzen in der Mitte zu einer Windmühle falten und andrücken.

Blätterteigkissen
Auf die Mitte von 4 Quadraten (7 x 7 cm) je eine Kirsche legen. Das übriggebliebene Stück Teig in 8 schmale Streifen schneiden, diese mit den Enden in Eiweiß tauchen, je 2 kreuzweise über die Kirschen legen und an den Ecken andrücken.
Alle Blätterteigstücke mit verquirltem Eigelb bestreichen, auf ein mit kaltem Wasser abgespültes Backblech legen und ca. 15 Min. stehenlassen. Auf der mittleren Schiebeleiste im vorgeheizten Ofen backen.
E.-Herd 225 °C / G.-Herd 4.
Ca. 15–20 Minuten.
Warm mit Puderzuckerglasur überziehen.

1885

Apfeltaschen

500 g Mehl, ½ Päckchen Backpulver, 2 Eier, 6 Essl. Milch,
100 g Zucker,
150 g Butter oder Margarine.
Fülle:
etwa 3-4 Äpfel, 100 g Zucker,
50 g Sultaninen.
Zum Bestreichen:
*2 Eiweiß, Zuckerguss **1860**.*

Das Mehl und Backpulver auf ein Backbrett sieben, eine Vertiefung eindrücken und die übrigen Zutaten hineingeben. Einen glatten Mürbeteig kneten und ½ cm dick auswellen. Mit einem Glas oder Ausstecherförmchen (12 cm Ø) Rundungen ausstechen und mit folgender Apfelfülle belegen: Die Äpfel schälen, sorgfältig das Kernhaus entfernen und die Äpfel in feine Ringe schneiden. Mit Zucker bestreuen und zugedeckt etwa 10 Min. durchziehen lassen. Dann jeweils ½ Apfelring auf die Hälfte einer Rundung legen, einen Teel. vorbereitete Sultaninen in das Innere des Ringes geben, den Teigrand mit Eiweiß pinseln, die andere Teighälfte überklappen und leicht andrücken. Die Apfeltaschen auf ein gefettetes Backblech legen und im vorgeheizten Backofen goldbraun backen und noch warm glasieren.
E.-Herd 200 °C / G.-Herd 3
Ca. 25 Minuten

1 Blätterteigwindmühlen: Den Teig in Quadrate teilen.

2 Die Quadrate einkerben.

3 Etwas Füllung in die Mitte des Quadrates geben.

4 Die Ecken einschlagen (Teigtaschen formen).

5 Zu Windmühlen formen.

1886 Amerikaner

Ca. 18 Stück
150 g Butter, 175 g Zucker,
3 Eigelb, 1 Prise Salz,
abgeriebene Schale von ½ Zitrone,
1 Essl. Rum, 500 g Mehl,
1 Päckchen Backpulver, ¼ l Milch.
Glasur: Eiweißglasur (S. 531),
Schokoladenglasur (S. 532).

Die Butter lauwarm zerlassen und mit dem Zucker schaumig rühren. Die verquirlten Eigelb und die Geschmackszutaten unterrühren. Mehl mit Backpulver vermischen und zusammen mit der Milch in kleinen Portionen unterrühren. Von dem festen Teig in großen Abständen nicht zu kleine Häufchen auf ein gefettetes Blech setzen und hellgelb backen.
E.-Herd 175–200 °C / G.-Herd 2–3
Die nicht gewölbte Seite der Amerikaner abwechselnd mit Eiweiß- und Schokoladenglasur überziehen.
Oder den Teig mit 10–12 g Hirschhornsalz anstatt Backpulver zubereiten; das macht den Teig luftiger und gibt den typischen Geschmack.

1887 Florentiner

⅛ l süße Sahne,
50 g Butter,
200 g Zucker, 200 g geschälte Mandeln, 200 g Zitronat, 50 g Mehl.
Schokoladenglasur (S.532) oder
200 g Schokoladen-Fettglasur.

Die Sahne mit Butter und Zucker unter Rühren aufkochen und völlig erkalten lassen. Die Mandeln und das Zitronat in feine Blättchen schneiden und zufügen. Das gesiebte Mehl rasch unterziehen und auf ein gefettetes, mit Mehl bestäubtes Backblech in großen Abständen runde, flachgestrichene Küchlein setzen. Backen, sofort vom Blech lösen.
E.-Herd 175–200 °C / G.-Herd 2–3
Ca. 20–25 Minuten
Die Unterseite zweimal in Schokoladenguss oder aufgelöste Schokoladen-Fettglasur tauchen und noch feucht durch leichtes Durchziehen mit einer Gabel verzieren.

1888 Haferflockenkrapfen

250 g feine Haferflocken,
125 g Butter oder Margarine,
125 g Zucker,
2 Eier, 250 g Mehl, 1 Päckchen Backpulver, 1 Prise Zimt,
abgeriebene Schale von 1 Zitrone,
3–4 Essl. süße Sahne.
1 Eiweiß,
Himbeer- oder Aprikosenmarmelade,
etwas Dosenmilch, Semmelbrösel.

Die Haferflocken mit der schaumig gerührten Butter oder Margarine vermischen. Die übrigen Zutaten (etwas Eigelb zurückbehalten) nach und nach zufügen, den Teig gut verkneten und ca. ½ cm dick auswellen. Mit einem Glas kleine Küchlein ausstechen, den Rand ringsum mit Eiweiß bestreichen, in die Mitte jeweils einen Kaffeelöffel Marmelade setzen, die Krapfen zur Hälfte überklappen und den Rand gut andrücken. Das zurückbehaltene Eigelb mit etwas Dosenmilch verquirlen, die Krapfen damit bestreichen und auf einem gefetteten, mit Bröseln bestreuten Backblech im vorgeheizten Backofen backen.
E.-Herd 200–225 °C / G.-Herd 3–4
Ca. 20 Minuten

1889 Mandelbrot

5 Eier, 250 g Zucker,
125 g geschälte Mandelstiftchen,
125 g Mehl,
1 Messersp. Pottasche,
abgeriebene Schale ½ Zitrone.

Die ganzen Eier und Zucker schaumig rühren. Die Mandelstiftchen im heißen Backofen kurz anrösten und im Wechsel mit dem gesiebten Mehl, Pottasche und Zitronenschale unter den Eischaum mischen. Eine gefettete, mit Mehl ausgestreute Kastenform mit der Mandelmasse ¾ hoch füllen und hellbraun backen.
E.-Herd 175–200 °C / G.-Herd 2–3
Ca. 40–50 Minuten
Nach dem Stürzen und Erkalten in zwiebackdicke Scheiben schneiden und auf gefettetem Backblech bei Oberhitze auf einer Seite anrösten.

1890 Anisbrot

30–40 Schnitten
6 Eier, 250 g Zucker,
abgeriebene Schale und
Saft ½ Zitrone, 1 Essl. Anis,
250 g Mehl.

5 Eigelb, 1 ganzes Ei, Zucker, Zitronensaft und -schale weißcremig rühren; dann den verlesenen, gewaschenen, gut getrockneten Anis, das gesiebte Mehl und den steifen Schnee der restlichen Eiweiß untermischen. Eine gefettete Kastenform damit füllen und hellgelb backen.
E.-Herd 175–200 °C / G.-Herd 2–3
Ca. 40 Minuten
Nach völligem Erkalten (am besten anderentags) in gleichmäßige, nicht zu dicke Scheiben schneiden und bei Oberhitze auf trockenem Backblech leicht anrösten.

1891 Schatzkästlein (Wochenendtorte, Kalte Pracht, Kalter Hund)

2 Päckchen Leibniz-Kekse oder ähnliche trockene Butterkekse (etwa 25 Stück).
Zur Creme: 250 g Kokosfett,
125 g Zucker, 80 g Kakao, 3 Eier.

Eine Kastenform (etwa 16–18 cm lang und 7 cm breit) mit einer Schicht Kekse auslegen.
Für die Creme das Kokosfett erhitzen, den Zucker und Kakao unter Rühren zugeben und nach kurzem Abkühlen die ganzen, leicht verquirlten Eier untermischen. Als erstes etwa den vierten Teil der Creme in dünner Schicht auf die Kekse gießen, abwechselnd Kekse und Creme in weiteren Lagen einfüllen, die letzte Lage (Creme) glatt streichen, die Form über Nacht kalt stellen und nach dem Erstarren der Creme stürzen; die „Kalte Pracht“ in feine Scheiben schneiden.

Waffeln

1892

Waffeln mit Sahne

Etwa 20 Stück
4–6 Eier, 125 g Mehl,
100 g Butter, 1/8 l saure Sahne,
1 Prise Salz.
Zum Ausfetten:
frischer Speck, Schmalz oder Öl.
Zum Bestreuen: Vanillezucker.

Die Eier im warmen Wasserbad schaumig quirlen, abwechselnd mit dem Mehl unter die schaumig gerührte Butter mischen, zuletzt die Sahne und das Salz zugeben. Das erhitzte Waffeleisen mit Speck gut ausstreichen oder einen dünnen Ölfilm hineingießen, den Teig sparsam einfüllen und die Waffeln bei starker Backhitze hellgelb backen. Den überstehenden Teigrand mit der Schere abschneiden, die Waffeln auf beiden Seiten mit Vanillezucker bestreuen und sehr heiß zu Tisch geben. **Oder** die heißen Waffeln mit eiskalter Schlagsahne bedecken.

1893

Quarkwaffeln

Etwa 12 Waffeln
125 g gut abgetropfter Quark,
60 g Butter, 40 g Zucker,
abgeriebene Schale von 1/2 Zitrone,
150 g Mehl, 1 Tasse Milch,
3 Eigelb, 3 Eischnee.
Zum Ausfetten: Butter (kein Öl).
Zum Bestäuben: Puderzucker.

Den Quark durch ein Sieb drücken, mit der zerlassenen Butter und den übrigen Zutaten gut verrühren, zuletzt den steifen Eischnee unterziehen. Ein gefettetes Waffeleisen erhitzen, jeweils nicht zuviel Teigmasse aufstreichen und die Waffeln knusprig backen. Einzeln auf Tellern warm stellen (nicht übereinanderlegen) und vor dem Servieren mit Puderzucker bestäuben. Diese Menge ergibt 11–12 Waffeln bei Benützung eines Waffeleisens von 18 cm Durchmesser.

1894

Biskuitwaffeln

6 Eier, getrennt, 6 Essl. Zucker,
6 Essl. süße Sahne oder zerlassene Butter, 6 Essl. Mehl,
1 Messersp. Backpulver,
1 Essl. Kirschwasser.
Zum Backen: Pflanzenfett.
Puderzucker.

Eigelb und Zucker schaumig rühren, abwechselnd Sahne und Mehl zufügen, zuletzt das mit wenig Mehl vermischte Backpulver, Kirschwasser und den steifen Eischnee leicht unterziehen; die Waffeln im jedesmal gut gefetteten Eisen hell knusprig backen und mit Puderzucker bestäuben.

1895

Schokoladenwaffeln

250 g Butter oder Margarine,
1 Päckchen Vanillinzucker,
200 g Zucker, 4 Eier,
150 g Mehl, 150 g Speisestärke,
1 Messersp. Backpulver,
50 g geschälte, gehackte Mandeln,
1 Essl. Rum, 50 g geriebene Schokolade.
Zum Backen: Öl.
Zum Bestäuben: Puderzucker.

Einen feinen Rührteig nach Grundrezept herstellen, zuletzt Mandeln, Rum und Schokolade unter den Teig mischen. Öl in das aufgeheizte Waffeleisen streichen und die Waffeln darin backen. Auf einem Gitter abkühlen lassen und mit Puderzucker bestäuben. Thermostatregler: 3–4.

1896

Zimtwaffeln

125 g Butter, 125 g Zucker,
2 Eier, 15 g Zimt, 250 g Mehl.
1/2 Teel. Backpulver, etwas Milch.
Zum Backen:
Speckschwarte oder Öl.

Die Butter schaumig rühren, abwechselnd den gesiebten Zucker, Eier, Zimt und Mehl mit Backpulver daruntermischen, Milch nach Bedarf zugeben. Aus der Masse walnussgroße Kugeln formen und im erhitzten, gut mit Speckschwarte oder Öl eingefetteten Waffeleisen (besondere Waffelformen in Haushaltsgeschäften erhältlich) knusprig backen.

1897

Kartoffelwaffeln

Etwa 18 Waffeln
30 g Butter, 3 Essl. Zucker,
3 Eigelb, 320 g Mehl,
200 g erkaltete, geriebene Kartoffeln, stark 1/2 l Milch,
1/4 Päckchen Backpulver,
3 Eiweiß.
Zum Backen:
400 g Schweineschmalz,
Backfett oder Pflanzenfett.
Zum Bestreuen:
Zucker und Zimt oder Puderzucker.

Unter die schaumig gerührte Butter alle Zutaten (außer Backpulver und Eiweiß) mischen; zuletzt das gesiebte, mit wenig Mehl vermengte Backpulver und den steifen Eischnee zufügen. Das Waffeleisen vor jedem Neueinfüllen gut fetten, die Waffeln hellbraun backen, mit Zucker und Zimt oder Puderzucker bestreuen.

1898

Hefewaffeln

180 g Mehl,
1/4 l Milch oder süße Sahne (oder beides halb und halb),
15 g Hefe, 1 geh. Essl. Zucker,
1 Prise Salz,
abgeriebene Schale von 1/2 Zitrone,
90 g Butter, 2 Eier.
Zum Backen: Pflanzenfett.
Zum Bestreuen:
Zucker und Zimt.

Etwa 1/3 Mehl mit der lauwarmen Milch oder Sahne anrühren und daraus mit der in wenig Milch aufgelösten Hefe einen Vorteig zubereiten. Nach genügendem Aufgehen die übrigen Zutaten untermischen und den Teig 1 Std. warm stellen. Dann im jedesmal gut gefetteten Eisen knusprige Waffeln backen und noch warm mit Zucker und Zimt bestreuen.

1899

Gewürzwaffeln

150 g Butter oder Margarine,
4 Eier,
100 g brauner Zucker (Rohzucker),
1 Prise Salz, 3 Essl. Rum,
200 g Weizenmehl (Type 1050),
150 g Weizenschrot,
½ Teel. Backpulver,
abgeriebene Schale
von ½ unbehandelten Zitrone oder Orange, 1 Teel. gemahlene Nelken,
2 Teel. gemahlener Zimt,
1 Teel. Muskatblüte oder Kardamom.
Zum Backen: Öl.
Zum Bestreuen: Puderzucker mit Naturvanillezucker gemischt.

Die Butter oder Margarine mit den Eiern schaumig rühren, den Zucker, Salz und Rum zugeben, dann das mit Backpul-ver vermischte Mehl und Schrot unterrühren. Zuletzt die abgeriebene Schale und alle Gewürze in den Teig einrühren. Ein Waffeleisen gut mit Öl ausfetten und die Waffeln nacheinander in 5–7 Min. knusprig ausbacken. Auf einem Kuchenrost kurz abkühlen lassen, dann mit der Zuckermischung bestäuben und evtl. mit steif geschlagener, ungesüßter Sahne servieren. Elektrisches Waffeleisen: Regler 3–4, mittlere Hitze.
Oder statt der Gewürze 100 g gehackte Hasel- oder Walnüsse unter den Teig rühren.

Schmalzgebackenes – Fettgebackenes

Wer häufig Schmalz- (Fett-)gebackenes zubereitet, sollte sich eine elektrische Fritteuse mit Thermostat anschaffen. Ihr Vorteil: die Temperatur bleibt gleichmäßig, das Gebäck bräunt rundum.
Als Backfett eignet sich gehärtetes Pflanzenfett, Kokosfett oder Öl am besten, auch Schmalz ist bedingt möglich. Diese Fette können auf hohe Temperaturen erhitzt werden, ohne dass Spritzgefahr besteht.
Fertiges Schmalzgebäck sollte zum Entfetten für kurze Zeit auf mehrere Lagen Küchenkrepp gelegt werden. Dieses saugt das überschüssige Fett auf – das Gebäck bleibt knusprig. Nie zuviele Gebäckteile auf einmal ins Fett geben; die Teile müssen im Fett ohne gegenseitige Berührung schwimmen können. Je nach Größe 3–4 Gebäckteile auf einmal fritieren.
Haben Sie keine Fritteuse und verwenden Sie einen einfachen Frittiertopf, können Sie die Fett-Temperatur wie folgt prüfen: einen Holzlöffelstiel ins Fett tauchen. Wenn sich kleine Bläschen daran bilden, ist die richtige Ausbacktemperatur erreicht.

1900

Berliner Pfannkuchen

20 Stück
500 g Mehl, 25 g Hefe,
¼–⅜ l Milch, 60 g Butter,
60 g Zucker, 3–4 Eigelb,
1 Prise Salz.
Zum Füllen:
Himbeer- oder Erdbeer- oder Aprikosenmarmelade.
Zum Backen:
Kokosfett oder Öl.
Zum Bestreuen:
Puderzucker oder Zucker und Zimt.

Den Hefeteig nach **1903** etwas weicher zubereiten und zu einem Rechteck auswellen. Mit einer Ringform oder einem Glas auf die Hälfte des Teiges nebeneinander Rundungen leicht eindrücken, in jede Rundung etwas Himbeer- oder Aprikosenmarmelade in die Mitte setzen, die andere Teighälfte darüber decken und die Pfannkuchen, welche sich auf diese Weise abzeichnen, ausstechen. Dann in 30–45 Min. in der Wärme locker und hoch aufgehen lassen, portionsweise schwimmend im heißen Fett auf jeder Seite 2–3 Min. backen. Noch heiß mit Puderzucker bestäuben oder in Zucker und Zimt wenden.

1901

Apfelberliner

4 säuerliche Äpfel, Saft von 1 Zitrone,
je ½ Teel. Zimt- und Ingwerpulver,
450 g Mehl, 30 g Frischhefe,
25 g Zucker, gut ⅜ l Milch, 2 Eier,
½ Teel. Salz, abgeriebene Schale
von 1 Zitrone (ungespritzt).
Backfett, Zuckerglasur ***1850****.*

Die Äpfel schälen, entkernen, vierteln und in dünne Blättchen schneiden. Mit Zitronensaft, Zimt- und Ingwerpulver 30 Min. marinieren.
Aus Mehl, Hefe, Zucker, Milch, Eier, Salz und Zitronenschale nach Grundrezept **1637** einen geschmeidigen Hefeteig kneten, gehen lassen. Dann die abgetropften Apfelscheibchen unterkneten. Den Teig 2 cm dick auswellen, tassengroße Kreise ausstechen. In jeden Kreis mit einem Kochlöffelstiel ein Loch stechen, rund formen.
Teigstücke noch 15 Min. ruhen lassen, dann portionsweise in heißem Backfett (ca. 170 Grad) auf jeder Seite etwa 3 Min. backen. Auf Küchenkrepp abfetten, abgekühlt mit Zuckerglasur bestreichen.

1902

Fastnachtsküchlein aus Butterteig

250 g Mehl, 2 Eier,
1 Essl. saure Sahne,
1 Prise Salz, etwa ⅛ l Milch.
Zum Einwellen:
125 g Butter, Backfett oder Öl.

Von obigen Zutaten einen glatten, geschmeidigen Teig herstellen und die Butter, wie bei Blätterteig **1652**, in drei Touren einwellen. Zuletzt messerrückendick auswellen, runde oder viereckige Küchlein abrädeln und schwimmend im heißen Fett oder Öl hellbraun backen.

1903

Fastnachtsküchlein aus Hefeteig

30 –35 Stück
500 g Mehl, 20 g Hefe,
knapp 1/4 l Milch,
70 g Butter, 50 g Zucker,
2 Eier, 1 Prise Salz,
abgeriebene Schale 1/4 Zitrone.
Zum Backen: Kokosfett oder Öl.
Zum Bestreuen: Zucker und Zimt.

Einen Vorteig in der Mitte des erwärmten Mehles anrühren. Nach dem Aufgehen die anderen, ebenfalls erwärmten Zutaten beifügen und den Teig so lange schlagen, bis er Blasen wirft. Dann in etwa 1 Std. bis zum doppelten Quantum aufgehen lassen, auf dem bemehlten Backbrett fingerdick auswellen und kleine, schräge Vierecke abrädeln. Diese nach einer Ruhezeit von etwa 20 Min. durch Einstechen mit einer Gabel auflockern und schwimmend im heißen Fett hellgelb backen. Auf Küchenkrepp entfetten, warm mit Zucker und Zimt bestreuen.

1904

Fastnachtsküchlein aus Backpulverteig

125 g Butter oder Margarine,
75 g Zucker, abgeriebene Schale von 1/2 Zitrone, 2 Eier, 500 g Mehl,
1 Pck. Backpulver, etwa 1/2 l Milch.

Aus den angegebenen Zutaten nach Grundrezept **1639** einen glatten, mäßig festen Rührteig herstellen. Auf einem bemehlten Backbrett etwa 1/2 cm dick auswellen, in Vierecke schneiden und die Krapfen, im heißen Fett schwimmend, hellbraun herausbacken. Mit Zucker und Zimt bestreuen.

1905

Schneeballen

50 g Butter, 4 Eigelb,
40 g Zucker, 3 Eiweiß,
etwa 150 g Mehl.
Zum Backen:
500 g Kokosfett oder Öl.
Zum Bestäuben: Puderzucker.

Butter, Eigelb und Zucker schaumig rühren, den steifen Eischnee zufügen und so viel Mehl untermengen, bis sich der Teig wie weicher Nudelteig kneten lässt. Auf dem Backbrett möglichst dünn auswellen und einen 65 –70 cm langen, 6–7 cm breiten Streifen ausrädeln. Davon handbreite Stücke abteilen, jedes Teigstück vier- bis fünfmal feinstreifig etwa 5 cm weit einschneiden, so dass noch ein zusammenhängender Rand bleibt. Die losen Enden der Streifen ineinander verschlingen, in einen Backlöffel legen und unter stetem Drehen im heißen Fett zu knusprigen Bällchen backen. Oder mit einem Glas Plätzchen ausstechen und deren Fläche bis knapp an den Rand in fingerdicke Streifen schneiden oder rädeln. Mit dem Kochlöffelstiel jeden zweiten Streifen aufnehmen, das Ganze anheben und am Stiel hängend im heißen Fett zu goldbraunen Ballen ausbacken. Nach dem Abtropfen mit Puderzucker bestäuben.

Die Herstellung von Schneebällen

1906

Aus(ge)zogene Schmalzküchlein (Bayerische Art)

Den Teig mit den Zutaten nach **1900** zubereiten, aufgehen lassen, aber dann nicht auswellen, sondern mit einem Esslöffel oder Glas runde Küchlein abstechen und auf bemehltem Backbrett 20 Min. warm stellen. Jedes Küchlein durch langsames Dehnen so auseinander ziehen, dass es rundum einen dicken Rand und in der Mitte einen dünnen Boden (einen sog. Spiegel) aufweist. Im heißen Fett schwimmend hellbraun backen, der Spiegel soll hell und der Rand braun gebacken sein; noch heiß in Zucker und Zimt wenden.

1907

Doughnuts*

Hefeteig:
500 g Mehl, 30 g Frischhefe,
75 g Zucker, 1/4 l lauwarme Milch,
60 g Butter oder Margarine, 3 Eier.
Fritierfett. Glasur:
150 g Zucker, 2 Essl. Honig,
1 Essl. Rum, 3–4 Essl. Wasser.

Hefeteig nach Grundrezept Seite 472 zubereiten, 20 Min. gehen lassen. Nochmals durchkneten, zu einer dicken Rolle formen, in Scheiben schneiden. Jede Scheibe etwas flachdrücken, in die Mitte ein Loch drücken, so dass Ringe entstehen. Die Teilchen nochmals 15 Min. gehen lassen, dann portionsweise in heißem Backfett (ca. 170 Grad) beidseitig goldbraun fritieren. Auf Küchenkrepp abfetten.
Glasur: Die angegebenen Zutaten zu einem dickflüssigen Sirup kochen. Etwas abgekühlt die Doughnuts damit glasieren.

* Der Doughnut wurde von deutschen Einwanderern in die USA importiert. Er ähnelt einem großen Fastnachtskrapfen, hat allerdings in der Mitte ein Loch. Das Gebäck zählt zu den beliebtesten Genüssen in Amerika. Man kann ihn mit Zucker, Zimt-Zucker oder Zuckerguss, gelegentlich auch mit Schokoladenguss überall kaufen.

1908

Strauben

3/8 l Milch, 250 g Mehl,
20 g Zucker, 1 Prise Salz,
3–4 Eier, 40 g zerlassene Butter.
Zum Backen:
250 g Kokosfett.
Zum Bestreuen:
Zucker und Zimt.

Aus diesen Zutaten einen glatten Teig anrühren; durch einen Trichter so in das heiße Fett einlaufen lassen, dass 4 oder 5 kleine, schneckenförmige Ringe nebeneinander liegen. Die Ringe auf beiden Seiten hellgelb backen, auf Küchenkrepp entfetten und noch warm mit Zucker und Zimt bestreuen.

1909

Gebackene Mandeln

250 g geschälte, geriebene Mandeln,
250 g Zucker, 250 g Mehl,
2 Eier, geriebene Schale
1 Zitrone oder
10 g Zimt,
1 Prise Pottasche oder Backpulver,
Backfett oder Schmalz.
Zum Bestreuen:
Puderzucker oder Zucker und Zimt.

Alle Zutaten auf dem Backbrett zu einem Teig verkneten, fingerdick auswellen und mandelförmige Plätzchen davon ausstechen. Im heißen Schmalz oder Backfett schwimmend hellbraun backen, auf Küchenkrepp entfetten und noch warm mit Puderzucker oder Zucker und Zimt dick bestreuen.

1910

Hasenohren

2 Eigelb,
1 ganzes Ei,
60 g Zucker, 2 Essl. süße Sahne,
1 Teel. Rum oder Arrak,
etwa 150 g Mehl,
Backfett oder Öl.

Eier und Zucker cremig rühren, dann Sahne, Rum oder Arrak und so viel Mehl untermischen, dass der Teig 1/2 cm dick ausgewellt werden kann. Kleine Rechtecke abrädeln, längs über einen Rührlöffelstiel wickeln und im heißen Fett hellgelb backen.

1911

Spritzkuchen

Brandteig:*
1/4 l Milch, 100 g Butter,
60 g Zucker, 1 Prise Salz,
250 g Mehl, 4 Eier,
2 Eigelb, Backfett oder Öl.
Zum Bestreuen:
Zucker und Zimt.

Milch, Butter, Zucker und Salz einmal aufkochen, das gesiebte, Mehl zugeben, dann so lange schlagen, bis sich der Kloß von der Topfwand löst. Nach kurzem Abkühlen 1 Ei zufügen, den Brei kalt stellen, dann nach und nach die übrigen Eier unterrühren. Eine Backspritze damit füllen und zweifingerbreite Streifen in heißes Fett einlegen; unter Schütteln so lange backen, bis sie dick aufgegangen und goldbraun sind.
Oder kleine Kringel auf die gewölbte Seite eines Schaumlöffels aufspritzen und in heißem Fett backen, bis sie sich loslösen. Auf Küchenkrepp entfetten und nach dem Abkühlen mit Zucker und Zimt bestreuen oder mit Zuckerglasur bestreichen; schmeckt köstlich zu Kompott, Kaffee und Tee.

* Vgl. Grundrezept **1657**.

Feines Kleingebäck, gefüllt mit Creme und Sahne

1912
Cremetörtchen oder -schiffchen

125 g Mehl, 60 g Zucker,
1–2 Eigelb,
70 g Butter oder Margarine.
Creme:
¼ l Milch, 2–3 Eigelb,
10 g Speisestärke,
abgeriebene Schale von ½ Zitrone,
20 g geschälte, geriebene Mandeln,
1–2 Essl. geschlagene Sahne.
Aprikosenmarmelade.
Glasur ***1854****, 50 g Mandelstifte.*

Einen Mürbteig nach Grundrezept zubereiten und gefettete Törtchen- oder Schiffchenformen damit auslegen. Die Creme mit den Zutaten bei mäßiger Hitzezufuhr glattrühren, nach dem Erkalten die Schlagsahne darunterheben, in die Förmchen einfüllen und im vorgeheizten Backofen backen.
E.-Herd 200–225 °C / G.-Herd 3–4
Ca. 25 Minuten
Die Oberfläche nach dem Abkühlen mit heißer Marmelade bestreichen, die Zitronenglasur darüberziehen und mit Mandelstiften bestreuen.

1913
Nusstörtchen

3 Eier, 60 g Zucker,
70 g Mehl, 1 Teel. Backpulver.
Füllung:
100 g Haselnüsse,
100 g Butter oder Margarine,
50 g Puderzucker, 1 Ei,
100 g Sandzucker,
1 Päckchen Vanillezucker,
Mokkaglasur S. 533.

Die Biskuitmasse nach Grundrezept Seite 476 zubereiten, auf ein mit gefettetem Pergamentpapier ausgelegtes Backblech streichen und im vorgeheizten Backofen backen.
E.-Herd 200–225 °C / G.-Herd 3–4
Ca. 12 Minuten
Nach dem Backen sofort auf ein Tuch stürzen und das Pergamentpapier abziehen.
Für die Füllung die Haselnüsse rösten, schälen, 12 Kerne zum Verzieren zurückbehalten und die übrigen fein reiben. Die Butter oder Margarine erwärmen und mit dem Puderzucker schaumig rühren. Das Ei mit dem Sand- und Vanillezucker im Wasserbad steif quirlen und bis zum Erkalten schlagen. Alles mit den geriebenen Haselnüssen vermischen. Den Biskuitboden in zwei gleichgroße Stücke schneiden, einen Streifen mit der Füllung bestreichen und den zweiten Streifen darüberlegen. 12 gleich große Törtchen daraus schneiden, mit der Glasur überziehen. Je eine Haselnuss in die Mitte setzen. Vor dem Glasieren die Törtchen eventuell mit einer glatten Marmelade überstreichen, damit die Glasur nicht einsickert (siehe „Aprikotieren“ Seite).

1914
Havannatörtchen

60 g Haselnüsse, 125 g Zucker,
½ Päckchen Vanillinzucker,
40 g Speisestärke, 4 Eiweiß.
Mokkacreme S. 521 oder S. 529,
ca. 100 g Hohlhippen.

Die ungeschält geriebenen Haselnüsse mit Zucker, Vanilllinzucker und Speisestärke vermischen und den steifen Eischnee leicht unterziehen. Die Masse in den Spritzsack füllen, mit der glatten Tülle kleine Böden auf ein gefettetes Backblech spritzen (4–5 cm Ø) und im vorgeheizten Backofen backen.
E.-Herd 175–200 °C / G.-Herd 2–3
Ca. 25 Minuten
Sofort vom Blech lösen, mit der Mokkacreme bestreichen und je 2 Böden aufeinandersetzen. Die Oberseite und den Rand mit der Creme überziehen und mit halbierten Hohlhippen verzieren.

1915
Sarah-Bernhardt-Törtchen

500 g geschälte, geriebene Mandeln,
500 g Zucker, Saft und abgeriebene
Schale von 1 Zitrone, 7 Eiweiß.
Schokoladenbuttercreme (S. 529),
ca. 150 g Kuvertüre.

In einer heißen Pfanne die Mandeln, Zucker, Zitronensaft und -schale sowie 2 Eiweiß bei mäßiger Wärmezufuhr so lange rühren, bis die Masse lauwarm ist und sich zusammenballt. Nach völligem Erkalten den steifen Schnee der restlichen Eiweiß nach und nach untermischen. Auf ein gefettetes Backblech flache Häufchen von der Makronenmasse setzen und backen.
E.-Herd 150–175 °C / G.-Herd 1–2
Ca. 20 Minuten
Nach dem Erkalten die Törtchen umdrehen, auf die Unterseite einen Kegel aus Creme spritzen (die Creme muss relativ fest sein). Zuletzt mit flüssiger Kuvertüre übergießen und trocknen lassen.

1916
Biskuiträllchen

2 ganze Eier, 200 g Zucker,
2 Päckchen Vanillinzucker,
180 g Mehl.
Fülle:
Vanillebuttercreme ***1838*** *oder*
¼ l Schlagsahne (leicht gesüßt).

Eier, Zucker und Vanillinzucker schaumig rühren und das Mehl in kleinen Portionen rasch unterziehen. Ein gut gefettetes Backblech kalt stellen, dann kleine, runde Plätzchen darauf streichen (im Durchmesser von etwa 10 cm) und bei guter Hitze hellgelb backen.
E.-Herd 225 °C / G.-Herd 4
Ca. 8 Minuten
Mit flachem, scharfem Messer schnell ablösen und noch heiß aufrollen (am besten über einen Rührlöffelstiel). Vor dem Servieren mit der Buttercreme oder steif geschlagener Sahne füllen und verzieren.

1917
Schillerlocken

Blätterteig-Grundrezept S. 476,
1–2 Eigelb, Hagelzucker,
Schlagsahne.

Vom ausgewellten Blätterteig ca. 40 cm lange, 2–3 cm breite Streifen abrädeln und in Spiralen, von der Spitze aus beginnend, über Blechförmchen (im Handel sind Schillerlockenformen erhältlich) wickeln. Rundum mit Eigelb bestreichen. Hagelzucker daraufstreuen und liegend auf einem mehlbestäubten Backblech im vorgeheizten Backofen backen.
E.-Herd 225–250 °C / G.-Herd 4–5
Ca. 15 Minuten
Noch warm von der Form ablösen und nach dem Erkalten mit Schlagsahne füllen.

1918
Petits fours

Alufolie (45 cm breit),
4 Eiweiß, 175 g Zucker,
abgeriebene Schale von 1 Orange,
4 Eigelb, 75 g Mehl,
100 g Speisestärke,
1½ Teel. Backpulver,
250 g geschälte, gemahlene
Mandeln, 1 Essl. Rum,
5 Essl. Orangensaft.
Glasur:
250 g Puderzucker,
3–4 Essl. Wasser, Rum oder
Fruchtsaft,
evtl. Instantkaffee oder Kakao,
kandierte Früchte,
Pistazien oder Mandeln.

Die Alufolie für die Förmchen in 11 cm breite Streifen schneiden, diese in Quadrate teilen, über ein Wasserglas stülpen und formen. Die Biskuitmasse nach Grundrezept Seite 475 zubereiten, zuletzt die vorbereiteten Mandeln darunterheben, dann den Rum und Orangensaft kurz unter die Masse ziehen.
Die Biskuitmasse mit einem Kaffeelöffel in die Förmchen füllen und auf einem Backblech im vorgeheizten Backofen backen.
E.-Herd 200–225 °C / G.-Herd 3–
Ca. 10–15 Minuten
Nach dem Backen die Törtchen erkalten lassen, mit Zuckerglasur, Rum-, Fruchtsaft-, Kaffee- oder Kakaoglasur überziehen. Mit kandierten Früchten, abgezogenen Pistazien oder Mandeln verzieren oder eine andersfarbige Glasur daraufspritzen oder -tupfen.

1919
Schokoladenröllchen

3 Eiweiß, 3 Essl. Wasser,
150 g Zucker,
1 Päckchen Vanillinzucker,
3 Eigelb, 60 g Mehl,
60 g Speisestärke,
1 Teel. Backpulver.
200 g Schokolade,
¼ l süße Sahne,
Puderzucker.

Die Biskuitmasse nach Grundrezept Seite 475 zubereiten, auf ein mit gefettetem Pergamentpapier ausgelegtes Backblech streichen und im vorgeheizten Backofen backen.
E.-Herd 200–225 °C / G.-Herd 3–4
Ca. 12–15 Minuten
Nach dem Backen sofort auf ein Tuch stürzen und das Pergamentpapier abziehen. Die Biskuitplatte mit dem Tuch aufrollen und auskühlen lassen.
Die Schokolade in Stücke brechen, die Sahne mit der Schokolade bei geringer Wärmezufuhr unter Rühren zum Kochen bringen und unter öfterem Umrühren erkalten lassen. Die Schokoladenmasse auf die zurückgerollte Biskuitplatte streichen. Die Platte halbieren und beide Hälften in ca. 4 cm breite Streifen schneiden. Die Streifen mit Puderzucker bestäuben.

1920
Mohrenköpfe

4 Eier, getrennt, 125 g Zucker,
abgeriebene Schale von ½ Zitrone,
60 g Speisestärke, 65 g Mehl.
100 g Puderzucker,
Schokoladenglasur,
½ l süße Sahne.

Steifen Eischnee nach und nach mit Zucker, Eigelb und Zitronenschale mischen, zuletzt Speisestärke und das Mehl unterziehen. Ein Backblech mit Pergamentpapier auslegen, den Teig in den Spritzsack füllen, mit der glatten Tülle nicht zu kleine Häufchen aufspritzen und mit Puderzucker bestäuben. Im vorgeheizten Backofen backen und abkühlen lassen.
E.-Herd 200–225 °C / G.-Herd 3–4
Ca. 20 Minuten
Die Hälfte der Mohrenköpfe mit Schokoladenglasur überziehen und zum Trocknen warm stellen. Die andere Hälfte mit Schlagsahne bestreichen und die glasierten Köpfchen daraufsetzen. Im Handel sind auch kleine Mohrenkopfförmchen erhältlich, die mit der Biskuitmasse gefüllt werden können.

1921
Gefüllte Tüten

Zum Teig:
100 g geschälte, sehr fein geriebene
Mandeln, 3 Eiweiß,
150 g Puderzucker,
1 Messersp. Zimt,
20 g Speisestärke.
Fülle:
¼ l leicht gesüßte, steif geschlagene
Sahne,
evtl. Sahnesteif oder
1 Teel. gemahlene Gelatine.

Die geriebenen Mandeln mit dem Eiweiß in einer Steingutschüssel mit einem Stößel zerreiben oder durch den Mixer drehen. Den gesiebten Puderzucker, Zimt und Stärkemehl zufügen, dann den Teig 10 Min. rühren. Zum Backen zwei Bleche verwenden, gut fetten, mit Mehl bestäuben und von der Teigmasse dünne, runde Plätzchen (im Durchmesser von etwa 10 cm), je 4 Stück auf ein Backblech aufstreichen. Im vorgeheizten Backofen bei starker Hitze backen, die Rändchen sollten hell gebräunt sein.
E.-Herd 225 °C / G.-Herd 4
Ca. 5 Minuten
Zum raschen Ablösen vom Blech ein sehr dünnes, breites Messer benützen und die Plätzchen sofort mit Hilfe eines Kochlöffelstiels zu Tüten aufrollen. Sollte das eine oder andere schon abgekühlt sein, so dass es sich nicht mehr aufrollen lässt, das Blech nochmals in den Backofen schieben. Die Tüten nach dem Erkalten mit Schlagsahne füllen.

1922
Eclairs („Liebesknochen“)

24 Stück
1/4 l Milch, 110 g Mehl,
70 g Butter, 1 Essl. Zucker,
4 Eier, 1 Prise Salz.
Fülle:
*Mokkacreme **1837** oder*
*Vanille-Sahnecreme **1845** mit*
4 Teel. Instantkaffee.
Glasur:
*Mokkaglasur **1864***
oder zum Bestäuben:
Puderzucker.

Einen Brandteig nach **1657** zubereiten, gut abbrennen und ein Ei sofort unter die heiße Masse rühren. Die übrigen Eier nach und nach unter den erkalteten Teig mischen. Dann fingerlange Streifen auf ein leicht gefettetes Blech spritzen und bei mittlerer Hitze hellgelb backen.
E.-Herd 200–225 °C / G.-Herd 3–4
Ca. 20 Minuten
Die Schnitten nach dem Abkühlen flach halbieren, mit der Creme füllen und glasieren oder mit Puderzucker bestäuben.

1923
Windbeutel*

18–20 Stück
1/4 l Milch, 80 g Butter,
1 Essl. Zucker, 1 Prise Salz,
125 g Mehl, 4 Eier.
Zum Pinseln:
1–2 Eiweiß.
Zum Bestreuen:
50 g geschälte, gehackte Mandeln.
Fülle:
*süße Sahne oder Creme **1845**.*

Einen Brandteig zubereiten (vgl. **1657**). Dafür Milch, Butter, Zucker und Salz zum Kochen bringen, das Mehl einrühren, zu einem Kloß abbrennen und 1 Ei sofort, die übrigen nach und nach untermischen. Ein Backblech mit Butter fetten und von der Teigmasse kleine Häufchen aufsetzen oder -spritzen. Mit geschlagenem Eiweiß überpinseln, die Mandelwürfelchen darauf streuen und die Windbeutel im vorgeheizten Backofen hellgelb backen.
E.-Herd 200–225 °C / G.-Herd 3–4
Ca. 30–40 Minuten
Nach dem Erkalten flach halbieren und mit steif geschlagener süßer Sahne oder Creme füllen.

1924
Schwanenhälse*

1/4 l Wasser, 125 g Butter, 125 g Mehl,
1 Essl. Zucker, 1 Prise Salz, 3 Eier.
Zum Rollen:
50 g geschälte, gehackte Mandeln,
Zucker und Zimt.
Fülle:
süße Sahne, Puderzucker.

Einen Brandteig nach **1657** zubereiten, ein Ei sofort darunter mengen, die anderen nach dem Erkalten zugeben. Dann kleinere Mengen abstechen, zu Stangen rollen, in Mandeln, Zucker und Zimt wälzen, „S“ formen und im vorgeheizten Backofen hellgelb backen.
E.-Herd 200–225 °C / G.-Herd 3–4
Ca. 30 Minuten
Das obere Drittel abschneiden, den Hals mit steif geschlagener süßer Sahne füllen, den abgeschnittenen Teil wieder leicht darauf setzen und Puderzucker überstäuben.

* Vor dem Backen von Brandteiggebäck, z. B. Windbeutel, Eclairs, Schwanenhälse, Käsewindbeutel usw., das gefettete Blech mit Mehl bestäuben. Den Backofen in den ersten 20 Min. der Backzeit nicht öffnen, da sonst das Gebäck zusammenfällt. Der Duft des gebräunten Mehles auf dem Blech verrät, dass die Gebäckstücke fertig sind. Ein Backofen mit Sichtfenster ist in diesem Falle sehr praktisch.

1 Eclairs: Brandteig in den Spritzsack füllen.

2 Beliebige Formen auf ein leicht gefettetes Blech füllen.

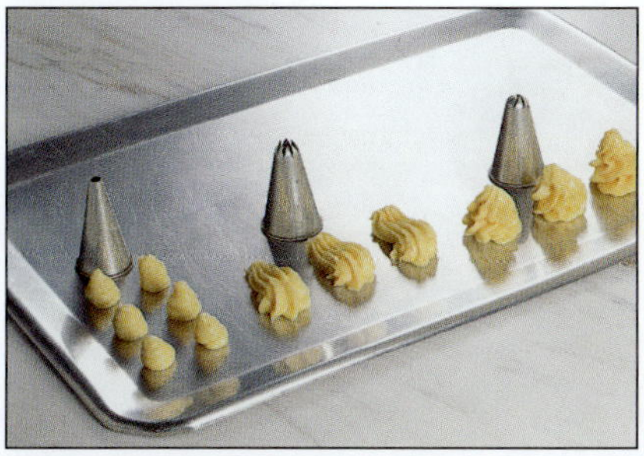

3 Verschiedene Spritztüllen und ihre Formen.

4 Das fertig gebackene und gefüllte Spritzgebäck.

1925
Meringen

4 Eiweiß, 250 g Zucker, Schlagsahne oder Eis.

Unter die sehr steif geschlagenen Eiweiß die halbe Zuckermenge unter weiterem Schlagen mischen, den restlichen Zucker leicht darunterrühren. Ein Backblech kalt abspülen, mit Zucker bestreuen, mit zwei Esslöffeln eiförmige Häufchen aufsetzen oder mit dem Spritzsack auf das Blech spritzen und mehr trocknen als backen.
E.-Herd 100–150 °C / G.-Herd 1/2–1
Ca. 2 1/2–3 Stunden
Dann sorgsam ablösen, mit einem Löffelstiel das weiche Innere entfernen oder mit einem befeuchteten Teelöffel eindrücken. Die Meringen auf ein Gitter legen und die Innenseite gut trocknen lassen. Kurz vor dem Servieren je eine Meringenschale mit Schlagsahne oder Speiseeis füllen und eine zweite daraufsetzen.

1926
Meringentörtchen

5 Eiweiß, 250 g Zucker.
Füllung:
frische Beeren, eingedünstete Kirschen, Ananaswürfelchen, Mandarinen- oder Orangenschnitze, 1/4 l Schlagsahne.

Die Eiweißmasse wie für Meringen zubereiten. Einen Spritzsack damit füllen, durch die Sterntülle auf ein kalt abgespültesoder mit Backpapier belegtes Backblech größere, etwas flache Sterne und die gleiche Anzahl kleine Sternchen spritzen. Fast farblos backen und sofort vom Blech lösen.
E.-Herd 100–150 °C / G.-Herd 1/2–1
Ca. 2 1/2–3 Stunden
Auf einem Gitter erkalten lassen und die größeren Törtchen mit Früchten belegen, mit Schlagsahne verzieren und die kleinen Meringensternchen obenauf setzen.

Oder an drei großen Böden kleine Sternchen an den Rand spritzen. Den Backofen auf 80 °C (Gas niedrigste Stufe) vorheizen. Das Blech einschieben, die Hitze abschalten und die Baisertörtchen über Nacht trocknen lassen. Am nächsten Tag mit verdünnter Marmelade bestreichen, frischen Beeren auflegen und in der Mitt einen Sahnetupfer setzen.

Tipp:
Unter die steif geschlagene Meringenmasse zusätzlich 1 Msp. Weinstein (gibt es in Apotheken zu kaufen) schlagen. Das gibt der Masse noch mehr Halt.

1 Meringen: Den Eischnee sehr steif schlagen.

2 Zucker oder Puderzucker dazusieben.

3 Fertig gebackene Meringentötchen mit Obstfüllung.

Feingebäck

1927
Teebrezeln

90 g Butter oder Margarine,
2 Eigelb, 1 Ei,
125 g Zucker, 125 g Mehl.
1–2 Eiweiß,
Hagelzucker.

Die Butter schaumig rühren, Eier, Zucker und Mehl zufügen, dann auf dem Backbrett verkneten, eine Rolle daraus formen, gleichmäßige Stückchen davon abschneiden, zu dünnen Streifen rollen und Brezelchen daraus schlingen. Mit dem geschlagenen Eiweiß bestreichen, in Hagelzucker wenden und im vorgeheizten Backofen knusprig backen.
E.-Herd 175–200 °C / G.-Herd 2–3
Ca. 20 Minuten

1928
Teekränzchen

Eigelb von 2 hartgekochten Eiern,
3 Eigelb, abgeriebene Schale
von ½ Zitrone,
150 g Zucker,
1 Prise Salz, 500 g Mehl,
250 g Butter oder Margarine.
2–3 Eiweiß, 1 Tasse Hagelzucker,
evtl. 1 Essl. Kakao,
Zuckerlösung aus 150 g Zucker
und ⅛ l Wasser.

Die hartgekochten Eigelb durch ein Sieb drücken, die rohen Eigelb, Zitronenschale, Zucker und Salz zufügen und alles gut verrühren. Mehl auf einem Backbrett aufhäufen, die Butter oder Margarine in kleine Stückchen schneiden und leicht darunterhacken. Die Eigelbmasse zufügen und alles zu einem glatten Teig verarbeiten. Eine Rolle daraus formen, gleichmäßige Scheiben davon schneiden und aus dünnen Streifen ineinandergeschlungene Kränzchen flechten. Mit Eiweiß bestreichen, in Hagelzucker tauchen und im vorgeheizten Backofen hell backen.
Oder unter die Häfte des Teiges einen Essl. Kakao mischen, aus beiden Teigsorten dünne Streifen rollen, jeweils einen hellen und einen dunklen ineinanderschlingen und kleine Kränzchen formen. Nach dem Backen und Erkalten mit der Zuckerlösung überstreichen.
E.-Herd 175–200 °C / G.-Herd 2–3
Ca. 20 Minuten

1929
Margareten-Schnitten

250 g Mehl, 1 Teel. Backpulver,
125 g Zucker,
1 Päckchen Vanillinzucker,
1 Ei, 1 Essl. Milch,
100 g Butter oder Margarine,
125 g Sultaninen,
125 g Haselnüsse.
Glasur:
1 Essl. (20 g) Kakao,
100 g Puderzucker,
2 Essl. heißes Wasser,
2 Essl. Kokosfett.

Mehl und Backpulver auf das Backbrett sieben, in die Mitte eine Vertiefung eindrücken und mit Zucker, Vanillinzucker, Ei, Milch, Butter und den vorbereiteten Sultaninen einen Mürbteig zubereiten. Eine dicke Rolle formen und 1 Std. kalt stellen. Inzwischen die Haselnüsse schälen und halbieren. Dann von der Teigrolle gleichmäßige, 1 cm dicke Scheiben abschneiden und die Haselnusshälften mit der Schnittseite nach oben dicht nebeneinander in die Oberfläche eindrücken. Die Schnitten auf ein gefettetes Backblech setzen und im vorgeheizten Backofen hell backen.
E.-Herd 175–200 °C / G.-Herd 2–3
Ca. 25 Minuten
Zur Glasur den Kakao mit dem gesiebten Puderzucker und dem heißen Wasser glattrühren, das flüssige, aber nicht mehr heiße Kokosfett zufügen und den Rand der noch heißen Schnitten etwa 1 cm breit damit bestreichen oder ringsum in die Glasur eintauchen.

1930
Punschschnitten

5–6 Eier,
250 g Butter oder Margarine,
250 g Zucker, 250 g Mehl,
abgeriebene Schale von ½ Zitrone.
Zum Tränken:
¼ l Weißwein, 4 Essl. Zucker,
1–2 Essl. Rum, Aprikosenmarmelade.
Glasur:
250 g Puderzucker,
Saft von ½ Zitrone,
2 Essl. Arrak oder Rum.

Die ganzen Eier über Wasserdampf quirlen, die Butter schaumig rühren und abwechselnd mit Zucker, Mehl, der Zitronenschale und den verquirlten Eiern vermischen. Die Masse auf ein mit Backtrennpapier ausgelegtes Backblech streichen und im vorgeheizten Backofen backen.
E.-Herd 200–225 °C / G.-Herd 3–4
Ca. 15 Minuten
Nach dem Backen sofort auf ein Tuch stürzen und das Backtrennpapier abziehen.
Den Weißwein mit Zucker erhitzen, Rum oder Arrak zufügen und den Biskuit damit tränken. Die Hälfte der Teigplatte mit Marmelade bestreichen, die andere Hälfte darüberdecken und schmale Schnitten daraus schneiden. Die Schnitten ganz in die Arrak-Glasur eintauchen und auf einem Gitter abtrocknen lassen.
Aus dem Biskuit können auch Halbmonde, Dreiecke oder Würfel ausgestochen werden.

1931
Mandelschnitten

6 Eier, 350 g Zucker,
375 g ungeschälte Mandeln,
50 g fein gewiegtes Zitronat,
30 g fein gewiegtes Orangeat,
je 1 Prise Zimt und Nelken,
abgeriebene Schale von ½ Zitrone,
500 g Mehl, große Backoblaten,
Zuckerglasur (S. 532).

Die Eier und den Zucker ca. 3 Min. mit dem elektrischen Handrührgerät rühren, die würfelig geschnittenen Mandeln, Zitronat und Orangeat sowie die anderen Zutaten daruntermischen. Die Masse auf ein mit Oblaten oder Backtrennpapier belegtes Backblech 1 cm dick aufstreichen, im vorgeheizten Backofen hellbraun backen und noch warm in kleine Vierecke oder Rechtecke schneiden und glasieren.
E.-Herd 175–200 °C / G.-Herd 2–3
Ca. 25 Minuten

1932 Schokoladenwürfel

1 ganzes Ei, 5 Eigelb, 120 g Zucker, 100 g geschälte, geriebene Mandeln, 70 g Blockschokolade, 6 Eiweiß, 40 g feines Mehl, 40 g gesiebte Zwiebackbrösel mit 1 Essl. Rum befeuchtet, 50 g zerlassene Butter. Glasur: ***1855****.*

Ein ganzes Ei, 5 Eigelb und den gesiebten Zucker schaumig rühren, dann die Mandeln und die erwärmte Schokolade zugeben. Den steifen Schnee von 6 Eiweiß, das Mehl, die befeuchteten Brösel und die Butter leicht untermischen. Eine viereckige, niedere Form fetten, die Schokoladenmasse etwa 2/3 hoch einfüllen und den Teig im vorgeheizten Backofen hellbraun backen.
E.-Herd 200 °C / G.-Herd 3
Ca. 20 Minuten
Nach dem Erkalten in Würfel schneiden und mit der Schokoladenglasur überziehen.
Oder zwischen Karlsbader Waffeln Schokoladencreme **1837** streichen, drei bis vier Stück aufeinander legen, die Creme erstarren lassen, die Waffeln in Würfel oder Dreiecke schneiden und ebenfalls mit Schokoladenglasur überziehen.

1933 Schokoladenschnitten

6 Eigelb, 90 g Zucker, 60 g geschälte, geriebene Mandeln, 50 g geriebene Schokolade, 20 g Speisestärke, 4 Eiweiß, 30 g Butter oder Margarine. Aprikosenmarmelade. Schokoladenglasur (S. 532).

Eigelb und Zucker schaumig quirlen, die Mandeln, Schokolade und die Speisestärke mitrühren. Zuletzt den steifen Eischnee und die zerlassene Butter leicht untermischen. Die Masse in ein gefettetes Backblech ca. 1 cm hoch einfüllen und im vorgeheizten Backofen backen.
E.-Herd 200–225 °C / G.-Herd 3–4
Ca. 20 Minuten
Sofort vom Blech lösen, eine Hälfte mit Aprikosenmarmelade bestreichen, die andere Hälfte darüberdecken, mit der Schokoladenglasur überziehen und in gleichmäßige Schnitten teilen.

1934 Sandspritzgebäck

150 g Butter oder Margarine, 60 g Puderzucker, 1/2 Päckchen Vanillinzucker, 1 Prise Salz, 1 Messersp. Koriander, 2 Eigelb, 180 g Mehl. Zum Bestreichen: feine Marmelade oder Nougatmasse ***2019****. Puderzucker.*

Die zerlassene Butter mit dem gesiebten Puderzucker, Vanillezucker, Salz, Koriander und den gequirlten Eigelb gut verrühren. Nach und nach das Mehl untermischen und die Teigmasse in den Spritzsack füllen. Mit einer Sterntülle verschiedene Formen, z. B. Kringel oder Streifen, auf ein gefettetes Backblech spritzen und im vorgeheizten Backofen hell backen.
E.-Herd 175–200 °C / G.-Herd 2–3
Ca. 20 Minuten
Nach kurzem Auskühlen je zwei aufeinanderpassende Formen mit Marmelade oder Nougatmasse bestreichen, zusammensetzen und mit Puderzucker bestäuben.

1935 Hufeisen

125 g Butter oder Margarine, 1 Ei, 1 Eigelb, 30 g Zucker, 1 Essl. süße Sahne, 150 g Mehl, 1/2 Teel. Backpulver, etwas abgeriebene Zitronenschale, 1 Prise Salz Marmelade, 1 Eiweiß, 50 g Hagelzucker, 50 g geschälte, gehackte Mandeln.

Die Butter mit dem Ei, Eigelb und Zucker schaumig rühren, die anderen Zutaten daruntermischen, zuletzt das Backpulver zufügen und den Teig kalt stellen. Dann ca. 1/2 cm dick auf einem Backbrett auswellen und davon 20 cm lange und 10 cm breite Streifen ausrädeln. Die Streifen mit Marmelade bestreichen und der Länge nach aufrollen. Die Rollen nebeneinander in Hufeisenform auf ein gefettetes Backblech legen, mit verquirltem Eiweiß bestreichen, Hagelzucker und Mandeln daraufstreuen und im vorgeheizten Backofen backen.
E.-Herd 175–200 °C / G.-Herd 2–3
Ca. 20 Minuten

1936 Madeleines

ca. 20 Stück
4 Eier, 125 g Zucker, abgeriebene Schale von 1/4 Zitrone, 60 g Butter oder Margarine, 1/2 Essl. Rum, 50 g Speisestärke, 50 g Mehl,. Puderzucker oder Zitronenglasur S. 531.

Die ganzen Eier mit Zucker und Zitronenschale über Wasserdampf schaumig schlagen, dann die erwärmte Butter, den Rum, Speisestärke und Mehl leicht unterziehen. Die Madeleine-Förmchen mit Butter bestreichen, mit Mehl bestäuben, den Teig 2/3 hoch einfüllen und glattstreichen. Im vorgeheizten Backofen hellbraun backen und dann stürzen.
E.-Herd 175–200 °C / G.-Herd 2–3.
Ca. 20 Minuten.
Noch heiß mit Puderzucker bestreuen oder glasieren.

1937 Wiener Waffeln

100 g Butter oder Margarine, 150 g Mehl, 50 g Zucker, 50 g geschälte, geriebene Mandeln. Eiweißglasur (S. 531), Aprikosenmarmelade, Puderzucker, Vanillezucker.

Die schaumig gerührte Butter mit dem Mehl, Zucker und den Mandeln vermischen, auf dem Backbrett leicht verarbeiten und 1 Std. kalt stellen. Aus der Masse zwei gleichlange, 10 cm breite Streifen ausrollen. Auf den einen Streifen mit der Glasur ein Gitter spritzen und sofort im vorgeheizten Backofen hell backen.
E.-Herd 200 °C / G.-Herd 3
Ca. 15 Minuten

Den anderen Streifen ohne Glasur backen, nach kurzem Abkühlen mit der Marmelade bestreichen und den glasierten Streifen darüberdecken. Gleichmäßige Vierecke daraus schneiden und mit Vanillezucker vermischten Puderzucker darüberstäuben.

1938 Löffelbiskuits

4 große Eier, 125 g Zucker,
abgeriebene Schale von ½ Zitrone,
60 g Speisestärke, 60 g Mehl,
Puderzucker.

Den steifen Eischnee abwechselnd mit Zucker, Eigelb und Zitronenschale vermischen, zuletzt die Speisestärke und Mehl leicht unterziehen. Ein Backblech mit Backtrennpapier auslegen und die Biskuits durch den Spritzsack mit einer glatten Tülle in Löffelform aufspritzen. Mit gesiebtem Puderzucker dick bestäuben und sofort im vorgeheizten Backofen backen. Die Backofentüre dabei nicht ganz schließen (siehe Tip unten).
E.-Herd 175–200 °C / G.-Herd 2–3
Ca. 20 Minuten

Tipp:
Zwischen Backofentür und Gehäuse einen hölzernen Kochlöffel stecken, so kann der Dampf abziehen.

Löffelbiskuits werden mit dem Spritzsack auf ein mit Backpapier belegtes Blech gespritzt

1939 Vanillestangen

180 g Butter oder Margarine,
250 g Zucker, 4 Eier,
1 Päckchen Vanillezucker,
330 g feines Mehl.

Unter die schaumig gerührte Butter nach und nach den Zucker, die ganzen Eier und Vanillezucker mischen. Zusammen ca. 15 Min. mit dem Schneebesen schlagen und zuletzt das Mehl darunter- mengen. Ein sog. Faltenblech mit Butter einfetten, mit Mehl bestreuen, in jede Falte 1 Teel. Teigschaum in die Mitte setzen und im vorgeheizten Backofen hellgelb backen.
E.-Herd 175 °C / G.-Herd 2
Ca. 25–30 Minuten

Tipp:
Auf Flohmärkten oder in guten Küchenläden findet man gelegentlich noch solche Faltenbleche. Man kann sich aber auch mit starker, gefalzter Alufolie behelfen, die in eine Kastenform eingelegt wird.

1940 Schokoladengebäck

120 g Butter oder Margarine,
50 g Zucker, 20 g Kakao,
3 Essl. heißes Wasser,
180 g Mehl, 1 Eiweiß.
Zum Bestreichen:
Aprikosenmarmelade.
Schokoladenglasur (S. 532).

Butter und Zucker schaumig rühren, den im heißen Wasser aufgelösten Kakao sowie nach und nach das Mehl untermischen. Das leicht geschlagene Eiweiß rasch darunterziehen und den Teig kalt stellen. Dann messerrückendick auswellen, beliebige, kleine Formen ausstechen oder kleine Brezeln daraus formen und backen.
E.-Herd 175–200 °C / G.-Herd 2–3
Ca. 12–15 Minuten
Jeweils zwei gleich geformte Plätzchen mit Marmelade bestreichen, zusammensetzen und mit der dunklen Glasur überziehen. Die Brezelchen noch warm mit Schokoladenglasur überziehen und zum Trocknen auf ein Gitter legen.

1941 Schokoladenkränzchen

Zutaten wie Schokoladengebäck ***1940****,*
noch 1 Eiweiß,
Schokoladenglasur ***1855****.*

Durch Zufügen eines zweiten Eiweißes den Teig für Schokoladengebäck etwas weicher machen und mit der Sterntülle kleine Kränzchen auf ein gefettetes Backblech spritzen. Im vorgeheizten Backofen backen und noch warm mit Schokoladenglasur überziehen.
E.-Herd 175–200 °C / G.-Herd 2–3
Ca. 10–12 Minuten

1942 Damebrett

190 g Mehl,
125 g Butter oder Margarine,
65 g Zucker, 1 Essl. Kakao und
1 Essl. Zucker.

Mehl, Butter oder Margarine und Zucker auf dem Backbrett hacken, bis sich die Masse zusammenballt, leicht verkneten und den Teig 1 Std. kalt stellen. Ein Drittel des Teiges 1 cm dick auswellen und drei 1 cm breite Streifen daraus schneiden. Unter das zweite Drittel den Kakao und Zucker kneten, auswellen und einteilen wie das erste Teigdrittel. Den Rest des Teiges zu einer dünnen hellen Teigplatte ausrollen, auf diese abwechselnd die schwarzen und weißen Streifen damebrettartig auf- und zusammensetzen und in die Teigplatte einwickeln. Nochmals kurze Zeit kalt stellen, damit sich die hellen und dunklen Streifen beim Schneiden nicht verschieben. Von dem Teigstollen ½ cm dicke Scheiben schneiden und diese auf leicht gefettetem Backblech im vorgeheizten Backofen backen.
E.-Herd 175 °C / G.-Herd 2
Ca. 12–15 Minuten

Hinweis: Um die stete Wiederholung – auf ein gefettetes Backblech legen – zu vermeiden, wurde öfters auf diesen Hinweis im Rezepttext verzichtet.

1943
Hippen (Eisröllchen)

100 g geschälte, geriebene Mandeln,
3 Eiweiß, 150 g Puderzucker,
1 Prise Zimt, 20–30 g Speisestärke.
Evtl. dunkle Kuvertüre.

Mandeln und Eiweiß in einer Schüssel cremig rühren, dann Zucker, Zimt und Speisestärke untermischen und so viel Wasser zufügen, bis die Masse wie Brei vom Rührlöffel tropft. Ein Backblech gut fetten, mit Mehl bestäuben und von der Masse 10 cm lange, 7–8 cm breite Rechtecke dünn aufstreichen. Im vorgeheizten Backofen hell backen.
E.-Herd 175–200 °C / G.-Herd 2–3
Ca. 15 Minuten
Die heißen Hippen sofort mit einem dünnen Messer vom Blech lösen, weil sie abgekühlt leicht brechen. Die schon zu sehr erkalteten nochmals kurz in den heißen Backofen schieben. Auf einem Gitter erkalten lassen.

Die Hippen evtl. zur Hälfte in Kuvertüre tauchen.

1944
Hobelspäne

70 g geschälte, geriebene Mandeln,
4 Eiweiß, 90 g Zucker,
30 g Mehl, 1 Messersp. Zimt.

Die geriebenen Mandeln mit einem Eiweiß in einer Schüssel nochmals sehr fein zerdrücken, nach und nach den steifen Schnee der drei Eiweiß mit den übrigen Zutaten daruntermischen. Die Masse durch den Spritzsack mit der glatten Tülle auf ein mit Backpapier ausgelegtes Backblech in ca. 15 cm lange Streifen spritzen. Im vorgeheizten Backofen backen und noch heiß über einen Holzlöffelstiel wickeln.
E.-Herd 225–250 °C / G.-Herd 4–5
Ca. 10–12 Minuten

***Tipp:**
Kleingebäck und Weihnachtsgebäck möglichst klein formen. Es sieht viel hübscher aus und man kann mehr Sorten „probieren".

Kleingebäck und Weihnachtsgebäck*

1945
Wiener Spritzgebäck

100–120 Stück
250 g Butter oder Margarine,
2 Eier, 250 g Zucker,
250 g Speisestärke, 250 g Mehl,
125 g geschälte, geriebene Mandeln oder Haselnüsse.
Glasur: ca. 150 g Kuvertüre,
oder Schokoladenglasur (S. 532).

Die Butter oder Margarine schaumig rühren, Eier und Zucker unter Quirlen zufügen, Speisestärke, Mehl, die geriebenen Mandeln oder Haselnüsse daruntermischen und den Teig kalt stellen. Die Teigmasse portionsweise in eine Backspritze füllen und durch die Sterntülle kleine Kränzchen, Hufeisen, „S" oder andere Formen auf ein gefettetes Blech spritzen. Im vorgeheizten Backofen backen.
E.-Herd 175–200 °C / G.-Herd 2–3
Ca. 15 Minuten
Nach kurzem Abkühlen mit flüssiger Kuvertüre oder Schokoladenglasur bestreichen.

1946
Marzipanmakronen (Rehfüßchen)

Ca. 40 Stück
2 kleine Eiweiß,
100–125 g Puderzucker,
250 g Rohmarzipanmasse,
2 Essl. Zwiebackbrösel.
150 g Kuvertüre.

Die steif geschlagenen Eiweiß mit dem Zucker schaumig rühren, dann die weich geknetete Marzipanmasse und die Zwiebackbrösel untermischen. Auf ein gefettetes Backblech kleine Makronen setzen und im vorgeheizten Backofen backen.
E.-Herd 150–175 °C / G.-Herd 1–2
Ca. 15–20 Minuten
Noch warm mit der Unterseite in flüssige Kuvertüre tauchen und umgekehrt auf einem Gitter abtrocknen lassen.

1947
Kokosmakronen

50–60 Stück
250 g Kokosflocken,
250 g Zucker, 4 Eiweiß,
Saft und abgeriebene Schale von ½ Zitrone
oder 1 Päckchen Vanillinzucker,
kleine Backoblaten.

Die Kokosflocken, Zucker, ein Eiweiß, Zitronensaft und -schale oder Vanillinzucker in einer Pfanne bei geringer Wärmezufuhr so lange rühren, bis die Masse lauwarm ist. Nach völligem Erkalten die steif geschlagenen, restlichen Eiweiß nach und nach daruntermischen. Ist die Masse zu weich, einen Essl. Grieß zufügen. Ein Backblech mit Oblaten auslegen, ovale Makronen darauf setzen (mit zwei angefeuchteten Kaffeelöffeln geformt) und im vorgeheizten Backofen hellgelb backen.
E.-Herd 175 °C / G.-Herd 2
Ca. 8–10 Minuten

1948
Mandelmakronen

90–95 Stück
500 g geschälte, geriebene Mandeln,
500 g Zucker,
Saft und abgeriebene Schale von 1 Zitrone,
7 Eiweiß.
60 g geschälte Mandeln oder kandierte Kirschen oder Marmelade.
Zitronenglasur (S. 531), Backoblaten.

In einer heißen Pfanne die Mandeln, Zucker, Zitronensaft und -schale sowie zwei Eiweiß bei geringer Wärmezufuhr so lange rühren, bis die Masse lauwarm ist und sich zusammenballt. Nach völligem Erkalten den steifen Schnee der übrigen Eiweiß nach und nach untermischen. Ein Backblech mit Oblaten auslegen, die Makronen mit zwei Kaffeelöffeln oval oder rund formen, daraufsetzen und im vorgeheizten Backofen backen.
E.-Herd 150–175 °C / G.-Herd 1–2
Ca. 20 Minuten
Die Makronen mit Mandelhälften oder kandierten Kirschen oder Marmelade verzieren und noch warm glasieren.

1949

Gefüllte Makronen

45–50 Stück
Mandelmakronen wie S.550,
Aprikosenmarmelade
oder Punschbuttercreme (S. 529),
Kuvertüre.

Die noch warmen Mandelmakronen mit Aprikosenmarmelade oder mit Punschbuttercreme bestreichen, jeweils zwei aufeinandersetzen und kühl stellen, damit die Creme steif wird. Flüssige Kuvertüre über die Makronen streichen oder sie darin eintauchen und auf einem Gitter abtrocknen lassen.

1950

Hagebutten-makronen (Hägenmakronen)

40–50 Stück
250 g Puderzucker, 3 Eiweiß,
1 Essl. Zitronensaft,
350 g geschälte, geriebene Mandeln,
2–3 Essl. Hagebuttenmark.

Den Zucker mit dem steifen Eischnee und Zitronensaft ca. 2 Min. mit dem elektrischen Handrührgerät rühren. Eine Tasse davon für den Guss zurückbehalten und unter die restliche Masse die Mandeln und das Hagebuttenmark mischen. Auf ein mit Backpapier ausgelegtes Backblech ovale Makronen setzen. In die Oberfläche eine Vertiefung drücken (am besten mit einem in Zucker getauchten Löffelstiel) und einen Streifen Guss hineinspritzen. Die Makronen 30 Min. trocknen lassen, dann im vorgeheizten Backofen backen.
E.-Herd 150–175 °C / G.-Herd 1–2
Ca. 15–20 Minuten

Tipp:
Makronen vor dem Backen erst kurze Zeit antrocknen lassen, dann laufen sie nicht breit!

1951

Makronengebäck

60–70 Stück
250 g Mehl, 125 g Butter oder
Margarine, 60 g Zucker, 2 Eier.
Makronenmasse:
2 Eiweiß, 140 g Zucker,
Saft von 1/4 Zitrone,
125 g geschälte, geriebene Mandeln.
Zum Füllen: Marmelade.
Glasur: 125 g Puderzucker,
Saft von 1/2 Zitrone, 1 Essl. Wasser.

Einen Mürbteig nach Grundrezept auf dem Backbrett rasch verarbeiten und kalt stellen. Inzwischen die Eiweiß für die Makronenmasse steif schlagen, mit dem Zucker und Zitronensaft ca. 2 Min. mit dem elektrischen Handrührgerät rühren, dann die geriebenen Mandeln zufügen. Den Teig 1/2 cm dick auswellen und daraus lange, etwa 3 cm breite Streifen schneiden. Die Makronenmasse mit dem Spritzsack an den Längsseiten der Teigstreifen aufspritzen, so dass in der Mitte Zwischenraurn bleibt. Die Teigstreifen auf einem gefetteten Backblech backen, etwas abkühlen lassen und die von der Makronenmasse frei gebliebene mittlere Fläche der Streifen mit Marmelade füllen.
E.-Herd 175 °C / G.-Herd 2–3
Ca. 15–20 Minuten
Die Glasur darüber ziehen und nach kurzem Antrocknen die noch warmen Gebäckstreifen in etwa 6 cm lange, schräg geschnittene Stücke schneiden.

Tipps:
Bei Makronen mit Eiweiß bitte beachten: Sollte durch die Größe der jeweils verwendeten Eiweiße die Schaummasse zu weich werden, lässt sich diese mit etwas Grieß verdicken.
Kuvertüre zum Auflösen in einem Topf in ein heißes Wasserbad stellen, unter Rühren etwas abkühlen lassen, dann so lange im Wasserbad warm halten, bis alle Makronen eingetaucht sind. Makronen, die auf Oblaten gebacken sind, müssen – noch warm – durch sorgsames Abbröseln von evtl. überstehendem Oblatenrand befreit werden.

1952

Grießmakronen

40–50 Stück
3–4 Eiweiß, 250 g Zucker,
Saft und geriebene Schale
von 1/2 Zitrone, 40 g Grieß,
250 g geschälte, geriebene Mandeln,
je 20 g Zitronat und Orangeat.
Gelee, Haselnüsse oder
Zitronatstreifen.

Den steifen Eischnee, Zucker, Zitronensaft und -schale ca. 10 Min. mit dem Schneebesen schlagen, den Grieß 15 Min. mitrühren (mit dem elektrischen Handrührgerät ca. 2 Min.), die geriebenen Mandeln sowie das würfelig geschnittene Zitronat und Orangeat untermischen.
Auf ein mit Backpapier ausgelegtes Backblech runde oder ovale Makronen setzen. In die runden Makronen eine kleine Vertiefung drücken, mit etwas Gelee oder einer Haselnuss ausfüllen und die ovalen Makronen jeweils mit einem Streifen Zitronat verzieren. Im vorgeheizten Backofen backen.
E.-Herd 150–175 °C / G.-Herd 1–2
Ca. 15–20 Minuten

1953

Haferflocken-makronen

Ca. 70 Stück
125 g Butter oder Margarine,
1–2 Eier, 200 g Zucker,
500 g Instant-Haferflocken,
1/4–3/8 l Milch,
Saft von 1/2 Zitrone
oder 1 Päckchen Vanillezucker,
1 Päckchen Backpulver.
Zum Füllen:
Himbeer- oder Aprikosen-marmelade.

Die Butter schaumig rühren, Eier und Zucker mitschlagen, die anderen Zutaten und zuletzt das gesiebte Backpulver daruntermischen. Mit zwei Kaffeelöffeln Makronen formen, in die Mitte eine Vertiefung drücken, mit Marmelade füllen und auf einem gefetteten Backblech backen.
E.-Herd 175–200 °C / G.-Herd 2–3
Ca. 15–20 Minuten

1954
Schaummakronen

50–60 Stück
5 Eiweiß, 250 g Zucker,
250 g geschälte, geriebene Mandeln,
1 Päckchen Vanillezucker.
Schokoladenglasur (S. 532).

Eiweiß und Zucker über Wasserdampf zu einer steifen Masse schlagen, dann Mandeln und Vanillezucker daruntermischen. Auf ein mit Pergamentpapier ausgelegtes Backblech mit zwei Kaffeelöffeln rund oder oval geformte Makronen setzen und im vorgeheizten Backofen backen.
E.-Herd 150–175 °C / G.-Herd 1–2
Ca. 15–20 Minuten
Die Makronen lassen sich nach dem Backen leichter vom Papier lösen, wenn sie mit dem Papier einige Minuten auf ein befeuchtetes Blech gelegt werden. Die Unterseite der Makronen in Schokoladenglasur tauchen und auf einem Gitter trocknen lassen.

1955
Schokoladenmakronen

50–60 Stück
200 g ungeschälte, geriebene Mandeln, 3 Eiweiß,
200 g Zucker,
90–100 g geriebene Schokolade,
runde Backoblaten.

Die Mandeln mit einem Eiweiß verrühren, den Zucker und die Schokolade untermischen, dann 3 Eiweiß zu Schnee schlagen und darunterziehen. Ein Backblech mit Oblaten belegen, kleine Häufchen der Makronenmasse daraufsetzen und im vorgeheizten Backofen backen.
E.-Herd 150–175 °C / G.-Herd 1–2
Ca. 12–15 Minuten

Tipp:
Bei Makronen die Eiweißmenge eher etwas zu knapp bemessen.

Haselnussringe **1957** und glasierte Haselnussstangen **1958**.

1956
Haselnussbusserln

40–60 Stück
2 Eiweiß, 180–200 g ungeschälte, geriebene Haselnüsse,
150 g Zucker,
40 g geriebene Schokolade,
½ Teel. Instantkaffee,
1 Päckchen Vanillezucker,
Backoblaten.
Zum Füllen: Marmelade oder kandierte Kirschen.

Die Eiweiß zu steifem Schnee schlagen und mit dem Zucker 20 Min. rühren (mit dem elektrischen Handrührgerät ca. 2 Min.), dann die geriebenen Haselnüsse, Schokolade, Instantkaffee und Vanillezucker leicht daruntermischen. Ein Backblech mit Oblaten auslegen, von der Masse kleine Kugeln formen und daraufsetzen. Kleine Vertiefungen eindrücken und die Haselnussbusserln im vorgeheizten Backofen hell backen.
E.-Herd 150 °C / G.-Herd 1
Ca. 15–20 Minuten
Dann die Busserln einen Tag lang in den Keller stellen, damit sie weich werden, die Vertiefung mit Marmelade ausfüllen oder eine kandierte Kirsche hineinlegen. Die Busserln nach dem Füllen nicht übereinanderlegen.

1957
Haselnussringe

80–90 Stück
375 g Butter oder Margarine,
250 g Zucker,
3 Eier, 750 g Mehl,
125 g ungeschälte, geriebene Haselnüsse. 2–3 Eigelb,
100 g ungeschälte gehackte Haselnüsse, 50 g Hagelzucker.

Die Butter oder Margarine schaumig rühren, die übrigen Zutaten untermischen und den Teig auf dem Backbrett gut durchkneten. Dann ca. ½ cm dünn auswellen, kleine Ringe ausstechen, mit Eigelb bestreichen, mit Haselnüssen und Hagelzucker bestreuen. Auf einem gefetteten Backblech im vorgeheizten Backofen hell backen.
E.-Herd 175–200 °C / G.-Herd 2–3
Ca. 15–20 Minuten

1958

Haselnuss-S oder -stangen

Ca. 30 Stück
125 g ungeschälte, geriebene Haselnüsse,
125 g Butter oder Margarine,
125 g Zucker, 125 g Mehl, evtl. 1 Ei.
Vanilleglasur ***1851***

Alle Zutaten auf dem Backbrett zu einem glatten Teig verkneten (vgl. Mürbeteig-Grundrezept) und kalt stellen. Dann den Teig auf einem bemehlten Backbrett 1/2 cm dick auswellen und „S" ausstechen.
Oder den Teig zu einer Wurst rollen (5–6 cm Ø), gleichmäßige dünne Scheiben abschneiden und „S" oder Stangen daraus formen. Auf einem gefetteten Backblech im vorgeheizten Backofen hellbraun backen und noch warm glasieren.
E.-Herd 175–200 °C / G.-Herd 2–3
Ca. 15–20 Minuten

1959

Haselnussschnitten

80–90 Stück
8 Eiweiß, 500 g Puderzucker,
1 Päckchen Vanillezucker oder Saft von 1 Zitrone,
je 250 g geschälte, geriebene Mandeln und Haselnüsse.

Die steif geschlagenen Eiweiß, Puderzucker, Vanillezucker oder Zitronensaft ca. 2 Min. mit dem elektrischen Handrührgerät dickcremig rühren (8 Essl. zum Glasieren zurückbehalten). Dann die geriebenen Mandeln und Haselnüsse leicht daruntermischen. Ein Backbrett mit Zucker bestreuen, kleine Portionen der Masse ca. 1 cm hoch darauf auswellen und Schnitten, Hufeisen oder Halbmonde ausstechen. Die Schnitten auf ein mit Backpapier ausgelegtes Backblech legen, mit der zurückbehaltenen Glasur bestreichen und im vorgeheizten Backofen hell backen.
E.-Herd 175–200 °C / G.-Herd 2–3
Ca. 15–20 Minuten

1960

Nussbrötchen

40–50 Stück
300 g Zucker, 4 Eier,
300 g gemahlene Walnusskerne,
abgeriebene Schale von 1/2 Zitrone,
75 g Mehl, 1 Essl. Kirschwasser.
Glasur:
200 g Puderzucker, 1 Eiweiß,
1 Teel. Instantkaffee,
100 g halbierte Walnusskerne.

Zucker und Eier ca. 2 Min. mit dem elektrischen Handrührgerät rühren, die übrigen Zutaten untermischen und den Teig auf dem Backbrett (eventuell auf Zucker) 1 cm dick auswellen. Kleine, runde Plätzchen ausstechen.
Zum Guss Eiweiß und Puderzucker glatt verrühren, den Instantkaffee zufügen und je eine Walnusshälfte in den Guss tauchen. Die Plätzchen damit belegen und im vorgeheizten Backofen backen.
Oder die Brötchen nach dem Backen glasieren und mit Zuckerlösung bestrichene Nusskerne daraufsetzen.
E.-Herd 175–200 °C / G.-Herd 2–3
15–18 Minuten

1961

Schneebusserln

3 Eiweiß, 250 g Puderzucker oder feiner Zucker,
1 Teel. Essig oder 1 Messersp. Weinstein (Apotheke),
100–125 g gewiegte Walnusskerne,
Butter zum Ausfetten,
Mehl zum Bestäuben.

Die Eiweiß sehr steif schlagen, den Zucker leicht darunter ziehen, den Essig zufügen und die fein gewiegten (nicht geriebenen) Nusskerne untermischen. Ein Backblech einfetten, mit Mehl bestäuben, die Busserln wie kleine Makronen mit zwei Teelöffeln formen, aufsetzen und im vorgeheizten Backofen farblos backen.
E.-Herd 150 °C / G.-Herd 1
Ca. 15–20 Minuten

1962

Mandelbrötchen (Kochschulbrötchen)

50–60 Stück
250 g Butter oder Margarine,
250 g Zucker,
250 g geschälte, geriebene Mandeln,
250–300 g Mehl, 1–2 Eigelb,
50 g geschälte, gehackte Mandeln.

Die schaumig gerührte Butter mit den anderen Zutaten vermischen. Den Teig mit etwas Mehl auswellen, runde Plätzchen davon ausstechen und über Nacht kühl stellen. Am anderen Tag mit Eigelb bestreichen, die gehackten Mandeln darüberstreuen und auf einem gefetteten Backblech im vorgeheizten Backofen hellbraun backen.
E.-Herd 175–200 °C / G.-Herd 2–3
Ca. 15–20 Minuten

1963

Butterbrötchen (Mandelbrötchen)

50–60 Stück
3 Eiweiß, 250 g Zucker, 250 g ungeschälte, geriebene Mandeln,
250 g geriebene Schokolade,
1 Päckchen Vanillinzucker oder Saft von 1/4 Zitrone.
Glasur:
1 Eiweiß, 125 g Puderzucker,
50 g geschälte Pistazien oder Zitronat.

Den steifen Eischnee mit Zucker leicht verrühren, Mandeln, Schokolade, Vanillinzucker oder Zitronensaft zufügen, alles auf dem Backbrett rasch verarbeiten und den Teig kalt stellen. Dann ca. 1/2 cm dünn auswellen, halbmondförmige Brötchen ausstechen und auf gefettetem Backblech im vorgeheizten Backofen hell backen.
E.-Herd 175–200 °C / G.-Herd 2–3
Ca. 15–20 Minuten
Zum Guss das Eiweiß leicht schlagen und mit dem gesiebten Puderzucker gut verrühren. Die Brötchen damit überziehen, den Rand ringsum frei lassen und auf die noch feuchte Glasur gewiegte Pistazien oder fein gestifteltes Zitronat streuen.

1964

Mandelspieße

40–50 Stück
250 g geschälte Mandeln,
125 g Butter oder Margarine,
250 g Zucker, 250 g Mehl,
1 Essl. (10 g) Zimt,
1 Prise gemahlene Nelken,
1 Ei. 1 Eiweiß zum Bestreichen.

20–25 Mandeln zurückbehalten und halbieren. Die anderen Mandeln reiben und etwa 4 Essl. davon zurückbehalten. Die restlichen geriebenen Mandeln mit den anderen Zutaten unter die schaumig gerührte Butter mischen und die Masse 1 Std. kalt stellen. Dann auswellen und Rauten ausstechen. Auf einem mit Backpapier ausgelegten Backblech aneinanderreihen und mit leicht geschlagenem Eiweiß überstreichen. Die zurückbehaltenen, geriebenen Mandeln daraufstreuen, die halbierten ganzen Mandeln auf die Vierecke verteilen und im vorgeheizten Backofen hell backen.
E.-Herd 175–200 °C / G.-Herd 2–3
Ca. 20 Minuten

1965

Mandelhalbmonde

60–70 Stück
5 Eigelb, 60 g Zucker,
100 g Butter oder Margarine,
250 g Mehl.
Füllung:
5 Eiweiß, 180 g Zucker,
120 g geschälte geriebene Mandeln,
30 g zerlassene Butter,
60 g Mehl, 1 Essl. Milch.
Himbeermarmelade,
Zitronenglasur (S. 531).

Die Zutaten zum Teig auf dem Backbrett verkneten (vgl. Mürbeteig-Grundrezept **1643**) und den Teig 1 Std. kalt stellen. Dann etwa 1/2 cm dick auswellen, ein gefettetes Backblech damit auslegen und im vorgeheizten Backofen lichtgelb halbfertig backen.
E.-Herd 175 °C / G.Herd 2
Ca. 10–12 Minuten
Zur Füllung die Zutaten gut verrühren und den steifen Eischnee locker darunterziehen.
Das halbfertige Gebäck sofort mit dicker Himbeermarmelade bestreichen, die Füllung darüberziehen und im Backofen fertig backen.
E.-Herd 200–225 °C / G.-Herd 3–4
Ca. 10 Minuten
Kurz abkühlen lassen, die ganze Fläche glasieren und mit einer Kreisform Halbmonde ausstechen.

1966

Mandelbögen

70–80 Stück
500 g geschälte Mandeln,
375 g Zucker,
geriebene Schale von 1 Zitrone,
60 g gewiegtes Zitronat, 2 Teel. Zimt,
6 Eiweiß, Backoblaten.

Die Hälfte der Mandeln reiben, die übrigen fein stifteln. Die geriebenen Mandeln mit dem Zucker in einer Pfanne unter ständigem Rühren bei geringer Wärmezufuhr hell rösten. Dann die gestiftelten Mandeln, die Zitronenschale, Zitronat, den Zimt und den Eischnee zufügen und alles leicht vermischen. Ein Backblech mit Oblaten auslegen, die Mandelmasse messerrückendick daraufstreichen und im vorgeheizten Backofen backen.
E.-Herd 175–200 °C / G.-Herd 2–3
Ca. 20 Minuten
Noch heiß in Streifen schneiden und über ein Wellholz biegen.

Oder Schokoladenbögen
zubereiten:
70–80 Stück
Teig wie Mandelbögen,
50 g Kakao.

Statt Zitronenschale und Zimt Kakao unter die Mandelmasse mischen, die Bögen ebenso backen und heiß über ein Wellholz biegen.

Mandelgebäck ▷

1967

Mandelsterne

6 Eiweiß, 500 g Puderzucker,
500 g geschälte, geriebene Mandeln,
das Mark von 1 Vanillestange
oder 1 Päckchen Vanillezucker.
Sandzucker zum Auswellen.

Die Eiweiß zu Schnee schlagen, den gesiebten Puderzucker zufügen und ca. 2 Min. mit dem elektrischen Handrührgerät rühren, 3–4 Essl. zurückbehalten, dann die Mandeln und das ausgekratzte Mark der Vanillestange oder den Vanillezucker daruntermischen. Die Masse auf Zucker auswellen. Sterne, Kleeblätter, Hufeisen oder andere Formen ausstechen. Auf ein gefettetes Backblech setzen, mit dem zurückbehaltenen Guss glasieren und im vorgeheizten Backofen hell backen.
E.-Herd 175 °C / G.-Herd 2
Ca. 20 Minuten

1968

Zimtsterne

Ca. 60–80 Stück
4 Eiweiß, 1 Prise Salz,
300 g Puderzucker,
Saft und abgeriebene Schale
von 1 Zitrone, ca. 3 Essl. Zimt,
500 g Mandeln, ungeschält, gerieben.
Sandzucker zum Auswellen.

Eiweiß mit Salz zu steifem Schnee schlagen, mit dem gesiebten Puderzucker, Zitronensaft und -schale so dick rühren, dass die Masse nicht mehr vom Löffel läuft. Davon zwei Tassen für den Guss zurückbehalten. Unter die übrige Masse den Zimt und die Mandeln mischen, dann kleine Portionen zwischen 2 Lagen Backpapier oder Küchenfolie fingerdick auswellen. Sterne (6 cm ø) ausstechen, auf ein gefettetes oder mit Backpapier ausgelegtes Backblech setzen, am besten über Nacht trocknen lassen und mit dem zurückbehaltenen Guss überziehen. Die Glasur abtrocknen lassen und im vorgeheizten Backofen so lange backen, bis der Guss hellgelb ist.
E.-Herd 150 °C / G.-Herd 1–2
Ca. 12–15 Minuten
Aus demselben Teig lassen sich auch Zimtherzen herstellen.

1969
Zedernbrot

65–70 Stück
4–5 Eiweiß, 600 g Puderzucker,
Saft und abgeriebene Schale
von 1 Bio-Zitrone,
500 g geschälte, geriebene Mandeln.
Sandzucker zum Auswellen.

Die Eiweiß zu steifem Schnee schlagen, mit dem Zucker und dem Zitronensaft schaumig rühren (1 Tasse zum Guss zurückbehalten). Die Zitronenschale und die Mandeln daruntermischen, die Masse in kleinen Mengen auf Zucker auswellen und Halbmonde oder Sterne davon ausstechen. Über Nacht auf dem Backbrett zugedeckt abtrocknen lassen, dann mit dem zurückbehaltenen, nochmals durchgerührten Guss glasieren und auf einem gefetteten Backblech im vorgeheizten Backofen hell backen (vgl. Rezept Zimtsterne).
E.-Herd 160 °C / G.-Herd 1–2
Ca. 10–12 Minuten

1970
Belgrader Brot

40–50 Stück
2 Eier, 2 Eigelb,
250 g Zucker,
1 Essl. (10 g) Zimt,
250 g ungeschälte Mandeln,
je 30 g Zitronat und Orangeat,
250 g Mehl.
Glasur:
120 g Puderzucker,
1 Eiweiß.

Die Eier und Eigelb mit dem Zucker ca. 2 Min. mit dem elektrischen Handrührgerät rühren, den Zimt, die würfelig geschnittenen Mandeln, das würfelig geschnittene Zitronat und Orangeat und das Mehl daruntermischen. Den Teig 1/2 cm dick auswellen und Rauten ausstechen. Ein Backblech mit Backpapier auslegen, die Rauten daraufsetzen, dicht aneinanderreihen und im vorgeheizten Backofen backen. Noch warm glasieren.
E.-Herd 175–200 °C / G.-Herd 2–3
Ca. 20 Minuten

1971
Frankfurter Brenten

60–70 Stück
500 g geschälte,
geriebene Mandeln,
1–2 Essl. Rosenwasser
(in Apotheken erhältlich),
500 g Zucker, 1–2 Eiweiß,
60 g Mehl.
Sandzucker zum Auswellen.

Die Mandeln mit dem Rosenwasser zu einem Brei verrühren, den Zucker untermischen und in einer Kasserolle bei geringer Wärmezufuhr so lange rösten, bis die Mandeln trocken wie Brösel sind. Auf dem Backbrett ausbreiten, über Nacht kalt stellen, dann mit Eiweiß und Mehl verkneten und den Teig auf Zucker auswellen. In mit Mehl ausgestäubte Holzförmchen (Modeln) drücken, überstehenden Rand mit Messer abschneiden. Die Brenten durch rückseitiges Klopfen aus den Modeln herauslösen, 24 Std. ruhen lassen und auf einem gefetteten, mehlbestäubten Backblech im vorgeheizten Backofen backen.
E.-Herd 150–175 °C / G.-Herd 1–2
Ca. 15–20 Minuten

1972
Wespennester

60–70 Stück
190 g ungeschälte, gestiftelte
Mandeln, 6 Eiweiß, 200 g Zucker,
60–80 g geriebene Schokolade,
etwas Zimt und gemahlene Nelken,
1 Päckchen Vanillezucker,
Backoblaten.

Die Mandeln mit einem Essl. Zucker rösten und erkalten lassen. Das Eiweiß zu steifem Schnee schlagen. Zucker, Schokolade, Zimt, Nelken, Vanillinzucker und die Mandeln zufügen. Ein Backblech mit Backoblaten belegen, kleine Häufchen von der Masse daraufsetzen und im vorgeheizten Backofen backen.
E.-Herd 160 °C / G.-Herd 1–2
Ca. 12–15 Minuten

1973
Helenenschnitten

Kastenform, 30 cm lang
30–35 Stück
150 g Mehl, 80–100 g Butter
oder Margarine, 60 g Zucker,
70 g Mandeln, ungeschält, gerieben,
30 g geriebene Schokolade,
1 Ei, etwas Vanillezucker.
1 Ei zum Bestreichen,
Backtrennpapier.
Füllung:
70 g geschälte, geriebene Mandeln,
70 g Zucker, 1–2 Essl. Wasser.
Vanilleglasur (S. 531).

Aus den angegebenen Zutaten einen Mürbeteig nach Grundrezept **1643** herstellen und kalt stellen. Dann zwei Rechtecke auswellen, eines davon in der Größe der Form einschließlich der Wände, das andere in Größe der Grundfläche. Die Kastenform mit Backpapier auskleiden, so dass dieses noch übersteht, mit der größeren Teigplatte auslegen und die Ränder hochziehen. Mit verquirltem Ei bestreichen.
Zur Füllung die Mandeln, Zucker und Wasser in einer Schüssel gut zerdrücken, in die Form füllen und die kleinere Teigplatte darüber decken. Im vorgeheizten Backofen hellbraun backen.
E.-Herd 175–200 °C / G.-Herd 2–3
Ca. 20–25 Minuten
Noch warm mit Vanilleglasur überziehen und in Schnitten schneiden.

1974
Himbeerschnitten

35–40 Stück
200 g Mehl, 1 Ei, 1 Eigelb, 100 g Zucker,
100 g Butter. Himbeermarmelade.
Makronenmasse:
Schnee von 4 Eiweiß,
250 g feiner Zucker,
250 g geschälte, geriebene Mandeln.
50 g geschälte, gehackte Mandeln,
Zitronenglasur (S. 531).

Die Zutaten zum Mürbeteig (vgl. Grundrezept) rasch verkneten, 1/2 cm dick auswellen, auf ein gefettetes Backblech legen und im vorgeheizten Backofen halbfertig backen.
E.-Herd 175–200 °C / G.-Herd 2–3
Ca. 15 Minuten

Ein wenig abkühlen lassen, die Marmelade daraufstreichen und die inzwischen zubereitete Makronenmasse (vgl. Präsidentenschnitten) darüberziehen. Mit Mandeln bestreuen und im vorgeheizten Backofen hellbraun fertig backen.
E.-Herd 200–225 °C / G.-Herd 3–4
Ca. 10–15 Minuten
Noch warm mit der Zitronenglasur überziehen und in ca. 2 x 5 cm große Schnitten schneiden.

1975

Präsidentenschnitten

30–35 Stück
200 g Mehl, 1 Ei,
1 Eigelb, 100 g Zucker,
100 g Butter oder Margarine.
Zum Füllen:
eingedünstete Johannisbeeren oder Konfitüre.
Guss:
je 45 g ungeschälte, gewiegte Mandeln und Haselnüsse,
150 g Zucker,
1 Messersp. Zimt,
1 Teel. Vanillezucker,
2–3 Eiweiß.

Die Zutaten zum Teig rasch auf dem Backbrett glatt verkneten (vgl. Mürbteig-Grundrezept) und kurze Zeit kalt stellen. Dann zwei gleich lange, ½ cm dicke Streifen davon auswellen, beide nebeneinander auf ein gefettetes Backblech legen und im vorgeheizten Backofen halbfertig backen.
E.-Herd 175–200 °C / G.-Herd 2–3
Ca. 15 Minuten
Auf einen Streifen die gut abgetropften Johannisbeeren legen und den anderen Streifen darüberdecken. Die Mandeln, Haselnüsse, Zucker, Zimt, Vanillezucker und Eiweiß in einer Pfanne bei geringer Wärmezufuhr so lange rühren, bis sich die Masse bindet. Den Mandelguss dick auf den oberen Streifen streichen, im vorgeheizten Backofen fertigbacken und noch warm in Dreiecke schneiden.
E.-Herd 200–225 °C / G.-Herd 3–4
Ca. 10–15 Minuten

1976

Honiglebkuchen

50–60 Stück
375 g geschälte Mandeln,
750 g Zucker, 750 g flüssiger Honig,
je 125 g Zitronat und Orangeat,
je 1 Prise Muskat und Nelken,
30 g Zimt, 3 Essl. Kirschwasser,
1½ P. Backpulver, 875 g Mehl.
Backfett, Mehl,
Zitronenglasur (S. 531).

Die würfelig geschnittenen Mandeln mit der Hälfte der Zuckermenge rösten. Den restlichen Zucker mit dem Honig aufkochen, das kleingehackte Orangeat, Zitronat und die Gewürze zufügen, abkühlen lassen. Kirschwasser, das mit Backpulver vermengte Mehl und die gerösteten Mandeln zugeben, alles gut mit der Honigmasse vermischen und den Teig ½ cm dick auswellen. Ein gefettetes, mit Mehl bestäubtes Backblech damit belegen und über Nacht kühl stellen. Am anderen Tag im vorgeheizten Backofen hellbraun backen.
E.-Herd 200–225 °C / G.-Herd 3–4
Ca. 30–40 Minuten
Noch warm glasieren und in Rechtecke schneiden.

1977

Haselnusslebkuchen

30–40 Stück
280 g geschälte Haselnüsse,
6 Eiweiß oder 4 ganze Eier,
350 g feiner Zucker, 100 g Mehl,
etwas Vanillinzucker,
2 g Hirschhornsalz (siehe S. 468).
Große Backoblaten.

Die Haselnüsse kleinwürfelig schneiden oder grob wiegen. Dann in einer Schüssel mit 3 Eiweiß vermischen und zerdrücken (dazu eignet sich der Erbsendrücker). Oder Nüsse samt Eiweiß im Schnellmixer oder mit dem Pürierstab kurz durchschlagen. Die übrigen Eiweiß zu leichtem Schnee schlagen, sämtliche Zutaten beifügen und alles gut vermengen. Ein Backblech mit großen Oblaten auslegen, die Lebkuchenmasse daraufstreichen und im vorgeheizten Backofen backen.
E.-Herd 175–200 °C / G.-Herd 2–3
Ca. 35 Minuten
Noch warm in gleichmäßige Stücke schneiden.
Werden ganze Eier verwendet, Zubereitung wie **1982**.

Verschiedene Lebkuchen auf Oblaten

1978
Braune Honiglebkuchen

50–60 Stück
500 g Honig, 250 g Zucker,
250 g ungeschälte Mandeln,
je 90 g Orangeat und Zitronat,
abgeriebene Schale 1 Zitrone,
15 g Zimt,
je 1 Prise Nelken und Muskat,
4–5 g Pottasche, 500 g Mehl,
Backfett.

Honig und Zucker zum Kochen bringen, sofort vom Feuer nehmen, abschäumen und dies noch zweimal wiederholen. Die gewiegten Mandeln, das fein geschnittene Orangeat und Zitronat, Zitronenschale, Zimt, Nelken und Muskat in einer Schüssel vermengen, den heißen Honig darübergießen und alles gut verrühren. Nach kurzem Abkühlen das mit der Pottasche vermischte, gesiebte Mehl nach und nach zufügen und den Teig bis zum Erkalten schlagen. Mit Hilfe von etwas Mehl etwa 1/2 cm dick auswellen, Lebkuchen daraus schneiden, auf einem gefetteten Backblech dicht aneinander- reihen und über Nacht ruhen lassen; am anderen Tag im vorgeheizten Backofen hellbraun backen.
E.-Herd 200 °C / G.-Herd 3
Ca. 30–40 Minuten

1979
Schokoladen-lebkuchen

60–70 Stück
200 g Zucker,
1 Päckchen Vanillezucker, 3 Eier,
60 g Butter oder Margarine,
375 g Honig,
je 1 Messersp. Zimt und Nelken,
5 g Kardamom, 1 Essl. Arrak,
100 g ungeschälte, geriebene Mandeln,
abgeriebene Schale von 1 Zitrone,
500 g Mehl, 1/2 Teel. Backpulver,
200 g bittere Schokolade.
Schokoladenglasur (S. 532).
Zum Verzieren:
ca. 125 g Marzipan oder 125 g geschälte, halbierte Mandeln.

Zucker, Vanillezucker und Eier schaumig rühren, die lauwarm zerlassene Butter und den abgekühlten, flüssigen Honig, Gewürze, Arrak, Mandeln, Zitronenschale und das Mehl, mit dem Backpulver vermischt, zufügen. Zuletzt die Schokolade in kleinen Würfelchen rasch untermengen (sie sollte möglichst nicht zerschmelzen). Die Masse auf ein gefettetes Backblech gleichmäßig aufstreichen und im vorgeheizten Backofen backen.
E.-Herd 200 °C / G.-Herd 3
Ca. 30–40 Minuten
Noch heiß auf dem Backblech in kleine Vierecke schneiden.
Mit Glasur überziehen, entweder mit einem Marzipansternchen oder einer Mandelhälfte verzieren und auf einem Gitter abtrocknen lassen.

1980
Elisenlebkuchen

30–40 Stück
125 g Rohmarzipan,
125 g geschälte, geriebene Mandeln,
375 g Zucker, 6 Eiweiß,
50 g Orangeat, abgeriebene Schale von 1/2 Zitrone,
150 g Mehl,
1/2 Päckchen Backpulver,
15–18 g Lebkuchengewürz,
große, runde Backoblaten.
Punschglasur S. 531 oder
Schokoladenglasur (S. 532).

Zerdrücktes Marzipan, Mandeln, Zucker und 3 Eiweiß bei geringer Wärmezufuhr in einer Pfanne so lange rösten, bis die Masse lauwarm ist und sich zusammenballt. Das kleinwürfelig geschnittene Orangeat, Zitronenschale, das gesiebte Mehl, Backpulver und Gewürze mit dem restlichen Eiweiß vermischen. Die Mandelmasse zugeben und alles gut vermengen. Die Oblaten 1 cm hoch mit dem Teig bestreichen, über Nacht trocknen lassen und am anderen Tag im vorgeheizten Backofen backen.
E.-Herd 175–200 °C / G.-Herd 2–3
Ca. 30–40 Minuten
Die Lebkuchen noch warm entweder mit Punschglasur (S. 531) oder Schokoladenglasur (S. 532) bestreichen.

1981
Nürnberger Lebkuchen

30–40 Stück
4 Eier, 250 g Zucker,
je 70 g Zitronat und Orangeat,
70 g geschälte Mandeln,
250 g Mehl, 1 Teel. (5 g) Zimt,
je 1 Messersp. Nelke, Muskatblüte und Kardamom,
1/2 Päckchen Backpulver,
große Backoblaten.

Die Eier mit dem Zucker schaumig rühren, das feinwürfelig geschnittene Zitronat und Orangeat, die blättrig geschnittenen Mandeln und die anderen Zutaten nach und nach zufügen. Ein Backblech mit Oblaten auslegen, die Masse daraufstreichen, Lebkuchen davon schneiden und über Nacht abtrocknen lassen. Am anderen Tag im vorgeheizten Backofen backen (den Backofen nicht ganz schließen, einen Kochlöffelstiel dazwischen klemmen).
E.-Herd 150–175 °C / G.-Herd 1–2
Ca. 40–45 Minuten

1982
Weiße Lebkuchen (ohne Honig)

50–60 Stück
5 Eier, 500 g Zucker,
50 g geschälte Mandeln,
50 g gestifteltes Zitronat,
3 Teel. (15 g) Zimt, 500 g Mehl,
1/2 Teel. Backpulver,
abgeriebene Schale von 1 Zitrone.
Glasur:
1 Eiweiß, 150 g Puderzucker,
1 Teel. Zitronensaft.

Die ganzen Eier mit dem Zucker schaumig rühren, die feinwürfelig geschnittenen Mandeln und die restlichen Zutaten zufügen, den Teig leicht verarbeiten und 1–2 Std. kalt stellen. Dann etwa 1/2 cm dick auswellen, Lebkuchen daraus schneiden, auf ein gefettetes Backblech legen und über Nacht abtrocknen lassen. Am anderen Tag im vorgeheizten Backofen hellbraun backen, noch warm glasieren.
E.-Herd 175–200 °C / G.-Herd 2–3
Ca. 30–40 Minuten

1983
Himbeerlebkuchen

30-90 Stück
7 Eiweiß,
500 g Zucker,
375 g ungeschälte, geriebene Mandeln,
je 70 g Orangeat und Zitronat,
etwas Zimt, Nelken, Muskat,
abgeriebene Schale von 1 Zitrone,
3 Essl. Himbeermarmelade.
Große Backoblaten.
Zitronenglasur (S. 531).

Den steifen Eischnee mit Zucker ca. 10 Min. rühren. Die Mandeln, das feingeschnittene Orangeat und Zitronat sowie die anderen Zutaten leicht daruntermischen. Ein Backblech mit großen Backoblaten auslegen, die Masse ½ cm dick daraufstreichen und im vorgeheizten Backofen backen.
E.-Herd 150–175 °C / G.-Herd 1–2
Ca. 40–50 Minuten
Die ganze Fläche noch warm mit Zitronenglasur überziehen und in schmale Streifen oder Rechtecke schneiden.

1984
Geleelebkuchen

80–90 Stück
250 g Zucker, 2 Eier,
250 g Apfelgelee,
je 30 g gewiegtes Zitronat und Orangeat,
70 g geschälte, geriebene Mandeln oder Haselnüsse, 1 Messersp. Zimt,
1 Messersp. Nelken, 600 g Mehl,
1 Päckchen Backpulver.

Zucker und Eier schaumig rühren, das Gelee mit den anderen Zutaten verquirlen und zuletzt nach und nach das mit Backpulver vermischte Mehl zugeben. Den Lebkuchenteig tüchtig kneten und bis zum anderen Tag kühl stellen. Auf dem Backbrett ½ cm dick auswellen, Lebkuchen ausstechen und auf einem gefetteten Backblech dicht nebeneinandersetzen. Im vorgeheizten Backofen backen und noch warm wieder auseinanderbrechen.
E.-Herd 175–200 °C / G.-Herd 2–3
Ca. 30–35 Minuten

1985
Basler Leckerli

80–90 Stück
500 g flüssiger Honig,
150 g geschälte Mandeln oder Haselnüsse,
je 30 g Zitronat und Orangeat,
250 g Zucker, 1 Teel. Zimt,
1 Messersp. Nelken,
1 Prise Muskat,
abgeriebene Schale von ½ Zitrone,
4 Essl. Kirschwasser,
1 Päckchen Backpulver,
625 g Mehl,
*Zuckerglasur (**1860**).*

Den Honig erhitzen. Mandeln oder Haselnüsse, Zitronat und Orangeat in feine Würfel schneiden und mit Zucker, Gewürzen, Zitronenschale und Kirschwasser im Honig aufkochen und nach dem Abkühlen das mit Backpulver vermischte Mehl dazugeben. Die Masse mit etwas Mehl ½ cm dick auswellen, auf ein gefettetes Backblech legen und im vorgeheizten Backofen backen.
E.-Herd 200 °C / G.-Herd 3
Ca. 30–40 Minuten
Noch warm in kleine Vierecke schneiden und mit der Zuckerglasur überziehen. Die Lebkuchen einzeln vom Blech lösen und auf einem Drahtgitter erkalten lassen.

1986
Pfeffernüsse

Ca. 120 Stück
2 Eigelb, 250 g Zucker,
30 g feingeschnittenes Zitronat oder abgeriebene Schale von 1 Zitrone oder 4 feingeschnittene Feigen,
etwas Zimt,
je 1 Prise Nelken und Pfeffer,
1 Essl. Kirschwasser,
250 g Mehl, ½ Teel. Backpulver,
Kirschwasser zum Eintauchen.
Zuckerguss (S. 532).

Die Eigelb mit Zucker ca. 2 Miuten. mit dem elektrischen Handrührgerät weißcremig rühren, alle anderen Zutaten zufügen, den Teig ca. 1 cm dick auswellen, in 1 cm breite Streifen teilen und davon kleine Würfel schneiden. Die Würfel auf ein gefettetes, mit Mehl bestäubtes oder mit Backtrennpapier belegtes Backblech setzen und über Nacht trocknen lassen. Am anderen Tag die Unterseite der Würfel in Kirschwasser tauchen, im vorgeheizten Backofen hellbraun backen und noch warm mit dem Zuckerguss überziehen.
E.-Herd 175 °C / G.-Herd 2
Ca. 25–30 Minuten

1987
Spekulatius

80–90 Stück
500 g Mehl,
½ Päckchen Backpulver,
150 g Butter oder Margarine,
200 g Zucker,
30 g gehackte Kürbiskerne oder ungeschälte, geriebene Mandeln,
½ Teel. Zimt,
½ Teel. gemahlene Nelken,
1 Messersp. Kardamom,
1 Ei, 3 Essl. Milch.

Aus den angegebenen Zutaten einen Mürbeteig nach Grundrezept herstellen und 1 Stunde ruhen lassen. Dann nochmals durchkneten, messerrückendick auswellen, Lebkuchen oder kleine Figuren ausstechen und auf dem gefetteten Backblech im vorgeheizten Backofen knusprig braun backen.
E.-Herd 175–200 °C / G.-Herd 2–3
Ca. 20–30 Minuten
Oder den ausgewellten Teig auf bemehlte Modeln drücken, die überstehenden Teigränder abschneiden. Die Spekulatius aus den Modeln klopfen, auf das Blech legen und wie angegeben backen.

1988
Vanillebrötchen

35–40 Stück
4 Eier, 250 g Zucker,
1 Päckchen Vanillezucker oder
das Mark von 1 Vanillestange,
270–300 g Mehl.

Die ganzen Eier mit dem Zucker ca. 3 Min. mit dem elektrischen Handrührgerät rühren. Den Vanillezucker oder das Mark der Vanillestange und löffelweise das Mehl untermischen. Häufchen auf ein gefettetes Backblech setzen, über Nacht stehen lassen, damit sie an der Oberfläche abtrocknen, und dann im vorgeheizten Backofen backen.
E.-Herd 175–200 °C / G.-Herd 2–3
Ca. 20 Minuten

1989
Himbeerbrötchen

30–40 Stück
3 Eier, 250 g Zucker,
3–4 Essl. dicke Himbeermarmelade,
250–375 g Mehl,
Backoblaten oder Backtrennpapier.

Die Eier mit dem Zucker schaumig rühren, die Himbeermarmelade und das Mehl zugeben. Den Teig nicht zu weich zubereiten, evtl. mehr Mehl zufügen. Auf ein mit Backoblaten ausgelegtes Backblech kleine Häufchen setzen, über Nacht stehen lassen und dann im vorgeheizten Backofen backen.
E.-Herd 175–200 °C / G.-Herd 2–3
Ca. 25–30 Minuten

1990
Mundbiss

40–50 Stück
125 g Butter oder Margarine,
1 Ei, 125 g Zucker,
65 g geschälte, geriebene Mandeln,
abgeriebene Schale von 1/2 Zitrone,
1 Messersp. Zimt, 190 g Mehl.
Zum Füllen: feine Marmelade.
Glasur: 125 g Puderzucker,
1 Eiweiß, 1 Essl. Zitronensaft.
Zum Belegen: ca. 50 g geschälte, halbierte Mandeln.

Die Butter schaumig rühren, Ei und Zucker sowie die anderen Zutaten untermischen, den Teig glattkneten und kalt stellen (vgl. Mürbeteig-Grundrezept **1643**). Dann sehr dünn auswellen, beliebige Förmchen ausstechen und auf einem gut gefetteten, mit Mehl bestäubten Backblech hell backen.
E.-Herd 175–200 °C / G.-Herd 2–3
Ca. 20 Minuten
Zwischen zwei Plätzchen etwas Marmelade streichen, mit der Glasur überziehen, je eine Mandelhälfte aufsetzen und in der Wärme trocknen lassen.
Die Plätzchen können auch mit Buttercreme (**1837**) gefüllt und mit Schokoladenglasur (**1855**) überzogen werden.

1991
Rosinenbrötchen

40–45 Stück
125 g Butter oder Margarine,
60 g fein gewiegtes Zitronat,
4 Eier, 125 g Rosinen,
125 g Zucker, 250 g Mehl.

Die Butter schaumig rühren, die vorbereiteten, übrigen Zutaten und zuletzt das Mehl daruntermischen. Den Teig gut vermengen und davon mit einem Kaffeelöffel kleine Häufchen auf ein gefettetes Backblech setzen. Über Nacht stehen lassen; dann backen.
E.-Herd 175–200 °C / G.-Herd 2–3
Ca. 15-20 Minuten

1992
Schokoladenbrötchen

40–50 Stück
4 Eiweiß, 250 g Zucker,
250 g ungeschälte, geriebene
Mandeln, 125 g geriebene
Schokolade, Backoblaten.

Die Eiweiß zu steifem Schnee schlagen, mit dem Zucker ca. 2 Min. mit dem elektrischen Handrührgerät rühren, dann die Mandeln und die Schokolade untermischen. Auf ein mit Backoblaten ausgelegtes Backblech kleine Häufchen aufsetzen und die Brötchen backen.
E.-Herd 150–175 °C / G.-Herd 1–2
Ca. 20–25 Minuten

1993
Luisenbrötchen

120–130 Stück
250 g Butter oder Margarine,
125 g Zucker, 4 Eigelb,
1 Essl. Arrak oder Rum,
etwas Vanillezucker, 500 g Mehl.
2 Eigelb zum Bestreichen.
50 g geschälte, gehackte Mandeln,
50 g Hagelzucker, evtl. Marmelade,
Zuckerglasur (S. 532).

Unter die schaumig gerührte Butter die Zutaten mischen, das Mehl zuletzt zugeben, auf dem Backbrett leicht verkneten und den Teig kalt stellen.
Dann ca. 1/2 cm dick auswellen, runde, gezackte Plätzchen ausstechen, mit Eigelb bestreichen und Mandeln, mit Hagelzucker vermischt, daraufstreuen. Im vorgeheizten Backofen hellbraun backen.
E.-Herd 175–200 °C / G.-Herd 2–3.
Ca. 20 Minuten.
Evtl. die Brötchen etwas dünner auswellen und nach dem Backen je 2 mit Marmelade füllen, aufeinanderlegen und glasieren.
E.-Herd 175–200 °C / G.-Herd 2–3
Ca. 12–14 Minuten

1994
Linzer Brötchen

30–40 Stück
100 g Butter oder Margarine,
20 g ungeschälte, geriebene
Mandeln,
abgeriebene Schale von 1/4 Zitrone,
40 g Zucker, 120 g Mehl.
1–2 Eigelb zum Bestreichen.
Aprikosenmarmelade
oder Zitronat und Orangeat.

Die Butter schaumig rühren, die übrigen Zutaten, zuletzt das Mehl, zugeben. Den gut vermischten Teig eine Std. kalt stellen. Mit Hilfe von wenig Mehl 1/2 cm dick auswellen, mit einem gezackten, runden Förmchen Plätzchen ausstechen, mit Eigelb überpinseln und backen.
E.-Herd 175–200 °C / G.-Herd 2–3
Ca. 15–20 Minuten
Nach dem Erkalten mit Aprikosenmarmelade, oder fein gestifteltem Zitronat und Orangeat verzieren.

1995 Orangenbrötchen

60–70 Stück
5 Eier, 500 g Zucker,
abgeriebene Schale von 2 Orangen,
500 g Mehl.

Die Eier und Zucker schaumig rühren, die Orangenschalen zugeben und nach und nach das Mehl daruntermischen. Von der Masse kleine Häufchen auf ein gefettetes Backblech setzen, über Nacht kühl stellen und dann im vorgeheizten Backofen hellbraun backen.
E.-Herd 175 °C / G.-Herd 2
Ca. 15–20 Minuten

1996 Wiener Brötchen

30–40 Stück
4 Eigelb von hartgekochten Eiern,
80 g Butter oder Margarine,
125 g Zucker, 250 g Mehl,
1 Essl. Zitronensaft.
Zum Füllen: feine Marmelade.
Glasur: 125 g Puderzucker,
1 Eiweiß, 1 Essl. Zitronensaft.

Die Eigelb durch ein Sieb drücken und mit der Butter schaumig rühren. Die übrigen Zutaten daruntermischen und die Brötchen wie Mundbiss zubereiten, backen, füllen und glasieren.
E.-Herd 175–200 °C / G.-Herd 2–3
Ca. 18–20 Minuten

1997 Kleiebrötchen

50–60 Stück
3 Eigelb, 60 g Zucker,
125 g Butter, 250 g Mehl,
2–3 Essl. Weizenkleie.
Gussfüllung:
3 Eiweiß, 180 g Zucker,
250 g ungeschälte,
geriebene Mandeln, 1 Prise Zimt,
1 Teel. geriebene Zitronenschale.

Die Zutaten für den Teig auf dem Backbrett rasch verarbeiten, glatt kneten, ca. 1 cm dick auswellen und mit einem runden, gezackten Förmchen kleine Plätzchen ausstechen.

Die Gussfüllung wie folgt zubereiten: Unter die sehr steif geschlagenen Eiweiß alle übrigen Zutaten mischen und auf jedes Plätzchen einen Kaffeelöffel Füllung setzen (nicht glatt streichen). Die Kleiebrötchen im vorgeheizten Backofen auf einem gut gefetteten Blech backen.
E.-Herd 150–175 °C / G.-Herd 1–2
Ca. 18–20 Minuten

1998 Albertle (Kekse)

100–120 Stück
150 g Butter oder Margarine,
4 Eier, 250 g Zucker,
1 Päckchen Vanillezucker,
375 g Mehl, 250 g Speisestärke,
3 Essl. süße oder saure Sahne,
1 Päckchen Backpulver.

Unter die schaumig gerührte Butter abwechselnd die ganzen Eier, Zucker und die übrigen Zutaten untermischen (zum Auswellen 125 g Mehl zurückbehalten). Auf dem Backbrett zu einem glatten Teig verkneten und ca. 1 Std. ruhen lassen. Dann messerrückendick auswellen, mit dem Reibeisen ein Muster aufdrücken, runde Plätzchen oder beliebige Förmchen ausstechen und auf gefettetem Backblech hell backen.
E.-Herd 150–175 °C / G.-Herd 1–2
Ca. 15–20 Minuten

1999 Schweizer Batzen

40–50 Stück
4 Eier, 250 g Zucker,
300 g geschälte, fein geschnittene Mandeln,
abgeriebene Schale von ½ Zitrone,
1 Teel. Zimt, je 50 g Zitronat
und Orangeat, 250 g Mehl.

Eier und Zucker ca. 2 Min. mit dem elektrischen Handrührgerät rühren, dann die übrigen Zutaten, zuletzt das Mehl, daruntermischen. Nussgroße Häufchen auf ein gefettetes Backblech setzen und im vorgeheizten Backofen backen.
E.-Herd 175 °C / G.-Herd 2
ca. 20 Minuten

2000 Schwabenbrötchen

Ca. 100 Stück
375 g Mehl, 250 g Zucker,
250 g Butter oder Margarine,
250 g ungeschälte, geriebene Mandeln, 1 Ei, 20 g Zimt,
abgeriebene Schale von ½ Zitrone,
1 Messersp. Nelken.
2 Eigelb zum Bestreichen.
50 g geschälte,
gehackte Mandeln,
50 g Hagelzucker.

Aus den Zutaten auf dem Backbrett einen Mürbeteig kneten (vgl. Grundrezept **1643**) und eine Std. kalt stellen. Mit etwas Mehl nicht zu dünn auswellen, verschiedene Formen ausstechen und über Nacht stehen lassen. Dann mit Eigelb überstreichen, mit Mandeln oder Hagelzucker bestreuen, auf einem gefetteten Backblech im vorgeheizten Backofen knusprig backen.
E.-Herd 175–200 °C / G.-Herd 2–3
Ca. 20 Minuten

2001 Prinzessstangen

70–80 Stück
125 g Butter oder Margarine,
125 g geschälte, geriebene Mandeln oder Haselnüsse, 125 g Zucker,
⅛ l Milch, 250 g Mehl.
Zuckerglasur (S. 532)
oder Hagebuttenmarmelade.

Unter die schaumig gerührte Butter oder Margarine die geriebenen Mandeln oder Haselnüsse, Zucker, Milch und nach und nach das Mehl mischen. Mit der schmalen Tülle lange Streifen auf ein gut gefettetes Backblech spritzen und im vorgeheizten Backofen hell backen.
E.-Herd 175–200 °C / G.-Herd 2–3
Ca. 15–20 Minuten
Noch warm in fingerlange, schräg geschnittene Stangen schneiden und glasieren oder Marmelade aufspritzen.

2002 Springerle

80–90 Stück
4 Eier, 500 g Zucker, 500 g Mehl, 3 g Backpulver oder Hirschhornsalz, etwas abgeriebene Zitronenschale, Butter, Anis.

Die Eiweiß steif schlagen, mit Zucker und Eigelb ca. 3 Min. mit dem elektrischen Handrührgerät rühren, dann Zitronenschale und Mehl, mit Backpulver vermischt, zugeben. Den Teig auf dem Backbrett so lange bearbeiten, bis er zart und geschmeidig ist. Dann ca. 1 Std. kalt stellen, auswellen und die mit Mehl bestäubten Förmchen (Model) in den Teig eindrücken. Ausstechen oder ausschneiden und auf ein gut mit Butter gefettetes, mit Anis bestreutes Backblech legen. 20–24 Std. ruhen lassen, bis die Springerle an der Oberfläche gut abgetrocknet sind. Die Unterseite mit Zuckerwasser befeuchten, dabei darauf achten, dass die Oberfläche nicht feucht wird. Im schwach vorgeheizten Backofen bei geöffneter Backofentüre backen.
E.-Herd 150–175 °C / G.-Herd 1–2
Ca. 20 Minuten
Dann bei geschlossener Backofentüre fertig backen.
E.-Herd 175–200 °C / G.-Herd 2–3
Ca. 20 Minuten
Die Springerle sollen gleichmäßig hohe Füßchen (Sockel), eine weiße Oberfläche und einen goldgelb gebackenen Boden haben. Nach dem Backen das Mehl leicht abbürsten.

Tipp:
Hart gewordene Springerle mit Wasserfarben bemalen und als Christbaumschmuck verwenden!

2003 Butter-S

50–60 Stück
500 g Mehl, 125 g Zucker, 250 g Butter oder Margarine, 6 Eigelb oder 3 ganze Eier. Eiweiß zum Bestreichen, ca. 100 g Hagelzucker oder geschälte, gehackte Mandeln.

Die Zutaten auf dem Backbrett rasch verarbeiten (vgl. Mürbeteig-Grundrezept S. 474) und den Teig kalt stellen. Dann von der Masse eine Wurst (5–6 cm Ø) rollen, gleichmäßige, dünne Scheiben abschneiden, „S“ daraus formen und über Nacht ruhen lassen. Vor dem Backen mit Eiweiß bestreichen, in Hagelzucker oder Mandeln tauchen und auf einem mit Butter gefetteten Backblech hell backen.
E.-Herd 175–200 °C / G.-Herd 2–3
Ca. 20 Minuten

2004 Glasierte Vanillebrezelchen

Ca. 100 Stück
250 g Mehl, 125 g Butter, 125 g Zucker, 1 Ei. Vanilleglasur (S. 531) oder Schokoladenglasur (S. 532).

Die Zutaten auf dem Backbrett verarbeiten (vgl. Mürbeteig-Grundrezept) und den Teig 1 Std. kühl stellen. Dann eine lange Wurst formen, davon gleichmäßige Stückchen abschneiden, diese zu bleistiftdicken Stangen rollen und daraus kleine Brezeln schlingen. Ein Backblech mit Backpapier auslegen, die Brezelchen daraufsetzen und im vorgeheizten Backofen hell backen.
E.-Herd 150–175 °C / G.-Herd 1–2
Ca. 20 Minuten
Noch heiß mit der Oberseite in die Glasur tauchen und in der Wärme auf einem Gitter trocknen lassen.

2005 Vanillekipferl (Zuckerkipferl) und -brezelchen

Ca. 100 Stück
250 g Mehl, 180–200 g Butter, 150 g geschälte, geriebene Mandeln, 90 g Zucker, Vanillezucker und Sandzucker.

Mehl, Butter, Mandeln und Zucker auf dem Backbrett zu einem glatten Teig verkneten und kurze Zeit kalt stellen. Dann eine schmale, lange Rolle formen, davon gleichmäßige Stückchen abschneiden und leicht ausrollen. Zu kleinen Hörnchen oder Brezelchen formen. Auf einem mit Backpapier belegten Blech im vorgeheizten Backofen blass backen und heiß in dem mit Vanillezucker vermischten Zucker wenden.
E.-Herd 150–175 °C / G.-Herd 1–2
Ca. 10–15 Minuten

2006 Husarenkrapfen

40–50 Stück
200 g Butter oder Margarine, 4 Eigelb, 125 g Zucker, 375 g Mehl, etwas Vanillinzucker. 1–2 Eigelb zum Bestreichen, 50 g geschälte, gehackte Mandeln, 50 g Hagelzucker. Zum Belegen: kandierte Früchte oder Marmelade.

Die Butter schaumig rühren, Eigelb, Zucker, Mehl und Vanillinzucker zufügen. Aus dieser Masse kleine Kugeln formen, in die Mitte eine Vertiefung drücken und die Kräpfchen mit Eigelb überstreichen. Die Mandeln mit dem Hagelzucker vermischen und darüberstreuen. Auf einem gefetteten, mit Mehl bestäubten Blech hellbraun backen.
E.-Herd 175–200 °C / G.-Herd 2–3
Ca. 15–20 Minuten
Nach dem Erkalten in die Vertiefung kandierte Fruchtstücke oder etwas Marmelade geben.

2007 Weinbeißer

Ca. 40–50 Stück
200 g Butter oder Margarine, 3 Eigelb, 2 Essl. Zucker, 1–2 Essl. Kirschwasser, ca. 1/10 l Weißwein, 250 g Mehl, 1 Prise Salz. 2 Eigelb zum Bestreichen.

Aus den Zutaten einen Blätterteig (Grundrezept S. 476) zubereiten und kalt stellen. Nach dem Auswellen kleine Formen ausstechen, mit Eigelb überstreichen und auf einem mit kaltem Wasser abgespülten Backblech backen.
E.-Herd 175–200 °C / G.-Herd 2–3
Ca. 15–20 Minuten

2008 Terrassenbrötchen

30–40 Stück
400 g Mehl, 125 g Zucker,
250 g Butter oder Margarine,
1 kleines Ei oder Eigelb.
Hagebutten- oder Himbeermarmelade,
Puderzucker.

Aus Mehl, Zucker, Butter und Ei einen Mürbeteig nach Grundrezept **1643** herstellen, leicht verkneten und 2–3 Std. kalt stellen. Dann dünn auswellen und Blütenformen in drei Größen ausstechen. Auf einem leicht gefetteten Backblech hell backen.
E.-Herd 175–200 °C / G.-Herd 2–3
Ca. 15–18 Minuten
Mit Hagebutten- oder Himbeermarmelade bestreichen, jeweils drei Formen terrassenförmig aufeinandersetzen und mit Puderzucker bestreuen.

2009 Spitzbuben

35–40 Stück
100 g Butter oder Margarine,
100 g Zucker, 200 g Mehl,
75 g geschälte, geriebene Mandeln,
2 Essl. Crème fraîche oder 1–2 Essl. Milch, etwas Vanillezucker, 1 Ei.
Zum Füllen:
feine Marmelade oder Hagebuttenmark.
Vanille- oder Puderzucker.

Die Zutaten zum Teig auf dem Backbrett so lange hacken, bis sich die Masse zusammenballt, dann leicht verkneten und kalt stellen (vgl. Mürbeteig-Grundrezept). Den Teig sehr dünn auswellen und runde Plätzchen ausstechen. Bei der Hälfte der Plätzchen in der Mitte mit dem Fingerhut eine kleine Öffnung ausstechen. Auf einem gefetteten Backblech im vorgeheizten Backofen hell backen.
E.-Herd 175–200 °C / G.-Herd 2–3
Ca. 20 Minuten
Zwischen zwei Plätzchen Marmelade oder Hagebuttenmark streichen und mit Puder- oder Vanillinzucker bestreuen.

2010 Mandel-Weingebäck

100–120 Stück
125 g geschälte, geriebene Mandeln,
125 g Zucker,
375 g Butter oder Margarine,
750 g Mehl, 4–6 Essl. Weißwein,
4–6 Essl. saure Sahne.
2–3 Eigelb zum Bestreichen.
50 g geschälte, gehackte Mandeln,
50 g Hagelzucker.

Die Mandeln, Zucker, Butter, Mehl und so viel Weißwein und Sahne zugeben, wie für die Herstellung eines geschmeidigen Blätterteiges nach Grundrezept (S. 476) nötig ist. Dann messerrückendick auswellen und verschiedene Formen ausstechen, auf ein mit Wasser abgespültes Backblech setzen, mit Eigelb bestreichen, Hagelzucker und Mandeln darüberstreuen und hellbraun backen.
E.-Herd 200–225 °C / G.-Herd 3–4
Ca. 15 Minuten

2011 Buttergebäck (Ausstecherle)

80–100 Stück
500 g Mehl, 250 g Zucker,
250 g Butter oder Margarine,
8 Eigelb oder 3–4 ganze Eier,
etwas abgeriebene Zitronenschale.
2 Eigelb zum Bestreichen,
50 g geschälte, gehackte Mandeln,
50 g Hagelzucker.

Das Mehl mit den übrigen Zutaten zu einem Mürbeteig (vgl. Grundrezept) verkneten und 1 Std. kalt stellen. Dann ½ cm dick auswellen und verschiedene Förmchen (z. B. Osterhäschen für die Ostertorte, S. 528) ausstechen. Die Oberfläche mit Eigelb bestreichen, mit Mandeln und Hagelzucker bestreuen und auf gefettetem Blech im vorgeheizten Backofen hell backen.
E.-Herd 175–200 °C / G.-Herd 2–3
Ca. 12–18 Minuten
Oder das Gebäck verschiedenfarbig glasieren (siehe S. 531, 532).

2012 Bethmännchen

70–80 Stück
250 g Mandeln, 150 g angewirktes Marzipan ***2039*** *oder Marzipanrohmasse, 1 Ei,*
1 Essl. Rosenwasser (Apotheke),
100 g Puderzucker (2 mal gesiebt),
50 g feines Mehl,
1 Eigelb zum Bestreichen.

Mandeln abziehen, ca. 24 Stunden ausgebreitet trocknen lassen. Für den Teig die Hälfte der Mandeln sehr fein mahlen. Marzipan mit Ei und Rosenwasser cremig rühren, Mandeln, Puderzucker und Mehl unterrühren. Mit Puderzucker bestäubten Händen kirschgroße Kugeln formen, auf mit Backpapier belegtes Backblech legen. Mit Eigelb bestreichen. Je drei Mandelhälften hochkant in die Kugeln drücken. Bethmännchen über Nacht an einem kühlen Ort trocknen lassen. Am anderen Tag hellgelb backen.
E.-Herd 160 °C / G.-Herd 1
Ca. 12–15 Minuten

2013 Dattelnüsschen

125 g Mehl, 2 Essl. Zucker,
1 Teel. Arrak oder Rum,
1 kleines Eigelb,
50 g kalte Butter oder Margarine.
25–30 Datteln,
25–30 Haselnusskerne oder halbierte Walnusskerne, Puderzucker oder Schokoladenglasur (S. 532).

Einen Mürbeteig nach Grundrezept zubereiten, 1 Std. kalt legen. Dann portionsweise dünn auswellen und kleine Vierecke ausrädeln. Die entsteinten Datteln mit einem Haselnusskern oder einer Walnusskernhälfte füllen und wieder fest zusammendrücken. Die Datteln mit den Teigvierecken umhüllen und auf einem gefetteten Backblech im vorgeheizten Backofen backen.
E.-Herd 175–200 °C / G.-Herd 2–3
Ca. 20–25 Minuten
Mit Puderzucker bestäuben oder in Schokoladenglasur tauchen und auf einem Gitter trocknen lassen.

2014
Dominosteine

125 g Honig, 2 Essl. Butter,
125 g Zucker,
1 Päckchen. Lebkuchengewürz,
1 Eigelb, 300 g Mehl,
1 gestrichener Teel. Hirschhornsalz,
1 Msp. Pottasche, 4–5 Essl. Wasser,
rotes Gelee oder Marmelade zum Füllen, 200 g angewirktes Marzipan ***2039*** *oder -rohmasse, 3–4 Essl. Rum, Schokoladenglasur* ***1855****,*
etwas weiße Puderzucker-Spritzglasur ***1861****.*

Honig, Fett, Zucker und Gewürz so lange erwärmen, bis der Zucker gelöst ist. Abkühlen lassen. Eigelb, Mehl, getrennt in Wasser aufgelöstes Hirschhornsalz und Pottasche sowie den Honig zusammen verkneten. Den Teig einige Stunden ruhen lassen. Dann auf einem gefetteten Backblech gut 1 cm dick auswellen, backen.
E.-Herd 170 °C / G.-Herd 1–2
Ca. 15 Minuten
Abgekühlt in 2–3 cm breite Streifen schneiden. Die Streifen waagrecht halbieren, mit Gelee bestreichen, zusammensetzen.
Marzipan mit Rum cremig rühren, auf die Streifen streichen. Dann in Würfel schneiden, ganz mit Schokoladenglasur überziehen. Ist die Glasur getrocknet, Punkte von 1–6 mit weißer Spritzglasur auftragen.

2015
Heidesand/ Schwarzweißgebäck

125 g Butter oder Margarine,
125 g Zucker,
1 Päckchen Vanillezucker,
200 g Mehl, 1 Teel. Backpulver,
evtl. 1 Essl. Kakao oder
2 Essl. geriebene Schokolade.

Die Butter oder Margarine erhitzen, hell bräunen und nach kurzem Abkühlen schaumig rühren. Den Zucker, Vanillezucker, das gesiebte Mehl mit dem Backpulver zufügen, gut durchkneten und den Teig ca. 10 Min. kalt stellen. Dann mit bemehlten Händen eine Rolle formen, fingerdicke Scheiben davon schneiden und auf einem gefetteten Backblech hell backen.
E.-Herd 175 °C / G.-Herd 2.
Ca. 15–20 Minuten.

1 Heidesand: Den Teig zuschneiden.

2 Hellen und dunklen Teig mit Hilfe von Pergament- oder Backpapier aufrollen.

3 Gleichmäßige Stücke von der Teigrolle schneiden.

4 Das fertig gebackene Schwarzweißgebäck.

Oder eine Hälfte des Teiges mit Kakao oder Schokolade vermischen, beide Teige dünn auswellen, übereinander legen und mithilfe von Backpapier aufrollen. Die Rolle kurze Zeit sehr kalt stellen, dann Scheiben davon abschneiden und backen.
Oder den hellen und dunklen Teig wie Marmorteig verkneten, eine Rolle daraus formen, Plätzchen davon schneiden und backen.

2016
Bärentatzen (Schokoladenmuscheln)

40–50 Stück
4 Eiweiß, 1 Prise Salz,
250 g Puderzucker,
abgeriebene Schale und Saft von 1 Bio-Zitrone,
125 g geriebene Edelbitter-Schokolade, 1 Essl. Kakao,
1 Messersp. Zimt,
evtl. 1 Messersp. Backpulver,
250 g ungeschälte, geriebene Mandeln.

Eiweiß mit Salz zu steifem Schnee schlagen, mit Zucker, Zitronensaft und -schale dickschaumig rühren. Die mit Kakao und Zimt vermengte Schokolade locker einrühren, evtl. etwas Backpulver dazugeben, noch kurz mitrühren, dann erst die Mandeln zufügen. Den Teig über Nacht kalt stellen. Dann in mehreren Portionen verarbeiten. Kleine Kugeln formen, in Zucker rollen und in ein mit Zucker ausgestreutes Muschelförmchen (am besten aus Holz) fest eindrücken. Die Bärentatzen herauslösen und auf ein gefettetes, mit Weckmehl bestreutes Backblech setzen, über Nacht abtrocknen lassen; dann im vorgeheizten Backofen backen.
E.-Herd 150–175 °C / G.-Herd 1–2
Ca. 15–20 Minuten

Duftendes Weihnachtsgebäck: Vanillekipferl **2005** und Vanillebrezeln, Schwarzweißgebäck **2015**, Buttergebäck **2011**. ▷

Konfekt – Bonbons – Marzipan

2017 Fondant

Fondant herzustellen gehört zu den schwierigsten Arbeiten der Konditorenkunst. Wichtige Voraussetzung: ein Zuckerthermometer, das die richtige Temperatur des Zuckersirups anzeigt (siehe S. 639). Weiter ein großer rundwandiger Schlagkessel oder eine Wasserbadschüssel, die ein Tablieren (vgl. S. 532) der Fondantmasse ermöglicht. Außerdem ein großer Holzlöffel oder breiter Holzspatel (keinen Kunststoff verwenden; er verträgt die hohen Temperaturen nicht!) sowie eine große Porzellan- oder – besser Marmorplatte.
Etwa 750 g Zucker mit 3/8 l Wasser zu dickem Läuterzucker (**2318**) kochen. Die zähe Zuckermasse sofort auf eine befeuchtete Porzellan- oder Marmorplatte gießen, mit kaltem Wasser bespritzen, vollständig abkühlen lassen und dann tablieren, d. h. mit einem breiten, hölzernen Kochlöffel oder Spachtel auf dem Fondant so lange hin und her streichen, bis dieser anfängt fest und trocken zu werden; dann in Würfelchen schneiden.
Oder den Topf mit dem gekochten Zucker in ein kaltes Wasserbad stellen und mit einem breiten Rührlöffel tablieren. Dann so viel süße Sahne oder Milch zufügen und weiter tablieren, bis die Masse zart und geschmeidig ist. Zuletzt den Fondant im heißen Wasserbad wieder erwärmen und beliebiges Aroma wie Vanille, Kirschwasser, Zitrone (Saft oder Schale), Himbeersaft, Kaffee-Extrakt, Instantkaffeepulver, Rum, Maraschino usw. zufügen. Die Fondantförmchen mit Puderzucker ausstäuben, die heiße Zuckermasse einfüllen, erstarren lassen und stürzen.

Tipp:
Ihr Konditor gibt Ihnen gerne fertige Fondantmasse ab, die Sie dann nach Belieben mit Geschmackszutaten wie Schokolade, geriebenen Nüssen, Rum etc. versehen und weiterverarbeiten können.

2018 Fondantpralinen

Die warme Fondantmasse **2017** in kleine Kugeln oder Würfel formen; 125 g Kuvertüre im Wasserbad erwärmen, jedoch nicht kochen, damit sich diese glattrühren lässt. Die Fondants mit einer Gabel oder einem Zahnstocher eintauchen, auf Pergamentpapier legen oder in passende kleine Manschetten oder Papierkästchen setzen und in warmer Luft trocknen lassen.

2019 Nougatpralinen

150 g geschälte Mandeln,
6 geh. Essl. Puderzucker,
3 gestr. Essl. Kakao,
3 Essl. Wasser,
150 g Kuvertüre.

Die Mandeln sehr fein reiben und mit 3 Essl. Puderzucker hellgelb rösten. Den Kakao mit dem restlichen Puderzucker vermischen, mit dem heißen Wasser glattrühren, die Mandeln zufügen, gut verkneten und nach kurzem Abkühlen kleine Kugeln, Würfel oder Dreieckchen formen. Inzwischen die Kuvertüre im heißen Wasserbad auflösen, die Pralinen einzeln auf Zahnstocher oder Pralinengabeln spießen und in den flüssigen Guss eintauchen. Die Zahnstocher mit dem andern spitzen Ende in eine rohe Kartoffel stecken und die Pralinen auf diese Weise trocknen lassen.
Oder auf einem Gitter trocknen lassen.

Die Pralinen auf eine Pralinengabel stecken und in die flüssige Kuvertüre tauchen.

2020 Mokkatrüffeln

Ca. 20 Stück
125–150 g Puderzucker,
1 Eigelb, 2 Teel. Instantkaffee,
125 g weiche Butter.
Zum Wälzen:
Schokoladenstreusel oder
Kakaopulver.

Den Puderzucker mit dem frischen Eigelb und dem Instantkaffee zu einer glatten Masse verarbeiten. Die weiche Butter langsam darunterrühren und alles gut vermischen. Die Trüffelmasse für kurze Zeit ins Tiefkühlfach stellen, dann mit Hilfe von 2 Teelöffeln kleine Kugeln formen. Diese entweder in Schokoladenstreuseln oder Kakao wälzen und zum Festwerden in den Kühlschrank stellen.
Oder die fertigen Trüffeln über Nacht in den Kühlschrank stellen und am nächsten Tag mit zerlassener weißer Schokolade, mit etwas Kokosfett verrührt, umhüllen. Dazu die Trüffeln einzeln auf Zahnstocher spießen und durch die flüssige Schokolade ziehen. Die Spieße mitsamt den Trüffeln auf eine große Kartoffel oder in einen Krautkopf stecken, dann bekommen die Pralinen keine Druckstellen!

2021 Orangentrüffeln

Ca. 16 Stück
100 g Edelbitterschokolade,
30 g weiche Butter,
20 g Orangeat,
1 Prise Kardamom,
1 Essl. Orangenlikör.
Zum Wälzen:
4 Essl. Raspelschokolade.

Die geriebene Schokolade mit der Butter, dem sehr fein gehackten Orangeat, Kardamom und Alkohol vermischen, kalt stellen, kleine Kugeln formen und dieselben in Raspelschokolade wälzen.

2022
Schokoladenkonfekt

125 g Schokolade,
125 g ungeschälte, geriebene Mandeln, etwas Bittermandelöl,
50 g fein geschnittenes Zitronat,
125 g Zucker.

Die geriebene Schokolade mit Mandeln, Bittermandelöl und Zitronat vermischen. Den Zucker mit 3 Essl. Wasser zum Faden (Seite 639) kochen und heiß daruntermengen. Kleine Formen mit Öl auspinseln, die Masse einfüllen, rundum fest andrücken, erstarren lassen und nach einigen Std. vorsichtig stürzen.

2023
Honigtrüffeln

Ca. 20 Stück
100 g Edelbitter- oder Zartbitterschokolade,
50 g weiche Butter,
50 g Honig, 50 g Puderzucker,
ein paar Tropfen Rosenwasser.
Zum Wälzen:
Schokoladenstreusel.

Die harte Schokolade auf einer Reibe in die weiche Butter reiben. Den Honig zugeben und den Puderzucker unterrühren. Zuletzt mit etwas Rosenwasser geschmacklich abrunden. Die gut vermischte Masse für kurze Zeit ins Tiefkühlfach des Kühlschranks stellen, dann mit den Händen oder mit Hilfe von 2 Teelöffeln Kugeln formen und diese in Schokoladenstreuseln wälzen. Die Honigtrüffeln in kleine Konfektförmchen aus Papier legen und im Kühlschrank fest werden lassen.
Oder anstatt Rosenwasser 1–2 Essl. Rum oder Weinbrand oder Whisky unter die Trüffelmasse mischen.

2024
Schokoladenbonbons

125 g geriebene Schokolade,
250 g Zucker,
1 Essl. Butter oder Margarine,
½ Tasse Milch.

Alle Zutaten zusammen in einer Pfanne bei geringer Wärmezufuhr unter Rühren so lange kochen, bis die Masse dick ist. Dann auf ein gut gefettetes Backblech streichen, abtrocknen lassen und vor dem völligen Erkalten mit einem in Öl getauchten Messer in viereckige Plätzchen schneiden.

2025
Nussbonbons

1 Eiweiß, 1 Essl. Wasser,
Puderzucker, Vanillearoma oder
½ Teel. Instantkaffee oder Kakao,
ca. 20 Walnusskernhälften,
evtl. Datteln.

Zu dem mit Wasser leicht schaumig geschlagenen Eiweiß löffelweise so viel gesiebten Puderzucker zufügen, bis die Masse genügend fest ist, dass sie geformt werden kann. Die Hälfte der Masse mit Vanillearoma würzen und die andere Hälfte mit Kakao oder Nescafé. Aus der hellen und dunklen Zuckermasse kleine Kugeln formen, in die Oberfläche je eine Walnusskernhälfte eindrücken oder die Kugeln in entsteinte Datteln legen und jeweils einen halbierten Walnusskern obenauf setzen.

2026
Rahmbonbons

¼ l süße Sahne,
250 g Zucker,
1 Päckchen Vanillinzucker.

Die Zutaten unter ständigem Rühren zu Karamel kochen. Ein Backblech mit Butter oder Öl bestreichen, die Masse darauf verteilen und abgekühlt in kleine Vierecke schneiden. Völlig erkaltet, lassen sie sich auseinanderbrechen. Statt Vanillinzucker kann auch ½ Teel. Nescafé, geriebene Schokolade oder Nusslikör untergemischt werden.

2027
Gebrannte Mandeln

500 g Zucker,
1 kleine Tasse Wasser,
500 g große, ungeschälte Mandeln,
1 Teel. Zimt.

Wasser und Zucker kurz aufkochen, die verlesenen Mandeln zufügen und so lange rühren, bis der Zucker bröselt. Kurz abkühlen lassen, dann wieder erhitzen, um den Zucker zum Schmelzen zu bringen, und nach dem zweiten Abkühlen dasselbe noch einmal wiederholen. Den Zimt über die Mandeln streuen und diese, sobald sie feucht werden, sofort auf ein geöltes Backblech geben und rasch auseinanderbreiten.

2028
Krokant für Kuchen- und Tortenfüllungen

Für 400 g Krokant
200 g Mandeln,
200 g feiner Zucker,
10 cl Wasser,
½ Teel. Zitronensaft.

Die abgezogenen Mandeln grob hacken und ohne Fett in einer Pfanne leicht anrösten. In einem Edelstahl- oder Emailtopf den Zucker mit Wasser und Zitronensaft bei mittlerer Hitzezufuhr zum Kochen bringen. Sobald der Sirup karamelfarben ist, die Mandeln dazugeben, noch einmal aufkochen, mit einem Holzlöffel gut vermischen. Die Krokantmasse auf ein leicht eingeöltes Blech oder besser auf eine Marmorplatte gießen, erkalten lassen. Zerkleinern, je nach Weiterverwendung im Mörser pulverisieren und in eine Creme einrühren oder in einer Dose verschlossen aufbewahren.

Tipp:
Krokant kann auf Vorrat hergestellt werden, gut verschlossen hält er sich einige Monate.

2029 Krokantbögen, Krokanteier

*200 g geschälte Mandeln,
250 g Zucker.*

Die Mandeln in feine Scheiben oder Stifte schneiden und gut trocknen lassen. Den Zucker in einer Pfanne erhitzen, unter Rühren hellgelb rösten und die Mandeln zufügen. Durch Hin- und Herschieben miteinander vermischen, dann die Krokantmasse auf einem erwärmten, geölten Backblech ausbreiten. Rasch mit einem geölten Wellholz gleichmäßig dick ausrollen, schmale Streifen davon schneiden und noch warm über ein Wellholz biegen.
Für Ostereier, Körbchen usw. die Formen gut mit Öl ausstreichen und die heiße Krokantmasse in die Förmchen eindrücken. Den Rand glattschneiden, die einzelnen Teile nach dem Erkalten mit geschmolzenem, hellgelb geröstetem Zucker bestreichen und zusammensetzen. Lässt sich die Krokantmasse nicht mehr formen, muss sie im heißen Backofen nochmals erwärmt werden.

2030 Schaumkonfekt

*4 Eiweiß, 250 g Puderzucker,
1 Teel. Vanillinzucker oder
Vanillezucker oder
Saft von ½ Zitrone.
Glasur: Zuckerglasur
oder Rote Glasur (S. 531).*

Die Eiweiß leicht schaumig quirlen, Puderzucker, Vanillinzucker oder Zitronensaft löffelweise zufügen und so lange schlagen, bis die Masse ganz steif ist. Den Schaum in einen Spritzsack (oder in eine feste Pergamenttüte mit abgeschnittener Spitze) füllen. Auf ein Pergament- oder Backpapier verschiedene Formen oder Figuren aufspritzen und das Papier auf ein erhitztes Backblech legen. Das Schaumkonfekt im schwach erwärmten Backofen bei offener Tür trocknen.
E.-Herd 100 °C / G.-Herd 1
Ca. 2–3 Stunden
Die Schäumchen vom Papier lösen und mit Glasur überziehen.
Oder die Eiweißmasse mit etwas rotem Gelee oder Kakao färben und ebenso aufspritzen und trocknen.

2031 Zitronenschäumchen

Zutaten und Zubereitung wie Schaumkonfekt, jedoch mit dem Saft einer Zitrone statt Vanillinzucker.

2032 Schokoschäumchen

Zutaten und Zubereitung wie Schaumkonfekt, jedoch mit 100 g geriebener Schokolade statt Vanillezucker.

2033 Mandelschäumchen

Zutaten und Zubereitung wie Schaum- oder Schokokonfekt, dazu 250 g Mandelblättchen.

2034 Schokoladenwurst

*1 Eiweiß, 125 g Zucker,
125 g geschälte, geriebene Mandeln,
65 g gewürfelte Mandeln,
250 g geriebene Schokolade,
150 g dickes rotes Fruchtgelee.
125 g Rohmarzipan,
3 Essl. Puderzucker.*

Das Eiweiß zu Schnee schlagen und mit den anderen Zutaten in einer Schüssel vermischen. Auf ein Backbrett Zucker streuen, daraus aus der Masse eine Wurst oder mehrere kleine Würstchen formen. Diese fest mit Pergamentpapier umwickeln und 1–2 Tage trocknen lassen. Dann das Papier entfernen und die Wurst in eine dünn ausgewellte Platte von mit Puderzucker verknetetem Rohmarzipan einhüllen. In Cellophanpapier einpacken und die Enden verschnüren.

2035 Mokkabohnen

*50 g Butter, 250 g Puderzucker,
2 Essl. Kakao,
2 Essl. Milch oder Sahne,
20 g Kaffeebohnen oder
2 Essl. Instantkaffee.*

Die zerlassene Butter mit Puderzucker, Kakao und Milch (oder Sahne) gut verrühren. Die Kaffeebohnen mehlfein mahlen, damit sich der Kaffeegeschmack voll entfalten kann, und zugeben. Aus der Masse kleine Bohnen formen, auf der Oberseite mit einem Einschnitt versehen und etwa einen Tag trocknen lassen. In Twist-Off-Gläsern oder Blechdosen können die Mokkabohnen aufbewahrt werden.

2036 Falsche Salami

*150 g geschälte, geriebene Mandeln,
210 g Zucker, 1 Essl. Mehl,
1 Eiweiß, je 1 Prise gemahlener
Zimt und Nelken,
Saft ¼ Zitrone, 1 Essl. Weinbrand,
140 g fein gewiegtes Zitronat,
70 g geschälte, kleinwürfelig
geschnittene Mandeln.
Zum Ausstreuen:
feiner Zucker.
Zum Überziehen:
100 g Schokolade oder Kuvertüre.*

Die geriebenen Mandeln, Zucker und Mehl in einer Pfanne erhitzen und unter Rühren trocknen lassen. Nach leichtem Abkühlen den steifen Eischnee, Zimt, Nelken, Zitronensaft, Weinbrand, Zitronat und die würfelig geschnittenen Mandeln zugeben. Ein Backbrett mit Zucker bestreuen und die Masse darauf zu einer Wurst rollen. Die Schokolade mit wenig heißem Wasser auflösen oder die Kuvertüre im heißen Wasserbad aufweichen, die Wurst damit überziehen und in feinem Zucker wälzen. Dann etwa 3 Tage im warmen Raum trocknen lassen und bei der Verwendung in sehr dünne Scheiben schneiden.

2037 Marzipan

250 g geschälte Mandeln,
250 g Puderzucker,
1–2 Essl. Rosenwasser
(ersatzweise Bittermandelöl).

Die Mandeln dreimal durch die Mandelmühle drehen, bis sie mehlfein gemahlen sind. Zusammen mit dem gesiebten Puderzucker und dem Rosenwasser in einer Pfanne mit hohem Rand unter stetem Rühren erwärmen. Erkalten lassen und mit Hilfe von etwas Puderzucker verkneten. Zu einem festen Ball zusammendrücken und über Nacht kühl stellen.
Am nächsten Tag etwa 1/2 cm dick auswellen, je nach Verwendungszweck. Mit kleinen Ausstechförmchen beliebige Motive ausstechen: kleine Tannenbäume für eine Weihnachtstorte, Osterhasen für die Ostertorte, kleine Herzen für eine Geburtstagstorte usw. Auch Kleingebäck und Lebkuchen können so verziert werden. Steht keine Ausstechform zur Verfügung, aus fester Pappe die Form ausschneiden, auf den Marzipanteig auflegen und mit spitzem Messer an den Rändern nachfahren.
Wird gekauftes **Rohmarzipan** verwendet, so ist zu beachten, dass zum Durchkneten, Formen etc. etwas mehr Puderzucker als beim selbst hergestellten verwendet werden muss. Evtl. wird zum Binden noch 1/2–1 Eiweiß benötigt.

2038 Marzipankonfekt

Marzipanmasse wie oben.
Füllung: Hägenmark oder Aprikosenmarmelade oder eine andere, säuerlich schmeckende Marmelade.
Glasur: Eiweiß-Glasur oder Rote Glasur (S. 531).

Beliebige Formen ausstechen und mit Marmelade nach Geschmack zwei gleiche Formen zusammendrücken. Die Oberfläche mit Glasur überziehen und trocknen lassen.

2039 Marzipankartoffeln

*Marzipanmasse wie **2037** oder Rohmarzipan und Puderzucker.*
Zum Wenden: 30 g Kakao, 30 g Puderzucker.

Das Marzipan selbst herstellen oder Rohmarzipan mit so viel Puderzucker verkneten, dass sich kleine Kugeln formen lassen. Kakao mit Puderzucker vermischen, die Kugeln darin wenden und über Nacht kühl stellen.
Jedes Kügelchen auf eine Dressiernadel oder eine Kartoffelgabel spießen und über Kreuz einkerben. Die Kartöffelchen in einen Cellophanbeutel füllen oder in Pralinenförmchen (gibt es auch farbig) in eine Schachtel legen, mit Klarsichtfolie verpacken.
Die Marzipankartöffelchen können auch unter dem Backofengrill gebräunt werden, dann entfällt die Kakao-Puderzucker-Mischung.

2040 Marzipanfiguren

*Marzipanmasse wie **2037** oder Rohmarzipan,*
Puderzucker,
evtl. 1/2–1 Eiweiß.
Zum Färben: Hagebuttenmark (Hägenmark), rotes Gelee oder Tomatenmark oder Speisefarbe.

Die Marzipanmasse mit Hilfe von Marmelade oder Speisefarbe färben und z. B. kleine Rübchen formen (für die Rübli-Torte), evtl. etwas frisches Grün dazustecken und ringsum auf die Torte legen.
Auch Marzipankerzen, -schneemänner, -herzen, Schornsteinfeger usw. können mit etwas Geschick hergestellt werden.

2041 Quittenpaste (Quittenspeck)

1 kg Quitten,
ca. 1/2 l Wasser, 500–750 g Zucker,
Zitronenglasur (S. 531) oder Hagelzucker, Alufolie.

Die reifen Quitten mit einem Tuch abreiben, halbieren, entkernen und in Stücke schneiden. Die Stücke in wenig Wasser weich kochen, danach durchpassieren. Auf 500 g Quittenmark muss man 500 g Zucker rechnen und unter ständigem Rühren so lange kochen, bis die Masse dick ist. Die Paste auf ein mit geölter Alufolie belegtes Backblech streichen und 1–2 Tage trocknen lassen. Dann verschiedene Förmchen ausstechen, mit Zitronenglasur überziehen oder in Hagelzucker wälzen.
Eventuell die noch heiße Quittenmasse mit 1–2 Essl. dickem rotem Gelee nachfärben.

2042 Apfelpaste

1 kg Äpfel,
120–150 g feiner Zucker,
Alufolie.

Die gewaschenen Äpfel von Blüte und Stiel befreien, ungeschält in Schnitze schneiden und über Dampf weich kochen. (Zu diesem Zweck die Äpfel in ein in den Topf passendes Metallsieb geben; oder in ein Tuch füllen und die vier Zipfel am Topfdeckel befestigen.) Durch ein Sieb passieren, mit dem Zucker vermischen und unter Rühren so lange eindicken, bis die Masse nicht mehr vom Löffel fließt. Ein Backblech mit geölter Alufolie belegen, die Apfelpaste auf das Blech streichen und trocknen lassen. In kleine Vierecke schneiden und in gut verschließbaren Gefäßen oder in Blechdosen aufbewahren.

> ***Tipp:***
> *Eine schöne Farbe bekommt die Apfelpaste durch Zugabe von Sanddornvollfrucht.*

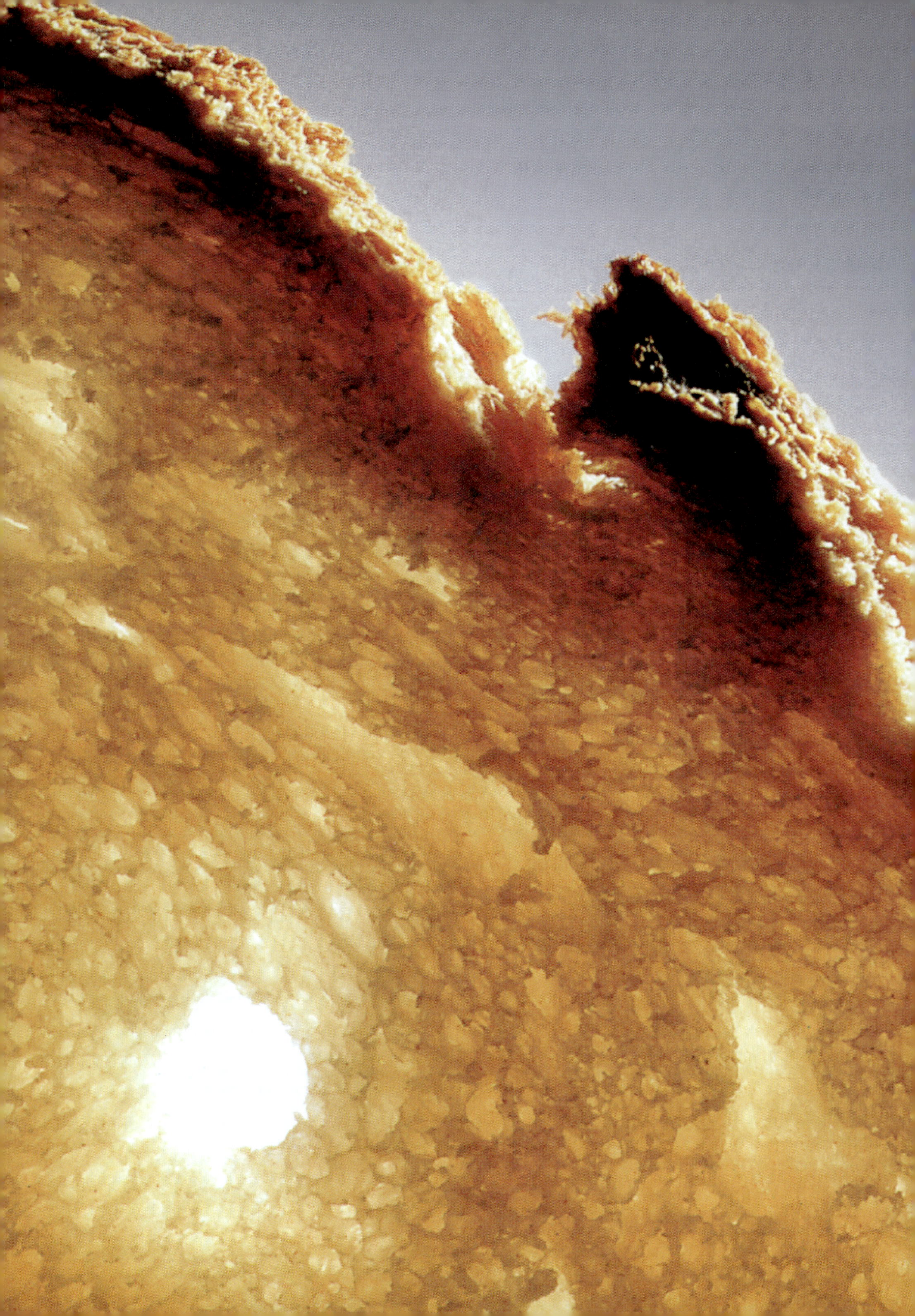

BROT & PIZZA

Genau genommen handelt es sich nicht um ein belegtes „Fladenbrot“, sondern um einen „flachen, heißen Kuchen aus Hefeteig, der mit Tomaten, Käse, Sardellen, Oliven, Knoblauch u.a. belegt ist“, wie’s das Lexikon formuliert. Nur zu gern machten unzählige Deutsche die neapolitanische Pizza zu ihrem „täglich Brot“. Die Pizza verspricht Abwechslung ohne Unterlass. Und das in einem Land, das sich als dasjenige mit den meisten Brotsorten der Welt darstellt. Dies scheint den Menschen zwischen Flensburg und Konstanz, zwischen Aachen und Görlitz nicht zu reichen. So existieren sie denn friedlich nebeneinander: das Brot und die Pizza.

Brote

Zum Brotbacken eignen sich vor allem die Mehle mit hohen Typenzahlen – sie dienen zur Kennzeichnung des Ausmahlungsgrades und bezeichnen die Menge der Mineralstoffe, die nach der Veraschung von 100 g Mehl übrig bleiben.
100 g Weizenmehl Type 405 (das gebräuchlichste Mehl) enthält nur 405 mg Mineralstoffe.
Jeweils 100 g:
Weizenmehl Type 1050 enthält 1050 mg Mineralstoffe,
Roggenmehl Type 1370 enthält 1370 mg Mineralstoffe,
Weizenvollkornmehl/schrot Type 1700 enthält 1700 mg Mineralstoffe,
Roggenvollkornmehl/schrot Type 1800 enthält 1800 mg Mineralstoffe.
Je stärker das Mehl ausgemahlen ist, desto wertvoller ist es für die Ernährung; die Farbe ist dunkel und der Geschmack ist kräftig.
Alle diese Mehle gibt es zu kaufen; wer im Besitz einer Getreidemühle ist, kann aus Korn sein Mehl in der gewünschten Feinheit selbst frisch herstellen. Es gibt Getreidemühlen für den kleinen und den großen Haushalt mit Stein-, Keramik- oder Metallmahlwerk. Frisch gemahlenes Mehl oder Schrot sollte möglichst rasch verarbeitet werden.
Brote, die mit Vollkornmehl oder Schrot zubereitet werden, brauchen etwa 1/3 mehr Flüssigkeit; der Teig sollte auch genügend Zeit haben, um ausquellen zu können. Damit der Teig nicht zu schwer wird, lieber etwas mehr Hefe oder Sauerteig und Hefe zusetzen.

Ein fester Brotteig kann direkt auf dem gefetteten oder mit Backtrennpapier belegten Blech gebacken werden; weicher Teig backt besser in der Brotbackform oder in einer Kastenform.
Damit die Oberfläche des Brotes (oder der Brötchen) nicht zu sehr austrocknet, evtl. nach 30 Min. Backzeit das Brot noch einmal mit Wasser bepinseln oder von Anfang an eine Tasse Wasser mit in den Backofen stellen.
Weitere Informationen ab Seite 586.

Tipps:
Backhöhe: Mittlere Schiene des Backofens für Brote und Brötchen.
Klopftest: Das Brot ist durchgebacken, wenn beim „Anklopfen" an der Kruste ein hohler Ton erklingt.
Stäbchenprobe: Ein Brot, Stollen oder Kuchen ist durchgebacken, wenn beim Anstechen mit einem Holzstäbchen (schräg von oben) kein Teig mehr daran hängen bleibt.
Aufbewahren: Brot hält sich in einem durchlüfteten Steingutgefäß oder einer Brotkapsel mehrer Tage. Bei schwüler Witterung besteht Schimmelgefahr – besser locker eingepackt im Kühlschrank (Gemüsefach) oder Keller aufbewahren.

2043
Sauerteig

100 g Roggenmehl (Type 1550 oder 1370) oder Roggenschrot,
150–200 mll lauwarmes Wasser oder Buttermilch, 2 Essl. Zucker,
evtl. 1 Teel. gemahlener Kümmel oder Fenchelsamen.

Das Roggenmehl mit dem Wasser und Zucker gut vermischen und in einem hohen Gefäß (z. B. Einmachglas) an einem gleichmäßig warmen Ort gehen lassen. Jeden Tag mit etwas lauwarmem Wasser kurz durcharbeiten. Nach etwa 3 Tagen ist der Sauerteig gebrauchsfertig – er riecht dann mild sauer. Die Menge reicht für ein Brot von 750 g Gewicht.
Wer häufig Brot bäckt, behält zweckmäßig etwas fertigen Teig zurück, der in einem fest verschlossenen Glas oder in der Tupperschüssel einige Zeit im Kühlschrank aufbewahrt werden kann.
Sauerteig kann auch eingefroren werden. Man sollte ihn dann einen Tag vor der Verwendung aus dem Tiefkühlgerät nehmen und mit etwas lauwarmem Wasser durcharbeiten.
Im Handel gibt es fertigen Flüssig- oder Trockensauerteig.

1 Mit Hilfe des Fingers prüfen, ob der Teig genug gegangen ist

2 Den Teig gut durchkneten.

3 Den Teig teilen

4 Runde Laibe formen.

5 Die Brotlaibe auf der Oberfläche einkerben.

2044
Englisches Kapselbrot (Toastbrot)

25 g Frischhefe,
knapp 1/4 l Milch,
500 g Weizenmehl (Type 405),
30 g Butter (oder halb Schweineschmalz, halb Butter),
1 Teel. Salz.

Die Hefe in 1/8 l lauwarmer Milch auflösen; eine Vertiefung in die Mitte des gesiebten Mehles drücken, die Hefemilch darin zu einem Vorteig anrühren und etwa 45 Min. aufgehen lassen. Dann die übrige Milch, Butter und Salz zufügen, das Ganze zu einem festen Teig verarbeiten und in einer Schüssel, mit etwas Mehl bestäubt, zugedeckt etwa 2 Std. warm stellen. Danach auf dem Backbrett nochmals gut durchwirken, zu einem Stollen formen und in einer gefetteten, mit etwas Mehl ausgestreuten Kapsel (30 cm lang, Bodendurchmesser 7 cm, obere Randweite 12 cm) nach weiteren 20–30 Min. Ruhezeit bei mittlerer Hitze hellbraun backen; das Brot möglichst erst anderntags aufschneiden.
E.-Herd 175–200 °C / G.-Herd 2–3
Ca. 45–60 Minuten

2045
Kapselbrot Malakoff

Für Sandwiches
30 g Frischhefe, knapp 3/8 l Milch,
1 kg Weizenmehl (Type 405),
1 gestr. Essl. Salz,
1–2 Essl. Kümmel,
60 g Butter oder Margarine.

Die Hefe mit der ganzen Milchmenge und der Hälfte Mehl zu einem großen Vorteig anrühren und etwa 2 Std. zugedeckt warm stellen. Das übrige Mehl, Salz, Kümmel und Butter zufügen, den Teig auf dem Backbrett glatt kneten, in eine hohe, runde Kapselform (25–30 cm Höhe, 12 cm Ø) nur bis zur halben Höhe (da der Teig hoch aufgeht) legen und mit einem Tuch bedecken. Nach weiterer 1–1 1/2 stündiger Ruhezeit in der mit Deckel geschlossenen Form oder in zwei kleineren Kapselformen bei mittlerer Hitze backen und erst am folgenden Tag aufschneiden.
E.-Herd 175–200 °C / G.-Herd 2–3
Ca. 60 Minuten

2046
Kümmelbrot (ohne Rinde)

375 g Weizenmehl (Type 405),
etwa 1/8 l Milch,
25 g Frischhefe oder
1 Päckchen Trockenbackhefe,
1/2 Teel. Salz, 1 Essl. Kümmel,
2 Essl. Butter oder Schweineschmalz.

Zum Teig das Mehl in eine Schüssel sieben, eine Vertiefung in die Mitte des Mehles drücken und darin die mit etwas Milch aufgelöste Hefe zu einem Vorteig anrühren. Nach halbstündiger Ruhezeit die übrigen Zutaten untermengen, zu einem weichen Teig verkneten und so lange (1 1/2–2 Std.) warm stellen, bis er hoch aufgegangen ist. Eine längliche Blechkapsel mit Deckel oder eine festschließende Fleischpastetenform oder, falls beides nicht vorhanden ist, ein hohes Eindünstglas innen einfetten, das schmal zusammengefaltete Teigstück bis zur halben Höhe einlegen (damit es aufgehen kann und nicht überquillt) und in der geschlossenen Form oder im Glas (wie beim Eindünsten mit Gummiring, Deckel und Klammer gut gesichert) im leicht strudelnden Wasserbad 1–1 1/2 Std. (vom Kochen an gerechnet) gar werden lassen. Dann aus der Form lösen, erkalten lassen und bis zum Gebrauch trocken aufbewahren; dieses Sandwiches- oder Toastbrot lässt sich so auf rasche Weise ohne Backofen herstellen.

1 Toastbrot: Den Teig in die gefettete Form legen.

2 Den Teig gut durchkneten.

1 Kapselbrot: Den (Vollkorn-)Teig in die gefettete Kapsel legen.

2 Die Garprobe machen – der Teig soll noch leicht federn.

3 Das Malakoff-Brot erst am nächsten Tag aufschneiden.

2047
Mohnbrötchen/ Mohnzöpfchen

12–16 Stück
20 g Frischhefe oder
½ Päckchen Trockenbackhefe,
⅛ l Milch,
300 g Weizenmehl (Type 550),
75 g Butter/Margarine,
½ Teel. Salz.
Eigelb oder Dosenmilch,
Mohn.

Den nach Grundrezept zubereiteten Hefeteig auf einem bemehlten Backbrett zu einer langen Wurst rollen und in 12–16 gleichmäßige Stücke schneiden. Jedes Stück zu runden oder langen Brötchen formen, etwas platt drücken, auf ein gefettetes Backblech setzen und gehen lassen.
Für Mohnzöpfchen aus der langen Teigrolle kleinere gleichmäßige Stücke schneiden und zu 15–20 cm langen Strängen formen. Aus drei Strängen jeweils einen Zopf flechten, auf ein gefettetes Backblech setzen und gehen lassen.

1 Teig abteilen und Brötchen formen.

2 Die Brötchen oben einkerben.

Das Brötchen oder Zöpfchen mit Eigelb oder Dosenmilch bestreichen, dick mit Mohn bestreuen und im vorgeheizten Backofen backen.
E.-Herd 200–225 °C / G.-Herd 3–4
Ca. 20–30 Minuten

2048
Feine Salzstangen

250 g Mehl, 125 g Butter,
4–5 Essl. saure Sahne,
1 Prise Salz.
Zum Bestreichen und Bestreuen:
2 Eigelb, Salz und Kümmel.

Die Zutaten auf dem Backbrett verkneten und den Teig 1 Std. kalt stellen. Stangen in der Größe und Dicke eines Bleistiftes formen, mit Eigelb überpinseln, Salz und Kümmel daraufstreuen und im vorgeheizten Backofen hellgelb backen; heiß oder kalt servieren.
E.-Herd 200 °C / G.-Herd 3
Ca. 12-15 Minuten

1 Vom abgeteilten Teig Stränge rollen.

2 Aus den Teigsträngen Knoten schlingen.

2049
Kümmelbrötchen

Ca. 10 Stück
20 g Frischhefe oder ½ Päckchen Trockenbackhefe, ca. ⅛ l Milch,
300 g Weizenmehl (Type 550 oder Type 1050),
75 g Butter oder Margarine,
1 Ei, 1 Prise Salz.
Zum Bestreichen:
Butterflöckchen,
1 Ei, Salz, 1 Essl. Kümmel.

Den nach Grundrezept zubereiteten Hefeteig auf einem bemehlten Backbrett zu einer langen Wurst rollen und gleichmäßige Stücke abschneiden. Runde Brötchen daraus formen, auf ein gefettetes Backblech setzen und gehen lassen. Jedes Brötchen überkreuz einschneiden, in die Öffnung ein Butterflöckchen geben, mit verquirltem Ei bestreichen, Salz und Kümmel darüberstreuen, im vorgeheizten Backofen backen.
E.-Herd 200–225 °C / G.-Herd 3–4
Ca. 20–30 Minuten

2050
Salzstangen oder Bierstängel

Ca. 20 Stück
15 g Frischhefe, ca. ⅛ l Milch,
350 g Weizenmehl (Type 405),
125 g Butter oder Margarine,
1–2 Eier, ½ Teel. Salz.
Zum Bestreichen: 2 Eigelb.
Zum Bestreuen:
grobes Salz und Kümmel.

Aus den Zutaten nach Grundrezept **1637** einen Hefeteig zubereiten. Den Teig gut gehen lassen, zu einer Wurst formen und schmale Scheiben davon abschneiden, diese zu etwa 15 cm langen, dünnen Stangen formen. Auf ein gefettetes Backblech (mit Abstand) legen, mit verquirltem Eigelb bestreichen und mit grobem Salz und Kümmel bestreuen. Im vorgeheizten Backofen backen.
E.-Herd 200–225 °C / G.-Herd 3–4
Ca. 12–15 Minuten

2051
Laugenbrezeln

10–12 Stück
25 g Frischhefe oder 1 Päckchen Trockenbackhefe,
evtl. 5 g Backmalz (vom Bäcker),
ca. 1/8 l lauwarmes Wasser (je nach Mehlbeschaffenheit evtl. auch etwas mehr),
500 g Weizenmehl (Type 405),
20 g (1 Essl.) Butter oder Schmalz,
1/2 Teel. Salz.
1/8 l Lauge (vom Bäcker),
grobes Salz.

Einen festen Hefeteig nach Grundrezept kneten. Auf einem bemehlten Backbrett den Teig zu einer langen Wurst rollen und in 20–22 gleichmäßige Stücke schneiden. Jedes Stück zu einer Länge von ca. 50 cm ausrollen. Die Enden sollen auf je 15 cm Länge kaum bleistiftdünn sein (damit sie recht knusprig werden), die Mitte der Rolle soll doppelt so dick sein. Dann zu Brezeln schlingen und auf dem Backbrett in der Wärme gehen lassen.
Wenn sich die Brezeln weich und voll anfühlen, das Brett mit den Brezeln in kühle Zugluft stellen (am besten ins Freie), bis die Brezeln abgestanden sind, d. h. die Oberfläche hart geworden ist. Jede Brezel einzeln in die 1:8 mit Wasser verdünnte Lauge tauchen, mit Salz bestreuen, an der dicken Stelle längs einschneiden und auf ein gefettetes Backblech setzen. Die Brezeln im vorgeheizten Backofen auf der untersten Schiene backen.
E.-Herd 225–250 °C / G.-Herd 4–5
Ca. 20 Minuten
Auf einem Gitter auskühlen lassen.

Pikantes Kleingebäck

2052
Mürbe Hörnchen

300–350 g Mehl, 10 g Hefe,
stark 1/8 l Milch, 75 g Butter,
1/2 Teel. Salz.
Zum Bestreichen: 20 g Butter.

Von einem Drittel Mehl mit der zerbröckelten Hefe und der Milch einen Vorteig ansetzen. Nach 1 1/2–2 Std. die erwärmte Butter, Salz, das übrige Mehl untermischen und einen ziemlich festen Teig kneten; dann so lange verarbeiten, bis er Blasen zeigt und sich von der Schüssel löst. Den Teig auf bemehltem Backbrett noch etwas durchkneten, 1/2 cm dick auswellen, mit zerlassener Butter bestreichen, in gleichmäßige, 12–15 cm große Vierecke teilen und diese in Dreiecke schneiden. Jedes Dreieck von der breiten Seite zur Spitze aufrollen, halbmondförmig auf ein gefettetes Backblech setzen, 1 1/4 Std. in mäßiger Wärme aufgehen lassen, mit lauwarmem Wasser bestreichen und hellbraun backen; warm mit zerlassener Butter überpinseln.
E.-Herd 200 °C / G.-Herd 3
Ca. 15–20 Minuten

2053
Quarkhörnchen

200 g Speisequark (20%),
2 Essl. saure Sahne, 2 Eier,
1/2 Teel. Salz, 40 g Butter,
250–300 g Weizenmehl (Type 405 oder 1050),
1/2 Teel. Backpulver, 1 Essl. Öl,
1 Teel. ganzer Kümmel.
Füllung:
150 g gekochter Schinken,
1 Essl. Öl, 1 kleine Zwiebel,
frisch gemahlener Pfeffer,
1 verquirltes Ei.

Den Quark mit der Sahne, den Eiern, Salz und nicht zu kalter Butter verrühren. Das Mehl mit Backpulver vermischen, zufügen und den Teig mit etwas Öl geschmeidig kneten. Zuletzt den Kümmel unterkneten und den Teig ca. 1 Std. kalt stellen.
Zur Füllung den Schinken fein schneiden und zusammen mit der feingewürfelten Zwiebel im heißen Öl ca. 10 Min. dämpfen. Sparsam mit etwas frisch gemahlenem Pfeffer würzen (wegen der Eigenschärfe des Schinkens) und die Füllung abkühlen lassen. Den Teig nicht zu dünn ausrollen und Dreiecke ausschneiden. Darauf die Füllung gleichmäßig verteilen und Hörnchen formen. Die Hörnchen mit Eigelb bepinseln und auf ein gefettetes Backblech setzen. Im vorgeheizten Backofen hellbraun backen.
E.-Herd 200 °C / G.-Herd 3
Ca. 30 Minuten

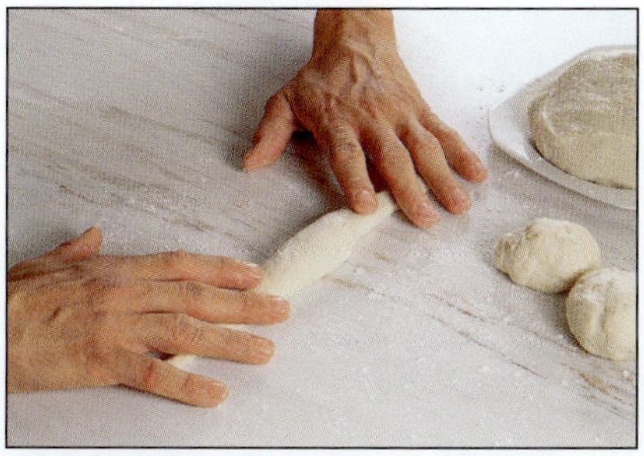
1 Brezeln: Die Teigstränge zur Mitte hin dicker rollen.

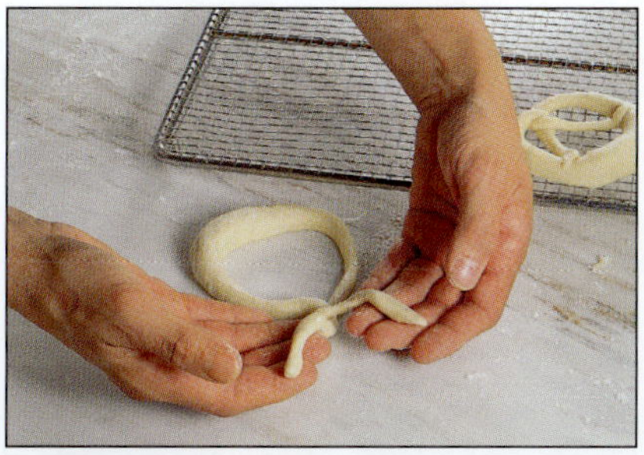
2 Brezeln schlingen, die Enden fest andrücken.

3 Die Brezeln mit verdünnter Lauge bestreichen.

2054 Käsestangen aus Blätterteig

Blätterteig von 100 g Mehl, 100 g Butter, 1 Prise Salz, etwas Wasser.
Zum Einstreuen:
3 Essl. geriebener Chester- oder Parmesankäse, 1/2 Teel. Paprika.
Zum Überpinseln: 2 Eigelb.

Den zubereiteten Blätterteig (vgl. **1652**) in 3–4 Touren auswellen und dabei den mit Paprika vermischten, geriebenen Käse nach und nach aufstreuen (ein wenig davon zurück behalten). Bei der letzten Tour den Teig 2 cm dick auswellen, in 8 cm lange und 2 cm breite Streifen zerschneiden, mit Eigelb bestreichen und mit dem restlichen Käse bestreuen; auf ein kalt abgespültes Blech setzen und im gut vorgeheizten Backofen knusprig backen.
E.-Herd 225 °C / G.-Herd 4
Ca. 12–15 Minuten

2055 Käsebrezelchen

Den Blätterteig **2054** etwa 1/2 cm dick auswellen, schmale, gleich lange Streifen abrädeln, je zwei ineinander schlingen, zu Brezelchen formen und auf ein kalt abgespültes Backblech setzen; dann sorgsam mit Eigelb überpinseln, geriebenen Käse aufstreuen und im vorgeheizten Backofen hellgelb backen.
E.-Herd 225 °C / G.-Herd 4
Ca. 12–15 Minuten
Oder die Brezeln mit Mohn oder Sesam besteuen.

2056 Blätterteigschnitten mit Speck

*Die halbe Menge der Zutaten zum Blätterteig **1652** oder 1 Packung Tiefkühlblätterteig, 1–2 Eigelb, 40 g Räucherspeck, etwas Salz, 1 Teel. Kümmel.*

Den Blätterteig zubereiten, messerrückendick auswellen und schmale Schnitten, Halbmonde oder schräge Vierecke ausstechen oder -rädeln. Mit Eigelb bestreichen, kleinwürfelig geschnittenen oder gewiegten Speck, Salz und Kümmel daraufstreuen und auf befeuchtetem Backblech im vorgeheizten Backofen backen.
E.-Herd 220 °C / G.-Herd 4
Ca. 15 Minuten
Zu Gemüse oder Braten als Beilage reichen.

2057 Blätterteigschnitten mit Pilzfülle

*Blätterteig von 125 g Butter, 180 g Mehl, 1 Prise Salz, etwas Wasser (vgl. **1652**).*
Zur Fülle:
500 g Champignons oder Steinpilze oder 250 g Dosenpilze.
Zum Dünsten der Pilze:
25 g Butter, 1 kleine Zwiebel, evtl. 100 g trockenes Weißbrot, 1 Teel. gewiegte Petersilie, 50 g Butter, 2 Eier, je 1 Prise Salz und Muskat.
Zum Bestreichen: 1 Eiweiß.

Die gereinigten Pilze (oder Dosenpilze) in Scheiben schneiden und mit der fein geschnittenen Zwiebel in 25 g heißer Butter weich dünsten. Das Weißbrot einweichen, ausdrücken, mit 50 g Butter und Petersilie abdämpfen und nach dem Erkalten die Pilze, die ganzen Eier und das Gewürz zugeben. Den Blätterteig auswellen, in etwa 12 cm lange und 10 cm breite Rechtecke schneiden, die Ränder mit Eiweiß bepinseln, je 1 geh. Essl. Fülle in die Mitte setzen und die 4 Ecken einschlagen. Die Schnitten auf einem gefetteten Blech im vorgeheizten Backofen backen.
E.-Herd 220 °C / G.-Herd 4
Ca. 30 Minuten
Zu Blumenkohl oder anderem feinen Gemüse als Beilage reichen.
Oder das Weißbrot weglassen und statt dessen die Pilzmenge erhöhen.

2058 Törtchen mit Käsecreme

8 Stück
*Blätterteig **1652**, halbe Menge, oder 1 Packung Tiefkühlblätterteig.*
Zur Fülle:
2 Eier, 1/4 l süße Sahne, 100 g geriebener Emmentaler, je 1 Prise Salz und Paprika, einige Butterflöckchen.

Den Blätterteig dünn auswellen und 8 kleine, hohe Förmchen damit auslegen. Zur Fülle die ganzen Eier mit der Sahne glatt quirlen, den Käse untermischen, Salz und Gewürz zufügen, die Förmchen 2/3 hoch füllen, auf jedes ein Butterflöckchen geben und bei guter Backofenhitze knusprig backen.
E.-Herd 220 °C / G.-Herd 4
Ca. 10–15 Minuten

> ***Tipp:***
> *Einfacher und schneller geht die Herstellung von Blätterteiggebäck mit fertig gekauftem Tiefkühlblätterteig.*

1 Käse- / Salzstangen schneiden.

2 Die Stangen in sich verdrehen.

Verschiedenes Blätterteig-Gebäck ▷

2059 Vollkornpastetchen

Ca. 20 Pastetchen
400 g frisch gemahlenes Weizenvollkornmehl (Type 1700), 20 g Mehl, ¼ l Wasser, 25 g Frischhefe oder 1 Päckchen Trockenhefe, 1 Teel. Salz, 400 g Pflanzenmargarine, 1 Eiweiß zum Bepinseln.

Einen Hefeblätterteig nach Grundrezept, S. 415, zubereiten. Nach Belieben füllen.

2060 Käsepastetchen

*Die halbe Menge Blätterteig von **1652** oder 1 Packung TK-Blätterteig.*
Zur Fülle:
100 g geriebener Emmentaler oder Gouda, 3 Eigelb, ½ Tasse Milch, 1 Essl. dicker saurer Rahm, je 1 Prise Salz und Muskat, evtl. 1 Teel. Schnittlauch oder gewiegte Petersilie, Schnee von 3 Eiweiß.

Den Blätterteig auswellen und kleine, gut gefettete Pastetenförmchen damit auslegen. Die Zutaten zur Fülle mischen, in die Förmchen bis zur halben Höhe füllen, im vorgeheizten Backofen aufziehen.
E.-Herd 200 °C / G.-Herd 3.
Ca. 20 Minuten.
In den Förmchen mit Salat servieren.

2061 Pikante Blätterteigpastetchen

Selbsthergestellter Blätterteig, S. 476, oder 1 Packung Tiefkühlblätterteig, 1 Eiweiß.

Mit einer gezackten oder glatten Ringform (4–6 cm Ø) doppelt so viele Scheiben ausstechen, wie Pastetchen gewünscht werden. Die Hälfte der Teigstücke als Böden mit der Oberseite nach unten auf ein kalt abgespültes Blech setzen und den Rand ganz außen vorsichtig mit geschlagenem Eiweiß bepinseln. Darauf achten, dass am Rand kein Eiweiß abfließt, damit die Böden überall gleichmäßig aufgehen.

Die zweite Hälfte der Blätterteigscheiben mit einem kleineren Förmchen in der Mitte lochen und als Rand auf die Böden setzen. Die kleinen Scheiben werden als Deckel verwendet. Im vorgeheizten Backofen backen.
E.-Herd 200–225 °C / G.-Herd 3-4
Ca. 25–30 Minuten.
Die Deckelchen nach 15 Min. aus dem Backofen nehmen.
Als Füllung eignen sich die Cremes S. 579 oder Kalbfleischfülle.

Tipp:
Die Backofentür frühestens 15 Minuten nach Beginn der Backzeit öffnen, sonst fällt das zugempfindliche Gebäck zusammen!

2062 Pikante Törtchen

1 Pckg. Vollkornblätterteig (je 5 Blatt), Weizenschrot zum Auswellen.
Zur Fülle:
½ l saure Sahne, 4 Eier, ½ Teel. Salz oder Gemüsebrühwürze, 200 g Tomaten, in schmale Stücke geschnitten, 250 g Blattspinat, blanchiert und kleingeschnitten, 1 Zwiebel, in kleine Würfel geschnitten, Backförmchen (5,5 cm Ø)

Den Blätterteig Blatt für Blatt mit Weizenschrot bestreuen und ca. 20 x 20 cm groß ausrollen, daraus jeweils vier Rondelle, 10 cm Ø, ausstechen und die Backförmchen damit auslegen.
Für die Füllung die saure Sahne mit den Eiern und Salz oder Würze verquirlen, Tomatenstücke, Spinat und Zwiebelwürfel dazugeben. Die Masse in die Förmchen füllen und die Törtchen im vorgeheizten Backofen bei 180 °C 25–30 Minuten backen.
Oder für die Füllung 250 g Champignons anstelle der Tomaten verwenden.
Oder 200 g gekochten Schinken, gewürfelt, und 100 g Gouda oder Emmentaler, gerieben, mit der Sahne vermischen, evtl. mit Paprikapulver (mild) würzen.
Für die Törtchen eignet sich auch der Pie-Teig **1644**.

◁ Pikant gefüllte Törtchen, s. o.

2063 Schinkenhörnchen

250 g Mehl,
250 g Butter oder Margarine,
250 g Quark (20%), 1 Prise Salz,
200 g gekochter Schinken,
100 g Zwiebelwürfel, glasig angedünstet, 1 Eigelb, Kümmel.

Mehl, Butter, Quark und Salz zu einem glatten Teig (vgl. S. 476) kneten, auswellen und in Dreiecke (Kantenlänge ca. 15 cm) schneiden. In die Mitte ein wenig kleingeschnittenen Schinken und Zwiebelwürfel geben und zu Hörnchen aufwickeln. Mit Eigelb bestreichen, mit Kümmel bestreuen und backen.
E.-Herd 200–225 °C / G.-Herd 3–4
Ca. 20 Minuten
Die Schinkenhörnchen können auch mit TK-Blätterteig hergestellt werden.

2064 Käsestangen aus Mürbeteig

250 g Mehl, 150 g Butter (sehr kalt),
120 g geriebener Parmesankäse,
2 Eigelb, 2–3 Essl. saure Sahne,
je 1 Prise Salz und Paprika.
Zum Überpinseln und Bestreuen:
2 Eigelb und etwas Kümmel.

Alle Zutaten auf dem Backbrett verkneten und den Teig kalt stellen. Dann messerrückendick auswellen, in 12 cm lange und $1^1/_2$ cm breite Streifen schneiden, mit gequirltem Eigelb überpinseln, Kümmel darauf streuen und im vorgeheizten Backofen hellgelb backen.
E.-Herd 200 °C / G.-Herd 3
Ca. 15–20 Minuten
Oder die Streifen nur knapp 1 cm breit schneiden, je 2 gleich lange Streifen spiralenförmig ineinander schlingen (vgl. Russische Brezeln **1882**).

Tipp:
Wird Mürbegebäck nicht am gleichen Tag der Zubereitung verbraucht, schmeckt es nach kurzem Erhitzen im Backofen wie frisch gebacken!

2065 Käsewindbeutel

¼ l Wasser,
50 g Butter oder Margarine,
1 Prise Salz, 150 g Mehl,
4 Eier, 80 g geriebener Parmesan oder Emmentaler.

Den Brandteig mit dem Käse nach Grundrezept (S. 478) zubereiten. Mit zwei Kaffeelöffeln walnussgroße Teighäufchen formen, auf einem gefetteten, mit Mehl bestäubten Backblech im vorgeheizten Backofen backen.
E.-Herd 200 °C / G.-Herd 3.
Ca. 20–30 Minuten.
Die abgekühlten Windbeutel quer durchschneiden und mit einer der folgenden Cremes füllen:

Quark-Nuss-Creme:
250 g Sahnequark,
125 g Parmesan,
125 g geriebene Haselnüsse.

Gorgonzola-Creme:
200 g Sahnequark,
100 g Butter,
150 g Gorgonzola,
etwas Joghurt,
Salz, Pfeffer.

Käse-Kräuter-Creme:
2 Ecken Doppelrahm-Frischkäse,
1 Tasse Joghurt,
Salz, Paprika,
3 Essl. gehackte Kräuter.

Jeweils alle Zutaten cremig rühren.

2066 Schinkenkrapfen

Zum Teig:
200 g Mehl, 50 g Butter,
50 g geriebener Käse,
1 Prise Salz, etwas Wasser.
Zur Fülle:
125 g gekochter Schinken,
je 1 Essl. in wenig Butter gedünstete, gewiegte Zwiebel und Würzkräuter, 1 Eigelb,
1 Essl. geriebener Käse,
1 Essl. saure Sahne.
Zum Bestreichen: 1 Eiweiß.
Zum Backen: reichlich Fett oder Öl.

Einen weichen, glatten Teig herstellen, messerrückendick auswellen und in Vierecke schneiden. Zur Fülle den Schinken fein wiegen, die gedünstete, etwas abgekühlte Zwiebel und Kräuter zufügen, Eigelb, Käse und Sahne untermischen und je 1 Teel. der Fülle auf die Vierecke setzen. Den Teigrand mit gequirltem Eiweiß bestreichen, die vier Ecken zur Mitte gegeneinander drücken und die Krapfen schwimmend in heißem Fett hellbraun oder in der Fritteuse backen (170 °C). Auf Küchenpapier entfetten; heiß servieren.

2067 Käsekekse

125 g Mehl, 100 g Butter,
2–3 Essl. saure Sahne oder Obstessig, 1 kleines Ei,
100 g geriebener Parmesan oder Emmentaler,
je 1 Prise Salz und Paprika.
2 Eigelb,
geschälte, halbierte Mandeln,
Kümmel zum Bestreuen.
Käsecreme:
2 Essl. Speisestärke, ¼ l Milch,
je 1 Prise Salz, Paprika und Muskat,
80 g geriebener Parmesan oder Emmentaler, 30 g Butter, 1 Eigelb.

Die Zutaten (2 Essl. geriebenen Käse zum Bestreuen zurückbehalten) rasch zu einem Mürbteig nach Grundrezept **1643** verarbeiten und ½ Std. ruhen lassen. Dann messerrückendick auswellen, die ganze Fläche mit Eigelb überpinseln, den restlichen geriebenen Käse aufstreuen, runde Plätzchen oder Dreiecke ausstechen und mit den Mandeln verzieren oder mit Kümmel bestreuen. Im vorgeheizten Backofen backen.
E.-Herd 175–200 °C / G.-Herd 2–3.
Ca. 20 Minuten.
Die Kekse können folgendermaßen gefüllt werden:
Zur Käsecreme die Speisestärke mit der Milch glattrühren, kurz aufkochen und etwas abkühlen lassen. Gewürze, Käse, Butter und das verquirlte Eigelb zufügen, bis zum Kaltwerden schlagen und auf die abgekühlten Käsekekse streichen. Jeweils zwei gleich geformte Kekse aufeinandersetzen, Kümmelseite nach oben.

Pikante Kuchen

2068

Salzkuchen Flammkuchen

Hefeteig-Grundrezept, halbe Menge ohne Zucker.
Belag:
1–2 Bund Schnittlauch,
Grün von 2–3 Frühlingszwiebeln,
1 Teel. Salz, 2 Teel. Kümmel,
250 g kleine Grieben,
6 Essl. feingehackte, in Schmalz gedünstete Zwiebeln.
je 1/8 l süße und saure Sahne,
30 g Butter.

Den Hefeteig zubereiten und gut gehen lassen. Ein Kuchenblech mit hohem Rand fetten und den Teig dünn ausgewellt hineinlegen, nochmals gehen lassen.
Den Schnittlauch und das Grün der jungen Zwiebeln sehr fein schneiden, auf dem Teig verteilen und mit Salz und Kümmel bestreuen. Die Grieben mit den Zwiebelstückchen vermischen und auf den Kuchen streuen.
Für den Belag die Sahne mit der flüssigen Butter verrühren und über den Belag gießen. Den Salzkuchen im vorgeheizten Backofen backen.
E.-Herd 200–225 °C / G.-Herd 3–4
Ca. 35–40 Minuten
Den Kuchen sofort nach dem Backen in nicht zu große Stücke schneiden und warm servieren.

Tipp:
Evtl. 10 Minuten vor Ende der Backzeit die Oberfläche mit Alufolie oder Backpapier bedecken.

Variante: **„Dünn-Röhrles-Kuchen"**
Zur Sahne und Butter das fein geschnittene Grün von etwa 8 Winterheckzwiebeln (Lauch- oder Röhrenzwiebeln), 1 Teel. grobes Salz, 2 Teel. Kümmel sowie 2 große, fein gehackte und in Schmalz gedünstete Zwiebeln auf den Kuchen geben. Wer es noch herzhafter liebt, kann noch festen Kräuterkäse darüberreiben.
Für **Flammkuchen** aus dem Teig sehr dünne Scheiben (kreisrund oder oval, ca. 30 cm Durchmesser) ausrollen, diese wie den Salzkuchen belegen und im sehr heißen Backofen (evtl. auf einem Pizzastein) etwa 8 Minuten knusprig backen

2069

Kartoffelkuchen

25 g Frischhefe, 1/8 l Milch,
350–375 g Weizenmehl,
70 g Schmalz,
1 Prise Salz, evtl. 1 Ei.
Belag:
1 kg Kartoffeln, 25 g Butter,
je 1 Prise Salz und Muskat,
1/4 l Milch, 1/8 l saure Sahne,
2 Eier verquirlt,
evtl. 2 Teel. Kümmel, 2 Zwiebeln,
Schmalz zum Dünsten.

Einen Hefeteig nach Grundrezept (S. 472) herstellen, gut gehen lassen und auf einem gefetteten Backblech so ausrollen, dass ein hoher Rand geformt werden kann. Die gekochten, noch heißen Kartoffeln schälen und durch die Kartoffelpresse drücken. Mit Butter, den Gewürzen, kalter Milch, Sahne und Eiern zu einem nicht zu dünnen Kartoffelbrei anrühren (evtl. mit Kümmel würzen). Die Zwiebeln feinwürfelig schneiden und im Schmalz goldgelb anlaufen lassen. Nun zuerst die Zwiebelwürfel und dann den Kartoffelbrei auf den Teigboden streichen. Den Kartoffelkuchen im vorgeheizten Backofen backen.
E.-Herd 200–225 °C / G.-Herd 3–4
Ca. 35–40 Minuten

2070

Broccolikuchen

Hefeteig-Grundrezept, halbe Menge S. 472, ohne Zucker.
*Oder Mürbeteig wie zur Quiche Lorraine **2072**.*
Belag: 500 g Broccoliröschen.
Guss: 50 g durchwachsener Speck,
1/4 l saure Sahne, 2 Eier,
frisch gemahlener Pfeffer.
Zum Bestreuen:
80 g geriebener Emmentaler oder Parmesan.

Einen Hefe- oder Mürbeteig zubereiten und eine gut gefettete, flache Form (Pie-Form Ø 28 cm) damit auslegen, auch den Rand hochziehen. Den Broccoli putzen (siehe S. 374), die Stängel abschneiden (evtl. für einen Salat oder eine Suppe verwenden) und nur die Röschen etwa 3–4 Min. in kochendem Wasser blanchieren. Abtropfen lassen. Den Speck in sehr kleine Würfelchen schneiden, unter die saure Sahne und die verquirlten Eier mischen, mit wenig frisch gemahlenem Pfeffer würzen. Die Broccoliröschen auf dem Teig verteilen, die Sahne-Eiermischung darübergießen und den geriebenen Käse darüberstreuen; im vorgeheizten Backofen backen.
E.-Herd 200 °C / G.-Herd 3
Ca. 35–40 Minuten

1 Salzkuchen: Das gefettete Blech mit dem Teig auslegen.

2 Den Belag aufstreuen.

3 Den Sahneguss darübergießen.

2071 Französische Lauchtorte

250 g Mehl, 2 Essl. Weißwein,
1 Eigelb, 1 Prise Salz,
125 g Butter.
Füllung:
100 g durchwachsener Speck,
2 Zwiebeln, 1/8 l Fleischbrühe,
evtl. etwas Weißwein,
2–3 Stangen Lauch,
150 g gekochter Schinken.
Guss: 2 Eier,
1 Becher saure Sahne (150 g),
100 g geriebener Emmentaler,
etwas Milch, 1 Prise Muskat,
frisch gemahlener weißer Pfeffer.

Einen Mürbeteig nach Grundrezept (S. 474) zubereiten. Während der Teig kühl steht, die Füllung bereiten: Den Speck feinwürfelig schneiden und auslassen, die ebenfalls feinwürfelig geschnittenen Zwiebeln im Speck glasig dünsten, die Fleischbrühe zugießen und darin den gut geputzten, in mundgerechte Stücke geschnittenen Lauch ca. 8 Min. kochen. Falls die Flüssigkeit zu stark einkocht, mit einem Schuss Weißwein auffüllen. Nach 5 Min. Garzeit den kleinwürfeligen Schinken unterrühren.
Eine Springform (26 cm Ø) fetten, 2/3 des Teiges in der Größe des Bodens ausrollen, vom Teigrest einen hohen Rand formen. Den Teigboden ein paar Mal mit einer Gabel einstechen, dann die nicht zu nasse Lauchmasse einfüllen. Den gut verquirlten Guss darüber verteilen und die Lauchtorte auf der untersten Schiene im vorgeheizten Backofen backen.
E.-Herd 225 °C / G.-Herd 4
Ca. 45 Minuten

2072 Quiche Lorraine (Lothringer Kuchen)

Mürbeteig:
200 g Weizenmehl (Type 405),
100 g Butter oder Margarine,
1 Ei, 1 Prise Salz,
oder 1 Packung Tiefkühlblätterteig,
100 g Rauchfleisch oder
Räucherspeck.
Füllung:
75 g Butter oder Margarine,
2 Essl. Mehl,
1/4 l Milch oder saure Sahne,
2 Eier, 100 g geriebener Käse,
Salz, Pfeffer, Muskat.

Den Mürbeteig nach Grundrezept zubereiten und kühl stellen. Auswellen, in eine gefettete Springform legen und den Rand gut andrücken. Oder den nach Anweisung auf der Packung zubereiteten Blätterteig in der mit Wasser befeuchteten Kuchenform ausbreiten. Die Teigplatte mit Rauchfleisch- oder Speckscheiben belegen und vorbacken.
Aus den für die Füllung angegebenen Zutaten eine dicke Käsesoße zubereiten und über die Speckscheiben gießen. Im vorgeheizten Backofen backen. Heiß servieren.
E.-Herd 200–225 °C / G.-Herd 3–4
Ca. 12 Min. vorbacken,
dann 30 Minuten
Oder für eine feinere Zubereitung das Rauchfleisch in dünne Scheiben schneiden, ca. 5 Min. in kochendem Wasser blanchieren, abtropfen lassen und in 1 Essl. Butter durchschwenken. Dann weiter wie oben.

2073 Zwiebel-Käsekuchen

250 g Mehl,
75 g Schweineschmalz, Butter oder
Margarine (sehr kalt),
5 Essl. Wasser,
knapp 1 Essl. Essig,
½ Teel. Salz,
400 g Zwiebeln,
1 Essl. Butter, etwas Salz.
150 g geriebener Greyerzer oder
300 g geriebener Emmentaler,
150 g Bündner Fleisch oder
Räucherspeck in feinen
Streifen.
Guss:
2 Eigelb, 2 Eiweiß, steif geschlagen,
1/4 l saure Sahne, 3 Essl. Mehl,
1 Teel. Kümmel.

Mehl, Fett und Wasser rasch und kühl zusammenarbeiten, den Essig darüber verteilen und das Salz unterkneten. Den Teig ca. 30 Min. kühl stellen. Eine Spring- oder Pieform fetten, den Teig dünn ausgerollt daraufgeben (siehe Abbildung unten), die Ränder hochziehen, einige Male mit einer Gabel einstechen.
Die Zwiebeln in feine Ringe schneiden, in der Butter halbweich dämpfen (nicht bräunen!) und mäßig salzen. Zusammen mit dem Reibkäse und eventuell feinen Streifen von Bündner Fleisch auf dem Teig verteilen und den aus den angegebenen Zutaten gerührten Guss (den Eischnee zuletzt unterziehen) darüber verteilen. Im vorgeheizten Ofen backen.
E.-Herd 225 °C / G.-Herd 4
Ca. 40 Minuten

1 Lauchtorte: Den Mürbeteig mit Hilfe der Kuchenrolle in die Form legen.

2 Den Lauchbelag aufbringen.

3 Die Käse-Sahne-Mischung darübergeben.

2074 Zwiebelkuchen

Backform 28 cm Ø
Mürbeteig:
60 g Schweineschmalz,
200 g Weizenmehl (Type 405),
1 Prise Salz, 1 Teel. Backpulver,
2 Essl. Weißwein und 80 ml Wasser.
Oder Hefeteig:
½ Würfel oder ½ Päckchen Hefe,
⅛ l Milch, 200 g Weizenmehl
(Type 405 oder 1050),
80 g Butter oder Margarine,
1 Prise Salz, 1 Ei.
Füllung:
1 kg Zwiebeln, 60–80 g Räucherspeck oder Schmalzgrieben,
30 g Butter oder Schmalz,
60 g Mehl,
¼ l saure Sahne (Rahm),
2–4 Eier, getrennt, Salz,
1 Essl. Kümmel, Butterflöckchen.

Für den Mürbeteig das Schmalz leicht schaumig rühren, die anderen Zutaten nach und nach untermischen und den Teig ca. 1 Std. kühl stellen.
Oder einen Hefeteig aus den obenstehenden Zutaten nach dem Grundrezept zubereiten und gehen lassen.

Für die Füllung die Zwiebeln schälen, klein schneiden und mit dem würfelig geschnittenen Speck oder Grieben in der Butter glasig dämpfen. Das Mehl mit der Sahne glattrühren, Eigelb, Salz, Kümmel und die etwas abgekühlten Zwiebeln untermischen, den steifen Eischnee leicht unterziehen.
Den Mürbeteig oder den gut gegangenen Hefeteig auswellen, in eine gefettete Springform legen und den Rand gut andrücken. Die Füllung auf der Teigplatte gleichmäßig verteilen und Butterflöckchen daraufsetzen. Im vorgeheizten Backofen backen. Zwiebelkuchen schmeckt nur warm!
E.-Herd 180–200 °C / G.-Herd 3
Ca. 40–55 Minuten

Tipp:
Von der Sahne-Ei-Mischung etwas zurückbehalten und zuletzt über die Zwiebelfüllung gießen. Die Oberfläche des Kuchens sieht dann schön gebräunt aus.

2075 Käswähe

1 Paket Tiefkühlblätterteig,
4 Essl. Semmelbrösel,
250 g durchwachsener, geräucherter Schinkenspeck,
250 g pikanter Bergkäse (Hartkäse) oder Gouda,
⅛ l saure Sahne, 3 Eier,
Salz und Paprika.

Den nach Anweisung aufgetauten Blätterteig in der Größe des Backbleches ca. 3 mm dick ausrollen, auf das mit Wasser befeuchtete Blech legen und die Ränder an den Seiten leicht hochdrücken. Mit den Semmelbröseln bestreuen. Den in dünne kleine Scheiben geschnittenen Schinkenspeck und den geraffelten Käse auf der Teigplatte verteilen. Sahne und Eier verquirlen, würzen und gleichmäßig über den Käse und Speck geben.
Im vorgeheizten Backofen knusprig backen. Noch warm servieren.
E.-Herd 200–225 °C / G.-Herd 3–4
Ca. 30 Minuten

2076 Tomatenkuchen

Backform 24 cm Ø
Quarkblätterteig, S. 476 (halbe Menge).
Belag:
ca. 12 kleine Tomaten,
100 g gekochter Schinken,
20 g Butter, 2 Essl. Mehl,
je 100 ml Wasser und süße Sahne,
je 1 Prise Salz, Pfeffer, Paprika,
1 Essl. gehackte Petersilie,
2 Essl. feingeschnittenes Grün von Frühlingszwiebeln,
ersatzweise Schnittlauch,
2–3 Essl.geriebener Emmentaler,
Butterflöckchen.

Nach dem Rezept auf S. 476 einen Quarkblätterteig herstellen. Den Teig gleichmäßig dick auswellen, in eine mit Backpapier ausgelegte Springform legen und den Teigrand an den Seiten hochziehen. Die Tomaten blanchieren und häuten, darauf achten, dass sie nicht zerfallen. Den Schinken sehr fein wiegen und auf den Tortenboden legen. Die Tomaten darauf setzen. Das

Mehl in der Butter hellgelb anschwitzen, langsam Wasser und Sahne unterrühren und würzen. Falls Klümpchen entstanden sind, durch ein Sieb gießen. 150 g Emmentaler unter die Soße rühren und über die Tomaten gießen. (Die Soße darf nicht zu dünn sein!) Den restlichen Reibkäse darüberstreuen, die Butterflöckchen aufsetzen und den Tomatenkuchen backen.
E.-Herd 200–225 °C / G.-Herd 3–4
Ca. 50–60 Minuten

2077

Hackfleischkuchen

Backform 24 cm Ø
1 Packung TK-Blätterteig,
1 Essl. Öl zum Anbraten,
500 g Rinderhackfleisch,
1 große Zwiebel, Salz,
frisch gemahlener weißer Pfeffer,
1 Teel. mittelscharfer Senf,
1 Essl. Tomatenketchup,
1 Essl. Petersilie, feingewiegt,
½ Teel. Oregano,
200 g Emmentaler oder
Lindenberger in kleinen Würfeln,
1 Ei zum Bestreichen.

Den Blätterteig nach Vorschrift auftauen lassen. Eine Springform oder eine flache feuerfeste Form leicht fetten, ⅔ des Teiges in der Größe der Springform ausrollen, in die Form legen und einen ca. 3 cm hohen Rand formen. Im heißen Öl das Hackfleisch mit der feingewürfelten Zwiebel gut durchbraten, würzen, mit den Käsewürfeln vermischen und in die Form füllen. Den restlichen Teig als Decke dünn ausrollen und über die Hackfleischmasse legen. Den Rand leicht andrücken und die Teigdecke in der Mitte über Kreuz einschneiden. Falls noch etwas Blätterteig übrig ist, kann man daraus kleine Figuren ausstechen oder Quadrate ausschneiden und diese auf der Teigdecke verteilen. Den Kuchen mit verquirltem Ei bestreichen und im vorgeheizten Backofen backen.
E.-Herd 200 °C / G.-Herd 3
Ca. 40–50 Minuten
Als Hauptgericht serviert, ergibt der Kuchen 4 Portionen, als kleiner Imbiss gereicht, sind es 6 Portionen.

2078

Spinat-Pie (Spinatkuchen)

Backform 28 cm Ø
250 g Mehl,
100 g Butter,
3 Essl. Schweineschmalz,
1 Prise Salz,
5–6 Essl. eiskaltes Wasser.
Belag: 1 kg kleinblättriger Spinat,
Salz, Pfeffer, 1 Prise Muskat.
100 g durchwachsener Speck,
1 große Zwiebel,
2 Knoblauchzehen.
Guss: ¼ l süße Sahne, 2 Eier,
1 Prise Salz, Pfeffer, Muskat.
Oder 200 g geriebener Parmesan
oder Emmentaler.
Butterflöckchen.

Nach dem Grundrezept alle Zutaten rasch zu einem Mürbeteig (Hackteig) verarbeiten, auswellen und eine Pieform damit auslegen. Den Teig mit der Gabel mehrfach einstechen. Den geputzten Spinat in wenig Wasser kurz blanchieren, würzen und in einem Sieb gut abtropfen lassen, evtl. noch vorsichtig ausdrücken. Den Speck kleinschneiden, in einer Pfanne auslassen und darin die klein gehackte Zwiebel und Knoblauch hell anschwitzen. Mit dem Spinat vermischen, auf dem Kuchen verteilen und mit der Eiersahne übergießen oder geriebenen Käse darüberstreuen, Butterflöckchen obenauf legen. Im vorgeheizten Backofen zu schöner Farbe backen.
E.-Herd 220 °C / G.-Herd 3–4
Ca. 35–40 Minuten

2079

Pikanter Gitter-Pie (Mürbeteigkuchen)

Backform 28 cm Ø
oder 1 Kuchenblech
200 g Mehl, 2 Essl. saure Sahne
oder Wasser, 1 Ei, 1 Prise Salz,
125 g Butter oder Margarine.
5 Zwiebeln, 2 Essl. Öl,
2 große Fleischtomaten,
1 mittelgroße Dose gehäutete
Tomaten (Einwaage 280 g),
Salz, frisch gemahlener Pfeffer,
1 Knoblauchzehe, fein gehackt,
1 Hauch Cayennepfeffer,
1 Lorbeerblatt, 1 gute Prise
Oregano oder Majoran.
Zum Belegen: 24 Sardellenringe,
24 mit Paprika gefüllte Oliven.
Eigelb zum Bestreichen.

Nach dem Grundrezept auf S. 474 einen Mürbeteig zubereiten. Die Zwiebeln schälen, fein hobeln und in Öl glasig dünsten. Die Tomaten heiß überbrühen, häuten und in Scheiben schneiden. Den Doseninhalt Tomaten mit dem Saft zu den Zwiebeln gießen, alle Gewürze zugeben und ca. 10 Min. leise kochen lassen. Das Lorbeerblatt herausnehmen.
Die Backform oder das Blech ausfetten und mit ¾ des dünn ausgerollten Teigs belegen. Die Zwiebel-Tomaten gleichmäßig einfüllen und die Tomatenscheiben obenauf legen. Den restlichen Teig in 12 schmale Streifen schneiden und als Gitter obenauf legen. Dazwischen die Sardellenringe setzen und in den Ring eine Olive stecken. Eigelb über das Gitter streichen und den Kuchen im vorgeheizten Backofen backen.
E.-Herd 200 °C / G.-Herd 3
Ca. 45–50 Minuten

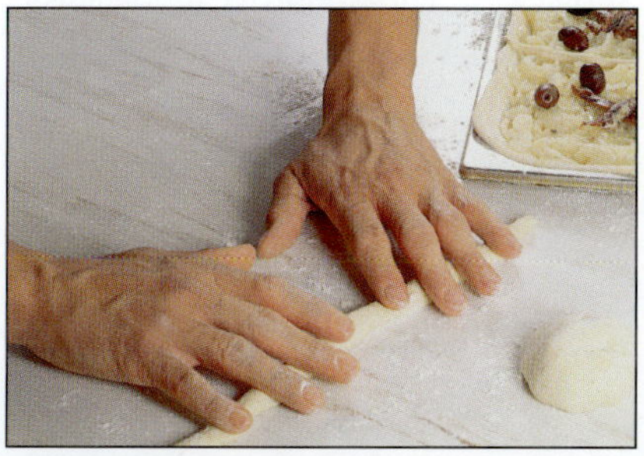

1 Die Teigstreifen für den Gitter-Pie ausrollen.

2 Die Teigstreifen auf den Belag legen.

2080
Pizza

400 g Weizenmehl (Type 405), 200–250 ml lauwarmes Wasser oder Wasser mit Milch gemischt, 20 g Frischhefe, 1 Teel. Salz.

Das Mehl auf ein Backbrett häufen, in die Mitte eine Mulde drücken, in diese die mit etwas Wasser verrührte Hefe geben. Das Salz und das übrige Wasser zugeben. Den Teig sehr weich verarbeiten – er muss am Backbrett kleben. Das Backbrett mit etwas Mehl bestäuben und den Teig kräftig durchkneten, einige Male auf das Backbrett schlagen, bis er weich und glatt ist und sich leicht von den Händen löst. Den Teig überkreuz einschneiden und mit einem Tuch bedecken. Bei Zimmertemperatur etwa 2 Std. gehen lassen, bis er seinen Umfang verdoppelt hat. Den Teig noch einmal gut durchkneten, etwa $^1/_2$ cm dick ausrollen und auf ein leicht gefettetes Backblech legen.
Beim Belegen darauf achten, dass ein Rand frei bleibt, damit dieser schön knusprig werden kann.
Pizza im vorgeheizten Backofen auf der obersten Schiene des Backofens backen.
E.-Herd 225–250 °C / G.-Herd 4–5
Ca. 15–20 Minuten

Tipp:
Pizzateig kann auf Vorrat zubereitet werden; in ein feuchtes Tuch eingeschlagen hält er im Gemüsefach des Kühlschranks 1–2 Tage. Oder den Teig einfrieren.

2081
Pizza-Variationen

Die Grundlage für den Belag bilden in jedem Falle geschälte oder gehackte Tomaten (Dose oder Packung), die ohne die Flüssigkeit leicht zerdrückt auf dem ausgerollten Pizzateig verteilt werden.
Zum Würzen eignen sich neben Salz und Pfeffer (sparsam verwenden) frische Kräuter wie Basilikum, Oregano, Petersilie oder Thymian.

Der Belag wird zuletzt mit etwas Öl (Olivenöl oder anderes Öl) beträufelt, damit die Zutaten schön saftig bleiben. Auch Reste eignen sich für eine Pizza; wichtig ist besonders in diesem Falle eine phantasiereiche Anordnung.

Nachfolgend 8 verschiedene Vorschläge für den Belag:

1 Geschälte Tomaten, Mozzarella-Käse, Anchovisfilets, Kapern, Oregano, Olivenöl.

2 Geschälte Tomaten, vorgedünstete frische Pilze (Champignons), sehr fein gehackter Knoblauch, gehackte Petersilie, Salz und Pfeffer, Öl.

3 Geschälte Tomaten, hauchdünne Paprika- und Zwiebelringe, Anchovisfilets, schwarze Oliven, Knoblauch, klein gehackt, frisch gemahlener Pfeffer, Olivenöl.

4 Geschälte Tomaten, Salamischeiben, Champignons aus der Dose, einige Anchovisfilets, Kapern, Mozzarella, Öl.

5 Geschälte Tomaten, Artischockenherzen (Dose), gedünstete Champignons, gekochter Schinken in Streifen, grob geraffelter Emmentaler.

6 Geschälte Tomaten, Miesmuscheln (frisch gekocht oder aus dem Glas), Thunfisch in Lake aus der Dose, Anchovisfilets, Pfeffer, Öl.

7 Geschälte Tomaten, Spinat (mit Schinkenwürfeln und Knoblauch vorgedünstet), Gemüsezwiebel (vorgedünstet), Salz, Muskat, geriebener Emmentaler oder Parmesan, Öl.

8 Geschälte Tomaten, Zwiebelscheiben (vorgedünstet), Zucchinischeiben, Schafskäsewürfelchen, frisches Basilikum, Öl.

Siehe auch Pizza mit Quark-Öl-Teig Seite 591.

Tomatenkuchen **2076** und pikant gefüllte Windbeutel **2065** ▷

Backen mit Vollkorn

Backen mit vollem Korn hat viele Vorteile – das Getreide kann aus biologischem Anbau bezogen werden – die gut gereinigten, sauberen Körner werden kontrolliert. Das Mehl kann nach Bedarf frisch gemahlen bzw. geschrotet werden, es enthält keine Konservierungsstoffe; deshalb sollten keine allzu großen Mengen an Körnern aufbewahrt werden.
Gebäck, das aus Vollkorn hergestellt wird, sättigt besser, schmeckt ausdrucksvoller, ist ballaststoffreich und enthält viele Vitamine und Mineralstoffe. Zum Süßen des Vollkorngebäcks bieten sich an: Honig, Rohzucker, das ist naturbelassener Rohr- oder Rübenzucker, Ahorn- und Rübensirup, kleingeschnittene Trockenfrüchte. Vollkornmehl/schrot hat einen hohen Ausmahlungsgrad (siehe auch S. 572). Je höher die Typenzahl des Mehls ist, desto mehr mineralstoffreiche Schichten des Korns enthält es. Das Mehl ist dunkler, die Typenzahl höher. Für den kleinen Haushalt und für Anfänger lohnt sich die Anschaffung einer Getreidemühle meistens nicht. Es gibt in Reformhäusern und Naturkostläden eine reiche Auswahl an Vollkornmehl und -schrot. Für mehr Bedarf lohnt sich die Beratung in einem Fachgeschäft, z. B., ob eine elektrische Mühle oder eine Getreidemühle mit Stahl- oder Natursteinmahlwerk in Frage kommen. Oft gibt es auch Zusatzgeräte zu bereits vorhandenen Küchenmaschinen.
Tipps zum Backen mit Vollkorn:
Das Korn darf nicht zu frisch sein;
es muss trocken und sauber sein;
das Mehl möglichst frisch mahlen;
feiner gemahlenes Mehl kann besser quellen als Schrot;
Vollkornteige benötigen etwa 1/3 mehr Flüssigkeit als Teige mit Mehl Type 405;
Vollkornteige brauchen Zeit zum Gehen und zum Quellen;
Vollkornteige solten eher weich sein, sonst wird das Backergebnis zu hart – falls sich der Teig nicht formen lässt, die Masse in einer Kastenform backen; beim Backvorgang eine Tasse mit Wasser in den Backofen stellen .
Vollkorngebäck lässt sich sehr gut einfrieren.

2082

Schwarzbrot

2½ kg Weizenmehl (Type 1050),
500 g Roggenmehl (Type 1370),
60 g Sauerteig ***2043*** *und*
10–15 g Hefe
oder ohne Sauerteig 40–50 g Hefe,
1 geh. Essl. Salz, etwa 1½ l Wasser,
evtl. 1–2 Essl. Kümmel,
4–5 gekochte, geriebene Kartoffeln.
Zum Bestäuben: etwas Mehl,
zum Fetten der Kastenformen:
Schweineschmalz oder Butter.

Zum Vorteig die Hefe mit 1/8 l lauwarmem Wasser glatt rühren, so viel Mehl zugeben, dass ein dünner Teig entsteht, und kühl gestellt über Nacht aufgehen lassen. Anderntags das erwärmte Mehl, Salz, den Hefevorteig oder Sauerteig und Hefeansatz lauwarmes Wasser, evtl. Kümmel und Kartoffeln untermengen und den festen Teig so lange kneten, bis er sich von den Händen löst und Blasen zeigt. Dann mit Mehl ringsum bestäuben und etwa 4 Std. warm, aber nicht zu warm stellen, weil der Teig langsam gären soll; zwei längliche Brotlaibe formen, in genügend große, gefettete Kastenformen einlegen und nach weiteren 20–30 Min. Ruhezeit mit Wasser überpinseln. Die Brote bei guter Mittelhitze braun backen und noch heiß wieder mit Wasser bestreichen.
E.-Herd 200 °C / G.-Herd 3
Ca. 60 Minuten
Zum Beachten: Vom frischen Teig ein handgroßes Stückchen zurückbehalten, mit etwas Salz und Mehl bestäuben, zugedeckt an kühlem Ort aufbewahren und beim nächsten Backen als Sauerteig verwenden.

2083

Roggenbrot mit Hefe

2½ kg Roggenmehl (Type 1370),
40 g Frischhefe (im Winter
10 g Hefe zusätzlich),
etwa 1½ l lauwarmes Wasser,
1 geh. Essl. Salz,
1–2 Essl. Kümmel.
Zum Fetten der Kastenformen
etwas Butter oder zum Ausstäuben
der Körbchen wenig Mehl.

Etwa 1/3 der Mehlmenge und 1 l Wasser mit der zerbröckelten Hefe zu einem großen Vorteig anrühren und 2 Std. aufgehen lassen. Inzwischen das Salz im übrigen Wasser auflösen, samt dem restlichen Mehl und dem Kümmel unter den Vorteig mischen und den Teig so lange kneten, bis er Blasen zeigt; dann auf dem Backbrett einige Male auswellen, einschlagen, hin und her rollen und in zwei oder drei längliche Laibe formen. In gefettete Kastenformen oder in mehlbestäubte Körbchen legen, darin 1–1½ Std. zum Gehen warm stellen und jedes Brot bei guter Hitze braun backen.
E.-Herd 200 °C / G.-Herd 3
Ca. 60 Minuten
Bei Verwendung von Mager- oder Buttermilch wird das Brot mürber.

2084

Roggenbrot mit Sauerteig

2½ kg Roggenmehl (Type 1370),
50 g Sauerteig Nr. 2067,
etwa 1½ l Wasser,
1 geh. Essl. Salz,
evtl. 1 Essl. Kümmel.

Den Sauerteig mit 1/8 l lauwarmem Wasser glatt verrühren, 200 g Mehl untermischen, etwas Mehl überstäuben und in Zimmerwärme oder über schwachem Wasserdampf zugedeckt 2–3 Std. ruhen lassen. Dann 1 l Wasser auf 35 °C erwärmen, den Sauerteig damit verdünnen und 1¼ kg Mehl untermengen. Diesen Vorteig etwa 2 Std. zum Gären (Reifwerden) warm stellen. Das Salz in knapp 3/8 l Wasser auflösen, mit dem aufgegangenen Vorteig, Kümmel und dem restlichen Mehl verarbeiten und den Teig nach 15 minütiger weiterer Ruhezeit in einzelne runde oder längliche Brote abteilen. Die gut durchgewirkten Laibe mit Wasser überpinseln und bis zum Einschieben in den gut vorgeheizten Backofen mit einem befeuchteten Tuch bedecken. Zeigen kleine Risse auf der Teigoberfläche den Reifegrad an, die Brote nochmals mit Wasser bepinseln und bei guter Hitze braun backen.
E.-Herd 200–220 °C / G.-Herd 3–4
Ca. 60 Minuten

2085 Roggenbrot mit Sauerteig und Hefe

Brotbacken nur mit Sauerteig ist immer etwas problematisch und erfordert einige Übung. Der Teig wird sehr klebrig – keinesfalls jedoch mit mehr Mehl arbeiten, lieber die Hände befeuchten! Einfacher geht es, wenn Sauerteig und Hefe zusammen verwendet werden:

2½ kg Roggenmehl (Type 1370) oder halb Roggenmehl, halb Roggenschrot,
1 Würfel Frischhefe (42 g),
1 Essl. Zucker oder Honig,
ca. 1½ l Wasser,
1 Beutel Natursauerteig oder etwa 150 g selbst angesetzter Sauerteig oder Sauerteig vom Bäcker, 1 geh. Essl. Salz.

Das Mehl oder Mehl und Schrot in eine Schüssel geben; die Hefe mit Zucker und Honig mit etwas lauwarmem Wasser glattrühren und zum Mehl geben. Mit dem restlichen Wasser, dem Sauerteig und Salz zu einem festen Teig verkneten. Den Teig zugedeckt einige Std. bei Zimmertemperatur gehen lassen. Oder den Teig über Nacht ruhen lassen und am nächsten Tag weiter verarbeiten.
Nochmals durchkneten, 2 Brote formen, einige Male mit der Gabel einstechen, evtl. mit lauwarmem Wasser bepinseln und nacheinander backen.
E.-Herd 220 °C / G.-Herd 4,
zuerst 15–20 Minuten
E.-Herd 200 °C /G.-Herd
dann ca. 60 Minuten

2086 Grahambrot

500 g feiner Weizenschrot,
1 Würfel Frischhefe (42 g),
¼ l Wasser oder Buttermilch,
1 Essl. Zucker,
1 Essl. Salz,
2 Essl. Butter oder Margarine.
Zum Bepinseln:
2 Essl. Butter oder Margarine.
Wasser, etwas Speisestärke.

Weizenschrot in eine Schüssel geben, eine Vertiefung eindrücken, die Hefe hineinbröckeln und mit etwas lauwarmem Wasser oder Buttermilch und Zucker verrühren. Kurze Zeit stehen lassen, dann mit den übrigen Zutaten zu einem glatten Teig verarbeiten. Die Schüssel zudecken und den Teig etwa 1 Std. gehen lassen. Nochmals durchkneten und in eine gefettete Kasten- oder Brotbackform (oder als Laib auf das gefettete Backblech) legen. Mit flüssiger Butter bestreichen und nach einer weiteren Ruhezeit von etwa 30 Minuten im vorgeheizten Backofen backen.
E.-Herd 200–220 °C / G.-Herd 3–4
Ca. 40–50 Minuten
Das warme Brot auf der Oberseite mit in wenig Wasser verrührter Speisestärke bepinseln.

Tipp:
Beim Brot- und Brötchenbacken eine Tasse Wasser mit in den Backofen stellen, dann wird die Kruste nicht zu hart!

2087 Kleie-Haferflocken-Brot

25 g Frischhefe oder 1 Päckchen Trockenbackhefe,
1 Teel. Zucker,
1 Teel. Malzextrakt,
etwa ⅛ l lauwarmes Wasser,
400 g Weizenmehl (Type 1050),
100 g Weizenkleie,
100 g grobe Haferflocken, in wenig Wasser vorgequollen,
3 Essl. Sonnenblumenöl,
knapp ¼ l lauwarmes Wasser,
2 Teel. Salz.

Die Hefe in eine Tasse bröckeln, mit Zucker und Malzextrakt vermischen und mit Wasser anrühren. Zugedeckt etwa 15 Min. gehen lassen. Das Mehl mit der Kleie und den eingeweichten Haferflocken in einer großen Schüssel vermischen, die flüssige Hefe und das Öl zugeben. Im lauwarmen Wasser das Salz auflösen; aus allen Zutaten einen festen Teig kneten. Zugedeckt bei Zimmerwärme etwa 1 Std. gehen lassen. Zwei Brote formen, auf ein gefettetes Backblech legen, der Länge nach einschneiden und mit etwas Wasser bepinseln. Noch kurze Zeit ruhen lassen, dann im vorgeheizten Backofen backen (die Stäbchenprobe machen).
E.-Herd 200 °C / G.-Herd 3
Ca. 45–50 Minuten
1 Tasse Wasser mit in den Backofen stellen, dann wird die Kruste nicht hart.

1 Den Brotlaib formen, nochmals gehen lassen.

2 Eine Teigseite über die andere schlagen.

3 Dem Brot seine Form geben.

2088
Schrotbrot mit Speck und Zwiebeln

1 Würfel Frischhefe (42 g),
¼–⅜ l lauwarmes Wasser,
evtl. 1 Teel. Zucker,
300 g Weizenschrot (fein gemahlen),
250 g Roggenschrot (grob gemahlen),
1 Essl. Salz,
4–5 Essl. Sonnenblumenöl,
150 g durchwachsener Speck,
4 Frühlings- oder Lauchzwiebeln mit Grün,
20 g Margarine oder Schmalz.

Die Hefe zerbröckeln und in einer Tasse mit etwas lauwarmem Wasser und evtl. Zucker anrühren. Weizen- und Roggenschrot in eine Schüssel schütten, die flüssige Hefe zugießen und etwa 20 Min. gehen lassen. Dann alle übrigen Zutaten einschließlich Öl zugeben und verkneten. Den Teig wiederum gehen lassen; in der Zeit den Speck kleinwürfelig und die Frühlingszwiebeln in Ringe schneiden; im heißen Fett leicht andünsten. Abgekühlt unter den Teig mischen. Einen Laib formen, auf ein gefettetes Backblech oder in die gefettete Brotbackform legen und nochmals ca. 30 Min. gehen lassen. Die Oberfläche einige Male einschneiden, das Brot mit Wasser bepinseln und evtl. mit wenig Mehl bestäuben. Im vorgeheizten Backofen backen.
E.-Herd 200 °C / G.-Herd 3
Ca. 30–40 Minuten

2089
Knoblauchbrot

Unter den Teig 4–5 fein gehackte Knoblauchzehen und 1 Bund zerzupften Thymian sowie 1 Teel. Rosmarinpulver kneten. Speck und Frühlingszwiebeln dann weglassen. Das Brot zu einem runden Laib formen, mit einem Holzlöffel in die Mitte ein Loch stoßen und dieses so vergrößern, dass sich ein Ring bildet. Auf dem gefetteten Backblech nochmal 30 Min. gehen lassen. Dann wie oben weiterbacken.

2090
Kraftbrot mit Haferflocken

750 g Weizenmehl (Type 1050),
25 g Frischhefe,
⅜ l Milch oder Wasser,
250 g Haferflocken,
evtl. 250 g gekochte, geriebene Kartoffeln,
20–30 g Butter oder Margarine,
1 gestr. Essl. Salz.

Das Mehl durchsieben, in der Mitte eine Vertiefung eindrücken, die zerbröckelte Hefe (mit etwas lauwarmer Milch oder Wasser aufgelöst) hineingießen, einen Vorteig damit anrühren und zum Aufgehen warm stellen. Dann alle Zutaten untermischen (evtl. ohne Kartoffeln), den Teig so lange schlagen, bis er Bläschen zeigt und in eine gefettete Kastenform legen; darin noch aufgehen lassen und das Brot bei mittlerer Hitze backen.
E.-Herd 200 °C / G.-Herd 3
Ca. 60–75 Minuten

2091
Fladenbrot mit Gewürzen

400 g Weizenmehl (Type 1050),
200 g Roggenmehl (Type 1370),
1 Würfel Frischhefe (42 g),
1 Teel. Zucker,
¼–⅜ l lauwarme Milch,
1 Teel. Salz, 1 Ei,
½ Teel. gemahlener Koriander,
1 Essl. Anissamen, grob gestoßen,
1 Prise gemahlene Nelken.
Zum Bestreichen:
Milch oder Wasser.
Zum Bestreuen:
Anis, grob gestoßen.

Das Mehl in einer großen Schüssel vermischen; die zerbröckelte Hefe mit Zucker und wenig lauwarmer Milch anrühren, etwa 15 Min. gehen lassen. Mit den übrigen Zutaten zum Mehl geben, alles gut durchkneten und zugedeckt 20–30 Min. gehen lassen. Das Backblech fetten, leicht mit Mehl bestäuben und den Teig zu 5–6 Kugeln geformt darauflegen. Die Teigkugeln mit den Händen flachdrücken, falls nötig, mit dem Wellholz flachrollen. Die Fladen noch ca. 30 Min. ruhen lassen. Mit Milch oder Wasser bestreichen und mit Anis bestreuen. Im vorgeheizten Backofen hellbraun backen.
E.-Herd 200–220 °C / G.-Herd 3–4.
Ca. 20 Minuten.

Oder für **Olivenbrot** den Teig nur mit Weizenmehl (Type 1050), mit Wasser statt Milch und mit 2 Essl. Olivenöl statt Ei herstellen. Anstelle der Gewürze 150 g kleine entsteinte schwarze Oliven vierteln, in wenig Weißwein einweichen und zuletzt unter den Teig kneten. Fladen oder Brötchen formen, mit Wasser benetzen und mit Rosmarinnadeln bestreuen. Bei mittlerer Hitze backen.
E.-Herd 180–200 °C / G.-Herd 2–3.
Ca. 20–30 Min.

2092
Feines Gewürzbrot

750 g Weizenmehl, davon 400 g Type 405 und 350 g Type 1050,
1 Würfel Frischhefe (42 g),
etwa ¼ l lauwarme Milch,
1 Essl. Honig, 2 Eier,
150 g Butter oder Margarine,
1 Prise Salz,
1 Essl. Fenchelsamen,
1–2 Essl. Kümmel,
1 Teel. Koriander, gemahlen,
1 Teel. Kreuzkümmel, gemahlen.

Die zwei Mehlsorten in einer großen Backschüssel vermischen, eine Vertiefung in die Mitte drücken, die Hefe mit etwas lauwarmer Milch und Honig anrühren und hineingießen. Die übrigen Zutaten samt den Gewürzen mit dem Knethaken des elektrischen Handrührers verkneten und den Teig zugedeckt einige Zeit ruhen lassen. Die Oberfläche mit etwas Mehl bestäuben. Wenn die Mehldecke aufreißt, den Teig weiter verarbeiten. Zwei längliche Brote formen, auf ein gefettetes oder mit Backtrennpapier belegtes Blech legen, die Oberfläche einige Male schräg einschneiden und mit Wasser bepinseln. Noch etwa 30 Min. ruhen lassen, dann im vorgeheizten Backofen backen.
E.-Herd 200 °C / G.-Herd 3
Ca. 30–35 Minuten

2093 Rosinen-Schrotbrot

*1 kg Roggenschrot (Type 1800),
125 g Speisestärke,
125 g Weizenmehl (Type 1050),
1 Würfel Frischhefe (42 g) oder
2 Päckchen Trockenbackhefe,
etwa ½ l Milch oder Wasser,
1 Prise Zucker,
1 Essl. Salz, 250 g Rosinen.*

Roggenschrot und Weizenmehl in eine große Schüssel geben und eine Vertiefung in die Mitte drücken. Aus Hefe, etwas Milch und Zucker einen Vorteig rühren, hineingeben und gehen lassen. Die Rosinen leicht mit Mehl überstäuben, damit sie beim Backen nicht nach unten sinken. Danach alle Zutaten unterkneten, in eine gefettete Form füllen und gut gehen lassen. Im vorgeheizten Backofen backen (die Hölzchenprobe machen).
E.-Herd 200–225 °C / G.-Herd 3–4.
Ca. 60–75 Minuten.
Während der Backzeit zweimal mit Wasser bestreichen. Auf ein Gitter stürzen. Abgekühlt, in Alufolie eingeschlagen, bleibt das Rosinen-Schrotbrot längere Zeit frisch.

2094 Gerstenstollen

*20 g Frischhefe oder
1 Päckchen Trockenhefe,
ca. ¼ l Milch, 35 g Zucker,
500 g Gerstenmehl, 1 Teel. Salz,
25 g Korinthen,
abgeriebene Schale von ½ Zitrone.
Zerlassene Butter zum Bestreichen.*

Das Gerstenmehl auf ein Backbrett sieben, in der Mitte eine Vertiefung machen und aus Hefe und Milch einen Vorteig hineingeben.Nachdem dieser gegangen ist, alle Zutaten unterarbeiten und den Teig kräftig schlagen, bis er Blasen zeigt. Mit einem Tuch abgedeckt gehen lassen. In einer gefetteten Backform nochmals gehen lassen, mit zerlassener Butter bestreichen und im vorgeheizten Backofen backen.
E.-Herd 200–225 °C / G.-Herd 3–4
Ca. 45–60 Minuten

2095 Dattelbrot

*1 Päckchen Trockenbackhefe,
1 Teel. Zucker,
knapp ¼ l lauwarmes Wasser,
500 g Roggenmehl (Type 1370),
3 Teel. Salz, 1 Prise Muskat,
200 g Margarine, 2 Eier,
250 g Datteln, 250 g Feigen,
75 g Haselnüsse,
2 Teel. Backpulver,
Weizenmehl zum Bestäuben.*

Nach dem Grundrezept S. 472 einen Hefeteig zubereiten, jedoch 100 g Roggenmehl beiseite stellen. Den Teig etwa 30 Min. gehen lassen.
Inzwischen die Datteln entkernen, mit den Feigen in feine Streifen schneiden, die Haselnüsse grob hacken.
Das Backpulver mit dem restlichen Roggenmehl vermischen, unter den gut aufgegangenen Teig kneten, zum Schluss die Früchte dazugeben und einen Brotlaib formen. Den Laib mit Weizenmehl bestäuben, die Oberfläche des Brotes über Kreuz, ungefähr ½ cm tief einschneiden, nochmals 15 Min. gehen lassen, mit Wasser bestreichen und im vorgeheizten Backofen backen.
E.-Herd 200–220 °C / G.-Herd 3–4
Ca. 45 Minuten
Ein tiefes, mit Wasser gefülltes Blech zuunterst in den Ofen schieben, damit das Dattelbrot schön saftig wird!

2096 Rüblitorte mit Vollkorn

24–26 cm Ø
*5 Eier, getrennt,
100 g milder Honig,
2 Essl. Kirschwasser oder Rum,
250 g Möhren,
250 g Haselnüsse oder Mandeln, gemahlen und evtl. leicht angeröstet,
80–100 g Weizenvollkornmehl
Type 1050 oder frisch gemahlen,
Saft und abgeriebene Schale von ½ Zitrone,
evtl. ½ Teel. Zimt, gemahlen.
Zum Garnieren: 1 Becher süße Sahne (200 g),
1 Spritzer Kirschwasser.*

Die Eigelb mit dem Honig schaumig rühren. Die Möhren abschaben, fein raspeln, mit dem Kirschwasser zugeben. Ca. 3 Minuten rühren (von Hand ca. 8 Minuten). Die Hälfte der Haselnüsse oder Mandeln und das Mehl untermischen, Zitronensaft und Schale und evtl. den Zimt zugeben. Den Eischnee sehr steif schlagen, die andere Hälfte der Nüsse oder Mandeln unterheben und den Eischnee vorsichtig unter die Eigelbmasse ziehen. Den Teig in eine gut gefettete Springform füllen und im vorgeheizten Backofen backen.
E.-Herd 175 –200 °C / G.-Herd 2–3
Ca. 45–50 Minuten
Den Kuchen kurz in der Form abkühlen lassen, dann auf einem Kuchengitter vollständig auskühlen lassen.
Die Torte entweder mit geschlagener Sahne verzieren oder kleine Rübchen aus 150 g Marzipanrohmasse, gefärbt mit etwas Sanddornvollfrucht, herstellen. Die Rübchen um den äußeren Rand legen und die Zwischenräume mit gehackten Pistazien bestreuen.

2097 Linzer Teig mit Mehl und Schrot

Für Torten, Kleingebäck
*100 g brauner Zucker oder Honig,
125 g Butter oder Margarine, 1 Ei,
abgeriebene Schale von ½ Zitrone,
1 Messersp. gemahlene Nelken,
1 Essl. gemahlener Zimt,
evtl. 2 Essl. Kirschwasser,
125 g geriebene Mandeln oder Nüsse,
4–5 Essl. Milch, 150 g Weizenmehl (Type 1050), 1 Essl. Weizenschrot,
1 Teel. Backpulver.*

Den Zucker oder Honig mit der weichen Butter oder Margarine und dem Ei schaumig rühren. Die Zitronenschale und Gewürze und evtl. das Kirschwasser mit den geriebenen Mandeln oder Nüssen und der Milch unterrühren. Mehl, Weizenschrot und Backpulver vermischen und alles zusammen gut verkneten. Den Teig mindestens 30 Min. im Kühlschrank ruhen lassen.

2098 Grünkernmehltorte

Backform 22–24 cm Ø
2 Eigelb, 70 g Butter,
250 g Zucker,
Saft und Schale von 1 Zitrone,
¼ l Milch,
200 g Grünkernmehl,
50 g Weizenvollkornmehl,
3–4 Tropfen Bittermandelöl,
1 Päckchen Backpulver,
2 Eischnee.

Die Eigelb mit Butter und Zucker sowie Zitronensaft und -schale schaumig rühren. Abwechselnd kleine Mengen Milch und Grünkernmehl zugeben, zuletzt Bittermandelöl, Backpulver und den steif geschlagenen Eischnee unterziehen. In eine mit Backpapier ausgelegte Form einfüllen und im vorgeheizten Backofen backen.
E.-Herd 200 °C / G.-Herd 3
Ca. 45 Minuten
Hinweis: Grünkern ist in der Milchreife geernteter und anschließend gedarrter Dinkel. Grünkern allein hat schlechte Backeigenschaften. In Verbindung mit Weizenmehl ist das Backergebnis besser.

2099 Vollkornbrötchen

Ca. 15 Stück
1 Würfel Frischhefe (42 g) oder
1½ Päckchen Trockenbackhefe,
¼ l lauwarmes Wasser,
30 g Butter oder Margarine,
1 Teel. Salz, 1 Prise Zucker,
je 100 g Weizenmehl (Type 1050) und Weizenschrot,
300 g Roggenmehl (Type 1370).

Einen Hefeteig mit Vorteig nach Grundrezept zubereiten. Den Teig gut gehen lassen. Eine Wurst formen, davon gleich große Stücke abschneiden und zu Brötchen formen. Die Brötchen leicht mit Mehl bestäuben, auf ein gefettetes Blech legen, nochmal ca. 30 Min. gehen lassen. Im vorgeheizten Backofen backen.
E.-Herd 200–225 °C / G.-Herd 3–4
Ca. 25–30 Minuten

2100 Zwiebelbrötchen

Ca. 15 Stück
Mit demselben Grundteig wie **2099** zubereiten und in den Teig 8 Essl. Zwiebelwürfel, in etwas Schmalz goldgelb gedünstet, danach leicht bemehlt, einarbeiten.

2101 Kürbiskern- oder Sonnenblumenkern-Brötchen

Etwa 15 Brötchen
500 g frisch gemahlenes Weizenvollkornmehl oder Mehl Type 1050,
25 g frische Hefe oder 1 Päckchen Trockenbackhefe, ½ Teel. Salz,
gut ¼ l lauwarme Buttermilch,
50 g zerlassene Butter oder Margarine, abgekühlt,
100 g Kürbis- oder Sonnenblumenkerne, grob gehackt.
Zum Bestreichen: 1–2 Eigelb,
Zum Bestreuen: Kürbis- oder Sonnenblumenkerne.

Entweder einen Hefeteig nach Grundrezept **1637** zubereiten oder alle Zutaten (bei Verwendung von Trockenbackhefe) zu einem geschmeidigen Teig verkneten, ca. 30 Minuten gehen lassen. Brötchen formen, auf einem gefetteten oder mit Backtrennpapier belegtem Blech nochmals ca. 20 Minuten gehen lassen. Dann mit Eigelb bestreichen, mit Pecannusshälften bestecken und im vorgeheizten Backofen knusprig backen.
E.-Herd 200–220 °C / G.-Herd 3–4
Backzeit: ca. 20 Minuten

Diese Brötchen lassen sich auch gut mit **Cashew-** oder **Pecannüssen** zubereiten.
Oder die Brötchen an der Oberseite füllen: Aus gehackten Nüssen, Kernen etc. vermischt mit Eigelb, etwas Milch, Käse und Gewürzen eine Masse rühren; die Brötchen oben einritzen oder eindrücken, die Masse einfüllen und backen.

2102 Quark-Öl-Teig

Grundrezept für pikante Kuchen
150 g Magerquark (20% Fett),
ca. 3 Essl. Milch,
ca. 4 Essl. gutes Sonnenblumen- oder Erdnussöl,
1 Teel. jodiertes Salz, 1 Ei,
300 g frisch gemahlenes Weizenvollkornmehl oder Weizenmehl Type 1050,
1 Päckchen Backpulver oder Weinsteinbackpulver.

Grundrezept für süße Kuchen
Zutaten wie oben,
jedoch nur 1 Prise Salz,
2 Essl. Honig oder Puderzucker.

Den möglichst trockenen Quark mit der Milch, dem Öl, dem Salz und dem Ei glattrühren. Das Mehl mit Backpulver mischen, portionsweise zur Quarkmasse geben und einen geschmeidigen Teig kneten. Den Teig 1 Stunde kühl stellen.
Ein Blech gut fetten oder mit Backtrennpapier belegen und den Teig darauf ausrollen.
Oder 2 Tortenbodenformen mit dem Teig auslegen.
Oder nur 1 Tortenbodenform auslegen und den restlichen Teig mit Samen, Gewürzen oder kleingehackten Nüssen zu Kleingebäck verarbeiten.

2103 Quiche mit Broccoli und Schinken

Die Hälfte des Quark-Öl-Teigs ***2102****.*
Belag: 200 g gekochter Schinken oder Katenschinken,
600 g Broccoli-Röschen, kurz blanchiert,
3–4 Tomaten, gehäutet,
4 Frühlingszwiebeln mit Grün oder
2 rote oder gelbe Paprikaschoten,
1 Handvoll frische Erbsen.
Guss: 4 Eier, getrennt,
1 Becher süße Sahne (200 g),
Salz, Pfeffer, evtl. etwas Paprikapulver,
100 g Parmesan oder Appenzeller Käse, gerieben.

Eine gefettete Springform mit dem Quark-Öl-Teig auslegen, dabei den Rand etwa 3 cm hochziehen. Den Schinken in Würfel schneiden, auf dem Boden verteilen, die Broccoliröschen darauflegen, die Tomaten in Scheiben schneiden, außen herum belegen. Frühlingszwiebeln waschen, trocknen, in Ringe schneiden und auf dem Kuchen verteilen. Zum Guss die Eigelb mit der Sahne verquirlen, kräftig würzen, dann die steif geschlagenen Eiweiß und den geriebenen Käse unterziehen. Auf dem Belag verteilen und im vorgeheizten Backofen zu schöner Farbe backen.
E.-Herd 200–220 °C / G.-Herd 3–4
Backzeit: ca. 50 Minuten
Oder kurz blanchierte Mangold- oder Spinatblätter mit kleingeschnittenem Kassler, kurz gedünsteten Zwiebelwürfeln und einem Guss, zur Hälfte aus süßer Sahne, zur anderen Hälfte aus Crème fraîche (zusammen 250 g) mit 5 Eiern und 100 g geriebenem mittelalten Gouda zu einem pikanten Kuchen backen.

2104 Vollkorn-Hefewaffeln

Ca. 10 Waffeln
150 g Weizenmehl (Type 1050),
100 g Weizenschrot,
ca. 1/4 l Milch, 20 g Hefe,
2–3 Essl. Honig, 1 Prise Salz,
100 g Butter, 2–3 Eier.
Zum Backen:
Kokosbutter oder Öl.
Zum Ausstreuen:
etwa 100 g Sesamkörner.
Nach **1637** einen nicht zu festen Hefeteig zubereiten und 30–40 Min. gehen lassen. Das Waffeleisen gut einfetten, mit Sesamkörnern ausstreuen, Teig einfüllen und jeweils 5–7 Min. backen. Die Waffeln warm servieren.
Elektrisches Waffeleisen: mittlere Temperaturstufe (3–4).

2105 Pizza mit Quark-Öl-Teig

Quark-Öl-Teig-Zutaten wie **2102**.
Belag: eingekochtes Tomatenpüree oder 1 kleine Dose Tomatenmark,
Salz, Pfeffer, Oregano, etwas Thymian,
2 Knoblauchzehen, durch die Presse gedrückt,
ca. 4–5 große Fleischtomaten, gehäutet,
1–2 Gemüsezwiebeln,
4 Scheiben gekochter Schinken,
200 g frische Steinchampignons,
evtl. einige Artischockenherzen, eingelegt,
1 Handvoll schwarze Oliven ohne Stein, 3–4 Essl. Olivenöl,
evtl. frischer Thymian oder
fein geschnittene Salbeiblättchen,
200 g frisch geriebener Parmesan
oder 200 g Mozzarellascheiben.

Den Teig auf dem Backblech ausrollen Tomatenpüree oder Tomatenmark mit Salz, Pfeffer, Oregano, Thymian und den durchgepressten Knoblauchzehen würzen. Auf den Teig streichen. Die Tomaten in Scheiben schneiden, auf dem Teig verteilen. Die Gemüsezwiebeln fein hobeln (Gemüsehobel), den Schinken in kleinere Stücke teilen und die gewaschenen, abgetrockneten Pilze in Scheiben schneiden. Alles auf der Pizza verteilen, evtl. einige halbierte Artischockenherzen dazwischenlegen. Die Oliven darüberstreuen, alles mit Olivenöl beträufeln, frische Kräuter aufstreuen und den Käse darüberraspeln (oder die Mozzarellascheiben darauflegen).
Die Pizza im vorgeheizten Backofen knusprig backen.
E.-Herd 200–225 °C / G.-Herd 3–4
Backzeit: ca. 30–35 Minuten

Hinweis: Pizza vom Backblech:
Ca. 4–6 Portionen.
Pizza oder Quiche oder Pie aus der Springform:
Ca. 4 Portionen – wenn dazu noch ein grüner Salat gereicht wird, ist das ein komplettes Mittagessen.

Pikant gefüllte kleine Quiche (mit verschiedenem Gemüse ▷

GESUNDE KÜCHE

Es stimmt nicht, dass Menschen, die sich gesund ernähren, so aussehen müssen, wie „Normalverbraucher“ von Vollwertkost-Verwendern behaupten, dass die in Erscheinung träten: grau und verhärmt. Quickelquack. Selbstgemahlenes Mehl und handgemachte Nudeln, Müslis und vegetarische Gerichte, Schonkost und Federleichtigkeiten können kulinarische Erlebnisse sein. Wer gesund über die Runden seines Daseins kommen will, muss lachen können. Zusammengebissene Zähne und blaugepresste Lippen passen nicht dazu. Froh gekocht sind gesunde Rezepturen eine Bereicherung jedes Speisezettels.

Marlis Weber

Grundregeln für eine gesunde Ernährung und Diät *

Essen und Trinken gehören zu den alltäglichen Dingen, die in erster Linie mit Freude und Genuss verbunden sind. Dafür finden Sie in diesem Buch viele Anregungen und Anleitungen. Eine gut zusammengestellte und ausgewogene Ernährung ist in jedem Alter Voraussetzung für Wohlbefinden, Leistungsfähigkeit und Lebensfreude. Ständig falsche Ernährungsgewohnheiten dagegen führen in den meisten Fällen zu Gesundheitsstörungen. Übergewicht, Diabetes, Gicht, Bluthochdruck und andere Herz- und Gefäßerkrankungen sind oft die Folge. Es geht hier nicht darum, Angst vor dem Essen zu schüren, es soll nur daran erinnert werden, bei einem Überangebot an Nahrungsmitteln, beim Lesen von wunderbaren Rezepten und bei der Zubereitung köstlicher Menüs dennoch eine gewisse Verantwortung zu übernehmen, auch einmal nein zu sagen und immer wieder den Ausgleich zu suchen. – Also nicht ständiger Verzicht, sondern richtiger Umgang mit den Dingen!

Ernährung bei Übergewicht

Jeder, der feststellen muss, zu den Übergewichtigen zu gehören, sollte versuchen, seine Ernährung umzustellen. Es ist nicht damit getan, nach dem Motto „F d H", einfach nur weniger zu essen, die Nahrung muss vielmehr den Bedürfnissen des Körpers angepasst sein. Der Energiegehalt (Kalorien-Joulegehalt) muss reduziert, aber in dieser verbleibenden Nahrungsmenge müssen alle lebensnotwendigen Stoffe, wie Eiweiß, Kohlenhydrate, bestimmte Fettbausteine, Vitamine, Mineralstoffe und Ballaststoffe untergebracht werden. Nur so kann auch während des „Abnehmens" Leistungsfähigkeit und Wohlbefinden erhalten bleiben. Die tägliche **Eiweißmenge** von ca. 60 g (für Erwachsene ca. 0,75 g je kg Körpergewicht, Kinder, Jugendliche und Schwangere benötigen mehr) muss garantiert sein. Dadurch wird der Fettabbau begünstigt, der Eigenverbrauch im Körper gesteigert und ein länger anhaltendes Sättigungsgefühl gewährleistet. Diese Eiweißmenge kann durch mageres Fleisch, mageren Fisch, ebenfalls mageren Schinken, nur magerste Wurstsorten, magere Milchprodukte, Quark, Käse, Joghurterzeugnisse und Hülsenfrüchte hervorragend zugeführt werden.

Fett ist der größte Kalorienlieferant, deshalb muss die Kost sehr fettarm sein. Nicht mehr als 40–50 g Gesamtfett (verstecktes Fett, Aufstrichfett und Zubereitungsfett) darf darin enthalten sein. Es müssen fettarme Nahrungsmittel ausgewählt und bei der Zubereitung muss Fett gespart werden. Vorsicht vor versteckten Fetten in Wurst, Eiern, Sahneerzeugnissen, Käse, Süßigkeiten, Konditoreiwaren, Nüssen, Knabbereien usw.

Auch die **Kohlenhydratmenge** sollte reduziert werden. Günstig sind sogenannte Polysaccharidträger, wie Vollkornerzeugnisse und Gemüse. Auch Obst sollte in kleineren Mengen verzehrt werden. Zucker, alle mit Zucker hergestellten Produkte und Süßigkeiten dagegen sind möglichst ganz zu meiden. Zucker bringt dem Körper nur Energie, keine wichtigen Nährstoffe und macht vor allem schnell wieder neuen Hunger. In dieser Zeit sind daher kalorienfreier Süßstoff oder Stevia (vgl. S. 595) zum Süßen von Speisen und Getränken anzuraten. Die tägliche Nahrungsmenge sollte auf mehrere kleine Mahlzeiten verteilt werden, um Heißhunger zu vermeiden. Um einen Vitamin-, Mineralstoff- und Ballaststoffmangel auszuschließen, muss auf Vollwertigkeit der Nahrungsmittel geachtet werden, wie z. B. Vollkornbrot, Vollkornreis, Vollkornteigwaren, frisches Obst und Gemüse, magere Milch und Milchprodukte. Evtl. kann das Essen mit Hefeflocken, Weizenkeimen oder anderen Vitaminkonzentraten angereichert werden.

Was muss in der Küche und bei Tisch beachtet werden?

1) Die Rezepte müssen in der Abnehmphase möglichst ohne bzw. mit sehr wenig Fett zubereitet werden. Bevorzugte Zubereitungsmethoden sind Grillen, Garen in Folie (z. B. **672**, Felchen) oder Römertopf, auch in beschichteten Pfannen oder Bratschläuchen.
2) Zucker in Desserts, Kuchen oder Gebäck, sollte (wo es möglich ist) reduziert oder gegen Süßstoff oder Stevia ausgetauscht werden.
3) Mayonnaisen oder fette Soßen und Salatdressings können gut auch mit mageren Sauermilchprodukten wie Joghurt oder Kefir zubereitet werden.
4) Fetter Käse sollte mit Magerquark vermischt und mit Gewürzen variiert werden.
5) Statt Weißmehlerzeugnissen sollten Vollkornprodukte verwendet werden: Vollkornnudeln (statt Nudeln), Vollreis (statt Reis) Vollkornmehl (Weizenmehl Type 1050, Roggenmehl Type 1370) oder Schrot anstelle von Weißmehl usw.
6) Salz sollte sparsam, Gewürze und Kräuter dagegen großzügig Verwendung finden.
7) Vor der Mahlzeit sind Mineralwasser, Tee oder eine fettarme Brühe zu empfehlen.
8) Jeder Bissen muss lange und gut gekaut werden.

Ernährung bei Diabetes

Jeder Diabetiker ist zeitlebens auf eine gut zusammengestellte Diät angewiesen. Doch im Gegensatz zu früher bedeutet dies für ihn nicht mehr nur Verbote und Einschränkungen, sondern die heutige Diabetesernährung ist einer wünschenswerten Ernährung für den gesunden Menschen ähnlich. So muss auch hier die Energiemenge dem Bedarf entsprechend angepasst sein (Übergewicht muss vermieden bzw. beseitigt werden). Es handelt sich in erster Linie um eine **kohlenhydratkontrollierte** Ernährung. Die vom Arzt angegebene Menge muss eingehalten werden und bei der Auswahl ist darauf zu achten, dass **alle** Kohlenhydrate aus Obst, Gemüse, Kartoffeln,

* Dieses Kapitel kann nur ein „Erste-Hilfe-Kurs" in Diätfragen sein. Für jede Diät gibt es ausführliche Spezialbücher im Fachhandel. Eine Übersicht über die Hädecke-Diätkochbücher kann im Verlag angefordert werden.

Getreideflocken, Reis, Grieß, Mehl, Nudeln, Brot, Backwaren, Milch erfasst und berechnet werden. Es empfiehlt sich, dafür eine Tabelle zu besorgen.

In der Ernährung sollten vorwiegend Gemüse (möglichst auch roh), Kartoffeln und Vollkornerzeugnisse Verwendung finden. Ungünstig für den Diabetiker sind Weißbrot, Feinmehlgebäcke, helle Teigwaren und geschälter Reis. **Zucker**, Traubenzucker, Malzzucker und alle hiermit gesüßten Produkte, Speisen und Getränke sind **verboten** (z. B. Limonade, Nektare, Cola, Konfitüren, Fertigprodukte usw.), ebenso Honig, Rübensirup, Weintrauben, überreife Früchte, normales Bier und süße Weine sowie Liköre. Zum Süßen von Getränken und Speisen können kleine Mengen von Zuckeraustauschstoffen (Kalorien-/Joulegehalt wie Zucker!!), kalorienfreie Süßstoffe oder Stevia verwendet werden. Konfitüren, Nektare, Kekse und Süßigkeiten gibt es für Diabetiker mit Zuckeraustauschstoffen gesüßt. Aber all diese Produkte sollten nur sehr sparsam Verwendung finden. Auf Fett in den Nahrungsmitteln muss ebenso geachtet werden. Zu bevorzugen sind hochwertige Pflanzenöle, Kokosnussbutter und Diätmargarine. Sehr regelmäßig, und zwar 6–7 mal am Tag, müssen die Mahlzeiten eingehalten werden.

Was muss in der Küche und bei Tisch beachtet werden?

1) Alle Rezepte, die mit normalem Zucker, Honig oder anderen verbotenen Zuckerstoffen gesüßt sind, müssen nach Möglichkeit mit natürlichen Zuckeraustauschstoffen, Fructose, Stevia oder evtl. Sorbit (zur Beachtung: Fruchtzucker macht Kuchen und Gebäck etwas dunkler, er hat dafür aber eine höhere Süßkraft, man braucht also weniger) oder mit Süßstoff gesüßt werden. Insgesamt sollten aber weniger Süßspeisen gegessen werden.
2) Gemüsegerichte, Aufläufe, Fleisch und Fischgerichte sollten nicht mit gebundenen Soßen zubereitet werden. Lässt sich das nicht umgehen, muss der Mehlanteil berechnet werden.
3) Statt Weißmehl sollte zum Backen Vollkornmehl und statt poliertem Reis und weißen Nudeln sollten Vollkornprodukte verwendet werden.
4) Auch bei dieser Ernährung muss mit Fett sehr sparsam umgegangen werden und deshalb fallen sehr fette Speisen weg. Als Garungsart wäre Grillen, Dünsten, Dämpfen und Zubereiten in Folie zu empfehlen.

Süßen mit Stevia:
Steviapulver oder -konzentrat wird aus den Blättern der gleichnamigen, aus Südamerika stammenden Pflanze hergestellt. Stevia süßt etwa 300-mal stärker als Zucker, ist fast kalorienfrei und beeinträchtigt den Blutzuckerspiegel nicht. Stevia ist somit immer dann das Süßungsmittel der Wahl, wenn Zucker unerwünscht ist, also bei Übergewicht, Diabetes, aber auch bei Pilzkrankheiten und für die Ernährung hyperaktiver Kinder. Zum Süßen kann man auch direkt die Steviablätter verwenden. Die Pflanze kann in Töpfen gezogen werden und ist häufig dort erhältlich, wo es Kräuter-Topfpflanzen gibt. Einige Zeit (vor allem in Deutschland) umstritten ist es schon seit längerer Zeit von der WHO (Weltgesundheitsorganisation) empfohlen und jetzt auch von der EU als gesundheitlich unbedenklich zugelassen.

Ernährung bei Fettstoffwechselstörungen (hoher Cholesterinspiegel, hoher Fettspiegel)

Stellt der Arzt eine Fettstoffwechselstörung fest, so kann es sich um eine Vermehrung der Fette oder des Cholesterins oder beider Stoffe im Blut handeln. Vielfach liegt zwar eine Anlage zu diesen Stoffwechselstörungen vor, durch Ernährungsfehler werden sie aber stark begünstigt.
Überernährung wirkt sich ungünstig aus, und deshalb muss vorhandenes Übergewicht schnell beseitigt und Normalgewicht gehalten werden. Große Mengen **tierischer Fette** mit hohem Gehalt an gesättigten Fettsäuren und **Cholesterin** erhöhen in erster Linie den Cholesterinspiegel, während der Fettspiegel sehr empfindlich auf **Zucker und Alkohol** reagiert.

Auch wenn Reduktionskost nicht notwendig ist, darf die Fettmenge von ca. 80 g pro Tag nicht überschritten werden. Die Fette sollten einen hohen Anteil an hochungesättigten und einen geringen Gehalt an gesättigten Fettsäuren, darüber hinaus wenig Cholesterin enthalten. Dies bedeutet eine konsequente Abkehr von Butter, billigen Margarinesorten, von minderwertigen Ölen, fettem Fleisch, Wurst, fetten Milchprodukten, Backfetten und Kokosfett. Statt dessen nimmt man hochwertige Diätmargarine, Pflanzenöle mit hohem Gehalt an hochungesättigten Fettsäuren, magere Wurst, magere Fleisch- und Fischprodukte und magere Milchprodukte. Die Cholesterinzufuhr sollte 200–300 mg pro Tag nicht überschreiten.

Cholesterin in Milligramm pro 100 g (Ca.-Werte)	
100 g Wild	100 mg
100 g Fleisch mager	70 mg
100 g Leber	400 mg
100 g Hirn	3100 mg
100 g Käse, 60% F.i.Tr.	100 mg
100 g Butter	280 mg
1 Ei	280 mg
100 g Vollmilch	10 mg
100 g Fisch	50 mg

Zucker ist bei erhöhtem Fettspiegel auszuschalten, ebenfalls normal gesüßte Produkte. Als Ersatz stehen Süßstoffe zur Verfügung. Den positiven Einfluß bestimmter Ballaststoffe auf den Blutcholesterinspiegel kann man ebenfalls nutzen. Deshalb empfehlen sich Haferkleie, viel frisches Obst, Gemüse und Rohkost mit hohem Pektingehalt.

Was muss in der Küche und bei Tisch beachtet werden?

1) Rezepte, die Butter, Sahne, Schmalz oder andere tierische Fette enthalten, müssen stattdessen mit kleineren Mengen hochwertiger Diätmargarine oder kalt gepesstem Pflanzenöl zubereitet werden. Nicht geeignet sind Billigmargarine und gehärtetes Kokosfett.
2) Süße Rezepturen können mit Süßstoff oder Stevia hergestellt werden.
3) Jede Mahlzeit sollte rohes Obst (vorwiegend Äpfel) oder rohe Salate enthalten.

Gesunde Küche

Ernährung bei Bluthochdruck

Bei entsprechender Veranlagung können verschiedene Faktoren unserer heutigen Lebensweise zum Anstieg des Bluthochdruckes beitragen: Übergewicht, überhöhter Kochsalzverzehr, Negativstress und Bewegungsmangel. Deshalb gilt auch hier zuerst, vorhandenes Übergewicht abzubauen. Von größter Bedeutung bei dieser Ernährungsform ist die konsequente **Kochsalz-** bzw. **Natriumbeschränkung**.
Der Kochsalzverzehr ist derart angestiegen, dass wir statt der empfohlenen Menge von 5–8 Gramm Kochsalz pro Tag heute vielfach ca. 15 Gramm aufnehmen. Da Natrium im Körper verstärkt Wasser bindet, belasten wir damit Herz und Kreislauf enorm. Es gilt also, den Speiseplan so zu gestalten, dass möglichst natürliche, unverarbeitete Nahrungsmittel wie Obst und Gemüse, Vollkornprodukte und Flocken im Vordergrund stehen. Sie enthalten von Natur aus wenig Natrium, dafür ihr natürliches Aroma. Ungut ist der Einsatz von Gemüsekonserven, Fertiggerichten, wie Soßen, Suppen, Kartoffelfertiggerichten, Fleisch- und Fischprodukten, Wurst, Gepökeltem und Geräuchertem, da diese Produkte bei der Herstellung teilweise stark gesalzen werden.

Was ist in der Küche und bei Tisch zu beachten?

1) Sowohl bei der Speisezubereitung, wie auch bei Tisch müssen Koch- und Meersalz und alle natriumhaltigen Würzmittel gegen andere Würzmittel, frische Kräuter oder evtl. Kochsalzersatzprodukte (Diätsalze) ausgetauscht werden, d. h. alle Rezepte müssen salzlos zubereitet werden.
2) Viele geschmacksintensive „Würzmittel“ z. B. Gewürze wie Curry (ohne Salz), frische Kräuter, Meerrettich, Zwiebeln, Knoblauch, Öle mit Eigengeschmack (Olivenöl), Tomatenmark, Senf, evtl. Hefeextrakt usw. sind gute Alternativen.
3) Beim Garen muss der Eigengeschmack erhalten werden, deshalb nur Dünsten oder in Folie zubereiten.

Ernährung bei Ballaststoffmangelobstipation (Verstopfung)

Ein sehr häufiges Problem stellt die Obstipation dar. Man kann generell sagen, dass durch verfeinerte Nahrungsmittel zu wenig Ballaststoffe zugeführt werden. Einseitige Ernährung, Kauträgheit oder Kauprobleme fördern die Bereitschaft, ballaststoffarme Lebensmittel zu bevorzugen. Dazu kommt, dass zwar viel an alkoholischen Getränken, aber zuwenig an Flüssigkeit getrunken wird. Die zwangsläufige Folge ist die Obstipation, die nicht durch Medikamente, sondern durch richtige Ernährung dauerhaft beseitigt werden kann. Geeignete ballaststoffreiche Lebensmittel, wie Vollkornprodukte (Schrot, Flocken, Mehle), Müslis, Brot und Gebäck, Gemüse, Kartoffeln, Obst und Trockenobst sowie in konzentrierter Form Weizenkleie oder Leinsamen, müssen als Grundlage der Ernährung gelten.
Erhöhung der Flüssigkeitszufuhr, körperliche Aktivität und gezielte Gymnastik unterstützen die Nahrungsumstellung.

Was muss in der Küche und bei Tisch beachtet werden?

1) Rezepte mit höherem Ballaststoffanteil sollten bevorzugt werden, wie Getreidebreie, Müslis, Rohsalate, Gemüse- und Hülsenfruchtgerichte.
2) Desserts, ebenso Quarkspeisen können durch Überstreuen von Nüssen, Sonnenblumenkernen, Leinsamen oder Kleie mit Ballaststoffen angereichert werden.
3) Zur Unterstützung der Darmflora können kleine Mengen an Milchzucker Verwendung finden.
4) Vor und nach den Mahlzeiten sollte genügend getrunken werden (Tee, Mineralwasser, Obst- und Gemüsesäfte- oder -schorle).

Ernährung bei Erkrankung der Verdauungsorgane

Für Magen-, Darm-, Leber-, Galle- und Bauchspeicheldrüsenkranke gelten heute, von akuten oder speziellen Fällen und Ausnahmen abgesehen, die Regeln einer gesunden Ernährung. Es muss eine leicht verdauliche Kost sein, die individuell schwerverträgliche Lebensmittel und Zubereitungsarten ausschließt. Da es sich bei vielen dieser „Schonkostformen“ um Dauerprinzipien handelt, muss gegenüber den früheren Verboten von Lebensmitteln und total einseitigen Ernährungsempfehlungen auf eine abwechslungsreiche und richtige Kost Wert gelegt werden. Die Verbotsliste sollte so klein wie möglich gehalten sein.

Häufig **unverträgliche Nahrungsmittel** sind: Hülsenfrüchte, grobe Gemüsesorten, Kohl, Zwiebeln, Knoblauch, sehr scharfe Gewürze, frisches Brot, dunkles schweres Vollkornbrot, süßes Gebäck, fette Torten, fettdurchzogene oder frittierte Speisen, in heißem Fett gebackene Speisen, gehärtete Fette, Röststoffe, normaler Kaffee, alkoholische Getränke, konzentrierte Nektare, Zucker in konzentrierter Form, stark gezuckerte und stark saure Speisen und Getränke.

Dafür sollen bevorzugt werden:
Leichte, feine Gemüsesorten und Gemüsesäfte, milde verdauungsanregende Gewürze, leichtes, feinkrumiges Vollkornbrot (Graham-Knäcke), ungesüßte Zwieback- und andere Gebäcke, magere Milchprodukte, frische Butter, wenig Sahne, hochwertige Öle, ungehärtete Pflanzenmargarine, Kräutertee, Spezialkaffee, milde Obstsäfte, kohlensäurearme Mineralwasser, milde Obstsorten.

Was ist in der Küche und bei Tisch zu beachten?

1) Die Rezepte und Menüzusammenstellungen sollten einfach sein (kein Durcheinander).
2) Braten und Fritieren ist zu vermeiden, dafür sollten die Lebensmittel in Folie zubereitet, gedünstet oder gedämpft werden.

3) Rohkost ist wichtig. Sie sollte aber wohldosiert und gut zerkleinert sein. Säfte sollten immer mit Kräutertee, Mineralwasser oder mit Schleim verdünnt werden.
4) Vollkornbrot kann kurz getoastet werden.
5) Fett unerhitzt den Speisen zum Schluss zugeben.
6) Die Speisen und Getränke dürfen weder zu heiß, noch zu kalt sein.
7) Die Nahrungsmenge auf 6 kleine Mahlzeiten verteilen.
8) Es ist wichtig, dass ruhig und langsam gegessen und gut gekaut und eingespeichelt wird.

Ernährung bei Gicht

Bei Gicht handelt es sich um eine Störung des Purinstoffwechsels. Die wichtigsten Ursachen dafür sind allgemeine Überernährung mit erhöhter Purinzufuhr und häufig hoher Alkoholkonsum. Zu den purinreichen Lebensmitteln zählen: Innereien, Fleisch, Fleischbrühe und Fleischbrüheextrakt, gewisse Gemüsesorten wie Spargel, Rhabarber, Hülsenfrüchte und Hefeprodukte.
Deshalb sind Innereien – mit der höchsten Purinkonzentration! – verboten und Fleisch und Fleischprodukte stark einzuschränken. Günstig ist eine ovolactovegetabile Kost, also eine Ernährung mit Ei, Milch, Milchprodukten, Obst, Gemüse und Getreide.
Reichliche Flüssigkeitszufuhr und sparsame Verwendung von Kochsalz ist sehr wichtig, um die Harnsäureausscheidung zu verbessern.
Alkohol ist jedoch unbedingt zu vermeiden, da er die Ausscheidung der Harnsäure hemmt.

Was muss in der Küche und bei Tisch beachtet werden?
1) Fleisch- und Fischrezepte sollten weitgehend durch Eier, Käse und Getreidegerichte ersetzt werden.
2) Die Speisen sollten nicht gesalzen, sondern mit frischen Kräutern und Gewürzen abgeschmeckt werden.
3) Salate aus Gemüse und frisches Obst sollten den Speiseplan bestimmen.
4) Flüssigkeit durch Tees, natriumarme Mineralwasser und Gemüsesäfte ausreichend zuführen.

Hausmittel

2106 Leinsamenschleim

Er nimmt sofort den Hungerschmerz und eignet sich zum Bekömmlichmachen roher Gemüse- und Fruchtsäfte. Leinsamen wird in sehr unterschiedlichen Qualitäten gehandelt. Die hochwertigen, biologisch angebauten Leinsamenarten geben viel mehr Schleim ab als die geringeren Qualitäten. 2 Essl. Leinsamen zum Kochen bringen und, da er wie Milch überkocht, den Topf beaufsichtigen. Nach kurzem Aufkochen den Schleim durch ein nicht zu feines Haarsieb streichen; den nicht passierbaren Rest nochmals rasch mit etwas Wasser aufkochen und wiederum durchstreichen. Beim Mischen mit Säften muss dieser zähe Schleim mit dem Schneebesen geschlagen werden, damit er schaumig wird.

2107 Leinsamenschleim mit Tomatenmark und Hefewürze

1/10 l leicht angewärmten Leinsamenschleim mit 1 Teel. dickem Tomatenmark oder 3 Likörgläsern Tomatensaft und 1 Messersp. Hefewürze (in Pastenform) gründlich schlagen.

2108 Leinsamenschleim mit schwarzem Johannisbeersüßmost

2/3 Leinsamenschleim und 1/3 schwarzen Johannisbeersüßmost gründlich mit dem Schneebesen schlagen.

2109 Leinsamen-Honig-Cocktail

1/10 l Leinsamenschleim, 1 Teel. Honig und 2 Likörgläser Fruchtsaft gründlich schlagen. Leinsamenschleim lässt sich angewärmt leichter mischen.

2110 Kartoffelsaft

(gegen Magenübersäuerung, Sodbrennen)
1–2 ungeschälte, sauber gebürstete Kartoffeln fein reiben, durch ein Mulltüchlein oder eine kleine Handpresse drücken oder in den Entsafter geben. Sofort trinken. Zur Geschmacksverbesserung etwas Buttermilch oder Mandelmilch dazugeben. (Alte, keimende Kartoffeln sind wegen des hohen Solaningehaltes ungeeignet.) Wird likörglasweise genommen.

2111 Rettichsaft

(für Galle und Leber)
Sauber gebürsteten Rettich fein reiben, durch ein Mulltüchlein oder eine Handsaftpresse drücken oder in den Entsafter geben. Zur Milderung etwas Butter- oder Sauermilch dazumischen. Schwarzer Rettich ist am wirksamsten.

2112
Herstellung von Quark (Topfen)

2–3 l rohe Milch warm stellen, bis sie sauer und so dick ist, dass sie sich schneiden oder abstechen lässt. Dann die Milch – am besten im nicht zu heißen Wasserbad – noch kurze Zeit warm halten, damit sich der Quark von der Molke scheiden kann. Sobald sich auf der Oberfläche eine grünliche Flüssigkeit sammelt, die Milch durch ein feines Sieb oder ein feinmaschiges Säckchen gießen; langsam abtropfen lassen und den Quark zur weiteren Zubereitung kühl stellen. 1 l Milch ergibt nach gründlichem Abtropfen etwa 400 g Quark. Die abgetropfte Molke kann vielseitige Verwendung finden, z. B.: mit Zucker vermischt als Getränk, zum Anmachen von Salaten, zum Aufgießen von Soßen und Gemüsen und sogar als Reinigungsmittel von Fettflecken in Wollstoffen. Der Quark hat im Volksmund unterschiedliche Bezeichnungen wie Weißer Käse, Weichkäse, Luckeles-, Bibbeleskäse, Topfen, Glumse, Matter und andere.

Zur Quarkherstellung eignet sich nur rohe Milch. Sie ist direkt beim Bauern, in speziellen Milchgeschäften, Reformhäusern oder Naturkostläden unter der Bezeichnung „Vorzugsmilch“ erhältlich.

2113
Kleie-Quark-Müsli

(1 Portion)
4–5 Essl. Magerquark,
3–4 Essl. Milch, 1 Teel. Honig,
3–4 Essl. Weizenkleie,
1 Teel. Zitronensaft,
ca. 100 g frisches Obst nach Jahreszeit wie Erdbeeren, Himbeeren, Aprikosen, Nektarinen, Ananas, 1 Essl. geriebene Nüsse oder Weizenkeime.

Den Quark mit der Milch glattrühren, mit Honig süßen und die Weizenkleie mit dem Zitronensaft untermischen. Das Obst vorbereiten, zerkleinern, unter das Müsli heben und mit Nüssen oder Weizenkeimen überstreuen. Sofort servieren.
Anstatt Quark kann auch Kefir oder Sauermilch verwendet werden.

Müsli mit frischem Obst und Sojasprossen.

2114
Birchermüesli

(1 Portion)
1 Essl. kernige Haferflocken,
3 Essl. Wasser,
1 Essl. süße Sahne oder Kondensmilch, Saft von 1/2 Zitrone,
2–3 kleine Äpfel, 1 Essl. brauner Zucker oder Bienenhonig,
1 Essl. geschälte, geriebene Mandeln oder Hasel- bzw. Walnusskerne.

Die Haferflocken mit Wasser befeuchten und über Nacht oder in 1–2 Std. aufquellen lassen; die Milch und den Zitronensaft zufügen, dann die gewaschenen Äpfel mit Schale und Kernhaus auf einer Glasreibe reiben und sofort unter den Brei mengen (so verfärben sich die Äpfel nicht). Den Zucker untermischen und die Mandeln oder Nüsse überstreuen.
Statt Haferflocken können auch andere Flocken oder Weizen- oder Roggenschrotmehl verwendet werden.
Oder unter das Müesli 150 g frische, verlesene Beeren statt der Äpfel mischen. Die Beeren, falls erforderlich, etwas zerdrücken. Auch Beerenmischungen schmecken gut.
Oder ca. 100 g Dörrobst unter das Müesli mischen. Dazu das Dörrobst mehrmals in warmem Wasser waschen (nicht einweichen) und evtl. im Blitzhacker oder mit dem Messer zerkleinern. Es eignen sich: Backpflaumen, Aprikosen (entsteint), gedörrte Birnen, Apfelringe, Feigen und Datteln. Feigen und Datteln bringen sehr viel Eigensüße mit, so dass sich ein Süßen mit Zucker oder Honig erübrigt.

2115
Müsli mit Weizenschrot

(1 Portion)
20–30 g frisch geschroteter Weizen,
ca. 3 Essl. Wasser,
1 Teel. Zitronensaft,
1 Becher Joghurt (150 g),
1 kleiner Apfel oder 1 Banane oder 1 Pfirsich,
2 Teel. gemahlene Haselnüsse oder Weizenkeime oder Leinsaat.

Den Weizen mit Wasser über Nacht einweichen. Zitronensaft, das verquirlte Joghurt und den grob geraffelten Apfel oder die in Scheiben geschnittene Banane oder den entkernten, in Stückchen geschnittenen Pfirsich zugeben, alles vermischen und mit Nüssen oder Weizenkeimen oder Leinsaat bestreuen. Die Zerkleinerung soll grob sein, um die Kaubewegungen und die Magen- und Darmtätigkeit anzuregen.
Oder 1 Tasse frische Beeren oder 1 Orange in Stückchen geschnitten zugeben.
Anstatt Joghurt empfehlen sich Sauermilch, Kefir oder Dickmilch. Wer auf Süße nicht verzichten möchte, kann mit etwas Honig, Agaven- oder Sanddorndicksaft nachsüßen.

2116
Obstfrühstück

(1 Portion)
1 Pfirsich, 1 Birne, etwas Zitronensaft,
1 kleiner Ast Weintrauben.
Je 1 Essl. in wenig Butter angeröstete Hafer- oder Maisflocken,
20 g Haselnuss- oder Walnussstückchen oder Pinienkerne.
2 Essl. geschlagene, ungesüßte Sahne.

Den Pfirsich falls erforderlich häuten, entsteinen und wie einen Stern aufschneiden. Auf einen Glasteller legen. In die Zwischenräume Birnenachtel, geschält und mit etwas Zitronensaft beträufelt, damit sie nicht braun werden, und abgestielte Weintrauben legen. Die Hafer- oder Maisflocken mit den Nussstückchen vermischt über das Obst streuen.
Mit steif geschlagener Sahne servieren. Es kann je nach Jahreszeit verschiedenes frisches Obst miteinander kombiniert werden, auch exotisches Obst (besonders im Winter bei uns erhältlich) hilft, den nötigen Vitamin C-Bedarf zu decken. Sind keine frischen Früchte vorhanden, so kann man auf Trockenfrüchte (evtl. kurz eingeweicht) oder auch Tiefgefrierfrüchte zurückgreifen.

2117
Haferflockenbrei

160 g mittelfeine Haferflocken,
1 l Milch oder Wasser,
2–3 Essl. Zucker oder Rohzucker,
2 Essl. gewaschene, getrocknete Sultaninen,
evtl. 2 sehr frische Eigelb, 1 Apfel.

Die Haferflocken unter Rühren in die schwach strudelnde Milch oder Wasser einstreuen, 10 Min. kochen, dann den Zucker und die Sultaninen zufügen. Beim Anrichten das verquirlte Eigelb und den roh geriebenen Apfel untermischen.

2118
Haferbrei

150 g Hafergrütze, 1 l Wasser,
evtl. 1 Essl. Butter und 1 Prise Salz,
3 Essl. süße Sahne,
pro Teller einige in Butter geröstete Semmel- oder Zwiebackwürfel oder Sultaninen.
Zum Bestreuen: feiner Zucker oder Mandelstifte, ohne Fett in der Pfanne angeröstet.

Die Hafergrütze mit dem kalten Wasser, Butter und Salz aufsetzen und dick auskochen. Dann die Grütze noch 1 Std. in schwach strudelndem Wasserbad quellen lassen, durch ein Sieb drücken und mit der Sahne vermischen. Die Semmel- oder Zwiebackwürfel oder die gewaschenen, abgetropften Sultaninen auf dem Brei anrichten und Zucker oder Mandelstifte darüberstreuen.
Oder statt Hafergrütze 125 g Hafermark verwenden, mit ¾ l Milch oder Wasser und 20 g Butter 10 Min. kochen; dann wie oben anrichten.

2119
Haferbrei, englische Art (Porridge)

1 l Wasser, 1 Prise Salz,
160 g grobe Haferflocken oder feine Haferflocken, je nach Geschmack.
Zum Übergießen:
etwa ¼ l kalte Milch.
Zum Überstreuen:
je 1 Essl. Zucker.

Das Wasser mit Salz zum Kochen bringen, die Haferflocken einstreuen und ca. 10–15 Min. bei geringer Hitzezufuhr darin ausquellen lassen. Den Brei in vier Suppentassen oder Schalen verteilen, kalte Milch darübergießen und mit Zucker bestreuen.
Oder unter den fertigen Haferbrei einige eingeweichte, entsteinte Backpflaumen geben und mit leicht geschlagener süßer Sahne übergießen.

2120
Weizenschrotbrei

1 l Wasser,
150 g frisch geschroteter Weizen,
1 Prise Salz, 1 Teel. Honig,
1 Stück unbehandelte Zitronenschale,
1 Becher süße Sahne (200 g),
evtl. einige reife Aprikosen oder anderes Obst.

Das Wasser zum Kochen bringen, den Weizenschrot mit Salz und Honig einrühren, die Zitronenschale zugeben und den Brei auf kleiner Flamme ca. 15 Min. ausquellen lassen. Zitronenschale entfernen, die flüssige oder leicht geschlagene Sahne unterziehen und den Brei auf Portionsschälchen verteilen. Sind reife Aprikosen vorhanden, diese entsteinen, in Stückchen schneiden und leicht unter den Brei heben. Sofort servieren.

2121

Weizenschrotbrei mit Eigelb

(1 Portion)
30–40 g Weizenschrot,
1/4 l Milch oder Wasser,
1 Prise Salz,
1 Essl. Honig oder Zucker,
1 Stück unbehandelte Zitronenschale, 1 sehr frisches Eigelb.

Den frisch geschroteten Weizen über Nacht in wenig Wasser bei Zimmertemperatur einweichen. Am nächsten Tag die Milch oder das Wasser mit dem gequollenen Schrot vermischen, die Gewürze zugeben und den Schrotbrei 10–15 Min. bei geringer Hitzezufuhr ausquellen lassen. Der Brei darf nicht zu weich werden, da er gut gekaut werden soll. Kurz vor dem Servieren die Zitronenschale entfernen und das frische Eigelb unterziehen.
Oder statt Eigelb kleingeschnittenes Dörrobst wie Backpflaumen oder Aprikosen unter den warmen Schrotbrei mischen. Mit einem Klecks geschlagener Sahne servieren.

Snacks und Zwischenmahlzeiten

2122

Joghurtbecher, bulgarisch

Pro Person
100 g Salatgurke,
1 Essl. frische, gehackte Kräuter,
1 Becher Joghurt (250 g)
oder 1 Becher Kefir.

Salatgurke gut waschen und mit der grünen Schale in sehr kleine Würfel schneiden. In ein Sieb zum Abtropfen geben, dann dick mit feingewiegten Gartenkräutern wie Dill, Schnittlauch oder Estragon bestreuen, Joghurt darübergießen und diese Mischung mindestens 1/4 Stunde gut durchziehen lassen. Vor dem Auftragen etwas Paprika darüberstäuben.

Platte mit Rohgemüse und Dips

2123

Sanddorn- oder Tomaten-Cocktail

Pro Person 1/10 l Milch und 1 Likörglas Sanddorn-Vollfrucht mit klein geschnittenem Fruchtfleisch von 1/4 Pampelmuse gut schlagen.
Oder pro Person 1/10 l Tomatensaft mit 1 Likörglas Sahne mischen, nach Belieben etwas Honig, Zucker oder Meersalz zufügen.

2124

Johannisbeer-Cocktail

Pro Person 1/10 l schwarzen Johannisbeersüßmost mit 2 Likörgläsern Rote Rüben-Saft mischen.

2125

Spinat-Cocktail

Pro Person etwa 1/10 l Buttermilch mit 1 Likörglas Spinatsaft, 1 Teel. geriebener Zwiebel und 1 Teel. Honig mischen.

2126

Quarkmayonnaise zum Dippen

Sehr fein gehackter Staudensellerie,
ein paar Tropfen Zitronensaft,
1 hartgekochtes Ei, gehackt,
2 Essl. kleine Kapern,
2–3 geschabte Sardellenfilets,
1 Prise Cayennepfeffer,
1 fein geschnittene Chilischote.
Frisches Gemüse nach Saison.

Die Quarkmayonnaise nach dem Rezept auf Seite 46 herstellen. Jeweils die unter 1 bis 3 aufgeführten Zutaten untermischen, bzw. damit garnieren (siehe Abb.). Dazu frisches Gemüse nach Marktangebot in mundgerechte Stücke oder Streifen schneiden. Auf einer Platte anordnen und kühl servieren.
Oder zur frischen Gemüseplatte Guacamole **97** reichen.

2127 Joghurtcreme

1 Stück von 1 frischen Salatgurke,
1 Gemüsezwiebel oder
2–3 Frühlingszwiebeln,
1–2 Knoblauchzehen,
2 Becher Joghurt (300 g) oder
Dickmilch, 2 Essl. Sahnequark,
1 Teel. Essig, 2 Essl. Öl,
Salz und frisch gemahlener Pfeffer,
frische, gehackte Petersilie oder
frische, gehackte Minzeblättchen.

Salatgurkenstück waschen, mit der Schale feinfädig raspeln und auf ein Sieb zum Abtropfen geben. Die Zwiebel oder die Frühlingszwiebeln mit Grün und die Knoblauchzehe(n) fein hacken, unter den mit etwas Quark verrührten Joghurt mischen, Essig und Öl unterrühren und würzen. Die Gurkenfäden und die frischen, gehackten Kräuter zugeben und die Joghurtcreme etwa 1 Std. in den Kühlschrank stellen. Zu frischem Stangenweißbrot oder neuen Kartoffeln servieren.
Oder unter die Joghurtcreme je 1 kleine, frische rote und grüne Paprikaschote, fein gehackt, mischen. Mit Salz, Edelsüßpaprika und 1 Prise Cayenne würzen, mit gehackter Petersilie bestreuen.

2128 Körniger Frischkäse, süße Art

Für 2 Personen
1 Becher körniger Frischkäse (200 g),
etwas Milch oder Joghurt zum
Verrühren,
½ Honig- oder Cantalupe-Melone,
etwas Honig oder Ahornsirup.

Pro Person 2 Melonenspalten auf einen Teller legen, den Frischkäse darübergeben und mit 1 Teel. Honig beträufeln.
Oder pro Person 3 frische Feigen schälen, halbieren und als Kranz je um die Hälfte Frischkäse anrichten. Mit etwas Orangensaft beträufeln.
Oder etwa 100 g frische verlesene Himbeeren locker mit dem Frischkäse vermischen.
Oder abwechselnd kleine Erdbeeren und Bananenscheiben um den Frischkäse legen.
Oder 1 frischen Pfirsich evtl. schälen, in Scheiben schneiden, ziegelartig neben den Frischkäse legen und gehackte Pistazien oder Nüsse darüberstreuen.
Oder 1 kleinen Apfel mit der Schale in den Frischkäse reiben, mit Zitronensaft und geriebener Orangenschale abschmecken.

2129 Weizenkörnersalat

150 g Weizenkörner,
Wasser zum Einweichen.
1-1½ l Gemüsebrühe oder Wasser
und 2 Essl. gekörnte Brühe,
1 angeröstete Zwiebel, 1 Lorbeerblatt,
einige zerdrückte Pfefferkörner,
2 Tomaten, je 1 grüne und gelbe
Paprikaschote, 3–4 Frühlingszwiebeln
oder 1 Zwiebel und 1 Bund
Schnittlauch, evtl. 1 Knoblauchzehe,
evtl. 1 Stück Salatgurke,
Salatsoße **309**

Die Weizenkörner über Nacht, mindestens 8 Std., in genügend Wasser vorquellen. Das Einweichwasser abgießen und die Körner entweder in gut gewürzter Fleischbrühe oder in Wasser mit gekörnter Brühe, der angerösteten Zwiebel, Lorbeerblatt und den Pfefferkörnern etwa 40–50 Min. bei geringer Hitzezufuhr garen (eine Bißprobe machen). Die Körner in einem Sieb abkühlen lassen.
Die Tomaten und Paprikaschoten in kleine Würfel, die Frühlingszwiebel in feine Ringe schneiden (Zwiebel hacken und Schnittlauch in Röllchen schneiden), die Knoblauchzehe fein hacken oder zerdrücken. Evtl. die Salatgurke schälen und ebenfalls in Würfel schneiden. Die Salatsoße aus den angegebenen Zutaten mit einem Schneebesen kräftig schlagen. Alle Zutaten mischen und bei Zimmertemperatur etwa 1 Std. durchziehen lassen.
In ein großes Einweckglas oder eine Tupperschüssel gefüllt, eignet sich dieser Salat auch für ein Picknick.

Weizenkörnersalat **2129**

Tofu-Gerichte

Tofu, auch Sojabohnenquark genannt, ist bei uns seit einigen Jahren bekannt und in verschiedenen Geschmacksrichtungen erhältlich. Im Fernen Osten ist Tofu seit Jahrhunderten ein Grundnahrungsmittel. Er wird aus gelben Sojabohnen hergestellt. Frischer Tofu hat Ähnlichkeit mit Schichtkäse, er ist geschmacksneutral, und sehr gut verträglich (deshalb auch für Diät geeignet); sein Gehalt an Proteinen ist hoch und er enthält kaum gesättigte Fettsäuren. Für Vegetarier ist Tofu ein vollwertiger Fleischersatz. Er kann durch seinen Eiweißreichtum auch Milchprodukte ersetzen (z. B. bei Milchunverträglichkeit). Tofu wird in Blöcken von 250 und 500 g, aber auch lose angeboten. Es gibt ihn „natur", gewürzt, in Kräuter eingelegt und geräuchert. Er ist preiswert und für die unterschiedlichsten Rezepte geeignet:
Als Einlage für Suppen, für pikante und süße Soßen, für Salate, zu Gemüsegerichten, als Fleischergänzung, als Frikadellen, als Füllung für Pilze oder Blätter, paniert mit Sesamkörnern, als Füllung für pikante Kuchen (Quiche) und süß zum Dessert. Tofu kann mit Hilfe von Wasser unter Zusatz von Nigari oder frischem Meerwasser, Magnesium- oder Kalziumsulfat bzw. für sauren Tofu von Essig oder Zitronensaft auch selbst hergestellt werden.

2130

Marinade für Tofuwürfel (als Salatzutat)

Für 200 g Tofuwürfel:
frisch gemahlener Pfeffer und Salz,
1–2 Knoblauchzehen,
2 Essl. Zitronensaft,
1 Prise Cayennepfeffer,
2–3 Essl. Öl nach Wahl,
nach Belieben gehackte Kräuter.

Aus den Zutaten mit dem Schneebesen eine kräftig abgeschmeckte Marinade rühren, die Tofuwürfel einlegen und ca. 3 Stunden darin ziehen lassen. Von Zeit zu Zeit umwenden.

Oder statt Cayennepfeffer 1 gehackte Chilischote und 1 Teel. zerdrückte grüne Pfefferkörner zugeben. Statt frischer Kräuter getrockneten Thymian und Rosmarinpulver verwenden.

2131

Hühnerbrühe mit Tofuwürfeln

*1 l Hühnerbrühe **495** oder*
*Gemüsebrühe **504**, abgeschmeckt*
mit 2–3 Essl. Sojasauce,
Einlage: 250 g Tofuwürfel, natur,
200 g gegarter Reis oder
200 g Gemüse wie Möhren, Lauch,
Rote Bete, Staudensellerie, Broccoliröschen und Frühlingszwiebeln.

Die Hühner- oder Gemüsebrühe erhitzen, kräftig mit der Sojasauce abschmecken. Die Tofuwürfel auf vier vorgewärmte Suppentassen verteilen. Den Reis nur kurz in der Brühe erhitzen. Das Gemüse hübsch zuschneiden (oder ausstechen, z. B. Sternchen), in der Brühe ca. 5–8 Minuten garen. Alles über die Tofuwürfel verteilen und sofort servieren.
Oder noch einige getrocknete, eingeweichte Shiitake-Pilze oder Morcheln und ca. 150 g Glasnudeln in die Suppe geben und garen.
Oder eine gebundene Suppe: Lauchcremesuppe **555**, Tomatensuppe **553**, Champignonsuppe **558** oder Kartoffelsuppe **562** mit 200 g Tofustreifen anrichten.

2132

Tofubällchen

150 g Tofu, natur,
100 g geputzte Pilze wie
Champignons oder Austernpilze,
1 kleine Zwiebel oder 2 Schalotten,
1 Bund Petersilie,
Salz, Pfeffer, 1 Prise Muskat.

Alle Zutaten im Mixer pürieren. Mit einem nassen Teelöffel Nocken abstechen, zu Bällchen formen und in ca. 6–8 Minuten im siedenden Salzwasser garen. In einer Gemüsebrühe servieren. Mit frischen gehackten Kräutern bestreuen.

2133

Ausgebackene Tofubällchen

*Doppelte Zutatenmenge wie für Tofubällchen **2132**.*
Semmelbrösel oder angeröstete
Sesamkörner zum Wälzen,
Ausbackfett.

Bällchen formen, in den Semmelbröseln oder den Körnern wälzen, gut andrücken und in der Fritteuse oder in der Pfanne goldgelb ausbacken. Zu einem Salatteller oder knackig gegartem Gemüse servieren.

2134

Salat mit marinierten Tofuwürfeln

*Marinierte Tofuwürfel **2130**,*
2–3 Möhren, 10 Radieschen,
1 Stange Lauch oder
2 Frühlingszwiebeln.

Die Möhren schrappen, in Stifte schneiden, die gewaschenen Radieschen in schmale Streifen und den gut gewaschenen Lauch oder die Frühlingszwiebeln in feine Ringe zerteilen. Alle Zutaten vermischen, die Tofuwürfel unterheben und evtl. noch etwas Marinade darüberträufeln.
Oder die Tofuwürfel mit Weißkraut **355**, Ananaswürfeln und roten Paprikastreifen mischen.
Oder Tomatenachtel, Salatgurkenwürfel, rote, fein gehobelte Zwiebeln, schwarze Oliven mit den Tofuwürfeln vermischen. Mit viel gehackter Blattpetersilie bestreuen.
Oder auf einer Platte gefüllte Weinblätter, Tomatenscheiben und frische Basilikumblätter mit den Tofuwürfeln anrichten.
Oder die Tofuwürfel anbraten und lauwarm zum Salat geben.

2135 Tomatensoße mit Tofu

*Tomatensoße **49**,*
anstatt Speck:
300 g Tofu, leicht zerdrückt.

Die Tomatensoße zubereiten, 5 Minuten vor Ende der Garzeit den Tofu zugeben. Über Reis oder beliebige Nudeln geben.

2136 Tofu-Füllung für Gemüse

300 g Tofu, 2 mittelgroße Zwiebeln,
2 Knoblauchzehen,
2 Essl. Pflanzenöl zum Andünsten,
½ Bund Petersilie oder Dill
oder Schnittlauch
oder getrocknete Kräuter wie
Oregano, Thymian oder Majoran,
jeweils 1 Teel. Salz und
frisch gemahlener Pfeffer.
Weitere Zutaten zur Wahl:
2 Essl. geriebener Käse
oder 2 Essl. Zitronensaft
oder 2 Essl. Semmelbrösel
oder 2–3 Essl. gekochter Reis.

Den Tofu mit einer Gabel zerdrücken. Die Zwiebeln und Knoblauchzehen fein hacken, im Öl andünsten, abkühlen lassen. Tofu, gehackte oder getrocknete Kräuter nach Wahl zufügen und würzen. Je nach Weiterverwendung eine der genannten Zutaten einarbeiten:
Für 4 Paprikaschoten: den geriebenen Käse zugeben; außerdem mit geriebenem Käse bestreuen.
Für 8 große Champignonköpfe: Stiele feingehackt und außerdem die Semmelbrösel zugeben.
Für 20 Weinblätter (gibt es auch eingelegt zu kaufen): Zitronensaft und evtl. geröstete Sonnenblumenkerne zugeben.
Für 4 größere oder 8 kleine Chinakohl- oder Wirsingkohlblätter: 2–3 Essl. gekochten Reis einarbeiten. Die Füllung der Rouladen aus Krautblättern kann noch mit 2 Eigelb gebunden werden.

Süße Tofucreme, S. 611.

2137 Backkartoffeln nach Bircher-Benner

1 kg mehlige Kartoffeln,
(am besten Frühkartoffeln),
Fett für das Blech, z. B. Pflanzenöl,
ganzer Kümmel,
grobes Meersalz, evtl. Paprikapulver.

Die Kartoffeln (möglichst gleich große Kartoffeln auswählen), gründlich in kaltem Wasser abbürsten. Die Kartoffeln ungeschält halbieren, auf ein gefettetes Backblech legen – Schnittfläche nach unten – mit Kümmel und Salz überstreuen und im vorgeheizten Backofen garen.
E.-Herd 200 °C/ G.-Herd 3
je nach Größe ca. 25–35 Minuten
Die Blechkartoffeln mit gewürzter Butter, Seite 54, pikantem Quark, Seite 57 einem Dip Seite 46 ff oder mit gegrilltem Fleisch oder Fisch servieren.

2138 Ofenkartoffeln

Pro Person
1-2 mehlig kochende Kartoffeln,
Butter,
grobes Meersalz für das Blech.

Die Kartoffeln gründlich in kaltem Wasser abbürsten. Abtrocknen und mit flüssiger Butter einpinseln. Ein Backblech mit Meersalz bestreuen, so dick, dass die Kartoffeln einen Stand darauf haben. In den vorgeheizten Backofen schieben und backen. Nach ca. 20-30 Minuten die Kartoffeln auf der Oberseite mehrfach mit einem Hölzchen einstechen,damit Dampf entweichen kann.
E.-Herd 225 C /G.-Herd 4
Ca. 40-60 Minuten
Die Kartoffeln aus dem Backofen nehmen,die Oberseite längs einritzen und ausdampfen lassen. Dabei seitlich etwas eindrücken, damit der mehlige Kern sichtbar wird. Dazu Butterstückchen und frisch gemahlenes Salz oder dicken Sauerrahm (Schmand) oder Crème fraîche mit Kräutern servieren. Wenn die Kartoffeln tadellos sind, kann die Schale mitgegessen werden.

2139 Natur-oder Vollkornreis

2 Tassen Naturreis,
2 Essl. Kaltpressöl,
1 kleine, fein gehackte Zwiebel,
5 knappe Tassen Wasser,
1 Essl. Gemüsebrühe-Extrakt,
evtl. 1 Lorbeerblatt,
etwas Hefewürze.

Den Naturreis kurz waschen und abtrocknen. Im heißen Öl zusammen mit den Zwiebelwürfeln leicht andünsten. Das Wasser mit dem Gemüsebrühe-Extrakt, dem Lorbeerblatt und der Hefewürze aufkochen lassen und über den Reis gießen. Nach kurzem Mitkochen das Lorbeerblatt entfernen. Den Reis bei milder Hitze im geschlossenen Topf ca. 35-40 Min. garen. Der fertige Reis hat eine körnige Beschaffenheit und noch einen leichten „Biß“. Statt Wasser und Gemüsebrühe-Extrakt kann man zum Garen auch Fleischbrühe, Gemüsebrühe oder Fischbrühe verwenden. Wer den Lorbeergeschmack nicht mag, kann durch andere Gewürze, z. B. Curry, den Geschmack verändern.

2140 Pfannhas/Panhas

1 l gut gewürzte Gemüsebrühe,
je 1 Prise gemahlene Nelken,
Pfeffer, Majoran,
1 Messersp. Thymian,
1 Teel. gekörnte Gemüsebrühe,
½ geriebene Zwiebel,
250 g Grieß oder Buchweizenmehl,
evtl. 125 g Weckwürfelchen,
Backfett.

Die Gemüsebrühe zum Kochen bringen, die übrigen Zutaten zufügen, den Grieß oder das Mehl einstreuen, 15 Min. kochen und zuletzt die Weckwürfelchen untermischen. Die heiße Masse in eine kalt gespülte, flache Schüssel füllen und darin steif werden lassen; dann Scheiben davon schneiden und im heißen Fett knusprig braten. Dazu passt eine Rohkostplatte oder Tomatensuppe (italienische Art), Seite 39.

2141
Vegetarischer Braten

Je 120 g Grünkerngrütze, Haferflocken und Weizen- oder Maisgrieß,
1 Tasse feine Semmelbrösel,
1 Zwiebel, reichlich Petersilie,
40 g Kokosbutter oder Rapsöl,
1 Messersp. Majoran,
1 Ei, 1 Prise Salz oder Hefewürze.

Die Grünkerngrütze, Haferflocken und den Grieß gesondert in je 3/8 l strudelndem Wasser oder Gemüsebrühe zu einem dicken Brei auskochen; dann alle drei Breiarten zusammenmischen. Die Brösel, die fein gewiegte Zwiebel und Petersilie im Fett rösten, unter die Breimasse mengen, das Ei zufügen und mit Majoran, Salz oder Hefewürze gut abschmecken. (Auch frische oder getrocknete, fein gewiegte Pilze und in Butter glasig geschwitzte Zwiebeln sind eine besonders wohlschmeckende Würze.) Eine längliche, gefettete und mit Bröseln ausgestreute Form mit der Bratenmasse füllen und bei guter Hitze im Backofen braten.
E.-Herd 200 °C/G.-Herd 3
Ca. 60 Minuten
Zum vegetarischen Braten (und auch zu den Koteletts bzw. Frikadellen) passt ein frischer Salat (ab S. 99) oder Rohkost oder Kartoffelsalat (S. 102) oder Naturreis (S. 603) oder Teigwaren.
Als Soße empfehlen sich Currysoße **22**, weiße Zwiebelsoße **31** und Frankfurter Grüne Soße **73**.

2142
Vegetarische Koteletts oder Frikadellen

Die vegetarische Bratenmasse mit einem Gemüserest oder 1 Essl. Tomatenmark oder einigen gehackten, in Butter gedünsteten, frischen Pilzen vermischen; daraus runde oder längliche Koteletts formen und mit Mehl, Ei und Bröseln panieren.
Oder nur in Bröseln wenden und im heißen Fett auf beiden Seiten hellbraun backen.

2143
Grünkernkoteletts oder Frikadellen

Bratenmasse **2141** ohne Haferflocken und Grieß, dafür 240 g Grünkerngrütze und 3/4 l Wasser oder Gemüsebrühe verwenden. Mit Hilfe von etwas Bröseln kleine Küchlein oder Koteletts formen und in heißem Backfett oder Öl auf beiden Seiten knusprig backen.

2144
Pilzküchlein

250 g mittelfeine Haferflocken,
etwa 3/8 l Wasser, etwas Salz,
je 1 Prise Muskat und Paprika,
20 g getrocknete oder 125 g frische Pilze, 10 g Butter, 1 Zwiebel, Backfett.

Die Haferflocken mit dem kalten Wasser anfeuchten und 1 Std. stehen lassen. Inzwischen die getrockneten Pilze überbrühen, leicht ausdrücken und fein wiegen (Dosenpilze ohne Brühe verwenden; frische Pilze sorgsam vorbereiten, kleinhacken und in etwas Butter mit Zwiebelwürfel weich dünsten). Die Pilze mit den Haferflocken vermischen, Salz und Gewürz zufügen, die Masse gut durchkneten und kleine Küchlein formen; im heißen Fett auf beiden Seiten hellbraun ausbacken.

2145
Polenta

250 g Maisgrieß (oder zur Hälfte Weizengrieß), 1 l Wasser,
1 Teel. Salz, 1 Prise Muskat,
40 g Butter, 60 g geriebener Parmesan- oder Emmentaler Käse.

3 Den Brei auf ein gut gefettetes Blech aufgießen...

Den Maisgrieß in das strudelnde, leicht gesalzene und mit Muskat gewürzte Wasser einlaufen lassen, etwa 30–40 Min. auf kleinster Flamme kochen und öfter umrühren, damit die Polenta nicht anbrennt (am besten den Brei in ein heißes Wasserbad stellen). Wenn sich die Polenta vom Topfrand löst, ist sie fertig. Beim Anrichten mit der zerlassenen Butter übergießen und den geriebenen Käse aufstreuen.
Zusammen mit einem Blattsalat ergibt die Polenta eine vollwertige Mahlzeit. Als Beilage z. B. zu Ratatouille **630** oder einem Pilzragout **1367** genügt die halbe Menge.
Oder anstatt Käse eine Handvoll Salbeiblättchen in heißem Olivenöl ausbacken und über der Polenta anrichten.
Polenta, gebacken:
Aus der fertigen Polenta einen Stollen formen. Nach dem völligen Erkalten in Schreiben schneiden und diese in heißem Pflanzenöl von beiden Seiten knusprig backen. Oder die Scheiben in eine gebutterte, feuerfeste Form legen, mit geriebenem Käse und Thymianblättchen bestreuen, zerlassene Butter darüber träufeln und im Backofen bei 225 °C (G,-Herd 4) überbacken. Dazu passt italienische Tomatensoße **50**.

1 Polenta **2145**: Maisgrieß in das strudelnde Wasser rühren.

4 und glattstreichen. Abkühlen lassen...

2146
Polenta, gefüllt

250 g Maisgrieß,
1 1/4 l Wasser, 1 Essl. Salz.
Füllung:
2 Essl. Sonnenblumen- oder Olivenöl,
2 Schalotten,
1 Knoblauchzehe,
100 g Schinken- oder Speckwürfel,
1 Dose geschälte Tomaten (280 g),
1 Bund Petersilie, gehackt,
1/2 Bund Basilikum, gehackt,
evtl. 200 g Cabanossi
oder Chorizo (Wurst), gewürfelt.
Flüssige Butter, reichlich geraspelter Parmesan.

Die Polenta wie in **2145** beschrieben zubereiten, stetig rühren, damit die Polenta klümpchenfrei ist. Im erhitzten Öl die gehackten Schalotten- und Knoblauchwürfel anschwitzen, Schinkenwürfel zugeben, glasig werden lassen, dann die Tomaten samt Saft unterrühren, mit den gehackten Kräutern würzen und kurz köcheln lassen. Die Wurstwürfel in der Soße erhitzen. Eine feuerfeste Form leicht fetten, eine Schicht Polenta einfüllen, etwas Füllung aufgießen, dann wieder Polenta usw. Den Abschluss bildet Polenta. Die Form mit Butter begießen und mit Parmesan bestreuen. Im vorgeheizten Backofen überbacken.
E.-Herd 200-225°C / G.-Herd 2-3
Ca. 15-25 Minuten

2 Häufig umrühren, damit nichts anbrennt und sich keine Klümpchen bilden.

5 und beliebige Formen ausstechen.

2147
Polenta-Klöße

Von dem gekochten Brei Klöße abstechen, den Löffel jedesmal dabei in heißes Fett tauchen, die Klöße auf einer erwärmten Platte anrichten, die zerlassene Butter darüberträufeln und mit Käse bestreuen; oder die Klöße in Butter anbraten und mit Blattsalat zu Tisch geben.

2148
Couscous

350 g Couscous, 1/2 Teel. Salz,*
400 ml warmes Wasser,
2 Essl. Sonnenblumen- oder Olivenöl,
25 g Butter, in kleine Würfel zerteilt.

Den Couscous abspülen und abtropfen lassen, mit gesalzenem Wasser übergießen und 10–15 Min. ziehen lassen, bis der Couscousgrieß das Wasser aufgesogen hat. Das Öl mit dem Couscous verreiben, so dass feine, millimetergroße Klümpchen entstehen. Die Masse in eine ofenfeste Form füllen, mit einer Gabel vorsichtig auflockern, Butterstückchen darauf verteilen und mit Alufolie oder Backpapier bedecken. Im vorgeheizten Backofen durch und durch erhitzen.
E.-Herd 200 °C / G.-Herd 3
Ca. 15 Minuten.

*Couscous besteht meistens aus Weizengrieß, manchmal auch aus Gerste, Hirse oder Mais. Man bekommt ihn küchenfertig im Naturkost- und Lebensmittelhandel. Je nach Beschaffenheit benötigt man etwas mehr Salzwasser: 500 ml für Gerstencouscous, 600 ml für sehr feinen Couscous. Traditionell wird Couscous in der Couscoussière (Topf mit Dampfeinsatz) gegart. Die oben beschrieben Methode ist einfacher.
Je nach Bedarf wird Couscous zusammen mit Gemüse (Karotten, Zucchini u. a.) oder Fleisch (Geflügel) gegart oder mit Kräutern, Gewürzen, Nüssen, Mandeln oder Früchten vermischt.

Gefüllte Polenta **2146**

2149
Vollkornnudeln

300 g feingemahlenes Weizen- oder Dinkelvollkornmehl, 2 Eier, 2 Eigelb, 2 halbe Eierschalen Wasser, evtl. ½ Teel. Meersalz.

Den Teig, wie in **1194** beschrieben, vor- und zubereiten, allerdings etwas länger kneten und vor dem Auswellen gut 1 Stunde zugedeckt ruhen lassen. Dann kann das Mehl in Ruhe ausquellen.

2150
Vollkornspätzle

300 g feingemahlenes Weizen- oder Dinkelvollkornmehl, 3 Eier, 1 Teel. Meersalz, 1 Essl. kaltgepresstes Sonnenblumenöl, ca. 1 Tasse lauwarmes Wasser.

Mehl, Eier, Salz, Öl und Wasser verrühren. Den Teig so lange schlagen, bis er Blasen wirft. Dann 10 Min. quellen lassen und anschließend wie **1191** angegeben weiterverarbeiten.

Variation: Für bunte Spätzle 1 Bund sehr feingehackte Kräuter (Kerbel, Dill, Petersilie etc.) oder 1 Döschen gemahlenen Safran oder 2 Essl. Tomatenmark untermischen.

2151
Vollkornspaghetti mit Spinatsahne

Teig wie Vollkornnudeln oder fertig gekaufte Spaghetti, 600 g kleine Spinatblätter, 2 Essl. Olivenöl, 2 Knoblauchzehen, 1 Zwiebel, Salz, Pfeffer, 1 Prise Muskat, ½ Becher süße Sahne (100 g), Parmesan zum Überstreuen.

Den Nudelteig zubereiten oder fertig gekaufte Vollkornspaghetti bissfest garen. Die Spinatblätter verlesen, waschen und gut abtropfen lassen. Olivenöl erhitzen, kleingehackte Knoblauchzehen und Zwiebel darin anschwitzen, Spinat zugeben und zusammenfallen lassen. Würzen, Sahne zugießen und den Spinat mit den abgetropften Spaghetti vermischen. Reibekäse dazu servieren.

2152
Grünkernklöße

*150 g Grünkernschrot, 300 ml Gemüsebrühe **504**, 2 Eier, je 75 g Mehl und Grieß, 2 Essl. saure Sahne, ½ Bund Petersilie, Muskat, Meersalz, Pfeffer.*

Grünkernschrot in die kochende Gemüsebrühe einstreuen und unter Rühren einmal aufkochen. Das Schrot zugedeckt 20 Min. leise köcheln, auf abgeschalteter Herdplatte noch 25 Min. quellen lassen. Schrotbrei nach dem Erkalten mit den übrigen Zutaten vermischen. Mit nassen Teelöffeln Klößchen abstechen; in reichlich kochendem Salzwasser etwa 10–15 Min. garen. Dazu eine würzige Tomatensoße oder Gemüse in Sahne reichen.
Variante: Statt Grünkern Roggen (Quellzeit 45 Min.) oder Hafer (Quellzeit 15 Min.) verwenden.

2153
Hirseklöße

*200 g Hirse, 1 Essl. Öl, je 1 kleine Möhre und Lauchstange, ½ l Gemüsebrühe **504**, 2 Eier, 2 Essl. Sojamehl, evtl. mittelfeine Haferflocken, 2 Essl. Kerbel oder Petersilie, 1 Teel. Paprika edelsüß, Meersalz.*

Die Hirse heiß abwaschen und sehr gut abtropfen lassen.
Feingewürfeltes Gemüse in Öl andünsten, Hirse 3 Minuten mitrösten. Mit heißer Gemüsebrühe auffüllen, aufkochen, zugedeckt auf der abgeschalteten Herdplatte 30 Min. quellen lassen. Nach dem Abkühlen die übrigen Zutaten unter den Hirsebrei mischen, soviel Haferflocken zugeben, dass eine formbare Masse entsteht. Würzen, Klöße formen und in siedendem Salzwasser ca. 10 Min. ziehen lassen. Spargel- oder Pilzragout dazu reichen.

Vollkornspaghetti **2151** mit Spinat

2154 Weizenklöße

200 g ganzer Weizen, ½ l Wasser,
1–2 Teel. Instant-Gemüsebrühe,
2 Essl. Mehl,
4 Essl. Vollkornhaferflocken,
125 g Quark,
2 Eier, Meersalz, Pfeffer,
gewiegte Kräuter.

Weizen über Nacht in Wasser einweichen. Am nächsten Tag samt Einweichwasser und Brühe-Extrakt aufkochen, 45 Min. bei kleinster Stufe garen, noch 15 Min. auf ausgeschalteter Herdplatte quellen lassen. Bleibt Wasser übrig, dieses abgießen.
Nach dem Abkühlen die übrigen Zutaten untermischen, mit nassen Händen 8 – 10 Klöße formen, in leicht kochendem Salzwasser 15 Min. ziehen lassen. Gemüse oder eine sämige Soße dazu reichen.

2155 Buchweizenknödel, gefüllt

200 g Buchweizengrütze,
ca. ¼ l Wasser,
2–3 Eier, 50 g Butter,
60 g Weizenmehl oder Schrot (Type 1050), 1 Teel. Salz,
je 1 Prise Pfeffer und Muskat.
Fülle:
20 g Margarine,
2 kleine Zwiebeln oder Frühlingszwiebeln,
75 g Sojawürfel, natur,
½ Teel. gekörnte Brühe oder
1 Handvoll gehackte Kräuter.

Die Buchweizengrütze in kochendes Wasser geben und ca. 25 bis 30 Min. ausquellen lassen. Etwas abgekühlt mit den Eiern, der weichen Butter, dem Mehl oder Schrot und den Gewürzen vermischen und noch kurze Zeit nachquellen lassen. Die Sojafleisch-Würfel 15 Min. in gut ½ l heißem Wasser, mit etwas Brühe gewürzt, einweichen. Abgießen, gut abtropfen lassen und in kleinere Würfel schneiden. Zur Fülle im heißen Fett die feingehackte Zwiebel mit dem würfelig geschnittenen Sojafleisch andünsten. Etwa 8 Knödel formen und jeweils in die Mitte etwas von der Fülle geben. Die Knödel in kochendes Salzwasser einlegen und bei verminderter Hitzezufuhr in ca. 20 Min. garen.
Zu den gefüllten Buchweizenknödeln passt eine pikante Soße siehe S. 37 bis 40. Ungefüllt können die Knödel zum vegetarischen Braten **2141** serviert werden.
Oder Knödel mit Schinkenwürfeln füllen.

2156 Graupenpfannkuchen

250 g Graupen, gemahlen,
2 – 3 Lauchstängel (nur das Weiße) oder 1 Zwiebel,
1 Essl. gehackte Petersilie,
20 g Butter oder Öl, 1 Ei,
1 Prise Salz oder Hefewürze,
Backfett.

Die gemahlenen Graupen mit ⅜ l kaltem Wasser über Nacht einweichen; fein geschnittene Lauchstängel oder gewiegte Zwiebel mit der Petersilie in Butter oder Öl glasig schwitzen. Ei und Salz oder Hefewürze zufügen, dann mit dem aufgequollenen Graupenbrei gut vermischen. Etwa 12 kleine Pfannkuchen in heißem Fett hellbraun backen.
Dazu einen frischen Salat servieren.

2157 Nusskoteletts

¼ l Milch oder Wasser,
je 1 Prise Salz und Pfeffer,
120 g Semmelbrösel,
65 g geriebene Walnüsse,
1 Essl. Mehl,
1 kleine, geriebene Zwiebel,
Backfett.

Die Milch mit dem Gewürz zum Kochen bringen und die Semmelbrösel unter Rühren einstreuen. Die Masse im Topf abkühlen lassen und die übrigen Zutaten beifügen. Den Kloßteig durchkneten, 4 Koteletts oder runde Küchlein daraus formen und im heißen Fett hellbraun backen. Mit Blattsalat oder Tomatensoße servieren.

2158 Haferflockenschnitten mit Kartoffeln

150 g mittelfeine Haferflocken,
⅜ l Milch, 10 g Butter,
je 1 Prise Salz und Muskat, 1 Ei,
300 g gekochte, erkaltete, geriebene Kartoffeln, Paniermehl, Backfett.

Die Haferflocken in die leicht strudelnde Milch einstreuen, Butter, Salz und Muskat zufügen, unter stetem Rühren dick einkochen und nach kurzem Abkühlen das Ei und die Kartoffeln untermischen. Die Breimasse auf ein befeuchtetes Backbrett streichen, nach dem Erkalten in kleine Schnitten teilen, diese in Paniermehl wenden und in heißem Fett hellbraun backen.

2159 Gerstenschnitten

150 g getrocknete grüne Erbsen,
2 Gelbe Rüben oder ein vorhandener Gemüserest,
150 g Gerste, grob geschrotet,
1 gewiegte Zwiebel,
1 Essl. gehackte Petersilie,
20 g Butter oder Margarine,
1 Ei, 1 Prise Salz oder Hefewürze,
Semmelbrösel, Backfett.

Die Erbsen einige Stunden einweichen, nach dem Abtropfen mit den geriebenen Gelben Rüben in wenig Wasser weich kochen und beides durchpassieren.
Die Gerste in etwa ½ l Wasser zu einem Kloß abbrennen, mit der Gemüsemasse, der in Fett gerösteten Zwiebel und Petersilie, Ei und Salz gut vermischen. Küchlein oder Schnitten daraus formen, in Semmelbröseln wenden und im heißen Fett hellbraun backen.

2160
Gemüsehackbraten mit Reis

250 g Gemüse (Gelbe Rüben, weiße Rüben, Sellerie, Lauch, Wirsing, Blumenkohl- und Broccoliröschen), 250 g Reis, etwa ¾ l Gemüsebrühe, je 1 Essl. gewiegte Zwiebel und Petersilie, 20 g Butter oder Pflanzenöl, je 1 Prise Salz und Majoran, 1–2 Essl. Brösel. Zum Braten: 40 g Butterfett oder Pflanzenöl, einige Butterflöckchen.

Das vorbereitete Gemüse zusammen in leicht gesalzenem Wasser weich kochen, auf einem Sieb abtropfen lassen und durchpassieren. Den Reis in der abgesiebten Gemüsebrühe etwa 20 Min. kochen und, damit der Reis körnig bleibt, zum Abtropfen auf ein Sieb geben. Inzwischen die Zwiebel und Petersilie im heißen Fett dünsten, mit dem Gemüsebrei und dem Reis mischen, mit Salz und Majoran würzig abschmecken und zu einem Hackbraten formen. Die Brösel überstreuen oder, falls der Hackbraten in eine gefettete Auflaufform gesetzt wird, die Brösel und einige Butterflöckchen obenauf geben. Unter öfterem Beträufeln mit dem eigenen Saft bei mittlerer Backofenhitze braten. Dazu eine Tomatensoße reichen.
E.-Herd 200 °C / G.-Herd 3
Ca. 30–45 Minuten

2161
Hirseauflauf, pikant

200 g ganze Hirse, Butter oder Margarine, ½ l Wasser, 1 Essl. gekörnte Brühe, 1 Lorbeerblatt, 1 Prise Pfeffer, 1–2 Essl. Margarine oder Öl, 1 kleine Zwiebel, 1 Knoblauchzehe, 300 g frische Champignons oder Blumenkohl- oder Broccoliröschen, 2 Eier, ca. 4 Essl. Milch, je 1 Prise Salz, Pfeffer und Muskat, 5 – 6 Essl. geriebener Emmentaler oder Parmesan.

Die Hirse gut waschen und in einem Sieb abtropfen lassen. In wenig Fett andünsten, dann das heiße Wasser angießen und die Gewürze zugeben. Bei kleiner Flamme und aufgelegtem Deckel ca. 15 Min. kochen. In einer feuerfesten Form im erhitzten Fett die kleingeschnittene Zwiebel und die zerdrückte Knoblauchzehe andünsten; die geputzten Champignons in Scheibchen zugeben (oder die gewaschenen Blumenkohl- bzw. Broccoliröschen), für kurze Zeit mitdünsten, die ausgequollene Hirse untermischen. Die Eier mit Milch und den Gewürzen verquirlen, über den Auflauf gießen und den geriebenen Käse darüberstreuen. Im vorgeheizten Backofen goldgelb überbacken.
E.-Herd 200 °C / G.-Herd 3
Ca. 15-20 Minuten
Oder für Nichtvegetarier den Hirseauflauf mit Fleischresten zubereiten: Unter die vorgekochte ganze Hirse etwa 150 – 200 g gekochtes Hühnerfleisch oder Bratenreste, in kleine Würfel geschnitten, mischen. Noch 200 g vorgegarte Möhren zugeben und den Auflauf mit Eiermilch übergießen und mit Käse überstreuen (siehe oben).

2162
Hirseauflauf mit Zwiebeln und Käse

150 g Hirse, ¾ l Wasser, 2 Essl. Butter, 1 Bund Frühlingszwiebeln, 1 rote Paprikaschote, 100 g junger Goudakäse, 2 Eier, 1 Msp. Thymian, Salz, Pfeffer, Muskat, einige Butterflöckchen.

Die Hirse heiß in einem Sieb waschen, abtropfen lassen.
Wasser mit 1 Essl. Butter zum Kochen bringen, Hirse einstreuen, umrühren, zugedeckt bei kleiner Hitze 30 Min. quellen lassen. Inzwischen Frühlingszwiebeln in feine Ringe schneiden, Paprikaschote entkernen, fein würfeln. In Butter 3 Min. dünsten. Käse raffeln, zusammen mit den verquirlten Eiern unter die fertige Hirse mischen, würzen. In eine hohe gefettete Auflaufform lagenweise Hirse und Zwiebeln schichten, mit Hirse abschließen. Butterflöckchen darauf verteilen und im vorgeheizten Backofen backen.
E.-Herd 200 °C / G.-Herd 3
Ca. 20 Minuten

2163
Grünkern-Gemüseauflauf

*200 g junge Möhren, 1 Stück Sellerieknolle, 1 Stange Lauch, 2 Essl. Öl, ⅛ l Gemüsebrühe **504**, ½ l Milch, 100 g Grünkernschrot, Meersalz, Pfeffer, 1 Essl. Mehl, 1 Essl. Hefeflocken, 3 Eier, 2 Fleischtomaten, 150 g Mozzarellakäse.*

Gemüse putzen, kleinschneiden, in Öl andünsten. Gemüsebrühe zugießen, zum Kochen bringen. Milch und Schrot zufügen, unter Rühren aufkochen, 18 Min. zugedeckt bei geringer Hitze quellen lassen. Mit Salz, Pfeffer, Mehl, Hefeflocken und Eigelb vermischen und steifgeschlagenes Eiweiß unterziehen. Die Masse in eine gefettete Form füllen, mit gehäuteten Tomatenscheiben und Mozzarellakäsescheiben dachziegelartig belegen. Den Auflauf im Backofen backen.
E.-Herd 200 °C / G.-Herd 3
30 Minuten
Blattsalate dazu reichen.

2164
Quarkauflauf mit Kartoffeln

2–3 Eier, 80 g Zucker, 500 g Quark (10%), 500 g erkaltete, geriebene Schalkartoffeln, 40 g Butter, abgeriebene Schale von ½ Biozitrone, 1 Prise Salz.

Eigelb und Zucker schaumig rühren, den durchpassierten Quark, die geriebenen Kartoffeln, Butter, Zitronenschale, Salz und den steifen Eischnee untermischen; den Auflauf in eine gefettete Form füllen und bei mittlerer Backofenhitze backen.
E.-Herd 175 °C / G.-Herd 2
Ca. 45 Minuten

2165
Gefüllte Tomaten oder Paprika mit Hirse

8 mittelgroße Tomaten oder
4 Paprikaschoten, Salz und Pfeffer.
Fülle: 20 g Butter oder Kokosbutter,
40 g durchwachsener Speck,
je 150 g frische Champignons und Pfifferlinge oder andere Pilze,
je 1 Prise Salz und Pfeffer,
1 Essl. gehackte Petersilie,
vorgegarte Hirse nach ***2161****,*
halbe Menge.
Pro Tomate oder Paprikaschote
1 halbierte Scheiblette oder geriebener Käse (Emmentaler, Gouda oder Greyerzer).

Von den festen Tomaten (oder Paprikaschoten) einen Deckel abschneiden, aushöhlen, die Kerne entfernen und innen leicht salzen und pfeffern. Im heißen Fett den kleinwürfelig geschnittenen Speck und die geputzten, zerkleinerten Pilze etwa 8–10 Min. andünsten, würzen und mit der Hirse vermischen. Die Tomaten oder Paprikaschoten damit füllen, in eine gefettete, feuerfeste Form setzen, über Kreuz den Käse auflegen und die gefüllten Gemüse im vorgeheizten Backofen überbacken.
Evtl. 1/4 l Gemüsebrühe oder Tomatensaft zugießen.
E.-Herd 175 °C/G.-Herd 2
Ca. 30 Minuten
Dazu passen Schalkartoffeln oder körnig gekochter Reis und eine Tomatensoße.

2166
Gemüseeintopf, südliche Art

1 große Gemüsezwiebel,
2 Knoblauchzehen,
2–3 Essl. Olivenöl,
1 Aubergine (300 g),
2 junge Zucchini (250 g),
2 Fleischtomaten (250 g),
je 1 Zweiglein Thymian und Rosmarin,
Salz und frisch gemahlener Pfeffer,
reichlich glattblättrige Petersilie, grob gehackt.

Die Zwiebel und die Knoblauchzehen fein hacken und im heißen Öl hell anschwitzen. Von der Aubergine die Enden abschneiden. Falls die Haut zu dick ist, abschälen, sonst mit der Haut in Würfel oder Scheiben teilen und zusammen mit den Zucchini (in Scheiben) zu den Zwiebeln geben. Etwa 5 Min. mitgaren. Die Tomaten schälen, evtl. die Kerne herausdrücken, und in grobe Stücke schneiden. Tomaten und die Kräuterzweige einlegen. Das Gericht bei aufgelegtem Deckel auf kleiner Flamme ca. 10 Min. garen. Falls erforderlich, einen Schuss Wein angießen. Die Kräuterzweige herausnehmen, den Eintopf mit Salz und Pfeffer würzen und mit viel Petersilie bestreut servieren. Dazu gibt es frisches Weißbrot und Kräuterbutter oder Käse.

2167
Zucchini-Gratin

800 g kleine Zucchini,
2–3 Essl. Olivenöl,
3 Knoblauchzehen, etwas Weißwein,
2 kleine Eier, Salz, Pfeffer,
40 g Vollkornbrösel oder grobes Weizenschrot,
60 g geriebener Käse Parmesan oder Greyerzer.

Die gewaschenen Zucchini in Scheiben schneiden. Olivenöl erhitzen, die gehackten Knoblauchzehen darin anschwitzen, die Zucchinischeiben zugeben, mit wenig Weißwein angießen und etwa 5 Min. dünsten. Eine feuerfeste Form mit dem Zucchinigemüse füllen, die verquirlten Eier darübergießen und mit Bröseln und geriebenem Käse bestreuen. Im vorgeheizten Backofen überkrusten.
E.-Herd 200 °C/G.-Herd 3
Ca. 15–20 Minuten
Zucchini-Gratin kann als Beilage zu Fleisch- und Fischgerichten oder auch nur mit einem frischen Salat serviert werden.

Zucchini-Gratin **2167**

2168
Spinatpudding mit ganzer Gerste

250 g Gerstenkörner,
1–1½ l Gemüsebrühe,
1 Prise Salz, 1 Lorbeerblatt,
2 Essl. Öl, 2 mittelgroße Zwiebeln,
250–300 g Blattspinat,
Kerbel, Petersilie, 4 Eier, getrennt,
50–60 g Weizenmehl, Type 1050,
Muskat, Salz, Pfeffer, Hefewürze.

Die Gerstenkörner in Gemüsebrühe mit Salz und Lorbeerblatt ca. 40 Min. garen. Abtropfen lassen. Die geschnittenen Zwiebeln und den gewaschenen und vorbereiteten Blattspinat in Öl andünsten, Deckel auflegen und ca. 5 Min. garen.
Kerbel und Petersilie hacken. Eigelb und Mehl verquirlen und mit den Gerstenkörnern und dem Spinat sowie Gewürz vermengen.
Das geschlagene Eiweiß unter die Masse heben und in eine gefettete Puddingform geben. Den Deckel schließen und ca. 1–1½ Std. im Wasserbad garen. Die Masse kann auch im Backofen gebacken werden, sollte aber mit Butterflöckchen belegt und mit Alufolie abgedeckt sein.
Dazu passt eine Tomatensoße und Endiviensalat.

2169
Maisgrießpudding

Je 1 Essl. gewiegte Zwiebel und Petersilie, 20 g Butter, 1 l Wasser,
200 g Maisgrieß,
je 1 Prise Salz und Muskat, 2 Eier,
40 g geriebener Käse.

Zwiebel und Petersilie in der zerlassenen Butter hellgelb schwitzen, mit dem Wasser aufkochen, den Maisgrieß in dünnem Strahl einstreuen, Salz und Muskat zufügen und zusammen in etwa 15 Min. dick auskochen. Eigelb und Käse untermischen, steifgeschlagenes Eiweiß unterheben und die Masse in eine gefettete Puddingform füllen. Die Form verschließen und ca. 1 Std. im schwach strudelnden Wasserbad kochen. Nach dem Stürzen mit einer Tomatensoße umgießen.

Süßspeisen und Desserts

2170
Maisgrießpudding mit Honig

200 g Maisgrieß,
200 g Mehl (oder Weizengrieß),
je 1 Päckchen Backpulver und Vanillezucker,
ca. 3/8 l Milch,
2–3 Essl. flüssiger Honig,
2 Eier, getrennt.

Maisgrieß, Mehl, Backpulver und Vanillezucker in einer Schüssel trocken vermischen. Die Milch mit Honig und Eigelb verquirlen, langsam unter Rühren zugießen und den steifen Eischnee locker darunter ziehen. Die dickflüssige Teigmasse in eine gefettete Form füllen, gut verschließen und den Pudding im schwach strudelnden Wasserbad etwa 1½ Std. kochen. Heiße Vanillesoße und Kompott von dunklen Früchten oder Marmelade dazu reichen.

2171
Haferküchle, süß

2 Eier, 150 g Magerquark,
1 Essl. Honig,
150–200 g kernige Haferflocken.
100 g entsteinte, feingeschnittene Trockenaprikosen oder Dörrzwetschgen oder kalifornische Rosinen,
evtl. Semmelbrösel.
Kokosbutter zum Braten.

Die Eier mit dem Quark und Honig gut verrühren, die Haferflocken untermischen und etwa 15–20 Min. ausquellen lassen. Dann das Trockenobst einkneten und mit Hilfe von Semmelbröseln (oder nur mit nassen Händen) flache Küchle formen. In heißem Kokosfett knusprig braten.
Dazu Rhabarber- oder Sauerkirschenkompott reichen oder eine Fruchtsoße dazu servieren.

2172
Hirsebrei

250 g Hirse, 1 l Milch, 1 Prise Salz,
50 g Butter.
Zum Bestreuen: Zucker und Zimt.

Die Hirse sorgfältig verlesen, in reichlich Wasser waschen, mit der kalten Milch, Salz und 20 g Butter aufsetzen; dann unter Rühren in ca. 25 Minuten zu einem dicken Brei auskochen. Beim Anrichten mit der restlichen, hell gebräunten Butter übergießen, mit Zucker und Zimt bestreuen.
Oder unter den fertigen Hirsebrei 4 Essl. süße Sahne rühren und eingeweichte, entsteinte Trockenaprikosen, in kleine Stückchen geschnitten, daruntermischen.

2173
Hirseauflauf mit Äpfeln

250 g ganze Hirse, 3/4 l Milch,
1 Prise Salz, 2 Eier, getrennt,
2 geh. Essl. Rohrohrzucker,
abgeriebene Schale von ½ Biozitrone,
500 g geschälte, geschnitzelte, eingezuckerte Äpfel,
einige Butterflöckchen.
Zum Bestäuben: Puderzucker.

Die Hirse gründlich waschen (am besten in einem Sieb), und zwar kalt, heiß und wieder kalt überbrausen. Nach dem Abtropfen mit der Milch zum Kochen bringen, das Salz zufügen und die Hirse bei schwacher Kochhitze in etwa 20 Min. ausquellen lassen; zum Abkühlen ein wenig auflockern, Eigelb mit Zucker und der Zitronenschale schaumig rühren, daruntermischen und den steifen Eischnee unterziehen. Eine feuerfeste Form gut fetten, die Hälfte Hirsemasse einfüllen, die inzwischen durchgezogenen Apfelschnitze als dicke Zwischenlage darüber geben, mit der restlichen Hirse bedecken und einige Butterflöckchen obenauf setzen. Den Auflauf im vorgeheizten Backofen bei mittlerer Hitze bis zur goldbraunen Färbung backen und beim Anrichten mit Puderzucker bestäuben.
E.-Herd 175 °C / G.-Herd 2
Ca. 30 – 40 Minuten

2174 Quarkküchlein mit Haferflocken (süß)

125 g feine Haferflocken, 1/4 l Milch, 125 g Mager- oder Sahnequark, 1 Prise Salz, 125 g Mehl, 1 Ei, 1/2 Päckchen Backpulver, 2 Essl. Zucker, abgeriebene Schale von 1/4 Bio-Zitrone, Backfett.

Die Haferflocken mit der Milch übergießen und aufquellen lassen. Die übrigen Zutaten untermischen, von der Teigmasse kleine Küchlein mit einem Schöpflöffel abstechen und im heißen Fett auf beiden Seiten hellbraun backen.

2175 Süße Tofucreme mit frischem Obst

250 g Tofu (1 Block), natur, 1/2 Becher süße Sahne (100 g), 2 Essl. milder Honig oder Rohrohrzucker oder Sanddornkonzentrat, etwas Zitronensaft, evtl. 1 Essl. Likör nach Wahl (nicht wenn Kinder mitessen). Früchte nach Wahl und Jahreszeit.

Den Tofu leicht zerdrücken, mit den anderen Zutaten in eine Rührschüssel geben und mit dem Handrührer gut vermischen (oder kurz in den Mixer geben). Früchte nach Wahl waschen, putzen, kleinschneiden. Jeweils in die Mitte eines Tellers einen Klecks Tofucreme geben (evtl. mit dem Spritzbeutel auftragen) und die Früchte im Kreis darum anordnen.

Tipp:
Zum Süßen werden statt Zucker in der gesunden Küche gerne Honig oder Ahornsirup verwendet. Es gibt noch andere Süßungsmittel, die auszuprobieren sich lohnt, z.B. Ahornzucker, Palmzucker oder Wasanbon (aus einer Zuckerbambusart gewonnen, sehr fein gemahlen und gut zum Karamellisieren geeignet), außerdem Saftkonzentrate wie Agaven- oder Sanddorndicksaft sowie Stevia (vgl. Seite 595).

2176 Sauermilchgelee

1 l Sauermilch, 200 g Zucker, abgeriebene Schale von 1 unbehandelten Zitrone, evtl. 1–2 Essl. Arrak oder Rum, je 6 Blatt weiße und rote Gelatine.

Die durchpassierte Sauermilch mit Zucker, Zitronenschale und Arrak oder Rum gut verrühren. Die eingeweichte Gelatine leicht ausdrücken, in 2 Essl. heißem Wasser auflösen, durchsieben und unter die Sauermilch mischen. Das Gelee in eine Glasschale füllen und zum Erstarren etwa 2 Std. kalt stellen.

2177 Joghurtgelee

Gut 3/4 l Joghurt, 180 g Zucker, abgeriebene Schale von 1 unbehandelten Zitrone, 1 Essl. Orangenlikör oder Arrak, je 5 Blatt weiße und rote Gelatine. Zum Bestreuen: etwas geriebene Schokolade.

Das Joghurt schaumig schlagen und mit Zucker, Zitronenschale und dem Likör verrühren. Die eingeweichte, leicht ausgedrückte Gelatine in 2 Essl. heißem Wasser auflösen, durchsieben und mit dem Joghurt vermischen. Einzelne Gläser damit füllen, darin erstarren lassen und vor dem Servieren mit der geriebenen Schokolade bestreuen (nicht zu kalt servieren).

2178 Molkenspeise

1/2 l Molke, 2–3 Essl. Honig, 6 Blatt rote Gelatine, Saft 1/2 Zitrone.

Die Molke (gibt es in Flaschen zu kaufen) mit dem Honig aufkochen und nach kurzem Abkühlen die aufgelöste Gelatine zufügen. Den Zitronensaft untermischen, das Ganze durch ein Sieb gießen und in eine kalt ausgespülte Form füllen. 3–4 Std. im Kühlschrank fest werden lassen, danach stürzen.

2179 Magermilchgelee auf verschiedene Art

Grundzutaten:
1/2 l Magermilch, 5 Essl. Zucker, 6 Blatt weiße Gelatine.

Verschiedene Zubereitungsarten:

2–3 Essl. Marmelade zufügen.
Oder 3 Essl. Schokoladenpulver.
Oder geriebene Schokolade.
Oder 3 Essl. geriebene Haselnüsse.
Oder 500 g eingezuckerte Beeren oder etwas zerkleinerte, eingedünstete Früchte.
Oder 1/8 l starken Kaffeeaufguss und 2 weitere Blatt Gelatine.
Oder 3 Essl. Rum oder 5 Essl. Weißwein und 2 weitere Blatt Gelatine.
Oder 8–10 Essl. Zitronensaft, 2 weitere Blatt Gelatine und Zucker (evtl. Ahorn- oder Palmzucker) oder flüssiger Honig zum Nachsüßen.
Oder 10–12 Essl. Orangensaft, 3 weitere Blatt Gelatine und Zucker oder Sanddorn-Vollfrucht zum Nachsüßen.

Die Magermilch mit dem Zucker vermischen, die Gelatine in 3-4 Essl. abgekochtem, heißem Wasser auflösen, durchsieben und die gequirlte Milch in kleinen Portionen unter Schlagen zuführen. Dann in kaltem Wasserbad so lange weiter schlagen, bis die Milch wie dicke Sahne vom Löffel fließt. Je nach Wunsch die Geschmackszutaten untermischen und die Speise in Glasschalen oder in Portionsgläsern erstarren lassen; nicht zu kalt servieren.

GETRÄNKE

Theoretisch könnte der Mensch seinen Flüssigkeitsbedarf mit Wasser befriedigen. Theoretisch. Doch, was wäre das für ein Leben. Aus diesem Grund hat sich das „vernunftbegabte“ (Eigenwerbung) Säugetier, sehr wahrscheinlich von Beginn an, daran gemacht, ständig neue, andere Erfrischungen, die weit über das Lebensnotwendige hinausgehen, zu ersinnen. Mit bestem Erfolg, wie ein Blick in die Getränkekarten der Völker ganz schnell belegt. Heiß und kalt, süß und sauer, belebend und einschläfernd, gemixt oder alleinstehend, geistig oder ohne Prozente. Es gibt verschiedenartigste Getränke ohne Zahl, aber für jeden Geschmack. Welch ein Glück.

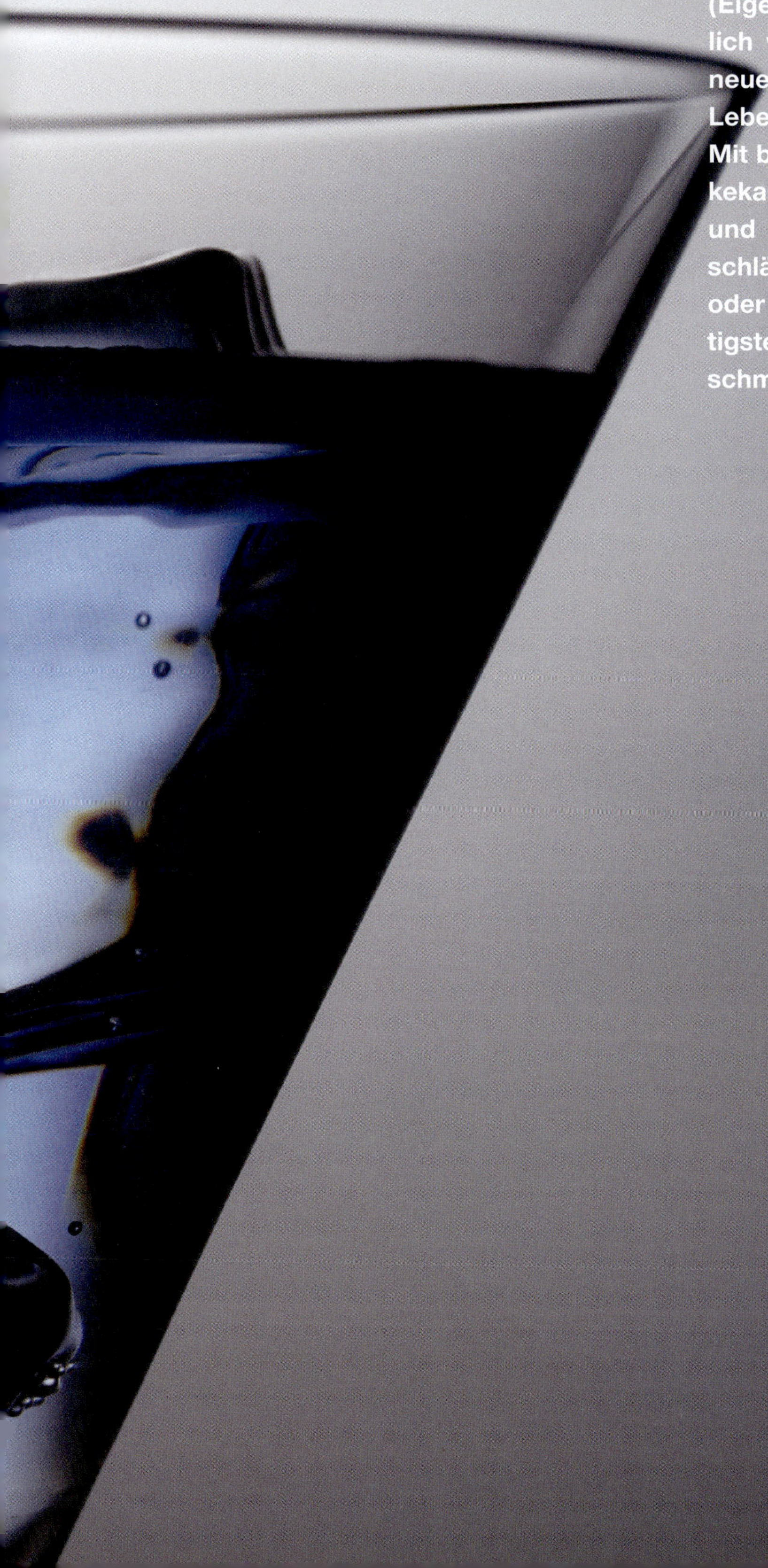

Kaffee, Tee, Kakao, Schokolade

Kaffee und Tee dürfen nie zu dünn sein.
Für eine Tasse **Kaffee** rechnet man 1–2 Teelöffel gemahlenen Bohnenkaffee. Bei koffeinfreiem Kaffee rechnet man für 1 l Wasser ca. 40 g Kaffee. Kenner bevorzugen Filterkaffee. Es ist zu beachten, dass er immer heiß auf den Tisch kommt. Bei der Zubereitung die Kaffeekanne in heißes Wasser stellen.
Die Zubereitung von Kaffee, Kaffeevariationen und Tee übernimmt heute meist eine elektrische Kaffee-/Teemaschine. Achten Sie beim Kauf allerdings darauf, dass das Wasser wirklich heiß genug wird. Eine zusätzliche Warmhalteplatte unter der Servierkanne hält das fertige Getränk heiß.
Eine sehr gute Kaffee-Qualität wird auch in der gläsernen Kolbenkanne (Kaffeebereiter) erzielt (in verschiedenen Größen und Ausführungen erhältlich). Für die Dreiviertel-Liter-Kanne nimmt man 4 Messbecher gemahlenen Kaffee, 1 gute Prise Kakao, evtl. etwas Zimtpulver und gießt mit kochendem Wasser auf. Einige Minuten stehen lassen, dann umrühren und den Deckel mit den Filtereinsätzen nach unten drücken. Dieser Kaffee ist sehr bekömmlich; die Kanne und die Einsätze werden unter fließendem heißen Wasser gereinigt.
Eine wichtige Voraussetzung für gute Kaffee-/Teequalität spielt auch das Wasser. Milde Kaffeesorten entwickeln in weichem Wasser (7–10 Grad Wasserhärte) das beste Aroma, kräftige Sorten und Mokka vertragen härteres Wasser. Ein Anruf beim Wasserwirtschaftsamt klärt Sie über die örtliche Wasserhärte auf. Ein Tipp: Bei zu weichem Wasser 1 Prise Salz zugeben, bei kalkhaltigem Wasser das Wasser vorher mittels Wasserfilter entkalken.
Es ist nicht günstig, Kaffee in zu großen Mengen auf Vorrat zu kaufen. Nur frisch geröstete Bohnen geben ein volles Aroma. Gemahlener Kaffee muss sofort verwendet werden, da das Aroma selbst bei bester Verpackung rasch verfliegt. Kaffeebohnen soll man in gut schließenden Behältern aufbewahren.
Für 1 Tasse **Tee** benötigt man einen Teelöffel voll Teeblätter. Wer ihn besonders stark liebt, nimmt noch einen zusätzlichen Teelöffel voll für die Kanne. Dasselbe gilt auch für größere Mengen.

2180
Bohnenkaffee, gebrüht

8 Teel. (ca. 60 g) gemahlener Kaffee, 1 l Wasser.

Kaffeemehl in eine mit heißem Wasser ausgespülte Kanne geben und mit kochendem Wasser übergießen. Umrühren und zugedeckt ca. 5 Min. ziehen lassen. Anschließend in eine vorgewärmte Kanne sieben.

2181
Filterkaffee

50–60 g gemahlener Kaffee, 1 l Wasser.

Den Filter mit der Filtertüte und dem feingemahlenen Kaffee auf die Kaffeekanne stellen, etwas kochendes Wasser darübergießen, durchlaufen lassen und nach und nach das leicht kochende Wasser zugießen. Damit der Kaffee heiß bleibt, empfiehlt es sich, die Kanne in heißes Wasser zu stellen.

2182
Mokka

Ca. 50 g gemahlener Kaffee, ½ l Wasser.

Den Mokka wie den Filterkaffee zubereiten. In Mokkatassen (kleine Tassen) servieren.

2183
Cappuccino

Espresso oder Mokka bis zur Hälfte in eine Tasse füllen und heiß aufgeschäumte Vollmilch darüber geben. Nach Geschmack zuckern und mit etwas Kakaopulver oder geriebener Bitterschokolade bestäuben.

2184
Türkischer Kaffee

4 Teel. sehr fein gemahlener Kaffee, 4 Teel. Zucker, ½ l Wasser.

Das Kaffeemehl mit Zucker und Wasser zum Kochen bringen und einmal aufkochen lassen. Mit ein paar Tropfen kaltem Wasser abschrecken und mit dem Schaum in Mokkatassen oder Kaffeekännchen füllen. Stilgerecht ein kleines Glas Wasser dazu servieren.

2185
Irish Coffee

In ein vorgewärmtes Irish Coffee-Glas (evtl. Becher) 1 Teel. Zucker mit 1–2 Essl. Whisk(e)y geben und anzünden. Dann heißen, starken Kaffee zugießen und mit einer Schlagsahnehaube servieren.

2186
Pharisäer

Zubereitung wie bei Irish Coffee. Anstelle von Whisky wird Rum verwendet.

2187
Malzkaffee

40 g Malzkaffee, 1 l Wasser.

Den Malzkaffee fein mahlen und in strudelndem Wasser 6–8 Min. kochen; durch einen Filter oder ein feines Sieb gießen und mit heißer Milch oder Sahne und Zucker servieren. Malzkaffee kann auch wie Bohnenkaffee lediglich überbrüht werden und ergibt, zur Hälfte mit Bohnenkaffee gemischt, ein sehr aromatisches Getränk.

2188

Kakao

1 l Milch, 3–4 Teel. Kakao, 4 Teel. Zucker.

Den Kakao in wenig kalter Milch anrühren, unter Quirlen zum Kochen bringen, die übrige Milch und den Zucker zufügen, dann kurz aufwallen lassen. Oder den Kakao ungesüßt kochen und Zucker extra reichen. Geschlagene Sahne schmeckt gut dazu.

2189

Schokolade

100 g Blockschokolade oder 1 Tafel halbbittere Schokolade, 1 l Milch, Zucker nach Geschmack.

Die Schokolade etwas zerkleinern, mit wenig warmem Wasser oder Milch aufweichen und glatt rühren; dann die Milch zufügen und die Schokolade bis zum Kochen schlagen. Ungesüßte Sahne oder leicht gesüßte Schlagsahne dazu reichen.
Oder unter den Kakao 2 Essl. Grand Marnier (Orangenlikör) mischen, die Tassen mit Sahnehäubchen und Borkenschokolade garnieren.

2190

Schwarzer Tee

4–5 Teel. schwarzer Tee, 1 l Wasser.

Die Teeblätter in eine vorgewärmte Kanne oder in ein Teesieb oder in den Teefilter* geben, einen kleinen Teil des kochenden Wassers darübergießen und nach etwa 2 Min. das restliche kochende Wasser dazugeben. Kurz ziehen lassen und durch ein Sieb in die angewärmte Teekanne gießen. Über Kandiszucker in eine Tasse gießen oder nur mit Zucker süßen. Zitronensaft, Milch oder Weinbrand gesondert dazu reichen.
Rooibos-(Rotbusch-)Tee wird wie schwarzer Tee zubereitet. Er stammt aus Südafrika und besteht aus feinen, rötlichen Nadeln, die an Sträuchern wachsen. Pur oder mit Vanille oder Ingwer aromatisiert, schmeckt er warm oder kalt.

Eistee: Eisgekühlten Tee über Eiswürfel oder zerkleinertes Eis (Cru-shed Ice) in ein Glas gießen. Nach Geschmack süßen und mit etwas Zitronensaft abschmecken.

> ***Tipp:***
> *Schwarzer Tee, etwa 2–3 Min. gezogen, regt an; nach 5 Min. hat er eine beruhigende Wirkung; allerdings kann dann der Gerbstoffgeschmack (Tannin) bei manchen Teesorten vorschmecken.*

2191

Gewürzter Tee

¾ l Wasser, 5 Teel. Assam-Tee, ½ Teel. Kardamom- oder Zimtpulver, ¼ l Milch.

Den Tee mit den Gewürzen mit kochendem Wasser übergießen und ca. 2–3 Min. darin ziehen lassen. Danach mit kalter Milch aufgießen, kurz aufkochen und in eine Teekanne füllen. Nach Belieben süßen.

2192

Apfelschalentee

1 Tasse frische oder 4 Tasse getrocknete Apfelschalen, 1 l Wasser, Zitronenscheiben.

Frische oder getrocknete Apfelschalen mit 1 l Wasser 15–20 Minuten kochen, durch ein Tuch oder ein sehr feines Sieb gießen und mit Zitronenscheiben oder Milch und Zucker servieren. Getrocknete Schalen zuvor 15 Min. einweichen.

2193

Grüntee

4–5 Teel. grüner Tee, 1 l Wasser

Im Gegensatz zu schwarzem Tee sind die Blätter des grünen Tees nicht fermentiert, kleinbättriger und zarter. Grüntee darf nicht zu heiß, höchstens mit 90 °C heißem Wasser aufgegosssen werden, sonst wird er bitter. Ideal sind 70-80 °C. Er soll nur ½ bis 1½ Minuten ziehen und kann auch ein zweites oder drittes Mal aufgegossen werden.

2194

Lindenblütentee

1 Teel. Lindenblüten, 1 Tasse Wasser.

Lindenblüten mit kochendem Wasser aufgießen und in der Tasse zugedeckt 10–15 Minuten ziehen lassen. Danach durch ein Sieb gießen. Wirkt schweißtreibend.
Kamillentee wird ebenso zubereitet. Pro Tasse rechnet man 1 Essl. Kamillenblüten. Der Tee wirkt krampflösend und entzündungshemmend.

2195

Pfefferminztee

1 Teel. Pfefferminzblättchen, 1 Tasse Wasser. Kandiszucker oder Honig.

Für eine Tasse Pfefferminztee die Pfefferminzblättchen mit kochendem Wasser überbrühen und sofort abgießen. So schmeckt der Pfefferminztee besonders aromatisch. Falls vorhanden, frische Pfefferminzblätter im Teeglas mitservieren. Mit Kandiszucker oder Honig süßen.

2196

Hagebuttentee (Kernlestee)

2 Essl. getrocknete Hagebuttenkerne, 1 l Wasser.

Hagebuttenkerne mit dem Wasser kalt aufsetzen und 1–2 Std. schwach strudelnd kochen lassen. Durchsieben und den Tee mit Zucker servieren.
Oder den Hagebuttentee vollständig abkühlen lassen, mit 3 Essl. Honig süßen und Zitronenscheiben einlegen. Im Sommer ein sehr erfrischendes Getränk.

* Teefilter werden mit der Zeit unansehnlich. Einfach in Essigwasser auskochen!

Punsch

2197 Punschessenz

Schale und Saft von 2 Orangen,
250 g Würfelzucker oder
500 g feiner Zucker,
1 l Weißwein,
Saft von 4 Zitronen,
4 l Rum, 4 l Arrak.

Die Orangen mit mehreren Zuckerwürfelchen abreiben, den Wein mit den getränkten Würfeln und dem restlichen Zucker bis zum vollständigen Auflösen des Zuckers erhitzen. Nach kurzem Aufkochen durch ein gebrühtes Tuch gießen und etwas abkühlen lassen; den Saft der Orangen und Zitronen, Rum und Arrak zufügen, gut vermischen, die Essenz in Flaschen füllen und verkorken. Punschessenz ist lange haltbar und lässt sich zu heißem oder kaltem Punsch, auch als Aroma oder Würze für Backwaren verwenden.

2198 Punsch

Die Punschessenz zubereiten; beim Verbrauch genügt zum Vermischen jeweils ein Drittel Essenz auf zwei Drittel kochendes Wasser.

2199 Orangenpunsch

3 Bio-Orangen,
100 g Würfelzucker, 4 l Wasser,
1 Flasche trockener Weißwein,
Saft von 1 Zitrone oder Limette,
⅛ l Rum oder Cognac.

Die heiß abgewaschenen Orangen mit den Zuckerwürfeln abreiben (den Saft auspressen) und die getränkten Würfel in heißem Wasser auflösen. Den Wein, Orangen- und Zitronensaft zufügen, die Mischung rasch bis ans Kochen bringen, durchsieben und den Rum oder Cognac zugießen.

2200 Rotweinpunsch

Für 4–6 Personen
Schale und Saft von je ½ Orange und ½ Zitrone,
250 g weißer Kandiszucker,
1½ l trockener Rotwein oder
1 l Rotwein und ½ l Wasser,
2 Nelken,
⅛ l sehr feiner Rum, Arrak
oder Cognac.

Die Orange und die Zitrone heiß abspülen, dünn abschälen und die Früchte auspressen. Dann die Schalen und den Saft mit Zucker, Wein, Wasser und Nelken langsam erhitzen, kurz aufkochen und durch ein feines Sieb gießen. Zuletzt den Rum, Arrak oder Cognac zufügen und den Punsch sehr heiß servieren.
Oder in die Punschgläser je 1 Essl. Rumtopffrüchte füllen und mit dem heißen Wein auffüllen.

2201 Feuerzangenbowle

2 Flaschen Rotwein, 4 Nelken,
Schale und Saft von
je 1 ungespritzten Orange
und Zitrone,
1 kleiner Zuckerhut,
7 l Rum.

Den Rotwein mit den Nelken und der Schale sowie dem Saft der Früchte langsam erhitzen, in ein Bowlengefäß gießen. Die Feuerzange mit dem Zuckerhut darauf über das Bowlengefäß (Steingut oder feuerfestes Glas) legen. Den Rum in Etappen darübergießen, anzünden, immer wieder Rum nachgießen und warten, bis der Zucker in die Bowle getropft ist; kurz umrühren. Die Gewürze entfernen und die Bowle heiß servieren. Die restliche Bowle möglichst über einem Rechaud warm halten.
Zu beachten: Den Rum stets zuerst in eine Kelle gießen und dann über den Zuckerhut träufeln. Nie direkt aus der Flasche, es entsteht sonst Brandgefahr!

2202 Rumpunsch

Für 4–6 Personen
1 Orange, 1 Zitrone,
etwa 200 g Zucker,
¼ l Jamaika-Rum,
$^1/_{10}$ l Cognac,
15 g feiner schwarzer Tee,
1½ l Wasser.

Die Orange und Zitrone abschälen, alle weißen Hautreste entfernen, die Früchte quer in feine Scheiben schneiden und dabei die Kerne herauslösen. Die Scheiben in eine vorgewärmte feuerfeste Glasschüssel oder Kasserolle legen, den Zucker, Rum und Cognac zufügen und den inzwischen angebrühten, durchgesiebten Tee oder nur das kochendheiße Wasser darübergießen. Den Punsch zugedeckt noch kurz warm stellen, dann durchsieben und in erwärmter Kanne oder Krug zu Tisch geben. Die Fruchtscheiben im Punsch servieren (für diesen Fall einen Bowlenlöffel beifügen) oder die Scheiben extra reichen.

2203 Teepunsch

Für 6–8 Personen
20 g schwarzer Tee,
1 l Wasser,
1 Bio-Orange oder Bio-Zitrone,
200 g Würfelzucker,
1 Flasche trockener Weißwein,
1 Flasche leichter Rotwein,
⅛ l Rum.

Die Teeblätter mit dem strudelndheißen Wasser überbrühen und 5–6 Min. ziehen lassen. Die Orange oder Zitrone mit einigen Zuckerwürfelchen abreiben, die getränkten Würfel und den übrigen Zucker mit dem Wein langsam bis ans Kochen bringen, sofort von der Herdplatte nehmen und den durchgesiebten Tee untermischen. Zuletzt den Rum zufügen und den Punsch warm oder kalt servieren.

2204

Eierpunsch

3 sehr frische Eier, 3 Eigelb,
150 g Zucker,
½ l trockener Weißwein,
¼ l Wasser,
Schale und Saft von je 1 Orange und 1 Zitrone, ⅛ l Jamaika-Rum oder guter Cognac.

Die Eier und die Eigelbe mit dem Zucker schaumig rühren, die übrigen Zutaten untermischen und bei schwacher Herdhitze bis zum Aufkochen schlagen; den Punsch durchsieben, in Gläser füllen und sehr heiß servieren.

2205

Grog

4 Teel. Zucker,
⅜ l Wasser,
⅛ l schwarzer Tee,
¼ l Rum, Weinbrand oder Whisky,
4 Zitronenscheiben.

Den Zucker mit dem Wasser zum Kochen bringen, den kochendheißen Tee, den Rum, Weinbrand oder Whisky zufügen und in Teegläsern mit Zitronenscheiben darauf servieren.

2206

Glühwein

1½ l Rotwein,
1 Stückchen ganzer Zimt,
4 Nelken,
je 1 Stück Bio-Zitronen- und Orangenschale,
4 Essl. Zucker.

Den Rotwein mit sämtlichen anderen Zutaten erhitzen, aber nicht kochen lassen. Den Topf von der Herdplatte nehmen, umrühren, bis der Schaum verschwindet, und den Glühwein sofort in Gläser füllen und servieren.
Oder Weißwein anstatt Rotwein verwenden. ½ Vanillestange zugeben und statt mit Zucker mit Honig süßen.
Oder anstatt Zitronen- und Orangenschale 1 Lorbeerblatt und 1 Prise Muskatblüte verwenden.

Eis-Punsch

2207

Orangen-Eis-Punsch

400 g Orangen- oder Ananaseis ***1507*** *oder* ***1500****,*
Fruchtfleisch von 1 Blutorange,
4 cl Orange Bitter oder Grand Marnier (Orangenlikör),
etwa ½ Flasche trockener Sekt,
4 dünn geschnittene Orangenscheiben.

Das Eis auf vier hohe Gläser verteilen, darüber das sehr fein geschnittene Fruchtfleisch geben und mit dem Likör beträufeln. Mit dem Sekt auffüllen, die Orangenscheiben an den Glasrand stecken und den Drink mit Strohhalm und langem Löffel servieren.

2208

Eis-Punsch „Bourbon"

400 g Mokkaeis, fertig gekauft, oder Mokkaparfait ***1515****,*
4 Essl. geschälte, geriebene Mandeln,
100 g Mokka- oder Edelbitterschokolade,
4 Gläschen Bourbon Whiskey à 4 cl,
Sodawasser zum Auffüllen.

Die Gläser im Kühlschrank gut durchkühlen. Das Eis etwas weich werden lassen, mit geriebenen Mandeln und geriebener Schokolade vermischen und gleichmäßig auf die Gläser verteilen. Den Whiskey darübergießen und nach Belieben mit Sodawasser auffüllen. Mit Strohhalmen und langen Löffeln sofort servieren.

Zerkleinertes Eis (crushed Ice): *Eiswürfel lassen sich ganz einfach zerkleinern: Die Eiswürfel aus der Gitterschale lösen, in ein sauberes Geschirrtuch wickeln und mit dem Fleischklopfer (oder ähnlichem) zerschlagen (vgl. Seite 621).*

Milchgetränke

2209

Milch-Frucht-Shake

2 reife Bananen oder 200 g geraspelte frische Ananas oder 200 g Beeren,
½ l Milch, 2 Eigelb,
evtl. etwas Zucker oder Honig,
pro Glas etwa 2 Essl. gestoßenes Eis.

Die Bananen schälen, fein zerdrücken oder pürieren, die Ananasraspel evtl. noch mehr zerkleinern. Die Beeren waschen oder nur verlesen, pürieren und durch ein Sieb streichen. Das Obst nach Wahl mit der kalten Milch vermischen, die Eigelb darunterquirlen und falls erforderlich süßen. In vier hohe Gläser jeweils klein gestoßenes Eis geben und mit der Fruchtmilch auffüllen. Den Glasrand evtl. mit einer Beere (Johannisbeerrispe) verzieren und mit Strohhalm servieren.
Oder bei der Zubereitung mit Bananen oder Erdbeeren die Früchte noch mit 1 Teel. Zitronensaft vermischen, dann erst in die Milch einrühren.
Mangomilch: 200 g Mangofruchtfleisch von kleinen gelborangenen Früchten mit der Milch und 2 Essl. (Palm-)Zucker im Mixer vermischen und mit zerkleinertem Eis servieren.

2210

Zitronen- oder Orangenmilch

Saft von 2 Zitronen oder Orangen,
1 l Milch.
Zum Süßen: flüssiger Honig oder brauner Zucker.

Fruchtsaft mit kalter Milch so lange schlagen oder im Elektromixer vermischen, bis sich die Milch nach dem Gerinnen mit dem Zitronensaft verbunden hat; zum Süßen nach Geschmack flüssigen Honig oder braunen Zucker verwenden.

Getränke

2211

Apfel-Sanddorn-Milchmixgetränk

1 l gut gekühlte Vollmilch,
4 Essl. gesüßter Sanddornsaft (Reformhaus),
je ½ Teel. gemahlener Ingwer und Zimt,
2 kleine, säuerliche Äpfel (Boskop oder Granny Smith).

Die kalte Milch mit dem Sanddornsaft und den Gewürzen im Mixer kurz verrühren. Die Äpfel evtl. schälen (½ Apfel zurückbehalten) und fein reiben, unter die Milch rühren. Den zurückbehaltenen halben Apfel in Achtel schneiden. Hohe Gläser mit der Apfel-Sanddorn-Milch gleichmäßig füllen und die Apfelstückchen auf die Glasränder stecken.

2212

Nussmilch

½ l Kakao oder Milch mit
4 Essl. Kakaopulver (Instant),
1 Banane, 6 Essl. fein gemahlene Hasel- oder Cashewnüsse,
2 Essl. Honig,
Schokoladenstreusel oder Schokospäne (Seite 440) zum Bestreuen.

Den Kakao oder die angerührte Milch gut kühlen; die Banane fein zerdrücken oder pürieren, mit den gemahlenen Nüssen unter den Kakao mischen. Mit Honig süßen, auf vier Gläser oder Becher verteilen und mit Schokoladenstreuseln bestreuen.

2213

Nektarinen-Buttermilch

2 große reife Nektarinen,
½ l Buttermilch,
2 Essl. Zitronensaft,
1 Essl. Honig, 1 Teel. Zuckersirup,
evtl. etwas kaltes Mineralwasser.

Die gewaschenen und entsteinten Nektarinen in grobe Stücke schneiden. Zusammen mit den restlichen Zutaten (ohne das Mineralwasser) im Mixer verquirlen. In hohe Gläser füllen und je nach Geschmack mit Mineralwasser auffüllen.

2214

Karotten-Buttermilch

1 l Buttermilch,
2 Essl. Zitronensaft oder guter Weinessig,
je 1 Prise Salz und Zucker,
1 Prise Cayenne, 200 g Karotten,
½ Teel. Sonnenblumenöl,
1 Bund Petersilie.

Die Buttermilch im Mixer (oder mit dem Elektroquirl) mit Zitronensaft oder Essig und den Gewürzen verquirlen. Die Karotten feinfädig raspeln, mit dem Öl vermischen; zusammen mit der fein gehackten Petersilie unter die gewürzte Buttermilch rühren.
Oder anstatt Karotten ein Stück frische Salatgurke fein raspeln. Die Petersilie durch fein gehackten Dill oder Schnittlauch ersetzen und die **Gurken-Buttermilch** mit einem Dillstängel servieren.

2215

Frische Kräutermilch

1 l Buttermilch oder ½ l Buttermilch und ½ l Dickmilch gemischt,
½ Teel. Zitronensaft,
1 kräftige Prise Kräutersalz,
2 Bund frische Kräuter, gemischt, (Schnittlauch, Petersilie, Dill, Zitronenmelisse, Kerbel) oder
1 Packung TK-Kräuter.

Die Buttermilch mit Zitronensaft und Kräutersalz verrühren. Die gewaschenen, abgetropften Kräuter fein hacken, unter die gewürzte Milch mischen. Nicht zu kühl servieren.

Tipp:
An heißen Tagen die Getränke mit jeweils 1 Kugel Fruchteis oder Vanilleeis servieren.

2216

Getränke mit Kefir

Für 1 Glas:
jeweils 0,1 l fettarmer Kefir und
1) 100 g fein geraspelte Salatgurke, 1 Spritzer Zitronensaft, etwas Meersalz, 1 Prise weißer Pfeffer, evtl. etwas fein geschnittener Dill.
2) 0,1 l Rote Bete-Saft, je 1 Spritzer Worcestersauce und Zitronensaft, evtl. frische Kresse zum Dekorieren.
3) 2–3 Scheiben Ananas, fein püriert, 2–3 Essl. Ananassaft, 2 Teel. Kokossirup oder Ahornsirup.

Jeweils die Zutaten in einen Elektromixer geben, gut miteinander vermischen und Nr. 1) mit Dill und evtl. einer Gurkenspirale, Nr. 2) mit frischer Kresse und 1 Stück gekochter Roter Bete, Nr. 3) mit einem Stück frische Ananas am Glasrand dekorieren.

2217

Getränke mit Joghurt

Für 1 Glas:
jeweils 100 g fettarmer Joghurt und
1) 100 g verlesene Heidelbeeren, die Hälfte püriert, 1 Teel. feiner Zucker oder Honig, 1 Teel. Zitronen- oder Limettensaft.
2) 1 schöne Nektarine, püriert, 1 Teel. Zitronensaft, 1 Teel. Honig, 1 Teel. Sanddornvollfrucht.
3) 70 g Kronsbeeren, gewaschen und abgetropft, 1 Teel. cremiger Honig, 1 Spritzer Zitronensaft.

Die Zutaten jeweils in den Elektromixer geben, gut vermischen und Nr. 1) in ein Ballonglas, Nr. 2) in ein hohes Kelchglas (Weinglas) und Nr. 3) in ein kurzstieliges Kelchglas gießen. Mit einer aufgeschnittenen Zitronenscheibe, frischen Früchten oder einem lustigen Rührquirl servieren.
Ayran: Joghurt mit Mineralwasser, halb und halb oder etwas mehr Wasser, mit dem Schneebesen schaumig schlagen, mit 1 Prise Meersalz sowie 1 Prise Kreuzkümmel und mit Zitronensaft abschmecken. Wer mag, kann noch frische Minze oder gehacktes Korianderkraut dazu geben. Ein sehr erfrischendes Getränke in den Balkanländern und der Türkei.

Bowlen

Eine Bowle sollte stets sehr kalt serviert werden: Es empfiehlt sich ein spezielles Bowlengefäß mit Einsatz, der mit Eiswürfeln gefüllt wird, oder kleine Kühlkugeln, die in der Tiefkühltruhe vorgefroren und dann direkt in die Bowle gelegt werden; man kann sie immer wieder verwenden. Oder das Bowlengefäß in eine tiefe Schüssel mit Eiswürfeln stellen. Niemals Eiswürfel in die Bowle geben, sie verwässert sonst! Die Zutaten für eine Bowle sollen von bester Qualität sein! Die Früchte reif, aber nicht überreif, der Wein nicht zu schwer und zu alt, eher frisch und leicht; der Sekt trocken oder (wer es etwas süßer liebt) halbtrocken.
Das „Anreichern" mit hochprozentigen Spirituosen sollte, falls überhaupt, nur in geringen Mengen erfolgen.
Alle Bowlen können statt mit Wein und Sekt mit Süßmost und Mineralwasser zubereitet werden; bei Süßmost jedoch weniger Zucker zugeben.

2218

Kardinal

Für 6–8 Personen
3 Bio-Orangen,
150 g Zucker,
1/8 l Wasser,
3 Flaschen Weißwein,
1 kleine Flasche Mineralwasser oder
1 Piccolo-Flasche Sekt.

Die Schale einer Orange sehr fein abschälen und in Streifen schneiden. Zucker und Wasser aufkochen, die Orangenschale damit überbrühen, 15 Min. darin ziehen lassen und absieben. Die übrigen Orangen ebenfalls schälen, sorgfältig von der weißen Haut befreien, alle Früchte in feine Scheiben schneiden und dabei entkernen. Die Orangenscheiben in den Zuckersaft einlegen und eine Flasche Wein zugießen. Die übrigen Flaschen sowie das Mineralwasser oder den Sekt kalt stellen und erst kurz vor dem Anrichten zufügen. In jedes Glas eine Orangenscheibe geben und die Bowle in einem Glaskrug servieren.

2219

Früchtebowle

500 g Früchte (Ananas, Pfirsiche, Aprikosen) oder
750 g Beeren (Erdbeeren, Walderdbeeren, Himbeeren),
Saft von 1 Zitrone oder Limette,
evtl. Puderzucker,
2 Flaschen spritziger Weißwein, z. B. Riesling, Weißburgunder oder Silvaner,
1 Flasche trockener Sekt.

Die Früchte waschen, Beeren sorgfältig verlesen, größere Früchte evtl. schälen und kleinschneiden, mit Zitronensaft beträufeln und überzuckern, falls die Früchte nicht schon genügend eigene Süße haben. Mit 1 Flasche Wein bedecken, 2 Std. kühl stellen und kurz vor dem Servieren den gut gekühlten Wein und Sekt darübergießen.

2220

Ananasbowle von Süßmost

5 Scheiben Dosen-Ananas oder
1 kleine frische Ananas,
120–150 g Zucker,
Saft von je 1 Orange und 1 Zitrone,
2 l Süßmost (Trauben- oder Apfelmost),
1 kleine Flasche Mineralwasser.

Die Ananasscheiben in kleine Würfel schneiden und etwa 3 Std. vor dem Gebrauch mit dem Zucker, dem Zitronen- und Orangensaft vermischen und 1/2 l Süßmost darübergießen, kühl stellen. Alle übrigen gekühlten Zutaten kurz vor dem Anrichten zufügen.

2221

Burgunder mit Sekt

1/4 l Burgunder (Pinot noir) oder
1/2 l leichterer Rotwein,
1 Flasche trockener weißer Sekt.

Den Rotwein gut kühlen, in eine Karaffe füllen und mit eiskaltem Sekt aufgießen.
Als „Türkenblut" war dieses Getränk ein Mode-Aperitiv in den 1920er-Jahren.

2222

Orangenbowle

Für 4–6 Personen
3 Orangen, davon 1 Frucht unbehandelt,
2 Bio-Zitronen oder Limetten,
8–10 Kumquats (Zwergorangen),
2 Flaschen Riesling (à 0,7 l) oder Weißburgunder,
1 Flasche trockener Sekt.

Zwei Orangen schälen, das Fruchtfleisch in kleine Stückchen teilen; die unbehandelte Orange als Spirale dünn abschälen; das Fruchtfleisch ebenfalls klein schneiden. Die Zitronen oder Limetten mit der Schale in ganz dünne Scheiben schneiden. Zusammen mit den heiß überbrühten Kumquats in ein Bowlengefäß legen und 1 Flasche Wein darübergießen. Etwa 2–3 Std. durchziehen lassen, dann die Orangenspirale über das Bowlengefäß hängen, mit der anderen gut gekühlten Flasche Wein und dem Sekt auffüllen. Die Kumquats können mit der Schale gegessen werden; ihr Geschmack ist leicht bitter. Wer die Früchte lieber etwas weicher hat, kocht sie für etwa 5 Min. in wenig Zuckerwasser.

2223

Kullerpfirsich

Tadellose, vollreife, nicht zu große Pfirsiche mit einer Gabel oder einem Zahnstocher rundum leicht anstechen und je einen ungeteilten Pfirsich in Kelch- oder Sektgläser einlegen. Die Gläser entweder mit eisgekühltem Sekt, Schaumwein oder leicht moussierendem Weißwein auffüllen. Die kalt gestellten Kullerpfirsiche mit Strohhalmen oder Glasröhrchen und einem kleinen Löffel servieren.
Der Sekt oder Wein kann beliebig oft aufgefüllt werden. Der Pfirsich saugt sich dann unter „Kullern" im Glas mit Alkohol voll und bildet den genussvollen Höhepunkt.

Tipp:
Weinbergpfirsiche sind besonders aromatisch und gut als „Kullerpfirsich" geeignet.

2224

Melonen-Gurken-Bowle

1 große Wassermelone, gekühlt,
1 kleine junge Salatgurke,
Saft von 1 Zitrone,
4 Essl. trockener Wermut,
frisch gemahlener schwarzer Pfeffer,
einige Stängel Zitronenmelisse oder Minze,
1 Flasche trockener Riesling,
1 Flasche trockener Sekt oder
½ Flasche Sekt und
½ l Mineralwasser.

Von der Melone einen Deckel abschneiden; die Frucht vorsichtig aushöhlen, es sollte noch ein Rand von ca. 2 cm stehen bleiben. Das Fruchtfleisch entkernen und etwa die Hälfte in Würfel schneiden (den Rest zu Obstsalat verwenden). Die Salatgurke mit der Schale waschen, der Länge nach halbieren (die Kerne mit einem Löffel herauskratzen) und in feine Scheiben schneiden. In eine Schüssel legen, mit Zitronensaft und Wermut übergießen. Den Pfeffer darübermahlen; die frischen Kräuterblättchen klein zupfen und zugeben. Mit dem Wein übergießen und etwa 2 Std. im Kühlschrank durchziehen lassen. Während der Zeit auch die Melone gut durchkühlen. Die Melone in eine mit Eisstückchen gefüllte Schüssel setzen, die durchgezogenen Frucht-Gemüsestückchen mit dem Wein hineingeben und mit eiskaltem Sekt oder Sekt und Mineralwasser aufgießen.

2225

Mai- oder Waldmeisterbowle

Für 4–6 Personen
2 Büschel Waldmeister (siehe dazu Tip ***1449****), ohne Blüten,*
200 g Zucker,
Saft von je 1 Orange und 1 Zitrone oder Saft von 2 Zitronen,
3 Flaschen Moselwein oder leichter Weißwein,
½ Flasche trockener Sekt oder eine kleine Flasche Mineralwasser.

Die Waldmeisterblättchen ohne Blüten und Stiele waschen, etwas ausdrücken und anwelken lassen. Dann in einen Keramik- oder Glaskrug einlegen; 5 Essl. Zucker untermischen, den Saft einer Zitrone oder einer Orange sowie 1 Flasche Wein zugießen und die Mischung zugedeckt kühl stellen. Nach etwa 2 Std. die Waldmeisterblättchen absieben, in einer Schüssel mit dem restlichen Zucker bedecken, eine weitere Flasche Wein und den Saft einer Zitrone zugeben, die Schüssel zudecken und wieder kühl stellen. Zuletzt alles durchsieben, in den Bowlenkrug zurückgießen, die dritte Flasche Wein nachfüllen und kurz vor dem Servieren den eisgekühlten Sekt oder Sprudel zufügen.

2226

Melonenbowle

1 reife Netz- oder Charentaismelone (ca. 600 g),
4 Essl. Portwein,
1 dünn abgeschälte Zitronenschale,
1 Flasche trockener Weißwein,
1 Flasche Sekt rosé oder Champagner rosé brut.

Eine Melone mit rosafarbenem Fruchtfleisch wählen; halbieren, die Kerne entfernen und mit einem Pariser Messer kleine Fruchtfleischbällchen herausheben; mit dem Portwein übergießen; etwa 2 Std. durchziehen lassen. Eine Zitronenspirale in einen gut vorgekühlten Glaskrug hängen, die Melonenbällchen einlegen und den gut gekühlten Wein, auch den Sekt über die Zitronenspirale langsam in das Gefäß gießen. Den Krug in eine tiefe, mit Eiswürfeln ausgelegte Schüssel stellen.
Oder die Melonenbowle mit einem leichten, gekühlten Rotwein (z. B. Beaujolais) oder auch einem Roséwein und weißem Sekt aufgießen.

Tipp:
Eine alkoholärmere Bowle erhält man, wenn man anstelle von Sekt eine Flasche Mineralwasser verwendet.

2227

Kalte Ente

1–2 Flaschen trockener Weißwein,
1–2 Bio-Zitronen,
2–3 Essl. flüssiger Honig oder zerstoßener Kandiszucker,
1 Flasche trockener Sekt oder Mineralwasser, einige Eiswürfelchen.

Die heiß abgespülten Zitronen dünn abschälen und die Schalen sorgfältig von der weißen Haut befreien. Den Wein mit dem flüssigen Honig oder dem sehr fein gestoßenen Kandiszucker und den Zitronenschalen vermischen, etwa 2 Std. kühl oder auf Eis stellen, durch ein Sieb oder ein Tuch gießen und kurz vor dem Anrichten den Sekt oder den Sprudel zufügen. Geschälte, entkernte Zitronenscheiben in die Gläser legen oder extra reichen; mit Eiswürfelchen servieren.

2228

Spanische Bowle (Sangria)

Für 4–6 Personen
3 unbehandelte Orangen (Bio),
2 unbehandelte Zitronen (Bio),
evtl. 4 cl Orangenlikör (Grand Marnier oder Cointreau),
Saft von 1 Zitrone,
1 sehr lange Zitronenschale (Spirale),
2 l kräftiger roter Landwein,
½ l Mineralwasser, einige Eiswürfel.

Die heiß abgewaschenen Orangen und Zitronen mit der Schale in dünne Scheiben schneiden, mit dem Likör und dem Zitronensaft in einem hohen Glaskrug ansetzen. Eine Zitrone rundum abschälen, so dass sich eine Schalenspirale ergibt, diese in den Krug hängen; darüber den sehr gut gekühlten Wein und das Wasser zugießen, umrühren und noch einige Eiswürfel zufügen. Nur kurze Zeit ziehen lassen; beim Eingießen darauf achten, dass keine Obstscheiben ins Glas fallen.
Oder nur je 1 Orange und Zitrone (geschält und gewürfelt) verwenden, statt dessen noch 4 reife Pfirsiche in Stückchen zugeben. Die Früchte können dann mitgegessen werden.

Cocktails

Bei festlichen oder improvisierten Anlässen sind Cocktails und andere Mixgetränke – mit oder ohne Alkohol – stets willkommen. Für Mixgetränke eignen sich Liköre, Essenzen, Whiskey, Gin, Cognac sowie Sirups oder Fruchtsäfte. Außerdem finden Malaga, Wermut, Madeira sowie Rot-, Weiß- und Roséwein, auch Sekt, Verwendung.

Zur **Grundausstattung** einer Bar gehören: Messbecher zum exakten Abmessen von kleinen Flüssigkeitsmengen (evtl. ein geeichtes Schnapsglas). Rührglas für Getränke, die nicht geschüttelt werden; sie lassen sich in solch einem Glas besser vermischen (Inhalt 1 Liter). Shaker (Schüttelbecher) aus Glas oder Stahl für alle Mixgetränke, die geschüttelt werden; bitte beachten: Glasmixbecher nur mit kaltem Wasser ausspülen, da sonst beim Einfüllen der Eiswürfel das Glas springen könnte. Barlöffel (langstieliger Löffel) zum Rühren, evtl. mit Stößel am Ende; damit lassen sich z. B. Minzeblättchen zerquetschen. Barsieb, um Zitronenkerne etc. zurückzuhalten. Eiskübel, damit immer ein Vorrat an Eiswürfeln griffbereit ist. Evtl. eine Spritzflasche (Dash Bottle) für ganz kleine Mengen (z. B. ein Spritzer Angostura Bitter). Falls Sie oft mixen, können Sie Ihre Bar den jeweiligen Bedürfnissen anpassen und die Ausstattung noch um Zestenreißer, Bargabel, Barmesser, Eisschaufel etc. ergänzen.

Wichtig ist eine schöne **Garnitur**. Zu vielem passend (auch zu Mixgetränken ohne Alkohol) sind Orangenräder (siehe Abb.). Eine Kombination von halbeingeschnittenen Orangen- und Limettenscheiben, verbunden mit Kirschen, sieht hübsch aus. Weitere Dekorationsvorschläge: schmale Pfirsichspalte mit Kiwischeibe; zur Hälfte eingeschnittene, in sich verdrehte Orangenscheiben mit Cocktailkirschen dazwischengesteckt oder ein Stück frische Ananas mit Blatt und Cocktailkirsche besteckt. Frische Früchte schneiden, mit Zitronensaft beträufeln, damit sie nicht braun werden, auf Cocktailspießchen oder Zahnstocher stecken und bis zur Weiterverwendung abgedeckt, kühl aufbewahren. Blüten zur Dekoration kurz abspülen, dann in eine Schale mit Wasser legen. Die Dekoration nach Einfüllen des Drinks anbringen.

Eine reizvolle Verzierung ist der **Crusta-Rand**. Dieser kann je nach Drink aus einer Salz- oder Zuckerkruste bestehen. Dafür das Glas vor dem Füllen in Zitronensaft oder Likör und danach in Zucker bzw Salz tauchen. Darauf achten, dass der Rand gleichmäßig befeuchtet und bezuckert wird.

Zusätzliche Einlagen, die nicht mitgemixt werden, wie geriebene Mandeln oder Nüsse, Fruchtstückchen, Oliven usw. zuerst in die jeweils passenden Gläser einlegen, die fertige Mischung darübergießen.

Es ist ratsam, einen **Eiswürfelvorrat** im Gefrierfach oder im TK-Schrank zu haben. Kleinere Mengen können für kurze Zeit im Eiskübel aufbewahrt werden. Eiswürfel sollten aus reinem Tafelwasser hergestellt werden, um geschmacksneutral zu sein. Sehr hübsch sehen Blüten (Ringelblume, Borretschblüte) oder Blättchen (Zitronenmelisse) aus, die miteingefroren werden.

Zerkleinertes Eis: Dafür gibt es elektrische „Eiscrusher“ oder Geräte mit Handkurbel. Für den Hausgebrauch genügt es jedoch, Eiswürfel in ein sauberes, stabiles Küchentuch zu wickeln und mit dem Fleischklopfer zu zerschlagen.

1 Orangenräder: Mit dem Zestenreißer Kerben aus der Schale einer unbehandelten Orange schneiden.

2 In schmale Scheiben schneiden und, bis zur Mitte eingeschnitten, auf den Glasrand setzen.

Dekoration für den Glasrand aus Kirschen mit Orange und Limette.

Fruchtstücke von Kiwi und geschältem Pfirsich als Glaseinlage.

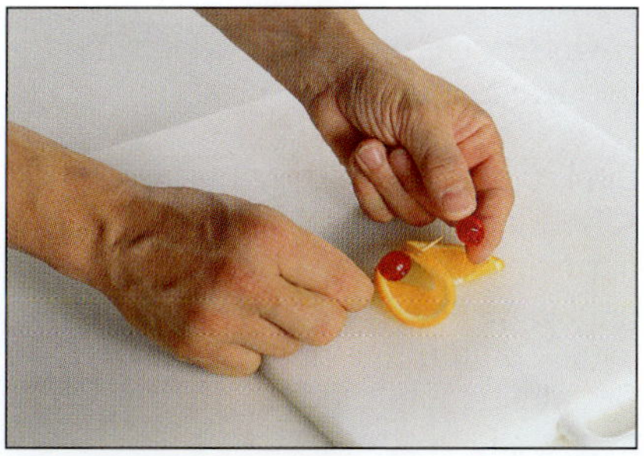

Halbeingeschnittene Orangenscheiben mit Cocktailkirschen auf ein Holzspießchen gesteckt.

Cocktailspieß aus frischer Ananas mit Ananasblatt und Cocktailkirsche.

Das gleichmäßige **Einfüllen** der Gläser geht leichter, wenn sie, eng nebeneinander gestellt, zuerst nur mit wenig Flüssigkeit, dann mit mehr gefüllt werden, so dass alle Gläser gleichvoll sind. Getränke, die kühl bleiben sollen, in vorgekühlte Gläser füllen.

Wie wird gemixt?
Den Mixbecher im Kühlschrank oder mit Eiswürfelchen vorkühlen, das Schmelzwasser abschütten, vor jedem Mixen erneut 2–3 frische Eiswürfel einlegen und die gut vorgekühlte Cocktailflüssigkeit oder flüssige Zutaten nach Rezept einfüllen. Stets die Flüssigkeit zuerst in den Mixbecher gießen, damit die weiteren festeren Zutaten, wie Zucker, Schokoladenpulver, Fruchtmark usw. sich gut verbinden.
Es ist allgemein üblich, die Mengen nach Likörgläsern oder nach der Bezeichnung cl und BL (Barlöffel, entspricht ca. der Menge von 1 Teel.) zu bemessen; in den nachfolgenden Rezepten sind mit wenigen Ausnahmen die flüssigen Zutaten und manche Einlagen in Esslöffeln bzw. Teelöffeln angegeben, weil die Größen der Gläser und Becher verschieden sind. Das Maß für einen Spritzer ist knapp 1/4 Mokkalöffel. Essenzen wie Angostura, Orangenbitter usw., die meist nur gespritzt werden, sind in praktischen Spritzflaschen erhältlich. Beim Mixen den Schüttelbecher nach dem Füllen gut schließen, mit beiden Händen festhalten und etwa 1/2 Min. kräftig auf und ab schütteln; vorsichtig öffnen, den Inhalt evtl. durch ein Sieb über die Einlagen gießen, dabei die Eiswürfel zurückbehalten, gleich servieren. Alle frisch zubereiteten Drinks verlieren an Aussehen und Wohlgeschmack, wenn sie nicht sofort genossen werden.
Jeweils nur den Bedarf für **2 Personen** auf einmal mixen. Für mehr als 4 Personen einen Elektromixer oder eine Küchenmaschine benützen.
Die gefüllten Becher oder Gläser mit langstieligen Löffeln oder Mokkalöffeln und Strohhalmen, Glas- oder Kunststoffröhrchen servieren.
Unter der Vielzahl der Cocktails stellen die nachfolgenden Rezepte nur eine **Auswahl** dar.
Alle Zutaten für Cocktails, Flips oder Cobblers gelten für **1 Person**, sofern nichts anderes angegeben ist.

2229

Tomaten-Orangen-Cocktail

2 cl Tomatensaft,
2 cl Orangensaft,
1 cl Apfel- oder Birnensaft (frisch oder eingedünstet),
1 BL Vanillezucker,
Eiswürfel,
*etwas abgeriebene Orangenschale *,*
1 ungeschälte Orangenscheibe oder
1 kleiner Tomatenschnitz.

Die Säfte im Anrichteglas vermischen, den Vanillezucker und einige Eiswürfel zufügen, alles im Mixbecher kräftig schütteln, durch ein Siebchen in Cocktailbecher gießen und die abgeriebene Orangenschale darüberstreuen. An den Glasrand eine ungeschälte Orangenscheibe hängen, die zu diesem Zweck mit einem Einschnitt (etwa bis zur Hälfte) versehen wird; die Orangenscheibe kann durch Anhängen einer entsteinten, festfleischigen Kirsche oder eines beliebigen Fruchtstückchens etwas gestützt werden, damit sie sich nicht neigt.
Oder in jedes Glas einen kleinen Tomatenschnitz einlegen. Den Cocktail mit Röhrchen und Löffel servieren.

2230

Orangen-Grapefruit-Cocktail

2 cl Orangensaft,
1 cl Zitronensaft,
2 cl Grapefruitsaft,
1 BL feiner Zucker oder flüssiger Honig,
1 Spur Rosenpaprika,
Eiswürfel,
*etwas abgeriebene Orangenschale **
*und wenig Orangenöl **.*

Die Fruchtsäfte im Anrichteglas vermischen, den Zucker oder flüssigen Honig, Paprika und einige Eiswürfel zufügen, alles im Mixbecher kräftig schütteln, durch ein Siebchen in Cocktailbecher gießen, mit der Orangenschale bestreuen und einige Orangenölspritzer übersprühen; mit Röhrchen servieren.

2231

Fruchtsaft-Cocktail

Für 4 Personen
1/4 l weißer Traubensaft,
1/4 l Aprikosensaft oder Aprikosennektar,
1/8 l Grapefruitsaft,
Puderzucker nach Geschmack.
Klein zerstoßenes Eis.

Alle Zutaten im Mixer verrühren, nach Geschmack süßen; klein zerstoßenes Eis in jedes Glas legen und den Fruchtsaft-Cocktail darübergießen.

2232

Bananen-Cocktail

4–5 Bananenscheiben,
2 BL Puderzucker,
1 BL Zitronensaft,
2 cl Apfelsaft oder alkoholfreier Traubensaft,
1 cl flüssige Sahne,
einige Eiswürfel,
1 Bananenscheibe (zum Einlegen),
*wenig Zitronenöl **,*
etwas geriebene Schokolade.

Die Bananenscheiben mit dem Puderzucker fein zerdrücken und mit Zitronensaft beträufeln; Apfel- oder Traubensaft und Sahne im Anrichteglas mischen, in den Mixbecher füllen, die Bananen und einige Eiswürfelchen zufügen und alles gut mixen; je eine Bananenscheibe in Cocktail- oder Südweingläser einlegen, die Mixmischung darüber gießen, wenig Zitronenöl übersprühen und geriebene Schokolade darauf streuen; mit Mokkalöffelchen servieren.

* Nur ungespritzte Früchte (Bio-Qualität) verwenden.

** Das Zitronen- bzw. Orangenöl (Saft der Schalen) lässt sich auf folgende Weise leicht gewinnen: einige dünn abgeschälte, nicht zu große Schalenstückchen von Zitronen oder Orangen an verschiedenen Stellen einknicken und dabei die feinen Safttröpfchen über den Glasinhalt sprühen.

2233 Apfelsaft-Cocktail

Für 4 Personen
1 unbehandelte Orange,
100 g Walderdbeeren oder kleine Gartenerdbeeren,
4 reife Aprikosen,
2 Pfirsiche oder 1 Apfel,
100 g Zucker,
1 l Apfelsaft oder Cidre (französischer Apfelwein).

Von der Orange etwa ½ Teel. Schale abreiben, die Frucht erst in Scheiben, dann in Stückchen schneiden. Zusammen mit den kleinen Erdbeeren, den in Stückchen geschnittenen Aprikosen und Pfirsichen in eine Schüssel legen und mit dem Zucker bestreuen. Im Kühlschrank etwa 2–3 Std. durchziehen lassen. Dann mit eisgekühltem Apfelsaft oder Cidre aufgießen. Mit langen Löffeln oder Spießchen servieren.

2234 Old Fashioned

1 Stück Würfelzucker,
1–2 Spritzer Angostura Bitter,
6 cl Bourbon Whiskey,
je 1 Zitronen- und Orangenscheibe,
1 Cocktailkirsche.

Den Würfelzucker in ein gerades Glas (Tumbler) legen, mit Angostura beträufeln und den Bourbon-Whiskey zugießen. Mit Eiswürfeln sowie Zitronen- und Orangenscheibe und Kirsche servieren.

2235 Bloody Mary

6 cl Tomatensaft,
4 cl Wodka, 3 cl Zitronensaft,
2 – 3 Spritzer Worcestersauce,
je 1 Prise Salz und Cayenne.

Alle Zutaten im Barmischglas mit Eis verrühren; durch ein Sieb in ein Becherglas (Tumbler) gießen.
Anstelle von Worcestersauce kann auch 1 Spritzer Angostura Bitter zugefügt werden.

2236 Martini

4 cl Gin,
3 cl trockener Wermut (weiß),
1 Olive mit Kern.

Die gut gekühlten Zutaten im Rührbecher kurz und kräftig schütteln und in ein Martiniglas gießen. Die Olive auf ein Hölzchen spießen und einlegen. Möchte man den Martini „trockener" haben, weniger Wermut zugeben.
Oder einen „Roten Martini" mischen: anstatt weißem 2 – 3 cl roten Martini zugeben, die Olive dann weglassen.

2237 Manhattan

2 cl Wermut (rot),
3 cl Bourbon Whiskey
1 Spritzer Angostura Bitter,
1 Maraschinokirsche mit Stiel.

In den Mixbecher einige Eiswürfel geben, die Zutaten zufügen, kurz schütteln und durch ein Barsieb in ein Cocktailglas abseihen. Die Kirsche über den Glasrand hängen.

2238 Kardinal-Cocktail

2 cl trockener Wermut,
2 cl Dry Gin,
1 cl Campari.

Alle Zutaten im Shaker mixen, in ein kleines gerades Glas geben und mit einigen Eiswürfeln servieren.

2239 Gin/Brandy/ Wermut Fizz

4 cl Gin,
2 cl Zitronensaft,
1 BL feiner Zucker.
Sodawasser zum Auffüllen.

Gin mit Zitronensaft und Zucker in den Mixbecher geben, mit einigen Eiswürfeln gut vermischen, in ein Becherglas gießen und mit Sodawasser aufgießen. Sofort servieren.

2240 Wodka Collins

4 cl Wodka,
1 BL feiner Zucker,
Saft von 1 Zitrone,
Mineralwasser zum Auffüllen,
1 Orangenscheibe.

In ein hohes Glas einige Eiswürfel legen, Wodka, Zucker, Zitronensaft zugeben, umrühren und mit Mineralwasser auffüllen. An den Glasrand eine Orangenscheibe hängen.

2241 Margarita

3 cl Tequila,
2 cl Cointreau,
1 cl Limetten- oder Zitronensaft.
Crusta-Rand mit feinem Salz.

Zuerst das Cocktailglas mit einem feinen Salzrand versehen (siehe S. 621). 2–3 Eiswürfel in den Shaker (Mixbecher) geben, alle Zutaten hineingeben, kurz durchschütteln und durch ein Barsieb in das Glas gießen.
Oder ein größeres Glas mit Crushed Ice (zerstoßenes Eis) füllen und den Drink darin als „Longdrink" servieren.

2242
Caipirinha

1 ½ Limetten (unbehandelt oder Bioqualität),
1–2 BL weißer oder brauner Rohrzucker,
5–6 cl weißer Cachaça (brasilianischer Zuckerrohrschnaps),
reichlich zerkleinertes Eis (Seite 621).

Die Limette quer halbieren und in Achtel schneiden. In einem Becherglas mit dem Zucker leicht zerdrücken (mit dem Löffel oder einem speziellen Holzstößel - nicht zu fest, sonst wird das Getränk bitter), mit Cachaça übergießen und mit zerkleinertem Eis auffüllen. Nochmals umrühren und mit Strohhalm servieren.
Maipirinha: Zubereitung wie oben, jedoch mit Maracuja- (Passionsfrucht-) Pulpe.
Caipiroska: Zubereitung wie oben jedoch mit Wodka anstelle von Cachaça.

2243
Campari-Orange

2 - 3 Eiswürfel,
4 cl Campari,
10 cl frisch gepresster Orangensaft.

In ein gut gekühltes Becherglas zuerst die Eiswürfel, dann den Campari und zuletzt den Orangensaft geben. Mit einem Barlöffel umrühren.
Oder zum Campari nur Mineralwasser oder Soda geben. Eine Zitronenschalenspirale über den Glasrand hängen.

2244
Side Car

2 cl Brandy oder Cognac,
1 cl Cointreau,
1 cl frisch gepresster Zitronensaft.

2 - 3 Eiswürfel in den Shaker geben, alle Zutaten einfüllen, gut durchschütteln und durch ein Barsieb in eine Cocktailschale oder ein Kelchglas gießen.
Wer es süßer mag, verwendet mehr Cointreau.

2245
Rotwein Cooler

1 Glas Rotwein (nicht zu herb),
Saft von ½ Zitrone,
4 BL feiner Zucker,
Ginger Ale zum Auffüllen.

Rotwein mit Zitronensaft und Zucker im Mixbecher auf Eis gut durchschütteln, in ein hohes Glas gießen und mit gut gekühltem Ginger Ale auffüllen.

2246
Likör Cooler

2 cl Johannisbeerlikör (Crème de Cassis),
4 cl Dry Gin,
Saft von ½ Zitrone,
Mineralwasser zum Auffüllen,
Zitronenscheibe oder Johannisbeerrispe zum Dekorieren.

Likör, Gin und Zitronensaft auf einige Eiswürfel in ein hohes Glas gießen. Umrühren und mit Mineralwasser auffüllen. An den Glasrand eine Zitronenscheibe oder Johannisbeerrispe hängen.
Zum Likör Cooler kann jeder Likör nach Wunsch verwendet werden.

2247
Kir/Kir Royal

1 Teil Crème de Cassis (Likör von schwarzen Johannisbeeren),
4 Teile weißer Burgunder
oder 4 Teile Champagner.

Alle Zutaten müssen gut gekühlt sein. Crème de Cassis mit Wein (für Kir) oder mit Champagner (für Kir Royal) auffüllen. Nicht umrühren und sofort servieren.

2248
Champagner Cocktails

Jeweils 10 cl Champagner, sehr kalt, dazu:
1) 1 Stück Würfelzucker und 2 Spritzer Angostura Bitter.
2) 2 cl Likör (Pfirsich, Melone, Holunder u. a.)
3) Für ***Champagner sour*** *als Longdrink:*
3 Spritzer Zitronensaft, 1 Spritzer Curaçao, 1 BL Zuckersirup,
1 Glas Champagner.

Den Würfelzucker mit Angostura beträufeln, in eine Champagnerschale geben, den eisgekühlten Champagner darübergießen.
Oder jeweils erst den Likör in ein hohes Champagnerglas geben und mit Champagner auffüllen. Zu diesen erfrischenden Drinks eignet sich auch ein guter trockener Sekt.

2249
Goldlackcocktail

2 cl Kakaolikör,
2 cl Cognac,
1 cl Orangensaft,
2 cl flüssige Sahne (leicht gesüßt),
einige Eiswürfel,
geriebene Schokolade.

Alle vorgekühlten Zutaten (außer der Schokolade) im Mixbecher mit Eiswürfelchen kräftig schütteln, durch ein Siebchen in kleine Cocktailbecher oder Südweingläser gießen und geriebene Schokolade darüber streuen.

2250
Whisky sour

Für 2 Personen
Saft von 1 Zitrone,
1 BL feiner Zucker,
8 cl Scotch Whisky,
Sodawasser zum Auffüllen.

Die Zutaten im Mixbecher mit Eiswürfeln schütteln, in kleine Bechergläser füllen und mit Sodawasser aufgießen.

2251 Whisky- oder Gin-Fix

Einige Würfelchen von sorgfältig geschälten Orangen oder frischen oder eingedünsteten Aprikosen oder Ananas,
1 BL Zucker,
(oder an Stelle der Früchte 1–2 Essl. Orangen- oder Aprikoseneis),
1 cl Orangensaft,
2 cl Whisky oder Gin,
1 cl Grapefruit- oder Ananassaft,
1 ungeschälte Orangen- oder Zitronenscheibe.

Die vorgekühlten Fruchtstückchen in ein Sektglas einlegen und mit dem Zucker bestreuen oder das Fruchteis bis zu 1/3 Glashöhe einfüllen. Den Orangensaft darüber träufeln, den Whisky oder Gin eisgekühlt zufügen und den Grapefruit- oder Ananassaft zugießen. Eine ausgezackte Orangen- oder Zitronenscheibe an den Glasrand hängen (vgl. Abb. Seite 621); mit Limonadenlöffeln servieren.

2252 Nikolaschka

Pro Person:
4 – 5 cl Cognac,
1 Zitronenscheibe.
Zum Aufstreuen:
etwas Zucker und fein gemahlener Bohnenkaffee.

Den Cognac möglichst eisgekühlt in schmale Likörgläser füllen, eine ausgezackte Zitronenscheibe auf den Glasrand legen und vor dem Servieren etwas Zucker und Bohnenkaffee aufstreuen. (Der Cognac wird durch die Zitronenscheibe geschlürft und diese dann mitgegessen).

Flips

2253 Südweinflip

1 frisches Eigelb,
1 BL Puderzucker,
3 cl Malaga,
2 cl Orangensaft,
etwas abgeriebene Orangenschale und einige Spritzer Orangen- oder Zitronenöl (siehe S. 622).

Das Eigelb in ein Sekt- oder Weinglas gleiten lassen, mit dem Zucker bestäuben und den gut vorgekühlten Malaga daraufgießen. Dann den gesiebten Orangensaft sorgsam zufügen, so dass er sich möglichst nicht mit dem Malaga vermischt; obenauf geriebene Orangenschale streuen und das Orangen- oder Zitronenöl darübersprühen; mit Limonadenlöffel servieren und erst bei Tisch umrühren.

2254 Sahneflip

1 Eigelb,
1 BL Arrak,
1 cl Kirschwasser,
3 cl Sahne (mit 1 Teel. Zucker gesüßt),
1 BL geriebene Schokolade.

Das Eigelb im Glas mit Arrak beträufeln, das Kirschwasser daraufgießen und die eisgekühlte, flüssige Sahne zufügen. Die geriebene Schokolade obenauf streuen.

2255 Portwein Flip

1 sehr frisches Eigelb,
2 cl Cognac oder Armagnac,
3 cl roter Portwein,
1 BL feiner Zucker, Muskat.

Das Eigelb flüssig schlagen, mit Cognac, Portwein und Zucker im Mixbecher mit Eiswürfeln gut durchschütteln. Im Cocktailglas mit etwas Muskat darüber servieren.

2256 Sherry Flip

1 sehr frisches Eigelb,
1 BL Puderzucker,
4 cl Sherry Amontillado oder Cream Sherry,
1 Spritzer Curaçao,
Muskat.

Das Eigelb mit Zucker schlagen; mit den übrigen Zutaten in den Mixbecher geben und mit Eis gut durchschütteln. In ein Cocktailglas gießen und wenig Muskat darüberreiben.

2257 Eischaumflip

Für 4 Personen
4 sehr frische Eigelb,
120 g Zucker,
1 Päckchen Vanillezucker oder Saft von 1/2 Zitrone,
1/8 l Wermut oder Cognac,
4 cl Gin oder Kirschwasser,
1/4 l ungesüßte Sahne.

Zur raschen Herstellung eignet sich am besten ein Elektromixer oder eine Küchenmaschine. Zuerst die Eigelbe, Zucker, Vanillezucker oder Zitronensaft 2 Min. mixen, den vorgekühlten Wermut oder Cognac, den Gin oder das Kirschwasser zufügen und die Mischung kalt stellen. Kurz vor dem Anrichten die steif geschlagene Sahne leicht unterziehen, den Eischaum in flache Becher oder Schalen füllen und mit Röhrchen servieren.
Oder, falls kein Elektromixer zur Verfügung steht, jeweils nur die Hälfte aller gut vorgekühlten Zutaten auf einmal im Mixbecher mixen.

Hinweis:
Für Flips wird rohes Eigelb verwendet. Daher müssen die Eier absolut frisch und kühl gelagert sein und aus einer verlässlichen Quelle stammen (Bioqualität). Im Zweifelsfalle sollte man wegen der damit verbundenen Salmonellengefahr lieber verzichten.

er zu. Was ist wirklich drin? Wann ist es eingepackt worden? Was ist dagegen selbstgepflücktes Obst und Gemüse eigenhändig eingelegt? Was sind dagegen Fleisch, Fisch, Wild und Geflügel, selbst eingemacht oder zu Wurst verarbeitet? Was sind dagegen selbstgemachte Chutneys, Mixed Pickles, Essige, Öle, Obstweine, Säfte, Liköre? Was sind dagegen Brot und Fleisch im eigenen Tiefkühlschrank eingefroren? Ein Traum!

Konservieren

Das Ziel aller Konservierungsarten ist, schädliche Kleinstlebewesen (Mikroorganismen) oder Fermente, die sich im oder auf dem Nahrungsgut befinden und vermehren, abzutöten und so die Haltbarkeit der Lebensmittel zu steigern. Zu bedenken ist bei allen Konservierungsarten, dass Nähr-, Geschmacks- und Aromastoffe weitgehend erhalten bleiben müssen.
Es gilt also für jedes Nahrungsmittel genau zu überlegen, für welche Konservierungsart man sich entscheidet:
Luftabschluss beim **Einkochen** (Pasteurisieren und Sterilisieren),
Flüssigkeitsentzug beim **Dörren** (Trocknen),
Einkochen mit Zucker,
Kochen und / oder **Einlegen** in Zucker, Essig, Öl oder Alkohol,
Einsalzen, oder **Tiefgefrieren**.
Egal, für welche Konservierungsart man sich entscheidet: Einwandfreies Einmachgut, peinlich sauberes Arbeitsgerät, fehlerfreies Verpackungsmaterial, exaktes Arbeiten, genaues Einhalten der angebenen Zeiten und Temperaturen etc., ordentliches Beschriften und richtige Lagerung sind bei allen Haltbarmachungsarten zu beachten. Nur so ist ein optimales Ergebnis gewährleistet.
Als Anhaltspunkt gilt: Konservierte Nahrungsmittel sollten höchstens 1 Jahr (also bis zur nächsten Erntesaison) gelagert werden. Innerhalb dieses Zeitraumes bleiben Qualität und Geschmack weitgehend erhalten. Ausnahmen bilden rohgerührte Marmeladen, pikant Eingelegtes und einige andere Köstlichkeiten, bei deren Rezepten der entsprechende Hinweis zu finden ist.

Einkochen im Backofen: Geschlossene Gläser in die mit Wasser gefüllte Form stellen.

Einkochen von Obst, Gemüse, Fleisch

Unter „Sterilisieren" ist das Keimfreimachen durch höhere Hitzegrade zu verstehen. Obst, Gemüse und Fleisch können nur auf diese Weise konserviert werden, weil sie Sporen und Bakterien enthalten, die äußerst widerstandsfähig gegen Hitze sind und sogar ohne Sauerstoff, also im luftdicht abgeschlossenen Glas, leben können. Zum Einkochen dürfen nur einwandfreie, unbeschädigte Einkochgläser und -deckel verwendet werden. Das vorbereitete Obst und Gemüse so dicht wie möglich in die Gläser einfüllen. Rohes Obst und Gemüse randvoll, vorgekochtes Einfüllgut bis 2–3 cm unter den Rand einschichten. Um zu vermeiden, dass nach dem Einkochen die Gläser nur halb voll sind, stößt man die Gläser während des Füllens einige Male auf ein mehrfach gefaltetes Küchentuch auf oder drückt Obst oder Gemüse mit einem Holzlöffel leicht ein. Danach gießt man heiße oder kalte Flüssigkeit (Zuckerlösung/Salzlösung oder Wasser) bis 2 cm unter den Rand zu.

Elektrischer Einkochapparat mit Thermometer.

Nach dem Füllen die Glasränder mit einem feuchen Tuch sauberwischen, ausgekochte Gummiringe und Deckel naß auflegen und die Gläser fest mit Federklammern oder Bügeln verschließen. Oder Metalldeckel und -ringe auflegen und fest zudrehen.

Das Einkochen im Einkochtopf

Jeweils nur Gläser gleicher Größe und gleichen Inhalts gleichzeitig einkochen. Die Angaben von Temperatur und Einkochzeiten in den Rezepten gelten für Litergläser. Gläser mit weniger Inhalt brauchen 5–10 Min. weniger, größere 5–10 Min. mehr. Die Gläser im Spezialeinsatz in den Topf geben, die Gläser dürfen sich nicht berühren. Vorsichtig so viel Wasser in den Topf gießen, dass die Gläser zu ³/₄ im Wasser stehen. Bei heißer Zucker- bzw. Salzlösung warmes Wasser, bei kalter Lösung kaltes Wasser nehmen. Deckel schließen und das Thermometer einstecken. Den Topf so lange erhitzen, bis das Thermometer die gewünschte Temperatur anzeigt, dann die Hitze verringern und das Einkochgut die gewünschte Zeit sterilisieren. (Obst bei 75 °C ca. 45 Min., Gemüse bei 98 °C ca. 60–100 Min. je nach Sorte.) Danach die Gläser sofort aus dem Topf nehmen, auf ein Küchentuch stellen, mit einem zweiten Tuch zudecken und völlig erkalten lassen. Erst danach die Klammern abnehmen und prüfen, ob die Gläser verschlossen sind (offene Gläser nochmals, jedoch kürzer, sterilisieren). Danach die Gläser beschriften und im Keller oder Vorratsraum kühl aufbewahren.
Oder: Der elektrische Einkochapparat mit eingebautem Thermometer erspart ständige Kontrolle. Handhabung und Einkochzeiten der Gebrauchsanweisung entnehmen.

Das Einkochen im Backofen

Auch Gas- und Elektrobackofen sind zum Einkochen von Obst und Gemüse geeignet. Den Backofen auf E.-Herd 180 °C/G.-Herd 2 vorheizen. In die Fettpfanne des Backofens 3–4 Lagen Zeitungspapier einlegen, 2–3 cm hoch Wasser einfüllen und die fest verschlossenen Gläser hineinstellen (die Gläser dürfen sich nicht gegenseitig oder die Wände des Backofens berühren). Die Fettpfanne auf die untere Schiene einschieben. Nach ca. 1 Std.

beginnt die Flüssigkeit in den Gläsern zu perlen. Beim Einkochen von Obst den Backofen ausschalten und die Gläser noch 30 Min. im Ofen lassen. Bei Gemüse die Backofenhitze auf E.-Herd 150 °C / G.-Herd 1 reduzieren und die Gläser noch $1\frac{1}{2}$ Stunde im Ofen lassen. Danach die Gläser herausnehmen und erkalten lassen .
Oder im Niedertemperaturverfahren einkochen, siehe Pflaumenmus **2452**.

Merke: Frucht- oder Gemüsepürees, Fleisch oder sonstige Massen dürfen nicht im Backofen sterilisiert werden. Die „aufsteigenden Luftbläschen", die den Beginn der Einkochzeit anzeigen (im Einkochtopf wird dies durch die entsprechende Temperatur angezeigt), sind nicht eindeutig auszumachen. Somit ist die Einkochzeit oft zu kurz bemessen und das Einkochgut verdirbt schon nach kurzer Zeit.

Das Eindosen
Das Eindünsten in Dosen beruht auf demselben Konservierungsprinzip wie das in Gläsern im Wasserbad. Eindosen im Backofen ist jedoch nicht möglich! Am einfachsten verschließt man Dosen mit Patentverschlüssen, aber auch das maschinelle Verfahren ist noch üblich.
Die Dosen mit abgekühltem Einmachgut füllen, verschließen und handbreit unter Wasser sterilisieren. Die Eindünstzeit genau nach der beim Erwerb von Patentdosen mitgelieferten Beschreibung einhalten; sie unterscheidet sich nach Dauer und Hitzegrad häufig von der üblichen Eindünstweise. Danach die Dosen sofort aus dem Wasser nehmen und abkühlen lassen.

Obst
Hier sollte genau überlegt werden, ob ein anderes Konservierungsverfahren evtl. nicht besser geeignet ist. Für sämtliche Beeren empfiehlt sich z. B. das Tiefgefrieren. Die Beschaffenheit der Früchte und das Aroma bleiben im „Kälteschlaf" besser erhalten als in einer flüssigen Lösung. Das gilt teilweise auch für Steinobst wie Pflaumen, Mirabellen u. a. Wer allerdings sehr viel Obst aus eigenem Anbau hat, wird aus Platzgründen nicht auf die Möglichkeit des Einkochens in Gläsern verzichten.

Bereiten der Zuckerlösung
Zucker und Wasser (Mengen nach Rezept) einmal aufkochen lassen oder nur so weit erhitzen, dass sich der Zucker vollständig löst. Dann die Flüssigkeit durch ein feines Sieb oder ein Tuch über die Früchte gießen (und zwar in die Mitte des Glases), bis sie die Früchte vollständig bedeckt und nicht höher als 3 cm unter dem Rand steht. Der Zucker kann auch unter die verlesenen und gewaschenen Früchte gemischt oder, z. B. bei saftigen Beeren, obenauf gestreut und das Glas mit klarem Wasser gefüllt werden. Für rote Früchte eignet sich auch Rohrohrzucker.

2258
Äpfel

Zuckerlösung auf 1 l Wasser:
für saure Äpfel 400–500 g Zucker,
für süße Äpfel 250–300 g Zucker.

Alle aromatischen Edeläpfel eignen sich zum Eindünsten. Die Äpfel schälen, das Kerngehäuse ausbohren, größere halbieren, in Schnitze oder Ringe teilen. Die Äpfel in kaltes, leicht gesäuertes Zitronenwasser legen. Jeweils nur so viele Äpfel vorbereiten, dass ein Glas gefüllt werden kann. Fest einschichten und mit der Zuckerlösung übergießen. Weiche Sorten bei 80 °C 20 Min., harte Sorten 30 Min. einkochen.

2259
Äpfel mit Nüssen

4 kg feste reife Äpfel (möglichst klein), Saft von 1 Zitrone,
75 g grobgehackte Walnüsse,
8 Kardamomkapseln, etwas angedrückt
2 Zimtstangen, 1 l Apfelwein,
250–350 g feiner Zucker
(je nach Süße der Äpfel).

Die Äpfelchen schälen, die Kerngehäuse ausstechen und die Äpfel mit Zitronensaft bepinseln. Äpfel mit Walnüssen, Kardamom und in Stückchen gebrochenen Zimt in weite Gläser füllen, mit gezuckertem Apfelwein übergießen. Die Gläser verschließen und bei 80 °C 80 Min. einkochen.

2260
Aprikosen und Pfirsiche

Zuckerlösung:
250–300 g Zucker auf 1 l Wasser.

Kurz vor der Vollreife verarbeiten, überreife zerfallen und werden unansehnlich; unreife haben noch kein feines Aroma. Aprikosen sollten hellgelbes Fruchtfleisch, Pfirsiche die feinwollige Schale aufweisen und bei beiden Sorten sollte sich der Stein leicht lösen. Das Obst gründlich waschen. Früchte, die geschält werden sollen, auf einem Sieb kurz in kochendes Wasser halten und kalt überbrausen; dann lässt sich die Haut leicht abziehen. Nach dem Halbieren den Stein entfernen, einige Steine öffnen, die Kerne überbrühen, schälen und zur Verstärkung des Aromas beim Einfüllen zwischen die Früchte legen. Die Pfirsich- oder Aprikosenhälften mit der Wölbung nach oben schuppenförmig in die Gläser schichten und mit der heißen Zuckerlösung übergießen.
Bei 75–80 °C 20–25 Min. einkochen.

2261
Fruchtmark

Auf 250 g Fruchtmark
2 Essl. dicker Läuterzucker ***2318*** *oder*
3–4 Essl. feiner Zucker
(etwa 500 g frische Früchte ergeben 250 g Fruchtmark).

Frisch gepflückten Beeren verlesen und entstielen; Aprikosen und Pfirsiche schälen (vgl. **2260**) und sofort roh durch eine Passiermaschine oder durch den Elektromixer drehen. Das Mark (mit dem Saft) abwiegen, den Läuterzucker der Menge entsprechend kochen und untermischen oder den feinen Zucker zufügen.
In $\frac{1}{2}$ l-Gläser oder kleine Flaschen füllen und bei 80 °C 20 Min. eindünsten.

Tipp:
Besser ist es, das Fruchtmark einzufrieren. Es kann später roh verwendet werden und schmeckt aromatischer als eingekochtes.

2262

Birnen in Weinsirup

3,5 kg feste, kleine Birnen,
250 g Zucker,
¾ l Wasser,
¼ l trockener Weißwein,
Schale und Saft von 1 Zitrone (unbehandelt),
4 Stück Sternanis,
2 Zimtstangen.

Die Birnen schälen, Stiele dranlassen und die Kerngehäuse kegelförmig ausschneiden. Zucker, Wasser, Wein, Zitronenschale und -saft sowie die Gewürze zum Kochen bringen. Die Birnen einlegen und 5 Min. darin ziehen lassen. Dann die Birnen mit den Gewürzen in Gläser schichten, den abgekühlten Weinsirup darübergießen und die Gläser verschließen.
Bei 80 °C 25 Min. einkochen.
Eine feine Beigabe zu Wild- und Sauerbraten oder Krenfleisch.

2263

Pfefferbirnen

2 kg feste Birnen,
Saft von 1 Zitrone,
1 l Wasser,
Saft und Schale von 1 Orange (unbehandelt),
500 g Einmachzucker,
3–4 eingelegte Ingwerpflaumen,
2 Essl. eingelegte grüne Pfefferkörner.

Die Birnen schälen, die Stiele nur kürzen; die Kerngehäuse kegelförmig ausschneiden. Bis alle Birnen geschält sind, in leichtes Zitronenwasser legen, damit das Obst nicht braun wird. Wasser mit Orangensaft und -schale und Einmachzucker kochen, bis der Zucker gelöst ist. Die Birnen darin nacheinander knackig dünsten. Das Obst mit Ingwerscheiben und gut abgetropften Pfefferkörnern in Gläser füllen, den abgekühlten Sud (ohne Orangenschale) darübergießen. Die Gläser verschließen.
Bei 75 °C ca. 30 Min. einkochen.
Die Pfefferbirnen eignen sich als Beigabe zu Sauerbraten, Wildgerichten sowie zu indischer und ostasiatischer Küche.

2264

Birnen

Zuckerlösung:
für süße Birnen 250 g Zucker,
für weniger süße 400–500 g Zucker auf 1 l Wasser,
evtl. 2 Vanillestangen je Glas.

Alle aromatischen, auch die hartfleischigen Birnen sind geeignet. Den Stiel kürzen, abschaben, die Blüte rund herausschneiden und die Birnen mit einem Obst- oder Buntmesser schälen. Sofort in leichtes Zitronenwasser legen, damit sich die Früchte nicht verfärben. Kleine Birnen mit dünner Schale ungeschält und ungeteilt eindünsten. Größere halbieren oder in Viertel schneiden, das Kerngehäuse entfernen und die Früchte mit dem Stiel nach oben in die Gläser einschichten. Evtl. 2 aufgeschlitzte Vanillestangen in jedes Glas legen. Die Zuckerlösung zugießen. Weiche Birnen bei 90 °C 25–30 Min., harte Birnen bei 98 °C ca. 45 Min. einkochen.Die erkalteten Birnen sollten glasig aussehen.

2265

Brombeeren

1 kg Beeren,
Zuckerlösung: 750 g Zucker auf 1 l Wasser.

Große, frisch gepflückte Gartenbrombeeren in die Gläser einfüllen und mit der heißen Zuckerlösung übergießen; in warmes Wasser (etwa 50 °C) einsetzen und bei 80 °C 15–20 Min. eindünsten.
Oder die Beeren mit 400 g Zucker in einer Schüssel vermischen und wie Himbeeren **2267** eindünsten.

Tipp:
In Zuckerlösung eingekochte Früchte sind weniger anfällig gegen Schimmelbildung als Einmachgut, das ohne Flüssigkeitszugabe, also nur mit Zucker, eingekocht wird. Diese Gläser deshalb regelmäßig alle 14 Tage genau kontrollieren!

2266

Erdbeeren

Auf 1 kg Erdbeeren 250 g Zucker.

Von allen Früchten erfordern die Erdbeeren die sorgfältigste Behandlung, weil sie leicht die Farbe verlieren und im Glas in die Höhe steigen. Zum Eindünsten eignen sich die rotfleischigen Sorten – die also nicht nur außen, sondern auch innen rot sind – am besten. Die Früchte sollen frisch gepflückt, trocken, fest und nicht zu reif sein. Beim Waschen jeweils nur wenige Früchte in einer Schüssel in reichlich Wasser leicht schwenken, abtropfen lassen, erst dann Stiele und Kelchblätter abdrehen – nicht herausziehen! – und die Beeren auf einer Platte ausbreiten. Erdbeeren dicht in saubere Einkochgläser füllen und pro Lage 1–2 Essl. Zucker dazwischenstreuen. Jedes Glas während des Füllens mehrmals auf ein gefaltetes Küchentuch stoßen, damit die Erdbeeren dicht eingefüllt werden können. Die offenen Gläser 4–5 Min. kühl stellen. Dann evtl. nochmals einige Erdbeeren darauflegen, knapp 2 cm hoch Wasser einfüllen und die Gläser verschließen.
Bei 75 °C 20 Min. einkochen.

2267

Himbeeren

1 kg Himbeeren,
250–300 g Zucker oder
Zuckerlösung: 500 g Zucker auf 1 l Wasser.

Nicht zu reife, möglichst frisch gepflückte Gartenhimbeeren in einer Schüssel leicht mit dem Zucker vermischen und in die Gläser einfüllen. (Himbeeren, die vor längerer Zeit geerntet sind, sehr sorgsam verlesen.)
Oder die Himbeeren mit der Zuckerlösung übergießen.
Bei 75 °C 10 Min. eindünsten.

2268 Heidelbeeren

1 kg Beeren,
150–200 g feiner Zucker oder Puderzucker.

Feste, reife Heidelbeeren sorgfältig verlesen, rasch waschen oder auf einem Sieb mehrmals in eine große Schüssel mit kaltem Wasser tauchen, dann gut abtropfen lassen. Mit dem Zucker vermischen und in Gläser füllen.
Bei 78 °C 10–15 Min. einkochen.

2269 Johannisbeeren

1 kg Johannisbeeren, rote, weiße oder schwarze,
250 g Zucker oder Zuckerlösung: 600–800 g Zucker auf 1 l Wasser.

Großfruchtige Sorten eignen sich am besten. Die Beeren vor dem Abstielen waschen, abtropfen lassen und sorgsam abstreifen. Dann (zur späteren Verwendung für Kuchen) abwechselnd mit dem Zucker in Gläser füllen oder (für Kompott) nur bis zu ¾ Höhe mit der Zuckerlösung übergießen, da die Früchte sehr saftig sind.
Bei 75 °C 10 Min. einkochen.

2270 Mirabellen

Zuckerlösung:
je nach dem Reifegrad der Frucht 250–400 g Zucker auf 1 l Wasser,
4 Stückchen Zimtstange.

Große und reife, keinesfalls weiche Früchte nach dem Waschen und Abtropfen mit einem Zahnstocher einigemal anstechen, in hohe Gläser einfüllen, in jedes Glas ein Stückchen Zimtstange stecken. Mirabellen mit der Zuckerlösung übergießen und bei 75–78 °C 20 Min. eindünsten.

2271 Kirschen

Für ein 1-Liter-Glas etwa
1 kg Kirschen und 100 g Zucker oder Zuckerlösung von 100 g Zucker auf stark ¼ l Wasser.

Zum Eindünsten eignen sich dunkle und helle Kirschen – möglichst Herzkirschen – gleich gut. Nur feste, fehlerlose Früchte verwenden. Die Kirschen in mehrmals erneuertem Wasser waschen, abtropfen lassen, dann erst entstielen und abwechselnd mit dem Zucker – ohne Wasser – in die Gläser füllen. Nach jeder Lage das Glas auf einem befeuchteten Tuch aufstoßen, damit sich die Kirschen setzen. Bei weniger saftigen Früchten den Zucker ebenso einstreuen und das Glas mit frischem, ungekochtem Wasser bis zur Hälfte auffüllen.
Oder eine Zuckerlösung kochen und die dicht eingelegten Früchte heiß damit übergießen.
Bei 80 °C 20 Min. eindünsten.

2272 Sauerkirschen (Weichseln)

Eindünsten wie **2271**. Zur Zuckerlösung: 500 g Zucker auf 1 l Wasser.

> **Tipp:**
> *Es ist ratsam, Kirschen auch in kleineren Gläsern (½ oder ¼ l fassend) einzudünsten, damit bei späterem Bedarf zum Verzieren von Obsttörtchen, Kuchen oder Süßspeisen jeweils die dafür benötigte kleinere Menge auf einmal verbraucht werden kann.*

2273 Weichselkirschen, entsteint

1 kg Früchte, 500 g Zucker.

Die echten Weichseln sind daran zu erkennen, dass sich der Stein mit dem Stiel herausdrehen lässt (evtl. einen Kirschenentsteiner benützen). Die Früchte mit dem Zucker vermischen, in die Gläser einlegen und leicht mit einem Holzstößel nachdrücken. Ohne Wasserzugabe eindünsten. Besonders geeignet zur späteren Verwendung für Obstkuchen und Törtchen.
Bei 70–80 °C 20–25 Min. einkochen.

> **Tipp:**
> *Beim Einfüllen der Kirschen zusätzlich ½ Zimtstange in jedes Glas stecken, die Kirschen schmecken würziger. Oder 1–2 Stück Sternanis einlegen.*

2274 Reineclauden

Zuckerlösung:
500–600 Zucker auf 1 l Wasser,
einige Gewürznelken oder etwas Stangenzimt.

Am besten eignen sich die großen, grünen Früchte mit den rostbraunen Tupfen, die auch nach dem Eindünsten ihre grüne Farbe behalten; waschen und abtropfen lassen, ringsum mit einem Zahnstocher leicht anstechen, dicht in die Gläser einfüllen, nach Geschmack in jedes Glas 2–3 Gewürznelken oder ein Stückchen Stangenzimt legen. Die Zuckerlösung darübergießen.
Bei 75–78 °C 20 Min. eindünsten.

2275 Rhabarber

1 kg Rhabarber,
250 g Zucker.

Die dicken, rötlichen Blattstiele eignen sich am besten. Die Stängel nach dem Schälen (zarte, junge Stängel ungeschält lassen) in Würfel oder 3 cm lange Stücke schneiden, mit dem Zucker überstreuen und einige Stunden stehen lassen. Dann mit dem Saft in die Gläser füllen und eindünsten.
Oder den geschnittenen Rhabarber auf einem Sieb mit kochendem Wasser übergießen, mit dem Zucker vermischen, einige Mal aufwallen lassen und in Gläser füllen.
Bei 80 °C 20–25 Min. eindünsten.

2276

Grüne Stachelbeeren

1 kg unreife Beeren,
Zuckerlösung: 750 g Zucker
auf 1 l Wasser.

Unreife Stachelbeeren (sie behalten auch nach dem Eindünsten die grüne Farbe) zuerst mehrmals waschen, abtropfen lassen, Blüte und Stiel entfernen. Jede einzelne Beere mit einem Zahnstocher leicht anstechen, in Gläser füllen und mit der Zuckerlösung übergießen.
Bei 80 °C 20–25 Min. eindünsten.
Oder reife Stachelbeeren ebenso vorbereiten, allerdings nur 500 g Zucker auf 1 l Wasser rechnen. Die Einkochzeit verringert sich auf 15–20 Min.
Zu beachten: Reife Stachelbeeren verlieren rasch an Farbe und Aroma.

2277

Zwetschgen

Zuckerlösung:
200–300 g Zucker auf 1 l Wasser.

Am besten eignen sich die sog. Eierzwetschgen oder die großen, tiefdunkelblauen Zwetschgen. Nur vollreife, möglichst mit dem Stiel gepflückte Früchte verwenden, kurz waschen, halbieren oder in Viertel teilen und dicht in die Gläser einlegen. Mit der Zuckerlösung übergießen und bei 75–78 °C 25–30 Min. einkochen.

2278

Süß-saure Zwetschgen

Würzsud:
400–500 g brauner Kandis,
1/2 l roter Weinessig, 1/2 l Wasser,
1 Zimtstange, 3–4 Gewürznelken,
3–4 Sternanis.

Nur schöne, große Zwetschgen, möglichst mit Stielen, waschen, abtrocknen lassen, den Stiel kürzen und die ganzen Zwetschgen in Gläser einschichten. Die Zutaten für den Würzsud unter Rühren kochen, bis der Kandis völlig gelöst ist. Abgekühlt mit den Gewürzen (oder durchgesiebt) über die Früchte gießen.
Gläser verschließen und bei 75 °C 30 Min. einkochen.
Oder statt Essig 1/4 l trockenen Rotwein und 3/4 l Wasser verwenden. Die Gewürze durch 4 Stückchen geschälten, frischen oder getrockneten Ingwer ersetzen.
Süßsaure Zwetschgen passen zu Wild, gekochtem Rindfleisch, Schweinebraten oder zu Geflügel- bzw. Wildterrinen und -pasteten. Auch Kirschen oder Aprikosen schmecken so zubereitet vorzüglich.

2279

Kastanien*

Auf 1 Literglas etwa
1 kg rohe Esskastanien (Maronen),
4–5 Teel. feiner Zucker.

Die Kastanien oder Maronen rundum mit einem spitzen Messer einschneiden, dann jeweils in Portionen von höchstens 250 g etwa 5–8 Min. in strudelndem Wasser kochen, in kleinen Mengen aus dem Wasser nehmen, heiß schälen und dabei auch die innere Haut entfernen.
Die trockenen Kastanien durch die Mandelreibe drehen und in enge Eindünstgläser füllen (1 Literglas fasst etwa 750 g gemahlene Kastanien). Die Flocken beim Einfüllen mit einem Holzlöffel öfter nachdrücken und 2 cm hoch mit feinem Zucker bedecken. Die sorgfältig verschlossenen Gläser bei 98 °C 30 Min. eindünsten. Diese Flocken lassen sich zu Torten, Aufläufen, Cremes oder Kastanienspeisen wie frische Kastanien verwenden.
Oder die Kastanien kochen, schälen, in die Gläser einschichten und mit einer leichten Zuckerlösung (1 l Wasser, 175 g Zucker) oder mit einer schwachen Salzlösung (1 l Wasser mit 1 Essl. Salz) übergießen und wie oben eindünsten. Diese Kastanien eignen sich bei späterer Verwendung nach dem Abgießen der Flüssigkeit zum Glasieren **1285** oder für Püree **1286**.

*Es ist ratsam, jeweils 1/3 der benötigten Kastanien mehr einzukaufen, weil der meist große Schalenabfall die Gesamtmenge verringert.

Gemüse

Gemüse wird bei höheren Temperaturen und längeren Zeiten eingekocht. Zum Einkochen eignet sich am besten frisch geerntetes Gemüse. Das Gemüse soll einwandfrei, frisch und frei von welken oder holzigen Stellen sein. Günstig ist Gemüse aus dem eigenen Garten oder von einem Händler, der über die Herkunft (Standort, Düngung) des Gemüses Auskunft geben kann. Im Gegensatz zu Obst muss Gemüse bis auf wenige Ausnahmen (Spargel, Karotten, Erbsen) vorgedämpft oder vorgekocht werden. Das geht wie folgt: Jede Gemüseart getrennt waschen, abtropfen lassen und wie gewünscht zerkleinern. Zarte Gemüsesorten vordämpfen, festere besser vorkochen. Zum Dämpfen das Gemüse portionsweise in einen Dampfeinsatz oder in ein Metallsieb geben und in einen mit etwas Wasser gefüllten Topf hängen. Nach Angaben im Rezept dämpfen.
Oder das vorbereitete Gemüse in reichlich kochendem Wasser einige Minuten vorkochen. Dadurch werden anhaftende Bakterien garantiert abgetötet. Das entsprechend vorbereitete Gemüse in Gläser füllen, mit klarem Wasser oder Salzlösung (auf 1 l Wasser 1 gestrichener Teel. Salz) übergießen. Deckel auflegen und das Gemüse – wie im jeweiligen Rezept angegeben – sterilisieren.

Tipp:
Wird bei schwüler Witterung oder an sehr heißen Sommertagen eingekocht, ist es ratsam, in jedes Literglas Gemüse 1 Teel. Weinessig zu geben. Die Essigsäure unterbindet zusätzlich eine Entwicklung von Bakterien, die Gläser bleiben bei sachgemäßer Vor- und Zubereitung lange haltbar.

2280 Blumenkohl

Ungedüngten Blumenkohl verwenden. Sonst die Blumenkohlröschen mit möglichst kurz geschnittenem Strunk etwa 2 Std. in kaltes, schwach gesalzenes Wasser oder Essigwasser legen; dann mehrmals mit klarem Wasser abspülen, in frischem Salzwasser 5–10 Min. vorkochen und in weite Gläser einlegen. Abgekochtes, heißes Wasser ohne Salz mit etwas Zitronensaft (1 l Wasser, 2 Essl. Zitronensaft) vermischen und die Blumenkohlröschen damit bedecken. Bei 98 °C 60 Min. eindünsten.

2281 Grüne Bohnen, Wachsbohnen

Fleischige Bohnen gipfeln, die Fäden sorgfältig abziehen (fadenlose Sorten eignen sich besser), im Gemüsedämpfer 5–10 Min. dämpfen oder 5 Min. in Salzwasser vorkochen. Mit kaltem Wasser überbrausen, senkrecht in die Gläser einschichten und mit dem Kochwasser oder frisch abgekochtem Salzwasser (auf 1 l Wasser ½ Essl. Salz) übergießen. Bei 98 °C 60 Min. einkochen.

Tipp:
Es empfiehlt sich, in jedes Glas zusätzlich noch 1–2 Zweiglein frisches Bohnenkraut zu geben.

2282 Grüne Bohnen in Essig

Zarte grüne Bohnen (Prinzessbohnen) oder Wachsbohnen nach dem Abziehen fein schnitzeln. Auf 1 kg Bohnen ½ l (5%igen) Essig und ¼ l Wasser zum Kochen bringen, die Bohnen einmal darin aufwallen lassen, herausnehmen und mit frischem Bohnenkraut, einigen Pfefferkörnern, Lorbeerblatt und Senfkörnern in enge Eindünstgläser einschichten. Das heiße Essigwasser darübergießen und die Bohnen bei 90 °C 60 Min. eindünsten.

2283 Grüne Bohnen, süß-sauer

2 kg Stangenbohnen,
6 Schalotten,
6 Knoblauchzehen,
1 Bund frischer Dill,
3 frische oder getrocknete Chilischoten (milde Sorte),
2 Essl. Senfkörner, 1 Stange Zimt,
1 Teel. Gewürznelken,
½ l heller Weinessig,
½ l Wasser, 400 g Zucker,
1 Essl. Salz.

Bohnen gipfeln, halbieren und waschen. Zusammen mit den geschälten Schalotten und Knoblauchzehen, sowie Dillsträußchen, Chili und Gewürzen in Gläser schichten. Den Essig mit Wasser, Zucker und Salz aufkochen, heiß über die Bohnen gießen. Gläser verschließen und bei 90 °C 90 Min. einkochen.
Eine leckere Beilage zu Fleischfondue, kaltem Braten, Gegrilltem etc.

Tipp:
Bei unbekannter Herkunft des Gemüses das Dämpf- oder Kochwasser besser wegschütten. Nicht für Suppen, Soßen etc. verwenden, da darin evtl. Rückstände von Düngemitteln o. ä. gelöst sein können.

2284 Grüne Erbsen

Frisch gepflückte, zarte (nicht vollreife) grüne Erbsen aushülsen und dabei große und kleine trennen. In kleinen Mengen in leicht gesalzenem Wasser (auf 1 l Wasser 1 gestr. Teel. Salz) etwa 5–8 Min. vorkochen, dann mit einem Schaumlöffel herausnehmen, heiß in möglichst enge Gläser einfüllen und frisch abgekochtes, leichtes Salzwasser darübergießen.
Bei 98 °C 60 Min. sterilisieren.
Oder die Erbsen roh in die Gläser füllen – in diesem Fall müssen es unbedingt frische, junge, ungedüngte Erbsen von gleicher Sorte und Größe sein. Mit kaltem Wasser übergießen und bei 98 °C 90 Min. einkochen.

2285 Fenchel mit Erbsen

6 Fenchelknollen,
1 kg grüne Erbsen,
1 l Wasser,
2 Essl. Salz,
1 Essl. Zucker,
1 Essl. Anissamen.

Fenchelknollen putzen, waschen, evtl. die Hüllblätter entfernen. Die Knollen vierteln, in leichtem Salzwasser 5 Min. kochen, abtropfen lassen. Die frischen Erbsen aus den Hülsen lösen und waschen. Fenchelknollen und Erbsen in Gläser schichten; Wasser mit Salz, Zucker und Anissamen aufkochen und darübergießen. Die Gläser verschließen und bei 98 °C 90 Min. einkochen.

2286 Broccoli

2 kg Broccoli,
Saft von 1 Zitrone,
Salzlösung: auf 1 l Wasser
1 gestr. Teel. Salz und
1 Prise Muskatnuss.

Broccoli in Röschen teilen, die Stiele falls nötig etwas kürzen und abschälen. Das Gemüse waschen, dann in leichtem Zitronenwasser 3 Min. kochen. Abgetropft in Gläser füllen. Wasser mit Salz und Muskatnuss würzen, darübergießen, die Gläser verschließen.
Bei 98 °C 60 Min. sterilisieren.

Tipp:
Vorgekochte Scheibchen von Karotten, mit dem Buntmesser geschnitten, ergeben zusammen mit dem Broccoli eine hübsche Farbkombination.

2287
Essiggurken oder Gewürzgurken

Etwa 200 kleine oder 150 mittelgroße Gürkchen, Gurkenkräuter, reichlich Dill, 10–12 Perlzwiebeln, pro Glas 1 Stück geschälter Meerrettich und 1 Lorbeerblatt, einige weiße Pfefferkörner.
Zur Zuckerlösung:
125 g brauner Kandiszucker oder feiner Zucker,
2 Essl. Salz, 1 l Wasser,
1 l Kräuteressig oder (mindestens 5%iger) Weinessig.

Die Gürkchen von evtl. anhaftender Erde befreien, 1–2 Std. in leicht gesalzenes, frisches Wasser legen; dann mit einem Bürstchen gründlich abbürsten, abtrocknen und in vorbereitete, hohe Eindünstgläser, abwechselnd mit Gurkenkräutern, Dill, Perlzwiebeln, Meerrettichstücken, Lorbeerblättern und Pfefferkörnern einschichten. Zucker und Salz mit dem Wasser aufkochen (der Zucker sollte ganz aufgelöst sein) und nach dem Erkalten mit dem Essig vermischen.
Die Gürkchen mit der erkalteten Essig-Zucker-Lösung übergießen und bei 75 °C 20 Min. eindünsten.

2288
Würzige Dillgurken

1–2 Salatgurken,
4 Gemüsezwiebeln,
2 Bund frischer Dill,
1 Stange frischer Meerrettich,
4 Lorbeerblätter,
$^1/_2$–$^3/_4$ l Gurkenessig,
250 g Zucker,
1 Essl. Salz.

Gurken und Zwiebeln schälen, Gurken in Längsstreifen, Zwiebeln in $^1/_2$ cm dicke Scheiben schneiden. Beides mit gewaschenen Dillsträußchen, geschälten Meerrettichstückchen und Lorbeerblättern in hohe Gläser füllen. Gurkenessig mit Zucker und Salz kurz durchkochen lassen, über die Gurken gießen. Die Gläser verschließen und bei 98 °C 60 Min. einkochen.

2289
Karotten

Die roten, runden, nicht zu kleinen Karotten eignen sich am besten. Sorgfältig waschen, mit einem groben Tuch abreiben, heiß überbrühen und schälen; dann ungeteilt 10 Min. in leichtem Salzwasser vorkochen und, allein für sich oder im Wechsel mit vorgekochten grünen Erbsen (vgl. **2284**), in enge Gläser einfüllen. Mit leicht gesalzenem, schwach gesüßtem Wasser oder mit klarem Kochwasser übergießen.
Bei 98 °C 60 Min. sterilisieren.

2290
Kohlrabi

Junge Kohlrabi dick schälen, ganz oder in Scheiben geschnitten 5–10 Min. in leicht gesalzenem Wasser vorkochen, die Scheiben schuppenförmig in die Gläser einschichten und mit abgekochtem Salzwasser übergießen. Auch die grünen, zarten Blätter rasch überbrühen und mit kleineren, ganzen Kohlrabiknollen zusammen einlegen. Bei 98 °C 60 Min. eindünsten.

Tipp:
Wer mag, gibt in jedes Glas noch zusätzlich $^1/_2$ Teel. Kümmelsamen. Das macht den Sud würziger. Der Sud kann nach Öffnen des Glases für eine Soße oder Suppe weiterverwendet werden.

2291
Paprikaschoten

Zum Eindünsten eignen sich rote und grüne Paprikaschoten. Zuerst den Stiel mit einem kleinen Teil der Frucht herauslösen und entfernen. Die Schoten halbieren oder ungeteilt lassen, die Kerne und die Trennwände herausschneiden, die Schoten etwa 10 Min. in schwach gesalzenem Wasser (1 l Wasser mit $^1/_2$ Essl. Salz) vorkochen, kurz kalt überbrausen und nach dem Abtropfen wie Pfirsichhälften übereinander (die Farbsorten getrennt) in hohe Gläser einschichten. Das Kochwasser abgekühlt darübergießen und bei 98 °C 50 Min. eindünsten. Die ungeteilten Schoten eignen sich bei der späteren Verwendung zum Füllen mit Hackfleisch oder Reis; zu Salat in Streifen schneiden, mit einfacher Salatsoße **309** anmachen oder zu Gemüse, entweder halbiert oder streifig geschnitten, in Fett dünsten.
Auf dieselbe Art können auch **Chilischoten** (milde Schärfe), unzerteilt eingedünstet werden.

2292
Pilze, pikant

Auf 500 g frische Pilze (Champignons, Pfifferlinge)
100 g Schalotten und
1 Essl. weiße Pfefferkörner.
Sud:
1 Tasse Kräuteressig,
3 Tassen Wasser,
1 Teel. Salz und
$^1/_4$ Teel. Zucker.

Beim Sammeln und Vorbereiten die Anweisungen von S. 394 beachten! Pilze eignen sich zum Eindünsten nur in ganz frischem Zustand. Zuerst sehr sorgfältig reinigen, dann in mehrmals gewechseltem Wasser gut waschen und bei größeren Pilzen die Haut am Hut sowie am Strunk leicht abschaben. Kleine Pilze ungeteilt lassen, größere in Stückchen schneiden.
Die Pilze 2 Min. in kochendem Wasser blanchieren, danach in Eiswasser abkühlen lassen. Abgetropft mit geschälten, geviertelten Schalotten und Pfefferkörnern in Gläser füllen. Den Sud aufkochen, heiß über die Pilze gießen, die Gläser verschließen.
Bei 98 °C 60 Min. einkochen.
Die Pilze passen als Beilage zu kalten Platten, Terrinen, aber auch als Einlage in Wild- und braune Bratensoßen.

2293
Sauerkraut

Ist bei selbst eingeschnittenem Sauerkraut (Seite 651) die richtige Säuerung im Topf erreicht, empfiehlt es sich, durch Einkochen die Gärung zu stoppen.
Das Kraut in Gläser füllen, mit Sauerkrautbrühe übergießen, 120 Min. bei 100 °C einkochen.

2294
Rote Bete

Möglichst kleine Rote-Bete-Knollen.
Gewürze: 2–3 Lorbeerblätter,
einige Pfeffer- und Korianderkörner,
Würfel von geschältem frischen
Meerrettich.
Zur Essiglösung:
1 Teil Essig auf 2 Teile Wasser.

Die Rüben waschen, die Blätter abdrehen und die Knollen über Dampf weichkochen. Kalt abschrecken und die Haut abziehen. Die Knollen in Scheiben schneiden, mit den Gewürzen in eine Schüssel legen. Mit heißer Essiglösung übergießen und über Nacht stehen lassen. Am anderen Tag die Gewürze entfernen, die Rübenscheiben in Gläser schichten und mit dem Essigsud übergießen. Die Gläser verschließen und bei 100 °C etwa 30 Minuten einkochen.

2295
Spargel

Die Spargel sollen frisch gestochen, möglichst gleichmäßig dick und ihre Schnittflächen glatt, nicht löcherig oder gelb verfärbt sein. Die Stangen gut schälen, alles Holzige entfernen, sofort in kaltes Wasser legen oder in ein befeuchtetes Tuch einschlagen. Gleichmäßig kürzen und in strudelndem Wasser oder im Gemüsedämpfer 10 Min. vorkochen. Dann mit den Köpfchen nach unten in die Gläser einschichten und mit dem kalten Kochwasser (ohne Salz), dem pro l Wasser ½ Teel. Zucker und 1 Teel. Zitronensaft zugefügt wurde, übergießen, das zuvor kurze Zeit stehen muss, damit es sich klären kann.
Bei 98 °C 60 Min. einkochen.

2296
Staudensellerie

3–4 Stauden Bleichsellerie,
Saft und Schale von 1 Bio-Zitrone,
1 Teel. Streuwürze.
Salzlösung: pro 1 l Wasser
1 gestr. Teel. Salz,
nach Geschmack einige Anissamen.

Die Selleriestangen, falls nötig, dünn abschälen oder nur die Fäden abziehen, die Blätter abschneiden und als Suppengemüse einfrieren. Selleriestangen in gleichmäßig lange Stücke schneiden, portionsweise in Wasser, dem Zitronensaft und -schale sowie Streuwürze zugefügt wurde, 3 Min. vorkochen. Abgetropft hochkant in Gläser füllen, mit heißer Salzlösung, evtl. mit Anis, übergießen.
Die verschlossenen Gläser bei 98 °C 60 Min. sterilisieren.

2297
Suppenkräuterwürze

2–3 Sellerieknollen mit Blättern,
3–4 Bd. Petersilie, 3–4 Stangen Lauch,
8 Gelbe Rüben, 8 Tomaten,
je 1 kleines Bund Bohnenkraut
und Estragon, Salz.

Gemüse und Kräuter gut waschen und zerkleinern. Mit kaltem Wasser völlig bedecken und 2 Std. kochen. Dann durch ein feines Sieb gießen, je 1 l Kräutersaft mit 1 Teel. Salz mischen und den Saft in kleine Flaschen oder ¼-l-Gläser füllen. Bei 80 °C 30 Min. eindünsten. Die Flaschen nach dem Dünsten sofort zukorken oder mit einem Gummihütchen verschließen.

2298
Ganze Tomaten

Feste, mittelgroße, reife Tomaten waschen, den Kelch abdrehen, die Tomaten ringsum leicht anstechen, mit kochendem Wasser überbrühen und 5 Min. darin stehen lassen. Herausnehmen, in weite Gläser einschichten, mit leicht gesalzenem Wasser (1 l Wasser, ½ Essl. Salz) übergießen und bei 80 °C 40 Min. eindünsten.
Oder die vorbereiteten Tomaten roh in die Gläser einlegen, abgekochtes, erkaltetes, leichtes Salzwasser darübergießen und bei 90 °C 45 Min. sterilisieren.

> ***Tipp:***
> *Es empfiehlt sich, die Tomaten evtl. zu häuten, da sich die Schalen, je nach späterer Verwendung, als störend erweisen können.*

2299
Tomatenmark

Reife Tomaten halbieren oder zerdrücken, in einer Kasserolle ohne Wasser langsam weich kochen und durch ein feines Sieb gießen, jedoch nicht durchpassieren, sondern nur den Saft ablaufen lassen. Den Tomatenrückstand durch das Sieb drücken und in ¼ l-Gläser füllen.
Bei 90 °C 30 Min. eindünsten.
Oder das Tomatenmark mit Oregano, gemahlenem Pfeffer, etwas Zucker, Salz und Knoblauchpulver würzen, einmal aufkochen und heiß in Gläser füllen. Wie angegeben sterilisieren.

2300
Weißkraut

Weißkrautköpfe von den Außenblättern befreien, den Strunk herausbohren, das Kraut fein hobeln und mit kochendem Wasser überbrühen. Nach 5 Min. das Wasser leicht abpressen, das Kraut wenig einsalzen, mit einem Holzbrettchen beschweren und 1–2 Std. stehen lassen. Dann das Kraut dicht in weite Gläser einfüllen, in jedes Literglas ½ Glas Weißwein gießen und bei 98 °C 90 Min. eindünsten.

2301
Zucchini mit Paprika

2 kg Zucchini,
500 g rote Paprikaschoten,
je 1 Teel. Salz und Streuwürze,
Saft von 2 Zitronen,
4 Zweige Rosmarin,
4 Chilischoten, 4 Lorbeerblätter.

Möglichst kleine Zucchini waschen, ungeschält in 1 cm dicke Scheiben schneiden. Paprikaschoten entkernen, waschen und in Längsstreifen teilen. Wasser mit Salz, Streuwürze und Zitronensaft aufkochen, portionsweise das Gemüse 3 Min. darin vorkochen. Abgetropft mit dem Rosmarin, Chilischoten und Lorbeerblättern in Gläser schichten. Mit der Kochflüssigkeit übergießen. Fehlende Flüssigkeit mit leichtem Salzwasser (pro 1 l Wasser 1 gestr. Teel. Salz) auffüllen. Die Gläser verschließen, bei 98 °C 60 Min. einkochen.

Fleisch einkochen

Alle Fleischsorten, auch Wild und Geflügel sowie Wurst und Terrinenmassen lassen sich einkochen. Wichtig allerdings: Das Fleisch muss absolut einwandfrei sein.
Vor dem Einfüllen in die Gläser müssen die Fleischgerichte durch und durch gegart, aber nicht total weich gekocht sein, da durch die spätere Erhitzung beim Haltbarmachen ein weiterer Garprozeß eintritt. Das Fleisch stets ohne Knochen einschichten. Knochen nach dem Braten sorgfältig auslösen oder gleich Fleischstücke ohne Knochen verwenden.
Das Fleisch möglichst schon vor dem Zubereiten in passende Stücke schneiden.
Schmorfleisch, Ragouts oder Gulasch so heiß wie möglich in die vorbereiteten, weithalsigen Einmachgläser füllen. Das Einkochgut maximal bis 4 cm unter den Glasrand füllen, da es sich beim Einkochen ausdehnt. Wurst- oder Terrinenmassen sogar nur zu 2/3 Höhe einfüllen. Fleischsoßen und Wurstspeisen nie mit Mehl binden. Mehl bewirkt bei längerem Stehen eine Säuerung im Glas, der Inhalt verdirbt! Deshalb stets nur klare Fleischbrühe, Schmorflüssigkeit oder eingedickten Bratensaft bis zu 1/3 Höhe zugießen. Bei Ragouts oder Farcen Zwiebeln nie roh, sondern immer vorgedämpft zufügen. Roh bewirken sie eine Gärung und das Glas geht nach kurzer Zeit auf.
Das Einkochen: Die Gläser nach den allgemeinen Angaben auf Seite 628 verschließen, in den Einkochtopf stellen. Evtl. ein Küchentuch in die Zwischenräume legen und die Gläser mit einem Teller o. ä. beschweren, um während des Einkochvorganges ein „Tanzen" der nur halb oder zu 2/3 gefüllten Gläser zu vermeiden. Die Fleischspeisen nicht zu schnell erhitzen, die angegebenen Temperaturen und Einkochzeiten unbedingt einhalten.
Beim späteren Anrichten die Fleischspeisen samt Flüssigkeit aus dem Glas nehmen, in einem Topf erwärmen. Falls nötig, Soßen anschließend mit Sahne, Wein etc. verfeinern oder binden. Bratenstücke noch kurz in Butter anbraten, den Fond separat abschmecken. Wurst oder Terrinen einfach stürzen und kalt aufschneiden.

Einkochzeiten für Ragouts, Gulasch, Rouladen, gekochte Fleischspeisen oder Schmor/Bratenstücke: 75 Min. bei 100 °C; für Wurstmassen und Terrinen: 120 Min. bei 100 °C.

2302

Ragout oder Frikassee

Die Fleischwürfel in kochendem Salzwasser mit Zwiebel, Karotten und 1 Lorbeerblatt gar, aber nicht zu weich kochen. Die Fleischwürfel in Gläser füllen, durchgesiebten Fleischsud darübergießen, verschließen und einkochen.

2303

Braten oder Schmorbraten

Die Fleischstücke vor dem Anbraten in die passende Größe zurechtschneiden. Das Fleisch ringsum in Öl oder Fett anbraten, Röstgemüse zugeben. Evtl. mit Wein, Brühe, Wasser auffüllen. Das fertig gegarte Fleisch in Gläser schichten. Bratfond mit der Flüssigkeit aufkochen, evtl. durchpassieren und über die Fleischstücke gießen. Die Gläser verschließen und sterilisieren.

2304

Hausmacher Leberwurst

1 kg frischer Schweinebauch ohne Schwarte, 500 g Schweinebacke, 200 g mageres Schweinefleisch (Schulter, Keule), ca. 6 mittelgroße Zwiebeln, 1 Essl. Schweineschmalz, 1 kg Schweineleber, 1 Essl. gerebelter Majoran (evtl. mehr), 1 Teel. Meersalz, je 1 kräftige Prise Ingwer, Nelkenpfeffer (Piment) und Thymian, Pfeffer aus der Mühle nach Geschmack.

Schweinebauch, -backe und -fleisch eben mit Wasser bedecken, 1 Std. köcheln lassen. Nach 45 Min. den Schweinebauch herausnehmen. Zwiebeln grob schneiden, in Schmalz gelblich andünsten. Das kalte Fleisch grob würfeln, zusammen mit den Zwiebeln und zuletzt der Leber durch die feine Scheibe des Fleischwolfs drehen. Gewürze und 3/4–1 l von der durchgesiebten Kochbrühe unter den Fleischteig mengen. Die Masse kräftig würzen (beim späteren Garen wird der Geschmack milder), in weithalsige 500 g-Gläser füllen, verschließen und einkochen.

Tipp:
Soll die Leberwurst länger als 2 Monate aufbewahrt werden, sollten Sie sie nach einigen Tagen nochmals 1 Std. bei gleicher Temperatur sterilisieren.

2305

Eingemachte Ente (confit de canard)

2 Enten, ca. 3 kg Fleisch,
Gänsefett und Schweineschmalz (entfällt bei sehr fettem Geflügel),
3 halbierte Knoblauchzehen,
2 ganze Nelken oder 6 Pfefferkörner,
1 Lorbeerblatt, 2 Thymianstängel.

Die Enten in Viertel (Schenkel und Flügel mit jeweils anhängenden Bruststücken) schneiden. Das Fett verflüssigen. Die Entenstücke mit den Gewürzen in einen breiten Topf schichten, das Fett darübergießen, so dass die Geflügelstücke vollständig davon bedeckt sind. Das Confit auf kleiner Flamme ca. 2 Stunden sanft garen, bis das Fleisch ganz weich ist. Einen Teil Fett durch ein Tuch in einen Steinguttopf gießen (ca. 2-3 cm hoch), erstarren lassen. Die Geflügelstücke einlegen, mit Fett begießen – sie müssen vollständig bedeckt sein. Am nächsten Tag noch einmal flüssiges Fett in die evtl. vorhandenen Zwischenräume gießen. Den Topf mit Wachspapier verschließen und kühl aufbewahren.
Siehe auch Cassoulet **621**.

Tipp:
Confit kann auch aus Schweine- oder Wildschweinfleisch hergestellt werden.

Dörren (Trocknen) von Obst und Gemüse

Das Trocknen oder Dörren entzieht den Nahrungsmitteln weitgehend ihre Flüssigkeit. Damit wird vielen Bakterien der Nährboden genommen, so dass sie ihre zerstörende Wirkung nicht ausüben können. Die Haltbarkeit von getrocknetem oder gedörrtem Obst, Gemüse, Pilzen und Kräutern ist jedoch in dem Augenblick gefährdet, wo durch feuchte Lagerung den Schimmelpilzen oder anderen Kleinlebewesen (z. B. Mehlwürmer) wieder Daseinsmöglichkeiten geboten werden.
Zum Dörren werden sogenannte Horden oder Hürden, das sind Gitter oder Roste aus Metall oder Holz, verwendet, auf denen das vorbereitete Gemüse oder Obst ausgebreitet wird. Bei kleineren Mengen genügt auch der Backofenrost. Das Dörrgut wird dicht nebeneinander, aber nie übereinander auf Horden gelegt und wenn möglich einen Tag in der Sonne vorgetrocknet. Anschließend schiebt man Horde oder Rost in den leicht angewärmten Backofen (E.-Herd 70 °C / G.-Herd Stufe 1/4–1/2). Während des Dörrens muss die Backofentür einen Spaltbreit offenstehen, damit die verdunstende Flüssigkeit abziehen kann. Obst oder Gemüse so lange dörren, bis die Haut leicht runzlig wird.
Die modernen Heißluft-Backöfen sind zum Dörren ausgezeichnet geeignet, da der heiße Luftstrom im Innenraum ständig zirkuliert und so mehrere Roste auf einmal in den Ofen geschoben werden können. Elektrische Dörrapparate vereinfachen die Arbeit, indem die Temperatur mittels Thermostat geregelt wird und das Dörrgut ohne Aufsicht trocknet. Die Anschaffung des nicht ganz billigen Gerätes lohnt sich allerdings nur für diejenigen, die einen eigenen Garten besitzen und häufig Obst, Gemüse oder Kräuter trocknen.
Das Trocknen an der Luft, entweder im Schatten (Vordach, überdachter Balkon) oder auf dem Dachboden, erfordert sorgfältige Überwachung. Die Obst- oder Dörrhorden müssen zum Schutz gegen Fliegen und Ungeziefer mit luftdurchlässigem Stoff überspannt werden. Das Dörrgut öfter umwenden, damit es gleichmäßig trocknet.
Alles Gedörrte und Getrocknete muss rascheltrocken sein und wird dann staubsicher gelagert. Geeignet sind dafür luftdurchlässige Leinensäckchen, die zugebunden in trockenem Raum aufgehängt werden. Oder Töpfe aus Steingut, die mit einem Tuch zugebunden werden. Obstringe, Pilze, Zwiebeln etc., die in naher Zukunft verbraucht werden, kann man auf Schnüre ziehen oder zu Zöpfen flechten und in der Küche aufhängen. Ebenso Kräuterbündel, Lavendelbündel und Maiskolben (gut geeignet als Dekoration).
Vor der Verwendung wird Dörrobst oder -gemüse gut gewaschen, in klarem Wasser 8 – 12 Std. eingeweicht und anschließend wie frisches Obst oder Gemüse zubereitet. Zwiebeln, Pfefferschoten oder Kräuter werden im Ganzen, gerebelt oder fein zerrieben, dem Essen zugesetzt.

Tipp:
Wie lange der Dörr- bzw. Trocknungsprozeß dauert, lässt sich nie genau sagen. Die beste Kontrolle bietet die Fingerprobe: Fertig getrocknetes Obst oder Gemüse fühlt sich fest und runzlig an, ohne hart zu sein. Beim Zusammendrücken darf kein Tropfen Saft mehr abgegeben werden. Trockenobst/-gemüse wiegt knapp zwei Drittel weniger als vorher.

2306
Steinobst

Zwetschgen, Kirschen und Weintrauben stets mit dem Stielende nach oben auf die Horden legen und nach **2307** dörren, bis das Obst eingeschrumpft und ohne Saft ist. Aus den Aprikosen zuerst vom Stielende aus den Stein sorgfältig herauslösen, dann die ganze Frucht in Ringe oder Scheiben schneiden; oder die Aprikosen halbieren, den Stein entfernen und die Fruchthälften mit der Schnittfläche nach oben in den Horden dörren; jeweils nur eine Lage Früchte ausbreiten und trocknen.

2307
Äpfel

Feste, säuerliche Äpfel dünn schälen oder ungeschält in Ringe schneiden; das Kernhaus zuvor sehr sorgsam entfernen, damit die Ringe ganz bleiben. Jeweils nur so viel Apfelringe vorbereiten, dass jede Horde mit einer Schicht belegt werden kann. Die Äpfel möglichst einen Tag in der Sonne vortrocknen lassen, dann in den Backofen schieben. Die Apfelringe öfters umwenden und so lange trocknen, bis sie sich wie weiches Leder umbiegen lassen, ohne zu zerbrechen. Die Temperatur sollte 70 °C nicht übersteigen.

Tipp:
Sollen die Apfelringe weiß bleiben, werden sie nach der Vorbereitung 1–2 Min. in leicht gesalzenes Wasser (5 g Salz auf 1 l Wasser) gelegt und zum Abtropfen auf Tüchern ausgebreitet. Erst danach trocknen.

2308
Birnen

Die ungeschälten Birnen waschen und abtrocknen, große Birnen halbieren und das Kernhaus sorgsam entfernen, kleine ungeteilt lassen. Mit dem Stiel nach oben auf die Horden legen und nach **2307** dörren. Die fertig gedörrten, runzeligen Birnen sollen auf Druck nicht zerspringen und keinen Saft mehr abgeben.

2309
Beerenobst

Nur ganz tadellose, reife Beeren verwenden. Die Beeren nicht waschen, nur verlesen, in einem mäßig warmen Raum auf einem Backbrett oder Blech ausbreiten und über Nacht vortrocknen. Dann in den Horden sehr langsam und bei etwa 60 °C dörren. Die fertig gedörrten Beeren sollen sich hart anfühlen; am besten in dunklen Schraubgläsern aufbewahren.

2310
Vorbereiten von Gemüse (Vordämpfen)

Das Gemüse reinigen und zerkleinern, dann entweder roh dörren oder zuvor heiß überbrühen oder wenige Minuten über Dampf erhitzen. Nicht abkochen, weil dabei wertvolle Nähr- und auch Geschmackstoffe verloren gehen. Dämpfen siehe „Gemüse einkochen", Seite 632. Nach wenigen Minuten das Gemüse wieder ausbreiten und trocknen lassen. Bei der späteren Zubereitung genügt für eine Mahlzeit pro Person etwa 20–25 g Dörrgemüse.

2311
Grüne Bohnen

Fleischige, junge Bohnen waschen, abfädeln, schnitzeln oder halbieren, auf einem Sieb heiß überbrühen oder kurz über Dampf erhitzen (vgl. **2310**). Nach dem Abtropfen und leichtem Trocknen locker in einer Schicht in die Horden legen und bei etwa 80 °C dörren, bis sich die Bohnen biegen lassen, ohne zu brechen.
Oder die Bohnen abfädeln und bis zu 2/3 ihrer Länge in der Mitte einschneiden, heiß überbrühen oder über Dampf erhitzen und, auf Schnüren aufgereiht, im Schatten oder auf dem Dachboden trocknen.

2312
Sellerieknollen, Karotten, Kohlrabi

Alle Wurzelgemüse sorgfältig abschaben oder schälen, in Scheiben schneiden, kurz über Dampf erhitzen und abkühlen lassen. Nach **2311** dörren.

2313
Pfefferschoten

Die frischen, mit einem Tuch sauber abgeriebenen Schoten an einer Schnur auffädeln, so dass sich die einzelnen Früchte nicht berühren. Luftig und trocken aufhängen.

2314
Blattgemüse (Spinat, Weißkraut, Lauch)

Vom Spinat die Stiele entfernen, die Blätter in mehrmals gewechseltem Wasser waschen und abtropfen lassen. Die Weißkrautblätter (ohne Rippen) in feine Streifen, den Lauch in Ringe schneiden und alles, je nach Sorte getrennt, roh bei nicht mehr als 80 °C dörren.

2315
Zwiebeln

Zwiebeln nur schälen, in Ringe schneiden und nach **2311** dörren.
Oder bei eigenem Anbau von Zwiebeln die Knollen samt Stängel gleich nach der Ernte auf der Gartenerde locker ausbreiten und in der Sonne vortrocknen lassen. Dann die Stängel mit den Knollen bündelweise zusammenbinden oder zu Zöpfen flechten und an luftigem, trockenem Ort aufhängen. Ebenso werden Knoblauchknollen gebunden und aufbewahrt.

2316
Pilze und Pilzwürze

Pilze nicht waschen, nur sorgfältig von anhaftender Erde befreien und, wenn nötig, schälen oder verletzte Stellen entfernen. Dann in Scheiben oder Stückchen schneiden, auf der Horde locker ausbreiten und im Backofen oder auf Pergamentpapier in warmer Luft trocknen (im Halbschatten oder auf dem Dachboden). Bei Morcheln, die sich besonders gut zum Dörren eignen, ist nach sorgfältigem Reinigen und Trennen der Pilze in Hütchen und Stiele ein Aufreihen auf Bindfaden zu empfehlen und evtl. bei schwacher Herdhitze noch ein Nachdörren im Backofen ratsam. Die rascheltrockenen Pilze in Mullsäckchen oder in Schraubgläsern aufbewahren.
Als Würze zu Suppen, Soßen, Gemüse und Fleischgerichten sind gedörrte Pilze in Pulverform geeignet. Die fast hartgetrockneten Pilze entweder mit einem Stößel fein zerstoßen oder durch eine Reibemaschine drehen.

2317
Dörren von Gewürzkräutern und Suppengemüse

An frischen Kräutern sind gut geeignet: Salbei, Thymian, Rosmarin, Bohnenkraut, Minze, Estragon, Oregano, Lavendel und Majoran; bedingt geeignet Petersilie, Dill, Schnittlauch, Liebstöckel sowie als Suppengewürz Sellerieblätter und Lauch. Die Kräuter stets vor der Blüte, möglichst am frühen Vormittag ernten. Dann ungewaschen an trockenem, warmen Ort locker auf einem Tuch ausbreiten oder die ganzen Zweige gebündelt an einem trockenen Platz aufhängen. Sind die Kräuter rascheltrocken, entweder ganz lassen oder zerrebelt in dicht schließenden Schraubgläsern aufbewahren.
Auch Tomaten und Spargelschalen lassen sich dörren und später als Suppenwürze verwenden. Die Tomaten in schmale Schnitze teilen, jeweils in einer Schicht auf der Hürde ausbreiten und im erwärmten Elektro- oder Gasbackofen bei offener Türe dörren. Rohe Spargelschalen, locker ausgebreitet, ebenso dörren.

Einlegen von Obst und Gemüse in Zuckerlösung, Essig, Alkohol

Zucker wirkt fäulnisverhütend, unterdrückt das Wachstum von Schimmelpilzen und Hefen und unterstützt die Hitzewirkung beim Einkochen. Ein Zusatz von 60% Zucker schützt auch Fruchtsäfte, eingelegte Früchte, Marmeladen usw. selbst bei Luftzutritt vor dem Verderben.

Konservieren mit **Essig** unterdrückt nachhaltig das Aufkommen von Fäulnisbakterien, weshalb Essigkonserven selten verderben. Schwach gesäuerte Essigkonserven, müssen durch Eindünsten haltbar gemacht werden. In starke Essiglösungen eingelegtes Obst oder Gemüse sollte nur als würzende Zutat verwendet werden.
Echter Weinessig ist vorzuziehen; er sollte nicht gekocht, sondern nur auf 60–70 °C erhitzt werden (eine Ausnahme ist geläuterter Essig mit Zucker).
Nur einwandfreies, garten- oder ackerfrisches, niemals lange gelagertes Gemüse oder Obst verwenden. Bei Zugabe von Zucker zu Essigkonserven sind größere Mengen ratsamer als zu kleine; große Zuckermengen hemmen die Gärungsgefahr, kleine fördern sie. Würzmittel wie Estragon, Dill, Melisse, Senfkörner, Meerrettich usw. sollten bei den Essiggemüsen nicht fehlen. Auch getrocknete Paprikaschoten, Kümmel, Pfeffer, Lorbeerblätter usw. eignen sich zum Würzen.

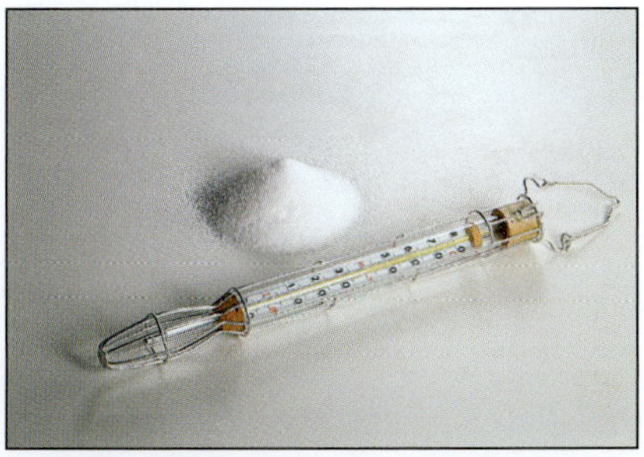

Zuckerthermometer mit Skala (Einteilung) bis 180 °C

Alkohol hat besonders in Verbindung mit Zucker eine stark bakterientötende Wirkung, darauf beruht z. B. die Haltbarkeit des Rumtopfes.

2318

Das Kochen des Zuckers (Läuterzucker)

Unter „Läutern" ist das Kochen von Zucker und Wasser in einer bestimmten Menge zu verstehen; z. B. 625 g Zucker und 1/2 l Wasser erhitzen und etwa 4–5 Min. strudelnd kochen; dies ergibt **dünnflüssigen**, eine Kochzeit von etwa 15 Min. **dickflüssigen** Läuterzucker. (Den Schaum dabei abheben.)

Zu beachten:
Für Speiseeis, das vielfach mit Läuterzucker gesüßt wird, ist das Dünn- oder Dickflüssigkochen von 500 g Zucker mit 1/2 l Wasser oder, entsprechend den Rezeptzutaten, auch noch mehr oder weniger Wasser erforderlich (vgl. Eisbereitung ab S. 430). Für die **Veränderung** des Läuterzuckers beim Kochen gelten folgende Bezeichnungen:

Der **Tropfen** oder **Breitlauf**: einen Schaumlöffel in den kochenden Läuterzucker eintauchen, in die Höhe heben und einzelne, dicke Tropfen abfallen lassen.

Der **Faden**: einige Tropfen abgekühlten Läuterzucker zwischen Daumen und Zeigefinger nehmen, mehrmals auseinander ziehen und so prüfen, ob sich ein dünner oder dicker Faden bildet (am meisten verwendeter Läuterzucker).

Die **Perle**: Der anhaftende Läuterzucker zieht am Schaumlöffel einen Faden, an dem der letzte Tropfen wie eine Perle hängenbleibt.

Durch noch längeres Kochen verändert sich der Läuterzucker weiter zum sog. **Flug**, der Kugel oder zum Bruch, der aber in solch starken Veränderungen kaum gebraucht wird.

Der **Karamel**: den Zucker (je nach Rezept eine größere oder kleinere Menge) ohne Wasser in einer Pfanne ohne Rühren schmelzen lassen und bei der gewünschten Färbung zunächst sofort mit wenig heißem Wasser ablöschen (Vorsicht, Spritzgefahr!), unter Rühren aufkochen und dann weiteres Wasser zugießen, bis das erforderliche Quantum erreicht ist. Hellgelber oder hellbrauner Karamelzucker eignet sich zur Herstellung von Süßspeisen und zum Verzieren von Gebäck oder Torten usw.; tiefdunkelbrauner (ohne süßen Beigeschmack) zum Färben von Soßen und Suppen.

2319

Sirup (Zuckersirup)

625 g Zucker,
1 l Wasser oder
625 g Zucker
und 1/2 l Wasser.

Zu einem leichten Sirup den Zucker mit 1 l Wasser etwa 10 Min. strudelnd kochen (Kochzeit vom Beginn des Strudelns an rechnen). Zu einem dickeren Sirup während des Kochens noch zwei- bis dreimal 1–2 Essl. Zucker zufügen oder 625 g Zucker und 1/2 l Wasser bis zur Perle (etwa 15 Min.) kochen.

Tipp:
Möchten Sie sich öfter an Zuckerbäckereien versuchen, lohnt die Anschaffung einer Zuckerwaage und eines Zuckerthermometers (erhältlich in Fachgeschäften für Gastronomiebedarf). Mit der Zuckerwaage wird die Konzentration einer Zuckerlösung bestimmt, mit dem Zuckerthermometer mißt man die Temperatur des Zuckers beim Karamelisieren (bis 180 °C). Genaue Anweisungen liegen den Geräten bei.

Konservieren

2320

Preiselbeeren mit Birnen

2 kg Preiselbeeren,
1 kg Birnen,
1 kg Zucker, 3/8 l Wasser.

Zucker und Wasser läutern, die verlesenen, gewaschenen Beeren 2 Min. darin kochen und wieder herausnehmen. Dann die geschälten, in Achtel oder feine Schnitze geteilten Birnen im Zuckersaft so lange dünsten, bis sie glasig aussehen. Die Preiselbeeren hinzufügen, beides nochmals kurz aufwallen lassen und sofort in Gläser oder Töpfe füllen; noch heiß mit Cellophanpapier zubinden oder mit Twist-off-Deckeln verschließen. Preiselbeeren mit Birnen sind eine leckere Beilage zu Wildbraten, -ragouts, Sauerbraten oder zu Eiscreme.

2321

Sauerkirschen in Zucker

Tadellose, große Sauerkirschen sorgfältig entsteinen, mit der Öffnung nach unten auf ein Sieb legen, bis der Saft gut abgelaufen ist; dann den Saft kühl stellen. Auf etwa 2 1/2 kg entsteinte Kirschen 1 kg Zucker mit 1 l Wasser dünnflüssig läutern, etwas abkühlen lassen und lauwarm über die Kirschen gießen. Über Nacht in einer Schüssel mit Pergamentpapier gut bedecken, tags darauf den Zuckersaft abgießen, mit 1/2 Tasse Zucker verstärken und in einer Kasserolle bis zum „Tropfen" (vgl. **2318**) kochen. Zuletzt den rohen, abgetropften Kirschensaft sowie die Kirschen zufügen, aufkochen und diesen Vorgang an den nächsten 2 Tagen wiederholen. Nach dem Erkalten in Gläser füllen, ein Rumpapier einlegen und zubinden.
Die eingelegten Kirschen finden Verwendung als Tortenfüllung (z. B. Schwarzwälder Kirschtorte), zur Bereitung von Sorbet und sonstigen Süßspeisen.

2322

Birnen in Zucker

Kleine, harte Birnen (Eier- oder Glasbirnen) zuerst schälen, den Stiel kürzen und abschaben, dann die Birnen sofort in leicht gesäuertes Essig- oder Zitronenwasser legen. Das Kernhaus herausstechen und die Birnen in strudelndem Zitronenwasser (1 l Wasser, 2 Essl. Zitronensaft) so lange kochen, bis sie sich mit einem Hölzchen durchstechen lassen. Zum raschen Erkalten in eiskaltes (durch Eiswürfel gekühltes) Wasser tauchen und zum Abtropfen auf ein Sieb legen. Inzwischen auf 1 kg Birnen 500 g Zucker mit 1 l Wasser dickflüssig läutern, die Birnen hineingeben, bis ans Kochen bringen und in einer Schüssel über Nacht kühl stellen. Am anderen Tag den Saft absieben, 3–4 Essl. Zucker zufügen, 10 Min. kochen und lauwarm über die Früchte gießen.
Das Zufügen des Zuckers und zehnminütige Kochen noch dreimal wiederholen, beim letzten Übergießen sollte der Sirup kochend sein, dann die Birnen etwa 1 Std. darin warm stellen. Birnen mit Sirup in erwärmte Gläser füllen, ein Mulltuch darüberdecken, nach 1–2 Tagen in jedes Glas ein Rumpapier einlegen und mit Cellophanpapier zubinden. Die Birnen können für Süßspeisen oder als Kuchenbelag verwendet werden. Der Sirup kann verdünnt als Tortenguss Verwendung finden.

2323

Früchte in Läuterzucker

Wichtig ist hierbei die Berechnung der Menge und das richtige Kochen des Zuckers. Die meisten Früchte enthalten Gärstoffe, die durch ausreichende Zuckerzugabe unwirksam werden. Nicht zu reife Früchte wählen, weil sie beim Einkochen rasch zerfallen. Durch das Übergießen der Früchte mit heißem Läuterzucker (Sirup) werden die Fruchtzellen gesprengt, das Fruchtfleisch wird weicher und der Zucker kann besser eindringen; deshalb ist auch ein wiederholtes Übergießen der Früchte mit Sirup günstig. Feste Früchte erfordern einen leichteren, weiche Früchte einen dickeren Sirup.

2324

Kandierte Früchte

Fertige Zuckerfrüchte verwenden oder Mirabellen, Weintrauben (kernlose Sorte), Ananaswürfel, feste Erdbeeren u. a. nach **2322** vorbereiten. Auch unbehandelte Zitrusfrüchteschalen (ohne Weißes) sind geeignet.
Die Früchte vor dem Kandieren rasch durch warmes Wasser ziehen, um den anhaftenden Sirup zu entfernen, und zum Trocknen auf ein Sieb geben. Dann eine neue Zuckerlösung (500 g Zucker, 1 l Wasser) bis zum dicken Faden (vgl. **2318**) kochen, die Früchte sorgsam einlegen und bei starker Kochhitze einmal aufwallen lassen. Sofort durch ein Sieb schütten, einen kleineren Teil der Zuckerlösung in den Kochtopf zurückgießen und mit Tablieren (vgl. S. 532) beginnen. Nach und nach die übrige Zuckerlösung zufügen und bis zur Häutchenbildung tablieren. Die Früchte einzeln darin umwenden und zum Trocknen auf ein weitmaschiges Drahtsieb legen.
Hübsch sieht es aus, wenn die Früchte vor dem völligen Trocknen zusätzlich mit Hagel- oder Kristallzucker bestreut werden.
Oder die Früchte mit einer Nadel ringsum einstechen, kurze Zeit in kochendem Wasser blanchieren (sie dürfen ihre Form und Konsistenz nicht verlieren). Die abgetropften Früchte in eine 20%ige Zuckerlösung (mit Hilfe eines Zuckerthermometers siehe S. 639) legen, erhitzen, dann herausnehmen und abtropfen lassen. Auf einer leicht eingeölten Alufolie ohne gegenseitige Berührung abkühlen lassen. Nach zwei Tagen die Früchte in eine höher konzentrierte Zuckerlösung einlegen und so weiterverfahren, bis eine 40%ige Zuckerlösung erreicht ist. Dann sind die Früchte für längere Zeit haltbar!

2325

Liebesäpfel

Kleine rote Äpfel,
75 ml Wasser (ca. 5 Essl.),
1 Essl. Zitronensaft oder
heller Weinessig,
500 g Zucker,
2 Essl. Himbeersirup,
Öl zum Fetten.

Die Äpfel mit einem Tuch glänzend reiben und auf lange Holz- oder Metallspieße stecken. Wasser mit Zitronensaft oder Essig aufkochen, den Zucker hineingeben und langsam bis zur dicken Fadenbildung schmelzen lassen, dabei ab und zu umrühren. Sirup mit Himbeersirup rot färben; den Sirup warm halten. Die Äpfel nacheinander in der Flüssigkeit hin- und herdrehen. Dann sofort in kaltes Wasser tauchen (damit sich der Zuckersirup erhärtet) und die Äpfel auf geölter Alufolie trocknen lassen.
Die Äpfel sollten innerhalb von 4–5 Tagen gegessen werden.

2326

Glasierte Erdbeeren

Zum Glasieren eignen sich nur frisch gepflückte, feste, nicht zu reife Früchte. Die Erdbeeren nicht waschen und auch möglichst nicht entstielen. Auf 500 g Erdbeeren etwa 500 g Zucker (oder 1/3 Trauben- und 2/3 Kristallzucker verwenden). Zucker mit 1/4 l Wasser dickflüssig läutern.
Nach dem Abkühlen die Früchte einzeln in den noch lauwarmen Läuterzucker einlegen, mehrmals darin umwenden, herausnehmen und auf einem Gitter abtrocknen lassen. Diesen Vorgang wiederholen und das Gitter mit den Erdbeeren auf der nicht zu heißen Herdplatte oder im Backofen warm stellen.
Dann ein Backbrett dick mit Puderzucker bestreuen, die Erdbeeren darauf ausbreiten und jede Beere so lange in Zucker wälzen, bis sie rundum weiß bestäubt ist.
Das Glasieren der Erdbeeren erst kurz vor dem Gebrauch vornehmen, weil die anhaftende Zuckerglasur durch die Fruchtsäure der rohen Erdbeeren bei längerem Stehen wieder flüssig wird.
Glasierte Erdbeeren in Papiermanschetten legen und als Knabberei zu Tee oder Likör anbieten. In Klarsichtfolie verpackt, sind die Erdbeeren ein hübsches Mitbringsel.

Tipp:
Statt in Puderzucker können die vorbereiteten Erdbeeren auch in Kristallzucker, Kokosraspel oder geriebener Bitterschokolade gewälzt werden.

2327

Engelshaar (gesponnener Zucker)

500 g Zucker, 200 ml Wasser.

Das Wasser in einen Topf (aus Edelstahl) geben, den Zucker auf einmal zuschütten. Bei mittlerer Hitze so lange kochen, bis das Zuckerthermometer 115 °Baumé anzeigt. (Oder einen Kochlöffelstiel in die Lösung tauchen, diesen sofort unter kaltem Wasser abschrecken. Der Zucker muss glashart vom Kochlöffel abspringen!)
Inzwischen die glatte Rückseite eines Backblechs mit Alufolie oder Backtrennpapier bespannen. Im Abstand 2 kleine Konservendosen daraufstellen, eine geölte Palette darüberlegen.
Dann rasch arbeiten: Den Topf kurz in kaltes Wasser stellen, damit die Lösung etwas abkühlt. Einen Schneebesen in die Zuckerlösung tauchen und durch rasche Handbewegung die Zuckerlösung über der Messerklinge hin- und herschleudern. Die Zuckerlösung legt sich in feinen Fäden (wie Engelshaar) über die Klinge.
Nach dem Erstarren den gesponnenen Zucker vorsichtig abheben und zu Nestern zusammenlegen. Zum Dekorieren von Süßspeisen und Torten verwenden. In gut schließenden Dosen aufbewahrt, 2–3 Monate haltbar.

Pikant Eingelegtes

Süßsauer Eingelegtes benötigt stets etwas Geduld. Das Haltbarmachen, meist durch Essig, Öl, Zucker und Gewürze, erstreckt sich oft über mehrere Tage. Anschließend braucht das Eingelegte eine Reifezeit von mindestens 4 Wochen. Besser ist es jedoch, süßsaueres Obst oder Gemüse erst nach 2 Monaten zu genießen.
Pikant Eingelegtes passt zu allen deftigen Braten (z. B. Wild-, Sauer-, Rinderschmor-, Schweinebraten), zu herzhaften Aufschnittplatten sowie vorzüglich zu ostasiatischen Gerichten.

2328

Birnen in Essig und Zucker

3 kg geschält gewogene
Bergamottebirnen, Guyot- oder Gute
Luise–Birnen,
1 l (5%iger) Weinessig,
1/2 l Wasser,
auf 1 1/2 l Kochsaft etwa
750 g Zucker.

Essig und Wasser erhitzen, die Birnen darin in kleinen Portionen halbweich kochen, herausnehmen und in eine Schüssel legen. Den Saft durchsieben, abmessen und mit dem Zucker läutern. Nach dem Erkalten über die Birnen gießen, über Nacht kühl stellen. Anderntags den Saft wieder aufkochen und noch warm mit den Birnen vermischen. Am dritten Tag die Birnen mit dem Saft nur kurz aufkochen und etwa 1 Std. durchziehen lassen, in Gläser einschichten, den Saft darübergießen und nach dem Erkalten mit Cellophanpapier zubinden.
Oder die nicht zu weich gekochten Birnen in Eindünstgläser füllen und den geläuterten Kochsaft über die Birnen gießen.
Bei 80 °C 25–30 Minuten sterilisieren.

2329
Gewürzbirnen

1½ kg geschälte Birnen (am besten Eierbirnen),
500 g Zucker,
½ l (5%iger) Weinessig (oder halb Wasser, halb Essig),
½ Stange Zimt und einige Nelken.

Zucker, Wasser und Essig läutern, die Birnen darin nicht zu weich dünsten, herausnehmen und den Saft mit den Gewürzen durch Kochen noch etwas eindicken. Inzwischen die Birnen in Gläser einlegen, den Saft heiß darübergießen und die Gläser sofort mit Cellophanpapier zubinden.

2330
Curry-Birnen

2 kg kleine, feste Birnen (Bergamotte, Mostbirnen),
Saft von 1 Zitrone,
½ l heller Weinessig (5%ig),
¼ l Weißwein, 750 g Zucker,
2 Essl. Madras-Curry,
1 Teel. ganze Nelken,
1 Teel. weiße Pfefferkörner.

Die Birnen schälen, halbieren und entkernen. Sofort mit Zitronensaft beträufeln, damit sie nicht braun werden. Essig mit Weißwein, Zucker, Curry und zerstoßenem Gewürz aufkochen. Die Birnenhälften portionsweise darin knackig-weich dünsten. Dann herausnehmen und in Gläser oder Steintöpfe legen. Den Sirup dickflüssig einkochen und durchgesiebt über die Birnen gießen. Nach dem Erkalten mit Cellophanpapier zubinden.

2331
Preiselbeeren, süßsauer

3½ kg Preiselbeeren,
1¼ kg Zucker,
½ l Rot- oder Weißwein oder Wasser,
½ Tasse (5%iger) Weinessig,
1 Zimtstange.

Die Beeren sorgfältig verlesen, waschen und abtropfen lassen. Den Zucker mit dem Wein (oder Wasser) und Essig läutern, die Beeren darunter mischen und unter Abschäumen solange, schwach strudelnd, kochen, bis sie glasig-hellrot aussehen. Dann mit einem Schaumlöffel herausnehmen, den Saft mit dem etwas zerstoßenen Zimt noch kurz einkochen und wieder über die Beeren gießen. Zum Erkalten alles in eine Schüssel geben und öfter schütteln, damit die Beeren wieder vollsaftig werden. Ein großes Glas oder einen Steintopf damit füllen, ein Rumpapier einlegen und mit Cellophanpapier zubinden.

2332
Süß-saure Sauerkirschen

2 kg Sauerkirschen,
12 Nelken, ½ Stange oder
1 Teel. fein gemahlener Zimt,
1 kg Zucker,
¼ l Wasser,
½ l (5%iger) roter Weinessig.

Die echten Weichselkirschen sind an der durchsichtigen, hochroten Farbe und den kurzen Stielen erkennbar, an denen beim vorsichtigen Herausdrehen der Stein hängenbleibt. Die Stiele etwas kürzen, die Kirschen nicht entsteinen, nach dem Waschen und Abtropfen in Gläser oder Töpfe füllen und die Nelken sowie den Zimt dazwischenstreuen. Den Zucker mit Wasser und Essig aufkochen und nach dem Erkalten über die Kirschen gießen. Nach 8 Tagen den Saft ablaufen lassen, noch etwas dicker einkochen, erkaltet wieder über die Kirschen geben und die Gläser mit Cellophanpapier zubinden.

2333
Vanillekirschen

1½ kg süße Kirschen,
¼ l (5%iger) Weinessig,
750 g Zucker,
1 Vanillestange,
½ Stange Zimt.

Die Kirschen waschen, abstielen und nach dem Entsteinen in ein großes Glas oder eine Flasche mit weitem Hals einlegen. Den Weinessig über die Kirschen gießen und diese 24 Std. an einen nicht zu warmen Ort stellen. Dann die ganze Flüssigkeit abschütten und diesen Kirschenessig beliebig verwenden. Die Kirschen im Wechsel mit dem Zucker wieder in das Glas einfüllen und zugedeckt 3 Tage stehen lassen. Den gewonnenen Saft durchsieben und dick einkochen. Die Kirschen zum zweitenmal in das Gefäß geben und die aufgeschlitzte Vanillestange, den Zimt sowie den eingedickten heißen Saft hinzufügen. Diesen Vorgang nach 3 Tagen noch einmal wiederholen und den Saft zuletzt kalt über die Kirschen gießen. Die Flasche mit Kork verschließen und versiegeln oder das Glas mit doppeltem Cellophanpapier zubinden.

2334
Essigkirschen

2 kg Sauerkirschen,
½ l roter Weinessig (5%ig),
¼ l Wasser, 1 kg Zucker,
1 Pck. Vanillezucker,
¼ Stange Zimt, 1 Teel. Piment,
1 Stück getrocknete Ingwerwurzel.

Die festen Kirschen nur falls nötig waschen. Sonst mit einem Tuch sauber reiben, die Stiele etwas kürzen. Essig mit Wasser, Zucker, Vanillezucker und Gewürz unter Rühren einmal gut durchkochen lassen. Die Kirschen portionsweise hineingeben und knapp 10 Min. darin bei ganz milder Hitze ziehen lassen. Die Kirschen im Sud erkalten lassen. Dann in Twist-off-Gläser füllen, verschließen und kühl aufbewahren.

2335
Süß-saure Weintrauben

1 kg festfleischige grüne oder blaue Weintrauben,
¼ l heller oder roter Weinessig (5%ig), je nach Traubensorte,
¼ l Wasser, 500 g Zucker.

Die Trauben waschen, von den Stielen streifen, portionsweise in Essigwasser kurz ziehen lassen. Weitere Zubereitung siehe **2328**.
Oder die Weintrauben mit der Essig-Zucker-Lösung in Eindünstgläser füllen und bei 80 °C 25–30 Min. sterilisieren.

MARMELADE
Salt
Zucke

2336 Zwetschgen in Rotwein

750 g schöne, feste Zwetschgen/Pflaumen,
250 g Zucker,
1/8 l Weinessig, 1/8 l Rotwein,
1 Stange Zimt, 2 Gewürznelken.

Die Zwetschgen mit einem Tuch gründlich abreiben, nicht entsteinen, nicht waschen. Dann mit einem Holzstäbchen rundum mehrfach einstechen. Zucker, Weinessig und Rotwein mit den Gewürzen einmal aufkochen, die Zwetschgen portionsweise ca. 10 Min. darin ziehen, aber nicht kochen lassen. Die Früchte herausnehmen und in Gläser oder in einen Steinguttopf füllen. Den Sud noch knapp 10 Min. kochen lassen, bis er etwas eingedickt ist. Dann heiß über die Früchte gießen.
Nach dem Abkühlen zudecken und in den Kühlschrank stellen.
Nach 3 Tagen den Sud nochmals gut durchkochen. Falls sich dabei etwas Schaum bildet, abschäumen. Den Sud heiß über die Früchte geben, nach dem Abkühlen zugedeckt in den Kühlschrank stellen. Mindestens 1 Woche durchziehen lassen.

2337 Senfgurken

2 1/2 kg große Einmachgurken,
250 g Zucker,
250 g mittelscharfer Senf,
3/4 l guter Weinessig, 1/4 l Wasser,
1–2 Lorbeerblätter, 1 Essl. Senfkörner.

Die Gurken schälen, halbieren, die Kerne mit einem Löffel herausschaben und das Fruchtfleisch in kurze, breite Stücke schneiden.
In einem großen Topf den Zucker mit Senf, Weinessig und Wasser aufkochen, die Lorbeerblätter und Senfkörner zugeben und die Gurkenstückchen darin ca. 5 Min. kochen, bis die Gurken glasig sind. Die Gurken mit dem heißen Sud in Gläser füllen und mit Einmachfolie verschließen oder in Steinguttöpfe einlegen. Kühl aufbewahren.

2338 Kleine Essiggurken

2 kg kleine Essiggürkchen,
10 g weiße Pfefferkörner,
30 g Salz,
mehrere Perlzwiebeln oder
4–6 Schalotten,
1 Bund frische Gurkenkräuter (Dill, Fenchel, Estragon),
1 l (5%iger) Weinessig,
1 Essl. Meerrettichwürfel,
1 Essl. gelbe Senfkörner.

Die Gurken in reichlich Wasser säubern, 1–2 Std. in leicht gesalzenes Wasser legen, mit einer Bürste gut abbürsten und abtrocknen. Dann im Wechsel mit dem Gewürz, Salz, Zwiebeln und gewaschenen, abgezupften Kräutern in einen Steintopf schichten. Den Essig kurz aufwallen lassen und nach dem Abkühlen über die Gurken gießen; die Gurken sollen völlig bedeckt sein (je nach Größe der Gurken ist evtl. mehr Essig erforderlich). Anderntags Essig aufkochen, noch heiß über die Gurken geben und dies am folgenden Tag wiederholen. Nach dem Erkalten die Meerrettichwürfel und Senfkörner obenauf legen und den Topf mit Cellophanpapier zubinden. Sollen die Gürkchen weniger sauer sein, dann unter 1 l Salzwasser (auf 1 l Wasser 30 g Salz) 1/4 l Essig und 1 Essl. Zucker mischen, kurz aufkochen, über die mit den Gewürzen in Gläser geschichteten Gürkchen gießen und bei 75 °C 20 Min. sterilisieren.

2339 Essiggurken

3 kg kleine oder mittelgroße Gurken,
1 1/2 l (5%iger) Weinessig,
1/2 l Weißwein und 1/4 l Wasser (oder nur 3/4 l Wasser), 30 g Salz,
100 g leicht zerstoßener weißer Kandiszucker,
4–5 Schalotten,
1 Bund Gurkenkräuter (Dill, Fenchel, Estragon),
15 g weiße Pfefferkörner,
einige ganze Nelken,
4–5 Lorbeerblätter,
5 g Muskatblüte.

Die Gurken nach **2338** vorbereiten, den Essig mit dem vermischten Wein (oder Wasser), Salz und Kandiszucker kurz durchkochen und erkalten lassen. Die Gurken mit allen Gewürzen und Kräutern im Wechsel in Gläser oder Töpfe einlegen und den Essigsud darübergießen und über Nacht kühl stellen. Am anderen Tag die ganze Flüssigkeit ablaufen lassen, einmal aufkochen und heiß über die Gurken geben. Am nächsten Tag dasselbe wiederholen; bei diesem dritten Übergießen sollte der Essig noch kochend sein. Die Töpfe oder Gläser erst nach dem Erkalten der Flüssigkeit mit Cellophanpapier zubinden.

2340 Teufelsgurken

2 kg Schlangengurken,
3 Essl. Salz zum Bestreuen,
1 Bund frische Gurkenkräuter (Dill, Fenchel, Estragon),
je 1 Teel. gelbe Senfkörner, weiße Pfefferkörner und ganze Nelken,
250 g geschälte Schalotten,
1/2 Stange frischer Meerrettich,
4–5 Knoblauchzehen,
2–3 frische Pfefferschoten,
2–3 Lorbeerblätter, heller Weinessig,
Salz, 1 Essl. gelbe Senfkörner.

Reife Schlangengurken schälen, halbieren, die Kerne und das weiche Fruchtfleisch mit einem Teelöffel sorgfältig entfernen. Am andern Tag mit einem Tuch abtrocknen und in einen Steintopf schichten. Dann abwechselnd gewaschene, abgestielte Gurkenkräuter, Senfkörner, Pfefferkörner, ganze Nelken, geschälte Schalotten, Meerrettichwürfel, geschälte Knoblauchzehen, schmalstreifig geschnittene Pfefferschoten und mehrere zerteilte Lorbeerblätter dazwischenstreuen. Unter je 1 l (5%igen) Weinessig 1 Essl. Salz mischen, auf 70 °C erhitzen, erkalten lassen und die Gurken ganz damit bedecken. Den Essig an den beiden nächsten Tagen jeweils abgießen, erhitzen und abgekühlt wieder über die Gurken geben. Nach dem dritten Übergießen und völligen Erkalten ein kleines Säckchen mit Senfkörnern obenauf legen und den Topf mit Cellophanpapier zubinden.

2341

Eingelegter Kürbis

1,2 kg festes Kürbisfleisch,
½ l Weinessig, ¼ l Wasser,
550 g Zucker, 2 Sternanis,
½ Zimtstange, je 1 Teel. gelbe
Senfkörner und weiße Pfefferkörner,
evtl. einige Nelken und
1 Stück frischer Ingwer.

Das entkernte Kürbisfruchtfleisch in 2 x 2 cm große Würfel schneiden. Essig, Wasser, Zucker und Gewürze zum Kochen bringen. Die Kürbiswürfel portionsweise je 3 Min. darin bei mittlerer Hitze garen. Dann den heißen Sud über die Würfel gießen und alles 1 Tag durchziehen lassen. Am anderen Tag den Sud abgießen, dickflüssig einkochen und erneut über die Kürbisstücke gießen. Den Vorgang noch einmal wiederholen. Die eingelegten Kürbisse gut verschlossen dunkel und kühl aufbewahren. Ebenso lassen sich nicht zu reife grün- oder gelbfleischige Honigmelonen zubereiten.

2342

Würzige grüne Tomaten

1,5 kg kleine grüne Tomaten,
50 g Salz, 4 Blütendolden Dill,
1 Essl. gelbe Senfkörner,
¾ l Kräuteressig, ¼ l Wasser,
100 g Zucker, je 2 Stängel
Liebstöckel und Estragon,
3–4 Knoblauchzehen,
2 Chilischoten, 1 Essl. Pfefferkörner,
1 Teel. Piment.

Die Tomaten waschen und die Blütenansätze herausschneiden. Tomaten mehrmals einstechen, mit Salz bestreuen, über Nacht kühl stellen. Am anderen Tag gebildetes Salzwasser abgießen und aufheben. Die Tomaten unter Wasser abspülen, gut abgetropft mit Dilldolden und Senfkörnern in Gläser schichten. Die übrigen Zutaten 10 Min. kochen, nach Bedarf mit Salzwasser abschmecken. Den heißen Sud durch ein Sieb über die Tomaten gießen. Die Gläser sofort verschließen. Zu pikanten, würzigen Käsesorten oder Fondue.

2343

Paprika-Tomaten, süß-pikant

1 kg Paprikaschoten
(rot, grün und gelb),
750 g kleine, tadellose Tomaten,
1 kleine Chilischote,
100 g Zucker,
4 Essl. Salz,
4 geschälte Knoblauchzehen,
½ l Weinessig,
½ l Wasser,
einige Zweiglein Oregano oder
Majoran.

Die Paprikaschoten waschen, entkernen, in Streifen schneiden und in kochendem Wasser 5 Min. blanchieren. Die Tomaten waschen, mit einem Hölzchen rundum einstechen und abwechselnd mit den Paprikastreifen in Gläser einlegen. Die Chilischote in Ringe schneiden und auf die Gläser verteilen. Den Zucker mit Salz, Knoblauchzehen, Weinessig und Wasser aufkochen und heiß über das eingelegte Gemüse gießen. In jedes Glas zuoberst ein Zweiglein frischen Oregano oder Majoran legen und die Gläser mit Folie verschließen.
Nach 2 Tagen den Sud nochmals aufkochen und wieder über das Gemüse gießen. Gläser erneut verschließen.

2344

Tomaten in Essig

20 mittlere, feste Tomaten,*
2 Essl. Salz,
1 l (5%iger) Weinessig,
10 g Pfefferkörner,
8 g Nelken,
1 Essl. Senfkörner,
1 Teel. Einmachgewürz,
2 Essl. Zucker.
Oder statt Einmachgewürz:
1 Sellerieknolle,
einige Schalottenzwiebeln oder
Zwiebelscheiben,
einige Lorbeerblätter,
½ Stange Meerrettich.

* Evtl. „bunte Mischung" aus kleinen roten, gelben und Zebratomaten (hell und grün gestreift).

Die sorgfältig abgeriebenen Tomaten mit einem spitzen Hölzchen mehrmals anstechen, schichtweise mit 1 Essl. Salz in einen Steintopf geben und 2 Tage kühl stellen. Dann herausnehmen und abtrocknen. Den Essig mit den Gewürzen und 1 Essl. Salz auf 70 °C erhitzen, nach dem Abkühlen durchsieben und über die Tomaten gießen. Den Topf mit Cellophanpapier zubinden und in trockenem Raum aufbewahren.
Oder statt Einmachgewürz kleine Sellerie- und Schalottenwürfelchen oder Zwiebelscheiben, Lorbeerblätter sowie geschälte Meerrettichstückchen im Essig erhitzen und mit den Tomaten vermischen.

Tipp:
*Für das Rezept **2344** eignen sich auch die kleinen Cherry-Tomaten: Das sind kirschgroße Tomaten (daher der Name), deren Aroma besonders mild und fruchtig ist. Dann statt Weinessig dieselbe Menge Apfel- oder Obstessig sowie zusätzlich 500 g Einmachzucker nehmen.*

2345

Zucchinischeiben, süß-sauer

1 kg dicke, frische Zucchini,
⅜ l heller Weinessig,
Saft und Schale von
1 unbehandelten Zitrone,
250 g Zucker,
2 Gemüsezwiebeln,
je 1 Teel. Salz und Pfefferkörner,
2 Chilischoten.

Zucchini waschen, Stängelansätze wegschneiden und die Früchte ungeschält in Längsscheiben teilen. Weinessig mit Zitronensaft und -schale, Zucker, Zwiebelscheiben, Salz, Pfefferkörnern und Peperoni zum Kochen bringen. Die Zucchinischeiben portionsweise darin 2–3 Min. garen. Abgekühlt mit dem Sud in Gläser füllen. Nach 2 Tagen den Vorgang wiederholen. Die Zucchinischeiben gut verschlossen dunkel, und kühl aufbewahren.

2346

Champignons, süß-sauer

1 kg frische, kleine Champignons,
1 Teel. Salz, 1 l Wasser,
250 g Zucker, 2 Essl. Salz,
1/8 l Wasser,
1/2 l Weiß- oder Rotweinessig,
je eine Prise Rosmarin und Basilikum,
1–2 Lorbeerblätter,
10–15 kleine Einmachzwiebelchen.
Nach Belieben:
1 halbierte Knoblauchzehe je Glas.

Die kleinen Champignons putzen, rasch waschen, evtl. halbieren. In kochendem Salzwasser 4–5 Min. blanchieren, danach gut abtropfen lassen. Zucker, Salz, Wasser und Rotweinessig aufkochen. Rosmarin, Basilikum und Lorbeerblätter dazugeben und 5 Min. langsam kochen lassen.
Die Zwiebeln schälen, waschen und zusammen mit den Champignons in Gläser oder in einen Steinguttopf füllen. Den Sud heiß darübergeben und nach dem Abkühlen zudecken.
Den Sud nach 2 Tagen nochmals abgießen und aufkochen. Heiß über die Champigons geben, nach dem Abkühlen zudecken und im Kühlschrank 2–3 Tage ziehen lassen.
Die Champignons können 3–4 Monate aufbewahrt werden. Dazu am besten nach dem letzten Aufkochen mit Frischhaltefolie verschließen und kühl stellen.

2347

Süß-saure Zwiebelchen

1 kg kleine Einmachzwiebelchen,
1/4 l Weinessig,
1/8 l Wasser, 125 g Zucker,
ein paar Senfkörner,
evtl. Lorbeerblätter.

Zwiebeln schälen, waschen und gut abtropfen lassen. Weinessig, Wasser und Zucker aufkochen. Senfkörner dazugeben und die Zwiebeln darin ca. 10 Min. ziehen, aber nicht kochen lassen. Die Zwiebeln herausnehmen und in Gläser verteilen oder in einen Steinguttopf füllen.
Den Sud nochmals gut durchkochen und heiß über die Zwiebeln geben. Nach dem Abkühlen gut zudecken und 2–3 Tage durchziehen lassen. Die eingemachten Zwiebelchen können 3–4 Monate aufbewahrt werden. Luftdicht mit Folie verschließen und nicht zu warm stellen.
Ebenso kann man **Einmachgurken** und **Sellerie** süß-sauer einlegen.

2348

Essiggemüse, provenzalisch

500 g junge, längliche Möhren,
500 g Zucchini,
500 g Fenchelknollen,
250 g mild eingelegte schwarze Oliven,
je 1 Zweig frischer Thymian und Rosmarin,
3/4 l heller Weinessig (5%ig),
1/4 l Wasser,
600 g weißer Kandiszucker,
1 Essl. Salz,
1 Essl. schwarze Pfefferkörner.

Möhren schaben oder schälen, in Längsstreifen schneiden, die gewaschenen Zucchini ungeschält in Scheiben teilen. Fenchelknollen putzen, quer halbieren und in Streifen schneiden. Möhren und Fenchel getrennt je 2 Min. blanchieren. Das abgetropfte Gemüse mit Zucchini und Oliven sowie frischen Kräuterzweiglein in Gläser schichten. Den Essig mit Wasser, Kandiszucker, Salz und Pfefferkörnern 5 Min. durchkochen, dann abgekühlt über das Gemüse gießen. Die Gläser verschließen; nach 5 Tagen den Sud erneut durchkochen, abgekühlt darübergießen. Die Gläser verschließen, kühl und dunkel aufbewahren.
Oder statt des erneuten Aufkochens das Gemüse 25 Min. bei 75 °C sterilisieren.

Tipp:
Wenn essigsaures Einmachgut weniger scharf sein soll, ist es ratsam, jeweils halb Wasser und halb Essig zu verwenden. Aus Haltbarkeitsgründen müssen die Früchte in möglichst kleinen Gläsern eingedünstet werden.

2349

Mixed Pickles

30 kleine Essiggürkchen,
20 g Salz, 400 g Blumenkohl,
1 kleine Sellerieknolle,
15 runde Karotten,
15 kleine Maiskölbchen,
30 grüne Bohnen, 20 Radieschen,
20 Schalotten und Perlzwiebelchen,
12 kleine, feste Tomaten,
einige frische Champignons oder Pfifferlinge, 4 grüne Pfefferschoten,
1 Teel. Pfefferkörner,
einige Lorbeerblätter, 8 Nelken,
einige Stückchen Meerrettich,
1 Teel. Senfkörner,
1 l (5%iger) heller Weinessig,
2 Essl. Zucker, 1 Teel. Salz,
4 Essl. Wasser.

Am Tage vor der Zubereitung die Gürkchen einige Stunden wässern, abtrocknen, einsalzen und über Nacht zugedeckt stehen lassen; dann alle Gemüse sorgfältig vorbereiten und waschen. Den Blumenkohl in kleine Röschen teilen, die überbrühten Karotten und die rohe Sellerie schälen, mit dem Buntmesser schneiden und mit kleinen Förmchen Sterne oder Herzchen ausstechen. Die enthülsten Maiskölbchen von den Fäden befreien, die Bohnen nach dem Abfädeln schräg in etwa 2 cm große Stückchen schneiden und die Radieschen wie Rosetten einkerben. Die Zwiebelchen schälen, die Pfefferschoten öffnen, ausschaben und halbieren, die Tomaten und Pilze unzerteilt verwenden. Die Gemüsesorten (außer Tomaten und Gürkchen) getrennt in leicht gesalzenem Wasser halbweich kochen und zum Abtrocknen auf einem Tuch ausbreiten. Dann in abgestimmter Farbwirkung in weite Gläser einschichten und das Gewürz sowie die geschälten Meerrettichstücke dazwischenstreuen. Den Essig mit Wasser, Zucker und Salz einmal aufkochen, nach dem Erkalten über das Gemüse gießen und 5 Tage zugedeckt kühl stellen. Danach die ganze Flüssigkeit abschütten, evtl. noch etwas Essig und Zucker zufügen, kurz aufwallen lassen und abgekühlt wieder in die Gläser zurückgießen; das Gemüse soll ganz bedeckt sein. Die Gläser verschließen und in trockenem Raum aufbewahren.

2350
Grüne Bohnen in Zucker und Essig

Ca. 1,2 kg grüne Bohnen (Buschbohnen), Salzwasser.
1 kg Zucker, 1/4 l Wasser,
1/4 l Weinessig (5%ig),
*läutern nach **2318**.*
Frisches Bohnenkraut.

Fleischige Bohnen gipfeln, falls erforderlich abfädeln (fadenfreie Bohnen sind günstiger) und in Salzwasser (auf 1 l Wasser je 1 flachgestrichenen Essl. Salz) nicht zu weich kochen – sie sollten noch einen »Biss« haben. Gut abtropfen lassen und abwiegen. Für 1 Kilo Bohnen die oben angegebene Menge nach **2318** läutern. Die Bohnen in dem heißen Läuterzucker einmal aufkochen, herausnehmen und mit frischem Bohnenkraut in Gläser füllen. Den Essig-Zucker-Saft noch etwas einkochen, heiß über die Bohnen gießen; nach dem Erkalten ein Rumpapier einlegen und die Gläser mit Cellophan zubinden.

2351
Pilze in Knoblauchöl

500 g Steinpilze oder Egerlinge,
1/8 l heller Weinessig,
1/8 l Wasser,
je 2 Zweige frischer Thymian und Rosmarin,
1 Lorbeerblatt,
je 1 Teel. Salz und Zucker,
2 Zwiebeln oder 6 Schalotten,
6–8 Knoblauchzehen,
gut 1/8 l reines Olivenöl (1. Pressung).

Die Pilze gründlich putzen und mit einem sauberen Küchentuch abreiben. Falls nötig halbieren oder vierteln.
Essig, Wasser, Kräuter, Salz und Zucker zum Kochen bringen. Die Pilze 5 Min. sprudelnd kochen, dann noch 20 Min. im Sud abkühlen lassen. Zwiebeln und Knoblauch schälen. Pilze, Zwiebelscheiben oder halbierte Schalotten und Knoblauchzehen in ein weites Gefäß geben, erkalteten Kräutersud darübergießen. Das Öl obenauf gießen. Das Glas verschließen, Pilze vor dem Genuss 3 Wochen durchziehen lassen.

2352
Auberginen in Öl

1 kg Auberginen, Salz zum Bestreuen,
4–6 Knoblauchzehen,
3/8 l Olivenöl,
je 4 Zweiglein frischer Estragon, Basilikum und Oregano,
eine Handvoll Pinienkerne.

Auberginen waschen, Stängelansätze abschneiden, die Eierfrüchte längs in Scheiben schneiden. Jede Scheibe mit Salz bestreuen, aufeinanderschichten, 30 Min. mit einem feuchtem Tuch bedeckt ziehen lassen. (Das Salz entzieht den Auberginen Bitterstoffe).
Inzwischen geschälte, in Scheiben geteilte Knoblauchzehen im Öl erhitzen.
Die Auberginen unter Wasser abspülen, trockentupfen, in Öl bei milder Hitze ca. 20 Min. schmoren lassen, dabei nicht umrühren.
Streifig geschnittene Kräuterblättchen noch 5 Min. mitgaren. Abgekühlt, die Auberginen samt Pinienkernen in ein weites Steingutgefäß geben, mit frischem Olivenöl bedecken. Das Gefäß mit Cellophanpapier verschließen und an einem dunklen, nicht zu kühlen Ort aufbewahren.

2353
Knoblauch in Würzöl

5–6 frische Knoblauchknollen,
1/4 l Weißwein,
1/4 l heller Weinessig (5%ig),
125 g Zucker, 1 Teel. Senfkörner,
1 Zimtstange, 1 Sternanis,
je 2 Wacholderbeeren und Nelken,
1–2 eingelegte Ingwerpflaumen,
1/8 l feines Sonnenblumen- oder Sesamöl.

Die Knoblauchknollen teilen, die einzelnen Zehen schälen. Wein, Essig, Zucker und Gewürze aufkochen, die Knoblauchzehen darin 3 Min. kochen, über Nacht darin erkalten lassen.
Am nächsten Tag den Sud nochmals durchkochen lassen, Knoblauch 5 Min. mitkochen. Dann die Knoblauchzehen mit in Stiften geschnittenen Ingwerpflaumen in ein Glas füllen. Den kalten Sud darübergießen, mit Öl abschließen. Das Glas mit einem festsitzenden Deckel verschließen.

Früchte in Alkohol

Beim Ansetzen von Früchten in Alkohol ist es wichtig, dass hochprozentiger Alkohol verwendet wird, sonst kann es schon nach kurzer Zeit zu einer Gärung kommen. Außerdem dürfen nur vollreife, unbeschädigte Früchte eingelegt werden.
Eingelegtes Obst sollte vor dem Genießen mindestens 4 Wochen an dunklem, kühlem Ort durchziehen.
Die beschwipsten Früchte schmecken zu Eiscreme, feinen Cremespeisen (Bayerischer Creme **1425**) und Flammeris. Aber auch mit eiskaltem Sekt aufgegossen, sind sie köstlich. Oder man füllt sie in kleinere, hübsche Glasgefäße, bindet diese mit bunten Tüchlein o. ä. zu und verschenkt sie an liebe Freunde und Bekannte.

Früchtekalender für den Rumtopf

Von Mai-Juni
750 g Erdbeeren,
275 g Zucker,
1 l 54%iger oder
1/2 l 80%iger Rum.

Von Juni-Juli
250 g knackige, vorbereitete, entsteinte, mit 100 g Zucker gesüßte Süß- und Sauerkirschen.

Von Juli-August
500 g ausgesuchte, wenig gesüßte Himbeeren und 250 g Brombeeren, je nach Geschmack gesüßt,
1/2 geschälte, von den Kernen befreite und in Würfel geschnittene, kaum gesüßte Honigmelone,
750 g saftige, nicht zu weiche, geschälte, entsteinte, kleingeschnittene und nach Geschmack gesüßte Aprikosen oder Pfirsiche.

Von August-September
Eventuell 1/2 Flasche Rum nachgießen.
500 g entsteinte und nach Belieben gesüßte, evtl. geschälte Mirabellen, Reineclauden oder Zwetschgen (Pflaumen) .

Von September-Oktober
1/2 frische, geschälte und in kleine Würfel geschnittene Ananas.

Von Oktober - November
4 Wochen nach Zugabe der letzten Früchte noch 1/2 l-Flasche Rum zugießen.
Nach einigen Tagen steht dem Genuss nichts mehr im Wege.

2354
Rumtopf

Die Früchte werden in einen 6–8 Liter fassenden Topf aus Steingut, Porzellan oder Glas (möglichst mit Deckel, andernfalls dient Cellophan als Verschluss) eingelegt. Dazu eignen sich – außer Stachelbeeren, Johannisbeeren und Heidelbeeren – alle Beerenfrüchte sowie Steinobst.
Nur reife, einwandfreie, trockene Beeren verwenden. Diese waschen, entstielen und abtropfen lassen. Größere Früchte kleiner schneiden.
Die Beeren in den Steintopf geben, den Zucker darüberstreuen und ca. 6 Std. zugedeckt ziehen lassen. Dann vorsichtig und nur einmal umrühren. Den Rum darübergießen und, was wichtig ist, einen Teller darauflegen, damit die Beeren vom Rum bedeckt bleiben und nicht schwimmen. Den Topf dann so zudecken, dass kein Aroma entweichen kann und auch der Rum nicht verdunstet. Die Steinguttöpfe haben meist Griffe. Der Gummiring eines Einmachglases bietet Aromaschutz, wenn er überkreuz vom einen zum anderen Griff über den Deckel gespannt wird.
Den Topf bis zum Zeitpunkt der nächsten Früchtezugabe kühl stellen und ein- oder auch zweimal mit einem Löffel (am besten aus Edelstahl) umrühren und ab und zu nachsehen, ob noch genug Flüssigkeit vorhanden ist. Der Rum soll immer 1–2 Finger breit über den Früchten stehen.
Rum immer nur nachfüllen, wenn die Früchte nicht mehr bedeckt sind. Hochwertigen, edlen Rum (z. B. Jamaikarum) und feinen Zucker, der sich besser löst, verwenden.
Darauf achten, dass sich keine Blasen bilden und die Früchte nicht gären. Dann Rum nachgießen.
Eine Faustregel ist, dass auf 500 g Früchte 250 g Zucker kommen. Das ist reichlich viel, besser ist, man süßt nach eigenem Geschmack. Den Rumtopf kühl und trocken aufbewahren.
Rumtopffrüchte schmecken herrlich zu einem Pudding oder als Dessert, mit geschlagener Sahne vermischt. Sie verfeinern Eis und Kuchen und können auch als Beilage zu Reis-, Wild- und Geflügelgerichten, auch zu Quark gereicht werden. Mit heißem Schwarztee vermischt, schmeckt der Rumtopf auch an kalten Tagen.

2355
Exoten-Rumtopf

1 kleine, frische Ananas,
2–3 frische Kiwifrüchte,
150 g frische Kumquat (Zwergorangen),
1 Granatapfel,
1 Limette (unbehandelt),
1 kleine Dose oder frische Litschis und ca. 1/8 l Fruchtsaft,
1 Vanillestange,
evtl. einige Kapstachelbeeren,
500 g weißer Kandiszucker,
ca. 1/2 l weißer Rum,
1/8 l reiner Alkohol (Apotheke).

Die Ananas schälen, halbieren, den Strunk herausschneiden und das Fruchtfleisch würfeln. Die Kiwifrüchte schälen, in Scheiben schneiden, Kumquats mit einem Tuch gründlich abreiben, mit einer Nadel mehrmals einpieksen. Granatapfel ringsum einritzen, die Hälften gegeneinander drehen und so halbieren, die essbaren Kerne mit einem Löffel herausschaben. Limette unter heißem Wasser abspülen, trockenreiben und in Scheiben schneiden. Litschis abtropfen lassen (frische Früchte schälen und entkernen). Abgekühlt mit Rum und reinem Alkohol mischen, den Saft oder frischen Fruchtsaft mit der Vanillestange bei mittlerer Hitze um die Hälfte einkochen (Kapstachelbeeren aus den Hüllen nehmen). Alle Früchte lagenweise oder bunt gemischt mit Kandiszucker in ein weites Gefäß schichten und mit Alkohol übergießen. Das Glas gut verschließen und kühl und dunkel aufbewahren. Ab und zu etwas schütteln, damit sich der Kandiszucker löst.

2356
Hagebutten in Johannisbeerlikör

1,5 kg große Hagebutten,
1/2 l trockener Rotwein,
500 g Zucker,
1 Pck. Glühwein-Gewürz,
knapp 1/4 l Johannisbeerlikör (Crème de Cassis).

Die Hagebutten putzen, mit einem Tuch sauber abreiben, halbieren und die Kernchen sorgfältig entfernen. Hagebutten in reichlich Wasser 3 Min. kochen, danach auf einem Sieb abtropfen lassen. Rotwein mit Zucker und Gewürzbeutel 10 Min. bei milder Hitze ziehen lassen, dann den Gewürzbeutel entfernen. Die vorbereiteten Hagebutten einlegen und weitere 10 Min. sanft kochen. Hagebutten mit Rotwein vom Herd nehmen, den Johannisbeerlikör zugießen und alles in Gläser füllen. Sofort verschließen.

Tipp:
Zu Eiscreme, Cremespeisen oder auch feinen Wildgerichten reichen. Mit etwas Flüssigkeit püriert, mit steif geschlagener Sahne vermischt und 2–3 Stunden gefrostet, ergeben die Hagebutten ein wunderbares Eisdessert.

2357
Mirabellen in braunem Rum

500 g feste, vollreife Mirabellen,
500 g Zucker,
1 Vanillestange,
ca. 1/2 l goldbrauner Rum (40%ig).

Mirabellen waschen, sorgfältig trockentupfen und mit einer Nadel mehrmals einstechen. Mit Zucker und der Vanillestange in ein Glas oder einem Topf schichten. Mit Rum bedecken und kühl und dunkel aufbewahren. Zwischendurch ab und zu schütteln, damit sich der Zucker löst.
Ebenso lassen sich **Reineclauden,** aber auch **Pflaumen** (statt Vanille eine Zimtstange mit einlegen) zubereiten.

2358
Mango in Honig-Sherry-Sirup

6 feste, vollreife Mangofrüchte,
3/8 l Wasser,
1/3 Stange Zimt,
3 Kardamomkapseln,
1 Stück Ingwerwurzel, getrocknet,
4 Pimentkörner oder 1 Prise Safran,
150 g Blütenhonig,
knapp 1/8 l halbtrockener Sherry.

Die Mangos schälen, in Spalten von den Steinen schneiden. Wasser mit den Gewürzen 10 Min. kochen lassen, dann durchsieben. Den Würzsud zum Kochen bringen, den Honig darin auflösen und heiß über die in weite Gläser oder Töpfe geschichteten Mangostücke gießen; mit Sherry auffüllen. Gut verschlossen kühl und dunkel aufbewahren.
Nach demselben Rezept lassen sich auch **Honigmelonen** einlegen.

2359
Pflaumen* in Armagnac

500 g feste, vollreife späte Pflaumen,
250 g Kandiszucker,
1 Stück Zimtstange,
ca. 0,7 l Armagnac (milder Branntwein aus dem Armagnac-Gebiet im Südwesten Frankreichs).

Die Pflaumen waschen und gut trockenreiben, mit einem Hölzchen oder einer Nadel mehrmals einpieksen. Pflaumen abwechselnd mit Kandiszucker in ein weithalsiges Glasgefäß oder einen Steinguttopf schichten, die Zimtstange obenauf legen. Mit Armagnac auffüllen, die Pflaumen müssen ganz bedeckt sein. Gut verschlossen und kühl gestellt die Pflaumen ca. 6–8 Wochen durchziehen lassen, dabei gelegentlich durchrühren.
Auch getrocknete Pflaumen können für dieses Rezept verwendet werden.

* Werden die Früchte mit Stein eingelegt, sollten sie innerhalb eines Vierteljahres verzehrt werden, da evtl. Blausäure aus den Steinen austreten kann.

2360
Pfirsiche in Himbeergeist oder Aprikosenschnaps

1 kg Pfirsiche,
400 g Zucker,
Himbeergeist oder Aprikosen-(Marillen-)schnaps.

Die Pfirsiche kurz in kochendes Wasser tauchen, häuten, halbieren, entsteinen und mit Zucker bestreut im Steinguttopf über Nacht Saft ziehen lassen. 2–3 Pfirsichsteine aufschlagen, die weichen Kerne zu den Früchten geben und alles mit Alkohol bedecken.

2361
Sauerkirschen* in Weinbrand oder Kirschwasser

1 kg Sauerkirschen, 600 g Zucker, Weinbrand oder Kirschwasser.

Die Sauerkirschen mit Zucker vermischen und im Einmachglas oder Steinguttopf mit hochprozentigem Alkohol bedecken. Theoretisch halten sich die Kirschen monatelang, in der Praxis sind sie jedoch meistens nach kürzester Zeit aufgegessen.

2362
Beschwipstes Beerenpotpourri

Je 250 g schwarze und rote Johannisbeeren,
250 g Himbeeren,
250 g Brombeeren,
500 g Zucker, 1/8 l Wasser,
1/2 l Himbeergeist oder ein anderer Obstbrand oder Kräuterlikör.

Die Beeren nur falls unbedingt notwendig waschen. Sonst sauber verlesen und von Rispen bzw. Blütenansätzen befreien. Vorbereitete Beeren locker in eine große Schüssel geben, mit Zucker bestreuen und zugedeckt einige Stunden (am besten über Nacht) stehen lassen. Danach den gebildeten Zuckersaft abgießen und diesen mit wenig Wasser dickflüssig einkochen. Die Beeren in eine weite Glaskaraffe oder einen Steinguttopf geben. Den abgekühlten Zuckersirup mit Alkohol mischen und über die Beeren gießen. Gut verschlossen kühl und dunkel aufbewahren.

Tipp:
Je 1–2 Blättchen von Himbeeren, Johannis- und Brombeeren zugefügt, geben zusätzliches Aroma.

2363
Grüne Walnüsse in Cognac

500 g grüne Walnüsse/Baumnüsse,
3/8 l Wasser, 500 g Zucker,
2–3 Gewürznelken, 1/2 Zimtstange,
1/2 l Cognac.

Die Nüsse in der Zeit von Ende Juni bis Mitte Juli ernten. Die grüne Schale an beiden Enden flach abschneiden und die Nüsse mit einer Stricknadel mehrere Male durchstechen. Die vorbereiteten Nüsse 8 Tage lang in kaltes Wasser legen, das zweimal täglich gewechselt wird. Am 8. Tag in frischem Wasser einmal aufkochen, dann gut abtropfen lassen.
Wasser mit Zucker dünnflüssig läutern (vgl. Läuterzucker **2318**) und die Nüsse darin ca. 45 Min. weichkochen. Die Nüsse herausnehmen, in einen Steinguttopf geben, den Sud nochmals aufkochen und lauwarm darübergießen. Zugedeckt 4 Tage stehen lassen. Danach den Saft abgießen, mit Nelken und Zimt erneut aufkochen und abgekühlt mit Cognac mischen. Über die Walnüsse gießen und verschließen. Kühl und dunkel aufbewahren.
Oder die Nüsse einstechen und 3 Wochen in kaltes Wasser legen (täglich wechseln). Aus 1/2 l Wasser, 1/4 l Wein- oder Sherryessig und 250 g Zucker einen Sud kochen und die Nüsse darin ca. 40 Min. kochen. Den Sud zur weiteren Verwendung abgießen, die Nüsse in Gläser schichten und mit dem erneut aufgekochten Sud übergießen. Kühl und dunkel gelagert, sind sie ca. 4 Monate haltbar („Schwarze Nüsse“).

Einsäuern (Einsalzen) von Gemüse (Milchsäuregärung)

Das Einsäuern ist wohl eine der ältesten Formen der Haltbarmachung von Nahrungsmitteln.
Das zerkleinerte, mit Salz vermischte und bis zum Herausquellen des Saftes gestampfte Gemüse wird einer Gärung überlassen, in deren Verlauf sich der zuckerhaltige Saft mit den stets in der Luft vorhandenen Milchsäurebakterien zu einer milchsauren Gärung entwickelt. Diese konservierende Wirkung verleiht dem so behandelten Nahrungsgut den beliebten säuerlichen Geschmack. Das bekannteste Gärgemüse ist das Sauerkraut. Wo das Einstampfen des Gemüses nicht angebracht ist, z. B. beim Blumenkohl, wird das Gemüse nur roh zerlegt, mit einer Salzlösung von 1 l Wasser und 25 g Salz übergossen und bleibt von der Lake bedeckt, bis die selbe Gärung entsteht wie beim Sauerkraut. Die eingesäuerten oder Gärgemüse haben gesundheitliche Werte, weil sich in ihnen das vorhandene Vitamin C durch schützende Milchsäure sehr gut erhält und diese Gemüse außerdem in rohem Zustand verbleiben. Die anhaftende Milchsäure ist überaus nützlich für den Darm, da sie schädliche Darmbakterien vertreibt oder unwirksam macht. Empfehlenswert ist für Sauerkraut eine Zugabe von 250 – 500 g Salz auf 50 kg Weißkraut. Für die salzarme Kost kann das Kraut mit 125 g Salz und 125 g Zucker auf 50 kg eingelegt werden. Der Zuckerzusatz bewirkt besseres Ausquellen des Saftes und beschleunigt die Gärung.
Das eingesäuerte Gemüse muss sachgemäß aufbewahrt werden. Am günstigsten sind trockene, gut durchlüftete, frostfreie Keller oder Vorratsräume mit Temperaturen von 0° bis höchstens 10 °C.

2364

Sauerkraut

Zum Einsäuern festes, voll ausgereiftes, möglichst ohne Kunstdünger gezogenes Weißkraut oder Spitzkraut verwenden und die Krautköpfe mindestens 10 Tage vor dem Einschneiden in einem trockenen, kühlen Raum lagern. Die äußeren Blätter und alle evtl. schlechten Teile entfernen, den Strunk mit einem Krautbohrer herauslösen, einen Korb mit einem reinen Tuch auslegen und das Kraut mit dem Hobel, der elektrischen Küchenmaschine oder dem Allesschneider hineinhobeln.
Als Gärgefäß für große Mengen eignen sich zylindrische Steinguttöpfe mit Steingutdeckel. Auch Gärtöpfe aus Steingut mit einer Rinne für Wasser, die einen sicheren Luftabschluss gewährleistet, sind sehr praktisch.
Holzfässer sollten aus Eichenholz sein. Fichtenholz verdirbt den Geschmack des Krautes; schon ein neuer Fichtenholzdeckel kann dem Kraut einen unangenehmen Geschmack geben. Neue Eichenholzbottiche an mehreren Tagen jeweils mehrmals mit frischem, heißem Wasser spülen.
Das Gefäß zuerst mit einer Lage tadelloser Krautblätter auslegen, darauf eine etwa 20 cm hohe Schicht gehobeltes Kraut gleichmäßig verteilen, mit einer Lage Salz bestreuen und bis zur Schaumbildung einstampfen. Dann Kraut und wenig Salz im Wechsel einschichten, bis alles aufgebraucht ist. Auf 50 kg genügen 200–375 g Salz oder eine Mischung aus 100 g Salz und 80–100 g Zucker. Zwischen jede Lage einige Wacholderbeeren, feingehobelte säuerliche Äpfel, streifig geschnittene Zwiebeln, einige frisch geschälte Meerrettichwürfel und etwas Kümmel streuen, zuletzt das Kraut mit frischen Blättern, einem leinenen Tuch und einem Brettchen bedecken; zum Beschweren einen harten Stein, z. B. einen Kiesel- oder Kalkstein, keinesfalls einen Sand- oder Backstein obenauf legen.

2365

Behandlung und Pflege des eingesalzenen Krautes

Die Abdeckung – nach 4–5 Wochen Gärzeit – regelmäßig einmal in der Woche abwaschen, d. h. die auf dem Tuch vorhandene Kamhefe (die sich immer neu bildet) sorgfältig abheben, den Rand des Gefäßes sowie das obenaufliegende Tuch, Brett und den Sauerkrautstein mit heißem Wasser gut abwaschen. Möglichst das Untersinken von Teilchen der Kamhefe verhindern, weil sie das Kraut bitter und schmierig machen. Die Lake soll stets 2 cm über dem Kraut stehen, andernfalls eine Lösung von 25 g Salz auf 1 l abgekochtes Wasser zubereiten und erkaltet nachgießen. Ein feines Aroma erhält das Kraut, wenn nach der Gärung 1 Tasse Apfelsaft, mit dem Saft einer Zitrone vermischt, darübergegossen wird. Es ist ratsam, das eingesäuerte Kraut etwa ab Januar zu sterilisieren (siehe **2293**) oder einzufrieren; der einmal erreichte Grad der Säuerung bleibt erhalten, das Abwaschen erübrigt sich und das Kraut ist rasch tischfertig.
Nach dem Verbrauch des Sauerkrautes den Behälter gründlich ausbrühen.

2366

Weinkraut

Das Kraut nach **2364** vorbereiten und schneiden; auf 50 kg Kraut noch je 1 l guten, leichten Weißwein rechnen, beim Einstampfen des Krautes in kleinen Portionen zugießen und die Salzmischung im Wechsel zugeben. Der Geschmack des gesäuerten Krautes wird durch die Weinbeigabe sehr verfeinert.

2367

Sauerkraut, ohne Salz eingelegt

Dafür muss ein geeigneter Keller, der nicht zu warm ist, vorhanden sein; an Stelle von Kochsalz dem Kraut 2% Zucker zugeben – also auf 5 kg Kraut 100 g Zucker. Die Vorbereitung erfolgt auf übliche Weise (vgl. **2364**). Evtl. etwas geriebenen Meerrettich zwischen das Kraut streuen. Wird der Zucker mit eingestampft, saftet das Kraut rascher und die Gärung läuft schneller ab. Zuletzt ein Glas Wasser, mit dem Saft einer Zitrone vermischt, darübergießen. Dieses Kraut sollte innerhalb von 4 Wochen verbraucht werden!
Sollen größere Mengen eingelegt werden, ist es ratsam, nach beendigter Gärung und Abnehmen der Kamhaut (vgl. Behandlung oben) das Kraut in Weckgläsern zu sterilisieren, da sonst keine Möglichkeit besteht, es längere Zeit frisch zu halten. Die vielfach empfohlene Zugabe von Sauermilch oder Buttermilch bringt nicht immer den gewünschten Erfolg. Der Gärungsverlauf ist bei Verarbeitung mit Zucker und Zitronensaft reiner.
Oder auf dieselbe Weise ein Mischkraut aus gleichen Teilen weißen Rüben, Möhren und Weißkraut herstellen. Bei der Zubereitung ist darauf zu achten, dass geschälte Rüben und Möhren einen sauerkrautähnlichen Schnitt erhalten. Zum Einstampfen rechnet man auf 5 kg Gemüse 150 g Salz. Die Zugabe von Gewürzen sowie die weitere Behandlung des Krautes siehe **2365**.

2368

Bohnen einsäuern

Ein Holzgefäß oder einen Steintopf gut ausbrühen, trocken reiben, evtl. mit frischen Weinblättern auslegen und die Blätter mit wenig Salz bestreuen. Die Bohnen waschen, abtropfen, sorgfältig abfädeln und schnitzeln; dann lagenweise mit Salz einschichten; dabei auf je 10 kg Bohnen 250 g Salz rechnen und etwas Bohnenkraut dazwischen streuen. Die Bohnen mit der flachen Hand fest eindrücken oder mit einem Holzstößel einstampfen, bis die Bohnenbrühe sichtbar wird.
Zuletzt gewaschene Traubenblätter obenauf legen, die nach der ersten Gärung entfernt und durch ein Tüchlein sowie Brettchen ersetzt werden. Das Brettchen mit einem Stein beschweren, damit das Salzwasser darüber stehenbleibt. Der Stein soll nicht zu schwer sein, weil sonst die Bohnen zu stark ausgepresst werden.
Nach etwa 6 Wochen – wenn die Hauptgärung vorüber ist und sich kein Schaum mehr bildet – die Kamhefe abschöpfen, das Tüchlein, Brettchen, Stein und den Topfrand abwaschen. Die oberste Bohnenschicht glattstreichen, mit dem sauberen Tuch bedecken und mit Brett und Stein beschweren. Alle 8–10 Tage nachprüfen, das Abwaschen wiederholen und, wenn nötig, abgekochtes, erkaltetes, leichtes Salzwasser nachgießen (auf 1 l Wasser 1 Essl. Salz). Eine andere Methode ist, die Bohnen vorher zu blanchieren, d. h. die Bohnen portionsweise 2 Min. in kochendes Wasser geben, herausnehmen und sofort in eiskaltem Wasser erkalten lassen. Nach dem Abtropfen wie oben angegeben einschichten. Außer Bohnenkraut noch einige Zweiglein Minze oder Salbeiblättchen dazwischen legen.

2369

Bohnen im Steintopf

Auf 5 kg geschnitzelte Bohnen
250 g Salz, 300 g Zucker.

Die Bohnen vorbereiten, Zucker und Salz vermischen, dann abwechselnd Bohnen und Salzmischung in einen Steintopf schichten. Zum Beschweren einen Teller auf die Bohnen legen und den Topf mit Cellophan- oder Pergamentpapier zubinden. Bei dieser Art erübrigt sich das wöchentliche Abwaschen; die Bohnen vor Gebrauch mit frischem Wasser mehrmals abspülen, über Nacht einweichen, anderntags in frischem, strudelndem Wasser gar kochen und weiter wie frische Bohnen zubereiten.

2370

Salzgurken

Mittelgroße Gurken (10–12 cm lang) in reichlich Wasser säubern, 1–2 Std. in schwach gesalzenes Wasser legen, abbürsten, kalt überbrausen und gut abtrocknen. Glasgefäß, Fässchen oder Steintopf vorbereiten und die Gurken abwechselnd mit Weinblättern, Weichselkirschenblättern, Estragon, reichlich Dill, Lorbeerblättern, Pfefferkörnern, Perlzwiebeln und einigen geschälten Meerrettichwürfeln einschichten. Auf 10 l frisches, ungekochtes Wasser 500 g Salz rechnen und völlig darin auflösen; evtl. unter 1 l Salzwasser 1/4 l Weinessig mischen und die Gurken damit übergießen. Ein Beutelchen Senfmehl sowie zum Beschweren ein Küchenbrett oder einen Teller obenauf legen; dann mit Cellophanpapier zubinden und an einem kühlen Ort oder im Keller aufbewahren. Es ist ratsam, die Gurken zunächst in einen mäßig warmen Raum zu stellen, bis die Milchsäuregärung beendet ist; in diesem Fall über den Topf einen Teller oder Deckel stülpen (die Gurken vor Staub schützen), den Schimmel, der sich rasch bildet, öfter abheben und darauf achten, dass während der Gärzeit genügend Flüssigkeit über den Gurken steht; notfalls eine gekochte, erkaltete Salzlösung (auf 1 l Wasser 1 Essl. Salz) nachgießen. Wer halbgesäuerte, noch süßliche Gurken mag, kann Gurken schon nach 12 bis 14 Tagen entnehmen.

2371

Weinblätter

500 g junge, zarte Weinblätter,
75 g (5 Essl.) Meersalz, 2 l Wasser.

Die Weinblätter waschen, die Stängel vorsichtig abtrennen. Die Weinblätter kurz blanchieren, abtropfen lassen und erkaltet in einen Steinguttopf schichten. Das Salz in kochendem Wasser auflösen und dieses abgekühlt über die Weinblätter gießen. Den Topf abdecken. Die Weinblätter sind etliche Monate haltbar.
Oder die Weinblätter in 2 l Salzlake einwecken (vgl. Seite 628).
Siehe auch gefüllte Weinblätter **241**.

Chutney und Relish

Hinweis: Chutneys und Relishes halten sich kühl gestellt ca. 6 Monate. Angebrochene Gläser innerhalb einer Woche aufbrauchen.

2372

Ananaschutney

1 frische Ananas,
1 Gemüsezwiebel,
je 100 g Korinthen, Rosinen und getrocknete Feigen,
1 eingelegte Ingwerpflaume,
$^1/_4$ l Weißweinessig,
250 g Zucker,
1 Teel. Salz, 1 Teel. Kurkuma,
je 1 Prise Chilipfeffer und Muskat,
etwas Zitronensaft.

Die Ananas schälen, halbieren, den Strunk entfernen, das Fruchtfleisch klein würfeln. Gemüsezwiebel schälen, fein hacken; Feigen und Ingwer ebenfalls hacken. Alle Zutaten außer Zitronensaft unter Rühren langsam zum Kochen bringen und in ca. 30 Min. musig einkochen. Danach mit den Zitronensaft abschmecken. Das fertige Chutney in Gläser füllen und verschließen.
Variante: Zuletzt 75 g gehackte Nüsse (Cashew, Pinienkerne) zugeben.
Das fruchtige Chutney passt zu kaltem Geflügel, gebratenem Fisch oder asiatischen Gerichten (z. B. Fondue Chinoise **2468**).

2373

Mangochutney mit Bananen

3–4 frische Mangofrüchte,
3–4 reife Bananen,
1 säuerlicher Apfel,
$^1/_4$ l roter Weinessig,
250 g Rohrohrzucker,
1 Pck. Vanillezucker, 1 Teel. Salz,
je $^1/_2$ Teel. gemahlene Pimentkörner, Zimt und Ingwer.

Die Früchte schälen, Mango und Apfel entkernen, alles Fruchtfleisch klein würfeln. Mit Essig übergießen und ca. 2 Std. lang Saft ziehen lassen. Dann mit Zucker und Gewürzen unter Rühren zum Kochen bringen und bei milder Hitze ca. 30 Min. musig kochen lassen. Dann zubinden und kühl und dunkel aufbewahren.
Passt zu Geflügel, indischen Currys und allen fernöstlichen Gerichten.

2374

Paprikarelish

2 Gemüsezwiebeln,
2 Knoblauchzehen,
3–4 Essl. Olivenöl,
je 2–3 rote, grüne und gelbe Paprikaschoten,
2 säuerliche Äpfel,
150 g Sultaninen,
100 g brauner Rohzucker,
1 gehäufter Essl. Curry,
1 Teel. Senfkörner,
$^3/_8$ l heller Weinessig, Salz.

Zwiebeln und Knoblauch schälen und fein hacken. In Öl glasig andünsten. Die Paprikaschoten halbieren, in $^1/_2$ cm dicke Streifen schneiden, Äpfel schälen, entkernen und kleinwürfeln. Paprika, Äpfel, gewaschene Sultaninen, Zucker, Curry und Senfkörner zur Zwiebelmasse geben, 1 Min. mitandünsten, dann den Essig zugießen. Das Relish bei milder Hitze weich, aber nicht musig kochen. Mit Salz abschmecken. Heiß in Gläser füllen und sofort verschließen.
Zu gekochtem Rindfleisch, gebackenem Fleischkäse, Aufschnittplatten oder zu Gegrilltem reichen.

2375

Tomaten-Kräuter-Chutney

6–8 Knoblauchzehen,
250 g Zwiebeln,
1,5 kg reife Fleischtomaten,
75 g frische Kräuter (entstielt gewogen, Kerbel, Dill, Thymian etc.),
6 Essl. Olivenöl,
1 Teel. Harissa (Chilipaste),
4 Korianderkörner, 4 Pimentkörner,
6 Pfefferkörner, 1 Lorbeerblatt,
2 Sternanis, 1 Essl. Curry, 1 Essl. Salz,
100 g Zucker, $^1/_4$ l roter Weinessig.

Knoblauch und Zwiebeln schälen, grob hacken. Tomaten in kochendes Wasser legen, häuten, in grobe Würfel schneiden; die Kräuter ebenfalls hacken. Öl in großem Topf erhitzen, Knoblauch und Zwiebeln bei milder Hitze 10 Min. glasig schwitzen. Nebenher die Gewürze im Mörser fein zerstoßen. Tomaten, Kräuter, Gewürze, Zucker und Weinessig zu den Zwiebeln geben und die Masse einmal langsam aufkochen. Das Chutney bei milder Hitze unter gelegentlichem Umrühren musig einkochen lassen (ca. $1^1/_2$ Std.). Evtl. mit Salz, Zucker und Essig nachwürzen. Heiß in Gläser füllen und sofort verschließen.
Zu Barbecue, Fondue Bourguignonne, kaltem Braten und Frikadellen reichen.

2376

Senffrüchte

$^1/_2$ l Weinessig,
$^1/_2$ l Wasser,
1 kg Zucker.
Mit fortschreitender Jahreszeit:
je 375 g geschälte, halbierte Aprikosen, Pfirsiche, Reineclauden, Zwetschgen, Birnen, Äpfel, Melonenwürfel,
375 g Walnüsse,
Senfpulver.

Die Aprikosen in der Essig-Zucker-Lösung weich kochen und im verschließbaren Topf oder Schraubglas kühl aufbewahren. Wenn die nächsten Früchte vollreif auf dem Markt erhältlich sind, den Aprikosensaft abgießen, die Früchte darin weich kochen und zu den Aprikosen geben. So weiter verfahren, bis im Herbst alle Früchte eingelegt sind.
Die geschälten grünen Nüsse mit einer Nadel mehrmals durchstechen und 8 Tage in frischem, täglich erneuerten Wasser einweichen. Ca. 5 Min. in der Essig-Zuckerlösung aufkochen.
Zuletzt die Flüssigkeit nochmals abgießen, zu Sirup einkochen, je Liter Sirup 3 Essl. Senfpulver einrühren, einmal aufkochen und über die Früchte geben. Nach dem Erkalten Rumpapier einlegen und den Topf (die Töpfe) zubinden.
Gut zu Rinderbraten, Fondue und Wildpasteten oder -terrinen.

Senf und Ketchup

2377 Kräutersenf

75 g gelbes Senfpulver,
1 Teel. Kurkuma (Gelbwurz),
5 Essl. Weinessig,
1 Teel. gemahlener weißer Pfeffer,
1 Teel. Salz, 2 Essl. Zucker,
6 Essl. Pflanzenöl,
frische Kräuterzweiglein nach Belieben (Thymian, Rosmarin).

Senfpulver mit Kurkuma mischen, unter Rühren den Essig und soviel Wasser zufügen, bis ein dünner Brei entsteht. Einige Minuten quellen lassen. Dann Pfeffer, Salz und Zucker zufügen und die Masse im Wasserbad unter Rühren erhitzen (ca. 10 Min.). Die Schüssel aus dem Wasserbad nehmen und etwas abkühlen lassen, dann tropfenweise das Öl unterschlagen. Den Senf in kleine Steinguttöpfe füllen, nach Belieben je ein Zweiglein Thymian, Rosmarin oder von beidem etwas hineingeben. Den Senf mit Einmachhaut verschlossen im Kühlschrank aufbewahren.

2378 Süßer Senf auf bayerische Art

60 g englisches Senfpulver oder gemahlene gelbe Senfkörner,
1 Tasse feines Paniermehl (ungewürzt),
5–6 Essl. kaltes Wasser,
1 Teel. Salz,
1 Tasse Estragonessig,
1 Essl. feingehackter Estragon,
50 g Zucker, 4–5 Essl. Öl.

Senfpulver und Paniermehl mischen und mit dem Wasser anrühren. Ca. 10 Min. quellen lassen. Salz zufügen. Estragonessig mit den gehackten Blättchen und Zucker so lange verrühren, bis der Zucker aufgelöst ist. Nach und nach unter die Senfmasse rühren. Tropfenweise Öl zufügen, bis die Masse cremig ist. Dieser Senf kann gleich verbraucht werden.

2379 Dijon-Senf

¼ l Wein- oder Estragonessig,
je 1 Msp. frisch gemahlener Zimt, Nelkenpulver, Piment,
1 Zwiebel, 1 Knoblauchzehe,
2 Lorbeerblätter,
1 Essl. fein gehackter Estragon,
1 Teel. Thymian,
1 Teel. Majoran,
60 g Zucker,
125 g dunkles Senfmehl,
1 Prise Salz.

Essig mit Zimt, Nelkenpulver, Piment, gehackter Zwiebel und Knoblauchzehe und den zerstoßenen trockenen Kräutern sowie dem Zucker mischen und aufkochen. Danach zugedeckt ca. 1 Std. kaltstellen. Den Sud durchsieben, nach und nach das Senfmehl hineinrühren. Mit Salz abschmecken und möglichst 1 Woche lang vor der Verwendung durchziehen lassen.

2380 Orangensenf

4 große Zwiebeln,
5 Essl. Olivenöl (1. Pressung),
2 Bio-Orangen,
¼ l heller Weinessig,
75 g brauner Zucker,
1 Teel. Salz,
2 Lorbeerblätter,
1 Teel. gerebelter Thymian,
100 g Senfmehl.

Zwiebeln schälen, feinhacken und in Olivenöl glasig dünsten. Die Orangen heiß abspülen, trocknen und die Schale abreiben. Die Früchte auspressen; den Saft, Weinessig, Zucker, Salz, Lorbeerblätter und Thymian zu den Zwiebeln geben und alles bei milder Hitze sämig kochen lassen. Dann Senfmehl und Orangenschalen zugeben und langsam ca. 10 Min. ausquellen lassen. Die Lorbeerblätter herausnehmen und den Senf erkalten lassen. In Töpfchen gefüllt, kühl und dunkel aufbewahrt, ca. 6 Wochen haltbar.
Passt zu Kurzgebratenem und milden, geräuchertem, Fisch.

2381 Tomatenketchup

5 kg mittelgroße, reife Tomaten,
50 g Salz,
2 rote Chili- oder Paprikaschoten,
2 große weiße Zwiebeln,
je ½ Teel. gemahlene Nelken, Piment, Ingwer, schwarzer Pfeffer,
1 Essl. geriebener Meerrettich,
250 g brauner Zucker oder Kandiszucker,
⅛ l (5%iger) Weinessig.

Die Tomaten mit einem feuchten Tuch abreiben, halbieren, mit dem Salz bestreuen und über Nacht kühl stellen. Dann zusammen mit den ausgeschabten, feinstreifig geschnittenen Pfefferschoten, den geschälten, zerteilten Zwiebeln in einem großen Topf weich kochen und das Ganze durchpassieren. Das Mark mit den Gewürzen und dem Meerrettich vermischen und offen bei schwacher Kochhitze eindicken. Zuletzt den braunen Zucker oder Kandiszucker und den Essig zufügen, dann noch so lange erhitzen, bis der Zucker aufgelöst ist. Nach dem Erkalten in kleine Flaschen mit weitem Hals füllen (um den Inhalt leichter entnehmen zu können, weil das Ketchup meist etwas nachdickt); die Flaschen mit Twist-off-Deckeln verschließen oder zukorken, mit aufgelöstem Stearin abdichten und die Flaschen im Keller aufbewahren.

2382 Tomatengewürz

1½ kg reife Tomaten,
250 g Schalotten,
1 rote Chilischote,
1 Sellerieknolle,
1 Stange Meerrettich (in Würfelchen),
80 g brauner Zucker,
1 Essl. Senfmehl,
5 g gemahlener, weißer Pfeffer,
3 g Muskatblüte,
¼ l (5%iger) Weinessig.

Alle Zutaten zusammen etwa 3 Std. schwach strudelnd kochen, dann durch ein sehr feines Sieb passieren. Nach dem Erkalten in Twist-off-Gläser oder kleine Flaschen füllen und mit Korken gut verschlossen aufbewahren. (Kleine Flaschen haben den Vorzug, dass der Inhalt beim Verbrauch in der geöffneten Flasche nicht zu lange ungeschützt steht.)

2383
Zitrusschalenwürze

Eine beliebige Anzahl unbehandelter Zitronen, Orangen, Grapefruits oder Pampelmusen unter heißem Wasser gründlich abspülen, mit einem Tuch trockenreiben, dünn abschälen und sorgfältig das weiße Häutchen von den Schalen entfernen. Die Schalen kleinwürfelig schneiden oder fein wiegen, mit Zucker und Wasser (auf ½ l Wasser 250 g Zucker) so lange kochen, bis die Würfelchen mit dem Zuckersaft gelieren; noch heiß in kleine Töpfe oder Gläser füllen und sofort mit befeuchtetem Cellophanpapier zubinden. Diese Würze ist sehr lange haltbar.
Zum raschen Verbrauch: Die Schalen der Früchte auf nicht zu feiner Raffel möglichst dünn reiben, in ein Schraubglas füllen und mit Zucker völlig bedecken; bei größerer Menge auch etwas Zucker zwischen die Schalen streuen. Diese Würze eignet sich hervorragend zum Aromatisieren von Süßspeisen und Gebäck.

Hinweis:
Grapefruits und Pampelmusen sind unterschiedliche Früchte.
Die Pampelmuse hat eine dicke Schale, die verschiedenen Sorten unterscheiden sich teilweise deutlich im Geschmack und im Aussehen. Die Frucht stammt aus dem asiatischen Raum und ist die größte Zitrusfrucht.
Grapefruits hingegen sind eine Kreuzung aus Orange und Pampelmuse und in der Karibik entstanden. Die runden, abgeplatteten Früchte sind größer als Orangen, haben eine dünne Schale und ein saftiges Fruchtfleisch.

Kräuteressig

2384
Kräuteressig

1 l Weinessig (5%ig),
2 Bund frische Gartenkräuter,
6 Schalotten,
4 Gewürznelken,
1 Lorbeerblatt,
8 Pfefferkörner.

Weinessig mit 1–2 Tassen fein geschnittenen, frischen Gartenkräutern (Borretsch, Estragon, Fenchel, Dill), zerkleinerten Schalotten, Gewürznelken, Lorbeerblatt und Pfefferkörnern vermischen; eine weite Flasche damit füllen, leicht verschließen und den Essig nach **2386** weiter zubereiten.

2385
Scharfer Kräuteressig

2–3 Schalotten,
je 1 Knoblauchzehe und frische Chilischote,
je 2 Zweige Estragon, Basilikum, Bohnenkraut und Dill,
½ l heller Weinessig,
1 Essl. Zucker,
½ Teel. Salz.

Schalotten und Knoblauch schälen und ganz fein hacken. Chilischote halbieren, entkernen und in feine Streifen schneiden. Die Kräuter waschen, von den Stielen streifen, im Schnellmixer (Blitzhacker) oder Mörser pürieren. Alle Zutaten in eine Flasche füllen, die Flasche verschließen und den Essig 8–10 Tage stehen lassen. Zwischendurch mehrmals schütteln. Danach durch ein feines Sieb gießen und den Kräuteressig bis zum Gebrauch kühl und dunkel aufbewahren.
Würzig zu Mittelmeersalaten oder zu deftigen Wurst- oder Fleischsalaten.

2386
Estragonessig

1-2 Bund frischer Estragon,
heller Weinessig (5%ig).

Eine weite Flasche etwa bis zur Hälfte mit gewaschenem, etwas zerkleinertem Estragon füllen, Weinessig fast bis zum Flaschenhals darauf gießen, ein Leinenläppchen darüberbinden und die Flasche 3–4 Tage in die Sonne stellen. Dann den Essig durch ein Tuch filtrieren, in kleine Flaschen abfüllen, verkorken und im Keller aufbewahren.

2387
Milder Würzessig

Je 1 Zimt- und Vanillestange,
2 Sternanis, 2 Nelken,
⅜ l Weißweinessig, ⅛ l Gin.

Zimt- und aufgeschlitzte Vanillestange, Sternanis und Nelken in eine Flasche füllen, mit Essig und Gin übergießen. Flasche verschließen, kühl und dunkel stellen. Nach 1 Woche den Essig filtern. Passt gut zu Wild- und Tomatensoßen und zum Beträufeln von mariniertem Gemüse.

2388
Erdbeeressig

1 kg kleine Erdbeeren,
1 l (5%iger) Weinessig,
500 g Zucker.

Zuerst 500 g vollreife, gewaschene Erdbeeren in einer weiten Flasche mit dem Weinessig übergießen, leicht verkorken und 3 Tage in den Keller stellen; dann den Essigsaft durch ein Tuch filtrieren (den Beerenrückstand gut ausdrücken) und die ganze Saftmenge mit 500 g frischen Erdbeeren wieder in die Flasche füllen; nochmals 3 Tage durchziehen lassen, erneut filtrieren; mit dem Zucker unter öfterem Abschäumen 10 Min. kochen, erkalten lassen, in Flaschen füllen, verkorken und den Korken mit flüssigem Stearin überziehen.

oliven

2389

Schneller Beerenessig

je 100 g Himbeeren und Erdbeeren, 2–3 frische Beerenblättchen, ½ l Obstessig.

Himbeeren entstielen, sauber verlesen. Erdbeeren waschen, gut trocknen lassen, entkelchen, falls nötig halbieren. Beeren und gewaschene Blättchen in einer Glaskaraffe mit Essig übergießen, die Flasche verschließen. An sonnigem Platz 4–5 Tage ziehen lassen. Dann filtern und abfüllen. Fein für kräftige Blattsalate, Wildsoßen, Rotkraut.

2390

Himbeeressig

2 kg Himbeeren, 1 l (5%iger) Weinessig, 500 g Zucker.

Die Himbeeren mit dem Weinessig mischen, 48 Std. in einem Steintopf stehen lassen, auspressen und den Essigsaft mit dem Zucker unter öfterem Abschäumen etwa 25 Min. kochen; heiß in Flaschen füllen, nach dem Erkalten verkorken und kühl aufbewahren. Geeignet für Blattsalate, kaltes Geflügelfleisch, Salatmischungen mit gebratenen Pilzen und Bries.

2391

Rosen- oder Veilchenessig

2–3 Essl. Rosen- oder Veilchenblütenblätter (nur Blüten einer stark duftenden Sorte sind dazu geeignet), ¾ l milder Obstessig.

Die sauber verlesenen Blütenblätter (S. 663) in einer weithalsigen Flasche mit dem Obstessig übergießen. Die Flasche gut verschließen, ca. 20 Tage an warmem Ort (Sonnenplatz oder Heizungsnähe) ausziehen lassen. Danach durch einen Papierfilter gießen, in kleine, gut schließende Flaschen abfüllen.
Geeignet für zarte Blattsalate oder zum Parfümieren von gedünstetem Gemüse, Obstsalaten oder Cocktails.

Gewürzöl

2392

Estragonöl

2–3 Zweige frischer Estragon, je 2 Blättchen frische Zitronenmelisse und Salbei, ½ l feines Sonnenblumen- oder Olivenöl (1. Pressung).

Den Estragon an luftigem Ort 2 Tage trocknen lassen. Dann mit Zitronenmelisse und Salbei in eine Flasche geben, das Öl darübergießen und die Flasche verschließen. An einem kühlen Ort ca. 3 Wochen durchziehen lassen. Anschließend durch einen Filter gießen und das Öl verschlossen und kühl aufbewahren. Verfeinert edle Salate oder zum Braten von Schweinemedaillons oder Edelfischen geeignet.

Tipp:
Ebenso lassen sich Thymian-, Rosmarin-, Pfefferminz- oder Kerbelöl herstellen. Es empfiehlt sich auch die Zugabe von einigen Pfefferkörnern, 1 frischen oder getrockneten Chilischote oder – wer's mag -- 2 geschälten Knoblauchzehen.

2393

Provenzalisches Öl

Je 2 Zweige frisches Basilikum, Majoran, Thymian und Rosmarin, 1 Fencheldolde, 1–2 Knoblauchzehen, ½ – ¾ l gutes Olivenöl.

Die frischen Kräuter einschließlich Fencheldolde 2–3 Tage zum Trocknen an einen schattigen Platz hängen. Dann zusammen mit den ungeschälten, halbierten Knoblauchzehen in eine Flasche geben, mit Olivenöl auffüllen. Die verschlossene Flasche 3 Wochen kühl stellen. Danach das Öl filtern, gut verschließen und bis zum Gebrauch kühl und dunkel aufbewahren.
Gut für bunte Sommersalate, für Mittelmeergerichte und alles Gegrillte.

2394

Scharfes Chiliöl

8–10 frische, getrocknete oder eingelegte Chili- oder Peperoncinoschoten, 2 Essl. eingelegte bunte Pfefferkörner, 1 l erhitzbares Sonnenblumenöl.

Chilischoten halbieren, die Samen herauskratzen. Die Schoten und gut abgetropfte Pfefferkörner in eine weithalsige Flasche geben, das Pflanzenöl darüber gießen. Nach ca. 2 Wochen ist das Öl gebrauchsfertig.
Zum Braten von Pfeffersteaks, würzigem Rinderbraten oder für alles Gegrillte.

Tipp:
Der Umgang mit Chilischoten erfordert etwas Vorsicht. Nach dem Verarbeiten der manchmal extrem scharfen Schoten immer gründlich die Hände waschen oder mit Gummihandschuhen arbeiten.
Die Schärfe der Chilischoten wird in Scoville gemessen. Die Skala reicht von 1 (mild) bis 10 (sehr scharf). Chilischoten (Capsicum frutescens) sind nicht zu verwechseln mit dem Pfeffer (Piper nigrum).

2395

Sherryöl mit Pilzen

5–6 frische Salbeiblätter, 1 Beutel (25 g) getrocknete Steinpilze, 1 Weinglas halbtrockener Sherry, ½ l kalt gepresstes Pflanzenöl.

Salbeiblätter waschen, trockentupfen und etwas anwelken lassen. Steinpilze über Nacht in Sherry einlegen. Anderntags Salbei und Pilze samt Flüssigkeit in eine weite Flasche füllen, mit Öl übergießen, die Flasche verschließen. Nach 2–3 Wochen das Öl abfiltern.
Fein zu Blattsalaten, rohem Champignonsalat oder Fleischsalaten.

Fruchtsäfte

Alle Früchte, die zur Saftgewinnung verwendet werden, sollen vollreif und einwandfrei sind. Es genügt jedoch, Obst einer geringeren Handelsklasse zur verwenden, da dieses preiswerter und für die Saftgewinnung gleich gut geeignet ist. Die Herstellung kann erfolgen:

1) Durch direktes Abpressen der rohen Säfte mittels elektrischer Saftpressen oder Tuchentsafter und anschließendes Pasteurisieren der offenen Flaschen oder Kochen des Saftes mit Zucker und Verschließen der Flaschen.
2) Durch Dampf mit Hilfe eines Dampfentsafters (für große Mengen geeignet) oder im Kochtopf (für kleinere Mengen) unter evtl. Zugabe von Zucker.
3) Durch Vergärung der vorbereiteten Früchte mit verdünnter, in Wasser aufgelöster Wein- oder Zitronensäure und Vermischen mit Zucker.

Zu beachten ist: Zum Entsaften sind vor allem saftreiche Obstsorten zu empfehlen. Sehr apart schmecken Fruchtmischungen, wie in den Rezepten angegeben. Werden die frischgepressten Säfte in Flaschen abgefüllt, müssen diese peinlich sauber sein, sonst bildet sich später Schimmel. Günstig sind Flaschen mit Gummikappen oder mit Twist-off-Verschluss.
Die Flaschen sowie die Deckel bzw. die Gummikappen in leichter Spülmittellauge auswaschen, mit klarem, heißem Wasser nachspülen und umgekehrt auf ein trockenes Küchentuch stülpen. Das Wasser ablaufen lassen. Werden die Säfte heiß eingefüllt, die Flaschen zuvor in heißes Wasser stellen. Sie sollen eine ähnliche Temperatur wie der Saft aufweisen. Die Gummikappen oder Twist-off-Deckel bis zum Gebrauch in heißes Wasser legen.

Rohsaftgewinnung
Eine etwas umständliche, dafür mit keinen Anschaffungskosten verbundene Methode ist die Saftgewinnung durch ein Tuch oder Leinensäckchen: Das Obst wird zerkleinert, zu Mus zerdrückt oder im Mixer püriert und ggf. mit Zucker vermischt (2 Teile Obst, 1 Teil Zucker). Einige Stunden ziehen lassen. Dann durch ein Tuch oder Leinensäckchen filtern und leicht auspressen. Einfacher wird der Saft in der Saftpresse oder mit Hilfe entsprechender Zusatzgeräte zur Küchenmaschine oder zum Fleischwolf gewonnen. Die Saftausbeute ist dabei größer. Saft nach Bedarf süßen. Roher Saft ist zum baldigen Verbrauch bestimmt, da er sonst gärt. Wer größere Mengen haltbar machen will, muss den Saft pasteurisieren (siehe Rezepte).

Haltbarmachen von Fruchtsäften
Den Saft randvoll in gut gereinigte Flaschen füllen und diese so in den Einmachkessel stellen, dass sie sich nicht berühren. Flaschen nicht verschließen. Kessel zu 2/3 Flaschenhöhe mit kaltem Wasser auffüllen, zugedeckt auf 70 °C erhitzen und in 20 Min. pasteurisieren. Danach die Flaschen sofort mit Gummikappen oder Twist-off-Deckeln, die in kochend heißem Wasser bereit liegen, verschließen.

Saftgewinnung im Dampfentsafter
Entsaften und Pasteurisieren erfolgen in einem Arbeitsgang. Den heißen Saft sofort in sorgfältig gereinigte, vorgewärmte Flaschen füllen und mit Gummikappen oder Twist-off-Deckeln, die in kochendem Wasser bereit liegen, verschließen. Bei weichen Beeren dauert die Saftgewinnung ca. 30–45 Minuten, bei festen Beeren und Steinobst ca. 60 Minuten, bei Rhabarber und Quitten ca. 70 Minuten.

Zuckerbeigabe
Der Zucker wird vor dem Entsaften beigemischt. Einzige Ausnahme: Für Gelees wird der Zucker erst nach dem Entsaften beigegeben.

Lagerung
Saftflaschen stehend, trocken und dunkel lagern. Etikett mit Inhaltsangabe und Datum nicht vergessen.

2396

Süßmost

Süßmost ist der abgepresste, rohe Saft von Äpfeln, Birnen, Trauben, Johannisbeeren, Stachelbeeren, Rhabarber usw. Die Früchte sollen vollreif sein, damit der gewonnene Saft möglichst viel Fruchtzucker enthält. Die zerkleinerten oder zerquetschten Früchte sofort pressen. Am besten eignet sich dazu ein elektrischer Entsafter. Bei sauren Früchten ist es ratsam, vor dem Eindünsten pro 1 l Saft 2 Essl. leichten Läuterzucker unterzumischen.
Man erleichtert sich bedeutend die Arbeit, wenn man eine größere Menge Äpfel oder Birnen in der Kelter maschinell pressen lässt. Wegen der raschen Gärung, die bei Süßmost vermieden werden muss, den Saft möglichst nicht über Nacht stehen lassen, sondern sofort in die gereinigten Flaschen einfüllen und pasteurisieren. Wie das gemacht wird, steht in der Spalte links.

2397

Erdbeersaft

Vollreife Erdbeeren in kaltem Wasser waschen, die Kelchblätter können mit entsaftet werden.
Roh: Die Beeren durch ein Tuch oder die elektrische Saftpresse entsaften. Pro l Saft 200 g Zucker in 1/4 l Wasser 5–10 Min. aufkochen, unter den Saft mischen, in Flaschen füllen. Bei 70 °C ca. 30 Min. pasteurisieren und die Flaschen verschließen.
Im Dampfentsafter: Pro 1 kg Beeren 50–75 g Zucker untermischen. Die Beeren 30 Min. entsaften, den heißen Saft sofort in Flaschen füllen und verschließen.
Mischungen mit Rhabarber geben dem süßen, beinahe faden Erdbeersaft mehr Säure. Auch die Zugabe von Zitronensaft oder einigen Blättchen Zitronenmelisse vor dem Entsaften erhöhen das Aroma.

2398

Brombeersaft

Falls nötig, die Brombeeren waschen und abtropfen lassen.
Roh: Die Beeren durch ein Tuch oder die elektrische Saftpresse drücken. Je 1 l Saft 375–500 g Zucker in 1/4 l Wasser 5–10 Min. aufkochen, unter den Saft mischen und in Flaschen füllen. Bei 80 °C 30 Min. pasteurisieren und die Flaschen verschließen.
Im Dampfentsafter: Je kg Beeren 200 g Zucker untermischen, die Beeren ca. 45 Min. entsaften, heiß abfüllen und verschließen.
Gut schmeckt eine Saftmischung aus 2 Teilen Brombeeren und 1 Teil Holunder, Äpfel oder Birnen.

2399

Dreifruchtsaft

Je 1/3 vollreife Stachelbeeren, Himbeeren und rote Johannisbeeren sauber verlesen bzw. waschen und abtropfen lassen.
Roh: Die Beeren durch ein Tuch oder die elektrische Saftpresse drücken. Auf 1 l Saft 1/4 l Wasser, mit 375 g Zucker aufgekocht, untermischen und den Saft abfüllen. Bei 70 °C 30 Minuten pasteurisieren und die Flaschen verschließen.
Im Dampfentsafter: Auf 1 kg Obst 100–200 g Zucker untermischen, die Beeren 45–60 Min. entsaften. Heiß abfüllen und verschließen.

2400

Himbeersaft

Vollreife Himbeeren waschen, Stiele und Kelchblätter entfernen.
Roh: Die Beeren durch ein Tuch oder durch die elektrische Saftpresse entsaften. Je 1 l Saft 100 g Zucker in 1/4 l Wasser 5–10 Min. aufkochen, unter den Saft mischen, in Flaschen füllen. Bei 70 °C ca. 30 Min. pasteurisieren und die Flaschen verschließen.
Im Dampfentsafter: Je kg Beeren 50 g Zucker untermischen. Die Beeren 30 Min. entsaften, den heißen Saft sofort in Flaschen füllen und verschließen.
Mischungen mit roten Johannisbeeren, Stachelbeeren, Pfirsichen.

2401

Himbeer- oder Johannisbeersaft (mit Vorgärung)

Die Himbeeren verlesen und zerdrücken, die Johannisbeeren (mit oder ohne Stiele) nach dem Waschen und Abtropfen zerquetschen und über Nacht zugedeckt in den Keller stellen. Dann den Saft gut abpressen und 2–3 Tage stehen lassen, damit er sich durch Gärung klärt. Den Schaum sorgfältig abschöpfen und den Saft abmessen. Je 1/2 l kalten Saft mit 375 g Zucker vermischen und, wenn der Zucker vollständig aufgelöst ist, zum Kochen bringen; unter häufigem Abschäumen so lange (20 Min.) schwach strudeln lassen, bis der Saft in Tropfen vom Rührlöffel fällt, nach dem Erkalten in Flaschen füllen, verkorken und versiegeln oder den Korken mit flüssigem Stearin überziehen.

2402

Himbeer-, Heidelbeer-, Johannisbeer- oder Erdbeersaft (ungekocht)

1 1/2 l Wasser,
40 g kristallisierte Weinsteinsäure,
1 1/2 kg Beeren, 2 1/2 kg Zucker.

Das Wasser zum Kochen bringen, die Weinsteinsäure vollständig darin auflösen und die Flüssigkeit noch heiß über die verlesenen Beeren gießen. Nach 24 Stunden den Saft abpressen, filtrieren und den Zucker zufügen. Wenn sich der Zucker vollständig aufgelöst hat, den Saft in weite Gläser füllen, leicht mit einem Mulltuch verschließen und die Gläser an einen kühlen Ort (Keller z. B.) stellen. Nach etwa 3 Wochen ist die Gärung beendet. Den Saft nochmals filtrieren, in gereinigte Flaschen füllen, verkorken und versiegeln oder den Korken mit flüssigem Stearin überziehen.

2403

Heidelbeersaft

Heidelbeeren sorgfältig verlesen, nur falls nötig waschen. Grüne Blättchen geben dem Saft mehr Gerbsäure, müssen also nicht unbedingt entfernt werden.
Roh: Die Beeren durch ein Tuch oder die elektrische Saftpresse geben. Je 1 l Saft 375 g Zucker in 1/4 l Wasser 5–10 Min. aufkochen, unter den Saft mischen und in Flaschen füllen. Bei 80 °C 30 Min. pasteurisieren und die Flaschen verschließen.
Im Dampfensafter: Je 1 kg Beeren 100–200 g Zucker untermischen, die Beeren 35–45 Min. entsaften. Heiß abfüllen und verschließen. Aparte Mischungen gibt es mit Äpfeln oder roten Johannisbeeren.
Oder den Heidelbeersaft mit Vorgärung bereiten:
Reife Heidelbeeren zerdrücken und in einem Steinguttopf zugedeckt etwa 6 Tage in den dunklen Keller stellen; dann die Beeren gut auspressen, den Saft noch einmal über Nacht stehen lassen und möglichst klar abgießen. In 1/2 l Saft 500 g Zucker auflösen, 10 Min. kochen, nach dem Erkalten in Flaschen füllen, verkorken und versiegeln oder den Korken mit flüssigem Stearin überziehen.

2404

Johannisbeersaft

Vollreife Johannisbeeren waschen, aber nicht entstielen.
Roh: Die Beeren durch ein Tuch oder durch die elektrische Saftpresse entsaften. Je Liter Saft 250 g Zucker in 1/4 l Wasser 5–10 Min. aufkochen, unter den Saft mischen, in Flaschen füllen. Bei 70 °C ca. 30 Min. pasteurisieren und die Flaschen verschließen.
Im Dampfentsafter: Je kg Beeren 100 g Zucker untermischen. Die Beeren 45–60 Min. entsaften, den heißen Saft sofort in Flaschen füllen und verschließen.
Mischungen mit schwarzen, roten und weißen Johannisbeeren, mit Kirschen, Stachelbeeren, Himbeeren oder saftreichen Äpfeln.

2405

Holundersaft

Holunderbeeren waschen, Stiele und unreife Beeren entfernen. Sie würden dem Saft ein sehr strenges Aroma geben.
Roh: Die Beeren durch ein Tuch oder die elektrische Saftpresse entsaften. Auf 1 l Saft 1/4 l Wasser, mit 450 g Zucker aufgekocht, untermischen und den Saft abfüllen.
Bei 70 °C 30 Min. pasteurisieren und die Flaschen verschließen.
Im Dampfensafter: Auf 1 kg Beeren 175–250 g Zucker untermischen, die Beeren 45 Min. entsaften. Sofort abfüllen und verschließen. Schmeckt fein mit Brombeeren oder Äpfeln gemischt.

Tipp:
Holundersaft enthält sehr viel Vitamin C und ist mit heißem Wasser aufgegossen gut gegen Erkältungskrankheiten.

2406

Kirschsaft

Dafür eignen sich vorwiegend Sauerkirschen. Kirschen waschen, entstielen und einige Kirschsteine aufschlagen und zugeben – sie geben Aroma.
Roh: Die Kirschen durch ein Tuch oder die elektrische Saftpresse geben. Den Saft mit Zuckerwasser (auf 1 l Saft 1/4 l Wasser mit 250 g Zucker aufgekocht) mischen, abfüllen und bei 70 °C 30 Min. pasteurisieren. Danach verschließen.
Im Dampfentsafter: Auf 1 kg Kirschen 200 g Zucker untermischen und die Früchte 45 Min. entsaften. Heiß abfüllen, sofort verschließen.
Süßkirschen schmecken gut mit säuerlichen Johannisbeeren gemischt.
Auf dieselbe Weise können auch Pflaumen, Mirabellen und Aprikosen entsaftet werden

Tipp:
Werden die Kirschen vor dem Entsaften entsteint und nicht zu stark ausgekocht, können die breiigen Rückstände zu Marmelade weiterverarbeitet werden.

2407

Preiselbeersaft

Preiselbeeren waschen oder verlesen. Einige grüne Blättchen zugeben .
Roh: Die Beeren durch ein Tuch oder die elektrische Saftpresse entsaften, pro l Saft mit Zuckerwasser (375–500 g Zucker auf 1/4 l Wasser) vermischen und abfüllen. Bei 80 °C 30 Min. pasteurisieren und anschließend verschließen.
Im Dampfentsafter: Auf 1 kg Preiselbeeren 250 g Zucker untermischen, die Beeren 1 Std. entsaften. Heiß abfüllen und verschließen. Aromatischer wird der Saft, wenn 1 Teil Preiselbeersaft mit 2 Teilen Birnensaft gemischt wird.

2408

Rhabarbersaft

Junge Rhabarberstangen ungeschält, ältere geschält in etwa 2 cm große Stückchen schneiden.
Roh: Den Rhabarber durch die elektrische Saftpresse geben; je 1 l Saft mit Zuckerwasser aus 1/4 l Wasser und 375 g Zucker mischen und abfüllen. Bei 80 °C 30 Min. pasteurisieren, die Flaschen verschließen.
Im Dampfentsafter: Pro 1 kg Fruchtstückchen 100–200 g Zucker untermischen und 30–50 Min. entsaften. Heiß abfüllen und verschließen.
Empfehlenswerte Mischungen mit Erdbeeren oder Himbeeren.

2409

Gemüse- und Kräutersäfte

Dafür eignen sich vorwiegend saftreiche Sorten wie Tomaten, Möhren, Sellerie etc. oder entsprechende Mischungen. Rohgepresste Säfte müssen sofort getrunken werden. Sollen die Säfte länger haltbar sein, muss das gewaschene oder geschälte Gemüse im Dampfentsafter zubereitet werden. Heiß abgefüllt und sofort verschlossen sind die Säfte 3–4 Monate haltbar.
Auch aus Kräutern und Wildkräutern kann Saft hergestellt werden: Die frischen Kräuter möglichst morgens ernten, auspressen, den Saft kurz erhitzen, dann in sterile Flaschen füllen. Oder den Kräuterextrakt leicht zuckern, mit hochprozentigem, geschmacksneutralem Alkohol vermischen und in Flaschen füllen. Sofort verschließen und rasch aufbrauchen.

Obstweine (Fruchtweine)

Die Güte und das Aroma der Dessert- und Tischweine wird weitgehend von der Reife der Früchte und ihrem Gehalt an natürlichem Fruchtzucker bestimmt. Deshalb nur vollreife Beeren oder Früchte verwenden, überreifes fauliges, beschmutztes oder versäuertes Obst unbedingt aussortieren; für eine gute Gärung und einen klaren Wein ist peinlichste Sauberkeit überhaupt Voraussetzung. Das Benützen von beschädigten Emailleschüsseln oder Saftpressen mit Eisenteilen ist ebenfalls zu vermeiden, weil dadurch Farbe und Geschmack der Weine beeinträchtigt werden können. Alle Beeren durch leichtes Stampfen zerquetschen; andere Früchte zerkleinern und sofort auspressen. Den Saft oder, je nach Rezept, Früchte und Saft in sorgfältig gereinigte Fässer oder Glaskolben (Korbflaschen) füllen, später den Pressrückstand, die Maische, mit Wasser nach Rezeptangabe übergießen, im Sommer einen, im Herbst höchstens 2 Tage stehen lassen und nochmals auspressen. Nach dem Mischen beider Säfte die jeweils in den Rezepten angegebene Zuckermenge zufügen und unter Rühren auflösen. Zur sicheren Durchgärung ist eine Zugabe von Gärsalz oder Reinhefe erforderlich. Während der Gärzeit die Gefäße durch einen Gärspund verschließen. Zur Vermeidung von Hefegeschmack ist es oft notwendig, den Obstwein nach 2 Monaten oder schon früher abzulassen und in ein vorbereitetes kleineres Fäßchen oder in eine Korbflasche umzufüllen. Diese Gefäße während der weiteren Gärzeit (vgl. Rezepte) bis zum Spund gefüllt halten und den Wein dann erst in Flaschen abfüllen.
Gärsalz, Reinhefe und Gärspunde sind in Drogerien oder Apotheken erhältlich. Die Mengenverhältnisse zum angesetzten Wein können dort erfragt werden.

2410

Hagebuttenwein

2 kg große, reife Hagebutten,
3 l Wasser,
1½ kg Zucker.

Die Hagebutten waschen, Blüte und Stiel entfernen, die Früchte halbieren und in eine Korbflasche legen. Den Zucker in dem kalten Wasser auflösen (das Zuckerwasser sollte vollständig klar sein), mit Gärsalz oder Reinhefe mischen und über die Hagebutten gießen. Die Korbflasche mit einem Gärspund verschließen und in ein warmes Zimmer (in der kalten Jahreszeit am besten in Heizungsnähe) stellen. Den Wein bis März gären lassen, während dieser Zeit öfter durchschütteln, dann durch ein Tuch filtrieren, jedoch den Rückstand nicht ausdrücken, damit der Wein klar bleibt; in kleine Flaschen abfüllen, verkorken und im Keller aufbewahren.

2411

Wein aus schwarzen Johannisbeeren

Schwarze Johannisbeeren.
Auf 1 l Saft:
280 g Zucker
Gärsalz oder Reinhefe (Apotheke).
Zum Nachsüßen auf 10 l:
200 g Zucker.

Schwarze Johannisbeeren (mit den Stielen) waschen und gründlich zerquetschen; auf je 1 kg Beeren ¾ l Wasser gießen, einen Tag kühl stellen, dann auspressen. Unter den Pressrückstand die gleiche Menge Wasser mischen, noch einmal einen Tag ziehen lassen, wieder auspressen und die Gesamtsaftmenge abmessen. Auf 1 l Saft 280 g Zucker rechnen, den Zucker unter Rühren im Saft auflösen und zur Beschleunigung der Gärung einen Zusatz von Gärsalz oder Reinhefe zugeben. Die Saftmischung in eine Korbflasche füllen und mit einem Gärspund verschließen. Der Flaschenhals sollte immer rein und trocken bleiben, damit keine Essiggärung entsteht. Die gefüllte Flasche in einen warmen Raum (Dachboden) stellen; durch die rasche Gärung entweicht mit der Kohlensäure der intensive Geschmack der schwarzen Johannisbeeren. Den Wein nach 4 Wochen von der Hefe abziehen, zum Nachsüßen unter je 10 Liter 200 g Zucker mischen und den Wein in die gereinigte Korbflasche zurückgießen. Im Oktober oder November in Flaschen füllen, verkorken, überkreuz zubinden und versiegeln oder den Korken mit flüssigem Stearin oder Paraffin überziehen.
Der Wein ist lange haltbar, schäumt wie Sekt und ist sehr bekömmlich.

2412

Johannisbeerwein

Rote oder weiße Johannisbeeren.
Auf 1 l Saft: 450 g Zucker,
Gärsalz oder Reinhefe (Apotheke).

Vollreife rote oder weiße Johannisbeeren (mit oder ohne Stiele) leicht zerstampfen, gründlich auspressen und den Saft abmessen. Auf 1 l Saft entweder 450 g Zucker in 1 l Wasser oder 500 g Zucker in 1½ l Wasser unter Rühren auflösen, Gärsalz oder Reinhefe zufügen und mit dem Johannisbeersaft vermischen. Die Saftmischung in eine Korbflasche oder in einen Steinkrug füllen, mit einem Gärspund verschließen und 8–10 Wochen in den Keller stellen. Dann den Wein, wenn er klar ist, in Flaschen abfüllen, verkorken, versiegeln und im Keller aufbewahren (die Flaschen müssen stehen).
Oder den Wein nach der Gärung in einen gründlich gereinigten Glaskolben umgießen, verkorken und erst im Frühjahr in Flaschen abfüllen. Der Wein von weißen Johannisbeeren ist noch feiner und intensiver im Geschmack als der von roten; evtl. ein Achtel schwarze Johannisbeeren unter die roten mischen.

Johannisbeeren mit einer Gabel von den Stielen lösen.

2413

Stachelbeerwein

Reife Stachelbeeren.
Auf 1 l Saft:
500 g Zucker,
Gärsalz oder Reinhefe (Apotheke).

Voll ausgereifte Stachelbeeren gut zerdrücken und 6 Tage in einem Steinguttopf in den Keller stellen; dann mit einer Fruchtpresse gründlich auspressen und den Saft abmessen. Je 1 l Saft mit 1 l Wasser und 500 g Zucker mischen, Gärsalz oder Reinhefe zufügen, den Saft in einem Glaskolben (Korbflasche) 3–4 Wochen im Keller stehen lassen, während dieser Zeit öfter durchschütteln und abschäumen.
Den Wein nach vollendeter Gärung (wenn er nicht mehr schäumt) durch ein Tuch filtrieren und in Flaschen füllen. Im Flaschenhals müssen 2–3 cm frei bleiben. Die Flaschen gut verkorken und im Keller aufbewahren.

Liköre

2414 Himbeerlikör

Ca. 375 g frische Himbeeren,
reiner Alkohol (Weingeist)
zum Auffüllen.
Auf ½ l Essenz:
250 g Zucker,
½ Vanillestange.

In eine Wein- oder Sektflasche bis zu ⅓ Höhe frische, verlesene Himbeeren einlegen, mit gutem, reinen Weingeist (Alkohol, Apotheke) auffüllen, die Flasche verkorken und etwa 6 Wochen an einen sonnigen Platz stellen. Dann den Saft abgießen und abmessen.
Auf je ½ l Himbeeressenz 250 g Zucker und ¼ l Wasser rechnen, beides bis zum Faden läutern und ½ Vanillestange mitkochen. Nach dem Abkühlen die Vanillestange entfernen, die Himbeeressenz untermischen, den Likör in kleine Flaschen füllen und gut verkorken.

2415 Kirschlikör mit Kirschstein-Essenz

2 Handvoll Steine von Sauerkirschen,
reiner Alkohol zum Auffüllen,
Auf ½ l Essenz:
350 g Zucker.

Eine Wein- oder Sektflasche zur Hälfte mit den Steinen von Sauerkirschen füllen; reinen Alkohol (Apotheke) bis etwa 1 cm unterhalb der Flaschenöffnung darauf gießen, die Flasche mit einem Korken verschließen und 14 Tage beiseite stellen. Dann die Essenz durch ein feines Tuch oder feines Sieb filtrieren und abmessen. Auf je ½ l Essenz 350 g Zucker und ½ l Wasser rechnen, beides 10 Min. kochen und nach dem Abkühlen unter die Kirschessenz rühren. Die Mischung noch einmal durchsieben, in Flaschen füllen, verkorken und mit flüssigem Stearin versiegeln.

2416 Kirschlikör

1 kg entstielte Sauerkirschen,
750 g Zucker,
1 Stange Vanille,
3–4 Nelken,
1 Stück (4 cm) Zimtstange,
1 l reiner Alkohol (Weingeist).

Sauerkirschen samt den Steinen in 2 l Wasser aufkochen, durch ein Sieb passieren und den Saft durch ein Tuch gießen. Den Kirschsaft mit dem Zucker, 1 Stange Vanille, Nelken und Zimt 15 Min. strudelnd kochen, abschäumen und durchsieben; nach dem Erkalten Weingeist (reiner Alkohol, Apotheke) untermischen, in Flaschen füllen, verkorken und mit flüssigem Stearin versiegeln.

2417 Johannisbeerlikör

Auf 1 kg Johannisbeeren
(⅔ rot, ⅓ schwarz),
1 l reiner Alkohol, 4 g Nelken.
Auf 1 l Essenz:
450 g Zucker,
1 Teel. Vanilleessenz.

Je 1 kg zerquetschte Johannisbeeren (⅔ rote und ⅓ schwarze) mit 1 l reinem Alkohol (96 %ig, Apotheke) und 4 g ganzen Nelken mischen; 3–4 Wochen in einer verschlossenen Korbflasche zum Ausziehen in die Sonne oder an einen warmen Platz stellen. Hat sich der Alkoholgeschmack etwas gemildert, das Ganze durch einen Filtersack gießen, den Rückstand gut auspressen, den daraus sich ergebenden Saft ebenfalls filtrieren, mit dem zuerst gewonnenen Saft vermischen und die Gesamtsaftmenge abmessen. Auf 1 l Essenz knapp ¼ l Wasser abkochen, nach dem Abkühlen 450 g Zucker darin auflösen, das Zuckerwasser durchsieben und 1 Teel. Vanilleessenz (in Drogerien erhältlich) unterrühren. Zuletzt die Johannisbeeressenz zufügen, den Likör in kleine Flaschen abfüllen, verkorken und im Keller aufbewahren.

2418 Pfefferminzlikör

500 g grüne Pfefferminzblättchen
ohne Stiele und Blüten,
3 g Muskatblüte,
2 g ganze Nelken,
feingeschnittene Schale von
1 Bio-Orange,
1 l reiner Alkohol (96%ig).
400 g Zucker.

500 g grüne Pfefferminzblättchen ohne Stiele und Blüten, Muskatblüte, ganze Nelken und die fein geschnittene Schale einer unbehandelten Orange in einer Korbflasche mit 1 l reinem Alkohol (96 %ig, Apotheke) übergießen; etwa 3 Wochen an einen mäßig warmen Platz stellen. Dann den Saft sorgfältig filtrieren, 400 g Zucker in ¾ l Wasser läutern, zum schwachen Faden kochen* und leicht abgekühlt zufügen. Den Likör in kleine Flaschen füllen, verkorken und im Keller aufbewahren.

2419 Quittenlikör

Reife Quitten.
Auf ½ l Saft:
½ l Branntwein,
2 g ganzer Zimt,
2–3 Nelken,
2 g Pimentkörner,
einige Tropfen Bittermandelöl,
Saft und Schale von ½ Bio-Zitrone,
125 g Zucker.

Vollreife Quitten schälen, auf dem Reibeisen feinflockig reiben und in einem Filtersack auspressen. Je ½ l Saft mit ½ l Branntwein (Apotheke, Spirituosengeschäft), Gewürzen, Saft und Schale von ½ Zitrone und feinem Zucker mischen. Alles in eine weite Flasche füllen, mit einem Gärspund oder Korken verschließen und 5–6 Wochen in die Sonne oder an einen warmen Platz stellen. Dann den Likör durch ein Tuch filtrieren, in kleine Flaschen abfüllen, verkorken und im Keller aufbewahren.

*Zucker zum Faden kochen **2318**.

2420 Eierlikör

7 sehr frische Eigelb,
150 g Zucker,
1 Päckchen Vanillezucker,
½ l Cognac oder Weinbrand.

Die frischen Eigelbe mit Zucker und Vanillezucker schaumig rühren und nach und nach Cognac untermischen. Statt Cognac kann dasselbe Quantum Kirsch- oder Zwetschgenwasser oder eine Mischung aus $^{2}/_{10}$ l reinem Alkohol (Apotheke) und $^{3}/_{10}$ l abgekochtem Wasser verwendet werden. Den Eierlikör in kleine Flaschen abfüllen, verkorken und kühl aufbewahren.

2421 Mokkalikör

150 g gemahlener Bohnenkaffee,
¾ l Wasser,
625 g Zucker,
5 g Vanilleessenz
(in Drogerien erhältlich)
oder 1 Päckchen Vanillezucker,
½ l reiner Alkohol (96%ig, Apotheke).

Einen Filterkaffee mit ½ l kochendem Wasser zubereiten oder den gemahlenen Kaffee in der Kanne überbrühen und 10 Min. ziehen lassen. Inzwischen den Zucker mit dem restlichen Wasser läutern, den Filterkaffee oder den überbrühten, durchgesiebten Kaffee zufügen und gut verrühren. Nach dem Erkalten Vanilleessenz oder Vanillezucker und den Alkohol untermischen, den Likör in kleine Flaschen abfüllen, verkorken und kühl aufbewahren.

2422 Nusslikör

Auf 500 g grüne Walnüsse,
1½ l guter Branntwein.
Auf 1½ l Essenz:
15 g ganzer Zimt, 8 g Nelken,
375 g Zucker.

Zu Nusslikör eignen sich nur grüne Walnüsse, die es Ende Juni bis Mitte Juli gibt. Auf 500 g Nüsse 1½ l guten Branntwein (Apotheke, Spirituosengeschäft) rechnen, die Nüsse klein zerschneiden, in eine weite Flasche einlegen, mit dem Branntwein übergießen und mit einem Gärspund oder Korken verschließen; zum Ausziehen 14 Tage möglichst in die Sonne stellen. Dann die Nussessenz durch ein Tuch filtrieren, auf je 1½ l Essenz 15 g ganzen Zimt und 8 g ganze Nelken zusetzen, die Flüssigkeit noch einmal 8 Tage in einer Flasche verkorkt stehen lassen, wiederum durchsieben und genau abmessen. Für 1½ l Essenz 375 g Zucker mit ¾ l Wasser läutern, bis zum Faden kochen (vgl. **2318**) und nach kurzem Abkühlen unter den Nussbranntwein mischen; alles durch ein Sieb gießen oder durch eine Filtertüte tropfen lassen, in kleine Flaschen abfüllen, verkorken und im Keller aufbewahren.

2423 Vanillelikör

375 g Zucker,
1 Vanillestange,
½ l Weinbrand
⅛ l Rum.

Zucker mit 1 l Wasser und einer längs aufgeschnittenen Vanillestange 5 Min. kochen, die Flüssigkeit durch ein Tuch filtrieren und nach dem Erkalten guten Weinbrand und Rum zugießen; den Likör in kleine Flaschen abfüllen, gut verkorken und kühl aufbewahren.

2423a Rosenblütenlikör

Ca. 60 Duftrosenblätter
(Damaszenerrosen)
3 Essl. Zucker und
70 g weißer Kandis,
¾ l weißer Rum,
2 Tropfen ätherisches Rosenöl
(Apotheke).

Von den verlesenen Rosenblättern die Blattansätze abschneiden und die Blütenblätter in ein großes Glas oder eine weithalsige Flasche geben. Mit Zucker und Kandiszucker bestreuen, den Rum und das Rosenöl zugeben und gut umrühren. Luftdicht verschließen und 6 Wochen an einem kühlen Ort ziehen lassen. Durchfiltern, neu abfüllen und verschließen.

2424 Orangen- oder Zitronenessenz

12 Orangen oder Zitronen,
unbehandelt,
¼ l Weinbrand,
¼ l reiner Alkohol (96%ig).

Orangen oder Zitronen (unbehandelt) unter heißem Wasser gründlich abspülen, dünn schälen, die Schalen (ohne weißes Häutchen) in kleine Stücke schneiden, mit Weinbrand und reinem Alkohol (96 %ig, Apotheke) übergießen und in einer weiten Flasche unter täglichem Durchschütteln 6 Wochen im warmen Raum stehen lassen. Die Essenz dann durch ein Tuch filtrieren, in kleine Flaschen füllen und verkorken; sie ist unbegrenzt haltbar.
Zum Verdünnen für Limonade:
1½ l Wasser mit 1 kg Zucker aufkochen, 20 g kristallisierte Zitronensäure (aus der Apotheke) zufügen und erkalten lassen. Dann 2 Likörgläser Orangenessenz unterrühren und beim Verbrauch, je nach Geschmack mit Mineralwasser vermischen. Die verdünnte Essenz ist nur 6–8 Wochen haltbar.

2425 Magenbitter

100 g Rhabarberwurzel,
100 g Tausendgüldenkraut,
50 g Gundermann,
50 g Schafgarbe,
50 g Enzianwurzel,
30 g Kalmus,
20 g Wermut,
10 g Isländisch Moos,
1½ l reiner Alkohol (96 %ig,
Apotheke).

Alle getrockneten Gewürze, die in Apotheken erhältlich sind, vermischen und in einer weiten Flasche mit dem Alkohol (Weingeist) übergießen. Etwa 4 Wochen an einen warmen Platz stellen und dann durch ein Tuch filtrieren; auf 1 l Essenz 1½ kg Zucker und 2 l Wasser abmessen, Zucker und Wasser aufkochen, erkalten lassen und mit der Essenz verrühren. Den Magenbitter in kleine Flaschen abfüllen, verkorken und im Keller aufbewahren

Marmeladen, Konfitüren und Gelees

Unter Marmelade, Konfitüre oder auch Mus ist das mit Zucker dick eingekochte Fruchtfleisch von verschiedenen Obstsorten zu verstehen, Gelees dagegen werden nur aus Fruchtsaft hergestellt. Am besten eignet sich frischgepflücktes Obst, es können aber auch gelagerte, vollreife, tadellose Früchte oder tiefgefrorenes Obst verwendet werden. Die Früchte nach sorgfältigem Vorbereiten durch ein feines Sieb drücken oder etwas zerkleinern und mit Zucker unter öfterem Rühren kochen, bis die Marmelade entweder in breiten Flocken vom Löffel fällt oder der Kochlöffel beim Rühren eine „Straße" nach sich zieht. Bei zu kurzer Kochzeit oder zu knapper Zuckerzugabe bleiben die Marmeladen flüssig und werden leicht von Schimmelpilzen befallen.
Marmeladen und Gelees nur in großen, weiten Kochtöpfen zum Gelieren bringen, damit das Überlaufen vermieden wird. Auch steigt der Schaum nicht so rasch in die Höhe und lässt sich leichter abheben.
Da Zitronensaft wegen seines Pektingehaltes das Gelieren begünstigt, ist es ratsam, auf 2-2½ kg vorbereitete Früchte den Saft 1 Zitrone oder die entsprechende Menge kristallisierte Zitronensäure zuzufügen.

Gelieren mit Einmachhilfen
Geliermittel oder Gelierzucker ermöglichen rasches Gelieren bei wesentlich kürzerer Kochzeit. Vitamine und Aromastoffe bleiben so besser erhalten. Wichtig ist, dass auf eine sachgerechte Anwendung geachtet wird.
Gelierzucker ist eine Zuckerraffinade, die mit Geliermittel (Apfelpektin) und Zitronen- oder Weinsäure versetzt wird. Die Pektine (pflanzliche Gelierstoffe) bewirken die Gelierung.
Extra-Gelierzucker entspricht der Zuckerraffinade, ermöglicht jedoch eine geringere Zuckerzugabe. So werden Konfitüren und Marmeladen halb so süß, schmecken aber besonders fruchtig.
Flüssige oder pulvrige Geliermittel enthalten Apfelpektine, Zitronensäure, Traubenzucker und / oder Zucker.
Sie werden im Verhältnis 1:1 (1 Teil Frucht : 1 Teil Zucker) zubereitet und unterstützen bei Früchten mit geringem Pektingehalt die Gelierung.

Hinweis: Im Handel sind heutzutage nur noch **Konfitüren** erhältlich. **Konfitüre einfach** entspricht der bisher üblichen Marmelade (Fruchtmus aus einer oder mehreren zerkleinerten Obstsorten), **Konfitüre extra** besteht nur aus einer Obstsorte und enthält ganze, besonders aromatische Früchte oder Fruchtstückchen. Aus praktischen Gründen verzichten wir allerdings auf diese etwas „verwirrende" Unterscheidung.

Zuckersparende Geliermittel ermöglichen die Konfitürenbereitung mit der Hälfte oder ⅓ Zucker (2 Teile Frucht : 1 Teil Zucker). Die Konfitüren sind dennoch lange haltbar. Auch für Diabetiker geeignet, da Normalzucker gegen Sorbit oder Fruchtzucker ausgetauscht werden kann.

Gelierprobe
Es empfiehlt sich, während des Einkochens eine Gelierprobe zu machen. Man gibt einen Esslöffel warme Marmelade auf einen kleinen Teller. Bildet sich nach kurzer Zeit eine Haut und die Marmelade wird fest, kann die Masse abgefüllt werden.

Das Abfüllen und Verschließen
Gläser mit geringem Inhalt (ca. 450 g) begünstigen die Haltbarkeit der Marmeladen, Konfitüren und Gelees. Praktisch sind Gläser mit Twist-off-Deckeln*. Es lohnt sich, diese rechtzeitig zu sammeln und aufzubewahren. Die Handhabung von Twist-off-Gläsern ist einfach: Die gründlich gesäuberten, heißen Gläser auf ein feuchtes Tuch stellen, einen Löffel Marmelade einfüllen und das Glas hin- und herschwenken. So wird am ehesten ein Springen des Glases vermieden. Dann das Kochgut randvoll ins Glas füllen, den sauberen Deckel aufsetzen und festdrehen. Um die Fruchtstücke gleichmäßig im Glas zu verteilen, das Glas während des Erkaltens hin und wieder umstülpen.

1 Marmelade kochen: Den entstandenen Schaum abheben.

2 Gelierprobe auf einem kleinen Teller.

3 Abfüllen der Marmelade in bereitgestellte heiße Gläser.

Oder die Gläser mit Einmach-Cellophan verschließen. Ein passendes Stück zurechtschneiden, mit Alkohol (Rum, Weinbrand) befeuchten und über das Glas ziehen. Mit einem Gummiring befestigen.
Marmeladengläser dunkel und kühl im Kelller oder Vorratsraum aufbewahren. Sollte sich trotz sachgemäßer Zubereitung und Lagerung Schimmel auf der Oberfläche bilden, die Marmelade nicht verwenden!

Köstliche Beigaben
Durch Zugabe von Alkohol (Rum, Weinbrand, Kirschwasser), Gewürzen oder auch frischen Kräutern gibt man den Marmeladen eine sehr persönliche und gehaltvolle Note. Feine Marmeladen eignen sich so auch als kleine Mitbringsel für nette Freunde und Bekannte.

4 Verschiedene Verschlussarten für die Gläser.

Marmelade und Konfitüre

2426
Dreifruchtmarmelade

500 g entstielte Johannisbeeren und 250 g Zucker,
500 g sauber verlesene Himbeeren und 250 g Zucker,
Saft von 1 Zitrone,
1 kg entsteinte schwarze Kirschen und 500 g Zucker.

Die Johannisbeeren und Himbeeren zuckern, unter Rühren zum Kochen bringen und 5–6 mal aufwallen lassen. Mit dem Schaumlöffel aus dem Saft nehmen und warm stellen. Die gezuckerten Kirschen in den Saft einlegen, darin kochen, bis sie weich sind, absieben und zu den Beeren geben. Den Saft noch etwas eindicken, Zitronensaft zufügen und mit den Früchten vermischen. Heiß in Gläser füllen und sofort verschließen.

2427
Erdbeerkonfitüre

500 g Erdbeeren,
375 g Zucker,
etwas Zitronensaft.

Die Beeren (höchstens $1^1/_2$ kg auf einmal) waschen und entstielen. Die ganzen Beeren mit dem Zucker vermischen und die Masse 4–5 Std. durchziehen lassen. Zwischendurch mehrmals umrühren. Danach 20 Min. kochen und den Zitronensaft zufügen. Noch heiß in Gläser füllen, am nächsten Tag ein Rumpapier einlegen und mit Cellophan zubinden.
Oder heiß in Twist-off-Gläser* einfüllen.

* Twist-off-Deckel lassen sich problemlos drehen (to twist = drehen, verdrehen).

2428
Erdbeerkonfitüre mit grünem Pfeffer

1 kg vollreife Erdbeeren,
1 kg Gelierzucker,
1 Essl. in Wodka eingelegter grüner Pfeffer,
4 cl Wodka.

Gewaschene, entstielte Erdbeeren je nach Größe halbieren oder vierteln, in einen Topf geben und mit $^2/_3$ des Zuckers bestreuen. Zugedeckt 8–10 Std. durchziehen lassen. Danach den übrigen Zucker zugeben und die Masse unter Rühren erhitzen. Beginnt die Masse brausend zu kochen, noch 2 Min. kochen lassen. Abgetropfte ganze Pfefferkörner und Wodka einrühren und die Konfitüre sofort in Gläser füllen und verschließen.

Tipp:
Unter die heiße Konfitüre je 4 cl Weinbrand auf 500 g Beeren rühren. ***Oder*** *in jedes Glas vor dem Einfüllen ein Zweiglein frischen Rosmarin stellen. Das gibt Würze.*

2429
Ananas-Kirsch-Marmelade

500 g Ananas (vorbereitet wie in ***2430****),*
1 kg entsteinte Schattenmorellen,
Saft von 1 Zitrone.
500 g Gelierzucker (3:1).

Die vorbereitete Ananas in sehr kleine Stücke schneiden. Zusammen mit den Kirschen und dem Zitronensaft kurz aufkochen und 45 Min. leicht köcheln lassen. Dann den Zucker einrühren, bis er aufgelöst ist, zum Kochen bringen und die Masse 3 Min. sprudelnd kochen lassen. Topf vom Herd nehmen und entstehenden Schaum abschöpfen. Die Marmelade heiß in Gläser füllen und sofort verschließen.

2430

Ananas-Aprikosen-Marmelade

Ca. 2 frische Ananas,
500 g frische, vollreife Aprikosen,
500 g Zucker,
1 Pck. zuckersparendes Geliermittel.

Die Ananas schälen, halbieren und den harten Strunk herausschneiden. Das Fruchtfleisch durch den Fleischwolf drehen oder im Mixer zerkleinern und auf 500 g abwiegen. Die Aprikosen kurz in heißes Wasser legen, schälen und entsteinen. Die Aprikosen fein würfeln. Beide Fruchtmassen (zusammen 1 kg) mit Zucker und dem Geliermittel mischen, unter Rühren zum Kochen bringen und 1 Min. sprudelnd kochen lassen. Die Marmelade heiß in Gläser füllen und verschließen.

2431

Ananas-Himbeer-Konfitüre

1 große reife Ananas,
500 g Himbeeren,
500 g Zucker,
1 Pck. zuckersparendes Geliermittel.

Die Ananas schälen, halbieren und den Strunk herausschneiden. Das Fruchtfleisch feinwürfeln, 500 g davon abwiegen. Dann Ananas, Himbeeren, Zucker und Geliermittel mischen, unter Rühren zum Kochen bringen und 1 Min. sprudelnd kochen lassen. Heiß in Twist-off-Gläser füllen und verschließen.

Tipp:
Unter die heiße Konfitüre 4 cl Himbeergeist oder Kirschwasser rühren.

2432

Apfel- oder Quittenmarmelade

2½ kg Äpfel oder Quitten,
1 kg Zucker,
⅛ l Calvados.

Die gewaschenen, ungeschälten Äpfel oder Quitten zerschneiden, Blüte und Stiel entfernen, mit wenig Wasser oder leichtem Weißwein weich kochen und durch ein feines Sieb passieren. Mit dem Zucker vermischen und unter Rühren bis zur Marmeladenprobe einkochen; Calvados einrühren, die Marmelade heiß in Gläser oder Töpfe füllen und verschließen.

2433

Aprikosen- oder Pfirsichmarmelade

1,5 kg Aprikosen oder Pfirsiche (entsteint gewogen),
1,5 kg Zucker,
15 g Zitronensäure.

Vollreife Aprikosen oder Pfirsiche kurze Zeit in kochendes Wasser legen, sofort schälen und entsteinen. Die Fruchthälften lagenweise mit dem Zucker in eine Porzellanschüssel einschichten und über Nacht zugedeckt kühl stellen. Dann zusammen mit dem gebildeten Saft und der Zitronensäure unter stetem Rühren dick einkochen. Falls die Früchte nicht ganz zerkochen, ⅔ der Marmelade evtl. durchpassieren oder mit dem Pürierstab kurz durchmixen und nochmals stark erhitzen; kaltrühren, in Gläser füllen und verschließen.

2434

Aprikosen-Sauerkirsch-Marmelade

Die Zubereitung siehe **2433**, jedoch je 750 g Aprikosen und 750 g Sauerkirschen (beide entsteint gewogen) verwenden. Bei Zugabe von flüssigem Geliermittel entfällt das Kühlstellen der Früchte über Nacht.

2435

Grapefruitkonfitüre

3–4 möglichst rotfleischige Grapefruits (Ruby Red),*
1 kg Zucker,
20 g Gelierpulver.

Von 2 Grapefruits die äußere Schale (ohne das Weiße) ganz dünn abschälen und in feine Streifen schneiden. Dann alle Grapefruits dick abschälen und das Fruchtfleisch aus den Bindehäuten schneiden. Die Hälfte des Fruchtfleisches in kleine Stücke teilen, den Rest im Blitzhacker pürieren oder durch den Mixer oder Fleischwolf drehen.
Schalenstreifen mit Fruchtstückchen und -püree mischen, genau 1 kg abwiegen. Gelierpulver unterrühren und die Masse zum Kochen bringen. Den Zucker zufügen, die Masse erneut aufkochen und strudelnd 5 Min. kochen lassen. Die Konfitüre heiß in Gläser füllen und verschließen.

* Werden die Schalen von Zitrusfrüchten mitverwendet, müssen diese immer unbehandelt sein! Am besten nur Bioqualität verwenden. Die Früchte vor dem Schälen unter heißem Wasser abspülen und abtrocknen.

2436

Hägenmark (Hagebuttenmark)

Ca. 2 kg reife Hagebutten,
500 g Zucker, 1/8 l leichter Weißwein.

Die reifen Hagebutten halbieren, die Kerne sorgfältig herausschaben, die Beerenhälften mehrmals waschen, mit leichtem Weißwein oder Wasser gut anfeuchten und 3–4 Tage in einer Porzellanschüssel zugedeckt in den Keller stellen. Sind alle Beeren gleichmäßig aufgeweicht, das entstandene Mus durch ein sehr feines Sieb drücken. Unter 500 g Mark die gleiche Menge Zucker mischen oder den Zucker zuvor mit 1 Tasse Wasser läutern. Bei nicht zu starker Herdhitze unter stetem Rühren nur bis ans Kochen bringen, dann kaltquirlen (durch Kochen geht die kräftige, rote Farbe verloren). Das Mark in kleine Töpfe füllen, ein Rumpapier einlegen und mit Cellophanpapier zubinden.
Hagebuttenmark verfeinert Wildsoßen, schmeckt als Brotaufstrich oder wird für Süßspeisen etc. verwendet.

2437

Himbeer- oder Brombeerkonfitüre

1 kg Beeren,
1 kg Zucker,
Saft 1/2 Zitrone.

Himbeeren und Brombeeren nicht waschen, sondern nur sorgfältig verlesen. Die vorbereiteten Beeren mit dem Zucker vermischen, bei starker Hitze ca. 20 Min. kochen, den Zitronensaft zufügen, heiß in Gläser füllen und verschließen.

2438

Himbeermarmelade

1 kg Himbeeren,
1 kg Zucker.

Die Himbeeren sorgfältig verlesen (bei Waldhimbeeren besonders auf Maden achten), nicht waschen, mit dem Zucker erhitzen, jedoch nicht kochen lassen. Dann bis zum völligen Erkalten rühren, in kleine Gläser füllen, ein Rumpapier einlegen und mit Cellophanpapier zubinden.
Oder den Zucker löffelweise unter die Beeren mischen und so lange rühren (von Hand ca. 35 Min., elektrisches Handrührgerät ca. 20 Min.), bis der Zucker völlig aufgelöst ist. Dann wie oben weiter verfahren. Die Marmelade innerhalb von 3 Monaten verbrauchen.

2439

Johannisbeermarmelade

500 g abgestielte Beeren,
375 g Zucker.

Die Johannisbeeren vor dem Abstielen waschen, zum Abtropfen auf ein Sieb legen und dann erst abstreifen. Die Beeren mit dem Zucker vermischen, einige Stunden oder über Nacht kühl stellen und in einer weiten Kasserolle unter Schütteln einige Male aufkochen; die Beeren mit einem Schaumlöffel herausnehmen und den Saft unter öfterem Abschäumen dick einkochen. Nach kurzem Abkühlen die Beeren damit übergießen und durchschütteln, bis sie wieder dick und vollsaftig sind.
Die Marmelade heiß einfüllen und die Gläser sofort verschließen.

Tipp:
Schwarze, rote und weiße Johannisbeeren zu gleichen Teilen gemischt, schmecken am besten. Durch einen zu hohen Anteil schwarzer Beeren bekommt die Marmelade oft einen strengen, leicht herben Beigeschmack.

2440

Johannisbeermarmelade (kaltgerührt)

500 g abgestielte Beeren
(1 Teil schwarze, 1 Teil rote Beeren),
500 g Zucker.

Die abgetropften, entstielten Beeren (siehe Abb. Seite 661) mit dem Zucker vermischen, unter Rühren zum Kochen bringen, etwa 5–6 mal aufwallen lassen, dann sofort von der Herdplatte nehmen und bis zum Erkalten rühren. In vorbereitete Gläser einfüllen, ein Rumpapier einlegen und mit Cellophanpapier zubinden. Die Johannisbeeren behalten durch das Kaltrühren die schöne, rote Farbe.

2441

Kaki-Orangen-Marmelade

3–5 frische Kakifrüchte,
4–5 große, saftige Orangen,
Saft von 1 Zitrone,
1 kg Gelierzucker.

Die Kakifrüchte schälen und evtl. kleine Kerne entfernen. Orangen dick abschälen, das Fruchtfleisch mit einem scharfen Messer aus den Trennhäuten lösen. Je 500 g Fruchtfleisch abwiegen und pürieren. Mit Zitronensaft und der Hälfte Gelierzucker mischen. Die Masse unter Rühren zum Kochen bringen, den übrigen Zucker hineinschütten, erneut zum Kochen bringen und die Marmelade 10 Sek. stark kochen lassen. Heiß in Gläser füllen und verschließen.
Oder noch 40 g grüne, geschälte Pistazienkerne einrühren.

2442

Kirschmarmelade

1,5 kg entsteinte schwarze Kirschen
(dazu evtl. 250 g dunkle
Sauerkirschen),
500 g Zucker,
1 Msp. gemahlener Zimt,
nach Geschmack auch mehr.

Die angegebenen Zutaten vermischen und bei gleichmäßiger, nicht zu starker Herdhitze bis zur Marmeladenprobe kochen. Heiß in Gläser füllen, nach dem Erkalten ein Rumpapier einlegen und mit Cellophanpapier zubinden.

2443

Mango-Melonen-Konfitüre mit Mandeln

600 g Mangofruchtfleisch (geschält und entsteint gewogen), 400 g Wassermelone (geschält und entkernt gewogen), 2 Essl. geschälte, grobgehackte Mandeln, ½ gestr. Teel. Zimt, ½ gestr. Teel. Zitronensäure, 500 g Extra-Gelierzucker.

Das vorbereitete Mangofruchtfleisch pürieren. Wassermelone schälen, das Fruchtfleisch in kleine Stückchen schneiden oder mit dem Ausstechmesser kugelförmig auslösen. Fruchtpüree und -stückchen mit Mandeln und Zimt sowie Zitronensäure mischen, Gelierzucker unterrühren und die Konfitüre unter Rühren zum Kochen bringen. 2–4 Min. kochen lassen, heiß in Gläser füllen und verschließen.

2444

Orangenmarmelade

8 Bio-Orangen, Saft von 2 Zitronen, 1 l Wasser, 750 g Zucker, evtl. 3–4 Essl. Cointreau.

Die Orangen waschen, sorgfältig abbürsten, mehrmals quer durchschneiden, die Kerne entfernen und die Orangenstücke im Mixer pürieren. Den Zitronensaft und das Wasser zufügen, das Ganze ca. 1½ Std. kochen, den Zucker untermischen, unter stetem Rühren noch 1 weitere Std. bis zur Marmeladenprobe eindicken, evtl. Cointreau einrühren und heiß in Gläser füllen. Nach dem Erkalten ein Rumpapier darauflegen, die Gläser verschließen.

Oder vor dem Kochen 2–3 Essl. feingeschnittene Orangenschale einrühren.

Oder 500 g unbehandelte Bitterorangen und den Saft von 1 Zitrone mit 200 g Zucker und 200 g Gelierzucker und ¼ l Wasser wie oben angegeben verarbeiten. Feingeschnittene Orangenschale und einen Teel. Ingwer einrühren.

2445

Preiselbeermarmelade

1 kg verlesene Preiselbeeren, 500 g Zucker.

Die Beeren sehr sorgfältig verlesen (überreife entfernen), zuerst etwa 20 Min. ohne Zucker vorkochen, bis sich etwas Saft gebildet hat. Den Zucker in einer anderen Kasserolle rösten, die weichen Beeren zufügen und zusammen bis zur Marmeladenprobe einkochen, in kleine Gläser füllen und sofort mit Cellophan zubinden. Die Marmelade ist maximal 3 Monate haltbar. Schmeckt gut als Beigabe zu Sauerbraten, Meerrettichfleisch und Wildgerichten.

2446

Rhabarbermarmelade mit Erdbeeren

2,5 kg Rhabarber, 500 g Erdbeeren, 2 kg Zucker, Saft von ½ Zitrone.

Die Rhabarberstängel nach dem Schälen in 1 cm große Stückchen schneiden und mit den abgetropften, entstielten Erdbeeren 10 Min. kochen. Dann den Zucker zufügen, alles bis zur Marmeladenprobe eindicken, den Zitronensaft unterrühren, heiß in Gläser füllen und verschließen

2447

Rhabarbermarmelade mit Feigen

2,5 kg junger Rhabarber (ungeschält gewogen), 1,5 kg Gelierzucker, 250 g getrocknete Feigen, abgeriebene Schale und Saft von 1 unbehandelten Zitrone.

Die Rhabarberstängel schälen und in ½ cm große Stückchen schneiden. Mit einem Teil des Zuckers bestreuen und über Nacht zugedeckt kühl stellen. Dann die trockenen Feigen in kleine Würfelchen teilen, mit dem übrigen Zucker, Schale und Saft der Zitrone samt den Rhabarberstückchen bei gleichmäßiger Herdhitze etwa 30 Min. kochen. Sobald sich an der Oberfläche ein Häutchen bildet, die Marmelade heiß in kleine Gläser füllen und sofort mit Cellophanpapier zubinden.

2448

Rhabarbermarmelade mit Aprikosen

2,5 kg Rhabarber, 500 g getrocknete Aprikosen, 2 kg Zucker, 1 Vanillestange.

Die Rhabarberstängel schälen und in 1 cm große Stückchen schneiden. Die Aprikosen lauwarm waschen, in frischem Wasser 1–2 Std. einweichen, herausnehmen, in kleine Würfelchen schneiden, mit dem Zucker und der aufgeschlitzten Vanillestange unter den Rhabarber mischen und alles zusammen bis zur Marmeladenprobe kochen. Die Vanillestange entfernen, die Marmelade heiß in kleine Gläser füllen und mit Cellophanpapier sofort zubinden.

2449

Stachelbeer-Kiwi-Konfitüre

3 frische, nicht zu reife Kiwi, 375 g reife Stachelbeeren, 500 g Gelierzucker.

Kiwis schälen und in Scheiben schneiden. Die Stachelbeeren putzen, waschen und halbieren, mit den Kiwischeiben und dem Gelierzucker mischen. Alles 24 Stunden zugedeckt stehenlassen, dann erhitzen und unter Rühren 4 Min. sprudelnd kochen lassen. Gelegentlich abschäumen. Die Konfitüre in Gläser füllen und verschließen.

2450 Stachelbeermarmelade

Dazu eignen sich reife (rote oder grüne) Stachelbeeren am besten. Die Beeren nach dem Entfernen der Stiele und Blüten in einem Topf mit wenig Wasser (den Boden bedeckend) bei mäßiger Herdhitze weich kochen. Durch ein Sieb passieren, auf 500 g Fruchtmark 250 g Zucker rechnen, gut vermischen, bis zur Marmeladenprobe kochen, heiß in Gläser füllen und mit Cellophanpapier sofort zubinden.

Oder die vorbereiteten Stachelbeeren durch den Fleischwolf drehen oder im Mixer pürieren, mit dem Zucker vermischen (oder den Zucker zuvor rösten), ebenfalls bis zur Marmeladenprobe einkochen und bis zum Erkalten rühren. In die Gläser einfüllen und verschließen.

Tipp:
Unter die fertige Marmelade 4 cl Gin oder 125 g verlesene, halbierte Erdbeeren mischen, die Marmelade noch einmal aufwallen lassen und abfüllen.

2451 Waldbrombeerkonfitüre

500 g Beeren,
375 g Gelierzucker.

Die Beeren sorgfältig verlesen und abwiegen; dann mit dem Zucker vermischen und bis zur Gelierprobe kochen. In Gläser füllen und verschließen.

Tipp:
Wen die Kerne stören, streicht die vorbereiteten Beeren zuerst durch ein Haarsieb. Weitere Zubereitung wie im Rezept angegeben. Verfeinert wird die Konfitüre durch Zugabe von 4 cl Brombeer- oder Kirschlikör.

2452 Zwetschgenmarmelade (Pflaumenmus)

2½ kg Zwetschgen, 500 g Zucker.

Die gewaschenen, ausgesteinten, in Viertel geteilten Zwetschgen mit dem Zucker vermischen oder halbiert roh durch den Fleischwolf drehen und mit dem Zucker einige Stunden bei schwacher Herdhitze kochen. Heiß in erwärmte Töpfe oder Gläser füllen, mit Cellophanpapier sofort zubinden. In trockenem Raum aufbewahren.

Das Mus brennt nicht so leicht an, wenn zuerst ½ Glas Weinessig im Topf zum Sieden gebracht wird.

Oder vorbereitete Zwetschgen mit dem Zucker und ¼ l Rotwein mischen, in den zuvor gewässerten Römertopf oder die Fettpfanne des Backofens füllen und das Zwetschgenmus in den vorgeheizten Backofen (am besten über Nacht) geben.

E.-Herd 140–160 °C / G.-Herd 1
Ca. 8–10 Stunden

Evtl. in einen breiten Topf einfüllen, unter Rühren strudelnd 5–10 Min. kochen lassen und die Marmelade heiß in Gläser füllen und verschließen.

Tipp:
Würziger schmeckt das Pflaumenmus, wenn 1 Zimtstange oder 1 Teel. gemahlener Zimt mitgekocht werden. Die Zimtstange vor dem Abfüllen in Gläser entfernen. Oder das Mus mit einem Schuss Rum oder Zwetschgenschnaps beträufeln (verhindert Schimmelbildung).

1 Pflaumenmus **2452** (Niedertemperaturverfahren): Die auf dem Blech ausgebreiteten Früchte einzuckern.

2453 Kürbis-Apfel-Marmelade

1,5 kg Kürbis,
1,5 kg saftige Äpfel,
2 kg Zucker,
½ Teel. gemahlener Ingwer,
Saft von 2 Zitronen oder
10 g Zitronensäure,
1 Flasche (225 g) flüssiges Geliermittel.

Den Kürbis mehrmals durchteilen, die Kürbiskerne herauslösen, das Fruchtfleisch von der Schale lösen und in kleine Würfel schneiden. Die Äpfel schälen, entkernen und ebenfalls zerkleinern. Kürbis- und Apfelstücke durch den Fleischwolf drehen oder mit dem Pürierstab musig zerkleinern. Den Fruchtbrei mit Zucker, Ingwer, Zitronensaft oder -säure vermischen, unter Rühren zum Kochen bringen und 10 Sek. sprudelnd kochen lassen.

Dann das flüssige Geliermittel einrühren und die Marmelade 2–3 mal aufwallen lassen. Heiß in Gläser füllen. Mit Twist-off-Deckeln oder Cellophanpapier, in Rum getaucht, verschließen.

Tipp:
2 kleine grüne Chilischoten halbieren, entkernen und in feine Ringhälften schneiden. Kurz vor Ende der Kochzeit in die Marmelade rühren.

2 8–10 Std. bei niedriger Temperatur im Backofen einkochen, dann in die vorbereiteten Gläser füllen.

2454

Tomatenmarmelade

1 kg Tomatenmark (von etwa 2 kg frischen, vollreifen Tomaten), 1 kg Zucker, Saft und Schale von 2 unbehandelten Zitronen (mit Zuckerwürfel abgerieben), 10 Stück geschälte, geriebene Mandeln, 2 Likörgläser Cognac, einige Tropfen Backöl Bittermandel.

Die vollreifen Tomaten mit einem Tuch abreiben, halbieren, ohne Wasser weich dünsten, durch ein feines Sieb passieren und genau abwiegen. Das Tomatenmark mit Zucker, Zitronensaft und -schale und den Mandeln bei nicht zu starker Herdhitze unter Rühren einkochen. Etwas abkühlen lassen, den Cognac und das Backöl untermischen und die Marmelade in Gläser füllen; nach dem vollständigen Erkalten ein Rumpapier einlegen und mit Cellophanpapier zubinden.

2455

Karottenmarmelade (Gelbe Rüben, Mohrrüben)

1,5 kg zarte, junge Karotten, Läuterzucker von 750 g Zucker und ½ l Wasser, Saft und Schale von 3 unbehandelten Zitronen oder Orangen.

Die Karotten gut abbürsten, mehrmals waschen (nicht abschaben), in wenig Wasser weich kochen und auf einem Sieb abtropfen lassen. Dann den Läuterzucker zubereiten und den Zitronensaft sowie die geriebene Schale zufügen. Die Karotten durchpassieren, den Läuterzucker untermischen und unter Rühren 30 Min. kochen.
Oder reife Johannis-, Heidel- oder Stachelbeeren, Rhabarber oder Kürbis zu gleichen Teilen mit den durchpassierten Karotten und dem Läuterzucker vermischen und zu Marmelade kochen.
Zur Geschmacksverbesserung evtl. fertigen Apfelbrei untermischen. Die Marmelade nach dem Erkalten mit einem Rumpapier bedecken und mit Cellophanpapier zubinden.

Gelee

2456

Apfel- oder Quittengelee

Etwa 4 kg halbreife Äpfel oder Quitten (vor der Vollreife), auf ½ l Saft 400 g Zucker, ⅛ l Weißwein, Saft von 1 Zitrone oder ½ Vanillestange oder ½ Teel. gemahlener Ingwer.

Die Äpfel oder Quitten waschen, Blüten und Stiele entfernen, alle schlechten Stellen großzügig ausschneiden. Zerkleinern und in leicht gesäuertes Wasser legen, bis alle vorbereitet sind. In einer weiten Kasserolle mit Wasser gut bedecken, bei starker Hitze weich kochen und noch einige Stunden im Saft stehen lassen. Zum Durchgießen ein Mulltuch in einen großen, weiten Seiher legen, Apfelmasse einfüllen und den Seiher (Sieb) auf eine große Schüssel setzen. Den Saft (am besten über Nacht) ablaufen lassen. Den Saft abmessen. Den Zucker unter den Saft mischen, zum Kochen bringen und dabei öfter abschäumen. Vermindert sich die Schaumbildung, den Wein und den Zitronensaft oder die Vanillestange zufügen, die auch bereits bei den Apfelschnitzen mitkochen kann. Den Saft bis zur Geleeprobe eindicken, heiß in kleine Gläser füllen und mit Cellophanpapier sofort zubinden.

Tipp:
Unter das heiße Apfelgelee vor dem Abfüllen in Twist-off-Gläser einige in Scheiben geschnittene Kiwi, geputzte, kleine, feste Erdbeeren oder Stückchen von frischer Ananas geben. Die festverschlossenen Gläser während des Erkaltens mehrmals umstülpen, damit sich die Fruchteinlage gleichmäßig im Gelee verteilt.

Oder den Saft im Dampfentsafter (siehe S. 658) gewinnen und das Gelee wie oben zubereiten.

Die zurückgebliebenen Apfelschnitze durchpassieren, auf 1 kg Mark etwa 400 g Zucker rechnen, dick einkochen, heiß in Gläser füllen und sofort zubinden.
Von dünn geschälten, säuerlichen Edeläpfeln wird das Gelee noch feiner und aromatischer. In diesem Fall auf ½ l Saft 500 g Zucker rechnen.

2457

Brombeergelee

Reife, frisch gepflückte Brombeeren sorgfältig verlesen, mit wenig Wasser zum Kochen bringen, mehrmals aufwallen lassen und unter leichtem Drücken durch ein Tuch pressen. Dann den Saft nochmals durchsieben, auf 1 l Saft 700 g Gelierzucker rechnen, beides gut vermischen und bis zur Geleeprobe einkochen; heiß in kleine Gläser füllen und mit Cellophanpapier sofort zubinden.
Oder den Saft im Dampf- oder Tuchentsafter gewinnen (siehe S. 658) und das Gelee zubereiten.

Tipp:
„Biß" bekommt das Brombeergelee, wenn auf 1 l Saft 150 g grobgehackte Walnüsse oder geschälte Mandeln untergemischt werden.

2458

Heidelbeergelee

Heidelbeeren vor der Vollreife sorgfältig verlesen, in einem Sieb mehrmals in frisches Wasser tauchen, abtropfen lassen und unter Rütteln in einer Kasserolle zum Kochen bringen. Dann durch ein Mulltuch gießen, den Saft leicht herauspressen und abmessen. Auf 1 l Saft 500 g Zucker rechnen, beides vermischen oder den Zucker zuvor trocken rösten und mit dem Saft bis zur Geleeprobe einkochen; heiß in kleine Gläser füllen und mit Cellophanpapier sofort zubinden.
Oder den Saft im Dampf- oder Tuchentsafter gewinnen (siehe S. 658) und das Gelee nach **2461**, jedoch ohne Alkohol, zubereiten.

2459

Himbeergelee

500 g Himbeermark, 500 g Zucker.

Die Himbeeren nur verlesen, nicht waschen, bis zur Saftbildung kochen, den Saft durch ein Tuch laufen lassen (ohne zu drücken) und nach **2460** Gelee daraus bereiten. Das Mark abmessen, mit dem Zucker bis zur Marmeladenprobe einkochen, heiß in kleine Gläser füllen und mit Cellophanpapier sofort zubinden. Da Himbeeren wenig Pektin enthalten, ist das Vermischen und Kochen von 2/3 Himbeeren zu 1/3 anderen Früchten, z. B. Johannisbeeren (rote oder schwarze) ratsam; in diesem Fall genügen auf 500 g Beeren 375 g Zucker.

2460

Johannisbeer-Himbeer-Gelee

Die Beeren waschen, abstielen und abstreifen. Gut verlesen, im Topf leicht zerdrücken, kochen und aus dem Mark Marmelade herstellen. Den Saft nach dem Ablaufen genau abmessen, für 1/2 l Saft 250 g Zucker und die entsprechende Menge zuckersparendes Geliermittel verwenden. Das Gelee nach Anweisung auf dem Päckchen herstellen, heiß in Gläser füllen und verschließen.

2461

Johannisbeergelee mit Schuss

1/2 l schwarzer Johannisbeersaft,
1/4 l roter Johannisbeersaft,
400 g Zucker,
1 Pck. zuckersparendes Geliermittel oder die entsprechende Menge Gelierzucker,
6 cl weißer Rum.

Schwarzen und roten Johannisbeersaft (Saftzubereitung siehe S. 658) evtl. durch ein Filterpapier gießen, damit das Gelee später ganz klar wird. Dann mit Zucker und Geliermittel mischen und unter Rühren zum Kochen bringen. Die Masse 1 Min. kochen lassen, evtl. abschäumen. Den Rum unter das heiße Gelee rühren, Gelee in Gläser füllen und verschließen.

Oder rote Johannisbeeren im Tuch- oder Dampfentsafter (S. 658) entsaften; erst beim Geleekochen 1/3 der Zuckermenge mit dem Saft 5 Min. strudelnd kochen, das zweite Drittel untermischen, nach weiteren 5 Minuten Kochzeit das letzte Drittel zugeben und bis zur Geleeprobe kochen.

2462

Kirschgelee mit Johannis- oder Preiselbeersaft

Es ist ratsam, die Kirschen mit gleicher Menge Johannis- oder Preiselbeeren zu mischen, weil reiner Kirschsaft zwar dick einkocht, aber nicht genügend steif wird. Dunkle, entsteinte Weichselkirschen zusammen mit vorbereiteten, entstielten Johannisbeeren oder verlesenen, gewaschenen, gut abgetropften Preiselbeeren weich kochen und aus dem abgelaufenen Saft nach **2461** Gelee bereiten.

Statt Rum dieselbe Menge Kirschwasser oder Kirschlikör untermischen.

2463

Zitronen-Minz-Gelee

Ca. 10 Zitronen
(für 1/2 l Zitronensaft),
2 Bund frische Pfefferminze,
1/8 l Weißwein,
375 g Gelierzucker.

Von 2 unbehandelten Zitronen die gelbe Schale dünn abschälen und in feine Streifen schneiden. Pfefferminze waschen, entstielen und in Streifen schneiden. Zitronen- und Minzstreifen in Weißwein 15 Minuten auskochen und völlig erkalten lassen.) So viel Zitronen auspressen, dass es 1/4 l Saft ergibt. Den Minzsud durchsieben und mit dem Zitronensaft mischen. Gelierzucker zufügen und alles zum Kochen bringen. Das Gelee 5 Min. sprudelnd kochen lassen, heiß in Gläser füllen und verschließen.

2464

Traubengelee

Die Trauben waschen, entstielen, mit wenig Wasser weich kochen und auspressen. Den Saft durch ein Tuch gießen und abmessen. Auf 1 l Saft 500 g Extra-Gelierzucker rechnen, beides vermischen und bis zur Geleeprobe einkochen; heiß in kleine Gläser füllen und mit Cellophanpapier sofort zubinden.

Oder den Traubensaft im Dampf- oder Tuchentsafter gewinnen (S. 658) und das Gelee nach **2461** zubereiten.

2465

Holundermus

500 g Holunderbeeren,
250 g Zucker, Saft von 1 Zitrone.

Sorgfältig abgestielte Holunderbeeren ohne Wasser weich kochen und durchpassieren. Mit Zucker und Zitronensaft vermischen, das Mus unter Rühren bei mäßiger Herdhitze bis zur Marmeladenprobe eindicken, heiß in Gläser füllen und mit Cellophanpapier sofort zubinden.

2466

Traubenmus

Helle, vollreife Weintrauben waschen, abstielen, mit sehr wenig Wasser weich kochen und durch ein feines Sieb drücken oder durch die Passiermaschine drehen (Kerne und Schalen müssen zurückbleiben). Auf 500 g Beerenmark 250 g Zucker rechnen, gut vermischen und das Mus bis zur Marmeladenprobe eindicken; heiß in kleine Töpfchen oder Gläser füllen und verschließen.

Konservieren

Vorbereitung und Lagerung von Gemüse

	Lagerzeit in Monaten	Vorbereitung	Blanchierzeit in Minuten	Anmerkungen
Blumenkohl	8–10	ganz lassen (ohne Blätter) oder in Röschen zerpflücken	2	Zitronensaft oder 1 Teel Ascorbinsäure (Apotheke) im Blanchierwasser erhält die weiße Farbe
Bohnen, grüne	9–12	Fäden entfernen, abspitzen nicht schneiden, nur brechen	3	für Salat: Bohnen vor dem Einfrieren kochen
Broccoli	9–12	ganz lassen oder in Röschen	3	unaufgetaut dünsten
Erbsen, grüne	9–12	enthülsen	2	überreife Erbsen nicht geeignet
Grünkohl	8–10	kleinschneiden	2	
Kohlrabi	8–10	schälen, in Scheiben schneiden	3	
Lauch	6-8	kleinschneiden	4	
Möhren	10–12	kleinschneiden	3	
Paprika	6-8	entstielen, entkernen, evtl. in Streifen schneiden	nicht blanchieren	
Petersilie/ Kräuter	12	kleinschneiden oder auch in ganzen Sträußchen einfrieren	nicht blanchieren	kann auch entstielt in Plastikbeuteln vorgefroren, dann zerkleinert in Gefrierdosen tiefgefroren werden
Pilze	6-8	Fuß entfernen, bei großen Pilzen auch Lamellen, evtl klein schneiden	3	unaufgetaut in die kochende Flüssigkeit (Soße) geben
Rosenkohl	12	Strunkansatz abschneiden	3	
Rote Bete	12	waschen, garkochen, auskühlen, in Scheiben schneiden	blanchieren entfällt	
Rotkohl	8–10	fein schneiden	3 (in Essigwasser)	unaufgetaut zubereiten
Sellerie	10	schälen, in Scheiben schneiden	6	
Spargel	3–max. 8	schälen und portionsweise zusammenbinden	2 oder roh	roh eingefroren max. 3 Monate, blanchiert 6–8 Monate lagerfähig
Spinat	10–12	ganze Blätter verwenden oder nach dem Blanchieren pürieren	2	
Tomaten	12	schneiden, evtl. dünsten, eindicken, pürieren	nicht blanchieren	nur zum Dünsten geeignet; zum Rohlassen ungeeignet.

Vorbereitung und Lagerung von Gemüse und Obst

	Lagerzeit in Monaten	Vorbereitung	Blanchierzeit in Minuten	Anmerkungen
Weißkohl	8–10	fein schneiden	2	unaufgetaut zubereiten
Wirsing	8–10	geschnitten oder blanchiert püriert	2	unaufgetaut garen
Zucchini	4–8	ungeschält in Scheiben schneiden	roh	kurz auftauen lassen
Suppengemüse	6	kleine Würfel (portioniert)	2–4	direkt in Brühe oder Suppe geben
Ungeeignet sind: Chinakohl, Blattsalat, Salatgurke , Radieschen und Rettiche, rohe Zwiebeln und roher Knoblauch				
Aprikosen	10–12	halbieren, entsteinen		Zuckerlösung
Apfelmus	8–10	wie üblich kochen		abgekühlt verpacken und einfrieren
Brombeeren	10–12	abbrausen und verlesen		100 g Zucker auf 500 g Beeren
Erdbeeren	10–12	verlesen, entkelchen		100 g Zucker auf 500 g Beeren (für Kuchenbelag ohne Zucker, aber Beeren einzeln auf Brett vorgefrieren)
Heidelbeeren	10–12	verlesen		100 g Zucker auf 500 g Beeren
Himbeeren	8–10	verlesen, nicht waschen		50 g Zucker auf 500 g Beeren
Johannisbeeren	10–12	entrispen		100 g Zucker auf 500 g Beeren
Kirschen	10–12	entstielen, mit oder ohne Stein einfrieren (besser mit Stein)		Zuckerlösung
Mirabellen	8	nicht entsteinen		Zuckerlösung
Pfirsiche	8	schälen (dazu kurz in kochendes Wasser tauchen), halbieren, entsteinen		Zuckerlösung mit Zusatz von Ascorbin (reines Vitamin C, in Drogerien erhältlich)
Pflaumen		besser Zwetschgen		
Preiselbeeren	8–10			ohne Zucker
Rhabarber	8–10	schälen, in Stücke schneiden, nicht kochen		Zuckerlösung
Stachelbeeren	10–12	abknipsen, verlesen		100 g Zucker auf 500 g Beeren
Zwetschgen	10–12	halbieren, entsteinen		Zuckerlösung oder ohne Zucker
Ungeeignet sind: Äpfel und Birnen, ausgenommen Mus, und Weintrauben				

Konservieren

Tiefgefrieren

Vorteile

Tiefgefrieren ist die zweckmäßigste Art, verderbliche Lebensmittel für lange Zeit haltbar zu machen.
Vorräte werden angelegt, wenn sie billig sind. Sonderangebote können jederzeit ausgenutzt werden.
Die Frische der Lebensmittel und die Vitamine bleiben beim Tiefgefrieren weitgehend erhalten.
Gerichte können in größeren Mengen rationell vorgekocht werden und sind tiefgefroren jederzeit greifbar, z. B. wenn unerwartet Gäste kommen oder wenn im Krankheitsfall der tägliche (oder wöchentliche) Einkauf nicht möglich ist.

Einfrieren

Stets bei größter Kälte (–30 °C) in nicht zu großen Portionen (Familienpackungen und Einzelportionen, nicht dicker als ca. 10 cm) einfrieren. Die Packungen nahe der Wand, wo die Kälte am größten ist, bzw. im speziellen Vorgefrierfach schockgefrieren.
Frisch eingelegte Lebensmittel nicht neben die schon gefrorenen legen, da diese sonst antauen.
Angetautes oder aufgetautes Gut sofort verbrauchen, keinesfalls ein zweites Mal einfrieren!

Verpackung

Dazu eignen sich für sperriges Gefriergut extrastarke Aluminiumfolie, spezielle Gefrierbeutel oder -schlauch sowie für halbfestes oder flüssiges Gefriergut kältebeständige Kunststoffdosen. Spezielle Gefrierformen aus Aluminiumfolie sind kälte- und hitzefest. D.h. fertige Speisen, Kuchen o.ä können darin zubereitet, gebacken, eingefroren und anschließend im Backofen oder unterm Grill direkt in der Form wieder erhitzt werden. Bei Verwendung von Folie, das Gefriergut so eng wie möglich um das Gefriergut hüllen. Beutel gut verschließen, damit sich keine Luftpolster bilden. Fest zuclipsen oder mit einem speziellen Folienschweißgerät verschweißen.

Lagerung

Übersichtliche Anordung erleichtert das Wiederfinden und erspart das Wühlen in der Truhe. In Gefrierschränken ist eine bessere Übersicht möglich als in den energiesparenden Truhen.
Verwandte Lebensmittel zusammen lagern, also Fleisch zu Fleisch, Gemüse zu Gemüse usw.
Alle Packungen etikettieren und mit Gefrierdatum und Inhaltsangabe versehen. Eine Liste für die Küche anlegen, um die Übersicht nicht zu verlieren.
Die Lagertemperatur darf –18 °C nicht übersteigen. An der Wand der Truhe darf sich kein dicker Eisbelag bilden, evtl. mit einem Schaber vorsichtig entfernen, jedoch nicht mit Metall (Messer) abkratzen.

Abtauen

Wenn der Eisbelag zu dick ist, muss das Gerät abgetaut werden – in der Regel halbjährlich.
Zu diesem Zeitpunkt sollte möglichst viel Gefriergut verbraucht sein, damit die Truhe (der Schrank) nicht zu voll ist. Gefriergut vorübergehend im Kühlschrank bei kältester Einstellung lagern oder in die Kühlbox mit Tiefkühlelementen legen. Was dort keinen Platz mehr hat, dick in Zeitungspapier und evtl. in eine Wolldecke wickeln.
Genaue Regeln für das Abtauen stehen in den Bedienungsanleitungen der Geräte. Die folgende Methode hat sich bewährt: Stecker herausziehen, Schüsseln mit heißem Wasser in die Fächer des Schrankes oder der Truhe stellen oder die Wände mit feuchten, warmen Tüchern abreiben, damit sich das Eis schneller löst. Nicht mit dem Heizentlüfter abtauen.
Wenn das Gerät abgetaut ist, mit Essigwasser (geruchbindend) ausreiben, trocknen und wieder in Betrieb nehmen. Die Gummiteile evtl. mit Talkumpuder geschmeidig erhalten.

Fleisch

Die Portionsstücke sollten nicht schwerer als höchstens 2 kg sein. 1 cm pro Fleischstück benötigt zum Auftauen bei Zimmertemperatur 1 Stunde, im Kühlschrank doppelt so lang und im Backofen bei 50 °C halb so lang. Zum Anbraten, damit es schön braun wird, abtrocknen.
Geschnetzeltes sofort nach dem Schnetzeln einfrieren und unaufgetaut braten.
Hackfleisch ist empfehlenswert zum Einfrieren. Angetaut braten.
Knochen und Fett vor dem Einfrieren entfernen. Knochen so verpacken, dass sie die Hülle nicht durchstoßen.
Lenden- und andere größere Bratenstücke langsam auftauen (am Abend vorher aus dem Gefriergerät nehmen).
Schnitzel und Steaks so einfrieren, dass zwischen die einzelnen Scheiben Aluminiumfolie oder Kunststoffstreifen zu liegen kommen. Sie können angetaut gebraten werden. Suppenfleisch mit Suppengrün einfrieren. Unaufgetaut im kalten Wasser aufsetzen.

Lagerfähigkeit

Wild- u. Rindfleisch, 12 Monate
Hammelfleisch, 9 Monate
Kalbfleisch, 8 Monate
Schweinefleisch, 6 Monate
Hackfleisch, 2 Monate
Innereien, 2 Monate
Wurst, ungewürzt, 5 Monate
Wurst, gewürzt, 3 Monate
Kalbsbratwurst, 3 Monate
Bei magerem Fleisch verlängert sich die Lagerfähigkeit, bei fettem verkürzt sie sich.

Ungeeignet sind Speck, Leber- und Griebenwurst, fettes Fleisch, gebratene Medaillons (letztere trocknen aus) und andere kleine gebratene Fleischstücke.

Fische

Frischgefangene Süßwasserfische sorgfältig waschen, ausnehmen, schuppen (Forellen nur ausnehmen). Je nach der späteren Verwendung ganz oder filetiert einfrieren.
Seefische sollen nur fangfrisch eingefroren werden. Je weiter der Transportweg ist, desto mehr empfiehlt es sich, Tiefkühlware zu kaufen (vgl. Seite 676).

Ganze Fische evtl. ca. 2 Std. unverpackt in die Truhe oder den Schrank legen, dann kurz in kaltes Wasser tauchen, dabei entsteht eine Eisschicht. Erst dann in Alufolie verpacken. Gefrorene Fische unter fließendem Wasser auftauen, Fische zum Braten, bis sie auseinandergenommen werden können, im Kühlschrank auftauen und Fische zum Panieren zuerst portionsweise teilen, es geht besser so.
Forellen, wenn sie dressiert werden, auftauen, sonst unaufgetaut garziehen oder braten.

Lagerfähigkeit
Seefisch-Filet, bis 3 Monate
Schleie, bis 3 Monate
Forelle, bis 3 Monate
Hecht, bis 2 Monate
Karpfen, bis 2 Monate

Geflügel

Geflügel wegen der Anfälligkeit für Viren und Bakterien nur ganz frisch, im Ganzen oder in große Stücke geteilt, brat- oder kochfertig vorbereitet, einfrieren.
Einzelne Teile portionsweise einfrieren. Geflügel im Kühlschrank auftauen, dazu aus der Verpackung nehmen, auf ein Sieb legen, abdecken; Auffangflüssigkeit unbedingt weggießen! Salmonellengefahr! 1 Huhn benötigt 1 Tag, Gans und Truthahn ca. 2 Tage.
Geflügelteile vor dem Braten antauen. Suppenhühner unaufgetaut zubereiten.

Lagerfähigkeit
Hähnchen, Suppenhuhn und Wildgeflügel, 10 Monate
Poularde und Taube, 8 Monate
Truthahn, 7 Monate
Ente, 5 Monate
Gans, 5 Monate

Molkereiprodukte

Butter, möglichst ungesalzene, eignet sich gut zum Einfrieren. Eier immer ohne Schale (platzt in der Kälte) einfrieren, Eigelb und Eiweiß zusammen oder getrennt in Gefrierdosen. Tiefgefrorenes Eiweiß lässt sich so gut wie frisches zu Schnee schlagen.
Flüssig eingefrorene Sahne lässt sich angetaut und etwas zerkleinert mit dem elektrischen Handrührgerät, ansonsten aufgetaut, sehr gut steif schlagen.
Geschlagene Sahne vor dem Einfrieren leicht süßen.
Milch eignet sich nicht gut zum Einfrieren.
Weichkäse eignet sich für den Kälteschlaf besser als Schnittkäse.

Lagerfähigkeit
Butter, 8 Monate
Käse, bis zu 8 Monate
Eier (ohne Schale), 10 Monate
Eigelb, 10 Monate
Eiweiß, 10 Monate
Quark, 4 Monate
Sahne, 3 Monate
Schlagsahne, 3 Monate

Ungeeignet sind: Dosenmilch, Saure Sahne, Hüttenkäse, Dickmilch, Joghurt, Schnittkäse.

Gemüse

Gemüse gartenfrisch einfrieren. Vorher sorgfältig säubern, welke Stellen oder Druckstellen unbedingt entfernen. Vor dem Einfrieren 2–5 Min. blanchieren, in Eiswasser abkühlen, abtropfen lassen und je nach Sorte auf einem Blech ausgebreitet anfrieren. Danach in Gefrierbeutel oder -dosen verpacken und beschriften. Unaufgetaut weiterverwenden. Nur noch kurze Zeit dünsten. Die Garzeiten sind um 1/3 kürzer als bei frischem Gemüse.
Alle Gemüsesorten können selbstverständlich auch fertig zubereitet eingefroren werden.

Obst

Beeren ausgesucht und ungewaschen (sie verlieren sonst das Aroma) reif, aber nicht überreif einfrieren. Besonders aromatisch sind Walderdbeeren, wildwachsende Himbeeren, Brombeeren und Heidelbeeren.
Erdbeeren für Tortenbelag auf einem mit Folie belegten Backblech 1–2 Std. anfrieren auf kältester Stufe (schockgefrieren), so bleiben die Früchte einzeln, dann wie üblich einfrieren. Später nur leicht angetaut auf den Tortenboden legen und den Guss darübergeben.
Jedes aufgetaute Obst schnell verbrauchen.
Obst für Früchtekuchen immer ohne Zucker einfrieren. Säuerliche Obstsorten benötigen einen Zuckerzusatz siehe Tabelle auf Seite 673.
Steinobst, Kirschen, Aprikosen und Zwetschgen kalt waschen, gut abgetropft auf mit Folie belegten Backblechen anfrieren. Nach ca. 2 Std. dann portionsweise in Plastikbeutel oder Plastikdosen verpacken und einfrieren.
Tiefgefrorene Früchte können auch zu Marmelade weiterverarbeitet werden.

Gebäck

Backwaren sofort nach der Fertigstellung und dem Abkühlen in Alufolie verpackt einfrieren. Im angewärmten Backofen auftauen. Buttercremetorten ohne Verzierung von Creme und Sahne unverpackt ca. 1 Std. anfrieren und dann vorsichtig verpackt einfrieren. Verzierungen und Garnierungen erst vor dem Servieren aufspritzen.
Früchtekuchen ungebacken in einer Aluminiumform einfrieren und in dieser Form dann backen.
Gebackenes Hefegebäck ohne Folie, mit Wasser leicht befeuchtet, bei guter Mittelhitze im vorgeheizten Backofen aufbacken. Ebenso Brot und Brötchen aufbacken.
Teige wie Blätter-, Hefe- und Knetteig eignen sich ausgezeichnet zum Einfrieren. Vor dem Weiterverwenden aus der Verpackung nehmen und bei Zimmertemperatur auftauen.

Lagerfähigkeit
Backpulverkuchen, Brot, Brötchen und Obstkuchen, 5 Monate
Blätterteig und Pasteten, 4 Monate
Biskuittorte ungefüllt (Vorsicht, zerbricht leicht), 6 Monate
Schmalzgebäck und Hefeteig, 3 Monate
Biskuittorte, gefüllt, und Rührteig, 2 Monate

Ungeeignet ist: Eiweißgebäck

Konservieren

Fertige Gerichte

Alle fertigen Gerichte zum Einfrieren schwach würzen und erst beim Verbrauch abschmecken.
Gemüse ca. 5 Min. kürzer garen, da es beim Zubereiten noch einmal erhitzt wird.
Mit Fett und Speck sparsam umgehen, sie vermindern die Lagerzeiten.
Suppen und Soßen erst beim Verbrauch mit Mehl oder Sahne binden.
Tiefgefrorene Gerichte in Topf, Pfanne oder Backofen oder Mirkowellengerät auftauen und gleich darin zubereiten.
Speisen im Aluminiumbehälter lassen sich darin aufwärmen.
Empfehlenswert ist auch das Einfrieren von fertig zubereitetem Paprika-Tomatengemüse. Abgekühlt in Plastikbehälter eingefüllt, kann man es in der kälteren Jahreszeit, wenn das Gemüse oft sehr teuer ist, zu Pasta asciutta, Gulasch, Fischeintopf, Chili con Carne, als Pfannkuchenfüllung und zu vielen anderen Gerichten verwenden.

Lagerfähigkeit
Braten, gekochtes Fleisch, Gulasch, 3 Monate
Frikadellen und Klopse, 3 Monate
Gemüse und Aufläufe, 2 Monate
klare Suppen, 4 Monate
gebundene Suppen, 3 Monate
Süßspeisen, 2 Monate
Pommes frites, 3 Monate

Tiefgefrierkost

Einkauf
Tiefgefrierkost ist nur dann einwandfrei, wenn die Tiefkühlkette nicht unterbrochen wurde, d.h. wenn das Produkt auf dem Weg vom Hersteller bis in die Truhe des Einzelhändlers nie bei einer Temperatur von über −18 °C gelagert wurde.
Ob die Truhe die richtige Temperatur hat, erkennt man, falls kein Thermometer vorhanden ist, am besten durch den Eiskrem-Test. Wenn sich eine Eiskrem-Packung eindrücken lässt und weich ist, ist die Truhe nicht kalt genug.
Die angebotene Ware darf in der Verkaufstruhe nicht über die Lademarke gestapelt sein, da nur unterhalb dieser Markierung die richtige Temperatur herrschen kann.
Wühlberge in den Gefriertruhen haben Luftpolster zwischen den einzelnen Packungen zur Folge. Diese schlucken unnötige Kälte. Ware mit beschädigter Verpackung und starker Eiskristallbildung unter der Folie sollte nicht eingekauft werden.
Wenn Tiefkühlkost nicht sofort verbraucht wird, sondern zuhause nochmals in der Gefriertruhe gelagert werden soll, darauf achten, dass sie nicht antaut. Dick in Zeitungspapier einwickeln und evtl. die Kühlbox als Einkaufstasche verwenden.

Lagerzeiten
Die Lagerzeiten richten sich nach den vorhandenen Lagermöglichkeiten und sind auf den Packungen angegeben.
Dabei bedeutet:
1 Stern: Lagertemperatur von − 6 °C
2 Sterne: Lagertemperatur von −12 °C
3 Sterne: Lagertemperatur von −18 °C (Gefriertruhe)
4 Sterne: Lagertemperatur von −18 °C bis −30 °C; geeignet zum Selbsteinfrieren (Schockgefrieren)
Die auf den Packungen angegebenen Lagerzeiten gelten für den Haushalt, also ab Entnahme aus der Gefriertruhe des Händlers.

Frisch- und Vorratshaltung

Trockene Lebensmittel

Bei trockenen Lebensmitteln, die man ständig benötigt, lohnt es sich, einen Monatsvorrat einzukaufen, da sie ungekühlt längere Zeit haltbar sind. Mindestens sollte man jedoch jeweils zwei Packungen vorrätig haben, um nach Anbruch der zweiten Packung eine neue einzukaufen.
Trockene Lebensmittel werden bei Zimmertemperatur trocken und gut verschlossen aufbewahrt, damit keine Gerüche übertragen werden.

Frisches Gemüse und Obst

Empfindliche Gemüse und Früchte nicht in der Folie, sondern unverpackt und luftig im Gemüsefach des Kühlschranks lagern. Pilze nicht im Kühlschrank, sondern trocken und luftig aufbewahren, jedoch nicht länger als 2 Tage. Feste Gemüse und Früchte wie Äpfel, Birnen und Gurken können, falls sie in Folie verpackt eingekauft wurden, 1–2 Tage in der dicht verschlossenen Hülle eingelagert werden.

Fleisch und Wurst

Frisches Fleisch im Kühlschrank auf einen Teller oder in eine Schüssel legen, dass die Luft zirkulieren kann. Rohes Fleisch und Geflügel braucht etwas Luft und soll deswegen auch nicht für längere Zeit in Klarsichtfolie eingepackt werden (evtl. mit einem sauberen Geschirrtuch abdecken).
Häufig wird Fleisch und Geflügel in Portionen, auf Kunststofftabletts dicht in Folie gepackt, angeboten. Es soll zuhause sofort aus der Verpackung genommen werden. Hackfleisch und angebratenes Fleisch sind besonders leicht verderblich. Tatarfleisch zum Rohessen nur wenige Stunden, Hackfleisch zum Braten höchstens einen Tag lang aufbewahren.
Länger haltbar ist Fleisch, das völlig durchgebraten und gargekocht ist. Es hält sich im Kühlschrank ungefähr drei Tage lang. Frische Wurst gleichfalls kühl aufbewahren. Sofort nach dem Einkauf in den Kühlschrank legen.

Fisch

Am besten hält sich frischer Fisch auf Eiswürfeln oder im Gefrierfach. Fischkonserven mit dem Aufdruck »Kühl lagern – zum baldigen Verbrauch bestimmt« sollten nicht länger als 2 Wochen aufbewahrt werden.

Milchprodukte

Milch, Butter, Quark und Joghurt gleich nach dem Einkauf in den Kühlschrank stellen. Da sie Fremdgerüche besonders leicht annehmen, besonders sorgfältig zudecken oder in der Original-Verpackung oder in dicht schließenden Behältern (Tupperware) aufbewahren. Die Lagerung von Käse richtet sich sehr nach der jeweiligen Sorte. Käse ist sehr empfindlich und durch Nachlässigkeit bei der Aufbewahrung kann er schnell an Qualität verlieren. Bei den meisten Sorten ist eine Lagerungstemperatur von etwa 10–14 °C am günstigsten. Unterkühlung schadet dem Käse ebenso wie Wärme, Licht und Zugluft. Hart- und Schnittkäse am Stück lassen sich längere Zeit aufbewahren als die weicheren Käsesorten. Grundsätzlich gilt, dass Käse mit Rinde lagerfähiger ist als ein solcher ohne. Zum Schutz gegen Austrocknung empfiehlt sich bei längerer Lagerung von Hartkäse das Einschlagen in ein feuchtes Leinentuch. Am besten wird der Käse, nach Sorten getrennt, in der Käseglocke, geschützt vor Licht und Insekten, an einem kühlen Platz (nicht im Kühlschrank) aufbewahrt.
Käse sollte 1–2 Stunden vor dem Verzehr bei Zimmertemperatur lagern, so erhält er sein volles Aroma.
In Folie verpackte Käse (als Aufschnitt oder am Stück) bleiben in der ungeöffneten Packung im Kühlschrank bis zu 2 Wochen frisch. Gegen wechselnde Temperaturen sind sie empfindlich. Wenn die Packung geöffnet oder beschädigt wurde (es genügt ein kleiner Riß), in 2–3 Tagen verwenden! Frischkäse, Quark und körniger Frischkäse bleiben im Kühlschrank in der verschlossenen Packung ca. 5–7 Tage frisch. Geöffnete Packungen gleich verwenden.
Schmelzkäsesorten halten sich in luftdichter und unverletzter Originalverpackung ungefähr 4 Wochen im Kühlschrank.
Angebrochene Packungen müssen vor dem Austrocknen geschützt und in 4–5 Tagen verbraucht werden.
Weichkäse (Camembert oder Brie), die noch etwas fest und nicht voll ausgereift sind, werden außerhalb des Kühlschranks bei 15–16 °C (im Keller) aufbewahrt, bis sie reif genug sind. Danach sind sie im Kühlschrank 2–3 Tage haltbar.

Brot und Backwaren

Sind unterschiedlich lagerfähig. Ganze Brotlaibe oder Schnittbrot werden am besten in der Originalverpackung aufgehoben. Wichtig ist auch, dass der Behälter zur Aufbewahrung, z. B. ein Brotkasten, sehr sauber ist. Brot neigt leicht zur Schimmelbildung. Tiefgefrieren ist für eine längerfristige Lagerung bei Brot sehr geeignet, ebenso bei Brötchen. Weißbrot ist normalerweise 3–4 Tage, Mischbrot 7–10 Tage lagerfähig. Toastbrot hält sich eine Woche, ebenso wie Roggenbrot. Pumpernickel ist länger haltbar, bis zu 3 Wochen. Bei schwülem Wetter das Brot in Alufolie einschlagen und im Kühlschrank aufbewahren.
Knäckebrot sollte stets getrennt von anderen Brotsorten aufbewahrt werden, es würde sonst zu viel Feuchtigkeit aufnehmen. Kekse und Backwaren sollten in gut schließenden Dosen, geschützt vor Luft und Feuchtigkeit aufbewahrt werden.
Kuchen und Torten haben einen hohen Fettgehalt und sind daher baldmöglichst zu verzehren. Eine luftdichte Verpackung (Folie oder Tortenhaube) macht eine Lagerung von einigen Tagen möglich – für längerfristige Aufbewahrung empfiehlt sich das Tiefgefrieren.

Aufbewahrung im Kühlschrank

Lebensmittel im Kühlschrank nicht zu dicht lagern, damit die Luft mehr zirkulieren kann.
Da der Kühlschrank-Innenraum vollständig von der Außenluft isoliert ist, übertragen sich Gerüche dort sehr rasch. Daher alle Lebensmittel gut verschlossen aufbewahren. Die Ausnahme bilden Gemüse und Obst, die offen gelagert werden. Das Gemüsefach, das unterste Fach des Kühlschranks, ist deshalb durch die Glasplatte vom übrigen Kühlschrankraum abgetrennt.
Zur Verpackung von Lebensmitteln eignen sich Aluminium- und Klarsichtfolien gut. Luftdicht verschließbare Plastikbehälter (z. B. Tupperware) sind ebenfalls zu empfehlen.
Der Kühlschrank darf nicht vereisen, da die Kühlfähigkeit beeinträchtigt wird. Gelegentlich abtauen: dafür Stecker herausziehen und nach dem Abtauen den Innenraum mit Essigwasser oder mit Spülzusatz ausreiben. Warme Speisen gehören nicht in den Kühlschrank, auch nicht, um sie ausnahmsweise rasch abzukühlen. Der Kühlschrank vereist durch die Dampfbildung in kürzester Zeit, die Kühlleistung wird erheblich gemindert.

Lagerzeiten im Kühlschrank

Lebensmittel	Tage
Butter	3–5
Eier	10–12
Fleisch, roh	2–3
Fleisch, gehackt, geschabt oder durchgedreht, roh	½–1
Fleisch, gekocht oder gebraten	3–4
Fisch, roh	1–2
Fisch, gekocht, gebraten, geräuchert	2–3
Fischkonserven, geschlossen (Aufdruck „zum baldigen Verbrauch bestimmt")	10–12
Fischkonserven, geöffnet	1–2
Geflügel (zubereitet)	4–6
Gemüse (Gemüsefach)	2–4
Käse, Frischkäse (Packung)	5–7
Käse, Aufschnitt (Packung)	12–14
Käse, Schmelzkäse-Ecken	30
Kondensmilch, geöffnet	3–4
Konserven, geöffnet	1–3
Milch und Sahne	2–4
Obst und Beeren (Gemüsefach)	2–3
Obst, Steinobst	3–4
Obstkonserven, geöffnet	2–3
Salat (Gemüsefach)	2–3
Zubereitete Speisen	2–3

WENN GÄSTE KOMMEN

Der Tisch, um den herum sich Freunde und Verwandte versammeln, ist das Symbol des Christentums. Aber: Das Gespräch beim gemeinsamen Mahl ist selten geworden. Ursache für viele Krankheiten unserer Zeit. Das könnte sich ändern, nähmen sich mehr Menschen ein Beispiel an Speise-„Ritualen“ der Schweizer und der Japaner: Die kochen bei Tisch. Dass dabei die schön gedeckte Tafel hilft, ist eine Binsenweisheit.

Aber: „Wenn ich mit Menschen- und mit Engelszungen redete und hätte die Liebe nicht, so wäre ich ein tönend Erz und eine klingende Schelle.“ Der Apostel Paulus hat es erkannt – die Liebe „bläht“ sich nicht, sie „duldet alles“. Auch Fehler beim Tischdecken und ähnlichen Verrichtungen. Regeln sollen helfen, die Arbeit zu erleichtern, nicht einengen.

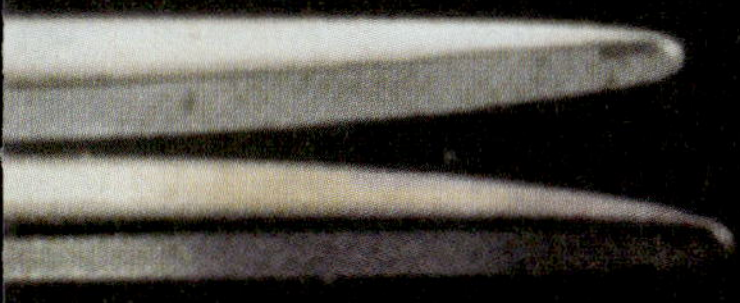

Fondue, Raclette, Heißer Stein, Wok

Eine besondere Art der Gastlichkeit ist das Kochen bei Tisch. Mit den geeigneten Gerätschaften und der entsprechenden Vorbereitung in der Küche ist das Kochen bei Tisch ein Kinderspiel und eine gesellige Sache für alle Gäste. Die Vorteile für die Gastgeber liegen klar auf der Hand: Jeder Gast ist sein eigener Koch und kann sich je nach Auswahl der Zutaten sein Essen nach eigenem Gusto zusammenstellen.

Fondue

Dafür benötigt man einen Rechaud – je nach Typ mit Spiritus oder elektrisch beheizt – und einen passenden Topf aus Kupfer, Gusseisen oder Edelstahl (für **Fleischfondue**). Außerdem langzinkige Gabeln zum Aufspießen der Fleisch- oder Gemüsestückchen. Spezielle Fondueteller, d. h. unterteilte Teller können, müssen aber nicht sein. Für's **Käsefondue** ersetzt man den obengannten Topf durch eine irdene Kasserolle, den Caquelon, in welchem der Käse unter Rühren sanft geschmolzen und auf kleiner Flamme heißgehalten wird. Spezielle Gabeln mit Widerhaken verhindern das Herunterfallen der Brotstückchen. **Fondue chinoise** kann im normalen Topf gegart werden oder – stilecht – im chinesischen **Feuertopf**. Dieser ringförmige Spezialtopf wird durch einen „Kamin", in dem die Spiritusflamme brennt, beheizt. Die im Topf befindliche Brühe wird so besser als im herkömmlichen Topf gleichmäßig heiß gehalten. Die feingeschnittenen Zutaten gart man in kleinen Messingkörbchen, die preiswert im Fachhandel erhältlich sind.

Raclette

Das Tischgerät besteht meist aus einer elektrisch beheizten Platte und Grillstäben sowie 4–8, meist beschichteten Pfännchen, in denen die Zutaten samt Käsescheiben geschmolzen werden. Der Vorteil dieses Gerätes: Außer dem beliebten Raclette lassen sich in den Pfännchen auch hauchdünne Fleischscheibchen, kleine Hackbällchen, Würstchen, Gemüsescheiben oder auch kleine Omeletts fettfrei oder mit wenig Fett garen.
Eine Variation dazu ist der **„heiße Stein"** (mit einem Rechaud beheizt.) Der Vorgang: Die Garfläche aus speziellem, hitzespeicherndem Stein wird hauchdünn mit Öl oder Butter bestrichen. Jeder Gast kann nun sehr dünne Scheibchen Fleisch, Fisch, aber auch Pilze, Tomaten etc. darauf garen. Dazu werden wie beim Fondue verschiedene Soßen und Weißbrot gereicht.

Wok

Die halbkugelförmige Allzweckpfanne (Wok) stammt ursprünglich aus China. Sie ist in den verschiedensten Ausführungen von einfach bis luxuriös bei uns erhältlich. Woks aus Gusseisen oder Stahl mit Glaskeramik (Silargan) sind – mit abgeflachtem Boden – für alle Herdarten und Rechauds geeignet, standfest und gute Hitzespeicher. Will man am Tisch kochen, eignet sich ein Elektro-Wok oder einer mit mehrflammigem Rechaud. Wichtig für's Gelingen: In der Pfanne muss genügend Hitze erreicht werden, damit die Zutaten rasch und gleichmäßig garen. Die kurze Garzeit schont die Vitamine, weshalb chinesisches Essen so gesund und bekömmlich ist.

Zutaten für Fondue Chinoise **2468**

2467

Geflügelfondue

4 Putenschnitzel oder
750 g Hühnerbrustfilets, 2 Zwiebeln,
½ Teel. Rosenpaprika oder Curry,
evtl. etwas Sojasauce, Fonduefett,
*Beigaben siehe **2469**, Brot.*

Das Fleisch in mundgerechte Stücke schneiden, mit Paprika oder Curry und Sojasauce würzen und mit Zwiebelringen in einen Topf schichten.
Über Nacht ziehen lassen und wie Fleischfondue zubereiten.

2468

Fondue Chinoise

800 g in hauchdünne Scheiben geschnittenes Schweine-, Rinder- oder Kalbsfilet,
12 Scampi/Riesengarnelen, ausgelöst,
Shiitake-Pilze, Kaiserschoten, Broccoliröschen,
1½ l Hühnerbrühe,
1 Glas Weißwein,
4 Essl. Sherry,
frisch gemahlener schwarzer Pfeffer.

Die sehr dünn geschnittenen Fleischscheiben auf einer großen Platte schuppenartig anrichten.
Die Hühnerbrühe in einem Fondue-Topf erhitzen, mit Weißwein verfeinern und auf dem Rechaud servieren. Die Fleischscheiben einzeln auf Fonduegabeln oder Holzstäbchen spießen, das Gemüse in Körbchen füllen und kurz im Fondue garen. Ganz zuletzt, wenn das Fleisch aufgebraucht ist, die Brühe in Suppentassen füllen, mit Sherry verfeinern, wenig frisch gemahlenen schwarzen Pfeffer darübergeben und auslöffeln.
Dazu gibt es Bambussprossen aus der Dose, frische Sojasprossen, Frühlingszwiebeln mit etwas Grün, verschiedene Salate, Perlzwiebeln, eine Reihe von Soßen (selbstgemacht oder aus dem Glas): Currysoße, Apfelmeerrettichsoße, Mustardsoße und dunkles Kümmelbrot oder Pariser Brot und als Getränk Weißwein.

2469

Fondue Bourguignonne (Fleischfondue)

Pro Person 200 g sehr zartes, gut abgelagertes Rinderfilet oder gründlich enthäutetes, entfettetes Schweinefilet in 2 cm großen Würfeln, etwas Salz und Pfeffer.
Zum Braten:
¾ l gutes hitzebeständiges Speiseöl
Beigaben:
*Apfelmeerrettich **67**,*
*Béarner Soße **19**,*
*Preiselbeersoße **62**,*
*Mayonnaise **78** oder*
*aus der Tube, Tatarsoße **95**;*
*oder nur feingewiegte Perlzwiebeln und Petersilie, Preiselbeermarmelade, schmalgeschnittene Paprika oder Peperoni, Sardellenfilets, Oliven oder frische Radieschen oder Fondue-Soße **75**,*
auch fertige Soßen aus der Flasche.

Bei diesem einfach zu bereitenden Gericht ist das Wesentliche, dass die Fleischwürfel bei Tisch gebraten werden.
Das Öl in der Fondue-Kasserolle auf dem Rechaud stark erhitzen. Die Würfel einzeln auf Fonduegabeln oder Holzstäbchen aufspießen und so lange in das heiße Öl oder Fett tauchen, bis sie halbgar oder ganz durchgebraten sind.
Jeder Gast bekommt auf einem Tellerchen eine nicht zu knapp bemessene Anzahl Fleischwürfel gereicht und dazu in Schüsseln oder auf Platten eine oder mehrere der oben genannten Beigaben und verschiedene Salate (z. B. Tomaten-, Gurken- oder grünen Salat) angeboten. Als Getränk Rotwein oder ein fruchtiger Weißwein.

Tipp:
Sehr praktisch sind elektrisch betriebene Fondue-Geräte. Die Wärme lässt sich leichter regeln als beim Spiritusbrenner.

2470

Fischfondue

*1 l Gemüse- oder Kalbsbrühe, oder Fischfond **5***
mit 1 Glas Weißwein,
600 g Fischfilet (festfleischige Seefische),
200 g frischer Tintenfisch,
1 Dose Hechtklößchen,
pro Person 3 Scampi,
einige Champignonköpfe.

Fischfilet und Tintenfisch in dünne Stücke schneiden. Die Hechtklößchen und Scampi sowie die Champignons bleiben ganz. Zubereitung wie Fondue Chinoise.

2471

Gemüsefondue

Beliebiges Gemüse, in mundgerechte Stücke geschnitten,
Gemüsebrühe, verschiedene Soßen.

Gemüse (möglichst Sorten mit kurzer Garzeit) in die kochende Gemüsebrühe tauchen und knackig garen. Beliebige Soßen zum Dippen und Röstbrot passen dazu.

2472

Wildfondue

Ca. 800 g Rehschnitzel,
Kokosfett oder Öl, Kümmelbrot.

Das Fleisch häuten, mit Küchenkrepp abreiben und in kleine Stücke oder dünne Blättchen schneiden. Auf einer mit Salatblättern belegten Platte anrichten. Den Fondue-Topf bis zur Hälfte mit flüssigem Kokosfett oder Öl füllen, erhitzen und auf dem Rechaud servieren. Jedes Stück Fleisch auf eine Fondue-Gabel aufspießen und 2–3 Min. im heißen Öl garen. Kümmelbrot schmeckt gut dazu. Als weitere Beilagen sind Preiselbeeren, eine Cumberland-Soße, eine Wacholderrahmsoße oder Mango-Soße zu empfehlen.
Oder das Wildfleisch vor Gebrauch mindestens 12 Stunden in einer Beize aus Zwiebelringen, Lorbeerblatt, Wacholderbeeren, Salz, Pfeffer und Rotwein marinieren.

Gemüsefondue mit Spiritusbrenner

2473

Käsefondue

Je 300 g geriebener Emmentaler und Greyerzer,
1 Knoblauchzehe,
1/10 l leichter Weißwein,
1 Likörglas Kirschwasser,
1 gestrichener Teel. Speisestärke,
etwas geriebene Muskatnuss,
Pfeffer oder Paprika,
Weißbrot in 2 cm großen Würfeln.

Eine feuerfeste Form oder Fondue-Kachel mit der Knoblauchzehe ausreiben, den Weißwein zugießen und 1/3 der Käsemenge zugeben. Die Form auf der Elektroplatte erhitzen, den Käse im Wein verrühren und den übrigen Käse untermischen. Bei stetem Rühren aufkochen lassen. Die Speisestärke im Kirschwasser auflösen, zufügen und das Ganze nochmals zum Kochen bringen. Das Fondue soll sämig und Faden ziehend werden. Zuletzt die Gewürze überstreuen und das Käsefondue auf dem Rechaud servieren. Die Spiritusflamme so einstellen, dass das Fondue nur schwach kocht. Die Brotwürfel einzeln auf Fonduegabeln oder Holzstäbchen aufspießen, in das Fondue tauchen und mehrmals darin umwenden. Den Brotbrocken mit einer leichten Drehung zum Mund führen, damit der Käse nicht tropft.

2474

Italienisches Fondue (Bagna cauda)

8 Knoblauchzehen, 1–2 Schalotten,
2 Essl. Butter, 1/2 l Milch und 1/4 l süße Sahne, 1 Glas Sardellenfilets,
evtl. 1 Dose Ölsardinen, Pfeffer.
Zum Dippen:
Ca. 1 kg frisches Gemüse (Salatgurke, Möhren, Bleichsellerie, Zwiebelröhren, Paprikaschoten, Tomaten, Zucchini, Champignons usw.).

Knoblauch und Schalotten schälen, feinhacken, in Butter gelb dünsten. Milch und süße Sahne zufügen, alles 30 Min. durchköcheln lassen. Sardellen unter Wasser abspülen, zusammen mit der eingekochten Sahne und den Ölsardinen mit Öl im Mixer fein pürieren. Die Mischung in den Fonduetopf gießen, mit Pfeffer würzen und auf kleiner Flamme warmhalten. Das rohe Gemüse gründlich putzen bzw. schälen, in lange Streifen, Scheiben oder Spalten schneiden und auf einer Platte gefällig anrichten. Am Tisch werden diese mittels Fonduegabeln aufgespießt, in die würzige Soße getaucht und dann gegessen. Dazu reicht man frisches Weißbrot.

2475

Schokoladenfondue

1 große Dose Frucht-Cocktail,
Birnen- oder Aprikosenhälften,
3–4 Tafeln bittere Schokolade,
1 Essl. Kokosbutter,
6–7 Essl. süße Sahne,
3–5 Essl. Fruchtsaft aus der Dose oder Milch,
Weißbrot- und Schwarzbrotwürfelchen.

Die gut abgetropften Früchte (Birnen oder Aprikosen) in kleinere Stücke schneiden, portionsweise mit den Brotwürfeln auf Tellern anrichten. Die Schokolade zerkleinern, im Fondue-Topf bei geringer Hitze mit Kokosbutter langsam schmelzen lassen, löffelweise die Sahne und den Fruchtsaft oder Milch dazugeben. Ab und zu umrühren, damit die Schokolade nicht ansetzt. Wenn notwendig, noch etwas Fruchtsaft oder Milch dazugeben, da die Schokolade stark eindickt. Auf dem Rechaud servieren und bei kleiner Flamme heißhalten. Die Fruchtstücke auf Holzstäbchen spießen, in die Schokolade tauchen und darin umrühren. Dazu passen frische Kirschen, Ananasstücke oder Bananenscheiben besonders gut. Als Beilage serviert man Löffelbiskuits.
Oder die Schokoladensoße mit Rum oder Weinbrand verfeinern.
Siehe auch Crêpes Suzette **463**.

2476

Flambierte Früchte

40 g Butter, 3–4 Essl. Zucker,
6 Essl Orangensaft,
3–4 Essl Orangenlikör oder ein anderer Likör,
400 g kurz gedünstete Sauerkirschen oder frische Himbeeren oder
4 schöne Bananen,
5–6 Essl.Weinbrand oder Rum (54%) oder hochprozentiger Obstschnaps.

Butter mit Zucker in einer Bratpfanne mit hohem Rand oder in einer Flambierpfanne bei mittlerer Hitzezufuhr leicht karamelisieren lassen. Den Orangensaft und einen beliebigen Likör mit den gewünschten Früchten für einige Minuten darin ziehen lassen. Den Alkohol in eine tiefe Schöpfkelle füllen und leicht erwärmen, anzünden und über die Früchte gießen. Die Pfanne etwas schwenken, damit die Flammen gleichmäßig über die Früchte verteilt werden. Sofort servieren.
Achtung: Nie den Alkohol direkt aus der Flasche in die Flamme gießen!

2477

Raclette

Pro Person: 200–300 g Raclette-Käse in nicht zu dünnen Scheiben,
3–4 Pellkartoffeln.
Dazu nach Belieben:
Cornichons, Perlzwiebeln, Mixed Pickles, roher oder gekochter Schinken in Scheiben, Cocktailwürstchen, frische Champignons, rohe Paprikastreifen,
Ananasstückchen, Birnenspalten usw.

Die entrindeten Käsescheiben und Beilagen auf Servierplatten anrichten. Die Pellkartoffeln heiß halten (ggf. auf dem Raclette-Gerät).
Das Raclette-Tischgerät vorheizen. Jeder Gast legt nach Belieben eine Scheibe Käse und 1–2 der obengenannten Zutaten in sein Pfännchen und stellt es unter den Grill. Ist der Käse geschmolzen, streift man ihn mit kleinen Holzspateln vom Pfännchen über die halbierten Kartoffeln. Heiß essen.

2478 Schweinefleisch, süß-sauer, im Wok zubereitet

400 g Schweinefilet.
Zum Marinieren: je 1 Essl. Sojasauce, Sesamöl und Speisestärke,
1 gehackte Knoblauchzehe,
1 Stück (3–4 cm lang) frisch geriebene Ingwerwurzel.
½ Salatgurke, 1 rote Paprikaschote,
1 Bund Frühlingszwiebeln,
3 Scheiben Ananas, 4 Essl. Sesamöl,
5 Essl. Ananassaft, 3 Essl. Weinessig,
je 2 Essl. Sojasauce und Tomatenketchup,
1 gehäufter Essl. brauner Zucker.

Das Fleisch in 1 cm dicke Streifen schneiden, in der Marinade 1 Stunde durchziehen lassen. Gemüse schälen oder putzen, in gleichmäßige Stückchen schneiden. 2 Essl. Öl im Wok erhitzen, abgetropfte Fleischstreifen unter Wenden kurz braten, herausnehmen. Übriges Öl in den Wok gießen, das Gemüse darin 3 Min. unter ständigem Rühren knackig braten. Ananassaft, Essig, Sojasauce, Ketchup und Zucker verrühren, über das Gemüse geben, noch 2 Min. durchköcheln lassen. Die Fleischstreifen dazugeben, kurz erhitzen und das Gericht süßsauer abschmecken. Als Beilage Reis dazu reichen.

2479 Sesamhappen im Wok

4 Hähnchenbrustfilets,
je 1 Essl. Weißwein, Sesamöl und Sojasauce, 2 Eigelbe,
Sesamsaat zum Wälzen,
3–4 Essl. Öl zum Braten.

Das Fleisch in gleichmäßig große Würfel schneiden, in Wein, Öl und Sojasauce marinieren.
Eigelbe verquirlen und die abgetropften Fleischwürfel darin wenden und in Sesamsaat wälzen. Die Panade leicht andrücken. Öl im Wok rauchend heiß erhitzen, die Fleischwürfel auf 1-2-mal hineingeben, unter Wenden knusprig braten. Herausnehmen und sofort servieren.

2480 Tofu mit Gemüse

200 g fester Tofu in Würfeln,
200 g kleinblättriger Paksoi oder Chinakohl,
100 g kleine Austernpilze,
1 Essl. Sonnenblumenöl,
knapp ¼ l Gemüsebrühe,
je 2 Essl. trockener Sherry und helle Sojasauce,
2 Knoblauchzehen, fein gehackt,
1 rote Chilischote, entkernt und gehackt,
evtl. 1 Essl. Speisestärke.

Tofu trocken tupfen, Paksoi waschen, trocknen und in einzelne Blätter zerlegen, die Pilze putzen. Das Öl im Wok erhitzen und alle Zutaten darin unter Rühren 2 Min. anbraten. Brühe zugießen, aufkochen und die restlichen Zutaten einrühren. Falls gewünscht mit kalt angerührter Speisestärke etwas andicken. Dazu passt Reis.

2480a Gemüsepotpourri, pfannengerührt

Ca. 1,5 kg frisches Gemüse (Möhren, Bleichsellerie, Broccoli, Blumenkohl, Fenchel, Porree, Salatgurke, Kohlrabi),
je 3 Zwiebeln und Knoblauchzehen,
4 Essl. Öl, je 3 Essl. Sojasoße und Weißwein,
2 gestrichene Essl. Speisestärke,
Meersalz, Glutamat, brauner Zucker, gemahlener Ingwer.

Das Gemüse putzen, waschen, in gleichmäßig dünne Streifen, Stücke oder Röschen teilen. Zwiebeln und Knoblauch schälen und hacken. Öl im Wok erhitzen, Zwiebeln und Knoblauch darin kurz anbraten. Vorbereitetes Gemüse zugeben, unter ständigem Rühren in 3–4 Min. knackig braten. Sojasoße, Weißwein und Speisestärke verquirlen, das Gemüse damit binden, noch 2–3 Min. weiterbraten. Gemüse würzen, zu körnig gekochtem Reis oder Glasnudeln servieren.

Schweinefleisch **2478** im Wok

Wenn Gäste kommen

Horst Scharfenberg

Man gibt zwar kaum noch Empfänge, lädt nicht mehr zum Souper ein, sondern veranstaltet Partys. Für viele hat sich jedoch kaum etwas an den Formen derartiger Einladungen geändert. Man hält daran fest, obwohl sie längst ihren Sinn verloren haben. In diesen Hinweisen für das Feiern von Festen soll versucht werden, einige alte Zöpfe abzuschneiden. Ein wenig sollte man ruhig von Jugendlichen lernen, vor allem deren Ungezwungenheit und die natürliche Selbstverständlichkeit mit der man trotz Mangel an Geld und Platz das Beste macht.
Für den kleinsten Geldbeutel gibt es Möglichkeiten Gäste einzuladen, selbst beengte Wohnungen bieten noch genügend Raum, um angenehme Stunden im Freundeskreis zu verbringen. Man muss sich nur etwas einfallen lassen und richtig planen. Der Schlüssel zum Erfolg liegt in der Freude, die es einem macht, Gäste um sich zu haben. Und vergessen wir nie die Forderung, die der berühmteste Gastrosoph, Brillat-Savarin, schon vor über 150 Jahren aufgestellt hat: „Jemanden einladen bedeutet, für das Glück des Gastes zu sorgen, solange er unter unserem Dach weilt".

Grundlagen der Planung

Zunächst werde man sich darüber klar, was man zur Verfügung hat. Dazu gehören:
Räumlichkeiten – Art und Größe und Einrichtung.
Hilfsmittel und Gerätschaften – worunter die Kücheneinrichtung ebenso fällt wie Bestecke und Geschirr.
Jahreszeit – wichtig beim Einkauf von Lebensmitteln und für das eventuelle Einbeziehen von Balkon, Terrasse oder Garten.
Tageszeit – warum soll man nicht einmal (am Wochenende) zu einem Frühstück oder Brunch einladen? Oder – was leider manchmal in Vergessenheit gerät – zum Kaffeeklatsch? Oder am Abend und dann um wieviel Uhr?
Welche Geldmittel kann, darf, will man einsetzen?
Ist man sich über diese Voraussetzungen klar, kann man sehr schnell die Höchstzahl der einzuladenden Gäste ermitteln.
Weiterer Planungsschritt: Auswahl der Gäste. Sie müssen einigermaßen zusammen harmonieren, was nicht bedeutet, dass sich alle bereits kennen müssen. Ein einzelner Neuer oder auch ein Paar, das keiner (außer den Gastgebern) kennt, ist manchmal ein Risiko, kann aber ebenso häufig belebend wirken; dessen sollte man sich bewusst sein.

Vorbereitung

Wer Ideen hat, tut sich am leichtesten. Eine Einladung nach Schema E (Essen und ein bisschen Gespräch danach) oder nach Schema B (Büffet und anschließend Unterhalten) erfordert am wenigsten Gehirntätigkeit. Sie wird wahrscheinlich nicht schiefgehen, bietet allerdings auch keine besonderen Erfolgsaussichten. Warum nicht nach dem Grundsatz vorgehen: Mache nie die Einladung, die andere gewöhnlich auch machen! Je besser eine neue, ja ausgefallene Idee ist, umso mehr Spaß kann die Angelegenheit für Gastgeber und Gäste machen. Und – Ideen können Geld und Aufwand sparen. Hier sind einige Vorschläge, die vor allem als Anregung zu eigenen Einfällen gedacht sind:
– Frühlingsanfang: Die Gäste werden gebeten ihre liebsten Frühlingskleider anzuziehen; es gibt vor allem die ersten frischen Gemüse zu essen, was in Form einer Gemüsesuppe mit Siedfleisch und grüner Sauce geschehen kann; der erste abgefüllte Qualitätswein des letztjährigen Jahrgangs wird gereicht; von Bändern oder Platten werden schon beim Eintreffen der Gäste Frühlingslieder, Frühlingsstimmenwalzer gespielt; man kann darum bitten, dass jeder Gast etwas Frühlingshaftes mitbringt: ein Frühlingsbild, ein Frühlingserlebnis zum Erzählen oder mehrere Frühlingskleider von vorgestern, heute und morgen, mit denen eine kleine Modenschau veranstaltet wird.
– Weinprobe: Immer ein Thema wählen; entweder Weine aus gleicher Rebsorte und Lage aus verschiedenen Jahrgängen oder Weine einer einzigen Rebsorte aus verschiedenen Anbaugebieten und Lagen oder Weine verschiedener Rebsorten, die alle aus dem gleichen Gebiet stammen und im gleichen Jahr gewachsen sind; bei guter Versorgungslage kann man z. B. auch einmal Riesling oder Burgunder aus verschiedenen Ländern (Erdteilen) nebeneinander verkosten; natürlich muss der Gastgeber Informationen über die einzelnen Weine organisieren, vielleicht übernimmt auch ein kenntnisreicher Freund oder Bekannter die Kommentierung der Weinprobe.
– Pfannkuchen-Backen: Man braucht nur einige Bratstellen auf dem Herd und auf Elektro- oder Camping-Kochern; seine Pfanne kann jeder mitbringen; Zutaten für den Teig werden bereitgestellt; dann wird mit Wettbewerb gebacken und gemeinsam verzehrt; der Vielfalt der Füllungen – süß und pikant – sind keine Grenzen gesetzt; Wettbewerb um die schönste Schürze ist ebenso möglich wie ein Pfannkuchen-Wettwerfen.
– Griechischer Abend oder Italienischer, Spanischer, Marokkanischer oder, oder... wohin man seine letzte Reise gemacht hat: Gäste bitten, in entsprechender Gewandung zu kommen; dekorieren mit ein paar Plakaten (über Reisebüros zu beschaffen) oder Souvenirs; entsprechende Musik auflegen; niemals mehr als 15 Dias zeigen, weil sonst alle Gäste heimlich stöhnen; Speisen natürlich aus dem Land des Einladungs-Themas; zur Belustigung kann man einen Sirtaki-Tanzwettbewerb veranstalten, eine Flasche griechischen Weines gibt es als Preis.
– Schlachtfest: Vom Metzger Schweineteile besorgen, die als Kesselfleisch gekocht werden, dazu Kraut und Erbsbrei; Würste, Bratwürste werden von den Gästen selbstgemacht, die Zutaten (vgl. S. 279, 280) durch die Maschine gedreht, gewürzt und in Därme gefüllt mittels Trichter oder Vorsatz zur Küchenmaschine; wenn man gut mit einer großen Metzgerei steht, kann man für alle Metzgerkittel beschaffen, die nicht nur praktisch sind, sondern auch die Stimmung heben und außergewöhnliche Fotos ergeben; Getränk kann Fassbier nebst Korn sein, auch herbe Weine sind gut möglich.

Kinderfeste

Solche Feste feiert nur der, der selbst Kinder hat. Er weiß auch am besten, was den Kleinen besonderen Spaß macht.

Die eigenen Kinder sind die besten Berater bei der Zusammenstellung der Speisen, ihre Wünsche sollte man immer respektieren, dann ist der kulinarische Erfolg gesichert. Das gilt auch für die Getränke.

Nie vergessen, Spiele vorzubereiten, bei denen es kleine Preise zu gewinnen gibt. Natürlich muss jedes Kind mit mindestens einem Preis nach Hause gehen.

Dekoration mit Girlanden, Lampions usw. sorgt zusätzlich für Stimmung.

Kinderfeste kann man auch nach draußen verlegen. Dort gibt es Würstchen oder ein einfaches Picknick. Der Zauber des Draußen-Seins wird seine Wirkung nicht verfehlen... und selbst die besorgtesten Gastgeber-Eltern brauchen nicht um die Unversehrtheit ihrer Wohnung zu bangen. – Wichtig ist nur, dass man alle Einzelheiten vorher bedenkt und für alle Eventualitäten gerüstet ist; dazu gehört auch die Örtlichkeit für dringende menschliche Bedürfnisse oder Pflaster für mögliche kleine Wehwehchen.

Einladungen

Es macht immer einen guten Eindruck, wenn man schriftlich einlädt. Das sollte mindestens drei bis vier Wochen vorher erfolgen.

Wer häufiger, mehrmals im Jahr Gäste einlädt, für den lohnt es sich, besondere Karten drucken zu lassen, in die man von Fall zu Fall die Einzelheiten einträgt.

Abzuschneidender alter Zopf: „Hans Gastgeber und Frau Grete beehren sich ... für den ... (Datum) einzuladen" – Ich finde, das klingt viel zu geschwollen. Niemand würde das heute noch so sagen, wenn er eine Einladung mündlich ausspricht. Warum nicht persönlich und direkt? Etwa so: „Hätten Sie/Ihr Zeit und Lust am ... zu uns zu kommen? – Wir würden uns über Eure Zusage freuen." Grete und Hans Gastgeber (nebst Adresse und Telefonnummer natürlich).

Lassen Sie sich für Ihre Einladungstexte persönliche Formulierungen einfallen, die Ihrem ganz persönlichen Stil entsprechen! Schreiben Sie so, wie Sie die Einladung mündlich formulieren würden.

Ganz wichtig für jede Einladung:

- Genaue Uhrzeit, zu der man die Gäste erwartet oder auch ab der man empfängt.
- Hinweis auf die Kleidung, möglichst unmissverständlich; ein paar erklärende Worte mehr werden von allen mit Dank angenommen.
- Information über das, was den Gast erwartet. Auch hier bitte möglichst klar. Es ist leider noch immer in manchen Kreisen vornehm, „auf ein Butterbrot" einzuladen und dann ein Büffet anzubieten, unter dem sich die Tischbeine biegen.
- Immer auch über den Anlass informieren, wenn es einen gibt. Es ist peinlich, wenn man aus Anlass eines Geburtstages einlädt und dies vornehm verschweigt; einige der Gäste erfahren es doch und bringen entsprechende Geschenke, was für jene, die von nichts wussten, zu peinlich gestotterten Entschuldigungen führt.
- Für alle Eingeladenen muss es eine Ehrenpflicht sein, so bald wie möglich zu- oder abzusagen, denn die Gastgeber müssen schließlich ihre Vorbereitungen treffen.
- Natürlich ist es heute unter guten Freunden auch durchaus möglich, Gastgeber telefonisch oder mündlich z. B am Arbeitsplatz auszusprechen.
- Und wie wäre es gelegentlich mit einer ganz spontanen Einladung? Bei der Unzuverlässigkeit unserer Sommer kann es doch sein, dass unverhofft ein herrlicher, milder Abend über uns hereinbricht. Dann sollte man sich, wenn einem danach zu Mute ist, nicht scheuen zum Telefon zu greifen, Freunde anzuwählen und ihnen ehrlich zu sagen, dass man auf dem Balkon sitzt, den Abend so sehr angenehm empfinde und dass man sich freuen würde, wenn sie auf einen Sprung herüber kämen. Auf diese Weise sind schon die schönsten Geselligkeiten entstanden – selbst wenn man in deren Verlauf in die nächste Gastwirtschaft fahren musste, um Getränkenachschub zu holen.

Vorbereitende Organisation

Nachdem man sich darüber klar geworden ist, was man seinen Gästen bieten will und in welcher Form das Fest (die Einladung) ablaufen soll, empfiehlt es sich, einen schriftlichen Plan zu machen, in dem alle erforderlichen Einkäufe und Vorbereitungen eingetragen werden. Dieser Plan muss auch die Zeitpunkte enthalten, zu denen die Einzelheiten abgeschlossen sein müssen.

Am besten verwendet man die ersten zwei oder drei Tage dazu, alles, was einem einfällt, auf Zettel zu schreiben und immer wieder im Familienkreis darüber zu sprechen. Jedermann wird erstaunt sein, wie einem immer wieder neue Details einfallen. Schließlich macht man eine Reinschrift, die genügend Platz für Nachträge und eine „Erledigt-Spalte" enthält.

Ratsam ist es, die Vorbereitungslisten zu teilen in Einkäufe und häusliche Vorbereitungen.

Immer muss bedacht und vermerkt werden, wie man die vorbereiteten Einzelheiten lagern oder wo nötig, frisch halten will.

Hier sind einige Hinweise, die das Aufstellen der Vorbereitungslisten erleichtern können:

Einkäufe

- Bei Spezialitäten (Brot oder andere Lebensmittel und Getränke) so rechtzeitig wie möglich Lieferanten aussuchen und durch persönliche Besuche (vorzuziehen) oder Telefongespräche rechtzeitig Vorbestellungen aufgeben.
- Genau überlegen, wieviel man jeweils braucht. Es ist ärgerlich, wenn man große Mengen übrig behält, schlimmer jedoch wird es, wenn die bereitgestellten Mengen nicht reichen. Heutzutage besteht in den meisten Haushalten die Möglichkeit, Reste nach dem Fest einzufrieren. Also kaufe man lieber reichlich.
- Auch Nebensächlichkeiten bitte nicht vergessen. Dazu gehören z. B. Papierservietten, Kerzen, kleine Plastik- oder Holzspießchen, Senf, Fertig-Saucen und Knabbergebäck. Auch Strohhalme, falls man Getränke reichen will, bei denen sie nützlich sein können. Ebenso Pappbecher für Kinderpartys.

Wenn Gäste kommen

Anmerkung: Für Grilleinladungen im Freien, bei denen man Freunde erwartet, habe ich nicht allzu viel für Plastik- oder Papp-Geschirr und Wegwerfbestecke übrig. Gewiss, alles gibt es heute in großer Vielfalt und die Nachfolge-Arbeit, z. B. Spülen, wird geringer. Andererseits bleibt es trotz attraktiver bunter Dekors immer ein Notbehelf; Plastikgabeln verbiegen sich, Bier aus Pappbechern ist immer nur ein halber Genuss (ganz abgesehen von der Entsorgungs-Problematik). Ich halte es für besser, wenn man bei solchen Anlässen Geschirr- oder Service-Reste einsetzt. Im Haushalt sammeln sich ausrangierte Teller jeder Größe, ebenso Gläser. Ebenfalls Einzelstücke von Bestecken. Außerdem gibt es heute preiswerte Gläser in jedem Supermarkt zu kaufen. Auch einfache Bestecke gibt es in vielen Sonderangeboten.
Diese Dinge können bei einem Grillabend ruhig zusammengestoppelt sein, das nimmt niemand übel. Dafür haben sie den unschätzbaren Vorteil solide und handfest (im wahrsten Sinn des Wortes) zu sein. Fehlende Stücke kann man sich von Freunden ausleihen, die gern ein paar ihrer ausrangierten Teller mitbringen. Was die Gläser betrifft, so lohnt es sich, die Getränke über eine Brauerei oder einen Getränkegroßhandel zu beziehen, dort kann man dann gleich passende Gläser (und Tische sowie Bänke) ausleihen. In vielen Gemeinden gibt es auch Geschäfte, die gegen geringe Gebühr Geschirr verleihen, es lohnt sich darüber Erkundigungen einzuziehen.

Hilfskräfte für das Fest
Da Aushilfsbedienungen sehr teuer geworden sind, kann man auch gute Freunde um Hilfe bitten. Dazu bitte genaue Absprachen treffen. Man sollte festlegen, dass ein Freund sich z. B. um den Wein- oder Bier-Ausschank kümmert, dass eine gute Freundin beim Vorrichten in der Küche oder beim Servieren und/oder beim Abräumen der Teller hilft. In jedem Fall auch festlegen, wann die Betreffenden zur Hilfeleistung eintreffen. Das sollte niemals in letzter Minute sein.
Hilfe durch die Kinder: Für Kinder jeden Alters von 6 Jahren aufwärts kann die Hilfe zum Wohl von Gästen zu einer interessanten, angenehmen Beschäftigung werden. Man muss sie nur richtig und rechtzeitig motivieren. Dienst am Gast war und ist eine der ehrenvollsten Tätigkeiten, die es gibt. Kinder, die sich darin rechtzeitig üben, bekommen dadurch wertvolle Erfahrungen für ihren weiteren Lebensweg mit. Auch hier sind rechtzeitige, möglichst detailierte Aufgabenzuweisungen unerlässlich.

Der gut gedeckte Tisch
Passen Tischdecke, Geschirr und Bestecke zusammen und sind von exquisiter Qualität, so ist das mehr als der halbe Weg zum Erfolg einer Einladung. Heutzutage braucht sich jedoch niemand zu schämen, der nicht mehr genügend Geschirr hat, um 12 Gäste mit fünf bis sechs Gängen darauf zu bedienen. Man plane einfach nur drei Gänge! Bei den Bestecken kann man sich der französischen Familienmethode bedienen und die Gäste bitten, ihre Bestecke zu behalten. Da meistens Brot auf kleinen Tellerchen zum Essen gereicht wird, kann jeder seine Besteckteile mit dessen Hilfe geschmacklich neutralisieren. Äußerst praktisch ist ein fast vergessenes Tischutensil, das *Messerbänkchen*; man braucht dann nicht mehr Gefahr zu laufen, mit benutzten Messern und Gabeln das festliche Tischtuch zu verschmieren. (Hinweis: Messerbänkchen sind ein meist sehr willkommenes Gastgeschenk, je nach Ausführung können schon zwei Exemplare genügen, bei späteren Gelegenheiten komplettiert man die Ausstattung.)

1 Der festlich gedeckte Tisch: Tischdekoration farblich abgestimmt...

2 dazu die Serviette.

6 oder mit Dessertgabel und Obstmesser für Obst oder Käse.

7 Gedeck für 4 Gänge: Vorspeise mit Fisch, Suppe, Hauptgericht, Dessert.

8 Gedeck für 4 Gänge: Vorspeise mit Muschel- oder Schaltieren, Fisch, Hauptgericht, Dessert.

Untersetzteller (Platzteller) – können aus Zinn oder glänzendem Metall sein. Sie lassen eine Tafel besonders festlich wirken, allerdings darf man nie vergessen kleine Deckchen darauf zu legen, ehe man den Teller darauf setzt.
Servietten – sollten möglichst aus Stoff sein. Sie sollten in Art und Farbe zu Tischdecke und Geschirr passen. Man kann sie säuberlich gefaltet auf oder neben den Teller legen. Hat man die Zeit, faltet man sie zu kunstvollen Gebilden.
Bestecke – liegen neben den Tellern und jeweils auf der Seite, auf der die Hand, die sie benutzen wird, direkt zugreifen kann. Aus dieser Grundüberlegung resultiert auch die Reihenfolge des Nebeneinanders: was zuerst gebraucht wird, liegt außen. Dessertbestecke lege man quer über die Teller. Hat man viele Gänge, so kann man auch den Suppenlöffel oben plazieren.
Gläser – haben ihren Platz rechts über dem Teller; die zuerst zu brauchenden stehen auch hier wieder außen, da, wo die rechte Hand sie am leichtesten erreichen kann.

Servieren – ist bei fehlenden Hilfskräften eines der schwierigsten Probleme. Alle Variationen sind möglich. Welche man wählt, hängt von der jeweiligen Gegebenheit ab. Es können z. B. vorgeschnittene Bratenscheiben auf Platten herumgereicht werden; stets von links (vom Gast aus gesehen) servieren; weggenommen werden die Teller von rechts.
Bei in der Küche vorgerichteten, vorportionierten Fleischstücken (Steaks oder Schnitzel) kann man die Platte vor sich stellen, auf einem Beistelltisch einen Stapel (vorgewärmter) Teller; man legt auf und reicht die Teller seinem Tischnachbarn mit der Bitte sie weiterzugeben. Große Braten können – wenn Sie geübt haben – am Tisch tranchiert werden; die einzelnen Portionen werden dann wie im eben geschilderten Fall um den Tisch herumgereicht. – In beiden Fällen stehen Beilagen in Schüsseln auf dem Tisch. – Das Herumreich-Verfahren kann auch sehr gut bei der Suppe angewandt werden, wobei Sie dann die Terrine vor sich haben und daraus in vorbereitete Teller oder Tassen schöpfen. Tassen haben den Vorteil, dass die Suppe nicht so leicht herausschwappt und länger heiß bleibt.

Natürlich ist es auch möglich, alle Speisen auf Platten und in Schüsseln auf den Tisch zu stellen, und die Gäste greifen selbst zu. Dies ist nur in kleinem Kreis und bei ausreichend großem Tisch anzuraten. Das andere Extrem führt zum Tellerservice: In der Küche werden die Teller gefüllt und jedem einzelnen Gast vorgesetzt. Dabei überlässt man es diesem meist, sich selbst mit Kartoffeln oder Sauce zu bedienen.
Der Wein wird immer von rechts eingeschenkt.
Rauchen bei Tisch – mag manchen tabaksüchtigen Gästen ein Bedürfnis sein. Gleichzeitig ist es jedoch eine schlimme Zumutung für alle Nichtraucher. Nach unvoreingenommenem Abwägen des Für und Wider muss man sich für die gute, alte Sitte entscheiden, dass erst zum oder (noch besser) nach dem Dessert geraucht wird. Aschenbecher kommen erst dann auf den Tisch. Überhaupt nicht zu rauchen, wäre allerdings die rücksichtsvollste Lösung.

3 Gedeck für 2 Gänge: Suppe und Hauptgericht...

4 dazu Brotteller mit kleinem Messer.

5 Gedeck für 3 Gänge: Suppe, Hauptgericht, Dessert...

9 Gedeck für 3 Gänge: Fisch, Hauptgericht, Dessert mit Gläsern für Wasser, Sekt und Wein.

10 Gedeck für 4 Gänge: Suppe, Fisch, Hauptgericht, Dessert.

11 Gedeck für 5 Gänge: Vorspeise, Suppe, Fisch, Hauptgericht, Dessert.

Wenn Gäste kommen

Interne Organisation
Geklärt werden müssen folgende Details:
- Wie und wo setze ich meine Gäste?
- Wo kann Garderobe (auch Schirme) abgelegt werden? – Habe ich genügend Vasen für die Blumen?
- Wer kümmert sich darum, dass sie ins Wasser kommen und dass die Einwickelpapiere verschwinden?
- Reiche ich einen Willkommens-Drink?
- Was soll das sein und welche Gläser kann ich dafür einsetzen? (Vermeiden Sie, bestimme Modegetränke zu sehr zu strapazieren!
- Wer sorgt für die Musikuntermahlung und stellt die Musik für eine eventuell eingeplante Tanzerei zusammen? (Dabei unbedingt auf Alter und Vorlieben der Gäste Rücksicht nehmen!)
- Wer kühlt (und wie und wo) die Getränke? (Da die Kühlschränke stets viel zu klein sind, sollte man sich in Gefrierdosen Eisblöcke vorbereiten; in Eimern oder Wannen kann man sie mit Flaschen und etwas Wasser mischen und bekommt eine großartige Kühlanlage. Nicht vergessen, ein Handtuch daneben zu legen, um Flaschen und Finger abzutrocknen!)
- Wie sieht die Tischordnung aus, falls eine Mahlzeit in festlicher Runde eingenommen werden soll? Hilfreich ist es, wenn man Tischkarten schreibt, man kann auch auf ein Stück weiße Pappe einen Plan schreiben, den man für alle sichtbar auslegt, oder die Gastgeber haben einen Merkzettel und bitten die einzelnen Gäste zu ihren Plätzen. Letztgenannte Möglichkeit bietet sich vor allem bei kleineren Tischrunden an.

Speisen und Getränke
Grundsätzlich ist alles möglich. Jede Einzelheit sollte jedoch von bestmöglichem Wohlgeschmack sein. Die verschiedenen Speisen sollten zueinander und zu den Getränken passen. Bestmöglicher Wohlgeschmack ist keine Frage des Preises; eine perfekte Erbsensuppe ist besser als versalzener oder ausgetrockneter Räucherlachs. Man vermeide es, seinen Gästen durch teure Speisen imponieren zu wollen! Wer das nötig hat, ist zu bedauern. Was man seinen Gästen vorsetzt, das sollte immer dem entsprechen, was man sich in der Familie zu besonderen Anlässen auf den Tisch bringen würde. Warum also nicht Austern, wenn man sich diese auch im engsten Kreis zuweilen genüsslich zu Gemüte führt? Bei der Auswahl der Speisen, wähle man nie ein Rezept, das man nicht vorher mit gutem Erfolg ausprobiert hat! Lieber nur drei Gänge bester Geschmacksqualität und souverän serviert, als Tohuwabohu mit 5 Gängen! Gibt es ein umfangreiches Menü, so beachte man einige Grundregeln:
- Keine Zutat (außer Salz und Pfeffer natürlich) soll sich innerhalb des Menüs wiederholen.
- Keine Wiederholung von Farben; nach einer Vorspeise mit Rote Bete kann man keine Tomatensuppe reichen.
- Selbst bei geschmacksbestimmenden Gewürzen sind Wiederholungen zu vermeiden; gab es zuerst eine Crèmesuppe mit Estragon, dann darf das Huhn nicht nach dem gleichen Kraut schmecken.
- Nicht mehrere Gewürz- oder Schärfebetonte Gänge einander folgen lassen; man gewähre den Zungen seiner Gäste Ruhepausen in Form von milderen Speisen.
- Kalte Vorspeisen serviert man vor einer heißen Suppe; warme Vorspeisen kommen nach der Suppe.
- Fisch und/oder Geflügel wird vor dem Braten gereicht. Dabei darf einem Fischragout natürlich nie ein Kalbsragout oder auch ein Gulasch folgen.

Horst Scharfenberg

Der richtige Umgang mit Wein verhilft zu größerem Genuss. Unser edelstes Getränk dankt es jedem, der ihm mit Kennerschaft begegnet. Jede gute Flasche Wein ist eine Persönlichkeit, ist so etwas wie ein lebendes Wesen, das unter Misshandlungen leidet, dadurch sogar zerstört werden kann. Der rechte Umgang mit Wein ist nicht ganz einfach. Glückerlicherweise ist er aber keine Geheimwissenschaft. Niemand lasse sich durch Geheimniskrämerei mancher Experten erschrecken. Man glaube auch nicht jeden Aberglauben, der mit dem Wein verbunden wird; selbst alte Sprichwörter stimmen nicht immer.

Wichtige Grundregel:
Dem Wein mit wachen, unvoreingenommenen Sinnen begegnen; jeder entwickelt sein ganz persönliches Verhältnis zum Wein und beuge sich keinem Geschmacksdiktat. Einen allgemeingültigen Weingeschmack gibt es nicht, jeder hat seine eigenen Vorlieben – und er bekenne sich ohne Scheu dazu. Wenn trockene Weine mehr und mehr Anhänger gewinnen, so ist das schön und gut; wer jedoch einen lieblichen Wein bevorzugt, der trinke ihn und schäme sich dessen nicht. Nur wer Freude am Wein hat, der ist seines Umgangs wert. Wein soll schmecken. Der liebe Gott lässt so viele verschiedene Weine wachsen, dass für jeden Geschmack einer dabei ist.
Wie man den seinen Wünschen entsprechenden Wein findet und wie man ihn richtig behandelt, dafür einige Hinweise.

Weineinkauf
Bis vor wenigen Jahren kaufte man gute Weine ausschließlich im Fachgeschäft. Heute führen Kaufhäuser und eine ganze Reihe von Supermärkten sogar Spitzenweine. Jedes Lebensmittelgeschäft offeriert Weine, jedoch sind das vorwiegend einfache Sorten. Wer etwas vom Wein versteht, der kann in Supermärkten zuweilen beachtliche Weinqualitäten zu erstaunlich billigen Sonderangebots-Preisen kaufen. Einkauf direkt beim Erzeuger war immer schon beliebt und ist heute im Zeitalter des Autos leichter möglich als je zuvor.

Kurzurlauben und Wochenendfahrten gibt der Einkauf beim Winzer zusätzlichen Reiz. Jedoch sollte man dabei nicht vergessen, dass er für den Erzeuger erheblichen Arbeitsaufwand bedeutet, der natürlich einkalkuliert werden muss; sehr viel billiger kann der Direkteinkauf also nie sein. Im Versandhandel haben sich sehr leistungsfähige Unternehmen auf Weine spezialisiert. Am besten fährt dabei, wer sich mit Freunden zusammenschließt. Er kann dann zunächst eine Probebestellung aufgeben, zahlreiche Weine verkosten und den ihm genehmen wählen. Bei der zweiten Sammelbestellung spart dann eine große Anzahl von Flaschen Frachtkosten und bringt wahrscheinlich auch noch einen Mengenrabatt ein. Erfreulich ist, dass kein anderes Genussmittel so eindeutig kenntlich gemacht ist, wie der Wein. Das Etikett verrät fast alles über den Inhalt der Flasche.

Etikettenkunde
Das Weingesetz schreibt die Angaben auf dem Flaschenetikett peinlich genau vor. Wichtig für die Weinauswahl sind folgende Einzelheiten (in der Reihenfolge ihrer Bedeutung für den deutschen Konsumenten):

Traubensorten
Sie bestimmen die Geschmacksrichtung. **Riesling** ist die edelste Weintraube, die Weine zeichnen sich durch eine rassige Säure aus.
Silvaner sind neutraler im Geschmack.
Gutedel ist ebenfalls neutral und zusätzlich säurearm.
Müller-Thurgau ist die am weitesten verbreitete deutsche Rebsorte, die Weine haben ein leichtes Muskat-Bukett, sind leicht und süffig.
Kerner ist eine sehr erfolgreiche Neuzüchtung, dem Riesling ähnlich.
Ruländer sind sehr volle, schwere Weine.
Alle anderen Weißweinsorten, angefangen beim altberühmten **Traminer** sind bukettbetont. Das gilt vor allem für **Scheurebe** und **Morio-Muskat**.
Bei den Rotweinen ist der **Spätburgunder** König; die deutschen Weine dieser Art sind etwas leichter als die französischen, auch heller.
Sehr leicht und hell sind die **Portugieser**.
Kernig sind die **Trollinger**, nachhaltig die **Lemberger** und kräftiger die **Schwarzrieslinge**, die nichts mit dem weißen Riesling zu tun haben.
Von den ausländischen Rotweinen seien die **Bordeaux**-Gewächse erwähnt, die sich durch kräftige Farbe und geschmacksbestimmende Gerbsäure auszeichnen; sie sollten mindestens 4–5 Jahre reifen.

Qualitätsstufen
Die unterste Stufe – **Tafelwein** – spielt in Deutschland keine Rolle. Als gehobene Tafelweine haben sich seit wenigen Jahren die Landweine einen Namen als leichte Tischweine gemacht.
Als **Qualitätsweine bestimmter Anbaugebiete (QbA-Weine)** kommt die breite Mittelschicht deutscher Qualitätsweine auf den Markt. In Literflaschen sind sie preisgünstig. Kenner scheuen sich nicht, Wein darin zu servieren.
Bei den sogenannten Prädikatsweinen spielen **Kabinett** und **Spätlese** die Hauptrollen. **Kabinett** ist der leichteste Wein, den man bekommen kann, **Spätlesen** haben meist deutliche Restsüße, können aber auch herb sein.
Auslesen, **Beerenauslesen** und **Trockenbeerenauslesen** sind ebenso wie **Eisweine** echte Spezialitäten, die wenigen besonderen Anlässen vorbehalten bleiben sollten.
Bei ausländischen Weinen sei auf folgende Qualitätsbegriffe hingewiesen: Frankreich – **Appellation d'Origine Controllée (AOC-Weine)** entsprechen etwa unseren Prädikatsweinen.
Italien – **Denominazione di Origine Controllata (DOC–Weine)** stellen die obere Güteklasse dar. Es gibt noch eine Superelite, die die Bezeichnung **DOCG** führen (das G. bedeutet Garantita und ist nur ganz wenigen italienischen Gewächsen vorbehalten).
Praktischer Hinweis: Vorsicht bei sogenannten „Spätlesen" im Billigregal. Gute Weine dieser Klasse sind nicht zu liefern. Mit „QbA"- und „Kabinett"-Weinen ist man für die meisten Gelegenheiten am besten bedient.
Spanien – Qualitätsweine mit kontrollierter Herkunft tragen die Bezeichnung **DOCa**. Dazu zählen z.B. die Rioja-Weine. Wichtiger sind jedoch die Reifestufen: Crianza (mind. 24 Monate gereift), Reserva (36 Monate gereift) und Gran Reserva (60 Monate gereift), alle überwiegend im Eichenfass.
Übersee – Weine aus Südafrika, Australien und Südamerika (vor allem Chile) gibt es in hervorragender Qualität. Verkosten lohnt sich!
Für alle Weine gilt: Gute Fachhändler und evtl. der Sommelier oder die Sommelière (Weinkellner/in) beim Restaurantbesuch geben gerne kompetenten Rat.
Jahrgänge – Vor allem „Müller-Thurgau"-Weine sollten jung, also in den ersten beiden Jahren getrunken werden. Ebenso „Gutedel". Junge Weine aller Sorten sind besonders frisch, haben den Charme der Jugend, selbst wenn sie noch etwas ungestüm und eckig sind. „Rieslinge" brauchen oft 2–3 Jahre, um ihre betonte Säure etwas auszugleichen. Schon nach 5 oder 6 Jahren können deutschen Weißweine einen Alterston bekommen, sie sind dann edelfirn und werden von vielen Kennern besonders geschätzt; bestimmt sind sie sehr bekömmlich.

Geographische Herkunftsbezeichnung
Das kleinste der angegebenen Areale ist die Einzellage. Leider kann man kaum unterscheiden zwischen Einzellage und Großlage. Da hilft nur ein Lagenatlas. Ein Bereich entsteht dann aus mehreren Großlagen. Der Oberbegriff ist das Anbaugebiet. Davon gibt es in Deutschland zwölf, von Ahr und Mittelrhein im Norden über Elbe und Unstrut im Osten bis Baden im Süden.
Herkunft – Auf jedem Etikett muss Erzeuger und/oder Abfüller angegeben werden. Hat man einen Erzeuger als gut und zuverlässig erkannt, sollte man ihm im Zweifelsfall stets den Vorzug geben. Erzeuger- und Abfüller-Angaben werden gemeinhin noch viel zu wenig beachtet beim Weinkauf.

Wein lagern
Seit Jahrzehnten schon sind unsere Architekten ausgesprochene Weinfeinde. Selbst in luxuriösen Villen oder Häusern mit Eigentumswohnungen gibt es zwar jede Menge Garagen mit allem erdenklichen Komfort, Weinkeller jedoch sind selten vorhanden. Glücklich, wer in einem Altbau mit kühlen Kellern wohnt! Viele günstige Wein-Einkäufe kommen wahrscheinlich nur deshalb nicht zustande, weil die meisten Familien keine richtige Lagermöglichkeit für Weine haben. Jammerschade, denn damit geht auch ein wichtiges Stück Lebenskultur verloren.

Wenn Gäste kommen

Der ideale Weinkeller soll dunkel, gleichmäßig temperiert und nicht zu trocken sein. Eine Luftfeuchtigkeit von 70% wäre ideal. Bei der Temperatur sollten etwa 10 °C angestrebt werden. Rotweine vertragen bis zu 15 °C. Falls die Temperaturen etwas höher liegen, werden sie immer noch keinen Wein ruinieren. Viel wichtiger ist, dass die Lagertemperatur keinen großen oder gar plötzlichen Schwankungen unterworfen ist. Auch starke Erschütterungen – etwa vom nahe vorbeirollenden Schwerlastverkehr – schaden der Entwicklung des Weins. Noch schlimmer sind penetrante Gerüche; zusammen mit Zwiebeln oder Farben sollte man nie Weine lagern. Gegen diese Gefahren sind die Temperaturprobleme fast unwesentlich. Unsere modernen Weine sind so stabil, dass sie auch durch eine Lagertemperatur von 20 °C noch nicht verdorben werden. Sie reifen dann schneller, halten sich vielleicht nur noch 2–3 Jahre gegenüber 5 oder 6 Jahren bei besseren klimatischen Bedingungen. Wer keinen geeigneten Keller hat, der sollte seinen Wein im dunkelsten, am wenigsten geheizten Eckchen der Etagenwohnung aufbewahren. Meistens bietet sich dazu das Schlafzimmer an. Auf dem Kleiderschrank oder unter dem Bett sind bevorzugte Lagerorte; unter dem Bett ist es auch noch dunkel und in Bodennähe meistens 1–2 °C kühler als in Schrankhöhe.

Wer es sich leisten kann, der kaufe sich einen **Flaschenkühlschrank** (evtl. mit 2 Klimazonen). Solche Möbelstücke gibt es in verschiedenen Größen, sie werden elektrisch gekühlt. Billig in der Anschaffung und im Betrieb sind sie allerdings nicht gerade.

Alle Weine sollten liegend aufbewahrt werden. Nur wenn die Korken ständig von Flüssigkeit bespült sind, bleiben sie dicht und können eine ungestörte Entwicklung des Flascheninhalts garantieren.

Sehr haltbare Rotweine (Bordeaux oder Barolo) müssen alle 20 bis 25 Jahre neu verkorkt werden.

Wer einen größeren Weinbestand hat, der versäume nicht, ein Kellerbuch zu führen. Es gibt dafür verschiedene Systeme, jeder muss das ihm passende auswählen.

Handhabung der Flaschen

Jeder gute Wein muss mit der ihm gebührenden Sorgfalt auf den Tisch gebracht werden. Vor allem ist die Temperatur zu beachten. In Deutschland serviert man die Weißweine oft zu kalt und die Rotweine zu warm. Hier sind einige bewährte Richtwerte für Trinktemperaturen:

Junge Weißweine mittlerer Güte	8 – 10 °C
Körperreiche Weißweine	11 – 13 °C
Volle Spätlesen	12 – 14 °C
Beerenauslesen	6 – 8 °C
Roséweine (Weißherbst, Rotling)	8 – 10 °C
Leichte Rotweine	11 – 14 °C
Mittelschwere Rotweine	15 – 16 °C
Volle Rotweine	16 – 19 °C
Trockene Sherrys	8 – 10 °C
Süßere Sherrys	12 – 18 °C
Sekt (Champagner)	8 – 10 °C

Wein möglichst nie Schock-Kühlen, also nicht in die Tiefgefriertruhe. Ein Kühler mit Wasser und Eiswürfeln ist sehr viel besser. Auch die Lagerung im Kühlschrank schadet selbst dann nichts, wenn sie auf mehrere Tage ausgedehnt wird. Verderblich ist es für jeden edlen Rotwein, wenn man ihn neben der Heizung oder gar in heißem Wasser temperiert. Weißweine können beim Servieren ruhig ein bis zwei Grad zu kalt sein, da sie sich im Glas sofort etwas erwärmen. Für Weißweinflaschen sind gefütterte, eng anliegende Servierhülsen nahezu ideal, da sie die Temperatur für mindestens eine halbe Stunde konstant halten.

Kleinhaushalte sollten mehr als allgemein üblich von halben Flaschen (0,35 l) Gebrauch machen. Für größere Familien und Einladungen bieten sich Magnum-Flaschen an. Sie wirken besonders festlich, Weine reifen darin langsamer. Vor allem auch für Sekt oder Champagner sind sie geeignet. Um einen besseren Halt zu haben, steckt man beim Einschenken den Daumen der rechten Hand in die Bodenhöhlung, so dass die anderen vier Finger unter der Flasche liegen, die außerdem durch die flache, linke Hand unterstützt wird. So handhabt man auch normale Sektflaschen beim Einschenken.

Um den Hals von Rotweinflaschen stülpt man eine Papier- oder Stoffserviette, die man vorher zum Band gefaltet und dann zu einer Schleife gesteckt hat. Dadurch verhindert man die hässlichen Einschenkflecken. Außerdem sieht es gut aus.

Dekantiert werden meistens nur alte Bordeauxweine, um sie vom Bodensatz zu befreien. Vorher die Flasche einige Stunden senkrecht stehenlassen, damit aller Satz zu Boden sinkt. Vor einer brennenden Kerze vorsichtig in eine Glas- oder (besser) Kristall-Karaffe gießen. Im durchschimmernden Kerzenlicht kann man sehen, wenn sich der Bodensatz dem Hals der Flasche nähert, er bleibt in der Schulter hängen. (Deshalb sind Bordeauxflaschen anders geformt als Burgunderflaschen). – Vorsicht bei sehr alten Weinen (mehr als 25 Jahre)! Sie können (müssen aber nicht) beim Dekantieren einen Teil ihres Lebens buchstäblich aushauchen. Das geschieht auch, wenn man sie zu lange vorher öffnet. Andererseits gewinnen jüngere Weine erst durch die Berührung mit dem Sauerstoff der Luft ihren vollen Wohlgeschmack; deshalb dekantiert man zuweilen auch jüngere Rotweine, die keinen Bodensatz haben.

Weißweine können kleine, weiße, zuckerähnliche Kristalle bilden. Man spricht dann von Weinstein. Ein Fehler liegt nicht vor, im Gegenteil, zu diesen geschmacklosen Kristallen sagt man auch »Edelsteine des Weins«. Sie entstehen bei hohem Säuregehalt und kühler Lagerung. Man verwende alle Sorgfalt darauf, dass diese kleinen Kristalle nicht ins Glas kommen. Also vorsichtig abgießen.

Der Wein im Glas

Bitte stets nur weingerechte Gläser verwenden! Wenn man noch das für jeden Wein passende Glas hat, umso besser. Weingerecht ist ein farbloses Glas, das die Gold- oder Purpur-Reflexe des edlen Getränks und seine blitzblanke Klarheit voll zur Wirkung bringt. Weingerecht bedeutet ferner, dass das Glas sich am oberen Rand etwas verjüngt, apfel- oder tulpenförmig ist, um die Bukettstoffe festzuhalten und der menschlichen Nase das bestmögliche Geruchserlebnis zu vermitteln. Weißweingläser sind kleiner als Rotweingläser, da man den Wein schneller austrinken sollte, um ihn stets richtig gekühlt genießen zu können.

Einschenken sollte man auch weingerecht, worunter man versteht, dass nur etwa zwei Drittel des Glases gefüllt sein sollten. Schließlich braucht das Bukett Platz, um sich zu entfalten. Der verständnisvolle Weintrinker fasst das Glas stets am Stiel an, dann erwärmt er den Wein nicht unnötig und kann beim Anstoßen die Gläser auch richtig zum Klingen bringen.
Schlürfen ist beim Weingenuss ausdrücklich erlaubt. Dadurch vermischt sich das edle Getränk mit der Umgebungsluft und alle seine Inhaltsstoffe kommen voll zur Entfaltung. Anschließend den Wein genüsslich auf der Zunge zergehen lassen, ihn – wie man auch sagt – kauen, um ihn voll auszukosten.
Für Moselweine gibt es besonders geschliffene Gläser, die man Treveris-Gläser nennt. Weine aus dem Rheingau, aus Rheinhessen und der Rheinpfalz kann man im Römer kredenzen. In Württemberg kennt man Henkelgläser („Viertelesgläser"), wie sie auch für Bowle benutzt werden. Burgunder serviert man in runden, bauchigen Gläsern, für Bordeauxweine sind die Gläser etwas höher, ovaler und noch größer. Für Sherry gibt es die „Copita", die wie eine kleine Biertulpe aussieht. Man kann Sherry aber auch in Südweingläsern reichen. Für Sekt sind die flachen Schalen eine schlimme Geschmacksverirrung, schlanke, hohe Sektgläser, flötenähnliche, bringen viel mehr Genuss.

Wein und Essen

Es gibt für die Zuordnung von Weinen zu Speisen die alte Faustregel: Weißer Wein zu hellem Fleisch (zu hellen Speisen) und roter Wein zu dunklem Fleisch (zu dunklen Speisen). Ist man sich nicht ganz sicher, welche Weinfarbe man wählen soll, so greift man zum Rosé, der in Deutschland meistens Weißherbst genannt wird. Er passt (fast) immer. So brauchbar die oben zitierte Faustregel auch sein mag, sie stimmt nicht immer und wird heute oft aus gutem Grund durchbrochen. Selbst der Grundsatz, zum Fisch nur trockenen Weißwein zu servieren, erlaubt Ausnahmen. Zu einem Fisch in roter, kräftiger, gewürzter Sauce kann man auch einen leichten, frischen Rotwein servieren. Mittelmeerreisende wissen das. Fische in Sahnesauce vertragen einen Weißwein mit leichter Restsüße.
Ebenso kann man zu bestimmten Hühnergerichten durchaus einen Rotwein reichen; es gibt schließlich Hühnerzubereitungen mit Rotwein. Und der Wein, der beim Kochen verwendet wurde, ist stets auch als begleitendes Getränk am besten geeignet. (Vergessen Sie bitte den Begriff „Kochwein", mit dem gemeinhin ein minderwertiger Wein gemeint ist! Voller Wohlgeschmack kann nur aus guten Weinen erkocht werden. Weine mit Korkgeschmack verderben garantiert jedes Gericht).
Ein anderer Irrtum ist der, dass zu Käse nur Rotwein passe. Es gibt viele Käse, die mit Weißwein viel besser harmonieren, wozu z. B. der Emmentaler gehört. Zum Münsterkäse mit seinem dominanten Aroma passt ein Gewürztraminer ausgezeichnet.
Eine Liste, in der Weine und Speisen einander zugeordnet werden, finden Sie in diesem Buch nicht. Ich lehne solche Listen ab. Sie sind viel zu schematisch, können nie stimmen.
Nehmen wir z. B. einen „Riesling", der kann je nach Lage voll und nachhaltig oder leicht und rassig sein; er kann sehr säurebetont sein oder eine deutliche Restsüße haben; außerdem mag er eine wundervolle, abgeklärte Edelfirne aufweisen oder jung und ungestüm sein. Dann ist er in jedem Jahrgang anders. Ein Riesling-Gewächs von der Saar kann von einem aus der Ortenau so verschieden sein wie ein „Ruländer" von einem „Silvaner". Ganz zu schweigen von den sehr unterschiedlichen Ausbaumethoden der verschiedenen Kellermeister.
Mein Rat: Trinken Sie den Wein zum Essen, der Ihnen schmeckt. Lassen Sie sich nicht verrückt machen von neunmalklugen Experten. Ich bin der Meinung, dass nur meine eigene Zunge herausfinden kann, was mir schmeckt, auch was mir miteinander schmeckt. Ein wichtiger Hinweis mag der sein, dass trockene Weine mit größerer Wahrscheinlichkeit zu Speisen passen als süße, liebliche. Nur bei Nachspeisen wähle man liebliche Weine oder Sekte. Zu Schokolade und Obst gebe man gar keinen Wein.
Auch zur Suppe ist es besser, keinen besonderen Wein zu reichen. Erstaunlicherweise scheiden sich selbst bei der Pasta die Geister der italienischen Feinschmecker; es gibt sehr viele, die meinen, dass zu ihren geliebten Teigwaren Wasser das beste Getränk sei.
Ein wahrhaft klassischer Streitfall ist die Gänseleber. Trinkt man dazu einen rassigen Weißwein oder einen vollen, runden „Ruländer" („Tokay d'Alsace")? Oder ist nicht eine sehr süße Trockenbeerenauslese (ein „Sauternes") gut gekühlt, das Beste dazu? – Alles ist möglich. Wer sich genügend Gänseleber leisten kann, wird wohl auch noch den Hundertmarkschein für eine Trockenbeerenauslese aufbringen und sollte die Kombination unbedingt probieren. Wer sich nicht sicher ist, ob er zum Sauerkraut „Riesling" trinken soll, der kann immer noch auf Bier ausweichen und damit vollauf zufrieden sein.
Trockene Weine finden in Deutschland immer mehr Freunde. Sie werden auch endlich überall angeboten. Dem Autor scheint es an der Zeit, vor einer übertriebenen, falsch verstandenen Trockensucht zu warnen. Viele unserer Weine eignen sich nicht dazu, trocken ausgebaut zu werden, eine kleine Restsüße macht sie harmonischer. Viele Weintrinker haben ihre Freude daran und sollten sich dessen nicht schämen. Wer regelmäßig Wein trinkt, wird ganz von selbst dazu kommen, zu bestimmten Anlässen trockene Weine zu bevorzugen – aus persönlich gewonnener Überzeugung und nicht nur weil „man heute halt trocken trinkt". Hier sei die Anmerkung gestattet, dass „trocken" ein ganz schlecht gewähltes Wort ist. Man hat einfach „sec" und »dry« übersetzt. Wer aber hat schon einmal einen Weißwein getrunken, der im wahrsten Sinn des Wortes „trocken" schmeckte? Ich habe bisher nur Rotweine gefunden, deren Gerbsäuregehalt einen trockenen Eindruck auf der Zunge hinterließ. Weine ohne Restsüße wäre die richtige Bezeichnung, doch sie ist zu umständlich. Herb passt nicht in jedem Fall. Also werden wir wohl bei „trocken" bleiben müssen. Zum Aperitif oder zum Dessert dürfen wir uns eine süße Auslese leisten – die allerdings nur dann vollkommen ist, wenn ihr eine rassige Säure Rückhalt gibt.

Rezept- und Stichwortverzeichnis

Rezept- und Stichwortverzeichnis

Rezept- und Stichwortverzeichnis

Rezept- und Stichwortverzeichnis

Rezept- und Stichwortverzeichnis

Rezept- und Stichwortverzeichnis

Rezept- und Stichwortverzeichnis

Rezept- und Stichwortverzeichnis

Rezept- und Stichwortverzeichnis

Rezept- und Stichwortverzeichnis

Aktualisierte Neuausgabe

Neubearbeitung und Redaktion: Monika Graff

Mitarbeit: Hans Peter Matkowitz, Horst Scharfenberg,
Renate Schütterle, Marlis Weber
Einführungstexte zu den Kapiteln: Hanjo Seißler

Umschlaggestaltung: Juscha Deumling, München
Umschlagfotos: Ansgar Pudenz

Graphische Konzeption und Fotos der Kapitelanfänge:
Chris Meier BFF, Stuttgart
Alle Step-Aufnahmen: Studio l'Eveque, Harry Bischof, Axel Dreher
und Hans Peter Matkowitz
Farbtafel Seite 188/189: Fischwirtschaftliches Marketing-Institut (FIMA),
Bremerhaven
Weitere Fotos aus dem Hädecke-Archiv:
Fritz Frech, Offenburg (Seite 502); Edith Gerlach, Frankfurt/Main; Bruno Hausch BFF, München;
Margarete Janssen, Düsseldorf (Seite 510); Francis Ray Hoff, München; Ulrich Kopp, Füssen;
Studio l'Eveque, München

Druck: Offizin Andersen Nexö Leipzig
Printed in Germany 2013

4 3 2 | 2016 2015 2014 2013

ISBN 978-3-7750-0580-7

Wissen, wie's geht

Die wichtigsten kaltgepressten Öle von A wie Arganöl bis W wie Weizenkeimöl: Warenkunde mit Inhaltsstoffen, Einkaufshilfen und Rezepten für den Haushalt.
Öle – natürlich kaltgepresst
Basiswissen & Rezepte
von Marcus Hartmann
96 Seiten mit 42 Farbfotos,
ISBN 978-3-7750-0535-7

Exotisch-scharf und gesund würzen mit dem Traditionsgewürz Asiens. Internationale Rezepte und viele Tipps für die Hausapotheke.
Ingwer – Genuss & Gesundheit
von Prof. Dr. H. Schilcher (Ratgeber Gesundheit) und Ralf Hiener (Rezepte)
96 Seiten, 27 Farbfotos,
ISBN 978-3-7750-0542-5

Die Kunst des Schinkenräucherns mit Anleitungen, wie Wurst hergestellt und geräuchert wird. Viele weitere Spezialitäten aus dem Rauch.
Schinken und andere Delikatessen – einfach selbst geräuchert
von Karl-Friedrich Schmidt,
160 Seiten mit 67 Farbfotos,
ISBN 978-3-7750-0421-3

Gut verständlich und praxisnah für zuhause: Alles über die Zubereitung von Frisch-, Weich-, Schnitt-, Hart-, Sauermilch- und Edelpilzkäse, Butter, Kefir und Joghurt.
Käse, Butter, Joghurt – leicht selbstgemacht
von Karl-Friedrich Schmidt,
140 Seiten mit 69 Farbfotos,
ISBN 978-3-7750-0420-6

Wildkräuter-Variationen in der Küche! Von Ackerveilchen über Giersch und Melde bis zum Waldmeister bietet das Buch ausführliche Porträts und raffinierte Rezepte vom Grundrezept für Kräuterpesto, -sirup oder -öle bis zum Hauptgericht und Dessert.
Wildkräuter
von Ralf Hiener,
Olaf Schnelle,
Fotos von Anne Freidanck,
176 Seiten, 100 Farbfotos,
ISBN 978-3-7750-0540-1

Die Wiederentdeckung alter Kultur- und Nutzpflanzen bewahrt unser kulturelles Erbe und bietet neuen Genuss mit unglaublicher Aromen- und Geschmacksvielfalt! Mit umfangreichem Lexikon und vielen Rezepten rund ums Jahr.
Fast vergessene Gemüse & Kräuter
von Marianna Buser und Antonia Koch
187 Seiten, 56 ganzseitige Food- und 110 Pflanzenbilder,
ISBN 978-3-7750-0546-3

Die Neuentdeckung einer vielseitigen Frucht: Warenkunde, über 60 Rezepte zum Kochen, Backen, Einmachen und für die Hausapotheke.
Quitten
Das Comeback einer vergessenen Frucht
von Lucas Rosenblatt und Freddy Christandl
124 Seiten, 78 Farbfotos,
ISBN 978-3-7750-0517-3

Die besten Rezepte für Bohnen, Erbsen, Linsen & Co: Lecker, vielseitig und gesund! Vorspeisen, Snacks, Hauptgerichte und Desserts.
Feuerbohnen und Kichererbsen
Hülsenfrüchte international: Warenkunde und Rezepte
von Monica Cacciatore
168 Seiten, 71 Farbfotos,
ISBN 978-3-7750-0523-4

HÄDECKE

Mehr Informationen über unser aktuelles Kochbuchprogramm senden wir Ihnen gerne kostenlos zu.

Walter Hädecke Verlag
Postfach 1203
D-71256 Weil der Stadt
Telefon +49 (0) 70 33 / 13 80 80
Fax +49 (0) 70 33 / 1 38 08 13
Mail: info@haedecke-verlag.de

Neue Rezeptideen und aktuelle Infos zu unserem Buchprogramm finden Sie unter www.haedecke-verlag.de und www.mizzis-kuechenblock.de!

Aus allen Regionen Deutschlands, z. B. Bayern, Saarland, Sachsen-Anhalt, Thüringen werden Originalrezepte vorgestellt. Echte Spezialitäten werden neu entdeckt.
Aus Deutschlands Küchen
von Horst Scharfenberg
775 Seiten, 292 s/w-Illustrationen (aus alten Stichen),
ISBN 978-3-7750-0415-2

Kulinarisches von A bis Z: Ein einzigartiger Führer mit über 5.500 Stichwörtern. Unentbehrlicher Wegweiser durch die Welt der Küchen und Speisekarten.
Hädeckes Küchenlexikon Die Sprache der Küche
von Herbert Birle und Monika Graff. Rund 500 S.,
ISBN 978-3-7750-0390-2

Gemüse von A bis L

	JANUAR	FEBRUAR	MÄRZ	APRIL	MAI	JUNI	JULI	AUGUST	SEPTEMBER	OKTOBER	NOVEMBER	DEZEMBER
Artischocken												
Auberginen												
Blumenkohl												
Bohnen, (Busch- und Stangen-)												
Brokkoli												
Chicorée												
Chinakohl												
Dicke Bohnen												
Eisbergsalat												
Endivien												
Erbsen, Zuckererbsen												
Feldsalat/Rapunzel												
Gemüsefenchel												
Gemüsepaprika												
Grünkohl												
Gurken, Salat-												
Kohlrabi												
Kopfsalat												
Kürbis												
Lollo Rossa / Lollo Bionda												